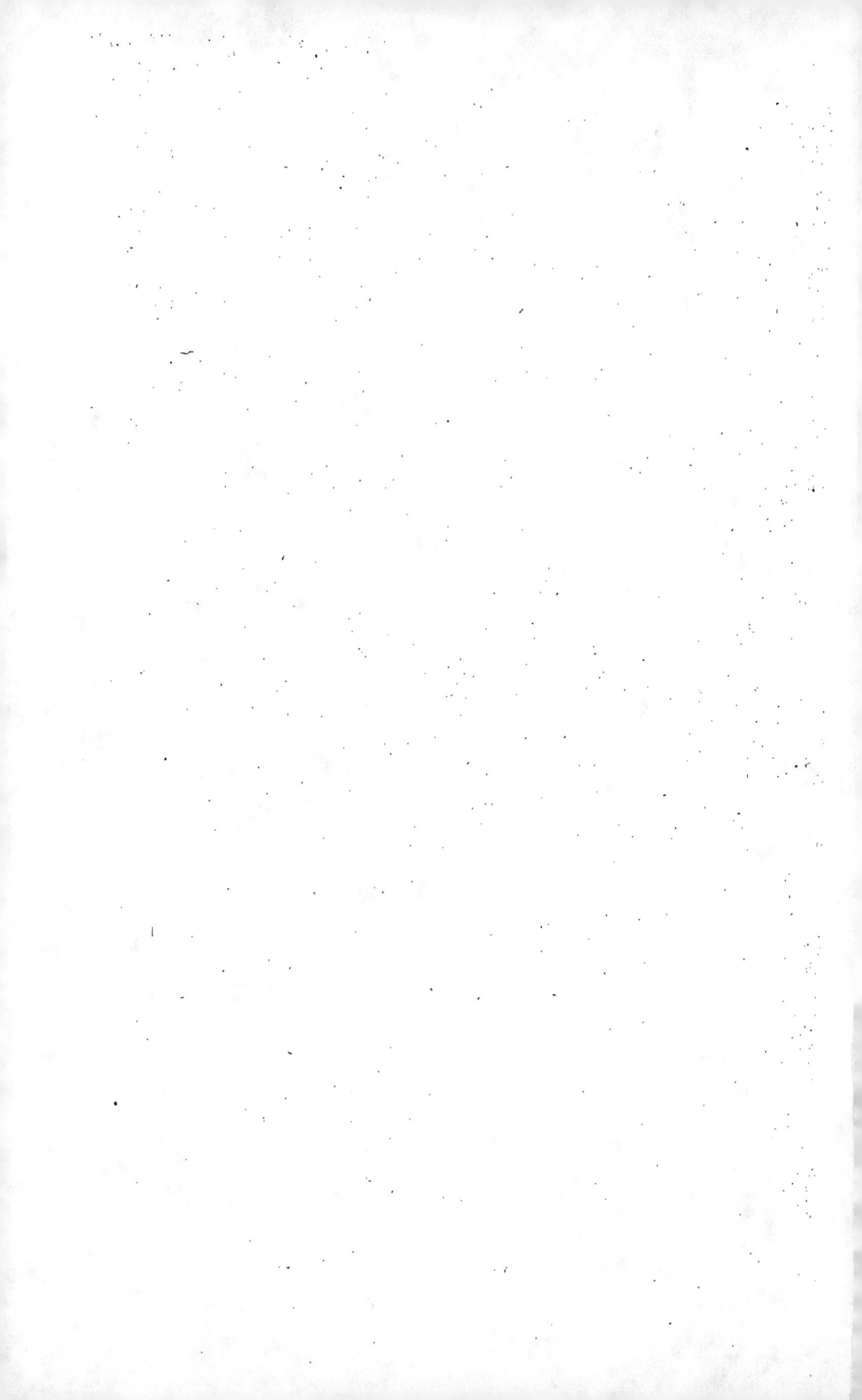

DICTIONNAIRE

DE

PROCÉDURE

CIVILE ET COMMERCIALE

CONTENANT

LA JURISPRUDENCE, L'OPINION DES AUTEURS, LES USAGES DU PALAIS, LE TIMBRE
ET L'ENREGISTREMENT DES ACTES, LEUR TARIF, LEURS FORMULES

PAR M. BIOCHE

AVOCAT, DOCTEUR EN DROIT

Rédacteur du *Journal de Procédure*

ET PAR PLUSIEURS MAGISTRATS ET JURISCONSULTES

⟶◆⟵

Cinquième édition, augmentée

MISE AU COURANT DE LA JURISPRUDENCE ET DE LA LÉGISLATION,
JUSQU'EN 1866 INCLUSIVEMENT

———

TOME DEUXIÈME

B — C

PARIS

AU JOURNAL DE PROCÉDURE | AUGUSTE DURAND, LIBRAIRE

RUE TABANNE, 10. | 9, RUE CUJAS, 9 (ANCIENNE RUE DES GRÈS).

1867

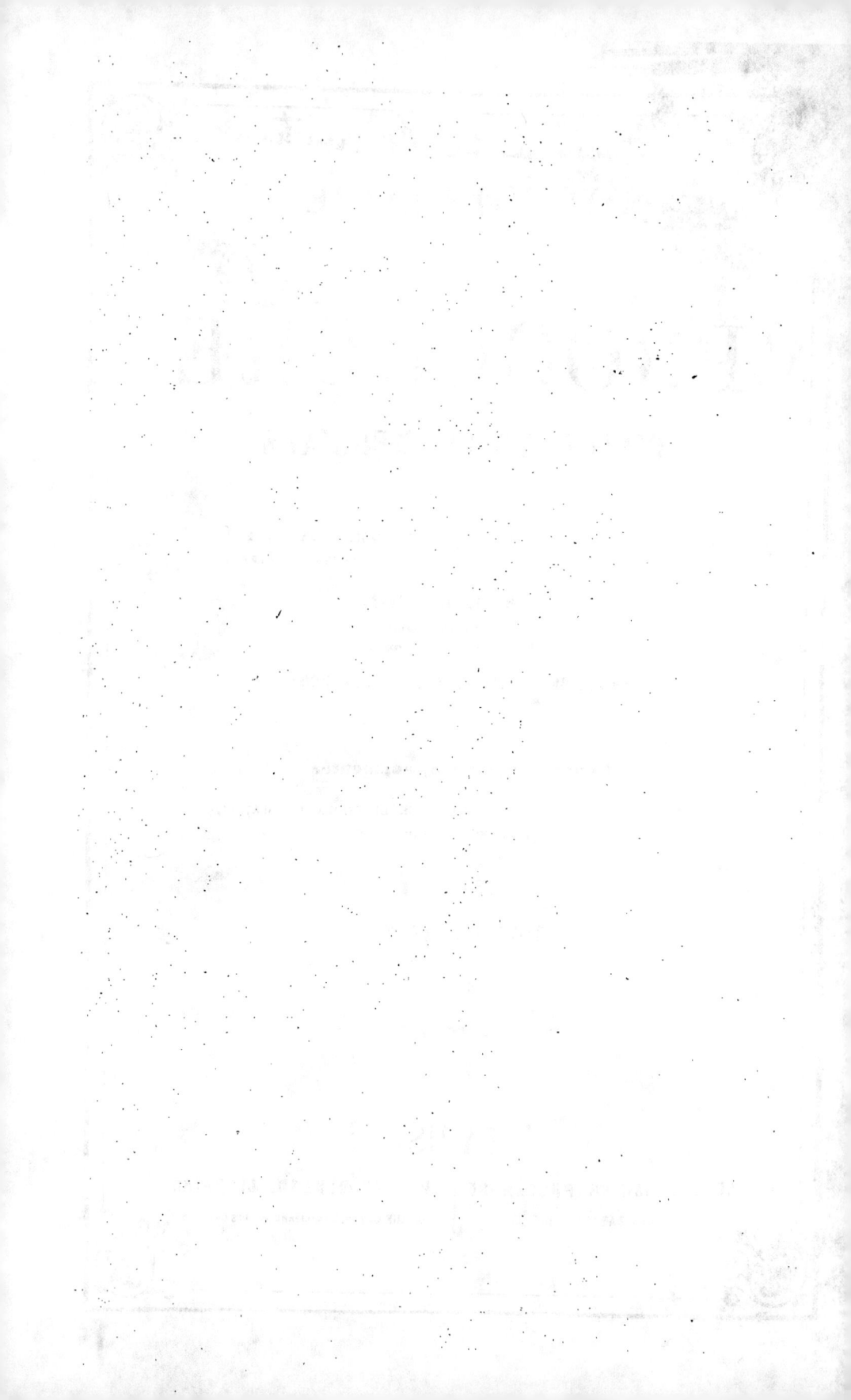

DICTIONNAIRE

DE

PROCÉDURE

CIVILE ET COMMERCIALE

TOME DEUXIÈME

B - C

Chaque volume de cette édition sera numéroté et signé par l'auteur, comme suit :

656.   *Signature de l'auteur.*

On ne reconnaîtra pour non contrefaits que les volumes ainsi numérotés et signés.

JOURNAL

DE

PROCÉDURE CIVILE ET COMMERCIALE

Prix : 11 fr. 50 c. par an, franco

Le **JOURNAL DE PROCÉDURE**, fondé et rédigé par M. Bioche, depuis 1835, paraît, chaque mois par cahier de 3 feuilles in-8.

Tous les articles en sont réunis sous une même série de numéros : chaque article est terminé par un renvoi aux numéros des mots correspondants du *Dictionnaire*, qu'une simple annotation marginale peut tenir au courant de la législation, de la jurisprudence et de la doctrine : la même corrélation existe entre les tables annuelles, les tables générales de 1835 à 1858 et le Dictionnaire; elle facilite beaucoup les recherches.

Unité de méthode et de rédaction, — régularité dans la publication des livraisons, — correspondance constante entre le *Journal*, les *Tables* et le *Dictionnaire*, — facilité des recherches, — examen consciencieux des questions proposées, prompte exactitude dans l'envoi des réponses : tels sont les avantages qui distinguent ce recueil.

TABLES

ANALYTIQUES & CHRONOLOGIQUES

DU

JOURNAL DE PROCÉDURE

De 1835 à décembre 1857 inclusivement, mises en rapport avec le *Dictionnaire*, 1 vol. in-8. — Prix : 8 fr.

Paris. — Imprimerie de E. DONNAUD, rue Cassette, 9.

DICTIONNAIRE

DE

PROCÉDURE

CIVILE ET COMMERCIALE

CONTENANT

LA JURISPRUDENCE, L'OPINION DES AUTEURS, LES USAGES DU PALAIS, LE TIMBRE
ET L'ENREGISTREMENT DES ACTES, LEUR TARIF, LEURS FORMULES

PAR M. BIOCHE

AVOCAT, DOCTEUR EN DROIT
Rédacteur du *Journal de Procédure*

ET PAR PLUSIEURS MAGISTRATS ET JURISCONSULTES

Cinquième édition, augmentée

MISE AU COURANT DE LA JURISPRUDENCE ET DE LA LÉGISLATION,
JUSQU'EN 1866 INCLUSIVEMENT

TOME DEUXIÈME

B — C

PARIS

AU JOURNAL DE PROCÉDURE | AUGUSTE DURAND, LIBRAIRE
RUE TARANNE, 10. | 9, RUE CUJAS, 9 (ANCIENNE RUE DES GRÈS).

1867

DICTIONNAIRE

DE

PROCÉDURE CIVILE

ET COMMERCIALE.

B.

BAC. V. *Acte de commerce; Action possessoire; Huissier,* 25.

BAGUES ET JOYAUX. — V. *Inventaire; Saisie-exécution,* n° 26.

BAIL. — V. *Acquiescement; Acte de commerce; Action possessoire; Aliéné; Appel, Compétence; Congé; Fonds de commerce; Juge de paix; Saisie-gagerie; Saisie immobilière; Saisie de rentes; Surenchère; Vente judiciaire; Vente de meubles.*

1. Les communes, hospices et tous autres établissements publics peuvent affermer leurs *biens ruraux* pour 18 années et au-dessous, sans autres formalités que celles prescrites pour les baux de neuf années. L. 30 mai 1835 (144).

2. Le propriétaire qui a imposé à un locataire la condition de ne pas sous-louer sans son consentement par écrit, peut refuser comme sous-locataire un officier ministériel. Seine, 23 mai 1860 (7364).

3. Le bail sous seing privé fait au nom du pupille par un tuteur qui, depuis la date de l'acte, a donné sa démission, fait foi de cette date, tant à l'égard du pupille que du second tuteur, quand il n'est pas établi de dol, ni de fraude. Cass. 8 juin 1859 (7153).

BANQUE. — Établissement public ou particulier qui a pour objet l'échange du numéraire contre le papier de commerce et les opérations qui sont la conséquence de cet échange. — V. *Acte de commerce*, n°s 203 et 214.

BANQUE DE FRANCE — V. Décret 25 mars 1848 (Art. 3931 J. Pr.) 3 mars 1852, art. 3 et *Crédit-foncier*.

Action judiciaire, 2.	Immobilisation, 3.
Compétence, 5.	Organisation, 1
Conseil d'État, 5.	Purge, 3 et 4.
Dommages-intérêts, 5.	Réhabilitation,
Faillite, 6.	Transfert, 3.
Hypothèque, 3.	

1. L'organisation de la banque a été successivement réglée par les lois du 24 germ. an II ; du 22 avril 1806 ; les décrets des 16 janv. et 3 sept. 1808 ; 25 sept. 1813 ; — les lois du 17 mai 1834 ; 30 juin 1840, et les ordonn. 13 sept. 1840 et 25 mars 1841.

2. Les actions judiciaires de la banque sont exercées au nom des régents à la poursuite et diligence du gouverneur. L. 22 avril 1806, art. 19.

3. Les actions de la banque peuvent être immobilisées. Décr. 16 janv. 1808, art. 7. — V. d'ailleurs *Saisie immobilière*, n°s 45 et 205 et toutefois *Majorat*.

Le propriétaire de l'action doit faire à la banque la déclaration de sa volonté à cet égard dans la forme prescrite pour les transferts. Cette déclaration une fois inscrite sur les registres, les actions immobilières sont soumises aux dispositions du Code-civil qui concernent les priviléges et hypothèques. — Le transfert ne peut être opéré qu'après avoir justifié à la banque de l'accomplissement des formalités voulues par la loi pour purger les hypothèques de toute nature et d'un certificat de non-inscription. L. 17 mai 1834, art. 5.

4. Les propriétaires d'actions immobilières qui veulent rendre à ces actions leur qualité première d'effets mobiliers sont tenus d'en faire la déclaration à la banque. Cette déclaration qui doit contenir l'établissement de la propriété des actions en la personne du réclamant est transcrite au bureau des hypothèques de Paris, et soumise, s'il y a lieu, aux formalités de purge légale auxquelles les contrats de vente immobilière sont assujettis. *Même article.*

5. Le Conseil d'État connaît, sur le rapport du ministre des finances, des infractions aux lois et règlements qui régissent la banque, et des contestations relatives à sa police et à son administration intérieure. L. 22 avr. 1806, art. 21.

Il prononce définitivement et sans recours, entre la banque et les membres de son conseil général, ses agents ou employés, toute condamnation civile y compris les dommages-intérêts et même la destitution ou la cessation de fonctions. *Même article*.

6. Tout failli non réhabilité ne peut être admis à l'escompte : en conséquence, il est tenu un registre où sont incrits les noms des commerçants qui ont fait faillite. Ce registre contient la date ou l'époque de la faillite; l'époque de la réhabilitation si elle a lieu. Décr. 16 janv. 1808, art. 50 et 51.

BANQUEROUTE. — État du commerçant failli qui se trouve dans un des cas de faute ou de fraude déterminés par la loi. — V. *Faillite; Agent de change*, 42.

BANQUIER. Celui qui tient une maison de banque. — V. *Acte de commerce*, *Commerçant*, *Effet de commerce*, *Intérêts*, *Patente*.

BARRAGE. — V. *Action possessoire*, n° 91.

BARREAU. — V. *Avocat*.

BARRIÈRE. — V. *Action possessoire*, n° 178.

BATEAU. — V. *Acte de commerce*, n° 27; *Action possessoire*, n° 125; *Navire*; *Saisie-exécution*, n°s 303 et suiv.; *Saisie des navires*.

BATEAU A VAPEUR. — *Acte de commerce*, n° 165.

BATONNIER. — Chef de l'ordre des avocats.

BASOCHE. Juridiction tenue par les clercs des procureurs du parlement de Paris et de quelques autres tribunaux, qui connaissait des différends qui pouvaient s'élever parmi ces clercs et réglait tout ce qui avait rapport à leur discipline. — V. *Clerc* et l'*Encyclopédie du droit*.

BATELIER. — V. *Messagerie*.

BATIMENT. — V. *Audience*, n° 1; *Congé*, *Contrainte par corps*, *Palais de justice*, *Saisie immobilière*, n° 178.

BEAU-FILS BELLE-FILLE, BEAU-PÈRE, BELLE-MÈRE. — V. *Aliments*, *Alliance*, *Contrainte par corps*, *Parenté*.

BÉNÉFICE DE CESSION. Faculté qu'un débiteur a de céder tous ses biens à ses créanciers pour se soustraire à la contrainte par corps. — V. *Cession de biens*.

BÉNÉFICE DE COMPÉTENCE. — V. *Compétence*.

BÉNÉFICE DE DIVISION ET DE DISCUSSION. — V. *Caution*

BENÉFICE D'INVENTAIRE. Avantage accordé par la loi à un héritier, de recueillir une succession, sans être tenu des dettes au delà des biens dont elle se compose.

Table sommaire.

DIVISION.

§ 1. — *Cas dans lesquels l'acceptation bénéficiaire est facultative ou nécessaire.*
§ 2. — *Formes de l'acceptation.*
§ 3. — *Ses suites. — Caution.*
§ 4. — *Gestion de l'héritier. — Vente des biens.*
§ 5. — *Effets du bénéfice d'inventaire.*
§ 6. — *Enregistrement.*
§ 7. — *Formules.*

§ 1. — *Cas dans lesquels l'acceptation bénéficiaire est facultative ou nécessaire.*

1. En général tout héritier, soit naturel, soit contractuel ou testamentaire, a la faculté de n'accepter la succession qui lui est échue, que sous bénéfice d'inventaire. C. civ. 774. Turin, 14 août 1809, S. 10, 229; Denizart, *hoc verbo*; Toullier, 4, n° 395; Merlin, *Rép.*, v° *Légataire*, § 1, n° 3; Chabot, art. 774, n° 14.

2. Le légataire à titre universel, et le légataire universel en concours avec des héritiers à réserve, n'ont pas besoin de n'accepter que sous bénéfice d'inventaire : ils ne sont tenus des dettes que pour leur part et portion (C. civ. 1009, 1012). — Toutefois un inventaire peut être utile pour constater leur part dans la succession. Chauveau sur Carré, n° 755; Chabot, art. 774, n° 14; Duranton, 9, n° 201; Toullier, 5, n° 556. — *Contra*, Carré, art. 174; Favard, v° *Exception*, § 4, n° 1.

3. Sont déchus de la faculté d'accepter sous bénéfice d'inventaire : — 1° Celui qui s'est rendu coupable de recélé ou qui a omis, sciemment et de mauvaise foi, de comprendre dans l'inventaire des effets de la succession. C. civ. 801.

Le contraire a été jugé à l'égard de l'héritier qui s'était approprié, sans mauvaise foi, quelques objets, la plupart fongibles, estimés dans un inventaire régulier. Rennes, 24 juin 1840 (Art. 1771, J. Pr.).

4. 2° L'héritier institué auquel le testateur l'a interdite. Le droit de n'accepter que sous bénéfice d'inventaire est un privilége auquel on peut renoncer; et chacun est libre de mettre à sa libéralité les conditions qu'il lui plaît. Delvincourt, 2, 31, note 8; Duranton, 7, n° 15. — *Contra*, Chabot, art. 774, n° 15.

5. Certaines successions ne peuvent être acceptées que sous bénéfice d'inventaire :

Ce sont 1° les successions échues à des mineurs. C. civ 461, 776.

6. L'acceptation pure et simple par le tuteur, même avec l'autorisation du conseil de famille, est réputée faite sous bénéfice d'inventaire. Chabot, art. 776, n° 7.

7. Le mineur qui, sans l'autorisation du conseil de famille, a pris possession, par lui ou par son tuteur, des immeubles de la succession, n'est pas pour cela réputé héritier pur et simple. Nîmes, 8 nov. 1827; P. 21, 848; Souquet, v° *Succession*, tableau 775, 5° col., n° 113.

8. Peu importe que le mineur ait diverti à son profit des objets dépendants de la succession : sauf à rendre compte des objets divertis ou recélés. Limoges, 30 juill. 1827, S. 28, 3.

Toutefois le mineur serait puni, s'il était *doli capax*, par la privation de la part qu'il aurait eue en concours avec d'autres héritiers, dans les objets divertis ou recélés. Chabot, art. 801, n° 4; Duranton, t. 6, n° 480.

9. 2° Les successions échues aux mineurs émancipés. Chabot, art. 776, n° 8.

10. 3° Celles échues aux interdits. C. civ. 509.

Pour l'individu pourvu d'un conseil judiciaire l'acceptation bénéficiaire est une faculté et non une obligation. Bilhard, n° 29; Chabot, art. 776, n° 10.

11. 4° Celles échues à des communes, hospices, ou fabriques. Ces établissements sont assimilés à des mineurs. Bilhard, *Bénéfice d'inventaire*, n° 29.

12. 5° Celles échues à des condamnés aux travaux forcés, à la détention ou à la réclusion. C. pén. 29. Duranton, 6, n° 421.

13. 6° Celles acceptées par des créanciers du chef de leur débiteur : la loi ne leur permet d'accepter que jusqu'à concurrence de leurs créances; l'inventaire est nécessaire pour connaître exactement les forces de la succession. Arg. C. civ. 788.

14. Ceux qui représentent un héritier décédé sans avoir accepté ni répudié une succession qui lui est échue, doivent, s'ils ne sont pas d'accord. n'accepter que sous bénéfice d'inventaire. C. civ. 781, 782.

§ 2. — *Formes de l'Acceptation.*

15. Autrefois celui qui voulait n'accepter que sous bénéfice d'inventaire, devait obtenir du roi des lettres dites de *bénéfice d'inventaire*, qui étaient insinuées au greffe et entérinées au trib. du lieu de l'ouverture de la succession. Denizart, v° *Bénéfice d'inventaire*, § 6. — Cette formalité est abrogée par la loi du 7 sept. 1790, art. 21.

Les acceptations bénéficiaires pouvaient avoir lieu devant notaire.

16. Aujourd'hui, la déclaration d'un héritier qu'il entend ne prendre cette qualité que sous bénéfice d'inventaire, doit être faite au greffe du trib. de 1re inst. dans l'arrondissement duquel la succession s'est ouverte. — Elle doit être inscrite sur le registre destiné à recevoir les actes de renonciation. C. civ. 793.

La loi veut que cet acte soit public et d'une recherche facile : toute personne peut exiger du greffier la représentation du registre. Chabot, art. 784, n° 3.

17. Si, sur la poursuite d'un créancier, l'héritier a fait sa déclaration à un autre trib., il doit la renouveler au greffe du trib compétent. Paris, 9 nov. 1813, P. 11, 756.

18. Elle est faite avec l'assistance d'un avoué. Tarif 91.

19. L'héritier peut se faire représenter par un mandataire.

La procuration doit être spéciale; mais il n'est pas nécessaire qu'elle soit authentique. La loi n'ayant prescrit aucune forme particulière, il suffit qu'elle soit légalisée par le maire et le sous-préfet. Av. Cons.-d'État, 26 nov. 1819; Favard, v° *Renonciation*, § 1, n° 3; Duranton, 6, n° 472. — *Contrà*, Chabot, art. 793, n° 4.

A Paris, le greffier n'exige pas de procuration authentique.

20. Si la procuration est sous seing privé ou en brevet, elle demeure annexée au registre contenant l'acceptation; si elle est en expédition, l'annexe n'en est pas exigée.

§ 3. — *Suites de l'Acceptation.* — *Caution.*

21. L'acte d'acceptation bénéficiaire n'a d'effet qu'autant qu'il est précédé ou suivi d'un inventaire fidèle et exact des biens de la succession dans les formes et les délais prescrits par la loi. C. civ. 794. — V. *Inventaire.*

22. En conséquence, deux actes sont nécessaires pour conférer à l'héritier le privilége de n'être pas tenu des dettes *ultrà vires*, savoir :

1° La déclaration au greffe qu'il n'entend prendre la qualité d'héritier que sous bénéfice d'inventaire :

Cette déclaration n'est exigée ni du mineur. Angers, 11 août

1809, P. 7, 764; — ni de l'État qui succède à défaut de parents. Vazeille, art. 795, n° 8.

23. 2° La confection de cet inventaire.

Toutefois peu importe que le tuteur ait omis de faire inventaire, à moins qu'on ne prouve que le mineur a fait acte d'immixtion depuis sa majorité. Bordeaux, 1er mars 1832, D. 32, 27.

24. Le testateur ne peut pas, même par une disposition expresse, dispenser l'héritier de l'accomplissement de ces mesures prescrites dans l'intérêt des créanciers pour les garantir contre la fraude. Chabot, art. 794, n° 8.

25. Cependant s'il existe un inventaire fait à la requête d'un autre héritier, il est superflu de procéder à un second; il suffit d'un procès-verbal de récolement dans lequel on comprend les objets omis dans le premier, et l'on constate le déficit de ceux qui ne se trouvent pas. Chabot, *ib.*

26. Mais si l'inventaire déjà existant n'est pas fidèle, l'héritier qui n'en purge pas les vices, en partage la responsabilité avec celui qui en est l'auteur. Chabot, *ib.*

27. S'il n'existe dans la succession ni mobilier, ni papiers, l'héritier bénéficiaire fait dresser un procès-verbal de carence. Toullier, 4, n° 365; Rolland, v° *Bénéfice d'inventaire*, n° 60; Armand Dalloz, v° *Succession bénéficiaire*, n° 20; Carré, 759.

28. En général il n'est pas nécessaire que l'inventaire soit précédé d'une apposition de scellés : l'art. 810 C. civ., porte que les frais d'apposition des scellés, *s'il en a été apposé*, seront à la charge de la succession.

Néanmoins, l'héritier qui désire se mettre à l'abri de tout soupçon agit prudemment en provoquant l'apposition des scellés.

Cette apposition est même exigée lorsqu'il y a parmi les héritiers des mineurs, des absents, ou des incapables. Arg. C. civ. 819; Chabot, art. 793, n° 7.

29. Les délais accordés pour faire inventaire sont de trois mois, à compter du jour de l'ouverture de la succession.

30. Ils peuvent être prolongés par les trib. selon les circonstances, et l'héritier conserve, même après leur expiration, la faculté de faire inventaire, s'il n'a pas d'ailleurs fait acte d'héritier, et s'il n'existe pas contre lui de jugement passé en force de chose jugée, qui le condamne comme héritier pur et simple. C. civ. 795, 798, 800; C. pr. 174.

31. L'héritier contre lequel intervient une condamnation en qualité d'héritier pur et simple, est-il réputé tel à l'égard de tous ou seulement vis-à-vis de celui qui a obtenu le jugement?

1er *Système.* L'autorité de la chose jugée n'a d'effet qu'entre les parties. C. civ. 1351. Les termes des art. 800 C. civ. et 174 C. pr. ne sont point en contrariété avec ce principe. Le jugement rendu contre le successible n'existe qu'au profit de celui qui l'a obtenu. Vis-à-vis des autres, il n'y a ni acte d'héritier ni jugement. Cass. 14 avril 1806; Dev. 2, 233; Montpellier, 1er juil. 1828; Toulouse, 25 juil. 1828, Dev. 9, 106, 128; Pigeau, 1, 161; Toullier, 4 n° 334; 10, n° 236; Chabot, art. 800; Duranton, 7, n° 25; Bilhard, n° 124; Poujol, art. 800; Rolland, *hoc verbo*, n° 77; Chauveau sur Carré, n° 763.

2e *Système*. La qualité d'héritier est indivisible. Elle suppose un fait qui ne peut être en même temps reconnu et nié par deux jugements inattaquables. Les termes de l'art. 800 C. civ. et 174 C. Pr. sont généraux. Cette solution n'est pas ébranlée par l'art. 1351 C. civ. Ce n'est point le jugement dans lequel ils n'étaient pas parties que les créanciers opposent à l'héritier, mais la qualité qui y est reconnue et qui ne peut être scindée. En laissant ce jugement devenir définitif, l'héritier y a acquiescé, a reconnu la vérité des faits qui y étaient constatés. Douai, 29 juill. 1816; Dev. 5, 178; Maleville, art. 783; Merlin, *Qu.*, v° *Héritier*, § 8; Favard, v° *Exception*, § 4 n° 2; Vazeille, art. 800; Boncenne, 3, 332.

3e *Système*. L'héritier, condamné par un jugement susceptible d'opposition ou d'appel, qui a négligé d'user de ces voies de recours, a suffisamment manifesté, par son silence, la volonté d'accepter la succession : c'est ainsi que doivent s'interpréter ces mots de l'art. 700 : *passé en force de chose jugée*. Fenet, 12, 41. — Ce système donnerait au défaut d'opposition ou d'appel un résultat que la loi ne lui attribue pas. Le seul effet légal est de rendre définitif le jugement. Cette présomption d'acceptation n'est nulle part écrite dans la loi. Elle ne peut être suppléée. Valette, *Revue étrangère*, 1842, p. 257.

4e *Système*. L'art. 800 C. civ. déroge à l'art. 1351. Mais il doit être restreint au cas où le successible a été condamné, non comme ayant fait acte d'héritier, mais, parce que n'étant plus dans les délais pour faire inventaire et délibérer, il n'a pu opposer l'exception dilatoire. Sa volonté d'accepter purement et simplement résulte suffisamment de ce qu'il n'a pris aucune mesure pendant les délais que lui accordait la loi pour éviter un semblable résultat.

5e *Système*. C'est une sorte de transaction entre le 1er et le 4e. On ne peut, dit-on, contraindre un héritier qui n'est plus dans les délais pour faire inventaire et délibérer, à renoncer à la succession sans en connaître les forces sous peine de subir les conséquences désastreuses d'un jugement, qui entraînerait pour lui une acceptation pure et simple. La faculté de renoncer ne se prescrit que par trente ans, C. civ. 789. Le jugement prononcé n'est donc pas un terme à cette faculté. Mais il peut entraîner la déchéance du bénéfice d'inventaire. L'art. 800 C. civ., placé sous la rubrique du bénéfice d'inventaire, traite exclusivement de l'acceptation bénéficiaire. Le bénéfice d'inventaire est une faveur que l'on a accordée

à l'héritier, même après les délais prescrits, mais qui comporte la
restriction que la loi a prononcée dans le cas où il a été condamné
comme héritier pur et simple. La chose jugée n'est pas opposée par ceux qui n'y ont pas été partie. On la prend seulement
comme point d'arrêt de la faveur du bénéfice d'inventaire. Ainsi,
on ne sauve pas la qualité d'héritier pur et simple, et on respecte
le principe de l'art. 1351, C. civ. Valette, *Revue étrangère*,
1842, p. 257 et suiv.; Thomine, 1, 330; Devilleneuve, 9, 106.
Toutefois le premier système nous paraît préférable.

32. La question de savoir si de tel acte il ne résulte pas addition d'hérédité pure et simple, est une question d'interprétation
qui appartient aux juges du fond : leur décision sur ce point
échappe à la censure de la C. de Cassation. Cass. 26 juin 1828,
P. 21, 1598; Souquet, v° *Succession*, tableau 775, 5° col. n°108.
— *Contrà*, Cass. 8 mars 1830, P. 23, 239.—V. art. 4448.

33. S'il y a plusieurs héritiers, chacun peut demander l'avantage du terme ou la prorogation, alors même que les cohéritiers
ont accepté purement et simplement, ou sous bénéfice d'inventaire. Bilhard, n° 54; Armand Dalloz, suppl. v° *Succession bénéficiaire*, n° 21.

34. Le bénéfice d'inventaire obtenu par l'héritier grevé de
substitution profite à l'appelé. Delvincourt, t. 2, 32, n° 8; Va-
zéille, art. 795, n° 4; Arm. Dalloz, v° *Succ. bénéf.*, n° 46; Rolland, v° *bénéf. d'inventaire*, n° 40.

35. Le silence de l'héritier, même pendant trente ans ne l'empêche pas de se porter héritier bénéficiaire, s'il n'a fait du reste
aucun acte d'héritier pur et simple. Paris, 28 août 1815, P. 13,
54; A. Dalloz, suppl. v° *Succession bénéficiaire*, n° 34; Souquet,
v° *Succession*, tableau 775, 5° col., n° 110. — V. *sup.*, n° 31.

36. Le choix du notaire appartient à l'héritier : le trib. n'a pas
le droit de le désigner d'office. Turin, 14 août 1809, S. 10, 229.

37. S'il y a plusieurs héritiers qui ne soient pas d'accord, le
choix appartient à ceux d'entre eux qui ont l'intérêt le plus considérable. A choses égales, le juge choisit entre les notaires désignés par les parties. Arg. C. pr. 935; Duranton, t. 7, n° 24;
Dalloz, v° *Succession bénéficiaire*, n° 13.

38. L'héritier contractuel (ou testamentaire) n'est pas tenu, à
peine de déchéance, d'appeler à l'inventaire les héritiers du sang
qui ne sont point à réserve. Cass. 16 avril 1839 (Art. 1461 J. Pr.).

39. L'inobservation des formalités prescrites par la loi rend
l'inventaire irrégulier, et par conséquent entraîne contre l'héritier la déchéance du bénéfice d'inventaire

40. Toutefois la déchéance n'est pas encourue lorsque les irrégularités proviennent des officiers instrumentaires ; par exemple,
si le notaire oublie d'y apposer sa signature. Toullier, 4. n° 365;
Delvincourt, 2, 92, *note*.

41. L'héritier a de plus, pour délibérer sur son acceptation ou sur sa renonciation, un délai de 40 jours, qui commence à courir du jour de l'expiration du temps donné pour faire l'inventaire, ou du jour de la clôture de cet inventaire, s'il a été fini avant l'époque fixée. C. civ. 795; C. pr. 174. — V. *Exception*.

42. *Caution.* L'héritier bénéficiaire peut être tenu, si les créanciers ou autres personnes intéressées l'exigent, de donner caution de la valeur du mobilier compris dans l'inventaire, et de la portion du prix des immeubles non déléguée aux créanciers hypothécaires.

43. *Les créanciers.* La demande d'un seul suffit. Chabot, art. 807, n° 3; Vazeille, art. 807, n° 1; Rolland, v° *Bénéfice d'inventaire*, n° 65.

44. *Autres personnes intéressées.* Par exemple les légataires. Chabot, art. 807; Pigeau, 2,703.

45. Par *mobilier*, il faut entendre toutes les actions et obligations qui ont pour objet des choses exigibles, quelle qu'en soit l'origine. Bordeaux, 6 juin 1828, S. 28, 313.

46. Mais l'héritier ne peut être contraint de donner caution pour les fruits échus ou à échoir. — Les créanciers pourraient saisir les fruits, sur l'héritier bénéficiaire, comme ils le pouvaient sur le défunt. Chauveau sur Carré, n° 2525; Thomine, 2, 634; Pigeau, 2, 704.

47. L'héritier est mis en demeure de fournir caution par une sommation faite par exploit, signifié à personne ou à domicile. C. pr. 992.

Cette sommation contient constitution d'avoué et ajournement. Pigeau, 2,705; Chauveau, *ib.*

48. Dans les trois jours de cette sommation, outre un jour par trois myriamètres de distance entre le domicile de l'héritier et la commune où siége le trib., il est tenu de présenter caution au greffe du trib. de l'ouverture de la succession dans la forme prescrite pour les réceptions de *caution*. C. pr. 993. — V. ce mot.

49. S'il ne trouve pas de caution, il est reçu à donner à sa place un gage en nantissement. C. civ. 2041.

50. Mais il ne peut se dispenser d'en fournir une, en alléguant qu'il possède des immeubles suffisants pour la garantie des objets dépendants de la succession, s'il n'offre pas en même temps hypothèque. Paris, 28 janv. 1812, S. 12, 445.

51. Il n'est pas forcé de consigner, la loi ne lui impose que l'obligation de donner caution. Aix, 28 nov. 1831, Dev. 32, 132.

52. Dans le cas où le premier cautionnement donné par l'héritier devient insuffisant, il peut être admis à en fournir un supplémentaire. Paris, 15 avr. 1820, S. 20, 201.

53. Jugé que l'héritier peut offrir pour caution des créances.

Même arrêt. Bilhard, n° 66. — *Contrà*, Vazeille, art. 807, n° 2; A. Dalloz, v° *Succ. bénéf.*, n° 210.

54. S'il s'élève des difficultés relativement à la réception de la caution, les créanciers provoquants sont représentés par l'avoué le plus ancien. C. pr. 994.

55. Le *plus ancien* sur le tableau de tous ceux qui occupent dans l'affaire. Chauveau sur Carré, n° 2527 *ter*; Thomine, 2, 635; Bilhard, 178. — *Contrà*, Pigeau, 2, 636; Carré, n° 3238.

56. Faute par l'héritier de fournir la caution dans les cas où elle est exigée, les meubles sont vendus, et le prix en est déposé, à Paris, à la caisse des dépôts et consignations, et dans les départements, chez les préposés de cette caisse. C. civ. 807; ordonn. 3 juill. 1816, art. 2, 12.

§ 4. — *Gestion de l'héritier.*

57. L'héritier bénéficiaire est chargé d'administrer les biens de la succession.

Peu importe qu'il y ait un donataire universel de l'usufruit des biens du défunt. Paris, 25 juill. 1826, S. 27, 104. — *Contrà*, Paris, 25 août 1816, S. 18, 224.

58. Il a des pouvoirs plus étendus qu'un curateur. Ainsi il peut sans le concours des créanciers faire tous actes d'administration, toucher les revenus. Carré, 2527 *quinquies*; Toullier, 4, 356.

Il ne pourrait cependant procéder à un partage amiable. Chauveau sur Carré, n° 2516.

59. S'il y a plusieurs héritiers bénéficiaires et qu'il y ait eu partage des biens entre eux, chacun n'a la gestion et n'est responsable que de la part des biens à lui attribués en gestion. La gestion de chaque cohéritier n'est pas solidaire. Merlin, *R.*, v° *Bénéfice d'inventaire*, n° 17. — Poitiers, 22 mai 1856 (6274).

60. L'héritier bénéficiaire n'est tenu que de ses fautes graves dans l'administration dont il est chargé. C. civ. 804.

61. L'héritier bénéficiaire ne peut, ni transiger, ni compromettre sur les biens de la succession; le compromis serait valable, mais l'héritier deviendrait héritier pur et simple. Cass. 20 juill. 1814, S. 15, 32. — V. *Conciliation.*

62. *Vente des biens.* — S'il existe dans la succession des objets susceptibles de dépérir, ou dispendieux à conserver, l'héritier peut, même pendant les délais accordés pour faire inventaire ou délibérer, en sa qualité d'habile à succéder, et sans qu'on puisse en induire de sa part une acceptation, se faire autoriser par justice à procéder à la vente de ces effets. C. civ. 796. — V. *Vente de meubles*, n°s 24 à 29.

63. Pendant ces délais, l'autorisation doit être restreinte aux objets susceptibles de dépérir ou dispendieux à conserver; elle ne peut s'étendre indistinctement à tous les objets dépendant de la succession : l'art. 986 C. pr. se réfère à l'art 796 C. civ. Demiau, 662; Thomine, 2, 628; Lepage, 664; Chauveau sur Carré, n° 2508. — *Contrà*, Pigeau, *Comm.* 2, 695.

64. La même faculté appartient à la femme commune. Chauveau, n° 2508 *bis*.

65. Suivant M. Paignon, 2, n° 311, lorsque les meubles sont sujets à dépérir, l'habile à succéder peut les vendre sans autorisation, et cet acte ne lui fait pas perdre qualité, pourvu qu'aussitôt après avoir accepté sous bénéfice d'inventaire, il rende compte du prix de la vente.

66. La vente des meubles corporels a lieu par le ministère d'un officier public aux enchères, et après les affiches et publications accoutumées. — V. *Vente de meubles*, n°s 26 et suiv.

Si l'héritier les représente en nature, il n'est tenu que de la dépréciation ou de la détérioration causée par sa négligence. C. civ. 805.

67. Les grains provenant des terres dépendantes de la succession peuvent être vendus de gré à gré au prix fixé par les mercuriales : par les mots *meubles* et *mobilier* employés dans les art. 805 C. civ. et 989 C. pr., le législateur n'a entendu assujettir aux formalités des ventes publiques que les effets mobiliers proprement dits dont la valeur est sujette à une foule de variations. Thomine, 2, n° 1185; Chauveau sur Carré, n° 2520. — *Contrà*, Pigeau, *Comm.* 2, 701. — Cet auteur exige que les fruits soient vendus suivant les formes de la *saisie-brandon*.

68. La vente des rentes sur l'État au-dessus de 50 fr. exige une autorisation préalable. — Avis Cons. d'État 11 janv. 1808. — V. *Rente;* — Paris, 14 avr. 1849 (4448).

69. Pour la vente d'une rente constituée sur particuliers, — doit-on suivre par analogie les règles des ventes d'immeubles de mineur qui ne comportent plus ni lecture ni publication du cahier des charges? Trib. Marseille, 20 juill. 1842 (Art. 2390, J Pr.); Arg. Thomine, 2, n° 1184.

— Ou bien doit-on suivre les formes tracées pour la vente de ces sortes de biens après saisie? — Nous adoptons cette dernière opinion : en effet sous l'ancien Code les rentes constituées sur particuliers dépendant d'une succession bénéficiaire devaient être vendues en suivant les dispositions des art. 643 et suiv. placés au *titre de la saisie des rentes constituées* sur particuliers : alors il n'y avait pas d'autres formes prescrites pour la vente de ces sortes de biens. Pigeau, *Commentaire*, 2, 701, et tel était l'usage à Paris. — Ce titre a été modifié par la loi du 24 mai 1842 (Art 2248 J. Pr.). Mais l'art. 989 C. pr. qui renvoie aux formes prescrites pour la vente de ces sortes de biens est resté le même; il renferme donc un renvoi virtuel, même au cas de vente sans saisie aux formes tracées par la loi actuelle pour la vente de ces sortes de biens après saisie. — Or, parmi ces formalités, se trouvent la lecture et la publication du cahier des charges à une audience où le jour de l'adjudication doit être fixé (Art. 643 et 644 C. pr. nouveau).

70. Toutefois la vente des rentes faite de gré à gré pour une valeur égale à leur capital n'entraîne pas déchéance. Elle est plus avantageuse que n'eût été une vente faite en justice. Cass. 27 déc. 1820, Dev. 6, 353.

71. L'héritier bénéficiaire ne peut vendre les immeubles que dans les formes prescrites par la loi sur la procédure (C. pr. 987 et suiv.). — V. *Vente judiciaire d'immeubles*, § 4.

72. Il a la faculté de se rendre adjudicataire des biens qu'il administre. — V. *Vente judiciaire*, n° 203.

73. A défaut de payement, il est exposé aux poursuites de folle enchère. — V. *Vente sur folle enchère*, n° 8.

74. L'héritier bénéficiaire doit déléguer le prix des immeubles aux créanciers hypothécaires qui se sont fait connaître. C. civ. 806.

75. Cette délégation, insérée dans le cahier des charges, n'a d'autre objet que d'épargner la consignation de tout ou partie du prix dans le cas où l'héritier ne pourrait donner caution, mais elle suppose que les deniers suffisent pour désintéresser tous les créanciers, ou qu'ils consentent à un arrangement amiable.

76. Dans le cas contraire, il faut recourir à un *ordre* judiciaire. — V. ce mot.

77. L'ordre est poursuivi devant le tribunal de la situation des biens et non devant celui de l'ouverture de la succession. Cass. 18 avr. 1809, P. 7, 499; Thomine, n° 1187.

78. S'il y a des créanciers opposants, l'héritier ne peut payer que dans l'ordre et de la manière réglée par le juge.

Néanmoins, l'infraction à cette disposition n'entraîne pas contre lui la déchéance du bénéfice d'inventaire; elle le rend seulement passible de dommages-intérêts envers les créanciers qui n'ont pas été payés dans l'ordre légal, et d'après la quotité de leurs créances. Arg. Cass. 27 déc. 1820, S. 21, 385. Duranton, 7, n° 33. — *Contrà*, Chabot, *Successions*, art. 808, n° 2.

On doit entendre par *créanciers opposants*, tous ceux qui ont fait connaître à l'héritier bénéficiaire qu'ils étaient créanciers de la succession, non-seulement par une saisie-arrêt, mais par une simple notification de leurs titres, soit de toute autre manière. Chabot, art. 808, n° 1; Rolland, v° *Bénéfice d'inventaire* n° 136. — Orléans, 14 avr. 1859, Dev. 60, 267.

79. Les créanciers peuvent former des oppositions, soit aux scellés, soit entre les mains de l'officier public qui a procédé à la vente du mobilier, soit entre les mains de l'adjudicataire des immeubles, soit entre celles de l'héritier bénéficiaire.

80. S'il n'y a pas de créanciers opposants, l'héritier paye les créanciers et les légataires à mesure qu'ils se présentent. C. civ. 808. — Il peut même se payer sa créance personnelle contre la succession. Paris, 25 juin 1807, Dév. 2, 268 ; Duranton, 7, n° 35.

Le payement fait sans fraude, avant toute opposition, à un créancier de la succession, est valable, définitif et irrévocable. Cass. 4 avr. 1832, Dev. 32, 309 ; Favard, v° *Bénéf. d'inv.*, n° 11 ; Delvincourt, 2, 33 : Duranton , 7, n° 35. — *Contrà*, Chabot, 3, 50 ; Toullier, 4, n° 333 ; Malpel, n°s 235, 236.

81. L'héritier bénéficiaire peut être condamné au payement des legs, avant la fin de la liquidation de la succession, s'il n'y a pas d'opposition. Paris, 16 mars 1835 (Art. 38 J. Pr.).

82. Les créanciers non opposants qui ne se présentent qu'après l'apurement du compte et le payement du reliquat, n ont de recours à exercer que contre les légataires.

Ce recours se prescrit par trois ans, à compter de l'apurement du compte et du payement du reliquat. C. civ. 809.

83. Les créanciers de la succession bénéficiaire ont-ils le droit de former des oppositions entre les mains des tiers débiteurs de cette succession? — V. *Saisie-arrêt*, n° 46.

84. Peuvent-ils, en cas de négligence de l'héritier bénéficiaire, saisir les meubles et les immeubles de la succession? — V. *Saisie-exécution*, n° 7 ; *Vente judiciaire d'immeubles*, n° 245.

85. L'héritier bénéficiaire n'a droit à aucun salaire, encore qu'il ne retire aucun profit de la succession. Il n'a même pas le droit de prendre sa nourriture ou son logement sur les biens de la succession, soit pendant, soit après les délais pour délibérer. Toullier, t. 4, n° 389 ; Chabot, art. 803 , n° 4 ; A. Dalloz, v° *Succession bénéficiaire*, n° 89.—*Contrà*, Bilhard, n° 91.

86. Il doit rendre compte de son administration aux créanciers et aux légataires, dans les formes prescrites pour les *red-ditions de compte* en général. C. civ. 803 ; C. pr. 995. — V. ce mot.

87. Le trib. du lieu de l'ouverture de la succession connaî. de cette reddition de compte. Carré, n° 2527 *quater* ; Pigeau, 2, 707 ; Thomine, 2, 636.

88. L'héritier doit compte non-seulement des arrérages, mais du capital d'une rente constituée appartenant à la succession. Cass. 10 août 1840, P. 40, 2, 745.

89. Il ne peut être contraint sur ses biens personnels qu'après avoir été mis en demeure de présenter son compte, et faute d'avoir satisfait à cette obligation.—V. Art. 3525 J. Pr.

Après l'apurement du compte, il n'est tenu, sur ses biens personnels, que jusqu'à concurrence seulement des sommes dont il se trouve reliquataire. C. civ. 803.

90. Cependant il a été jugé qu'il peut être forcé de payer immédiatement, et sans qu'il soit besoin d'attendre son compte de bénéfice d'inventaire, une provision accordée à un créancier dans une instance dirigée contre lui. — Surtout s'il est réputé nanti de sommes suffisantes provenant de la succession. Paris, 7 mai 1829, S. 29, 269.

91. S'il a payé par erreur au delà des forces de la succession, il est admis à répéter cet excédant aux derniers créanciers remboursés. Delvincourt, 2, 34, n° 4; Rolland, n° 161; Bilhard, n° 93.

92. L'héritier bénéficiaire a le droit de prélever sur les deniers de la succession les sommes par lui avancées pour payer les droits de mutation. Rouen, 27 déc. 1837, Dev. 38, 445; Toullier, 4, 391; Chabot, art. 803; Rolland, v° *Compte de bénéfice*, n° 26; Dissertation de M. Delahaye (Art. 2053 J. Pr.). — V. d'ailleurs *inf.*, n° 115. Seine, 21 avr. 1860 (7480).

93. Les frais de scellés, s'il en a été apposé, d'inventaire et de compte, sont à la charge de la succession. C. civ. 810.

94. Quant aux *dépens* des procès soutenus par l'héritier bénéficiaire dans l'intérêt de la succession. — V. ce mot.

§ 5. — *Effets du bénéfice d'inventaire.*

95. L'effet du bénéfice d'inventaire est de donner à l'héritier l'avantage :

1° De n'être tenu du payement des dettes de la succession que jusqu'à concurrence de la valeur des biens qu'il a recueillis, même de pouvoir se décharger du payement des dettes, en abandonnant tous les biens de la succession aux créanciers et aux légataires.

96. L'héritier bénéficiaire n'est tenu des dettes de la succession qu'en proportion de sa part héréditaire. La division des dettes s'opère de plein droit entre tous les héritiers. L'héritier bénéficiaire pourrait même se dispenser de rendre compte, en offrant sa part contributoire dans les dettes. Colmar, 23 nov. 1810, P. 8, 658; Cass. 22 juill. 1812, P. 10, 589; Chabot, art. 873, n° 11; Rolland, v° *Bénéfice d'invent.*, n° 166; Duranton, 7, n° 41; Dalloz, v° *Succ. bénéf.*; n° 53.

97. Il n'est pas tenu de contribuer aux dettes de la succession sur les biens provenant d'une réduction de donation entrevifs, qu'il a obtenue comme héritier à réserve. Arg. C. civ., 857; Chabot, art. 857, n° 11; Duranton, 7, n° 44; Vazeille, 802, n° 7.

98. L'abandon des biens d'une succession bénéficiaire échue à un mineur, fait au créancier de la succession par le tuteur, sans l'autorisation du conseil de famille, n'est pas régulier. Cass. 12 mars 1839 (Art. 1395 J. Pr.).

L'approbation n'a pas été considérée comme résultant suffisamment d'une délibération du conseil de famille, qui autorisait ultérieurement la renonciation du mineur à la succession bénéficiaire. — La délibération doit être homologuée. Douai, 13 août 1855 (6037).

99. Dans l'usage, à Paris, l'abandon se fait au greffe, sur le registre des renonciations.

Mais cette forme n'est autorisée par aucun article de nos codes. Chabot, art. 802, n° 7.

Il peut avoir lieu par un acte ordinaire ou devant notaire. Rolland, v° *Abandon*, n° 20.

100. L'abandon doit être fait à tous les créanciers. Arg. C. civ. 780; — et leur être notifié : ils ont intérêt à le connaître, surtout s'il y a des biens à gérer. Chabot, *ibid.* — *Contrà*, Bilhard, n° 137. Mais cette notification n'est pas nécessaire dans le cas où l'abandon a lieu au greffe.

101. Cet abandon n'équivaut pas à une renonciation. Douai, 29 juillet 1816, P. 13, 568; Cass. 1er fév. 1830, P. 23,108; Chabot, 802, n° 8; — Duranton, 7, n° 3; Rolland, v° *Abandon*, n° 34. — *Contrà*, Cass. 6 juin 1815, P. 12,754.

L'héritier qui a accepté sous bénéfice d'inventaire ne peut plus renoncer. Paris, 3 avril 1826, P. 20,340; Grenoble, 4 juin 1836, P. 27,1400; Cass. 25 mars 1840, P. 40, 1, 708; Souquet, v° *Succession*, tableau 776, Clermont, 10 janv. 1855 (5823). — Alors même qu'il serait mineur. Toulouse, 29 mars 1832, P. 24,910; Souquet, v° *Succession*, tabl. 776, 5e col., n° 116. — *Contrà* Grenoble, 28 mars 1835, D. 36,88.

102. C'est à l'héritier et non aux créanciers que doit être signifié l'arrêt d'admission obtenu contre la succession. Cass. 1er fév. 1830.

103. L'abandon n'entraînant pas renonciation à la succession, la succession ne devient pas vacante. Paris, 10 août 1809, P. 7,757; Vazeille, 802, n° 9. — *Contrà*, Chabot, 802, n° 8; Toullier, 4, n° 358.

Toutefois, dans l'usage, à Paris, on nomme un curateur pour l'administration des biens abandonnés.

104. 2° De ne pas confondre ses biens personnels avec ceux de la succession, et de conserver contre elle le droit de réclamer le payement de ses créances. C. civ. 802; — Avec les hypothèques et priviléges qu'il peut avoir sur les biens de la succession. Chabot, art. 102, n° 1; Duranton, tome 7, n° 48.

105. L'inscription prise par un créancier sur un immeuble de la succession depuis le décès n'a pas d'effet vis-à-vis des autres créanciers, si la succession n'est acceptée que sous bénéfice d'inventaire. C. civ. 2146.

106. Le créancier de la succession est-il tenu de renouveler son inscription? — V. *Hypothèque*.

107. L'acceptation bénéficiaire opère-t-elle de plein droit la *séparation des patrimoines?* — V. ce mot, n° 6.

108. L'héritier bénéficiaire n'est point lié par les faits du défunt. Il peut revendiquer ses biens personnels aliénés sans son consentement par le défunt, sans craindre la maxime *quem de evictione tenet actio, eumdem agentem repellit exceptio*. Chabot, art. 802; Duranton, 7, n° 52; Rolland, v° *Bénéfice d'invent.*, n° 179. — *Contrà*, Riom, 13 déc. 1807; P. 6,386; Souquet, v° *Succession*, tableau 776, 5ᵉ col. n° 128.

109. Les créanciers peuvent-ils former *tierce opposition* au jugement intervenu entre l'héritier bénéficiaire et le curateur? —V. ce mot, n°ˢ 43 et 44.

110. La prescription ne court pas contre l'héritier à l'égard de ses créances. C. civ. 2258;—à dater de l'acceptation bénéficiaire. arg. C. civ. 2259.—Limoges, 16 mars 1838, D. 38,147.—*Contrà*, Duranton, 21, n° 316; Merlin, *Qu. dr.* v° *Succession vacante*, 551.—Suivant ces auteurs, l'effet du bénéfice d'inventaire remonte au jour de l'ouverture de la succession.

111. Les actions dirigées par l'héritier bénéficiaire contre la succession, sont intentées contre les autres héritiers, et s'il n'y en a pas ou qu'elles soient formées par tous, contre un curateur. C. pr. 996.—V. *Curateur*.

§ 6. — *Enregistrement.*

112. Les acceptations de succession sous bénéfice d'inventaire sont assujetties au droit fixe de 1 fr. L. 22 frim. an 7, art. 68, § 1, n° 2.—Mais une décision du ministre des finances, du 13 juin 1823, les soumet à un droit fixe de 3 fr.

113. Il est dû un droit par chaque héritier acceptant, et pour chaque succession. L. 22 frim. an 7, *ib.*

114. Si la succession est échue à des négociants faillis et acceptée par les syndics de leurs créanciers, il est dû autant de droits qu'il y a d'héritiers représentés par les créanciers.

115. L'héritier bénéficiaire est tenu, comme l'héritier pur et simple, d'acquitter les droits de mutation par décès, ou du moins d'en faire l'avance. L. 22 frim. an 7, art. 27, 30, 32; Cass. 12 juill. 1836; 28 août 1837 (Art. 488 et 987 J. Pr.).

116. L'acte d'abandon fait par l'héritier de tous les biens de la succession, est passible du droit fixe de 1 fr. Cela résulte de ce qu'il ne s'opère dans ce cas aucune mutation.

§ 7. — *Formules.*

FORMULE I.

Acte d'acceptation de successiou sous bénéfice d'inventaire,

(C, civ. 793. — Tarif, 91. — Vacation, 3 fr.)

Aujourd'hui, , au greffe est comparu le sieur
propriétaire, demeurant à , (ou le sieur
demeurant , mandataire spécial du sieur
suivant procuration sous seing privé *ou* reçue par M^e et son
collègue notaires à , le , laquelle est demeurée annexée
aux présentes.)

Lequel assisté de Me D..., avoué près ce tribunal, a déclaré que, connaissance par lui prise des forces et charges de la succession du sieur ,
demeurant à , rue , où il est décédé le ,
et dont le comparant est présomptif héritier pour un quart, il n'entendait
accepter et comme en effet il n'accepte ladite succession que sous bénéfice
d'inventaire et non autrement ; jurant et affirmant qu'il n'a rien pris ni détourné des biens et effets de la dite succession.

De tout quoi le comparant a requis acte à lui octroyé et a signé avec ledit
Me D..., son avoué, et nous, greffier, après lecture faite.

(*Signatures de la partie, de l'avoué et du greffier.*)

FORMULE II.

Acceptation par un créancier au nom de son débiteur.

(C. civ. 788, 793. — Tarif, 91 par anal. — Vacation, 3 fr.)

Et ledit jour, au greffe du tribunal de première instance de ,
est comparu le sieur , assisté de M^e , avoué
près ce tribunal, lequel, au nom et comme créancier sérieux et légitime du
sieur , ainsi qu'il résulte d'un acte , et en vertu
d'un jugement du tribunal de , en date du ,
enregistré, l'autorisant à cet effet, a déclaré que, connaissance par lui prise
des forces et charges de la succession du sieur , demeurant à
, où il est décédé le , et dont ledit sieur
, débiteur du comparant, est présomptif héritier pour
il accepte ladite succession sous bénéfice d'inventaire, et jusqu'à concurrence
de sa créance, aux termes de l'art. 788 du Code civil, affirmant, etc.

(*La suite comme à la formule n° 1*).

BÉNÉFICIAIRE. Celui au profit duquel est souscrit un *effet de
commerce.*—V. ce mot.

BESOIN. En matière de lettres de change et de billets à ordre,
c'est l'indication faite d'un tiers dans le corps de l'effet, ou dans
l'endossement pour payer *au besoin*, c'est-à-dire si le tiré ou le
souscripteur ne paye pas.—V. *Effet de commerce.*

BESOINS.—V. *Aliment*, n°s 8, 13, et 16;—*Avocat*, n° 26.

BESTIAUX.—*Acte de commerce*, n°s 63, 90, 96; *Appel*,
n°s 189, 217.—*Juge de paix; Rédhibitoire; Saisie-arrêt*, n°
66; *Saisie-exécution*, 31. 49. 187: *Saisie immobilière*, n°s 182
et 527.

BETTERAVE.—V. *Acte de commerce*, nᵒˢ 94, 138.

BIBLIOTHÈQUE.—V. *Avocat; Saisie-exécution*, nᵒ 129.

BIFFER.—V. *Rature.*

BIJOUX.—V. *Inventaire, Saisie-exécution*, nᵒˢ 26, 310 et 315.

BILAN. État *actif* et *passif* des affaires du failli, qui doit être dressé en cas de *faillite.*—V. ce mot.

BILLET.—V. *Acte de commerce*, nᵒˢ 48, 200, 253; *Effet de commerce, Timbre.*

BILLET *d'avertissement.* — V. *Avertissement, Ordre.*

BILLET *de Banque.* — V. *Offres; Saisie-exécution;* Paris, comm., 18 fév. 1857 (6369).

BILLON (*Monnaie de*).—V. *Monnaie, payement.*

BISSEXTILE (*Année*).—V. *Calendrier*, nᵒ 1.

BLANC, LACUNE, INTERVALLE. Se dit de l'espace laissé dans un acte sans être couvert d'écriture.

1. En général, tous les actes doivent être écrits sans aucun blanc, afin de rendre impossibles les additions frauduleuses, qui pourraient y être faites après leur rédaction.

2. Cependant l'usage des *alinéa* n'est pas interdit; mais il est prudent de tirer des traits de plume à la fin de chaque *alinéa.*—V. *Exploit.*

3. Le notaire, qui dans la minute d'une procuration laisse en blanc les noms du mandataire, est-il en contravention?

Pour la négative, on dit : Dans beaucoup de cas, il est impossible au mandant de désigner le mandataire, qu'il ne connaît pas encore lui-même. Depuis la promulgation de la loi du 25 ventôse an 11, des milliers de procurations en blanc, soit en brevet, soit en minute, ont été sans difficultés enregistrées dans les divers bureaux. D'ailleurs, une procuration en blanc n'est qu'un simple projet et non pas un véritable acte, puisque le mandataire étant essentiellement partie contractante, son nom doit nécessairement figurer.

Mais on répond : Si l'on a pu, à l'égard des procurations en brevet, tolérer l'usage invoqué, la généralité des termes de l'art. 13, L. 25 vent. an 11, qui exige que tous les actes des notaires soient écrits en un seul contexte, sans blancs, ni intervalle, et les plus graves considérations ne permettent pas d'étendre cette tolérance aux procurations en minute : autrement l'on pourrait plus tard indiquer dans la minute et dans l'expédition des noms différents pour le mandataire. Nancy, 20 janvier 1842 (Art. 2149 J. Pr.).

BLANCHISSAGE. —V. *Acte de commerce*, n° 137.

BLOC (*Vente en*). —V. *Lots*, *Surenchère*, n° 224; *Vente judiciaire*, n°s 116, 120, 197.

BOIS. —V. *Action possessoire*, n°s 132 et 134; — *Saisie-brandon*, n° 6; *Saisie immobilière*, n° 250,557.

BON POUR *ou approuvé*.

Table sommaire.

Artisan, 1.	Mandat, 9.
Écrit, 1.	Marchand, 1, 7.
Effet de commerce, 5.	Obligation, 1.
Erreur, 8.	Quittance, 2.
Femme, 7 et 8.	Service, 1.
Gens de journées, 1.	Somme, 4, 8.
Laboureur, 1.	Vigneron, 1.
Lettre, 1 et s.	

1. Le billet ou la promesse sous seing privé par lequel une *seule partie s'engage* envers l'autre à lui payer une somme d'argent ou une chose appréciable, doit être écrit en entier de la main de celui qui le souscrit ; ou du moins il faut qu'outre sa signature il ait écrit de sa main un bon ou un approuvé, portant *en toutes lettres la somme* ou la quantité de la chose ; — excepté dans le cas où l'acte émane de marchands, artisans, laboureurs, vignerons, gens de journée et de service. C. civ. 1326.

2. *Une seule partie.* C'est par opposition aux contrats synallagmatiques pour lesquels la mention de la somme en toutes lettres n'est pas exigée.

3. *S'engage.* Une quittance serait valable sans bon ni approuvé, la signature du créancier suffirait. Cass. 25 mars 1806, P. 5,250; Duranton, 13, n° 169.

4. *En toutes lettres la somme.* C'est afin de prévenir les abus de confiance dont pourraient être victimes ceux qui signent des actes sans les lire ou qui donnent leur signature en blanc.

Les mots *approuvé l'écriture ci-dessus* ne suffisent pas, il faut en outre un *bon pour la somme de* en toutes lettres.

Bien entendu, le bon est inutile, lorsque l'acte est écrit en entier de la main du signataire.

5. L'art. 1326 ne s'applique pas aux effets de commerce Arg. Toulouse, 30 déc. 1829, S. 30, 128.

6. *De marchands.* La célérité des affaires commerciales et la nécessité de ne pas interdire certains actes à ces personnes ont motivé l'exception

7. On exige que le billet souscrit par la femme d'un marchand conjointement avec son mari porte le bon ou approuvé de la femme.—Cass. 6 mai 1816, S. 16, 227.

8. Lorsque la somme exprimée au corps de l'acte est différente de celle exprimée au bon, l'obligation est présumée n'être que de la somme moindre, lors même que l'acte ainsi que le bon sont écrits en entier de la main de celui qui s'est obligé, à moins qu'il ne soit prouvé de quel côté est l'erreur. C. civ. 1327.— Il convient d'indiquer la nature de l'approbation, par exemple, dans l'usage on met *bon pour procuration*, s'il s'agit d'un mandat. — V. *Acte, Commerçant, Enquête*.

BONNE FOI. — V. *Action possessoire*, nos 13, 59, 68.

1. C'est aux tribunaux qu'il appartient d'apprécier d'une manière souveraine les faits qui constituent la bonne ou la mauvaise foi. Cass. 13 déc. 1830, Dev. 31, 24. — V. *Cassation* et toutefois C. civ. 550 et 554.

BORD. —V. *Tribunal de commerce*, nos 53 et suiv.

BORDEAUX. — V. *Tarif*, n° 2.

BORDEREAU *d'agent de change.* — V. *Agent de change*.

BORDEREAU *de collocation.* — V. *Distribution par contribution.— Ordre entre créanciers; Vente sur folle enchère*, nos 23 et 48.

BORDEREAU *d'inscription.* — V. *Inscription hypothécaire*.

BORNAGE. L'action en bornage a pour but de faire ordonner la plantation de nouvelles *bornes*, — ou le rétablissement et la reconnaissance des anciennes.—V. Millet, *du Bornage*.

Table sommaire.

1. Le bornage peut toujours être demandé, alors même que les voisins seraient restés plus de trente ans sans le réclamer. C. civ. 646, 2232. — Nul ne peut être tenu de laisser indécise la ligne qui sépare son héritage de celui du voisin. Toullier, 3, n° 170. — Arg. C. civ. 815.

2. La clause par laquelle deux voisins conviennent de ne jamais demander le bornage n'est pas obligatoire. Solon, *Servitudes*, n° 64.

3. L'action en bornage diffère de l'action en déplacement de bornes. — V. *Inf.* n° 38.

4. L'action en bornage peut être intentée : — 1° Par quiconque possède un fonds comme propriétaire, sans qu'il soit tenu de justifier ses droits de propriété. Merlin, *Rép.*, v° *Bornage*, n° 2; Frémy-Ligneville, *Code des architectes*, n° 96.

5. 2° Par l'usufruitier ou l'emphytéote : il suffit d'avoir un droit réel, une possession *pro suo*. Proudhon, *Usufruit* n° 1243. Toullier, t. 3, n° 257; Souquet, v° *Bornage*, tabl. 44, 5ᵉ col. n° 8; Duranton, t. 5, n° 257; Curasson, 2, 329. — *Contrà*, Carou, n° 498.

6. Il en est autrement du fermier : il ne possède qu'à titre précaire. Il doit se pourvoir contre son bailleur, et conclure à ce que celui-ci fasse borner l'héritage. Toullier, *ibid.*; Carré, *Compétence*, 1, n° 231.

7. 3° Par le tuteur avec l'autorisation du conseil de famille : cette action n'est pas un simple acte d'administration. Carou, n° 498; Pardessus, n° 118; — Quand il y a contestation. Demolombe, 7, n° 689 (6175).

8. Jugé que le mari n'a pas qualité, après la séparation de biens, pour intenter seul une action en bornage relativement aux immeubles de sa femme. Rouen, 6 nov. 1835; D., 36, 181.

9. 4° Par un héritier contre son cohéritier par indivis, s'il s'agit de deux fonds distincts quoique faisant partie du même héritage. Rennes, 11 juillet 1829; P., 22, 1234; Duranton, t. 5, n° 257; Souquet, v° *Bornage*, 44ᵉ tabl., 5ᵉ col., n° 8. — *Contrà*, *Encyclopédie*, n° 16.

10. 5° Par un particulier contre une commune, un établissement public, et même contre l'État. Elle peut aussi l'être par l'État. C. for., 8.

11. Il convient, pour rendre obligatoire le bornage à l'égard

de tous, d'appeler les divers ayants droit, tels que nu propriétaire, usufruitier, etc. Pardessus, n° 118.

12. Le nu propriétaire qui n'a pas été appelé au bornage demandé par l'usufruitier, conserve le droit d'en provoquer un nouveau, même pendant la durée de l'usufruit. Bordeaux, 23 juin
1836, Dev. 37, 37; Proudhon, n° 1243; *Encyclopédie*, v° *Bornage*, n° 37; — Curasson, 2, 329.

13. Pour que le bornage puisse être demandé, il faut que les
deux propriétés soient contiguës. C. civ., 646. Pardessus, n° 118;
— V. toutefois rej. 9 nov. 1857 (6584).

14. N'est point un obstacle à la demande en bornage, l'existence, entre les deux fonds, d'un sentier privé, d'un ruisseau,
ou d'un ravin dont l'emplacement fait partie des fonds qu'ils bor-
dent où traversent. Carou, *Jurid. des juges de paix*, n° 495;
Pardessus, n° 118; Curasson, 2, 327; — *L'existence de limites
naturelles, par exemple, de haies vives : l'objet de l'action en
bornage est de faire constater la délimitation*, alors même qu'elle
n'est pas contestée. Cass. 30 déc. 1818; P. 14, 1147; Pardessus,
n° 118; Carou, *ibid.*, n° 496. — V. 5906, 7536.

15. Le bornage a lieu à l'amiable ou en justice, selon que les
parties sont ou non d'accord, majeures, maîtresses de leurs droits.

16. *A l'amiable.* Ce mode de bornage s'applique aux forêts de
l'État, de la couronne, des communes et établissements publics.
C. for. art. 9; — L. du 17 juillet 1819, art. 2, 3, 6, 8.

17. Les parties, par acte notarié ou sous seing privé, nom-
ment un ou plusieurs experts arpenteurs, précisent les pouvoirs
qui leur sont donnés et les héritages qu'il s'agit de limiter.

18. Les experts procèdent d'abord à l'examen des titres et renseignements qui leur sont remis; — puis à l'arpentage des terres
et à la reconnaissance des anciennes bornes, s'il en existe.

19. Si les titres n'indiquent la contenance que d'une manière
approximative, ils ne servent que pour ce qui y est indiqué déter-
minément : le bornage ne peut donner plus de terrain que ne le
porte le titre. Pardessus, n° 122; *Encyclopédie*, n° 48; Rolland,
v° *Bornage*, n° 43.

20. Si les titres des deux voisins donnent une contenance plus
ou moins grande que celle de tout le terrain, le profit ou la perte
sont répartis proportionnellement sur les deux voisins. Toullier,
t. 3, n° 176; Pardessus, n° 123; Duranton, t. 5, n° 260; *Encyclopédie*, n° 50; Rolland, v° *Bornage*, n°s 53 et suiv.

21. S'il n'y a aucuns titres de part ni d'autre. la seule possession fait règle. Toullier, *ibid.*; *Encyclopédie*, n° 54.

22. Les limites sont *naturelles*, telles qu'une montagne, une
rivière, un bois, une route; — ou *mobiles*, telles que des bornes
qui se déplacent facilement.

La forme des bornes mobiles varie suivant les lieux : — ce sont

des arbres , une haie, un fossé, un talus ou un mur, etc. — Le
plus souvent, ce sont des pierres d'une certaine grosseur, plantées
aux angles des héritages et autour desquelles on place deux autres
petites pierres qu'on appelle témoins, pour indiquer que ce sont
des bornes et non pas des pierres ordinaires qui se trouvent là par
hasard.

23. Le procès-verbal des opérations indique très-exactement
les limites et la place des bornes.

24. Si ce rapport convient aux parties, elles l'approuvent par
un acte sous seing privé ou notarié.

Dans l'usage, on convient que ce procès-verbal sera déposé pour
minute chez un notaire ; c'est un titre important pour la délimitation de la propriété.

25. *Bornage judiciaire.* Les juges de paix connaissent à charge
d'appel des actions en bornage, lorsque la propriété ou les titres
qui l'établissent ne sont pas contestés. L. 25 mai 1838, art. 6,
n° 2. — V. *Compétence des trib. de paix*, 474 (7951).

26. Lorsque la propriété ou les titres qui l'établissent sont contestés, le tribunal de 1re instance est seul compétent.

27. Les questions de bornage concernant les biens vendus na-
tionalement sont de la compétence exclusive de l'autorité judiciaire, sauf à surseoir, s'il y a nécessité d'interpréter préalablement la vente administrative. Décret, 1er févr. 1813 ; ord. 29 déc.
1819, 27 déc. 1820 ; ord. 5 juin 1838, Dev. 39, 2, 166.

28. L'action en bornage, lorsqu'elle est possessoire, est soumise au juge de la situation. — V. *Action possessoire*, n° 277.

Lorsqu'elle est pétitoire, à raison de son caractère mixte, elle
peut être portée devant le juge de la situation, ou devant celui du
juge du domicile du défendeur, au choix du demandeur.—V. *Action*, n° 31.

Toutefois, il est dans le vœu du législateur que le juge de paix
de la situation connaisse de l'action en bornage, lorsqu'elle est de
sa compétence. — V. L'art. 6, L. 6 juin 1838 (Art. 1166 J. Pr.),
et l'exposé des motifs.

29. Le juge de paix, par une descente de lieux, épargnera ordinairement aux parties des frais d'expertise. —V. l'art. 6. L. 6 juin
1838 (Art. 1166 J. Pr.) et l'exposé des motifs.

30. S'il croit nécessaire de nommer des experts, il précise l'objet de leur mission ; ils doivent s'y renfermer et se borner à examiner les titres respectifs et à établir les bornes d'après leurs énonciations ; s'il s'élève quelques questions préjudicielles, notamment
sur les bases du bornage, les experts devront renvoyer, pour statuer sur ces questions, devant le juge dont ils exécuteront ensuite
la sentence. Rolland, v° *Bornage*, n° 38 ; Pardessus, n° 124.

31. S'il y a contestation sur l'identité du terrain qu'il s'agit
de mesurer, les experts doivent s'assurer avant tout que ce terrain

est bien celui dont parlent les titres. Mais il n'est pas nécessaire de faire ordonner à ce sujet une enquête. Les experts ont qualité pour faire les recherches nécessaires. Pardessus, n° 121.

32. Le rapport des experts est soumis à l'homologation du juge compétent.—V. *Expertise.*

33. Celui à qui le bornage a enlevé quelque portion de terrain dont il jouissait précédemment, ne doit restituer que les fruits perçus depuis que l'action est intentée, à moins qu'il n'ait anticipé de mauvaise foi, auquel cas il serait tenu des dommages-intérêts résultant de son entreprise, et, en outre, des revenus depuis cette anticipation. Pardessus, n° 129.

34. Le bornage se fait à frais communs. C. civ. 646.—C'est-à-dire que chaque propriété contribue en proportion de son étendue. Pardessus, n° 129; — Rolland de Villargue, n° 78.

35. Les frais des fossés de clôture avec l'administration forestière sont supportés en entier par la partie requérante, et les fossés pris, en outre, sur son terrain. C. for. 14.

36. Les frais sont supportés en entier par le gouvernement pour le bornage des propriétés soumises à la servitude des places de guerre. L. du 18 juillet 1819, art. 2.

37. En cas de contestations, les frais du procès-verbal restent à la charge du propriétaire qui succombe. Pardessus, n° 129.

38. Le déplacement de bornes est un délit si elles ont été placées contradictoirement par deux propriétaires intéressés. —V. C. pén. 456.—Sinon il donne seulement lieu à une *action possessoire* qui doit être intentée dans l'année. L. 24 août 1790.—V. ce mot, n° 364.

39. *Enregistrement.* Le procès-verbal de bornage, rédigé par des experts ou arpenteurs, est sujet au droit fixe de 2 fr. L. 28 avril 1816, art. 43, n° 16.

40. L'acte fait à l'amiable et de concert entre les propriétaires voisins pour le bornage de leurs propriétés est sujet au droit fixe de 1 franc. L. du 22 frim. an 7, art. 68, § 12, n° 51.

BORNE (*Déplacement de*).—V. *Bornage*; n° 38; *Juge de paix.*

BOUCHER. — V. *Commerçant.*

BOUGIES. — V. *Saisie immobilière*, n° 462 et suiv.; *Surenchère*, n° 229; *Vente sur folle enchère*, 92; *Vente judiciaire*, n° 96.

BOULANGER. — V. *Acte de commerce*, n°s 36, 172, 232.

1. La connaissance des actions intentées par le propriétaire d'un droit exclusif, tel que celui de cuire du pain, pour raison du trouble apporté dans la possession de ce droit par une personne sujette à patente, appartient à l'autorité administrative et non aux tribunaux. Décr. 11, et 18 août 1807

BOURSE *de commerce.* — V. Loi, 3 juillet 1862 (7839).

1. Les bourses de commerce sont ouvertes à tous les citoyens, et même aux étrangers. Arrêté 27 prairial an 10, art. 1er.

2. Les personnes non commerçantes y sont admises, principalement pour la vente ou l'achat des effets publics.

3. L'entrée n'en est refusée qu'aux femmes, aux faillis non réhabilités (C. com., 614), aux individus condamnés à des peines afflictives ou infamantes. Arrêt du conseil du 24 sept. 1724; ordonn. de police du 1er therm. an 9.

— V. *Acte de commerce,* n° 26; *Agent de change,* 1; — *Faillite;* — *Vente de marchandises neuves,* n°s 49, 51 et suiv.

BOURSE *commune.* Mise en commun par les officiers d'un même corps, d'une somme fixe ou d'une partie de leurs droits ou vacations, pour subvenir à des dépenses communes. — Voyez *Commissaire-priseur, Huissier, Notaire.*

BOUTIQUE. — V. *Congé, Enseigne, Fonds de commerce.*

BRANCHES. — V. *Action possessoire,* n° 208; *Juge de paix, Saisie-brandon.*

BRANDONS. — V. *Saisie-brandon.*

BREF ÉTAT. Compte établi par simple mémoire, à la différence de l'état de compte, dans lequel on détaille la recette et la dépense. — V. *Compte.*

BREF DÉLAI. Délai moindre que celui ordinairement accordé à une partie pour comparaître en justice.

1. La faculté pour le demandeur, d'assigner à bref délai, résulte, soit de la loi, soit d'une ordonnance accordée sur requête par le président du tribunal où la requête est portée. — V. *Ajournement,* n°s 58 à 71.

2. La loi, lorsqu'il s'agit de vérification d'écriture, permet expressément d'assigner à trois jours. C. pr. 193. — V. d'ailleurs *Juge de paix, Référé, Tribunal de commerce.*

3. Quelquefois, elle se borne à organiser une réduction des délais ordinaires, sans déterminer les limites de cette réduction. Par exemple, dans le cas de l'article 457 C. pr., pour obtenir des défenses sur l'appel. Alors une ordonn. du président du tribunal où l'*Appel* est pendant, devient nécessaire pour indiquer le délai de la comparution. — V. ce mot, n° 518.

4. Le président du tribunal peut, dans tous les cas qui requièrent célérité, abréger par ordonn. rendue sur requête, les délais ordinaires de comparution. C. pr. 72. — V. art. 3099 J. Pr.

5. Il permet d'assigner, soit à jour fixe, soit à un nombre de jours moindre que celui accordé pour les circonstances ordinaires.

Dans l'usage, il autorise habituellement à assigner à trois jours, à moins que l'affaire ne soit connexe à une autre, pendante à l'audience, auquel cas, l'assignation est donnée à jour fixe.

6. L'ordonnance qui permet d'assigner à bref délai ne peut être attaquée, ni par opposition, ni par appel. — V. *Ajournement*, n° 67.

— V. les formules d'*Ajournement* et *Cédule*.

BREVET (ACTES EN). Acte dont il ne reste pas de minute, et qu'on délivre en original. — V. *Minute*.

BREVET d'*invention* — V. *Contrefaçon, Invention*.

BRIS de *clôture*. — V. *Bornage*.

BRIS de *scellé*. — V. *Scellés*, n°⁵ 40, 107 et suiv.

BRONZE. — V. *Vente de marchandises neuves*, n° 23.

BULLETIN DES ARRÊTS de *la Cour de cassation*. Recueil officiel des arrêts de la Cour suprême. — V. *Cour de cassation*.

1. Les arrêts de *cassation*, ceux de *rejet* et de *règlement de juges*, qui décident des questions importantes et dont le ministre de la justice croit l'impression utile sont insérés chaque mois dans le Bulletin. L. 27 vent. an 8; arrêté du deuxième jour complémentaire an 6.

2. Le dispositif de chaque arrêt est précédé d'une notice exacte et concise des faits de la cause, des conclusions et des moyens analysés des parties. *Même arrêté.*

3. Cette notice est rédigée par le rapporteur, dans la quinzaine du jugement, et visée par le président. *Même loi.*

BULLETIN des *lois*. Recueil officiel des lois et actes du gouvernement, créé par la loi du 14 frimaire an 2, et maintenu par celle du 12 vendémiaire an 4. Un cahier des lois rendues est envoyé chaque trimestre au greffier de chaque tribunal, et déposé au greffe.

BUREAU. — V. *Agent d'affaires*, n°⁵ 1, 2, *Douane, Enregistrement, Matières d'or et d'argent, Octroi, Timbre*.

BUREAU de *bienfaisance*. — V. *Hospice, Indigent*.

BUREAU des *hypothèques*. — V. *Conservateur, Hypothèque, Inscription, Saisie immobilière, Transcription*.

BUREAU de *paix*. — V. *Conciliation*.

C.

CABARET. —V. *Acte de commerce*, n° 76; *Commerçant*, *Huissier*, *Notaire*.

CABINET *de lecture*. —V. *Acte de commerce*, n° 177.

CACHET. Petit sceau. Se dit aussi de l'empreinte qu'il a produite.—V. *Exécution*, *Sac de procédure*, *Sceaux*, 6,

CADASTRE. Espèce de registre public dans lequel la quantité et la nature des biens-fonds du territoire d'une ou de plusieurs communes sont indiquées en détail, pour servir de base à la répartition de la contribution foncière.

1. L'évaluation du revenu d'après le cadastre ne suffit pas pour déterminer le taux du dernier ressort.— V. *Appel*, n° 226.

2. Les préposés de l'enregistrement doivent prendre communication des états de mutation dressés par suite des opérations cadastrales, pour rechercher les transmissions d'immeubles non enregistrées et en exiger les droits.

—V. d'ailleurs *Action possessoire*, n° 288.

CADENAS. —V. *Action possessoire*, n° 80.

CAFÉ.—V. *Acte de commerce*, 37, 77, 86;—*Arbitrage*, n° 282.

CAHIER DES CHARGES. Acte énonçant les clauses et conditions de la vente, et la mise à prix d'un objet mis aux enchères. —V. *Licitation*, *Saisie immobilière*, *Ventes*.

CAISSE DES DÉPOTS ET CONSIGNATIONS. Établissement public et permanent, destiné à recevoir les dépôts et consignations de sommes d'argent.

Table sommaire.

30   CAISSE DES DÉPOTS ET CONSIGNATIONS.

Rentes sur l'État, 16.
Responsabilité, 6, 12.
Risques, 4, 6, 34.
Société de commerce 19, 25.
Subrogation, 11.

Surveillance, 2.
Timbre, 32.
Trésor, 17.
Visa, 13.

1. En France, il n'existait pas autrefois de caisse spéciale pour les dépôts et consignations. Ils étaient faits entre les mains du greffier. Ord. de 1535, art. 6; ord. 1548.—Plus tard entre les mains des receveurs de consignations dont les charges furent érigées en offices, édit de 1578, et supprimées en 1791 : dès lors les consignations durent avoir lieu sans frais au greffe du trib. de district.—Puis à la caisse générale de la trésorerie nationale. L. 23 sept. 1793, art. 5.—Enfin à la caisse d'amortissement. L. 28 nivôse an 13.

2. En 1816, on créa une caisse spéciale pour les dépôts et consignations, L. 28 avril 1816, art. 110, qui, distincte de la caisse d'amortissement, resta cependant sous la même administration. Ord. 22 mai 1816.

Elle est placée sous la surveillance de commissaires, et soumise à un contrôle annuel des chambres législatives. L. 28 avril 1826, art. 111, 112, 114.

3. Cette caisse a un préposé dans toutes les villes où siége un trib. de première instance. Ordonn. 3 juill. 1816, art. 11.— Dans les chefs-lieux de département, le directeur général de la caisse est autorisé à se servir de l'intermédiaire des receveurs généraux qui sont alors comptables et responsables des recettes et dépenses qui leur sont confiées. Ordonn. 22 mai 1816, art. 28 et 29.

4. Tous les frais et risques relatifs à la garde, à la conservation et au mouvement des fonds consignés, sont à la charge de la caisse; les préposés, leurs commis ou employés, ne peuvent exiger aucun droit de garde, prompte expédition, travail extraordinaire, ou autre, à quelque titre que ce soit, à peine de destitution, et d'être poursuivis comme concussionnaires. Ordonn. 3 juill. 1816, art. 13; 2e ordonn. 3 juill. 1816, art. 3.

5. La caisse n'est pas, comme autrefois, simple dépositaire; elle devient comme l'emprunteur, propriétaire des fonds qui lui sont confiés, à la charge de restituer une valeur équivalente.

Les payements partiels qu'elle fait doivent être imputés d'abord sur les intérêts de la somme par elle due, puis sur le capital. Art. C. civ. 1254. Paris, 20 mars 1830, 7 janvier 1831, Dev. 9, 418; 31, 219.

6. Si, dans l'intervalle de la consignation à la remise des sommes consignées, ces sommes ont diminué ou augmenté de valeur, la perte ou le gain est pour le compte de la caisse; elle fait valoir les fonds à son profit, et sous sa responsabilité. Ordonn. 3 juill. 1816, art. 13.

7. La caisse paye l'intérêt de toute somme consignée, à raison de trois pour cent. Ordonn. 3 juill. 1816, art. 14; 2ᵉ ordonnance 3 juill. 1816, art. 5. — Ce taux a été maintenu en faveur des dépôts faits par les établissements publics. Art. 4, ord. 19 janv. 1835 (Art. 44 J. Pr.); — et (arrêté 26 mai 1849) dans le cas de dépôts volontaires faits par des particuliers.

Il a été élevé à 4 pour cent au profit de la caisse d'épargne; L. 31 mai 1837, art. 1ᵉʳ.

8. Les fonds déposés ne portent intérêt qu'autant qu'ils sont restés à la caisse soixante jours. Il n'y a pas à distinguer sous ce rapport entre la consignation (ordonn. 3 juill. 1816, art. 14; ordonn. 19 janv. 1835; art. 2), et le dépôt volontaire.

Il n'y a exception que pour la caisse d'épargne Duvergier, *Lois*, 1837, p. 82.

9. L'intérêt est dû depuis le trente-unième jour de la consignation. Décr. 1ᵉʳ mai 1851 (4875).

Lorsque les sommes consignées sont retirées partiellement, l'intérêt des portions restantes continue de courir sans interruption. L. 18 janv. 1805 (28 niv. an 13), art. 2; ordonn. 3 juill. 1816, art. 14.

10. La caisse ne doit pas les intérêts des intérêts des sommes consignées. Trib. d'Yvetot, 19 mars 1835; D. 37, 1, 190. — à moins que la demande n'en ait été formée pour une année entière, après un refus mal fondé. Arg C. civ. 1154; *Encyclopédie*, vᵒ *Caisse des dépôts*, nᵒ 54.

11. Le préposé de la caisse signe et délivre des récépissés contenant, 1ᵒ de la part du consignateur ou déposant, élection de domicile, attributive de juridiction. 2ᵉ ordonn. 3 juill. 1816.

2ᵒ L'énonciation sommaire des arrêts, jugements, actes ou causes qui donnent lieu à la consignation : et, dans le cas où les deniers consignés proviennent d'un emprunt, et qu'il y a lieu à opérer une subrogation en faveur du prêteur, mention expresse de la déclaration faite par le déposant, conformément à l'art. 1250 C. civ.; cette déclaration opère la subrogation de même que si elle était passée devant notaires. Ordonn. 3 juill. 1816, art. 12.

12. Quand ces récépissés sont en règle, la caisse est responsable de la conservation des sommes qui lui sont confiées.

13. Mais ils ne sont valables et ne donnent droit contre l'administration qu'autant qu'ils sont visés par le directeur général, et soumis à la formalité de l'enregistrement dans les cinq jours du versement. Ordonn. 22 mai 1816, art. 19; L. 28 niv. an 13, art. 3; Ordonn. 3 juill. 1816, art. 11 ; 2ᵒ ord. *ibid.* art. 4.

14. Le caissier est personnellement responsable envers les ayants droit, des récépissés qui ne seraient revêtus que de sa signature. Ordonn. 22 mai 1816, art. 19.

15. *Emploi.* La caisse est autorisée à opérer le placement des fonds qui lui sont confiés. Pour quelques-uns, la nature de l'emploi lui est indiquée en termes impératifs par les règlements qui ordonnent la consignation.

16. Ainsi elle doit placer en rentes sur l'État les fonds de la légion d'honneur, des sociétés de commerce; ceux provenant des retenues exercées en vertu des lois et ordonnances sur le traitement des employés, le salaire des prisonniers, etc. 3e ordonn., 3 juill. 1816, art. 3. —V. *Inf.*, nos 23 et suiv.

17. Les autres fonds peuvent être placés en bons du trésor, ou en rentes sur l'État. Mais elle a besoin pour acheter ou vendre ces rentes de l'autorisation préalable du ministre des finances. L. 31 mars 1837, art. 3.

18. Elle peut aussi faire des prêts à de simples particuliers, avec garantie par hypothèque sur des biens libres de toutes charges ou dépôt d'effets publics et actions des compagnies de commerce. *Encyclopédie*, n° 47.

19. *Attributions.* La caisse des dépôts et consignations séparée de celle d'amortissement a été chargée en général de toutes les opérations accomplies par celle-ci, l'amortissement excepté. L. 28 avril 1816, art. 110. —Mais les attributions ont été réglées plus spécialement par les trois ordonnances du 3 juillet 1816.

20. Elle peut seule recevoir les consignations judiciaires. Ord. du 3 juill. 1816, art. 1er.

21. Ainsi c'est à la caisse que doivent avoir lieu toutes consignations faites par suite d'offres réelles, et celles prescrites aux officiers ministériels et fonctionnaires détenteurs des deniers des tiers. —V. *Consignation.*

22. Les cours, tribunaux ou administrations quelconques, ne peuvent autoriser ou ordonner les dépôts en autres caisses publiques ou particulières, ni autoriser les débiteurs, dépositaires, tiers saisis à les conserver sous le nom de séquestre ou autrement, à peine de nullité des consignations ainsi autorisées. Ord. du 16 juill. 1816 art. 3. Montpellier, 19 juin 1827, S. 27,217.

23. La caisse est encore chargée du recouvrement des rentes et produits de la dotation de la Légion d'honneur. Ord. 31 mai 1838, art. 560; — des fonds provenant de la compagnie des canaux, ord. 3 mars 1824; — des retenues exercées en vertu d'ordonnances sur le traitement des fonctionnaires et employés dans les ministères et administrations publiques. 3e ordonn. de 1816, art. 1er; — et enfin des fonds de la caisse d'épargne. L. 31 mars 1837, art. 1er.

24. Des services particuliers lui ont été aussi attribués dans un intérêt public ou privé. Tels sont ceux relatifs aux fonds de réserve du droit d'octroi perçu dans la banlieue de Paris (Ord.,

11 juill. 1817, art. 6), aux cautionnements des référendaires' près la chancellerie (ord. 31 oct. 1830), aux réserves faites sur le salaire des prisonniers (ord. 2 avril 1817, art. 17), etc.

25. Les sociétés de commerce anonymes et autorisées par ordonnance royale peuvent aussi en vertu de leurs statuts, verser à la caisse tout ou partie de leurs bénéfices. Dumesnil, *Consignation*, n° 116.

A défaut de l'autorisation royale, la caisse peut refuser ces fonds. Elle n'est tenu de recevoir que les dépôts et consignations ordonnés en justice ou autorisés par les lois ou ordonnances. *Moniteur*, 5 mars 1838.

26. Enfin la caisse a la faculté de recevoir, à Paris seulement, des *dépôts volontaires* des particuliers. 2ᵉ ordonn. 3 juill. 1816, art. 1, 2. — V. *Consignation*, n° 6.

27. *Remboursement.* Les sommes consignées sont remboursées dans le lieu où le dépôt a été fait et à ceux qui justifient de leurs droits. Ord. 3 juill. 1816, art. 15; 2ᵉ ordonn. 3 juill. 1816, art. 6. — V. *Consignation.* Cass. 3 août 1847 (Art. 3748 J. Pr.)

28. Les consignations faites par des communes, des départements ou établissement publics, sont remises entre les mains du receveur au nom duquel le dépôt a été fait, sur mandats des préfets, maires ou administrateurs compétents. 2ᵉ ordonn., 3 juill. 1816, art. 9; 3ᵉ ord. *ibid.*, art. 2.

29. Le remboursement des dépôts judiciaires est effectué dans les dix jours de la réquisition de payement faite aux préposés de la caisse. Ord. 3 juill. 1816, art. 15; — à moins de justes motifs de refus. — V. *Consignation.*

30. Le dépôt volontaire est rendu à l'époque convenue par l'acte de dépôt. 2ᵉ ordonn. 3 juill. 1816, art. 6. A défaut de convention, le payement n'est exigible que 45 jours après la demande faite par les ayants droit. Ordonn. 17 janvier 1835, art. 3 (Art. 44 J. Pr.). La caisse conserve toujours la faculté d'anticiper le terme convenu. *Ibid.* art. 43.

31. La caisse ne peut opposer la prescription à son profit des sommes consignées. — V. *Consignation*, n° 117.

32. *Timbre.* Les récépissés de dépôt délivrés par les préposés de la caisse doivent être sur papier timbré.

33. *Enregistrement.* Ils doivent être enregistrés dans les cinq jours du versement au bureau de l'enregistrement du lieu de la consignation, au droit fixe de 1 fr. L. 28 niv. an 13, art. 3. Inst. 22 pluv. an 13.

34. A défaut de cet enregistrement, le consignateur supporte seul l'insolvabilité du préposé de la caisse, qu'il s'agisse d'une consignation volontaire ou judiciaire. Dumesnil, n° 378. — V. *supr*, n° 14.

CAISSE *d'épargne.* — V. LL. 5 juin 1835; 9 juill. 1851; 10 mai 1853 (5412).

1. Peut ester en justice, soit en demandant, soit en défendant, sans autorisation du conseil de préfecture. Rej. 3 avr. 1854 (6344).

2. Un livret peut-il être l'objet d'une cession? Non. Montpellier, 22 avr. 1842. — Oui. Clermont, 18 fév. 1857 (6375).

CALENDRIER. Table contenant l'ordre et la suite des mois et des jours.

Table sommaire.

Amende, 3.	Date, 5.
Appel, 5.	Notaire, 3.
Calendrier grégorien, 1 et s. —	Nullité, 5.
républicain, 1.	Officier ministériel, 4.

1. Le calendrier grégorien, suivi en France depuis le seizième siècle, a été remplacé, à dater du 22 septembre 1792, par une nouvelle distribution de l'année en douze mois de trente jours chacun, suivis de cinq jours complémentaires pour les années ordinaires, et de six pour les années bissextiles. L. 4 frim. an 2. — Les noms des mois étaient, pour l'automne, vendémiaire, brumaire, frimaire; pour l'hiver, nivôse, pluviôse, ventôse; pour le printemps, germinal, floréal, prairial; pour l'été, messidor, thermidor, fructidor.

2. Le calendrier grégorien a été remis en usage à compter du 11 nivôse an 14 (1er janv. 1806). Sénat.-cons. 22 fruct. an 13.

3. Les notaires doivent se conformer aux lois concernant l'annuaire du royaume, sous peine d'amende. L. 25 vent. an 11, art. 17.

4. Les officiers ministériels sont tenus d'observer la même prescription dans les actes de leur ministère.

5. Ainsi le calendrier grégorien doit être observé à peine de nullité dans la date d'un acte d'appel. — Spécialement au lieu de dater de 1809, il n'a pas suffi de dater de l'an 5 du règne de Napoléon, empereur. — Aix, 3 mai 1810, Dev. 3,266. — V. *Appel*, n° 311, — et d'ailleurs, *Cassation*, n° 8; *Date; Exploit.*

CALOMNIE. — V. *Affiche*, 2; *Injure.*

CANAL. — V. *Acte de commerce*, n° 167. — *Action possessoire*, n°s 289, 352; 365.

CANCELLATION. Action de rendre un écrit nul en le raturant ou déchirant.

CANONS. — V. *Saisie des navires*, n° 25.

CAPACITÉ (Certificat de). — V. *Avoué*, n° 20

CAPITAINE. V *Acte de commerce*, n° 223 ; *Saisie des navires*, n°ˢ 4, 10 et 27

CAPITALISATION. - V. *Intérêts.*

CARENCE. —V. *Procès-verbal de carence.*

CARNET. Livre de commerce.—V. *Agent de change*, n°ˢ 28 et 33 ; *Courtier, Livre de commerce.*

CARRIÈRE. —V. trib. Seine, 13 nov. 1845 (Art. 3246 J. Pr.)
1. La société formée pour l'exploitation d'une carrière est-elle commerciale? —V. *Acte de commerce*, n° 147.

CASSATION (1). Voie ouverte contre un jugement non susceptible d'être rétracté ou réformé.

Table sommaire.

---

38 CASSATION.

DIVISION.

§ 1. — *De la cassation en général.*

1. La cassation est, en général, l'action d'anéantir un acte quelconque. Les mots *cassation* et *annulation* indiquent la même idée; mais le premier s'applique plus spécialement au jugement, le second à la procédure.

2. La cassation est la dernière des voies extraordinaires par lesquelles on peut attaquer les jugements. De là plusieurs conséquences :

3. On ne peut se pourvoir contre un jugement **en premier** ressort. — V. toutefois *inf.*, n⁰ˢ 41 et 61.

Ni contre un jugement de défaut, tant que la voie d'opposition est ouverte. Merlin, *Rép.*, v° *Cassation*, § 4, n° 8. — Ou lorsque, sur l'opposition, l'exécution de ce jugement a été ordonnée par un autre jugement non attaqué en temps utile. Cass. 21 avr. 1807, P. 6, 36. — Quand même il serait qualifié en dernier ressort. Arg. C. pr. 453. — V. d'ailleurs *inf.*, n° 85.

4. Le même moyen ne peut en général servir à la fois d'ouverture de requête civile et de cassation. — V. toutefois *inf.*, § 6.

5. Les ouvertures de cassation ne sauraient être étendues par analogie. Merlin, *Rép.*, v° *Cassation*, § 3, n° 8.

6. Le recours en cassation constitue une instance nouvelle, indépendante de celles qui l'ont précédée. De là plusieurs conséquences. — V. *inf.*, n° 54.

7. Ce recours ne forme point un troisième degré de juridiction : la cassation est un acte de surveillance, et non un acte de juridiction.

Il diffère de l'appel, en ce qu'il n'a pas pour but l'examen du *bien* ou *du mal jugé* au fond.

§ 2. — *De la Cour de cassation.*

8. Le droit de casser les arrêts et jugements n'appartient qu'à la Cour de cassation; par suite, lorsque le Conseil d'État se trouve saisi d'une affaire qui lui a été renvoyée comme administrative par une Cour royale, le Conseil d'État ne peut pas, en se déclarant incompétent parce que l'affaire était réellement judiciaire, *casser* l'arrêt. Ord. Cons. d'État, 11 juin 1817. — V. *Conflit.*

9. La Cour de cassation est établie pour maintenir l'unité dans la jurisprudence, et empêcher que les trib. n'étendent ou ne restreignent leurs attributions au delà ou en deçà du cercle que la loi leur a tracé.

Aux Cours royales et aux tribunaux le soin de rechercher la vérité des faits et d'apprécier les contrats; mais la C. de cass. soumet à la puissance du droit ces premiers éléments de décision et ne souffre pas que, sous prétexte d'une équité souvent arbitraire, le juge puisse s'affranchir des règles usitées et du joug du législateur. Tarbé, *De la Cour de cassation*, p. 3 et 9.

10. La C. de cass. a succédé au conseil privé des parties, qui connaissait des recours en cassation dirigés contre les sentences en dernier ressort des juridictions inférieures, et contre les arrêts des parlements.

11. Instituée par la loi du 1ᵉʳ déc. 1790, qui règle son organisation et ses attributions, et, appelée d'abord *tribunal de cassa-*

tion, elle a reçu du sénat.-cons. 28 flor. an 12, art. 136, le titre de *Cour de cassation*.

Diverses modifications ont été apportées à la loi de 1790 par les actes législatifs des 1ᵉʳ vend. et 2 brum. an 4, 22 brum. et 27 vent. an 8, 16-17 therm. an 10, 28 flor. an 12, C. pr., C. inst. crim., Décr. 16 sept. 1807, 15 fév. 1815; enfin par l'ordonn. du 15 janv. 1826, qui coordonne toutes les dispositions législatives antérieures, et par la loi du 30 juill. 1828, qui a été abrogée et remplacée par celle du 1ᵉʳ avr. 1837 (Art. 762 J. Pr.).

Art. 1. — *Organisation*.

12. La C. de cass. est unique. Décr. 12 août et 1ᵉʳ déc. 1790. — Elle siége à Paris. Constitutions, 1791, an 3, an 8.

13. Elle est composée d'un premier président, de trois présidents et de quarante-cinq conseillers, tous nommés par le roi et inamovibles. L. 27 vent. an 8; sénat.-cons., 28 flor. an 12; décr. 19 mars 1810; 28 janv. 1811; ordonn. 15-17 fév. 1815; Charte, art. 48 et 49.

14. Elle se divise en trois sections, savoir : *la chambre des requêtes* et la *chambre civile* pour les affaires civiles, et la *chambre criminelle* pour les affaires criminelles. L. 27 vent. an 8.

Ces trois chambres se réunissent en audience solennelle dans certaines circonstances.

Dans ce cas elles étaient présidées par le garde des sceaux (ordonn. 15 janv. 1826, art. 6); de sorte que l'on voyait un fonctionnaire essentiellement révocable participer à des arrêts qui ne peuvent être rendus que par des juges inamovibles. Cette inconséquence a cessé depuis les lois du 30 juill. 1828, et du 1ᵉʳ avr. 1837 (Art. 762 J. Pr.).

15. Chaque chambre est composée d'un président et de quinze conseillers. Le premier président siége à la chambre qu'il juge convenable. L. 27 vent. an 8, art. 60 et 65; décr. 28 janv. 1811, art. 1, 2, 3.

16. Il faut onze membres au moins dans chaque section pour rendre un arrêt. Ordonn. 15 janv. 1826, art. 3; — et trente-quatre au moins s'il s'agit d'audience solennelle, toutes les chambres réunies. *Ib.*, art. 6.

17. Les opinions sont recueillies sans aucune préséance entre les membres. L. 1790. — Cette disposition a été rapportée par l'ord. de 1826. — Mais la Cour persiste dans l'usage de la loi de 1790. Tarbé, p. 25.

18. Les arrêts sont rendus à la majorité absolue des suffrages. L. 27 vent. an 8, art. 63.

19. En cas de partage, on adjoint cinq membres, pris d'abord dans la section qui a rendu l'arrêt de partage; puis en cas d'impossibilité, dans les autres sections, en suivant l'ordre du tableau. L'affaire est de nouveau rapportée et discutée. *Ib.*, art. 64; ordonn. 15 janv. 1826, art.-5.

20. En cas de partage dans une audience solennelle de la C. de cass., si tous les conseillers ont pris part à l'arrêt, en sorte qu'il ne se trouve pas de conseillers départiteurs, il faut distinguer. :

S'agit-il du droit criminel? le doute s'interprète en faveur de l'accusé, le partage se vide par la solution qui lui est favorable.

En droit civil, s'agit-il d'une question qui touche l'état ou la capacité des personnes? elle doit être tranchée en faveur de la reconnaissance du droit de la capacité, la solution doit toujours être au profit des personnes. — Pour les décisions relatives aux droits sur les choses, il faut, en cas de doute, qu'elles soient rendues pour le maintien des droits sur l'exercice desquels porte la contestation. — La Cour suprême ne peut sortir d'un doute absolu, s'il existe, que par un arrêt de rejet : en effet, pour prononcer une annulation, pour déclarer qu'une Cour royale a commis une illégalité, il faut une majorité; or, la déclaration d'un partage d'opinions est la négation de cette majorité. M. le procureur général Dupin (Art. 2659 J. Pr.).

21. Lorsque les arrêts ont été prononcés, les rapporteurs remettent au greffe, chaque semaine, la rédaction des motifs et du dispositif des arrêts rendus sur leur rapport dans la semaine précédente. Ces motifs et ce dispositif sont écrits de leur main dans la minute des arrêts. Ordonn. 15 janv. 1826, art. 41. — La minute est signée du président, du rapporteur et du greffier. *Ib.*

22. Il y a, près de la C. de cass. : 1° un procureur général, six avocats généraux amovibles (le plus ancien porte le titre de premier avocat général. Ordon. 1826, art. 50), et un greffier, nommés par le roi. L. 27 vent. an 8, art. 70. — V. *Greffier.*

23. Nul ne peut être greffier à la C. de cass. s'il n'est licencié en droit, et s'il n'a vingt-sept ans accomplis. Ordonn. 15 janv. 1826, art. 73.

24. 2° Quatre commis-greffiers nommés par la Cour, sur la présentation du greffier qui peut les révoquer, avec l'agrément de la Cour. *Même ordonn.*

25. Nul ne peut être commis-greffier s'il n'est licencié en droit, et s'il n'est âgé de vingt-cinq ans. *Ibid.*, art. 75.

26. 3° Huit huissiers nommés par la Cour, qui peut les révoquer de leurs fonctions d'audienciers. Pour les procédures devant la C. de cass., ils instrumentent exclusivement à Paris, et concurremment avec les autres huissiers dans le département de la Seine. L. 27 vent. an 8, art. 70.

27. 4° La Cour près d'elle un ordre d'avocats chargés de représenter et de défendre les parties. — V. *Avocat à la Cour de cassation.*

28. Les audiences sont publiques. Ordonn. 15 janv. 1826, art. 25.

29. Il y a dans chaque chambre trois audiences par semaine; les jour et heure d'ouverture en sont fixés par une délibération de la Cour. *Ib.*, art. 26.

Les chambres peuvent, en outre, accorder des audiences extraordinaires. *Ib.*, art. 27.

30. Il n'y a pas d'audience d 1er sept. au 1er nov. de chaque année, temps des vacances. *Ib.*, art. 63.

Toutefois, d'après les art. 64, 66, 67 de l'ordonn., les affaires *urgentes* (— V. ce mot) doivent être jugées par la chambre des vacations, dont le service est attribué à la chambre criminelle qui n'a pas de vacances.

Sont considérés comme affaires urgentes les pourvois et réquisitoires du ministère public faits, en matière civile, dans l'intérêt de la loi. Cass. 1er et 29 oct. 1830, D. 31, 11.

ART. 2. — *Attributions.*

31. La C. de cass. prononce: 1° Sur les demandes en cassation contre les jugements et arrêts en dernier ressort. Règl. 28 juin 1738, part. 1re, tit. 5, art. 1; L. 1er déc. 1790, art. 1; Const. 1791, art. 19; 22 frim. an 8, art. 65.

32. 2° Sur les prises à partie contre un trib. entier. L. 1790; Const. 1791; 22 frim. an 8. — Ou contre un juge ou un trib. inférieur, lorsque la prise à partie est incidente à une affaire pendante à la Cour. Godart de Saponay, *Manuel de la Cour de cassation*, p. 77. — V. *Prise à partie.*

33. 3° Sur les règlements de juges. L. 1790; Const. 1791; 22 frim. an 8. — V. *Règlement de juges.*

34. 4° Sur les demandes en renvoi d'un tribunal à un autre, pour cause de suspicion légitime ou de sûreté publique. *Ib.*

35. La C. de cass., en matière civile, ne connaît point du fond des affaires; mais elle casse les jugements rendus sur des procédures dans lesquelles les formes ont été violées, ou qui contiennent quelque violation de la loi, et renvoie le fond du procès au trib. qui doit en connaître. *Ib.*

36. La C. de cass. a seule le droit: 1° De déclarer le pourvoi non recevable. Cass. 26 avr. 1811; P. 9, 284. — Ainsi, dans le cas où le pourvoi est suspensif, un trib. ne peut ordonner l'exécution, en déclarant que le pourvoi n'ayant pas été formé dans le délai et de la manière déterminée par la loi, il n'est pas recevable. *Même arrêt.*

2° De prononcer la cassation d'un arrêt. Cass. 13 avr. 1809, S. 7, 491.—V. toutefois *Colonies.*

3° De statuer sur les dépens des instances qui sont poursuivies devant elle. Cass. 12 mai 1812, P. 10, 395; Berriat, 2, 483, note 37.

Elle a le droit d'ordonner la suppression des mémoires injurieux. — Mais lorsqu'une demande en renvoi pour cause de suspicion légitime contient des termes outrageants et injurieux contre les magistrats qu'elle accuse, et qui sont étrangers à cette demande, ces magistrats doivent se pourvoir par les voies de droit. La C. de cass. ne peut sur leur réclamation en ordonner la suppression. Cass. 25 août 1825, P. 19, 836.

37. *Chambre des requêtes.* — 1° Cette chambre statue sur l'admission ou le rejet des demandes en cassation dans les matières civiles ou en prise à partie. L. 2 brum. an 4, art. 3; 27 vent. an 8, art. 60.—Même en matière électorale. Cass. 9 avr. 1829, S. 29, 129.

38. 2° Elle prononce définitivement sur les demandes, soit en règlement de juges, soit en renvoi d'un trib. à un autre. *Ib.*

39. 3° Elle connaît des crimes que les trib. de 1re inst. en corps et les membres de C. roy. individuellement commettent dans l'exercice de leurs fonctions, lorsqu'ils lui sont dénoncés par le procureur général, d'après l'ordre qu'il en reçoit du gouvernement; mais elle ne statue pas définitivement : elle ne fait que dénoncer les juges prévenus à la section civile, qui remplit à leur égard les fonctions de jury d'accusation, et, en cas d'accusation admise, les renvoie devant une C. d'assises. L. 27 vent. an 8, art. 80 et 81; C. inst. crim., art. 485 et suiv.

40. 4° Elle prononce encore dans le cas où la section civile ou la section criminelle lui ont dénoncé des délits résultant, contre les juges, des procédures dont elles sont saisies. L. vent. an 8, art. 82; C. inst. crim. 494.

41. 5° Enfin, elle prononce définitivement *sans préjudice des droits des parties*, sur les réquisitoires qui lui sont présentés par le procureur général, de l'ordre exprès du gouvernement, pour faire *annuler*, soit les arrêts des C. roy., soit les jugements en dernier ressort des trib. de 1re inst., soit les jugements des mêmes trib. rendus à la charge de l'appel, soit les actes judiciaires quelconques qui, en matière civile, contiennent un excès de pouvoir. L. 27 vent. an 8, art. 80.

Spécialement la décision du juge de paix qui condamne à cinq francs d'amende un huissier, dans une ville divisée en plusieurs cantons, pour avoir donné des citations devant le tribunal de simple police sans être audiencier. — L'incompétence de la chambre criminelle vient de ce qu'il s'agit ici, non d'un acte de

juridiction pénale, mais bien d'une décision disciplinaire. Cass.
10 fév. 1843; 16 janv. 1844 (Art. 2490 et 2732 J. Pr.).

42. *Droits des parties.* — Peuvent-elles intervenir pour combattre le réquisitoire du procureur général? — Non : ce magistrat
n'agit point en vue des intérêts privés, mais dans un but purement gouvernemental et afin de conserver la séparation des juridictions.

Les parties conservent-elles le bénéfice de l'arrêt? Il ne peut
pas exister non plus puisque l'arrêt est *annulé*, à la différence de
ce qui est dit dans l'art. 88 où il s'agit du pourvoi dans l'intérêt
de la loi et où on lit : *le jugement sera cassé sans que les parties
puissent se prévaloir de la cassation pour éluder les dispositions
de ce jugement.* — V. Cass. 1er juin 1847 (Art. 3699 J. Pr.)

Ces droits, pour la partie qui a été condamnée par l'arrêt, sont
de se pourvoir contre lui dans les délais, de demander la réparation du préjudice qu'elle a éprouvé par son exécution, de prendre
les juges à partie; mais non de faire exécuter une disposition
anéantie. — D'ailleurs, l'art. 80 ne s'occupait que du droit d'attaquer le jugement, et non de celui de le conserver, de sorte
que si en chargeant le procureur général de l'attaquer, il a néanmoins ajouté *sans préjudice des droits des parties*, il n'a nécessairement entendu parler que de la faculté qu'avaient aussi les
parties de le dénoncer au trib. supérieur. — V. *Réq.* de M. Dupin,
procureur général, et rapport de M. Brière de Valigny. Cass. 6
avr. 1837, D. 37, 336.

43. *Chambre civile.* — Elle juge définitivement : 1° Les demandes en cassation, en prise à partie qui ont été admises par la
chambre des requêtes. L. 27 vent. an 8, art. 60; — et celles en
expropriation pour cause d'utilité publique, sans qu'il soit
besoin d'arrêt d'admission. L. 7 et 9 juill. 1833, art. 20 et 42.
— V. ce mot.

44. 2° Les demandes en cassation que le procureur général
lui adresse d'office en matière civile, à l'effet d'annuler les jugements en dernier ressort qui violent les formes, ou renferment
soit un excès de pouvoir, soit une violation des lois sur le fond
des affaires, le tout seulement dans l'intérêt de la loi. L. 1er déc.
1790, art. 88. Merlin, *Rép.*, v° *Cassation*, n° 4.

45. Le droit de casser, dans l'intérêt de la loi, n'appartient
qu'à la C. de cass.; une C. roy. ou autre trib. d'appel n'en est
jamais investi. Cass. 13 avr. 1809, P. 7, 491. — V. toutefois *Colonies.*

Il ne peut être exercé que quand les parties qui avaient la faculté
d'attaquer l'arrêt y ont acquiescé, ou ont laissé expirer les délais
sans se pourvoir. L. 27 vent. an 8, art. 88; Cass. 29 août 1827,
P. 21, 784.

Si un jugement est cassé dans cet intérêt, c'est uniquement pour maintenir l'observation de la loi. Il conserve sa force à l'égard des parties, et les oblige comme une transaction. *Même loi.* Cass. 16 therm. an 11.

46. *Chambre criminelle.* —Elle prononce définitivement sur les demandes en cassation en matières criminelle, correctionnelle et de police, sans qu'il soit besoin d'arrêt préalable d'admission. L. 27 vent. an 8, art. 60.—V. Constitution 1848, art. 91.

47. *Chambres réunies.* —Elles prononcent sur toute espèce de pourvoi, lorsque, après la cassation d'un arrêt ou jugement en dernier ressort, le deuxième arrêt ou jugement rendu dans la même affaire, entre les mêmes parties, est attaqué par les mêmes moyens que le premier. L. 1er avr. 1837, art. 1 (Art. 762 J. Pr.).

48. Elles ont, en outre, lorsqu'elles sont présidées par le garde des sceaux, le droit de censure et de discipline sur les C. roy., les C. d'assises et les magistrats. Sén.-cons. 16 therm. an 10; L. 20 avr. 1810, art. 56. — V. *Discipline.*

49. Chaque année la C. de cass. doit envoyer une députation au gouvernement pour lui indiquer les points sur lesquels l'expérience lui a fait connaître les vices ou l'insuffisance de la législation. L. 27 vent. an 8, art. 87.

§ 3. — *Personnes qui peuvent se pourvoir en cassation.*

50. Le droit de se pourvoir en cassation appartient : —1° aux parties dans leur intérêt ; — 2° au procureur général près la Cour de cassation, dans l'intérêt de la loi.

ART. 1. — *Des parties.*

51. Ceux qui ont été parties dans un jugement, leurs représentants ou ayants cause ont seuls le droit d'en demander la cassation. Poncet, *Jugements*, n° 344. C'est un droit dont ils ne peuvent être privés. En conséquence, c'est avec raison qu'un tribunal se refuse à donner acte des réserves faites à cet égard contre son jugement. Cass. 6 août 1838, D. 38, 341.

Toutes autres personnes n'ont que la voie de la *tierce opposition*, ou de l'*intervention*. — V. ces mots.

52. Quelles personnes peuvent être considérées comme *parties*, *représentants* ou *ayants cause?* — V. *Appel, Tierce opposition.* — Cass. 29 janv. 1850 (4637).

Un associé est recevable à se pourvoir en cassation en son nom seul contre un jugement rendu par défaut contre la société, et contradictoirement avec lui. Cass. 30 vent. an 11, D. A. 12, 116.

53. Plusieurs conditions sont, en outre, nécessaires. — V. *inf.*, § 7.

Il faut : 1° Que la partie ait *intérêt* à la cassation. — V. *Action,* n° 65. *Défaut d'intérêt.*

Le garant est recevable à soutenir le pourvoi qu'il a formé conjointement avec le garanti, nonobstant le désistement de ce dernier. Cass. 15 juill. 1839. — Rej. 12 juill. 1853, D. 53, 335.

54. 2° Qu'elle soit *capable* d'agir par elle-même ou dûment autorisée : le recours en cassation est une instance nouvelle. — V. *Femme mariée*, *Mineur*, *Commune*, *Fabrique*.

55. 3° Qu'elle n'ait pas *acquiescé* au jugement. — V. *Acquiescement*, nos 98 et suiv.

56. 4° Qu'elle n'ait *pas déjà recouru*. Ainsi, la partie dont un premier pourvoi a été rejeté ne peut plus en représenter un second, quoique le jugement qu'elle avait attaqué ne lui ait pas encore été signifié (Cass. 25 therm. an 12, P. 4, 142; Berriat, 473); qu'elle soit dans le délai (Cass. 19 fruct. an 11, P. 3, 450; Merlin, § 8, n° 4), et qu'elle présente des moyens autres que ceux qui appuyaient le premier pourvoi. *Ib.*

57. Toutefois cette règle reçoit exception : — 1° Lorsqu'on ne s'est pourvu que contre une partie d'un jugement, se réservant d'attaquer les autres, si l'on est encore dans le délai utile. Cass. 22 brum. an 13, S. 4, 235; Merlin, v° *Triage*, § 1.

58. 2° Lorsque les pourvois rejetés ont été formés par des personnes qui ne représentaient pas précisément le second demandeur. — Ainsi, le rejet du pourvoi présenté par le créancier n'empêche pas le débiteur ou ses héritiers de recourir. Cass., 14 avr. 1806, S. 5, 279; Merlin, *Rép.*, v° *Cassation*, § 8, n° 3.

Le rejet du pourvoi, présenté au nom des héritiers, *collectivement*, n'empêche pas un héritier de former un nouveau pourvoi en son nom personnel. Cass. 25 therm. an 12, P. 4, 142.

Le rejet du pourvoi du liquidateur d'une société commerciale contre un arrêt qui le condamne en sa qualité, ne rend pas irrecevable le pourvoi des associés qui étaient eux-mêmes parties dans l'instance : le liquidateur d'une société ne la représente que comme mandataire et détenteur des valeurs sociales. Cass. 17 avr. 1837 (Art. 1223 J. Pr.).

59. 3° Lorsque le pourvoi contre un arrêt dans lequel avaient paru plusieurs intimés, n'a été dirigé que contre celui d'entre eux qui avait signifié l'arrêt, le demandeur conserve le droit de former de nouveaux pourvois contre ceux qui n'ont pas fait de signification. Cass. 19 août 1833, D. 33, 396.

60. Si la partie est décédée, même pendant l'instance d'appel, le pourvoi ne peut être fait en son nom : il doit l'être en celui des héritiers; — surtout si c'est à eux que la signification de l'arrêt a été faite. Cass. 8 mai 1820; 30 nov. 1858 (7421). — La nullité n'est pas couverte par la signification de l'arrêt d'admission faite au nom des héritiers.

ART. 2. — *Du procureur général.*

61. Le procureur général près la C. de cass. peut attaquer *en tout temps* les jugements de tout genre qui contiennent un excès de pouvoir. L. 27 vent. an 8, art. 80 et 88.

Peu importe qu'il ne s'agisse que d'un jugement rendu en *premier ressort*, ou même d'un simple acte du premier juge. Mais ses poursuites n'ont lieu que d'après les ordres du gouvernement, et dans l'intérêt de la loi. Art. 80. —V. Art. 3425 J. Pr.

62. Après l'expiration du délai légal sans recours des parties, il peut également attaquer, mais seulement *dans l'intérêt de la loi*, les jugements en dernier ressort, tant pour excès de pouvoir que pour violation des lois. L. 27 vent. an 8, art. 88; Cass. 11 juin 1810, P. 8, 366; 12 nov. 1832. — A lui seul appartient ce droit. Cass. 7 déc. 1826. — Cependant il a été jugé que les procureurs du roi près les autres Cours et trib. l'ont aussi, lorsqu'ils ont agi dans l'intérêt de l'ordre public. Cass. 3 nov. 1806; 27 mars 1817.— V. C. i. cr. 409; Cass. 27 juin 1845, D. 45, 280.

Un préfet n'a pas ce droit, même en matière électorale. Cass. 12 fév. 1838 (Art. 1224 J. Pr.).

63. Le délai légal est considéré comme expiré, lorsqu'il s'est écoulé plus de trois mois depuis la signification, sans qu'il ait été formé de pourvoi par les parties. Cass. 12 nov. 1832, D. 33, 109.

§ 4. — *Personnes contre lesquelles on doit diriger le pourvoi.*

64. Le pourvoi doit être dirigé contre les personnes dénommées dans les qualités des jugements ou arrêts attaqués, et au profit desquelles ces jugements ou arrêts ont été rendus; — ou contre leurs héritiers, représentants ou ayants cause.— Au cas de cession. V. rejet, 13 déc. 1853, D. 54, 23.

65. Mais quand, devant la C. roy., le garant n'a pas pris fait et cause pour le garanti, le demandeur qui a succombé dans son action n'est tenu de diriger le pourvoi en cassation que contre le garanti, et non contre ce dernier et le garant simultanément. Cass. 5 déc. 1836, D. 37, 71.

La C. de cass., le 23 août 1836 (D. 37, 100), a jugé qu'en matière de garantie formelle la prise de fait et cause de la part du garant n'empêche pas que le garanti (s'il n'a pas demandé à être mis hors d'instance, et s'il y est resté sans contestation) ne puisse être considéré toujours comme le seul adversaire direct du demandeur principal. On pourrait en conclure que, dans ce cas le pourvoi ne devait être dirigé que contre le garanti, mais il est plus prudent de le diriger contre les deux.

66. Si, dans une instance en nullité de saisie immobilière, l'huissier est appelé en garantie par le saisissant, et que l'arrêt déclarant la saisie nulle mette les frais à la charge de l'huissier, celui-ci est recevable à diriger son pourvoi, non-seulement contre le saisissant, mais même contre le saisi, et à demander la réformation de l'arrêt, tant au chef qui met les frais à sa charge qu'au chef qui déclare la saisie nulle. Cass. 20 avr. 1818, Dev. 5, 467.

§ 5. — *Jugements contre lesquels on peut se pourvoir.*

67. On peut se pourvoir contre les *jugements* ou *arrêts définitifs* rendus *en dernier ressort, par les trib.* de l'ordre judiciaire. L. 1er déc. 1790, art. 2; 14 septembre 1791, art. 19.

68. *Jugements ou arrêts.* — Conséquemment ne sont pas susceptibles de recours en cassation :

1° Les décisions disciplinaires des Cours et trib. contre un ou plusieurs de leurs membres. — V. *Discipline.*

69. 2° La décision des chambres réunies d'une C. roy. assemblée à huis clos pour la mercuriale annuelle; c'est un acte d'ordre intérieur qui, de sa nature, appartient à la juridiction disciplinaire des cours et n'est exclusivement soumise qu'à l'approbation du garde des sceaux. Il ne peut être déféré à la Cour de cassation que de l'ordre exprès du gouvernement par le procureur général. Cass. 25 juin 1838 (Art. 1241 J. Pr.). — Arg. Cass. 7 mai 1844 (Art. 2810 J. Pr.).

70. 3° Les avertissements donnés par les présidents, même en dehors des limites de leurs pouvoirs. Cass. 6 août 1838 (Art. 1206 J. Pr.). — Il s'agissait, dans l'espèce, d'une réprimande prononcée par le président d'un tribunal contre un magistrat pour avoir compromis la dignité de son caractère; le président avait ordonné la transcription de l'avertissement sur les registres des délibérations du tribunal. — Mais V. Cass. 18 juin 1846, art. 3425 J. Pr.

71. 4° L'arrêté par lequel un trib. a tracé pour son ressort un règlement en matière d'ordre et de contribution. — La compagnie des avoués attachée à ce trib., et auxquels préjudicie cet arrêté, doit attendre qu'en vertu de ce règlement le trib. ait judiciairement prescrit une mesure illégale et attaquer alors cette décision par la voie de cassation si elle est en dernier ressort. Cass. 30 avr. 1834, Dev. 34, 670.

72. 5° Les ordonnances rendues par le président ou par le juge commis : parmi ces ordonnances, les unes émanent du pouvoir discrétionnaire et ne sont soumises à aucun recours; d'autres ne préjudicient point au principal; — d'autres sont soumises à l'opposition et à l'appel, et le jugement ou l'arrêt qui intervient peut être attaqué devant la Cour de cassation. — V. toutefois *Ordonnance*, et *Expropriation pour cause d'utilité publique.*

73. *Définitifs.* — Le pourvoi en cassation étant une voie extraordinaire, ne peut être admis contre des décisions de nature à être réformées par les trib. ordinaires.

74. En conséquence, les jugements préparatoires et d'instruction ne sont susceptibles d'être déférés à la C. de cass. qu'après le jugement définitif. Arg. Cass. 3 juin 1826, S. 27, 178; 5 juin 1828, P. 21, 1522. — V. *Jugement.*

L'exécution, même volontaire et sans réserve de ces jugements, ne peut être opposée comme fin de non-recevoir. L. 2 brum. an 4, art. 14; Godard, p. 37; Merlin, *Rép.*, v° *Cass.*, § 3, n° 7. — V. *Acquiescement.*

75. Il en est de même des jugements interlocutoires qui ne causent aucun préjudice irréparable à la partie condamnée : ils ne sont en effet, à proprement parler, que préparatoires. Cass. 12 avr. 1810, P. 8, 247; 13 janv. 1818, P. 14, 571.

On a également admis un pourvoi contre un arrêt préparatoire, mais définitif quant au rejet de certaines exceptions, bien qu'il eût été exécuté sans réserve par la comparution du demandeur en cassation à l'arrêt définitif. Cass. 1er mars 1844, D. 44, 149.

Mais si les jugements interlocutoires contiennent un grief irréparable en définitive, par exemple, s'il s'agit de jugements qui défèrent un serment à une partie, ou qui prononcent dans d'autres cas semblables, ils peuvent être attaqués par la voie de la cassation, avant le jugement définitif. Cass. 16 mai 1809, P. 7, 456; 25 nov. 1817; 28 déc. 1818, rej. 31 juill. 1855, Dev. 56, 393.

76. Le pourvoi est recevable contre un jugement qui admet une preuve testimoniale malgré l'opposition des parties. Ce jugement est réputé définitif. Cass. 29 mai 1827, Dev. 8, 608 ; 9 mai 1837, D. 37, 411.

77. Même décision à l'égard du jugement qui admet une demande en expertise et qui nomme des experts à l'effet d'y procéder. Cass. 27 avr. 1807, D. A. 7, 302.

78. Mais le pourvoi n'est plus recevable après l'arrêt définitif, lorsque le premier a été exécuté volontairement et sans réserves par toutes les parties. Cass. 23 nov. 1841, D. 41, 385.

79. Lorsqu'un arrêt interlocutoire contient une disposition définitive, et une autre purement interlocutoire, on a le droit de se pourvoir contre cet arrêt, mais seulement à l'égard de la disposition définitive. Cass. 28 mai 1827, P. 21, 474.

Il importe de distinguer le caractère des jugements. Souvent en considérant un jugement comme préparatoire, et en remettant à se pourvoir lors de l'arrêt définitif, on perd le droit d'attaquer l'un et l'autre. Ainsi on ne peut se pourvoir en cassation contre un jugement interlocutoire, auquel on a laissé acquérir l'autorité de la chose jugée. Cass. 4 janv. 1831, Dev. 32, 462.

80. Au reste, le pourvoi doit être dirigé, non-seulement contre l'arrêt définitif, mais encore contre l'arrêt préparatoire ou inter-locutoire. — Ainsi jugé à l'égard d'un arrêt qui avait refusé d'or-donner une communication de pièces. Cass. 9 janv. 1839 (Art. 1412 J. Pr.).

81. On ne peut se faire un moyen de cassation contre l'arrêt définitif qui est régulier dans sa forme, de l'irrégularité des arrêts de remise de cause qui l'ont précédé, alors que le pourvoi n'est pas dirigé en même temps contre ces derniers arrêts. Cass. 7 mars 1842, D. 42, 151.

82. Peut-on se pourvoir contre un arrêt rendu en matière de taxe de *dépens?* — V. ce mot, n° 47.

83. *Quid*, en matière d'incidents de *Saisie immobilière?* — V. ce mot, n°s 759 à 762.

84. *En dernier ressort.* — Du moment que la voie ordinaire de l'appel est possible, on ne doit pas permettre celle extraordi-naire de la cassation.

En conséquence le pourvoi n'est pas recevable contre un juge-ment susceptible d'appel. Cass. 10 mars 1825; 16 mai 1825, D. 25, 203, 327; — du moins quant à celle de ses dispositions qui est en premier ressort. Cass. 28 nov. 1831, 23 juill. 1855; Spécialement contre un jugement de compétence en matière de commerce. Cass. 28 août 1840, D. 40, 333.

85. Mais le pourvoi est recevable : 1° Si l'arrêt a été qualifié mal à propos en premier ressort. Cass. 22 juin 1835 (Art. 183 J. Pr.). — Notamment s'il s'agit d'un jugement en matière *d'en-registrement.* — V. ce mot.

2° Si un jugement en dernier ressort a rapporté une décision précédente également en dernier ressort. Cass. 21 avr. 1813, S. 15, 135.

86. Le procureur général près la C. de cass. ne peut également déférer à la Cour que des jugements en dernier ressort, notam-ment pour violation des formes. Cass. 29 août 1827; 24 juin 1829, P. 22, 1169. — Excepté lorsqu'il y a excès de pouvoir. — V. *sup.*, n° 61.

87. Mais les parties ne peuvent faire annuler les jugements ren-dus en premier ressort, si ce n'est pour incompétence et en pre-nant la voie du *Règlement de juges.* — V. ce mot.

88. Au reste peu importe que le jugement soit contradictoire ou par défaut, pourvu que, dans ce dernier cas, l'opposition ne soit plus recevable. Règlem. 1738, part. 1, t. 4, art. 5.

89. On ne peut plus se pourvoir contre un jugement par dé-faut, si l'on n'a pas attaqué en temps utile le jugement de débouté d'opposition (Cass. 21 avr. 1807, P. 6, 36); — ou le jugement contradictoire qui confirme sur l'opposition. Cass. 24 nov. 1823, P. 18, 224; Merlin, *Qu. dr., hoc verbo*, § 8.

90. Mais le pourvoi est recevable alors même que l'on attaque seulement le jugement de débouté d'opposition. Si le jugement contradictoire est cassé, l'opposition au jugement par défaut subsiste, et le trib. auquel la connaissance du fond est renvoyée, statue sur cette opposition. Cass. 22 therm. an 9; Merlin, *ib.* — Toutefois, dans l'usage, on se pourvoit aussi contre le jugement par défaut. — V. *Appel*, n° 42.

91. Lorsque la C. d'appel, devant laquelle l'appelant a fait défaut, au lieu de confirmer le jugement sans le vérifier (— V. *Appel*, n° 43), a statué sur un moyen de droit proposé par l'intimé, le pourvoi en cassation contre ce dernier chef de l'arrêt est recevable. Cass. 20 fév. 1833, D. 33, 156.

92. En est-il de même lorsque la C. roy. a débouté l'appelant de son appel, sans vérification. — La solution de cette question dépend des distinctions établies sous le n° 43, v° *Appel*.

93. *Par les tribunaux.* — Ainsi peuvent être attaqués par la voie de la cassation les jugements émanés : — 1° Des Cours royales. Godart, 36. — V. toutefois *Discipline*.

94. 2° Des trib. civils de 1re inst., statuant, soit en dernier ressort, soit comme juges d'appel des jugements rendus par les juges de paix, ou remplissant les fonctions de juges consulaires, statuant, soit en dernier ressort, soit comme juges d'appel des jugements rendus par les conseils des prud'hommes en premier ressort. *Ib.* ; — ou enfin prononçant l'expropriation pour utilité publique ; mais seulement pour incompétence, excès de pouvoir, ou vice de forme du jugement. L. 7 juill. 1833, art. 14 et 20. — V. *Expropriation.*

95. 3° Des trib. de comm. statuant, soit en dernier ressort, soit comme juges d'appel des jugements rendus par les conseils de prud'hommes en premier ressort.

96. Toutefois ne sont pas susceptibles de recours en cassation :
1° Les jugements relatifs à la nomination ou au remplacement du juge-commissaire, à la nomination ou à la radiation des syndics. C. com. 583.

2° Les jugements qui statuent sur les demandes de sauf-conduit et sur celles de secours pour le failli et sa famille. *Ib.*

3° Les jugements qui autorisent à vendre les effets ou marchandises appartenant à la faillite. *Ib.*

4° Les jugements qui prononcent sursis au concordat ou admission provisionnelle de créanciers contestés. *Ib.*

5° Les jugements par lesquels le trib. de comm. statue sur les recours formés contre les ordonnances rendues par le juge-commissaire, dans les limites de ses attributions. *Ib.* — V. *Faillite.*

97. 4° Des conseils de prud'hommes statuant en dernier ressort. Cass. 20 déc. 1852, D. 53, 95.

98. 5° *Des juges de paix*, mais seulement pour excès de pouvoir. L. 25 mai 1838, art. 15 (Art. 1166 J. Pr.). — V. ce mot.

99. 6° Des arbitres forcés. — V. *Arbitrage*, n° 529.

Il en est autrement en matière d'*Arbitrage* volontaire. — *Ib.* n° 825.

100. 7° Des trib. sur l'opposition à l'ordonnance d'*exequatur* apposée aux sentences d'arbitres volontaires. — V. *Ib.*

101. 8° Des trib. étrangers situés dans des pays réunis depuis à la France, si la voie de la cassation était connue dans ces pays. — Arg. Cass. 21 fruct. an 9, 2 juin 1808, P. 5, 724.

102. 9° Des jurys d'*expropriation pour utilité publique* et du directeur du jury dans certains cas. — V. ce mot.

103. Mais ne sont pas susceptibles de recours en cassation : — 1° Les arrêts de la C. de cass. Règlem. 1738, part. 1, tit. 4, art. 25 et 39; av. du Cons. d'État, 18 janv. 1806 ; — Même en se fondant sur des moyens de *requête civile.* Conclusions de M. l'avocat général Nicod. Cass. 29 déc. 1832, Dev. 33, 8. — V. ce mot.

2° Les décisions administratives. — V. *Compétence, Conflit.*

3° Les arrêts de la chambre des députés.

4° Ceux de la chambre des pairs.

Le greffier de la Cour s'est refusé, le 19 avr. 1833, à recevoir le pourvoi du journal la *Tribune.*

§ 6. — *Ouvertures de Cassation.*

104. Les ouvertures de cassation contre les jugements et arrêts en général, sont tirées : — 1° de la violation de la loi ; — 2° de l'incompétence ou de l'excès de pouvoir ; — 3° de la violation des formes ; — 4° de l'*ultrà petita ;* — 5° de la contrariété des jugements.

105. Il ne faut pas confondre la violation de la loi avec la violation des formes. La première n'est qu'un moyen de cassation, tandis que la seconde est tantôt une ouverture de cassation et tantôt une ouverture de requête civile. — V. *inf.*, art. 3.

ART. 1. — *Violation de la loi.*

106. La violation de la loi motive la cassation des jugements et arrêts; mais pour produire cet effet, il faut qu'elle réunisse plusieurs conditions. L. 1er déc. 1790, art. 3; 27 vent. an 8, art. 76; 20 avr. 1810, art. 7. Tarbé, p. 49 et suiv.

Ainsi, 1° elle doit être *expresse;* — 2° s'*appliquer à une loi, au texte*, et non pas aux motifs de cette loi; — 3° enfin se trouver dans le *dispositif* du jugement ou de l'arrêt attaqué.

107. Pour juger s'il y a ou non violation de la loi, la C. de cass. doit prendre comme constants les faits attestés par le jugement attaqué, et voir si ce jugement leur a fait une juste application de la loi. Cass. 2 fév. 1841, D. 41, 105. Elle n'est pas instituée pour connaître du fond des affaires, mais seulement pour rectifier les erreurs de droit des différents trib. et les ramener à une saine interprétation de la législation. Av. Cons. d'État, 18 janv. 1806, art. 31.

Les arrêts qui ne contiennent qu'une appréciation de faits ou d'actes ne donnent point ouverture à cassation ; — même en matière électorale. Cass. 15 janv. 1838, D. 48, 63.

' Il a été jugé (Cass. 11 avr. 1838, Art. 1270 J. Pr.) que les règles données par les art. 1156 et suiv. C. civ., pour l'interprétation des contrats, ne sont pas impératives, qu'elles ne sont que des conseils aux juges, et que par suite la violation ou la fausse application de ces règles ne donne pas ouverture à cassation.

Cette jurisprudence a besoin d'être confirmée.

108. Le principe posé *sup.*, sous le n° 107, s'applique tant au pourvoi formé par les parties, qu'à celui interjeté dans l'intérêt de la loi, par le procureur général. Cass. 26 août 1830, S. 30, 401.

109. Toutefois, lorsqu'un trib. décide que des faits qu'il reconnaît constants, constituent tel contrat, ou doivent produire tel effet légal, le mérite de sa décision peut être apprécié par la C. de cass. ; il ne s'agit plus de savoir si ces faits se sont ou non passés d'une manière quelconque, mais bien s'ils produisent telle ou telle obligation, et si le juge erre sur ce point, il viole ouvertement la loi, en appliquant à un contrat les règles qui ont été posées pour un autre. — V. *inf.*, n° 129, Cass. 6 janv. 1846, art. 3441.

110. Le jugement portant que tel fait existe, peut même être cassé, — d'abord si cette déclaration en fait est le résultat ou la conséquence d'une erreur de droit (Cass. 26 mai 1835, D. 35, 358) ; — ensuite si la preuve contraire résulte d'un acte authentique non argué de faux, et produit devant les juges du fond : en effet, aux termes de l'art. 1319 C. civ., foi doit être ajoutée aux actes de cette nature, et le trib. qui contrevient à cette règle viole ouvertement la loi. Arg. L. 7 niv. an 5 ; Cass. 16 fév. 1813, S. 13, 313 ; 4 avr. 1821 ; 2 déc. 1835, D. 36, 71.

111. Mais il faut que l'acte authentique ait été produit devant le trib. — Autrement les juges n'en ayant pas eu connaissance, n'ont pu lui refuser la foi qui lui est due. Cass. 21 fév. 1814, S. 14, 177 ; 29 juin 1825, P. 19, 651. — Et que cet acte soit mis sous les yeux de la cour. Cass. 19 juill. 1837, D. 36, 428.

112. La C. de cass. peut, d'ailleurs, — recourir aux actes de la procédure pour se fixer sur les faits des procès portés devant elle, même en ce qui touche les conclusions des parties ; il n'y a pas obligation pour elle de se renfermer dans les faits et les conclusions rapportés dans les jugements attaqués. Cass. 13 nov. 1820 ; 29 déc. 1828, S. 21, 116, 70 ; 7 juin 1836, D. 36, 262 ; — Examiner les actes administratifs d'où l'on induit l'incompétence et décider en fait qu'ils ne sont pas applicables à l'espèce du procès et en droit que l'exception n'est pas fondée. Cass. 15 juin 1837, D. 37, 395.

113. Elle peut enfin entrer dans l'examen de ces actes de procédure, afin d'apprécier si les formalités dont l'absence est reprochée à ces actes ont ou non été suffisamment remplies. Par exemple si un exploit tendant à revendication d'un immeuble en indique bien ou mal les aboutissants. — V. d'ailleurs *inf.*, n° 165.

114. Ainsi, il y a lieu de casser, 1° l'arrêt qui décide en fait, qu'une femme mariée n'avait point d'autorisation du mari pour ester en jugement, lorsque les actes de la procédure attestent l'existence de l'autorisation. Cass. 2 mai 1815, S. 15, 281.

115. 2° Celui qui déclare qu'un acte d'appel n'a été signifié ni à la personne ni au domicile de l'intimé, quand on représente l'original de l'exploit de signification portant la preuve que cette signification a été faite à personne et à domicile. Cass. 3 avr. 1820, S. 21, 40.

116. 3° Celui qui annulle un testament, comme ne contenant pas une mention exigée par la loi, si cette mention se trouve réellement dans le testament. Cass. 15 déc. 1819, P. 15, 627.

117. 4° Celui qui en décidant que le demandeur réclamait un droit de passage l'a déclaré non recevable dans son action, attendu qu'elle n'avait pour objet qu'une servitude discontinue, lorsqu'il résulte des conclusions du demandeur qu'il réclamait la possession du terrain même sur lequel s'exerçait le droit de passage. Cass. 17 avr. 1837 (Art. 966 J. Pr.).

118. 5° Celui qui sans faire connaître les motifs de son appréciation, valide un exploit en se bornant à dire que ses énonciations remplissent le vœu de la loi; il appartient à la cour de Cassation d'examiner le motif de ce mérite même sur le vu de la simple copie de l'exploit produite devant elle et de décider d'après la teneur de cette copie, que l'exploit manque d'une des conditions prescrites pour sa validité. Cass. 1 mars 1841, D. 41, 149.

119. Il en est à plus forte raison de même de l'arrêt qui rejette un moyen d'incompétence personnel, sur le fondement que ce moyen n'a pas été proposé *in limine litis*, lorsqu'il est prouvé par les actes relatés dans les qualités de l'arrêt, que cette déclaration est une erreur évidente et matérielle. Cass. 21 mars 1825, D. 19, 323.

120. Le principe que la C. de cass. ne connaît pas du fond des affaires reçoit-il quelques exceptions, notamment en matière d'*enregistrement*? — V. ce mot.

121. *Il faut que la violation de la loi soit expresse.* L'application trop rigoureuse de la loi, ou le défaut d'extension de son texte, même par identité de raison, ne donne pas ouverture à cassation. Berriat, 476, note 18.

Il en est de même de la fausse application de la loi, à moins qu'il n'en résulte une violation de la loi. Cass. 14 nov. 1826, P. 20, 927 : — Et de la citation erronée qu'un arrêt fait d'un article de loi, spécialement d'une loi nouvelle au lieu de la loi ancienne, si les faits constatés par cet arrêt suffisent pour justifier sa décision. Cass. 1 déc. 1840, D. 41, 24. — Cette erreur n'est pas une cause d'annulation, à moins que cette citation n'entraîne une erreur de droit. Cass. 19 août 1834, D. 34, 452.

122. *Il faut qu'il y ait violation d'une loi*, ou d'une coutume en vigueur à l'époque des faits appréciés par les premiers juges. Cass. 11 juin 1825, S. 25, 246; — ou d'une loi romaine non abrogée à la même époque. Merlin, *Rép.*, v° *Cassation*, § 2. — Ou d'une ordonnance royale rendue, soit à l'époque où les rois de France avaient le pouvoir législatif dans leurs mains, soit depuis la Charte, mais dans ce dernier cas comme l'ordonnance ne doit être faite que pour l'exécution d'une loi, il est nécessaire de viser la loi pour l'exécution de laquelle elle a été rendue. — La jurisprudence offre plusieurs exemples de cas pour violation d'ordonnances royales. — V. Tarbé, p. 52.

123. Serait insuffisante la violation 1° d'une décision consacrée par la jurisprudence et par l'usage. Cass. 28 fév. 1825; 13 juill. 1830, Dev. 31, 54; 2 mai et 29 juin 1836, D. 36, 367, 406. — Même par un usage du commerce. Cass. 14 août 1817.

124. 2° Celle d'un ancien arrêt de règlement, à moins qu'il n'eût été approuvé par le souverain, ou qu'il n'eût pour objet l'exécution d'une loi. Cass. 23 janv. 1816, 29 juin 1817.

125. 3° Celle d'une décision ministérielle. Cass. 11 janv. 1816.

126. 4° D'une loi étrangère; — alors qu'elle n'est pas devenue le principe et la source d'une contravention aux lois françaises. Cass. 28 avr. 1836, D. 36, 361; 6 fév. 1843, D. 43, 210; Conclusions de M. Hello.

127. 5° D'une ordon. roy. portant autorisation des statuts d'une société anonyme. Cass. 15 fév. 1826, D. 26, 138.

128. La violation du *contrat* doit-elle être considérée comme une contravention à la loi?

L'affirmative a d'abord été jugée d'une manière générale, par le motif que les conventions légalement formées tiennent lieu de loi à ceux qui les ont faites. Arg. C. civ. 1134; Tarbé, p. 58.

Mais on a admis depuis une distinction. Si le jugement attaqué décide qu'une convention, reconnue pour avoir été légalement formée, n'oblige pas les contractants, il y a contravention expresse à l'art. 1134 C. civ. : ce n'est pas seulement la loi particulière du contrat, mais bien la loi commune, qui est violée, et par conséquent il y a lieu à cassation. Boncenne, t, 1, p. 488.

129. Il en est de même, 1° si le jugement, en appréciant, ou en interprétant un contrat, l'a dénaturé et lui a donné un caractère et des effets, qui sont contraires à ceux que la loi lui accorde;

Cass. 19 nov. 1834, D. 35, 1, 350; 5 et 13 mai 1835, D. 35, 145, 237; 15 juill. 1835, D. 35, 392. — V. *sup.*, n° 109.

130. 2° Si le jugement, après avoir reconnu en fait l'existence de tous les éléments constitutifs d'un contrat, a refusé de lui donner la qualification et les effets voulus par la loi. (Cass. aud. solen. 23 juill. 1823; Boncenne, t. 1, p. 490; Toullier, t. 6, n° 194). Par exemple, si, après avoir constaté que l'une des parties s'était engagée à livrer à l'autre qui l'avait acceptée une chose déterminée pour un prix convenu, il a qualifié cette convention de louage au lieu de vente. Cass. 20 juin 1813, S. 13, 382.

131. 3° Si, sous le prétexte d'interpréter une transaction, il en méconnaît les dispositions formelles, dans ce cas il viole l'autorité de la chose jugée, attribuée aux transactions, il doit donc être cassé. Cass. 21 août 1832, Dev. 32, 644; 21 janv. 1835, Dev. 35, 105; 6 juill. 1836, Ch. civ. (Art. 621 J. Pr.).

132. Au contraire, si le jugement s'est borné à interpréter la convention, ou bien à apprécier les actes d'après les circonstances, spécialement à reconnaître une obligation solidaire. Cass. 9 janv. 1838 (Art. 1265 J. Pr.). — Des raisons pour suspendre l'action en résolution d'une vente pour retard dans le payement. Cass. 30 juil. 1838 (Art. 1269 J. Pr.). — Il a pu commettre une erreur qui lèse l'intérêt de l'une des parties, mais il n'y a pas là violation de la loi; il existe tout au plus un mal jugé qui échappe à la censure de la C. de cassation. En effet, si les conventions sont des lois, ce ne sont que des lois privées, et le recours en cassation n'a été introduit que pour le maintien des lois générales. D'ailleurs, la C. suprême est forcée de prendre les faits tels qu'ils lui sont attestés par le jugement; et si ce jugement a justement appliqué la loi à ces faits ainsi posés, il est nécessairement à l'abri de toute réformation. Cass., aud. solen., 2 fév. 1808, P. 6, 481; 23 fev. 1825, P. 19, 212; Merlin, *Rép.*, v° *Société*, sect. 3, § 3, art. 2, n° 3; Poncet, 2, n° 527.

Jugé que le droit d'interprétation des contrats appartient aux Cours royales, même dans le cas où un contrat intervenu entre un particulier et l'État aurait été ratifié par une loi spéciale. Cass. 19 fév. 1840, D. 40, 337.

133. La violation du contrat judiciaire est soumise aux mêmes règles. Conséquemment l'erreur des juges dans l'interprétation de leurs jugements ne peut donner ouverture à cassation. Cass. 13 fév. 1827, S. 27, 153; 31 déc. 1834, D. 35, 82.

Mais si, sous prétexte d'interpréter leurs jugements, ils ordonnent ce qu'ils avaient refusé par une première décision, et qu'ils violent, soit les principes en matière de contrats, soit l'autorité de la chose jugée, leur nouvelle décision peut être cassée. Cass. 6 fév. 1838, D. 38, 162.

Ainsi, il a été décidé que, lorsqu'il s'agit d'apprécier si une formalité telle qu'une mention prescrite par la loi à peine de nullité a été remplie, la Cour de cassation n'est pas liée par l'interprétation que les tribunaux ont donnée aux expressions employées pour mentionner l'accomplissement de cette formalité. Cass. 20 déc. 1830; 15 nov. 1841; 16 fév. 1853; D. 53, 63.

134. D'après ces principes, il y a lieu à cassation : —1° Lorsqu'un arrêt, au lieu de reconnaître dans un acte une transaction sur procès relatif à une rente féodale, le qualifie acte récognitif du titre féodal. — Dans l'espèce il résultait de l'arrêt attaqué que les parties avaient plaidé sur la question de savoir si la rente était ou n'était pas féodale, qu'elles s'étaient rapprochées, que le débiteur avait promis de servir la rente; que, de plus, il s'était soumis au payement des frais du procès. Cass. 15 fév. 1815, S. 15, 183; 26 juill. 1823, S. 23, 378.

135. 2° Lorsqu'un jugement convertit une donation entre-vifs en testament. Cass. 6 août 1827, S. 27, 488; — une servitude en propriété commune. Cass. 13 juin 1814, S. 14, 153; — un droit de retour en une substitution. Cass. 22 juin 1812, S. 13, 24; — un transport, ou une vente, en licitation ou partage, pour éviter des droits d'enregistrement. Cass. 19 nov. 1834, D. 35, 35.

136. 3° Une transaction en une simple rétrocession. Cass. 2 janv. 1839, D. 39, 99.

137. 4° Lorsqu'un trib. décide à tort, que, la désignation du débiteur dans le bordereau d'inscription était suffisante, et que, par suite, le conservateur des hypothèques était responsable du préjudice résultant de son erreur, la Cour suprême peut, d'après les circonstances de la cause, décider que la désignation n'était pas suffisante. Cass. 25 juin 1821, S. 21, 344.

138. 5° Lorsque les juges, en prononçant la rescision d'une vente pour cause de lésion, ont omis de tenir compte de l'un des éléments du prix. Cass. 28 avr. 1835, D. 35, 271.

139. 6° Lorsqu'une Cour royale considère comme emportant transmission, une donation par contrat de mariage de biens présents et à venir à laquelle n'a pas été annexé un état des dettes actuelles du donateur. Cass., 31 mars 1840, D. 40, 182.

140. 7° Enfin, dans un cas où une C. roy. valide une obligation souscrite, sans autorisation, par une femme séparée de biens, quoique cette obligation ne concerne pas l'administration de ses biens. Cass. 3 janv. 1831, Dev. 31, 22.

141. Peuvent encore être soumises, selon les circonstances, à l'appréciation de la Cour de cass., les questions de savoir : — 1° Si un acte a opéré ou non une novation. Cass. 21 fév. 1826, S. 27, 6; 16 juin 1838; 22 juin 1844. — La loi définissant les caractères auxquels on doit reconnaître la novation, si le juge les méconnaît, sa décision donne ouverture à cassation; mais lorsque le juge, en rendant hommage au principe, appréciant les actes du procès, y trouve la preuve de l'existence des caractères constitutifs de la novation, cette appréciation appartient aux tribunaux. Cass. 16 nov. 1841, Dev. 41, 819. — V. *inf.*, n° 173.

142. 2° Si tels ou tels faits d'exécution emportent acquiescement. Cass. 22 oct. 1811, S. 11, 364; 12 juin 1839, D. 39, 245. — *Contrà*, Cass. 12 avr. 1810; Merlin, *Rép.*, t. 5, p. 473.

143. 3° Si les énonciations d'un testament constatent suffisamment l'accomplissement des formalités légales, et notamment de la lecture en présence des témoins. Cass. 22 juill. 1829, S. 29, 343.

144. 4° Si un notaire s'est rendu responsable envers ses clients, d'un droit d'enregistrement frustratoire, en ce qu'il aurait pu rédiger leurs conventions de manière à éviter ce droit. Cass. 24 août 1825, S. 26, 2.

145. 5° Si un désistement donné par l'une des parties, est relatif au fond de l'action, ou seulement aux poursuites. Cass. 16 mai 1821, S. 22, 6.

146. 6° Si la nature et le caractère d'une clause d'un contrat de mariage ont été bien appréciés par la Cour royale. Cass. 12 juin 1839, D. 39, 245.

A plus forte raison si les époux sont mariés sous le régime dotal. Ainsi, peut être cassé l'arrêt qui décide que la faculté *d'aliéner* et vendre ses biens que s'est réservée une femme dotale, comprend celle de *les hypothéquer*. Cass. 29 mai 1839, ch. réun., D. 39, 219 ; — l'arrêt qui statue sur l'inaliénabilité des biens dotaux. 12 août 1839, D. 39, 319.

147. Au contraire, sont considérées comme des questions de fait et d'appréciation de circonstances, entièrement abandonnées à l'examen des trib. et des C. roy., les questions de savoir :

1° Si des présomptions sont graves, précises et concordantes. Cass. 27 avr. 1830, S. 30, 186; 21 août 1837, D. 37, 438.

148. 2° Si tels ou tels faits présentent des caractères de dol ou de fraude capables de faire annuler une convention. Cass. 2 fruct. an 15, 28 brum. an 14, S. 7, 2, 814, 6, 2, 614; 5 déc. 1838, 2 mars 1840, D. 39, 40; 40, 149. 12 fév. 1849 (Art. 4443 J. Pr.)

Si un contrat est simulé ; — si des faits présentent des caractères de simulation. Cass. 21 août 1837, D. 37, 438 ; — ou s'ils constituent un stellionat. Cass. 21 fév. 1827, S. 27, 337 ; — ou la violence dont parle l'art. 1112, C. civ.; Cass. 4 nov. 1835, D. 35, 358. — 28 fév. 1855, D. 55, 401.

Mais dans la déclaration d'un arrêt portant qu'un acte a été fait en fraude des droits d'un tiers, sans énonciation d'aucuns faits de dol à l'appui de cette déclaration, le mot fraude peut n'avoir d'autre sens que celui de préjudice, résultant pour ce tiers de l'acte dont la validité est mise en question. En conséquence, si l'acte a été déclaré nul, on est fondé à soutenir que la nullité n'a été prononcée que par des motifs de droit, étrangers à la fraude, **et que** l'arrêt attaqué ne contient pas, sous ce rapport, une simple appréciation de faits échappant à la censure de la C. de cass. Cass. 8 fév. 1832, Dev. 32, 184.

149. 3° S'il y a possession de bonne foi, dans le sens de l'art. 550 C. civ. Cass. 23 mars 1824, S. 25, 79; — ou possession à titre de propriétaire. Cass. 1er juin 1824, Dev. 32, 312; — en général si une partie est de bonne foi. Cass. 14 avr. 1836, D. 36, 239; 5 juin 1839; 5 août 1839; 25 mars 1840, D. 39, 268; 40, 300.

150. 4° Si tel fait constitue un trouble autorisant une action en complainte. Cass. 19 juill. 1825, S. 26, 166.

151. 5° Si la prescription est accomplie en faveur de la partie qui l'invoque, ou si elle a été suspendue ou interrompue, en tant que la solution de cette question dépend uniquement d'une appréciation de faits et de circonstances de la cause ou de l'interprétation des actes produits aux pièces. Cass. 13 nov. 1827, S. 28, 96; 18 juin 1839; 11 fév. 1840, D. 39, 272; 40, 130.

152. 6° Si un individu est commerçant. Cass. 6 juill. 1836, (Art. 599, J. Pr.).

153. 7° Si une femme n'a fait que détailler les marchandises du commerce de son mari, ou si elle se livre à un commerce séparé. Cass. 27 mars 1832, Dev. 32, 365.

154. 8° Si un second testament renferme des dispositions incompatibles avec celles d'un premier, et susceptibles d'en opérer la révocation. Cass. 18 janv. 1825; 29 mai 1832, Dév. 32, 436

155. 9° Si un legs est à titre universel ou particulier, et quelle est son étendue. Cass. 13 août 1817, S. 18, 44; 24 juin 1828 S. 28, 434.

156. 10° Si le délit de postulation résulte ou non des faits et des actes produits. Cass. 13 janv. 1835 (Art. 18 J. Pr.).

157. 11° Si un traité, par lequel les notaires d'un canton, non encore réduits au nombre légal, conviennent d'indemniser le gré à gré celui d'entre eux qui donnera volontairement sa démission en faveur de la compagnie, doit être déclaré obligatoire, lorsque la démission ayant été donnée, elle l'a été purement et simplement, et non en faveur de la compagnie, et peut même être considérée comme ayant été donnée dans l'intérêt d'un autre notaire et pour lui faciliter la transmission de son titre. Cass. 4 juin 1835 (Art. 97 J. Pr.).

158. 12° Si un individu a eu ou non l'intention de changer son domicile. Avis, Cons. d'État 18 janv. 1816; Aix, 8 janv. 1834 (Art. 126 J. Pr.); 9 juin 1830, D. 31, 282. — Si la double déclaration d'un changement de domicile, faite conformément à l'art. 104 C. civ., suffit pour opérer la translation de domicile sans

qu'elle ait été suivie d'une habitation réelle dans le nouveau lieu.
Cass. 7 mai 1839, D. 39, 225.

159. 13° Si des frais doivent être réputés frustratoires. Cass.
19 août 1835; 28 févr. 1855 (6049).

Si le règlement des frais a été régulièrement fait entre les parties succombantes. Cass. 31 janv. 1837, 14 mai 1844 (Art. 873
et 2852 J. Pr.); — et même si l'une des parties succombantes a
pu être seule condamnée à tous les frais. Cass. 2 août 1836,
D. 36, 434; Cass. 14 mai 1838 (Art. 1254 J. Pr.). — S'il y a
lieu à la compensation des dépens. Cass. 18 mai 1808, S. 8, 313.
— Mais la condamnation de la partie qui a gagné au payement des
frais envers la partie qui a succombé est une violation de l'art. 130
C. pr., et entraîne la cassation de l'arrêt qui l'a prononcée.
Cass. 22 juill. 1818; 25 avr. 1837, D. 37, 313. — Cependant si
l'arrêt n'a pas décidé laquelle des deux parties devait supporter les
dépens, il n'est pas sujet à cassation, mais seulement à la requête
civile. Cass. 4 mai 1825.

160. 14° Si une pièce forme commencement de preuve par
écrit; si des présomptions sont plus ou moins décisives; si un
aveu judiciaire a été ou non divisé. Cass. 23 déc. 1835, D. 36,
18; 6 août 1839, D. 39, 376. — *Contrà*, Cass. 30 déc 1839,
D. 40, 75.

161. 15° S'il résulte ou non des termes d'un exploit qu'il en
a été donné une ou plusieurs copies. Cass. 14 mars 1821,
P. 19, 456.

162. 16° Si deux contrats sont ou non indivisibles, et si l'un
d'eux peut être exécuté indépendamment de l'autre. Cass. 28 fév.
1828, P. 21, 1222.

163. 17° Si un bail est nul comme frauduleux et déguisant un
prêt lorsqu'il a été consenti par une personne pourvue d'un conseil judiciaire, à des conditions inusitées. Cass. 5 août 1840
(Art. 1794 J. Pr.).

164. 18° Si un contrat de société constitue une société ordinaire ou une société en commandite. Cass. 28 mai 1806; 2 fév.
1808, D. 12, 127. — Si l'associé dont la mise est industrielle,
est ou non affranchie de toute contribution aux pertes en ce que
l'acte social lui réserve une somme fixe ou une portion dans les
bénéfices. Cass. 7 déc. 1836, D. 37, 219. — Si une association
commerciale constitue une pure association en participation, ou
bien une véritable société ayant pour objet de faire le commerce
d'une manière générale. Cass. 8 janv. 1840, D. 40, 35; 1er juin
1836, D. 36, 380. — Mais cependant il a été jugé que la question
de savoir si une convention constitue une association en participation, ne rentre pas dans le pouvoir souverain des juges du fond.
Cass. 4 déc. 1839, D. 40, 41.

165. Sont également à l'abri de toute censure de la Cour suprême les arrêts qui décident :

1° Que la désignation, dans un procès-verbal de saisie, de bâtiments situés à la campagne, est suffisante, bien que le procès-verbal ne désigne pas l'extérieur de ces bâtiments. Cass. 8 fév. 1832, Dev. 32, 596 ; — Arrêt analogue. Cass. 24 janv. 1825.

Mais la Cour de cass. peut déclarer que deux des tenants et aboutissants d'un immeuble sont désignés dans un exploit quoique l'arrêt soit muet sur ce point et se soit borné à admettre des équivalents. Cass. 6 déc. 1837 (Art. 2242 J. Pr.).

166. 2° Que d'après les faits et circonstances du procès, un acte conventionnel a eu pour objet de remplir une obligation naturelle ; que la charge imposée n'est pas sans cause, et que ce n'est pas une pure libéralité. Cass. 22 août 1826, S. 27, 152.

167. 3° Que des lettres patentes contenant abandon ou concession par l'État à une compagnie, d'un canal et de ses rives, n'ont pas enlevé à ces objets leur caractère de domaine public. Cass. 29 fév. 1832, Dev. 32, 521.

168. 4° Qu'un chargé d'affaires a géré en qualité d'agent d'affaires, et non comme mandataire gratuit. Cass. 18 mars 1818, — V. toutefois Cass. 19 janv. 1859 (6946).

169. 5° Qu'il résulte des faits de la cause qu'une procuration donnée à un mandataire emportait pouvoir de constituer avoué pour le mandant ; que le mandataire a en effet usé de ce pouvoir; que le mandant a lui-même adhéré aux actes de procédure faits en son nom, et que, par suite, il est non recevable dans son action en désaveu contre l'avoué qui a occupé pour lui. Cass. 13 août 1827, S. 28, 74.

170. 6° Qu'il résulte des faits qu'un acte sous seing privé contient une vente réelle et sérieuse, quoiqu'on prétendît qu'il ne contenait dans la réalité qu'une donation. Cass. 23 déc. 1834, D. 35, 72.

171. 7° Que les faits articulés par le demandeur pour prouver la démence du testateur, ne sont pas pertinents et admissibles ; il importe peu que l'arrêt suppose d'ailleurs en droit, que la preuve de la démence devrait résulter des dispositions du testament. Cass. 6 avr. 1824, rej. 30 juill. 1855, D. 55, 332.

Mais la Cour peut examiner les conséquences légales des faits sur lesquels les juges se sont fondés pour prononcer une interdiction, et décider si ces faits constituent ou non l'état habituel d'imbécillité. Cass. 6 déc. 1831, Dev. 32, 210. — V. d'ailleurs *Enquête*.

172. Sont encore inattaquables : 1° l'arrêt qui ne reconnaît pas une substitution dans la *prière* de conserver et de rendre. Cass. 5 janv. 1809, S. 9, 329.

173. 2° Celui qui voit une novation dans le cas où des billets à ordre souscrits par le débiteur sont substitués à une première créance, résultant d'un arrêté de compte, avec remise de quittance du titre primitif. Cass. 16 janv. 1828, S. 28, 294; 16 nov. 1841. — V. *toutefois sup.*, n° 141.

174. 3° Celui qui erre dans l'appréciation de ce qui constitue les excès, sévices ou injures graves. Cass. 12 fév. 1806, S. 6, 2, 769; 11 janv. 1837, D. 37, 225; — ou bien dans la détermination du mode et de la quotité des prestations d'aliments. Cass. 14 germ. an 13, S. 5, 285; — et dans la qualification de laboureur; au cas de l'art. 1226 C. civ. Cass. 25 fév. 1818, S. 19, 135.

175. 4° Celui qui apprécie les caractères qui constituent le traitement médical. Cass. 9 avr. 1835, D. 25, 118; — Celui qui déclare qu'un marché, bien que conçu en apparence d'une manière pure et simple est cependant conditionnel. Cass. 7 juin 1838, D. 36, 388; — Celui qui déclare qu'une condition est devenue impossible. Cass. 23 fév. 1837, D. 37, 338.

176. 5° Celui qui, en infirmant un jugement de 1re inst., a décidé en fait que la matière était disposée à recevoir jugement sur le fond par un seul et même arrêt.

177. 6° Celui qui déclare qu'une sentence arbitrale est nulle comme rendue hors des termes du compromis. Cass. 23 juin 1819; — Qu'une sentence arbitrale passée en force de chose et ordonnant la reddition d'un compte est inexécutable à défaut des pièces justificatives et qui statue définitivement sur les contestations des parties. Cass. 29 mars 1827, P. 21, 306.

178. *Il faut qu'il y ait violation du texte, et non pas seulement des motifs de la loi.* En effet, les motifs de la loi sont toujours plus ou moins incertains, et l'on ne peut dire qu'un jugement qui en fait une fausse application, viole *expressément* la loi.

179. *La violation doit se trouver dans le dispositif du jugement.* L'erreur dans les motifs du jugement ne donne point ouverture à cassation si le dispositif est conforme à la loi. Le dispositif est en effet tout le jugement, et c'est seulement contre le jugement que l'on peut se pourvoir, Merlin. *Rép.* v° *Société*, sect. II, § 3, art. 2, n° 3; Cass. 2 fév. 1808; 15 mai 1816, S. 17, 226; 1er fév. 1836, D. 36, 84. — V. *Appel*, n° 23.

Ainsi lors même que dans les motifs une demande serait déclarée non justifiée au fond, si dans le dispositif le jugement se borne à déclarer cette demande non recevable, pour cause d'incompétence par exemple, c'est de ce dispositif seulement qu'il y a lieu d'examiner la légalité devant la cour de cassation. Cass. 6 avril 1841, D. 41, 208. — 21 mars 1855, D. 55, 409.

180. Par la même raison, peu importe l'incohérence ou la contradiction dans les motifs, si le dispositif est régulier. Cass. 2 déc. 1824; 16 août 1837, D. 37, 453.

Il en est de même d'un motif erroné en droit, alors que ce motif n'est pas nécessaire à la justification de la décision et qu'il n'est d'ailleurs développé que comme raisonnement à l'appui d'un point de fait constaté par l'arrêt. Cass. 23 août 1836, D. 37, 101; 8 fév. 1837, D. 37, 244. Cass. 26 juill. 1838 (Art. 1267, J. Pr.); si du reste le dispositif offre une application exacte de la loi. Cass. 12 mars 1838, D. 38, 140.

La contradiction entre les qualités et les motifs d'un même arrêt sur la teneur d'un acte authentique, ne peut être tranchée devant la C. de cass. que par la production de l'acte authentique. Cass. 9 mars 1837, D. 37, 273.

181. Néanmoins, quoique le dispositif d'un jugement soit *littéralement* conforme au texte de la loi, il y a lieu à cassation, si ce dispositif est le résultat d'une fausse interprétation de la loi exprimée dans les motifs mêmes du jugement. Cass. 1er août 1825; 22 juin 1836, D. 25, 385, 36, 201.

Art. 2. — *Incompétence et excès de pouvoir.*

182. L'incompétence et l'excès de pouvoir donnent, dans tous les cas, ouverture à la cassation. L. 27 vent. an 8, art. 80, 88.

183. Le juge commet un excès de pouvoir lorsqu'il sort du cercle de ses attributions; et fait ce que la loi lui défend ou ne lui permet pas de faire, — ou même lorsqu'il refuse de faire ce que la loi ordonne. Tarbé, p. 54. — Par exemple, si un trib. refuse arbitrairement d'admettre au serment un employé des postes. *Ib.* 55.

On distingue deux sortes d'excès de pouvoir, l'incompétence et l'excès de pouvoir proprement dit.

184. Il y a excès de pouvoir *proprement dit* lorsque, dans les causes de sa compétence, le juge a statué au delà des valeurs auxquelles la loi restreignait sa juridiction de dernier ressort, ou bien a créé des nullités, et admis des fins de non-recevoir non établies par la loi. Cass. 15 déc. 1806, P. 5, 589, Berriat, 478, note 20.

185. Il en est de même lorsque le juge ne se contente pas de décider les causes qui lui sont soumises, et se permet, en outre, de faire des règlements généraux, ou d'intimer des ordres aux agents du pouvoir administratif. — V. *Compétence, Conflit, Discipline, Expropriation.*

186. Il y a incompétence lorsque le juge connaît d'une affaire que la loi attribue à un autre tribunal.

Art. 3. — *Violation des formes.*

187. La violation des formes prescrites à peine de nullité est un moyen de *requête civile.* Ordonn. 1667; C. pr. 480-2°. — V. *Ministère public, Requête civile.*

Ainsi le défaut d'audition du ministère public dans le cas où elle est requise, est une ouverture de requête civile et non un moyen de cassation. Cass. 30 mars 1842 (Art. 2362, J. Pr.).

188. Toutefois, elle donne encore ouverture à cassation : — 1° lorsqu'elle *provient du fait des juges*, et qu'elle s'applique à des formes tellement essentielles, que, sans elles, le jugement n'existe pas. Cass. 19 déc. 1831 ; 17 nov. 1840 (Art. 1832, J. Pr.); Merlin, *Quest. dr.*, *hoc v°*, § 38 ; R. *Ib.* §. 2, n° 9.

Par exemple, s'il y a défaut de publicité. Cass. 5 déc. 1836, D. 37, 75 ; — de nombre compétent de juges, de motifs, de point de fait et de point de droit. Merlin, *ib.* ; L. 20 avr. 1810 ; C. pr. 141. — Si le jugement a été rendu par des juges qui n'ont pas assisté à toutes les séances, ou qui n'ont pas la capacité légale. Godart, p. 58. — Défaut de motifs. — V. *Jugement.*

189. Mais le pourvoi fondé sur ce que les motifs de l'arrêt attaqué auraient subi de notables changements depuis leur prononciation, n'est ni recevable lorsque cet arrêt n'a point été attaqué par la voie d'inscription de faux, ni fondé, si les motifs prétendus ajoutés après coup étaient virtuellement renfermés dans les motifs reconnus comme prononcés. Cass. 22 août 1843, D. 43, 491.

190. 2° Lors même que, provenant *du fait d'une partie*, cette violation a été relevée et opposée par l'autre partie, mais écartée par les juges. Cass. 19 juill. 1809, S. 15, 160. — Par exemple, lorsqu'un arrêt a débouté une partie de la demande en nullité d'un exploit d'assignation qui violait réellement des formes prescrites à peine de nullité. La requête civile n'est instituée que pour réparer les erreurs involontaires des juges, et ne doit être employée que quand la violation a eu lieu sans aucune réclamation des parties ; les juges alors n'ont pas été avertis, et ont pu commettre un oubli ; mais lorsqu'il y a eu réclamation, ce n'est plus par oubli, c'est par une volonté bien exprimée qu'ils n'y ont pas eu égard ; on ne peut donc pas se présenter de nouveau devant eux pour qu'ils réforment leur décision ; le recours en cassation est seul ouvert. Merlin, *Ib.*

191. Il est nécessaire que la violation ait été articulée en termes exprès ; il ne suffit pas d'avoir demandé d'une manière générale la nullité de l'exploit et des pièces de la procédure.

192. Le recours en cassation n'est pas recevable tant qu'il existe une autre voie légale de réformation contre la décision dénoncée. Cass. 22 fév. 1839, D. 39, 216.

193. Lorsqu'un pourvoi en cassation est formé subsidiairement à une demande en règlement de juges et pour les cas où cette demande serait déclarée non recevable, si elle est déclarée recevable, mais rejetée au fond, il n'y a plus lieu de statuer sur le pourvoi subsidiaire, alors surtout qu'il devait être rejeté par les même motifs. Cass. 26 fév. 1839, D. 39, 157.

194. Celui qui a d'abord pris la voie de la cassation dans laquelle il a succombé, peut encore, s'il est dans les délais, attaquer par la voie de la requête civile, l'arrêt qu'il avait déféré à la Cour de cassation. Lyon, 18 fév. 1824, D. A. 11, 597.

ART. 4. — ULTRA PETITA.

195. La condamnation *ultrà petita* est, en général, un moyen de *requête civile*. — V. ce mot.

196. Mais elle devient une ouverture de cassation lorsque la loi s'oppose à la condamnation, quand bien même il y eût été conclu par les parties. Cass. 8 mai; 18 juin 1810, P. 6, 381, 21 mars 1842, D. 42, 159. — Ces décisions ont été rendues en matière d'enregistrement.

197. Il n'y a pas *ultrà petita* lorsqu'il résulte, soit des requêtes signifiées par les parties, soit des qualités du jugement, que des conclusions ayant pour objet une demande reconventionnelle ont été prises en 1re instance. Cass. 7 juin 1836, D. 36,262.

ART. 5. — Contrariété de jugements.

198. La contrariété de jugements donne ouverture à cassation, — 1° Lorsque les deux jugements, directement opposés l'un à l'autre, ont été rendus entre les mêmes parties par deux *tribunaux différents.*C. pr. 504; Cass. 14 août 1811, P. 9, 555; Merlin, *Rép. hoc v°*, § 2, n° 6; Poncet, *Jugements*, n° 537, Carré, art. 504.

199. 2° Lorsque les jugements ont été rendus par le même trib., si, lors du dernier, l'exception tirée de la chose jugée a été expressément opposée devant le tribunal. Cass. 8 avril 1812, 18 déc. 1815; S. 16, 205. — Spécialement, lorsque le juge de paix rétracte expressément un jugement définitif par lui précédemment rendu. Cass. 21 avr. 1813, S. 15, 135.

200. Dans les autres cas, la contrariété de jugements ne constitue qu'un moyen de *requête civile*. — V. ce mot.

201. Il n'y a pas ouverture à cassation, 1° lorsque la contrariété existe entre deux arrêts statuant l'un sur une exception, l'autre sur le fond du procès. Cass. 17 janv. 1838 (Art. 1132 J.Pr.).

202. Dans tous les cas il faut que la sentence d'où l'on induit la contradiction soit produite en forme probante. Cass. 14 fév. 1837, D. 37, 252.

§ 7. — Fins de non-recevoir.

203. Les principales fins de non-recevoir contre le pourvoi (— V. *sup.*, n° 53) sont

Premièrement. L'expiration du délai, soit pour le dépôt du pourvoi devant la chambre des requêtes, soit pour la signification de l'arrêt d'admission devant la chambre civile.

204. La chambre des requêtes et la chambre civile peuvent-elles rejeter d'office un pourvoi formé après les délais? — Le doute vient de ce que, en matière d'appel, le juge n'a pas le droit de suppléer à la fin de non-recevoir; il faut laisser à l'intimé la liberté d'accepter ou de refuser le débat, et il y a analogie pour l'instance devant la Cour de cassation. — Mais les dispositions qui concernent la forme et les délais du pourvoi étant conçues en termes impératifs, le juge de cassation a pour devoir d'apprécier les procédures qui lui sont soumises et de prononcer, même d'office, des fins de non-recevoir et des déchéances contre les pourvois irréguliers. Tarbé, p. 122. — Autrement la chambre des requêtes ne pourrait jamais prononcer cette fin de non-recevoir, puisqu'elle statue toujours en l'absence du défendeur éventuel.

205. En matière solidaire et indivisible, le pourvoi régulier de l'un des débiteurs profite à son codébiteur, et relève ce dernier de la déchéance qu'il avait encourue pour avoir laissé expirer les délais. Cass. 17 avr. 1837, 31 déc. 1855 (6279).

206. La partie peut se pourvoir, bien que le jugement attaqué, en rejetant sa demande principale, lui ait accordé une garantie qu'elle a exercée subsidiairement : ces deux actions n'ont rien d'incompatible. Cass. 25 janv. 1814, P. 12, 52.

207. Lorsqu'après un pourvoi formé valablement contre un arrêt, il est rendu plusieurs arrêts qui sont la suite et la conséquence du premier, la circonstance que ces arrêts n'ont point été attaqués en cassation dans le délai, ne doit pas faire rejeter le pourvoi formé contre le premier arrêt. — V. d'ailleurs *sup.*, n°s 89 et suiv.

208. *Deuxièmement.* L'inobservation des formalités prescrites, par exemple : le défaut de consignation d'amende, de mention de la loi violée, de signature par un avocat à la C. de cassation, etc. — V. *inf.*, §§ 8, 9 et 12.

209. *Troisièmement.* L'existence d'un autre recours ouvert contre le jugement attaqué.

210. *Quatrièmement.* L'incompétence de la Cour cassation.

211. *Cinquièmement.* L'acquiescement à l'arrêt attaqué, soit avant, soit après le pourvoi. — V. ce mot, n°s 98 à 100.

212. *Sixièmement.* Le défaut de moyens contre le chef qui concerne la partie assignée. Cass. 30 mai 1837, D. 37, 409.

213. *Septièmement.* La présentation d'un moyen nouveau. — Tarbé, p. 120 et suiv. Cass. 29 déc. 1849 (Art. 4503 J. Pr.)

En général on n'est pas recevable à proposer, pour la première fois, devant la C. de cassation, un moyen dont il n'a été parlé ni en 1re inst. ni en appel. Cass. 19 juill , 24 août 1809, P. 7, 796 ; 28 juin 1815 ; 21 fév. 1826, P. 20, 194. — Ou même proposé en 1re inst. ; mais non en appel. La C. de cass. dans les affaires susceptibles de deux degrés de juridiction ne peut prononcer que sur la décision rendue en appel. Agir autrement, ce serait priver les parties de l'un des deux degrés de juridiction. Cass. 9 juin 1808. D. A. 3, 69. — Un moyen nouveau n'est pas proposable, même lorsque l'appelant s'est laissé juger par défaut. Cass. 15 avr. 1834. — Rej. 24 juill. 1855, D. 55, 418.

Ainsi lorsqu'en matière commerciale on a procédé devant un trib. civ. et qu'on n'a pas relevé l'incompétence ni en première inst. ni sur l'appel interjeté , on n'est plus recevable à l'opposer comme moyen de cassation. Cass. 9 janv. 1838 (Art. 1265, J. Pr.).

214. La règle que les moyens nouveaux ne sont pas proposables devant la C. de cass. reçoit exception : — 1° Lorsque le moyen a été apprécié d'office par les premiers juges. Cass. 28 nov. 1826 , P. 20 , 963 ; — 2° lorsqu'il intéresse l'ordre public. Cass. 26 août 1825, P. 19, 843. — V. d'ailleurs *Exception.*

Ainsi l'exception d'incompétence résultant de ce que l'autorité judiciaire aurait empiété sur les attributions de l'autorité administrative, peut être proposée pour la première fois devant la C. de cass. Cass. 15 juin 1837, D. 37, 395. — Par exemple , s'il s'agit de questions relatives au dégrèvement des contributions. Cass. 10 janv. 1838 , D. 38, 82. — Dans ce cas , il appartient à la C. de cass. de décider en fait que les actes administratifs d'où l'on induit l'incompétence , ne sont pas applicables à l'espèce du procès, et que par suite l'exception n'est pas fondée. *Même arrêt.* — V. d'ailleurs, *Audience solennelle*, *Nullité.* Cass. 15 déc. 1845, Art. 3266.

La C. de cass., a suppléé d'office le moyen tiré de ce que le jugement de 1re inst. n'avait pas été signifié avant sa mise à exécution, bien qu'il n'eût pas été plaidé devant la C. d'appel. Cass. 4 mars 1829. — Rej. 10 janv. 1854, D. 54, 35.

215. N'est pas recevable le nouveau moyen tiré de l'incompétence des premiers juges, lorsque la C. roy. qui aurait été compétente, pour prononcer sur ce moyen en infirmant le jugement, ne l'a cependant pas fait. — Dans l'espèce, la contestation aurait dû être déférée non au trib., mais à des arbitres forcés. Cass. 5 juill. 1837 (Art. 937 J. P.).

216. La C. de cass. ne pouvant consulter d'autres documents que les qualités de l'arrêt attaqué , ou les pièces produites pendant l'instruction devant les premiers juges , il s'ensuit que si elles ne constatent pas qu'un moyen, quoique respectivement invoqué par les parties dans les mémoires imprimés, a été proposé aux juges d'appel , on n'est pas recevable à se fonder sur ce moyen pour obtenir la cassation de l'arrêt. Cass. 29 juin 1825 ; 5 et 26 avr. 1827, P. 21 , 379.

Ainsi une partie n'est pas recevable à se plaindre devant la C. de cass. de ce qu'une communication de pièces qu'elle a demandée en 1re inst. lui a été refusée, alors qu'il n'appert d'aucunes conclusions prises en appel que la même demande ait été formée devant la C. roy. Cass. 29 janv. 1838, D. 38, 83.

Le moyen pris de l'incompétence du juge qui a réglé les qualités n'est pas recevable, si le demandeur ne produit pas l'opposition à ces qualités. Cass. 22 nov. 1837, D. 38, 169.

217. Les pièces qui n'ont pas été produites devant une C. roy., ou qui sont d'une date postérieure à l'arrêt attaqué, ne peuvent être prises en considération par la C. de cass. Cass. 29 juin 1825, 4 fév. 1835, D. 35, 125; 14 juin 1836, D. 36, 393; 6 juin 1837 (Art. 1037 J. Pr.).—Ainsi décidé même en matière électorale, à l'égard de certificats justifiant que l'arrêt attaqué était erroné. Cass. 24 janv. 1838, D. 38, 120.

Une partie est même non recevable à prouver devant la C. de cass. qu'elle a été dans l'impossibilité de se procurer en temps utile une pièce exigée pour justifier sa réclamation, surtout si les juges du fait ont déclaré qu'il y avait eu négligence de sa part. Cass. 10 août 1835 (Art. 184 J. Pr.).

218. Ne sont pas susceptibles d'être proposés en Cass. les moyens résultant : — 1° de l'omission relative à une peine prononcée par la loi, par exemple, de ce qu'à défaut d'inventaire des meubles ne pouvaient pas être propres à l'un des époux, mais tombaient dans la communauté. Cass., 9 mars 1837, D. 37, 273.

219. 2° De l'autorité d'un aveu judiciaire, dont il n'a point été demandé acte devant les juges du fait, et cela alors même que cet aveu aurait été un des motifs de la décision des premiers juges infirmée sur appel. Cass. 13 juin 1837, D. 37, 440.

220. 3° Du rejet d'une exception d'incompétence, qui n'aurait pas été proposée avant toute défense au fond. Cass. 31 janv. 1838, ch. civ., D. 38, 93.

221. 4° De ce que la prescription admise par les premiers juges aurait été interrompue ou suspendue pour cause de minorité, ou de ce que l'État aurait été illégalement représenté. Cass. 21 fév. 1827, S. 27, 451.

222. 5° De la contestation de la qualité dans laquelle une partie a agi devant les juges du fond. Cass. 20 fév. 1828, S. 28, 303; 9 juin 1841 (Art. 2125 J. Pr.). — Spécialement en s'appuyant sur la maxime : nul en France ne plaide par procureur Cass. 14 déc. 1839; rej. 4 juill. 1849; 30 mai 1854, D. 54, 323.

223. 6° D'une exception d'incompétence, rejetée par un jugement de 1re inst., qui n'a pas été attaqué en appel dans le délai de la loi.—Ainsi jugé en matière correctionnelle. Cass. 22 fév. 1828, S. 28, 270.

224. *Huitièmement*. Le défaut d'intérêt.

Doit être rejeté pour ce motif, le pourvoi formé : — 1° contre un jugement dont le dispositif est favorable à la partie, bien que, parmi les motifs, il s'en trouve de contraires à son honneur, et que l'affiche de l'arrêt ait été ordonnée. — V. *Appel*, n° 23.

225. 2° Contre un jugement préjudiciel, qui rejette une exception d'incompétence proposée, lorsqu'au fond la partie obtient ensuite gain de cause. Cass. 15 janv. 1838, D. 38, 70. — Ainsi jugé à l'égard d'un préfet en matière électorale.

226. 3° Parce que la contrainte par corps aurait été à tort prononcée contre un litis-consort, fût-ce son époux. Cass. 27 mars 1832, D. 32, 168.

227. 4° Parce que sans statuer sur une demande en annulation d'un arrêt irrégulier, cet arrêt aurait de suite statué au fond Il ne résulte pas du défaut d'annulation un grief pour la partie qu. la requérait, attendu que la Cour aurait toujours jugé le fond comme elle l'a fait. Cass. 7 mars 1833, D. 33, 145

228. 5° Parce que l'appel déclaré tardif, a été rejeté, si les juges tout en considérant l'appel comme nul, ont néanmoins examiné et jugé le fond de l'affaire. Cass. 22 mars 1825, D. 25, 231.

229. 6° Parce qu'on a eu dans sa propre défense, une latitude plus grande que celle que la loi comporte. Cass. 9 juil. 1834, D. 34, 307.

230. 7° Parce que, dans le cas où une partie principale aurait présenté une demande en nullité (de mariage), l'arrêt aurait admis l'intervention d'un individu qui réclamait la même nullité ; lorsque cette nullité a été admise, non pas sur la demande de l'intervenant, mais bien sur celle de la partie principale. Cass. 8 mars 1831, D. 31, 111.

231. 8° Parce que des juges d'appel auraient refusé de prononcer l'annulation du jugement de 1re instance pour un vice de forme, lorsque cette annulation n'aurait point entraîné la réformation du même jugement sur le fond. Cass. 2 déc. 1839, D. 40, 44.

232. Dans le cas où il n'y a pas d'intérêt, la C. de cass. peut se dispenser d'examiner un moyen qui présente une question jugée précédemment et irrévocablement entre les parties par d'autres arrêts. Cass. 17 avr. 1832, D. 32, 215.

— V. d'ailleurs *Exception*, *Moyen nouveau*.

§ 8. — *Délai du pourvoi.*

233. Les délais du pourvoi se règlent d'après les lois en vigueur à l'époque où les jugements ont été rendus. Merlin, *Rép.* v° *Cassation*, § 5, n° 10.

234. Le pourvoi doit être formé au plus tard le dernier jour du délai avant l'heure fixée pour la fermeture du greffe. — Il n'est

pas recevable jusqu'à minuit le dernier jour du délai. Cass.
5 avr. 1842 (Art. 2221 J. Pr.).

235. Le délai du pourvoi en cassation, en matière civile et
commerciale, est réduit de trois mois à *deux mois*. L. 3 juin
1862, art. 1er (7770).

236. Le délai du pourvoi est augmenté : — d'un mois
lorsque le demandeur est domicilié en Corse, en Algérie, dans
les îles Britanniques, en Italie, dans le royaume des Pays-Bas
et dans les Etats ou confédérations limitrophes de la France
continentale ; — de deux mois, s'il est domicilié dans les
autres Etats, soit de l'Europe, soit du littoral de la Méditer-
ranée et de celui de la mer Noire ; — de cinq mois s'il est
domicilié hors d'Europe, — en deçà des détroits de Malacca et
de la Sonde ou en deçà du cap Horn ; — de huit mois s'il est
domicilié au delà des détroits de Malacca et de la Sonde, ou
au delà du cap Horn. Art. 5.

Aujourd'hui, tous les pays qui sont compris dans une confé-
dération, de quelque nature qu'elle soit, rentrent dans le § 1
du nouvel article.

L'ancien article donnait lieu à controverse. Chauveau,
n° 3416 *ter*. Notre *Formulaire*, 4e édition, page 759, note 3.

237. Les délais ci-dessus sont doublés pour les pays d'ou-
tremer, en cas de guerre maritime. *Ib.*

On a craint que des vaisseaux de la marine du pays avec
lequel la France est en guerre, ou des pirateries, n'interceptas-
sent les communications.

D'après le texte de la loi, cette *crainte* suffit pour que le délai
soit doublé.

Suivant M. Josseau, le doublement n'aurait lieu qu'en cas
d'obstacle apporté par la guerre maritime aux communications
entre la France et les pays où se trouvent les parties auxquelles des significations sont faites. C'est une opinion personnelle au rapporteur.

Les délais sont doublés toutes les fois que les pays dans lesquels une assignation a dû être donnée, sont compris non-
seulement dans le théâtre même de la guerre, mais dans un
rayon où son influence a pu s'étendre. Les parties n'auront
rien à prouver, les délais sont doublés de plein droit. Notre
Formulaire, 4e édition, page 766, note 4.

238. Le délai ordinaire du pourvoi est augmenté de huit
mois en faveur du demandeur absent du territoire français,
de l'Europe ou de l'Algérie, pour cause de service public, et en
faveur des gens de mer absents de ce même territoire pour cause
de navigation. Art. 3.

239. Les délais ci-dessus sont francs. Loi 3 juin 1862, art. 9. Ainsi le pourvoi contre l'arrêt signifié le 4 juillet est valablement formé le 5 septembre.

240. Si le dernier jour du délai est férié, le délai est prorogé au lendemain. *Ib.*

241. Les mois sont comptés suivant le calendrier grégorien. *Ib.*

242. En matière électorale et d'expropriation pour utilité publique, les lois spéciales qui régissent les pourvois sont maintenues.— V. *Elections, Expropriation.*

243. En général, le délai court de la signification à personne ou à domicile. Loi du 3 juin 1862, art. 4 (7770). V. toutefois *inf.* n° 246.

244. A l'égard des jugements et arrêts par défaut, le délai ne court qu'à compter du jour où l'opposition n'est plus recevable. *Ib.*

245. La loi sur les délais devant la Cour de cassation a été insérée au Bulletin des lois le 3 juin; — elle est devenue exécutoire à Paris un jour après, c'est-à-dire le 5 juin — et dans les départements, après l'expiration du même délai augmenté d'autant de jours qu'il y a de fois dix myriamètres entre la ville où la promulgation a été faite et le chef-lieu de chaque département, suivant le tableau annexé à l'arrêté du 13 juillet 1803. — V. ordonn. roy. du 27 nov. 1816, art. 1, 2 et 3.

Le jugement ou l'arrêt attaqué a-t-il été rendu à Paris le 5 juin 1862, c'est-à-dire le jour où la loi est devenue exécutoire à Paris, il n'a été susceptible de pourvoi en cassation que pendant deux mois, à dater de la signification (7783).

247. En matière d'ordre, la signification *à avoué* fait courir les délais du pourvoi en cassation. C. pr. 764. — V. *Ordre,* n° 68.

247. Le délai court même contre la partie dont l'avoué a fait cette signification. Cass. 31 mars 1862 (7800).

248. Le délai court du jour où la partie a déclaré par écrit qu'elle dispensait son adversaire de lui signifier l'arrêt. Rejet, civ. 11 août 1858 (6891).

249. Est recevable le pourvoi contre un arrêt qui a plus de 30 ans de date, s'il a été formé dans les *deux* mois de la signification et avant l'exécution. Argument, Cass., 26 nov. 1834, D. 35, 37.

Au reste, la partie condamnée n'a pas besoin d'attendre la signification pour se pourvoir : elle peut former son pourvoi dès le jour même de la condamnation.

250. Cette disposition portée pour la guerre d'alors, doit être appliquée pour tous les cas de guerre : il y a même raison de décider. Merlin, *Rép.*, v° *Cassation*, § 5, n° 10.

251. La suspension de délai accordée aux militaires en activité de service en temps de guerre, a lieu, même dans le cas où, par événement, le militaire se trouvant dans son domicile, la signification du jugement à attaquer lui est faite en personne à ce domicile. Cass. 26 pluv. an 11, Dev. 1, 757 ; Merlin, *R.*, hoc v°, § 5, n° 10 ; Troplong, *Prescription*, n° 705.

252. Cette décision s'applique aussi aux *gens de mer*, employés dans les armées maritimes. L. 6 brum. an 5; Merlin, *Rép.*, v° *Cassation*, § 5, n° 10.

253. Mais il en est autrement pour un gendarme qui n'a point fait réellement partie de l'armée. Cass. 14 nov. 1827, Dev. 8, 702.

254. Les personnes qui sont dans le cas de se pourvoir contre des jugements rendus par des trib. situés dans des départements en révolte, ont trois mois, qui ne commencent à courir que quinze jours après la cessation des troubles, et l'entier rétablissement de l'ordre. L. 22 août 1793.

255. Quel est le délai pour se pourvoir contre une décision rendue par un trib. d'un pays étranger réuni à la France?

Ce doit être le délai du pays étranger : en effet, ou le délai de la loi étrangère était expiré au moment de la réunion, ou il ne l'était pas.

Dans le premier cas, la partie ayant laissé passer le délai fixé par la loi qui la régissait, sans faire de pourvoi, le jugement avait acquis l'autorité de la chose jugée avant que la loi française pût être mise en vigueur. Il n'y a donc plus possibilité de former le pourvoi. — Ainsi jugé dans deux espèces plus favorables : c'était à l'occasion d'habitants de colonies françaises qui, par suite de l'occupation des Anglais, avaient été régies momentanément par la loi anglaise. Cass. 18 fév. et 15 avr. 1819, P. 15, 214.

Dans le second cas, la loi en vigueur (V. *sup.*, n° 233), était la loi étrangère, c'est donc le délai qu'elle fixe qui doit être suivi. La partie n'a pas à se plaindre ; car au moment où le jugement a été rendu, elle connaissait la loi qui la régissait, et ne pouvait compter sur ce qui serait ordonné par une autre loi. Il y a d'ailleurs chance égale pour elle ; car si le délai peut être augmenté par la loi nouvelle, il peut être aussi diminué.

256. Une signification régulière fait seule courir le délai du pourvoi. — V. *Appel*, n° 339.

Mais équivaut à la signification le commandement fait en vertu du jugement dont copie est en même temps laissée à la partie condamnée. Cass. 19 niv. an 12, Dev. 1, 916

257. Si la signification est nulle, elle doit être recommencée, et ce n'est qu'après les délais à partir de cette nouvelle signification qu'on est déchu de se pourvoir.

Tant que le jugement n'a pas été régulièrement signifié, la partie condamnée est recevable à l'attaquer par la voie de la cassation.

258. Les délais du pourvoi ne courent qu'au profit de ceux qui ont fait signifier le jugement, et contre ceux à qui la signification a été faite.

Ainsi, celui qui s'est pourvu en cassation d'un arrêt rendu dans l'intérêt commun de plusieurs individus, et qui n'a d'abord dirigé son pourvoi que contre quelques-uns de ses adversaires, peut, par une requête postérieure, appeler les autres en déclaration d'arrêt commun, sans que l'expiration du délai de pourvoi lui soit opposable, si ceux-ci ne lui ont pas fait signifier l'arrêt attaqué. Cass. 14 mars 1821, P. 16, 448. — V. *Appel*, n° 353.

259. Les héritiers, successeurs ou ayants cause (majeurs ou mineurs) de ceux qui décèdent étant encore dans le délai, sans avoir formé le pourvoi, ont un nouveau délai de trois mois, ou plus, selon l'endroit qu'ils habitent (— V. *sup.*, n° 235), à compter de la nouvelle signification, qui doit leur être faite à personne ou à domicile. Règl. 1738, p. 1, tit. 4, art. 14, modifié par la Loi 1er déc. 1790, art. 14; Berriat, p. 480, note 28, n° 1.

Mais le pourvoi de l'un des héritiers fait en temps utile ne relève pas de la déchéance le cohéritier qui a laissé expirer le délai du pourvoi. Cass. 7 nov. 1821, P. 16, 929. — V. toutefois *sup.*, n° 205. La déchéance d'un pourvoi, pour inobservation du délai, prononcée en faveur de quelques individus, ne profite pas à d'autres dont les droits ne sont pas les mêmes ni indivisibles. Cass. 24 déc. 1834. — Rej. 22 juill. 1856, Dev. 56, 910.

260. Les délais courent contre toute personne (L. 1er déc. 1790, art. 14; 2 brum. an 4 art. 15), même contre les mineurs, les communes, — le domaine de l'Etat. Cass. 23 brum. an 10, Dev. 1, 553. — Merlin, *Rép.*, v° *Cassation*, § 5, n° 10; Favard, n° *Cour de cassation*, sect. IV, n° 1.

Mais si l'arrêt a été rendu avant la loi du 1er déc. 1790, le mineur n'est déchu que s'il a lsissé passer trois mois à compter de la nouvelle signification qui doit lui être faite depuis sa majorité, d'après le règl. 1738, part. 1re, tit 4, art. 13; Merlin, *Quest. dr.*, v° *Cassation*, § 21.

261. Le pourvoi déposé après l'expiration du délai est déclaré non recevable, par la C. de cass., section des requêtes ou section civile, Cass. 29 nov. 1836, D. 37, 192. — V. *sup.*, n° 204.

262. Il n'est donné de lettres de relief sous aucun prétexte (L. 1er déc. 1790, art. 14, L. 2 brum. an 2, art. 4); — pas même pour les agents du gouvernement Cass. 3 juill. 1826, 8 fév. 1827, P. 21, 139.

§ 9. — *Du pourvoi.*

263 Le *pourvoi* est l'acte par lequel on défère un jugement ou arrêt à la C. de cassation.

Il importe de transmettre promptement, et d'une manière complète, à l'avocat les pièces et renseignements relatifs au pourvoi.

ART. 1. — *Forme du pourvoi.*

264. Le pourvoi contient :

1° Les *noms*, professions et demeures du *demandeur* et du *défendeur* : on les prend textuellement dans l'arrêt ou dans les pièces ;

2° L'*indication* de l'arrêt attaqué ;

3° Les *moyens* de cassation ;

4° Les *conclusions;*

5° L'*énonciation* qu'il a été joint au pourvoi la copie signifiée ou l'expédition de la décision attaquée, et la quittance de consignation de l'amende, lorsqu'il y a lieu à en déposer une. Règl. 1738, p. 1, tit. 4, art. 1, 4, 5; L. 2 brum. an 4, art. 17. — Et s'il n'y a pas lieu à consignation pour cause d'indigence, l'énonciation des pièces justificatives de l'indigence.

265. Il est, à peine de nullité, signé et présenté par un avocat à la C. de cassation. Règl. *ib.*, art. 2. — Même en matière disciplinaire. Cass. 5 juill. 1836.

Il en est autrement en matière d'*élection* et lorsqu'il s'agit du domaine de l'*État.* — V. ces mots.

Ainsi a été déclaré régulier le pourvoi signé par le préfet en matière domaniale. Cass. 31 juill. 1837 (Art. 1208; J. Pr.).

— V. d'ailleurs *Expropriation pour cause d'utilité publique.*

266. *Noms des demandeurs.* Le pourvoi fait au nom de plusieurs héritiers dénommés avec cette addition : *et autres,* ou *et consorts*; ne s'applique qu'aux héritiers dénommés. Cass. 25 therm. an 12, P. 4, 142.

Ainsi lorsqu'une partie ayant figuré devant la cour royale en qualité de créancier d'une société et de subrogé tuteur des enfants de l'un des associés, ne formule son pourvoi qu'en qualité de créancier, le pourvoi en qualité de subrogé tuteur est vainement proposé après les délais dans la requête ampliative où il a exprimé cumulativement ses deux qualités. Cass. 26 juill. 1843. D. 44, 134. Bernard, *Manuel*, p. 125.

Un pourvoi peut être introduit par un mandataire et la déclaration de pourvoi faite en temps utile par ce dernier est valable bien que l'acte contenant le mandat n'ait pas été enregistré : le défaut d'enregistrement n'altérant en rien l'existence d'un mandat qui aurait même pu n'être que verbal. Cass. 18 janv. 1837, D. 37, 228. — V. rej. 3 mai 1848 (4531).

267. *Noms des défendeurs.* Il n'est pas nécessaire de désigner par leur *nom* tous les défendeurs, il suffit que cette désignation soit assez précise pour qu'on ne puisse s'y méprendre, comme si, après avoir indiqué les noms de quelques-uns des adversaires, on ajoute : *et autres dénommés en l'acte dénoncé.* Cass. 25 mars 1816 ; 7 nov. 1821 ; 31 janvier 1827, 3 fév. 1855. D. 55, 364.

268. L'erreur relativement à la qualité d'un des défendeurs est suffisamment réparée, soit par l'assignation donnée à cette partie en sa véritable qualité, soit par la dénomination régulière que renfermait à son égard l'arrêt attaqué auquel se référait le mémoire. Cass. 31 janv. 1827, P. 21, 104.

269. Lorsque l'arrêt attaqué a été rendu au profit d'une partie dont le garant a été mis en cause devant les juges du fond, le pourvoi peut n'être dirigé que contre cette partie, si le garant n'a pas pris fait et cause pour le garanti. Cass. 5 déc. 1836 (Art. 825 J. Pr.) — V. d'ailleurs *sup.*, n° 53.

270. *Indication de l'arrêt.* L'erreur dans l'indication d'un arrêt préparatoire au lieu d'un arrêt définitif, quoique reproduite dans la quittance de consignation d'amende, est suffisamment rectifiée par l'expédition de l'arrêt définitif jointe au pourvoi, lorsque les moyens de cassation ne peuvent se rapporter qu'à lui. Cass. 2 fév. 1825, D. 25, 159.

271. *Moyens.* Le pourvoi doit être rejeté, s'il ne cite *aucune loi* qui ait été violée. Cass. 17 juill. 1827, D. 27, 310.

272. Il doit l'être s'il ne contient aucun *moyen* articulé, et ne fait que dénoncer l'arrêt pour contravention aux lois de la matière. Cass. 11 pluv. an 11, P. 3, 126 ; — ou pour violation des principes constants, sans indication du texte de la loi. Cass. 19 nov. 1834 ; 19 janv. 1835 ; D. 35, 56. — V. toutefois *Expropriation.*

Mais l'indication des moyens, sans développement, suffit. Merlin, *Quest. dr.*, v° *Inscript. hypoth.*, § 3.

273. Les *moyens* doivent s'appliquer au jugement attaqué. Cass. 17 déc. 1834, D. 35, 83.

274. Ils sont présentés dans un mémoire ; on ne pourrait, quand même on reproduirait comme *moyens* les griefs qu'on avait proposés devant les juges d'appel, se contenter de produire les écritures signifiées en appel, et contenant ces griefs. Cass. 15 déc. 1818, P. 14, 1120.

275. Quand les *moyens* ne sont pas contenus au pourvoi, cette irrégularité peut être réparée par une requête d'ampliation présentée dans le délai fixé pour le recours en cassation. — V. Toutefois *Expropriation pour utilité publique.*

276. S'ils sont seulement indiqués, ils sont valablement développés dans un mémoire ampliatif présenté *après le délai du recours.* Ce mémoire peut même contenir des moyens qui n'auraient pas été énoncés dans le pourvoi, pourvu qu'on se soit réservé le droit de les présenter par la requête sommaire. Cass. 4 août 1818, P. 14, 963. Rej. 13 nov. 1844, D. 45, 4, 63.

277. On y joint une copie lisible et correcte de l'arrêt ou du ugement attaqué, certifiée par l'avocat. Ordonn. 15 janv. 1826, art. 11.

Cette copie n'est nécessaire qu'autant que la copie signifiée, jointe au pourvoi, n'est pas lisible; elle peut être faite sur papier libre. Dans le cas où elle ne serait pas fournie, si elle était nécessaire, le greffier la ferait faire aux frais des avocats. Décision de la ch. des requêtes, 18 déc. 1811, insérée dans les délibérations du conseil de l'ordre du 20.

278. Le délai, pour présenter le mémoire ampliatif, est d'un mois pour les affaires urgentes, et de deux mois pour les affaires ordinaires, à dater de leur inscription sur le registre général des dépôts. Mais il peut être prorogé par le président sur la demande écrite et motivée de l'avocat demandeur. *Ib.*

A défaut de dépôt du mémoire ampliatif dans les délais, les affaires sont mises au rôle et, sans espoir de remise, jugées en l'état où elles se trouvent. Arrêté de la Cour, inséré dans la délib. du conseil de l'ordre, 26 flor. an 13.

279. La Cour peut ordonner, même d'office, la suppression des mémoires produits devant elle, lorsqu'ils contiennent des expressions injurieuses pour les juges qui ont rendu l'arrêt attaqué ou pour les parties. Cass. 11 janv. 17 mars 1808, P. 6, 436, 561.

280. *Conclusions.* Elles doivent être prises en termes clairs et explicites. Elles s'appliquent aux demandes principales, accessoires, subsidiaires, et contiennent des réserves de les changer, modifier, augmenter ou restreindre.

281. *Énonciation des pièces jointes.* Ce défaut d'énonciation ne serait pas une nullité, si les pièces étaient réellement jointes. Cass. 27 pluv. an 11 ; 26 mars 1834, D. 34, 155 ; 15 juill. 1840, D. 40, 268.

282. L'expédition ou la copie signifiée de l'arrêt attaqué doit être jointe au pourvoi, à peine de nullité du pourvoi. Cass. 22 août 1836. — On peut s'en référer à la copie produite par l'adversaire aussi demandeur. Cass. 4 juin 1844, D. 44, 258.

Il n'y a d'exception que quand l'arrêt est un acte d'instruction; par exemple, s'il a refusé une remise de cause demandée verbalement, et qu'il n'ait pas été rédigé de qualités. Cass. 14 mai 1838.—V. Cass. 8 août 1848, Art. 4523.

283. Cette obligation existe même à l'égard des agents du gouvernement, spécialement d'un préfet agissant dans l'intérêt de l'État. Cass. 23 brum. an 10, P. 2, 357.

284. Le pourvoi contre deux arrêts, l'un interlocutoire, l'autre définitif, ne dispense pas de joindre à la requête la copie signifiée ou une expédition de l'arrêt interlocutoire, bien que les motifs et le dispositif de ce dernier arrêt se trouvent transcrits dans les qualités de l'arrêt définitif. (Bruxelles, 20 déc. 1821), et de même lorsque l'arrêt attaqué se réfère pour *ses motifs au jugement* de 1re inst., il faut produire ce jugement en même temps que l'arrêt. Cass. 11 nov. 1828, P. 22, 328. Dans ce cas le demandeur ne peut être déclaré non recevable, puisqu'il remplit l'obligation du règlement, mais son pourvoi est rejeté comme n'étant pas justifié. Cass. 22 juill. 1840, D. 40, 298 ; Tarbé, 114.

285. En cas de pourvoi formé contre un arrêt qui a rejeté une requête civile basée sur l'*ultrà petita*; on doit joindre l'arrêt entaché *d'ultrà petita* ;— Le jugement sur l'appel duquel il a été rendu et les conclusions du demandeur. Cass. 28 déc. 1840, D. 41, 75.

286. Lorsque le demandeur a produit une *expédition irrégulière*, il n'est pas déchu, si dans le délai, il en produit une autre revêtue de toutes les formalités. Cass. 22 mess. an 12, P. 4, 91.

287. La production d'une *signification nulle* n'en couvre pas a nullité, quand même il n'a été ni soutenu, ni même indiqué dans le pourvoi que cette signification fût nulle; cette production ne rend pas le pourvoi non recevable. — Cass. 22 brum. an 13, P. 4, 235, Merlin, *Rép.*, v° *Acquiescement*, § 6.

288. Est nulle la *copie jointe* qui n'est revêtue d'aucune signature. Cass. 13 germ. an 12, P. 3, 685.

289. Il est nécessaire, à peine de nullité, que la *quittance de consignation* d'amende, ou les pièces justificatives de l'indigence, soient jointes au pourvoi quand on le dépose, autrement le greffier peut même refuser la requête. Règl. 1738, p. 1, tit. 47; Cass. 29 nov. 1836, D. 37, 192. — *Contrà*, Merlin, *Rép.*, v° *Cassation*, § 5, n° 12; Argum. Cass. 6 fruct. an 8, et v° *Certificat d'indigence*, n° 7; Arg. Cass. 1er fruct. an 9.

Mais le premier arrêt est rendu en matière correctionnelle et le second ne se rapporte qu'au certificat d'indigence.

290. Si le pourvoi a été rejeté pour défaut de production de la quittance de consignation d'amende, on ne peut se faire restituer contre l'arrêt, même en justifiant que cette consignation a eu lieu en temps utile. Cass. 29 mess. an 8 ; Merlin, *Ib.*

Mais si le rejet a été prononcé faute de consignation ou de certificat d'indigence, et que l'on découvre que le certificat existait réellement dans le dossier du demandeur, l'arrêt de rejet peut être rapporté. — Ainsi jugé en matière criminelle. Cass 17 août 1832, P. 24, 414.

291. L'indication de l'arrêt dont on demande la cassation est nécessaire dans la requête en pourvoi. Elle n'est pas requise dans la quittance de l'amende consignée.

292. On doit aussi produire devant la Cour de cassation les titres et pièces invoquées par les parties. Cass. 19 juill. 1837, D. 37, 427.

293. Lorsque le pourvoi est en règle, on le fait enregistrer.

294. Il est déposé ensuite avec les pièces jointes au greffe de la cour de cassation. — V. Cass. 6 avr. 1842 (2221 et 5422).

Le pourvoi déposé au domicile même du greffier n'est pas valable. Règl. 1738; L. 1er déc. 1790, art. 14; ordonn. 15 janv. 1826, art. 7. Cass. 6 avr. 1842 (Art. 2221 J. Pr.). En matière d'expropriation le pourvoi est formé au greffe du trib. où la décision a été rendue, soit qu'elle émane du tribunal, soit qu'elle émane du jury. — V. *Expropriation.*

295. Le greffier donne récépissé du pourvoi et des pièces.

296. En cas de refus du greffier de recevoir la déclaration de recours, le refus peut être constaté, et le pourvoi valablement formé par la signification que l'on en fait au greffier.

297. Quand le pourvoi est déposé, la partie qui ne s'est pas pourvue peut y faire une *adhésion* valable, si elle a été formée dans les délais. Cass. 2 janv. 1811, P. 9. 1.

ART. 2. — *Amende.*

298. Le demandeur en cassation, doit, en matière civile avant de déposer son pourvoi, consigner une amende de 150 fr. pour les arrêts ou jugements contradictoires, et de 75 fr. pour ceux par défaut ou par forclusion. Règl. 1738, p. 1, tit. 4, art. 5.

Cette amende est augmentée du dixième, que l'on consigne en même temps : ainsi, pour les décisions contradictoires, l'amende s'élève à 165 fr.; pour celles par défaut, à 85 fr. 50 c. LL. 6 prair. an 7; 28 avr. 1816, art. 66.—V. rej. 29 juin 1850, D. 50, 5, 50.

299. Il n'y a pas d'exception en matière de discipline de l'ordre des *avocats.* Cass. 2 mars 1849, art. 4359. — Ni en matière d'octroi. Cass. 23 nov 1837, D. 38, 426.

Mais la quotité de l'amende et l'époque de la consignation sont différentes en matière d'*expropriation pour utilité publique.* — V. ce mot.

300. Celui qui attaque un seul arrêt n'a qu'une amende à consigner, quand même cet arrêt renfermerait des dispositions particulières et distinctes en faveur de différentes personnes. Cass. 3 janv. 1814, D. A. 9, 293. — A moins qu'il ne les attaque successivement par pourvois séparés. Poncet, *Jugements*, n° 548, D. A. 2, 271, note 2.

301. On doit consigner autant d'amendes qu'il y a de demandeurs agissant dans un intérêt séparé, quoique le pourvoi soit formé collectivement. Règl. 1738, part. 1, tit. 4, art. 5; Cass. 11 janv. 1808; 20 juin 1855, D. 55, 313.

302. Sont considérés comme ayant un intérêt séparé :

Trois individus à qui un immeuble a été partiellement et divisément affermé par trois baux différents. Cass. 11 janv. 1808, D. A. 1, 386. — Deux parties, l'une demanderesse principale, l'autre intervenante, si l'intervenante attaque l'arrêt par des motifs qui lui sont particuliers. Cass. 21 nov. 1826, P. 20, 946.

Des créanciers produisant à un ordre, même quand leurs prétentions ont été rejetées par un seul arrêt. Cass. 1 brum. an 13, D. A. 1, 385.

Le créancier qui, après avoir contesté dans un ordre les collocations de deux autres créanciers dont l'intérêt n'était pas commun et dont les droits régis par des principes différents étaient sans influence sur l'autre, se pourvoit en cassation contre les deux chefs du même arrêt qui ont rejeté ces contestations, est réputé former deux pourvois, et doit dès lors consigner deux amendes. Cass. 16 fév. 1841, D. 41, 217.

303. Si une seule amende a été consignée pour divers individus ayant des intérêts distincts, ils sont déclarés non recevables : chacun des demandeurs est présumé avoir concouru pour sa part à l'égard de tous. Si l'on supposait, d'ailleurs, que la consignation appartient à un seul, on ne pourrait savoir auquel. Cass. 1 brum. an 13, D. A. 1, 385 et 386. — Il serait bon de déclarer que, pour le cas d'insuffisance, la consignation s'appliquera à celui des demandeurs que l'on désigne. **V. Cass. 27 avr. 1852 (5236).**

304. Mais une seule amende suffit, lorsque deux personnes se pourvoient par un seul mémoire contre un jugement, qu'elles ont le même intérêt à faire annuler. Règl. 1738, part. 1, tit. 4, art. 5; Cass. 24 mars 1807, D. A. 3, 83; 31 janv. 1827, D. 27, 128.— Et que le pourvoi est fondé sur les mêmes motifs et sur les mêmes moyens. Cass. 2 mars 1840, D. 40, 152; 9 août 1843, D. 43, 489, — 26 fév. 1823, D. A. 4, 658.—Ou au moins sur les mêmes motifs. Cass. 15 janv. 1821, D. A. 9, 710. — Les deux derniers arrêts ont été rendus en matière criminelle.

Les demandeurs agissent dans un intérêt commun lorsque ce sont des héritiers (même de plusieurs lignes. Cass. 2 vent. an 11, P. 3, 625), des coassociés et des coacquéreurs. Cass. 11 janv. 1808, S. 8, 128; 20 nov. 1816, S. 17, 61; 31 janv. 1827. — Des assureurs d'un chargement de marchandises, engagés par une même police d'assurance, et n'ayant qu'un même intérêt. Cass. 3 août 1825. — Des créanciers chirographaires ayant un intérêt commun à faire rejeter la collocation d'un autre créancier. et recourant par un même pourvoi. Cass. 20 germ. an 12, P. 3, 693; 27 fév. 1815, D. A. 10, 823; — Ou si, *quoiqu'ils agissent dans un intérêt distinct*, et en vertu d'un titre particulier, cependant leurs demandes n'ont qu'un seul et même objet, et ne présentent qu'une seule et même question, pourvu que le pourvoi contre l'arrêt qui les condamne ait été formé en nom collectif. Cass. 3 fév. 1819; 10 fév. 1813, D, A., 9, 275; 2, 272. — Ou des entrepreneurs de différents ouvrages relatifs à une même construction, qui attaquent un arrêt rejetant leurs réclamations par les mêmes motifs. Cass. 24 juin 1820, D. 20, 433. — V. d'ailleurs *sup.*, n° 302.

305. Lorsque plusieurs parties ayant le même intérêt se sont pourvues contre un même arrêt, et n'ont déposé qu'une seule amende, le rejet de la requête de l'une d'elles ne détruit pas la valeur de la consignation originaire, et le pourvoi peut être admis au profit des autres parties, sans qu'elles soient obligées de faire de nouvelles consignations totales ou partielles. Cass. 20 janv. 1806, D. A. 5, 199.

306. On doit consigner autant d'amendes qu'il y a de jugements attaqués, concernant des contestations distinctes et indépendantes. Règl. 1738, part. 1re, tit. 4, art. 5; Godart, p. 48.

Lorsque l'arrêt attaqué déclare qu'un jugement de 1re instance, a prononcé en dernier ressort, si le demandeur attaque en même temps le jugement de 1re instance, quant au fond, pour le cas où la C. de cassation le considérerait comme rendu en dernier ressort, ce chef de la requête constitue un second pourvoi qui nécessite une consignation d'amende spéciale. Cass. 23 avr. 1835, D. A. 35, 268.

307. Mais une seule consignation d'amende suffit, 1° lorsque les jugements attaqués dépendent les uns des autres, et sont relatifs à la même contestation, comme des jugements préparatoires et des jugements définitifs. *Ib.*, p. 47.

2° Dans le cas d'un pourvoi contre deux arrêts, dont le premier en statuant sur une partie du procès, a déclaré qu'il y avait partage sur une autre partie, et dont le second vide ce partage. Le dernier arrêt, n'est que le complément du premier. Règl. 1738, p. 1re, tit. 4, art. 5; Cass. 14 juill. 1835 (Art. 136 J. Pr.).

3° Dans le cas d'un double pourvoi formé contre deux arrêts qui ne statuent que sur un seul procès et ne constituent qu'une seule cause. Par exemple, dans le cas où une C. royale ayant rejeté une exception par un premier arrêt, prononce au fond le lendemain par un second arrêt. Cass. 21 nov. 1837, D. 38, 10.—Ainsi jugé dans une espèce où l'exception était fondée sur l'incompétence. Cass. 21 déc. 1842; 21 août 1843, D. 43, 117 et 488.

308. Il en est autrement si les jugements sont distincts. Cass.

24 mars 1841, D. 41, 209 ; — surtout lorsque les pourvois n'ont été formés que successivement. Cass. 9 juill. 1828, D. 28, 322.

309. S'il a été consigné plusieurs amendes quand on pouvait n'en consigner qu'une, il n'y a lieu, au cas de rejet du pourvoi, qu'à la condamnation d'une seule amende; les autres doivent être restituées. Cass. 3 août 1825 ; 10 janv. 1855, D. 55, 169.

310. Sont exempts de la consignation et du payement de l'amende : 1° les agents publics pour affaires qui concernent directement l'administration des domaines ou des revenus de l'Etat. Règl. 1738, part. 1re, tit. 4, art. 16 ; L. 2 brum. an 4, art. 17. — Ainsi les préfets (et même les receveurs généraux poursuivant le recouvrement du prix d'adjudication de coupes de bois royaux) agissant pour l'Etat. Cass. 15 déc. 1829. D. 30, 37. — V. d'ailleurs *Élections.*

311. 2° Les procureurs généraux qui se pourvoient contre les arrêts dans lesquels ils ont été parties, ou dans lesquels ils ont formé des réquisitions dans l'intérêt public. — Art. 17, tit. 4, 1re part., règl. 1738. Tarbé, p. 116.

312. 3° Les indigents, sauf l'obligation de payer l'amende s'ils succombent. Cass. 28 déc. 1812. V. Art. 3487 et 4485 J. Pr.

Quant aux pièces à produire pour justifier de l'*indigence*. — V. ce mot; *Assistance*, 49 ; *Prud'homme* ; req. 11 août 1846 (3487).

313. L'irrégularité d'un certificat d'indigence peut être rectifiée après le dépôt du pourvoi. Cass. 16 août 1837, D. 37, 453.

314. L'état de faillite ne dispense pas de produire la quittance de consignation d'amende ou un certificat d'indigence. Cass. 15 juin 1836 (Art. 596 J. Pr.).

315. La consignation d'amende n'est requise que dans le cas où la requête est formée contre une décision pour en obtenir la cassation; la loi a voulu assurer à l'avance la punition de celui qui inconsidérément attaque une décision définitive présumée conforme à la loi.

Mais dans tous les cas où la requête se rapporte aux autres attributions de la C. de cass., il n'y a pas lieu à consignation d'amende (bien qu'elle puisse être encourue par celui qui succombe). Par exemple, pour les requêtes en prise à partie, en règlement de juges, en renvoi d'un tribunal à un autre ; dans ces différents cas, il n'y a pas attaque dirigée contre une décision judiciaire, mais bien contre des personnes ou contre des tribunaux.

316. Il y a à Paris un receveur chargé spécialement de percevoir l'amende exigée pour la validité du pourvoi. Cass. 12 août 1831, P. 24, 124.

Toutefois, il a été jugé, en matière de garde nationale, que l'amende peut être consignée entre les mains du receveur du domicile du demandeur.

317. Le refus de recevoir l'amende dûment constaté équivaut à consignation. *Même arrêt.*

Ce refus peut être constaté par huissier.

318. En cas de non-consignation d'amende ou de non-certificat d'indigence, le rejet de la demande a lieu, non quant à présent, mais purement et simplement, lors même que le jugement attaqué n'aurait pas encore été signifié. Règl. 1738, part. 1re, tit. 4, art. 5 ; LL. 27 nov. 1836, D. 37, 182.

La consignation postérieure du pourvoi ne relève pas de la déchéance. Cass. 15 fév. 1841, D. 41, 115.

Art. 3. — *Effets du pourvoi.*

319. En matière civile, le pourvoi ne suspend pas, en général, l'exécution de l'arrêt attaqué.

Si l'on excepte les cas cités *inf.*, sous les n°s 321 à 324, on ne peut, sous aucun prétexte, accorder de surséance. L. 1 déc. 1790 ; — quand même le mal produit par l'exécution serait irréparable en définitive. — Par exemple, à l'égard d'un arrêt qui fait mainlevée d'une inscription hypothécaire, Bordeaux, 6 déc. 1832, D. 33, 152, — ou d'une opposition à mariage, — ou qui a prononcé une séparation de corps, Bordeaux, 17 mess. an 13, S. 6, 815 ; — ou qui a statué en matière disciplinaire. Grenoble, 7 janv. 1836 (Art. 322 J. Pr.).

320. En conséquence, la partie condamnée ne peut, sous le prétexte qu'elle va se pourvoir, ou qu'elle s'est pourvue en cassation, exiger qu'avant d'exécuter le jugement qui la condamne, son adversaire lui donne caution. Cass. 4 prair. an 7 ; — même lorsque cette partie est une commune. Aix, 28 juin 1825, P. 19. 646 ; — ou lorsque l'adversaire est un étranger. Cass. 4 prair. an 7, P. 393.

Peu importe qu'il s'agisse d'une demande en renvoi pour cause de suspicion légitime. Cass. 19 déc. 1831, Dev. 32, 33, 21 fév. 1838 (Art. 1123 J. Pr.).

321. Toutefois, le pourvoi est suspensif dans plusieurs cas : ainsi, 1° les jugements et arrêts rendus en matière de faux incident civil ne peuvent être mis à exécution tant que le délai pour se pourvoir en cassation n'est pas expiré. C. pr. 241 à 243.

322. 2° Ceux rendus contre l'État à fin de payement de sommes d'argent, ne peuvent, s'il y a pourvoi, être mis à exécution tant que les personnes au profit desquelles ils ont été rendus n'ont pas, au préalable, donné caution pour sûreté des sommes à elles adjugées. L. 16 juill. 1793.

323. 3° Ceux qui ordonnent la mainlevée d'objets saisis pour contravention aux lois sur les douanes, ne peuvent aussi être exécutés que s'il est donné caution de la valeur des objets saisis.

L. 9 flor. an 7, tit. 4, art. 15; Godart, p. 65 et 66. — **V.** d'ailleurs *Règlement de juges.* — Seine, 29 déc. 1853 (5559).

324. Le pourvoi était encore suspensif quand il s'appliquait à un arrêt rendu en matière de divorce. C. civ., art. 263.

325. *Quid*, à l'égard d'un arrêt qui prononce la nullité d'un mariage? La loi ne contenant pas d'exception pour ce cas, comme pour celui du divorce, à la règle générale qui refuse au pourvoi tout effet suspensif, il faut, malgré l'identité des motifs, appliquer le droit commun. — *Contrà*, Godart, n° 65. Cet exemple fait voir le vice de cette règle, et appelle de la part du législateur, sinon une abolition complète, du moins une modification. — V. d'ailleurs Rennes, 14 août 1851, D. 54, 12.

326. Le pourvoi ne peut produire d'effet qu'à dater du dépôt. — V. *sup.*, n° 294.

§ 10. — *Instruction devant la chambre des requêtes.*

327. Là procédure de la C. de cass. est indiquée par le règlement du 28 juin 1738 et autres anciens règlements, sauf les modifications que les lois postérieures y ont apportées. L. 1er déc. 1790, art. 18; L. 2 brum. an 4, art. 25; L. 27 vent. an 8, art. 27; ordonn. 10 sept. 1817.

328. Devant la chambre des requêtes, le demandeur est seul admis à procéder. — Le défendeur reste en dehors de l'instance, il n'a pas le droit de prendre connaissance de la requête en pourvoi. Il peut seulement faire distribuer aux magistrats et à l'avocat du demandeur, une consultation signée d'un avocat devant la Cour. — V. *Avocat à la Cour de cassation*, n° 23.

Dans l'usage deux exemplaires de cette consultation doivent être remis à l'avocat du demandeur avant la remise d'aucun exemplaire aux magistrats.

329. Aucune intervention devant la chambre des requêtes n'est admise même de la part d'une personne ayant intérêt soit à l'admission, soit au rejet du pourvoi. Tarbé, 137.

330. Lorsque le pourvoi a été déposé au greffe, le président de la chambre des requêtes nomme, dans le mois, un conseiller pour en faire le rapport. Ordonn. 13 janv. 1826, art. 13.

331. Le rapporteur est tenu de remettre les pièces au greffe avec son rapport écrit, savoir : pour les affaires urgentes, dans le mois; et, pour les affaires ordinaires, dans les deux mois à dater du jour de la distribution. *Ib.*, art. 14.

332. Dès le moment de la remise des pièces au greffe, les affaires sont inscrites sur le rôle d'audience par ordre de date et de numéro. *Ib.*, art. 18.

333. Le jour même de cette remise, les pièces sont envoyées au procureur général, qui les distribue aux avocats généraux pour préparer les conclusions. *Ib.*, art. 22.

Aussitôt ces conclusions préparées, les pièces sont rétablies au greffe trois jours au moins avant celui où l'affaire doit être portée à l'audience. *Ib.*, 23 et 24.

Dans l'usage, l'un des commis-greffiers avertit, par lettre, les avocats, du jour auquel l'affaire doit venir.

334. A l'audience, le conseiller fait son rapport; ensuite les avocats sont entendus, s'ils le requièrent. Les parties peuvent l'être aussi, après en avoir obtenu la permission de la Cour. *Ib.*, art. 36, 37.

335. Le ministère public est entendu dans toutes les affaires. Les avocats et les parties ne peuvent obtenir la parole après lui ; l'ordonnance excepte le cas où il est partie poursuivante et principale. *Ib.*, art. 44 et 38. — Mais cette disposition est tombée en désuétude; le ministère public, ici, est exclusivement l'homme de la loi.

336. Après les conclusions du ministère public, et après en avoir délibéré, la Cour rend son arrêt, qui rejette ou admet la requête.

337. L'inscription de faux peut être nécessaire dans différents cas, afin d'arriver à un moyen de cassation ; par exemple, si un arrêt énonce faussement qu'il a été rendu par le nombre de juges voulus par la loi, qu'il a été rendu publiquement; où s'il contient des motifs, quoiqu'il ait été prononcé publiquement sans motifs. — V. rej. 19 mars 1860, Dev. 60, 791.

La procédure est alors déterminée par le tit. 10, p. 2, régl. 1738, qui se réfère à plusieurs articles du titre du faux incident de l'ordonn. de juill. 1737. — V. d'ailleurs *inf.*, § 15.

§ 11. — *Arrêt de la chambre des requêtes. Ses suites.*

338. Dans le cas où la chambre des requêtes rejette, l'arrêt est motivé. L. 4 germ. an 2, art. 6.

Mais il a dans la jurisprudence beaucoup moins de poids qu'un arrêt rendu par la chambre civile, parce que cette dernière statue toujours après avoir envisagé l'affaire sur tous les points, tandis que la chambre des requêtes n'entend jamais que le demandeur.

339. Le demandeur, par suite du rejet, est condamné à l'amende qu'il avait consignée. Régl. 1738, p. 1re, tit. 4, art. 25.

L'arrêt de rejet n'est susceptible d'aucun recours. *Ib.*

340. S'il s'agit du rejet d'une requête en prise à partie, le demandeur est condamné à 300 fr. d'amende, sans préjudice des dommages-intérêts envers les parties, s'il y a lieu. C. pr. 513.

341. Si la chambre des requêtes admet, l'arrêt n'est pas motivé. Règl. 1738, p. 1re, tit. 4, art. 28.

Il ordonne que la requête soit signifiée au défendeur, avec assignation à comparaître devant la chambre civile dans les délais du règlement. *Ib.*

C'est ce qui fait donner aussi à cet arrêt le nom d'arrêt de *soit communiqué.*

342. L'arrêt d'admission n'est pas suspensif. *Ib.*, art. 29.

§ 12. — *Signification de l'arrêt d'admission.*

ART. 1. — *Délai de la signification.*

343. Le demandeur en cassation est tenu de signifier l'arrêt d'admission à personne ou domicile, dans les *deux* mois après sa date, sinon il est *déchu* de son pourvoi envers ceux des défendeurs à qui la signification aurait dû être faite. Loi 3 juin 1862, art. 2.

344. Le délai est réduit à *un* mois en matière de règlement de juges ou de renvoi pour cause de suspicion légitime, — à moins que l'arrêt d'admission ne fixe un autre délai. Art. 8.— V. *Temps légaux.*

345. Faute par le demandeur d'avoir fait la signification dans les délais, il est déchu de sa demande. *Même règlement.* art. 30 ; Cass. 11 janv. 1831 ; 5 mars 1838, D. 38, 121. — Quand même il serait encore dans le délai du pourvoi par le défaut de signification du jugement attaqué. Cass. 19 fruct. an 11, p. 3, 450. — Sans que cette exception ait besoin d'être proposée par le défendeur. — Quand même il aurait obtenu un arrêt de cassation par défaut contre les défendeurs, si ceux-ci se sont fait restituer contre cet arrêt. Cass. 23 janv. 1816, P. 13, 238.

346. S'il y a plusieurs défendeurs, cette déchéance ne profite pas aux défendeurs auxquels la signification a été faite en temps utile. Cass. 29 germ. an 11, P. 3, 245 ; 5 mars 1838 ; D. 38, 121 ; Merlin, *Rép.*, h. v°, § 6, n° 7.

347. Le délai accordé pour la signification de l'arrêt d'admission n'est même pas prorogé par cette circonstance, que les héritiers à qui la signification doit être faite, sont mineurs, et n'ont point encore de tuteurs. Cass. 2 fév. 1813, P. 11, 93.

348. Mais il est suspendu en cas de force majeure ; notamment par suite de l'occupation de l'ennemi. Cette suspension a lieu tant que dure la force majeure : néanmoins la portion de temps qui s'est écoulée depuis la signification jusqu'au moment où a commencé la force majeure, doit être comptée dans le délai. Cass. 24 janv., et 14 fév. 1815, P. 12, 589.

349. Si la signification est nulle, elle doit, à peine de déchéance, être réitérée avant l'expiration du délai.

ART. 2. — *Forme de la signification.*

350. La signification de l'arrêt d'admission est en général assujettie aux mêmes règles que les *exploits.* (— V. ce mot); — et particulièrement aux dispositions du règlement de 1738; en cas de concours entre les dispositions du C. de pr. et celles du règlement, ces dernières doivent prévaloir. Cass. 3 nov. 1807, P. 6, 335; 10 avr. 1811 P. 9, 249.

351. La signification doit contenir toutes les requêtes fournies par le demandeur en cassation; pourtant dans le cas où l'une de ces requêtes n'y aurait pas été comprise, il n'y aurait pas nullité, si celles qui y sont insérées contiennent les faits, les moyens de cassation invoqués et la demande en cassation de l'arrêt attaqué. Cass. 6 juill. 1851, P. 24, 12.

352. Ainsi, — 1° aucun arrêt d'admission ne peut, *à peine de nullité et d'amende*, être signifié, si la copie de cet arrêt n'est signée d'un avocat à la Cour de cassation. Règl. 1738, part. 2, tit. 1er, art. 17; arrêt du conseil, 16 juin 1746; Isambert, note 1re, sur l'ordonn. du 10 sept. 1817. — Sans qu'il soit besoin qu'il ajoute à sa signature sa qualité d'avocat. Cass. 9 mars 1824, P. 18, 507.

353. 2° L'exploit de signification doit contenir également, à peine de *nullité* et *d'amende* contre l'huissier, le nom de l'avocat dont la partie demanderesse entend se servir. Règl. 1738, part. 2, tit. 1er, art. 2; Cass. 17 brum. an 12. — Cependant la signature de l'avocat mise au bas de la requête signifiée et de l'arrêt, peut être considérée comme remplissant le vœu de la loi. Cass. 8 niv. an 13, 11 mars 1811, 16 mai 1815, P. 12, 729; Merlin, *Rép.*, v° *Constitution de procureur.* — V. d'ailleurs *Appel*, r° 140. — Rej. 25 janv. 1843, D. 43, 227.

354. Cette obligation n'est pas imposée aux préfets agissant dans l'intérêt de l'État; ils sont dispensés de l'assistance d'un avocat à la Cour de cassation (Règl. 1738, part. 2, tit. 1er, art. 2; Cass. 22 therm. an 10). — Mais dans l'usage ils y ont toujours recours.

355. La signification n'est pas nulle, quoiqu'elle n'énonce pas le domicile du demandeur, si d'ailleurs elle contient l'indication du domicile élu chez l'avocat à la Cour de cassation, chargé de sa défense.

356. 3° Si le demandeur décède après avoir formé le pourvoi, l'arrêt d'admission ou de rejet est rendu en son nom, mais la signification doit être faite au nom des héritiers : cette signification est le principe d'une instance nouvelle. Cass. 9 déc. 1834, D. 35, 66; 19 déc. 1837 (Art. 1079 J. Pr.) Rej. 5 mai 1852, D. 52, 173,

Toutefois, lorsque le pourvoi a été introduit par deux associés qui ont procédé conjointement, mais non pas en nom *social* et *collectif*, le décès de l'un d'eux survenu depuis l'introduction du pourvoi n'influe en rien sur la régularité de l'arrêt d'admission, ni sur la signification qui en a été faite par le survivant, dans les mêmes qualités. Cass. 18 nov. 1835 (Art. 317 J. Pr.).

L'héritier d'une personne décédée depuis l'admission de son pourvoi en cassation est recevable à se prévaloir du jugement d'admission lors même que la signification qui en a été faite à sa requête ne contient aucune qualité de sa part. Cass. 2 therm. an 9, P. 2, 259. — V. Cass. 13 août 1851, D. 51, 281.

357. 4° La signification ne peut être faite qu'aux parties expressément dénommées dans l'arrêt d'admission. Cass. 3 fév. 1835 (Art. 6 J. Pr.); Merlin, *hoc verbo*, § 6, n° 7. — et non à une personne qui n'a pas figuré dans le jugement attaqué, quand même elle aurait dû y être appelée. Cass. 4 vent. an 11; Merlin, *ib.*

358. Mais il suffit qu'un arrêt soit commun avec une partie, pour que celle-ci puisse diriger son pourvoi même contre la partie qui n'a obtenu contre elle aucune condamnation, et cela encore bien que le moyen de cassation soit fondé sur une nullité provenant du fait d'une troisième partie en cause. Cass. 17 nov. 1840, D. 41, 9. — V. Cass. 21 fév. 1859, Dev. 59, 555.

359. Lorsqu'un subrogé tuteur autorisé à défendre les droits du mineur a fait signifier en son nom un arrêt rendu dans l'intérêt de ce dernier, le pourvoi contre cet arrêt est valablement signifié au subrogé tuteur, bien que dans l'intervalle un tuteur ait été nommé au mineur, si la partie adverse n'en a pas eu connaissance. Cass. 11 août 1829, D. 29, 330.

360. Lorsque l'arrêt portant admission d'un pourvoi dirigé contre plusieurs parties ne permet d'assigner que quelques-unes d'entre elles devant la chambre civile, le demandeur peut, même après avoir obtenu un arrêt de cassation contre elles, soit reprendre son pourvoi contre les autres, soit se pourvoir de nouveau contre ces dernières s'il est encore dans les délais. Cass. 19 août 1833, P. 25, 821.

361. Toutefois n'est pas nulle la signification faite au défendeur sous un nom qui n'est pas le sien, si l'erreur se trouve dans les qualités de l'arrêt attaqué, signifiées par le défendeur lui-même et ses consorts. Cass. 3 fév. 1835 (Art. 6 J. Pr.).

362. Dans le cas où un pourvoi dirigé contre une partie principale, et d'autres appelées seulement en garantie, a été admis, l'arrêt d'admission doit être signifié à la partie principale; si la signification n'a été faite qu'au garant, le pourvoi est inadmissible; quand même on prétendrait que la partie principale est décédée, car, dans ce cas, elle est représentée, soit par les parents qui n'ont pas renoncé à sa succession, soit par un curateur à la vacance. Cass. 11 juin 1833, P. 25, 558.

363. Mais l'irrégularité de la signification à une partie qui ne se trouve en cause que pour veiller à ses intérêts (par exemple à cause d'une action en garantie réservée contre elle), ne rend pas le pourvoi non recevable vis-à-vis du véritable défendeur qui a reçu une signification régulière. Cass. 14 août 1840, D. 40, 321.

364. La signification au cessionnaire seul est valable, bien que la cession ait été faite pendant l'instance d'appel et que l'arrêt ait été rendu au profit du cédant resté en cause, si toutefois ce dernier a déclaré lui-même dans cette instance d'appel qu'il ne pouvait pas y figurer, à cause de cette cession. Cass. 28 janv. 1835, D. 35, 221.

365. L'arrêt d'admission obtenu contre une succession doit être signifié à l'héritier bénéficiaire et non aux créanciers de cette succession. — V. *Bénéfice d'inventaire*, n° 102.

366. 5° La signification doit être faite à la personne ou au *domicile réel* du défendeur. Règl. 1738, part. 1re, tit. 4, art. 30. — Elle est nulle si elle est faite *au domicile* qu'il avait lors de l'instance et qu'il a quitté depuis, ou *à la résidence* ou *au domicile élu* par lui pendant l'instruction qui a précédé le jugement attaqué. Cass. 11 vend. an 7, P. 1, 214; 2 flor. an 9, P. 2, 165; 28 oct. 1811, P. 9, 670. — Même quand le défendeur est un étranger. 19 vent. an 11, P. 3, 14.

367. Toutefois elle est valablement faite; — *au domicile* du défendeur indiqué par lui dans la signification de l'arrêt attaqué, s'il n'a pas fait la déclaration légale de son changement de domicile; soit qu'il n'eût fait connaître son nouveau domicile par aucun acte, et que la copie ait été remise au maire par l'huissier, sur la réponse que le défendeur était absent, et sur le refus des voisins de la recevoir. Cass. 3 mai 1837, D. 37, 307; — soit qu'il eût fait connaître son nouveau domicile dans quelques actes de procédure relatifs à une autre instance engagée contre la même partie, Cass. 30 mars 1836, — V. Cass. 27 déc. 1854, D. 54, 21.

Ou à *la résidence* momentanée, lorsque dans l'instance la partie qui a obtenu l'arrêt attaqué n'a jamais indiqué d'autre domicile. Cass. 7 juin 1809; Merlin, *Quest. dr.* . v° *Inscript. hypoth.*

Ou au *domicile élu* en 1re instance; si le défendeur n'a pas fait connaître son véritable domicile. Cass. 16 mess. an 11, P. 3, 353; 11 frim. an 9; 13 germ. an 12.

Enfin, celle faite par un débiteur incarcéré, à ses créanciers, au *domicile élu* par eux dans l'acte d'écrou ou de recommandation. Cass. 14 mars 1821, P. 16, 448.

368. 6° Quant aux significations à faire dans les colonies françaises et hors de France, elles sont faites au procureur général près la C. de cass. en son parquet, conformément à l'art. 69, § 9

du C. pr. Cass. 21 déc. 1830, P. 23, 1013; — et en outre on
dépose au parquet, en temps de guerre, deux copies de l'arrêt
sur papier libre. Ces copies sont certifiées par l'avocat et rappellent
la date de la signification. Décis. du proc. gén. près la C. de cass.
rappelée dans la séance du conseil de l'ordre, du 30 nov. 1820;
— en temps de paix une seule copie suffit. Circul. du cons. de
l'ordre, 11 janv. 1821. — V. Cass. 3 mai 1848 (Art. 4531 J. Pr.)

Le procureur général se charge de faire remettre la signification
aux parties par la voie des ministres de la marine et des affaires
étrangères. Godart, p. 30.

Cette signification serait valable quand même le défendeur serait mort avant l'admission. Cass. 21 déc. 1830.

369. 7° La signification, quoique faite au domicile du défendeur que l'arrêt permet d'assigner est nulle, si ce défendeur est
décédé (— V. sup., n° 6). Ordonn. 1667, tit. 2, art. 3. Cass. 14
niv. an 11, P. 3, 101; 1er déc. 1829; S. 30, 24; 26 fév. 1840,
18 juill. 1842 (Art. 1697 et 2359 J. Pr.). — Quand même le décès n'aurait pas été notifié à celui au nom duquel est faite la signification. *Même arrêt;* Cass. 2 fév. 1813; 26 nov. 1849.

Si le décès n'est pas légalement constaté, la signification faite
au domicile de la personne serait valable. Cass. 9 sept. 1811,
P. 9, 621. — Est nulle aussi la signification faite à un tuteur,
alors que le mineur est devenu majeur. Cass. 27 mai 1834,
Dev. 34, 402. — Mais V. Cass. 3 mai 1848 (Art. 4531 J. Pr.)

370. 8° Dans le cas où le défendeur est décédé avant la signification, et où son décès est valablement constaté, on doit signifier
l'arrêt d'admission à ses héritiers. Cass. 13 therm. an 12; Merlin,
Rép., hoc verbo, § 5, n° 10, § 6, n° 7. — On peut le faire sans
nouvelle permission de signification.

371. Si la notification a été faite au défunt, le pourvoi doit
être déclaré non recevable à l'égard des héritiers qui sont restés
personnellement étrangers aux divers actes de la procédure devant
la Cour suprême. Cass. 26 fév. 1840, D. 40, 148.

372. Si l'une des héritières des défendeurs s'est mariée depuis
l'arrêt d'admission, la signification qui lui est faite doit indiquer
sa qualité de femme et le nom du mari, pour la validité. La signification qui ne lui serait faite que sous son nom de fille serait
nulle, et cette nullité ne pourrait être couverte par une signification faite ensuite à son mari avant l'arrêt de la chambre civile,
mais après les délais accordés pour faire la signification. Cass. 29
nov. 1836 (Art. 615 J. Pr.).

373. Si le demandeur ne connaît que la résidence de l'héritier,
la signification est valablement faite à cette résidence, *lorsqu'au*
moment où elle y a été remise elle a été reçue comme au lieu du
domicile, et lorsqu'en outre elle a été réitérée au parquet confor-

mément à l'art. 69, § 8, C. pr. Cass. 17 avr. 1837 (Art. 751 J. Pr.)

374. 9° La signification doit, en général, être faite par copie séparée, quand il y a plusieurs défendeurs. — V. *Femme mariée*, *Société*, *Succession*.

Mais il n'est pas nécessaire de signifier l'arrêt séparément de toutes les parties, lorsqu'il s'agit d'une action solidaire. Cass. 1er germ. an 10, P. 2, 510; 29 germ. an 11; Merlin, *Qu. dr.*, 1, 365, § 22; — ou indivisible. Cass. 31 janv. 1827, P. 21, 104.

375. 10° La signification doit, à peine de nullité, être faite par les huissiers de la Cour dans le lieu où elle siége. Cass. 1er fév. 1808, P. 6, 480; 8 nov. 1831; 7 août 1849 (Art. 4554 J. Pr.)

Les copies doivent être lisibles. — V. *Huissier*.

376. Le demandeur, menacé de déchéance par suite de la nullité de la signification de l'arrêt d'admission, ne peut porter devant la C. de cass. son action en garantie contre l'huissier qui a fait la signification. Il doit former sa demande devant les trib. ordinaires. Cass. 6 nov. 1820, D. 21, 57.

377. 11° Enfin l'original de la signification doit être enregistré, à peine de la nullité de la signification, et cette nullité entraîne la déchéance du pourvoi. L. 22 frim. an 8, art. 20, tit. 3, art. 34, tit. 6; Cass. 23 flor. an 10, P. 2, 185.

§ 13. — *Instruction devant la chambre civile*

378. La signification de l'arrêt d'admission vaut assignation devant la chambre civile. Règl. 1738, part. 2, tit. 1er, art. 6; Cass. 3 nov. 1807, P. 6. 334.

Ainsi, lorsque cette signification est valable, le défendeur ne peut se plaindre de ce que l'assignation faite dans le même acte est irrégulière. *Même arrêt.*

379. Il faut justifier de la signification, en produisant l'original de l'exploit qui la contient. Cass. 13 fév. 1822, P. 17, 128. — A défaut de production de cet original, la Cour ne peut statuer sur le pourvoi.

380. Si l'arrêt d'admission permet d'assigner plusieurs défendeurs, et que le demandeur ne dépose les originaux de signification qu'à l'égard de quelques-unes de ces personnes et non à l'égard des autres, la Cour ne statue qu'à l'égard des premières. Cass. 2 juill. 1833, D. 33, 295.

Cependant il n'y a pas déchéance, si, ensuite, le demandeur retrouve l'original égaré, et qu'il le produise; il peut faire statuer sur son pourvoi. Cass. 19 avr. 1837, D. 38, 244; — mais il ne peut y appeler de nouveau les parties à l'égard desquelles la Cour a précédemment statué.

381. Le défendeur doit comparaître devant la chambre civile dans le délai *d'un mois* à partir de la signification de l'arrêt d'admission. L. 3 juin 1862, art. 3, — à moins que l'arrêt d'admission n'en ait fixé un autre. Art. 8.

Le délai est augmenté à raison des distances suivant les distinctions établies sous les n°ˢ 235 et suivants.

Lorsque le délai pour la comparution est expiré sans que le défendeur se soit fait représenter devant la Cour, l'audience ne peut être poursuivie que sur un certificat du greffier constatant la non-comparution du défendeur. Art. 7.

Un arrêt d'admission a été prononcé par la chambre des requêtes le 4 juin 1862; il *a pu* être signifié dans les trois mois après sa date, c'est-à-dire le 5 septembre au plus tard (7783).

La notification de l'arrêt d'admission à la chambre des avoués est valablement faite au président de la chambre. Rejet. civ. 17 novembre 1862 (7942).

En matière électorale, la C. de cass. permet d'assigner à trois jours. Cass. 21 juin 1830, P. 23, 606.

382. Le défendeur ne peut comparaître que par le ministère d'un avocat à la Cour de cassation, qui rédige et signe un mémoire en défense, le signifie à l'avocat du demandeur, et le dépose ensuite au greffe avec les pièces justificatives. L. 2 brum. an 4, art. 16; Godart, *ib*.

La simple remise de la copie de signification de l'arrêt d'admission faite à l'avocat, vaut pouvoir d'occuper pour le défendeur. Règl. 1738, part. 2, tit. 1ᵉʳ, art. 12. — V. *Avoué*.

383. Le défendeur contre lequel le demandeur n'a formulé aucun grief, doit sur sa demande être mis hors de cause. Cass. 30 mai 1837, D. 37, 409.

384. Il en est de même, lorsqu'il existe une transaction régulière, exécutée avant l'arrêt d'admission. Cass. 29 déc. 1840, D. 41, 60.

385. Le défendeur reste maître d'arrêter l'effet du pourvoi, même après l'arrêt d'admission, en faisant signifier au demandeur un acte extrajudiciaire par lequel il déclare renoncer au bénéfice de la condamnation que le pourvoi a pour objet de critiquer, et en faisant offre réelle au demandeur du montant des frais par lui exposés jusqu'au jour de la renonciation. Cass. 24 déc. 1839, D. 40, 73. — Mais V. Cass. 27 août 1856, Dev. 57, 577.

386. Le défendeur qui, depuis l'arrêt attaqué et avant l'arrêt d'admission, a vendu l'objet litigieux aux risques de l'acquéreur, n'est pas recevable à former contre ce dernier devant la Cour de cassation, une demande en garantie, s'il ne produit pas l'acte de vente, alors même qu'il dénonce à l'acquéreur l'arrêt d'admission. Cass. 4 janv. 1841, D. 41, 65.

387. Lorsque la production du défendeur, signifiée à l'avocat du demandeur, est faite au greffe, ce dernier peut répliquer et déposer à son tour, au greffe, la grosse de l'arrêt d'admission et son mémoire en réplique. L'affaire est alors en état. Ordonn. 15 janv. 1826, art. 10.

388. Dès que l'affaire est en état, la procédure est la même que pour arriver à l'arrêt de la chambre des requêtes. — V. sup., § 10.

389. Quand le demandeur qui a obtenu l'arrêt d'admission et l'a signifié ne se présente pas et ne fait aucune production, la Cour le déclare forclos et toutefois apprécie sur les productions du défendeur, les moyens de cassation qui ont été articulés devant la Ch. des requêtes. Cass. 14 fév. 1837, 8 août 1854, Dev. 54, 274.

390. Le défendeur au pourvoi qui ne s'est pas lui-même pourvu régulièrement, n'est pas recevable à demander la cassation d'un des chefs de l'arrêt attaqué par voie d'interprétation, et comme conséquence d'un précédent arrêt de cassation intervenu entre les parties. Cass. 14 août 1840, D. 40, 321.

391. Si le défendeur ne produit pas de défense, dans la huitaine du délai qui lui est accordé pour comparaître (— V. sup., n° 381), il peut être donné défaut contre lui. Règl. 1738, part. 2, tit. 2. art. 1er.

392. Pour obtenir l'arrêt par défaut, le demandeur lève au greffe un certificat de non-production, qu'il joint à la grosse de l'arrêt d'admission, et produit le tout au greffe, l'affaire suit alors la marche ordinaire. *Ib.*

393. Le défaut n'est cependant pas prononcé par cela seul que le défendeur ne comparaît pas; l'affaire est examinée comme les autres, et même si la chambre civile n'estime pas le pourvoi fondé, elle le rejette. Dans ce cas le demandeur est condamné à l'amende de 300 fr. *Ib.*, art. 8. — Si elle estime qu'il est fondé, elle prononce la cassation de l'arrêt attaqué. — Tant que cet arrêt n'est pas rendu, le défendeur a encore le droit de produire ses défenses. Godart, 33.

394. Peut-on intervenir devant la chambre civile? — Oui, si l'on a un intérêt direct au maintien de l'arrêt attaqué, comme l'acquéreur dont le titre est menacé si la vente est annulée, en matière de saisie immobilière ou de faillite. Tarbé, p. 137. — V. toutefois *sup.*, n° 329 et *inf.*, n° 482.

§ 14. — *Arrêt de la chambre civile. Ses effets.*

395. Devant la chambre civile, à l'audience, le conseiller fait son rapport.

Puis les avocats du demandeur et du défendeur sont entendus

Les avocats ne peuvent soumettre à l'audience leurs observations sur le rapport, qu'après avoir fait signifier leur requête ou mémoire en défense, et produit les pièces dans les termes prescrits par les règlements. Arrêté 2 mess. an 9, art. 8.

396. Devant la C. de cass. la cause doit s'instruire par écrit. L'instruction est réputée complète par les écritures. Aussi les plaidoiries, malgré leur importance, sont-elles qualifiées d'*observations*. *Ib.*, art. 9.

397. Le ministère public donne ensuite ses conclusions.

398. Enfin la Cour, après en avoir délibéré, rend son arrêt, par lequel elle rejette le pourvoi ou casse la décision attaquée.

399. En cas de rejet, le demandeur est condamné, 1° à 300 fr. d'amende, dans lesquels sont compris les 150 fr. d'amende consignés avant le dépôt du pourvoi. — V. d'ailleurs *Expropriation pour utilité publique.*

L'amende ne peut être remise ni modérée, mais elle peut être augmentée. Règl. 1738, part. 1re, tit. 4, art. 36. — La Cour n'use jamais de ce dernier droit.

400. 2° à 150 fr. d'indemnité envers le défendeur, si l'arrêt attaqué est contradictoire, et à moitié de ces sommes, s'il est par défaut ou par forclusion.

L'adjudicataire sur surenchère après saisie, appelé en cassation par le saisi qui s'est pourvu contre l'arrêt rendu sur l'appel du jugement d'adjudication définitive, n'a droit à aucune indemnité pour le cas où le jugement vient à être cassé : le saisi a intérêt à l'appeler devant la Cour pour que l'arrêt à intervenir lui soit commun. Cass. 21 janv. 1843, D. 43, 103.

401. 3° Et en outre aux dépens de l'instance devant la Cour de cassation. Règl. 1738, part. 1re, tit. 4, art. 35. — Ces dépens ne suivent pas le sort de ceux du fond. Ils ne sont jamais restituables; aucun trib. ne pourrait, sans excès de pouvoir, réformer sur ce point un arrêt de la C. suprême. Cass. 4 août 1818, S. 19, 124.

La partie qui succombe ne paye que les frais composés des droits d'enregistrement, de greffe, de papier timbré et d'expédition et signification des mémoires et actes.

Ces dépens sont liquidés conformément au tarif fixé par le règlement de 1738. — V. rej. 16 déc. 1856, Dev. 57, 582.

Pour l'action de l'*avocat à la Cour de cassation.* — V. ce mot.

402. Le désistement du pourvoi est formulé par un avocat à la Cour, fondé de pouvoir du demandeur et par acte au greffe.

La chambre civile en donne acte (à la différence de la chambre des requêtes). — Elle n'examine pas les moyens et ne statue sur les conclusions qu'en ce qui concerne les questions de frais, amende et indemnité. Tarbé, p. 132.

403. Si c'est au contraire le défendeur éventuel qui se désiste du bénéfice de l'arrêt attaqué, il y a lieu à statuer sur le pourvoi : Quoique la signification du désistement soit antérieure au pourvoi, lorsqu'à raison des distances le pourvoi a été formé dans l'ignorance du désistement et quand surtout celui-ci n'est que conditionnel. Cass. 28 juill. 1824, P. 18, 921.

404. L'indemnité n'est pas due si le désistement précède la production du défendeur, et, à plus forte raison, la signification de l'arrêt d'admission. — Il en est autrement dans le cas contraire. Cass. 26 mai 1820. — V. rej. 18 sept. 1856; Dev. 56, 928.

405. Quant à l'amende, on peut dire pour la restitution que le règlement de 1738 ne condamne à l'amende que le demandeur qui succombe; or, se désister n'est pas la même chose que succomber (au cas de transaction, par exemple). D'ailleurs en matière criminelle, le désistement n'entraîne jamais la perte de l'amende (C. inst. crim. 436). — Mais le contraire a été décidé par deux arrêts, l'un de la chambre des requêtes, l'autre de la chambre civile, attendu qu'aux termes du règlement de 1738, tit. 4, art. 37 et 38, il n'y a de remise d'amende qu'en vertu d'un arrêt de cassation. Cass. 24 fév. 1835; 22 juin 1836 (Art. 10 et 597 J. Pr.). — V. *Expropriation pour utilité publique. Appel*, n° 507.

Cette jurisprudence semble devoir fléchir, lorsque la partie ne s'est désistée de son pourvoi contre un arrêt de cour royale, que parce que cet arrêt sur conflit, élevé par l'autorité administrative, a été annulé par ordon. royale. Cass. 4 juill. 1826, D. 26, 403.

406. Le demandeur ne peut attaquer l'arrêt de rejet, ni par requête en cassation, ni par *requête civile*. Règl. 1738, *ib.*, art. 39. — V. ce mot. — Ni former un *nouveau* pourvoi, même en présentant de nouveaux moyens. Règl. 1738, tit. 4, art. 39.

407. Mais le demandeur est recevable à se pourvoir contre les dispositions de l'arrêt, non attaquées dans le premier pourvoi, s'il est encore dans les délais. Cass. 22 brum. an 13; Merlin, *Qu. dr.* 6, 462 et 471; Berriat, 2, 473, note 5.

408. Lorsque l'arrêt attaqué contient tout à la fois des dispositions préparatoires et des dispositions définitives, l'arrêt de rejet s'applique aux unes comme aux autres. Cass. 19 juin 1816, P. 13, 498.

409. Si deux parties se sont pourvues en cassation, le consentement que l'une d'elles donne à la cassation, demandée par son adversaire, ne produit aucun effet à l'égard de l'autre. Cass. 25 juill. 1806; Merlin, *Rép.*; *h. v°*, § 6, n° 11.

De même, lorsqu'un arrêt a été attaqué d'abord par le procureur général pour raison d'ordre et d'intérêt public, et ensuite par la partie dans son intérêt personnel, le rejet du premier pourvoi n'entraîne pas le rejet du second. — Au contraire l'arrêt peut être cassé sur ce second pourvoi, quoique le demandeur ait demandé, mais sans succès, à intervenir lors du premier. Cass. 29 janv. 1839, D. 39, 77.

410. Lorsque la chambre civile a cassé l'arrêt attaqué, elle

ordonne la restitution de l'amende consignée — et des sommes
qui peuvent avoir été perçues en exécution de cet arrêt;

Spécialement des dépens sur le fond, payés en exécution de
l'arrêt cassé; le demandeur ne peut se faire rembourser ses propres frais. La C. de cass. ne connaît que de ses propres dépens.
Cass. 31 août 1826, 27, 17.

Les frais d'un jugement cassé comme ne contenant ni le point
de fait ni le point de droit, doivent être supportés, ainsi que ceux
faits devant la C. de cassation, par la partie qui l'a signifié, et au
préjudice de laquelle il a été cassé, quoique cette partie ait reconnu en cassation les moyens du demandeur. Cass. de Belgique,
23 juin 1830.

411. La C. de cass. remet les parties dans l'état où elles étaient
avant l'arrêt cassé, et renvoie l'affaire devant un des trois tribunaux du même ordre, le plus voisin de celui dont la décision a
été annulée, pour être procédé sur les derniers errements qui
n'ont pas été atteints par la C. de cass.

L'indication du trib. auquel l'affaire est renvoyée a lieu en la
chambre du conseil, après la prononciation de l'arrêt de cassation en audience publique. Règl. 1738, part. 1re, tit. 4, art. 38;
L. 1er déc. 1790, art. 21; L. 2 brum. an 4, art. 24; L. 27 vent
an 8, art. 87. — V. *inf.*, n° 427.

412. La cassation ne profite qu'à ceux qui se sont pourvus:
ainsi, lorsque sur six héritiers deux seulement ont formé le
pourvoi, la cassation ne profite qu'à ces derniers. Cass. 24 pluv.
an 7. — V. toutefois rej. 26 juill. 1852 (5288).

Mais elle leur profite même lorsqu'elle a été motivée sur un
moyen qu'ils n'avaient fait valoir ni devant les premiers juges ni
devant la C. de cass. Merlin, *Rép.*, *h. v°*, § 7, n° 4.

413. La cassation ne profite que relativement au chef contre
lequel on s'est pourvu. En conséquence, le défaut de pourvoi
contre le chef d'un arrêt qui met une partie hors de cause sur
ce motif qu'elle n'est pas passible de l'action du demandeur, fait
obstacle à ce que cet arrêt puisse être annulé vis-à-vis de cette
partie. Cass. 26 fév. 1840. — Rej. 30 juin 1851. D. 51, 180.

414. La restitution de l'amende et des sommes perçues et
des dépens payés (Chauveau, *Tarif*, 1, 39), doit avoir lieu,
quand même elle ne serait pas exprimée par l'arrêt de cassation.
— La grosse de cet arrêt suffit pour la poursuivre. Cass. 15 janv.
1812, P. 10, 36; 22 janv. 1822; 28 août 1837, D. 37, 456;
Poncet, 2, n° 567. — *Contrà*, Colmar, 26 août 1835, D. 37, 8.

415. Pour obtenir la restitution de l'amende consignée, il
faut remettre au receveur de l'enregistrement, auquel la consignation a été faite : — 1° un extrait sur papier timbré de l'arrêt
en ce qui concerne la cassation de l'arrêt attaqué et la restitution
de l'amende, et énonçant en totalité l'enregistrement de l'arrêt;

— 2° la quittance de consignation d'amende. Lettre du receveur de l'enregistrement de la C. de cass., 25 therm. an 9.

416. La restitution ordonnée par l'arrêt donne-t-elle droit, non-seulement au capital des sommes payées, mais encore aux intérêts ? Oui.

Toutefois les intérêts ne sont pas dus à compter du jour du versement. — *Contrà*, Cass. 11 nov. 1828, D. 28, 439. — Mais seulement à dater de la signification de l'arrêt d'admission faite à la partie qui a reçu le payement, avec assignation devant la chambre civile; cette assignation constitue cette partie de mauvaise foi; elle a le caractère d'une demande judiciaire (Arg. C. civ. 1153). Cass., 29 avr. 1839; 12 juill. 1848 (Art. 1125 J. Pr.)

417. Le principe d'après lequel la cassation d'un arrêt entraîne la restitution de ce qui a été payé, est modifié par l'art. 1238 C. civ. — Ainsi ne sont pas restituables les sommes saisies sur un tiers, et reçues de bonne foi par les créanciers d'un individu au profit duquel a été rendu un arrêt qui lui a alloué ces sommes, bien que cet arrêt soit ultérieurement cassé. Cass. 13 mai 1823, P. 17, 1102.

De même l'avoué qui s'est fait payer, par la partie condamnée, les dépens dont la distraction a été ordonnée à son profit par un jugement, n'est point tenu, en cas de cassation de ce jugement, de restituer ces frais à cette partie. Cass. 16 mars 1807, P. 5, 737. V. *Dépens* et toutefois Paris, 9 août 1847, D. 47, 189.

L'héritier bénéficiaire qui a touché des sommes accordées à la succession par un arrêt frappé de pourvoi et en a disposé (en payant des dettes de la succession) postérieurement à la notification de l'arrêt d'admission, peut, en cas de cassation, être condamné personnellement à la restitution de ces sommes. Vainement il alléguerait que le pourvoi n'est pas suspensif et qu'il n'a fait qu'un acte d'administration, pour ne restituer qu'en qualité d'héritier bénéficiaire. Cass. 8 août 1843, D. 43, 392.

418. Les parties sont remises *au même état* qu'avant l'arrêt cassé; de là plusieurs conséquences :

1° Tout acte d'exécution est rétracté de droit;

2° Tous droits de propriété qui reposeraient sur une qualité résultant de l'arrêt cassé sont anéantis;

3° Toute inscription hypothécaire prise depuis l'arrêt de cassation est non avenue;

4° Non-seulement l'arrêt attaqué est annulé, mais encore tous ceux qui en ont été la suite et la conséquence, soit que l'arrêt de cassation ait ajouté ou non ces mots : *et tout ce qui s'en est suivi*. Cass. 25 oct. 1813, Merlin, *Rép.*, h. v°, § 7, n° 4. — Il n'est donc pas nécessaire de se pourvoir contre ces derniers arrêts. Cass. 10 août 1841. — Rej. 11 nov. 1851, D. 51, 317.

419. La cassation d'un arrêt entraîne celle de l'arrêt intervenu sur son exécution. Cass. 13 fév. 1828. — Même quand il s'agit d'une sentence arbitrale. Cass. 29 juin 1841, D. 41, 275. — Ainsi que la nullité des procédures faites pour arriver à cette exécution. Cass. 28 août 1837, D. 37, 456. — Analogues, Cass. 12 août 1839, 3 mars 1841; Paris, 7 mars 1842. — Mais la nullité de ces arrêts n'est pas tellement radicale qu'il soit inutile de la faire prononcer; par suite si ces arrêts ont terminé le litige et si, n'ayant pas été annulés par la Cour de cassation qui n'en a pas eu connaissance, ils sont opposés devant la Cour de renvoi, celle-ci doit surseoir à statuer jusqu'à ce que leur annulation ait été prononcée par la C. de cassation. Agen, 29 avr. 1841, —Mais V. Cass. 24 janv. 1849 (Art. 4279 J. Pr.)

420. La cassation d'un arrêt qui a validé une enquête entraîne celle de l'arrêt rendu sur le fond, en conséquence de l'enquête, sans qu'on puisse opposer devant la Cour suprême que l'arrêt se justifie par d'autres motifs que ceux tirés de l'enquête. Cass. 13 oct. 1812, P. 10, 746. La cassation d'un arrêt qui a annulé l'enquête entraîne la cassation de l'arrêt postérieur sur le fond, si ce dernier arrêt n'a pas déclaré qu'en supposant prouvés les faits dont la preuve avait été ordonnée, ils seraient tous sans influence sur le fond du procès. Cass. 28 fév., 25 juin 1838 (Art. 1136 et 1229, J. Pr.).

421. La cassation d'un arrêt préjudiciel qui a déclaré un appel recevable, emporte annulation de l'arrêt définitif intervenu sur cet appel ; bien que ce dernier arrêt n'ait été l'objet d'aucun pourvoi et nonobstant l'exécution qui en aurait été consentie. Cass. 7 mars 1842, D. 42, 194.

422. Lorsqu'un arrêt a été cassé sans que la Cour ait établi aucune distinction entre les diverses dispositions qu'il renferme, il se trouve annulé dans toutes ses dispositions, quoique les motifs de l'arrêt de cassation paraissent ne se rattacher qu'à l'une d'elles. Cass. 15 janv. 1818, P. 14, 577; — et que la cassation ait été prononcée dans le *chef attaqué sur le pourvoi*, mais pour qu'il en soit ainsi il faut que le moyen accueilli ait tendu nécessairement à détruire en son entier l'arrêt attaqué. Cass. 31 mars 1841, D. 41, 206. — V. rej. 28 juin 1852 (5238).

423. Il arrive même que, dans le cas où la Cour casse spécialement une disposition principale d'un arrêt, cette cassation entraîne celle d'une disposition secondaire dont il n'a pas été parlé.

Ainsi la cassation de la disposition principale entraîne la cassation de la disposition accessoire sur les intérêts. Cass. 13 août 1838, 14 fév. 1843, D. 38, 354; 43, 137.

La cassation d'un arrêt, quant à l'action principale, emporte la cassation de la disposition du même arrêt relative à une demande en garantie. Cass. 5 juin 1810 P. 8, 352.

424. Dans le cas où l'arrêt qui condamne un garant en sa qualité vient à être annulé en ce que l'action en garantie était prescrite, cette annulation doit s'étendre aussi aux condamnations prononcées par le même arrêt au profit du garant contre le sous-garant qu'il avait appelé en cause, tous droits des parties demeurant réservés. Cass. 12 déc. 1837, D. 38, 37.

425. Enfin, le jugement cassé pour défaut de motifs sur un chef, ne peut plus être invoqué sur d'autres chefs. Cass. 13 mars 1828, S. 28, 334; 31 mars 1841, D. 41, 206.

426. Mais de ce que l'arrêt de cassation a pour effet d'anéantir l'arrêt attaqué il ne s'ensuit pas qu'un acte ou un arrêt qui aurait été déclaré illégal par l'arrêt cassé deviendrait légal par suite de l'arrêt de cassation. Cet acte devra être examiné et apprécié par la Cour de renvoi : la C. de cass. n'est pas instituée pour connaître du fond des affaires (—V. *sup.*, n° 7). Cass. 17 mai 1836, D. 36, 373.

427. Le renvoi ne peut être fait à la Cour qui a rendu l'arrêt cassé. Cette Cour est formellement dessaisie de toute connaissance ultérieure de l'affaire. Cass. 12 nov. 1816.—Mais V. art. 4526.

Jugé cependant qu'elle peut en connaître du consentement des parties. Arg. Cass. 8 niv. an 7, P. 1, 295.

428. Bien que le renvoi doive être fait à un trib. du même ordre que celui qui a rendu le jugement, cependant, lorsque la C. de cass. casse un jugement d'un trib. de 1re inst., en ce qu'il a mal à propos connu d'une action qui aurait dû être déférée à une C. roy., elle peut renvoyer elle-même l'affaire devant cette Cour. Cass. 18 avr. 1827, P. 21, 356.

429. Lorsque la C. de cass. a ordonné le renvoi à un autre trib. d'une cause dans laquelle des faits de complicité des dilapidations commises par des avoués sont imputés aux premiers juges, ces magistrats peuvent, lorsqu'on leur signifie l'arrêt de renvoi, y former opposition. Cass. 25 août 1825, P. 19, 836.

430. Il n'y a pas lieu au renvoi, 1° lorsque l'arrêt cassé a mal à propos reçu l'appel d'un jugement en dernier ressort. Dans ce cas l'arrêt de cassation ordonne l'exécution du jugement dont l'appel a été illégalement reçu. Règl. 1738, part. 1re, tit. 5, art. 19.

431. 2° Lorsque la cassation est prononcée pour contrariété d'arrêts ou de jugements en dernier ressort, rendus par des Cours ou des trib. différents; l'arrêt qui casse dans ce cas ordonne que sans s'arrêter ni avoir égard au second arrêt ou jugement, le premier sera exécuté selon sa forme et teneur. *Ib.*, tit. 6, art. 6.

432. Les arrêts de cassation sont imprimés et transcrits sur le registre du trib., dont la décision a été cassée (L. 1er déc. 1790, art 22), et la notice, ainsi que le dispositif, en sont insérés chaque mois dans le bulletin des audiences de la Cour. L. 27 vent. an 8, art. 85.

433. Lorsque le dispositif d'un arrêt de la C. de cass. laisse quelque incertitude (rej. 10 juill. 1860), l'interprétation en est demandée à la Ch. civile. Cass. 17 juin 1850, D. 50, 193. — Par requête signifiée à l'avocat adverse, s'il occupe encore ; sinon à domicile, avec sommation de comparaître dans les délais prévus par le C. de pr. Bernard, *Manuel*, p. 363. — Les frais pour arriver à la restitution des sommes payées en vertu de l'arrêt cassé sont supportés par la partie qui refuse la restitution. Cass. 15 janv. 1812.

434. Si l'arrêt de cassation est contradictoire, il ne peut être mis à exécution avant d'avoir été *signifié* à l'avocat de la partie, à *peine de nullité* de toutes procédures et exécutions antérieures à cette signification (Règl. 1738, part. 2, tit. 13, art. 9, et arrêt du Conseil, 12 mars 1759), — quand il aurait été signifié à la partie elle-même. *Ib.*

435. Si l'arrêt est par défaut, le défaillant peut se faire restituer en remplissant certaines formalités. — V. *inf.*, § 15.

436. L'arrêt de cassation peut avoir annulé la procédure ou la décision.

437. Si la procédure est annulée, elle est recommencée devant la nouvelle Cour, à partir du premier acte cassé.

438. Si c'est la décision, l'affaire est portée, sans nouvelle procédure, à l'audience, et l'on procède au jugement sans nouvelle instruction. L. 2 brum. an 4, art. 24. cass. 18 mars 1839, D. 39, 139. — V. Orléans, 7 mai 1850 (4648).

Dans ce dernier cas, l'arrêt de cassation fait revivre la procédure ou instance, sur lesquelles la décision est intervenue ; ainsi elles sont désormais susceptibles de péremption par le laps de temps ordinaire, encore bien qu'il n'y ait pas eu assignation devant les trib. ou Cours qui doivent juger de nouveau. Cass. 12 juin 1827, S. 27, 388.—V. Orléans, 3 fév. 1838, (Art. 3971 J. Pr.)

439. Devant la nouvelle Cour, on ne peut assigner que les parties qui ont figuré dans les qualités de l'arrêt de cassation.

La partie qui n'a pas figuré dans les qualités devrait être renvoyée de l'intimation, encore bien qu'il ait été formé devant la C. de cass. une demande en rectification des qualités de l'arrêt de renvoi, et que cette Cour fût appelée à statuer sur une demande tendant à ce que ce même arrêt fût déclaré commun à cette partie. A l'égard de cette partie, l'arrêt de cassation est *res inter alios acta.* Cass. 17 nov. 1835.— V. Grenoble, 17 fév. 1853, D. 54, 253.

440. La nouvelle Cour peut ordonner tout ce qui était dans les attributions de la première, dont l'arrêt a été cassé. Cass. 24 janv. 1826, P. 20, 86. — V. *Expropriation.*

441. Toutefois, sa décision ne doit porter que sur la disposition cassée (Cass. 8 mars 1826, P. 20, 252), — et non sur des points jugés par l'arrêt cassé, et qui n'ont point été l'objet du

-pourvoi. Agen, aud. solenn. 12 juill. 1825, non réformé par la C. de cass., aud. solenn. 8 juill. 1826, P. 20, 667.

442. La nouvelle Cour est compétente, 1° pour statuer sur une demande en restitution des sommes payées en exécution de l'arrêt attaqué;

443. 2° Pour entendre des témoins, encore que la précédente Cour ait rendu un jugement non attaqué qui avait refusé leur audition. Colmar, 7 juin 1825, P. 19, 554.

444. 3° Pour renvoyer la cause et les parties devant un trib du ressort de la première Cour. Cass. 24 janv. 1826, P. 20, 87·

Mais lorsqu'une Cour royale saisie par un renvoi après cassation a renvoyé les parties pour compter devant un trib. situé hors de son ressort, elle est devenue incompétente pour connaître de l'appel du jugement intervenu sur ce compte. Montpellier, 12 nov. 1840; Cass. 10 avr. 1849; 14 avr. 1851 (4975).

445. 4° Pour confirmer le jugement de 1re inst. en adoptant un de ses motifs qui avait été écarté par la première C. roy., bien que l'arrêt de la C. roy. n'ait pas été cassé pour avoir écarté ce motif, mais pour toute autre cause, de sorte qu'à l'égard du rejet de ce motif, l'arrêt de la première Cour aurait pu être considéré comme ayant l'autorité de la chose jugée.

446. 5° Pour ordonner la vérification d'un double (découvert depuis l'arrêt de renvoi) d'un testament à l'occasion duquel existaient les contestations. Cass. 19 avr. 1836, D. 36, 236.

447. 6°. Pour connaître non-seulement d'une question de fin de non-recevoir sur laquelle avait statué l'arrêt cassé, mais encore de la question du fond qui n'avait pas été examinée par cet arrêt. Cass. 8 nov. 1843, D. 43, 473.

448. Elle est *seule* compétente pour connaître de toutes les difficultés qui se rattachent à l'ordre qu'elle a réglé par suite du renvoi fait devant elle. Riom, 3 mai 1842. — V. d'ailleurs *Ordre*, 672.

449. Le renvoi du fond de l'affaire comprend non-seulement la question jugée par l'arrêt annulé, mais encore la demande principale dans son intégrité et tous les incidents qui s'y rattachent, alors même que l'arrêt cassé n'aurait encore rien statué à leur égard. — De telle sorte que les jugements qui seraient intervenus sur les points laissés entiers, dans l'intervalle de l'arrêt de cassation, doivent, sans distinction, être considérés comme nuls et non avenus, de même que les procédures qui auraient été suivies postérieurement à l'arrêt cassé. Cass. 15 mai 1839, D. 39, 242.

450. Si la C. de cassation en cassant un arrêt a condamné le défendeur aux dépens, la C. de renvoi en statuant comme le premier arrêt ne peut modifier la décision de la C. de cassation sur ce point. Cass. 4 août 1818, S. 19, 24.

451. Si, au contraire, il n'a pas été statué précédemment sur les dépens, la C. de renvoi qui juge, conformément à l'arrêt cassé, peut condamner celui qui était demandeur en cassation et qui succombe devant elle, non-seulement aux dépens faits depuis l'arrêt de cassation, mais encore à ceux faits antérieurement. Cass. 31 août 1826, D. 27, 17.

452. Mais il a été décidé que dans ces frais ne peuvent être compris ceux de l'arrêt cassé et de sa signification. Cass. 31 mars 1841, D. 41, 206; — et qu'en conséquence ces frais ne pouvaient comprendre que ceux faits devant le tribunal de 1re inst. et devant la Cour de renvoi. Toulouse, 30 juin 1840, D. 41, 2, 159.

453. Si la cassation a été prononcée contre un arrêt de débouté d'opposition, l'opposition se trouvant maintenue, c'est sur elle que le nouvel arrêt doit statuer. Cass. 22 therm. an 9. Merlin, *Quest. dr.*, *hoc* v°, § 8.

454. Devant la nouvelle Cour, les parties peuvent modifier les conclusions qu'elles avaient prises devant la première. Merlin, *Rép.*, *hoc* v°, § 7, n° 4; *Quest.*, v° *Tribunal d'appel*, § 5. — Présenter, même pour la première fois, tous les moyens et exceptions que comporte la nature de l'affaire, notamment l'exception de prescription. Cass. 16 juin 1836, D. 37, 109. — Invoquer une qualité qu'elles avaient dès l'origine. Cass. 29 avr. 1837, ch. crim., D. 37, 352.

Mais elles ne peuvent y introduire leur action que contre le chef à l'égard duquel la cassation a été prononcée, et non contre celui à l'égard duquel le pourvoi a été rejeté. Cass. 10 nov. 1834, D. 37. 343.

455. Quand la cassation d'un arrêt n'a été que partielle, les parties ne peuvent prendre devant la C. de renvoi des conclusions qui bien que présentées en 1re inst. n'avaient pas été reproduites devant la Cour dont l'arrêt a été cassé et qui soulèvent une question étrangère à la disposition annulée. Cass. 22 mars 1841, D. 41, 184.

456. Si le second arrêt est rendu dans le même sens que le premier, il faut, pour l'attaquer, présenter un pourvoi, consigner l'amende, obtenir un nouvel arrêt d'admission, le faire signifier, et le déposer, avec l'arrêt cassé et l'arrêt de cassation, au greffe de la Cour. Le demandeur ne peut saisir directement les chambres réunies. Cass. 25 janv. 1833, D. 40, 354.

457. Le nouveau pourvoi peut contenir un moyen qui aurait été improuvé dans les motifs de l'arrêt de cassation, si le moyen n'a pas été rejeté par une disposition formelle. Merlin, *Rép.*, *hoc verbo*, § 7, n° 4.

458. La chambre civile seule rend ensuite arrêt.

459. Elle renvoie devant toutes les sections réunies, si le jugement attaqué a été rendu dans la même affaire, entre les mêmes parties, procédant en la même qualité, et si les moyens sont les mêmes que lors du premier pourvoi. L. 1er avr. 1837, art. 1er (Art. 762 J. Pr.).—Il faut aussi que le second arrêt ait adopté la même doctrine que celui qui a été cassé. Cass. 3 déc. 1839, D. 40, 66.—Des moyens qui rentrent dans ceux jugés par un premier arrêt de cassation, et présentent à résoudre la même question bien qu'ils n'aient pas été proposés lors du premier pourvoi, sont de la compétence des chambres réunies. Cass. 27 mai 1842.— Mais V. rej. 16 avr. 1850, D. 50, 244.

460. L'arrêt est rendu, soit sur la plaidoirie des avocats, si l'une des parties s'oppose au renvoi ; soit sans plaidoiries, s'il y a consentement des deux parties.—Il n'a pas besoin d'être signifié. —Les chambres réunies sont saisies par le fait seul de cet arrêt, sans procédures.

Devant les chambres réunies, les formalités sont les mêmes que devant la chambre civile. A moins d'empêchement, le procureur général y porte toujours la parole. L'audience est présidée par le premier président.

461. Il n'y a pas lieu de renvoyer devant les chambres réunies : 1° Lorsque la nouvelle Cour ayant rendu un arrêt semblable à celui qui a déjà été cassé, il est proposé contre ce second arrêt, outre le moyen de cassation déjà accueilli par la C. suprême, un nouveau moyen non encore agité devant elle. Cass. 8 nov. 1825, 29 janv. 1829 ; 31 août 1842, D. 42, 414.

2° Lorsque le second arrêt dénoncé, mettant à l'écart la question résolue par le premier, s'est occupé d'une question différente, et dont la solution n'avait point été déférée à la C. de cass. Cass. 7 août 1813. — V. Cass. 4 août 1852 (5251).

3° Lorsqu'enfin la question proposée n'a pas été résolue par des motifs semblables ; par exemple, si le premier arrêt n'était basé que sur des *présomptions*, et que le second le soit sur des *présomptions* et un *commencement de preuve par écrit*. Cass. 18 juil. 1827, P. 21, 629. — Ou si, pour arriver à cette décision la Cour a pris en considération une fin de non-recevoir que la première cour n'avait pas cru devoir examiner. Cass. 31 janv. 1843, D. 43, 252

462. Si la chambre civile déclare qu'il n'y a pas lieu à renvoyer devant les sections réunies, elle garde la connaissance de l'affaire, et peut juger de suite après avoir entendu les plaidoiries.

463. Si le deuxième arrêt ou jugement est cassé pour les mêmes motifs que le premier, la C. roy. ou le trib. auquel l'affaire est renvoyée doit se conformer à la décision de la C de cass. sur le point de droit jugé par cette Cour. L. 1er avr. 1837, art. 2 (Art. 762 J. Pr.).

Cette loi doit être appliquée même aux instances qui étaient déjà engagées à l'époque de sa promulgation. Grenoble, 14 fév. 1842.

464. La C. roy. statue en audience ordinaire, à moins que la nature de l'affaire n'exige qu'elle soit jugée en audience solennelle. *Ib.*, art. 3.

§ 15. — *Procédures diverses.*

465. Parmi les procédures diverses que contenait le règlement de 1738, les unes sont encore en vigueur, les autres sont tombées en désuétude.

466. Les premières sont : 1° Les *règlements de juges.* — V. ce mot.

467. 2° Les *défauts.* Dans le cas où la partie ne comparaît pas dans le délai porté par l'arrêt de soit communiqué, l'avocat du demandeur peut, huitaine après l'expiration du délai, remettre l'arrêt dûment signifié avec les pièces qui ont été visées, au greffe de la Cour, et sans qu'il soit besoin de sommation, ni d'autres procédures, ni formalités; la Cour *prononce* le défaut. Règl. de 1738, part. 2, titr. 2, art. 8, 16.

468. Le demandeur ne peut être déchu de son pourvoi, par cela seul qu'il a laissé passer plus d'une année depuis la signification de l'arrêt d'admission, sans lever défaut contre le défendeur qui ne s'est pas présenté. *Ib.* Cass. 8 frim. an 11, P. 3, 65.

469. La prononciation du défaut n'entraîne pas de droit l'adjudication des conclusions du demandeur, ni par conséquent la cassation de l'arrêt; l'affaire est examinée au fond comme les autres, et si la chambre civile n'estime pas le pourvoi fondé, elle le rejette, condamne le demandeur à l'amende de 300 fr. Si elle estime qu'il est fondé, elle prononce la cassation de l'arrêt attaqué, et ordonne la restitution de l'amende consignée.

Tant que cet arrêt n'est pas rendu, le défendeur a encore le droit de présenter ses défenses. Godard, p. 33.

470. La partie défaillante ne peut être restituée contre les arrêts par défauts, que par arrêt de la C. de cassation. Règl. 1738 part. 2, tit. 2, art. 9.

471. La partie qui veut se pourvoir par cette voie, est tenue d'offrir préalablement à l'avocat qui a obtenu l'arrêt par défaut la somme de cent francs, pour la *réfusion* des frais jusqu'au jour des offres; en cas de refus, les deniers demeurent consignés entre les mains de l'huissier, qui en a fait l'offre aux risques de l'avocat qui l'a refusée. *Ib.*, art. 10.

Cette disposition a paru, au conseil de l'ordre, devoir être maintenue, attendu que les avocats trouvent dans ces 100 fr. le moyen de se couvrir de leurs avances dont souvent il leur serait difficile de se faire rembourser par leurs propres clients. Délib. du 9 flor. an 10.

472. En rapportant la quittance de l'avocat ou l'acte d'offre portant consignation, la partie est restituée par arrêt, qu'elle est tenue d'obtenir et même de faire signifier à l'avocat de l'autre partie, dans les délais suivants, à compter du jour de la signification de l'arrêt par défaut faite à la personne ou au domicile du défaillant ; savoir : de trois mois quand l'assignation a été donnée à deux mois, de deux mois quand elle l'a été à un mois, et d'un mois quand elle l'a été à quinzaine, suivant la distinction énoncée *suprà*, n° 381,. — et à l'égard des parties domiciliées dans les colonies et hors de France, outre le délai des assignations ordinaires, il est accordé six mois de plus pour obtenir et faire signifier l'arrêt de restitution. Règl. 1738, part. 2, tit. 2, art. 11.

473. Le défaillant qui laisse expirer ces délais sans remplir ces formalités, ne peut plus se faire restituer contre l'arrêt par défaut. *Ib.*, art. 12.

474. Il n'est accordé aucune restitution contre les arrêts donnés par défaut contre quelques-unes des parties de l'instance, lorsqu'ils ont été rendus contradictoirement avec d'autres parties ayant le même intérêt que les parties défaillantes à l'égard desquelles ils sont réputés contradictoires. *Ib.*, art. 10.

475. Les sommes payées pour la réfusion des frais, même pour ceux qui ont été faits à l'occasion de la restitution demandée, ne peuvent être répétées par le demandeur en restitution, quand même il lui aurait été adjugé des dépens par l'arrêt définitif, si ce n'est seulement lorsque la procédure sur laquelle le défaut a été obtenu, est annulée ; alors la somme lui est rendue. *Ib.*, art. 15.

476. L'arrêt de restitution étant obtenu et signifié, l'instance se suit comme à l'ordinaire ; mais si la partie qui a obtenu cet arrêt reste pendant trois ans à compter du jour de la prononciation, sans produire de défense au pourvoi, elle peut sur la demande de son adversaire être déclarée forclose. Cass. 11 juill. 1827, P. 21, 601.

477 3° Les *Forclusions.* — La partie demanderesse qui n'a pas remis sa production au greffe dans deux mois à compter du jour de la signification de l'acte de produit de l'autre partie, contenant sommation de produire, demeure de plein droit forclose de produire ; toute autre sommation ou procédure, serait nulle. Règl. 1738, part. 2, tit. 5, art. 1er.

478. Sur un certificat du greffier constatant ce défaut de production dans les délais, et huitaine après son expiration, la Cour rend un arrêt par forclusion sur le vu de la seule production du défendeur et du certificat ; toute autre écriture ou procédure serait nulle. *Ib.*, art. 2 et 3.

479. Lorsque de plusieurs parties contre lesquelles le jugement d'une instance est poursuivi, les unes ont produit sans que les autres l'aient fait, l'instance ne peut être jugée contre celles qui n'ont pas produit que par l'arrêt qui est rendu contradictoirement avec la partie qui produit. *Ib.*, art. 4.

480. Les arrêts rendus par forclusion ont le même effet que s'ils avaient été rendus contradictoirement, et les parties forcloses ne peuvent être reçues à se pourvoir contre leurs dispositions par voie de restitution ou d'opposition. *Ib.*, art. 5, — ni autrement.

481. Devant la C. de cass., on ne connait pas le défaut congé au moyen de l'instruction écrite, le demandeur est toujours présent. — On ne connaît pas non plus de défaut profit-joint, ni de défaut faute de plaider. Tarbé, p. 134. — V. d'ailleurs *Expropriation pour cause d'utilité publique.*

482. 4° *L'intervention.* Ce droit appartient à celui qui a été partie devant les premiers juges. Arg. Cass. 19 fév. 1830, S. 30, 273 ; 14 nov. 1832, Dev. 33, 297. — Ou dont les droits ont été exercés par une autre personne qui était en son lieu et place. — V. d'ailleurs *sup.*, n° 329; *Intervention.*

483. Au contraire, est non recevable, 1° l'intervention de celui qui n'a été partie ni en 1re inst. ni en appel, et qui, à cette époque, n'avait pas intérêt à y être appelé. — 2° Celle de l'individu qui, ayant été partie dans le jugement attaqué, a été renvoyé de la demande : il est alors sans intérêt. Cass., sect. réunies, 15 juin 1833, P. 25, 572. — 3° L'intervention de celui qui pouvait se pourvoir directement et qui ne l'a pas fait : ainsi les syndics qui ne se sont pas pourvus en cassation contre l'arrêt rendu contre eux, n'ont pas qualité pour intervenir sur le pourvoi formé par le failli. Cass. 7 avril 1830, P. 23, 364.

484. L'intervention a lieu par requête en forme de vu d'arrêt contenant les conclusions ; l'intervenant ne peut se réserver de prendre les conclusions après qu'il aura eu communication de l'instance. Règl. 1738, part. 2, tit. 8, art. 1er.

485. La requête déposée au greffe est remise au rapporteur de l'affaire principale, et l'on ne peut prononcer sur cette dernière qu'après avoir examiné la requête en intervention. *Ib.*, art. 2 et 3.

486. Il n'y a plus lieu de la part de la Cour à statuer sur une requête en intervention, présentée après que le ministère public a été entendu.

487. L'arrêt qui reçoit la partie intervenante ordonne qu'il sera fait droit sur le surplus de sa demande, en jugeant l'instance principale. *Ib.*, art. 4.

488. Cet arrêt est signifié aux avocats de toutes les parties, et remis au greffe avec les pièces trois jours après la signification, autrement il est regardé comme non avenu, et il est passé outre au jugement de l'instance. *Ib.*, art. 5.

489. S'il n'y a pas de contestation sur l'arrêt qui a reçu l'intervention, l'instruction est faite à l'égard de la partie intervenante comme à l'égard des autres parties de l'instance qui doivent déposer leurs requêtes et pièces au greffe, où l'intervenant en prend communication, sans qu'il soit permis de faire aucune signification. *Ib.*, art. 7.

490. 5° Le *Désaveu*. — V. ce mot.

491. 6° Le *Faux incident*. — V. ce mot.

492. Nous croyons devoir pour compléter notre travail, sous le point de vue historique, rappeler les autres procédures, telles qu'elles sont établies par le règlement de 1738, bien qu'elles soient tombées en désuétude; ce sont :

493. 1° Les *Demandes en contrariété d'arrêts*. — Le demandeur n'est assujetti ni aux délais, ni à la consignation d'amende, ni aux autres formalités prescrites pour les demandes en cassation d'arrêts. Règl. 1738, part. 1re, titr. 6, art. 2.

494. Il doit, à peine de nullité, former sa demande par une requête en forme de vu d'arrêt, à laquelle il est tenu de joindre les copies à lui signifiées, ou des expéditions en forme des arrêts qu'il soutient être contraires. *Ib.*, art. 3.

495. Les dispositions prescrites en cas de demande en cassation, et relatives à la nomination du rapporteur et à la remise des pièces à ce rapporteur sont applicables. *Ib.*, art 4.

496. Lorsqu'il ne se trouve aucune contrariété d'arrêts, le demandeur est débouté de sa demande, ou déclaré non recevable s'il y échet; et si ladite demande paraît mériter une plus grande instruction, il est ordonné qu'elle sera communiquée aux parties qui y seront intéressées pour y répondre dans les délais du réglement. *Ib.*, art. 5.

497. Si, sur le rapport de l'instance introduite par l'arrêt de soit communiqué, il est jugé qu'il y a contrariété d'arrêts ou de jugéments, il est ordonné que, sans s'arrêter au dernier, le premier soit exécuté selon sa forme et teneur : et si le demandeur succombe en sa demande, il peut être condamné en tels dommages-intérêts qu'il appartient envers la partie adverse, même en telle amende qu'il plaît au conseil d'arbitrer. *Ib.*, art. 6.

498. 2° Les *Oppositions*. Ceux qui veulent s'opposer aux arrêts du conseil dans lesquels ils n'ont pas été parties ou dûment appelés, ne peuvent former leur opposition que par une requête contenant leurs moyens, leurs conclusions, et l'énonciation sommaire des pièces. — L'opposition ne peut être formée par un simple acte. Règl. 1738, part. 1re, titr. 10, art. 1er.

499. L'opposition n'est considérée que comme une simple protestation et n'empêche pas l'exécution de l'arrêt aux risques de ceux qui l'ont obtenu. *Ib.*, art. 2.

500. Si l'opposition est formée dans l'année à compter du jour de l'obtention de l'arrêt, la requête d'opposition est remise au greffier du conseil, afin qu'il soit nommé un rapporteur.

Cette nomination n'a lieu qu'après que l'opposant a déclaré à l'avocat qui occupait pour la partie lorsqu'elle a obtenu l'arrêt, qu'il s'est pourvu pour faire nommer un rapporteur; cet avocat doit alors occuper sur l'opposition sans qu'il soit besoin d'un nouveau pouvoir. *Ib.*, art. 3.

501. Lorsque le rapporteur est nommé, le greffier lui remet la requête en opposition, qui est répondue d'une ordonnance de soit communiqué au défendeur, au domicile de l'avocat, pour y fournir des réponses dans les délais du règlement; ensuite l'instance d'opposition est instruite et jugée en la forme prescrite pour les instances introduites par arrêt de soit communiqué. *Ib.*, art. 4.

502. Lorsqu'une année s'est écoulée depuis l'obtention de l'arrêt, ou dans le cas où l'avocat qui l'a obtenu est décédé, l'opposant ne peut former son opposition que par une requête en forme de vu d'arrêt. — Cette requête est remise par le greffier à l'un de MM. les conseillers. La communication aux parties en est ordonnée sur rapport; et leur réponse a lieu dans le délai du règlement. *Ib.*, art. 5.

503. Lorsque ces oppositions sont formées incidemment à une instance pendante au conseil, elles sont introduites, ainsi qu'il est dit à l'art. des *incidents. Ib.*, art. 6. — **V.** ce mot.

504. Le tiers opposant qui succombe dans son opposition, est condamné à 150 fr. d'amende, moitié envers l'État, et moitié envers la partie. — Cette amende peut même être augmentée lorsque le conseil le juge à propos. *Ib.*, art. 7.

505. 3° Les *récusations.* — **V.** ce mot.

506. 4° Les *évocations* pour parenté. — **V.** *renvoi d'un tribunal à un autre.*

§ 16. — *Timbre et enregistrement.*

507. Les originaux des pourvois et mémoires à produire sont écrits sur papier timbré à 1 fr. 50 c., les copies sur papier à 35 ou à 70 c.

508. Le pourvoi en cassation est passible d'un droit fixe d'enregistrement de 25 fr. L. 28 avr. 1816, art. 47, § 1.

509. Il est dû autant de droits qu'il y a de demandeurs, à moins qu'ils ne soient cointéressés dans la cause. L. 22 frim. an 7, art. 68, § 1, n° 30; délib. 19 juin 1824.

510. Les arrêts de la C. de cass. n'étaient assujettis à l'enregistrement par la loi du 22 frim. an 7, que sur l'expédition; maintenant ils doivent être enregistrés sur minute au droit de 10 fr. pour les arrêts d'admission et ceux qui sont simplement préparatoires ou interlocutoires, et de 25 fr. pour les arrêts définitifs. L. 28 avr. 1816, art. 46 et 47, n° 3.

Les pièces jointes doivent être timbrées et enregistrées. L. 13 brum. an 11, art. 22; lettre du proc. gén. Merlin, 2 ven. an 11.

511. Les pourvois et arrêts sont enregistrés gratis, en matière *d'élection* et d'*expropriation pour utilité publique.*—**V.** ces mots.

512. Le *délai* pour faire enregistrer les arrêts de la C. de cass. est de vingt jours. — V. *Enregistrement.*

— V. *Ajournement, Appel, Avocat à la C. de cassation, expropriation; jugement, Règlement de juges.*

§ 17. — *Formules.*

FORMULE I.

Pourvoi.

Cour de cassation. — Chambre des requêtes.

Pourvoi — pour le sieur N. — contre le sieur L.
Le sieur N. demande la cassation d'un arrêt rendu entre lui et le sieur L. par la Cour royale de , le . Cet arrêt a fait une fausse application de l'art. de la loi du , et violé l'art. du Code civil.
En ce que (énoncer en quoi la fausse application ou la violation a eu lieu).

Si l'on développe les moyens dans le pourvoi même, on le fait après avoir donné une analyse des faits. Les seuls faits reconnus vrais par la Cour sont ceux qui sont énoncés dans les qualités de l'arrêt On termine l'énoncé des faits par la copie de l'arrêt. — Si au contraire on ne développe pas les moyens dans le pourvoi même, on ajoute : — L'exposant se réserve de développer ses moyens de cassation dans un mémoire ampliatif, et d'en ajouter d'autres s'il y a lieu.

Dans tous les cas, on termine par : il conclut à ce qu'il plaise à la Cour casser et annuler l'arrêt susdaté de la Cour remettre les parties au même et semblable état qu'avant ledit arrêt ;—Ordonner, s'il y a lieu, la restitution des sommes qui pourraient avoir été payées en vertu dudit arrêt, et celle de l'amende consignée ; — Renvoyer les parties devant telle autre Cour royale qu'il lui plaira indiquer, le tout avec dépens, sous toutes réserves de modifier, augmenter ou restreindre les présentes conclusions.

Production.

1° La copie signifiée dudit arrêt attaqué ;
2° La quittance de la consignation d'amende. (*Signature de l'avocat.*)
Nota. Le mémoire de l'avocat, constatant le pourvoi, est enregistré, avant d'être remis au greffe de la Cour. — Dans l'usage, le greffier n'en donne pas de récépissé, il constate en marge du mémoire la date de la remise de ce mémoire. — Dans certains cas on obtient du greffier un certificat constatant le pourvoi, si on a intérêt à en justifier.

FORMULE II.

Signification d'arrêt d'admission.

L'an (*jour, mois et an*), à la requête de
.om, *prénoms, profession et domicile*
, pour lequel domicile est élu à Paris, dans le cabinet de Me son avocat à la Cour de cassation, demeurant à Paris, rue , qui continuera de le défendre.
Je (*nom, prénoms, immatricule et domicile de l'huissier*), huissier susdit et soussigné, ai signifié et laissé copie au sieur (*nom, prénoms, profession et domicile du défendeur*), en son domicile, parlant à de l'arrêt d'admission rendu par la chambre des requêtes, sur le pourvoi du requérant, le

Et, en vertu dudit arrêt dûment en forme et enregistré, j'ai assigné ledit sieur   à comparaître, dans les délais du règlement, devant la Cour de cassation, chambre civile, séante au Palais de Justice, à Paris, pour s'y défendre et voir adjuger au requérant ses conclusions, et je lui ai, audit domicile, parlant comme dessus, laissé copie tant dudit arrêt et des mémoires y insérés, que du présent, dont le coût est de

Observations. Il importe de vérifier avec soin les changements de qualités qui auraient pu survenir depuis l'arrêt attaqué, soit dans la personne des demandeurs, soit dans celle des défendeurs. — V. d'ailleurs *Exploit.*

FORMULE III.

Signification d'avocat à avocat à la cour de cassation.

L'an   , à la requête de M.   , avocat à la cour de cassation, et du sieur,   je   huissier soussigné, audiencier à ladite Cour, ai signifié à M.   , avocat à ladite cour   , et du sieur   , copie de la défense ci-dessus (de l'arrêt ci-dessus).

Nota. On emploie la même formule pour les actes de procédure devant le Conseil d'État.

CAUSE *en état.* — V. *Avoué*, n°s 153 et 161; *Conclusions*, *Jugement*, *Reprise d'instance.*

CAUSE *illicite.* — V. *Agent de change*, n° 65.

CAUSES *arriérées.* — V. *Organisation judiciaire.*

CAUSES *sommaires.* — V. *Matière sommaire.*

CAUTION, Cautionnement. Le cautionnement est un contrat par lequel un individu (*la caution*) s'oblige d'acquitter l'obligation d'un tiers, dans le cas où ce tiers ne l'acquitterait pas lui-même.

Table sommaire.

DIVISION.

§ 1. — *Différentes espèces de cautions.*
§ 2. — *Personnes qui peuvent être admises comme cautions.*
§ 3. — *Réception de la caution.*
§ 4. — *Soumission de la caution. Ses suites.*
§ 5. — *Enregistrement.*
§ 6. — *Formules.*

§ 1. — *Des différentes espèces de cautions.*

1. La caution est conventionnelle, légale ou judiciaire. — *Conventionnelle*, lorsqu'elle résulte d'une stipulation des parties; — *Légale*, quand la loi oblige de la fournir; — *Judiciaire*, lorsqu'elle est ordonnée par le juge.

2. Il y a lieu à caution légale en matière d'*Absence*, C. civ. 120 et suiv.; — de *Bénéfice d'Inventaire*, C. civ. 807; — de *Surenchère*, C. civ. 2185, etc. — V. ces mots, et *Caution juratoire.* — V. Caen, 19 mai 1854 (5724).

3. Toute caution reçue en justice, et même ordonnée par un jugement, n'est pas une *caution judiciaire*; ainsi, l'usufruitier est obligé par la loi, à moins qu'il n'en ait été dispensé, de fournir caution. C. civ. 601. — Mais cette caution, quoiqu'elle ait été fournie en exécution d'un jugement qui l'a ordonnée, après contestation, n'en conserve pas moins sa qualité de *caution légale*.

La même règle s'applique à la caution conventionnelle obtenue par jugement. Carré, n° 1829, note 1re; Coin-Delisle, *Contrainte par corps*, art. 2060, n° 19.

4. Le jugement qui ordonne de fournir caution, peut ordonner l'exécution provisoire de cette disposition. — V. *Jugement.*

5. Les cautions légales et judiciaires peuvent être remplacées par un nantissement suffisant. C. civ. 2041.

§ 2. — *Personnes qui peuvent être admises à cautionner.*

6. Toute caution doit : — 1° Être capable de contracter. C. civ. 2018.

7. Au reste, la femme mariée peut être caution (extrajudiciaire, — V. *inf.*, n° 15) d'une obligation.

Peu importe qu'elle ait été mariée sous l'empire des coutumes reconnaissant l'autorité du sénatus-consulte velléien. Cass. 27 août 1810; 5 mars 1811, Dev. 3, 231, 302; Merlin, *Rép.*, v° *Effet rétroactif*, sect. 3, § 3; Ponsot, *Cautionnement*, n° 134. — Contrà, Cass. 11 avril 1834; 25 mars 1840, Dev. 34, 241; 40, 630.

8. L'autorisation du mari est nécessaire à la femme. Duranton, n° 305; Ponsot, n° 135. — V. *Surenchère*, n° 126.

À moins qu'elle ne soit séparée de biens et qu'elle ne s'oblige que jusqu'à concurrence de son mobilier et de ses revenus. Dalloz, v° *Caution*, n° 97; Rolland, *ibid.*, n° 53.

9. 2° Être domiciliée dans le ressort de la C. roy. où elle est donnée. C. civ. 2018. — V. *Surenchère*, n° 127.

10. 3° Avoir des biens suffisants pour répondre de l'obligation : sa solvabilité ne s'estime que d'après ses propriétés foncières, excepté en matière de commerce, ou lorsque la dette est modique ; on n'a point égard aux immeubles litigieux, ou dont la discussion deviendrait trop difficile par l'éloignement de leur situation. (Code civ. 2019). — V. d'ailleurs *Surenchère*, n°s 128 à 135.

11. La loi exige impérieusement que la caution soit domiciliée dans le ressort de la Cour roy., mais elle ne dit pas que les biens offerts pour le cautionnement seront situés dans le même ressort : l'art. 2023 n'a pour objet que de dispenser le créancier de discuter le débiteur principal, si la caution ne lui indique pas des biens *de ce débiteur*, situés dans le ressort de la C. roy.; il n'a point entendu modifier la disposition de l'art. 2019 qui se borne à exiger que les immeubles *de la caution* ne soient pas situés à une distance trop éloignée pour être facilement discutés. — V. *Surenchère*, n°s 131 et suiv.

12. Il n'est pas nécessaire que cette caution soumette ses biens à une hypothèque. Paris, 12 sept. 1839, D. 40, 17. — V. *inf.*, n° 42.

13. Si la caution présentée et acceptée devient insolvable, on doit en présenter une autre. C. civ. 2020. (A moins qu'elle n'ait été spécialement désignée dans la convention primitive. *Ib.*)

14. En serait-il de même si la caution venait à mourir, ou à changer de domicile?

Pour l'affirmative, on dit : *au cas de mort*, le créancier se trouve privé de l'exercice de la contrainte par corps. — Au cas de changement de domicile, la discussion se complique par les difficultés de l'éloignement. — Au moins serait-il nécessaire que la caution fît élection de domicile dans le ressort de la C. roy. Arg. C. civ. 2018. Duranton, 18, n° 325.

Mais on répond pour la négative : la loi n'ayant parlé que du cas d'insolvabilité, on ne saurait étendre la nécessité de fournir une nouvelle caution pour raison de légers préjudices résultant, soit de la mort, soit du changement de domicile. Thomine, n° 564; Carré, art. 521. Ponsot, *du Cautionnement*, n° 165.

15. La caution judiciaire doit être susceptible de la contrainte par corps. C. civ. 2040 (—V. toutefois *inf.*, n° 44).

Conséquemment, l'on peut refuser d'accepter comme cautions judiciaires les personnes qui en sont affranchies (—V. *Contrainte par corps*). — Spécialement une femme, quand même on aurait déjà discuté sa solvabilité, mais sous la réserve de ses droits. Arg. Paris, 30 oct. 1810, Dev. 3, 355; Bourges, 29 nov. 1825, Dev. 8, 152.

16. Un avoué peut-il être caution de son client? Le doute naissait autrefois de la crainte des procès dans lesquels le créancier pouvait se trouver entraîné. Mais aujourd'hui on ne saurait suppléer une incapacité qui n'est pas écrite dans la loi. Merlin, *Quest. dr.*, v° *Caution*. — D'ailleurs un avoué consentira rarement à augmenter ainsi la responsabilité de son ministère.

Il est interdit aux *notaires* de se constituer garants ou cautions, à quelque titre que ce soit, des prêts qui ont été faits par leur intermédiaire ou qu'ils ont été chargés de constater par acte public ou privé. Ordonn. 4 janv. 1843 (Art. 2418 J Pr.).

§ 3. — *Réception de la caution.*

17. Les cautions conventionnelles ou légales donnent leur cautionnement par acte sous seing privé ou devant notaires, comme il convient aux parties.

En cas de difficulté, on suit la marche tracée pour les cautions judiciaires.

18. Le jugement qui ordonne de fournir une caution fixe le délai dans lequel elle sera présentée, et celui dans lequel elle sera acceptée ou contestée. C. pr. 517.

19. Ce délai court du jour du jugement, s'il est contradictoire, et de celui de la signification, s'il est par défaut. *Ib.* 123.

20. Il n'est pas toujours fatal; le juge peut relever la partie de la déchéance encourue, les choses étant encore entières, sauf les dommages-intérêts dus à la partie adverse par suite de ce retard. Chauveau sur Carré, n° 1825; Thomine, 2, 4.

21. Si le juge ne fait qu'autoriser l'exécution d'un jugement, nonobstant appel, à la charge de donner caution, il n'y a pas lieu à déterminer ce délai : l'intérêt de la partie suffit pour la faire agir; le délai ne doit être fixé que dans le cas où le juge condamne à fournir caution. Carré, Thomine, art. 517.

22. Il y a des délais particuliers en matière de *bénéfice d'inventaire*, de *surenchère* (— V. ces mots), — et en matière de commerce.

23. *Présentation de la caution.* — On dépose au greffe du tri bunal, dans le délai fixé, les titres constatant la solvabilité de la caution. C. pr. 518.

Le dépôt n'est pas toujours ordonné en matière commerciale. C. pr. 440, 518. — V. *Tribunal de commerce*, n° 131.

24. L'acte de dépôt est signifié avec indication de la caution, par exploit à la partie si elle n'a pas d'avoué, et si elle en a constitué, par acte d'avoué à avoué. *Ib.*

25. L'acte ou l'exploit par lequel la caution est présentée, doit-il contenir sommation de paraître à l'audience, pour voir prononcer sur l'admission en cas de contestation? — En matière commerciale (—V. *Tribunal de commerce*), l'affirmative résulte des termes de l'art. 440 C. pr. — Mais il en est autrement en matière civile : la sommation n'est exigée, dans ce cas, par aucun texte. — La soumission de la caution peut avoir lieu sans être précédée ni suivie d'un jugement, quand cette caution n'est point contestée. — C'est seulement au cas de contestation que l'audience est poursuivie sur un simple acte. C. pr. 520 ; Carré, art. 518 ; Pigeau, 2, 341. — *Contrà*, Berriat, 490.

En matière de *surenchère*. —V. ce mot, n°s 159 et suiv.

26. La partie peut prendre au greffe communication des titres déposés ; elle est tenue d'accepter ou de contester la caution dans le délai fixé par le jugement. C. pr. 519.

27. En cas de contestation, l'audience est poursuivie sur un simple acte. C. pr. 520.

28. La contestation est jugée sommairement, sans requête ni écritures ; le jugement est exécutoire nonobstant appel. C. pr. 521.

29. La caution offerte n'est pas appelée à l'instance qui s'engage sur sa solvabilité ; elle n'a pas même le droit d'intervenir, et ne peut agir que par production au greffe. — Elle n'a ni intérêt ni qualité suffisante ; en vain elle prétendrait que c'est lui faire injure que de révoquer en doute sa solvabilité, elle a consenti à cet examen en permettant qu'on la présentât pour caution. Paris, 15 avr. 1820, S. 20, 201. — La procédure sommaire qui a lieu sur l'incident, exclut toute idée d'intervention. Arg. C. pr. 520 ; Thomine, n° 567. Chauveau sur Carré, n° 1827-4°. — V. d'ailleurs *Surenchère*, n° 158.

30. L'acceptation se fait expressément par un simple acte d'avoué à avoué (Tar. 71 ; Pigeau, 2, 341), ou tacitement, en laissant passer le délai fixé par le jugement pour la contestation. Carré, n° 1830.

Cette *acceptation expresse* est nécessaire pour poursuivre la partie, à défaut de soumission de la caution. — Jusque-là, on ne peut alléguer que la soumission n'a pas été effectuée. Thomine, n° 567.

31. Elle peut être faite par exploit ordinaire, si la partie qui accepte n'a pas d'avoué. Chauveau sur Carré, n° 1828.

32. Le tribunal évalue les immeubles offerts pour la caution d'après les bases qu'il juge convenables. Il n'est pas astreint à suivre celle déterminée par l'art. 2165 C. civ., *spécial* à la réduction des hypothèques. Si, pour ce cas, la loi a fixé un taux inférieur à celui auquel les biens sont communément appréciés, d'un autre côté, le montant des créances est comparé au prix des immeubles, augmenté d'un tiers en sus, ce qui n'a pas lieu en matière de cautionnement. Carré, art. 518.

§ 4. — *Soumission de la caution. Ses suites.*

33. La caution, acceptée par la partie, ou admise par la justice, fait sa soumission au greffe du trib. où s'est suivie l'instance. C. pr. 519, 522.

34. Elle doit être assistée d'un avoué. Tar. 91; Pigeau, 2, 340. — V. *Surenchère*, n° 144.

35. Si la caution est fournie pour l'exécution d'un jugement de condamnation, elle s'oblige à rembourser, le cas échéant, le montant des condamnations. — S'il s'agit d'un héritier bénéficiaire, elle s'engage à représenter la valeur du mobilier inventorié, etc. Carré, art. 519.

On doit aussi énoncer si la caution s'est soumise à la contrainte par corps. — V. *inf.*, n° 44.

36. La soumission peut être faite devant notaire s'il s'agit d'une caution conventionnelle ou légale. Pigeau, 2, 121; Chauveau sur Carré, 1828 *bis.*

37. La caution qui a fait sa soumission au greffe peut-elle encore se retirer, tant que cette soumission n'a pas été acceptée par le créancier? Arg. Cass. 27 mai 1823, Dev. 7, 249. — Sauf au débiteur à présenter une nouvelle caution (Persil, art. 2185, n° 20) s'il est encore dans les délais où s'il a demandé une prolongation? Arg. Cass. 1er juin 1840, Dev. 40, 481. — *Contrà,* Cass. 27 mai 1823.

Ou bien la soumission forme-t-elle entre la caution et celui au profit duquel elle est donnée, un contrat judiciaire irrévocable? Riom, 29 nov. 1830, P. 23, 893.

Nous préférons cette dernière opinion.

38. La soumission faite au greffe est exécutoire *sans jugement.* C. pr. 519. — Quoiqu'un acte fait hors la présence d'un juge, n'ait pas par lui-même, habituellement, la force de l'exécution, pour épargner des frais, on a établi une exception en faveur de l'acte dont il s'agit; il n'est que la conséquence d'un jugement précédent.

39. Mais cet acte doit-il être délivré en *forme exécutoire* par le greffier?

L'affirmative, enseignée par M. Thomine, n° 568, est contraire à l'usage; un greffier ne peut pas délivrer expédition en forme exécutoire d'un simple acte du greffe.—Nous pensons plutôt avec M. Pigeau, 1, 610, 2, 342, qu'il suffit de signifier cet acte pour en poursuivre l'exécution.

Le commandement d'exécuter peut être fait en vertu de l'art. 519 qui accorde ce droit d'exécution *de plano* sans jugement, comme si le titre était *paré*. — Le mandement légal équivaut au mandat de justice.

40. L'acte de soumission doit-il être signifié à la partie au profit de laquelle la caution est donnée? Le Code ne le prescrit pas; cependant le tarif du trib. de la Seine alloue un droit à l'avoué et passe en taxe les frais relatifs à cette notification.—M. Chauveau, *Tarif*, 2, 34, regarde, au contraire, cette notification comme frustratoire.

41. La soumission faite au greffe avant le prononcé du jugement sur la solvabilité de la caution, n'est pas nulle. C'est une simple irrégularité de forme. Le jugement qui interviendra ratifiera cette soumission. Mais cet acte prématuré ne priverait pas les parties intéressées du droit de contester, si elles sont encore dans les délais utiles. Turin, 28 mai 1806, Dev. 2, 148; Chauveau sur Carré, n°1830, 3°.

42. L'acte qui constate la soumission de la caution, conformément à l'art. 519 C. pr. emporte-t-il hypothèque sur tous les biens de la caution?

Pour l'affirmative, on dit : L'art. 2117 C. civ. porte que l'hypothèque judiciaire résulte des jugements *ou actes judiciaires*. L'art. 522 C. pr. prononce que cet acte est exécutoire sans jugement. Delvincourt, 3, 158, note 7; Pigeau, 2, 342; Thomine, n° 568; Chauveau sur Carré, n° 1829 *bis*; Metz, 27 août 1817, P. 14, 456. — Dans l'espèce, il s'agissait d'une caution *judicatum solvi*.

Pour la négative, on répond : 1° L'acte de soumission est un acte du greffe. Dressé en l'absence du juge, il n'a aucun des caractères des jugements. — 2° Ce n'est point l'art. 2117, mais l'art. 2123 qui doit servir de règle; ce dernier article indique que l'hypothèque judiciaire ne peut résulter que des jugements, en faveur de celui qui les a obtenus, etc.— Cet article développe et limite l'art. 2117. Dalloz, *Hypothèque*, 171, n° 1; Troplong, art. 2123, n°s 438, 441. — Il faut que la caution présente des immeubles libres d'hypothèque, mais la loi ne dit point qu'elle soit tenue de laisser prendre hypothèque sur ces mêmes biens. Paris, 12 sept. 1839, P. 39, 2, 292; Duranton, 18, n° 328, Persil, *Rég. Hypoth.*, art. 2123, et *Questions*, v° *Hypoth. jud.* § 1er.—Enfin la soumission à la contrainte par corps qui peut être exigée de la caution (— V. *inf.*, n° 44) complète les garanties.

Si, à défaut d'hypothèque consentie volontairement par la caution, le créancier avait à souffrir de l'insolvabilité ultérieure de cette dernière; il n'aurait que le droit d'exiger une nouvelle caution : c'est aux tribunaux à apprécier cette insolvabilité; elle n'est pas réputée exister de plein droit, par cela seul que la caution, après sa soumission, aurait hypothéqué ses biens, ou parce qu'ils auraient été frappés d'hypothèques.. Duranton, *ib.*

43. De même, le jugement qui admet la caution judiciaire, après qu'elle a été consentie, ne prononçant contre elle aucune condamnation même indirecte, ne peut produire hypothèque sur ses biens : Ce jugement est tout à fait étranger à la caution (*res inter alios acta*), à laquelle on refuse le droit d'intervention (— V. *sup.*, n° 29). Persil, *Questions*, 1., 278; Delvincourt, 3, note 7, 158; Troplong, *Hypoth.*, 1, n° 441. — *Contrà*, Dalloz, *Hypoth.*, 172, n° 3. — Suivant cet auteur, peu importe, que la loi n'ait point parlé *d'hypothèque*, soit au titre du cautionnement, soit au C. de pr., elle a dû s'en référer aux principes généraux.

44. La caution judiciaire est-elle, de plein droit, soumise à la contrainte par corps? Cette contrainte par corps est-elle *légale*, ou conventionnelle? — Le doute naît de l'interprétation des art. 2040, 2060 § 5 C. civ. et 519 C. pr.

1er *Système*. — La contrainte par corps a lieu de plein droit : d'après les anciens principes la soumission au greffe emportait contrainte par corps, par le motif qu'elle obligeait cette caution, à restituer ou à rapporter la somme cautionnée (Jousse, sur l'ord. 1667, tit. 8, art. 2; Pothier, part. IV, chap. Ier, art. 4). La caution était assimilée au gardien judiciaire. Le Code a gardé le même silence que l'ordonn. de 1667, dans le § 4 de l'art. 2060, où il fut question des gardiens judiciaires. Une première rédaction du § 5 ajouté après discussion au Conseil d'État, prononçait isolément la contrainte par corps, contre les *cautions judiciaires*, puis on la proposa, *contre les cautions des contraignables par corps, lorsqu'elles se seraient soumises à cette contrainte.* Cette condition, dans l'intention des rédacteurs, était seulement applicable aux dernières personnes indiquées dans le paragraphe. — Cette interprétation résulte de la discussion et des discours des divers orateurs, notamment de celui de M. Goupil de Préfeln, *éd. Didot*, p. 31. — Peu importe, suivant M. Thomine, n° 568, l'omission d'une virgule, après les mots cautions judiciaires ; elle était inutile ; la *préposition, contre* les contraignables, etc., *répétée*, suffit pour indiquer deux membres de phrases distinctes. Tandis que dans le paragraphe suivant on se borne à dire que la contrainte est prononcée *contre les notaires, les avoués et les huissiers.* — D'ailleurs, l'intention du législateur s'était déjà manifestée dans d'autres titres que celui de la contrainte par corps, au titre du *Cautionnement*, art. 2040, portant que les cautions judiciaires *doivent* être susceptibles de contrainte par corps. Merlin, *Rép.*, v° *Contrainte par corps*, n° 15 ; Thomine, 2, n° 558 ; Carré et Chauveau, n° 1829 ; Dalloz, *ib.*, 2, 386, note ; Demiau, 320 ; Ponsot, n° 414. Cette doctrine a été consacrée par la C. Turin, 28 mai 1806, P. 5, 356 ; — dans l'espèce, on avait contesté l'acte de soumission, en la forme, parce qu'il ne contenait pas soumission à la contrainte par corps ; cet acte a été déclaré valable par le motif que la contrainte par corps avait lieu de plein droit contre les cautions judiciaires.

2° *Système*. La contrainte par corps n'est autorisée qu'autant que la caution s'y est soumise : si le législateur avait considéré la contrainte par corps, comme légale, il n'aurait point exprimé (C. pr. 519) « que la soumission serait exécutoire, sans jugement, même pour la contrainte par corps, *s'il y avait lieu* à contrainte. » Pour donner cette voie d'exécution, il faut supposer que la caution ait consenti à s'y soumettre, en vertu de l'art. 2060, § 5. — Si l'art. 2040 prononce que les cautions judiciaires doivent être susceptibles de contrainte par corps, il faut l'entendre en ce sens que le créancier de l'adversaire a le droit d'exiger que cette caution soit susceptible de contrainte, *et* qu'elle s'y soumette, qu'autrement il a le droit de la refuser. L'art. 2060, § 5, dans une même phrase et ponctuée ainsi qu'il suit, prononce la contrainte par corps : « Contre les cautions judiciaires et contre les cautions des contraignables par corps, lorsqu'elles s'y sont soumises. » Cette condition est commune aux deux espèces de cautions désignées, qui sont réunies par la conjonctive *et*, sans aucun signe de ponctuation qui les sépare. Pigeau, 2, 341 ; Delvincourt, 3, note 2, p. 191 ; Pardessus, n° 1506 ; Duranton, 18, 386 ; Coin-Delisle, n° 20.

3° *Système*. On peut concilier les art. 2040, 2060 C. civ. et 519 C. pr., dans certains cas : — par exemple, lorsqu'une femme ou un septuagénaire se sont soumis à être cautions, si l'adversaire n'a pas contesté, on pourrait dire, avec l'art. 519, que la soumission n'est pas exécutoire par voie de contrainte, parce qu'il *n'y a pas lieu à contrainte.* — Il en est de même si la créance cautionnée était une créance civile au-dessous de 300 fr. Arg. C. civ. 2065 ; — enfin, les cautions reçues en justice ne sont pas toutes cautions judiciaires, ni même données en vertu de jugement. La caution offerte en justice pour exécuter une convention, ou une condition légale (par exemple, celle offerte par l'usufruitier), n'est point une caution judiciaire, qui doit avoir été ordonnée par jugement. — Le titre des réceptions de caution, C. pr., s'applique à toutes les cautions reçues en justice, conventionnelles, légales ou judiciaires. C'est par ce motif qu'on a cru devoir renvoyer au C. civ. pour appliquer, s'il y a lieu, la contrainte par corps. Carré, n° 1829, note 1.

Nous croyons toutefois devoir adopter le 2ᵉ *Système*, malgré l'intention présumée contraire du législateur : il faut appliquer la loi telle qu'elle a été promulguée ; nul n'est tenu de découvrir ou d'interpréter les erreurs de ponctuation qui ont pu se glisser dans le manuscrit officiel d'un texte de loi, surtout dans les *matières qui touchent à la liberté*.

45. Dans les cas où la caution est rejetée, la partie doit être admise à en présenter une nouvelle, à moins que le jugement ne l'ait déclarée déchue du bénéfice qui lui était accordé, faute par elle d'avoir fourni une caution solvable dans le délai déterminé : la déchéance ne saurait se suppléer. Carré, art. 522 ; Pigeau, 2, 343. — V. toutefois *Surenchère*, n° 159.

46. Néanmoins, faute par l'héritier bénéficiaire d'avoir fourni la caution ordonnée, les meubles dépendant de la succession sont vendus, ainsi que la portion des immeubles non déléguée aux créanciers hypothécaires (C. civ. 807).

Il en résulte qu'il ne peut être admis à présenter une seconde caution. Carré, *ib.*

47. La caution judiciaire ne peut demander la discussion du débiteur principal. C. civ. 2041. — La caution de la caution ne peut discuter ni le débiteur ni la caution. C. civ. 2043.

48. Mais peut-elle interjeter appel, soit de son chef, soit comme subrogée, d'un jugement auquel l'obligé principal a acquiescé ? — Pour la négative, on dit : Le demandeur qui a obtenu le gain du procès, doit trouver toute sécurité dans l'acquiescement de son véritable adversaire. Peu lui importent les rapports entre la caution et le défendeur principal. Arg. Cass. 10 nov. 1841 (Art. 2713 J. Pr.). Chauveau sur Carré, n° 1581, 4°. — Mais on répond : La caution doit supporter le résultat du procès. Elle a donc un intérêt véritable à interjeter appel, alors même que le défendeur principal aurait acquiescé. C'est en ce sens que s'est prononcée la jurisprudence. Cass. 31 août 1818 ; 10 mars 1829, Dev. 5, 531 ; 9, 245 ; Toulouse, 6 nov. 1825 ; Dev. 8, 143 ; Cass. 2 déc. 1833. Dev. 1834, 195 ; Merlin, *Qu. dr.*, v° *Appel*, § 11, n° 3. — V. Nancy, 5 mai 1855 (6008).

§ 5. — *Enregistrement.*

49. L'acte de dépôt au greffe, des pièces justificatives de la solvabilité de la caution, est soumis au droit fixe de 3 fr. L. 22 frim. an 7, art. 68, § 2, n° 6 ; — et au droit de rédaction de 1 fr. 25 cent.

50. L'acte de cautionnement est passible du droit proportionnel de 50 cent. par 100 fr. *Ibid.*, art. 69, § 2, n° 8.

§ 6. — *Formules.*

FORMULE I.

Acte de dépôt des titres justificatifs de la solvabilité de la caution.

(C. pr. 518. — Tarif, 91. — Vacation , 3 fr.)

L'an   , le   , au greffe du tribunal de   est comparu le sieur L   , assisté de Me   , avoué près le tribunal

Lequel nous a dit que, par jugement rendu entre les sieurs   par le tribunal de   le   , enregistré et signifié, il a été ordonné que ledit sieur   , serait tenu de fournir caution :

Qu'il indique comme caution, la personne de M.   , demeurant à   , propriétaire d'une maison , sise à Paris , rue   , et pour prouver la solvabilité de ladite caution , le comparant   a déposé les titres d'acquisition de ladite maison , savoir : 1° un contrat passé , etc.

2° Le certificat négatif délivré par le conservateur des hypothèques de   , constatant que ladite maison n'est grevée d'aucunes hypothèques ;

3° Les pièces de la purge légale *de ladite* acquisition.

Desquels comparution, déclaration et dépôt, le comparant a requis acte, à lui octroyé; et a signé avec son avoué, et nous greffier, après lecture faite.

(Signature de la partie, de l'avoué et du greffier.)

FORMULE II.

Présentation de caution par exploit.

(C. pr. 518. — Tarif, 29. — Coût, 2 fr. orig. ; 50 c. copie.)

L'an   (— V. *Exploit.*)

Soussigné signifie avec les présentes laissé copie à M.

De l'expédition , d'un acte du greffe du tribunal de   en date du   , dûment enregistré, constatant : 1° l'indication de la personne de M.   demeurant à   qu'il présente pour caution , en exécution du jugement rendu par le tribunal de   en date du

2° Le détail des titres produits audit greffe, pour établir la solvabilité de ladite caution.

A ce que le sieur   n'en ignore, et en exécution du jugement susénoncé , je lui ai fait sommation de prendre, dans le délai de trois jours, communication desdites pièces sans déplacement , et de déclarer s'il accepte ou refuse ladite caution, lui déclarant que, faute par lui de ce faire dans ledit délai et icelui passé , ladite caution fera sa soumission audit greffe, conformément à la loi. A ce que du tout il n'ignore, je lui ai, audit domicile et parlant comme ci-dessus, laissé, sous toutes réserves , copie tant de l'acte de dépôt susénoncé, que du présent dont le coût est de

(Signature de l'huissier.)

FORMULE III.

Présentation de caution par acte d'avoué à avoué.

(C. pr. 518. — Tarif, 71. — Coût, 5 fr., orig.)

Cet acte est fait dans la forme des *actes d'avoué à avoué* en général (—V ce mot) et libellé comme le précédent.

FORMULE IV.

Acte d'acceptation de caution.

(C. pr. 517. — Tarif, 71. — Coût, 5 fr. orig.)

A la requête de M.   , ayant M⁰   pour avoué.
Soit signifié et déclaré à M⁰   avoué du sieur L
Qu'il accepte par ces présentes la personne de M   ,
propriétaire à   , caution présentée par le sieur
par acte du   : pour satisfaire au jugement rendu
contradictoirement entre les parties le   , par le
tribunal de   , à la charge par ladite caution de faire dans
le plus bref délai, sa soumission au greffe dudit tribunal.
A ce qu'il n'en ignore, dont acte.   (*Signature de l'avoué.*)
NOTA. *Si les parties n'ont pas d'avoué, l'acceptation peut être faite par acte extrajudiciaire; alors elle a lieu dans la forme des* exploits (V. ce mot) *et est libellée de la même manière que l'acte précédent.*

FORMULE V.

Acte pour contester une caution.

(C. pr. 528. — Tarif, 71. — Coût, 5 fr.)

A la requête de M.   , ayant M⁰   pour avoué.
Soit signifié et déclaré à M⁰   , avoué du sieur L   ,
que M.   entend contester, comme par ces présentes il conteste
la personne de   et présentée comme caution par L
par acte du   en exécution du jugement du
du tribunal de   , à ce qu'il n'en ignore.
Et en conséquence soit sommé M⁰   , avoué de L   de
comparaître vendredi prochain,   à l'audience du tribunal
de   , pour attendu que l'immeuble appartenant
à   dont il a déposé les titres au greffe est grevé d'une
inscription hypothécaire, dont les causes excèdent la valeur de l'immeuble :
que par conséquent, la solvabilité de ladite caution n'est pas établie
d'une manière suffisante, voir rejeter ladite caution, et se voir, ledit
M.   , condamner aux dépens de l'incident.
A ce qu'il n'en ignore, dont acte.   (*Signature de l'avoué.*)
NOTA. *Dans le cas où la partie qui a présenté la caution n'a pas d'avoué, l'acte de contestation peut être fait par exploit avec constitution d'avoué. Il est libellé de la même manière que le précédent.*

FORMULE VI.

Acte de soumission de la caution au greffe.

(C. pr. 519, 522. — Tarif, 91. — Vacation, 3 fr.)

L'an   , le   , au greffe du tribunal de
Est comparu le sieur   , assisté de M⁰   avoué près ledit
tribunal.
Lequel nous a dit que, par jugement rendu contradictoirement entre
            , en la première chambre du tribunal de
le   , enregistré et signifié, il a été ordonné que ledit
serait tenu de fournir caution.
Que, par acte d'avoué à avoué (ou par exploit) en date du
le sieur   a présenté pour caution le comparant, et que cette
caution a été acceptée par ledit sieur   par acte d'avoué à
avoué (ou par exploit) en date du

et qu'en conséquence desdites présentation et acceptation, le comparant déclare se rendre et constituer caution dudit sieur   dans les termes du jugement susénoncé du

Se soumettant par corps (*si on l'a exigé.* — V. *sup.*, n°s 15 et 44) à rembourser le montant desdites condamnations.

(S'il s'agit de la caution d'un héritier bénéficiaire, on met : *s'obligeant de représenter la valeur du mobilier inventorié*).

Desquelles comparution, déclaration et soumission, le comparant a requis acte, à lui octroyé; et a signé avec ledit M^e   , son avoué, et nous greffier, après lecture faite, les jour, etc.

(*Signatures de la caution et de l'avoué.*)

— V. d'ailleurs *Surenchère.*

CAUTION *pour effet de commerce adiré.* — Caution que le porteur d'une lettre de change ou d'un billet à ordre doit fournir au cas où l'effet est perdu ou égaré, pour pouvoir en réclamer le montant. C. com. 151, 187. — V. *Effet de commerce.*

CAUTION *judicatum solvi.* — V. *Exception.*

CAUTION JURATOIRE. Consiste dans la simple promesse avec serment que fait une personne de représenter tels meubles et papiers.

1. Elle est faite par l'usufruitier (C. pr. 603). — Soit devant le trib. lors du jugement qui lui délaisse les meubles nécessaires pour son usage, — soit devant le notaire (lors de l'inventaire ou de la liquidation) si ce droit ne lui est pas contesté.

2. Il en est de même de l'usager. Proudhon, 2e édition, t. 5, n° 2785.

CAUTIONNEMENT *des officiers ministériels.* — Somme que certains officiers ministériels sont tenus de verser au trésor pour la garantie des abus et prévarications qu'ils peuvent commettre dans l'exercice de leurs fonctions. — V. art. 3363 et 4214 J. Pr.

Table sommaire.

DIVISION.

§ 1. — *Personnes soumises au cautionnement; sa quotité.*

§ 2. — *Versement du cautionnement.*

§ 3. — *Priviléges et actions sur le cautionnement.*

§ 4. — *Remboursement du cautionnement.*

§ 5. — *Timbre et Enregistrement.*

§ 6. — *Formules et tableaux.*

§ 1. — *Personnes soumises au cautionnement; sa quotité.*

1. Les officiers ministériels appartenant à l'ordre judiciaire, que la loi assujettit au cautionnement, sont : 1° les avoués; 2° les greffiers; 3° les huissiers; 4° les commissaires-priseurs; 5° les gardes du commerce.

2. Les *notaires*, les *conservateurs des hypothèques, agents de change et courtiers de commerce*, les *avocats à la Cour de cassation* sont également assujettis à un cautionnement. Les règles relatives au cautionnement des officiers ministériels appartenant à l'ordre judiciaire, leur sont applicables. — V. ces mots.

3. La *quotité* des cautionnements des différents officiers ministériels, après avoir éprouvé plusieurs variations, a été définitivement fixée par la loi du 28 avr. 1816.

4. *Avocats à la Cour de cassation.* — V. *inf.*, *Tableau*, n° 1

5. *Notaires.* — La quotité du cautionnement qu'ils sont obligés de fournir varie d'après la résidence qu'ils occupent. — Il est de 50,000 fr. à Paris.

6. *Avoués.* — Leur cautionnement est plus ou moins élevé, selon qu'ils sont attachés à un trib. de 1re inst. ou à une C. roy., et selon que le trib. ou la Cour est composé d'un plus ou moins grand nombre de sections. — V. *inf.*, *Tableau*, n° 1.

7. *Greffiers.* — La quotité de leur cautionnement varie comme celle du cautionnement des avoués, d'après l'importance du trib. auquel ils sont attachés. — V. *inf.*, *Tableau*, n°s 1 et 2.

8. *Huissiers.* — Le montant de leur cautionnement est également proportionné à l'importance du trib. près lequel ils exercent. — V. *inf.*, *Tableau*, n° 1.

9. *Commissaires-priseurs.* — Il en est de leur cautionnement comme de celui des huissiers. — V. *inf.*, *Tableau*, n° 4.

10. *Gardes du commerce.* — Ils sont soumis à un cautionnement de 6,000 fr. Décr. 14 mars 1808, art. 5.

§ 2. — *Versement du cautionnement.*

11. Le cautionnement est versé en une seule fois; — et en numéraire. Il ne peut plus, comme autrefois, être fourni par partie, soit en rentes sur l'État, soit en immeubles. L. 28 avr. 1816, art. 97.

Toutefois cette faculté appartient encore aux officiers ministériels de l'île de Corse. Ordon. 4 juill. 1821. — Et à ceux résidant dans les colonies. Rolland de Villargue, *ib.*, n° 112.

12. Il doit être remis au Trésor public, dans les caisses des receveurs de département ou d'arrondissement. *Même loi;* ordonn., 8 mai 1816.

13. Le versement du cautionnement précède la prestation de serment, et l'installation de l'officier ministériel. L. 28 avr. 1816, art. 96.

14. Un nouveau titulaire ne peut profiter du cautionnement de son prédécesseur; le transfert qui lui en serait fait ne lui donnerait que le droit d'en recevoir le remboursement. Cette mesure tient à ce que le cautionnement de l'ancien titulaire reste pendant trois mois, à partir de l'installation du successeur, affecté aux oppositions qui pourraient survenir. Circulaire du garde des sceaux, 31 oct. 1836 (Art. 665 J. Pr.).

15. Un nouveau cautionnement est également nécessaire dans le cas de changement de résidence. *Même circulaire;* — Et dans le cas où un greffier deviendrait notaire. Déc. garde des sceaux, 28 juin 1836 (Art. 583 J. Pr.).

Mais un supplément de cautionnement ne peut être exigé des

officiers ministériels en exercice, sous prétexte d'un accroissement dans la population du lieu de leur résidence. Décis. ministérielle, 3 mai 1836, Dev. 36, 2, 378.

16. Lorsque, par suite des condamnations prononcées contre un *notaire*, pour faits de charge, le montant du cautionnement a été employé en tout ou en partie, cet officier doit être suspendu de ses fonctions jusqu'à ce que le cautionnement ait été complété; et faute par lui de le rétablir dans son intégrité dans le délai de six mois, il est considéré comme démissionnaire, et remplacé. L. 25 vent. an 11, art. 33.

17. Cette suspension est prononcée sur la poursuite du procureur du roi par le trib. civil de l'arrondissement. Arg. art. 53, *Même loi.*

18. Le remplacement est effectué par le gouvernement dès qu'il a vérifié que le cautionnement n'a pas été complété dans les six mois.

19. Du reste, tant que le notaire n'a point été remplacé, il est admis à rétablir ou à compléter son cautionnement.

20. Ces règles sont-elles applicables à tous les officiers ministériels par voie disciplinaire? — V. *Discipline*, *Office.*

21. L'intérêt des cautionnements, fixé à quatre pour cent par an, sans retenue (L. 28 avril 1816, art. 94), a été réduit à trois par la loi de finance de 1844. — V. Art. 2729 J. Pr. et 4174. Il court à compter de la date du versement en numéraire. L. 24 germ. an 8, art. 8. — V. Cons. d'Et., 30 déc. 1858.

22. L'usage s'était établi de payer le capital et les intérêts des cautionnements indistinctement à la résidence des titulaires, des bailleurs de fonds, ou de leurs cessionnaires. On avait voulu accorder aux réclamants toute facilité pour le payement. — Mais cet usage avait pour résultat de compliquer les opérations et de diminuer la sécurité du trésor. Il était contraire aux lois du 25 niv. et du 6 pluv. an 13 qui autorisent l'admission des oppositions sur les cautionnements aux greffes des tribunaux dans le ressort desquels les titulaires exercent leurs fonctions. — Aussi, à dater du 1er janvier 1842, est-ce sur la caisse du payeur du département dans lequel ont exercé les titulaires en dernier lieu, que sont ordonnancés les capitaux et les intérêts qui leur sont dus. Ordonn. royale, 24 août 1841 (Art. 2026 J. Pr.).

23. Le payement se constate par l'apposition d'estampilles différentes au dos des inscriptions du duplicata.

24. Les titulaires des cautionnements sont soumis pour les intérêts à la prescription de cinq ans. Av. Cons. d'État 24 déc. 1808, approuvé le 24 mars 1809; 15 déc. 1859 (7331).

25. Cette prescription n'est pas interrompue par l'opposition pratiquée au Trésor sur les intérêts du cautionnement, ni par l'instance en mainlevée qui en est la suite. Ord. Cons. d'État, 28 nov. 1839, S. 40, 2, 231.

26. Le projet de budget de 1838 contenait un article qui déclarait cette prescription applicable aux capitaux des cautionnements. Mais cette disposition fut rejetée. *Moniteur*, 11 mai 1836. Ainsi les actions en remboursement des capitaux restent soumises à la prescription de 30 ans. *Encyclopédie*, n° 82.

§ 3. — *Priviléges et actions sur le cautionnement.*

27. Le cautionnement, — en capital et intérêts (Cass. 1er juin 1814, S. 15, 256; 26 mars 1821, S. 21, 346), est affecté spécialement et par privilége de premier ordre, à la garantie des condamnations prononcées contre le titulaire, pour faits relatifs à ses fonctions. LL. 25 vent. an 11, art. 33; 25 niv. an 13, art. 1; C. civ. 2102. — V. *Responsabilité*. Art. 3590, 3709 et 4319 J. Pr.

28. Le privilége ne s'étend pas aux amendes et peines pécuniaires prononcées au profit du fisc. Arg. C. civ. 2098, 2202; L. 6, D. *De fidejuss.* Cass., 7 mai 1816; P. 13, 418, Paris, 21 janv. 1837 (Art. 776 J. Pr.). Troplong, *Priviléges*, n° 210. — Cass. 18 janv. 1854, D. 54, 70.

Il en est autrement si les condamnations ont été prononcées en faveur de la régie par suite de faits de charge. Cass., 1er juin 1814; 26 mars 1821; Dev. 4, 573; 6, 404; Roger, *Saisie-arrêt*, n° 329.

29. On a considéré comme fait de charge le défaut de restitution des arrérages d'une rente qu'un avoué avait été chargé de recouvrer. Trib. Seine, 25 avril 1839.—V. 3508 et 6688, 6713.

30. Le privilége pour fait de charge s'exerce sur le cautionnement sans discussion préalable des autres biens du titulaire. Cass. 30 mars 1831; Dev. 31, 423.

31. Ces créanciers peuvent en outre faire saisir le cautionnement du titulaire pendant son exercice, et sans attendre la vacance de son office. La loi autorise le versement dans les mains de la partie saisissante, sauf au titulaire à remplacer lesdits deniers dans le délai, et sous la peine prescrite par la loi. Cass. 26 mars 1821, S. 21, 346; 4 fév. 1822, S. 22, 341; Joye, 153. A. Dalloz, Suppl. v° *Cautionnement*, n° 35; Souquet, *hoc verbo*, Tableau 50, 5e col., n° 5; Rolland, *ib.*, n° 86.—*Contrà*, Dard, *des Offices* p. 81.

32. Ils peuvent faire reconnaître leur privilége, même depuis la déclaration de cessation de fonctions et l'opposition au greffe, après l'expiration des trois mois, si le cautionnement n'a pu être retiré par l'effet d'autres oppositions. Limoges, 19 nov. 1842 (Art. 2462 J. Pr.).

A l'égard du créancier ordinaire ou de la Régie. — V. *inf.*, n° 48.

33. Aussitôt que le trésor s'est dessaisi de tout ou partie des fonds du cautionnement, le directeur de la dette inscrite doit en informer le procureur du roi près le domicile du titulaire, afin qu'il puisse prendre les mesures nécessaires pour le rétablissement du cautionnement dans son intégrité. Instr. gén. 5 mars 1838, D. 38, 3, 194.

34. Le cautionnement est affecté, par second privilége, au remboursement des fonds prêtés au titulaire, pour le fournir en tout ou en partie ; et subsidiairement au payement, dans l'ordre ordinaire de toutes les créances exigibles contre lui. L. 25 niv. an 13 ; Circ. garde des sceaux, 31 oct. 1836 (Art. 665 J. Pr.).

35. Le bailleur de fonds composant tout ou partie du cautionnement, conserve son privilége de second ordre par la déclaration émanée du titulaire, que les fonds lui ont été fournis par le prêteur. L. 25 niv. an 13, art. 4.

36. Cette déclaration doit être faite par acte notarié dans la forme tracée par le décret du 22 déc. 1812, et légalisée par le président du trib. de l'arrondissement (—V. inf. , *Formule*). Elle est, en outre, à peine de nullité, *inscrite* sur les registres du Trésor. Décr. 28 août 1808 ; 14 déc. 1853 ; D. 54, 4, 16.

37. Tant que l'*inscription* n'est pas opérée, les autres créanciers peuvent saisir le cautionnement. Cass. 19 juill. 1842 (Art. 2336 J. Pr.).—4 déc. 1848 (Art. 4222 J. Pr.)

38. Si le versement au Trésor est antérieur de plus de huit jours à la date de la déclaration, elle n'est valable qu'autant qu'elle est accompagnée d'un certificat de non-opposition délivré par le greffier du trib. du domicile des parties, dont il doit être fait mention dans la déclaration. Déc. 22 déc. 1812, art. 2.

39. S'il n'existe pas d'opposition au greffe du trib., mais qu'il en ait été formé au Trésor, au moment de la présentation de la déclaration du titulaire, cette déclaration est admise sous la réserve des oppositions existantes. *Même décr., ibid.*

40. A défaut de ces formalités, le bailleur de fonds conserve encore son privilége par une opposition formée au Trésor, et consignée au registre des oppositions. Décr. 28 août 1808.

Mais l'opposition par lui formée au greffe du trib., comme il est dit ci-dessus, ne lui donnerait que les droits d'un créancier ordinaire. Décr. 8 août 1808, art. 3 ; déc. 22 déc. 1812, art. 4.

41. Au reste, le bailleur qui a versé au Trésor les fonds du cautionnement d'un officier ministériel, n'est pas réputé simple prêteur. Il ne cesse pas d'être propriétaire de ces fonds, sauf la garantie des faits de charge.

Jugé en conséquence, qu'en cas de contribution ouverte sur le titulaire, pour créances autres que celles provenant de faits de charge, le bailleur de fonds n'est pas tenu de produire et il ne peut être déclaré déchu de son privilége par le défaut de production dans le délai. Paris, 24 avril 1834, S. 34, 218.

Mais il n'est pas recevable à former tierce opposition aux jugements obtenus contre celui-ci par un de ses créanciers qui prétend avoir droit à un privilége. Trib. Seine, 25 avr. 1839 (Art. 1388 J Pr.).

42. Le titulaire d'un cautionnement peut-il céder, transporter les fonds de ce cautionnement à un tiers?

La négative résulte des motifs d'un arrêt de C. Paris du 11 juill. 1836 (Art. 521 J. Pr.).

Nous pensons, au contraire, que cette cession est valable : en effet le cautionnement est exigé dans l'intérêt unique des créanciers pour faits de charge. Le but de la loi du 15 nivôse a été d'assurer les droits des personnes qui fournissent les fonds du cautionnement et de veiller aux intérêts du Trésor. Mais les créanciers ordinaires du titulaire ont été laissés dans le droit commun. Or, le droit commun pour des créanciers est d'être primés par un cessionnaire qui a fait signifier son transport avant toute opposition. Dissertation de M. Delahaye; Lyon, 30 avril; Paris, 11 mars 1852, 29 juin 1863 (5067; 8058).

43. Le transport des fonds d'un cautionnement doit comme tout acte de cette nature, être signifié au débiteur, dans l'espèce, au Trésor, pour produire son effet vis-à-vis des tiers. C. civ. 1690. Ces significations n'auront d'effet que pendant cinq années à compter de leur date, si elles ne sont pas renouvelées dans ce délai. L. 9 juill. 1836 (Art. 527 J. Pr.).

44. Le titulaire peut-il subroger, dans le privilége de second ordre, le prêteur, dont les deniers servent à rembourser le bailleur originaire des fonds du cautionnement?

Pour la négative, on dit : Ce privilége est restreint au fait d'avoir fourni les fonds, il ne peut s'appliquer qu'à la personne même du bailleur. L'intention du législateur résulte de l'obligation imposée par la loi du 25 niv. an 13, de faire la déclaration au profit du prêteur à l'époque même du versement.—Mais on répond avec raison, selon nous : La transmission du privilége en d'autres mains ne nuit en rien aux créanciers ordinaires. Pourquoi la faculté de subroger, qui est de droit commun, serait-elle restreinte, sans une disposition expresse?

— Or, loin de là, si le sens de la loi de nivôse pouvait être douteux, il serait expliqué par les décrets des 28 août 1808 et 22 déc. 1812, qui autorisent à faire une déclaration postérieure au versement.

Toutefois il importe de distinguer si cette déclaration a été faite ou non dans les huit jours. — Dans le premier cas, le privilége de second ordre est à l'abri de toute contestation; dans le second, le prêteur vient en concurrence avec les opposants antérieurs.

Lorsque l'opposition a précédé toute déclaration, il serait injuste qu'une déclaration postérieure préjudiciât aux droits de l'opposant. Ce créancier a dû croire que le cautionnement était la propriété de son débiteur.

Mais lorsque la déclaration au profit du bailleur originaire a précédé toutes les oppositions, les créanciers ordinaires ont été avertis que le cautionnement n'était pas le gage de leur créance ; qu'il était la garantie du bailleur ; — que ce bailleur ait conservé personnellement son privilége ou qu'il l'ait fait passer à un nouveau prêteur qui l'a remboursé, c'est un fait étranger aux opposants. Ce n'est pas un nouveau privilége, la personne seule est changée. M. Delahaye, *ib.* — *Contrà*, Rolland, *ib.*, n° 101.

45. La subrogation a lieu, en l'absence des formalités prescrites par l'art. 1250 C. civ. La déclaration du titulaire suffit pour établir que les deniers du nouveau prêteur ont servi à rembourser le précédent bailleur de fonds ; — sauf aux créanciers ordinaires à faire la preuve du contraire. M. Delahaye, *ib.*

46. Lorsque le titulaire a fourni les fonds du cautionnement, ou que, par le remboursement du bailleur originaire, il est devenu propriétaire de ces fonds, il peut les céder, transporter à un tiers. — V. *sup.*, n° 42.

47. Mais peut-il conférer ce privilége de second ordre à un tiers ?

M. Delahaye (Art. 773 J. Pr.) pense que la déclaration faite par le titulaire au profit du prêteur, donne à ce dernier un droit de préférence sur tous les créanciers dont les oppositions sont postérieures.

Cette dernière solution nous paraît difficile à admettre : en effet il s'agit ici non plus de subroger un tiers dans un privilége déjà existant, mais de convertir un droit de propriété en un droit de préférence au profit d'un tiers, de créer un nouveau privilége. — V. dans ce sens, Paris, 1er juill. 1837 (Art. 928 J. Pr.); Cass. 30 mai 1838, Dev. 38, 753. — De même, une fois que le prix a été payé, sans subrogation, l'acquéreur d'un immeuble, qui a bien le droit de conférer des hypothèques, ne peut plus faire renaître au profit d'un tiers le privilége du vendeur.

48. Les créanciers *ordinaires* peuvent saisir-arrêter les intérêts et le capital du cautionnement. Grenoble, 15 fév. 1823, S. 23, 76 ; Bordeaux, 18 et 25 avr. 1833, Dev. 33, 462 ; Dalloz, Thomine, Chauveau, Rolland de Villargues, Joye, 153 ; Roger, *Saisie-arrêt*, n° 331 ; Dard., n° 106. — V. toutefois *inf.*, n° 56.

Spécialement, le Trésor jouit de ce droit pour le recouvrement des amendes encourues par les officiers ministériels. Cass. 11 juin 1811, P. 9, 384. — V. *sup.*, n° 28.

49. Le créancier ne peut procéder par voie de saisie-exécution : le titulaire n'est pas en possession du cautionnement; bien qu'elle en reste propriétaire. Cass. 11 juin 1811, Dev. 3, 359 ;

Trouillet, v° *Cautionnement*, § 3, n° 3; Encyclopédie, *ibid.*, n° 59; Merlin, *Rép.*, v° *Saisie-arrêt*, § 7.

50. L'instance de saisie-arrêt formée à la requête de la régie pour recouvrement d'amendes prononcées contre le titulaire, peut être arrêtée par le consentement authentique de celui-ci au prélèvement. Dans ce cas, le payement s'obtient par la production de l'expédition de l'acte contenant ce consentement, et du certificat du greffier constatant qu'à la date de ce consentement, il n'existait pas d'autre opposition que celle de l'administration. Inst. gén. de rég., 5 mai 1838, D. 38, 3, 194.

S'il y a d'autres oppositions, le prélèvement au profit de l'administration ne peut être ordonné que contradictoirement avec les opposants, ou de leur consentement joint à celui du titulaire. Même Instr. — V. *sup.*, n° 31.

51. Dans les colonies, lorsque le cautionnement a été fourni en immeubles, la garantie des créanciers pour faits de charge ne s'exerce qu'en provoquant la vente des immeubles, dans les formes judiciaires prescrites au titre des partages et licitations. Arg.; Ord. 4 juill. 1821. Rolland, n° 114; *Encyclopédie*, n° 61.

52. La saisie du cautionnement se fait par voie d'opposition motivée et signifiée, soit directement au Trésor, soit au greffe du trib. de 1re inst., — ou de commerce (s'il s'agit du cautionnement des agents de change et des courtiers); — dans le ressort duquel l'officier ministériel exerce ses fonctions. L. 25 niv. an 13, art. 2.

53. L'original de l'opposition signifiée, soit au Trésor, soit au greffe, doit y rester déposé pendant 24 heures pour y être visé. On suit, au surplus, pour ces dispositions, les formalités de la *saisie-arrêt*. — V. ce mot.

54. Le Trésor est valablement libéré des intérêts du cautionnement payés au titulaire d'après ses ordonnances ou mandats, bien qu'il soit survenu à sa connaissance des oppositions dans l'intervalle de la délivrance de l'ordonnance ou mandat à celui où le payement a été effectué. Av. Cons. d'État 12 août 1807.

55. Les oppositions formées au Trésor affectent le capital et les intérêts échus et à échoir, à moins que mention expresse ne soit faite pour les restreindre au capital seulement; mais les oppositions signifiées aux greffes des trib. ne peuvent valoir que pour les capitaux, et n'empêchent pas le Trésor de payer les intérêts des cautionnements, tant qu'elles ne lui ont pas été dénoncées. *Même avis.*

56. Les créanciers ordinaires peuvent-ils réclamer la distribution du capital avant la cessation des fonctions de l'officier ministériel? — V. *Distribution par contribution.*

57. Y a-t-il lieu à contribution pour la distribution des fonds d'un cautionnement, lorsqu'il existe un bailleur de fonds, et qu'il n'y a point de créanciers prétendant privilége de premier ordre à raison des faits de charge? — V. *ib.*

§ 4. — *Remboursement du cautionnement.*

58. Lorsque les fonctions d'un titulaire viennent à cesser, par quelque cause que ce soit, lui, ou ses héritiers, sont obligés, avant de demander le remboursement du cautionnement au Trésor, de déclarer la cessation des fonctions au greffe du trib. de 1re inst., ou de la C. roy. de sa résidence, s'il s'agit d'un fonctionnaire de l'ordre judiciaire, ou au greffier du trib. de comm., s'il s'agit d'un agent de change ou courtier.

Cette déclaration est affichée dans le lieu des séances de la C. ou du trib. pendant trois mois. L. 25 niv. an 13, art. 5.

Les agents de change et courtiers sont, en outre, tenus de faire afficher la déclaration de la cessation de leurs fonctions à la bourse près de laquelle ils les exercent. L'accomplissement de cette formalité est constaté par le certificat du syndic de la bourse. *Même loi, art.* 6.

59. Si la demande en remboursement est formée par le titulaire lui-même, il doit produire : 1° le certificat d'inscription du cautionnement, ou le récépissé définitif, délivré autrefois par la caisse d'amortissement, aujourd'hui par le Trésor; à leur défaut, une déclaration faite sur papier timbré, et dûment légalisée, portant qu'il est adiré, que l'on renonce à s'en prévaloir, et qu'on s'engage à le renvoyer à l'administration, dans le cas où il viendrait à être retrouvé.

Les bailleurs de fonds, au lieu du certificat d'inscription, produiront le certificat de second ordre, et à défaut, une déclaration de perte, etc.

60. S'il n'y a pas eu de certificat d'inscription ou de récépissé définitif, on produit la quittance délivrée au titulaire, pour constater l'époque de son versement.

61. Ces pièces peuvent être remplacées par un certificat du receveur-général du département, constatant le montant et la date du payement; — Ou par une déclaration dûment légalisée du titulaire ou ayant cause, par laquelle ils affirment que les obligations ont été acquittées; et par un certificat du receveur général constatant qu'il n'a pas eu connaissance que ces obligations aient été protestées, et qu'elles ne sont pas restées en dépôt à la recette générale. *Décr.* 7 mai 1808.

62. 2° Un certificat du greffier du trib. dans le ressort duquel le titulaire exerçait ses fonctions : ce certificat visé par le président, et constatant que la déclaration prescrite a été affichée durant le délai fixé; que, pendant cet intervalle, il n'a été prononcé contre le titulaire aucune condamnation pour fait de charge, et qu'il n'a été formé aucune opposition au greffe du trib., ou bien qu'elles ont été levées. L. 25 niv. an 13, art. 5, 6, 7. — V. Art. 5711.

Toutefois, on exige des avoués à la C. roy., indépendamment du certificat délivré par le greffier de la Cour, de représenter encore un certificat de non-opposition du greffier du trib. civil de leur résidence.—On se fonde sur ce que la loi de nivôse ne parle pas de la C. roy. pour les oppositions, et sur ce qu'elles peuvent être formées au trib. de 1re inst.—Mais à l'époque de nivôse an 13, il n'y avait pas de Cour royale.

Il est peu probable qu'on forme opposition au greffe du trib., et non au greffe de la Cour, sur un avoué de la C. roy. L'affiche prescrite n'est exigée qu'au greffe de la Cour. Le certificat demandé ne serait utile qu'aux créanciers qui auraient formé opposition sans avoir connaissance de la démission.

63. Il faut, en outre, joindre à ces pièces une lettre de demande en remboursement, adressée au ministre des finances. Cette lettre doit énoncer les pièces produites, et indiquer le département où s'effectuera le remboursement.—V. *sup.*, n° 22.

64. Les commissaires-priseurs et huissiers doivent, en outre, rapporter un certificat de *quitus*, ou libération du produit des ventes dont ils ont été chargés. Ce certificat est délivré par leur chambre, sur le vu des quittances des produits de leurs ventes ou du récépissé de la caisse des consignations pour les sommes par eux versées à cette caisse, et visé par le procureur du roi du tribunal du ressort. Décr. 24 mars 1809.—V. Art. 3508.

Si les huissiers et commissaires-priseurs, ou leurs héritiers, ne peuvent produire les pièces nécessaires pour obtenir leur certificat de *quitus*, ils y suppléent en faisant constater cette impossibilité par une déclaration motivée de leur chambre de discipline, visée par le procureur du roi. Ordonn. 22 août 1821.

Mais, dans ce cas, la déclaration de cessation de fonctions, outre l'affiche ci-dessus prescrite (— V. *sup.*, n° 58), doit être insérée pendant trois mois dans un des journaux imprimés au chef-lieu de l'arrond. du trib. ou au chef-lieu du département. *Ibid.*, art. 2.

La même ordonnance (art. 4) permet, en outre, pour l'avenir, aux huissiers et commissaires-priseurs, de faire régler, chaque année, par les chambres de discipline, et, à défaut de chambre de discipline, par le procureur du roi du ressort, le compte de leur gestion antérieure, et de suppléer, par ce règlement annuel, au certificat de *quitus*.

A défaut de chambre de discipline près le trib. de l'arrondissement, le certificat de *quitus* est délivré par les huissiers audienciers de ce trib., qui font mention de la non-existence de la chambre. Décis. min. fin. 12 mai 1809.

65. Lorsque le cautionnement est devenu remboursable par suite du décès du titulaire, ses héritiers sont tenus, outre les justifications ci-dessus prescrites, de fournir un certificat de propriété contenant leurs noms, prénoms et domiciles, la qualité en laquelle ils procèdent et possèdent, l'indication de leurs portions dans le cautionnement à rembourser, et l'époque de leur jouissance. Décr. 18 sept. 1806, art. 1.

Ce certificat est délivré par le notaire détenteur de la minute, lorsqu'il y a inventaire, partage par acte public ou transmission à titre gratuit.

A défaut d'inventaire, il faut faire constater les qualités des héritiers par un acte de notoriété, en vertu duquel le notaire détenteur de la minute de cet acte délivre le certificat de propriété ci-dessus prescrit.

Dans ce dernier cas, le certificat de propriété peut être délivré par le juge de paix du domicile du défunt sur l'attestation de deux témoins.

Quand la propriété de tout ou partie du cautionnement est constatée par un jugement, le certificat est délivré par le greffier dépositaire de la minute du jugement. *Même décret.*

66. Lorsque le remboursement d'un cautionnement n'a pas été effectué par le trésor public faute de productions ou de justifications suffisantes dans le délai d'un an à compter de la cessation des fonctions du titulaire, le Trésor est autorisé à le verser, en capital et intérêts, à la caisse des consignations, à la conservation des droits de qui il appartiendra. Ce versement libère définitivement le Trésor. L. 9 juill. 1836, art. 16 (Art. 527 J. Pr.).

67. L'inspecteur colonial qui a qualité pour prendre inscription à raison du cautionnement des officiers ministériels dans les colonies (Ord. 30 sept. 1827, art. 190), a également qualité à l'expiration de leurs fonctions, pour consentir mainlevée de cette inscription, lorsqu'après l'accomplissement des formalités prescrites pour la libération de leur cautionnement, il n'est survenu contre eux aucune opposition pour faits de charge. Ord. 21 août 1825, art. 131 ; Cass. 24 fév. 1836, D. 36, 215.

§ 5. — *Timbre et enregistrement.*

68. Sous la loi du 21 avril 1832, tous les officiers ministériels devaient, avant d'entrer en fonction, payer un droit de 10 p. 100 sur leur cautionnement.

Le droit d'enregistrement est aujourd'hui calculé d'après la valeur de l'office. Ce droit est de 2 p. 100 du prix porté à l'acte de cession. Cependant il ne peut être inférieur au dixième du cautionnement attaché à la fonction. L. 25 juin 1841, art. 7 et 10 (Art. 2000 J. Pr.). — V. *Office.*

69. Le droit d'enregistrement de la déclaration faite par le titulaire (son héritier ou son légataire universel. Délib. rég. 30 juin

1824) du cautionnement, que les fonds lui ont été fournis par un tiers, est de un franc. Décr. 22 déc. 1812, art. 3.

70. Il n'est dû qu'un droit fixe de 2 fr. sur l'acte par lequel le bailleur de fonds déclare se désister purement et simplement, du privilége de 2ᵉ ordre qui lui était assuré par une précédente déclaration notariée, renoncer à tout droit sur ce cautionnement et consentir à ce que le titulaire en jouisse et dispose à l'avenir comme bon lui semblera. Un tel acte ne contient qu'un désistement de privilége et ne prouve pas que la créance soit éteinte. Délib. 19 janv. 1825.

71. Peu importe que la déclaration ait ou n'ait pas été précédée d'un acte d'emprunt enregistré; elle n'est, dans aucun cas, sujette au droit proportionnel. Cass. 4 déc. 1821, P. 16, 988, décis. min. fin. 23 mars 1822.

72. L'acte contenant cession ou transport du cautionnement, soit par le titulaire, soit par le bailleur de fonds, est passible du droit de 1 p. 100 lorsque ce transport est fait à titre onéreux. L. 22 frim. an 7, art. 69, § 3, nᵒ 3. — V. sup., nᵒ 42.

73. Les certificats délivrés par des greffiers, constatant qu'il n'existe pas d'opposition sur les cautionnements, doivent être écrits sur papier au timbre de 35 cent. Ils sont passibles du droit d'enregistrement de 1 fr. Décr. 18 sept. 1806, art. 2.

74. Les greffiers ne peuvent exiger aucun droit de recherche lors de la délivrance de ces certificats de non-opposition. Il leur est seulement alloué, outre le droit de greffe de 1 fr. 25 cent., la rétribution de 25 cent. pour légalisation de ces certificats. Circ. régie 24 déc. 1836.

§ 6. — *Formules et Tableaux.*

FORMULE

Modèle de déclaration par les titulaires en faveur de leurs bailleurs de fonds.

Par devant, etc.,   fut présent Louis Laroche, nommé avoué à demeurant à

Lequel a déclaré par ces présentes que la somme de   , qu'il a versée à la caisse   , pour la (*totalité ou partie*) du cautionnement auquel il est assujetti en sadite qualité, appartient, en capital et intérêts, à M.   (*noms, qualités et demeure*), ou à MM.   , savoir : à M.   , jusqu'à concurrence de la somme de   , et à M.   , jusqu'à concurrence de celle de   ; Pour quoi il requiert et consent que la présente déclaration soit inscrite sur les registres de la caisse de l'administration des cautionnements, afin que lesdits sieurs   oient le privilége de second ordre sur ledit cautionnement, conformément à la loi du 25 niv. an 13 et du décr. du 28 août 1808. Dont acte, etc.

Nota. *Cette déclaration doit être légalisée par le président du tribunal.* — V. sup., nᵒ 36.

TABLEAU N° 1.—*Cautionnement des avoués, greffiers des trib. et huissiers.*

	AVOUÉS.		GREFFIERS.		HUISSIERS.	
	Ancien.	Nouveau.	Ancien.	Nouveau.	Ancien.	Nouveau.
Tribunaux de 1re inst., avant 1810, où il y avait trois juges et deux suppléants.	800	1,800	1,067	4,000	267	600
Idem, quatre juges et trois suppléants.	1,200	2,600	1,600	5,000	400	900
Idem, sept juges et quatre suppléants.	1,600	3,000	2,133	5,500	532	1,200
Idem, dix juges et cinq suppléants.	2,000	5,000	2,667	6,500	667	1,600
A Paris.	3,600	8,000	4,800	10,000	1,200	3,000
Cours royales avant 1810, où il y avait douze, treize et quatorze juges.	2,400	4,000	3,200	12,000	800	»
Id., vingt, vingt-un ou vingt-deux juges.	2,800	5,000	3,733	14,000	933	»
Id., trente-un juges.	3,200	6,000	4,267	16,000	1,067	»
A Paris.	6,000	10,000	8,000	20,000	2,000	»
Tribunaux de commerce, dans tous les départements.	»	»	1,333	3,000	333	»
A Paris.	»	»	5,333	8,000	1,333	»
	Avocats.					
Cour de cassation.	4,000	7,000	5,333	8,000	1,333	»

TABLEAU N° 2. — *Cautionnement des greffiers des justices de paix.*

	Ancien.	Nouveau.
A Paris.	6,400	10,000
A Bordeaux, Lyon et Marseille.	4,800	6,000
Dans les communes de 50,001 à 100,000 habitants.	3,200	4,000
Idem 30,001 à 50,000	2,400	3,000
Idem 10,001 à 30,000	1,600	2,400
Idem 3,001 à 10,000	1,067	1,800
Idem 3,000 et au-dessous.	533	1,200

TABLEAU N° 3. — *Cautionnement des commissaires-priseurs.*

2,500 habitants et au-dessous.	4,000 fr.
2,501 à 3,000.	4,200
Même progression jusqu'à 6,501 inclusivement à 7,000.	5,800
7,001 à 8,000.	6,000
Même progression jusqu'à 19,001, inclusivement à 20,000.	8,400
20,001 à 25,000.	8,600
Même progression jusqu'à 35,001, inclusivement à 40,000.	9,200
40,001 à 50,000.	9,400
Même progression jusqu'à 70,001 inclusivement à 80,000.	10,000
80,001 à 100,000.	12,000
100,001 et au-dessus.	15,000
A Paris.	20,000

CAYENNE. — V. *Colonie.*

CÉDULE. Permission accordée par le juge de paix, à l'effet de citer à bref délai, ou d'exécuter un jugement préparatoire ou interlocutoire

Table sommaire.

Copie, 4.
Décès, 3.
Enquête, 7.
Expertise, 5.
Greffier, 2.
Héritier, 3.

Heure, 1, 6.
Huissier, 4.
Jour, 1, 6.
Juge de paix, 1 et s.
Nullité, 4.
Urgence, 1.

1. S'il y a urgence, le juge de paix, — qui doit connaître de la contestation, permet de citer aux jours et heures indiqués. C. pr. 6.

L'appréciation de l'urgence dépend de la nature de la contestation.

La citation peut être donnée, non-seulement pour le local ordinaire de l'audience, mais encore pour tout autre endroit que le juge de paix croit devoir désigner à cause de l'urgence, par exemple pour les lieux mêmes en litige.

2. Il n'est pas nécessaire que la cédule soit écrite par le juge de paix; la loi n'exige que sa signature, peu importe qu'elle soit de la main du greffier, ou de toute autre personne, même de la partie qui la requiert. Carré, art. 6.

Le juge met son permis au bas de l'exposé des faits, sans qu'il soit nécessaire d'une requête préalable. Thomine, 1, p. 58. — Mais un permis verbal ne suffit pas.

3. La cédule délivrée par le juge de paix, pour citer à bref délai un individu alors existant, ou dont le décès est ignoré, s'applique de droit à ses héritiers; elle leur est valablement notifiée. Paris, 27 août 1807, P. 6, 286; Carré, *ib.*

4. Tout huissier du domicile du défendeur a qualité pour signifier la cédule. — V. *Huissier.*

Doit-on laisser copie de la cédule au défendeur? — Pour l'affirmative, on soutient qu'à défaut de cette copie, le défendeur est fondé à considérer la citation comme donnée, sans permission, et par conséquent comme nulle. — Mais la loi n'exige pas cette formalité, et les nullités ne peuvent se suppléer.

Au reste, il est suffisamment donné connaissance de la cédule, lorsque la citation est à comparaître sur les lieux contentieux, et qu'il y est énoncé que le juge de paix se trouvera sur les lieux à l'heure indiquée. Cass. 4 fév. 1829, P. 22, 641.

5. Toutes les fois qu'une expertise a été ordonnée, la délivrance d'une cédule est nécessaire pour citer les experts commis par le jugement. C. pr. 29.

6. Cette cédule, remise à la partie qui la requiert, mentionne le lieu, le jour et l'heure auxquels doit avoir lieu l'expertise, les faits, les motifs, et la disposition du jugement relative à l'opéraration ordonnée. C. pr. 29.

Ces dernières énonciations font connaître aux experts l'objet de leur mission; elles dispensent de lever le jugement.

7. Si le jugement ordonne une enquête, la cédule énonce seulement la date de ce jugement, le lieu, le jour et l'heure auxquels les témoins cités devront comparaître. C. pr. 29, § 2. — V. *Enquête.*

Formules.

FORMULE 1.

Cédule pour citer devant le juge de paix les membres d'un conseil de famille

(C. civ. 405, 406, 409, 410.—Tarif, 7. — Coût, il n'est rien alloué.)

Nous , juge de paix du canton de , arrondissement de , département de , autorisons le sieur Joseph Perin, marchand papetier, demeurant à , ce requérant, à faire citer par le ministère de , huissier près notre tribunal :
1° M. (*Noms, prénoms, profession, domicile.*)
2° M. 3° M.
Les susnommés comme étant les plus proches parents du côté paternel du sieur , mineur;
4° M. 5° M.
Ces deux derniers étant avec le sieur Perin, requérant et susnommé, les plus proches parents du côté maternel dudit mineur,
A comparaître et se trouver le , heure de en notre cabinet, à
Pour, — Attendu que, par suite du décès de la dame ; sa mère; arrivé le , ledit mineur se trouve orphelin, et sans tuteur légal;
Se constituer sous notre présidence en conseil de famille, à l'effet de procéder à la nomination d'un tuteur et d'un subrogé-tuteur audit mineur.
Fait et délivré en notre hôtel, le
(*Signature du juge de paix.*)

Nota. Si la cédule est donnée à l'effet de citer un expert ou des témoins, elle est rédigée dans la même forme et doit contenir les énonciations prescrites, *sup.*, n°s 6 et 7.

FORMULE II.

Signification de la cédule et sommation de comparaître.

(Tarif, 21. — Coût, 1 fr. 50 c.)

L'an , en vertu d'une cédule délivrée par M. le juge de paix du , en date du , enregistré, dont copie est donnée en tête de celle des présentes ; et à la requête du sieur , j'ai (*immatricule.*)
Soussigné, fait sommation : 1° au sieur , en son domicile, parlant à ; 2° etc.
A comparaître et se trouver (*indiquer les jours, lieu, heure et objet de la convocation*).
Leur déclarant que faute par eux de comparaître en personne, ou par un fondé de pouvoir spécial ils encourront l'amende prononcée par la loi (C. civ. 413 414). (*Signature de l'huissier.*)

FORMULE III.

Cédule pour abréger les délais.

C. pr. 6. — Tarif, 7. — Coût, *nihil.*)

Nous,   juge de paix du
Sur ce qui nous a été exposé par le sieur Marchand,
Mandons à l'huissier-audiencier de notre justice de paix,
De, à la requête dudit sieur Marchand, citer le sieur Renard,
A comparaître aujourd'hui à midi, par-devant nous, en notre demeure, sise à
Pour, et attendu que le sieur Renard étant sur le point de partir, il est urgent d'obtenir contre lui la condamnation du dommage par lui causé, se voir condamner à payer audit sieur Marchand la somme de cinquante francs, à laquelle le demandeur évalue le dégât causé par le sieur Renard, et pour, en outre, répondre et procéder, comme de raison, à fin d'intérêts et de dépens.
Fait et délivré en notre demeure, le

(*Signature du juge de paix.*)

Nota. La citation donnée en vertu de cédule est rédigée dans la forme ordinaire, elle doit seulement énoncer la cédule en vertu de laquelle elle est donnée, et être datée de l'heure : la copie de la cédule doit être remise à la personne citée. Toutefois, l'omission de cette formalité n'entraîne pas la nullité de la citation. — V. *sup.*, n° 4.

CÉLÉRITÉ. — V. *Bref délai, Urgence.*

CENDRES.

1. L'enlèvement de cendres déposées sur un terrain et destinées à y être répandues pour servir d'engrais est-il un dommage aux champs de la compétence du juge de paix?—Pour la négative, on dit : Il n'y a pas eu dommage causé à la chose elle-même, mais plutôt un vol. Il s'agit d'une simple action en restitution dont le juge de paix ne peut connaître que jusqu'à concurrence de 200 fr. — Mais on répond pour l'affirmative : Le transport des engrais sur un champ constitue déjà un commencement d'incorporation : il faut protéger d'une manière efficace ce qui est en quelque sorte abandonné à la confiance publique. Une justice prompte est nécessaire ; il importe que le juge de paix examine sur-le-champ les lieux pour en constater l'état ; qu'il connaisse et puisse apprécier la moralité des témoins ; que la condamnation soit immédiatement prononcée, et que la réparation ne se fasse pas attendre. En un mot, les motifs qui ont dicté la disposition du § 1er de l'art. 5, loi du 25 mai 1838, s'appliquent parfaitement à l'espèce. Limoges, 10 mars 1841 (Art. 2495 J. Pr.).

CENSURE, peine de discipline que les conseils de discipline des avocats et les chambres des notaires, avoués, huissiers, etc., sont autorisés à prononcer contre les membres de ces corps qui manquent à leurs devoirs.—La C. de cass. procède aussi par voie de censure contre les juges qui se rendent coupables de fautes graves. —V. *Discipline.*

CENTIME. Centième partie du franc.

1. Lorsqu'une fraction de somme ne produit pas un centime de droit, le centime est perçu au profit du trésor public. L. **22** frim. an 7, art. 5. — C'est le *fort denier*. — V. *Monnaie*.

CENTIMÈTRE. — V. *Poids et mesures*.

CERCLE. — V. *Acte de commerce*, n° 77.

CERTIFICAT *de capacité*. — V. *Avoué*, n° **20**.

CERTIFICAT *d'examen*. — V. *Diplôme*.

CERTIFICAT *d'indigence*. — V. *Indigent*.

CERTIFICAT *de moralité*. — V. *Avoué*, n°s 16 et 25; *Huissier*, *Notaire*.

CERTIFICAT *de non-opposition*. — V. *Cautionnement*, *Exécution*, *Vente de meubles*.

CERTIFICAT *négatif*. — V. *Conservateur des hypothèques*.

CERTIFICAT *de propriété*. — Acte par lequel un officier public atteste le droit de propriété ou de jouissance d'une personne sur le capital ou les arrérages d'une rente perpétuelle inscrite au grand-livre de la dette publique; sur un cautionnement versé au trésor; sur les décomptes des arrérages des rentes et pensions viagères sur l'État, éteintes par les décès des titulaires: — V. *Acte de notoriété*, n° 14; *Cautionnement*, *Rente sur l'État*.

CERTIFICAT *de quinzaine*. Certificat par lequel un conservateur des hypothèques atteste qu'il n'est survenu aucune inscription, soit contre celui qui a consenti une aliénation de propriété ou d'usufruit de biens immeubles ou de leurs accessoires, soit contre les précédents propriétaires, soit contre tous, pendant la quinzaine de la *transcription*; — Il n'y a plus lieu de délivrer ce certificat depuis la loi du 23 mars 1855. — V. ce mot.

CERTIFICAT *de vie*.

1. Tous les notaires du royaume indistinctement sont autorisés à délivrer des certificats de vie. Ordonn. roy. 6 juin, 9 juill. 1839 (Art. 1535 J. Pr.).

— V. *Rente viagère*, *Retraite*, *Saisie immobilière*, n° 106.

CERTIFICATEUR *de caution*. — V. *Caution*.

CESSATION DE FONCTIONS. — V. *Reprise d'instance*.

CESSION. — V. *Droits litigieux*, *Office*, *Saisie-arrêt*, *Transport*.

CESSION DE BIENS. Abandon qu'un débiteur fait de tous ses biens à ses créanciers, lorsqu'il est hors d'état de payer ses dettes.

Table sommaire.

1. La cession des biens est volontaire ou judiciaire.

2. *Volontaire*, elle est acceptée par les créanciers.

Ses effets sont réglés par la convention. — V. d'ailleurs *inf.*, n° 63. Cass. 18 avr. 1849 (Art. 4420 J. Pr.)

Ceux qui n'y ont pas adhéré peuvent la repousser et poursuivre leur payement sur les biens abandonnés, alors même que la cession a le caractère d'une dation en payement. Toullier, 7, n° 252;

Duranton, 12, n° 242; A. Dalloz, v° *Cession*, n° 7. — Sous ce rapport elle diffère du concordat. — V. *Faillite*.

3. *Judiciaire.* — Elle a lieu en justice.

4. On ne peut renoncer d'avance à ce bénéfice. C. civ. 1268.

5. La loi ne l'accorde qu'au débiteur malheureux et de bonne foi. C. civ. 1268.

6. C'est au débiteur à justifier de ses malheurs et de sa bonne foi. Aix, 30 déc. 1817; Bordeaux, 30 août 1821; Dev. 5, 341; 6, 477; Toulouse, 30 mars 1838, P. 38, 2, 637; Chauveau sur Carré, n° 3056. — Bordeaux, 24 mai 1849. D. 53, 177.

7. Ne sont pas admis au bénéfice de cession les étrangers, les stellionataires, les personnes condamnées pour vol ou escroquerie, les personnes comptables, tuteurs, administrateurs ou dépositaires. C. pr. 905; — Les commerçants. Art. 541 L. 16 avr. 1838 (Art. 1160 J. Pr.). — V. *Faillite*.

8. *Les étrangers.* — Le refus fait par un Français d'adhérer à une cession de biens volontaire faite à l'étranger par un débiteur étranger, a pour effet de changer cette cession en cession judiciaire, et par suite de rendre le débiteur inadmissible à la faire devant les tribunaux français. Paris, 25 fév. 1825, P. 19, 227.

9. *Stellionat.* — Le créancier qui, appelé sur une demande en cession de biens, ne s'y oppose point, ne peut plus, lorsque cette demande est accueillie par le trib., exercer la contrainte par corps pour cause d'un stellionat que le débiteur aurait antérieurement commis à son préjudice. Arg. C. civ. 1270; Cass. 15 avr. 1819, S. 20, 30; 23 janv. 1822, Dev. 7, 14; Carré, n° 3056; Pardessus, n° 1329.

10. *Les personnes condamnées pour vol.* — A plus forte raison le mort civilement. Arg. C. civ. 25. Proudhon, 1, p. 79.

11. *Dépositaire.* — Spécialement, le saisi, gardien volontaire de ses meubles et effets, qui ne représente pas les objets commis à sa garde, est un dépositaire judiciaire. Pau, 16 avr. 1810, Dev. 3, 258; Toullier, 7, n° 262. — *Contrà*, Cass. 29 oct. 1812, S. 13, 190.

Peu importe que le dépôt soit volontaire ou nécessaire. C. civ. 1945. Encyclopédie, *hoc verbo*, n° 47; Rolland, *ibid.*, n° 77.

12. *Commerçant.* — Spécialement l'*agent de change*, si on le considère comme tel (— V. ce mot, n° 5); d'ailleurs la loi l'assimile à un banqueroutier frauduleux en cas de faillite. C. com., 89.

13. Un jugement étranger qui admet un négociant au bénéfice de cession n'est pas obligatoire pour les créanciers de France, encore que lui-même soit Français d'origine. Bruxelles, 8 mai 1810, Dev. 3, 267.

14. Les causes d'exclusion sont-elles absolues ou relatives?

Quelques auteurs distinguent : Ils rangent dans la première classe le stellionat, les condamnations pour vol et escroquerie, comme constituant d'une manière générale la mauvaise foi du débiteur. — Et dans la seconde, la qualité de comptable, celle de tuteur. Delvincourt, 3, 403; Duranton, 12, n° 270; A. Dalloz, *hoc verbo*, n° 60.

Nous pensons, au contraire, que toutes ces causes d'exclusion sont relatives.—Ainsi le créancier ne peut opposer au débiteur qui demande la cession de biens sa qualité de stellionataire qu'autant que le débiteur l'a été à son égard. Turin, 21 déc. 1812, S. 14, 4; Montpellier, 21 mai 1827, S. 28, 213; Pardessus, 5, n° 1329; Carré, n° 3055; Pigeau, 2, 610; Perrin, *Nullités*, p. 84. — *Contrà*, Thomine, 2, 526; Chauveau sur Carré, n° 3055. — V. d'ailleurs *inf.*, n° 15.

15. L'art. 905 C. pr. n'est point limitatif. Nul autre que ceux qu'il énumère ne sont, il est vrai, frappés d'une présomption *juris et de jure* de mauvaise foi, qui doive leur faire refuser la cession de biens. Colmar, 17 janv. 1812, Dev. 4, 15.—Mais la conduite des autres est laissée à l'appréciation des trib. qui peuvent refuser le bénéfice de cession à ceux qu'ils en croiront indignes. Paris, 8 août 1812; 17 janv. 1823, Dev. 4, 172; 7, 159; Chauveau sur Carré, n° 3056; Thomine, 2, 527. — *Contrà*, Carré, n° 3056; Duranton, 12, n° 252.

16. Peuvent être admis au bénéfice de cession,

1° L'étranger autorisé à jouir en France des droits civils. Arg. C. civ. 13; Pigeau, t. 2, p. 359; Pardessus, t. 4, p. 537; Valette, sur Proudhon, 1, 178; Duranton, 1, n° 158; Rolland, *Cession de biens*, n° 65. — Ou qui a des propriétés en France. Arg. C. civ. 11 et 13; Trèves, 24 fév. 1808, Dev. 2, 355; Pardessus, n° 1328; Carré, art. 905.

17. 2° Le Français à l'égard de ses créanciers étrangers. Cass. 19 fév. 1806, Dev. 2, 218; Pardessus, n° 1328.

18. Mais la cession de biens faite par un Français et agréée à l'étranger, est nulle à l'égard des créanciers français, si elle n'est réitérée en France. Bruxelles, 8 mai 1810, P. 8, 295.

19. 3° L'individu condamné par un trib. correctionnel à des dommages-intérêts, à raison de voies de faits dont il s'est rendu coupable. La loi n'exclut que les condamnés pour vol ou escroquerie. Colmar, 17 janv. 1812, Dev. 4, 15; Encyclopédie, *hoc verbo*, n° 45.

20. 4° Celui qui s'est livré à des opérations de contrebande. Caen, 23 janv. 1826, S. 26, 235.

21. Celui qui a été condamné pour fait de courtage clandestin est par cela même réputé de mauvaise foi et inadmissible au bénéfice de la cession de biens. Paris, 17 janv. 1823, P. 17, 828.

22. *Procédure.*—Le débiteur est tenu de déposer au greffe du trib. où la demande est portée, son bilan, ses livres et titres actifs (C. pr. 898).—C'est un moyen pour lui de prouver sa bonne foi. S'il le néglige, il subira les conséquences d'une preuve insuffisante ou mal faite. Thomine, 2, 520; Chauveau sur Carré, n° 3042.—Mais ce dépôt n'est pas exigé à peine de nullité. — *Contrà*, Biret, 347; Perrin, 200.

23. La rédaction incomplète du bilan, par un ouvrier illettré dont la bonne foi était du reste démontrée, n'a pas été considérée comme un motif d'exclusion. Angers, 21 nov. 1817, Dev. 5, 331.

24. Le dépôt du bilan est fait par un avoué. Arg. tarif, 92.

25. La demande est portée devant le tribunal civil. — Le principal motif invoqué en 1838 pour la suppression de la cession de biens en matière commerciale, était la compétence des trib. civils en cette matière, tandis que les faillites étaient soumises aux trib. de commerce; ce qui donnait lieu à des distinctions de compétence et à deux jugements sur une même affaire par deux trib. compétents. Rapport de M. Renouard à la Ch. des députés. Chauveau sur Carré, n° 3044. — V. *sup.*, n° 24.

26. Le tribunal compétent est celui du domicile du débiteur. C. pr. 899.

27. Doit-elle être formée par requête ou par assignation sans requête? On argumente avec raison, contre la première opinion, du silence du Code et du tarif à l'égard de la requête. Grenoble, 11 juill. 1829, S. 30, 306; Demiau, 606; Chauveau sur Carré, n° 3045; Encyclopédie, n° 57; A. Dalloz, n° 74.

C'est seulement lorsque le demandeur assigne à bref délai pour demander la suspension des poursuites à diriger contre lui (— V. *inf.*, n° 33) qu'il doit s'adresser au président pour en obtenir une ordonnance.

28. Le débiteur doit-il, à peine de nullité du jugement d'admission de la cession de biens, mettre en cause ses créanciers?

Pour la négative on dit : Les créanciers n'ont, à cette époque, aucun intérêt à se trouver en cause; le Code n'exige pas leur présence. La demande en cession ne suspend pas l'effet de leurs poursuites : elle n'est définitivement accueillie que lorsque la cession est réitérée par le débiteur en personne à l'audience. C'est alors que les créanciers, qui doivent être présents, peuvent s'opposer à l'admission de la cession de biens.

Mais on répond : Que la nécessité d'appeler les créanciers, pour obtenir le jugement qui admet la cession, résulte des principes généraux et de l'obligation de déposer le bilan et les titres au greffe, afin de mettre les créanciers, véritables contradicteurs, à portée de discuter la bonne foi et les malheurs du débiteur. Mouricaut, édition de Didot, p. 323; Colmar, 24 nov. 1807, Dev. 2, 306; Toullier, 7, n° 259; Encyclopédie, n° 54; Chauveau sur Carré, n° 3044. — *Contrà*, Toulouse, 30 avr. 1821, S. 22, 105; à supposer que la demande ne doive pas être formée contre *tous* es créanciers, sauf à ceux qui ne seraient pas appelés à se pourvoir par tierce-opposition contre le jugement qui admettrait la cession de biens (Grenoble, 11 juill. 1829, S. 30, 306),—du moins doit-on appeler, à peine de nullité, tous les créanciers qui ont fait incarcérer le débiteur. Arg. Toulouse, 17 nov. 1808, P. 7, 209.

29. L'assignation contient sommation de venir prendre communication du bilan déposé au greffe. Dans l'usage, on donne en tête de cette assignation copie de l'acte de dépôt.

30. Cette sommation met les créanciers en demeure de s'opposer à la demande en cession. Conséquemment, ceux qui ne font aucune opposition à l'admission du débiteur au bénéfice de cession, ne peuvent ensuite exercer la contrainte par corps pour cause antérieure au jugement. Cass. 15 avr. 1819; 23 janv. 1822, Dev. 6, 60; 7, 14; Bruxelles, 14 juin 1828, P. 21, 1554; Chauveau sur Carré, n° 3045.

31. On observe les délais de distance.

32. La demande est communiquée au ministère public. C. pr. 900.

33. Elle ne suspend l'effet d'aucune poursuite (pas même de la contrainte par corps. Turin, 10 juin 1808, P. 6, 740), sauf au trib. à ordonner, parties appelées, qu'il y sera sursis provisoirement. C. pr. 900. — Avant le Code, les juges ne pouvaient pas surseoir à l'exécution de la contrainte par corps pendant l'instance en cession de biens. Cass. 23 fév. 1807, S. 7, 170.

Si le débiteur est déjà détenu, il ne peut être mis provisoirement en liberté avant le jugement définitif sur la demande en cession de biens. Toulouse, 7 nov. 1808, S. 9, 240; Paris, 11 août 1807, S. 15, 207; Carré, art. 900; Toullier, 7, n° 261; Pigeau, 2, 362; Pardessus, n° 1330; Favard, *hoc verbo*, n° 6.—V. d'ailleurs *inf.*, n° 50.

34. L'affaire doit être jugée à la première audience, sans remise, ni tour de rôle. Carré, art. 900.

35. Toutefois l'affaire est ordinaire : le tarif alloue à l'avoué plusieurs émoluments particuliers. Elle comporte des écritures. Carré, n° 3048; Chauveau, Tarif, 2, 398, n° 9. — *Contrà*, Demiau, p. 607.

Il en est autrement dans le cas où le débiteur est en prison : l'affaire requiert célérité et devient sommaire. Chauveau sur Carré, n° 3048.

36. *Jugement.* — Si la cession est admise, les créanciers opposants peuvent être condamnés aux dépens. Carré, n° 3049; Chauveau, Tarif, 2, 398.

37. Le jugement qui statue sur la demande en cession de biens est susceptible d'appel, alors même que les opposants ne sont créanciers que d'une somme inférieure au taux du dernier ressort. La cession a toujours une valeur indéterminée, elle est l'objet principal de la demande. Bordeaux, 13 mars 1828, P. 21, 1282; Chauveau sur Carré, n° 3045 *bis.*

38. Le jugement qui admet la cession de biens, réformé sur appel de l'un des créanciers, reste-t-il obligatoire pour les créanciers qui n'ont pas interjeté appel?

Pour l'affirmative, on dit : Le silence des créanciers qui n'ont pas interjeté appel est un acquiescement tacite au jugement. Dès lors il y a entre eux et le débiteur une sorte de contrat, qui vaut, du moins, comme cession volontaire. La cession judiciaire n'est pas nécessairement indivisible. Chaque créancier a le droit de s'y opposer par des raisons particulières ; ainsi, une clause d'exclusion ne peut être invoquée que par celui contre lequel elle existe. —V. *sup.*, n° 14.

Pour la négative, on répond avec raison : Si l'opposition à la demande en cession est relative de la part des créanciers, les effets du jugement n'en sont pas moins indivisibles. Ainsi, l'opposition d'un seul créancier, reconnue fondée, suffit pour empêcher la cession de biens. Si le jugement est réformé en appel, ses effets tomberont à l'égard de tous. Il sera complétement anéanti. L'appel profiterait donc à tous. On ne comprendrait pas que le jugement de cession eût effet à l'égard de quelques créanciers et non à l'égard de quelques autres. Il frappe tous les biens du débiteur et permet de les vendre. Cet effet, conservé à l'égard de quelques-uns, priverait ceux qui en ont obtenu la réformation, de toute autre garantie que la contrainte par corps. — V. d'ailleurs *Appel*, n° 380.

39. *Réitération.* —Le débiteur est tenu de réitérer sa cession en personne, et non par procureur (même s'il est détenu), ses créanciers appelés, à l'audience du trib. de commerce de son domicile, et, s'il n'y en a pas, à la maison commune, un jour de séance. Dans ce dernier cas, la déclaration du débiteur est constatée par procès-verbal de l'huissier signé du maire. C. pr. 901.

40. Si le débiteur est détenu, le jugement ordonne son extraction avec les précautions en tel cas requises. C. pr. 902. — V. *Contrainte par corps.*

41. L'extraction a lieu par l'entremise d'un huissier (commis. Arg. tar. 65), qui dresse procès-verbal de la sortie de prison, de l'acte de réitération et de la rentrée. Tar. 65.

42. Si le débiteur est dans l'impossibilité absolue de se présenter à l'audience, on commet un juge pour aller recevoir sa réitération. Arg. C. civ. 496 ; C. pr. 1035. —Il est de l'intérêt des créanciers qu'elle ait lieu promptement ; les biens ne peuvent être vendus avant qu'elle soit faite. Pigeau, 2, 606 ; Chauveau sur Carré, n° 3050 *bis.*

43. On peut appeler du jugement qui, en donnant au demandeur en cession un délai pour produire ses registres au greffe, lui accorde un sauf-conduit pour se présenter en personne à l'audience. Un jugement préparatoire sur l'objet principal de la contestation est susceptible d'appel dans les dispositions définitives qu'il renferme ; et, dans l'espèce, le jugement est définitif, en ce qu'il met provisoirement le débiteur à l'abri de la contrainte par corps. Trèves, 24 fév. 1808, P. 6, 530. — V. toutefois *inf.*, n° 50.

44. Le jugement qui admet au bénéfice de cession n'est pas nul pour n'avoir pas ordonné la comparution du débiteur à l'audience, afin d'y réitérer sa cession en personne, alors surtout que le débiteur offre de remplir cette formalité. Colmar, 17 janv. 1812, S. 14, 22.

45. La réitération de la cession de biens faite par le débiteur à l'audience, ne constitue pas une exécution du jugement, qui emporte acquiescement, à l'égard des créanciers qui n'ont pas été présents, et qui puisse faire rejeter l'appel par eux interjeté le jour même de la réitération. Nîmes, 10 janv. 1811, P. 9, 22.

46. Les nom, prénoms, profession et demeure du débiteur sont insérés (pendant un an. Arg. C. pr. 872. Carré, n° 3051 ; Pigeau, 2, 420 ; Thomine, 2, 524 ; A. Dalloz, *hoc v°*, n° 89.) dans un tableau public à ce destiné, placé dans l'auditoire du trib. de comm. de son domicile, ou du trib. de 1re inst., qui en fait les fonctions, et dans le lieu des séances de la maison commune. C. pr. 903.

47. Cet extrait est rédigé par un avoué. Tar. 92.

48. Il est inséré dans un journal. Tar. 92.

49. Le débiteur en retard de réitérer sa cession peut-il être emprisonné par ses créanciers, nonobstant le jugement ? Le bénéfice du contrat judiciaire ne peut lui être enlevé que par un nouveau jugement. Les créanciers devraient donc le sommer de faire sa réitération dans un certain délai, et l'attaquer devant le trib., pour voir dire qu'il a perdu le bénéfice du jugement qui admettait la cession. — *Contrà*, Demiau, p. 607.

50. Mais tant que le débiteur n'a pas réitéré sa cession, — il ne peut obtenir son élargissement. Toulouse, 30 avr. 1821, Dev. 6, 410 ; Coin-Delisle, *Contrainte par corps*, n° 103. Il conserve l'administration de ses biens. Conséquemment il peut exercer les actes conservatoires de ses droits et faire écrouer son propre débiteur.

51. *Effets.* La cession de biens admise par jugement et suivie de réitération a pour effets :

1° D'affranchir le débiteur de la contrainte par corps. C. civ. 1270 ;

52. 2° De le priver du droit de cité. Constit. 22 frim. an 8, art. 5. — Mais il conserve le droit d'ester en jugement. Bruxelles, 25 mai 1822, P. 17, 385.

53. 3° De permettre aux créanciers de vendre ses biens et d'en percevoir les revenus jusqu'à la vente. C. civ. 1269.

54. 4° De libérer le débiteur jusqu'à concurrence de la valeur des biens abandonnés. C. civ. 1270.

S'il lui en survient d'autres, il est obligé de les abandonner jusqu'au parfait payement. *Ib.*

A plus forte raison les biens échus au débiteur, pendant l'instance, doivent-ils être compris dans la masse abandonnée aux créanciers. Cass. 2 déc. 1806. — V. Grenoble, 20 juill. 1843.

55. Il n'y a pas lieu à nommer un curateur aux biens du débiteur admis à la cession; c'est aux créanciers eux-mêmes que la loi donne le pouvoir de vendre et administrer les biens; ils peuvent, au reste, nommer un mandataire. Toullier, 7, 268; Carré, *Ib.*

56. En cas de difficulté sur le choix, le plus diligent des créanciers assigne les autres et le trib. nomme l'un d'eux mandataire. Chauveau sur Carré, n° 3052.

En cas de négligence, tout créancier pourrait demander la subrogation, ou intervenir à ses frais pour surveiller les opérations. Chauveau, *Ib.*

57. Les créanciers répondent des actes du mandataire envers le débiteur. Toullier, 7, 268; Carré, n° 3051.

58. La vente des biens meubles et immeubles du débiteur a lieu avec les formes prescrites aux héritiers bénéficiaires. C. civ. 1269; C. pr. 904. — V. *Vente judiciaire*, § 4.

59. Les créanciers peuvent, comme exerçant les droits de leur débiteur, poursuivre individuellement le débiteur de ce dernier. Arg. C. civ. 1166. Lyon, 8 déc. 1824, P. 18, 1199.

60. La cession de biens n'empêche pas les créanciers qui ont obtenu hypothèque antérieurement, de prendre inscription depuis. L'art. 2146 C. civ. ne prohibe cette inscription que dans le cas de faillite. Il ne peut être étendu. Jusqu'à la vente des immeubles, tout est en suspens; prendre ou renouveler une inscription, c'est faire un acte conservatoire. Chauveau sur Carré, 3045 *ter*; Troplong, *Hypoth.*, n° 662. — *Contrà*, Tarrible, *R.* v° *Inscription*, § 4, n° 6; Dalloz, 236, n° 11; Grenier, 1, n° 124.

61. L'admission de la cession de biens n'est pas une fin de non-recevoir contre la demande d'un créancier en annulation de quelques actes du débiteur comme faits en fraude de ses droits. Pardessus, n° 1329.

62. *Enregistrement.* — La cession de biens ne transfère pas la propriété aux créanciers; elle ne dispense donc pas les héritiers du cédant de payer, après sa mort, le droit de mutation, si les biens cédés n'ont pas encore été vendus au profit des créanciers. Arg. C. civ. 1269. Cass. 27 juin 1809, S. 10, 254.

63. Toutefois, si une cession volontaire avait transféré la propriété des biens au créancier, le droit de dation en payement serait dû par le créancier. Aucun droit ne serait à la charge des héritiers du cédant. Cass. 30 janv. 1809, Dev. 3, 11.

Formules.

FORMULE I.

Demande en cession.

(C. pr. 899, 900. — Arg. Tarif, 29. — Coût, 2 fr., orig. 50 c., copie.)

L'an   , le.   (— V. *Ajournement*, formule II.)

Pour, attendu que le sieur M.   , afin de satisfaire à la loi sur la cession, a déposé au greffe du trib. de 1re inst. du   , et par acte du   , dont est, avec celle des présentes, donné copie, son bilan et ses titres actifs; — Attendu que ses malheurs et sa bonne foi lui donnent droit d'être admis au bénéfice de cession;

Voir dire et ordonner qu'il lui sera donné acte de la cession et de l'abandon qu'il entend faire à ses créanciers de tous ses biens, meubles et immeubles, le tout détaillé dans son bilan : lequel bilan il offre d'affirmer sincère et véritable, comme aussi qu'il n'a détourné ni fait détourner directement ou indirectement aucun de ses biens ni effets, aux offres que fait le sieur M.   , de réitérer ses cession et abandon, en présence de ses créanciers, ou eux dûment appelés, au tribunal de commerce de

Et voir dire et ordonner pareillement qu'après l'observation de ces formalités, ledit sieur M.   sera et demeurera déchargé de toutes poursuites et contraintes par corps prononcées ou à prononcer contre lui au profit de qui que ce soit pour raison des dettes passives énoncées audit bilan;

Ordonner que le jugement à intervenir sera exécuté par provision nonobstant opposition et appel et sans y préjudicier;

Et pour, en outre, répondre et procéder comme de raison, à fin de dépens, et j'ai, à chacun des susnommés, en leurs domiciles et parlant comme dessus, laissé copie certifiée, etc., de l'acte de dépôt susénoncé et du présent exploit dont le coût est de   (*Signature de l'huissier.*)

FORMULE II.

Acte de dépôt du Bilan au greffe.

L'an.....   le.....   au greffe du tribunal civil de 1re instance de   etc. A comparu Me   , avoué près ce tribunal, et du sr.... (*nom, prénoms, profession*) demeurant à....   , lequel a déposé entre nos mains conformément à l'art. 898, C. pr. : 1o un état sur   feuilles, au timbre de....   en date du   enregistré, contenant le bilan de l'actif et du passif du sr   par lui certifié sincère et véritable; 2o (*énumérer les titres et registres, s'il y en a*). Du quel dépôt, effectué au nom du sr   pour parvenir à être admis au bénéfice de cession, le comparant a demandé acte que nous lui avons donné, et a signé, après lecture, avec nous greffier.   (*Signatures.*)

FORMULE III.

Sommation aux créanciers d'être présents à la réitération de la cession au tribunal de commerce.

(C. pr. 901. — Arg. Tarif, 29. — Coût, 2 fr. orig., 50 c. copie.)

L'an, etc.   à la requête du sieur M. j'ai   (*immatricule de l'huissier*), soussigné signifié et avec celle des présentes laissé copie (*aux créanciers*),

D'un jugement rendu en la 2ᵉ ch. du trib.　　　, enregistré, etc.
signifié à avoué le　　　, par lequel l'exposant a été admis au bénéfice de cession, à la charge de réitérer cette cession au trib. de comm.; à
te que du contenu audit jugement les susnommés n'ignorent et à pareilles
requêtes, demeure, élection de domicile que dessus, j'ai, huissier susdit et
soussigné, fait sommation aux susnommés en leurs domiciles, et parlant
comme dessus, de comparaître le　　　(heure de), à l'audience du trib.
de comm. de　　　, séant à　　　, pour, si bon leur semble,
être présents à la réitération de la déclaration de cession de ses biens, à
laquelle il a été admis par le jugement susénoncé, leur déclarant qu'il sera
procédé à tout ce que dessus, tant en absence qu'en présence et j'ai, à chacun
des susnommés, en son domicile, et parlant comme dessus, laissé une
copie certifiée du jugement susénoncé et du présent exploit dont le coût est
de　　　　　　　(*Signature de l'huissier.*)

FORMULE IV.

Procès-verbal de réitération de cession à la maison commune.

(C. pr. 901. — Tarif, 64. — Coût, 4 fr.)

L'an　　　, heure de　　　, à la requête du
sieur (*nom, prénoms, profession*), demeurant à　　　, lequel fait élection
de domicile en sa demeure,
　Je soussigné, commis à cet effet par le jugement ci-après énoncé, me suis
transporté avec le sieur M.　　　, à la maison commune de　　　,
un jour de séance, et par-devant monsieur le maire de ladite commune,
pour, par le sieur M.　　　, réitérer, aux termes
de la loi, la cession de biens à laquelle il a été admis par jugement du tribunal de　　　, en date du　　　, rendu entre ledit sieur M.
et ses créanciers; ledit jugement dûment enregistré et signifié aux créanciers
qui y sont parties, avec sommation de comparaître à ces jour, lieu et heure,
pour être présents, si bon leur semblait, à la réitération de la cession qu'entendait faire le sieur M.　　　, aux termes du jugement susdaté,
avec déclaration qu'il y serait procédé tant en absence qu'en présence.
　Et, après avoir attendu depuis　　　heure jusqu'à　　　heure
sonnée, sans qu'aucun des créanciers dudit sieur M.　　　se soit
présenté, le sieur M.　　　m'a requis de donner défaut contre eux,
ce que j'ai fait; et il a ensuite déclaré à haute et intelligible voix, ses nom,
prénoms, qualités et demeure, et qu'il réitérait la cession de biens à laquelle il avait été admis par jugement du　　　. Ce fait, j'ai
dressé du tout le présent procès-verbal, qui a été signé par M. le maire,
ledit sieur M.　　　, et moi, huissier. Le coût du présent est de
　　　　　　　(*Signatures.*)

FORMULE V.

Extrait du jugement qui admet au bénéfice de cession.

(C. pr. 903. — Tarif, 92. — Coût pour toutes les insertions, 6 fr.)

D'un jugement contradictoirement rendu par le trib. de　　　,
le　　　, dûment enregistré, scellé, collationné et
signifié,
　Il appert que le sieur Pierre-Alexandre M.　　　, sans profession, demeurant à　　　, a été admis au bénéfice
de cession, et qu'il a réitéré cette cession au trib. de comm. de　　　
le
　Pour extrait certifié sincère et véritable par moi, soussigné, avoué près le
trib. de 1ʳᵉ inst. de　　　, et du sieur M.
　　　　　　(*Signature de l'avoué.*)

CHALOUPE.—V. *Saisie de navires*, nᵒˢ 25 et 43.

CHAMBRE *des Avoués.* Réunion d'un certain nombre d'avoués nommés par leurs confrères pour représenter la corporation.

Il est établi près de chaque C. roy. et près de chaque trib. de 1ʳᵉ inst. une chambre des avoués, composée de membres pris dans leur sein et nommés par eux. Arrêté 13 frim. an 9, art. 1 —V. *Discipline*, *Arbitrage*, nᵒˢ 150, 161 et suiv.

CHAMBRE *du Conseil.* Lieu où les juges se retirent pour délibérer sur les causes plaidées à l'audience (C. pr. 116), ou sur celles qui sont instruites et jugées à huis clos (*ib.*, 87 93, 380, 861, 876), ou pour s'occuper de matières réglementaires ou disciplinaires.—V. *Discipline*, *Femme mariée*, *Récusation*.

En général, tous les jugements sur requête sont prononcés en la chambre du conseil. — V. *Acte respectueux*, nᵒ 23; *Actes de l'état civil*, nᵒ 65; *Adoption*, nᵒ 16; *Aliéné*, nᵒ 12; *Appel*, nᵒˢ 485, 603; *Audience*, nᵒ 6; *Scellés*, nᵒ 94.

CHAMBRE *de Discipline.*—V. *Discipline.*

CHAMBRE *garnie.*—V. *Juge de paix.*

CHAMBRE (*première*). — V. *Audience*, nᵒ 12.

CHAMBRES *réunies.*—**1.** *Cours royales.* Réunies en assemblée générale, en la chambre du conseil; elles prononcent les peines disciplinaires contre les juges et officiers du ministère public. Décr. 20 avr. 1810, art. 52; ordonn. 20 nov. 1822, art. 27. — Et contre les avocats. Cass. 18 sept. 1823, S. 24, 101.

Elles désignaient chaque année les journaux pour l'insertion des annonces judiciaires. — V. *Insertion.*

2. L'assemblée générale de la C. roy. doit, à peine de nullité, être composée d'un nombre de magistrats tel que chacune des chambres qui concourt puisse elle-même réunir le nombre de magistrats nécessaire pour sa composition légale. Cass. 8 août 1831, S. 31, 393.

3. *Cour de cassation.*—V. *Audience solennelle*, nᵒ 13; *Cassation.*

CHAMBRE *temporaire.*—V. *Organisation judiciaire.*

CHAMBRE *des Vacations.* C'est une portion de la C. ou du trib. qui siège pendant les vacances pour l'expédition des affaires *sommaires*, et de celles qui requièrent célérité. Décr. 30 mars 1808, art. 44, 78.—V. *Matière sommaire; Vacations.*

CHAMPART.—V. *Action possessoire*, 116, 219.

CHAMPS (*Dommage aux*). — V. *Juge de paix.*

CHANCELIER. — V. *Garde des sceaux.*

CHANCELIER *du consulat.* — V. *Ministre public.*

CHANGE. — V. *Acte de commerce*, n° 189 ; *Agent de change*, *Banquier*, *Effet de commerce*, *Monnaie.*

CHANGEMENT *de domicile.* — V. *Domicile.*

CHANGEMENT D'ÉTAT. — V. *Reprise d'instance.*

CHANGEMENT *de noms.* — V. *Nom.*

CHANGEMENT *de résidence.* — V. *Résidence.*

CHAPELLE. — V. *Action possessoire*, n° 71.

CHARGE *de prouver.* — V. *Action*, n° 73 ; *Aveu*, n° 13.

CHARGES. — V. *Surenchère*, *Ventes.*

CHARRON. — V. *Acte de commerce*, n° 83.

CHARRUES.

1. Elles sont immeubles par destination quand elles ont été placées par le propriétaire pour le service et l'exploitation du fonds. C. civ. 524. — V. *Saisie immobilière*, n° 45.

CHASSE. — V. *Action possessoire*, n° 105.

CHEF *d'atelier.* — V. *Prud'homme.*

CHEF *d'institution.* — V. *Acte de commerce*, n° 69.

CHEF-LIEU. — V. *Avoué*, n° 51 et 106.

CHEFS DISTINCTS. — V. *Acquiescement*, n° 129 et s. ; *Appel*, n° 40, 467, 505, 678 ; *Arbitrage* ; *Aveu*, n° 23 ; *Cassation*, *Jugement.*

CHEMIN. — V. *Action poss.* ; *Expropriation*, 5619 ; 6598.

CHEMIN *de fer.* — V. *Acte de commerce* ; *Compétence* ; *Enquête*, 359 ; *Exploit*, 346 ; *Expropriation* ; *Société.*

CHEPTEL. — V. *Acte de commerce*, n° 90 et suiv. ; *Saisie-exécution*, n° 33 et suiv. ; *Saisie-gagerie*, n° 9 ; *Saisie immobilière*, n° 185.

CHEVAL. — V. *Acte de commerce*, n° 64 ; *Rédhibitoire (vice)*.

CHIFFRE. — V. *Abréviation*, n° 3 ; *Date*, *Exploit*, *Lettre*, *Ligne*, *Surenchère*, n° 74.

CHIROGRAPHAIRE (*Créancier*). Créancier qui n'a point d'hypothèque. — V. *Ordre.*

CHOCOLAT. —V. *Vente de marchandises neuves*, n° 26.

CHOIX. —V. *Action*, n° 82; *Commissaire priseur, Notaire.*

CHOSE JUGÉE. C'est ce qui est décidé par un jugement qui ne peut plus être attaqué par aucune voie ordinaire.

L'autorité de la chose jugée n'a lieu qu'à l'égard de ce qui fait l'objet du jugement. Il faut que la chose demandée soit la même, que la demande soit fondée sur la même cause, que la demande soit entre les mêmes parties, et formée par elles et contre elles en la même qualité. C. civ. 1351. —V. *Jugement.*

CHOSE NON DEMANDÉE. —V. *Requête civile.*

CIMETIÈRE. —V. *Action possessoire*, n° 76.

CIRCONSTANCES ET DÉPENDANCES. Accessoires de la chose. Se dit surtout de ce qui fait partie d'un immeuble, et dispense des détails d'intérieur, s'il s'agit de la vente d'une maison. —V. *Saisie immobilière*, nᵒˢ 185 et 527.

CIRCONSCRIPTION. —V. *Compétence.*

CIRCUIT D'ACTIONS. Cette expression indique le recours que dirigent successivement l'une contre l'autre des parties tenues conjointement ou solidairement. — V. *Exception.*

CIRCULAIRE. Les circulaires, comme les *avis imprimés* (—V. ce mot) sont soumises au timbre; mais celles qu'un officier ministériel adresse pour donner connaissance de sa nomination, de la prestation de son serment, et de sa demeure, en sont exemptes. Délib. rég. 7 avr. 1824.

CIRCULAIRE MINISTÉRIELLE. Instruction en forme de lettre, adressée par les ministres aux divers fonctionnaires de leur département. — Ces circulaires, expression de l'opinion particulière du ministre de qui elles émanent, n'ont point de caractère légal: c'est ce qui a été reconnu, notamment à l'égard d'une circulaire du 21 fév. 1817, relative aux ventes d'offices. Cass. 11 juin 1816, 20 juin 1820, et 28 fév. 1828. —V. *Office.*

CIRE. —V. *Acte de commerce*, n° 66.

CITATION. Assignation à comparaître devant un juge de paix, ou devant une chambre de discipline.

1. Le mot *Citation*, dérivé du mot latin *citò*, s'applique plus particulièrement aux assignations qui ne comportent qu'un court délai. Thomine, 1, 48.

2. On distingue trois espèces de citations, savoir: 1° la citation donnée devant le juge de paix pour les matières de sa com pétence. — V. le mot suivant; — 2° celles pour comparaître devant le juge de paix tenant le bureau de conciliation. — V. *Conciliation*; — 3° enfin, celles données devant une chambre de *discipline*. — V. ce mot.

3. La citation n'est pas indispensable : les parties peuvent se présenter volontairement devant le *Juge de paix* (— V. ce mot) et lui demander jugement.

CITATION *au tribunal de paix.*

Table sommaire.

1. La citation devant le juge de paix, dans les causes de sa compétence, est, en général, soumise aux mêmes règles que l'ajournement; les mêmes motifs les ont fait établir, sauf quelques modifications qui tiennent à la nature spéciale de l'institution des justices de paix. Ainsi, la modicité des intérêts, le peu de difficultés des questions qui s'agitent en général devant cette juridiction, réclamaient des formes plus simples, plus rapides, moins dispendieuses que celles qui sont exigées devant les tribunaux ordinaires, et une exécution moins rigoureuse des prescriptions de la loi. — V. *inf.*, n° 2.

2. L'omission des formalités prescrites pour la citation entraîne-t-elle nullité?

Il faut distinguer : 1° entre les formalités spéciales à la citation et celles communes à tous les exploits ; 2° entre le cas où le défendeur comparaît et celui où il ne se présente pas.

L'omission des formalités spéciales à la citation ne vicie point cet acte; la nullité n'ayant pas été prononcée par le Code de procédure pour ce cas, comme pour celui de l'*ajournement* (—V. ce mot), le juge de paix ne peut pas la suppléer. Arg. C. pr. 5, 1030; Carré. 1, 5.

Mais la citation n'est pas valable si l'omission est de nature à faire perdre à l'acte son caractère légal. Si, par exemple, elle n'est pas signée de l'huissier; dans ce cas, en effet, il n'y aurait pas de citation. La citation est un exploit, et, comme telle, elle est soumise aux formalités générales prescrites pour cette sorte d'actes. Thomine, art. 1.

Toutefois, si le défendeur comparaît, il ne peut demander la *nullité* de la citation; le fait de sa comparution prouve qu'il a été averti: en cette matière, *point de nullités sans griefs.*

Dans le cas de non-comparution, le juge de paix se borne à ordonner que le défendeur soit réassigné. Le demandeur supporte les frais de la première citation. Arg. C. pr. 5; Berriat, p. 129; Merlin, *Rép.*, v° *Nullité*, Chauveau sur Carré, n° 5 *bis*.

Mais si, à la date de la seconde citation, une prescription ou une déchéance est encourue par le demandeur, le défendeur peut avec succès en tirer avantage.

3. *Mentions que la citation doit contenir.* L'art. 1 C. pr. détermine les différentes mentions que la citation doit spécialement contenir; ce sont: 1° *La date des jour, mois et an* (—V. *Exploit*). L'indication de l'heure de la signification est inutile.

4. 2° *Les noms, profession et domicile du demandeur.* — V. *Exploit.*

5. 3° *Les noms, demeure et immatricule de l'huissier.* — V. *Ibid.*

6. 4° *Les noms et demeure du défendeur.* — V. *Exploit.*

L'énonciation des prénoms du défendeur n'est point exigée; — à moins qu'il n'y ait plusieurs parents du même nom dans la localité: les indications doivent être telles qu'il n'y ait aucune équivoque.

Lorsque le domicile du défendeur est ignoré du demandeur, la citation est régulièrement faite au lieu de la demeure de la partie citée.

7. La mention du nom de la personne à laquelle la copie est laissée n'est pas expressément exigée, comme en matière d'ajournement; mais il ne faut pas en conclure qu'elle ne doive pas avoir lieu: c'est une partie intégrante de tout exploit; sans elle, rien ne prouverait que le défendeur a reçu la citation. Carré art. 1; Levasseur, *Manuel des Justices de paix*, n° 76.

Le juge de paix devrait donc ordonner la réassignation.

8. 5° *L'énonciation sommaire de l'objet et des moyens de la demande.* — V. *Ajournement*, n°s 75 et suiv.

A l'audience, le demandeur explique sa réclamation; mais il ne peut, sous prétexte de développement, former une demande nouvelle, à moins que le défendeur n'en accepte la discussion.

9. La signification des pièces à l'appui de la demande ordonnée en matière d'ajournement par l'art. 65, n'est pas exigée pour les citations : l'économie dans les frais, qui est de l'essence de la procédure en justice de paix, rendait cette disposition inutile. D'ailleurs, les causes à porter devant ce tribunal sont ordinairement simples ; les parties peuvent prendre, à l'audience même, communication des pièces dont le demandeur veut faire usage ; et souvent aussi la contestation n'est appuyée sur aucun document écrit — *Contrà* Chauveau sur Carré, n° 4 *bis.*

10. 6° *L'indication du juge de paix qui doit connaître de la demande.* C. pr. 2. — V. *Ajournement.*, n° 72 ; *Juge de paix.*
Il n'est pas nécessaire de l'indiquer par son nom ; il suffit de dire devant M. le juge de paix de tel canton.

11. 7° *Enfin, l'indication du jour et de l'heure de la comparution.* La mention corrélative dans l'ajournement n'a pas besoin d'être positive ; il suffit d'indiquer, dans ce dernier cas, le délai fixé pour comparaître (C. pr. 61-4°). Un double motif justifie cette différence : d'abord les juges de paix peuvent indiquer pour leurs audiences tel jour et telle heure que bon leur semble (C. pr. 8) ; ces audiences ne sont pas invariablement fixées comme le sont ordinairement celles des tribunaux. En second lieu, les parties ignorent le plus souvent le jour d'audience ; elles ne sont pas dans la nécessité de se faire représenter par un officier public, comme dans le cas d'une demande devant un tribunal de première instance ; elles pourraient être exposées, soit à ne pas se présenter, soit à se déranger inutilement. Il faut donc avoir soin de mentionner dans la citation le jour de la comparution, et même l'heure, encore bien qu'elle soit donnée pour comparaître à l'audience ordinaire. L'art. 1 ne fait aucune distinction. Carré, art. 1. — *Contrà*, Delaporte, *Comm.*, t. 1, p. 3.

L'expression vague : *à comparaître dans les délais de la loi*, que la jurisprudence déclare suffisante pour *l'ajournement* (—V. ce mot, n° 37), serait une irrégularité dans une citation. Carré, *ib.* — Si le défendeur faisait défaut, le juge de paix devrait ordonner la réassignation.

12. Le délai de la citation est ordinaire ou extraordinaire.
Ordinaire. C'est celui qui s'observe dans presque toutes les affaires. Il est d'un jour *franc* (C. pr. 1033), c'est-à-dire qu'il doit y avoir un jour au moins entre celui de la citation et celui indiqué pour la comparution. C. pr. 5-1°.

13. Cependant il y a augmentation de délai lorsque le défendeur demeure au delà de trois myriamètres de distance du lieu de la comparution (C. pr. 5-2°, 1033. — V. *Ajournement*, n° 47 et suiv.), quand même l'huissier remettrait la copie au défendeur lui-même, qu'il rencontrerait, soit au lieu où il doit comparaître, soit dans un rayon de trois myriamètres. — V. *Ib.* n° 51.

14. A plus forte raison, la même augmentation aurait-elle lieu si la partie citée demeurait hors de France. On suivrait alors l'art. 73 C. pr. (Art. 2804 J. Pr.).

15. En cas d'augmentation de délai à raison de la distance, si le nombre de myriamètres, divisé par trois, donne une fraction restante, cette fraction doit-elle motiver l'allocation d'un jour supplémentaire ? — V. *Ib.* n° 50.

16. Un délai plus long que celui fixé par l'art. 5 C. pr. peut être indiqué dans la citation; le demandeur y est autorisé par les expressions de l'article : *il y aura un jour au moins;* d'ailleurs le défendeur ne peut s'en plaindre. — V. *Ajournement*, n° 43.

17. Mais si les délais n'ont point été observés, et que le défendeur ne comparaisse pas, le juge ordonne qu'il sera réassigné, et les frais de la première citation sont à la charge du demandeur. C. pr. 5.

18. L'irrégularité de la citation est couverte par la comparution du défendeur; seulement il peut demander une remise en justifiant que le temps lui a manqué pour préparer ses moyens de défense, et se procurer les pièces nécessaires.

19. *Le délai extraordinaire* a lieu dans les cas urgents.

Le juge donne alors une *cédule* (— V. ce mot) pour abréger les délais, et peut permettre de citer même dans le jour et à l'heure indiqués (C. pr. 6), encore bien que ce jour soit férié, ou que la signification doive se faire à une heure de nuit. C. pr. 8, 1037.

20. Plusieurs formalités sont encore prescrites pour la validité des ajournements; mais le Code n'a pas cru devoir les rendre obligatoires pour la simple citation.

Ce sont : 1° la constitution d'avoué : elle est inutile;

2° L'élection de domicile pour le demandeur : elle n'est pas nécessaire : elle serait sans importance à cause de la rapidité et de la simplicité de la marche de la procédure en justice de paix; les parties sont toujours en présence et agissent personnellement; toutefois dans la pratique on fait cette élection de domicile;

3° Le coût de la citation. Chauveau sur Carré, n° 4 *bis*. — *Contrà*, Pigeau, 1, 3. Cependant il convient de l'indiquer, cette mention devant être faite dans les exploits (Arg. C. pr. 67), à peine de 5 fr. d'amende contre l'huissier, payables en même temps que l'enregistrement. — V. *Exploit*.

21. *Signification de la citation.* La citation est signifiée par un huissier exerçant dans le canton où est domicilié le défendeur. L. 25 mai 1838, art. 16 (Art. 1166 J. Pr.)

Les villes divisées en plusieurs justices de paix sont considérées comme ne formant qu'un même canton. Circulaire garde des sceaux, 6 juin 1838 (Art. 1169 J. Pr.).

22. Il est *interdit* aux huissiers de donner aucune citation en justice de paix sans qu'au préalable le juge de paix n'ait appelé les parties devant lui au moyen d'un *avertissement*. L. 2 mai 1855, art. 2. (5898). — V. ce mot.

Toutefois la citation devant le bureau de paix peut être donnée sans avertissement préalable. Nîmes, trib. 16 déc. 1857 (7113).

23. Le juge de paix peut défendre à l'huissier contrevenant de citer devant lui pendant un délai de 15 jours à trois mois. A rg' L. 25 mai 1838, art. 19.

24. Cette peine est prononcée sans appel et sans préjudice de l'action disciplinaire du trib. et des dommages-intérêts des parties s'il y a lieu. *Ib.* art. 19.

25. Le juge de paix est seul compétent pour décider s'il y avait *péril en la demeure*, et si l'on a pu donner une citation sans qu'un avertissement préalable ait été adressé au défendeur; l'huissier doit donc le consulter toutes les fois qu'un cas lui paraît urgent et qu'il a le temps de prendre son avis; mais si ce temps lui manque, si, par exemple, il s'agit d'interrompre une prescription sur le point de s'accomplir, il doit apprécier lui-même l'urgence et signifier immédiatement la citation, s'il y a lieu. Dans ce cas la justification se trouvant dans les faits mêmes qui caractérisent l'urgence, c'est seulement à lui à les bien peser et à n'engager qu'avec discernement sa responsabilité.

26. Au reste, le défaut d'avertissement préalable n'entraîne pas la nullité de l'exploit. Chauveau sur Carré, n° 5 *quater*; Victor Foucher, n°ˢ 476 à 486.

27. La citation donnée par un huissier étranger au ressort est valable; mais l'huissier peut être condamné à l'amende par le tribunal civil, et en outre suspendu du droit de citation. — pendant un délai de quinze jours à trois mois (—V. *sup.*, n° 23). —Discussion à la Ch. des députés. *Moniteur* du 26 avr. 1838, p. 1029.—V. Cass. 16 janv. 1844 (art. 2732 J. Pr.)

28. Si tous les huissiers du canton se trouvent empêchés, le juge de paix en commet un autre parmi ceux qui résident dans l'arrondissement. C. pr., art. 4.

29. L'empêchement peut avoir pour cause : 1° la suspension, et l'interdiction de l'huissier.

2° Sa parenté à un certain degré ou son alliance avec le demandeur (—V. *Exploit*). L'huissier ne peut instrumenter pour ses parents et alliés en ligne directe à l'infini, comme lorsqu'il s'agit d'ajournement. C. pr. 4. — En ligne collatérale, la prohibition est moins étendue que celle faite aux huissiers ordinaires; elle est restreinte aux frères, sœurs et alliés au même degré. Cette différence vient de ce que les affaires de la compétence des juges de paix étant généralement peu importantes, il y a moins à redouter que la bienveillance de l'huissier pour le demandeur le porte à manquer à ses devoirs. En outre, dans beaucoup de circonstances, il serait empêché d'exercer ses fonctions, à cause du grand nombre de parents qu'il pourrait avoir dans le canton, et l'obligation de faire commettre un autre huissier donnerait lieu à des retards et à des dépenses inutiles.

30. L'*alliance* détruite, l'incapacité qu'elle avait produite lui survit-elle? — V. ce mot, n° 3.

Peut-il exister d'autres espèces d'incapacités pour cause de suspicion légitime de bienveillance envers le demandeur? — V. *Exploit, Huissier.*

31. Dans le cas où il est nécessaire de faire commettre un huissier, c'est au juge de paix du domicile de la partie défenderesse qu'il faut s'adresser. Ce juge peut seul, en effet, permettre d'exploiter dans le ressort de sa juridiction, et d'ailleurs, le juge qui doit connaître de la difficulté est présumé ignorer les noms des huissiers étrangers à son canton.

La commission doit au surplus être toujours donnée par écrit. Carré, art. 6. — *Contrà*, Demiau.

32. Quant aux jour et heure auxquels peut se faire la signification, il faut suivre les règles générales. — V. *Exploit.*

Le juge peut néanmoins autoriser l'huissier à notifier sa citation un jour férié, ou après l'heure légale. C. pr. 6, 1037.

33. *A qui doit être faite la signification?* Elle doit l'être au défendeur, s'il a capacité pour répondre à la demande, ou, s'il est incapable, à son représentant. — V. *Exploit.*

34. Copie en est laissée à la partie citée (C. pr. 4) ou à chacune des parties citées, si elles sont plusieurs. — V. *Ib.*

35. La signification est faite à personne, ou à domicile. C. pr. 68.

36. Si l'huissier ne trouve au domicile de la partie citée aucune des personnes ayant caractère ou capacité pour recevoir la copie, il la remet au maire ou à l'adjoint de la commune qui vise l'original sans frais. C. pr. 4. — V. *Ib.*

L'art. 5 L. 1790 ordonnait, dans ce cas, d'afficher copie de la citation à la porte de la maison du défendeur; mais l'expérience a démontré le peu d'efficacité de cette mesure.

L'art. 4 C. pr. diffère de l'art. 68, en ce que l'huissier, avant de faire la remise au maire ou à l'adjoint, n'est pas obligé de la présenter au voisin. Pigeau, *Com.* 1, 13; Chauveau sur Carré, n° 15.

En est-il de même pour les autres significations en matière de justice de paix; par exemple pour les citations à témoins, à experts, pour les significations de jugements rendus par un juge de paix, pour les citations en conciliation? — Nous le pensons. L'art. 4, spécial à la matière des justices de paix, nous paraît devoir faire règle ici plutôt que l'art 68 placé au titre *des ajournements* devant les trib. civils. Aussi tous les auteurs, pour les formalités de la citation en conciliation, renvoient-ils aux art. 1 et 4 du C. de Pr. — V. *Conciliation*.

37. Si le maire, l'adjoint ou le membre du conseil municipal, auquel la copie est présentée refuse de viser l'original, l'huissier la remet au procureur du roi, qui appose alors son visa. — V. *Ib.*; Carré, art. 4.

38. Le titre 1 C. pr., *des Citations*, ne s'occupe pas du cas où le défendeur aurait à diriger une demande de la compétence du juge de paix contre l'État, le Trésor royal, les administrations ou établissements publics, les communes, les sociétés de commerce, les unions de créanciers, les personnes n'ayant ni domicile ni résidence connus en France, habitant le territoire français ou établies chez l'étranger. Dans ces différents cas, il faut faire la citation de la manière indiquée au titre de l'ajournement : c'est là que sont tracées les règles générales applicables à tous les exploits (— V. *Exploit*). Le juge de paix ne pourrait donner défaut au demandeur et lui adjuger ses conclusions, si une pareille citation était faite d'une autre manière que celle prescrite pour les ajournements, elle devrait être réputée n'exister pas. La loi, par un motif d'ordre public, exige, dans ces différentes circonstances, une forme spéciale.

39. *Effets de la citation.* — Ils sont les mêmes que ceux de l'ajournement. Ces deux actes sont effectivement de même nature, et doivent, dès lors, avoir les mêmes conséquences (— V. *Ajournement*, sect. IV), sauf quelques légères différences auxquelles donne naissance le caractère particulier de chacun de ces actes. — V. *Citation*, n° 3; *Juge de paix*.

40. *Enregistrement.* Le droit d'enregistrement des citations est d'un franc.

Il est dû plusieurs droits s'il y a plusieurs demandeurs ou défendeurs ayant des intérêts distincts. LL. 22 frim. an 7, 28 avr. 1816, art. 43, n° 13. — V. *Exploit*.

Formules.

FORMULE 1.

Citation devant le juge de paix.

(C. pr., 1. — Tarif, 21. — Coût 1 fr. 50 c., orig.: le quart pour chaque copie.

L'an   à la requête du sieur, *prénoms, nom, profession*, etc.
Lequel fait élection de domicile
J'ai   *(immatricule de l'huissier.)*

soussigné, cité le sieur   domicilié a   en son
domicile (1), où étant (2) et parlant à
   A comparaître le   onze heures du matin, devant M. le
juge de paix du   dans le local ordinaire de ses audiences,
sis à
   Pour, attendu que le requérant est créancier du sieur   d'une
somme principale de soixante-quinze francs, ainsi qu'il en sera justifié en cas
de déni, s'entendre condamner, mondit sieur   à payer au requérant ladite somme de soixante-quinze francs, et les intérêts tels que de
droit, et se voir en outre condamner en tous les dépens. A ce qu'il n'en
ignore, je lui ai, en son domicile susdit, étant et parlant comme ci-dessus,
laissé, sous toutes réserves, copie du présent. Le coût est de
                                             (*Signature de l'huissier.*)

   V. *Ajournement, aux formules*

FORMULE II.

Citation par huissier commis en vertu de cédule.

(Tarif 21 ; coût 1 fr. 50 c.)

   L'an   en conséquence de la cédule délivrée cejourd'hui par M. le juge de paix du   , etc., dont il est,
avec celle des présentes donné copie ;
   Et à la requête, etc.
   J'ai, soussigné, commis à cet effet par la cédule sus-énoncée, etc.
   Pour répondre et procéder sur et aux fins des conclusions contenues en la
cédule susénoncée; et j'ai, au susnommé, en son domicile et parlant comme
dessus,
laissé copie de ladite cédule et du présent, dont le coût est de
   V. *Cédule.*   (*Signature de l'huissier.*)

CITOYEN. Membre de la cité ou de l'État.

   1. La qualité de citoyen suppose celle de *Français*, acquise
soit par la naissance, soit par la naturalisation. — V. ce mot.

   2. On est citoyen dès l'âge de 21 ans.

   3. La qualité de citoyen français se perd par la naturalisation
en pays étranger; par l'acceptation de fonctions ou de pensions
offertes par un gouvernement étranger ; par l'affiliation à toute
corporation étrangère qui supposerait des distinctions de naissance ; par la condamnation à des peines afflictives et infamantes.
L. 22 frim. an 8, art. 4.

   4. L'exercice des droits de citoyen français est suspendu,
1° — par l'état de *faillite*, jusqu'à l'obtention du concordat, de
l'excusabilité, ou de la réhabilitation. Loi du 15 mars 1849, art. 3.
(Art. 4255 J. Pr.)

   5. 2° Par l'état d'interdiction. — **V.** d'ailleurs les différentes
causes qui privent du droit d'élection.

   6. La qualité de citoyen est nécessaire pour être témoin dans
un acte authentique. — V. toutefois *Saisie-exécution*, n° 104.

   —V. d'ailleurs *Agent de change*, n° 6 ; *Arbitrage*, n°s 197, 717.

---

(1) *Si le domicile de la partie citée est éloigné de la demeure de l'huissier de plus d'un demi-*
myriamètre, il le mentionne ainsi : En son domicile, distant de ma demeure, de
myriamètres, où je me suis exprès transporté, et où étant, etc.
(2) *En cas d'absence du défendeur, ou de ses parents et serviteurs, on met* : Où étant, et n'ayant
trouvé ni ledit sieur   ni aucun de ses parents et serviteurs, j'ai de suite remis
a copie à M. le maire (adjoint ou membre du conseil municipal)   parlant
                         et requérant visa qui a été apposé sur l'original,

CLAUSE *compromissoire.* — V. *Arbitrage*, n°ˢ 148 et 309.

CLAUSE DE VOIE PARÉE.

1. Cette clause est prohibée par l'art. 742 du nouveau Code de procédure. — V. *Saisie-immobilière*, n° 13.

2. Toutefois il a été jugé que cette clause, stipulée avant la loi du 2 juin 1841, a pu recevoir son exécution depuis. — V. *Ibid.*, n° 14.

Lors même qu'elle a été consentie comme condition de l'emprunt fait par un failli pour payer un immeuble par lui acquis depuis la faillite. Bordeaux, 21 août 1843 (Art. 2699, J. Pr.).

3. Le locataire peut s'opposer à la vente de ses meubles saisis-gagés tant que le saisissant n'a pas obtenu un jugement de validité, bien qu'il ait précédemment consenti par acte sous seing privé à ce que la vente ait lieu sans formalités de justice. — Trib. Caen, 1ᵉʳ mars 1844 (Art. 2767, J. Pr.).

CLERC. Celui qui travaille habituellement dans l'étude d'un officier ministériel ou d'un notaire.

Table sommaire.

Avoué, 4 et s.
Certificat, 5, 8, mentions, 9.
Chambre, 5.
Discipline, 14.
Étude, 2; changement, 13.
Exploit, 16.
Incompatibilité, 1, 17.
Inscription, 6; délai, 7; gratuite, 11; renouvellement, 12.

Pension, 18.
Préposé, 15 et s.
Prescription, 18.
Principal clerc, 10, 12.
Rapport à succession, 19
Responsabilité, 15.
Stage, durée, 3. Constatation, 14.
Travail habituel, 1.

1. Ne peut être considéré comme clerc celui qui travaille chez un officier ministériel, et exerce en même temps des fonctions étrangères, comme celles de secrétaire d'un établissement public, greffier de justice de paix ou huissier. Arg. Agen, 18 août 1824; Grenoble, 7 avril 1827, P. 22, 650.

2. Celui qui travaille *habituellement* pour un officier ministériel, mais hors de l'étude.

3. La durée et les conditions du stage varient selon que l'on se propose d'être *agent de change, avoué, commissaire-priseur, courtier, greffier, huissier* ou *notaire.* — V. ces mots.

4. *Stage pour être avoué.* Il est en général de cinq ans. — V. *Avoué*, n°ˢ 22 à 24.

5. La délivrance des certificats de moralité et de capacité appartient à la chambre des avoués. Arrêté du 13 frim. an 9, § 2.

Pour accomplir la mission qu'elle tient de la loi, elle ne doit attester que des faits à sa parfaite connaissance; conséquemment il est de son droit et de son devoir de prendre les moyens qui lui paraissent les plus sûrs pour recueillir et conserver des renseignements sur la conduite et sur le temps de travail des clercs depuis leur entrée dans les études.

Ces motifs ont déterminé la chambre des avoués de 1re instance du département de la Seine à prendre l'arrêté du 21 mars 1844 (Art. 2827 J. Pr.); nous en donnons l'analyse.

6. A Paris nul ne peut travailler dans une étude d'avoué de 1re instance, sans être inscrit sur un registre ouvert à cet effet à la chambre. Art. 1er.

A ce registre est annexée une table alphabétique des noms de tous les clercs inscrits. *Ib.*

7. L'inscription doit être faite dans la quinzaine de l'admission dans une étude. *Ib.*

8. Elle a lieu sur la présentation d'un certificat de l'avoué. *Ib.*

9. Le certificat énonce les nom, prénoms, domicile, âge et lieu de naissance du clerc, l'époque de son entrée dans l'étude et son grade. *Ib.*

10. Le grade de principal clerc ne peut être donné à deux clercs dans la même étude. Art. 3.

11. L'inscription est gratuite. Art. 1er.

12. Elle doit être renouvelée chaque année dans les mois de juin ou de juillet. Art. 2.

Ce renouvellement a lieu sur la présentation d'un certificat de l'avoué. *Ib.*

Il énonce le grade, s'il s'agit d'un principal clerc. *Ib.*

13. Le clerc qui change d'étude doit, dans la quinzaine, faire inscrire ce changement sur le registre et produire à l'appui un certificat de son nouveau patron. Art. 2.

14. Une double sanction assure l'exécution des dispositions précédentes :

1° Le stage ne peut être constaté que par les inscriptions prises à la chambre (*Ib.*, art. 4), dans la forme indiquée ci-dessus.

2° L'avoué qui a enfreint l'arrêté est passible d'une peine disciplinaire. Art. 6.

15. Les clercs sont les préposés de leur patron.

- Mais seulement dans les choses qui se rattachent directement et nécessairement à l'exercice de leur emploi. — Ainsi jugé à l'égard d'un *notaire.* — Paris, 24 juin 1837 (Art. 913, J. Pr.). —V. ce mot et *Responsabilité.*

16. La copie d'un exploit destiné au patron peut être remise à son clerc. — V. *Exploit.*

17. La qualité de clerc est incompatible avec la profession d'*avocat.* — V. ce mot, n° 165.

Elle crée d'ailleurs certains empêchements. — V. *Enquête*, *Huissier.*

18. Les pensions des clercs se prescrivent par un an : ils font un apprentissage dans le sens le plus relevé du mot, ils sont élèves, et leurs patrons qui président à leur instruction sont leurs maîtres. Arg. C. civ. 2272; Troplong, *Prescription*, n° 967.

19. Les frais faits par un clerc pendant son stage ne sont pas soumis au rapport à la succession du père. Duranton, 7,360.

20. Un clerc n'a pas de privilége pour son salaire. Bordeaux, 26 août 1856 (6287). — Il ne compte pas pour la prestation en nature due par le patron. Cons. d'État, 31 janvier 1856 (6338). — 7212.

CLIENT, CLIENTÈLE. Le mot *client* se disait, chez les Romains, de ceux qui se plaçaient sous le patronage des patriciens. Aujourd'hui l'on donne le nom de *client* aux parties qui confient leurs intérêts aux avocats, avoués ou autres officiers ministériels. On appelle *clientèle* l'ensemble des clients. — V. *Office*.

CLÔTURE. — V. *Action possessoire*, n° 80 ; *Juge de paix*.

CLÔTURE de compte. — V. *Compte*.

CLÔTURE d'inventaire. — V. *Inventaire*.

CLÔTURE d'ordre. — V. *Ordre*.

CODE DE COMMERCE. Recueil de lois sur le commerce.

Table sommaire.

1. Le Code de commerce, décrété et promulgué du 10 au 24 septembre 1807, n'a été déclaré exécutoire qu'à compter du 1er janvier 1808. Décr. 25 sept. 1807, art. 1.

Depuis cette époque, toutes les anciennes lois touchant les maières commerciales, et sur lesquelles il est statué par ce Code, ont été abrogées. *Ib.*, art. 2.

Mais les faits et actes commerciaux, antérieurs à cette époque sont restés régis par les lois anciennes. — V. *Effet rétroactif*.

2. Le Code de commerce a été modifié, notamment :

Par la loi du 28 avril 1838 sur les faillites (1160);

Celle du 11 juin 1854 sur les assurances (5801);

Les lois des 17 juillet 1856 et 23 mai 1863 sur les sociétés et le gage commercial. — V. *Arbitrage, Société*. — 2 juin 1862, sur l'abréviation des délais. — V. *Temps légaux*.

La loi du 23 juillet 1856 sur les concordats. — V. *Abandon*.

La loi du 3 mars 1840 (1623), en ce qui concerne l'organisation des tribunaux de commerce; — le taux du dernier ressort et l'interdiction pour les huissiers de représenter les parties devant le *tribunal de commerce*. — V. ce mot.

3. Il se divise en quatre livres. Le dernier, intitulé : *De la Juridiction commerciale*, se rattache surtout à la procédure. — V. *Acte de Commerce*, *Arbitrage*, *Commerçant*, *Compétence du tribunal de commerce*, *Contrainte par corps*, *Effet de commerce*, *Faillite*, *Prudhomme.*—V. Décret 28 août 1848 (Art. 4115 J.-Pr.

CODE DE PROCÉDURE CIVILE. Recueil des lois sur l'instruction des affaires civiles et commerciales.

Table sommaire.

1. L'origine de notre procédure se trouve dans les capitulaires, les établissements de Saint-Louis, les écrits des anciens praticiens, et surtout dans les règles ecclésiastiques.

Mais elle ne prit une véritable consistance qu'à compter des édits de 1539, 1560, 1570, 1629. Elle fut à peu près fixée par l'ordonnance de 1667, complétée elle-même par les ordonnances antérieures, et les arrêts des Cours souveraines.

2. L'assemblée constituante décréta que « cette ordonnance serait incessamment réformée, qu'elle serait rendue plus simple, plus expéditive et moins coûteuse. » L. 24 août 1790, tit. 2, art. 20.

Les formes de l'ancienne procédure furent provisoirement maintenues. LL. 19 oct. 1790, art. 3 ; 27 mars 1791, art. 34 ; — seulement les procureurs furent remplacés par les avoués. L. 11 fév. 1791, art. 34 ; Locré, 1, 142.

3. La Convention conserva les juges, supprima les avoués, et avec eux toute la procédure, par le décret du 3 brum. an 2.

4. Ce décret introduisit un désordre général dans l'administration de la justice ; et bientôt le rétablissement de l'ordonnance fut provisoirement ordonné, d'après de vives sollicitations. L. 18 fruct. an 8. — V. *Avoué*, n° 5.

5. Enfin, après la promulgation du Code civil, un projet de Code, rédigé par MM. Treilhard, conseiller-d'état ; Séguier, premier président ; Try, commissaire du gouvernement ; Berthereau, ancien président ; Pigeau, professeur de procédu~ fut successivement proposé à l'examen des Cours souveraines, et discuté par la section de législation, l'assemblée générale du Conseil d'État, le Tribunat et le Corps Législatif.

6. Les divers livres du Code de procédure furent successive ment décrétés par le Corps Législatif, et promulgués par l'empe reur, dans le mois d'avril et dans les premiers jours de mai 1806, pour être exécutoires le 1ᵉʳ janv. suivant. C. pr. 1041.

7. Toutes les lois, coutumes, usages et règlements relatifs à la procédure civile ont été abrogés à compter de cette époque. C. pr. 1041.—V. toutefois *Colonies.*

8. Tous les procès intentés depuis la promulgation du Code, doivent être instruits conformément à la loi nouvelle, encore que l'action dont ils sont nés soit plus ancienne. Il est de principe que tout ce qui touche à l'instruction des affaires, tant qu'elles ne sont pas terminées, se règle d'après les formes nouvelles, sans blesser la non-rétroactivité, que l'on n'a jamais appliquée qu'au fond du droit. Arr. 6 fruct. an 9; C. pr. 1041. — V. *Effet rétroactif.*

9. Toutefois, l'abrogation prononcée par le Code ne s'applique pas aux lois spéciales; elles doivent être préférées à la loi géné rale, lorsque celle-ci n'y a pas formellement dérogé. L. 80, D. R. J.; av. Conseil-d'État, 1ᵉʳ juin 1807, S. 7, 111.

Ainsi les actions introduites par la régie de l'enregistrement et des domaines doivent être jugées sur simples mémoires et sans plaidoiries, conformément à l'art. 65. L. 22 frim. an 7. Av. Con seil d'État, 1ᵉʳ juin 1807; Cass. 10 août 1814; 17 juill. 1827, S. 7, 111-15, 17—28, 75.— V. *Enregistrement.*

10. Le Code se divise en deux parties : la première partie est relative à la procédure proprement dite, ou procédure judi ciaire. Elle comprend : 1° toutes les voies d'instructions nécessai res pour arriver au jugement; tant devant les justices de paix que devant les tribunaux ordinaires ; 2° l'exécution des jugements, liquidations de fruits, dommages, dépens, les saisies pratiquées sur les biens de toute nature d'un débiteur, même sur sa per sonne, etc. —Un titre particulier (p. 1, liv. 2, tit. 25) déter mine la manière de procéder devant les trib. de commerce.

La deuxième partie a pour objet les procédures particulières, la forme de certains actes extra-judiciaires, tels que la consigna tion, la saisie-gagerie, l'envoi en possession des biens d'un ab sent, l'autorisation de la femme mariée, les séparations de biens et de corps, l'interdiction, la cession de biens (liv. 1), les forma lités relatives à l'ouverture des successions (liv. 2), et enfin les ar bitrages (liv. 3). — Ce livre contient aussi quelques dispositions générales sur toute la procédure.

11. La C. de cass. et quelques C. d'appel auraient désiré qu'on fît un premier livre, intitulé : *de l'administration de la justice en* *général*, dans lequel on aurait trouvé l'énumération des actions les plus usuelles, l'indication des juges compétents, et quelques règles générales sur les attributions des divers trib. ; mais le législateur a pensé que la théorie de la procédure ne devait pas faire partie du Code.

12. La direction des faillites est traitée dans la loi du 16 avril 1838 (Art. 1160, J. Pr.) qui a modifié le C. de commerce.

13. Certaines dispositions du Code de procédure complètent ou modifient le Code civil. — V. art. 126, 800.

14. Plusieurs articles, notamment les art. 878 (— V. *Séparation de corps*); 965 (— V. *Vente*); 1027 (— V. *Requête civile*), renferment évidemment des erreurs de rédaction.

15. Il y a lieu de suppléer au Code de procédure par les lois postérieures ou les décrets interprétatifs. Le *tarif* du 16 fév. 1807 est souvent d'une très-grande utilité, sous ce rapport. — V. ce mot.

— V. d'ailleurs la loi du 11 avril 1838 (Art. 1141 et 1167, J. Pr.), concernant le taux du dernier ressort et l'organisation des tribunaux de 1re instance. — V. aussi *Appel*, *Organisation judiciaire*, *Tribunal de 1re instance*.

16. Le Code de procédure a été modifié par plusieurs lois postérieures, notamment :

1° Par les lois des 17 avril 1832, 13 déc. 1848, 1er avril 1855, 4 mai 1861, (7485), sur la contrainte par corps. — V. ce mot;

2° Par les lois des 25 mai 1838, 5 mai 1855, sur les justices de paix. — V. *Juge de paix*;

3° Par les lois des 2 juin 1841, 23 mars 1855, 21 mai 1858, sur la *Saisie immobilière* et l'*Ordre*. — V. ces mots et *Surenchère*, *Tarif*, *Transcription*, *Vente judiciaire*, *Temps légaux*.

17. Dans le C. civil, il suffit d'exprimer le principe pour en déduire toutes les conséquences. Au contraire, le C. de procédure d/ ʇ tout prévoir, tout prescrire. Un acte de procédure n'est pas tc ours la suite nécessaire d'un autre acte; la forme de chacun d'eux doit être indiquée (Treilhard, *Observ. sur le projet*); e. es actes ne peuvent être déclarés nuls, si la nullité n'en est pas formellement prononcée par la loi. C. pr. 1030.

18. Aujourd'hui la loi ne prescrit aucune formule ni expression sacramentelle. On peut se servir, dans les actes de procédure, de tous les termes qui expriment également les formalités exigées par le Code.

Toutefois, il convient d'employer les termes mêmes de la loi, ou du moins des termes *équivalents*, dans toutes les circonstances où elle attribue à certaines expressions un sens particulier, autre que celui que leur donne l'usage.

19. L'administration de la justice est de droit public, les particuliers ne peuvent y déroger que dans les cas où la loi leur en a laissé la faculté : tels sont ceux où il s'agit de l'incompétence *ratione personæ*, des délais pour l'exercice des actions, pour la confection de certains actes. Merlin, *Rép.*, v° *Droit public.* — V. *Saisie immobilière*, n° 13.

20. L'étranger qui plaide devant les trib. français est soumis, comme le Français, aux lois de la procédure.

COHABITATION. — V. *Séparation de corps*, n° 73.

COLLATION DE PIÈCES. Action de comparer les copies des pièces avec *leurs originaux.* — V. *Compulsoire.*

COLLÉGE *d'avocats.* — V. *Avocat*, n° 80 et suiv.

COLLOCATION. — V. *Distribution par contribution*, *Ordre.*

COLON. — V. *Action possessoire*, n° 218.

COLONIES *françaises.* — Contrées qui dependent de la France, mais ne sont pas comprises dans la division départe-mentale et sont situées hors de l'Europe.

1. Elles comprennent : — *En Amérique*, la Martinique, la Guadeloupe, Marie-Galante, les Saintes, la Désirade et Saint-Martin, les îles de Saint-Pierre et Miquelon et la Guyane française; — *En Afrique*, le Sénégal, les îles de Gorée, la Réunion et Sainte-Marie de Madagascar; — l'Algérie. (— V. *Colonies du nord de l'Afrique.*) — *Dans l'Inde*, Pondichéry, Chanderna-gor, Karikal, Yanaon et Mahé; — *Dans l'Océanie*, les îles Marquises et Taïti.

Table sommaire.

DIVISION.

§ 1. — *Notions générales.*

2. Le Sénat règle par des sénatus-consultes la constitution des Colonies. Constitution 14 janv. 1852.

3. Le Sénatus-consulte de 1854 régit spécialement la constitution de la Martinique, de la Guadeloupe et de la Réunion. — V. *inf.*, art. 4.

4. Les autres colonies sont régies par décrets impériaux, jusqu'à ce qu'il soit statué à leur égard par un Sénatus-consulte.

ART. 1. — *Législation.*

5. Les lois, décrets et arrêtés promulgués dans les colonies sont exécutoires : — 1° au chef-lieu, le jour de leur publication dans le journal officiel; — 2° pour les autres localités, dans les délais déterminés, proportionnellement aux distances, par des arrêtés des gouverneurs. — Dans les établissements coloniaux où il n'existe pas d'imprimerie ni de journaux, la promulgation est soumise au mode déterminé par les gouverneurs ou commandants desdits établissements. Décr. 15 janvier 1853.

6. Sont exécutoires aux colonies :
Le Code de commerce avec les modifications qu'il a reçues. — L. 7 déc. 1850 (4841), — bien que ce Code et les lois qui le modifient n'aient pas été enregistrés, conformément aux anciens édits, aux greffes des juridictions supérieures. Rej. 31 déc. 1856, Dev. 57, 837;

7. Les tit. 1, 4 et 5 de la loi du 10 vendémiaire an 4, relatifs à la responsabilité des communes. Décr. 22 janv. 1852 (5023);

8. Le décret du 23 sept. 1806 concernant la délivrance par les notaires des certificats de vie aux rentiers viagers et pensionnaires de l'Etat; l'ord. du 30 juin 1814 et l'art. 12 de celle du 20 juin 1817, concernant les notaires certificateurs et les rétributions auxquelles ils ont droit. *Ib.*;

9. Le décret du 18 août 1807, qui prescrit les formes à suivre pour les saisies-arrêts entre les mains des caisses publiques. *Ib.*;

10. La loi du 12 nov. 1808 relative au privilége du trésor public pour le recouvrement des contributions directes; — l'art. 147 de la loi du 3 frim. an 7 sur le payement de la contribution foncière des biens tenus à ferme ou à loyer;

11. Les art. 13, 14, 15 et 16 de la loi du 5 nov. 1790 relatifs aux biens des fabriques et autres établissements;

12. Les art. 36 et 45 du décret du 14 juin 1813 sur l'organisation et le service des huissiers en ce qui concerne la remise par les huissiers des exploits et pièces de leur ministère. *Ib.;*

13. La loi du 20 mai 1838 sur les vices rédhibitoires dans les ventes et échanges d'animaux domestiques;

14. La loi du 5 juill. 1844 sur les brevets d'invention. Arr. 21 oct. 1848; — [les lois qui régissent les propriétés littéraire et artistique. Décr. 9 déc. 1857;

15. La loi du 10 juill. 1850 relative à la publicité des contrats de mariage;

16. Les lois des 27 avril 1845 et 11 juillet 1847 sur les irrigations, — Décr. 15 janv. 1853 (5321), — excepté quant aux établissements français des Indes. Décr. 17 mai 1853 (5492).

17. Le décret du 15 janvier 1853 (5321), qui rendait exécutoire dans les colonies la loi du 17 mai 1826 sur les substitutions, a été abrogé. Décr. 19 mars 1853 (5443).

18. Le service financier est réglementé par un décret impérial du 26 sept. 1855.

19. L'esclavage a été aboli dans toutes les colonies et possessions françaises. Décr. 27 avril 1848. — Il ne doit jamais être rétabli. S.-C. 3 mai 1854. — La loi du 30 avril 1849 alloue une indemnité.

20. Un délai de trois ans était accordé aux Français établis à l'étranger pour affranchir ou aliéner les esclaves dont ils étaient possesseurs. Une loi du 11 févr. 1851 avait fixé ce délai à dix ans. — La disposition du décret du 27 avril 1848, qui fait perdre sa nationalité au Français possesseur d'esclaves qui ne les affranchit pas ou ne les aliène pas, n'est pas applicable aux propriétaires d'esclaves dont la possession est antérieure au décret du 27 avril 1848, ou résulte soit de succession, soit de donation entre vifs ou testamentaire, soit de conventions matrimoniales. L. 28 mai 1858, D. 58, 4, 62. — V. *Cassation*, 312.

ART. 2. — *Organisation judiciaire.*

21. *Justices de paix.* Elles ont été l'objet d'une heureuse innovation; leur compétence a été étendue. Les juges de ces juridictions reçoivent un traitement fixe et n'ont rien à prétendre pour apposition de scellés, vacations, etc. Ordonn. 24 sept. 1828, art. 159.

22. Les suppléants des juges de paix ont le droit d'assister aux audiences : ils ont voix consultative.

23. Les greffiers, indépendamment de leur traitement, touchent des droits de greffe.

24. En matière civile et commerciale, les jugements des tribunaux de paix sont exécutoires jusqu'à concurrence de 300 fr., nonobstant appel. Ordonn. 24 sept. 1828, art. 17.

25. Dans les matières qui excèdent leur compétence, les juges de paix remplissent les fonctions de conciliateurs.

26. *Tribunaux de 1re instance.* Ils sont différemment composés, suivant les différentes colonies. — Pour l'étendue de leur compétence, — V. *inf.*

27. Ils jugent toutes les matières commerciales.

28. La présence au jugement et l'avis consultatif des auditeurs attachés au juge qui, en vertu des ordonnances des 24 sept. et 19 juillet 1839 rend seul la justice, ne sont pas exigés, à peine de nullité. Cass. 19 déc. 1853, D. 54, 25.

29. *Conseil privé.* Il est composé du gouverneur président, de l'ordonnateur, du directeur de l'intérieur, du procureur général et de deux conseillers privés. Décr. 29 août 1855.

30. Il connaît, sauf le recours en cassation, des jugements rendus par les tribunaux de 1re instance en matière de contravention aux lois et règlements sur le commerce étranger et les douanes. Décr. 16 août 1854. — V. d'ailleurs Ordonn. 26 févr. 1838 (1144).

31. *Cour impériale.* Chaque colonie a une Cour impériale ou un Conseil d'appel.

32. L'institution des conseillers auditeurs a été conservée. Décr. 16 août 1854. Ils ont voix délibérative à 27 ans. Ordonn. 24 sept. 1828, art. 62; — malgré la présence d'un nombre suffisant de juges titulaires. Cass. 14 juin 1837 (865).

33. Un conseiller provisoire peut aussi voter, même hors le cas d'empêchement des conseillers titulaires. — Ainsi jugé à la Guadeloupe. — Rej. 11 juin 1855, D. 55, 420; — à la Martinique. Rej. 10 nov. 1852, D. 52, 307.

34. Les Cours ont un président. — Dans quelques colonies il a les attributions d'un premier président.

35. Le procureur général a dans ses attributions : — la surveillance et la bonne tenue des lieux où se rend la justice; — la censure des écrits destinés à l'impression en matière judiciaire; — l'expédition et le contre-seing des provisions, commissions et congés délivrés par le gouverneur aux membres de l'ordre judiciaire, ainsi que les commissions des notaires, avoués et autres officiers ministériels; — la nomination des agents attachés aux tribunaux, dont le traitement joint aux autres allocations ne dépasse pas 1,500 fr. par an; — la révocation et la destitution de ces agents, après toutefois avoir pris les ordres du gouverneur:

36. Il exerce directement la discipline sur les notaires, les avoués et les autres officiers ministériels. Il prononce contre eux, après les avoir entendus, le rappel à l'ordre, la censure, simple ou avec réprimande. — A l'égard de la suspension, du remplacement pour défaut de résidence, et de la destitution, il fait d'office, ou sur les réclamations des parties, les propositions qu'il juge nécessaires, et le gouverneur statue, après avoir pris l'avis des tribunaux, qui entendent en chambre du conseil le fonctionnaire inculpé, sauf le recours au ministre de la marine. — La suspension peut être provisoirement appliquée jusqu'à ce que le ministre ait statué; elle ne peut être prononcée pour une période de plus d'une année. Décr. 14 sept. 1853, D. 53, 4, 236.

37. Le procureur général est chargé de présenter au gouverneur les listes des candidats aux places vacantes dans la judicature de la colonie. Il lui présente également les candidats pour les emplois de notaires, avoués et autres officiers ministériels.

38. Tous les magistrats sont amovibles.

39. Les magistrats des C. impér. et des trib. de 1re inst. des colonies françaises sont considérés comme détachés du ministère de la justice pour un service public, et placés sous l'autorité du ministre de la marine. Décr. 13 déc. 1858, art. 1er.

40. Toutefois les mesures disciplinaires qu'il y a lieu de prendre à leur égard sont arrêtées de concert entre le ministre de la marine et le garde des sceaux ministre de la justice, sans préjudice des pouvoirs et attributions conférés aux gouverneurs ainsi qu'aux Cours et tribunaux par les ordonnances organiques concernant l'administration de la justice aux colonies. Art. 2.

41. Les décrets portant nomination ou révocation des membres des Cours imp. et des trib. de 1re inst. sont rendus sur la proposition collective du ministre de la marine et du ministre de la justice qui les contre-signent. Art. 3.

42. Les décrets ayant pour objet de modifier dans les colonies soit la législation civile, correctionnelle et de simple police, soit l'organisation judiciaire, sont rendus, sur le rapport du ministre de la marine et du ministre de la justice, dans les formes et dans les limites déterminées par les art. 3, 6 et 18 du sénatus-consulte du 3 mai 1854.

43. Les procureurs généraux ou chefs du service judiciaire adressent, tous les six mois, au ministre de la marine et au ministre de la justice un rapport sur l'administration de la justice et sur la marche de la législation dans les colonies.

44. Les services rendus dans les colonies avant le 1er janv. 1854 sont comptés pour moitié en sus de leur durée. — V. *Retraite*, 43.

45. Toutes les Cours ont un greffier ou un commis greffier assermenté. Quelques trib. de 1re inst. n'ont qu'un commis greffier assermenté. — Les commis greffiers sont agréés sur la présentation du greffier par les Cours et tribunaux.

46. L'exercice de la profession d'avocat est réglé aux colonies par l'ordon. du 15 fév. 1831. Cass. 22 fév. 1843 (2520).

47. Mais cette ordonnance n'a pas eu par elle-même la puissance de rendre exécutoire à la Martinique l'ordon. roy. du 27 fév. 1822, relative à la plaidoirie et à la profession d'avocat, ainsi qu'à l'exclusion des avoués du droit de plaider, cette dernière ordonnance n'y ayant pas été promulguée. — *Même arrêt.* — Dès lors, les avoués ont conservé le droit de plaider que leur conféraient l'ordon. du 30 sept. 1827 pour Bourbon, celle du 24 sept. 1828 pour la Martinique et la Guadeloupe, et celle du 21 déc. 1828 pour la Guyane. — *Même arrêt.* — Au reste, cette difficulté est nettement tranchée par l'ordon. du 15 fév. 1831, qui limite cette réserve, faite en faveur des avoués alors en fonctions, au temps pendant lequel ils conserveront ces fonctions.

48. L'art. 14 de l'ord. du 19 oct. 1828 supprime les art. 117, 118 C. pr. pour les trib. de 1re inst., et déclare les avocats incapables de suppléer les juges de 1re inst. Le motif en est sensible : les trib. n'étant composés que d'un seul juge, si les avocats étaient appelés, ils formeraient et ne compléteraient pas le trib., contrairement à ce qui a lieu dans la métropole

49. *Avoués.* — Ils sont nommés par le ministre de la marine.

50. Nul ne peut être reçu avoué s'il n'est âgé de vingt-cinq ans, licencié en droit, et s'il ne justifie de deux années de cléricature.

51. Cependant, sont dispensés du diplôme ceux qui justifient de cinq années de cléricature chez un avoué, dont trois en qualité de premier clerc; mais ils sont alors soumis à un examen public devant un membre de la cour et en présence d'un officier du ministère public; cet examen porte sur les cinq Codes.

52. Après diverses formalités remplies, conformément aux ordonnances constitutives de l'administration de la justice aux colonies, la C., le procureur général entendu, émet son avis; le gouverneur délivre, s'il y a lieu, une commission provisoire, qui ne devient définitive qu'après approbation du ministre.

53. Les avoués sont soumis à un *cautionnement* de 12,000 à 15,000 fr. en immeubles. — V. ce mot.

54. *Huissiers.* — Ils sont à la nomination des gouverneurs.

55. Ils doivent être âgés de vingt-cinq ans, avoir travaillé deux ans soit dans les greffes, soit chez des officiers ministériels, et être porteurs d'un certificat de capacité délivré par le juge impérial et le procureur impérial.

56. Ils sont soumis à un cautionnement de 4,000 fr. en immeubles.

57. Ils ne pouvaient, sous peine de destitution, instrumenter pour un esclave. Ordonn. 24 sept. 1828, art. 220.

58. *Notaires.* — Le notariat n'est point organisé d'une manière définitive aux colonies : la loi du 25 vent. an 11 n'y a pas été promulguée.

59. Les notaires sont à la nomination du ministre.

60. Les avoués, huissiers, notaires, courtiers et commissaires-priseurs ont le droit de présentation. L. 19 mai 1849. Saint-Pierre, 15 fév. 1848 (4143).

ART. 3. — *Procédure.*

61. La procédure civile a été réglée dans les colonies par l'ordonnance de 1667, jusqu'à la promulgation des Codes français. La procédure et l'instruction criminelle y étaient régies par l'ordon. de 1670.

62. Jugé que, sous l'ordon. de 1670, la signature de la minute d'un arrêt par le rapporteur n'était pas prescrite à peine de nullité. Cass. 30 sept. 1826. — L'ordon. du 22 nov. 1819 a, pour la première fois, prescrit l'obligation de motiver tous les arrêts et jugements rendus dans les colonies. — Jugé que la décision obtenue sur une abstention de juge (C. pr. 380), n'est, à proprement parler, ni un jugement ni un arrêt, et n'a pas besoin d'être motivée, ni prononcée publiquement. Cass. 15 oct. 1829.

63. Les jugements rendus en dernier ressort par les trib. de 1re inst. et les arrêts des C. peuvent être déférés à la C. de cassation.

64. Le délai du pourvoi est d'un an pour les colonies occidentales, et de deux ans pour les colonies orientales. La procédure devant la C. de cass. est la même que pour les affaires jugées sur le continent. — V. *Cassation.*

65. Jugé que les arrêts rendus pendant les guerres dans les colonies au nom du souverain qui les occupait, sont valables ; que, dès lors, on a été non recevable à se pourvoir en cassation contre les arrêts rendus au nom du roi de la Grande-Bretagne pendant l'occupation anglaise, si, à l'époque de la rentrée de la colonie sous la domination française, le délai de 14 jours, accordé par un statut spécial pour se pourvoir devant le conseil de Sa Majesté Britannique, était expiré. Cass. 18 fév. 1819.

66. Le gouvernement français est recevable à opposer la déchéance du pourvoi, même dans les instances où il s'agit de successions vacantes ouvertes dans la colonie. Cass. 15 avr. 1819.

67. Mais le pourvoi est recevable, même après le délai d'un an depuis l'évacuation, si les parties avaient légalement déclaré leur pourvoi devant l'autorité compétente, dans les 14 jours fixés par la loi anglaise. Cass. 27 fév. 1822, 10 août 1825.

68. Il en était de même si ces arrêts, rendus au nom d'un souverain étranger, étaient connexes à d'autres arrêts rendus dans la même affaire, par les mêmes tribunaux, mais sous l'autorité du gouvernement français. Cass. 11 mars 1819.

69. La C. de cass. n'a pas, comme l'ancien conseil, le droit de reviser les jugements rendus dans les colonies. Les dispositions du règlement de 1738 relatives à la révision des jugements et arrêts par l'ancien conseil du roi ont été abrogées d'une manière absolue par les lois qui ont institué la C. de cassation. Cass. 29 déc. 1827.

70. La C. de cass. a pu déterminer, par voie de règlement de juges, devant quelle C. du continent devait être poursuivie une instance d'appel pendante au conseil supérieur de l'île Saint-Domingue, pendant que l'état de cette colonie, dans ses rapports avec la métropole, y avait rendu cette poursuite impossible. Cass. 1er avr. 1823.

71. Les actes des notaires ne sont pas revêtus de l'*exequatur* ; il faut, pour les mettre à exécution, l'intervention des tribunaux.

72. Les actes reçus en France par les notaires ne sont exécutoires qu'autant que les signatures ont été légalisées par les ministres de la justice et de la marine, et les gouverneurs.

73. Les minutes des jugements, des actes notariés, et les registres de l'état civil sont tenus en double. Tous les ans ces actes sont, conformément à l'édit du mois de juin 1776, transmis par les gouverneurs au dépôt des chartes coloniales établi au ministère. Cet édit a pour but de remédier aux accidents nombreux qui causent fréquemment aux colonies la perte ou la destruction des actes.

74. La loi du 13 déc. 1848, sur la contrainte par corps a été promulguée aux colonies. — Toutefois il appartient au gouverneur de fixer la somme mensuelle à consigner pour les aliments du débiteur.

75. L'édit de 1726 sur les déguerpissements et les partages n'a pas été rapporté par le C. N. ; les habitations et sucreries sont déclarées impartageables par leur nature.

76. La déclaration du 24 août 1726, qui, relativement aux ventes de biens-fonds situés dans les colonies, accorde aux vendeurs, à défaut de payement du prix, une action en déguerpissement ou résolution, s'applique au cas de partage par voie de licitation et de cession de droits. — Cette action est indépendante du privilége du copartageant et de son inscription. — Elle ne peut recevoir aucune atteinte des lois postérieures à l'acte qui lui donne naissance. Cass. 25 fév. 1840, 11 janv. 1848, 25 juin, 1849, Dev. 49, 639.

77. L'art. 412 C. N. est modifié. Un seul fondé de pouvoir peut représenter plusieurs personnes dans les conseils de famille.

78. La compétence des commissaires arbitres créés par l'ordon. du 15 oct. 1786, pour les îles du Vent, est bornée aux actes de pure administration des procureurs gérants des habitations de ces îles. Elle ne peut être étendue à d'autres actes, à l'occasion desquels des contestations seraient élevées avec ces procureurs gérants. Cass. 9 juill. 1823.

79. La demande en dommages-intérêts formée contre une administration coloniale par les armateurs d'un navire dont la saisie a été déclarée nulle par arrêt passé en force de chose jugée, est une action purement civile dont les juges ordinaires doivent connaître, à l'exclusion de la commission spéciale d'appel instituée par les ordon. des 9 fév. 1827, art. 178, et 31 août 1828, art. 164, pour le jugement des contraventions aux règlements sur le commerce étranger et les douanes dans les colonies. Cass. 13 nov. 1843, P. 1843, 2, 796.

80. Les tarifs de 1807 et de 1809 sont en vigueur, avec une augmentation qui varie de moitié au tiers en sus de celui de Paris.

81. L'*avertissement* préalable (— V. ce mot) est applicable aux colonies.

82. A été étendue aux colonies la loi du 2 juin 1841 sur les ventes judiciaires de biens immeubles dont le décret du 27 avr. 1848 sur l'expropriation forcée a déclaré exécutoires aux colonies les art. 1er et 2 sous certaines modifications qui sont maintenues ; ensemble le décret du 14 nov. 1808 sur la saisie des biens situés dans plusieurs arrondissements.

83. Toute action dirigée contre le gouverneur d'une colonie pendant l'exercice de ses fonctions doit être portée devant les tribunaux de France.

84. Les règles de la procédure sont développées pour chaque colonie sous les paragraphes spéciaux qui les concernent.

85. Sont maintenus, dans leur ensemble, les lois en vigueur et les ordonnances ou décrets ayant aujourd'hui force de loi : 1° sur la législation civile et criminelle; 2° sur l'exercice du droit politique ; 3° sur l'organisation judiciaire ; 4° sur l'exercice des cultes ; 5° sur l'instruction publique; 6° sur le recrutement des armées de terre et de mer. S. C. 3 mai 1854, tit. 2, art. 2.

86. Les lois, décrets et ordonnances ayant force de loi ne peuvent être modifiés que par des sénatus-consultes, en ce qui concerne : 1° l'exercice des droits politiques; 2° l'état civil des personnes; 3° la distinction des biens et les différentes modications de la propriété; 4° les contrats et les obligations conventionnelles en général; 5° les manières dont s'acquiert la propriété par succession, donation entre vifs, testament, contrat de mariage, vente, échange et prescription ; 6° l'institution du jury; 7° la législation en matière criminelle ; 8° l'application aux colonies du principe du recrutement des armées de terre et de mer. Art. 3.

87. Les lois concernant le régime commercial des colonies sont votées et promulguées dans les formes prescrites par la constitution. Art. 4.

88. En cas d'urgence et dans l'intervalle des sessions, le gouvernement peut statuer sur les matières mentionnées en l'art. 4 par décrets rendus dans la forme de règlement d'administration publique; mais ces décrets doivent être présentés au Corps législatif, pour être convertis en lois, dans le premier mois de la session qui suit leur publication. Art. 5.

89. Des décrets rendus dans la forme de règlements d'administration publique statuent : 1° sur la législation en matière civile, correctionnelle et de simple police, sauf les réserves prescrites *sup.* n° 86 ; 2° sur l'organisation judiciaire ; 3° sur l'exercice des cultes ; 4° sur l'instruction publique; 5° sur le mode de recrutement des armées de terre et de mer ; 6° sur la presse; 7° sur les pouvoirs extraordinaires des gouverneurs, en ce qui concerne les mesures de haute police et de sûreté générale ; 8° sur l'administration municipale, en ce qui n'est pas réglé par le présent sénatus-cons.; 9° sur les matières domaniales; 10° sur le régime monétaire, le taux de l'intérêt et les institutions du crédit ; 11° sur l'organisation et les attributions des pouvoirs administratifs ; 12° sur le notariat, les officiers ministériels et les tarifs judiciaires; 13° sur l'administration des successions vacantes. Art. 6.

90. Des décrets règlent : 1º l'organisation des gardes nationales et des milices locales ; 2º la police municipale ; 3º la grande et la petite voirie ; 4º la police des poids et mesures ; et, en général, toutes les matières non mentionnées dans les art. précédents, ou qui ne sont pas placées dans les attributions des gouverneurs. Art. 7.

91. Ils peuvent ordonner la promulgation, dans les colonies, des lois de la métropole concernant les matières énumérées dans l'art. 6. Art. 8.

92. Le commandement général et la haute administration sont confiés, dans chaque colonie, à un gouverneur, sous l'autorité directe du ministre de la marine. — Le gouverneur représente l'Emper. ; il est dépositaire de son autorité, il rend des arrêts et des décisions pour régler les matières d'administration et de police, et pour l'exécution des lois, règlements et décrets promulgués dans la colonie. — Un conseil privé consultatif est placé près du gouverneur, sa composition est réglé par décret. Art. 9.

93. Le conseil privé, avec l'adjonction de deux magistrats désignés par le gouverneur, connaît du contentieux administratif dans les formes et sauf les recours établis par les lois et les règlements. Art. 10.

94. Le territoire des colonies de la Martinique, de la Guadeloupe et de la Réunion est divisé en communes. — Il y a dans chaque commune une administration composée du maire, des adjoints et du conseil municipal. — Les maires, adjoints et conseillers municipaux sont nommés par le gouverneur. Art. 11.

95. Un conseil général nommé, moitié par le gouverneur, moitié par les membres des conseils municipaux, est formé dans chacune des trois colonies. — Le mode d'élection et le nombre des membres de chaque conseil général, ainsi que la durée des sessions, sont déterminés par décret impér., rendu dans la forme d'un règlement d'administration publique. Art. 12.

96. Le conseil général vote : 1º les dépenses d'intérêt local ; 2º les taxes nécessaires pour l'acquittement de ces dépenses et pour le payement, s'il y a lieu, de la contribution due à la métropole, à l'exception des tarifs de douanes, qui seront réglés conformément à ce qui est prévu aux art. 4 et 5 ; 3º les contributions extraordinaires et les emprunts à contracter dans l'intérêt de la colonie. — Il donne son avis sur toutes les questions d'intérêt colonial, dont la connaissance lui est réservée par les règlements ou sur lesquelles il est consulté par le gouverneur. — Les séances du conseil général ne sont pas publiques. Art. 13.

97. Il est pourvu dans les trois colonies, par des crédits ouverts au budget général de la métropole, aux dépenses de gouvernement et de protection, concernant les matières ci-après, savoir : gouvernement, administration générale, justice, culte, subvention à l'instruction publique, travaux et service des postes, agents divers, dépenses d'intérêt commun, et généralement les dépenses dans lesquelles l'Etat a un intérêt direct. Toutes autres dépenses demeurent à la charge des colonies, ces dépenses sont obligatoires ou facultatives, suivant une nomenclature fixée par un décret impérial. Art. 14.

98. Les colonies dont les ressources contributives sont reconnues supérieures à leurs dépenses locales, peuvent être tenues à fournir un contingent au trésor public. — Les colonies dont les ressources contributives sont insuffisantes pour subvenir à leurs dépenses locales, peuvent recevoir une subvention sur le budget de l'Etat. — La loi annuelle des finances règle la quotité du contingent imposable à chaque colonie ou, s'il y a lieu, la quotité de la subvention accordée. Art. 15.

99. Les budgets et les tarifs des taxes locales, arrêtées par le conseil général, ne sont valables qu'après avoir été approuvés par les gouverneurs, qui sont autorisés à y introduire d'office les dépenses obligatoires auxquelles le conseil général a négligé de pourvoir, à réduire les dépenses facultatives, à interdire la perception des taxes excessives ou contraires à l'intérêt général de la colonie, et à assurer, par des ressources suffisantes, l'acquittement des dépenses obligatoires, et spécialement du contingent à fournir, s'il y a lieu, à la métropole. — Le mode d'assiette et les règles de perception sont déterminés par des règlements d'administration publique, art. 16.

100. Un comité consultatif est établi près du ministre de la marine, il se compose : 1° de quatre membres nommés par l'Empereur; 2° d'un délégué de chacune des trois colonies choisi par le conseil général. — Les délégués ne peuvent être choisis parmi les membres du Sénat, du Corps législatif et du conseil d'Etat, ni parmi les personnes revêtues de fonctions rétribuées, ils reçoivent une indemnité; ils sont élus pour trois ans et rééligibles. — Les attributions du comité consultatif des colonies et l'indemnité des délégués sont fixées par décret de l'Empereur. Un ou plusieurs des membres nommés par l'Empereur sont chargés spécialement par le ministre de la marine de remplir l'office de délégués pour les diverses colonies auxquelles il n'est pas encore accordé de constitution. Art. 17.

101. Les fonctions attribuées au commandant militaire sont exercées directement par le gouverneur ou déléguées par lui en tout ou en partie à l'officier de terre ou de mer le plus élevé en grade

102. Le directeur de l'intérieur exerce les attributions qui concernent les services-dépendants de l'administration intérieure et afférents au budget local.

103. Sont exécutoires dans ces trois colonies :

Les titres des *hypothèques* et de l'expropriation forcée, sauf quelques modifications. Décr. 27 avril 1848.

104. Le décret du 27 janv. 1855, portant règlement des curatelles aux successions et biens vacants : il détermine les devoirs des officiers publics en ce qui concerne cette administration, les attributions du curateur d'office, leurs obligations lors de l'ouverture des successions, la vente du mobilier et des immeubles, la remise des successions au domaine et la vente des biens non réclamés qui en dépendent, et la comptabilité des biens et successions vacants. — Ces curateurs n'ont pas qualité pour y appréhender les successions des officiers ou agents de la marine qui y sont décédés. Ce droit n'appartient qu'à l'administration de la marine. Cass. 16 juill. 1849; Dev. 49, 700.

105. La loi du 23 mars 1855 sur la transcription;

106. Le S. C. du 3 mai 1856, sur l'expropriation pour cause d'utilité publique.

107. L'assistance judiciaire est accordée aux indigents dans les cas et formes prévus par un décret du 16 janv. 1854.

§ 2. — *Martinique et Guadeloupe.*

Art. 1. — *Législation.*

108. La Martinique et la Guadeloupe sont régies par le Code civil, le Code de pr., le Code de commerce (modifié L. 7 déc. 1850, art. 4841), le Code d'instr. crim. et le Code pénal, modifiés et mis en rapport avec leurs besoins. Ordon. 24 sept. 1828, art. 7.

109. Le Code Nap. avait déjà été promulgué à la Martinique par un décret du 16 brum. an 14, et confirmé par ordonn. du gouverneur du 12 déc. 1814.

110. A la Guadeloupe, les Codes français étaient déjà en vigueur : le Code Nap. depuis l'arrêté du 29 oct. 1805; le C. de proc. et le C. de comm. depuis le 10 août 1808, ou, plus exactement, depuis le 1er janv. 1809, époque à laquelle cette mise en vigueur fut prorogée par un arrêté de l'autorité locale. Le C. de proc. a été de nouveau promulgué à la Guadeloupe par ordon. du 19 octobre 1828, avec certaines modifications applicables à la Martinique.

111. La loi du 16 avril 1832, sur les mariages ntre beaux-frères et belles-sœurs, est exécutoire à la Guadeloupe et à la Martinique depuis l'ordonn. du 7 juin 1832.

112. La faculté de lever, pour des causes graves, les prohibitions à ces mariages, est exercée dans les colonies par le gouverneur en conseil. Ordonn. 7 juin, art. 2.

113. La stipulation d'un intérêt conventionnel supérieur au taux établi par la loi du 3 sept. 1807 a été déclarée licite et exempte d'usure à la Martinique : cette loi n'y a pas été promulguée. Cass. 7 août 1843, P. 1843, 2, 595. — En vain on opposerait l'ordonnance du gouverneur anglais de cette colonie, rendue le 6 oct. 1809; cette ordonnance, en supposant qu'elle eût pu modifier l'art. 1907 du Code civ., a cessé d'avoir effet depuis que la Martinique est rentrée sous les lois qui régissent la métropole. *Même arrêt.*

114. La conservation des hypothèques à la Martinique et à la Guadeloupe est organisée par l'ordonn. du 14 juin 1829.

ART. 2. — *Organisation judiciaire.*

115. L'organisation judiciaire de la Martinique et de la Guadeloupe résulte du décret du 16 août 1854 (5736).

116. La Guadeloupe a dix tribunaux de paix. Chacun d'eux est composé d'un juge, d'un suppléant et d'un greffier. Ordonn. 26 sept. 1846.

117. L'ordonnance du 26 oct. 1828 a établi une justice de paix dans la partie de l'île Saint-Martin qui relève de la Guadeloupe. La compétence y est plus élevée que dans les justices de paix de la Guadeloupe. Le juge de paix y est en même temps juge d'instruction.

118. La Martinique n'a que neuf tribunaux de paix, composés comme ceux de la Guadeloupe. Décr. 28 avr. 1860.

119. La compétence des juges de paix en matière civile est réglée conformément aux dispositions de la loi du 25 mai 1838. — Toutefois, ils connaissent : 1° en dernier ressort jusqu'à la valeur de 250 fr., et en premier ressort jusqu'à la valeur de 500 fr. des actions indiquées dans l'art. 1er de cette loi ; 2° en dernier ressort jusqu'à la valeur de 250 fr. des actions indiquées dans les art. 2, 3, 4 et 5 de ladite loi. Décr. 16 août 1854, art. 1er.

120. Il y a trois tribunaux de 1re instance à la Guadeloupe. Ils siégent à la Basse-Terre, à la Pointe-à-Pitre, et au grand bourg de Marie-Galante. Ordonn. du 24 sept. 1828, art. 27.

121. La Martinique a deux tribunaux de 1re instance, siégeant l'un au Fort-de-France et l'autre à Saint-Pierre.

122. Les tribunaux de 1re instance de Fort-de-France (Décr. 28 avr. 1860), de Saint-Pierre et de la Pointe-à-Pitre sont composés d'un président, de trois juges, d'un procureur impérial et d'un ou deux substituts, d'un greffier et de commis greffiers. — Les autres trib. de 1re inst. sont composés d'un président, de deux juges, d'un procureur impérial et d'un substitut, d'un greffier et de commis greffiers. Un ou deux juges suppléants peuvent être attachés à chacun de ces trib. Décr. 16 août 1854, art. 2.

123. Les trib. de 1re inst. connaissent de l'appel des jugements rendus en 1er ressort par les juges de paix, en matière civile et commerciale, et de toutes actions civiles et commerciales en 1er et dernier ressort, jusqu'à concurrence de 2,000 fr. en principal ou de 200 fr. de revenu, déterminé soit en rentes, soit par prix de bail; et à charge d'appel au-dessus de ces sommes. — En matière correctionnelle, ils connaissent en 1er ressort de tous les délits et de toutes les infractions aux lois dont la peine excède la compétence des juges de paix, et ils procèdent comme les trib. correct. de France.

124. Ils connaissent en outre de l'appel des jugements de simple police et, en 1er ressort seulement, des contraventions aux lois sur le commerce étranger, le régime des douanes et les contributions indirectes. *Ib.*, art 3.

125. Les Cours se composent chacune d'un président, de sept conseillers, d'un conseiller auditeur, d'un procureur général et de deux substituts, d'un greffier et de commis greffiers. Art. 5.

126. Elles connaissent de l'appel des jugements correct. rendus en 1er ressort par les trib. de 1re inst. Elles procèdent comme les chambres correctionnelles des Cours de France. — Elles statuent sur les mises en accusation. — La juridiction en matière de commerce étranger, de douanes et de contributions indirectes n'est pas modifiée. Art. 6.

127. En audience solennelle, les arrêts doivent être rendu par sept magistrats au moins. Art. 7.

128. Les traitements coloniaux et intermédiaires ou d'Europe des présidents des Cours impériales, des présidents des trib. de 1re inst., des juges d'instruction, des juges et substituts de procureur impérial attachés aux trib. de 1re inst. à la Martinique, à la Guadeloupe et à la Réunion, sont déterminés conformément à un décret du 31 août 1854, Art. 1er.

La parité d'office entre ces magistrats et les membres des trib. de 1re inst. de France est déterminée conformément au même décret. Art. 2. — Les magistrats pourvus d'un traitement supérieur à celui qui leur est alloué par ce décret, conservent leur ancien traitement. Art. 3.

129. Les juges auditeurs dont les traitements doivent être supprimés, conservent leur traitement en faisant fonctions de juges suppléants. Art. 4.

130. Le nombre des avoués est déterminé de la manière suivante : huit pour chacun des trib. de Fort-de-France et de la Basse-Terre; dix pour chacun des trib. de St-Pierre et de la Pointe-à-Pitre; quatre pour le trib. de Marie-Galante. Ord. 24 sept. 1828, art. 187.

131. Ils postulent et plaident (sauf ce qui a été dit *sup.*, n° 47) près du trib. auquel ils sont attachés et devant la Cour, dans le ressort de laquelle ils exercent leurs fonctions. *Ib.*, art. 188.

132. Ce droit n'est pas exclusivement réservé aux avoués du lieu où siége la Cour; il appartient concurremment à tous les avoués des trib. de 1re inst. du ressort de la Cour. Cass. 15 juill. 1840, P. 40, 2, 179.

133. Il y a seize huissiers à la Martinique, et dix-huit à la Guadeloupe. La répartition entre la Cour, les trib. de 1re inst. et les just. de paix est faite par le gouverneur, sur l'avis de la Cour. Ordonn. 24 sept. 1828, art. 215.

Art. 3. — *Procédure.*

134. Le Code de procédure civile est obligatoire à la Guadeloupe, savoir : à partir du 1er nov. 1808 pour les trib. de 1re inst., et à partir du 1er janv. 1809 pour la Cour. — Il est également applicable à la Martinique, — sauf diverses modifications introduites par l'ordonn. du 19 oct. 1828, pour les deux colonies. — V. *inf.*, 139.

135. Les arrêts rendus par les Cours d'appel sont régis, quant à la forme, par une législation spéciale; par suite, les dispositions des art. 118 et 468 C. pr. sur les formalités des arrêts rendus après partage, ne sont pas applicables dans ces colonies. Rej. 28 août 1843, D. 43, 491.

136. Tout arrêt doit, à peine de nullité, contenir la preuve que la Cour qui l'a rendu était légalement constituée, spécialement un arrêt auquel a concouru un avocat-avoué est nul, lorsque, la Cour étant légalement composée de douze magistrats, l'arrêt énonce seulement l'assistance de quatre conseillers et l'empêchement de quatre autres, et garde le silence sur les autres, et qu'en outre, il ne mentionne pas que l'avocat-avoué appelé fût l'avocat ou l'avocat-avoué le plus ancien, suivant l'ordre du tableau présent à l'audience, ou que les avocats ou avocats-avoués plus anciens fussent absents ou empêchés. Cass. 29 août 1842, D. 42, 403.

137. Les arrêts rendus par la Cour de la Guadeloupe, depuis la promulgation du C. de pr.; ont dû, à peine de nullité, énoncer que le rapport de la cause et les conclusions du ministère public ont eu lieu en audience publique, et que ces arrêts ont été eux-mêmes publiquement prononcés, conformément aux art. 111 et 116 C. pr. Cass. 22 févr. 1822.

138. L'ordonnance anglaise du 22 sept. 1810, pour la Guadeloupe, a dû être exécutée pendant toute la durée de l'occupation des Anglais; les actes faits dans cet intervalle n'ont été annulés par aucune ordonnance royale, depuis que la colonie est rentrée sous la domination française. Cass. 13 et 28 juin 1826. — Dès lors, des colons français de la Guadeloupe, absents de cette colonie durant l'occupation des Anglais, ont été valablement représentés par les régisseurs nommés pour administrer leurs biens, conformément à cette ordonnance, et ils sont, par suite, non recevables à former opposition aux jugements rendus contre ces régisseurs. Cass. 13 juin 1826.

139. *Justices de paix.* En matière commerciale, la citation peut être donnée, au choix du demandeur : — 1° devant le trib. de paix du domicile du défendeur; — 2° devant celui dans l'arrondissement duquel la promesse a été faite et la marchandise livrée; — 3° devant celui dans l'arrondissement duquel le payement doit être effectué. Ordonn. 19 oct. 1828, art. 2.

140. Les jugements de justice de paix sont exécutoires par provision, jusqu'à 300 fr., nonobstant appel, mais à la charge de donner caution. *Ib.,* art. 3.

141. Il en est de même des jugements rendus en matière commerciale. — Toutefois, l'exécution provisoire ne peut être ordonnée sans caution, dans les cas prévus par l'art. 439, C. pr. *Ib.*

142. Lorsqu'il y a lieu de renvoyer les parties devant l'un des juges de paix des cantons limitrophes, le juge impérial peut prononcer ce renvoi, soit sur simple requête des parties et sur les conclusions du ministère public, soit à la réquisition du procureur impérial. Art. 4.

143. *Annulation.* La voie de l'annulation des jugements rendus en dernier ressort par les juges de paix, n'est ouverte aux parties devant la Cour, que pour cause d'incompétence ou d'excès de pouvoir. Art. 89.

144. Indépendamment de ces causes, elle est ouverte au procureur général, mais dans l'intérêt de la loi seulement, pour contravention à la loi. *Ib.*

145. Le délai de ce recours est de dix jours francs pour les parties, à dater de celui de la signification des jugements définitifs ou de la prononciation des jugements interlocutoires. Art. 90.

146. A l'égard des jugements préparatoires, ce délai ne court que de la signification du jugement définitif. *Ib.*

147. L'exécution du jugement préparatoire n'est pas une fin de non-recevoir contre le demandeur en annulation. *Ib.*

148. Dans le cas où le recours est formé par le procureur général pour contravention à la loi, il peut l'introduire immédiatement après le prononcé définitif du jugement. Art. 91.

149. Les parties doivent former leur recours par simple requête signée d'un avoué; le procureur général, par un réquisitoire. Art. 92.

150. Les parties sont tenues de consigner, à peine de déchéance, une amende de 100 fr.; si le recours est formé contre un jugement contradictoire; et de la moitié si le jugement est rendu par défaut. Art. 95.

151. Sont dispensés de cette consignation, les administrations, régies ou agents publics; et les parties qui justifient de leur indigence. Art. 95.

152. La requête est signifiée dans les cinq jours de sa production et, dans les dix jours suivants, le défendeur doit constituer avoué et signifier ses défenses. Art. 96, 97.

153. Le demandeur peut signifier une réplique dans la huitaine et le défendeur dans la huitaine suivante. Art. 99.

154. L'affaire est réputée en état après ces requêtes ou après l'expiration des délais impartis pour les produire. Art. 100.

155. Après la mise en état de l'affaire, un conseiller est nommé rapporteur. Le rapport doit être écrit et déposé au greffe. Art. 100 et 101.

156. Le rapport est fait à l'audience, le ministère public étant toujours entendu. Art. 106.

157. Si l'annulation est prononcée à la requête des parties pour cause d'incompétence, la Cour renvoie devant qui de droit pour être prononcé sur le fond seulement. Art. 108.

158. Si cette annulation est prononcée pour excès de pouvoir, la Cour renvoie devant l'un des juges de paix de l'un des cantons limitrophes, qui doit se renfermer strictement dans les limites résultant de l'arrêt d'annulation. *Ib.*

159. Quand l'annulation est prononcée dans l'intérêt de la loi, il n'y a pas lieu à renvoi, et les parties ne peuvent s'en prévaloir pour se soustraire à l'exécution du jugement. *Ib.*

160. Les motifs et dispositifs des arrêts rédigés par les rapporteurs, sont écrits de leur main sur la minute de chaque arrêt. Art. 110.

161. *Tribunaux de 1re instance.* Le délai de la citation en conciliation est de trois jours au moins. — Durant ce délai, le juge peut appeler à son hôtel et séparément les parties pour les concilier. Les parties peuvent être accompagnées d'un ami, pourvu qu'il ne soit pas officier ministériel. *Ib.* Art. 5.

162. Sont assignés : — L'Etat, lorsqu'il s'agit de droits domaniaux, en la personne ou au domicile du *directeur général* de l'intérieur ;

Les communes, en la personne ou au domicile du *commissaire-commandant* de la commune.

163. Dans le cas où le domicile de l'assigné est inconnu, le procureur impérial, qui vise l'original de l'assignation, doit envoyer la copie au procureur général qui l'adresse au ministre de la marine, chargé de la transmettre aux parties assignées ; — dans le cas où la facilité des communications et la distance des lieux rendent la transmission plus prompte par l'intermédiaire du gouverneur, le procureur général doit lui adresser la copie de l'assignation. Art 6. — L'exploit, doit en outre, à peine de nullité, être affiché à la principale porte du tribunal. Cass. 18 juin 1845. D. 45, 337.

164. Un acte d'appel dans lequel une personne est indiquée comme représentant, dans la colonie de la Guadeloupe la partie à la requête de laquelle l'appel est signifié, ne prouve pas suffisamment que cette personne soit autorisée à recevoir la signification de l'arrêt qui intervient. Cass. 18 mars 1851, D. 51, 51.

165. A la Martinique, et d'après l'usage observé de temps immémorial, les colons absents peuvent être assignés au domicile et en la personne de leurs fondés de pouvoir, lorsque ceux-ci sont autorisés à défendre à l'espèce de demande dont il s'agit. Cass. 28 juin 1826.

166. Le délai des ajournements prescrit par l'art. 72 est de huitaine pour tous ceux domiciliés dans la colonie. Art. 7.

167. Dans les cas qui requièrent célérité, le juge peut, par ordonnance rendue sur requête, permettre d'assigner à bref délai. *Ibid.*

168. Le délai des ajournements est : — 1° de deux mois pour ceux qui demeurent dans les îles du Vent ; 2° de six mois pour ceux demeurant dans les pays situés à l'ouest du cap de Bonne-Espérance et à l'est du cap Horn ; 3° d'un an pour ceux demeurant à l'est du cap de Bonne-Espérance et à l'ouest du cap Horn. Art. 8.

169. L'assignation à une partie domiciliée hors de la colonie, donnée à sa personne dans la colonie, n'emporte que les délais ordinaires, sauf au tribunal à les prolonger s'il y a lieu. Art. 9.

170. La communication des causes au ministère public doit être faite trois jours à l'avance, dans les causes contradictoires, sous peine de n'être pas passée en taxe. Art. 70.

171. Sont communicables toutes demandes principales précédées d'une instance en référé. *Ib.*, art. 10.

172. Celui qui remplit les fonctions du ministère public ne peut, lorsqu'il ne prend pas immédiatement la parole, réclamer qu'un seul délai, qui ne peut excéder quinzaine, et il en est fait mention sur la feuille d'audience. Art. 71.

173. En cas d'absence ou d'empêchement, le procureur imp. et son substitut peuvent être remplacés par les plus anciens des juges auditeurs et par les conseillers auditeurs. Ord. 19 oct. 1828, art. 11 et 24 sept. 1828, art. 61 combinés.

174. Lorsqu'une Cour a ordonné le huis-clos d'une affaire, sa décision doit, sans retard, être transmise par le greffier au procureur général, qui la fait parvenir au gouverneur. Ordon- 19 oct. 1828, art. 12.

175. Les esclaves n'étaient entendus dans les enquêtes sommaires ou ordinaires que comme témoins nécessaires. Ils n'étaient jamais entendus pour ou contre leurs maîtres, si ce n'est en matière de séparation de corps, sauf au juge à avoir à leur déposition tel égard que de raison. Art. 16.

176. L'art. 17 modifie l'art. 292 C. pr., en ne mettant plus à la charge du juge les frais d'enquête, lorsqu'elle est déclarée nulle par sa faute.

177. L'art. 18 autorise le renvoi à un autre trib. lorsqu'il se trouve parmi les juges de 1re inst. un parent ou allié au degré de cousin germain, et à une autre Cour s'il s'y trouve des parents ou alliés.

178. Il en est de même si la partie adverse est membre du trib. ou si, étant membre de la Cour, elle avait dans le tribunal un parent ou allié au degré ci-dessus déterminé. *Ib.*

179. Les membres du trib. de 1re inst. qui savent cause de récusation en leur personne, doivent le déclarer à la C. ou à la Chambre instituée dans l'intervalle des sessions, qui décident s'ils doivent s'abstenir. Ordonn. 24 sept. 1828, art. 54, et 19 oct. 1828, art. 20.

180. Dans les mêmes cas, c'est le juge impérial qui statue sur les récusations des juges auditeurs. *Ibid.*

181. Dans les deux jours de l'inscription au greffe de l'acte de récusation, le juge récusé fait, à la suite de cet acte, sa déclaration par écrit de son acquiescement ou de son refus, avec réponse aux motifs de récusation énoncés. Art. 21.

182. Trois jours après, soit qu'il ait ou non répondu, expédition du tout est envoyée par le greffier, à la requête de la partie la plus diligente : 1° au procureur imp. s'il s'agit d'un juge auditeur ; 2° au procureur général, s'il s'agit du juge imp. ou du lieutenant de juge. *Ib.* — La récusation doit être jugée dans la huitaine sur les conclusions du ministère public. *Ib.*

183. *Jugements.* Les jugements sont rendus par le juge imp. seul, qui, néanmoins, doit prendre l'avis des juges auditeurs présents à l'audience. *Ib.*, art. 13.

184. La rédaction des jugements doit contenir, indépendamment de ce qui est prescrit par le C. proc. civ., la mention qu'ils ont été prononcés publiquement et à l'audience, sous peine, s'il y a lieu, de dommages-intérêts contre le greffier envers les parties. Art. 77, 83, 88.

185. *Appel.* Diverses dispositions, dites *supplémentaires,* ont été ajoutées par l'ordonnance du 19 oct. 1828 au C. proc. civ. C'est ainsi que le chap. 1er du titre 2 contient une série de règles sur la distribution des causes, la formation des rôles et l'instruction des affaires à l'audience des Cours. — V. d'ailleurs *sup.*, n°s 143 et suiv.

186. On peut, à la Martinique, former en cause d'appel une demande incidente. Cass. 11 mars 1829.

187. L'arrêt rendu par la C. de la Guadeloupe, auquel a participé un avocat-avoué, est nul, s'il ne constate pas l'empêchement de tous les magistrats de la Cour qui n'ont pas siégé, et s'il ne mentionne pas, en outre, que cet avocat-avoué est le plus ancien, suivant l'ordre du tableau, de ceux qui sont présents à l'audience. Cass., 29 août 1842.

188. Il a été jugé, pour la Martinique, qu'avant l'ordonnance du 22 nov. 1819, qui prescrit la publicité des audiences, un arrêt du conseil souverain n'était pas nul. parce qu'il ne contenait pas la mention de la publicité, ni les noms des juges qui y avaient concouru, ni les motifs sur lesquel il était rendu Cass. 12 août 1819. — Qu'avant l'ordonnance du 4 juill. 1827 et celle du 24 sept. 1828, la publicité des audiences n'était pas prescrite à peine de nullité en matière criminelle. Cass. 30 sept. 1826.

189. L'art. 25 autorise la requête civile sur consultation de deux avocats-avoués, et, à leur défaut, de deux avocats, sous condition d'exercice.

190 La prise à partie contre une C. ou un conseil privé jugeant comme commission d'appel, doit être portée devant la C. de cass. Art. 26.

191. Les Cours de la Guadeloupe et de la Martinique sont réciproquement appelées à connaître des prises à partie autorisées par elles. Art. 27.

192. *Exécution.* Aucune signification ni exécution ne peut être faite, pendant tout le cours de l'année, avant six heures du matin et après six heures du soir. Art. 45.

193. Les règles établies par le C. pr. en faveur de ceux qui sont absents du territoire continental de la France, s'appliquent à ceux qui sont absents du territoire de la colonie. Art. 47.

194. Avant que l'enregistrement existât à la Martinique et à la Guadeloupe (V. *inf.*, § 9), les actes provenant de France ou des pays étrangers ne pouvaient être produits en justice, ni signifiés par les huissiers, s'ils n'avaient été légalisés par l'autorité compétente. Cass. 10 mai 1825. — Spécialement, on a annulé l'appel d'un jugement qui avait été interjeté par un mandataire dont la procuration sous seing privé n'avait pas été légalisée.

195. Lorsque l'huissier, faisant une saisie-exécution, trouve les portes fermées, s'il n'existe pas un commissaire de police devant qui il puisse se retirer, il doit s'adresser au commandant de la commune, qui assiste à l'ouverture des portes. Art. 28.

196. Il peut requérir aux mêmes fins l'officier de l'état civil du domicile du saisi qui est tenu d'obtempérer à ses réquisitions, sous peine de dommages-intérêts envers les parties. *Ib.*

197. Le propriétaire de l'habitation est *de droit* gardien des objets saisis. Art. 30.

198. S'il ne réside pas sur l'habitation ou s'il n'est pas contraignable par corps, le gérant ou le principal économe est également de plein droit constitué gardien. Il en est fait mention au procès-verbal de saisie. *Ib.*

199. Le gardien est tenu de transporter, au lieu indiqué par le procès-verbal, les objets saisis. En cas de refus, il est contraint par ordonnance du juge. *Ib.*

200. Tout gardien qui détourne ou fait détourner des objets saisis, est puni conformément aux dispositions de l'art. 401 C. pén. *Ib.*

201. La vente des objets saisis doit être annoncée publiquement trois jours à l'avance. Art. 31.

202. Les formalités de publicité prescrites par l'art. 621 C. pr. ne sont applicables que pour le cas où la valeur des objets mentionnés en cet article s'élève au moins à 600 fr. Art. 32.

203. A défaut de garde champêtre, tout majeur domicilié dans la colonie et jouissant des droits de citoyen, peut être établi gardien d'une saisie-brandon. Art. 34.

204. Le juge peut ordonner que la vente des objets saisis-brandonnés aura lieu un jour autre que le dimanche. Art. 35.

205. Par l'art. 36, l'exécution du titre 14, intitulé *de l'Ordre*, est suspendue aux Antilles, excepté dans les dispositions relatives au cas où l'ordre serait introduit par suite d'aliénation autre que l'expropriation forcée.

206. Le défaut de signature du procès-verbal de carence, ou même simplement du renvoi placé en marge et constatant le *parlant à* par les témoins qui ont accompagné l'huissier, et, à la Guadeloupe, par le recors qui les remplace, emporte nullité de ce procès-verbal. Cass. 20 juin 1837 (907).

207. Les extraits de demandes en séparation de biens doivent être insérés seulement dans des tableaux à ce destinés et placés dans les salles des trib. de 1re instance et des justices de paix. Art. 37. — Les extraits des jugements de séparation de biens doivent être affichés de la même manière et aux mêmes lieux, et y rester pendant un an. Art. 38.

208. La déclaration exigée du débiteur admis au bénéfice de cession doit être faite au trib. de 1re inst. *Ib.*, art. 39.

209. L'insertion en est faite dans l'auditoire du trib. de 1re inst. et de la justice de paix du domicile du débiteur. Art. 41.

210. Les appositions d'extraits, d'affiches et placards qui se font en France à la porte des mairies, se font dans les colonies à la porte des officiers de l'état civil. Art. 48.

211. Les insertions et annonces qui doivent être publiées dans les journaux d'arrondissement ou de département, se font dans tous les journaux de la colonie. Art. 49.

§3. — *Guyane française.*

212. La Guyane n'a pas encore de constitution. Elle est régie par des décrets. V. Sénatus-consulte, 1854, *sup.* n° 4.

213. Le Code Nap. a été promulgué à la Guyane française par arrêté du gouverneur Victor Hugues, du 1er vend an 14 (23 sept. 1805), même en ce qui touche le régime des hypothèques et de l'expropriation forcée. — L'état des personnes subit seul quelques modifications. — L'ordon. du 7 juin 1832 y rend obligatoire la loi sur les mariages entre beaux-frères et belles-sœurs.

214. Une ordonn. du gouverneur du 25 janv. 1818 a promulgué à la Guyane le C. proc. civ. — avec quelques modifications sur la compétence des juges de paix et la computation des délais.

215. Les arrêts rendus depuis cette ordon. doivent, à peine de nullité, contenir l'exposé des points de droit, les motifs de la décision. Cass. 3 juill. 1821 ; — la mention de la publicité. Cass. 21 mai 1821 : — et les noms des juges qui y ont concouru. Cass. 13 août 1822.

216. Les saisies-exécutions, les saisies immobilières et la contrainte par corps ne peuvent être exercées sans l'approbation du gouverneur. Art. 7. — Toutefois nous ne pensons pas que cet article soit aujourd'hui applicable, en ce qui touche la contrainte par corps, parce que l'ordon. du 12 juill. 1832 qui a rendu exécutoire la loi de 1832, n'a apporté de modification qu'au taux de la consignation alimentaire.

217. Le décret du 27 janv. 1857 réglant les curatelles aux successions et biens vacants est exécutoire à la Guyane sauf quelques modifications. Décr. 19 déc. 1857.

218. Le C. de comm. y a été promulgué par ordon. du commandant administrateur Laussai, du 1er oct. 1820, avec d'importantes modifications, notamment en ce que, dans les cas de guerre, de blocus, ou de convulsions quelconques de la nature, l'art. 1er du titre 3, qui déclare en état de faillite tout commerçant qui cesse ses payements, peut être suspendu dans son application pendant un temps limité, en vertu d'une ordonn. délibérée en conseil spécial. — V. d'ailleurs L. 7 déc. 1850 (4841).

219. Au surplus, l'art. 7 de l'ordonn. du 24 sept. 1828 rend applicables à la Guyane tous les Codes français.

220. La conservation des hypothèques y a été organisée par l'ordonn. du 14 juin 1829.

221. Jugé qu'un mandat *général* entraîne, par sa nature, élection de domicile chez le mandataire qui représente complétement le mandant. Cass 14 fév. 1842 (2245). — Par suite, une assignation donnée au mandataire dans la ville de Cayenne dispense de l'augmentation des délais, comme si elle avait été remise au mandant lui-même. *Même arrêt.*

222. *Organisation judiciaire.* Elle résulte d'un décret du 16 août 1854 (5737).

223. Les commissaires commandants du quartier d'Oyapock, Appronague, Kaw Rouro, Kourou, Sinnamary et Mana exercent les fonctions de juges de paix et de police dans leurs circonscriptions respectives. *Ib.* art. 3.

224. Il y a trois justices de paix à la Guyane : à Cayenne, à Sinnamary et à Appronague. La compétence des juges de paix y a été étendue. Ils connaissent en dernier ressort jusqu'à la valeur de 250 fr. et en 1ᵉʳ ressort jusqu'à la valeur de 500 fr. des actions indiquées dans l'art. 1ᵉʳ, L. 25 mai 1838 ; — 2° en dernier ressort jusqu'à la valeur de 250 fr. des actions indiquées dans les art. 2, 3, 4, 5. *Ib.* art. 6.

225. Il n'y a qu'un trib. de 1ʳᵉ inst. siégeant à Cayenne ; — il se compose d'un juge impérial, d'un lieutenant de juge, d'un juge auditeur, d'un procureur impérial, d'un ou deux substituts, d'un greffier et d'un commis assermenté. Art. 7.

226. Ce trib. connaît : — 1° de l'appel des jugements rendus en premier ressort par les juges de paix en matière civile et commerciale ; — 2° de toutes actions civiles et commerciales en 1ᵉʳ et dernier ressort jusqu'à concurrence de 1,000 fr. en principal ou de 100 fr. de revenu déterminé, soit en rente, soit par prix de bail, et à la charge d'appel au-dessus de ces sommes. — En matière correctionnelle, il connaît de l'appel des jugements de simple police ; il connaît en outre en 1ᵉʳ ressort des contraventions aux lois sur le commerce étranger, le régime des douanes et les contributions indirectes. Art. 8. — Il se conforme aux dispositions de l'art. 2, L. 11 avril 1838.

227. — La Cour de la Guyane est composé d'un président, de deux conseillers, d'un conseiller auditeur, d'un greffier. — Le procureur impérial du trib. de Cayenne et ses substituts y remplissent les fonctions du ministère public. Déc. 1854, art. 9. — Les arrêts sont rendus par trois juges. *Ib.* Art. 10. En cas d'empêchement momentané d'un ou de deux magistrats, le président pourvoit à leur remplacement en appelant un ou deux assesseurs.

228. La Cour n'a que des sessions mensuelles. Décr. 18 août 1854, art. 13. — Elle se réunit chaque mois à une époque fixe, et toutes les affaires portées au rôle épuisées, elle déclare ses sessions closes. Les magistrats, autres que les membres du ministère public, ne sont pas tenus à la résidence dans la ville où siége la C. Ordon. 24 sept. 1828, art. 127, 128, 129.

229. — Toutefois, dans l'intervalle des sessions, la chambre d'accusation, composée de trois membres, est chargée de connaître des affaires qui réclament urgence. Cass. 27 mars 1848, D. 48, 11 ; par exemple, de suspendre l'exécution des jugements mal à propos qualifiés en dernier ressort, de statuer sur la récusation des magistrats de 1ʳᵉ inst. Ordon. 24 sept. 1828, art. 54 ; Ordon. 19 oct. 1828, sur le mode de procéder en matière civile, art. 20, 21, 23. — Cass. 19 juin 1837 (866).

230. Le président de la Cour est le chef du service judiciaire. En cette qualité, il exerce toutes les attributions administratives et de surveillance antérieurement conférées au procureur général. Art. 14.

231. Il y a une Cour d'assises composée du président de la Cour, de deux conseillers et de quatre assesseurs. Art. 15.

232. Le traitement des magistrats et des membres attachés à la Cour et aux tribunaux est fixé par un décret du 16 août 1854, art. 19.

233. L'art. 6 de l'ordon. du 25 janv. 1818 portait : « La » pénurie d'hommes de loi dans la colonie ne permettant pas » de nommer des avoués, attendu que la confiance serait trop » limitée, le titre d'avoué est supprimé. » — Mais l'ordonn. du 21 déc. 1828 a établi des avoués et a fixé leur nombre à 6. — Cette ordonn. de 1828 ne parle pas des avocats; mais elle fait une distinction entre les avoués *simples praticiens* et les avoués *licenciés.* Ceux-ci ont le droit de rester couverts en plaidant et de porter le chaperon sur leur toge. Ils peuvent prendre le titre d'*avocat-avoué.*

234. D'après l'avis de la Cour, le gouverneur peut, statuant en conseil, autoriser deux licenciés en droit, postulant des places d'avoués, à plaider devant la Cour et devant le tribunal. Ils doivent prêter serment avant d'exercer leur ministère. — L'ordonnance du 15 fév. 1831, relative à l'exercice de la profession d'avocat aux colonies est applicable à la Guyane.

235. Cinq huissiers, indépendamment de l'huissier attaché à la justice de paix de Sinnamary, font le service de la colonie, deux pour la Cour, deux pour le tribunal de 1re instance et le cinquième pour la justice de paix de Cayenne.

§ 4. — *La Réunion.*

236. *Législation.* — Le Code civil a été promulgué à la Réunion par arrêté du gouverneur, le 25 vend. an 14, avec réserve d'y apporter les modifications reconnues nécessaires, et qui ont été promulguées le 1er brum. suivant. — Tous nos Codes, successivement promulgués dans cette colonie, y ont de nouveau été déclarés exécutoires par l'art. 7 de l'ordonn. du 30 sept. 1827.

237. Les titres 12 et 13 C. pr., relatifs à la saisie immobilière et aux incidents sur ces poursuites, sont promulgués et s'exécutent à la Réunion.

238. La matrice du rôle est remplacée (C. pr. 675) par l'extrait des recensements des habitants contenant désignation des immeubles, de la nature de culture, canne à sucre, café, etc.

239 La constitution d'un mandataire à l'île Bourbon, par un Français domicilié en France, n'emporte pas de droit élection de domicile chez ce mandataire et attribution de juridiction au trib. dans le ressort duquel celui-ci est domicilié. Cass. 3 juill. 1837; 31 janv. 1838, 18 mars 1839; 29 nov. 1843 (843 et 2912).

240. Cette élection de domicile ne peut, ni s'induire de l'avantage qui doit en résulter pour le mandant lui-même, ou de la généralité et de l'étendue de la procuration, ou de toutes autres présomptions non appuyées sur un commencement de preuve par écrit, ni être suppléée par l'usage où l'on serait de stipuler une pareille élection de domicile dans les procurations destinées à la colonie. Cass. 29 nov. 1843.

241. Jugé toutefois qu'une C. a pu, sans contrevenir à aucune loi, décider, par interprétation d'un mandat général, que la constitution d'un mandataire général dans une colonie avait eu pour objet, de la part du mandant, d'être complétement représenté par ce mandataire. Cass. 14 fév. 1842. — V. *sup.*, n° 221.

242. L'indication d'un représentant aux colonies faite par une partie dans un cas d'appel, ne suffit pas pour établir que ce représentant fût le mandataire de cette partie et spécialement ne prouve pas qu'il ait été autorisé à recevoir les significations à elle adressées. Par suite, la signification d'un arrêt à ce prétendu mandataire ne fait pas courir le délai du pourvoi en cassation contre la partie. Cass. 18 mars 1851, D. 51, 273.

243. On a annulé, pour défaut de motifs, un arrêt du conseil de révision, qui rejetait un appel incident. Cass. 26 mai 1827.

244. Le recours en cassation contre les jugements rendus à la Réunion a lieu en matière de contravention aux lois prohibitives de la traite des noirs, soit à la requête du ministère public, soit à la requête de la partie condamnée, ou de tout autre intéressé. Ordonn. 22 oct. 1823 (modicative de l'ordonn. du 13 nov. 1816).

245. L'intérêt a été fixé à 9 p. 0/0 en matière civile et à 12 p. 0/0 en matière commerciale. — La loi du 3 sept. 1807 sur le taux légal de l'argent est en vigueur à la Réunion depuis le 26 mars 1808.

246. Les lois sur la contrainte par corps et sur les mariages entre beaux-frères et belles-sœurs y sont exécutoires.

247. *Organisation judiciaire.* Elle résulte du décret du 16 août 1854 (5736). — Il y a neuf justices de paix, composées d'un juge, d'un suppléant et d'un greffier.

248. Le siége du trib. de 1re inst. établi à Saint-Paul, est transféré à Saint-Pierre. Décr. 6 janv. 1857.

249. Le trib. de 1re inst. de Saint-Denis se compose d'un président, de trois juges, d'un procureur impérial et d'un ou deux substituts, d'un greffier et de commis greffiers. Décr. 1854, art. 2.

250. Le trib. de Saint-Pierre se composé d'un président, de deux juges, d'un procureur impérial et d'un substitut, d'un greffier et de commis greffiers. Un ou deux juges suppléants peuvent être attachés à ce tribunal. *Ibid.*, art. 2.

251. Ces trib. ont les mêmes attributions que celles déter-minées pour la Guadeloupe et la Martinique. — V. *sup.*, 123.

252. L'ordonnance du 30 sept. 1827 instituait douze avoués près le trib. de Saint-Denis. Celle du 10 juill. 1831 autorise le gouverneur à déléguer, en conseil privé, après avoir pris l'avis de la Cour, quatre de ces officiers ministériels pour postuler devant le trib. de Saint-Paul.

253. Il y a un procureur général ou un avocat général chargé d'en remplir les fonctions, et un substitut du procureur général.

254. La Cour est composée d'un président, de six conseillers, d'un conseiller auditeur, d'un procureur général et de deux substituts, d'un greffier et de commis greffiers. Art. 5.

255. Ses attributions sont les mêmes que celles des cours de la Guadeloupe et de la Martinique.

256. Les huit avoués laissés à Saint-Denis, y occupent de-vant le trib. de 1re inst. et devant la Cour.

257. Les contraventions commises par les notaires dans la rédaction de leurs actes ne se prescrivent que par trente ans, sauf le cas où il s'agit de contraventions relatives à la percep-tion des droits, à l'égard desquelles la prescription s'opère par deux ans. Cass. 24 nov. 1852, Dev. 53, 441.

258. Mayotte, Nossi-Bé et Sainte-Marie dépendent du gou-vernement de l'île de la Réunion.

259. Il y a à Mayotte un trib. de 1re inst., composé d'un juge qui connaît comme trib. civ. et comm. en dernier ressort, lorsque la valeur de la demande en principal n'excède pas 1,000 fr., à charge d'appel devant la Cour de la Réunion au delà de cette limite, des contestations civiles et commerciales autres que celles où les deux parties seraient indigènes; comme trib. correct., des délits commis par les Français, les étrangers ou les indigènes; comme trib. de police, des contraventions de police. Décr. 30 janv. 1852, art. 3.

260. Un greffier institué près ce trib. y remplit toutes les fonctions déléguées en France à ces officiers publics. En cas d'empêchement, il est remplacé par la personne que désigne le juge. Art. 4. — L'aide-commissaire chargé de la comptabilité, exerce au chef-lieu les fonctions de procureur impérial. — A Nossi-Bé, ces fonctions sont remplies par le commis d'administration. Art. 5.

261. Les fonctions d'huissier sont exercées par des agents de la force publique, désignés et requis à cet effet par le juge. Art. 6.

262. Le juge du trib. de 1re instance est chef du service judiciaire à Mayotte. Indépendamment des fonctions qui lui sont départies comme juge, il est chargé d'employer sa médiation comme amiable compositeur pour concilier les parties, de remplir les fonctions et de faire les actes tutélaires attribués aux juges de paix, tels que les appositions et levées de scellés, les avis de parents, les actes de notoriété et autres actes qui sont dans l'intérêt des familles, de faire les actes attribués par le Code de commerce et par les règlements particuliers aux présidents des trib. de comm., de faire les actes d'instruction en matière criminelle. Art. 7.

263. Il y a à Nossi-Bé un trib. de 1re instance, composé d'un juge et d'un greffier. — Sa compétence est la même que celle attribuée au juge de Mayotte par les art. 3 et 7 du décret du 30 janv. 1852. Décr. 29 févr. 1860. — Les affaires jugées en 1er ressort par ce magistrat sont portées en appel devant la Cour de la Réunion, qui connaît directement des crimes commis dans le ressort du trib., à l'exception de ceux qui doivent être portés devant le conseil de justice de Mayotte, conformément à l'art. 1er de l'ordonn. du 26 août 1847. *Même décret.*

264. Les fonctions du procureur imp. sont remplies près le trib. de Nossi-Bé, par l'employé du commissariat de la marine désigné à cet effet par le commandant supérieur de Mayotte. — Le greffier du trib. de Nossi-Bé remplit toutes les fonctions attribuées en France à ces officiers publics ; il est soumis aux mêmes conditions d'âge et d'aptitude.

265. Les fonctions d'huissier sont remplies par les agents de la force publique désignés et requis à cet effet par le juge. *Même Décret.*

266. Le commandant particulier de Sainte-Marie remplit les mêmes fonctions judiciaires. Les fonctions du procureur impérial sont remplies par un commis d'administration. Décr. du 30 janvier 1852, art. 11 et 12.

§ 5. — *Sénégal et Gorée.*

267. *Législation.* Le Sénégal est en dehors de la législation coloniale ordinaire et continue à être régi par décrets.

268. La coutume de Paris formait, avant le Code, le droit commun des colonies et notamment du Sénégal. Cass. 23 août 1825.

269. Le Code Nap. y a été promulgué le 5 nov. 1830. Les réformes de la législation criminelle, L. 28 avril 1832, ont été applicables au Sénégal par ordonn. du 29 mars 1836. Le Code d'instr. crim. y a été promulgué par ordon. du 14 fév. 1838.

270. *En matière civile,* par dérogation à l'art. 1341 C. N. les juges peuvent ordonner la preuve testimoniale, à quelque somme que la demande puisse monter, s'il y a parmi les contractants des gens qu'ils estiment illettrés.

271. Le terme de rachat ou de réméré, fixé par acte ou convention, peut être prolongé par le juge, et n'est considéré comme définitif qu'en vertu d'un jugement.

272. Lorsqu'une partie veut interjeter appel, elle en fait la déclaration au greffe du tribunal dans les quinze jours de la prononciation du jugement, s'il est contradictoire; et dans les quinze jours de la signification, s'il est par défaut.

L'appel est suspensif. — L'exécution provisoire peut cependant être ordonnée à charge de caution.

273. Le C. de commerce est en vigueur depuis le 1er juillet 1819. Ordonn. 4 juin 1819. — Avec toutes ses modifications. Décret 8 déc. 1850 (4841).

274. *Organisation judiciaire.* — La justice est rendue par les trib. de 1re inst. et de police, par une C. impériale et par une C. d'assises. Décr. 9 août 1854.

275. Les trib. de 1re inst. siégent à Saint-Louis et à Gorée; ils sont composés d'un juge impérial d'un procureur impérial ou d'un substitut et d'un greffier. Art. 2.

276. Ils connaissent de toutes les actions civiles et commerciales en premier et en dernier ressort jusqu'à la valeur de 1,000 fr. en principal ou de 60 fr. de revenu déterminé soit en rentes, soit par prix de bail, et en premier ressort seulement au-dessus de ces sommes. — Ils se conforment aux dispositions de l'art. 2, L. 11 avril 1838, art. 3.

Ils connaissent comme les trib. de police ou correctionnels de toutes les contraventions de police et de tous les délits. Art. 4.

277. La C. siége à Saint-Louis; elle est composée d'un président, d'un conseiller, d'un conseiller auditeur et d'un greffier. — Le procureur impérial près le trib. de Saint-Louis remplit auprès de la Cour les fonctions du ministère public. Art. 5.

278. Le ressort de la C. comprend l'ensemble des établissements français sur la côte occidentale d'Afrique. Art. 5.

279. Les arrêts sont rendus par trois juges ; en cas d'absence ou d'empêchement d'un ou de deux des membres de la Cour, ils sont remplacés par des notables. Art. 6 et 7.

280. La Cour connaît des appels en matière civile, commerciale et de douane, et en matière correctionnelle et de simple police. Art. 8.

281. Le recours en cassation est ouvert en matière civile, commerciale et de douanes, ainsi qu'en matière correctionnelle. Art. 9.

282. — La Cour d'assises est composée du président de la C. impér. ; du conseiller et du conseiller auditeur, de quatre assesseurs, tirés au sort sur une liste de 24 personnes choisies sur une liste générale composée de 60 personnes au plus et 40 au moins.

283. Le président de la C. impériale est le chef du service judiciaire ; il veille au maintien de la discipline, à l'exécution des lois, arrêtés et ordonn. Il signale les infractions au gouverneur. Art. 18.

284. Le juge impérial exerce toutes les attributions conférées aux présidents des trib. civ. et de commerce par la C. Nap. les C. de proc. et de comm. et les règlements particuliers. — Il remplit dans son arrondissement les fonctions de juge d'instruction.

285. Le proc. impér. ou son substitut saisissent directement les trib. correct. des affaires de leur compétence. Indépendamment des fonctions du ministère public, le procureur imp. exerce à l'égard des successions vacantes les attributions déterminées par l'édit de 1781 et par les ordonn. ou règlements sur cette matière. Art. 22.

286. Le conseiller auditeur, outre ses fonctions ordinaires comme membre de la Cour imp., remplit à Saint-Louis les fonctions et fait les actes tutélaires attribués aux juges de paix, tels que les appositions et les levées de scellés, les avis de parents, les actes de notoriété et autres actes dans l'intérêt des familles. A Gorée, ces actes sont faits par le juge impérial. Art. 23.

287. Dans les instances soumises au préliminaire de conciliation, les maires de Saint-Louis et de Gorée remplissent les fonctions de magistrats conciliateurs. Ils tiennent à cet effet des audiences de conciliation, et les procès-verbaux sont dressés par les greffiers. Art. 24.

288 Un seul fonctionnaire exerce l'emploi du greffier près les diverses juridictions établies au siége de sa résidence. Il réunit à ces fonctions celles de notaire. — Art. 25.

289. Les greffiers sont en outre exclusivement chargés de procéder à toutes les ventes volontaires de marchandises et autres effets mobiliers, actions et droits incorporels, aux ventes volontaires après décès ou faillite et aux autres ventes volontaires de navires et bâtiments de mer ou de rivière; les huissiers ont seuls le droit de procéder aux ventes mobilières après saisie. Art. 26.

290. L'institution des conseils commissionnés près les trib. de la colonie est maintenue. La nomination de ces conseils appartient au gouverneur. Leur nombre, leurs attributions et leurs émoluments sont réglés par arrêtés du gouverneur rendus en conseil d'administration. Art. 34.

291. Un comité consultatif établi à Saint-Louis est appelé à donner son avis sur les questions de droit musulman qui lui sont soumises par les trib. — Art. 35.

292. A Saint-Louis un trib. musulman composé d'un cadi, d'un assesseur qui le remplace en cas d'empêchement, et d'un greffier, — connaît exclusivement des affaires entre indigènes musulmans et relatives aux questions qui intéressent l'état civil, le mariage, les successions, donations et testaments. — Les causes sont instruites et jugées d'après le droit et suivant les formes de procédure en usage chez les musulmans. — Il connaît de l'exécution de ses jugements. Décr. 20 mai 1857.

293. L'appel est ouvert aux parties contre les jugements du trib. musulman. Il y est statué d'après la loi musulmane par un conseil composé du gouverneur, président, d'un conseiller de la C. imp., du directeur des affaires indigènes et du chef de la religion musulmane ou tamsir. *Même Décr.*

294. Les parties peuvent d'un commun accord porter leurs contestations devant les trib. français qui statuent selon les règles de compétence et les termes de la loi française. — Le consentement des parties résulte de la comparution volontaire devant le trib. français. *Même Décret.*

295. En cas de désaccord, le maire de Saint-Louis décide à laquelle des juridictions française ou musulmane l'affaire doit être renvoyée.

296. Lorsque le trib. français statue en 1re inst. sur une contestation entre musulmans, un assesseur musulman siége au trib. avec voix délibérative; en cas de partage, la voix du président est prépondérante.

297. L'appel du jugement du trib. français est porté devant le conseil composé comme il a été dit *suprà.* 293.

298. Les trib. ordinaires connaissent seuls des crimes, délits et contraventions prévus et punis par la législation locale en vigueur.

299. Il est tenu par le cadi deux registres d'audience sur lesquels sont inscrites les minutes des jugements rendus; l'un reste entre ses mains, l'autre est déposé au greffe de 1re inst. *Même décr.*

300. Le commandement et l'administration de Gorée et des établissements français situés au sud de celle de la côte occidentale d'Afrique sont confiés à un commandant résidant à Gorée, et placé sous les ordres supérieurs du commandant de la division navale des côtes occidentales d'Afrique. — Un conseil d'administration est consulté sur les affaires dans les cas déterminés par les règlements et statue comme conseil contentieux administratif. Décr, 1er nov. 1854.

§ 6. — *Iles Saint-Pierre et Miquelon.*

301. *Législation.* — Les îles de St-Pierre et Miquelon sont régies par ordon. ou décrets.

302. Ces ordonnances ne se rapportent guère qu'aux concessions de grèves faites par le gouvernement pour la pêcherie. — Les grèves concédées et les maisons que les concessionnaires y ont établies sont susceptibles d'hypothèque. Ordonn. 26 juill. 1833. — En cas de retour à l'État, dans les cas prévus par les ordonnances, ce retour s'opère sans charge. — Si la grève est restée un an sans être occupée, les créanciers inscrits peuvent en poursuivre l'expropriation, alors même que les créances ne seraient pas exigibles.

303. Sont obligatoires, — le Code civil, le Code de proc. civ. et le Code de commerce, avec certaines modifications; — le Code d'instr. crim. et le Code pén., avec les réformes de la loi du 28 avril 1832. — Ordonn. 26 juill. 1833.

304. Un bureau est établi à St-Pierre pour la conservation des hypothèques. — L'officier d'administration de la marine y remplit les fonctions de conservateur. — Les registres sont cotés et paraphés par le commandant.

305. *Organisation judiciaire.* — Il y un trib. de paix à St-Pierre, et un second dans l'île Miquelon. Ordonn. 26 juill. 1833.

306. Chaque juge de paix juge seul, sans suppléant, sans greffier, et sans ministère public dans les affaires de police.

307. Il connaît en premier et dernier ressort de toutes les actions quelconques, lorsque la valeur principale de la demande n'excède pas 50 fr.

308. Dans les matières civiles qui excèdent sa compétence, il remplit les fonctions de conciliateur.

309. Il n'y a pas d'huissier près de ces tribunaux. — Toutefois, soit pour les besoins de l'audience, soit pour certaines opérations où l'office d'huissier serait nécessaire, le juge de paix peut le faire remplir par un *gendarme.*

310. A St-Pierre, le notaire de la colonie peut être juge de paix. — A Miquelon, ces fonctions peuvent être remplies par le commis de la marine.

311. Un trib. de 1re inst. existe pour les colonies de St-Pierre et Miquelon. Il est composé d'un seul juge, qui prononce sans intervention du ministère public.

312. Ce juge peut être, en même temps, juge de paix et notaire.

313. Il connaît, en premier et dernier ressort, de toute action au-dessus de 50 fr. jusqu'à 300 fr.; et en premier ressort, de celles qui excèdent 300 fr.

314. Un commis greffier assermenté est attaché au tribunal de St-Pierre.

315. Il n'y a pas d'avoués auprès du tribunal.

316. Un gendarme fait les fonctions d'huissier.

317. Un conseil d'appel est composé : 1° du commandant de la colonie; 2° du chirurgien chargé du service de santé; 3° du capitaine de port. Un officier d'administration remplit les fonctions du ministère public. Le commis greffier du trib. de 1re inst. tient la plume.

318. Le conseil d'appel connaît de l'appel des jugements de 1re inst.

319. Il procède par voie d'annulation contre les jugements rendus par le trib. de paix. — V. *sup.* 143.

320. Les formalités pour se pourvoir et procéder devant le conseil d'appel sont communes au Sénégal et aux îles St-Pierre et Miquelon.

321. Le délai pour se pourvoir en cassation est d'un an en matière civile et commerciale.

§ 7. — *Établissements français de l'Inde.*

322. Les codes de la métropole y ont été promulgués avec quelques modifications. — Arrêté gouvern. gén. 6 janv. 1819.

323. L'ord. locale du 26 mai 1827 détermine les règles de compétence dans les affaires dites de Caste. Un comité consultatif est établi dans l'Inde pour donner son avis sur toutes les questions de droit indien qui lui sont soumises par les tribunaux.

324. Pondichéry, Chandernagor et Karikal ont chacun un trib. de paix, composé d'un juge et d'un greffier, et, s'il y a lieu, d'un suppléant et d'un commis greffier. Art. 6, ordonn. 7 fév. 1842 (2237).

325. Les juges de paix connaissent en dernier ressort, dans les affaires purement personnelles ou mobilières et dans les affaires commerciales, jusqu'à la valeur de 75 fr., et, à charge d'appel, jusqu'à 150 fr. Art. 7.

326. Les art. 8 à 22 traitent d'autres points de compétence des juges de paix, de la permission qu'ils peuvent délivrer pour pratiquer une saisie-gagerie, de l'exécution provisoire et des moyens de se pourvoir contre leurs jugements, enfin des attributions de police et de juridiction criminelle conférées aux juges de paix.

327. Il y a un tribunal de 1re inst. à Pondichéry, à Chandernagor, à Karikal, à Yanaon et à Mahé. Art. 23.

328. Le trib. de Pondichéry est composé d'un juge impér., d'un lieutenant de juge, d'un juge suppléant, d'un procureur imp. et d'un greffier.

329. A Chandernagor, en cas d'empêchement, le juge imp. est remplacé, en matière civile et correctionnelle, par le magistrat ou autre fonctionnaire que le gouverneur désigne, et en matière criminelle, par le préposé de l'inspection coloniale. (Ord. 7 fév. 1842.)

330. Le juge de paix fait les fonctions attribuées au juge d'instruction par le Code d'inst. crim.

331. Le trib. crim. de Chandernagor se compose : 1° du juge impérial ; 2° de l'officier ou commis d'administration de la marine, chargé de l'inspection ; 3° de l'officier ou commis d'administration chargé du service. — En cas d'empêchement de l'inspecteur ou de l'officier d'administration chargé du service, ils sont remplacés par le chef du service de santé et, à défaut, par des notables. (Ord. 3 fév. 1846.)

332. Les trib. de Pondichéry et de Karikal connaissent en dernier ressort, des actions personnelles, mobilières et commerciales au-dessus de 150 fr. jusqu'à 500 fr., et des actions immobilières jusqu'à 25 fr. de revenu déterminé soit en rente, soit par prix de bail. Art. 23.

333. A raison de son éloignement de la Cour, le trib. de Chandernagor juge en dernier ressort les actions personnelles, mobilières et commerciales jusqu'à 1,000 fr., et les actions immobilières jusqu'à 50 fr. de revenu déterminé. *Ibid.*

334. Le juge suppléant de Pondichéry assiste aux audiences, où il n'a, dans tous les cas, que voix consultative. Art. 27.

335. Il peut être chargé des enquêtes, des interrogatoires, des ordres, des contributions, de tous les actes d'instruction civile, des fonctions de juge-commissaire et de juge rapporteur. — Il peut aussi être chargé par le procureur imp. des fonctions du ministère public. Art. 27.

336. Le chef du comptoir, remplissant les fonctions de juge imp. à Yanaon et à Mahé, connaît en premier et en dernier ressort : — 1° de toutes les affaires attribuées aux trib. de paix ; 2° de toutes les affaires dont la connaissance est attribuée en dernier ressort aux tribunaux de Pondichéry et de Karikal. — Il connaît en 1er ressort seulement de toutes les autres affaires civiles ou commerciales. Art. 30.

337. Il y a, dans chacune de ces deux résidences, un greffier chargé d'assister le chef de comptoir. Art. 32.

338. La C., qui siége à Pondichéry, est composée d'un président, de quatre conseillers et de deux conseillers auditeurs. — Il y a un procureur général (ordonn. 3 fév. 1846), un greffier en chef et un commis greffier. Art. 33.

339. Trois magistrats au moins sont nécessaires pour rendre arrêt en matière civile, à peine de nullité. Art 36.

340. Lorsque ce nombre ne peut être complet, le président y pourvoit en appelant des magistrats honoraires suivant l'ordre d'ancienneté, et, à défaut de ceux-ci, des notables. Art. 36.

341. Ces notables sont pris dans l'ordre de leur inscription sur une liste dressée chaque année par le gouverneur dans le mois qui précède la rentrée de la C., et composée de 20 habitants notables de Pondichéry, jouissant de la qualité de Français et âgés au moins de vingt-sept ans. Art. 104 et 105.

342. Dans les autres établissements ces listes ne comprennent que quatre notables. Art. 124.

343. Le procureur général a la surveillance de tous les officiers de police judiciaire, des juges d'instruction, des greffiers et des officiers ministériels du ressort. Art. 55.

344. Il a l'inspection des actes judiciaires et des greffes, des registres de l'état civil et de ceux des curateurs aux successions vacantes. Il est chargé de réunir, pour être envoyés au ministère de la marine, les doubles registres, doubles minutes et documents divers destinés au dépôt des archives coloniales créé par l'édit de juin 1776.

345. Les audiences sont publiques en matière civile et criminelle. Art. 3.

346. Les parties peuvent se défendre elles-mêmes; elles peuvent avoir recours à des *conseils commissionnés* qui sont nommés par le gouverneur, astreints à fournir un cautionnement, et dont le nombre est limité. Art. 127, 129, 131, 134.

347. Ils plaident et postulent, portent l'habit noir et le petit manteau. Ceux qui sont licenciés ont droit de porter la toge et la toque en laine noire bordée d'un galon de velours. Art. 136 et 188.

348. Ils sont soumis à l'action disciplinaire directe du procureur général. Art. 141.

349. Les huissiers sont nommés par le gouverneur. Ils portent une baguette noire surmontée d'une boule d'ivoire. Art. 150, 189.

§ 8. — *Océanie, îles Marquises, etc.*

350. Les établissements français de l'Océanie et de la Nouvelle-Calédonie sont placés chacun sous l'autorité d'un commandant. — L'ordonn. du 28 avril 1843 sur l'administration de la justice aux îles Marquises et sur les pouvoirs spéciaux du gouverneur est appliquée à ces établissements. Décr. 14 janv. 1860.

351. Les procès civils entre habitants sont jugés d'après les usages locaux.

Pour les autres, il existe deux trib. de 1re inst., composés chacun du commandant particulier et de deux employés du gouvernement, à la nomination du gouverneur. Au chef-lieu, un conseil d'appel composé du gouverneur, président, du chef du service d'administration et du chirurgien en chef.

352. Les trib. civils jugent en dernier ressort jusqu'à la valeur de 500 fr.

353. Le recours en cassation est ouvert contre les arrêts du conseil d'appel. Ordonn. 28 avril 1843, art 4. — Les trib. de 1ʳᵉ inst. et le conseil d'appel appliquent les lois civiles françaises, modifiées soit par des ordonnances, soit par des arrêtés locaux, soit par les usages du pays. Art. 5.

354. Le gouverneur est autorisé à faire tous réglements et arrêtés nécessaires à la marche du service administratif, comme à l'intérêt de l'ordre et de la sureté de la colonie. Ord. 28 avril 1843, art. 7.

§ 9. — *Timbre et enregistrement.*

355. *Timbre.* Cet impôt est établi à la Martinique et à la Guadeloupe. Décr. 24 oct. 1860, au Sénégal. Décr. 4 août, 24 oct. 1860.

356. Le recouvrement des droits et des amendes de contravention est poursuivi par voie de contrainte ; en cas d'opposition, les instances sont instruites et jugées selon les formes prescrites par l'ord. 31 déc. 1828.

357. Le délai de la prescription en ce qui concerne le recouvrement des amendes pour contravention en matière de timbre est de deux ans. Ce délai court du jour où les préposés auront été à même de constater les contraventions. *Mêmes décrets.*

358. Tout acte fait ou passé dans une colonie où le timbre n'est pas établi, doit être soumis au timbre avant qu'il puisse en être fait usage en France, soit dans un acte public, soit dans une déclaration quelconque, soit devant une autorité judiciaire ou administrative. — Il en est de même des effets négociables souscrits dans les colonies. — V. *Timbre.*

359. Les titres et actes de tout genre produits par les anciens colons de Saint-Domingue, par leurs héritiers ou créanciers, pour la liquidation de l'indemnité, sont dispensés du timbre. L. 30 avr. 1826, art. 10. — Cette exemption s'applique à tous les actes relatifs au payement et à la répartition entre les anciens colons et leurs créanciers des sommes versées ou à verser par Haïti, en exécution du traité du 12 fév. 1838. L. 18 mai 1840, art. 10 ; solution 26 mai 1842.

360. *Enregistrement.* Il a été établi à la Martinique, à la Guadeloupe et ses dépendances et à la Guyane par ordonnance du 31 déc. 1828. — À la Réunion depuis 1818. — Au Sénégal. Décr. 4 août 1860.

361. Est exécutoire aux colonies de la Martinique de la Guadeloupe, de la Guyane et de la Réunion la loi du 25 juin 1841, concernant les droits à percevoir sur les transmissions d'offices ministériels. L. 19 mai 1849.

362. L'ord. du 1er juillet 1831 détermine les obligations des notaires, greffiers et secrétaires des administrations pour l'enregistrement de leurs actes.

363. Les receveurs de l'enregistrement sont en même temps conservateurs des hypothèques.

364. Une autre ordon. du 22 fév. 1832 a fixé les amendes encourues pour contraventions.

365. *Colonies où l'enregistrement est établi.* L'enregistrement n'est obligatoire dans un délai de rigueur (— V. *inf.*, n° 383); que pour les actes qui contiennent la transmission d'immeubles situés en France. L. 22 frim. an 7, art. 4 et 12 ; 27 vent. an 9, art. 4.

366. Les actes enregistrés aux colonies doivent être enregistrés de nouveau lorsqu'il en est fait usage en France, soit en justice, soit dans un acte public. Arg. L. 22 frim. an 7, art. 23 et 42.

367. Si l'acte a été enregistré dans la colonie, il n'est perçu en France que le supplément de droit résultant de la différence du tarif. Délibér. 20 août 1823 et 8 oct. 1833. Solution 19 janv. 1837.

368. Lorsque des actes, ayant pour objet des transmissions de propriétés situées en France, n'ont pas été enregistrés dans la colonie, leur enregistrement en France donne lieu à la perception de la totalité des droits établis par le tarif de France.

369. S'il s'agit d'actes ayant pour objet des mutations ou transmissions de propriétés immobilières situées dans les colonies, la perception en France est le droit fixe de 1 fr. qu'ils aient été ou non enregistrés dans la colonie où ils ont été passés. Av. cons. d'Et. 6 vend., 10 brum. an 14, 15 nov., 12 déc. 1806.

370. Il en est de même s'il s'agit d'actes passés en France portant transmission de meubles ou immeubles situés dans les colonies.

371. Les actes enregistrés en France sont soumis de nouveau à cette formalité dans la colonie, avant qu'il puisse en être fait usage public ; il n'est perçu qu'un droit fixe.

372. Les délais pour faire enregistrer les actes publics sont : — 1° De quatre jours pour ceux des huissiers et autres ayant pouvoir de faire des exploits et procès-verbaux. — S'il n'existe pas de bureau dans les lieux de la résidence des fonctionnaires, le délai est de six jours. — 2° De dix jours pour les actes de notaire qui résident dans la commune où le bureau de l'enregistrement est établi. — 3° De quinze jours pour ceux qui n'y résident pas. — 4° De vingt jours pour les actes judiciaires en minute.

373. Les actes notariés qui ne sont pas enregistrés dans les délais voulus, emportent contre le notaire une amende de 10 fr.

374. L'huissier qui omet de faire enregistrer un acte dans les délais est responsable envers la partie; ses exploits sont déclarés nuls; il est passible d'une amende de 5 fr.

375. Les significations d'avoué à avoué, les originaux de placards judiciaires, requêtes de production et autres, sont soumis au droit fixe de 25 c.

376. Les répudiations de succession, actes de notoriété, cahiers de charges, désistements purs et simples, commandements, citations, etc., sont soumis au droit fixe de 50 cent.

377. Il existe d'autres droits fixes de 75 cent. et de 1 fr. à 5 fr.

378. L'adjudication sur folle enchère n'est assujettie à un droit proportionnel que pour ce qui excède le prix de la 1re adjudication lorsque le droit proportionnel a été perçu sur cette précédente adjudication. Ordonn. 31 déc. 1828, art. 92, §§ 6 et 8. — Cette disposition est applicable aux adjudications sur folle enchère par suite d'adjudications faites avant cette ordonnance, et à une époque à laquelle aucun droit proportionnel n'était établi sur les adjudications sur folle enchère ou autres : ces adjudications sur folle enchère sont soumises au droit proportionnel pour la totalité du prix. Cass. 5 juin 1844. (2912).

379. Les droits proportionnels les plus élevés sont de 1 fr. par 100 fr. aux Indes occidentales.

380. *Colonies où l'enregistrement n'est pas établi.* Les actes passés dans ces colonies sont assimilés aux actes sous signature privée. L. 22 frim. an 7, art. 23.

381. Les actes portant transmission de propriété d'usufruit ou de jouissance de biens-immeubles doivent être soumis à la formalité, — savoir : dans le délai d'une année s'ils sont passés en Amérique, et deux années, si c'est en Afrique.(— V. toutefois *Colonie d'Alger.*) Art. 22.

382. La quotité des droits est la même que pour le cas où les actes de transmission auraient été passés en France. L. 27 vent. an 9, art. 4.

383. Pour les actes qui ne contiennent pas des dispositions de cette nature, il n'y a aucun délai de rigueur, mais il n'en peut être fait aucun usage (en France), soit par acte public, soit en justice, ou devant toute autre autorité constituée, qu'ils n'aient été préalablement enregistrés. L. 22 frim. an 7, art. 23.

— V. d'ailleurs *Colonies du nord de l'Afrique, Monnaie, Poids et mesures.; Légalisation; Temps légaux.*

COLONIES *du nord de l'Afrique ou Algérie.*

Table sommaire.

DIVISION.

SECT. I. — *Législation.* — *Dispositions générales.*

1. Le territoire de l'Algérie a été déclaré territoire français. Constitution, 4 nov. 1848, art. 109 (4153). — V. *Ordre,* 221.

Les Algériens plaidant en France ne sont pas considérés comme étrangers, ni comme tels astreints à la caution *judicatum solvi.* Paris, 2 fév. 1839, 3e ch. (1390).

Celui qui avait traité d'un greffe (du trib. de comm. de Marseille) sous la condition qu'il payerait, outre le prix, une certaine somme, dans le cas où l'Algérie viendrait à être reconnue colonie française par une loi ou par une ordonnance, a été déclaré devoir ce supplément depuis les ordonn. des 22 juill. et 12 août 1834. Trib. Marseille, 16 juill. 1836 (529).

2. La constitution de l'Algérie est réglée par un sénatus-consulte, promulgué par l'Emp. Const. 14 janv. 1852, art. 27; décr. 2 déc. 1852.

3. La promulgation des lois et arrêtés est réputée connue, au chef-lieu de chaque province de l'Algérie un jour après la réception du Bulletin par le préfet du département. Décret, 27 oct. 1858 (7301).

4. Le Code Nap., le Code de procédure, les Codes d'instruction criminelle et pénal y sont en vigueur, sauf quelques modifications. — Pour le Code de procédure, V. ordonn. 16 avril 1843 (2503.).

5. L'ordre de succession entre les indigènes algériens professant le judaïsme est réglé d'après la loi mosaïque, qui n'a reçu aucune dérogation de la législation postérieure à la conquête. Alger, 23 janv. 1855, D. 55,240.

6. Une ordonn. du 1er oct. 1844 règle le droit de propriété en Algérie.—L'art. 7 de cette ordonnance d'après lequel toute action en revendication d'immeubles compris dans les ventes *antérieures*, devait, sous peine de déchéance, être intentée dans les deux ans de sa promulgation, ne s'applique qu'aux seules action réelles en revendication; elle n'est pas applicable à une demande en attribution et partage d'une indemnité due par l'Etat à la suite d'un expropriation pour cause d'utilité publique. Rej. 19 juin 1854, D. 54,242.

7. Sont exécutoires en Algérie : — les lois sur les brevets d'invention. Décret, 5 juill. 1850 ; — le drainage et les irrigations (7034) ; — la transcription. Décr. 4 juill. 1855 ; — la saisie immobilière et l'ordre. Décr. 29 oct. 1859 (7302) ; — le crédit foncier. Decr. 11 janv. 10 mars 1860 (7238) ; — l'organisation municipale. Décr. 25 juin 1860 ; — la loi du 10 déc. 1850 sur le mariage des indigents.

8. L'*assistance judiciaire* est accordée aux indigents en Algérie dans les cas et suivant les formes prévues par un décret du 7 mars 1859 (6964). — V. ce mot, 85.

9. Un décret du 24 janv. 1855 détermine devant qui doivent être passés les actes de notoriété destinés à constater les ressources des demandeurs de terres (5903).

10. La loi française régit les conventions et contestations entre Français et étrangers. Ordon. 26 sept. 1842, art. 37 (2346).

11. La loi musulmane régit toutes les conventions et toutes les contestations civiles et commerciales entre indigènes musulmans, ainsi que les questions d'état.— Toutefois la déclaration faite dans un acte par les musulmans qu'ils entendent contracter sous l'empire de la loi française entraîne l'application de cette loi et la compétence des trib. français. Décr. 31 déc. 1859, art. 1er.

12. Les parties peuvent également, d'un commun accord, porter leur contestation devant le trib. français de leur circonscription, qui statue alors selon les règles déterminées ci-après. Art. 2.

13. Dans les contestations entre Français ou étrangers et indigènes, la loi française ou celle du pays est appliquée selon la nature de l'objet en litige, la teneur de la convention, et, à défaut de convention, selon les circonstances ou l'intention première des parties.

14. Des cours d'assises connaissent sans l'assistance de jurés de tous les faits qualifiés crimes par la loi.

15. Le décret du 15 mars 1860 attribue aux chefs des bureaux arabes et à leurs adjoints le caractère d'officiers de police judiciaire pour la recherche des crimes, des délits et des contraventions commis par les indigènes en territoire militaire.

16. Les crimes, délits et contraventions passibles de peines correctionnelles commis en territoire militaire par les Européens et les Israélites, sont déférés aux cours d'assises et aux trib. correctionnels. Décr. 15 mars 1860.

17. Les trib. français ne peuvent prononcer, même contre les indigènes, d'autres peines que celles établies par les lois pénales françaises ou coloniales.

18. L'intérêt légal est fixé en Algérie, à défaut de convention, à 10 p. 0/0 en matière civile et commerciale. — La convention sur prêt à intérêt fait la loi des parties. Ordon. 7 déc. 1835 (298). L'arrêté du 4 nov. 1848 (4200), qui décidait le contraire a été abrogé. Décr. du 10 nov. 1849 (4539).

19. Le gouvernement et la haute administration sont centralisés à Alger sous l'autorité d'un gouverneur général. Décr. 10 déc. 1860, art. 1er. — Un conseil consultatif est placé auprès du gouverneur général et sous sa présidence. Art. 9.

Les attributions de ce conseil ont été réglées par le décret du 17 mai 1860, rendu sur le rapport du ministre de la guerre.

20. Le gouverneur général prépare le budget annuel de l'Algérie, l'assiette et la répartition des divers impôts. Art. 11.

21. Le procureur général près la Cour d'Alger fait chaque mois un rapport au gouverneur général, et il lui remet le double des rapports généraux adressés au garde des sceaux Art. 8.

SECT. II. — *Organisation judiciaire.*

22. L'organisation judiciaire a été modifiée successivement. Ordonn. roy. 10 août, 2 sept. 1834, 6 oct. 1836, 16 janv. 1838, 28 fév. 1841, 26 sept. 1842, 30 nov. 1844; Décr. 29 août 1848, 19 août, 23 nov. 1854 (556, 1142, 1944, 2346, 3073, 5722, 5800).

Le service judiciaire, d'abord attribué au ministre de la

guerre, puis au ministre de la justice, plus tard au ministre de l'Algérie, est revenu au ministre de la justice. Décr. 4 août 1858 ; 10 déc. 1860, art. 5.

23. Les nominations à tous les emplois judiciaires sont faites par décret sur la proposition du ministre de la justice. Décr. 1860, art. 3 et 6. — Les magistrats sont tous amovibles.

Les services rendus dans la magistrature (avant le 1er janv. 1854) comptent, lors de la liquidation de la pension de *retraite*, comme services rendus en France. — V. ce mot, 42.

24. Un supplément de traitement est accordé : 1° aux fonctionnaires et employés du service judiciaire qui justifieront qu'il connaissent la langue arabe ; — 2° aux assesseurs musulmans attachés aux trib. français, aux cadis et leurs adels justifiant qu'ils comprennent la langue française. Décr. 25 mars 1860 (7228).

§ I. — *Des tribunaux français.*

25. La justice française se compose d'une Cour impériale séant à Alger, des trib. de première instance dans les villes d'Alger, Blidah, Constantine, Bône, Philippeville, Oran, Mostaganem, Tlemcen et Sétif, de plusieurs trib. de commerce, de différentes justices de paix.

ART. 1. — *De la Cour impériale.*

26. La C. d'Alger se compose d'un premier président, de deux présidents de chambre, de dix-sept conseillers, d'un greffier en chef qui a sous ses ordres deux commis-greffiers assermentés, d'un procureur général, de deux avocats généraux, dont un premier avocat général et de deux substituts. Décr. 15 déc. 1858.

27. Elle se divise en trois chambres, l'une civile, une autre des mises en accusation, et la troisième correctionnelle.

28. La chambre civile connaît des appels des jugements rendus en matières civiles et commerciales par les trib. de première instance et de commerce, et par les trib. musulmans dans certains cas. Ord. 30 nov. 1844.

29. Les lois et décrets relatifs à la formation des chambres, au nombre de voix nécessaires pour la validité des arrêts, au roulement des magistrats et à l'ordre du service dans les C. imp. de l'Empire, sont applicables à la C. d'Alger. Décr. 1858, art. 3.

30. Sont également applicables : 1° les chap. 6, 7, 8, 9, liv. 1, C. inst. crim., modifiés par les lois des 4 avril 1855 et 17 juill. 1856 ; 2° la loi du 13 juin 1856 ; 3° le chap. I, tit. II, C. inst. crim. modifié par la loi du 17 juill. 1856 ; 4° le chap. II, tit. IV, liv. 2, même Code, relatif aux contumaces.— Le délai pour notifier l'opposition du procureur général aux ordonnances du juge d'instruction est de 20 jours pour les tribunaux autres que ceux de la province d'Alger. Décr. 1858, art. 4 et 5.

31. En matière correctionnelle, l'Algérie est assimilée à la France. *Ib.* En matière criminelle, la création d'une chambre des mises en accusation rend à la C. le droit d'évocation ; le droit d'incarcération préventive est enlevé au ministère public, ainsi que celui de faire cesser les poursuites ; l'instruction est faite par le juge d'instruction et non par le procureur général.

32. Le procureur général exerce toutes les attributions qui sont conférées en France aux procureurs généraux et en outre celles qui lui sont confiées par les ordonnances et règlements en vigueur en Algérie. Ordonn. 26 sept. 1842, art. 15.

33. Les membres de la Cour (et des trib. de 1re inst.) doivent réunir les conditions requises en France pour les magistrats du même rang. *Id.*, art. 23.

34. Le procureur général a sous sa surveillance les membres de la magistrature, les officiers publics ou ministériels, employés ou agents dépendant de l'administration de la justice.

35. Il peut avertir tout magistrat qui manquerait aux devoirs et aux convenances de son état, à la charge d'en donner avis au ministre de la justice.

36. Il exerce directement, ou par ses substituts qu'il peut déléguer, la discipline envers les notaires, défenseurs, huissiers, commissaires-priseurs ; et peut, après les avoir entendus, leur infliger le rappel à l'ordre ou la réprimande et leur donner tels avertissements qu'il juge convenables.

37. S'il y a lieu à l'application de peines disciplinaires plus fortes, il est statué sur la proposition du procureur général, par le ministre, sans préjudice du droit d'action disciplinaire accordé aux trib. dans certains cas.

ART. 2. — *Des tribunaux de 1re instance.*

38. Le trib. d'Alger se compose d'un président, d'un vice-président, d'un juge d'instruction, de deux juges, d'un greffier, d'un procureur impérial et de deux substituts.— Il se divise en deux chambres, l'une civile et l'autre correctionnelle. Ord. 30 nov. 1844.

39. Les trib. de Blidah, Bône, Oran et Philippeville, se composent d'un président, de quatre juges, dont l'un est chargé de l'instruction, et d'un greffier. — Ils ne peuvent juger qu'au nombre de trois juges au moins. — Il y a près chacun de ces trib. un procureur impérial et un substitut. *Ib.* — Deux emplois de juge suppléant rétribués sont créés, l'un au trib. d'Oran, l'autre au trib. de Constantine. Décr. 13 mai 1861.

40. La compétence en premier et dernier ressort des trib. de 1re inst., en matière civile et correctionnelle, est la même que celle des trib. de 1re inst. de France. Ord. 1842, art. 10.

41. Ils connaissent de l'appel des trib. de paix en matière civile et de simple police. *Ib.*

42 La juridiction des trib. de 1re inst. s'étend sur tous les territoires occupés dans chaque province jusqu'aux limites déterminées par le ministre de la guerre.

Art. 3. — *Des tribunaux de commerce.*

43. Il y a un trib. de comm. à Alger, à Oran, à Constantine.

44. Les juges consulaires sont élus par les notables commerçants. Ord. 24 nov. 1847.

45. Les membres de ce tribunal sont indéfiniment rééligibles, ils ne peuvent rendre jugement qu'au nombre de trois. — Ils ne reçoivent ni traitement ni indemnité. Ord. 1842, art. 14.

46. La compétence du trib. de commerce et des trib. civils jugeant commercialement est la même que celle des trib. de commerce de France. Art. 36.

47. La forme de procéder est la même qu'en France. Art. 55.

48. Les juges de paix de Blidah, Constantine et Mostaganem; les commissaires civils dans les lieux où il n'y a pas de juges de paix, ont aussi des attributions comme juges de commerce.

Art. 4. — *Des juges de paix.*

49. Les juges de paix sont nommés par décret. Ord. 1842, art. 28. — Ils doivent être licenciés en droit; ils peuvent être nommés à l'âge de 25 ans. *Ib.*, art. 23.

50. Les fonctions du ministère public près le trib. de paix jugeant en matière de simple police sont remplies par un commissaire de police ou autre officier de police désigné à cet effet par le procureur général. Décr. 15 nov. 1854, art. 2.

51. La compétence en premier et dernier ressort et les attributions spéciales des juges de paix en matière civile et de simple police sont les mêmes que celles des juges de paix en France. Ord. 1842, art. 12.

52. Les règles de compétence des trib. de paix établis en dehors des villes où il existe des trib. de 1re instance peuvent être modifiées par des arrêtés ministériels.

53. Les juges de paix n'ont droit à aucune vacation pour les actes ou opérations auxquels ils procèdent dans l'ordre de leurs attributions. Il leur est seulement alloué, selon les cas, une indemnité de transport suivant les distances parcourues. *Ib.*, art. 29.

54. Ils connaissent, en matière civile et commerciale, de toutes les demandes reconventionnelles ou en compensation qui, par leur nature ou leur valeur sont dans les limites de leur compétence, alors même que ces demandes s'élèveraient, dans le cas prévu par l'art. 1. L. 1838, au-dessus de 200 fr. en matière civile, et, en matière commerciale, au-dessus de 500 fr.

55. La compétence de plusieurs trib. de paix a été étendue (décret du 19 nov. 1854), et ils connaissent de toutes actions personnelles et mobilières en matière civile et commerciale en dernier ressort jusqu'à la valeur de 500 fr. et en 1er ressort jusqu'à celle de 1000 fr. Ils exercent en outre les fonctions des présidents des trib. de 1re inst. comme juges de référé en toutes matières et peuvent comme eux ordonner toutes mesures conservatoires. — En matière correctionnelle, ils connaissent de toutes les contraventions, des infractions aux lois sur la chasse et des délits n'emportant pas une peine supérieure à 6 mois d'emprisonnement ou de 500 fr. d'amende. Décr. 15 nov. 1854, (5722 et 5902).

56. Est exécutoire en Algérie la loi du 2 mai 1855 sur la compétence des juges de paix en matière de payement de loyers, congés, résiliations, etc., et sur l'avertissement préalable. Décr. 18 juill. 1855 (6042). — V. ce mot.

57. Dans les localités autres que les chefs-lieux de trib. de 1er inst. les juges de paix sont autorisés à légaliser *concurremment* avec les présidents de ces trib. les signatures des notaires et celles des officiers de l'état civ. de leurs cantons respectifs. Décr. 19 oct. 1859 (7091).

Si ces actes doivent servir en France, ils doivent être en outre légalisés par le ministre de la justice.

Lorsqu'on veut se servir en Algérie d'un acte notarié passé en France, l'acte doit être légalisé, d'abord par le président du tribunal (ou par le juge de paix s'il ne siège pas au chef-lieu d'un trib. de 1re instance (L. 2 mai 1861, Art. 7496), puis par le ministre de la justice.

58. Les contestations sur l'exécution de leurs jugements ne leur appartiennent que si l'exécution est poursuivie dans leur arrondissement judiciaire et si les difficultés auxquelles elle donne lieu requièrent célérité.

59. En cas de référé ou de difficulté sur l'exécution de leurs propres jugements, il doit être gardé minute au greffe des ordonnances. — Elles sont sujettes à l'appel devant le tribunal de 1re instance, alors même que l'objet de la contestation n'excède pas les limites de la juridiction.

60. Les juges de paix peuvent aussi, toutes les fois qu'il y a péril en la demeure, autoriser, sur la demande des parties intéressées, toutes mesures conservatoires, et spécialement des saisies-arrêts, lorsque les tiers saisis ou les tiers détenteurs des effets mobiliers sont domiciliés dans le ressort, et des saisies-gageries, même pour des causes excédant leur compétence.

61. Le tribunal civil connaît d'une demande en validité de saisie-arrêt, quelque minime que soit la créance, à l'exclusion du juge de paix même à compétence étendue. Alger, 8 fév. 1860 (7560).

62. En cas de faillite d'un commerçant établi dans son district, le juge de paix peut, s'il y a urgence, donner aux syndics provisoires les autorisations nécessaires à l'effet de procéder, conformément aux art. 469 et 470 C. comm.; il peut même, avant le jugement du trib. de commerce, s'il en est besoin, charger un agent de son choix de remplir sous sa surveillance les actes conservatoires les plus urgents dans l'intérêt de la faillite : les fonctions de ces agents cessent dès l'instant. Arrêté minist. 18 déc. 1842.

63. Comme juges correctionnels, par exception les juges de paix de Blidah, Constantine et Mostaganem connaissaient, à charge d'appel devant la Cour pour Blidah, et devant les trib. de Philippeville ou Oran pour Constantine ou Mostaganem, des contraventions en matière de chasse, de permis de port d'armes de chasse et de toutes les autres contraventions de police correctionnelle commises et constatées dans l'étendue de leur ressort, auxquelles les lois, ordonnances ou arrêtés ayant force de loi en Algérie n'attachent pas une peine supérieure à 15 jours d'emprisonnement et à 50 fr. d'amende.

64. Il est attaché à chacun des trib. français organisés en dernier lieu par ordonnance du 26 sept. 1842, pour les assister et juger avec eux, pour le jugement de tout procès dans lequel un musulman est intéressé, un assesseur musulman nommé par le gouverneur général.

65. Les assesseurs ont voix consultative, seulement leur avis sur le point de droit est toujours mentionné dans le jugement, L'ordonn. 26 sept. 1842 les a supprimés en matière criminelle. — Leur traitement est déterminé par le ministre.

Un emploi de suppléant rétribué est créé à la justice de paix de Mascara. Décr. 13 mai 1861.

ART. 5. — Des commissaires civils.

66. Le germe de l'institution des commissaires civils est dans l'ordonn. du 31 oct. 1838, art. 3. — Leurs pouvoirs et leurs attributions sont déterminés par le ministre. Ordon. du 26 sept. 1842, art. 13. — Leur première organisation date du 17 fév. 1840. — La dernière est réglée par un arrêté ministériel du 18 déc. 1842.

67. Le commissaire civil est à la fois administrateur, officier de l'état civil, juge et officier de police judiciaire. Comme administrateur, il statue dans les matières qui sont de la compétence de l'autorité municipale; il instruit les affaires qui ressortissent à l'autorité supérieure, dont il fait exécuter les décisions. Comme juge, il connaît des affaires qui relèvent du tribunal de paix; ses pouvoirs sont même ceux d'un président de 1re instance en matière de référé et dans tous les cas d'urgence. Il supplée le notaire pour la constatation des transactions et des conventions privées. *Rapport*, 13 oct. 1858.

68. Un secrétaire du commissariat civil fait, près du commissaire civil comme juge, les fonctions de greffier ; en absence du commissaire civil, le secrétaire est investi des attributions judiciaires du commissaire civil ; un agent que désigne d'office le gouverneur général, le remplace alors dans ses fonctions de greffier.

69. L'appel est porté devant le tribunal de 1re instance du ressort où est placé le commissariat civil.

70. Comme officiers de police judiciaire, comme juges de paix, comme officiers de l'état civil, les commissaires civils sont placés sous la surveillance du procureur général ou de ses substituts près les tribunaux de 1re inst.

71. Les fonctions d'huissier près l'officier chargé de rendre la justice dans les territoires mixtes et arabes sont conférées aux brigadiers de gendarmerie. — Ils sont tenus de déférer à toutes réquisitions des particuliers et de faire toutes notifications.—Leurs actes font la même foi que ceux des huissiers ordinaires. — Ils ont droit, indépendamment de leurs déboursés, au tiers des honoraires qui seraient dus aux huissiers pour des actes de même nature. Ils doivent tenir un répertoire sur papier timbré comme celui des huissiers soumis au visa trimestriel des agents de l'enregistrement. Arrêté, 29 mai 1846.

Art. 6. — *Des commandants de place.*

72. Dans les places, camps, postes, où l'autorité civile n'existe pas, la population civile a été, par un arrêté du 5 août 1843, pris d'urgence par le gouverneur général, soumise à la juridiction militaire jusqu'à ce qu'il en soit autrement ordonné.

73. Le commandant de place remplit les fonctions attribuées dans les autres localités aux commissaires civils et aux juges de paix.

74. Les appels des jugements rendus par les commandants de place sont portés devant le trib. de 1re instance de la province la plus voisine. Sont également portées devant le même tribunal les affaires civiles et commerciales excédant la compétence du commandant de place, telle qu'elle est déterminée par l'arrêté du 5 août 1843. — Décr. 22 mars 1852. — Deux arrêtés des 8 mai 1852 et 15 avril 1857 ont complété les dispositions du décret du 22 mars 1852.

75. Un sous-officier remplit auprès du commandant de place l'office de greffier. Les jugements rendus par le commandant de place sont consignés sur un registre ; ils doivent être motivés.

76. Ces jugements sont adressés en expédition, à la fin de chaque mois, au commandant de la subdivision, qui les communique au commandant supérieur de la province.

§ 2. — *Des officiers publics et ministériels.*

Art. 1. — *Des greffiers.*

77. Les greffiers sont nommés par décret.

78. Les greffiers doivent remplir toutes les conditions auxquelles sont soumis les greffiers de France dont ils ont toutes les attributions. *Ib.*, art. 23.

79. Ils sont assujettis à un cautionnement. Ordon. 1er fév. 1846.

Ils n'ont pas le droit de présenter un successeur : la vénalité des offices n'existe pas en Algérie.

80. Les greffiers prêtent serment devant le tribunal auquel ils sont attachés. Arrêté minist. 22 nov. 1842, art. 18 à 21.

81. Ils ont droit en matière civile et commerciale aux émoluments des greffiers des tribunaux de 1re instance et des greffiers des C. impériales. Décr. du 31 mai 1856 (6277).

82. Les droits de greffe et d'expédition sont perçus au profit du trésor.

ART. 2. — *Des défenseurs.*

83. En Algérie il n'y a ni avocats ni avoués proprement dits il y a des défenseurs qui sont de véritables avoués plaidants.

Leur institution est réglementée par le ministre. Ordonn. 26 sept. 1842, art. 73.—8 défenseurs sont attachés à la Cour d'Alger et 16 au tribunal de 1re instance. Arrêté, 17 juill. 1848.

84. Ils doivent être licenciés en droit et âgés de 25 ans.

Ils doivent fournir un cautionnement de 4,000 fr. à Alger, partout ailleurs de 2,000 fr. seulement.

85. Ils sont nommés par décret.

86. Ils ont seuls aujourd'hui le droit de plaider et conclure devant les trib. civils. Ordonn. 16 avril 1843.—V. *inf.* nº 218.

En matière commerciale leur ministère est facultatif. — Les dépens mis à la charge de la partie qui a succombé ne comprennent pas les honoraires du défenseur de l'autre partie. Cass. 14 mai 1860 (7330).

Ils ne peuvent se présenter devant le juge de paix que dans les affaires sujettes à l'appel.

87. Le tarif des avoués de France ne leur est applicable qu'en matière de poursuites de saisies immobilières, de licitations, de ventes en justice de biens immeubles, de procédure d'ordre et de contributions.

88. Dans toute autre matière, ils ont droit pour leurs soins donnés à l'affaire, actes, conclusions, qualités et autres diligences, jusques et y compris le jugement définitif, à une somme unique de 20 à 60 fr., pour obtention d'un arrêt contradictoire, de 10 à 30 fr., pour obtention d'un jugement contradictoire, et à la moitié de ces sommes pour obtention d'un arrêt ou jugement par défaut.

Il est d'usage devant la Cour et devant le trib. d'Alger, d'allouer le droit de conclusions, bien qu'il soit refusé en matière sommaire par le tarif de 1807 : la signification de cet acte est rendue obligatoire par l'art. 11 de l'ordonnance ; elle est d'ailleurs un élément essentiel de l'instruction. De Menerville, p. 569, note 3.

89. Dans le cas où, aux termes de l'art. 12 ordonn. 16 avril 1844, les trib. estiment que l'affaire ne peut être jugée sur plaidoirie, et ordonnent qu'il sera fait des mémoires, les honoraires sont arbitrés par le juge, suivant l'importance du travail et de l'affaire.

90. Les défenseurs peuvent aussi recevoir de leurs clients des honoraires dont le taux est indéterminé.

91. Un arrêté ministériel du 26 mai 1845 contient quelques dispositions disciplinaires. — Une chambre de discipline est instituée à Alger. Arrêté, 29 juill. 1848.

92. Les défenseurs sont placés sous la surveillance du procureur général à Alger.

93. Le procureur général peut, après les avoir entendus, prononcer contre eux le rappel à l'ordre, la réprimande, et leur donner d'ailleurs tous les avertissements qu'il juge convenables.

94. Les pouvoirs du procureur général sont attribués aux procureurs impér. hors la province d'Alger.

95. Pour les fautes commises à l'audience, les trib. peuvent prononcer en dernier ressort le rappel à l'ordre, la réprimande et la suspension pendant deux mois.

96. L'application de peines plus graves est faite par le ministre.

Art. 3. — Des huissiers.

97. Les huissiers sont nommés par décret. Leur profession est réglementée par un arrêté du 26 nov. 1842.

98. Ils sont assujettis à un cautionnement de 2,000 fr. à Alger et de 1,200 partout ailleurs.

99. Ils sont placés sous la surveillance du procureur général à Alger, des procureurs impér. hors la province d'Alger.

100. L'action disciplinaire est conférée au procureur général, aux procureurs impér., aux tribunaux et au ministre suivant la gravité des faits reprochés aux huissiers.

101. Ils sont au surplus assujettis aux obligations des huissiers de France pour ce qui n'est pas contraire à l'arrêté spécial de leur institution en Algérie. Arrêté minist. du 26 nov. 1842, art. 25.

102. Le tarif des huissiers de Paris leur est applicable.

Art. 4. — Des commissaires-priseurs et courtiers.

103. La profession de commissaire-priseur est réglementée par des arrêtés du 7 sept. 1842 et 11 déc. 1846.

104. Un arrêté du 5 mars 1855 a réglementé la profession exercée en Algérie par les indigènes musulmans connus sous le nom de *dellals*, qui consiste à vendre aux enchères les objets mobiliers appartenant aux musulmans.

105. Les commissaires-priseurs sont nommés par décret.

106. Pour être nommé commissaire-priseur, il faut 1° être Français ou domicilié en Algérie depuis plus de cinq ans ; — 2° avoir satisfait à la loi du recrutement ; — 3° être âgé de 25 ans; — 4° justifier d'un certificat de moralité ; — 5° verser un cautionnement de 2,000 fr. à Alger et de 1,000 fr. partout ailleurs.

107. Dans la huitaine de la clôture des ventes, les commissaires-priseurs doivent rendre compte aux ayants droit. — Après le dixième jour de la date de la dernière séance du procès-verbal, ils sont débiteurs de l'intérêt du prix des ventes au taux légal.

108. Il leur est alloué pour chaque vacation. 6 fr.

Pour assistance aux référés. 5

Pour tout droit de vente, non compris les déboursés faits pour y parvenir et pour en acquitter les droits, quel que soit le prix de la vente. 7 50 p. cent.

Pour consignation s'il y a lieu. 5 fr.

Pour deuxième expédition ou extrait des procès-verbaux de vente, pour chaque rôle de trente lignes à la page. 1 50 cent.

109. Dans les ventes aux enchères de navires, agrès ou apparaux, et de marchandises ou effets quelconques, faites en vertu de jugements, décisions ou ordonnances de la juridiction consulaire, après faillite, par suite de sauvetage, pour cause d'avarie, de délaissement, de liquidation forcée et de laissé pour compte; dans les ventes publiques volontaires faites par des commerçants, de navires, agrès ou apparaux, et de marchandises autres qu'effets mobiliers ou à usage, un arrêté ministériel du 7 sept. 1842 leur alloue 3 0|0 jusqu'à 5,000 fr. inclusivement, 2 0|0 de 5,000 à 10,000 fr., 1 1|2 0|0 au-dessus de 10,000 fr.

110. Il y a entre les commissaires-priseurs d'une même résidence une bourse commune dans laquelle entre la moitié des droits proportionnels qui leur sont alloués sur chaque vente. — Ils se répartissent cette bourse tous les trois mois par portions égales.

La loi du 25 juin 1841 sur la vente aux enchères des marchandises neuves a été promulguée en Algérie. — Arrêté 24 avr. 1848.

111. L'association formée par des courtiers entre eux pour l'exploitation de leurs charges et la mise en commun de leurs émoluments a été déclarée licite. Alger, 28 juill. 1860 (7382). — Toutefois cette espèce d'association peut dégénérer en une véritable coalition nuisible tout à la fois au public et aux officiers ministériels dissidents. — Au reste, l'arrêté ministériel qui la prohibe, sans prononcer aucune sanction pénale, n'a pour effet que de rendre les contrevenants passibles de peines disciplinaires. *Même arrêt.*

Art. 5. — *Des notaires.*

112. Les notaires sont nommés par décret.

113. Leur nombre est réglé suivant les besoins du service. — Il y a des notaires dans les territoires mixtes. Arrêté min. 20 oct. 1845.

114. Les aspirants doivent être Français, jouir de l'exercice de leurs droits de citoyens, avoir satisfait à la loi du recrutement, être âgés de 25 ans accomplis, et justifier d'un stage suffisant. — Le cautionnement est de 6,000 fr. pour Alger; de 3,000 fr. pour Bône, Oran, Philippeville et Blidah. Min. de la guerre, 25 nov. 1842 (2449).

115. Un arrêté ministériel du 30.déc. 1842 est le Code du notariat en Algérie. — Il réglemente l'institution, la nomination, le placement, le nombre des notaires, les conditions d'admissibilité, l'incessibilité des offices, la forme des actes, les fonctions et devoirs des notaires; les frais d'actes, honoraires et droits; la discipline, la remise à faire des minutes et répertoires par les notaires qui cessent leurs fonctions ou par leurs représentants, les recouvrements à faire après la cessation des fonctions.

116. L'art. 51 L. 22 frim. an 7 pour les contraventions concernant la tenue et le visa trimestriel du répertoire des actes notariés est applicable. Décr. 21 avr. 1852.

§ 3. — *De la justice entre les musulmans.*

117. Elle est administrée par les cadis, par les trib. de première instance et par la C. imp. — Décr. 31 déc. 1859, art. 4.

118. Le territoire est divisé en circonscriptions judiciaires ressortissant aux tribunaux de 1re instance. — Ces circonscriptions et le trib. auquel elles se rattachent sont déterminés par arrêtés du gouverneur. Décr. 31 déc. 1859, art. 5. Arrêté min. 21 août 1860.

119. La surveillance des trib. indigènes appartient, sous l'autorité du ministre, en territoire civil au premier président de la C. imp., et au procureur général dans les limites de leurs attributions respectives; et en territoire militaire à ces magistrats et au général commandant la division, qui se concertent à cet effet. Art. 7.

120. Les membres des tribunaux musulmans ne peuvent être traduits en justice pour actes relatifs à leurs fonctions qu'après autorisation du ministre. — En cas d'autorisation, ils sont traduits sans distinction de territoire en matière correctionnelle devant la C. imp. d'Alger, en matière criminelle devant la C. d'assises compétente. Art. 8.

121. Il y a par circonscription judiciaire un cadi maléki, et lorsque le chiffre de la population hanéfite le rend nécessaire, un cadi hanéfi. Art. 10.

122. Le personnel de chaque mahakma de cadi est fixé selon les besoins du service par arrêté du ministre. Il se compose du cadi et de deux adels au moins, dont l'un remplit les fonctions de naïb ou suppléant, en cas d'empêchement du cadi, et dont l'autre remplit les fonctions de greffier. Art. 11.

123. Les cadis et les adels sont nommés, suspendus et révoqués par arrêtés du ministre. — Ils prêtent serment avant d'entrer en fonctions, ceux de l'arrondissement d'Alger devant la Cour, les autres devant le trib. de première instance duquel ils relèvent. Art. 12.

124. En cas de décès, d'absence ou d'empêchement des adels ou de l'un d'eux, le cadi se fait assister de témoins par lui requis. — S'il y a lieu au remplacement provisoire d'un des adels, le cadi y pourvoit par la désignation d'un thaleb. Art. 13.

125. Il est attaché à chaque mahakma de cadi un ou deux aouns ou huissiers qui sont nommés, suspendus ou révoqués, en territoire civil par le procureur général, et en territoire militaire par le général commandant la division, le procureur général consulté. Art. 14.

126. Des oukils peuvent seuls représenter les parties ou défendre leurs intérêts devant les cadis, lorsque les parties ne se défendent pas elles-mêmes ou refusent de comparaître sur sommations dûment justifiées. — Celles-ci peuvent toutefois donner mandat spécial de les représenter à un de leurs parents ou amis musulmans. Les oukils sont nommés, révoqués ou suspendus par le ministre qui en fixe le nombre près de chaque tribunal, et en règle la discipline. Art. 15 ainsi modifié par le décret du 19 mai 1860.

127. La suspension entraîne pendant sa durée la privation du traitement et des honoraires qui sont dévolus au cadi ou à l'adel remplaçant. Art. 16.

128. Sauf les exceptions résultant des art. 1 et 2, les cadis connaissent en premier ressort de toutes les affaires civiles et commerciales entre musulmans, ainsi que des questions d'état. — Ils connaissent en dernier ressort des actions personnelles et mobilières jusqu'à la valeur de 200 fr. de principal, et des actions immobilières jusqu'à 20 fr. de revenu déterminé, soit en rentes, soit par prix de bail. Art. 17 et 18.

129. Dans les trois jours du jugement, les parties peuvent réclamer que l'affaire soit examinée de nouveau en assemblée de midjelès constituée d'après les usages musulmans. Art. 19.

120. Les contestations judiciaires entre indigènes musulmans de rite différent peuvent être portées, soit devant le cadi maléki, soit devant le cadi hanéfi, s'il existe un magistrat de chaque rite dans la circonscription judiciaire de la résidence des parties. En cas de désaccord, le choix du cadi appartient au demandeur. Art. 20.

121. Les appels des jugements rendus en premier ressort par les cadis sont portés devant les trib. de 1re inst., pour les actions personnelles et mobilières jusqu'à 1,500 fr., et pour les actions immobilières jusqu'à 150 fr. de revenu déterminé, soit en rentes, soit par prix de bail, et devant la C. imp. pour les questions d'état et les litiges dont la valeur excède la compétence des trib. de 1re inst. telle qu'elle vient d'être déterminée. Art. 21 et suiv.

122. Un arrêté du 25 août 1860 détermine devant quel trib. de 1re inst. doit être porté l'appel des jugements rendus en premier ressort par les cadis.

123. La procédure, devant les trib. et la C. impériale, des affaires venant en appel des trib. des cadis est réglée par un arrêté min. 16 oct. 1860.

124. Les trib. de 1re inst. et la C. sont assistés, pour le jugement des appels entre musulmans, de deux assesseurs ayant voix consultative. Décr. 31 déc. 1859, art. 24.

125. Les séances devant les cadis sont publiques à peine de nullité. — Si la publicité paraît dangereuse pour l'ordre et pour les mœurs, le cadi ordonne le huis-clos. Dans tous les cas, le jugement est prononcé publiquement. Art. 27.

126. Les jugements des cadis sont inscrits en entier sur un registre à ce destiné, revêtus du cachet du cadi et signés par ce magistrat et les adels. Indépendamment de la formule arabe, tout jugement contient : 1° les noms, qualités et domiciles des parties ; 2° le point de fait ; 3° les dires des parties ; 4° les motifs et le dispositif ; 5° la date à laquelle il a été rendu. Art. 28.

127. Les jugements n'entraînent aucuns frais pour les parties, si elles n'en demandent pas expédition. L'expédition est signée par le cadi et par l'un de ses adels et revêtue du cachet du cadi. Art. 29.

128. Le délai pour interjeter appel devant les trib. de 1re inst. et devant la C. est de 30 jours à partir du jour où le jugement a été rendu par le cadi. Art. 30.

129. Si, avant d'interjeter appel, les parties réclament que l'affaire soit examinée de nouveau en midjelès, l'adel constate cette réclamation. La décision définitive doit être rendue dans les quinze jours, et dans ce cas le délai d'appel court du jour où elle est rendue. Art. 31.

140. La déclaration de l'appel est faite devant l'adel du cadi, lequel est tenu de l'enregistrer sur un registre *ad hoc*. Récépissé en est immédiatement délivré à l'appelant, et l'adel en donne avis à la partie adverse. — Dans les 48 heures, l'adel adresse au ministère public copie de la déclaration et du jugement. — Dans les 24 heures, le ministère public fait inscrire au greffe du trib. ou de la Cour ladite déclaration et prévient les parties qu'elles aient, dans le plus bref délai, à fournir leurs moyens d'appel et de défense. Art. 32 et 33.

141. Dans la quinzaine, le président du trib. ou de la C. commet un rapporteur. Ce magistrat est autorisé à recevoir l'appel incident de l'intimé, à entendre les parties ou leurs mandataires et à les appeler s'il y a lieu. Art. 34.

142. L'affaire doit venir à bref délai et le ministère public qui est toujours entendu donne avis du jour de l'audience aux parties intéressées. Le ministère des défenseurs n'est pas obligatoire. Les parties peuvent comparaître en personne ou être appelées. Dans le cas où l'une d'elles ne se présente pas, il est passé outre, et l'arrêt ou le jugement sont définitifs. Art. 35.

143. En cas d'appel d'un jugement interlocutoire, si le jugement est infirmé et que l'affaire soit en état de recevoir une décision définitive, le trib. ou la C. peut statuer sur le fond définitivement par un seul et même jugement, ou renvoyer l'affaire devant un autre cadi. De même, lorsque le trib. ou la C. infirme pour vice de forme ou toute autre cause des jugements définitifs. Art. 36.

144. Les jugements en dernier ressort des cadis et les jugements et arrêts rendus sur l'appel ne peuvent être attaqués devant aucune autre juridiction et ne sont pas susceptibles de recours en cass. Art. 37.

145. Les expéditions de tout jugement émané des trib. indigènes doivent être revêtues de la formule exécutoire Art. 39.

146. Les actes publics entre musulmans sont reçus, suivant le choix des parties, par les cadis ou par les notaires. Art. 44 et suiv.

147. Les cadis procèdent : 1° à la liquidation et au partage de toutes les successions musulmanes suivant les usages établis; 2° sous la surveillance de l'administration des domaines, à la liquidation et au partage des successions musulmanes auxquelles sont intéressés le bit-el mâl ou des absents. Art. 46, et décr. 19 mai 1860.

148. En cas de contestation, il est statué par les cadis et les trib. conformément aux règles de compétence et de procédure ci-dessus fixées. Art. 41.

149. Les jugements, actes et dépôts sont inscrits sur des registres spéciaux, cotés et parafés par le procureur général ou le magistrat qu'il délègue à cet effet. Art. 51 et suiv.

Les actes passés devant les cadis n'ont de date vis-à-vis des tiers que du jour de leur transcription sur le registre. Cass. 5 juill. 1859, D. 59, 312.

150. Les registres tenus par les cadis sont affranchis du droit et de la formalité du timbre. — Les extraits, copies ou expéditions d'actes ou de jugements, doivent, sous peine d'amende, être délivrés sur papier timbré. Art. 54 et 55.

151. En territoire civil, les expéditions des jugements des actes qui emportent transcription de propriété ou d'usufruit de biens immeubles, les baux à ferme, à loyer ou à rente, les sous-baux, doivent être enregistrés dans les trois mois de leur date. Pour tous autres actes, l'enregistrement n'est de rigueur que lorsqu'il en est fait usage soit par acte public, soit en justice ou devant toute autre autorité constituée. Art. 56.

SECTION III. — *Procédure devant les tribunaux de l'Algérie.*

152. Elle est réglée par le Code de procédure, sauf quelques modifications. Ordonn. roy. 16 avril 1843 (2503).

153. La C. d'Alger et les trib. de 1re instance ont chaque année des vacances, depuis le 1er août jusqu'au 1er oct. Décr. 19 mai 1853. (5442.)

Pendant les vacances, il est pourvu à l'expédition des affaires civiles, commerciales, criminelles et correctionnelles, tant à la C. qu'aux trib. de 1re instance par une chambre de vacation. *Ib.*

154. Le décr. du 25 fév. 1860, organise le roulement des magistrats de la Cour et des trib. de 1re instance, ainsi que le service des vacations.

§ 1. — *Des tribunaux civils.*

ART. 1. — *De la compétence.*

155. *Compétence d'attribution.* — V. sup., n° 40.

156. *Compétence territoriale.* — Lorsqu'il s'agit de droit et action ayant pris naissance en Algérie, le demandeur assigne, son choix, devant le tribunal du domicile du défendeur en

COLONIES (AFRIQUE, NORD). 229

France, ou devant le trib. de l'Algérie dans le ressort duquel le droit ou l'action ont pris naissance. Ordon. 1843, art. 2. — M. Duvergier, L. 1843, p. 116, critique cette disposition.

Cette faculté, dans le cas prévu, existe lors même que le défendeur aurait quitté le territoire algérien et rempli en France les formalités prescrites par les art. 103 et 104 C. N., il est valablement assigné par exploit déposé en son absence à la mairie. Cass. 17 mai 1858.

157. En Algérie la résidence habituelle vaut domicile, *Ib.* — pourvu qu'elle ait continué jusqu'à l'assignation ; elle ne peut être réputée habituelle, lorsque celui qui a résidé momentanément en Algérie est revenu en France reprendre son domicile d'origine. Cass. 7 juin 1852; Alger, 11 juill. 1855 ; 23 fév. 1859. — Cette condition s'applique surtout aux militaires ou employés militaires qui n'ont pas transféré spécialement leur domicile en Algérie, mais y ont seulement résidé à raison de leurs fonctions et ont été envoyés dans une autre résidence. Alger, 25 janv. et 29 mars 1854 ; 11 juill. 1855; de Menerville, p. 568, note 3.

L'étranger qui a une résidence habituelle en Algérie peut être traduit devant le tribunal de cette résidence, à raison d'une obligation commerciale (lettre de change), par lui souscrite au profit d'un étranger. Alger, 18 août 1848, D. 49, 130.

ART. 2. — *De l'ajournement.*

158. Le préliminaire de conciliation doit être subi, à peine de nullité du jugement. Le défendeur doit être cité en conciliation au domicile réel, et non au domicile élu. Trib. Alger, 3 janv. 1849 (4272).

159. Au reste, aucune citation ou signification n'est valable, si elle n'est faite à la personne, ou au domicile réel ou d'élection, ou à la résidence de la partie citée. Ordonn. 1843, art. 3.

160. Elle ne peut être faite au domicile d'un mandataire, à moins qu'il n'ait pouvoir spécial et formel de défendre à la demande, à peine de nullité. *Ib.* — Cette nullité doit être prononcée, en tout état de cause, même d'office par le tribunal. *Ib.* Elle peut être proposée pour la première fois devant la C. de cassation. Cass. 22 juin 1853, D. 53, 203.

161. C'est au demandeur à justifier de la régularité de la procédure et à prouver l'existence du mandat spécial. Cass. 23 juin 1851; Alger, 19 août 1850; 11 fév 1851; de Menerville, p. 569, note 1. — La preuve d'un mandat verbal a été admise. Alger, 6 mai 1851.

162. Le pouvoir donné au mandataire chargé d'obtenir le payement d'une créance, d'assigner et défendre devant tous trib. et Cours compétents, d'obtenir tous jugements et arrêts, les faire mettre à exécution, interjeter appel, etc., vaut mandat spécial de défendre à l'appel du jugement de condamnation. Cass. 19 janv. 1859, (6946).

Mais la signification faite en Algérie d'un exploit d'appel au domicile du mandataire qui y avait figuré pour l'intimé en 1re instance, sans pouvoir spécial de défendre à cet appel, est nulle. Cass. 22 juin 1853, D. 53, 203.

163. L'élection de domicile faite chez un commerçant n'est pas réputée faite chez celui qui lui succède dans son commerce. Req. 23 juin 1851 (5047).

164. Lorsque le lieu du domicile ou de la résidence de la partie citée n'est pas connu, l'exploit est affiché à la principale porte et dans l'auditoire du tribunal où la demande est portée. Il en est donné copie en duplicata à l'officier du ministère public près le tribunal, lequel vise l'orignal, garde l'une des copies dont il fait insérer l'extrait au journal judiciaire, et transmet l'autre au ministre de la justice si la partie est française, au ministre des affaires étrangères si la partie est étrangère. Ord. 1843, art. 4. — Dans ce cas, le demandeur doit rapporter un certificat constatant que la partie assignée n'a point fait sa déclaration du lieu de sa résidence, à la mairie du chef-lieu de l'arrondissement judiciaire, à peine de nullité. *Ib.*

165. Dans les cas où le C. de pr. ordonne de laisser au maire copie de l'ajournement, s'il ne se trouve pas de maire dans le lieu où la signification est faite, la copie notifiée doit être remise au greffier de la justice de paix, à défaut, au secrétaire du commissariat civil, et s'il n'y a ni justice de paix ni commissariat civil, à la principale autorité civile du lieu. — Celui à qui la copie est remise est tenu de viser l'original. *Ib.* art. 41.

Ces dispositions sont applicables à tous exploits et actes de procédure. *Ib.*

166. Le délai des ajournements à comparaître devant les trib. de l'Algérie est de huitaine.

167. Il est augmenté d'un jour par chaque myriamètre de distance par terre entre le tribunal devant lequel la citation est donnée, et le domicile ou la résidence, en Algérie, de la partie citée. *Ib.*, art. 6.

La signification d'un exploit au domicile du mandataire spécial ne dispense pas du délai des distances. Alger, 6 déc. 1848, de Menerville, p. 569, note 2.

168. Si la partie, domiciliée en Algérie et assignée à comparaître devant un tribunal de cette colonie, ne peut se rendre que par voie de mer dans le lieu où siége le tribunal, il y a un délai fixe de trente jours pour la traversée maritime indépendamment du délai réglé pour la distance par terre, s'il y a lieu. *Ib.*, art. 7.

169. Le délai des ajournements devant les trib. de France pour les personnes domiciliées en Algérie ou devant les trib. d'Algérie pour les personnes domiciliées en France est de deux mois. L. 11 juin 1859 (7000).

170. Dans tous les cas où le C. de pr. ordonne que le délai qu'il détermine pour l'accomplissement d'une formalité, telle que signification, sommation, dénonciation, appel en cause, soit augmenté d'un jour par trois myriamètres, comme dans tous ceux où il y a lieu à une notification ayant pour objet de faire courir ou de prévenir une déchéance, le délai supplémentaire à raison de la distance est réglé comme il est dit ci-dessus. (—V. *sup.*, n° 167, ord. 1843, art. 37.) — Lorsque le C. de procéd. civile abrège les délais ordinaires à raison de la distance comme dans les art. 641, 642, 677, 691, 725, et 731, ou lorsqu'il ordonne qu'une chose sera faite dans un certain délai, à peine de dommages et intérêts, comme dans le cas de l'art. 602, le délai à raison de la distance est spécialement déterminé par le président du trib. par une ordonnance rendue sur la requête du poursuivant. *Ib.*, art. 38.

171. Les dispositions de l'art. 73 C. pr. sont exécutées à l'égard des personnes domiciliées ou demeurant en tous autres lieux hors de la France continentale ou de l'Algérie. *Ib.*, art. 9.

Lorsqu'une assignation à une partie domiciliée hors de l'Algérie est donnée à sa personne en Algérie, elle n'emporte que les délais ordinaires, sauf au tribunal à les prolonger s'il y a lieu. *Ib.*, art. 9.

172. Lorsque la personne citée n'a ni domicile, ni résidence connus, le délai d'ajournement, si la partie est française ou étrangère, est celui que comporte, d'après les règles établies *sup.* 166 et suiv., la distance entre Paris et le tribunal devant lequel la citation est donnée. — Si le domicile d'origine de la partie est inconnu, on suit le délai ordinaire. *Ib.*, art. 10.

173. Si le demandeur veut faire ordonner des mesures conservatoires pendant les délais de la comparution, il est tenu d'y conclure par l'exploit introductif d'instance. Art. 15. — V. *inf.*, n° 189.

ART. 3. — De l'instruction.

174. La constitution d'un *défenseur* est requise dans tous les cas où la constitution d'un avoué serait exigée en France. *Ib.*, art. 33.—Auparavant les parties avaient le droit de comparaître par elles-mêmes.

175. Tous les actes, qui d'après le Code de procédure doivent être faits par le ministère des avoués, sont faits en Algérie par le ministère des défenseurs. *Ib.*, art. 34. — Ces actes sont notifiés de défenseur à défenseur, dans la forme des actes d'avoué à avoué. *Ib.*

176. La partie ou son défenseur doit déposer au greffe, avant la mise au rôle, la somme présumée nécessaire pour couvrir les frais de timbre et d'enregistrement. Cette somme ne peut être moindre de 12 fr. Arrêté 23 juin 1843.

177. La caution *judicatum solvi* peut être demandée, même par le défendeur étranger, s'il réside et s'il a un établissement en Algérie. Ord. 1843, art. 19.

178. Elle ne peut être exigée du demandeur étranger qui a en Algérie ou une résidence habituelle, ou un établissement. *Ib.*—Ou des immeubles suffisants, ou qui consigne somme suffisante. *Ib.*, art. 20.

179. Le jugement qui ordonne la caution, fixe la somme jusqu'à concurrence de laquelle elle doit être fournie. *Ib.*

180. Les réceptions de cautions ont lieu, comme en matière de commerce devant les tribunaux de France (C. pr. 440 et 441). Ordonn. 1843, art. 18.—V. *Tribunal de commerce.*

181. Toutes les nullités de procédure autres que celles prononcées formellement par l'ordonnance du 16 avril 1843. (— V. notamment *sup.*, n°s 160, 161 et *inf.* 228), sont facultatives pour les trib. de l'Algérie. Ord. 26 sept. 1842, art. 69, ord. 16 avril 1843, art. 46.

182. Toutes les matières sont réputées sommaires et jugées sur conclusions motivées, signées par le défenseur constitué. Les conclusions doivent être respectivement signifiées 24 heures au moins avant l'audience où l'on doit se présenter pour plaider. *Ib.*, art. 11.

183. A cette audience, les défenseurs déposent leurs conclusions et la cause est plaidée, ou le tribunal indique un jour pour les plaidoiries. *Ib.*

184. Lorsqu'une affaire ne paraît pas susceptible d'être jugée sur plaidoiries, le trib. peut ordonner qu'il sera fourni des mémoires et déterminer le délai dans lequel ces mémoires seront signifiés. Ce jugement d'instruction ne peut être signifié. *Ib.*, art. 12.

185. La cause peut être aussi mise en délibéré. *Ib.*

Mais le temps consacré aux audiences ne peut jamais être employé à délibérer. Arrêté minist. du 22 nov. 1842, art. 5.

186. Les dispositions des art. 406 à 413 du C. pr. au titre des matières sommaires, relatives à l'enquête, sont exécutées en toute matière. *Ib.*, art. 13.

187. Lorsqu'il y a lieu de citer un témoin demeurant hors du lieu où il doit être entendu, le président du trib. devant lequel il doit être procédé à l'enquête, fixe par ordonnance sur requête, le délai qu'il convient de donner au témoin pour comparaître. Ord. 1843, art. 39.

Art. 4. — Du jugement. — Voies d'exécution.

188. Lorsque les délais des ajournements sont expirés, les tribunaux, suivant les circonstances, peuvent, même d'office, surseoir à prononcer défaut et renvoyer la cause à tel jour qu'ils jugent convenable. *Ib.*

189. Mais, par contre, ils peuvent, avant l'expiration des délais pour la comparution, s'il est constaté qu'il y a urgence et péril en la demeure, autoriser les mesures conservatoires ou de précaution que les circonstances rendraient indispensables, et en usant de cette faculté avec une grande réserve. —Ces mesures ne peuvent être, au surplus, accordées que dans la limite des termes de la dénonciation à la partie citée (—V. *sup.*, n° 173). Ordonn. 1843, art. 15. — En pareil cas, le ministère public est toujours entendu. *Ib.*, art. 15.

190. Dans tous les cas où les trib. de 1re instance sont autorisés à prononcer l'exécution provisoire, sans caution, ils peuvent en même temps ordonner que les fonds recouvrés sur les poursuites du demandeur seront déposés sans divertissement de deniers dans une caisse publique, jusqu'à ce que le jugement soit passé en force de chose jugée. *Ib.*, 43.

191. Les jugements rendus par les trib. étrangers et les actes reçus par les officiers étrangers ne sont susceptibles d'exécution en Algérie, comme en France, qu'après avoir été revêtus du visa ou pareatis des trib. français d'Algérie. Art. 35. — Mais ce visa ou pareatis n'est pas nécessaire pour les jugements rendus et les actes passés en Algérie. *Ib.*, art. 36.

192. La contrainte par corps, contrairement au droit commun de la France, peut être prononcée par tout jugement portant condamnation au payement d'une somme d'argent, ou à la délivrance des valeurs ou objets mobiliers. — La jurisprudence actuelle des trib. algériens est de réserver cette voie de rigueur pour les cas où elle est autorisée ou ordonnée par les lois de la Métropole.

193. La contrainte, prononcée contre des militaires présents en Algérie et en activité sous les drapeaux, ne peut être mise à exécution qu'un mois après l'avis donné par la partie poursuivante au chef de l'état-major de la division, qui en fournit récépissé. Ordonn. 26 sept. 1842, art. 72. — Il en est de même pour les chefs indigènes investis d'un commandement. Décr. 15 déc. 1852 (5254).

194. La loi du 17 avril 1832 est exécutoire en Algérie en tout ce qui n'est pas contraire aux ordonnances, arrêtés ou règlements de la colonie. Ordonn. 16 avril 1843, art. 45.

195. La loi du 26 mars 1855 modifiant l'art. 781, § 5, C. pr., a été promulguée en Algérie. Décr. 8 août 1855 (6042).

196. Lorsqu'il s'agit d'une obligation contractée en Algérie en matière civile ou commerciale, même antérieurement à l'ordonnance du 16 avril 1843, le créancier peut, après mise en demeure, citer son débiteur devant le tribunal de l'Algérie, dans le ressort duquel l'affaire aura pris naissance, à l'effet de faire prononcer la contrainte par corps, même dans le cas où il y aurait reconnaissance de la dette dans un acte ayant exécution parée. Ordonn. 16 avril 1843, art. 44. — V. d'ailleurs *inf.*, n° 225.

197. Lorsqu'il s'agit d'exercer la contrainte par corps en vertu d'un jugement d'un commissaire civil, ce fonctionnaire peut, sur la requête à lui adressée par le créancier, dispenser celui-ci de la signification préalable au débiteur du jugement prononcé avec la contrainte par corps, et du commandement de payer exigé par l'art. 780, et autoriser, par ordonnance spéciale, l'exercice immédiat de la contrainte si le jugement a été rendu contradictoirement, et s'il y a juste sujet de craindre que le débiteur ne cherche à se soustraire aux poursuites.

198. Dans ce cas, le procès-verbal d'arrestation mentionne l'ordonnance, dont il est gardé minute au greffe du commissariat.

199. Tout débiteur contraint par corps dans le ressort d'un commissariat civil, en exécution d'un jugement émané soit de ce commissariat, soit de toute autre juridiction, doit être immédiatement conduit devant le commissaire civil du lieu qui peut ordonner l'élargissement, si le débiteur consigne entre les mains du greffier du commissariat civil le montant de sa dette en principal, intérêts et frais, ou s'il justifie par titres non contestés de son entière libération.

200. En tout autre cas, le commissaire civil ordonne qu'il soit passé outre, mais à la charge par le créancier, de consigner entre les mains du secrétaire du commissariat, la somme que le commissaire civil juge nécessaire pour la nourriture du débiteur à dater du jour de son arrestation jusqu'au moment de son arrivée dans la prison pour dettes établie dans la ville où siège le tribunal de 1re inst., et pour frais de transfèrement s'il y a lieu.

201. A défaut de cette consignation dans le délai par lui fixé, le commissaire civil peut rendre ordonnance d'élargissement du débiteur, laquelle est sujette à l'appel devant le trib. de 1re inst., mais exécutoire par provision.

202. Le débiteur arrêté dans le ressort d'un commissariat est provisoirement déposé, par ordre du commissaire civil, dans la geôle du lieu, où il est nourri aux frais du créancier. Il est ensuite transféré, par la plus prochaine correspondance, et par ordre du même magistrat, dans la prison pour dettes établie dans la ville où siège le trib. de 1re inst. du lieu de l'exécution.

203. Les dépenses à prélever sur la somme consignée en conformité de l'article précédent, sont réglées par le commissaire civil, et l'excédant, s'il y en a, est remis, lors de la translation du débiteur, au créancier ou à son fondé de pouvoirs spéciaux.

204. Le créancier est tenu, au moment de l'écrou du débiteur dans la prison pour dettes du chef-lieu, de renouveler la consignation d'aliments. C. pr. 791.

205. Si, lors de son arrivée dans le lieu où siège le tribunal de 1re inst., le débiteur requiert qu'il en soit référé, il est procédé conformément aux art. 786 et suiv. C. pr.

206. Sont admis au bénéfice de cession les étrangers qui résident en Algérie et y ont un établissement. Ordonn. 1843, art. 21.

207. Toutes les fois que le C. de proc. ordonne des formalités telles qu'appositions de placards, affiches, publications, ventes d'effets mobiliers, dans des lieux ou dans une forme déterminée, et que ces formalités ne peuvent être exécutées conformément à ce Code, à raison d'un empêchement local, ou qu'elles ne peuvent l'être que d'une manière dommageable pour les parties, par suite de l'état des lieux ; la partie doit se pourvoir devant le président du tribunal qui détermine par ordonnance le mode d'accomplissement de ces formalités, en se conformant, autant que possible, aux prescriptions du C. de procédure. *Ib.*, art. 40.

208. Les insertions qui, d'après le C. de proc., doivent être faites dans les journaux d'arrondissement ou de département, se font dans l'une des feuilles publiées à Alger, lorsqu'il n'existe pas de journaux dans les autres localités. *Ib.*, art. 42.

209. Toute saisie-arrêt ou opposition de sommes dues par l'Etat ou par la colonie d'Alger, toute signification de cession ou transport desdites sommes et toutes autres ayant pour objet d'en arrêter le payement, doivent, pour être valables, être faites conformément à la loi du 9 juill. 1836 et à l'ordonnance du 31 mai 1838. Ordonn. roy. 21 août 1839, Chauveau, n° 1941 *quater.* — V. *Saisie-arrêt.*

210. Les consignations sont soumises aux mêmes règles d'administration et de comptabilité qu'en France. — Les trésoriers-payeurs remplissent à cet égard les fonctions des receveurs généraux. — Décr. 14 oct. 1851.

ART. 5. — *Voies de recours.*

211. Les jugements rendus par les trib. français en Algérie sont soumis aux mêmes recours que les jugements rendus en France.

212. *Appel.* — Ce recours est recevable, contre les jugements interlocutoires, avant le jugement définitif. De Menerville, p. 568, note 1.

213. Le délai de l'appel est de trente jours à partir de la signification du jugement, soit à personne, soit au domicile réel ou d'élection. Ordonn. 1843, art. 56.

214. Il est augmenté à raison des distances, suivant les règles indiquées pour les ajournements. Art. 16.

215. En cas d'absence pour service de terre ou de mer, ou d'emploi dans les négociations extérieures pour le service de l'Etat, le délai à raison de la distance est de quatre-vingt-dix jours pour celui qui se trouve en France, et d'une année, s'il se trouve hors du territoire de la France continentale. Art. 16.

216. *Requête civile.* Le délai est de quatre-vingt-dix jours. *Ib.*

217. Il est augmenté à raison des distances. *Ib.*

218. La consultation préalable (C. pr. 495) peut être donnée par trois défenseurs exerçant près les trib. de l'Algérie et désignés par le procureur général. Art. 17.

219. *Cassation.* — Le délai du pourvoi est le même que pour les habitants de la France continentale. L. 11 juin 1859 (7000).

§ 2. — *Procédure devant les tribunaux d'exception*

220. La forme de procéder des trib. de commerce et de paix est celle déterminée par le C. de procédure pour les trib. de commerce et de paix de France. Ord. 26 sept. 1842. Art. 55.

221. Pour l'exécution provisoire de leurs jugements sous caution. — V. *sup.*, n° 180.

222. Le délai de l'appel de leurs jugements est le même que pour les jugements des trib. civils. — V. *sup.*, n° 213.

223. La forme de procéder devant les commissaires civils est la même que devant les juges de paix. Arrêté ministériel 18 déc. 1842. Art. 64.

224. Rien n'a été réglé pour la procédure devant les commandants de place. Elle est abandonnée à leur arbitraire.

SECT. IV. — Procédures diverses.

§ 1. — De l'opposition au départ d'un débiteur.

225. Outre les voies d'exécution ordinaires de la France, il existe en Algérie un mode tout particulier à la colonie de contraindre son débiteur à s'acquitter de ses obligations : c'est l'opposition à son départ de la colonie : il a cet avantage sur la contrainte par corps qu'il ne nécessite pas la consignation d'aliments (1). Les trib. en usent avec discrétion.

226. Tout créancier peut former opposition au départ par voie de mer de son débiteur, en vertu d'une ordonnance rendue sur requête par le président du trib. civil du lieu où le débiteur veut s'embarquer, ou par le juge qui le remplace. Ordon. 1843, art 23.

227. Si le passe-port n'a point encore été délivré, l'opposition est notifiée à l'officier de police chargé de le donner.

228. L'ordonnance du président liquide provisoirement la créance, s'il y a lieu : elle mentionne le jour et l'heure où elle a été rendue : elle accompagne la notification de l'opposition à peine de nullité. — Elle est exécutoire sur minute et peut être signifiée même avant la formalité de l'enregistrement. *Ib.*

229. Si le passe-port est demandé pour une des villes du littoral, où sont établis des trib. de 1re inst., des justices de paix, ou des commissaires civils, le passe-port ne peut être refusé. Mais, en vertu de l'autorisation donnée par le juge du lieu du départ, dans la forme ci-dessus, le créancier peut, sans qu'il soit besoin de se pourvoir de nouveau, former au lieu d'arrivée ou en tout autre lieu, opposition au départ ou à la délivrance du passe-port, pour un lieu autre que les villes ci-dessus mentionnées. *Ib.*, art. 24.

---

(1) Mais celui qui veut s'embarquer n'est plus obligé de faire afficher son nom à la mairie trois jours d'avance. De Menerville, p. 485.

230. Si le débiteur présumé s'embarque sur un navire de commerce autre que les paquebots à vapeur servant de courriers, son départ peut être arrêté, quelle que soit la destination du navire. *Ib.*, art. 25.

231. Dans tous les cas, l'ordonnance du juge autorisant l'opposition au départ doit être notifiée au débiteur présumé dans les vingt-quatre heures de sa date. *Ibid.*, art. 26.

232. Si le débiteur présumé ne peut être trouvé au moment de la signification de l'ordonnance, et s'il n'a, ni domicile, ni résidence connus dans le lieu où il veut s'embarquer, copie de l'exploit sera laissée au juge de paix qui visera l'original. *Ib.*

233. Faute par le créancier de faire ladite signification dans le délai de vingt-quatre heures, l'ordonnance sera réputée non avenue, et le débiteur est libre de s'embarquer, sans qu'il puisse être demandé ou délivré une nouvelle ordonnance autorisant l'opposition à son départ. *Ib.*

234. Le débiteur présumé peut, en vertu de l'autorisation du président qui a rendu l'ordonnance, citer le demandeur d'heure à heure devant le magistrat qui statuera comme en matière de référé, même un jour de fête ou de dimanche. *Ib.*, art. 27.

235. Si le président confirme, son ordonnance d'opposition au départ est exécutoire par provision; dans le cas contraire l'appel est suspensif. *Ib.* art. 28.

236. L'appel peut être interjeté immédiatement, et la citation être donnée d'heure à heure avec l'autorisation du président de la Cour. *Ib.*

237. La cause doit se juger à la première audience toutes affaires cessantes. *Ib.*

238. S'il y a nécessité, la Cour ordonne l'apport immédiat de l'ordonnance attaquée; elle est réintégrée au greffe de 1re inst. après l'arrêt de la Cour. *Ib.* — S'il y a contestation sur le fond de la demande qui a motivé l'opposition au départ du débiteur présumé, le juge du référé renvoie les parties devant le tribunal qui doit en connaître, l'oppositio tenant. *Ib.* art. 29.

239. Les juges saisis du fond prononcent sur le tout dans le plus bref délai. Ils peuvent néanmoins, suivant les circonstances et avant de statuer sur le fond, autoriser le départ et ordonner l'exécution provisoire nonobstant appel de leur jugement sur ce dernier point. *Ib.*

240. Le débiteur présumé peut en tout état de cause faire cesser l'opposition à son départ en fournissant caution qui est agréée par le tribunal saisi de la contestation, et même par le juge du référé. *Ib.*, art. 30. — La réception de caution est jugée sans retard toutes affaires cessantes. *Ib.*

241. Si l'opposition au départ du débiteur présumé est reconnue vexatoire et de mauvaise foi, l'opposant est condamné à des dommages-intérêts. *Ib.*, art. 31. — Il peut, en outre, être condamné à une amende de 100 à 500 fr. *Ib.*

242. Dans les villes du littoral où ne siègent pas de tribunaux de 1er instance, l'opposition au départ peut être autorisée dans les formes et suivant les règles ci-dessus établies par le juge de paix, et à défaut par les commissaires civils. *Ib.*, art. 32.

243. Si l'officier chargé de vérifier la régularité des papiers des passagers a négligé ce soin, le commandant du navire de l'Etat n'est pas responsable de cette négligence. Alger trib. 21 sept. 1850.

§ 2. — Des curateurs aux successions vacantes.

244. Lorsque après l'expiration des délais pour faire inventaire et délibérer il ne se présente personne qui réclame une succession, qu'il n'y a pas d'héritiers connus ou que les héritiers connus y ont renoncé, cette succession est réputée vacante. C. N. 811. — En Algérie, une succession est déclarée vacante, lorsque, au moment de son ouverture, aucun héritier ne se présente, soit en personne, soit par un mandataire spécial, et lorsque les héritiers présents ou connus y ont renoncé. Arrêté minist. de 26 déc. 1842, art. 2. (2522). — On a voulu, dans l'intérêt des familles, demeurées dans la métropole, soumettre l'avoir de celui qui l'a quittée à un régime de garanties toutes particulières; dans ce but, des curateurs *ad hoc* aux successions vacantes ont été institués dans le ressort de chacun des tribunaux de 1re inst. Arrêté, 1842, art. 1er.

245. Ces curateurs sont nommés par le procureur général sur la proposition des procureurs impériaux. *Ib.*, art. 3.

Leur nomination est insérée au journal officiel de la colonie. *Ib.*

246. Ils doivent être choisis de préférence parmi les défenseurs, notaires et les officiers ministériels en général. *Ib.*, art. 4.

247. Ils sont soumis à la surveillance du procureur impér.; dans les lieux où il n'y a qu'une justice de paix, à celle du juge de paix. *Ib.*, art. 6.

248. En recevant la déclaration de tout décès, l'officier de l'état civil est tenu de s'informer si les héritiers du défunt sont présents ou connus; les déclarants doivent donc leur fournir tous les renseignements qui peuvent être à leur connaissance, et leur déclarer en même temps si le défunt a laissé ou non des sommes d'argent, des effets mobiliers ou papiers dans la maison mortuaire. *Ib.*, art. 7.

249. Si de ces renseignements il résulte que les héritiers ne sont pas présents ou connus, l'officier de l'état civil en informe immédiatement le procureur impér., le juge de paix et le curateur qui est saisi dès ce moment de l'administration de la succession. *Ib.*, art. 8.

250. On appose, on lève les scellés, on vend les meubles aux enchères publiques, le curateur touche le prix qu'il verse dans la caisse des dépôts et consignations. *Ib.*, art. 10 et 15.

251. Le curateur n'acquitte directement aucune dette de la succession. Tous payements sont effectués par le receveur des domaines sur les mémoires visés par le juge de paix ou commissaire civil ou le curateur, suivant les cas. *Ib.*, art. 21.

252. Chaque année le curateur doit rendre compte de toutes les successions qui se sont ouvertes dans le courant de l'année précédente. Le tribunal, en chambre du conseil, après avoir entendu le ministère public, apure les comptes.

253. Le retard dans la reddition du compte est puni d'une amende de 500 fr. sur les poursuites du procureur imp. devant le trib. de 1re inst. *Ib.*, art. 26.

254. Il n'est rien alloué aux curateurs que leurs simples déboursés quand l'actif ne s'élève pas au delà de 200 fr.

255. Lorsque la valeur de la succession excède cette somme, il est alloué, indépendamment des déboursés, une remise proportionnelle dont le taux est réglé suivant l'importance de la succession et eu égard aux soins que la curatelle a exigés. *Ibid.*, art. 43-44.

§ 3. — *Des instances domaniales.*

256. Un décret du 28 déc. 1855 règle la procédure des instances intentées par ou contre le domaine de l'Etat ou le domaine départemental. — La production d'un mémoire avec pièces à l'appui doit précéder toute demande. — V. d'ailleurs Décr. 6 nov. 1858, art. 38 à 40.

257. Un décret du 30 déc. 1848 règle la procédure en cas de conflit d'attributions entre les tribunaux et l'autorité administrative.

Sect. V. — *Timbre et enregistrement.*

258. La loi du 11 juin 1859 sur la perception des droits de timbre et d'enregistrement a été déclarée exécutoire en Algérie. Décret, 11 janv. 1860. — V. toutefois *suprà*, 151 et 228.

259. Il n'est perçu que la moitié des droits soit fixes, soit proportionnels (décime non compris) établis par l'art. 22 de la loi du 11 juin 1859.

260. Le décret du 18 janv. 1860 sur la forme, le prix et l'emploi du timbre mobile à apposer sur les effets de commerce venant de l'étranger ou des colonies où le timbre n'est pas encore établi, a été déclaré exécutoire en Algérie. Déc.18 fév.1860.

COMMANDEMENT. Exploit signifié par un huissier en vertu d'un jugement, ou autre titre portant exécution parée, par lequel il enjoint, au nom de l'autorité publique, de satisfaire aux condamnations ou engagements énoncés dans le titre.

Table sommaire.

A compte, 14.
Acte d'exécution, 1.
Appel, délai, 21.
Arrérages, 12.
Commandement unique, 2.
Commencement de preuve par écrit, 17.
Compétence, 20.
Copie, 4, 18.
Créance certaine, liquide, 8.
Date, 19.
Délai, 3 et 5.
Demande judiciaire, 16.
Enregistrement, 22.
Erreur, 19.
Excédant, 10.
Héritier, 3.
Huissier, 12 et s.
Intérêts, 9, 16.
Jugement, 18.
Mandat, 12 et s.
Nullité, 10, 20.
Opposition, 21.
Payement, 12 et s.
Pièces, 13. — remise, 14.
Poursuite, 3.
Prescription (interruption), 15
Quittance, 13.
Rente, 12.
Réserve, 9.
Saisie, 1.
Signification préalable, 3, 18.
Substitution d'objets, 2.
Témoins, 11.
Titre, 4.

1. Tout *acte d'exécution* doit, en général, être précédé d'un commandement. — V. ce mot, n° 6 ; — et toutefois *Saisie-arrêt*, n° 83 ; *Saisie conservatoire*, n° 14 ; *Saisie foraine*, n° 7 ; *Saisie-gagerie*, n° 19 ; *Saisie-revendication*, n° 10.

2. Un seul commandement de payer, sous peine d'y être contraint par les voies de droit, suffit, en général, pour faire successivement plusieurs saisies de différentes espèces (— V. toutefois *Saisie immobilière*, n° 113), pourvu qu'elles aient toutes le même objet, et que le produit des premières n'ait pas acquitté la créance. Turin, 7 août 1809 ; S. 15, 15 ; Cass. 27 mars 1821, P. 16, 483 ; Pigeau, 2, 81, note ; Carré, art. 583 ; — ou lorsque d'autres objets ont été substitués aux anciens dans l'intervalle du commandement et de la saisie. Orléans, 24 janv. 1817, P. 14, 44. — V. d'ailleurs *Saisie gagerie*, n° 15.

3. Le commandement fait à l'héritier du débiteur doit être précédé, huit jours au moins à l'avance, de la signification **du** titre constitutif de la créance. Arg. C. civ. 877.—V. art. 3281.

4. Cette signification peut-elle être suppléée par la copie du titre, transcrite en tête du commandement?

Pour l'affirmative, on dit : L'art. 877 C. civ. ne prononce pas la nullité des poursuites faites avant la signification du titre aux héritiers du défunt; d'ailleurs, le commandement tendant à saisie ne doit pas être considéré comme un acte de poursuite, mais seulement comme une formalité préalable de la saisie, de telle sorte que s'il s'écoule un intervalle de huit jours entre la saisie et le commandement notifié avec la copie du titre aux héritiers du débiteur, le but de la loi, qui a été de le prévenir de l'imminence des poursuites, se trouve atteint. Carré, art. 673.

Mais on répond : La disposition de l'art. 877 est conçue en termes prohibitifs : *les créanciers ne pourront poursuivre que huit jours;* elle doit être réputée prescrite à peine de nullité. — On ne saurait, en outre, considérer comme un équivalent de la notification du titre la signification qui en est faite avec le commandement. La loi exige que les héritiers aient une connaissance certaine des actes exécutoires contre leur auteur avant que ces actes puissent être exécutés contre eux. Or, si un commandement n'est pas, rigoureusement parlant, une exécution, il n'est pas moins vrai qu'il ne peut être fait qu'en vertu d'un titre exécutoire, et l'on ne saurait réputer tel à l'égard de l'héritier l'acte qui ne lui a pas encore été notifié. Si les poursuites étaient dirigées contre le débiteur direct, on ne pourrait procéder à la saisie qu'après un commandement; lorsqu'on agit contre ses héritiers, il faut donc que ce commandement soit lui-même précédé de la signification du titre. Cass. 3 août 1825, Colmar 11 mars 1835 (26).—Toutefois cette signification est valable, lorsque la saisie n'a été pratiquée qu'après un nouveau commandement. Bordeaux, 8 juin 1860 (7305). -- V. 5728.

5. Quant au délai qui doit s'écouler entre le commandement et la saisie. — V. *Contrainte par corps, Saisie.*

6. Le commandement contient les formes ordinaires des *exploits.* — V. ce mot.

7. Il est, en outre, soumis à des formalités particulières, selon l'espèce de saisie qu'il précède. — V. *Saisie-brandon, Saisie-exécution, Saisie immobilière,* etc.

8. Il mentionne pour quelle cause il est fait; il ne peut l'être que pour une créance certaine et liquide. C. pr. 551.

9. Cependant il n'est pas nécessaire de signifier un nouveau commandement pour les intérêts échus depuis le premier; il suffit qu'il ait été signifié avec réserve de répéter les intérêts à échoir. Orléans, 29 août 1816, D. A. 11, 648.

10. Le commandement qui demande au delà de ce qui est

dû n'est pas, par cela seul, entaché de nullité.—V. *Saisie*, n° 12.

11. Il n'est plus signifié, comme dans l'ancienne jurisprudence, avec assistance de témoins. Dans aucun cas, la loi n'exige aujourd'hui leur présence. L. 11 brum. an 7, art. 2 ; C. pr. 673.

12. Dans le commandement, on donne au débiteur l'alternative de payer entre les mains du créancier ou entre celles de l'*huissier*.—V. ce mot, n° 12 et *offres réelles*, n° 198.

Spécialement pour les arrérages d'une rente même quérable. Cass. 3 déc. 1838 (Art. 1410 J. Pr.).

13. Une fois dessaisi des pièces, l'huissier n'a plus pouvoir de recevoir et de donner-quittance.

14. Le débiteur doit, pour sa sûreté, faire mentionner par l'huissier, dans son commandement, qu'il a payé, et se faire remettre le titre ; ou, s'il ne paye qu'une partie de la somme due, y faire constater le payement partiel. Pigeau, t. 2, p. 83, note 1.

15. Le commandement est interruptif de prescription. C. civ. 2244. — Quand même il est prématuré. Cass. 22 mars 1832.

16. Toutefois, le simple commandement de payer une dette ou des intérêts échus ne fait pas courir de nouveaux intérêts. Cet acte n'est point la demande judiciaire voulue par l'art. 1154 C. civ. Grenoble, 9 mars 1825 ; Cass. 16 nov. 1826 ; D. 27, 57.

17. Les énonciations du commandement peuvent servir de commencement de preuve par écrit.

Ainsi le commandement fait à la requête d'un créancier et par lequel un certain nombre d'annuités est réclamé, peut servir de commencement de preuve par écrit que le débiteur ne doit pas un nombre d'annuités plus considérable que celui fixé dans l'exploit ; peu importe que le débiteur ait ensuite accepté une quittance de laquelle il résulterait que sa dette aurait une date plus ancienne. Caen, 13 mai 1844 (Art. 2875 J. Pr.).

18. Le commandement fait en vertu d'un jugement, dont copie est en même temps délivrée à la partie condamnée, équivaut à un exploit de signification de ce jugement. Berriat, 508, note 8, 4°. — V. *Appel*, n° 352.

19. L'exploit par lequel l'huissier signifie un jugement et fait commandement de payer n'est pas nul, par cela que l'huissier a commis une erreur dans l'énonciation de la date de ce jugement. Cass. 31 janv. 1821.—Mais V. art. 3196 et 4393 J. Pr.

20. La demande en nullité du commandement peut être également portée devant le trib. qui a rendu le jugement que le commandement tend à faire exécuter, ou devant le trib. du lieu dans le ressort duquel la saisie doit être pratiquée. — V. *Compétence des tribunaux civils*.

21. Le commandement qui précède la saisie immobilière ne fait pas partie intégrante de la poursuite en expropriation. — En conséquence l'opposition à ce commandement ne constitue pas un incident de la saisie immobilière, et par suite l'appel du jugement qui a statué sur cette opposition peut être interjeté hors des délais prescrits par les art. 728 et suiv. Limoges, 7 déc. 1843 (Art. 2881 J. Pr.).—V. toutefois *ibidem*, n° 69.

22. *Enregistrement.* Le commandement est passible du droit fixé pour les *exploits.* — V. ce mot, et *Saisies.*

Formules.

Commandement qui précède une saisie-exécution.

(C. pr. 583 et 584. — Arg. tarif, 29. — Coût, 2 fr. or. 50 c. cop.)

L'an   le   , en vertu de la grosse en forme exécutoire d'un jugement rendu par le trib. de 1ʳᵉ inst. de le   , dûment signé, scellé, enregistré et signifié tant à avoué qu'à partie, dont il est par ces présentes laissé copie (*ou précédemment signifié*), et à la requête du sieur   , pour lequel domicile est élu, jusqu'à la fin de la poursuite, en la demeure de

J'ai   (*immatricule de l'huissier*), soussigné, fait commandement, de par l'Emper., la loi et justice, au sieur   , en son domicile, en parlant a

De, dans vingt-quatre heures pour tout délai, payer au requérant, ou actuellement à moi huissier pour lui porter de pièces et titres, la somme totale de   , composée, savoir de 1° celle de   , de capital, et 2° celle de   , pour intérêts et frais, liquidés par ledit jugement, sans préjudice de tous autres droits, actions, intérêts, frais, dépens et mises à exécution:

Déclarant que, faute par lui de ce faire, dans ledit délai et icelui passé, il y sera contraint par toutes voies de droit, et notamment par la saisie-exécution de ses meubles et effets. A ce que le susnommé n'en ignore, je lui ai, en son domicile où étant et parlant comme dessus, laissé, sous toutes réserves, copie du présent exploit, dont le coût est de

NOTA. Pour les formules des commandements qui doivent précéder les autres saisies, — V. notamment *Contrainte par corps*, *Saisie immobilière*, etc.

COMMENCEMENT *de preuve par écrit.* — V. *Abus de confiance*, n° 9; *Arbitrage*, nᵒˢ 289, 520; *Aveu*, nᵒˢ 26 et 33; *Avoué*, nᵒˢ 45, 126, 142; *Commandement*, n° 17; *Enquête*; *Signature*, n° 10.

COMMERCE, COMMERÇANT. Le *commerce* est le négoce de marchandises, d'argent, soit en gros, soit en détail. Le *commerçant* est celui qui fait des actes de commerce, sa profession habituelle. Cette qualification s'applique aux négociants, marchands, fabricants et banquiers.

Table sommaire.

Age, 4.
Agent d'affaires, 28, 43. — de change, 14.—du gouvernement, 17.
Agriculture, 37.
Amende, 18, 60 et s.
Appel, 63.
Appréciation, 27.
Approbation, 67.
Armateur, 29.
Artisan, 46.
Assurance, 30.
Aubergiste, 31.
Autorisation, 23. — femme, 6 à 10. — mineur, 3 à 5, 7.
Avocat, 13, 45.
Avoué, 14. — chambre, 58.
Banque, 43.
Banqueroute, 64.
Bestiaux, 37.
Billet, 66, 67.
Boucher, 32.
Boulanger, 33.
Cabaretier, 31.
Cafetier, 34.
Carrière, 48.
Cassation, 27, 63.
Cessation de commerce, 69.
Charpentier, 46.
Charron, 46.
Commandant (militaire), 18.
Commerce, 1. — prohibition, 2, 11 et s. — séparé, 9.
Communauté, 8, 59.
Compétence. — V. Trib. de commerce.
Comptable, 21.
Confiscation, 18.
Conseil de famille, 4.
Consuls, 16.
Contrainte par corps, 68.
Contrat de mariage, 57 et s. — extrait, 58. —(délais), 64.
Cordonnier, 46.
Défenseur officieux, 28.
Dépôt. — V. Contrat de mariage.
Destitution, 60.
Directeur, 30.
Domicile, 4.
Dotalité, 58, 64.
Ébéniste, 46.
Ecclésiastique, 11.
Effets de commerce, 66
Émancipation, 4.
Engagement, 19.
Enregistrement, 4.
Enseigne, 23.

Entreprise, 17. — de transport, 35 et s.
Entrepôt, 47.
Faillite, 64, 69.
Femme mariée, 6 à 10, 68
Fonction publique, 17.
Fonds de commerce, 46.
Fonds publics, 40.
Grains, 18, 50.
Greffe, 58.
Habitude, 120 et s.
Herbager, 37.
Homologation, 4.
Huissier, 15, 44.
Immeuble, 43.
Incompatibilité, 11 et s., 43.
Inventaire, 56.
Jardinier, 49.
Justice de paix, 28.
Livres de commerce, 56.
Logeur, 31.
Magasin, 23.
Magistrat, 12.
Mandat, 28.
Marchande publique, 8.
Mariage, 57, 64.
Mention, 59.
Meunier, 50.
Mineur, 3 et s., 68.
Notaire, 15, 43, 58. — chambre, 58.
Notoriété publique, 27
Officier ministériel, 14.
Ouvrier, 46.
Patente, 23, 26, 55.
Pension bourgeoise, 51.
Pépinière, 49.
Pharmacien, 38.
Pompes funèbres, 35.
Préfet, 18.
Présomption, 31, 66.
Prêt sur gage, 52.
Preuve contraire, 66.
Propriétaire, 37.
Publicité, 57.
Qualification, 23, 25.
Registres, 56.
Responsabilité, 60.
Salpêtrier, 53.
Séparation de biens, 58.
Serrurier, 39.
Signature, 67.
Société, 30.
Tableau, 59.
Tailleur de pierres, 41.
Trib. de commerce, 4, 21, 27, 48.
Voiturier, 42.

DIVISION.

§ 1 — *Quelles personnes peuvent faire le commerce.*
§ 2. — *Caractères distinctifs des commerçants.*
§ 3. — *Conséquences de la qualité de commerçant.*

§ 1. — *Quelles personnes peuvent faire le commerce.*

1. Toute personne capable de s'obliger peut en général faire le commerce.

2. Cette règle souffre plusieurs modifications :
Ainsi, d'une part, quelques personnes auxquelles la loi civile interdit de s'obliger peuvent souscrire des engagements commerciaux, en remplissant certaines conditions. — V. *inf.*, n°s 3 et suiv.

D'autre part, le commerce est interdit à certaines personnes qui ne sont frappées d'aucune incapacité civile. — V. *inf.*, n°s 11 et suiv.

3. *Mineur.* Il peut faire le commerce et il est réputé majeur, quant aux engagements par lui contractés pour faits de commerce, avec le concours des conditions suivantes :

4. Il faut : — 1° Qu'il soit émancipé ;
2° Qu'il ait atteint l'âge de dix-huit ans accomplis ;
3° Qu'il ait obtenu l'autorisation préalable de son père ; — ou en cas de décès, interdiction ou absence du père, celle de sa mère, ou à défaut du père ou de la mère, celle du conseil de famille homologuée par le tribunal civil. C. comm. 2. — V. *Mineur.*
4° Que l'acte d'autorisation ait été enregistré et affiché au trib. de commerce du lieu où le mineur veut établir son domicile. *Ib.*

5. Le mineur non commerçant doit être autorisé de la même manière pour tous les faits déclarés actes de commerce. C. comm. 3, 632, 633.

6. *Femme mariée.* Elle ne peut être marchande publique sans le consentement de son mari. C. comm. 4. — 5766.

7. En cas de minorité, la femme doit, en outre, réunir les conditions imposées au mineur commerçant. — V. *sup.*, n° 4.

8. Mais la femme marchande publique n'a pas besoin d'une autorisation spéciale pour s'obliger relativement à son négoce, et dans ce cas, elle oblige aussi son mari s'il y a communauté entre eux. C. comm. 5. — V. d'ailleurs *Femme mariée*, n° 116.

9 La femme n'est pas réputée marchande publique si elle ne fait que détailler les marchandises du commerce de son mari ; elle n'est réputée telle que lorsqu'elle fait un commerce séparé. C. comm. 5.

10. La femme peut-elle être autorisée par la justice, en cas de refus du mari, à faire le commerce? — V. *Femme mariée*, 168.

11. Il y a certaines personnes dont les fonctions sont incompatibles avec la profession de commerçant :

Ce sont : 1° Les ecclésiastiques. Édit du mois de mars 1765.

12. 2° Les magistrats. Décr. 14 déc. 1810, art. 18. — V. *Organisation judiciaire, greffier, ministère public*.

13. 3° Les *avocats*. — V. ce mot, n°ˢ 152 et 156.

14. 4° Les officiers ministériels. — V. *Agent de change*, n° 5 ; — *Avoué*, n° 219 ; — *Commissaire-priseur, Courtier, Huissier*.

15. 5° Les notaires. Édit de juill. 1304, art. 26 ; ordonn. d'Orléans de janv. 1560, art. 109.

16. 6° Les consuls en pays étranger, les officiers et administrateurs de la marine. Ordonn. 31 oct. 1784, art. 19 ; arrêté 2 prair. an 11.

17. 7° Les fonctionnaires ou agents du gouvernement : il leur est interdit de prendre un intérêt dans les adjudications, entreprises ou régies, dont ils ont la direction, dans l'affaire dont ils sont chargés d'ordonnancer le payement ou de faire la liquidation. C. pén. 175.

18. 8° Les commandants des divisions militaires, des départements ou des places et villes, les préfets ou sous-préfets : il leur est défendu, sous peine d'une amende et de la confiscation, de faire le commerce de grains, grenailles, farines, vins ou boissons, autres que ceux provenant de leurs propriétés, dans l'étendue des lieux où ils ont le droit d'exercer leur autorité. C. pén. 176.

19. Les personnes à qui le commerce est interdit et qui s'y livrent cependant, encourent les peines prononcées par la loi ou par les règlements de leur ordre ou profession. — Mais leurs engagements n'en sont pas moins valables. Pardessus, n° 76 ; Vincens, 1, 142.

§ 2. — *Caractères distinctifs des commerçants*.

20. Pour être commerçant, il faut, non-seulement exercer des *actes de commerce* (— V. ce mot), mais en faire sa profession *habituelle*. C. com. 2.

21. Toutefois l'habitude des actes de commerce, quand elle est une obligation des fonctions que l'on remplit, ne donne pas la qualité de commerçant. — Ainsi les comptables des deniers publics, obligés de se livrer à des opérations de change, pour effectuer leurs payements, ne sont pas des commerçants, bien qu'ils soient justiciables du trib. de commerce (C. comm. 638). Paris, 25 juill. 1811, S. 11, 397.

22. Quelques actes isolés ne suffisent pas pour constituer une profession habituelle, et par suite pour faire attribuer la qualité de commerçant. Bruxelles. 18 janv. 1822 ; Cass. 9 mai 1833,

P. 25, 450; Bourges, 22 juillet 1843 (Art. 2822 J. Pr.). — **V.** toutefois *inf.*, n° 24. Bordeaux, 14 déc. 1846 (Art. 3660 J. Pr.)

23. Les principaux faits qui déterminent la qualité de commerçant sont la qualification de commerçant prise dans les contrats, dans des marchés ou traités, dans des actes de procédure, — l'ouverture de magasins; — l'apposition d'enseignes et d'affiches; — l'autorisation obtenue pour l'exercice d'un commerce soumis à la formalité de l'autorisation préalable; — le payement d'une patente. Pardessus, n° 78; Orillard, n° 143.

24. Si ces diverses circonstances se trouvent réunies, celui qui n'aurait fait qu'un petit nombre d'actes de commerce devrait être réputé commerçant. Pardessus, *ib.*

25. Mais, d'une part, une seule de ces circonstances, par exemple, la simple qualification de commerçant prise dans un acte, ne suffit pas pour rendre commerçant celui qui en réalité n'est pas négociant. Turin, 20 mai 1807, Dev. 2, 246.—V. Art. 3660 J. Pr.

26. D'autre part, l'absence d'une ou plusieurs circonstances, indiquées ci-dessus n° 22, par exemple, le défaut de patente, n'empêche pas que l'on soit réputé commerçant. Caen, 24 juin 1828; Bruxelles, 6 avr. 1829, P. 21, 1589; 22, 885.

27. En cas de difficulté, c'est aux tribunaux à apprécier, d'après les circonstances, selon la nature et la fréquence des actes, si tel individu doit être ou non réputé commerçant. Pardessus, n° 79. Arg. Cass. 6 juill. 1836 (Art. 599 J. Pr.). — V. *Acte de commerce*, n° 265; *Cassation*, n°s 152 et 153.

Ils peuvent, pour s'éclairer, consulter la notoriété publique, ou les témoignages particuliers. Pardessus, *Ib.*, n° 2. — V. *Enquête.*

28. Par application des règles posées ci-dessus, on considère comme commerçant :

1° L'*Agent d'affaires.* Paris, 6 déc. 1814, S. 16, 54; — V. ce mot, n° 6.

N'a pas été réputé tel celui qui se bornait à prendre des procurations pour représenter les parties devant les trib. de commerce et de paix et à donner des avis aux personnes qui le consultaient. Rouen, 18 janv. 1844 (Art. 2774 J. Pr.).

29. 2° L'armateur de navires. Paris, 1er août 1810, P. 8, 502.

30. 3° L'actionnaire directeur d'une société d'assurance à prime contre l'incendie et les risques de mer. Cass. 1er avr. 1830, S. 30, 380. — V. *Acte de commerce*, n° 14.

31. 4° L'aubergiste et le cabaretier. Cass. 26 juin 1821, P. 16, 702. — V. *Ib.*, n° 76, et toutefois *inf.*, n° 51.

L'achat d'effets mobiliers fait par un logeur, est, jusqu'à preuve contraire, présumé fait pour son commerce plutôt que pour son usage personnel. Bordeaux, 13 juill. 1841, D. 41, 254.

32. 5° Le boucher. Aix, 15 janv. 1825, P. 19, 59.

33. 6° Le boulanger. Dijon, 16 mars 1838. — *Contrà*, Cass. 28 fév. 1811, S. 11, 234. — V. d'ailleurs *Acte de commerce*, n°ˢ 36 et 172.

34. 7° Le cafetier. Rouen, 4 déc. 1818, S. 19, 828.—V. d'ailleurs *Acte de commerce*, n°ˢ 37 et 86.

35. 8° L'entrepreneur des pompes funèbres.— V. *Ib.*, n° 89·

36. 9° L'entrepreneur de transports militaires. Cass. 22 avril 1809, P. 7, 519. — V. *Ib.*, n° 168.

37. 10° L'herbager. — V. toutefois *Ib.*, n° 65. — Ou le propriétaire, qui se livre chaque année dans une saison particulière, à l'achat et revente de certains objets. Nîmes, 28 avr. 1831, P. 23, 1525.

Mais il en est autrement du fermier qui achète des bestiaux pour les revendre après les avoir engraissés, lorsque les prés de la ferme ne peuvent être utilisés autrement et que cette opération est un accessoire de son exploitation. Bourges, 22 juill. 1843 (Art. 2822 J. Pr.).

38. 11° Le pharmacien — V. *Ib.* n° 70.

39. 12° Le serrurier en bâtiment qui achète du fer pour le revendre après l'avoir travaillé, encore qu'il travaille pour des entreprises ou des commandes.—Cass. 15 mars 1812, S. 13, 196.

40. 13° Le spéculateur sur les fonds publics qui charge de ses opérations les agents de change. Cass. 18 fév. 1806, S. 6, 220. — V. d'ailleurs *Acte de commerce*, n° 26.

41. 14° Le tailleur de pierres qui, au lieu de se borner à tailler les pierres qui lui sont confiées à cet effet, achète habituellement des matériaux pour les revendre après les avoir taillés. Cass. 15 déc. 1830, P. 23, 952. -

42. 15° Le voiturier. Bruxelles, 18 fév. 1829, 29, 1, 154.

43. Peu importe que l'individu qui se livre habituellement aux actes de commerce ait d'ailleurs une profession incompatible avec le commerce. Rennes, 11 mars 1851 (4929).

Ainsi on déclare commerçant : — 1° Le notaire qui se livre habituellement à des opérations de banque et qui tient une agence d'affaires. Paris, 17 déc. 1842 ; Rouen, 9 août 1843 (Art. 2429 et 2919 J. Pr.) ; Cass. 15 avr. 1844 ; Renouard, *Faillite*, 1, 234 ; Esnaut, 1, n° 43 ; Bédaride, n° 30 ; Orillard, n° 145, — Il en est autrement lorsque le notaire n'a fait que des actes de commerce de peu d'importance. Bordeaux, 30 avr. 1840 (Art. 1731 J. Pr.) ; — ou que les billets de commerce qu'il a souscrits n'ont été émis que pour en appliquer les fonds à l'extinction des créances purement civiles ou à l'achat d'immeubles. Aix, 30 juill. 1839 (Art. 2918 J. Pr.). —Dans l'espèce divers jugements par défaut emportant contrainte par corps avaient été rendus contre le notaire par le trib. de commerce.

44. 2° L'huissier qui se livre habituellement à des opérations de banque et de commerce. — Bordeaux, 9 déc. 1828, P. 22, 444; Paris, 14 fév. 1844 (Art. 2917 J. Pr.).

45. 3° L'avocat qui tient un bureau d'affaires, surtout s'il abandonne la plaidoirie, et ne fait plus aucun acte ostensible de sa profession. Montpellier, 11 mai 1844 (Art. 2920 J. Pr.).

46. Mais ne doit pas être considéré comme commerçant :

1° L'artisan qui ne travaille que sur des commandes ou à la journée.

Ainsi jugé à l'égard d'un cordonnier. Colmar, 22 nov. 1811, S. 14, 148; — d'un charron. Turin, 3 déc. 1810, P. 8, 675; — d'un charpentier. Rouen, 14 mai 1825, S. 26, 135.

Il en est autrement dans le cas où l'artisan achète lui-même une marchandise pour la travailler et la revendre. — V. *Acte de commerce*, n° 83.

La qualification d'*ébéniste* prise par l'un des époux dans son contrat de mariage, ne désigne le plus souvent qu'un simple ouvrier. — Toutefois elle peut indiquer un commerçant, par exemple, s'il s'est constitué le fonds de commerce que comporte sa profession. — Bordeaux, 19 janv. 1835, P. 26, 1279.

47. 2° L'adjudicataire d'un entrepôt municipal. Bruxelles, 5 mai 1813, S. 14, 182.

48. 3° Le propriétaire qui fait ouvrir une carrière dans son fonds et qui en fait extraire les pierres pour les vendre. Orléans, 13 mars 1844 (Art. 2918 J. Pr.). — V. *Acte de commerce*, n° 147.

49. 4° Un jardinier pépiniériste : il n'est pas justiciable du trib. de commerce pour fait de vente des arbres provenant de sa pépinière. Colmar, 17 juin 1809, S. 14, 370.

50. 5° Un meunier par le seul fait de sa profession. Colmar, 23 mars 1814, S. 16, 92; Pardessus, n° 14. — Il en est autrement du meunier qui achète habituellement des grains ou farines pour les revendre. Angers, 11 déc. 1823, S. 24, 86. — V. *Ib.*, n° 82.

51. 6° Celui qui reçoit à sa table quelques personnes de son choix moyennant rétribution. Limoges, 16 fév. 1833, Dev. 33, 277. — V. d'ailleurs *sup.*, n° 31.

52. 7° Le prêteur sur gage autorisé du gouvernement. Arg. L. 18 pluv. an 12. Bruxelles, 4 juin 1807; 28 mai 1808, P. 6, 718; — *Contrà*, Paris, 2 niv. an 11, P. 3, 88. Carré, *Compétence*, n° 488.

53. 8° Le salpêtrier, porteur de commissions pour fabriquer au compte du gouvernement. Angers, 28 janv. 1824, P. 18, 399.

§ 3. — *Conséquences de la qualité de commerçant.*

54. Ceux qui ont la qualité de commerçant sont soumis à certaines obligations auxquelles ne sont pas tenues les personnes qui font des actes de commerce isolés :

55. Ainsi tout commerçant est tenu :

1° De prendre *patente*. — V. ce mot.

56. 2° De tenir des livres. C. comm., 8, 10, 586.—V. *Livres de commerce*. — De mettre en liasse les lettres missives qu'il reçoit et de faire un inventaire annuel. C. comm. 8 et 9.

57. 3° De donner une certaine publicité à son contrat de mariage. — V. d'ailleurs Loi, 10 juill. 1850 (4686).

V. aussi *Séparation de biens*, n° 50 et *inf.*, n°s 58 à 64.

58. Le notaire qui reçoit le contrat de mariage d'un commerçant, est tenu d'en remettre un extrait dans le mois de sa date, aux greffes des trib. de 1re inst. et de commerce, aux chambres des avoués et des notaires. C. pr. 872; C. comm. 67 et 68.

59. Cet extrait doit contenir les noms, prénoms, profession et demeure des époux. Il énonce s'ils sont mariés en communauté, s'ils sont séparés de biens ou s'ils ont contracté sous le régime dotal. C. comm. 67 ; C. pr. 872.

Il reste exposé au tableau à ce destiné. C. comm. 67.

60. Le notaire qui contrevient à l'obligation ci-dessus est passible d'une amende et même de destitution et de responsabilité envers les créanciers, s'il est prouvé que l'omission soit la suite d'une collusion. C. comm. 67 et 68.

61. Lorsque les époux dissimulent leur qualité de commerçant, le notaire peut néanmoins être condamné à l'amende, s'il y a eu de sa part connivence ou négligence coupable.

62. L'amende a été réduite de 100 fr. (C. comm. 68) à 20 fr. par la loi du 16 juin 1824, art. 10 et 14 combinés. Cass. 27 août 1828, D. 28, 405 ; Colmar, 4 mai 1829, S. 30, 83 ; Régie 21 oct. 1828.

63. Le jugement qui la prononce est susceptible d'appel et ne peut être attaqué directement en cassation. L. 25 vent. an 11, art. 53 ; Cass. 16 mai 1825, D. 25, 327.

64. L'époux séparé de biens, ou marié sous le régime dotal, qui embrasse la profession de commerçant postérieurement à son mariage, est tenu de faire pareille remise (— V. *sup.*, n° 58) dans le mois du jour où il a ouvert son commerce. Art. 69 C. comm. 1838 (Art. 1160 J. Pr., p. 263). — A peine, en cas de faillite d'être poursuivi comme banqueroutier simple. — D'après l'art. 69 C. comm. de 1808, il y aurait eu banqueroute frauduleuse.

65. Des obligations particulières sont imposées à certaines professions. — V. notamment *Imprimeur, Matière d'or et d'argent, Société*.

66. Les billets souscrits par un commerçant sont censés faits pour son commerce lorsqu'une autre cause n'y est point énoncée. C. comm. 638. — V. *Effet de commerce*.

67. Le billet ou la promesse sous seing privé émané d'un commerçant est valable, bien qu'il ne contienne que sa signature. C. civ. 1326. — V. *Bon*, n°ˢ 1 à 7.

68. Le commerçant est justiciable du tribunal de commerce et contraignable par corps pour tous les actes relatifs à son commerce. — V. *Compétence des tribunaux de commerce, Contrainte par corps.*

Il en est de même du simple particulier en ce qui concerne les actes de commerce auxquels il se livre.

Toutefois la contrainte par corps ne peut être prononcée contre un incapable, par exemple, un mineur, une femme mariée, non autorisés à faire le commerce.

69. La cessation de payements par un commerçant donne lieu à l'état de *faillite*. — V. ce mot et *Déconfiture*.

— V. d'ailleurs *Acte de commerce, Arbitrage, Compétence des tribunaux de commerce, Contrainte par corps, Juge de paix, Prud'homme, Tribunal de commerce.*

COMMINATOIRE. Se dit de la peine établie par une loi ou par un jugement, mais qui n'est point exécutée rigoureusement.

1. L'art. 1029 C. pr. a enlevé aux juges la faculté qu'un long usage leur avait acquise, de considérer dans beaucoup de cas comme seulement comminatoires les nullités, amendes et déchéances prononcées par la loi.

2. Toutefois, sont encore réputées comminatoires les amendes laissées à la prudence du juge, comme celles dont il est question dans les art. 71, 268, 1030 et 1039 C. pr. — V. d'ailleurs *Colonie du nord de l'Afrique*, n° 159.

3. Il en est autrement de celles qui sont prononcées d'une manière absolue, comme dans les art. 67, 264, 390, 471 et 513.

4. Peut-on réputer comminatoires, sans violer la chose jugée, les dispositions d'un jugement qui déclare une partie déchue d'un droit, faute par elle d'avoir fait un acte quelconque dans un délai fixé? Oui. Cass. 4 juin 1834; Bordeaux, 30 août 1849, Art. 4551.

COMMIS. Celui qui est chargé de quelque emploi, de quelque fonction dont il doit rendre compte.

1. En matière commerciale, le commis, proprement dit, est le préposé d'un commerçant. — V. *Saisie-arrêt*, n° 49.

2. Lorsqu'il agit pour le compte de son patron, il ne fait pas personnellement acte de commerce; néanmoins il est justiciable du trib. de commerce. C. comm. 634. (— V. *Acte de commerce*, n°ˢ 109 et 112; *Compétence*), et il engage commercialement son mandant.

3. Pour la remise des *exploits*. — V ce mot.

— V. *Agent de change*, n° 39

COMMIS *intéressé*. Commis d'une maison de commerce don: le salaire consiste dans une quote-part des bénéfices.

COMMIS *voyageur*. — V. *Acte de commerce*, n° 104.

COMMISSAIRE *de police*. — V. *Aliéné*, n° 4; *Avoué*, n° 82; *Contrainte par corps*; *Saisie-exécution*, n° 192.

COMMISSAIRE-PRISEUR. Officier public dont les fonctions consistent à faire les prisées et ventes aux enchères de meubles et effets mobiliers.

Table sommaire.

Timbre, 66.
Trib. civil, 12. de commerce, 36.
Usurpation.
Vacation, 56 et s.

Vente publique, 26, 30 et s. —
(émoluments), 55.
Vente volontaire, 32.
Ville, 27.

DIVISION.

§ 1. — *Historique et organisation des commissaires-priseurs.*
§ 2. — *Nominations et conditions d'admission.*
§ 3. — *Attributions.*
§ 4. — *Obligations et responsabilité.*
§ 5. — *Droits, émoluments et frais.*
§ 6. — *Timbre et Enregistrement.*

§ 1. — *Historique et organisation de l'institution.*

1. Avant 1789, il existait des offices de jurés-priseurs vendeurs de meubles, chargés seuls, à l'exclusion de tous autres, de
la prisée, vente et exposition de biens meubles. Édits de fév.
1556, mars 1576, oct. 1696 et fév. 1771. — Des lettres patentes du roi, en date du 26 juill. 1790, les supprimèrent. Cependant une exception avait été faite; les offices d'huissiers-
priseurs avaient été conservés à Paris seulement : le décret du 17
sept. 1793 la fit disparaître.

Les notaires, greffiers et huissiers furent autorisés par ce décret
à faire les prisées et ventes de meubles dans toute l'étendue du
territoire français. — L'institution des commissaires-priseurs fut
rétablie, pour Paris seulement, par le décret du 27 vent. an 9
(18 mars 1801).

La loi du 28 avril 1816, art. 89, généralisa l'institution, en
conférant au roi la faculté de nommer des commissaires-priseurs partout où il le jugerait convenable; et une ordonnance
du 26 juin suivant régla l'exercice de cette faculté. — V. *inf.*,
nos 3 et suiv.

2. *De l'établissement des compagnies.* — A Paris, la compagnie
des commissaires-priseurs existe, en vertu de la loi du 27 vent.
an 9, qui fixe leur nombre à 80. Dans les départements, les compagnies de commissaires-priseurs sont établies par des ordonnances spéciales rendues en exécution de la loi du 28 avril 1816,
art. 89. L'ordonnance du 26 juin de la même année, qui établis-
sait un commissaire-priseur par chaque justice de paix dans les
villes de plus de cinq mille âmes et dans les chefs-lieux d'arrondissement, est restée sans exécution, en ce point. — L'expérience
n'a pas tardé à démontrer qu'il y avait abus à multiplier les
charges de commissaires-priseurs sans examiner auparavant si les
besoins des localités les rendaient nécessaires.

3. *Organisation intérieure.* — Les compagnies des commissaires-priseurs, ont cela de commun avec les corporations d'avoués, qu'elles ont des *chambres de discipline* ; elles en diffèrent par l'existence d'une *bourse commune*.

4. *Chambre de discipline.*—Elle a été établie à Paris, par l'arrêté du 29 germ. an 9, qui rend communes aux commissaires-priseurs les dispositions du 13 frim. an 9, relatives aux avoués. —V. *Avoué.*

5. Rien n'a été réglé pour les départements, mais les dispositions qui précèdent ont toujours été appliquées par analogie, aussi bien que le règlement des commissaires-priseurs de Paris, homologué par le tribunal de la Seine, en date du 21 frim. an 10.

6. Les seules modifications introduites dans le règlement des avoués sont déterminées par les art. 2 et suiv. de l'arrêté du 29 germinal.

Ainsi, la chambre des commissaires-priseurs vendeurs est composée d'un président, d'un syndic, d'un secrétaire, d'un trésorier et de 10 autres membres. *Ib.*, art. 2.

Les membres de la chambre sont nommés par l'assemblée générale des commissaires-priseurs. *Ib.*, art. 4.

Ils sont renouvelés tous les ans par tiers (*Ib.*, art. 5). Le renouvellement a lieu chaque année le 20 avril. *Ib.*, art. 6.

7. *Bourse commune.*—Elle a un double but : 1° Assurer l'existence de tous les membres de la corporation et affaiblir les dangereux effets de la concurrence ;—2° les fonds qui y sont versés sont affectés comme garantie principale au payement des deniers produits par les ventes et peuvent être saisis par les parties. L. 18 juin 1843, art. 7.

8. La mise en bourse commune, d'abord fixée aux 2/5 des droits alloués sur chaque vente (Arrêté 29 germ. an 9, art. 10), a été élevée à la moitié. Ordonn. 18 fév. 1815 ; L. 18 juin 1843, art. 5.—V. toutefois *inf.*, n° 12.

9. Toute convention entre les commissaires-priseurs, qui a pour objet de modifier directement ou indirectement le taux de la mise en bourse commune, est nulle de plein droit. *Même loi,* art. 6.—Cette disposition consacre la jurisprudence antérieure. Angers, 23 avr. 1842 (Art. 2278 J. Pr.).

10. Les officiers qui concourent à cette convention peuvent être suspendus de 15 jours à six mois, et même destitués, en cas de récidive. L. 1843, art. 6.

11. La répartition de la bourse commune se fait tous les deux mois, par portions égales, entre tous les commissaires-priseurs, les frais prélevés, s'il en existe. Mais V. Lille, 14 août 1846, Art. 3492.

12. Toutefois, les commissaires-priseurs du domaine et des monts-de-piété ne font leurs versements à la bourse commune que dans les proportions déterminées par les traités passés entre eux et les autres commissaires-priseurs. L. 1843, art. 5 (5269).

Ces traités doivent être soumis à l'homologation des tribunaux civils, sur les conclusions du ministère public. *Ib.*

13. D'après le traité existant entre les commissaires-priseurs de Paris et les 14 commissaires-priseurs attachés au mont-de-piété de Paris, le versement est des 2/5 de leurs remises sur les ventes. Ce qui dans la portion exclusivement réservée excède la moitié ordinaire de leurs émoluments, est la compensation de la responsabilité qu'ils encourent dans le cas où leurs appréciations sont inférieures aux prix de vente. Dans ce cas, en effet, ils sont tenus de la différence envers le mont-de-piété.

§ 2. — *Nomination et conditions d'admission.*

14. Pour être admis aux fonctions de commissaire-priseur il faut : 1° Être âgé de 25 ans accomplis. — Il n'est plus accordé de dispense d'âge. Moniteur du 22 avr. 1848 (Art. 4121 J. Pr.)

15. 2° Jouir de l'exercice des droits civils et de citoyen;

16. 3° Être libéré du service militaire;

17. 4° Justifier d'un stage semblable à celui qu'il faut pour être huissier. — En cas d'impossibilité, il suffit que la capacité de l'aspirant soit attestée par le procureur du roi et par le procureur général, qui transmettent la demande. Joye, p. 175.

18. 5° Être présenté par un titulaire, s'il n'a pas été destitué, ou par ses héritiers ou ayants cause. — V. *Office.*

La présentation par le trib. n'est pas indispensable. Joye, 175. — A Paris, il faut joindre à l'avis du trib. celui de la chambre de discipline.

19. 6° Produire le traité passé avec le titulaire précédent, après l'enregistrement préalable. — V. *Office.*

20. 7° Être nommé par ordonnance du roi. L. 27 vent. an 9, art. 9; 28 avr. 1816, art. 89.

21. 8° Justifier du versement du *cautionnement* exigé par la loi du 28 avril 1816, art. 92 (V. ce mot), et de l'acquit du droit d'enregistrement. — V. *Office.*

22. 9° Prêter serment avant d'entrer en fonctions. LL. de l'an 9, de 1816 et du 31 août 1830.

23. Le serment politique prescrit à tous les fonctionnaires publics du royaume, par la loi du 31 août 1830, ne les *dispensait* pas du serment spécial qui leur est imposé par le décret du 14 juin 1813, art. 7. Cass. 14 déc. 1836; 17 janv. 1838 (Art. 660 et 1074 J. Pr.).—Mais V. *Serment.*

§ 3. — *Attributions, compétence.*

24. Les fonctions de commissaire-priseur sont incompatib.es avec toutes les fonctions de l'ordre judiciaire, à l'exception de celles de greffier de justice de paix ou du tribunal de police et d'huissier, dans les résidences autres que la ville de Paris. L. 8 juin 1792;

ordonn. 26 juin 1816; — avec les fonctions de notaire. L. 25 vent. an 11, ordonn. 31 juill. 1822; il en était autrement d'après l'art. 11., ordonn. 26 juin 1816; — et avec les fonctions ou emplois administratifs auxquels il est attaché un traitement. Arg. av. conseil d'État 5 août 1809; Joye, p. 175.

25. De plus, il est interdit aux commissaires-priseurs d'exercer la profession de marchand de meubles, de marchand fripier ou tapissier, ni de s'associer à aucun commerce de cette nature, à peine de destitution. Ordonn. 26 juin 1816, art. 12.

26. En règle générale, les commissaires-priseurs ont, dans le chef-lieu de leur établissement, le droit exclusif de procéder aux prisées de meubles et aux ventes publiques aux enchères d'effets mobiliers; mais à l'égard des autres parties de la circonscription dans laquelle ils exercent, il n'ont qu'un droit de concurrence avec les notaires, les greffiers et les huissiers. L. 27 vent. an 9, art. 1, 8; 28 avr. 1816, art. 89; Arg. L. 17 sept. 1793. — V. *Vente de meubles*, 4. Paris. 5 juill. 1845, art. 3140.

Un commis greffier assermenté peut-il procéder à une vente publique de meubles? — V. *Greffier*.

27. Les commissaires-priseurs résidant au chef-lieu du département ont le droit exclusif d'exercer dans ce chef-lieu, et de plus la concurrence dans toute l'étendue de l'arrondissement, excepté dans les villes où réside un commissaire-priseur. La concurrence, pour les commissaires-priseurs établis dans les villes qui ne sont pas chefs-lieux d'arrondissement, se borne à l'étendue de leur canton. Les justices de paix des faubourgs, et celles désignées sous le nom d'*extrà muros*, sont considérées comme faisant partie des villes dont elles dépendent. Ordonn. 26 juin 1816, art. 1, 3.

28. Jugé ainsi que le droit exclusif de procéder aux prisées et ventes mobilières, accordé aux commissaires-priseurs dans le chef-lieu de leur établissement, ne peut être exercé que dans la commune où le chef-lieu existe, et non dans celles qui en sont voisines. Angers, 28 janv. 1841; Dijon, 21 nov. 1850 (4904).

Toutefois, il a été jugé en sens contraire, à l'égard des commissaires-priseurs de Lyon, que le droit exclusif de procéder aux ventes publiques et prisées de meubles leur appartient, non-seulement dans l'étendue du territoire de la mairie de Lyon, mais encore dans l'étendue des mairies de la Guillotière et de la Croix-Rousse, « attendu que ces communes forment avec Lyon une seule agglomération d'édifices et de population. » Cass. 22 mars 1832, D. 32, 1, 132.—V. Art. 3436 — et 3749 J. Pr.

29. Le droit de décider, en fait, si telle ou telle localité fait partie du chef-lieu d'établissement d'un commissaire-priseur appartient exclusivement aux tribunaux : leur décision, à cet égard, échappe à la censure de la Cour suprême. *Même arrêt.* G. de Villepin, *Commentaire de la loi sur les marchandises neuves*, n° 98,

30. Par exception au principe de la concurrence entre commissaires-priseurs d'une même résidence, dans la plupart des villes où il existe des monts-de-piété, des commissaires-priseurs, choisis parmi ceux résidant dans ces villes et par les administrateurs de ces établissements, sont *exclusivement* chargés de toutes les opérations de prisées et de ventes y relatives. Décret du 8 therm. an 13; ordonn. 26 juin 1816, art. 5.

Dans plusieurs villes, le service du mont-de-piété se fait à tour de rôle, notamment à Versailles et à Rouen.

31. De même les ventes de meubles appartenant à l'État sont faites soit par ses préposés, quand il s'agit de ventes auxquelles l'État seul est intéressé. — V. *Vente de meubles*, nos 18 et suiv., soit à tour de rôle par un certain nombre de commissaires-priseurs désignés par les préfets, pour les ventes d'objets dont la propriété n'est point acquise définitivement à l'État, mais seulement sous condition suspensive ou résolutoire, telles sont les ventes de mobilier dépendant de successions qui lui sont dévolues à titre de déshérence. Cass. 7 mai 1832, Dev. 32, 1, 325; Orléans, 20 juin 1833, Dev. 33, 2, 445.

Pour les émoluments de ces sortes de ventes. — V. *inf.*, nos 56 et suiv.

32. Les commissaires-priseurs peuvent « recevoir toutes déclarations concernant les ventes auxquelles ils procèdent, recevoir et viser toutes oppositions qui y sont formées, introduire devant les autorités compétentes tous référés auxquels leurs opérations peuvent donner lieu, et citer à cet effet les parties intéressées, devant ces autorités. » L. 27 vent. an 9; ordonn. 26 juin 1816, art. 6.

33. Conservent-ils le droit exclusif de procéder aux ventes volontaires de mobilier, quand bien même un délai a été accordé pour le payement des objets adjugés?

Pour la négative, les notaires, qui prétendaient au monopole de la constatation de ces ventes, ont soutenu que les procès-verbaux des commissaires-priseurs ne pouvaient constater que des faits, et que le droit de recevoir les conventions des parties et d'en dresser acte appartenait uniquement au notariat. — Mais on répond avec raison pour l'affirmative : les lois des 27 vent. an 9 et 28 avr. 1816 ne contiennent aucune prohibition pour les commissaires-priseurs relativement aux ventes à terme. Cass. 8 mars 1837 (Art. 687 J. Pr.). — Paris, 16 mars 1826; Colmar, 30 janv. 1827, S. 27, Paris, 16 mai 1829; 26 avr. 1830; Caen, 24 juin 1847. Douai, 25 avr. 1860; rejet. req. 6 août 1861 (7625).

34. De ce que les commissaires-priseurs ont le droit exclusif de procéder aux ventes de *meubles* aux enchères publiques, il n'en faut pas conclure qu'ils soient compétents pour faire les ventes et prisées des fonds de commerce ou d'achalandage. — V. *Vente de meubles aux enchères*, n° 11.

Ils peuvent cependant procéder à la vente des meubles incorporels, s'ils sont l'accessoire d'un ensemble d'effets mobiliers corporels. G. de Villepin, n° 114.

35. Les commissaires-priseurs sont également incompétents pour procéder aux adjudications de récoltes ou coupes de bois sur pied, de matériaux provenant de démolition ou d'extraction à faire lors de la vente, et de tous objets réputés immeubles à cette époque. Cass. 11 mai 1837 (Art. 829 J. Pr.). — *Contrà*, Paris, 6 août 1835 (Art. 439 J. Pr.). — V. d'ailleurs *Ventes de meubles aux enchères*, n° 11.

36. Quant aux ventes aux enchères de *marchandises en gros*, comprises dans les tableaux dressés par le trib. de commerce et approuvées par le ministre du commerce, conformément au décret du 17 avril 1812 et à l'ordonn. du 1er juillet 1818, elles doivent être exclusivement faites par le ministère des courtiers de commerce. L. 25 juin 1841, Art. 6.— Les commissaires-priseurs sont sans qualité pour y procéder, à moins qu'ils ne remplacent les courtiers de commerce dans les lieux où il n'en existe point, et à la charge de se soumettre pour ces ventes aux formes, conditions et tarifs imposés aux courtiers. L. 25 juin 1841, *sur les marchandises neuves*, Art. 10; Bourges, 5 avr. 1817 (Art. 754 J. Pr.); Cass. 13 fév. 1838 (Art. 1102 J. Pr.).

37. *Quid* de la vente des marchandises et effets mobiliers dépendant d'une faillite?

Autrefois les courtiers de commerce avaient la concurrence avec les commissaires-priseurs, ou, à leur défaut, avec les notaires, greffiers et huissiers, pour y procéder.

Aujourd'hui il faut distinguer entre les marchandises et le mobilier proprement dit.

Les commissaires-priseurs, dans les lieux où il y en a, sont exclusivement compétents pour procéder à la vente aux enchères du mobilier.

Quant à celle des marchandises, elle peut être faite, «*conformément à l'art. 486 C. commerce, par un officier public de la classe que le juge-commissaire aura désignée.*» Ce sont les termes de l'art. 4. L. 25 juin 1841.—V. art. 3852 et 4390 J. Pr.

38. Le juge-commissaire n'a pas le droit de désigner nominativement l'officier ministériel de la classe qu'il croit devoir indiquer; ce droit appartient aux syndics seuls; mais peut-il *indistinctement* désigner telle ou telle classe des officiers ministériels vendeurs de meubles, ou bien doit-il absolument se conformer dans son choix aux règles qui déterminent les attributions des différents officiers ? — *En d'autres termes*, le juge peut-il, lorsqu'il existe des commissaires-priseurs au lieu de la vente, désigner à son choix les notaires, greffiers ou huissiers pour y procéder; ou bien ne peut-il désigner ceux-ci qu'en l'absence de commissaires-priseurs?

Cette question doit-être résolue en faveur du libre choix du juge. — L'art. 486 C. comm. veut que le juge-commissaire décide si la vente des marchandises se fera à l'amiable ou *par l'entremise des courtiers ou de tous autres officiers publics préposés à cet effet.* L'art. 4, L. 25 juin 1841, § 1, ajoute qu'elle sera faite *par un officier public de la classe que le juge-commissaire aura déterminée.* Voilà pour les marchandises ; — quant au mobilier proprement dit, la loi du 25 juin 1841 est beaucoup plus précise. *Il ne pourra*, dit-elle, art. 4, § 2, *être vendu aux enchères que par le ministère des commissaires-priseurs, huissiers ou greffiers de justice de paix*, CONFORMÉMENT AUX LOIS ET RÈGLEMENTS QUI DÉTERMINENT LES ATTRIBUTIONS DE CES DIFFÉRENTS OFFICIERS. — Quelle différence dans la rédaction! N'est-il pas évident que ces dispositions ne peuvent exprimer la même pensée? La première rédaction est conçue en termes généraux, et donne, par exception, au juge une faculté que rien ne restreint; la seconde, au contraire maintient les restrictions existantes en se référant à la règle générale, et ordonne de s'en tenir au texte; il ne peut donc y avoir de doute. — La discussion des Chambres n'en permet pas davantage. En effet, si l'on se reporte au *Moniteur* du 20 fév. 1835, p. 375, colonne 3, on voit que les deux alinéa de l'art. 486 qui défèrent au juge-commissaire la désignation de la classe et aux syndics le choix de l'individu, conçus par le gouvernement dans la vue de mettre un terme aux contestations entre les courtiers, les commissaires-priseurs et autres officiers publics, avaient été supprimés par la commission de la Chambre des députés, sous prétexte qu'il valait mieux laisser la question dans le domaine du droit établi, que de la résoudre par le moyen offert par le gouvernement. Mais cette proposition ayant été rejetée, les deux alinéa de l'art. 486 furent maintenus. Qu'en conclure, sinon que le gouvernement l'a définitivement emporté, et que le choix du juge, quel qu'il soit, met désormais un obstacle insurmontable à toute discussion entre les officiers publics ? Caen, 18 janv. 1844 (Art. 2750 J. Pr.). — *Contrà*, Circulaire garde des sceaux 26 déc. 1843; Caen, 26 août 1843 (Art. 2669 et 2750 J. Pr.). Cass. 5 janv. 1846 (Art. 3340 J. Pr.)

39. Dans les cas où les règles de compétence établies par les lois relatives aux ventes de meubles sont violées au préjudice des commissaires-priseurs, ils ont le droit, soit d'agir directement, soit d'intervenir dans les causes pendantes devant les tribunaux, à l'effet de maintenir la division des attributions établie par les lois. Caen, 18 janv. 1844 (Art. 2750 J. Pr.).—V. *Vente de marchandises neuves*, n°s 44 et suiv.; *Vente de meubles aux enchères*, n°s 13 et suiv.

40. Les commissaires-priseurs qui prêtent leur ministère à un marchand colporteur pour procéder à la vente purementvolontaire aux enchères et en détail de marchandises neuves faisant l'objet de son commerce commettent un délit. L. 25 juin 1841, art. 1er.

Ils encourent, outre la confiscation des marchandises, une amende de 50 à 3,000 fr.

Ils peuvent en outre être condamnés à des dommages-intérêts Art. 7.

41. Toutefois le délit de vente à l'encan de marchandises neuves n'existe qu'autant qu'il y a eu *mise en vente ;* il ne suffit pas que la vente aux enchères ait été annoncée par des placards publiquement apposés et même par la voie des journaux. Cass. 12 avril 1844, (Art. 2891 J. Pr.). — V. aussi *Vente de marchandises neuves,* nos 61 et suiv.

42. De ce que les commissaires-priseurs ne sont institués que pour procéder aux prisées de meubles et ventes publiques aux enchères d'effets mobiliers, il suit que leurs procès-verbaux ne font preuve que du fait de la vente.

Ils sont sans force pour constater les conventions des parties, même relativement à la vente. Ils n'emportent ni hypothèque, ni exécution parée. — Les procès-verbaux de vente dressés par les notaires n'emportent pas non plus exécution parée.—V. Benou, *Manuel du commissaire-priseur,* p. 170, et l'arrêt de Bruxelles du 22 mars 1810 par lui cité.

43. Les commissaires priseurs ont la police dans les ventes et peuvent faire, pour y maintenir l'ordre, toutes réquisitions de l'autorité ou de la force publique. L. 27 vent. an 9, art. 5; — sans assistance du commissaire de police. Ordonn. du préfet, 29 avril 1806.

§ 4. — *Obligations et responsabilité.*

44. *Obligations.* Les commissaires-priseurs sont assujettis au droit proportionnel du 15e du loyer. — V. *Patente.*

45. Leur ministère est forcé toutes les fois qu'on n'exige d'eux rien de contraire aux lois.

46. La clause que les enchérisseurs payeront en sus du prix d'adjudication, 10 cent. par franc pour les frais de vente, ne présentant rien de contraire aux lois, les commissaires-priseurs ne peuvent, à raison de cette clause, refuser leur ministère. Lyon, 21 nov. 1832, D. 34, 2, 145.

47. Toutefois leur caractère d'officiers publics ne les dispense pas de prêter serment pour l'estimation des meubles dépendant d'une succession échue à un mineur, après le décès de ses père ou mère, lorsque le survivant d'entre eux veut les conserver pour les restituer en nature à sa majorité (Cod. civ., 453).

48. Ils ne peuvent procéder à une vente aux enchères d'effets mobiliérs qu'il n'en ait été préalablement fait la déclaration au bureau d'enregistrement dans la circonscription duquel la vente doit avoir lieu, sous peine de 20 fr. d'amende. L. 22 pluv. an 7, art. 5.

49. Il doit être dressé procès-verbal des ventes par les commissaires-priseurs. Tous les objets, mis en vente, réellement vendus à des tiers ou rachetés par les vendeurs ou l'un d'eux, doivent être inscrits. L. 22 pluv. an 7, Art. 5 et 7. Ordonn. 1er mai 1816.

50. Leurs procès-verbaux doivent être inscrits jour par jour dans un répertoire coté et paraphé par le président du trib. L. 22 frim. an 7, Art. 50. Ordonn. 26 juin 1816, art. 13

51. Toutefois cette obligation n'existe que pour le commissaire-priseur qui a procédé à la vente ; elle n'est pas imposée au signataire en second.

Le procès-verbal doit être inscrit au répertoire, alors même qu'il constate seulement que la vente n'a pu commencer.

Mais une seule mention est nécessaire : il n'est pas indipensable de porter à leurs dates toutes les vacations. *Déc. Minist. des finances*, 18 août 1812.

52. Une expédition de ce répertoire doit être déposée tous les ans avant le premier mars au greffe du tribunal, à peine de 10 fr. d'amende.

L'amende est encourue si le dépôt n'a eu lieu que le premier mars. *Déc. Minist. des finances*, 5 mai 1817 ; Cass., 10 mai 1819, 4 juillet 1820, P. 16, 7.

53. *Responsabilité.* Les commissaires-priseurs, aux termes de l'art. 625 C. pr., sont responsables du prix des adjudications. V. d'ailleurs *Vente de meubles aux enchères*, n⁰ˢ 44 et suiv.

§ 5. — *Émoluments et frais.*

54. Les émoluments des commissaires-priseurs fixés d'une manière précise pour Paris, par la loi du 27 vent. an 9, art. 6 et 7, offraient avant la loi du 18 juin 1843 une grande diversité dans les départements. — La C. de cass. appliquant la loi à la rigueur ne leur accordait qu'une livre par vacation pour les ventes, comme quand il s'agissait de prisées.

— Les C. roy., pour échapper à ce tarif vraiment dérisoire, se jetaient dans l'arbitraire. Les unes, comme la C. d'Aix, allouaient aux commissaires-priseurs de leur ressort 5 p. 0/0 sur le produit des ventes. — D'autres autorisaient comme licites les traités faits entre les officiers publics et les parties pour assurer aux premiers dans les ventes volontaires des droits proportionnels. G. DE VILLEPIN, p. 132.— La rigueur d'une part, l'arbitraire de l'autre, ont aujourd'hui disparu et fait place à un état de choses plus régulier.

55. Les honoraires des commissaires-priseurs ont été établis par la loi du 18 juin 1843 (Art. 2614 J. Pr.).

Ils sont, d'après l'article 1er : — 1° Pour droits de prisées, pour chaque vacation de trois heures, à Paris, Lyon, Bordeaux, Rouen, Toulouse et Marseille. . . . . 6 fr.

Partout ailleurs. 5

2° Pour assistance aux référés et pour chaque vacation, à Paris, Lyon, Bordeaux, Rouen, Toulouse et Marseille. . . . 5 fr.

Partout ailleurs. 4

56. Les commissaires-priseurs ont en outre droit, à Paris et dans les départements, sans distinction de résidence, pour tous émoluments de vente, non compris les déboursés faits pour y parvenir et en acquitter les droits, non plus que la rédaction des placards, à 6 p. 0/0 sur le produit des ventes, à quelque somme qu'il s'élève.

L'application des placards peut être réclamée en sus (Art. 2614 J. Pr.). — V. rej. 23 juin 1852 (5296).

57. A titre de vacations extraordinaires, il peut même leur être alloué une ou plusieurs vacations calculées, à raison de 5 ou 6 francs, suivant les distinctions ci-dessus, à l'effet de préparer les objets mis en vente.

Mais il faut que le procès-verbal du commissaire-priseur constate que ces vacations ont eu lieu sur la réquisition des parties; et, de plus, elles ne sont passées en taxe qu'autant que le produit de la vente s'élève à 3000 fr. au moins.

58. Les expéditions ou extraits de procès-verbaux leur sont payés, d'après le tarif général, à Paris et dans les départements, à raison de 1 fr. 50 le rôle de 25 lignes à la page et 15 syllabes à la ligne, outre le timbre.

Mais il faut que ces expéditions ou extraits soient requis par les parties. Les commissaires-priseurs n'ont pas la faculté de les délivrer et d'en exiger le prix (Art. 2614 J. Pr.).

59 La consignation à la caisse, s'il y a lieu, et l'assistance à l'essai ou au poinçonnage des matières d'or et d'argent leur sont en outre payés, à Paris, Lyon, Bordeaux, Rouen, Toulouse et Marseille, 6 fr. par chaque opération; partout ailleurs, 5 fr.

60. Le payement des contributions dont ils sont responsables aux termes des lois des 5 et 18 août 1791, 12 nov. 1808, leur donne droit également à un émolument qui est de 4 fr. à Paris, Lyon, Bordeaux, Rouen, Toulouse et Marseille, et de 3 fr. partout ailleurs.

61. Toutes autres perceptions directes ou indirectes, à quelque titre et sous quelque dénomination qu'elles aient lieu, sont formellement interdites.

En cas de contravention, l'officier public peut être suspendu ou destitué, sans préjudice de l'action en répétition de la partie lésée et des peines prononcées par la loi contre la concussion. L. 18 juin 1843, art. 3.

62. Ainsi tout droit perçu pour déclaration de vente, visa d'opposition, récolement après vente, seraient illégalement perçus depuis la nouvelle loi.

63. Pour assurer la régularité des perceptions, l'art. 2, L. 1843 (Art. 2614 J. Pr.), dispose que l'état des vacations, droits et remises alloués aux commissaires-priseurs sera délivré sans frais aux parties, qui pourront ainsi s'éclairer sur leur position et échapper aux abus.

64. De plus, la taxe peut être requise; et dans ce cas, elle est faite par le président du tribunal de première instance ou par un juge délégué.

65. Ce n'est pas tout : il est interdit également aux commissaires-priseurs de faire aucun abonnement ou modification à raison des droits ci-dessus fixés, si ce n'est avec l'État et les établissements publics. — V. *sup.*, n° 12.

66. Toute contravention est punie d'une suspension de quinze jours à six mois. En cas de récidive, la destitution peut être prononcée. L. 1843, art. 4.

67. Ainsi se trouvent maintenus les traités faits entre l'État ou les monts-de-piété et les commissaires-priseurs investis de la confiance spéciale de l'autorité. Décret du 8 therm. an 13 (27 juillet 1805).

68. L'émolument des commissaires-priseurs est annuellement fixé par le conseil d'administration du mont-de-piété.

En ce qui concerne les prisées d'objets déposés au mont-de-piété, le droit d'appréciation est à Paris de 1/2 p. 0/0.

Quant aux ventes, l'émolument est de 3 et 1/2 p. 0/0 du prix d'adjudication.

Ajoutons qu'à Paris les appréciations s'élèvent annuellement à 23 ou 24 millions, tandis que le chiffre des ventes n'est que du 10e.

69. Les meubles auxquels l'État et les particuliers ont droit, et qui sont vendus par des commissaires-priseurs, donnent lieu en ce moment aux mêmes émoluments que quand il s'agit de mobilier appartenant à de simples particuliers.

Il pourrait en être autrement d'après la nouvelle loi, art. 4 mais le ministère des finances a eu occasion, dans des ventes récemment faites à Paris, de maintenir expressément en cette matière le tarif de la nouvelle loi.

§ 6. — *Timbre et Enregistrement.*

70. Les procès-verbaux des commissaires-priseurs doivent être rédigés sur papier timbré. L. 13 brum. an 7, Art. 12, 18.

Le format est *ad libitum* pour les minutes; mais les expéditions ne peuvent être délivrées que sur du papier à 1 fr. 25 c. la feuille. *Même loi*, art. 19.

71. Ils doivent être enregistrés dans le délai de quatre jours. L. 22 frim. an 7, art. 8.

72. A défaut d'enregistrement dans le délai légal, il est encouru un *double droit*, dont les commissaires-priseurs sont responsables.

73. Ils sont même dans ce cas responsables envers les parties de la nullité de leurs actes, si cette nullité venait à être prononcée.

— V. d'ailleurs *Vente de meubles aux enchères*, n°ˢ 58 et suiv.

COMMISSION (*Commerce de*). Profession de celui qui fait habituellement des actes de commerce pour le compte d'autrui. — Le *commissionnaire* diffère du commis ou mandataire en ce qu'il contracte en son nom personnel avec le tiers pour le compte d'un *commettant*. — V. *Acte de commerce*, n°ˢ 161 et suiv.

COMMISSION *de justice*. Mandat qu'un tribunal ou même un juge confère à un officier public.

Commission en remplacement d'un juge empêché.

Nous, président, vu le jugement du
Attendu l'empêchement de M.   , juge
Commettons M.   , juge, pour procéder conformément audit jugement.
Paris, le

— V. *Avocat*, n° 115; *Avoué*, n° 201; *Délégation*, *Distribution par contribution*, *Expertise*, *Huissier*, *Ordre*.

COMMISSION (*Nomination*). Acte ou brevet de nomination à des fonctions publiques. Les officiers ministériels obtiennent du roi leur commission. Ils ne sont admis à prêter serment qu'en la représentant avec la quittance de leur cautionnement.

COMMISSION *rogatoire*. Commission donnée par un tribunal à un juge d'un autre siége.
— V. *Appel*, n° 671; *Arbitrage*, n° 441; *Serment*, n°ˢ 48 et 83; *Vente sur folle enchère*, n° 36; *Vente judiciaire*, n°ˢ 26, 32, 36; *Enquête*. Rennes, 26 déc. 1859 (7327).— 5203, 5945.

COMMITTIMUS. Privilége accordé à certaines personnes de pouvoir faire évoquer des tribunaux ordinaires certains procès où elles étaient intéressées, pour en renvoyer la connaissance à des juges particuliers. L. 11 sept. 1790. — V. *Compétence*.

COMMODO et *incommodo* (*Enquête de*). — V. *Expropriation pour utilité publique*.

COMMUNAUTÉ *de biens entre époux*. — V. *Absence*, n° 55; *Acceptation Renonciation*, *Saisie-arrêt*, n° 49; *Scellés*, n° 12; *Séparation de biens*, n°ˢ 75, 107.

COMMUNAUTÉ *d'habitants.* — V. *Commune.*

COMMUNAUTÉ *(société).* — V. *Société*, n°ˢ 1, 22.

COMMUNE. C'est le corps des habitants d'une ville ou d'un village considérés collectivement sous le rapport de leurs intérêts communs. — V. loi 9 mai 1855 (5947).

Table sommaire.

1. Une commune ne peut plaider, soit en demandant, soit en défendant, sans une autorisation du conseil de préfecture. Art. 49; L. 18 juill. 1837 (880). — V. *Exploit.* C. pr. 69, § 5.

2. Toutefois l'autorisation n'est pas nécessaire dans le cas d'une action possessoire, d'un acte conservatoire ou interruptif de déchéance. *Ib.* art. 55, même en appel. Cass. 29 févr. 1848, art. 4271.

3. *Action possessoire.* Au reste il a été jugé qu'un mémoire présenté au préfet, afin d'être autorisé à citer une commune au possessoire ne pouvait être réputé avoir engagé cette action, et par suite ne rendait pas non recevable l'action pétitoire de la commune. Rennes, 19 fév. 1839, D. 39, 107. — V. *inf.*, n° 12.

4. *Acte conservatoire.* Ainsi la commune peut, avant l'autorisation, sur une action en reconnaissance de bornes et de droit de servitude, constituer avoué, et sommer l'adversaire de communiquer ses titres. — Bordeaux, 12 fév. 1853 (5378).

L'incident tendant à faire déclarer nulles ces constitution et sommation, est sans intérêt, si l'autorisation est signifiée avant le jugement sur l'incident. Douai, 4 mai 1836 (Art. 476 J. Pr.).

5. La commune peut aussi faire des actes d'urgence — spécialement assigner en référé, pour obtenir un sursis à l'exécution d'un jugement. Rouen, 8 août 1840 (Art. 2182 J. Pr.).

6. Jugé que l'autorisation n'est pas nécessaire pour poursuivre une commune dans les cas de responsabilité prévus par la loi du 10 vend. an 4. Cette matière est soumise à des règles spéciales qui ne peuvent se concilier avec la nécessité de l'autorisation. Cass. 17 juin 1817, 19 nov. 1821, 28 janv. 1826, P. 20, 111; Cormenin, v° *Commune*, n° 41.

7. Ni en matière correctionnelle. Cass. 3 août 1820; Grenoble, 3 avr. 1824; av. cons. d'Ét., 22 fév. 1821; Cass. 24 juill. 1837 (Art. 892 J. Pr.)

8. Au reste, la loi ne fait point exception pour les matières mobilières.

9. L'autorisation est donnée après l'avis du conseil municipal (*Ib.*, art. 19) et du sous-préfet.

10. La décision du conseil de préfecture portant refus d'autorisation doit être motivée. *Même loi*, art. 52.

11. Elle peut, en vertu d'une nouvelle délibération du conseil municipal, être attaquée, — dans les trois mois à dater de la notification, — devant le conseil d'État. *Ib.*, art. 50. Le pourvoi est introduit et jugé en la forme administrative. *Ib.*

12. Si la commune est défenderesse, le demandeur est tenu d'adresser au préfet un mémoire exposant les motifs de la réclamation; il lui en est donné récépissé. — La présentation du mémoire interrompt la prescription de toutes les déchéances. *Même loi*, art. 51. — V. Toutefois Cass. 7 juin 1848 (4765).

13. Le conseil municipal, convoqué par le préfet, donne son avis. *Ib.*

14. Le conseil de préfecture doit statuer dans les deux mois de la remise du mémoire. *Ib.*, art 52.

15. A défaut de décision dans le délai, ou en cas de refus d'autorisation, le demandeur peut prendre un *jugement par défaut*. Arg. *Même loi*, art. 54. — V. Cass. 3 déc. 1855 (6068).

16. La commune, en vertu d'une nouvelle délibération du conseil municipal, peut se pourvoir devant le conseil d'État contre la décision qui lui refuse l'autorisation. *Ib.*, art. 53.

17. Ce pourvoi est suspensif. *Ib.*, art. 54.

18. Le conseil d'État doit statuer dans les deux mois de l'enregistrement du pourvoi au secrétariat. Art. 53, *même loi*.

La loi nouvelle ne prescrit pas de prendre l'avis de trois juris-consultes.

19. Le conseil d'État doit toujours refuser l'autorisation lorsque le conseil municipal a, par trois délibérations successives, déclaré à l'unanimité que la commune était dépourvue de titres pour intervenir dans une instance. Arr. Cons. 9 juin 1830; Macarel, 1830, p. 295.

20. L'arrêté qui accorde l'autorisation n'est qu'un acte de forme tendant à régulariser l'action de la commune. L'adversaire de celle-ci ne peut donc pas s'en plaindre ni l'attaquer au fond. Décr. 2 juill. 1807; 26 nov. 1808; 24 déc. 1810; 23 déc. 1813; Ordonn. 6 nov. 1817; 11 fév. 1820.

21. L'autorité administrative est seule compétente pour juger si l'autorisation existe dans les formes légales. Les trib. civils ne peuvent en connaître; il doit leur suffire que les actes d'autorisation en présentent les éléments constitutifs. Cass. 29 juill. 1823, S. 24, 89.—V. Narbonne, 21 mai 1849, art. 4371 J. Pr.

22. Lorsqu'une section plaide contre la commune, il est formé, pour cette section, une commission syndicale de trois ou cinq membres, choisis par le préfet parmi les électeurs municipaux. et, à leur défaut, parmi les citoyens les plus imposés (*Même loi*, art. 56), — non intéressés dans la contestation. *Ib.*

23. Cette commission et le conseil municipal réunis à la sous-préfecture, essayent de concilier les parties.

24. A défaut de conciliation, le procès-verbal de l'assemblée, tendant à obtenir l'autorisation de plaider, est adressé, avec l'avis du conseil municipal, au conseil de préfecture, qui prononce.—V. d'ailleurs, Riom, 15 févr. 1848, art. 4135.

25. L'action est suivie par l'un des membres désigné par la commission syndicale. *Même loi*, art. 56.

26. On procède de la même manière si une section plaide contre une autre section de la même commune. *Même loi*, art. 57.

27. Tout contribuable inscrit au rôle de la commune, a également le droit d'exercer, à ses frais et risques, avec l'autorisation du conseil de préfecture, les actions qu'il croirait appartenir à la commune ou à la section qui, préalablement appelée à en délibérer, aurait refusé ou négligé de l'exercer. La commune ou section est mise en cause, et la décision à intervenir a son effet à son égard. *Même loi*, art. 49. — V. Cass. 31 déc. 1855 (6279).

28. Lorsqu'un particulier plaide contre une commune ou une section de commune, on suit les formes indiquées, *sup.*, n°s 12, et suiv.

29. Des habitants qui ont des droits distincts de ceux de la commune dont ils font partie, n'ont pas besoin d'autorisation pour l'exercice de ces droits, *ut singuli*. Cass. 20 août 1833 D. 33, 341.

30. Une commune ne représente pas chacun de ses habitants en ce qui touche des droits qui leur sont propres. Ainsi, le propriétaire d'un terrain qu'un jugement rendu avec la commune où ce terrain est situé, a déclaré soumis à un droit de vaine pâture au profit des habitants d'une autre commune, est recevable à former tierce opposition à ce jugement. Cass. 19 nov. 1838 (Art. 1294 J. Pr.)

31. L'action intentée contre une commune en réintégration d'un droit prétendu sur les prairies de son territoire (par exemple un droit de vaine pâture), n'interrompt pas la prescription à l'égard des propriétaires de ces prairies. *Même arrêt.*

32. L'autorisation doit désigner les noms des parties et l'objet de la contestation.

33. Celle accordée pour intenter ou soutenir une action, s'étend : — aux incidents auxquels peut donner lieu cette action. Cass. 7 janv. 1835 (Art. 156 J. Pr.); — par exemple à une demande en péremption. Cass. 10 janv. 1810, S. 10, 122.

Et aux incidents relatifs à l'exécution du jugement. Cass. 13 nov. 1838 (1376). — V. Toulouse, 23 nov. 1854 (5814).

34. Une nouvelle autorisation est nécessaire pour se pourvoir devant un autre degré de juridiction. L. de 1837, art. 49.

Spécialement en appel, même incident. — Sinon, il y a lieu de surseoir jusqu'à ce que l'autorisation ait été obtenue. Limoges, 24 fév. 1842 (Art. 2369 J. Pr.). Cass. 1er mars 1848, art. 4010.

35. En *cassation* : ce dernier recours forme, non pas un nouveau degré de juridiction, mais une instance nouvelle. — V. ce mot.

Au reste, l'autorisation qui survient après l'arrêt d'admission suffit pour régulariser le pourvoi de la commune. Cass. 8 nov. 1843 (Art. 2761 J. Pr.). Arg. Cass. 14 déc. 1848, art. 4205.

36. Ou devant un autre trib. devant lequel est renvoyé le procès, si l'objet de la demande est changé, par exemple, si la réclamation d'un droit de propriété a été substituée à la demande d'un droit d'usage. Cass. 19 pluv. an 7, P. 1, 327.

37. Mais l'autorisation n'est pas nécessaire pour former opposition à un jugement par défaut. Colmar 10 fév. 1824, P. 18, 443. — Peu importe que cet arrêt ait été rendu avant la loi de 1837, il ne s'agit pas de franchir un nouveau degré de juridiction. — V. Cass. 27 mai 1846 (art. 3475 et 4478 J. Pr.)

38. L'autorisation ne se présume pas ; elle est censée ne pas exister, par cela seul qu'elle n'est pas mentionnée dans le jugement ni dans les pièces. Cass. 28 brum. an 6, 2 mai 1808, S. 9, 168 ; 3 juin 1813 et 28 janv. 1824, S. 24, 258.

39. Toutefois, dans les instances anciennes, la preuve de l'autorisation peut résulter des présomptions et de simples énonciations, contenues dans les actes anciens. Cass. 2 juill. 1827, S. 27, 338.

40 L'absence de l'énonciation de l'autorisation dans le jugement n'est point une nullité absolue. — On peut obliger à rapporter un certificat négatif du préfet.

41. Le défaut d'autorisation emporte nullité.

42. Cette nullité est d'ordre public ; elle peut être supléée d'office par les juges. Rennes, 25 août 1840 (Art. 1738 J. Pr.).

43. Elle peut être proposée par la commune, non-seulement pendant l'instance, mais même après le jugement, en tout état de cause, en appel, — et même pour la première fois devant la C. de cass. Cass. 24 mai 1829, D. 29, 279 ; Merlin, v° *Commune*, § 7. Cass. 3 déc. 1855 (6068).

Jugé cependant que cette règle reçoit exception, — 1° lorsque la commune, non autorisée en 1re inst., a obtenu l'autorisation d'interjeter appel. Cass. 18 fév. 1835 (Art. 87 J. Pr.) ; — 2° lorsqu'elle a défendu au fond, devant la C. roy., étant régulièrement autorisée, sans demander la nullité de la décision des premiers juges. Cass. 1er août 1837 (Art. 986 J. Pr.).

44. L'adversaire de la commune n'est pas recevable à proposer la nullité en tout état de cause.—V. art. 4371.

Il peut se refuser à plaider avec la commune si elle n'est pas pourvue d'autorisation ; les jugements rendus avec elle, sans cette formalité, seraient attaquables. Mais s'il n'a pas opposé cette exception, il n'a plus le droit de l'invoquer postérieurement. C'est un point aujourd'hui constant en jurisprudence. Cass. 7 mai 1829 ; 23 juin 1835 ; 4 mai, 2 juin 1836 ; 30 mai 1837 (Art. 101, 475, 591, 863, J. Pr.) — Ainsi jugé au profit d'un hospice. Cass. 8 fév. 1837 (Art. 941 J. Pr.).

45. La commune peut se pourvoir par toutes les voies légales, d'opposition, d'appel, de cassation et même de *requête civile*, s'il y a lieu. — V. Cass. 28 juin 1843 (4135).

Pour la *tierce opposition*. — V. ce mot, nos 25 et 71.

46. Elle doit exercer son recours dans les délais légaux, autrement, le jugement peut acquérir l'autorité de la chose jugée.

47. L'acquiescement de la commune non autorisée à la demande de l'adversaire n'est pas obligatoire. Cass. 11 janv. 1809, P. 8, 308 ; 27 janv. 1829.—V. Dijon, 17 nov. 1847, art. 3867.

48. La commune est représentée en justice, soit en demandant, soit en défendant, par le *maire*. — L. 18 juill. 1837, art. 10-8°. — S'il n'a un intérêt opposé. Cass. (6279).

49. Lorsqu'une instance a été introduite par ou avec un maire, ou adjoint du maire, en sa qualité, si le maire, ou l'adjoint vient à être remplacé, il n'y a point pour cela interruption d'instance et obligation de la reprendre avec le nouveau maire ou adjoint : la personne morale est restée la même. Cass. 3 juin 1818, Dev. 5, 484.

50. Les causes qui concernent les communes sont dispensées du préliminaire de conciliation et doivent être communiquées au ministère public. — V. ce mot.

51. La section qui obtient une condamnation contre la commune ou contre une autre section n'est point passible des charges ou contributions imposées pour l'acquittement des frais et dommages qui résultent du procès. — Il en est de même à l'égard de toute partie qui a plaidé contre une commune ou une section de commune. L. de 1837, art. 58.

52. Les créanciers des communes ne peuvent pratiquer des saisies arrêts sur les fonds déposées par elles à la caisse d'amortissement. Av. cons. d'Ét. 18 juill. et 12 août 1807, — ni sur les fonds qui se trouvent chez le receveur de la commune ou entre les mains de ses débiteurs. Av. cons. d'Ét. 11 mai 1813; arrêté cons. d'Ét. 29 oct. 1826, S. 26, 347. — Toutes les dépenses des communes sont réglées par leur budget annuel, et doivent être autorisées par l'administration; c'est à celle-ci que les créanciers doivent s'adresser pour obtenir leur payement; ils ne peuvent, par des saisies-arrêts, détourner les fonds de leur destination; ce serait entraver la marche du service public.

53. De pareilles saisies doivent être annulées par les tribunaux civils. Cons. d'Ét. 29 avr. 1809; Boitard, 3, 339; Roger, nᵒˢ 257 et 258.

54. Mais on peut saisir dans les caisses des communes les sommes dues à des tiers. Arg. Bruxelles, 13 mai 1830, P. 23, 467; Roger, nᵒ 464.

55. Quant aux formes de l'expropriation d'un bien communal pour cause d'utilité publique, — V. *Expropriation*.

56. Pour la purge des hypothèques des immeubles acquis par les communes, — V. Ord. 18 avr. 1842 (Art. 2273 J. Pr.); *Expropriation*, *Purge*.

57. Toute transaction consentie par un conseil municipal ne peut être exécutée qu'après l'homologation par ordonnance royale, s'il s'agit d'objet immobilier ou d'objets mobiliers d'une valeur supérieure à 3,000 fr., et par arrêté du préfet en conseil de préfecture dans les autres cas. L. 1837, art. 59.

58. Il peut y avoir transaction quoiqu'il n'y ait pas procès engagé; c'est par ce motif que l'on a supprimé dans l'article les mots *sur procès* qui se trouvaient placés après le mot *transaction*. Duvergier, *Lois* 1837, p. 252, note 2.

59. Une transaction homologuée ne peut être critiquée sous prétexte que l'objet évalué 3,000 fr. ou au-dessous a réellement une valeur supérieure. L'administration, qui fait elle-même l'évaluation ou qui l'a acceptée, ne peut autoriser la commune à la critiquer plus tard. — D'ailleurs le particulier qui a consenti à transiger est non recevable à exciper du défaut d'accomplissement d'une formalité introduite dans l'intérêt seul de la commune. Duvergier. *Ib.*, note 3.

60. Jugé qu'un maire peut recevoir, sans l'assistance d'un notaire, l'acte de vente public, aux enchères, après annonces et publication, d'un immeuble communal. Ord. cons. d'Ét. 22 juin 1844.—V. d'ailleurs Nîmes, 12 mars 1845 (Art. 3195 J. Pr.)

COMMUNE (FEMME). — V. *Femme mariée.*

COMMUNE *renommée.* Espèce d'enquête où les témoins sont appelés pour déposer sur la valeur des biens que quelqu'un possédait à une certaine époque, d'après ce qu'ils ont vu par euxmêmes ou entendu dire. — V. *Enquête*, *Inventaire.*

COMMUNICATION *au ministère public.* — V. ce mot.

COMMUNICATION *de pièces.* — V. *Exception.*

COMPAGNIE. On donne ce nom à des corps de magistrats de juges ou d'officiers quelconques, tels que les notaires et les avoués.

COMPAGNIE (*Société*). — V. *Exploit.*

COMPAGNON. Ouvrier travaillant pour un maître. — V. *Ouvrier.*

COMPARAISON *d'écritures.* — V. *Faux*, *Vérification d'écritures.*

COMPARTITEUR. Juge qui le premier a donné lieu au partage d'opinions en ouvrant un avis contraire au rapporteur. — V *Partage de voix.*

COMPARUTION DES PARTIES.

Table sommaire.

1. La comparution des parties a lieu, en matière civile ou commerciale, le plus ordinairement dans les affaires qui consistent en faits, et lorsque le juge ne peut s'éclairer par l'instruction ordinaire. — C'est le moyen le plus prompt, le plus efficace, le moins dispendieux d'arriver à connaître les détails et les nuances des circonstances d'une cause.

2. *Matière civile.* Tout tribunal a le droit de l'ordonner, soit d'office, soit sur la demande des parties. C. pr. 119.

3. Elle peut l'être dans les mêmes cas où l'*interrogatoire sur faits* et articles aurait pu l'être (— V. ce mot et *Serment*, n° 21). Cass. 11 janv. 1815, P. 12, 530. — Alors même que la preuve testimoniale ne serait pas admissible. Rennes, 15 août 1828, Dev. 9, 138; Bonnier, *Preuves*, n° 287. — *Contrà*, Carré, n° 502 *bis.* — V. 7148.

4. Ce moyen d'instruction est abandonné à l'arbitrage du juge, qui l'admet ou le rejette, sans que sa décision à cet égard donne ouverture à cassation. Bruxelles, 14 mars 1827, P. 21, 256.

5. Le tribunal peut-il ordonner d'office la comparution d'un tiers non partie en cause? — La négative a été jugée attendu que ce serait faire indirectement une enquête, sans suivre les formalités tracées par la loi et notamment priver les parties du droit de reprocher ce tiers ou de s'opposer à son audition. Poitiers, 18 janv. 1831, Dev. 31, 89. — C'est à ces dernières à demander la mise en cause d'une tierce personne ou une enquête. Thomine, *ib.* — V. *Jugement.* (Art. 3664, 4130 et 4259 J. Pr.)

Toutefois il n'y a pas nullité, si le tiers dont la comparution a été ordonnée se présente et donne des éclaircissements sans aucune opposition des parties, et que le jugement en fasse mention, surtout en matière sommaire. Arg. C. pr. 407. — Mais il est bien entendu que le tiers qui ne comparaît pas n'est pas passible des mêmes peines que le témoin défaillant, et que l'opposition d'une seule des parties peut être un obstacle à l'audition.

6. La loi autorise la comparution *des parties* : c'est afin que de la contradiction la vérité puisse jaillir. Boitard, 1, 466. — Toutefois si le tribunal n'avait ordonné la comparution que d'une seule partie, il n'y aurait pas nullité. Thomine, 1, 235; Chauveau sur Carré, n° 502. — Mais l'autre partie pourrait se rendre à la barre et donner des explications.

7. Les parties qui comparaissent, doivent, en général, avoir la libre disposition de leurs droits; les explications qui suivent la comparution peuvent amener des aveux de nature à entraîner une condamnation.

8. Le jugement indique le jour de la comparution. C. pr. 119. — Il peut être prorogé, en cas d'empêchement légitime. Bruxelles, 11 fév. 1809, P. 7, 372.

9. Il ne contient pas d'autre motif que celui tiré de l'utilité qu'il promet. Boncenne, 2, 470.

10. Il ne préjuge rien : il n'énonce ni les faits qu'il s'agit d'éclaircir, ni les questions qui seront faites. — V. *Jugement*.

11. Si les parties sont présentes, le jugement est exécuté immédiatement ; il n'est ni levé, ni expédié, ni signifié. — Seulement dans la sentence définitive il est fait mention de tout ce qui a précédé. Boncenne, 2, 470.

12. Si les parties ne sont pas présentes, le jugement doit-il être levé et signifié, d'abord à l'avoué, puis à la partie ? Arg. C. pr. 147 ; Boncenne, 2, 471 ; Bonnier, n° 272.

La signification à la partie suffit-elle ? Carré, n° 502 ; Lepage, 134.

Ordinairement on se dispense de lever le jugement. Arg. C. pr. 28 ; *Tarif*, 70 ; Pigeau, 1, 314 ; Thomine, 1, 235. — Les avoués se chargent respectivement de prévenir leurs clients par lettres. — Quelquefois on somme l'adversaire de comparaître.

Toutefois il est prudent de signifier ce jugement, si l'on craint que l'adversaire ne veuille pas comparaître. Il peut arriver que ce jugement soit attaquable pour quelque cause de nullité qu'il importe de ne pas couvrir ou qu'une exception d'incompétence, une fin de non-recevoir soient compromises par la comparution. Il est bon que la partie soit prévenue par son avoué qu'un défaut de comparution pourra laisser au tribunal des doutes sur sa bonne foi et faire ajouter plus de confiance aux explications de l'adversaire.

Quoique le tarif n'indique aucun salaire, aucune vacation pour assistance, signification ou sommation, il pourra en être alloué suivant les circonstances. — V. la formule.

13. La comparution a lieu à l'audience. — V. d'ailleurs *inf.*, n° 21.

14. Le président interroge les parties en présence l'une de l'autre ou séparément. Boncenne, 4, 521.

Elles doivent répondre en personne, sans lire aucun projet de réponse par écrit ; le tribunal peut les confronter, les observer.

15. Il n'est point dressé procès-verbal des déclarations. — V. toutefois *inf.*, n° 20.

16. Les parties entendues, l'audience continue, et la discussion s'engage sur les inductions que l'on peut tirer de leurs déclarations.

17. Les réponses forment un *aveu* judiciaire. — V. ce mot. Elles peuvent être prises en considération pour repousser la demande comme des présomptions graves, précises, concordantes, ou comme un commencement de preuve par écrit. Toulouse, 16 janv. 1841 (Art. 1939 J. Pr.).

18. Une Cour royale ne peut apprécier le résultat d'une comparution de parties, autrement que ne l'ont fait les premiers juges, lorsque la comparution n'a pas eu lieu devant la Cour royale. Arg. Cass. 26 juill. 1841, P. 41, 2, 565.

19. Jugé par argument de l'art. 330 C. pr., qu'un trib. *peut* tenir pour avérés les faits allégués contre le défaillant. Cass. 19 fév. 1812; Dev. 4, 29. — Cette solution paraît être adoptée par les auteurs. Pigeau et Berriat; Toullier, 10, n° 299; Boitard, 1, 466; Bonnier, *des preuves*, n°s 271 et 274.

Toutefois nous croyons qu'il ne faut pas confondre l'interrogatoire sur faits et articles avec la comparution des parties : le jugement qui ordonne la comparution ne dit pas ce que l'on demandera aux parties.

Il ne doit donc résulter de la non-comparution ou du silence d'une partie qu'une *présomption* plus ou moins grave suivant les circonstances. Le juge pourrait s'en autoriser pour déférer à l'autre partie le serment supplétoire. Thomine, 236.— Mais non pour tenir comme avérés des faits qui auraient pour résultat de détruire une reconnaissance constatée par un acte authentique produit dans la cause par la partie non comparante; ce serait un moyen détourné de prouver contre et outre le contenu aux actes (C. civ., 1319, 1341 et 1353). Carré, n° 502 *bis*; Consultation Lesbaupin. — *Contrà*, Rennes, 13 août 1828, Dev. 9, 138.

Il est à remarquer que l'arrêt du 19 fév. 1812 a été rendu en matière commerciale.

20. Si le jugement qui intervient est fondé sur quelques éclaircissements fournis par l'interrogatoire, il en est fait mention dans les motifs.

Cette énonciation était exigée même sous l'ancienne législation, où l'insertion des motifs n'était pas obligatoire, afin qu'en cas d'appel on pût opposer à la partie ce qu'elle avait déclaré à l'audience. Pigeau, 1, 314.

Autrement, on se trouverait dans la nécessité, sur l'appel, d'ordonner de nouveau la comparution des parties.

21. *Matière de commerce.* La comparution a lieu à l'audience ou à la chambre du conseil, et, en cas d'empêchement, devant un juge commis, ou devant un juge de paix, qui dresse procès-verbal des déclarations. C. pr. 428.

22. *Matière correctionnelle.* Dans les affaires relatives à des délits qui n'entraînent pas la peine d'emprisonnement, le prévenu peut se faire représenter par un *avoué* (— V. ce mot, n° 120), à moins que le tribunal n'ordonne sa comparution personnelle. C. inst. cr. 185.

23. Lors même que le délit emporte la peine de l'emprisonnement, le prévenu peut faire présenter des exceptions *préjudicielles* par le ministère d'un avocat. Cass. 29 août 1840, Dev. 40, 979.

Avenir.

(Tarif, 70, 156.—Coût à l'avoué. Orig. 1 fr., cop. 25 c.—A l'huissier, 30 c.)

A la requête du sieur... ayant M⁰ pour avoué.

Soit déclaré à M⁰... , avoué du sieur... , qu'à l'audience du.. tribunal a ordonné que dans la cause d'entre le requérant et le susnommé, les parties seraient tenues de comparaître en personne pour fournir les explications que le tribunal croirait devoir leur demander.

Soit, en conséquence, sommé M⁰... de comparaître, et faire comparaître sa partie, le... heure de... , en la chambre du tribunal civil de 1ʳᵉ instance de... , séant au palais de justice, pour répondre à toutes les questions qui seront faites par le tribunal.

Déclarant que faute de satisfaire à la présente sommation, il sera tiré tel avantage que de droit et passé outre, tant à l'audition du requérant qu'au jugement de la cause d'entre les parties.

A ce qu'il n'en ignore. D. A.

COMPÉTENCE. Ce mot a plusieurs acceptions.

Il signifie, en général, la mesure du pouvoir attribué par la loi à chaque fonctionnaire public (— V. *Greffier, Huissier, Juge de paix, Notaire*). — Dans un sens moins étendu, c'est le droit que la loi défère au juge d'exercer sa juridiction sur certaines matières spécifiées par elle.

La *juridiction* est le pouvoir donné au juge d'exercer ses fonctions. Les règles qui déterminent à quelles conditions, envers quelles personnes, sur quelles matières il doit les exercer fixent la compétence du juge. En d'autres termes, la juridiction est le pouvoir de juger; la compétence est la mesure de la juridiction. Carré, *Compétence*, 1, 465.

Table sommaire.

1. Les usurpations des parlements avaient confondu le pouvoir législatif et le pouvoir judiciaire ; mais la séparation de ces deux autorités, posée en principe par l'Assemblée constituante (L. 24 août 1798, tit. 2, art. 3), a été consacrée par l'art. 5 C. civ. : « Il est défendu aux juges de prononcer par voie de disposition générale et réglementaire sur les causes qui leur sont soumises. »

2. Cette défense est sanctionnée par l'art. 127 C. pén. qui déclare coupables de forfaiture les juges qui se seraient immiscés dans l'exercice du pouvoir législatif.

3. Ainsi un tribunal excède ses pouvoirs : — 1° En délivrant des arrêtés en forme d'actes interprétatifs du sens de quelque article de coutume ou de loi. Cass. 14 avr. 1824, Dev. 7, 434. — V. *Acte de notoriété*, n° 6.

4. 2° En faisant dans un arrêté pris par la chambre du conseil des injonctions à ses justiciables. Cass. 12 août 1791 ; 4 pluv. an 12, Dev. 1, 924.

5. 3° En faisant un règlement sur la procédure civile à suivre dans l'étendue de son ressort. Cass. 24 prair. an 9, P. 2, 214.

6. 4° En défendant, d'une manière générale, aux avoués d'être présents aux interrogatoires, en matière d'interdiction. Cass. 26 janv. 1841 (Art. 1906 J. Pr.).—V. art. 3462 J. Pr.

7. 5° En prenant une décision dans le but d'obliger les avoués de la cour de soumettre leurs requêtes au visa préalable du conseiller taxateur.—*Contrà*, Douai, 4 déc. 1840 (Art. 1884 J. Pr.).

8. 6° En prenant une délibération portant que les huissiers du ressort qui se transporteront hors de leur résidence, ne pourront exiger que le salaire qui serait passé à l'huissier le plus prochain ; qu'ils seront obligés de numéroter chaque jour leurs exploits et de répartir le voyage entre les différentes commissions pour lesquelles ils l'auront fait. Cass. 22 mars 1825, Dev. 8, 84.

9. 7° En déclarant illégal un tarif arrêté par une chambre des notaires. (Art. 1905 J. Pr.). — Le tribunal, dans l'espèce, n'avait pu être légalement saisi de la connaissance de ce tarif, ni par les plaintes adressées au président, ni par l'envoi d'un exemplaire. — Il n'avait pu s'en saisir spontanément en vertu du droit disciplinaire ; l'exercice de ce droit est soumis aux règles établies pour le jugement des affaires civiles ordinaires, il doit être provoqué par la poursuite des parties intéressées ou par celle du ministère public. Ce pouvoir disciplinaire s'applique principalement aux faits particuliers, à la conduite personnelle des officiers publics.— V. d'ailleurs *Discipline*.

10. 8° En ordonnant à une administration de restituer des droits par elle perçus, de prendre des mesures pour que semblable restitution ait lieu désormais sans obstacle en pareille circonstance. Cass. 7 juin 1830, Dev. 9, 534.

11. 9° En déléguant *d'avance* au juge de paix le plus voisin la connaissance de toutes les contestations nées ou à naître dans le canton dont le juge ou les suppléants sont absents ou empêchés, sous prétexte de rendre son cours provisoire à l'administration de la justice. Cass. 1er oct. 1830 ; 25 mai 1831, Dev. 31, 16, 206 ; — le tribunal n'a le droit de déléguer que par jugement séparé rendu sur chaque contestation particulière.

12. 10° En décidant, par voie générale et règlementaire, qu'en matière de faillite le ministère public ne pourra à l'avenir assister aux assemblées des créanciers du failli, ni déplacer ses livres et papiers. Cass. 20 août 1812, Dev. 4, 173. — Et en défendant au greffier du trib. de commerce de délivrer au procureur général à toute réquisition et sans délai, toutes expéditions et extraits des registres qui lui seront demandés. *Même arrêt*.

13. 11° En prescrivant à des maires des actes étrangers à leurs attributions : par exemple, en leur ordonnant de fournir à un particulier l'état des redevables d'une rente. Cass. 23 oct. 1809, P. 7, 852.

14. De même un trib. de comm. est incompétent : — 1° Pour prendre un arrêté qui ordonne la transcription d'un ouvrage sur ses registres, l'impression d'un certain nombre d'exemplaires, et l'envoi à tous les trib. de comm. ainsi qu'à la Cour de cassation. Cass. 4 pluv. an 12, P. 3, 592.

15. 2° Pour prendre la délibération suivante : — « Nous arrêtons provisoirement et jusqu'à ce qu'il en ait été autrement ordonné par l'autorité supérieure, qu'un mandat donné à un tiers pour représenter le mandant dans toutes les affaires commerciales

qu'il peut avoir devant le trib. est suffisamment spécial. Cass.
20 juillet 1825, Dev. 8, 156.

16. 3° Pour reconnaître d'office, ou sur mémoire, sans litige,
aux courtiers de commerce d'une ville, concurremment avec les
commissaires-priseurs de la même ville, le droit de procéder aux
ventes publiques, et déterminer la valeur des lots qui pourront
être l'objet de ces ventes. Cass. 18 mai 1829, Dev. 9, 295.

17. On doit également annuler pour excès de pouvoir, — la
délibération par laquelle une chambre de discipline des huissiers
établit des peines (et notamment la suspension) contre ceux des
huissiers de l'arrondissement, qui consentiraient à signifier des
copies de pièces qui seraient signées par des avoués dans le cas où
ceux-ci n'auraient pas le droit de les faire, ni d'en percevoir les
émoluments. Cass. 24 juill. 1832, ɒ. 32, 347. — Les art. 64
décr. 30 mars 1808 et 70 décr. 14 juin 1813, en confiant aux
chambres de discipline des officiers ministériels le soin de veiller
à l'exécution des lois et règlements, et aux trib. le pouvoir d'homologuer leurs avis, lorsqu'ils intéressent le corps entier de ces
officiers, n'ont disposé que pour des affaires particulières et non
pour des mesures générales et règlementaires.

18. Les tribunaux n'ont le droit de prendre des arrêtés que sur
la police de leurs audiences. Cass. 4 pluv. an 12.

19. L'autorité judiciaire ne doit pas seulement s'abstenir de
tout empiétement sur le pouvoir législatif ; elle doit encore respecter les actes de l'autorité administrative ; il lui est défendu expressément de s'en attribuer la connaissance sous aucun prétexte. Les
fonctions judiciaires sont distinctes et séparées des fonctions administratives. — V *Compétence administrative*, n° 1 et suiv.

20. La difficulté consistait à déterminer d'une manière précise
les limites entre l'autorité administrative et le pouvoir judiciaire.

La ligne de démarcation, imparfaitement tracée par la loi du
16 septembre 1790, disparut au milieu des orages de la révolu-
tion, et l'administration usurpa une partie des attributions des
tribunaux.

21. Toutefois la jurisprudence a posé quelques règles. — V.
d'ailleurs *Compétence administrative*, n°ˢ 2 à 10.

Ainsi, les trib. civils sont forcés de s'abstenir : 1° — lorsqu'il s'a-
git de statuer sur toute contestation précédemment réglée par des
actes ou arrêtés administratifs, alors même que ces arrêtés auraient
été incompétemment rendus. Ils doivent surseoir, même d'*office*,
jusqu'à ce qu'ils aient été infirmés par l'autorité supérieure. Bourges, 19 avr. 1837 (Art. 817 J. Pr.).

22. Un arrêt incompétemment rendu par l'autorité judiciaire
sur une question de la compétence exclusive de l'administration
(par exemple, sur une question de liquidation d'indemnité d'émi-
gré), ne peut faire obstacle à ce que la question administrative

soit ultérieurement jugée par l'administration ; — si la décision administrative se trouve contraire à la décision judiciaire, l'autorité judiciaire ne peut, sans excès de pouvoir, maintenir sa première décision et en ordonner l'exécution au mépris de la décision administrative, sous prétexte qu'elle aurait acquis l'autorité de la chose jugée. Cass. 29 janv. 1839 (Art. 1396 J. Pr.).

23. 2° Lorsque la décision du procès est subordonnée à l'interprétation d'un acte émané de l'autorité administrative : les trib. sont tenus de renvoyer les parties devant cette autorité, afin de faire éclaircir le sens de l'acte. Telle est la question de savoir, — si une société formée pour le desséchement d'un marais existe encore, ou se trouve dissoute par la consommation de l'opération : cette question se rattache à l'interprétation et à l'exécution de l'ordonnance de concession. Cass. 29 mars 1837 (Art. 1025 J. Pr.).

24. Mais lorsque le sens d'un acte administratif ne présente ni obscurité, ni ambiguïté, les tribunaux peuvent, sans s'arrêter à l'exception de l'une des parties, qui prétend que l'acte n'a pas le sens que lui prête l'adversaire, juger eux-mêmes le litige. Cass. 20 déc. 1836 (Art. 706 J. Pr.).—V. art. 3307 J. Pr.

25. 3° Lorsqu'un arrêté de conflit leur est légalement notifié. —V. *Conflit*.

26. 4° Lorsqu'une plainte est portée contre un fonctionnaire public, la partie poursuivante doit, avant de requérir qu'il soit procédé à l'interrogatoire de l'agent inculpé, et qu'il soit décerné contre lui un mandat de dépôt ou d'arrêt, demander au Conseil-d'État, par l'organe du procureur général, l'autorisation nécessaire pour la mise en jugement. Const. 22 frim. an 8, art. 75 ; Cormenin, *Quest. dr. adm.*, v° *Tribunaux*.

27. Il y a excès de pouvoir de la part du trib. de comm. qui prend une délibération pour protester contre la conduite de l'autorité locale qui ne l'a pas invité à assister en corps à une inauguration ; qui ordonne la transmission de cette protestation au préfet et au maire et l'insertion dans les journaux. Cass. 17 janv. 1842 (Art. 2262 J. Pr.).

28. La juridiction peut être envisagée sous quatre aspects principaux.
Elle est : 1° propre ou déléguée ; — 2° ordinaire ou extraordinaire ; — 3° naturelle ou prorogée ; — 4° enfin, de premier ou de dernier ressort.

29. *Propre* ou *déléguée*. La juridiction est *propre* lorsqu'elle est exercée par le souverain, à qui seul elle appartient : *déléguée*, lorsqu'elle est confiée par lui à des juges chargés de le représenter.

30. La justice est rendue au nom du peuple français par des juges que nomme le Président. Constitution, art. 81 et 85.

31. Les juges, n'étant investis que d'une juridiction déléguée, ne peuvent pas transférer le droit de juger à des individus sans caractère. Ils n'ont que la faculté de déférer à d'autres juges les actes d'instruction qui exigeraient un déplacement considérable. Henrion , *Aud. jud.*, ch. 15 ; Orléans , 7 juin 1837 (Art. 875 J. Pr.).

Le consentement des parties ne pourrait même autoriser le magistrat commis pour procéder à quelque acte d'instruction , à excéder les bornes de sa commission. Carré, *Organisation*, 1 , p. 687.

Conséquemment les règles de compétence sont violées lorsqu'un tribunal confie l'exécution d'un acte de la procédure à un juge incompétent. Cass. 7 fruct. an 9, Dev. 1, 514.

Mais un tribunal qui , en nommant son président pour une liquidation de communauté , lui attribue le pouvoir de juger les contestations qui s'élèveraient, ne commet aucun excès de pouvoir, s'il résulte de l'ensemble du jugement qu'il n'a entendu lui conférer que les fonctions de commissaire. Cass. 30 nov. 1831, D. 31, 371.

32. *Ordinaire* ou *extraordinaire*. La juridiction *ordinaire* est celle qui embrasse dans une circonscription déterminée toutes les affaires pour lesquelles la loi n'a pas formellement établi des juges spéciaux.

La juridiction *extraordinaire* ou *d'exception* est celle qui n'est investie que de la connaissance de certaines affaires spéciales. A cette distinction se rattache la division de l'incompétence en *personnelle* et *matérielle*. — V. *Exception*.

33. Les trib. qui exercent la juridiction ordinaire connaissent : 1° de toutes affaires civiles qui n'ont pas été spécialement attribuées à d'autres juges ; — 2° des contestations relatives aux injonctions ou défenses contenues dans leurs jugements, — et de l'exécution des décisions rendues par les trib. d'exception. Le plus ordinairement les contestations qui s'élèvent sur cette exécution exigent que l'on ait recours à des règles compliquées, dont il n'est possible de faire une saine application qu'à l'aide d'études spéciales étrangères aux juges d'exception, et auxquelles doivent s'être livrés les magistrats composant les tribunaux ordinaires.

34. Toutefois, dans le cas où le jugement de 1re inst. a été réformé en appel, la connaissance des contestations qui s'élèvent sur l'exécution de l'arrêt appartient à la cour qui l'a rendu, ou au trib. de 1re inst. qu'elle charge de cette exécution. C. pr. 472. — V. *Appel*, section XII.

35. Si un même titre donne naissance à plusieurs actions, dont quelques-unes seulement sont dévolues à un tribunal d'exception, l'action doit être portée devant le tribunal ordinaire, qui ne peut scinder la demande, et doit prononcer sur tous les chefs. Paris, 8 août 1807, S. 14, 109. - Dans l'espèce, il s'agissait d'une action de la compétence du juge de paix, et d'une autre de la compétence du trib. de 1ᵉ instance.

26. Les trib. qui n'ont qu'une juridiction extraordinaire ne peuvent statuer que sur les matières qui leur sont expressément attribuées par la loi, et doivent se déclarer d'office incompétents, nonobstant le consentement exprès ou tacite des parties. Henrion, *ib.*, ch. 16 et 17. Paris, 2 mai 1850, D. 50, 187.

37. Les trib. d'exception n'ont pas le droit de connaître de l'exécution de leurs jugements. — V. *sup.*, n° 33.

Mais interpréter un jugement n'est pas connaître de son exécution. Si un jugement rendu par un trib. d'exception présente quelque ambiguïté, c'est à ce trib. qu'il appartient de l'expliquer. Caen, 17 mai 1826, Dev. 8, 234; Horson, n° 209.

38. Il peut de même statuer sur les oppositions ou tierces-oppositions formées à son jugement. *Ibid.* — Ainsi que sur la régularité d'opérations d'expertises, comptes, etc., faits en vertu de ses jugements interlocutoires. *Ibid.*

39. La juridiction ordinaire appartient, pour les matières civiles, aux tribunaux de 1ʳᵉ inst. et aux cours royales, — la juridiction extraordinaire aux trib. de comm., aux juges de paix, aux conseils de prud'hommes, aux tribunaux administratifs.

Nous croyons devoir avec la pratique réserver la qualification de tribunaux ordinaires aux tribunaux civils, bien que cette qualification soit aussi revendiquée par quelques auteurs, — en faveur des juges de paix (Carou, *Juridiction civile*, n° 40, — et des tribunaux administratifs. Macarel, *Cours de droit administratif.*

40. Les trib. correctionnels, et en général tous les trib. d'exception, n'ont le pouvoir de prononcer une condamnation civile qu'autant qu'ils appliquent une peine, et accessoirement à l'exercice de leur juridiction répressive.

Néanmoins les C. d'assises connaissent des dommages-intérêts respectivement demandés, même en cas d'acquittement de l'accusé. C. inst. crim. 366.

41. Dans le doute, la règle générale domine l'exception : la juridiction ordinaire l'emporte sur la juridiction exceptionnelle.

42. *Naturelle* ou *prorogée.* La juridiction *naturelle* est celle attribuée par la loi ; — la juridiction *prorogée* est celle conférée par les parties, dans les cas où la loi le permet, à un trib. qui, à défaut de conventions particulières, aurait été incompétent, soit en raison du domicile des parties, soit en raison de la situation ou de la valeur de l'objet litigieux. La loi elle-même proroge dans certaines circonstances, la compétence ordinaire des tribunaux. — V. *Prorogation de juridiction.*

43. *De premier* ou *de dernier ressort.* Le juge de premier ressort est celui qui statue le premier sur une contestation.

En général, cette première décision peut être soumise par les parties à un tribunal supérieur qui prononce en dernier ressort ; mais, dans certains cas, le premier juge prononce en dernier ressort, c'est-à-dire que sa décision est inattaquable, si ce n'est pour vices de forme ou pour violation expresse de la loi. — V. *Cassation.*

Le premier et le dernier ressort forment les deux *degrés de juridiction.* — V. ce mot, et *Appel.*

La Cour de cassasion ne forme point un troisième degré de juridiction. — V. *Cassation.*

44. Chaque tribunal a son territoire circonscrit, au delà duquel il est incompétent. — V. Cass. 9 juill. 1849, (art. 4527 J. Pr.)

45. Un magistrat appelé, par le caractère que lui a conféré la loi, à exercer alternativement deux juridictions différentes, ne peut les exercer simultanément sur une même citation. — V. *Juge de paix.* — A moins qu'il n'y ait prorogation de juridiction.

46. Tout tribunal est compétent pour ordonner les mesures autorisées par la loi et qu'il juge nécessaires pour l'instruction de l'affaire. L. 2, D. de *juridiction*, lib. 2, tit. 1.

47. Néanmoins les tribunaux de paix et de comm. sont tenus de renvoyer aux juges ordinaires l'instruction et le jugement des incidents en vérification d'écriture ou en inscription de faux. C. pr. 11, 14, 427;

Ainsi que de toute demande à raison de laquelle ils ne seraient pas compétents à raison de la matière : en ce cas, il est sursis au jugement de la cause principale. En effet, les demandes de cette nature ne pourraient être attribuées aux trib. d'exception que par une prorogation légale de juridiction, et cette prorogation ne peut avoir lieu lorsque l'incompétence est absolue.

Toutefois, il faut excepter le cas où il s'agit d'une demande reconventionnelle formée par le défendeur comme exception à la demande principale; car autrement il dépendrait du caprice d'une partie de se soustraire à la juridiction exceptionnelle établie par la loi. — V. *ib.*

48. Lorsque les faits de la cause donnent lieu à une action civile et à une action criminelle, et que l'on poursuit séparément ces actions, il ne peut être statué sur la première avant le jugement de la seconde. C. pr. 240, 250 ; C. inst. crim. 3 ; C. civ. 235 ; Cass. 22 mess. an 7. — Si ce n'est lorsqu'il s'agit d'une question d'état : alors la question civile est *préjudicielle* à l'action criminelle. C. civ. 327.

49. Un tribunal incompétent pour statuer au principal ne peut ordonner aucune mesure provisoire.

50. Il ne peut pas davantage statuer sur les frais. Arrêté des consuls, 13 brumaire an 11, — ni sur les dommages-intérêts réclamés par le défendeur. 13 juill. 1831, D. 32, 173.

51. Tout tribunal régulièrement saisi d'une affaire, ne peut refuser d'en connaître, à moins qu'il ne soit autorisé à déclarer son incompétence, soit d'office, soit sur la demande du défendeur. C. civ. 4; Carré, *Compétence*, art. 251. — V. *Exception*.

52. Mais une Cour royale qui s'est déclarée incompétente pour statuer sur une question d'état, peut, par suite, sans commettre un déni de justice, refuser de statuer sur une demande relative à un aveu judiciaire qui se rapporte à la question principale. Cass. 14 mai 1834, D. 34, 245.

53. Nul événement postérieur à l'assignation n'a pour effet de dépouiller de la connaissance d'une affaire le tribunal qui en a été régulièrement saisi; pas même le changement arrivé, soit dans la condition ou le domicile des parties, soit dans les lois relatives à la compétence et aux formes de procéder, à moins d'une disposition formelle de ces lois. Carré, art. 253; L. 30, D., *de judiciis*. — Autrement il y aurait un double préjudice pour les parties, savoir : la perte des frais déjà faits, et le retard du jugement. Cass. 4 mess. an 12, 29 mars 1808, S. 8, 318; 14 août 1811, S. 11, 353; Merlin, *Rép.*, v° *Compétence*.

54. Le juge est saisi lorsque les parties lui ont régulièrement soumis la contestation. — V. *Ajournement*, *Audience*.

55. Ainsi, le décès d'une partie survenu après l'assignation qui lui a été donnée, ne peut attribuer juridiction au trib. de l'ouverture de la succession. Cass. 27 août 1807, P. 6, 285; Berriat, P. 35.

56. La cessation de la qualité de commerçant n'enlève pas au trib. de comm. la connaissance d'un billet souscrit pendant le commerce. Paris, 28 germ. an 13, Dev. 2, 42; Carré, *Compétence*, n° 161; Berriat, P. 34.

57. Un tribunal valablement saisi d'une affaire comme étant le juge du défendeur, reste compétent, quoique, par une loi promulguée avant l'exploit introductif, mais qui n'est devenue obligatoire que depuis, le domicile du défendeur ait été distrait du ressort du tribunal, et joint à l'arrondissement d'un autre. Pau, 14 juin 1831, D. 32, 120.

58. Enfin, lorsqu'un trib. de comm. s'établit dans un arrondissement où il n'en existait pas, le trib. civil continue à juger consulairement les causes de commerce pendantes devant lui. Carré, 1, 553. — *Contrà*, Bruxelles, 21 déc. 1812, S. 14, 214.

59. Quand la même cause, ou une autre cause connexe a été portée devant deux tribunaux différents, il y a lieu à *règlement de juges*. — V. ce mot.

60. Aucun trib. n'a le droit d'annuler sa première décision, lors même qu'elle aurait été surprise (Cass. 10 janv. 1806, 1er avr. 1813, Dev. 2, 203; 4, 317); si ce n'est dans le cas de recours légal (— V. *Requête civile*).

Le jugement une fois prononcé appartient aux parties et ne

peut plus être réformé ou rétracté que par les voies légales.

61. Tout tribunal a la police de ses audiences, et tout juge, procédant isolément, a également celle du lieu où il remplit un acte de juridiction. — V. *Audience*, § 3.

62. L'incompétence du trib. produit une exception. Mais à quelle époque et par qui peut-elle être proposée? qui peut la prononcer?—La solution de ces questions varie selon que l'incompétence est à raison de la personne ou de la matière.—V. *Exception*

63. Indépendamment des règles générales qui viennent d'être exposées, certaines règles spéciales régissent la compétence des différents tribunaux tant ordinaire qu'extraordinaire. Elles sont tracées sous les mots auxquels elles se rapportent. — V. *Cassation*, *Compétence des tribunaux administratifs*, *civils et de commerce*, *Cour royale*, *Juge de paix*, *Prud'homme*.

COMPÉTENCE du conseil de prud'hommes. —V. *Prud'homme*.

COMPÉTENCE du juge de paix.—V. *Juge de paix*.

COMPÉTENCE des tribunaux administratifs (1). Pouvoir déféré par la loi aux agens de l'ordre administratif d'exercer leurs fonctions chacun dans les limites qu'elle a déterminées.

Table sommaire.

(1) Cet article, lors des premières éditions, avait été confié à M. Degoulard, ancien député.

DIVISION.

§ 1 — De l'autorité administrative.

1. La loi du 24 août 1790 a établi la ligne de démarcation qui sépare l'autorité judiciaire de l'autorité administrative (—

V. *Compétence*, n° 19) : elle a fait défense aux tribunaux de s'immiscer, en quelque manière et sous quelque prétexte que ce fût, dans les actes de l'administration : Les fonctions judiciaires sont distinctes et demeureront toujours séparées des fonctions administratives ; les juges ne pourront, à peine de forfaiture, troubler, de quelque manière que ce soit, les opérations des corps administratifs, ni citer devant eux les administrateurs, pour raison de leurs fonctions. Titre 2, art. 13, Constitution de l'an 3 ; Décret 16 fructidor an 3. — Outre les dispositions générales qui proclament le principe de l'indépendance respective des deux autorités, il existe un grand nombre de lois spéciales qui l'appliquent aux différentes matières sur lesquelles elles disposent. — V. *inf.*, § 2.

2. En général, tout ce qui est *interprétation* des actes administratifs appartient à l'autorité administrative ; ce qui est *application* rentre dans la compétence des tribunaux.

3. Lorsqu'une contestation s'élève devant les tribunaux au sujet d'un acte administratif, il faut distinguer si la contestation porte sur les faits qu'il déclare et sur les droits qu'il attribue, ou si les faits et les droits étant reconnus, la discussion roule seulement sur leurs effets, leur étendue et leurs conséquences, d'après les règles du droit commun. — Dans le premier cas, il y a lieu à *interprétation* de l'acte, c'est à l'autorité administrative à en connaître ; — dans le second cas, il ne s'agit que d'*application* ; les tribunaux seuls sont compétents. Cass. 13 mai 1824.

4. Un arrêt qui se borne à déclarer, conformément à la teneur d'une adjudication nationale, qu'il ne résulte d'aucune de ses énonciations qu'un droit de servitude, consistant à élever les eaux d'un canal pour l'irrigation d'un pré, n'a été conféré à l'adjudicataire, n'interprète pas cet acte, il ne fait que l'appliquer et ne viole point les lois séparatives des pouvoirs. Rej. 14 nov. 1854 (5798).

5. L'incompétence des tribunaux pour interpréter les titres administratifs est absolue ; — Elle peut être proposée même par la partie qui les a saisis de la contestation. Cass. 12 mai 1824. — Peu importe que le débat à l'occasion duquel l'acte administratif est produit n'ait pour objet que des intérêts privés.

6. Lorsque la discussion d'une affaire engagée devant les tribunaux présente quelques doutes soit sur la régularité, soit sur la substance d'un acte administratif, le tribunal doit renvoyer les parties devant l'autorité dont l'acte émane ; c'est à cette autorité qu'il appartient de l'expliquer, interpréter, modifier ou réformer, sauf aux juges à statuer ultérieurement, s'il y a lieu, sur le point soumis à leur appréciation.

7. L'autorité administrative doit s'abstenir de statuer sur une matière qui, de sa nature, lui serait dévolue, s'il y a déjà eu décision par l'autorité judiciaire.

8. Réciproquement, lorsqu'une contestation dévolue par sa nature à l'autorité judiciaire, se trouve jugée par l'autorité administrative, les trib. doivent s'abstenir, jusqu'à ce que la décision administrative ait été annulée par l'autorité supérieure. Décr. 16 janv. 1809. Cass. 13 mars 1810, 18 avril 1833.

9. L'autorité judiciaire n'a pu ordonner un compulsoire tendant à contraindre des fonctionnaires publics, tels que ministre des finances, grand référendaire de la ch. des pairs, intendant de la liste civile, à donner copie d'une ordonnance roy. dont ils seraient dépositaires et dont l'existence n'est pas reconnue; lorsque cette ordonn. aurait pour objet une pension constituée sur les fonds de la liste civile. Rej. 20 juill. 1847 (3850).

10. Jugé que le préfet peut revendiquer la connaissance d'une affaire pour l'autorité administrative, nonobstant la chose jugée intervenue entre les parties sur la question de compétence, tant que le tribunal n'a pas statué sur le fond. Ordonn. roy. 30 mars 1842.

11. Le préfet qui, sur une demande formée contre l'État devant l'autorité judiciaire, a défendu au fond, comme si cette autorité était compétente, est cependant recevable à revendiquer ultérieurement la connaissance de l'affaire pour l'autorité administrative. Ordonn. roy. 30 déc. 1842.

12. Tant qu'il n'a pas été définitivement statué sur le fond, le préfet, malgré l'annulation d'un conflit pour vice de forme, peut, dans la même affaire, proposer de nouveau le déclinatoire et au besoin élever le conflit. Ordonn. roy. 9 janv. 1843.

13. Les tribunaux administratifs ont été créés pour connaître des difficultés et des réclamations que peuvent faire naître les actes de l'administration. — Les matières sur lesquelles ils sont chargés de prononcer forment ce qu'on appelle le *contentieux* administratif.

14. Le contentieux administratif existe dès qu'il y a réclamation formée, à tort ou à raison, au nom d'un droit privé, qu'on prétend avoir été lésé par un acte administratif. — Un des caractères du litige administratif est de se rattacher à l'intérêt public dans tous les cas, et quelle que soit la nature du débat qui s'agite. — La juridiction contentieuse de l'administration a pour but l'examen, l'appréciation et la réparation, par voie de jugement, de tous les torts que la juridiction volontaire peut avoir causés aux droits privés. — V. d'ailleurs *Compétence civile*, n° 18 et *inf.*

15. Tout acte administratif auquel le réclamant est étranger par lui ou par ceux dont il exerce les droits, ou qui ne constitue de la part de l'administration que l'exercice d'une faculté purement gracieuse et discrétionnaire, ne peut donner naissance au contentieux administratif. Henrion de Pansey, *Autorité judiciaire* ; Macarel , *Tribunaux administratifs.*

16. Se trouvent placés dans cette catégorie : — 1° les actes qui ont pour but la distribution des grâces et des faveurs ; la nomination et la révocation des agents dont le choix appartient à l'administration ; — 2° les règlements généraux qui statuent sur les divers intérêts de l'ordre public ; — 3° les mesures prises par l'administration pour obtenir les informations ou renseignements dont elle a besoin ; — 4° les instructions ou directions transmises ou les simples avis exprimés dans les divers degrés de la hiérarchie administrative ; — 5° les mesures locales et momentanées de police prises dans un intérêt commun et sans aucune application individuelle ; — 6° les simples actes de gestion intérieure étrangers aux tiers ; — 7° les actes de tutelle administrative à l'égard des communes et établissements publics en tant qu'ils sont attaqués par des tiers, ou en tant que l'administration refuserait les autorisations sollicitées par ces communes ou établissements, dans le seul intérêt d'utilité ; — 8° tout interlocutoire qui ne préjuge rien encore, et tout acte administratif qui a réservé les droits des réclamants ; — 9° toute opération administrative de simple gestion ou tutelle dont les effets ou les suites litigieuses se résolvent en contentieux judiciaire ; — 10° enfin, toute mesure de gouvernement prise hors la sphère des intérêts privés et dans la seule considération des intérêts politiques, intérieurs ou extérieurs de l'État.

17. La responsabilité des agents du pouvoir exécutif ne s'applique pas aux juges administratifs ; la justice de leurs décisions n'a pour appréciateurs que les magistrats placés au-dessus d'eux par la loi. Cormenin , *Responsabilité des agents du pouvoir* ; Macarel , *Tribunaux administratifs.*

18. La prise à partie n'existe pas contre les juges administratifs.

19. La récusation n'est pas admise contre eux. Toutefois les juridictions administratives doivent être entourées de toutes les garanties d'impartialité qui ne sont pas en contradiction avec les lois mêmes de leur institution, et l'art. 6 de l'arrêté du 19 fruct. an 9, prévoit implicitement le cas de récusation des membres du conseil de préfecture. Cons. d'Ét. 26 juin 1852. — Chauveau, *Code d'instr. administr.*, n° 539, admet le droit de récusation contre les membres des trib. administratifs inférieurs.

20. Les jugements des trib. administratifs ne doivent pas être précédés de l'intitulé ni suivis du mandement exécutoire qui accompagne les jugements des trib. ordinaires; ils sont exécutoires par eux-mêmes sans avoir besoin de visa. — Ainsi, il n'est jamais nécessaire de se pourvoir devant les trib. ordinaires pour obtenir l'exécution de décisions administratives, comme l'énonce, avec raison, le décret du 25 therm. an 12. « Si ces actes étaient l'objet d'aucun litige devant les trib., l'indépendance de l'autorité administrative, garantie par les constitutions, serait troublée. » — V. *Exécution*.

21. Dans certains cas, l'exécution des jugements administratifs se poursuit d'après un mode déterminé, par exemple, en matière de grande voirie et de *contributions* directes, par voie de garnisaires et de saisie. — V. ce mot, nᵒˢ 10 à 16.

Dans les autres cas, quand une loi spéciale n'a pas conféré l'exécution au juge administratif et que ses décisions rencontrent des obstacles, c'est aux trib. civils d'arrondissement qu'il faut s'adresser. — V. *Exécution*.

22. La juridiction administrative connaît : — 1° de la question de savoir si tel terrain dépend de tel ou tel canton. Cass. 9 juill. 1849; Caen, 20 mai 1850 (4527, 4697).

23. 2° Des dommages causés aux propriétés par des travaux publics, hors le cas d'expropriation. Cass. 29 mars 1852 (5467), ou des dommages-intérêts dus aux particuliers pour le préjudice résultant d'un arrêté d'alignement irrégulièrement pris, Trib. des conflits, 5 nov. 1850 (4802).

24. Les actions en dommages-intérêts formées contre les agents de l'État, alors que ces actions doivent réagir contre l'État et le constituer débiteur envers les réclamants comme civilement responsable du fait de ses agents, sont-elles de la compétence de l'autorité administrative? — Cons. d'Et. 9 fév., 25 avril 1847, 9 déc. 1852, D. 53, 3, 21; — Trib. conflits, 7 avril 1851, D. 51, 3, 35. — Ou de l'autorité judiciaire? Colmar, 25 janv. 1848, rej. 19 déc. 1854, D. 55, 37.

Au surplus, l'autorité administrative ne serait pas compétente si l'action était exclusivement dirigée contre le fonctionnaire pour le faire condamner personnellement. Trib. des conflits, 20 mai 1850, D. 50, 3, 65; cons. d'État, 29 mars 1853, D. 53, 3, 55.

25. Si l'action repose sur l'application des principes de droit commun, elle appartient sans contestation à l'autorité judiciaire. — Par exemple, l'action en responsabilité formée en vertu de l'art. 1733 C. Nap., contre l'État, locataire de bâtiments affectés au service militaire. Trib. conflits, 23 mai 1851, D. 51, 51.

26. Lorsqu'il s'agit de l'exécution de travaux publics, le juge des référés est-il incompétent pour ordonner une expertise? Oui. Paris, 11 juin 1858 (6712).

Toutefois, le juge du référé peut nommer un expert pour constater le préjudice causé par le concessionnaire des eaux surabondantes d'un canal aux riverains du cours d'eau qui alimente ce canal, et résultant des abus de jouissance du concessionnaire, et indiquer les travaux nécessaires pour la réparation du préjudice. Rej. 29 juin 1859 (7140).

27. La juridiction administrative connaît : — d'un arrêté de compte fait entre l'Etat et le cédant, au préjudice du cessionnaire. Rej. 11 mai 1836 (567).

28. Du recours du curé contre la décision du conseil municipal qui refuse l'indemnité de logement, à défaut de presbytère. Av. cons. d'Et. 21 août 1839 (6465).

29. Le juge de police qui argue de partialité le procès-verbal dressé par un fonctionnaire de l'ordre administratif dans l'exercice de ses fonctions et le qualifie de vexatoire, s'immisce dans les actes de ce fonctionnaire, et commet un excès de pouvoir. Rej. 23 fév. 1847, D. 47, 56.

30. L'autorité judiciaire connaît: —1° du règlement des droits de propriété prétendus par des communes sur des biens indivis entre elles : — mais à l'autorité administrative seule appartient de faire les opérations de partage des biens communaux et de connaître des contestations qui s'élèvent à raison du mode de partage. — Cons. d'Et. 14 mars 1860, D. 60, 218.

31. 2° Des questions de propriété qui s'élèvent entre sections de communes limitrophes sur les limites respectives de leurs biens. Rej. 29 juill. 1859 (7025).

32. 3° Des caractères de la possession servant de base à la prescription invoquée par les détenteurs de biens communaux prétendus usurpés. — L'arrêté du conseil de préfecture qui ordonne la restitution des biens à la commune, en annulant un partage ancien sur lequel les défendeurs fondaient également leur droit de propriété, ne fait pas obstacle à ce que ceux-ci soumettent ultérieurement le moyen de prescription aux trib. ordinaires, lors même qu'ils auraient négligé de le faire dans le délai imparti par un précédent arrêté du conseil de préfecture. — Cons. d'Et. 21 mai 1859, D. 60, 156.

33. 4° De l'opposition formée à une contrainte décernée par un fermier des droits de pâturage, visée par le maire et déclarée exécutoire par le juge de paix, et au commandement signifié en conséquence de cet acte. Cons. d'Et. 13 mars 1860 (7377).

34. 5° De l'action en dommages-intérêts exercée par un

ouvrier contre un entrepreneur de travaux publics, à raison de blessures éprouvées dans l'exécution d'un travail dont il avait été chargé, et causées par l'imprudence d'un autre ouvrier employé au même travail. Cons. d'Et. 4 fév. 1858 (7043).— Mais elle ne connaît pas de la demande formée par le propriétaire d'un bateau contre une compagnie de chemin de fer dont l'entrepreneur a occasionné la perte faute d'avoir pris les précautions prescrites par un arrêté préfectoral. Rej. 16 nov. 1858 (6967).

35. 6° De l'action en indemnité pour dommages causés à une route et résultant de travaux exécutés par un particulier dans son intérêt avec l'autorisation de l'administration : mais le trib. civil ne peut ordonner le rétablissement de la route dans son premier état, qu'à la charge par le demandeur d'obtenir préalablement l'autorisation administrative. Cons. d'Et. 15 fév. 1861 (7500).

36. L'arrêté qui déclare un chemin vicinal n'entraîne l'expropriation des parcelles de terrain comprises dans les limites de ce chemin, qu'autant qu'il a été suivi d'exécution. — Si, avant l'exécution, un arrêté postérieur a déclassé ce chemin et l'a réduit à l'état de chemin rural, les particuliers dont ce chemin traverse les héritages en sont présumés propriétaires, nonobstant la déclaration de vicinalité momentanément intervenue. L'autorité judiciaire connaît de la fixation de la largeur de ce chemin, et peut en déterminer l'assiette. Rej. 9 déc. 1857 (6598).

§ 2. — *Des tribunaux administratifs.*

37. Il existe un assez grand nombre de tribúnaux administratifs. — V. *infrà.*

38. Le maire, comme juge administratif, prononce—sur les contestations entre les employés des contributions indirectes et les débitants de boissons, relativement à l'exactitude de la déclaration des prix de vente en détail. — sauf recours au préfet qui statue définitivement dans la huitaine, en conseil de préfecture, après avoir pris l'avis du sous-préfet et du directeur des contributions indirectes. —Le droit est provisoirement perçu, d'après la décision du maire, sauf restitution. L. 28 avril 1816, art. 47 à 49.

39. Les réclamations contre la liste électorale sont jugées par une commission composée du maire et de deux adjoints à Paris, et ailleurs de deux conseillers municipaux. — L'appel se porte devant le juge de paix. — V. *Election.*

40. La juridiction contentieuse des sous-préfets s'exerce seulement, — 1° à l'égard de certaines contraventions en matière de grande voirie. — Le sous-préfet ordonne, par provision et sauf recours au préfet, ce que de droit pour faire cesser les dommages. L. 29 flor. an 10. Art. 3. Décr. 13 juin 1806, art. 1er. — Il est statué définitivement par le conseil de préfecture.

2° Au sujet des contestations relatives au payement de l'octroi de navigation, — sauf le recours au préfet en conseil de préfecture. Arrêté du 8 prairial an 11;

3° Lorsqu'il s'agit du recrutement de l'armée de terre, en rectifiant, s'il y a lieu, les tableaux de recensement et en arrêtant, définitivement, le nombre des jeunes gens soumis à la révision. — Les décisions du sous-préfet peuvent être portées, par voie d'appel, devant le conseil de révision. L. 21 mars 1832, art. 8, 10, 63, 84.

Art. 1. — Des préfets.

41. La juridiction des préfets est très-étendue, de nouveaux pouvoirs leur ont été conférés par les décrets des 30 mars 1852, et 13 avril 1861, sur la décentralisation administrative.

42. *Attributions.* Les préfets statuent *seuls*, notamment : — sur certaines contestations qui s'élèvent à l'occasion de marchés locaux, fournitures et réquisitions faites pour le compte de l'Etat. Décr. 25 fév. 1808. Décr. régl. 15 déc. 1813. — En matière de grande voirie, sur le recours contre les arrêtés des sous-préfets; en matière de voirie urbaine, sur les arrêtés des maires. L. 29 flor. an 10, art. 2. — En matière de *conflit* d'attribution. Ord. régl. 12 déc. 1821; 1er juin 1828.— V. ce mot.

En matière de courses de chevaux, sur le règlement du prix de course. Ord. 17 août 1825. — En matière de contributions directes, sur les demandes en remises et modérations pour cause de pertes éprouvées par des événements extraordinaires. Arr. régl. 24 flor. an 8.

43. Les préfets statuent, *en conseil de préfecture* : 1° sur les recours contre les décisions du sous-préfet en matière de payement d'octroi de navigation. — 2° Sur les contestations, en matière d'octroi, entre la commune et le régisseur ou le fermier de l'octroi. Décr. 17 mai 1809, art. 136. — 3° Sur les réclamations concernant le cadastre. — L. 15 sept. 1807. — 4° Sur les contestations entre deux communes relativement à des chemins qui les intéressent. L. 28 juill. 1824, art. 9. — 5° Sur les contestations entre les débitants et la régie des contributions indirectes pour fixer l'équivalent du droit de vente en détail, à remplacer par abonnement. L. 28 avril 1816. — — 6° Sur la fixation des débets des comptables des communes et établissements publics; dans ce cas, ces arrêtés sont exécutoires sur les biens desdits comptables, comme les jugements des tribunaux. — 7° Sur la répartition du nombre des jurés pour la liste annuelle, par arrondissements et par cantons proportionnellement au tableau officiel de la population. L. 4 juin 1853, tit. II, art. 7, D. 53, 4, 98.

Et sur différentes autres matières que les lois spéciales attribuent aux préfets.

44. *Procédure.* Elle a lieu par simple mémoire ou pétition, sans aucuns frais. Aucun délai, aucune forme de procéder ne sont, en général, assignés au préfet, en matière contentieuse.

45. Les décisions des préfets doivent être motivées.

46. Les arrêtés du préfet, en conseil de préfecture, n'étant que de simples arrêtés du préfet, à l'occasion desquels le conseil de préfecture est appelé à donner son avis, n'ont besoin d'être signés que par le préfet seul. Il suffit pour leur régularité qu'ils énoncent la *présence du conseil* et qu'ils mentionnent que *son avis a été entendu.* Circul. min. 29 sept. 1835.

47. Le recours contre les décisions des préfets est porté devant le ministre que la matière concerne.

Si l'affaire est de nature contentieuse, le recours au conseil d'État est ouvert aux parties contre les décisions ministérielles.

Les parties peuvent s'adresser, directement, au conseil d'État, lorsqu'elles attaquent les arrêtés des préfets, comme *viciés d'incompétence ou d'excès de pouvoirs.* L. 7 et 14 déc. 1790.

Il en est de même pour *simple mal jugé,* dans les cas formellement prévus par la loi. Le recours est porté directement au conseil d'État, en matière d'octroi. Décr. 17 mai 1809, art. 136. — En matière de boissons. L. 28 avr. 1816, art. 78.

48. Le délai du pourvoi est de trois mois à partir du jour de la notification de l'arrêté. C. d'État, 5 déc. 1833.

49. Le préfet est chargé de désigner chaque année un ou plusieurs journaux de l'*arrondissement* pour l'insertion des annonces judiciaires exigées par la loi pour la validité ou la publicité des procédures ou des contrats. Décr. 17 févr. 1852, art. 23.

50. Il règle en même temps le tarif de l'impression des annonces. *Ib.*

51. Il ne peut désigner un journal au chef-lieu du département, que tout autant qu'il n'y a pas de journal dans l'arrondissement. Arg. *ib.* (7101 et 7203). — Les insertions concernant un arrondissement où il y a des journaux, faites dans un journal du département désigné par le préfet pour les annonces judiciaires de tout ce département, sont irrégulières. Avallon, Sens, Largentière, Lourdes (7270).

52. L'arrêté par lequel un préfet désigne un journal du département pour les annonces concernant un arrondissement où il existe un journal local, est-il un acte d'administration dont l'autorité administrative puisse seule apprécier la légalité? Oui. Cons. d'Et. 20 déc. 1860 (7389). Non. Cass. 7 déc. 1859 (7101); nos observations, *ib.*, et la consultation de M° Hébert (7389).

ART. 2. — *Des conseils de préfecture.*

53. Ils sont institués pour ménager aux préfets le temps que demande l'administration, pour garantir aux parties qu'elles ne seront pas jugées sur des rapports ou sur des avis de bureaux, pour donner à la propriété, des juges accoutumés au ministère de la justice, à ses règles et à ses formes. Motifs du projet de la loi 28 pluv. an 8; *Monit.* n° 139, fol. 553.

54. *Organisation.* Les conseils de préfecture sont composés de trois, quatre ou cinq membres, selon l'importance du département : ils sont nommés par l'Emper. L. 28 pluv. an 8.

55. Il y a incompatibilité entre les fonctions de notaire, d'avoué, et celles de conseiller de préfecture. — V. d'ailleurs *Avocat.*

56. Le préfet est, de droit, membre et président du conseil; sa voix est prépondérante, en cas de partage. — Lorsque le conseil est présidé par le plus ancien de ses membres, celui-ci n'a pas voix prépondérante. Dufour, 2° édit., 2, n° 62; Chauveau, n° 260.

57. Le préfet est-il apte à présider le conseil, même dans les affaires qui intéressent le département? Oui. Cons. d'Ét. 3 fév. 1859, D. 60, 3, 1. — Mais alors l'adversaire du dép. ne peut obtenir gain de cause que dans le cas où le préfet se trouve seul de son opinion.

58. Est valable l'arrêté auquel a concouru un membre du conseil général, bien qu'il ne mentionne pas l'empêchement du conseiller de préfecture remplacé, si cet empêchement est d'ailleurs constaté. Cons. d'Ét. 14 juill. 1859; Dev. 60, 348.

59. Aux conseils de préfecture appartient au premier degré le contentieux de l'administration. — Ils sont en outre conseils de l'administration.

60. *Attributions.* Comme tribunaux ils prononcent — 1° sur les contestations relatives à l'assiette et au recouvrement des contributions directes et des taxes qui leur sont assimilées. *Ib.* — 2° Sur les difficultés élevées à l'occasion des travaux publics, marchés, entreprises, fournitures pour les services publics. lorsqu'ils sont d'une utilité générale et qu'ils ne ressortissent pas à l'administration supérieure du ministre. — 3° Sur les difficultés concernant le domaine public, sur les contestations entre les communes et les établissements publics ou les particuliers. *Ibid.*, art. 4. — 4° Sur les contestations relatives aux monts-de-piété; à la perception des droits établis en faveur des pauvres et des hospices, sur les différents genres de spectacle. Décr. du 8 fruct. an 13. — 5° Sur les autorisations de plaider demandées par les communes, fabriques, consistoires et hospices. — 6° Sur les contraventions qui intéressent l'ordre public, principalement en matière de grande voirie et de navigation. LL. 28 pluv. an 8; 29 flor. an 10; Décret 23 juin 1806. — V. d'ailleurs *Élections municipales, Jury.*

61. La demande en annulation ou en restitution des baux des biens nationaux fondée sur la prétendue irrégularité des adjudications des baux appartient aux conseils de préfecture, sauf le recours au conseil d'État. — Fondée sur le défaut de payement des fermages ou sur les abus commis par les fermiers dans leur jouissance, elle appartient aux tribunaux civils. Av. Cons. d'Ét., 12 fruct. an 8. Merlin, v° *Bail*, § 17. — C'est-à-dire au juge de paix dans les cas prévus par la loi du 25 mai 1838. Carou, 226.

62. Le conseil connaît de l'action en dommages-intérêts formée contre un entrepreneur de travaux publics pour dégâts par lui causés. Nancy, 18 mars 1853 (5573); — spécialement par des travaux exécutés sur un chemin vicinal dans l'intérêt d'une commune. Nancy, 2 août 1850 (4778).

63. Les travaux d'agrandissement d'une église ont le caractère de travaux publics, bien que l'arrêté préfectoral qui les autorise ait ordonné que l'adjudication en aurait lieu devant le conseil de fabrique. — La juridiction administrative connaît des difficultés auxquelles ils peuvent donner lieu. Cons. d'Et., 28 juin 1855, D. 56, 189.

64. Mais l'autorité judiciaire connaît : — 1° de la demande en indemnité pour extraction de matériaux faite par un entrepreneur de travaux publics en dehors des désignations du devis et de l'indication de l'autorité administrative. Lyon, 14 nov. 1856.

65. 2° Des difficultés relatives au sursis à l'exécution des baux passés en la forme administrative, et, par exemple, pour interpréter les clauses du bail par adjudication passé entre une commune et un particulier pour la perception des droits de place dans les foires et marchés de cette commune. Cons. d'Et., 16 mars 1848, D. 48, 3, 106.

66. Comme *conseils* d'administration, les conseils de préfecture prêtent leur assistance à l'autorité préfectorale à peu près dans tous les cas où celle-ci prononce sur des matières contentieuses ou semi-contentieuses.

67. Les délibérations des conseils municipaux ayant pour objet un projet de transaction intéressant la commune, doivent nécessairement être précédées de l'avis de trois jurisconsultes. L'arrêté du 21 frim. an 12 n'a été abrogé par aucune disposition postérieure. Cons. d'Et., 12 juill. 1860, Dev. 60, 502. — L'arrêté préfectoral qui homologue la transaction non précédée d'un tel avis peut être déféré au Cons. d'Et. *Ib.*

68. Les audiences, en matière contentieuse, sont publiques. Décret, 30 décembre 1862, art. 1 (7904).

69. Le rapport est fait par un conseiller; — les parties peuvent ensuite présenter leurs observations, soit en personne, soit par mandataire. Art. 2. — Les fonctions du ministère public sont remplies par le secrétaire général de la préfecture, — ou par un auditeur au conseil d'Etat. *Ib.*, art. 3.

70. La décision motivée est prononcée en audience, après délibéré hors la présence des parties. Art. 2.

Il y a auprès de chaque conseil un secrétaire greffier nommé par le préfet et choisi parmi les employés de la préfecture. Art. 5. V. notre *Formulaire*, 4ᵉ édition, *Tribunaux administratifs*.

71. Les préfets et les membres des conseils de préfecture sont-ils soumis à la récusation? — V. *sup.* 19.

72. Les décisions rendues par les conseils de préfecture, en matière contentieuse, prennent le nom d'*arrêtés*.

73. Ces arrêtés ne sont valables qu'autant qu'ils ont été délibérés et signés par trois membres du conseil.

74. Ils doivent, à peine de nullité, être rendus sous la forme de jugement et non d'avis, motivés, portés sur le registre de délibération et signés. Lorsqu'ils prononcent une peine, ils doivent énoncer les termes de la loi appliquée. Cons. d'Et. 21 avr. 1830; C. inst. crim., art. 163.

75. Les arrêtés pris les jours fériés ne sont pas nuls; aucune loi n'en prononce la nullité. C. d'Etat, 30 mai 1834.

76. Les arrêtés ont le même caractère et les mêmes effets que les jugements des trib. ordinaires, quoiqu'ils n'aient ni intitulé, ni mandement. — Ainsi ils emportent hypothèque et contrainte par corps. Loi 29 flor. an 10. — Ils deviennent, aussitôt qu'ils sont rendus, la propriété des parties qui les ont obtenus. — Ils fondent des droits acquis.

77. Ils sont inattaquables s'ils ont servi de base à des jugements passés en force de chose jugée ; ils participent alors de la nature irrévocable de ces jugements. — Ils ne peuvent être confirmés, réformés ou modifiés, ni par le préfet, ni par les ministres.

78. Ils sont exécutoires par eux-mêmes sans que l'intervention des préfets, leur visa ou leur mandement soient nécessaires. Cormenin, 1, 273.

79. Mais les conseils de préfecture ne peuvent eux-mêmes connaître de l'exécution de leurs arrêtés ni déléguer, pour en connaître, des autorités administratives qui n'ont pas la qualité de juges. C'est aux tribunaux seuls qu'il appartient de connaître des affaires qui sont la suite de ces arrêtés, telles que les saisies, etc., et ordonner ce que de droit quant à l'application des lois et règlements. Lerat de Magnitot, *Dict. de droit adm.* v° *Org. dép.*, 2, 268.

80. La signification des décisions doit être faite, régulièrement et intégralement, à la requête de la partie, à personne ou à domicile, et par le ministère d'un huissier. L. du 29 flor. an 10. — V. *Huissier.*

81. Elles peuvent être exécutées par les mêmes voies que les jugements des tribunaux.

82. Les arrêtés rendus par défaut, c'est-à-dire lorsque le défendeur ou le réclamant n'a fourni, ni mémoires, ni défense signés, soit par lui, soit par des fondés de pouvoir, sont susceptibles d'opposition, nonobstant toute signification, tant qu'ils n'ont pas été exécutés. Cette opposition n'est point portée devant le cons. d'État. Ordonn. roy., 11 janv. 1837.

83. Les délais, règles et moyens d'opposition, établis dans le C. de pr. sont admis.

84. On peut se pourvoir par tierce opposition contre les arrêtés définitifs.

85. Les arrêtés contradictoires peuvent être attaqués par voie de requête devant le conseil d'État ; soit qu'on les critique au fond pour mal jugé, ou dans leur forme extrinsèque, ou pour excès de pouvoir, ou pour cause d'incompétence.

86. L'appel doit être interjeté dans les trois mois à partir de la signification régulière ; Décret, 1806, art. 11. — Le délai est de rigueur pour les communes et corporations comme pour les particuliers.

87. Le jour de la signification n'est pas compris dans le délai. Cons. d'État, 20 janv. 1859, Dev. 59, 633. — Ainsi est formé utilement le 20 novembre le recours dirigé contre un arrêté signifié le 20 août précédent.

88. Le délai court contre une société, à partir du jour où l'arrêté a été notifié à l'un des associés gérants, alors surtout que cet associé a signé au nom de la société la réclamation qui saisissait le conseil. Cons. d'État, 25 juill. 1860. D. 60, 3, 82.

89. Le pourvoi formé en temps utile contre un chef d'un arrêté ne rend pas recevable le pourvoi formé en dehors du délai contre d'autres chefs tout à fait distincts du même arrêté. Cons. d'État, 27 janv. 1859, D. 60, 3, 3.

90. Le pourvoi formé en matière de contributions directes est non recevable, lorsqu'au lieu d'avoir été déposé à la préfecture dans les trois mois de la notification de la décision attaquée, il a été adressé au ministre des finances. Cons. d'État, 18 août 1855, Dev. 56, 319.

91. Le décret du 16 fév. 1807 n'a pas été déclaré applicable aux conseils de préfecture; un conseil a pu ne pas se conformer à ce décret pour les frais réclamés pour expertise dans une instance administrative. Cons. d'État, 16 nov. 1855 (6061).

Art. 3. — *Des ministres.*

92. L'autorité des ministres comme dépositaires et agents principaux du pouvoir exécutif, s'exerce, dans un grand nombre de cas, par voie de juridiction contentieuse.

93. *Attributions.* Ils connaissent, en appel, des décisions contentieuses des préfets.

94. Ils sont juges administratifs de 1re inst. en matière 1° de liquidation de la dette publique; — 2° d'entreprise de travaux publics; — 3° de marchés passés en leur nom ou avec leurs agents; — 4° de pensions, etc., etc.

95. Ils ne peuvent statuer sur des questions de propriété, d'état ou de titres qui sont du ressort des tribunaux ordinaires, ni remettre en question ce qui a été irrévocablement jugé par les autorités judiciaires et administratives.

96. *Procédure.* Elle n'a été organisée jusqu'ici par aucune loi ni par aucun règlement. — L'instruction des affaires se fait sans frais, sur simples mémoires des parties et productions de pièces, sans constitutions d'avocats, sans ordonnance de soit communiqué à la partie adverse, lorsque cette partie n'est pas l'État lui-même.

97. Les ministres ne sont pas astreints à prononcer, dans un certain délai, et, par conséquent, il dépend d'eux seuls d'accélérer ou de retarder l'instruction.

98. Les ministres prennent leurs décisions ou d'office, ou sur le rapport d'une commission spéciale, ou sur la proposition des directions qui leur sont subordonnées, ou sur l'exposé de leurs bureaux, ou de l'avis du comité du cons. d'État attaché à leur département, ou sur la provocation des préfets, ou sur la demande des parties. Cormenin, 1, 245.

99. Il n'y a rien de régulier quant à la forme des décisions ministérielles.

100. Les décisions sont tantôt notifiées extrajudiciairement, c'est-à-dire par huissier, tantôt notifiées administrativement, c'est-à-dire par lettre à la partie ou à son fondé de pouvoir.

101. La tierce opposition est admise contre elles. Si elles sont par défaut, elles sont susceptibles d'opposition.

102. Si elles sont contradictoires, elles ne peuvent être attaquées que devant le conseil d'État par la voie contentieuse.

103. Ce pourvoi doit être introduit dans le délai de *trois mois,* à partir de la notification extrajudiciaire ou administrative.

104. Les décisions sont exécutoires nonobstant pourvoi au conseil, à moins qu'il n'en soit autrement ordonné.

105. Les parties qui les ont exécutées sans protestations ni réserves ne sont plus recevables à les attaquer.

106. Elles emportent contrainte et sont exécutoires à l'égal des jugements des tribunaux de l'ordre judiciaire.

ART. 4. — *Du conseil d'État.*

107. L'organisation et les attributions du conseil d'État ont été successivement régies par plusieurs lois. L. 30 juill. 1828 ; 1er avr. 1837 (762) ; L. 21 juill. 1845 ; Arrêté, 15 mars 1848 ; Constitution, 4 nov. 1848 ; L. 3 mars 1849 ; Règlement 26 mai 1849 ; — Décr. 18 fév., 31 déc. 1852, 1er nov. 1860 (3160, 3933, 4153, 4266, 4310, 5190), 3 février 1861.

108. Il est composé : — d'un président. Décr. 30 déc. 1852 ; — d'un vice-président (président de la section de législation) ; de conseillers d'État en service ordinaire ; de conseillers d'État en service extraordinaire ; de maîtres des requêtes et d'auditeurs (80) divisés en deux classes. Décr. 1er nov. 1860. Un secrétaire ayant titre et rang de maître des requêtes est attaché au conseil. Décr. 18 fév. 1852, art. 2.

109. Les ministres ont rang, séance et voix délibérative. *Ib.*, art. 3.

110. L'Emper. nomme et révoque les membres du conseil d'État. Art. 4.

111. Le conseil est divisé en six sections, savoir : section de législation, justice et affaires étrangères ; section du contentieux ; section de l'intérieur, de l'instruction publique et des cultes; section des travaux publics, de l'agriculture et du commerce; section de la guerre et de la marine; section des finances. Art. 10.

112. Les délibérations sont prises en assemblée générale et à la majorité des voix, sur le rapport d'un conseiller ou d'un maître des requêtes. — Les maîtres des requêtes ont voix consultative dans toutes les affaires, et voix délibérative dans celles dont ils font le rapport. Art. 12.

113. Le conseil ne peut délibérer qu'au nombre de 20 membres ayant voix délibérative, non compris les ministres; en cas de partage, la voix du président est prépondérante. Art. 13.

114. La section du contentieux est chargée de diriger l'instruction écrite et de préparer le rapport de toutes les affaires contentieuses et des conflits d'attributions entre l'autorité administrative et l'autorité judiciaire; — elle est composée de six conseillers d'État et d'un certain nombre de maîtres des requêtes et d'auditeurs; elle ne peut délibérer, si quatre, au moins, de ses membres ayant voix délibérative, ne sont présents. Les auditeurs ont voix consultative dans les affaires dont ils font le rapport. Art. 17.

115. Un membre ne peut participer à la délibération relative au recours dirigé contre la décision d'un ministre, lorsque cette décision a été préparée par une délibération à laquelle il a pris part. Art. 22.

116. Un ordre d'avocats est placé auprès du cons. d'État. — Ils ont le droit exclusif de faire tous actes d'instruction et de procédure devant le conseil du contentieux. Décr. 22 juill. 1806, art. 44. — V. *Avocat aux conseils.*

117. Le cons. d'État rédige les projets de loi et en soutient la discussion devant le Corps législatif; il propose les décrets qui statuent sur les affaires administratives, le contentieux administratif, les conflits d'attributions entre l'autorité administrative et l'autorité judiciaire; il donne son avis sur les décrets portant règlement d'administration publique, ou qui doivent être rendus dans la forme de ces règlements... Décret, 18 fév. 1852, art. 1; 31 déc. 1852, titr. 1, art. 1 à 5.

118. Le cons. d'État prononce, soit en premier et dernier ressort, soit comme juge d'appel, à l'égard des autres trib. administratifs, soit comme Cour de cassation, lorsque les formes ou la loi ont été violées.

119. Le cons. d'État statue *en premier et dernier ressort*: 1° Sur les contestations qui s'élèvent relativement aux lois et règlements de la Banque de France, à sa police et à son administration intérieure. L. 22 avr. 1806, art. 21; — 2° Dans les mêmes cas à l'égard des comptoirs d'escompte ; — 3° Sur les contestations relatives aux rectifications à faire sur le grand livre de la dette publique ; pour les erreurs commises, quant aux noms, prénoms et dates de naissance des créanciers.

120. Il statue, *comme juge d'appel*, sur les recours formés : —1° contre les arrêtés des anciens directoires de départements et des administrations centrales. Arr. 8 pluv. an 11; Décr. 11 messid. an 12; 5 brum. et 4 therm. an 13; — 2° contre les arrêtés des conseils de préfecture contradictoirement rendus; — 3° contre les arrêtés contradictoires des préfets dans les cas spéciaux où les parties peuvent recourir directement au conseil d'État contre lesdits arrêtés. L. 24 flor. an 8; Arr. 8 prair. an 11; L. 28 avr. 1816; 28 juill. 1824; 22 mars 1831 ; — 4° contre les décisions des ministres prises en matière contentieuse, que la décision soit prise dans la simple forme d'un arrêté, ou qu'elle ait revêtu la forme d'un décret; — 5° contre les décisions des commissions de travaux publics; — 6° contre les décisions des évêques, intervenues sur les réclamations des dames du Refuge-St.-Michel.

121. Le cons. d'État prononce *comme Cour de cassation* sur les arrêts définitifs de la Cour des comptes. — Sur les jugements des trib. administratifs inférieurs qui lui sont déférés par les ministres dans l'intérêt de la loi.

122. Indépendamment de ces attributions purement contentieuses, le conseil d'État prononce sur les autorisations à accorder pour la mise en jugement des fonctionnaires publics inculpés à raison de leurs fonctions. Constitution, 22 frim. an 8, art. 175.

123. Le cons. d'État statue : 1° Sur les appels comme d'abus, Ordonn. roy. 29 juin 1814; — 2° sur les autorisations de plaider demandées par les communes, les hospices, les bureaux d'assistance publique et les fabriques; — 3° sur la validité des prises maritimes. Ordonn. roy. 9 janv., 23 août, 5 sept. 1815. — Un conseil des prises a été établi par décret du 18 juin 1859 (5771).

124. La procédure du conseil d'État a subi des modifications successives, Règlement 28 juin 1738; décr. 22 juill. 1806, Ordonn. 18 sept. 1839. Décr. 18 fév. 1852. —V. d'ailleurs *Conflit.*

125. *Introduction des affaires.* — Le recours au conseil d'État peut être formé par des particuliers ou par l'*administration elle-même.*

126. Le recours des *parties* au conseil d'État, en matière contentieuse, se forme par une requête signée d'un avocat au conseil.

127. Toutefois, la requête n'a pas besoin d'être signée d'un avocat en certaines matières, telles que celles des contributions directes. L. 21 avr. 1832, art. 30. — D'élections départementales. L. 22 juin 1833, art. 53. — Et même d'élections municipales. Ordonn. roy. 22 juill. 1835; Cormenin, 1, 66, note 1.

Les parties peuvent également signer leurs requêtes et présenter des mémoires signés d'elles, lorsqu'il s'agit de validité de prises, d'autorisation de plaider, de mises en jugement, d'appels comme d'abus.

128. La requête doit contenir l'exposé sommaire des faits et moyens, les conclusions, les noms et demeures des parties, l'énonciation des pièces dont on entend se servir, lesquelles pièces doivent être jointes à la requête. Art. 1.

129. Si la requête ne contient pas de *moyens,* elle est rejetée faute de justification. Ordonn. roy. 22 fév. 1826. Si elle ne contient pas de *conclusions,* elle est rejetée faute d'objet. Il en est de même si les conclusions ne sont pas dirigées contre la véritable décision, sauf aux parties à se pourvoir de nouveau, s'il y a lieu, et à rectifier leurs conclusions.

130. Le conseil d'État étant une juridiction souveraine, il faut conclure devant lui, à toutes fins, en tout état de cause. Ordonn. roy. 28 mai 1835.

131. Les mineurs, les femmes mariées non autorisées par leurs maris ou par le juge, les interdits, les morts civilement sont incapables de postuler eux-mêmes devant le conseil d'État.

132. Les avocats n'ont qualité pour agir, qu'en vertu du mandat ou des pouvoirs qui leur sont donnés.

133. Les requêtes et autres productions des parties sont déposées au secrétariat du conseil d'État, elles y sont inscrites sur un registre suivant leur ordre de dates, ainsi que la remise qui en est faite par le président au maître des requêtes, pour préparer l'instruction. — Le dépôt de la requête au greffe du comité du contentieux vaut constitution d'avocat.

134. L'étranger demandeur doit, s'il en est requis, fournir la caution *judicatum solvi.* Décr. régl. 7 fév. 1809; C. d'État, 26 août 1824. — Les questions qui s'élèvent sur la réception de cette caution sont purement judiciaires. Ordonn. 5 nov. 1823.

135. Le délai de trois mois pendant lequel est recevable le recours au conseil d'État contre la décision de toute autorité qui y ressortit, commence à courir, dans les affaires qui s'agitent entre les particuliers ou établissements publics, à partir de la notification faite à personne ou à domicile, par le ministère d'un huissier. C. pr. 443 ; — et dans les questions qui s'agitent entre les particuliers et l'État, à partir de la notification administrative faite par lettres des ministres, directeurs, préfets, intendants militaires et autres agents à ce spécialement désignés. — La notification administrative ne suffirait pas, à moins qu'il ne s'agisse d'un arrêt de la Cour des comptes rendu au profit de l'État contre un comptable, d'un arrêté de conseil de préfecture, en matière de domaines nationaux ou engagés, ou d'une décision ministérielle, à laquelle serait attachée une contrainte.

136. Le délai est le même pour les habitants de l'Algérie que pour les habitants de la France continentale. L. 11 juin 1859 (7000).

137. La communication d'une décision ministérielle donnée à une partie, dans les bureaux de l'administration, fait courir contre elle le délai. Cons. d'Ét. 24 janv. 1856 ; Dev. 56, 682.

138. La notification faite à un particulier, par ordre du préfet, d'un arrêté rendu entre ce particulier et l'administration en matière de travaux publics, fait courir, contre l'administration, le délai. Cons. d'Ét. 31 mai 1855 ; Dev. 56, 59.

139. L'exploit original de la signification à personne ou à domicile doit être représenté, à moins que la preuve de la notification ne résulte du fait même de la partie et ne se trouve constatée, soit par les termes de la requête en recours, soit par un accusé de réception, soit par une opposition, soit par tout autre acte ou démarche ayant un caractère décisif.

140. Le recours formé par l'*administration* est introduit quelquefois par le ministère d'un avocat aux conseils (contributions indirectes, enregistrement, domaines), d'autres fois, par le ministre du département auquel se rattachent les affaires (mines, ponts et chaussées, forêts, douanes).

141. Le recours au conseil d'État n'a pas d'effet suspensif, à moins qu'il n'en soit autrement ordonné : en matière administrative, l'exécution provisoire est la règle, l'effet suspensif est l'exception. Pour écarter l'exécution provisoire des décisions qui les condamnent, les parties peuvent former une demande en sursis sur laquelle prononce le conseil d'État. Le sursis peut être accordé partiellement, pendant un délai prescrit, ou jusqu'à la décision du fond.

142. *Instruction des affaires.* — Les requêtes peuvent être portées de suite à l'audience publique, et rejetées par le cons. d'État, sans que la communication en soit ordonnée, et sans instruction préalable : — 1° lorsque la matière n'est pas contentieuse ; — 2° lorsqu'il y a défaut de qualité et d'action ; — 3° lorsque le recours est intempestif ou tardif ; — 4° lorsqu'il y a exécution ou acquiescement; — 5° lorsqu'il y a chose irrévocablement jugée; — 6° lorsqu'il y a défaut d'intérêt ou d'objet; — 7° lorsqu'il y a déchéance; — 8° lorsqu'il y a défaut de droit positif.

143. Sur l'exposé du rapporteur, la communication aux parties adverses, s'il y a lieu, les demandes de pièces, les mises en cause et tous les actes d'instruction sont délibérés en chambre du conseil. — Les décisions relatives aux actes d'instruction sont signées par le président de la section. Règlement, art. 37.

144. L'ordonnance doit être signifiée, dans le délai de trois mois, à peine de déchéance. Décr. 22 juill. 1806, art. 12.

145. Le jour où l'ordonnance est rendue n'est pas compris dans le délai. Cons. d'Ét., 20 janv. 1859; Dev. 59, 633.

146. Cette signification et la communication de la requête introductive ont lieu dans la forme administrative, c'est-à-dire, par la lettre du président du conseil d'État, lorsque l'État, n'agissant point par l'organe d'un avocat, a introduit l'instance et défend contre un particulier. Elles ont lieu en la forme judiciaire, lorsque le litige existe entre particuliers, corporations ou administrations générales plaidant par avocat.

147. Les parties intéressées, auxquelles la *communication* est faite, sont tenues de répondre : — Dans le délai de 15 *jours*, si leur demeure est à Paris ou n'en est pas éloignée de plus de 5 myriam.; — *d'un mois*, si elles demeurent à une distance plus éloignée dans le ressort de la C. de Paris, ou dans l'un des ressorts des C. de Rouen, Orléans, Amiens, Douai, Nancy, Metz, Dijon et Bourges; — *de deux mois*, pour le ressort des autres C. de France.

148. Le demandeur peut, dans la *quinzaine,* après les défenses fournies, donner une seconde requête, et le défendeur répondre dans la quinzaine suivante. — Il ne peut y avoir plus de deux requêtes de la part de chaque partie.

149. Le décret qui statue sur le pourvoi formé contre un département doit être réputé par défaut, et dès lors susceptible d'opposition de la part de ce département, bien que le ministre ait transmis au conseil d'État, en déclarant s'y référer, un mémoire rédigé par le préfet pour le département, après signification de l'ordonnance de soit communiqué. Cons. d'Ét. 12 mai 1859; Dev. 60, 157.

150. Si, d'après l'examen d'une affaire, il y a lieu d'ordonner que des faits ou des écritures soient vérifiés, ou qu'une partie soit interrogée, le président désigne un maître des requêtes ou commet sur les lieux, les sous-préfets, maires ou juges de paix. Il règle la forme dans laquelle il doit être procédé à ces actes d'instruction. C'est ce qu'on appelle ordonnance de *committimus.*

151. Pour les demandes incidentes, l'inscription de faux, les reprises d'instance, constitution de nouvel avocat et de désaveu, — V. *Décr.* 22 juill. 1806, art. 18 et suiv.

152. *Décision des affaires.* — Le rapport des affaires est fait au nom de la section, en séance publique de l'assemblée du conseil d'État délibérant au contentieux : cette assemblée se compose des membres de la section, de dix conseillers pris en nombre égal dans chacune des autres sections, et renouvelés par moitié tous les deux ans. Elle est présidée par le président de la section du contentieux. Art. 19. — Ou par le président ou le vice-président du conseil d'État. Art. 5.

Le rapporteur se borne à résumer les faits, les moyens et les conclusions des parties, sans émettre aucun avis. Il pose les questions à résoudre, et ce sont ces questions qui sont communiquées à l'avocat.

153. Les dispositions relatives à la publicité des séances, en matière contentieuse, ne sont pas applicables aux autorisations de plaider, aux mises en jugement des fonctionnaires publics, aux appels comme d'abus et aux prises maritimes. Ces attributions ont été considérées plutôt comme des actes de tutelle et de haute administration que comme des actes de juridiction contentieuse. Ordon. royale 12 mars 1831 ; ordon. 9 sept. 1831.

154. Après le rapport, les avocats des parties peuvent présenter des observations orales. Décr. 1852, art. 20.— Les parties ont été admises quelquefois, sur leur demande, à présenter, elles-mêmes, des observations.

155. Le ministère public donne ses conclusions. *Ib.*

156. Les affaires pour lesquelles il n'y a pas eu de constitution d'avocat ne sont portées en séance publique, que si ce renvoi est demandé par un conseiller ou par le commissaire du gouvernement. Art. 21.

157. Le conseil ne peut délibérer au contentieux, si onze membres au moins, ayant voix délibérative, ne sont présents. En cas de partage, la voix du président est prépondérante. Art. 23.

Les membres qui n'ont point entendu le rapport, les observations des avocats et les conclusions du commissaire du gouvernement ne peuvent prendre part à la délibération. Chauveau, n° 264.

158. La délibération n'est pas publique. Le projet de décret est transcrit sur le procès-verbal des délibérations qui fait mention des noms des membres présents ayant délibéré. L'expédition du projet est signée par le président de la section du contentieux; le décret qui intervient est contresigné par le garde des sceaux. — Le décret est lu en séance publique. Art. 24.

159. L'expédition des décisions est délivrée par le secrétaire.

160. Elle porte la formule exécutoire suivante : — « L'Empereur mande et ordonne aux ministres de (ajouter le département ministériel désigné par la décision), en ce qui le concerne, et à tous les huissiers à ce requis, en ce qui concerne les voies de droit commun contre les parties privées, de pourvoir à l'exécution de la présente décision. »

161. Elles ne peuvent être mises à exécution contre une partie qu'après avoir été préalablement signifiées à l'avocat ou conseil qui a occupé pour elle. Décr. 22 juill. 1806, art. 27, 28.

162. Les décisions rendues *par défaut*, même celles interlocutoires, sont susceptibles d'opposition.

163. Cette opposition n'a point d'effet suspensif, à moins qu'il n'en soit autrement ordonné.

164. Elle doit être formée dans le délai de *trois mois*, à compter du jour où la décision par défaut aura été notifiée. Art. 29.

165. On ne peut former opposition à une décision du conseil qui ne serait que la suite d'une autre décision contradictoire.

166. Une partie défaillante n'est pas recevable à former opposition à une décision rendue contradictoirement avec une partie ayant le même intérêt. Art. 31.

167. Les décisions contradictoires ne peuvent être attaquées que dans le cas où elles ont été rendues sur *pièces fausses* ayant servi de base à la décision, ou si la partie a été condamnée faute de représenter une *pièce décisive* qui *était retenue* par son adversaire. Cons. d'État, 10 juill. 1835.

168. Ce recours doit être également formé dans le délai de trois mois, à partir de la notification des arrêtés administratifs qui relatent ou contiennent les pièces fausses ou décisives, ou du jour où ces pièces ont été recouvrées.

169. La tierce opposition est formée par requête en la forme ordinaire. — Il n'y a pas de délai de rigueur.

170. La partie qui succombe dans la tierce opposition est condamnée en 150 fr. d'amende, sans préjudice de dommages-intérêts, s'il y a lieu *Décret*, art. 38.

171. La partie qui succombe devant le conseil d'État est condamnée aux dépens, tant envers les parties principales qu'envers les parties intervenantes de propre mouvement ou sur mise en cause, bien qu'elle ait fait défaut.

172. Le demandeur qui succombe devant le cons. d'État, par l'effet de l'admission d'une fin de non-recevoir ne peut se prévaloir de ce que sa demande aurait dû dès le principe être écartée comme non recevable par le cons. de préfecture, au lieu d'être rejetée au fond, pour demander que les dépens soient mis à la charge du défendeur. Cons. d'État, 22 mars 1860, D. 60, 3, 17.

173. Le cons. d'État, tout en admettant, à l'égard des particuliers, le principe posé dans l'art. 130 C. proc., se refuse néanmoins à en faire l'application, soit à l'État, soit aux administrations publiques : sa jurisprudence est fondée sur l'absence d'un texte de loi ou de règlements précis; il en résulte que la partie qui obtient gain de cause est obligée de supporter les frais. Cons. d'Etat, 10 janv. 1834. La disposition de l'art. 42, L. 3 mars 1849, qui décidait le contraire a été abrogée en 1852. Cons. d'Etat, 27 fév. 1852; — *Contrà*, conclusions de M. Reverchon, *Recueil des arrêts*, par Lebon, 1852, p. 13.

Jugé cependant que les particuliers ne pourraient être condamnés aux dépens au profit d'administrations financières procédant par le ministère d'un avocat. Ord. 10 janv. 1834.

174. Les dépens sont encore réglés au cons. d'État, conformément aux tarifs établis par les ordonnances des 28 juin 1738 et 12 sept. 1739, en tant que ces tarifs s'appliquent à la procédure actuelle. Ordon. 18 janv. 1826. — Le tarif des dépens se divise en deux parties : *dépens d'avocat et frais de greffe. Ibid.*

175. La liquidation et la taxe des dépens sont faites par le rapporteur.

176. Il ne doit être employé dans la liquidation des dépens aucuns frais de voyage, séjour ou retour de parties, ni aucuns frais de voyage d'huissier au delà d'une journée. Décr. régl., art. 42. Ordon. roy. 13 janv. 1826, art. 2.

177. La taxe est rendue exécutoire par le président du conseil d'Etat ou par le conseiller d'Etat président du contentieux. *Ibid.*, art. 4; 11 oct. 1832.

178. Les parties peuvent former opposition à la taxe dans les trois jours de la signification de l'exécutoire.

Art. 5. — *De la Cour des comptes.*

179. Elle est établie pour procurer l'accord des dépenses de l'État avec les recettes, (jadis pour donner à la fois effet et garantie à la responsabilité des ministres), et pour mettre dans toutes les comptabilités des deniers publics, l'ordre, la centralisation et l'uniformité. Cormenin, 2, 21.

180. *Organisation.* — La Cour des comptes est composée d'un premier président, trois présidents, dix-huit maîtres des comptes, vingt-quatre conseillers référendaires de 1re classe, soixante de 2e classe, un procureur général et un greffier en chef. Loi 16 sept. 1807. Décr. 2 mai 1848; Loi 2 févr. 1850. — De vingt auditeurs divisés en deux classes, dix de 1re; dix de 2e. — Un traitement de 2,000 fr. est alloué aux auditeurs de 1re classe. Décr. 28 déc. 1859, D. 59, 4, 132.

181. Les membres de la Cour sont nommés par l'Empereur : tous, à l'exception du procureur général et du greffier en chef, sont inamovibles.

182. La Cour est divisée en trois chambres.

183. Les *conseillers référendaires*, qui ont mission de vérifier préalablement les comptes, sont chargés des rapports à faire dans chaque chambre. — Les conseillers maîtres ont seuls voix délibérative, et rendent les jugements. L. 16 sept. 1807.

184. Le ministère public est chargé de surveiller l'exactitude et la régularité du service, et de suivre l'instruction, le jugement et l'expédition des affaires qui intéressent le trésor public, les départements et les communes, et qui peuvent donner lieu à des poursuites contre les comptables. Décr. 28 sept. 1807, art. 56 et suiv.

185. *Attributions.* — Les fonctions de la Cour des comptes consistent dans l'examen de la gestion et le jugement en premier et dernier ressort des comptes de tous les comptables des deniers publics, en recette et en dépense. L. 16 sept. 1807, art. 11 et 12.

186. Sa juridiction embrasse les comptes généraux du trésor, ceux des régies et administrations des invalides de la marine et de la guerre, de l'ordre de la Légion d'honneur, de la caisse d'amortissement et des consignations, des monnaies, des pensions de tous les ministères et des administrations, des augmentations, diminutions, transferts et mutations survenus annuellement dans la masse de la dette inscrite.

187. Elle juge aussi les comptes des recettes et dépenses des départements et des communes dont les budgets sont arrêtés par l'Empereur; et, comme Cour d'appel, les comptes des autres communes (celles dont les revenus sont inférieurs à 10,000 fr.), des hôpitaux et établissements de charité. *Ibid.*; Ordon. roy. des 28 janv. 1815; 21 mars 1816; 21 mai 1817; 31 oct. 1821.

188. *Procédure.* — Les pièces à produire par le comptable à l'appui de ses comptes sont celles qui sont indiquées et prescrites par les lois, ordonnances et règlements administratifs qui concernent la partie de l'administration à laquelle il est attaché.

189. Elles doivent être régulières dans leur forme et exemptes de toute inexactitude matérielle. Ordonn. roy. 14 sept. 1822.

190. La Cour prononce après avoir entendu le rapport du conseiller référendaire chargé d'un premier examen, et les observations du conseiller maître désigné par le président de la chambre, pour faire une contre-vérification sommaire.

191. La Cour des comptes juge souverainement, et ses arrêts définitifs sont exécutoires nonobstant le pourvoi au conseil d'État. L. 16 sept. 1807; Décr. 12 janv. 1806; L. 29 frim. an 9.

192. L'exécution des arrêts a lieu à la diligence et poursuite du ministre des finances par voie de contrainte, de saisie réelle, d'amende, séquestre, vente de biens et emprisonnement, suivant les circonstances, la position des comptables et les prescriptions de la Cour.

193. Les arrêts de la Cour des comptes ne peuvent être attaqués que pour *erreurs matérielles* et *violation des formes* ou *de la loi.* L. 16 sept. 1807, art. 14 et 17. — V. d'ailleurs *inf.* nº 197.

194. Dans le cas où il s'agit *d'erreurs matérielles*, il y a lieu à un *recours en révision* devant la Cour elle-même.

195. Cette révision peut avoir lieu, soit sur la demande du comptable appuyée de pièces justificatives, recouvrées depuis l'arrêt, soit d'office, à la réquisition du procureur général. L. 1807, art. 14; Décr. 28 sept. 1814; Ordonn. roy. 19 mars 1820; 19 mars 1823.

196. Le recours en révision n'est soumis à aucun délai.

197. Le recours pour violation des formes ou de la loi est porté devant le conseil d'État. Chauveau, 1, 371.

198. Le pourvoi de la part, soit des comptables, soit des ministres, contre les arrêts définitifs de la Cour des comptes n'est recevable que dans les trois mois de la signification régulière de ces arrêts. L. 1807, art. 17.

199. La signification en doit être faite, par huissier, à personne ou à domicile, par ou contre l'agent judiciaire du trésor pour faire courir les délais du pourvoi au conseil d'État.

200. Lorsqu'un arrêt de la C. des comptes a été cassé par le cons. d'État, l'affaire est renvoyée devant une autre chambre de la Cour qui est chargée de rendre un nouveau jugement. Dans aucun cas, le cons. d'État ne peut retenir le fond et le juger. Ordonn. roy. 1er nov. 1819.

ART. 6. — *De la Commission des monnaies.*

201. Cette administration est chargée par le gouvernement de garantir au public le poids, la dimension et le degré de pureté des monnaies, et de veiller à la stricte exécution des lois monétaires.

202. *Organisation.* — Elle se compose d'un président et de deux commissaires généraux nommés sur la présentation du ministre de finances.

203. *Attributions.* — Elle est chargée : — 1° De juger le titre et le poids des espèces fabriquées dans les ateliers monétaires pour le compte de l'État. L. 7 germ. an 12, t. 2. — 2° De statuer sur les difficultés relatives au titre et à la marque des lingots et ouvrages d'or et d'argent. Ordonn. roy. 26 déc. 1827.

204. Il existait autrefois des cours spéciales dites *Cours des monnaies*, qui étaient chargées d'appliquer les peines encourues par ceux qui se rendaient coupables de contrefaçon ou d'altération de monnaies ayant cours en France ; mais la loi du 6 sept. 1790, sur l'organisation judiciaire, les a abolies, et aujourd'hui l'autorité judiciaire est seule compétente. (C. pén. 132 et suiv. ; L. 28 avr. 1832 ; *Lerat de Magnitot.*

ART. 7. — *Des commissions des travaux d'utilité commune.*

205. Ces juridictions administratives n'ont qu'une existence accidentelle et temporaire ; elles sont instituées pour résoudre certaines difficultés qui s'élèvent à l'occasion de travaux publics et pour le jugement desquelles des connaissances soit locales, soit spéciales, sont nécessaires.

206. *Organisation.* — Chaque commission doit être composée de *sept* commissaires pris parmi les personnes qui sont présumées avoir le plus des connaissances relatives, soit aux localités, soit aux divers objets sur lesquels ils ont à prononcer. L. 16 sept. 1807. — Les commissaires sont nommés par l'Emper.

207. *Attributions.* — Les commissions spéciales connaissent de tout ce qui est relatif au classement des diverses propriétés avant ou après le dessèchement des marais, à leur estimation, aux questions d'indemnité pour occupation de terrain, aux évaluations de plus-value, aux contestations qui s'élèvent entre les concessionnaires et les propriétaires sur l'exécution des clauses des actes de concession. Elles connaissent des mêmes objets, lorsqu'il s'agit de fixer la valeur des propriétés avant l'exécution des travaux d'un autre genre, comme routes, canaux, quais, digues, ports, rues, etc., et après l'exécution desdits travaux, et lorsqu'il est question de fixer la plus-value. *Ib.*, art. 46.

208. Les questions de *propriété* qui peuvent être soulevées à l'occasion de ces travaux, sont expressément réservées aux tribunaux ordinaires; ceux-ci sont seuls compétents pour les juger, sans que néanmoins les opérations relatives aux travaux ou à l'exécution des décisions des commissions puissent être retardées ou suspendues. *Ib.*, art. 47.

209. *Procédure.* — La présence de cinq membres est nécessaire pour qu'une décision des commissions spéciales soit prise valablement. — Leurs décisions doivent être motivées. *Ib.*, art. 43.

210. Les commissions spéciales exerçant les mêmes fonctions que les conseils de préfecture, pour tout le contentieux relatif aux entreprises de dessèchement, elles doivent se conformer au mode de procéder établi pour ces conseils. — Ainsi leurs décisions doivent être signifiées régulièrement. Tant que la signification ou que l'exécution n'a pas eu lieu, les parties conservent le droit de se pourvoir devant le conseil d'État.

211. La loi est muette sur la question de savoir si les décisions de ces *commissions* sont susceptibles d'appel; mais le recours au conseil d'État contre tous les jugements administratifs de première instance étant une règle générale, on a admis avec raison tous les pourvois régulièrement formés devant cette juridiction supérieure.

Art. 8. — *Des intendances et commissions sanitaires.*

212. La police sanitaire locale est exercée, sous la surveillance des préfets, par des *intendances* et par des *commissions* dont le nombre et le ressort sont déterminés par la loi.

213. *Organisation.* — Les *intendances* sont composées de huit membres au moins et de douze au plus, nommés par le ministre de l'intérieur.

Les *commissions* sont composées de quatre ou huit membres désignés par le préfet. Ordonn. roy. 7 août 1822, art. 56. — Sont présidents nés des intendances et commissions les maires des villes où elles siègent. — Elles sont renouvelées tous les trois ans par moitié. Art. 57.

214. *Attributions.* — Ces autorités sont chargées de prononcer sur toutes les questions qui intéressent la police sanitaire du pays soit dans les ports et sur les côtes de la mer, soit sur les frontières de terre, soit dans l'intérieur. L. 3 mars 1822; ordonn. roy. 7 août 1822.

215. Leurs délibérations exigent la présence de la moitié plus un de leurs membres, et doivent être prises à la majorité absolue des suffrages. Les décisions particulières des intendances et commissions doivent être motivées et notifiées, sans retard, aux parties intéressées. Ordonn. roy. 7 août 1822, art. 53.

ART. 9. — *Des conseils de révision et de recrutement de l'armée.*

216. Ils sont établis dans le double but d'offrir aux citoyens des garanties contre l'arbitraire de l'administration, dans les opérations qui touchent aux plus chers intérêts des familles, et aussi de pourvoir à la bonne composition du contingent, en n'y faisant entrer que des hommes propres à supporter les fatigues du service militaire.

217. *Organisation.* — Il existe un conseil par département. — Il se compose : 1° du préfet, président, ou à son défaut du conseiller de préfecture qu'il a délégué ; — 2° d'un conseiller de préfecture ; — 3° d'un membre du conseil général du département ; — 4° d'un membre du conseil de l'arrondissement dont les jeunes gens sont examinés : ces trois membres sont à la désignation du préfet ; — 5° d'un officier général ou supérieur désigné par l'Emper. — Un membre de l'intendance militaire doit assister aux opérations du conseil de révision. Il doit être entendu toutes les fois qu'il le demande et peut faire consigner ses observations au registre des délibérations. — Le sous-préfet ou le fonctionnaire par lequel il a été suppléé pour les opérations du tirage, doit assister aux séances que le conseil de révision tient dans l'étendue de son arrondissement. Il y a voix consultative. L. 21 mars 1832, art. 15.

218. Les conseils de révision n'ont pas de résidence fixe ; ils se transportent successivement dans les cantons de chaque arrondissement : c'est le seul de nos tribunaux, soit judiciaires, soit administratifs, qui ait conservé le caractère *ambulatoire.* Toutefois, il dépend du préfet de réunir dans le même lieu plusieurs cantons pour les opérations du conseil. *Ib.*, art. 15.

219. *Attributions.* — Les conseils de révision sont chargés de revoir les opérations de recrutement, d'entendre les réclamations auxquelles ces opérations peuvent donner lieu, de juger les causes d'exemption et de déduction, enfin, de statuer sur les substitutions de numéros et les demandes de remplacement. *Ib.*, art. 15 et 17.

220. *Procédure.* — Les débats que soulèvent ces opérations et le prononcé des décisions qui interviennent ont lieu en séance publique.

221. Les décisions des conseils de révision sont définitives.

Ibid., art. 25. — Il n'y a d'exception que dans le cas où les motifs d'exemption ou de dispense dépendent de la solution de questions préjudicielles, qui sont du ressort des tribunaux ordinaires. Le conseil désigne alors des jeunes gens en nombre égal à celui des réclamants, suivant l'ordre du tirage, afin de les suppléer s'il y a lieu : ils ne sont appelés que dans le cas où, par l'effet des décisions judiciaires, les réclamants se trouvent définitivement libérés.

222. Les décisions rendues par les conseils de révision, en l'absence des parties, ne sont pas considérées comme étant rendues par défaut, et par conséquent ne sont pas sujettes à révision par le conseil lui-même. *Ibid.*, art. 16.

223. Les conseils de révision ne peuvent revenir sur leur propres décisions. Cons. d'État, 20 janv. 1829.

224. Aucun recours n'est ouvert contre une décision définitive du conseil qui a inscrit les jeunes gens sur la liste du contingent cantonal ; on a préféré à la garantie qu'offrait un deuxième degré de juridiction l'avantage de fixer de suite et d'une manière irrévocable le sort des individus soumis au recrutement.

225. Cependant, un pourvoi basé sur l'*incompétence* ou l'*excès* de pouvoir du conseil, serait accueilli par le conseil d'État. Cons. d'Ét. 21 janv. 1829.

ART. 10. — *Garde nationale.*

226. Il y a trois espèces de tribunaux :

1º *Les conseils de recensement*, qui ont pour mission de reviser les listes, au moyen desquelles est établi le registre matricule, sur lequel sont inscrits tous les Français appelés au service de la garde nationale.

227. *Organisation.* — Il y a au moins un conseil de recensement par commune. L. 22 mars 1831, art. 15.

Ce conseil se compose : — 1º Dans chaque compagnie organisée isolément, du capitaine, président, et de deux membres désignés par le sous-préfet ; — 2º dans chaque bataillon, du chef de bataillon et des capitaines commandants ; les capitaines peuvent se faire suppléer par leurs sergents-majors. Décr. 11 janv. 1852, art. 9.

228. *Attributions.* — Les conseils de recensement sont chargés de reviser les listes de recensement, d'opérer les inscriptions et radiations nécessaires, de prononcer sur les demandes de dispense temporaire, de former le contrôle du service ordinaire et du service de réserve, d'effectuer la répartition en compagnies des gardes nationaux inscrits sur le contrôle du service ordinaire ; ils statuent sur les réclamations relatives au domicile réel. *Ib.*; L. 22. mars 1831, art. 10, 14, 15; 16, 18, 29, 32, 138, 141 et 143.

229. La réclamation est adressée au président, Décr. 5 sept. 1851.— par une simple pétition, sans aucune formalité parti-culière.

230. La réclamation contre une inscription sur le contrôle n'exclut pas l'obéissance provisoire à l'ordre du service jus-qu'à ce qu'il ait été statué sur la réclamation; à moins toute-fois que l'instance n'ait été introduite antérieurement à l'ordre de service. Cass. 18 nov. 1831, D. 32, 71.

231. *Procédure.* — Le réclamant est averti du jour de la réu-nion, avec invitation de comparaître en personne ou par un fondé de pouvoirs. Décr. 5 sept. 1851, art. 3.

232. Aucune décision n'est valable qu'autant que la moitié plus un des membres y a pris part. Les décisions sont prises à la majorité des voix; en cas de partage, la voix du prési-dent est prépondérante. Art. 4.

233. La décision contradictoire n'est pas notifiée; il en est donné copie à la partie qui le demande. Art. 5.

234. L'opposition à la décision par défaut doit être for-mée dans les cinq jours de la notification. Le conseil de re-crutement peut néanmoins, en cas d'empêchement constaté, relever le défaillant du délai d'opposition. Art. 6.

235. Les conseils de recensement forment une juridiction de premier degré. Leurs décisions sont soumises à appel devant les jurys de révision.

236. 2° *Les jurys de révision* institués pour juger en appel toutes les réclamations présentées au conseil de recensement.

237. *Organisation.* — Il existe par chaque canton, dans les départements, un jury de révision composé du juge de paix, président, et de membres nommés par le sous-préfet. Décr. du 11 janv. 1852.

238. *Attributions.* — Les jurys de révision sont chargés de statuer sur les réclamations de tiers ou parties intéressées re-lativement aux inscriptions, radiations et dispenses prononcées par le cons. de recensement. L. 22 mars 1831, art. 25 et 29.

239. Les décisions des jurys de révision sont prises à la majorité absolue; elles ne sont susceptibles d'aucun recours, sauf le cas d'incompétence ou d'excès de pouvoir. Ordonn. roy., 9 mars 1836, 17 sept. 1838.

240. L'appel des décisions devant le jury de révision n'est recevable qu'autant qu'il est interjeté dans la quinzaine de la décision contradictoire ou de la notification des décisions ren-dues par défaut ou sur l'opposition. Décr. 1851, art. 8.

241. Les séances des conseils de recensement et des jurys de révision sont publiques; la vérification des infirmités peut être faite en chambre du conseil. Les décisions délibérées en chambre du conseil sont prononcées en séance publique. Art. 18.

242. La défense orale est admise; la partie peut recourir au ministère d'un avocat. Chauveau, p. 396.

243. La contrariété des décisions rendues en dernier ressort, en différents cons. de recensement ou jurys de révision, donne ouverture à un recours devant le conseil d'Etat. *Ib.*, art. 27; C. pr. 504; Cormenin, 3, 175, notes.

244. 3° *Les conseils de révision* dont les opérations sont relatives au service de guerre qui peut, momentanément et exceptionnellement, être imposé à la garde nationale. LL. 22 mars 1831, art. 143, 146 à 148; 19 avr. 1832, art. 3.

ART. 11. — *De la juridiction universitaire.*

245. La juridiction universitaire est exercée par les préfets, les recteurs, les conseils départementaux, les tribun. correctionnels, les conseils académiques, le conseil de l'instruction publique et le ministre. L. 15 mars 1850; décrets, 29 juillet, 7 oct., 20 et 30 déc. 1850; décr. 9 mars 1852; L. 20 juin 1854; décr. 22 août 1854.

246. *Préfet.* — Il exerce, sous l'autorité du ministre, et sur le rapport de l'inspecteur d'académie, le droit de nommer et de révoquer les instituteurs communaux. C'est au préfet que quiconque veut ouvrir une école libre doit faire la déclaration. Arg. L. 20 juin 1854, art. 8.

247. Sous l'autorité du préfet, l'inspecteur d'académie instruit les affaires relatives à l'enseignement primaire du département. — Sous l'autorité du recteur, il dirige l'administration des collèges et lycées, et exerce, en ce qui concerne l'enseignement secondaire libre, les attributions déférées au recteur par la loi du 15 mars 1850. *Ib.*, art. 9.

248. *Recteur.* — La France est divisée en 16 circonscriptions académiques. *Ib.*, art. 1. — Chaque académie est administrée par un recteur, assisté d'autant d'inspecteurs qu'il y a de départements dans la circonscription. Art. 2.

249. Les attributions du recteur sont réglées par les art. 17 et suiv. Décr. 22 août 1854. — Il statue, après avis des facultés et des écoles préparatoires, sur toutes les questions relatives aux inscriptions des étudiants. *Ib.*, art. 18. — Il peut se pourvoir devant le conseil départemental pour violation de formes ou de la loi, contre les délibérations des jurys chargés d'examiner les aspirants au brevet de capacité pour l'enseignement se-

condaire, — devant le conseil académique, contre la délibération pour la collation des grades. — Il a le droit de former
opposition à l'ouverture d'un établissement d'instruction secondaire; aux cours publics d'enseignement secondaire. L.
1850, art. 52, 60, 64 et 77.

250. Le *Conseil départemental* : il se compose du préfet, pr.,
de l'inspecteur d'académie; d'un inspecteur de l'instruction
primaire désigné par le ministre, et de divers autres membres.
— (V. L. 15 mars 1850, art. 10, §§ 5 à 11; Décr. 9 mars 1852,
art. 3). L. 1854, art. 5. — Pour le département de la Seine, —
V. même loi, art. 6.

251. Il exerce, en ce qui concerne les affaires de l'instruction primaire et les affaires disciplinaires et contentieuses relatives aux établissements particuliers d'instruction secondaire,
les attributions déférées au Conseil académique. — L'appel,
dans les matières qui intéressent la liberté d'enseignement, est
porté directement devant le Conseil de l'instruction publique.
Art. 7.

252. Ainsi le Conseil prononce, sauf recours au Conseil d'instruction publique, sur les affaires relatives à l'ouverture des
écoles libres, aux droits des maîtres particuliers et à l'exercice
du droit d'enseigner, en ce qui concerne l'instruction primaire,
l'instruction secondaire libre; il statue en 1er ressort dans les
cas prévus par les art. 30, 33 et 68. L. de 1850, en dernier
ressort sur certaines mesures disciplinaires. — V. d'ailleurs.
Décr. 21 mars 1855, art. 22 et 24, sur les salles d'asile.

253. *Tribunal correctionnel*. Il applique les peines prononcées par les art. 22, 29, 66 et 80, L. 15 mars 1850, pour les
délits constatés par des procès-verbaux que dressent les personnes chargées de l'inspection. *Ib.*, art. 18.

254. *Conseil académique*. Il est composé du recteur, pr.; des
inspecteurs; des doyens des facultés; de sept membres choisis
tous les trois ans, par le ministre de l'instruction publique, un
parmi les archevêques ou évêques de la circonscription; deux
parmi les membres du clergé catholique, ou parmi les ministres
des cultes non catholiques reconnus; deux dans la magistrature; deux parmi les fonctionnaires publics ou autres personnes
notables de la circonscription. L. 1854, art. 3.

255. Il statue sur le pourvoi du recteur contre les délibérations des facultés pour la collation des grades et sauf recours
au conseil d'instruction publique; veille au maintien des mé-
thodes d'enseignement prescrites par le ministre, en conseil de
l'instruction publique. Il donne son avis sur les questions d'administration, de finances ou de discipline, qui intéressent les

colléges communaux, les lycées et les établissements d'enseignement-supérieur. L. art. 4.

256. *Conseil de l'instruction publique.* — Il connaît de l'appel des décisions rendues par les conseils départementaux et académiques. L. 15 mars 1850, art. 7. Il juge toutes les questions qui intéressent les établissements universitaires; il statue, entre membres de l'université, sur les plaintes des supérieurs et sur les réclamations des inférieurs; il prononce contre eux, s'il y a lieu, les peines de la réforme et de la radiation, et contre les étudiants, en certains cas, l'exclusion de toutes les académies; il juge les affaires contentieuses relatives à l'administration générale des académies et de leurs écoles, et celles qui concernent les membres de l'Université en particulier. Décr. 17 mars 1808, art. 77 à 82.

257. Lorsqu'il s'agit d'affaires contentieuses ou de contraventions emportant la peine de la radiation du tableau, il peut y avoir recours au conseil d'État. *Ibid.*, art. 82; Décr. 15 nov. 1811, art. 149.

258. Les débats devant le conseil d'instruction publique n'ont pas lieu publiquement.

259. Les jugements doivent exprimer les faits et les motifs. *Ibid.*, art. 134.

260. *Ministre de l'instruction publique.* — Il prononce, sans recours, des peines disciplinaires, depuis la simple réprimande jusqu'à la révocation, contre les membres de l'enseignement secondaire public. La révocation des membres de l'enseignement supérieur est prononcée par l'Empereur, sur la proposition du ministre. Il connaît des réclamations relatives aux concours pour l'agrégation. Décr. 22 août 1854; statut du 20 déc. 1855. — Et de toutes les difficultés pour lesquelles une autre juridiction n'a pas été indiquée. Chauveau, 1, p. 378.

ART. 12. — Des évêques.

261. La juridiction des évêques comme juges administratifs, ne s'exerce que sur l'association religieuse *des sœurs de Notre-Dame de la Charité du refuge Saint-Michel,* dont le but est de ramener aux bonnes mœurs et à l'amour d'une vie laborieuse les femmes qui s'en sont écartées. (Décr. 30 sept. 1807.)

262. Les dames de Saint-Michel ne peuvent recevoir dans leurs maisons que les personnes soumises à l'autorité de la police et qui y sont envoyées par ses ordres ou par les pères et conseils de famille, dans les formes établies par le Code, ou encore les personnes qui y entrent volontairement. Décr. 30 déc. 1807, art. 3; 26 déc. 1840, art. 7 et 12.

263. *Attributions.* Toutes réclamations d'une ou de plusieurs sœurs de l'institution contre des actes d'autorité de la supérieure ou du conseil, ou contre des élections ou autres actes capitulaires, sont portées devant l'évêque qui décide.

264. L'exclusion d'une sœur d'une congrégation autorisée est une peine disciplinaire qui ne peut être prononcée que par la juridiction de l'ordinaire. Riom, 27 fév. 1856 (6343). — V. d'ailleurs Gaudry, *Législation des cultes.*

ART. 13. — *Conseil du sceau des titres.*

265. Ce conseil a été rétabli par décret du 12 janv. 1859.— Ce rétablissement était une conséquence de la loi du 28 mai 1858 (6735 et 6749) portant des peines contre ceux qui usurpent des titres et qui s'attribuent, sans droit, des qualifications honorifiques.

266. Il est composé de trois sénateurs, de deux conseillers d'Etat, de deux membres de la C. de cass. de trois maîtres des requêtes, d'un commissaire impér., d'un secrétaire. Des auditeurs au conseil d'État peuvent y être attachés. Art. 1er.— Les membres du conseil sont nommés par décret. Art. 2.

267. Le conseil est convoqué et présidé par le garde des sceaux, en cas d'empêchement, par un membre désigné. Art. 3.

268. Les avis sont rendus à la majorité des voix. La présence de cinq membres au moins est nécessaire pour la délibération. — Les maîtres des requêtes ont voix délibérative dans les affaires dont le rapport leur est confié.—En cas de partage, la voix du président est prépondérante. Art. 4.

269. Le conseil délibère et donne son avis : — 1 sur les demandes en collation, confirmation et reconnaissance de titres, renvoyées à son examen;—2° sur les demandes en vérification de titres ; — 3° sur les demandes en remise totale ou partielle des droits de sceau dans les cas prévus par les deux paragraphes précédents, et généralement sur toutes les questions qui lui sont soumises par le garde des sceaux. Art. 6.

270. Il peut être consulté sur les demandes en changement ou additions de nom ayant pour effet d'attribuer une distinction honorifique. *Ib.* —Les autorisations de changement ou addition de nom sont accordées par décret dans la forme des règlements d'administration publique.

271. Les référendaires au sceau sont chargés de l'instruction des demandes. Art. 8.

272. Elles sont insérées au Moniteur et dans les journaux désignés pour l'insertion des annonces judiciaires de l'arrondissement où réside le pétitionnaire et de celui où il est né. — Il ne peut être statué que trois mois après la date des insertions. Art. 9.

V. *Compétence, Conflit, Élections Expropriation, Retraite.*

COMPÉTENCE des tribunaux civils de 1re instance.

1. La compétence des tribunaux civils de première instance peut être envisagée sour le triple rapport, — de la nature des affaires ou de l'*attribution*, — de l'étendue du *territoire*,—et de la fixation du taux du premier ou du dernier *ressort*.

Table sommaire.

DIVISION.

§ 3. — *Compétence de premier ou de dernier ressort.* (248)

§ 1. — *Compétence d'attribution.*

2. Les tribunaux de première instance, également appelés tribunaux civils ou d'arrondissement, ont la juridiction *ordinaire* en matière civile : les cas où ils sont compétents forment la règle ; ceux où ils sont incompétents, l'exception. Ils ont plénitude de juridiction.

3. Ainsi leur compétence embrasse : — 1° Toutes les affaires civiles, autres que celles attribuées par la loi aux *juges de paix.* — V. *Compétence des trib. de paix.*

4. 2° Les demandes en *règlement de juge,* (— V. ce mot), lorsqu'un même différend est porté devant deux ou plusieurs juges de paix du ressort. C. pr. 363.

5. 3° Les affaires commerciales, tant de terre que de mer, lorsqu'il n'existe pas de *tribunaux de commerce* dans le ressort.

6. En cas d'abstention de tous les membres d'un trib. de commerce par suite de récusation, les affaires doivent-elles être renvoyées devant le tribunal civil ? Rouen, 4 nov. 1836 Ou bien devant un autre trib. de commerce du ressort ? Arg. C. pr. 373 ; Rouen, 23 mai 1844, D. 52, 5, 125. Cette dernière solution paraît préférable.

7. Au surplus, en cas d'urgence, le tribunal civil serait compétent, par exemple s'il s'agit de vendre aux enchères des marchandises neuves. Auxerre, 26 mai 1852, D. 52, 3, 48.

8. 4° Les contestations dévolues par leur nature à des juridictions exceptionnelles, mais qui sont connexes à des affaires ressortissant à la juridiction ordinaire. Cass. 29 juin 1820.

9. Le trib. civil compétent pour statuer sur l'action est également compétent pour statuer sur l'exception. Peu importe que l'exception prenne sa source dans une opération commerciale. Limoges, 13 août 1840, D. 41, 90. V. *Faillite*, 31.

10. Le juge de paix, compétent pour connaître d'une demande en payement de primes d'assurances, connaît également de la question de résiliation de ce contrat opposée comme moyen d'exception. Cass. 22 juillet 1861 ; — bien que cette demande en résiliation formée par action principale soit de la compétence du tribunal civil.

11. Au reste, le trib. civil peut se dessaisir de l'exception quand elle est opposée par un codéfendeur passible, quant à cette exception, d'une juridiction spéciale. Ainsi jugé en matière d'arbitrage forcé, alors d'ailleurs qu'il n'y avait pas indivisibilité. Rej. 25 juillet 1854, D. 54, 429.

12. Un trib. français connaît de la nullité d'une vente d'immeubles situés en pays étrangers et faite entre époux français, lorsque cette demande est formée incidemment à une instance portée devant lui, à fin de liquidation de la communauté dont dépendaient les immeubles vendus. Rej. 19 avril 1852, — D. 52, 245

13. 5° Les actions civiles relatives à la perception des contributions indirectes, quelle qu'en soit la valeur. L. 11 sept. 1790, tit. 4, art. 2.

14. 6° Les difficultés d'exécution de leurs jugements et de ceux rendus, soit par des arbitres, des juges de paix et des trib. de commerce, soit par des trib. criminels, en ce qui concerne les condamnations civiles. Carré, 2, 457. — V. d'ailleurs *Contrainte par corps*.

15. 7° Les actions civiles en réparation du préjudice résultant d'un fait qualifié délit par la loi, lorsqu'il n'existe pas d'action au criminel de la part du ministère public. C. Inst. crim. 3, 52 et 408 ; Paris, 16 nov. 1833, D. 34, 29. — V. d'ailleurs *Partie civile*.

16. 8° Les demandes en dommages-intérêts intentées contre le dénonciateur. Bordeaux, 9 déc. 1859 (7154), ou contre la partie civile, par le prévenu acquitté par une chambre du conseil ou d'accusation.

17. Il en est autrement si la C. d'assises a statué sur la prévention : c'est devant cette Cour que doit être portée l'action en dommages-intérêts. Lyon, 18 janv. 1828, D. 28, 232. Mais peu importe que la demande en dommages-intérêts résulte d'une action poursuivie devant les tribunaux militaires. Cass. 1er ther. an 10.

18. Enfin les trib. de 1re inst. statuent, comme juges du second degré :

Sur les appels des sentences des trib. de paix. L. 27 vent. an 8, art. 1er. — V. *inf.*, n° 251. Mais ils ne connaissent alors que des demandes et défenses pour lesquelles ce juge était compétent. Ainsi ils ne peuvent juger une question de servitude qui n'a pas dû être soumise au juge de paix. Cass. 11 avr. 1837, D. 37, 310.

Et sur les appels des sentences arbitrales rendues sur des matières qui, s'il n'y eût pas eu d'arbitrage, eussent été de la compétence du juge de paix, soit en premier, soit en dernier ressort. C. pr. 1023. — V. *Arbitrage*, n° 547.

19. Le trib. civ. saisi de cet appel n'a point, comme juge d'appel, une juridiction plus étendue que celle du juge de paix dont les jugements lui sont déférés. Spécialement, le trib. saisi comme juge d'appel d'une demande d'indemnité pour fait illégal de passage, ne connaît pas du droit de propriété en vertu duquel le défendeur prétend avoir exercé ce passage. Cass. ch. Réun. 26 déc. 1843, — D. 44, 378.

20. L'incompétence des trib. de 1re inst. pour connaître des contestations spécialement attribuées aux juridictions d'exception, telles que les justices de paix et les trib. de commerce, peut, du reste, être couverte par le consentement des parties.

Cette solution, d'ailleurs conforme aux anciens principes, se justifie par les garanties de capacité que la loi exige des membres qui composent les trib. ordinaires. Arg. C. comm., 640. Le trib. civil a la plénitude de juridiction. C'est dans l'intérêt des particuliers, pour diminuer les frais, accélérer le jugement des procès, rapprocher les justiciables de leurs juges, que la loi a attribué certaines affaires aux juges de paix. Des motifs analogues ont fait distraire les causes commerciales de la juridiction des trib. civils. — Comment concilierait-on l'interdiction pour les parties, du droit de porter devant un trib. civil une contestation de la compétence du juge de paix, avec la faculté qui leur est laissée de proroger la juridiction de ce magistrat ? V. *Prorogation de juridiction*. La nature d'un acte commercial dépend souvent de l'intention des parties, de l'usage qu'elles ont fait de la chose : ces circonstances ne se révèlent souvent que par la défense au fond. Le trib. civil qui reconnaît par l'instruction que la cause est commerciale devra-t-il renvoyer l'affaire ? Ce serait multiplier, prolonger les procès, augmenter les frais. La répartition des affaires, entre les tribunaux d'arrondissement, les tribunaux de commerce et les juges de paix, n'est pas toujours fondée sur des motifs d'ordre public et d'intérêt général ; l'intérêt général, au contraire, semble exiger qu'entre ces trois juridictions il y en ait une qui ait le droit de retenir la connaissance des affaires attribuées aux deux autres lorsqu'elles lui sont soumises par les parties : cette prérogative épargne de grands inconvénients. — M. Delahaye, *Journal de procédure*, Art. 5322. — V. *inf.* n° 28.

21. Toutefois les *actions possessoires*, à raison de leur nature particulière, semblent faire exception au principe; Cass. 18 juin 1825. — V. ce mot, n° 268.

22. Même solution au cas de *faillite*. — V. ce mot.

23. Mais, en général, et sauf ces cas exceptionnels, les trib. civils peuvent, lorsque les parties ne s'y opposent pas, connaître : — 1° Des matières attribuées aux juges de paix, et, par exemple, d'une action en réparation de dégradations commises par un fermier. Bruxelles, 16 juin 1820, — *Contrà*, Paris, 16 août 1833, D. 34, 103; Henrion, *Compétence*, ch. 4; Carou, 1, n° 40. — D'une demande en résiliation de bail pour non-payement de loyer. Bordeaux, 3 décembre 1841, D. 42, 169. — Des actions concernant les travaux exécutés dans le cas de l'art. 674 C. N. Motifs. Pau, 4 août 1859 (7549).

24. 2° Des matières commerciales. Cass. 10 juill. 1816; 9 avril 1827; 11 janv. 1847; 20 nov. 1848, D. 48, 233. — V. d'ailleurs *Arbitrage*, 647.

25. Le consentement des parties à procéder devant le trib. de 1re inst. peut-il s'induire de cela seul qu'elles n'ont pas proposé l'incompétence *in limine litis* ? — Oui, spécialement en matière commerciale. Nevers, 2 juill. 1851 (4956).

26. Le renvoi ne peut être demandé pour la première fois en appel. Bordeaux, 27 avr. 1846; Nancy, 19 nov. 1849 (3397, 4542); — ni à plus forte raison devant la C. de cass. 24 avr. 1834; Rej. 9 janv. 1838, 18 mars 1839, (1265).

27. Le trib. civ. saisi d'une contestation commerciale doit-il statuer d'après les seules règles des lois civiles, et conséquemment s'abstenir de prononcer la contrainte par corps, si ce n'est dans les cas où les lois civiles autorisent elles-mêmes cette voie d'exécution? Colmar. 19 juin 1841, D. 52, 74. — Ou bien doit-il statuer suivant les règles de procédure et d'après les principes propres aux matières de commerce ; par suite, peut-il admettre la preuve par témoins en vertu de l'art. 109 C. comm.? Orléans, 25 juin 1850, D. 52, 75.

Il faut distinguer: — Si les parties se présentent devant un trib. civil, sans faire connaître leur qualité de commerçants, sans exprimer qu'elles ont fait un acte de commerce, le caractère civil se *présume ;* les lois civiles devront être appliquées. Si, au contraire, le caractère commercial est signalé ou évident; le trib. appliquera les lois commerciales Le caractère commercial doit être surtout considéré relativement au défendeur, en ce qui concerne l'admission de la preuve testimoniale (5875).

28. Lorsque des doutes sérieux s'élèvent sur la compétence, le demandeur fait bien de porter la cause de préférence devant le trib. civil, et ce tribunal agit sagement en retenant l'affaire, surtout lorsque le trib. d'exception s'est peut-être à tort déclaré incompétent; on épargne ainsi aux parties les frais et les lenteurs d'un règlement de juges. M. Delahaye (5322). — V. sup., n° 20.

29. Si le trib. civil n'est pas obligé de renvoyer d'office les affaires attribuées aux juges d'exception, et dont le renvoi ne lui est pas demandé, est-il obligé de retenir la connaissance de ces affaires? Non. Il peut se déclarer d'office incompétent sur une demande de la compétence du juge de paix. Seine, 26 déc. 1846 (3550).

30. S'agit-il d'un action dévolue à la juridiction administrative (—V. *Compétence administrative*), ou aux trib. criminels, l'incompétence du tribunal civil est, sans aucun doute, proposable en tout état de cause, même en cassation ; les trib. de 1re inst. n'ont en effet le germe de la compétence que pour les affaires civiles proprement dites. — V. *Compétence administrative*, 27; *Exception*. Req. 24 juill. 1861 (7600).

31. Mais la question de savoir si le mandat, en vertu duquel un tiers a touché une créance due par le trésor au mandant, autorisait ce payement, et si le trésor est libéré, est de la compétence de l'autorité judiciaire. Paris, 5 juill. 1836 (568).

32. Il en est de même de la demande en indemnité pour dommages permanents causés aux propriétés par des travaux d'utilité publique.—Les conseils de préfecture ne sont compétents pour prononcer que dans le cas où il s'agit d'un dommage temporaire. Rennes, 1er fév., 17 mars 1834; Paris, 1er août 1835, Dev. 35, 401 ; Cass. 28 nov. 1836 (619).

33. Spécialement le trib. civil connaît de l'action d'un propriétaire riverain qui se plaint de certaines servitudes et du démembrement de sa propriété par suite de travaux ordonnés ou autorisés sur la rivière par l'autorité administrative, et qui demande contre l'usinier, qui s'est fait autoriser à exécuter les travaux dans son intérêt, le payement d'une somme à titre d'indemnité ou le délaissement des droits réels qu'il a obtenus, au préjudice du demandeur, alors surtout que celui-ci ne conclut ni à l'annulation, ni à la modification des actes administratifs. Cass. 6 août 1840 (1789).

34. Lorsqu'un legs de bienfaisance a été fait au profit de personnes indéterminées que l'autorité municipale devra choisir, les difficultés qui s'élèvent sur le point de savoir si le choix fait par cette autorité rentre dans le vœu du testateur, doivent être

jugées par le trib. civ. Agen, 3 juill. 1854, D. 55, 41. — C'est
en effet une question d'interprétation de testament.

35. Jugé que le trib. civil connaît de la contestation relative
aux travaux de déblai ou de remblai entre l'entrepreneur principal et un sous-entrepreneur. Nancy, 6 avr. 1843 (2493). — V.
d'ailleurs *Compétence administrative*, 62.

36. Le tribunal qui se déclare incompétent n'est pas tenu
de désigner celui auquel les parties doivent s'adresser. Cass. 4
mars 1818; Favard, 2, 458; Boncenne, 3, 212.

§ 2. — *Compétence territoriale.*

Art. 1. — *Règles générales.*

37. La répartition des affaires civiles entre les différents trib.
de 1re inst. constitue la *compétence territoriale.*

38. L'attribution d'une affaire à tel trib. civil, plutôt qu'à tel
autre, est déterminée, tantôt par la situation des biens litigieux,
tantôt par le domicile de l'une des parties, selon que l'action est
réelle ou personnelle. — V. *Action.*

Enfin, dans certains cas, la loi prend en considération la nature de la contestation, ou la qualité des parties.

Ainsi, les règles générales de compétence se trouvent modifiées, lorsqu'il s'agit de contestations relatives à l'exécution d'un
jugement, d'une demande en payement de frais faits par un
officier ministériel, etc., ou bien encore quand l'action est intentée contre une succession, une faillite, etc. — V. *inf.*, n° 72.

39. Le législateur paraît s'être décidé d'après les considérations suivantes :

1° En matière personnelle, le débiteur mérite plus de faveur
que celui envers lequel il s'est obligé ;

2° En matière réelle, on doit préférer à tout autre le juge qui
se trouve à portée d'instruire le mieux la cause, à raison des
localités ou de diverses circonstances ;

3° Il faut en toute matière prévenir la multiplicité des instances ;

4° Dans certains cas spéciaux, il faut attribuer la connaissance
du litige au juge qui, par sa position, est plus à portée d'apprécier la difficulté.

40. Quel est le tribunal compétent pour connaître de la *vente
sur folle enchère* ? — V. ce mot.

41. Il n'est pas permis à un tribunal de déléguer sa juridiction. Il n'a que la faculté de donner commission pour faire certains actes d'instruction. — V. *Compétence*, n° 31.

ART. 2. — *Actions personnelles et mobilières.*

42. L'infraction aux règles de la compétence respective des trib. civils constitue en général une incompétence personnelle ou relative qui doit être proposée avant toute défense au fond. — V. *Exception,* et toutefois *Ordre, Saisie immobilière.*

43. Doit-on considérer comme mobilière l'action tendant à séparer ou à vendre séparément du sol les récoltes, fruits et bois pendant par racines ?—V. *Action,* n° 45.

44. Les *Actions personnelles et mobilières* doivent, en général, être intentées devant le trib. du domicile du défendeur, et, s'il n'a pas de domicile, devant le trib. de sa résidence. C. pr. 59.

45. Quel est le caractère de l'action du vendeur tendant à faire déclarer que la vente d'un immeuble a eu lieu et que l'acquéreur doit en payer le prix ? — Est-ce une action réelle (Chauveau)? — ou mixte (Seine, 15 avr. 1848) ? — ou bien personnelle ? — Jugé, dans ce dernier sens, attendu que l'action du vendeur tendait uniquement à obtenir l'exécution d'une obligation, le payement du prix. — Paris, 22 juill. 1848 (4188)· — V. *Action.*

46. La résidence de fait d'une personne dans le lieu où elle paye sa contribution personnelle, la rend justiciable du trib. de ce lieu pour les objets de consommation qui lui ont été livrés, quoiqu'elle ait un domicile connu dans un autre ressort. Paris, 13 mai 1809, 25 mai 1826.

47. Une demande relative à l'exécution d'un contrat d'assurance (mutuelle sur la vie), formée contre un agent de la compagnie, lequel n'a pas actuellement de résidence connue, peut être portée devant le trib. du lieu indiqué dans la police comme celui du domicile de cet agent. Bordeaux, 24 juin 1852, D. 54, 5, 158.

48. La règle qui attribue compétence au juge du domicile ou de la résidence souffre d'assez nombreuses exceptions.

Ainsi, 1° Les comptables judiciaires doivent être poursuivis devant le juge qui les a commis, et les tuteurs devant celui du lieu où la tutelle a été déférée.—V. *Compte.*

49. 2° Le désaveu est formé devant le trib. où s'est fait l'acte judiciaire désavoué. — Quand le désaveu porte sur un acte extrajudiciaire, on suit la règle générale du domicile. — V. *Désaveu.*

50. 3° La demande en nullité d'emprisonnement, ou en élargissement, formée par un débiteur incarcéré, est portée devant le trib. du lieu où il est détenu.—V. *Contrainte par corps.*

51. 4º En matière de droits d'enregistrement, l'action se porte devant le trib. du bureau de perception. L. 22 frim. an 7, art. 64.—V. *Enregistrement, Etat*.

52. 5º Les héritiers d'un conservateur décédé doivent être assignés en responsabilité, non pas à l'ancien domicile de ce conservateur, mais au bureau de conservation où il remplissait ses fonctions. L. 21 vent. an 7, art. 9; Rouen, 7 nov. 1826.

53. 6º La permission d'opérer une saisie-arrêt peut être demandée au juge du tiers saisi.—V. *Saisie-arrêt*.

54. 7º En matière de saisie-exécution, la demande à fin de décharge de la part du gardien, celle en revendication des effets saisis, et généralement toutes les contestations relatives à la saisie, appartiennent au juge du lieu où elle a été pratiquée. C. pr. 606, 608.—V. *Saisie-exécution*.

55. 8º L'autorisation de faire une saisie foraine doit être obtenue du juge du lieu où se trouvent les effets à saisir. C. pr. 822. — V. *Saisie foraine*.

56. 9º En matière de saisie-revendication, la compétence est dévolue au juge du domicile du détenteur, ou à celui de l'instance à laquelle cette action serait connexe. C. pr. 831.—V. *Saisie-revendication*.

57. 10º En matière de *tierce-opposition* et de *requête civile*, l'action est soumise au juge qui a rendu le jugement. — V. ces mots et *inf.*, art. 5 à 12.

58. Lorsque le défendeur n'a ni domicile, ni résidence fixe, ce qui arrive souvent à l'égard des colporteurs, baladins et autres gens exerçant des professions qui nécessitent des déplacements continuels, le demandeur peut le traduire devant le tribunal du lieu où il a contracté. Nîmes, 4 pluv. an 9.

59. L'action dirigée contre celui qui n'a ni domicile ni résidence en France peut, sauf les cas où la loi attribue juridiction, être portée devant le trib. du choix du demandeur. Douai, 2 août 1854, D. 55, 5. — V. *Etranger*.

ART. 3. — *Actions immobilières*.

60. Les *actions réelles immobilières* sont portées devant le trib. de la situation de l'objet litigieux. C. pr. 59. — V. *Action*.

61. Ainsi jugé, à l'égard : — 1º d'une demande en nullité de donation d'un immeuble. Amiens, 16 mars 1839, P. 31, 658. — V. d'ailleurs *Hypothèque*.

62. 2º D'une action en indemnité pour dégradations commises par le preneur et dépassant 1500 fr. Arg. C. pr. 3. Caen, 2 mai 1855 (6045).

63. 3° D'une action en revendication des immeubles dotaux. Cass. 29 avr. 1835 (141). — Spécialement la demande relative à la propriété d'immeubles qu'une femme séparée de biens veut faire entrer dans ses reprises, est de la compétence du tribunal de la situation des biens et du domicile de la femme, et non du tribunal qui a prononcé la séparation de biens, alors surtout qu'il n'est le domicile d'aucune des parties. Cass. 15 mars 1842 (2379.)

64. Si les héritages à borner font partie d'une seule et même exploitation, c'est le tribunal du chef-lieu de l'exploitation qui est compétent. A défaut de chef-lieu, ou si les biens sont absolument distincts, c'est celui où se trouve la partie des biens qui présente le plus grand revenu d'après la matrice du rôle.

65. L'incompétence d'un trib., résultant de ce que l'objet litigieux est situé en moins grande partie dans l'arrondissement de ce trib. que dans celui du trib. voisin est relative et ne peut être proposée tardivement. Rej. 22 fév. 1841, D. 41, 129.

66. Une action réelle, intentée devant un tribunal compétent, peut être continuée devant ce tribunal, quoique par suite de la réduction, pendant l'instance, de l'arrondissement, les biens en litige soient attribués à un nouveau tribunal. — V. *Compétence*, n° 57.

67. Le trib. saisi d'une action réelle formée contre un tiers détenteur connaît de tous les incidents relatifs à cette action, même des contestations s'y rattachant, que le débiteur personnel élèverait devant un autre trib. Ainsi, lorsque le cessionnaire d'une créance, après avoir fait signifier au débiteur un commandement, a actionné en délaissement le tiers détenteur d'immeubles affectés à la garantie de ladite créance, le trib. saisi de cette action connaît de l'opposition formée par le débiteur cédé au commandement et transmise par lui au trib. de son domicile. Dijon, 3 fév. 1852, D. 54, 5, 155.

ART. 4. — *Actions mixtes.*

68. Les actions mixtes sont portées, au gré du demandeur, soit devant le juge de la situation de l'immeuble, soit devant celui du domicile du défendeur. C. pr. 59. — V. *Action.*

69. Ainsi l'action ayant pour objet l'exécution d'un bail peut être portée devant le trib. de la situation des lieux loués. Paris, 12 mars 1858, Dev. 58, 263.

70. Le demandeur dans une action réelle ou mixte peut citer le défendeur décédé en la personne de ses héritiers devant le tribunal de la situation des biens. Toulouse, 8 fév. 1840, D. 41, 18.

71. La citation en conciliation ne peut être considérée comme une option : cette citation, soit en matière personnelle, soit en matière réelle, doit être donnée devant le tribunal du domicile du défendeur. Bourges, 24 nov. 1815.

Art. 5. — *Actions des officiers ministériels en paiement de frais.*

72. Les demandes formées pour frais par les officiers ministériels doivent être portées au trib. où les frais ont été faits. C. pr. 60. — Le contrat entre le client et l'officier ministériel s'est formé au tribunal auquel ce dernier est attaché ; — ce tribunal a sur lui un droit de discipline, et peut taxer les frais plus exactement ; — il importe que les officiers dont le ministère est forcé ne soient point détournés de leurs fonctions, et exposés à poursuivre au loin et à grands frais les honoraires qui leur seraient dus. — V. toutefois *Saisie-arrêt*, n° 126.

73. Cette disposition est impérative et non facultative pour l'officier ministériel ; la partie assignée en payement de frais devant le juge de son domicile peut demander son renvoi devant le trib. où les frais ont été faits. C'est autant dans son intérêt que dans celui de l'officier ministériel que la loi attribue la connaissance de ces affaires aux trib. où les frais ont été faits. Thomine, art. 60 ; Boitard, 1,232 ; Carré, n° 279. — V. *sup.*, n° 72.

74. Mais le trib. ne peut pas d'office prononcer le renvoi. Thomine, *Ib.* ; — et l'incompétence est couverte par des défenses au fond. Rodière, 1, 124.

75. *Pour frais.* La disposition ne s'applique qu'aux frais faits en qualité d'officier ministériel, et non pas aux salaires dus pour soins pris en qualité de simple mandataire. — Rennes, 24 juill. 1813.

76. A moins que la demande ne soit connexe à une demande de frais formée en la première qualité. Bourges, 18 déc. 1824; Cass. 10 août 1831, P. 24, 116. — V. *Avoué*, n°ˢ 272 et suiv.

77. La demande en remboursement des frais d'impression, de lithographie, de rédaction de mémoires, etc., dont l'avoué a fait l'avance sur la demande de son client, encore bien qu'ils soient en dehors du tarif, doit être portée devant le trib. qui a statué sur le litige. Montpellier, 7 juin 1850, D. 52, 144.

78. Toutefois, lorsqu'un notaire réclame en même temps des honoraires extraordinaires pour exécution d'un mandat spécial et honoraires de son ministère, ces derniers dans une faible proportion, le trib. du domicile du client peut connaître du tout. Paris, 12 mars 1860 (7243). — V. *inf.* 98.

79. Peu importe que les frais dus à l'officier ministériel aient été fixés par la partie dans une reconnaissance. Le trib. devant lequel l'instance a eu lieu est toujours compétent : l'art. 60 est général. Si l'avoué ne pouvait recevoir un règlement de ses frais sans perdre ce bénéfice, il ne manquerait pas d'assigner son client dans les deux années pour empêcher la prescription de sa créance. Carré, n° 278. — *Contrà*, Delaporte, 1, 63.

80. Par les *officiers ministériels*. Ces expressions embrassent non-seulement les officiers ministériels proprement dits, tels que les avoués et les huissiers, mais encore :

1°. Les commissaires-priseurs. Thomine, *Ib.*, Rodière, *Ib.*

81. 2° Les notaires : — Le doute vient de ce qu'ils ne sont pas des officiers ministériels attachés à un tribunal, ni dispensés du préliminaire de conciliation, ni soumis à la prescription des art. 2272 et 2273 C. N. — Mais il y a les mêmes motifs que pour les officiers ministériels. — Si le juge taxateur est en droit d'exiger la représentation des minutes, un pareil déplacement à de longues distances entraînerait trop de frais et de dangers. — D'ailleurs l'art. 59, L. 25 vent. an 11, attribue compétence au trib. civil de la résidence du notaire pour le règlement des honoraires des notaires. Toulouse, 7 août 1819 ; Cass, 7 mai 1828 ; Orléans, 15 mars 1832, D. 33, 131 ; Dijon, 22 avril 1844 ; Paris, 21 juill. 1856 (2861, 6260) ; Boncenne, 2, 253 ; Rolland, v° *Honoraires*, n° 240 ; Chauveau sur Carré, n° 276. — *Contrà*, trib. Loches, 23 fév. 1827 ; Poitiers, 7 déc. 1830, D. 31, 33. — V. *inf.* 99.

Au reste, peu importe que les notaires aient instrumenté par suite d'un renvoi ou d'une commission du trib., ou qu'ils aient été choisis librement par les parties. *Mêmes autorités.*

82. 3° Les greffiers : ils peuvent donc réclamer devant le trib. auquel ils sont attachés le coût des expéditions qu'ils ont délivrées sans se les faire payer d'avance. Carré, art. 60, n° 276. Boncenne, 2, 252.

83. Le greffier de la justice de paix formera sa demande non devant le juge de paix auquel il est attaché, mais devant le trib. civil de l'arrondissement.

84. — Même décision pour les frais de scellés, quel qu'en soit le chiffre. Cass. 26 avr. 1848 (3986). — Et pour l'indemnité de transport à l'effet de dresser un procès-verbal de non-lieu à scellés. Bordeaux, trib. 4 juin 1851 (5267).

85. La taxe des frais et émoluments dus au greffier, spécialement pour les formalités relatives aux scellés, appartient au président du trib. civil, au cas de contestation. Arg. art. 1, § 3, du tarif. Carou, n° 99. *Palais*, v° *Greffier de paix*, n° 101. — *Contrà*, Victor Fons, p. 36, n° 9. — La défense faite au greffier de percevoir aucuns frais avant d'avoir soumis les états à la vérification et au visa du juge de paix, simple mesure de surveillance, n'est point exclusive de ce droit. Motifs, Cass. 28 avr 1848 (7187); Chauveau, n° 3048.

86. La disposition de l'art. 60 est-elle applicable à l'action d'un avocat pour les honoraires qui lui sont dus à raison d'une plaidoirie? — Pour l'affirmative on dit : La réclamation d'honoraires ne peut être considérée que comme une suite et un accessoire de l'action principale dont le trib. devant lequel l'avocat a plaidé est saisi. Nevers, 25 juill. 1837 (841). — V. d'ailleurs Aix, 12 mars 1834, D. 34, 189. — Pour la négative on répond : La disposition exceptionnelle de l'art. 60 C. pr. ne s'applique qu'aux officiers ministériels proprement dits, dans la catégorie desquels il est impossible de faire rentrer les avocats. — L'officier ministériel ne peut exercer sa profession que dans le ressort du trib. près duquel il a été nommé; l'avocat, au contraire, a le droit de plaider hors de son ressort; son ministère n'est pas forcé. — Si un avocat croit pouvoir réclamer des honoraires en justice, l'action est purement personnelle et mobilière.

Cette action est de la compétence du juge de paix lorsqu'elle n'excède pas le taux fixé par la loi. Rej. 6 avr. 1830; Tournai, 2 juill. 1860 (7463). — Elle est soumise aux règles du droit commun. — Dalloz, v° *Avocat*, 248. — Si la somme réclamée dépasse 200 fr., l'action est de la compétence du trib. civil du domicile du défendeur; elle est soumise au préliminaire de conciliation. Dalloz, *Ib.* n° 250 (5916).

L'appel préalable du client devant le conseil de l'ordre n'est pas nécessaire. Lourdes, 22 déc. 1855 (6125).

87. La disposition de l'art. 60 C. pr. n'est point applicable aux mandataires ordinaires. Thomine, p. 152.

88. Ni aux *agréés* près les trib. de commerce : ils n'ont aucun caractère légal. Thomine, *ib.* — V. ce mot, n° 16.

89. Ni aux frais des arbitres. Lyon, 30 août 1828. — V. *Arbitrage*, 640 et 844.

90. L'action en payement des honoraires et déboursés dus à des experts-arbitres à raison de rapports faits sur des contestations pendantes devant le trib. de comm. est de la compétence du trib. civil. Cass. 26 déc. 1859 (7265). — *Contrà*, Paris, 12 juill. 1826; attendu que le rapport de cet arbitre était un acte d'instruction qui ne pouvait être apprécié que par le trib. qui l'avait ordonné.

91. Le trib. où les frais ont été faits reste compétent, — 1° Bien que l'officier ministériel ait cessé ses fonctions à l'époque où il forme sa demande. Caen, 15 mai 1843 (2856). — *Contrà*, Rodière, p. 124.—V. *Avoué*, n° 271.

92. 2° Bien que la demande soit formée par son successeur qui a traité des recouvrements ; la disposition de l'art. 60 tient moins à la personne de l'officier ministériel qu'à la nature de sa créance. Cass. 3 juil. 1844 (2888).

93. 3° Même au cas d'une demande en restitution de frais indûment payés dirigée contre un ex-officier ministériel. Paris, 13 mars 1854, D. 55, 36.

94. *Devant le tribunal où les frais ont été faits.* C'est-à-dire dans le ressort duquel les frais ont été faits : peu importe en effet qu'il s'agisse de frais judiciaires ou extrajudiciaires. Dans les deux cas, le trib. du lieu est plus à portée de taxer équitablement les frais, et l'officier ministériel ne doit pas être détourné de ses fonctions pour aller plaider hors de son domicile. Orléans, 15 mars 1832, S. 32, 67 ; Carré, art. 60. — V. d'ailleurs *Avoué*, n°s 270 et suiv.

95. La demande doit-elle être portée devant le trib. où les frais ont été faits, alors même qu'elle est dirigée, non contre le client lui-même, mais contre un tiers ?

Pour la négative on dit : L'art. 60 C. pr. a eu principalement pour but de régler les rapports entre l'officier ministériel et son client. Si la demande est dirigée, non plus contre le client, mais bien contre un confrère de province, contre un correspondant, si l'officier instrumentaire prétend que ce correspondant a déjà touché les frais des mains du client, il s'agit alors moins d'une demande en payement de frais, que de la réclamation d'un recouvrement opéré par le correspondant pour le compte de l'officier instrumentaire. Le trib. du lieu du domicile du correspondant connaîtra de la demande en règlement du compte de ce mandat. Rouen, 15 juin 1853, 30 juin 1856 (5634, 6320).—Même décision dans le cas où l'huissier instrumentaire, sans prétendre que le correspondant a déjà touché directement du client, soutient que ce correspondant, d'après les termes de la correspondance, a entendu se porter garant du remboursement des frais. Bourges, 5 juin 1844 ; Paris, 1er fév. 1847 (3593).—Lorsque l'officier ministériel, exerçant les droits de son client, poursuit le payement de ses frais contre un tiers qu'il prétend s'être obligé envers son client à les acquitter à la décharge de ce dernier. Douai, 9 nov. 1846 (3955). — Ainsi le syndic d'une faillite, condamné en cette qualité au payement des frais par un arrêt, et qui a obtenu délai de l'avoué distractionnaire, ne peut, à défaut de payement, être actionné directement devant cette Cour. Paris, 19 mai 1858 (6709).

Toutefois la compétence du trib. où les frais ont été faits, fondée sur la généralité des termes de l'art. 60 C. pr., semble prévaloir en jurisprudence. Paris, 21 mai 1847; 7 juill. 1849; Caen, 22 fév. 1848 (4063, 4464); Grenoble, 10 déc. 1853; Rouen, 24 août 1855; Rejet, 10 juin 1056 (5913, 6029, 6424).

96. La demande en payement de frais, formée par un avoué contre l'adversaire de son client, est de la compétence du trib. devant lequel ces frais ont été faits. Mais la validité d'une saisie-arrêt pratiquée pour assurer le payement des frais doit être demandée au trib. dans l'arrond. duquel est domicilié le saisi. Metz, 15 janv. 1857 (6503).

97. La demande est portée devant le trib. civil d'arrond., à l'exclusion du juge de paix, — alors même que les frais réclamés n'excèdent pas 200 fr. C'est que le principal motif de la disposition exceptionnelle de l'art. 60 est le pouvoir disciplinaire dont se trouve investi le trib. pour taxer les frais des officiers ministériels attachés à sa juridiction et pour réprimer les abus. Rivoire, v° *Dépens*, p. 150, n° 47; Boncenne, 1, 234; Thomine, 1, 152; Cass. 7 déc. 1847 (3855).

98. — Ainsi jugé à l'égard d'une demande en restitution de sommes reçues par un huissier à l'occasion de ses fonctions. Cass. 25 avr. 1853; Seine, 9 déc. 1856 (5514, 6480).—*Contrà*, Paris, 5 déc. 1840 (2274).

99. Même décision à l'égard d'une demande en payement de frais et honoraires, formée par un *notaire*, bien que le président les eût antérieurement taxés. Rej. 21 avr. 1845; Cass. 7 déc. 1847; 25 janv. 1859 (3855, 6656, 6914).

100. De même la demande en payement de frais faits par un huissier devant une justice de paix est de la compétence du trib. civil de l'arrond. de l'huissier (5164).

101. Toutefois, si dans les deux hypothèses prévues *sup.* sous le n° 95, on admet que le juge compétent est, d'après le droit commun (C. p. 59), celui du domicile du défendeur (et non celui du lieu où les frais ont été faits), il faut admettre aussi que le juge de paix connaît de la réclamation, lorsque la somme réclamée n'excède pas 200 fr. : il s'agit alors d'une demande pure personnelle. Arg. art. 1, L. 15 mai 1838.

Au surplus, lorsque devant le juge de paix, on discute, non pas seulement la question de savoir si le correspondant a touché les frais, ou s'il en est responsable,—mais bien celle de savoir si le chiffre des frais est ou non réellement dû par le client, il s'agit alors d'une difficulté de taxe dont la connaissance appartient *exclusivement* au trib. civil devant lequel les frais ont été faits, conformément à l'art. 60 C. pr.

102. La demande en payement des frais d'une instance d'appel doit, par le même motif, être portée de prime abord devant la C. qui a jugé l'affaire. Caen, 30 déc. 1840, D. 41, 2, 100. Boncenne, 2, 252. — V. *Avoué*, n° 273.

103. La disposition de l'art. 60 n'est relative qu'aux trib. civils; elle ne s'étend pas aux *trib. de commerce*. Carré, n° 277 ; Thomine, *ib*. — En conséquence, les frais faits par un huissier, à l'occasion d'une contestation soumise à un trib. de commerce, ne peuvent être réclamés devant ce trib., Caen, 10 mai 1843 (2819); Arg. Cass. 5 sept. 1814, Boncenne, 2, 253. Lepage, 109; Favard, 1, 134; Thomine, 1, n° 83; Chauveau sur Carré, n° 277.—*Contrà*, Orillard, n° 240.—V. d'ailleurs *Acte de commerce*, n° 177.—Même solution à l'égard des frais et honoraires réclamés par un agréé concernant une affaire suivie ou plaidée devant le trib. de commerce. Colmar, 5 août 1826 (2141).

Le trib. de comm. ne connaît pas non plus de la demande en payement de frais avancés par un avoué pour divers clients, bien qu'elle soit formée contre un agent d'affaires, et qu'il y ait eu transaction sur le chiffre d'une partie de ces frais. Paris, 14 mars 1861 (7492).

104. Mais l'huissier qui a fait des frais devant le trib. de comm. pour payement d'un billet, peut demander ces frais devant le trib. civ. de sa résidence, contre un confrère d'un autre arrondissement, qui lui a donné mandat dans l'intérêt d'un tiers bénéficiaire du billet. Grenoble, 10 déc. 1853 (5971).

105. Le trib. devant lequel les frais ont été faits connaît du mode d'exécution de la condamnation au payement des frais. — Ainsi une Cour saisie de la demande formée par un avoué en payement des frais par lui faits devant elle pour une femme dotale, peut, en condamnant la femme à ce payement, décider que la condamnation sera exécutoire sur ses biens dotaux. Grenoble, 10 mai 1852, D. 55, 270.

ART. 6. — *Actions relatives à l'exécution d'un jugement.*

106. La connaissance de toutes les difficultés élevées sur l'exécution des jugements précédemment rendus appartient en général au tribunal dont ces jugements sont émanés. C. pr. 472.

107. Toutefois cette règle souffre plusieurs exceptions :

Ainsi PREMIÈREMENT les trib. d'*exception* ne doivent pas connaître de l'exécution de leurs jugements : ils *consomment* leur pouvoir à l'instant même où ils prononcent sur les affaires qui leur sont soumises dans les limites de leur juridiction spéciale. Cass. 24 nov. 1825. — V. *Compétence*, n° 33 ; *Exécution*.

108. SECONDEMENT dans le cas où l'exécution est poursuivie dans un autre ressort que celui du trib. qui a rendu le jugement, le trib. du lieu peut statuer provisoirement sur la contestation, sauf à renvoyer la connaissance du fond au tribunal d'exécution. C. pr. 554.

109. Par le *juge du lieu* peut-on entendre le *juge de paix*, lorsque l'urgence est telle qu'il y aurait péril à recourir à un tribunal éloigné ? — V. ce mot.

110. Si l'exécution se poursuit dans différents ressorts, chaque trib. peut statuer provisoirement, mais le fond doit être porté à un seul trib. pour éviter les frais, et ce trib. doit être celui du domicile de la partie obligée, si ce n'est dans le cas où la loi attribue juridiction. Pigeau, 2, 38.—V. *inf.* 114.

111. Le trib. du lieu est-il compétent pour statuer sur l'exécution d'un jugement rendu par le trib. d'un degré supérieur ? —Il a été jugé par argument des premières dispositions de l'art. 472 C. pr., qu'on ne pouvait soumettre par voie de *référé* au trib. de 1re inst. les difficultés relatives à l'exécution d'un arrêt qui avait *infirmé* un jugement de ce trib. Colmar, 10 nov. 1813.—Toutefois il est possible que la difficulté exige une décision tellement urgente que le recours au trib. supérieur cause, à raison du retard qui résulterait de la distance, un grave préjudice à la partie. Carré, n° 1915.—V. d'ailleurs *Appel*, n° 670.

112. La Cour connaît d'une opposition dirigée contre l'exécutoire décerné pour le payement des frais à l'arbitre rapporteur par un plaideur auquel ces frais ont été imposés, et qui prétend n'avoir ni requis ni poursuivi le renvoi devant arbitre, — et d'une opposition à un commandement ayant pour objet l'exécution d'un arrêt infirmant en tout ou en partie le jugement de 1re inst. Motifs, Colmar, 28 sept. 1848 (4376).

113. Mais le trib. civil, à l'exclusion de la Cour, connaît de l'opposition à un commandement tendant à la mise à exécution d'un exécutoire de frais et vacations délivré à un expert par le premier président d'une Cour. *Même arrêt.*

114. TROISIÈMEMENT. S'il s'agit de demander la nullité d'emprisonnement ou d'expropriation forcée, et, dans quelques circonstances, où la loi attribue juridiction à un autre trib. par suite de raisons particulières. C. pr. 472.—V. *Cession de biens*, n° 26; *Contrainte par corps; Saisie immobilière.*

115. En matière de *saisie-gagerie* et de *saisie foraine*, le trib. compétent est celui du lieu où la saisie a été faite. Rennes, 28 déc. 1820.—V. ces mots.

116. La demande en nullité d'un commandement tendant à saisie immobilière est-elle de la compétence du trib. de la situation des biens ?

Pour la négative on dit : Le commandement précède la sai-

sie, mais n'en fait pas partie (Arg. motifs, Cass. 5 fév. 1811).
— Ainsi il a été jugé que l'opposition au commandement ne
constitue pas un incident de la saisie, et que l'appel du jugement qui a statué sur cette opposition peut être interjeté hors
des délais prescrits par les art. 728 et suiv. Limoges, 7 déc.
1843 (2881); — que le trib. du domicile du défendeur connaît
de l'opposition et de la demande en sursis *provisoire* aux poursuites exécutées en vertu d'un arrêt infirmatif. Riom, 10 juill.
1847 (4048); — que la signification d'un jugement par défaut
(rendu par le trib. de commerce) peut avoir lieu par le même
acte que le commandement tendant à l'exécution de ce jugement. Rej. 2 mai 1854 (5728). — V. *Commandement*, n° 4, et
d'ailleurs *inf.*, 162.

Pour l'affirmative on répond : — Le commandement est le
premier acte de la saisie ; le trib. de la situation est investi de
plein droit de tout ce qui est relatif à ce commandement, à la
continuation des poursuites et autres incidents qui y sont accessoires, spécialement il connaît de la validité des offres faites
par le débiteur au domicile élu dans le commandement. Cass. 16
déc. 1807; Bruxelles, 3 mai 1821; Limoges, 30 janv. 1847
(3652).

117. L'intérêt du saisi l'exige. — Peu importe que la saisie
ait été pratiquée en vertu d'un titre renfermant élection de domicile dans l'arrondissement du créancier; cette élection ne
s'applique qu'aux moyens ordinaires d'exécution, et non à tout
ce qui est relatif aux règles de la saisie immobilière fixées par
les art. 673 et suiv. Paris, 8 mai 1851 (4913).

118. Toutefois le trib. qui a rendu le jugement est compétent, même en matière de saisie immobilière, s'il s'agit d'interpréter ce jugement (spécialement de statuer sur le mérite d'offres réelles. Arg. Bruxelles, 3 mai 1821), il faut nécessairement
recourir au juge dont émane la décision critiquée, parce qu'il
ne s'agit plus seulement d'une exécution proprement dite.

119. Si le commandement était conçu dans des termes généraux, dans le but de procéder ultérieurement à des saisies de
diverses natures, et qu'aucune saisie n'eût encore été pratiquée,
la demande en nullité paraîtrait valablement soumise au trib.
qui aurait rendu le jugement. Il serait en effet impossible de
dire qu'il s'agit d'une saisie immobilière plutôt que d'une saisie
mobilière. Arg. *même arrêt*.

120. Lorsque le commandement tendant à *saisie-exécution*
(—V. ce mot) a été fait en vertu d'un acte notarié, l'élection de
domicile faite dans ce commandement est attributive de juridiction. — Le demandeur en nullité du commandement ne cesse
pas d'être défendeur aux poursuites.—V. *Saisie-arrêt.*

121.. Toutefois le prétendu débiteur pourrait demander principalement la nullité du titre notarié devant le trib. du domicile du créancier et incidemment celle du commandement.

122. QUATRIÈMEMENT. Lorsque le jugement est infirmé sur l'appel, la Cour règle le point de savoir à qui appartiendra l'exécution.—V. *Appel,* section XII.

123. CINQUIÈMEMENT. Lorsque l'exécution d'un jugement intéresse un tiers, qui n'a pas été partie au jugement, les difficultés qu'elle fait naître doivent être dévolues au juge naturel de ce tiers. Thomine, 1, 715; Chauveau, n° 1696 *ter.*

ART. 7. — *Actions en matière de société.*

124. En matière de société le défendeur doit être assigné, tant que la société existe, devant le juge du lieu où elle est établie. C. pr. 59.
S'il s'agit de dissolution de communauté,—V. *Partage.*

125. *En matière de société.* Cette disposition s'applique aux sociétés civiles (—V. *inf.*, n° 159) et aux sociétés commerciales; la loi ne fait aucune distinction. Cass. 18 pluv. an 12; Rodière, 1, 119.

126. Une société d'assurance *mutuelle* peut assigner les assurés en payement de la part contributoire dans les sinistres devant le trib. du lieu où elle est établie. Seine, 14 déc. 1849 (4496).—V. *inf.*, 157.

127. La disposition de l'art. 59, § 5, ne s'étend pas aux associations en participation; en effet, elles n'ont pas d'assiette, et cessent d'exister dès que la négociation pour laquelle elles ont eu lieu est terminée : elles ne constituent pas une société proprement dite. Cass. 14 mars 1810, 28 mai 1817; Nancy, 5 déc. 1828; Thomine, art. 59. — La règle générale tracée dans les quatre premiers paragraphes de l'art. 59 leur est seule applicable.

128. — L'action d'un cercle littéraire contre les membres qui en font partie doit être portée devant le trib. des défendeurs. Sens, 20 mai 1847; D. 47, 5, 112.

129. Par ces mots, *en matière de société*, faut-il entendre toutes les actions, même réelles ou mixtes, dans lesquelles une société est intéressée ?—Non; le doute naît de la généralité des termes de l'art. 59;—mais la loi n'a pas voulu attribuer à des trib. éloignés des affaires réelles qui exigent le plus souvent des expertises et des visites de lieux : cette circonstance que les associés ont réuni leurs titres, papiers et autres moyens de défense dans un même endroit, ne les autorise pas à distraire les tiers de leurs juges naturels. le but de la loi dans l'art. 59 a été uniquement de créer un domicile fictif à un être moral distinct des individus qui le composent, et d'empêcher qu'en matière personnelle tous les associés pussent être assignés au domicile de l'un d'eux. Carré, n° 264; Thomine, 1, n° 80; Boncenne, 2, 249. — V. *Ordre.* — Ainsi l'art. 59 cesse d'être applicable s'il s'agit d'une demande en revendication d'un immeuble formée contre la société. Thomine, Boncenne, *ib.*—V. *inf.*, n° 160.

130. Lorsque le défendeur assigné comme associé devant le trib. de commerce du lieu où la société a été établie, nie l'existence de cette société, ce trib. peut retenir la cause pour apprécier la question préalable. Rouen, 9 avr. 1842; Cass. 6 nov. 1843 (2268, 2739.—V. *Arbitrage*, n° 652.

Cependant ce principe ne peut être appliqué dans le cas où l'appréciation de l'exception est tellement liée avec celle du fond qu'on ne peut juger l'une sans l'autre. Dans ce cas, la compétence doit être reconnue avant que le trib. n'examine le fond. Cass. 10 juil. 1837 (950); Chauveau, n° 261 *quater.*

131. Une société, même non autorisée, et dont la nullité est demandée, doit être assignée devant le juge du lieu où elle est établie. Caen, 23 janv. 1844 (3057).

132. Une lettre de change, tirée ou acceptée par un associé, bien que rien n'annonçât qu'elle eût pour cause les intérêts de la société, a été considérée comme suffisante pour rendre les autres associés justiciables du trib. du lieu où la société avait son siége. Cass. 14 mars 1810.

133. *Tant que la société existe.* La société est réputée exister, quoique dissoute, tant qu'elle n'est pas liquidée. Paris, 27 fév. 1838, P. 29, 397. Cass. 16 nov. 1815, 18 août 1840 (1850). Pardessus, n° 1357; Malpeyre, p. 346.

134. Alors même qu'il s'agit d'un procès intenté par un étranger contre la société.—*Contrà,* Carré, *Compétence,* n° 551. —Cet auteur restreint la compétence du trib. du lieu de la société aux contestations entre associés.

135. Le trib. du lieu de la société est compétent pour connaître de la demande en liquidation de la société dirigée contre l'associé gérant, bien qu'il ait perdu sa qualité de Français. Paris, 13 fév. 1808.

136. La société qui se trouve en liquidation doit être actionnée relativement à des opérations par compte courant, devant le trib. du lieu où elle est établie en la personne de son liquidateur. Douai, 18 juill. 1833, D. 34, 140.—Autrement on exposerait les maisons qui établissent un liquidateur pour l'achèvement de leurs affaires commencées à perdre le droit d'être jugées par leurs juges naturels en matière de commission et à être traduites devant tous les trib. dans le ressort desquels tel des associés non liquidateur porterait son domicile, et cependant il importe que la commission soit appréciée sur les lieux où elle a été accomplie; les livres et les marchandises s'y trouvent, tandis qu'ils ne pourraient être produits à la fois devant plusieurs trib. différents. — Enfin le simple fait d'une dissolution de société n'est pas une renonciation au bénéfice de l'art. 59. Aix, 13 nov. 1837 (1052).

137. Mais il faut recourir au trib. compétent d'après les règles ordinaires : 1° Lorsque les associés se séparent sans établir des liquidateurs; il convient alors d'actionner les divers associés devant le juge du domicile de chacun d'eux. Arg. *Même arrêt.*

138. 2° Lorsque la société est liquidée. Rennes, 20 janv. 1814. Pardessus, n° 1357.

139. Toutefois, les actions en rescision de partage et en garantie des lots appartiennent encore au trib. du lieu où la société a existé. Arg. C. N. 822, 1872. Carré, n° 269; Thomine, art. 59.

140. Une société est réputée liquidée lorsqu'un des associés s'est reconnu débiteur envers l'autre du reliquat de l'actif social. Cass. 18 août 1840 (1850).

141. *Devant le juge du lieu où la société est établie.* Si la société a deux maisons de commerce, la demande est portée devant le juge du lieu où est son *principal* établissement. Cass. 17 pluv. an 12, 16 mars 1809. Pardessus, n°s 1094, 1365. C'est-à-dire où le chef de la société a son domicile. Cass. 19 juill. 1838 (1428).

142. En général une société anonyme, par exemple une compagnie de chemin de fer, doit être assignée devant le trib. du domicile social établi par les statuts.

143. Elle ne peut être actionnée par les destinataires des marchandises dont le transport lui a été confié, devant le trib. du lieu, en la personne du chef de la station où s'est faite la délivrance de ces marchandises, si ce préposé n'a point reçu la mission de la représenter en justice. Rej. 4 mars 1845, D. 46, 208; 26 mai 1857; Cass. 15 janv. 1851; 5 avr. 1859 (6283, 6546, 6962).

144. Est nul le commandement tendant à l'exécution d'un jugement rendu contre une compagnie, lorsqu'il n'a été signifié ni à la personne du directeur, ni au siége social, mais seulement à un chef de gare qui n'avait pas mandat de répondre aux actes dirigés contre la compagnie. Cass. 27 juill. 1858 (6803, 7136).

145. Pour attribuer compétence au trib. dans le ressort duquel un fait dommageable s'est accompli, il ne suffit pas que la compagnie (bateaux à vapeur) ait dans ce lieu un agent au nom duquel elle aurait consenti à plaider dans un autre procès, lorsqu'il n'est pas établi que cet agent soit le chef d'une succursale et ait, par ses attributions, le droit de représenter la société. Cass. 16 mars 1858 (6705).

146. Une compagnie de chemin de fer ne peut, à l'occasion de travaux qu'elle fait exécuter, être assignée dans la personne et au domicile de l'architecte chargé de la direction de ces travaux. Douai, 6 août 1849 (4569).

147. — Mais ces sortes de compagnies peuvent avoir plusieurs domiciles, en divers lieux, et être assignées valablement à chacune de ces maisons pour les affaires qui y sont traitées : en effet, l'art. 43, C. comm. exige la publication des actes de société, dans chacun des arrondissements où la société a des maisons de commerce et par conséquent un domicile. Motifs, rej. 30 juin 1858 (6862).

148. Ainsi une compagnie peut être assignée devant le trib. du lieu, par copie remise à la gare, dans laquelle elle a un centre d'opérations assez important pour constituer un siége principal, indépendant du domicile social fixé à Paris par les statuts. Rej. 22 mai 1848. 21 fév. 1849; — Rej. civ. 16 janv. 1861 (4035, 4699, 7410).

149. Spécialement lorsque ce centre d'opérations donne à la gare le caractère d'une véritable maison de transport. — Ainsi jugé à l'égard du chemin de fer de l'Est pour la gare de Mulhouse. Rej. req. 30 juin 1858 (6862).

150. Est également compétent le trib. du lieu, où les statuts de la société lui imposent l'obligation de faire une élection de domicile. Rej. 30 juin 1858 (6861).

151. Une société anonyme qui a son siége à Paris, a pu être assignée devant le trib. du domicile d'un agent investi du mandat de la représenter, par copie remise au domicile de cet agent. Rej. 2 déc. 1857 (6793).

152. Ainsi une compagnie d'assurances qui a des succursales où elle est représentée par des agents chargés de recevoir les cotisations et de régler les indemnités, peut être assignée devant le trib. du lieu de ces succursales pour les contestations qui s'élèvent à l'occasion d'engagements contractés par l'intermédiaire de ces agents. Rej. 30 déc. 1846; Caen, 11 déc. 1848 (3612, 4474). Rej. 10 nov. 1852. D. 53, 105. Paris, 20 nov. 1852, D. 54, 5, 157. Besançon, 4 fév. 1854, D. 54, 238.

153. Spécialement lorsque l'agent a, dans les circulaires, qualifié son établissement de direction, avec mention d'un contentieux assisté d'un comité choisi parmi les notables commerçants de la localité, et cela encore bien que cet agent n'aurait point, d'après les statuts, le droit de signer les polices, de toucher les primes, ni de régler les sinistres. Paris, 8 déc. 1852, D. 54, 5, 157.

154. La demande en nullité d'une police d'assurance à prime, passée avec un agent de la société, dans un lieu autre que celui du siége social, peut être portée devant le trib. de commerce de ce lieu, alors que c'est aussi dans le même lieu que la police a été délivrée, et que les payements doivent être effectués. Caen, 1er juill., 6 août 1845, D. 46, 163.

155. Les contestations relatives à l'exécution d'un traité fait avec un agent d'une entreprise commerciale, par exemple d'une entreprise de remplacement militaire, sont compétemment portées devant le trib. de commerce du lieu de la résidence de cet agent. Paris, 22 juin 1855; D. 55, 218.

156. La banque de France est valablement assignée, à raison d'opérations faites avec l'une des succursales, en la personne du directeur du comptoir et devant le trib. du chef-lieu du département, au lieu de l'être à Paris, en la personne de ses administrateurs et au siége de son administration. Riom, 8 janv. 1855, D. 55, 5, 93.

157. Les mêmes règles de compétence sont applicables lorsqu'il s'agit d'une action intentée par la société contre un associé; par suite, les succursales des sociétés d'assurances *mutuelles* formant, relativement à ceux qui contractent avec elles, le siége de cette société, les assurés doivent être actionnés en exécution de leurs engagements, devant le trib. du lieu de la succursale. Rej. 26 nov. 1846, 17 fév. 1851; Rej. civ. 11 mai 1852; Cass. 18 avr. 1854 (4613, 4909, 5382, 5729).

158. Lorsque le siége d'une société n'est pas connu, on assigne devant le trib. compétent à raison de la nature de l'action. Lepage, 106; Carré, art. 59; Rodière, 1, 120.

159. C'est devant le trib. du lieu où le cheptel est établi que se portent les demandes relatives à l'exécution de ce bail. Chauveau sur Carré, n° 261 *quinq.* Favard, 1, 134, n° 4.

160. Pour les demandes intentées par la société contre des *tiers* on rentre dans la règle générale. Thomine, 1, 149; Boncenne, 2, 250.

ART. 8. — *Actions en matière de succession.*

161. Doivent être portées devant le trib. du lieu où la succession s'est ouverte (— V. *Domicile*) : — 1° Toutes les demandes entre héritiers jusqu'au partage inclusivement; — 2° celles intentées par les créanciers du défunt avant le partage ; — 3° celles relatives à l'exécution des dispositions à cause de mort, jusqu'au *jugement* définitif. C. pr: 59 ; — 4° celles relatives à la garantie des lots entre copartageants et celles en rescision du partage. C. N. 822. — V. *Partage.* — Le défunt est pour ainsi dire réputé vivant jusqu'au partage qui détermine quels ont été ses successeurs quant aux biens, à compter du moment de son décès.

162. Ainsi le trib. du lieu de l'ouverture d'une succession connaît seul : — 1° de la prétendue indivision d'un immeuble saisi dépendant de cette succession, et le trib. de la situation ne peut passer outre sur l'opposition à saisie immobilière, en décidant lui-même que l'immeuble saisi est la propriété exclusive du débiteur saisi. Cass. 22 juill. 1822, 3 juill. 1826 ; Pau, 10 déc. 1832 ; Lyon, 9 janv. 1833, P. 25, 23 ; Chauveau, n° 2198. — *Contrà,* Cass. 14 déc. 1819.

163. 2° Des contestations relatives au cahier des charges sur une vente d'immeubles d'une succession ordonnée en justice. Nîmes, 28 janv. 1810. — V. toutefois *Vente judiciaire.*

164. Mais comme dans le cas de société (— V. *sup.*, n° 133), le trib. du lieu de la succession ne connaît des contestations auxquelles des tiers se trouvent intéressés que dans le cas où le trib. du domicile du défunt aurait été compétent avant sa mort. — Quant aux héritiers légataires et donataires, il était juste de les soumettre, pour tout ce qui est relatif au partage de la succession, à la juridiction du trib. du domicile du défunt ou de la personne morale qui le représente.

165. Du reste, la disposition de l'art. 59 fléchit dans le cas de connexité de la demande formée contre la succession avec une autre déjà pendante devant un autre trib. Cass. 13 av. 1820. — V. *Exception.*

166. Dans une espèce où un trib. était saisi d'une demande en délivrance de legs, tandis qu'un autre était saisi d'une action en nullité du testament par lequel le legs était constitué, on a décidé qu'il y avait lieu à renvoi pour cause de connexité. Montpellier, 4 mars 1824.

167. *Demandes entre héritiers jusqu'au partage.* — V. *Partage.* — Sont considérées comme telles : — 1° La demande en pétition d'hérédité. Pigeau, 1, 157 ; — 2° celle de l'enfant naturel en réclamation de ses droits. Cass. 25 août 1813 ; — 3° celles des donataires ou légataires, soit universels, soit à titre universel, formées entre eux ou contre les héritiers. *Ib.* ; — 4° celle dirigée contre l'héritier à l'effet d'accepter ou de répudier la succession qui lui est échue. Bruxelles, 25 mars 1808.

168. 5° Celle formée par la mère tutrice contre l'exécuteur testamentaire ayant la saisine, à l'effet d'obtenir la remise des revenus du mineur institué légataire universel et dont elle prétend avoir la jouissance légale. Paris, 28 déc. 1841. D. 42, 90.

169. 6° Toute action entre cohéritiers tendante à faire rapporter à la masse de la succession ce que l'un d'eux a reçu du défunt dont il est débiteur. Cass. 16 fév. 1842, D. 42, 93.

170. Il a été jugé que l'administrateur d'une succession devait rendre compte de sa gestion devant le trib. de l'ouverture de cette succession, et qu'il ne pouvait demander son renvoi devant un autre trib. où il serait en instance avec d'autres mandataires particuliers en reddition du compte du mandat qu'il leur aurait confié pour le même objet. Cass. 1er juill. 1817.—Toutefois, dans cette espèce, l'administrateur avait été nommé par le trib. de l'ouverture de la succession. — Si la nomination était émanée d'un autre trib., il nous semble que ce dernier trib. aurait eu seul qualité pour connaître de la reddition de *compte.* — V. ce mot.

171. Encore qu'il y ait eu règlement définitif entre le légataire universel et les héritiers à réserve, il n'y a cependant pas partage de la communauté dans le sens de l'art. 59 C. pr., s'il n'y a pas eu règlement et liquidation avec les légataires particuliers. Ces derniers peuvent, en conséquence, demander le payement de leur legs, contre le légataire universel, devant le juge du lieu de l'ouverture de la succession. Paris, 15 juin 1825.

172. Mais sont attribuées aux trib. appelés à en connaître par les règles ordinaires de la compétence. — 1° L'action en revendication formée par un tiers, Thomine, art. 59; — 2° celle en rescision d'une vente de droits successifs intentée par l'héritier contre un étranger acquéreur; — 3° celle à fin d'*ordre* et de distribution du prix des biens vendus d'une succession. — V. ce mot. — 4° celle en expropriation des biens héréditaires formée par un créancier. Cass. 29 oct. 1807.

173. *Demandes intentées par les créanciers du défunt avant le partage:* — Une succession n'est pas réputée partagée : — 1° Lorsqu'il n'y a pas eu règlement et liquidation avec les légataires particuliers, bien qu'il y ait eu règlement définitif entre les légataires universels et les héritiers à réserve. Paris, 15 juin 1825.

174. 2° Quand il est intervenu une décision arbitrale qui se borne à régler les droits des créanciers, sans répartir les lots entre les héritiers. Rennes, 10 janvier 1812, Carré, art. 59.

175. Quant à la demande en validité d'un *saisie-arrêt* faite sur des sommes appartenant à une succession. — V. ce mot.

176. La loi n'attribue au juge du lieu de l'ouverture de la succession que les demandes formées depuis l'ouverture de cette succession et avant le partage; les reprises d'instances doivent être suivies devant le trib. déjà saisi. Poitiers, 7 therm. an 12.

177. Lorsqu'il n'y a qu'un héritier, même bénéficiaire (ou un légataire universel. Paris, 26 fév. 1810), il n'y pas lieu à partage; par conséquent, les créanciers peuvent le citer, à toute époque, devant le juge de son domicile, sans être tenus d'aller plaider devant le trib. de la succession. Bourges, 2 mai 1831; Cass. 20 avr. 1836, P. 27, 1271; Bordeaux, 5 avr. 1837; Orléans, 11 nov. 1845 (717, 3447).

178. Il a même été jugé qu'il *doit* être assigné devant le trib. de son domicile, et non devant le trib. du lieu de l'ouverture de la succession. Grenoble, trib. 17 fév. 1857 (6374).

179. Mais s'il y a deux légataires universels, dont l'un de la nue propriété et l'autre de l'usufruit, le légataire particulier ne peut poursuivre la délivrance de son legs que devant le trib. du lieu de l'ouverture de la succession. Toulouse, 25 janv. 1838, P. 29, 2, 346.

180. Jugé, à tort, selon nous, que les contestations entre deux créanciers d'une succession vacante, dont l'un est poursuivi en restitution de sommes qu'il a touchées au delà de ce qui lui était réellement dû, doivent être portées devant le trib. de l'ouverture de la succession. Paris, 20 pluv. an 11; — Dans ce cas, si le défunt eût existé, il aurait été forcé de porter son action devant le trib. du domicile de son créancier, et on a vu que la disposition de l'art. 59 ne pouvait avoir pour effet d'enlever les tiers à leurs juges naturels. — V. sup., nº 133.

181. *Demandes relatives à l'exécution des dispositions à cause de mort jusqu'au jugement définitif.* — Cette disposition est relative à *toutes* les demandes formées par des légataires soit universels, soit à titre universel, soit même à titre particulier, ou par les donataires à cause de mort, peu importe que ces demandes soient ou non contestées. — Ainsi la demande en délivrance d'un legs ne peut être formée contre l'héritier universel devant un trib. autre que celui de l'ouverture de la succession. Turin, 18 avr. 1810

182. Il en est de même de la demande en rectification d'une liquidation de succession : — L'incompétence du juge de paix du défendeur peut être proposée pour la première fois en appel. Seine, 29 juin 1858 (6755).

183. Le trib. civil connaît-il, à l'exclusion du juge de paix, d'une demande en délivrance d'un legs, même d'une valeur inférieure à 200 fr.? Montauban, 16 juin 1851 (4899). — Lorsque le défendeur soulève des questions préjudicielles, une demande en réduction pour violation de la quotité disponible, le juge de paix doit se déclarer incompétent ou surseoir ; mais à défaut de questions préjudicielles, il nous paraît compétent.

184. *Jusqu'au jugement définitif.* — Ces mots sont interprétés diversement. — Suivant les uns, c'est-à-dire *jusqu'au partage.* Boitard, 1, p, 226. — Suivant d'autres, il faut entendre par ces mots *jugement définitif,* le jugement qui fixe les droits du légataire. Pigeau, 1; 157. — La première opinion paraît préférable. C'est pour éviter de répéter le mot partage que le législateur s'est servi du mot jugement. La seconde est inadmissible; la demande doit toujours précéder le jugement. Comment comprendre qu'il s'agit du jugement à intervenir entre le légataire et l'héritier?

185. La demande en délivrance d'un legs formée depuis le partage de la succession entre les héritiers, peut être introduite devant le trib. du domicile de l'un de ces héritiers. Dunkerque, 6 juill. 1855 (5976).

186. La Cour, en infirmant le jugement d'un trib. qui s'était à tort déclaré compétent, est-elle tenue de renvoyer le parties devant le trib. de l'ouverture de la succession? Oui. Colmar, 13 déc. 1860. —V. *Partage,* 190.

ART. 9. — *Action en matière de faillite.*

187. En matière de faillite, le défendeur doit être assigné devant le juge du domicile du failli. C. pr. 59. Ce juge est plus à portée d'apprécier les contestations d'après la connaissance personnelle qu'il a des opérations du failli.

188. Mais que doit-on entendre par ces mots *en matière de faillite?* — Les uns, se fondant sur la généralité des termes de l'art. 59, soutiennent qu'ils comprennent toutes les difficultés relatives à la faillite, qu'elles proviennent de demandes dirigées contre ou par les syndics, qu'autrement la liquidation serait longue et difficile. Favard, 1, 133. — Ainsi, a été régulièrement formée l'action dirigée contre le débiteur d'une faillite. Liége, 16 déc. 1814; Poitiers, 22 août 1838 (1380); Bourges, 20 juill. 1830. — Dans cette dernière espèce, on opposait des compensations qui donnaient lieu à une vérification des prétendues créances. — D'autres répondent que la loi a voulu, non pas forcer les tiers assignés par les syndics, de plaider hors de leur domicile, mais créer un domicile à la faillite; sans quoi on aurait pu assigner les syndics au domicile de l'un d'eux ou devant le trib. du lieu du payement ou de celui où la promesse aurait été faite ét .a marchandise livrée (— V. *Compétence commerce*). Carré, n° 264. — Pourquoi le sort du débiteur de la faillite serait-il changé? le failli aurait dû le poursuivre devant le trib. de son domicile. Ceux qui représentent le failli ne peuvent avoir le privilége exorbitant de distraire le débiteur de ses juges naturels. Boncenne, 2, 250; Boitard, 1, 227; Pardessus, 2, 33; Arg. Cass. 10 juill. 1837, Dev. 37, 733. — Ainsi a été déclarée non recevable spécialement : L'action formée contre un débiteur domicilié dans un autre lieu que celui de la faillite. Cass. 22 mars 1821, Paris, 29 juill. 1826; Nancy, 9 nov. 1829, — l'action intentée par les syndics d'une faillite en revendication des sommes payées par le failli dans les dix jours de la faillite. Cass. 13 juill. 1818.

Selon nous, on doit admettre la distinction suivante : Le trib. du lieu de la faillite doit être saisi de toutes les actions soit actives, soit passives *nées de la faillite*, pendant la faillite, qui n'existeraient pas sans la faillite; — mais non pas des contestations qui auraient pu s'élever quand bien même la faillite n'aurait pas existé. Concl. de M. *Troplong*; Nancy, 9 nov. 1829. — Ou dont le principe est antérieur à la faillite; alors surtout que l'événement de la faillite est sans influence sur les moyens de la cause. Lyon, 24 avr. 1850 (4972).

189. Ainsi le trib. du lieu où la faillite s'est ouverte connaît : 1° de la demande en mainlevée des scellés, à l'exclusion du trib. du domicile des défendeurs qui en avaient requis l'apposition. Paris, 8 mai 1814.

190. 2° De l'action en nullité d'une vente d'immeuble faite par le failli, après l'époque où a été reportée la cessation des payements, à un acheteur qui avait connaissance de cet état de cessation de payements. Cass. 19 avr. 1853, D. 53, 147.

191. 3° De la demande des syndics tendant à l'annulation d'une vente faite ou d'une donation en payement de marchandises livrées par le failli dans les dix jours qui ont précédé l'ouverture de la faillite. Rouen, 15 juin 1824. Req. 14 avr. 1825, — ou d'une quittance donnée frauduleusement par le failli à son mandataire postérieurement à la faillite, pour un recouvrement dont il l'avait chargé antérieurement. Règl. de juges, 19 juillet 1828.

192. 4° Des contestations relatives à des opérations de commerce faites depuis la faillite, entre un failli et quelques-uns de ses créanciers, au préjudice des autres. Req. 26 juin 1817, — ou même avec des tiers. Besançon, 8 mars 1831; Colmar, 26 juin 1832, D. 39, 239; spécialement de l'action en rapport à la masse de sommes touchées par un créancier après la cessation de payements. Paris, 9 fév. 1842, D. 42, 182. — Ou de l'attribution d'une traite à la masse de la faillite. Orléans 27 août 1861 (7576).

193. 5° De la demande en dommages-intérêts formée contre un tiers pour détournements de meubles dépendants de la faillite. Paris, 10 fév. 1331, D. 31, 55.

194. 6° Des contestations relatives à une vente de marchandises faite par le syndic autorisé à continuer l'exploitation. Limoges, 5 fév. 1842.

195. 7° De l'action en payement de marchandises formée contre un failli postérieurement au concordat, par un créancier dont la créance n'a été ni vérifiée ni affirmée. Rouen, 6 fév. 1847, D. 48, 5, (1978). Et peu importe qu'une pareille action soit intentée après le concordat accordé au failli alors d'ailleurs que ce concordat contient abandon d'actif au profit des créanciers. Bordeaux, 27 août 1850, D. 51, 28; Besançon, 28 mars 1855, D. 55, 324.

196. 8° De l'action dirigée contre deux défendeurs, dont l'un est failli, lorsqu'elle prend sa source dans la faillite et touche à la distribution de l'actif. Ainsi le vendeur de marchandises qui les a adressées à un commissionnaire, lequel les a revendues et en a touché le prix pour le compte de l'acheteur depuis tombé en faillite, doit réclamer son payement par privilège devant le trib. du failli. Lyon, 1er juill. 1852, D. 54, 102. — *Contrà*, Lyon, 24 avril 1850 (4972).

197. 9° De l'action des syndics en revendication de valeurs précédemment données par le failli à un créancier, lorsque ce créancier demande à faire compenser sa créance avec les valeurs qu'il a reçues. Il y a alors connexité. Chauveau, n° 264.

19 : Les syndics peuvent, en se désistant d'une action intentée par eux contre un prétendu débiteur de la faillite devant ses juges naturels, l'attirer devant le trib. de la faillite, lorsqu'il se prétend créancier et demande à être admis en cette qualité au passif de la faillite. Rennes, 18 août 1825.

199. Au contraire, le trib. du lieu de la faillite ne connaît pas : — 1° d'une demande formée par les syndics contre un tiers en payement de marchandises à lui vendues par le failli avant la faillite. Bruxelles, 9 déc. 1830; — Le créancier n'est pas privé, par suite de sa faillite, du droit antérieurement acquis de poursuivre son débiteur devant un autre tribunal que celui de la faillite. Bordeaux, 9 janv. 1839, D. 38, 59.

200. 2° D'une action formée par les syndics en nullité d'un nantissement à défaut d'enregistrement de l'acte constatant ce nantissement, et en restitution des valeurs qui en sont l'objet.

Nancy, 17 fév. 1844, D. 48, 5, 195. — Ou en restitution de valeurs appartenant au failli. Lyon, 3 juill. 1846, D. 46, 5, 79. — Ou d'une somme déposée par le failli antérieurement à sa faillite, chez un banquier pour garantie d'un crédit ouvert. Bourges, 31 mai 1845, D. 48, 5, 195.

201. 3° D'une action intentée par un commissionnaire à raison des avances par lui faites à un commerçant, depuis tombé en faillite; — le commissionnaire peut actionner les syndics devant le trib. du lieu où les avances ont été faites. Lyon, 23 juin 1848, D. 49, 33.

202. 4° D'une action dirigée contre les syndics pour dettes résultant de leur fait personnel : ils ne peuvent se prévaloir de ce qu'ils ont agi en leur qualité de syndics pour demander leur renvoi devant le trib. de l'ouverture de la faillite. Bruxelles, 31 déc. 1807.

203. 5° D'une contestation née à la suite d'une saisie-revendication faite sur un failli, *si toutefois* le failli et la masse sont sans intérêt dans le litige; par ex., s'il s'agit de savoir qui sera préféré du vendeur revendiquant, ou du commissionnaire qui a fait des avances sur les marchandises vendues. Cass. Rej. 4 av. 1821.

204. Dans tous les cas, la vente sur expropriation d'un immeuble dépendant d'une faillite doit être poursuivie devant le trib. de la situation de l'*immeuble*, et non devant celui de l'ouverture de la faillite, bien que les parties majeures eussent consenti à ce que l'immeuble fût vendu aux enchères devant notaires. Cass. 10 mars 1813; Chauveau sur Carré, n° 264 *bis*; Boitard, 1, 228; Renouard, 2, 361. — *Contrà*, Pardessus, n° 1266; Orillard, n° 520. — V. *Faillite*.

205. Jugé toutefois que, si deux immeubles appartenant au failli et situés, l'un dans l'arrondissement de la faillite, et l'autre dans un arrondissement différent, ont été vendus en même temps devant le trib. de la faillite, l'ordre pour la distribution de ces deux immeubles doit être porté devant ce trib., et qu'il y a lieu d'annuler l'ordre ouvert devant le trib. de la situation de l'autre immeuble vendu. Cass. 30 juin 1824. — V. *Ordre*, 185.

206. Au reste, la compétence du trib. de la faillite ne s'applique pas au cas d'une faillite déclarée par un trib. étranger. Lyon, 24 av. 1850 (4972).

ART. 10. — *Action en garantie.*

207. Le défendeur peut être assigné devant le trib. où la demande originaire est pendante. C. pr. 59, 181. — La demande en garantie doit être jugée d'après les mêmes règles que l'action principale; il était naturel de la soumettre au même trib. afin de ne pas multiplier les frais, et de ne pas exposer deux trib. différents à rendre des jugements opposés dans une même affaire. — V. *Exception.*

208. La caution peut être assignée en déclaration de jugement commun devant le trib. déjà saisi de la demande formée contre le défendeur principal. Rej. 8 nov. 1859 (7164).

209. Toutefois, le garant peut réclamer son renvoi devant le juge du domicile; — 1° si l'instance principale est terminée au moment où l'action en garantie est formée : il n'existe plus, en effet, aucun motif pour le distraire de ses juges naturels, la demande originaire n'est plus *pendante;* — 2° si la demande originaire est pendante devant un trib. étranger : un Français ne peut pas être contraint d'aller plaider hors du royaume. Carré, n° 269; — 3° s'il paraît par écrit ou par l'évidence du fait que la demande originaire n'a été formée que pour distraire l'appelé en garantie de ses juges naturels. — V. *Exception.*

210. L'action en garantie dirigée contre un notaire ou un huissier en nullité d'un acte ou d'un exploit doit être portée devant le tribunal du domicile de l'officier public. — V. *Exception.*

ART. 14. — *Action formée contre plusieurs défendeurs.*

211. On a vu dans les articles précédents que les actions personnelles doivent, en général, être portées devant le trib. du domicile du défendeur, les actions réelles devant le trib. de la situation de l'immeuble litigieux, et les actions mixtes devant le trib. du défendeur, ou devant le trib de la situation de l'immeuble, au gré du demandeur.

212. Mais ces règles sont soumises à quelques exceptions lorsqu'il y a plusieurs parties intéressées, ou que la contestation porte sur divers immeubles.

213. En matière personnelle, s'il existe plusieurs défendeurs domiciliés dans le ressort de divers trib., le demandeur ne pouvant les assigner tous devant le trib. du lieu de leur domicile, a la faculté de porter sa demande, *à son choix,* devant le trib. du domicile de l'un d'eux. C. pr. 59.

214. Ainsi, plusieurs individus poursuivis, les uns comme ayant usurpé sur les produits de leur industrie le nom d'un fabricant, les autres, comme ayant débité ces mêmes produits, peuvent être traduits collectivement devant le même trib., quoiqu'ils soient domiciliés dans des arrondissements différents. Paris, 3 juin 1843 (2678).

215. La demande formée par les créanciers d'une succession contre un tiers, d'une part, pour le faire condamner à rapporter à la masse une somme dont il se trouve détenteur, et d'autre part, contre les héritiers pour voir ordonner ce rapport, ou l'effectuer eux-mêmes au besoin, peut être portée, au choix des demandeurs, soit devant le trib. du lieu de l'ouverture de la succession, soit devant celui du domicile du tiers débiteur. Bordeaux, 29 déc. 1840. D. 41, 121.

216. Mais l'action dirigée contre un Français et un étranger doit être portée devant le trib. du domicile du Français. Bruxelles, 17 déc. 1818.

217. Si l'étranger a en France une résidence connue, le demandeur a le choix de porter sa demande devant le trib. de cette résidence, ou du domicile du Français. Chauveau, n° 257 bis.

218. Toutefois, pour que le demandeur jouisse de l'option, il faut que les défendeurs soient obligés d'une manière égale et semblable; car si l'obligation de l'un n'était qu'accessoire à l'obligation de l'autre, le domicile du principal obligé devrait déterminer la compétence. Nancy, 28 janv. 1841, D. 41, 81; Cass. 27 avr. 1837; Toulouse, 11 janv. 1839; Douai, 12 juin 1844; Dijon, 2 août 1858 (7165).

219. A plus forte raison, l'un des défendeurs peut-il demander le renvoi devant le trib. de son domicile, s'il est démontré qu'il est, en réalité, le seul intéressé à la contestation, et que l'action n'est dirigée contre les autres défendeurs que dans le seul but de le distraire de ses juges naturels. Cass. 5 juill. 1808, 27 avr. 1837 (1014).

220. Mais le trib. du domicile de l'un des défendeurs est compétent, bien que celui-ci n'ait au fond aucun intérêt dans l'affaire, si le demandeur a un juste sujet de croire qu'il était intéressé, et s'il est constant qu'il n'y a pas eu l'intention de distraire les autres parties de leurs juges naturels. Bordeaux, 22 mars 1842, D. 43, 5, 87.

221. Si les divers débiteurs sont solidairement obligés à une dette indivisible, le demandeur peut les assigner à son choix devant le domicile de l'un d'eux. Carré, art. 59, n° 255. — L'acquiescement d'un débiteur solidaire qui a accepté de bonne foi la juridiction d'un trib. incompétent suffit pour contraindre ses cointéressés à procéder devant ce trib., surtout si l'objet de la contestation est indivisible. Aix, 15 av. 1833, P. 25, 364.

222. Peut-on considérer comme codéfendeurs plusieurs individus qui ont contracté ensemble, sans solidarité, une dette divisible? — Pour la négative, on argumente de ce que, dans ce cas, il y a autant d'actions que d'obligés, quoiqu'il n'existe qu'un seul titre; et l'on en conclut que chaque débiteur doit être appelé devant le trib. de son domicile. Mais ce système aurait pour résultat de multiplier inutilement les frais; et c'est précisément pour éviter cet inconvénient que la loi a permis d'assigner les codébiteurs devant un seul trib.; le créancier se trouverait d'ailleurs dans l'impossibilité de former toutes les demandes à la fois, puisqu'il ne pourrait pas produire en même temps le titre de sa créance devant les différents trib. appelés à connaître du litige. Les débiteurs qui ont consenti à s'obliger par un seul et même acte doivent être réputés avoir consenti à plaider devant le trib. du domicile de l'un d'eux, au choix du créancier. Carré, n° 256; Favard, 1, 131.

223. Un associé peut assigner ses coassociés devant le trib. du domicile de l'un d'eux, bien que le principal intéressé se trouve ainsi distrait de sa juridiction. Douai, 27 mars 1846 (3398).

224. La faculté d'assigner les défendeurs devant le trib. du domicile de l'un d'eux n'est applicable qu'au cas où ils appartiennent tous à la même juridiction; celui qui assigne un libraire devant le trib. de commerce ne peut y appeler l'auteur qui a vendu à ce libraire l'ouvrage, objet de la contestation. Rennes, 13 janv. 1851 (5099).

225. Le créancier qui demande la nullité d'une constitution de dot, comme faite en fraude de ses droits par son débiteur à sa fille, peut, à son choix, porter son action devant le trib. du domicile des époux donataires ou du domicile du père donateur. Cass. 1er août 1833, D. 33, 331.

226. Lorsqu'il y a un obligé principal et une caution solidaire, le demandeur peut, comme s'il y avait deux obligés principaux, les assigner au domicile de la caution : c'est une conséquence de la solidarité. Grenoble, 2 avr. 1830, D, 33, 74.

227. Dans le concours de deux ventes du même immeuble, celui de deux acquéreurs qui a formé le premier contre le vendeur une action en exécution du contrat devant les juges du domicile de ce dernier, peut assigner l'autre acquéreur devant les mêmes juges, en déclaration de jugement commun. Cass. 2 fév. 1809.

228. *En matière mixte*, les principes précédents sont également applicables; le demandeur peut, à son gré, actionner tous les défendeurs devant le trib. du domicile de l'un d'eux, ou devant le trib. de la situation de l'immeuble litigieux. C. pr. 59.

229. *En matière réelle* on suit des règles analogues.
Si plusieurs immeubles situés dans différents arrondissements sont l'objet d'une seule action, l'action doit être intentée devant le trib. du chef-lieu de l'exploitation, s'ils font partie d'une seule et même exploitation; et à défaut de chef-lieu, ou si les

biens sont absolument distincts, devant le trib. du lieu où se trouve la partie des biens qui présente le plus fort revenu d'après la matrice du rôle de la contribution foncière. Arg. C. N. 2210; L. 15 nov. 1808; Carré, *L. org.*, art. 235.

ART. 12. — *Cas où il y a élection de domicile.*

230. Dans le cas d'élection de domicile pour l'exécution d'un acte, le défendeur peut être assigné devant le trib. du domicile élu. C. pr. 59; — qu'il s'agisse d'une action réelle ou personnelle. Carré, *L. org.*, art. 273. — V. *Domicile, Prorogation de juridiction, Saisie-exécution.*

231. Cependant le demandeur conserve la *faculté* de porter son action devant le trib. du domicile réel du défendeur, ou devant celui de la situation de l'objet litigieux. C. pr. 59; — à moins qu'il ne résulte des circonstances de la cause que l'élection de domicile n'ait été faite que dans l'intérêt du défendeur, auquel cas la demande ne peut être portée qu'au trib. du domicile élu. Pigeau, 1, 159; Thomine, art. 59. — V. *Domicile.*

232. Le demandeur peut aussi, s'il s'est désisté de son assignation avant que l'instance ne fût liée devant le juge du domicile élu, assigner de nouveau le défendeur devant le trib. de son domicile réel et réciproquement. Carré, n° 271.

233. Le débiteur a le droit de demander la nullité des poursuites devant le tribunal indiqué dans l'acte en vertu duquel il est poursuivi, quoique, par son commandement, le créancier ait fait élection de domicile au lieu où se font les poursuites. Paris, 6 janv. 1825. — V. *sup.*, n° 121.

234. Au reste, l'élection de domicile n'attribue juridiction au domicile élu qu'autant qu'elle a pour objet l'exécution d'un acte; une partie ne peut contraindre son adversaire à l'assigner devant un trib. en élisant arbitrairement son domicile dans l'arrondissement de ce tribunal. Cass. 8 therm. an 10.

235. La demande en rescision de l'acte contenant élection de domicile peut être portée devant le juge du domicile élu dans cet acte. Carré, n° 275.

236. Décidé que l'élection de domicile que doit contenir un acte d'opposition à mariage (C. N. 176) est attributive de juridiction. Bruxelles, 6 déc. 1830; Liége, 9 mars 1831, P. 23, 921, 1309. — *Contrà*, Paris, 23 mars 1829.

237. On ne peut faire au domicile élu pour l'exécution d'un acte, les poursuites en exécution d'un jugement rendu à l'occasion de cet acte. Agen, 6 févr. 1810; Colmar, 20 mars 1810.

238. La simple indication d'un lieu pour le payement d'une obligation, en matière civile, ne rend pas le trib. de ce lieu compétent pour connaître de la demande : il n'y a pas là élection de domicile dans le sens des art. 111 C. N. et 59 C. pr. Cass. 29 oct. 1810; Duranton, 12, n° 99. — Ainsi jugé à l'égard d'un billet à ordre. Rej. 10 avril 1861 (7539).

ART. 13. — *Compétence des diverses chambres d'un tribunal.*

239. Dans les tribunaux divisés en plusieurs chambres, le président peut, en général, distribuer indifféremment les causes à l'une des chambres de son tribunal. — V. *Distribution des causes.*

240. Toutefois les contestations relatives aux avis de parents, aux interdictions, à l'envoi en possession des biens des absents, à l'autorisation des femmes pour absence ou refus de leurs maris, à la réformation d'erreurs dans les actes de l'état civil et autres de même nature, sont, ainsi que les affaires qui intéressent l'État, les communes et les établissements publics, réservées à la chambre où siège habituellement le président. Décr. 30 mars 1808, art. 60.

241. Les affaires relatives aux droits d'enregistrement, d'hypothèque et de timbre, et aux contributions, doivent être renvoyées à la chambre indiquée à l'avance par le président.

242. Les homologations d'avis des chambres de discipline des officiers ministériels sont portées devant le tribunal entier lorsqu'elles intéressent le corps de ces officiers. *Ib.*, art. 64. — V. d'ailleurs *Vacances.*

243. Mais une fois qu'une des chambres d'un trib. a été régulièrement saisie d'une affaire, les autres chambres du même trib. ne peuvent en connaître. — V. *Jugement.*

244. Cependant cette incompétence n'est pas tellement absolue, qu'elle ne puisse pas être couverte par les conclusions des parties consignées dans le jugement. Carré, n° 467.

245. Peu importerait même qu'il s'agit d'une affaire qui, d'après sa nature, aurait dû être renvoyée à la chambre du président (V. *sup.*, n° 240), et qui aurait été jugée par une autre chambre. L'incompétence de cette chambre ne serait toujours que relative et serait couverte par le consentement des parties à procéder devant elle. Carré, *ib.*

246. La chambre des vacations est uniquement chargée de l'expédition des affaires sommaires et de celles qui requièrent célérité. Mais son incompétence pour statuer sur des matières autres que celles qui lui sont expressément réservées est seulement relative. — V. *Vacances.*

ART. 14. — *Compétence du président du tribunal.*

247. Dans une foule de cas prévus par la loi, le président ou le juge qui le remplace peut exercer seul la juridiction, tant en matière contentieuse qu'en matière non contentieuse. — V. *Ordonnance, Président, Référé, Saisie-arrêt.*

§ 3. — *Compétence de premier ou de dernier ressort.*

248. Les trib. de 1re inst. jugent en *premier ressort seulement :* 1°. Toutes les affaires personnelles, réelles ou mixtes, d'une valeur indéterminée, ou excédant 1,500 fr. de principal, ou 60 fr. de rente ; excepté celles réservées aux *juges de paix* ou aux *trib. de commerce.* — V. ces mots et *Appel.*

249. 2° Toutes les contestations relatives aux domaines de l'État excédant la même valeur. Cass. 13 prair. an 10, 12 mess. an 13, 23 mars 1808 ; Berriat, 54.

250. 3° Les difficultés d'exécution des jugements de commerce ou d'arbitres, et des condamnations civiles prononcées par les trib. criminels de tout genre.

251. Ils jugent, *en dernier ressort seulement,* les appels des trib. de paix et de certaines sentences arbitrales. L. 27 vent. an 8, art. 7. — V. *Arbitrage,* n° 547.

252. Ils jugent, *en premier et en dernier ressort,* 1° Les affaires personnelles et mobilières, réelles ou mixtes, d'une valeur déterminée, n'excédant pas 1,500 fr. de principal ou 60 fr. de revenu en rente ou bail authentique. — V. *Appel.*

253. 2° Toutes les affaires dans lesquelles les parties capables de disposer de leurs droits ont consenti à être jugées sans appel. — V. *Prorogation de juridiction.*

254. 3° Les actions civiles relatives à la perception des contributions indirectes, quelle qu'en soit la valeur. L. 11 sept. 1790, tit. 14, art. 2.

255. 4° Celles relatives à des demandes en payement de droits *d'enregistrement.* — V. ce mot.

256. 5° Celles en rétablissement de productions communiquées à des avoués. — V. *Instruction par écrit.*

257. 6° Dans certains cas, les actions disciplinaires dirigées contre des officiers ministériels. Décr. 30 mars 1808, art. 103 — V. *Discipline.*

COMPÉTENCE *des tribunaux de commerce.*

1. Assurer aux contestations commerciales une meilleure justice, en les soumettant à des hommes versés dans la connaissance des usages du commerce; — favoriser la rapidité des opérations commerciales par une prompte et économique solution des difficultés; tel a été le double but de la création des tribunaux de commerce. Montesquieu, *Esprit des lois*, liv. 20, ch. 18. — V. *Tribunal de commerce.*

2. La compétence des tribunaux de commerce est judiciaire ou extrajudiciaire.

3. La compétence, soit judiciaire, soit extrajudiciaire, se subdivise en compétence *d'attribution*, et compétence *territoriale.*

4. Enfin, la compétence des trib. de comm. est tantôt de premier ou de dernier ressort seulement, et tantôt de premier et de dernier *ressort* tout à la fois. — V. *Appel* et *inf.*, 397.

Table sommaire.

DIVISION.

Sect. I. — Compétence d'attribution.

5. La juridiction des tribunaux de commerce est extraordinaire ou d'exception.—V. *Compétence*, 39, 47 et s., et *inf.*, 204.

6. Ils connaissent : 1° Des actes de commerce;

2° Des actions contre les commis des marchands pour le fait seulement du trafic du marchand auquel ils sont attachés;

3° Des billets faits par les comptables des deniers publics;

4° De certaines actions déterminées en matière de faillite;

5° Des appels des jugements de prud'hommes. — V. les paragraphes suivants.

7. Peuvent-ils apprécier l'existence des faits qui motiveraient leur compétence, si cette existence est contestée? — V. *inf.* 394.

8. Leur incompétence est absolue.

Elle peut-être proposée en tout état de cause.

Ils doivent la prononcer d'office. — V. *Exception* et *inf.* 78.

§ 1. — *Compétence relative aux actes de commerce.*

9. Les rédacteurs du projet de Code voulaient déterminer la compétence des trib. de commerce par la nature seule de l'acte, indépendamment de la qualité des parties. D'autres ne leur attribuaient que la connaissance des faits de commerce entre commerçants. — On a cherché à concilier ces deux opinions dans l'art. 631 C. com.

10. Ainsi la juridiction des trib. de comm., principalement basée sur la nature des actes qui donnent lieu à la contestation)—V. *Acte de commerce*, 9) est, quelquefois motivée sur la *qualité* des parties : on suppose jusqu'à preuve contraire, que toute transaction intervenue entre commerçants concerne le commerce.

Pour plus de clarté, nous traiterons sous des articles distincts des actes qui sont nécessairement soumis aux trib. de comm., quelle que soit la profession des contractants, et de ceux au contraire qui n'ont ce caractère que parce qu'ils émanent de parties commerçantes.

Art. 1. — *Actes de commerce entre toutes personnes.*

11. Les trib. de comm. connaissent *entre toutes personnes* des contestations relatives aux *actes de commerce.* C. com. 631 et 633. — V. ce mot, et notamment 11 à 15.

12. Les actes réputés commerciaux par la loi peuvent être divisés en cinq classes principales, selon qu'ils ont pour objet les achats et les ventes. — V. *Acte de commerce*, 15 à 97 ; — le louage soit d'objets mobiliers, soit d'industrie. V. *ib.*, 98 à 122 ; les entreprises et opérations diverses. — V. *ib.*, 123 à 188 ; — les opérations de change. V. *ib.*, 189 à 214 ; et enfin le commerce maritime. — V. *ib.* 215 à 226.

13. *Achats et ventes.* — V. *Acte de commerce*, 15 à 97.

Ainsi le tribunal de commerce connaît des difficultés relatives : — 1ᵇ à l'achat d'une action dans une société de commerce, si l'acquéreur a acheté pour revendre, spécialement de l'action en versement de la mise sociale. Rouen, 25 juin 1859 (7586).

Mais si l'acquéreur a eu l'intention de conserver, il n'a fait qu'un acte civil qui ne rentre dans aucune des catégories de l'art. 632. Vainement on allègue que l'obligation de l'associé commanditaire de réaliser son apport dans une société de commerce est essentiellement commerciale. Le commanditaire reste étranger à la société, il ne peut prendre part à aucun de ses actes ; ses fonds sont dans la société, sans doute, mais sa personne n'y est pas, et souvent même sa personne ne peut y être parce qu'il a une profession incompatible avec la qualité de commerçant. Autrement il faudrait, contrairement à l'intention du législateur, éloigner des sociétés en commandite, faites cependant en vue d'appeler les capitaux, tous ceux qui ne peuvent pas être commerçants ou qui ne veulent pas l'être, c'est-à-dire la plupart de ceux qui ont des fonds disponibles. Les actionnaires d'une société anonyme seraient contraignables par corps et les administrateurs de cette société ne le seraient pas, car nous ne voyons aucune bonne raison pour distinguer entre les actionnaires d'une commandite et ceux d'une société anonyme. Lyon, 7 fév. 1850; Bourges, 17 déc. 1850; Dijon, 21 mars 1851 (5046). — *Contrà*, Paris, 27 fév. 1847; 3 oct. 1850, 22 janv. 1853 (3255, 3605, 5330), rej. 13 août 1856, Dev. 56, 769.

14. 2° A l'achat fait par un meunier d'une machine à battre, d'une bluterie et d'un tarare, pour l'exploitation de son industrie et pour louer au public l'usage de sa machine. Nancy, 21 juill. 1855 (6013).

15. 3° Aux achats de fournitures que fait le propriétaire d'une usine louée à un tiers tombé en faillite, pour alimenter momentanément l'usine et empêcher le chômage pendant l'état de faillite du locataire. Rouen, 30 juin 1840; Dev. 40, 388.— V. d'ailleurs *inf.*, 132.

16. 4° A l'achat de briques, même par un marchand de bois, s'il en revend une partie, sans prouver qu'il les ait achetées pour son usage particulier. Rouen, 6 av. 1840 (2928).

17. 5° A l'achat ou au louage d'une voiture par un commissionnaire pour le transport des marchandises qu'il place de ville en ville. Rej. 1er déc. 1851 (5121).

18. 6° A l'achat même par un non commerçant de marchandises destinées à être transportées par terre ou par mer pour être revendues. Cass. 21 avril 1852, D. 54, 5, 447. — V. *Acte de commerce*, 41.

19. 7° A l'achat de matériaux par une compagnie de chemin de fer pour la construction de la voie. Rej. civ. 28 juin 1843 (2558).

20. 8° Aux constructions que commande un teinturier pour son commerce. Paris, 14 nov. 1846 (3579).

21. 9° A la vente faite par un marchand boucher à un autre marchand boucher, de la maison dans laquelle il exerce son industrie, celle de ce fonds lui-même, de l'achalandage et des ustensiles destinés à l'exercice du fonds vendu. Poitiers, 9 avr. 1856 (6267). — V. *Acte de commerce*, 38.

22. 10° A l'exécution des conventions concernant la création et la mise en activité d'une société commerciale ayant pour objet une exploitation de mine. Rej. 26 mars 1855, D. 55, 68. — *Contrà*, Paris, 19 mai 1855, D. 55, 182. — V. *Acte de commerce*, 147.

23. Celui qui se livre habituellement à des opérations d'achat et de revente d'effets publics, fait-il *acte de commerce*? Oui. Paris, 22 nov. 1852, D. 54, 5, 10 — V. toutefois ce mot 26.

24. Mais le trib. de commerce a été déclaré incompétent pour connaître : 1º De l'achat d'appareils de gaz destinés à l'éclairage d'un café. Rouen, 1er mars 1844 (2786). — Et d'une boutique de coiffeur. 9 déc. 1836.—V. *Acte de commerce*, 145.

25. 2º De l'achat d'une imprimerie, surtout lorsque l'acheteur n'est point commerçant au moment du contrat. Paris, 2 janv. 1843, Dev. 43,269. — V. *ib.*, 37.

26. 3º De la vente d'un cheval par un non commerçant, bien qu'elle ait lieu en foire. Poitiers, 9 fév. 1838, D. 38, 27.

27. 4º Des contestations relatives à la recherche d'une mine entre associés. Paris, 11 janv. 1841. — V. toutefois *ib.*, 147.

28. 5º De l'assurance contre l'incendie, de maisons et magasins faite par un commerçant, non en cette qualité, mais en celle de propriétaire. Lyon, 30 mai 1849, — D. 50, 5, 7. V. *ib.*, 229.

Mais le fait par un commerçant d'assurer des *meubles* servant à l'exploitation de son commerce serait commercial. Rouen, 22 avril 1847, D. 48, 150. — *Contrà*, Cass. 28 avr. 1852, D. 52, 173.

29. 6º Du fait du propriétaire qui achète des vins pour les vendre avec sa récolte, lorsqu'il n'a en vue que d'améliorer celle-ci et d'en faciliter l'écoulement. Bordeaux, 12 juill. 1848 (4104). — V. *ib.*, 60.

30. De l'exploitation d'une saline par le propriétaire lui-même (non commerçant); spécialement la demande en payement de travaux et fournitures relatifs à la confection d'une pompe établie pour opérer le déversement d'une certaine quantité d'eau salée dans la saline n'est pas de la compétence du trib. de commerce. Aix, trib. comm. 7 juin 1858.

31. Ne constituent pas non plus des actes de commerce : — 1º l'achat d'immeubles pour les revendre : celui qui se livre habituellement à ces sortes d'opérations n'est pas commerçant et ne peut être déclaré en faillite; autrement l'achat d'immeubles pour en louer simplement la jouissance constituerait un *acte de commerce.* — (V. ce mot, 29 à 35): Paris, 28 nov. 1851 D. 54, 191. Poitiers, 19 août 1849; rej. 4 juin 1850, D. 50, 163; — *Contrà.* Colmar. 30 déc. 1845 (3470). Paris, 21 avr

1849; 18 oct. 1851, D. 54, 245. — Dans cette dernière espèce, il s'agissait d'achat de terrains pour les revendre après y avoir fait des constructions.

32. Ainsi jugé à l'égard d'un individu qui n'en fait pas sa profession habituelle, par ex. d'un notaire. Nancy, 18 mai 1849, D. 50, 90. — *Contrà*, Paris, 24 mai 1849, D. 50, 11.

33. Peu importe que l'acquéreur se soit fait ouvrir un crédit chez un banquier. Paris, 28 nov. 1851, D. 54, 191. — La stipulation d'intérêts à 6 pour 100 et d'un droit de commission ne donne à l'opération de caractère commercial qu'à l'égard du banquier. *Même arrêt*.

34. 2° L'achat, par une maison de banque, d'un immeuble pour y établir ses bureaux et même pour en louer certaines parties. Paris, 22 mars 1851, D. 51, 90.

35. 3° Le fait par un commerçant d'avoir fait faire des travaux à un immeuble lui appartenant en qualité de propriétaire et non par suite d'une opération commerciale. Caen, 19 juill. 1854, D. 55, 5, 97.

36. 4° Le simple achat d'un fonds de commerce. — Le caractère commercial est dû, non à l'achat du fonds en lui-même (— V. *Acte de commerce*, 36 à 38), mais à son exploitation. Arg. rej. 24 avr. 1861 (7573).

37. 5° Le fait du propriétaire qui exploite une carrière dans son fonds pour en vendre les produits. Orléans, 13 mars 1844, D. 44, 5, 9; Paris, 24 sept. 1846, D. 49, 5, 7. — *Contrà*, cons. d'Ét., 29 janv. 1847. D. 47, 3, 361. — Encore qu'il s'associât avec un tiers. Bordeaux, 23 nov. 1854, D. 55, 5, 7. — V. *ib*. 147.

38. *Louage*. — V. *Acte de commerce*, 97 à 122.

Ainsi, la location d'une carrière de granit pour l'exploiter est un acte de commerce. Caen, 17 déc. 1847 (3966).

39. Mais on ne considère pas comme acte de commerce : la location par le propriétaire d'une pompe à feu, de la force motrice de cette pompe à divers individus dans des proportions déterminées, bien qu'il se fût chargé d'alimenter lui-même et d'entretenir la pompe. Rouen, 17 juillet 1840, Dev. 40, 388.

40. — Ou d'un local pour des spectacles publics. Nîmes, 27 mai 1851, D. 54, 43. — V. *ib*. 181.

41. — Ou de terrains pour l'exploitation d'un établissement industriel. Amiens, 4 déc. 1846 (3661). — *Secùs* de l'usinier qui prend à bail. *Même arrêt*.

42. Le mandat donné à un agent d'affaires de vendre un

fonds de commerce ; il s'agit de la part du mandant d'un mandat civil. Paris, 23 sept. 1857 (6542).

43. L'ouvrier qui travaille à ses pièces ou à forfait dans son domicile, ne peut pas être considéré comme *commerçant* (— V. ce mot, 43), ni comme facteur ou commis du fabricant auquel il s'engage à fournir son travail pendant un temps déterminé. Rej. 12 déc. 1836, D. 37, 194.

44. *Entreprises.* — V. *Acte de commerce*, 122 à 215.

Ainsi le trib. de commerce connaît des difficultés relatives :
— 1° A l'exécution des traités que fait un entrepreneur général de transports militaires avec des particuliers relativement à ce transport. Cass. 11 vendém. an 1° Lyon, 20 juin 1827. — *Contrà*, Carré, 2, 510.

45. 2° A la liquidation d'une maison de commerce, bien que le liquidateur par sa profession, celle d'avocat, soit étranger au commerce : il peut être assigné consulairement, et il doit agir de la même manière en remise de lettres et papiers contre le teneur de livres à qui il les a confiés pour opérer cette liquidation. Cass. 20 nov. 1834, D. 35, 40.

46. 3° A une entreprise d'éclairage par le gaz. Caen, 3 août 1847 (3871).

47. 4° Au payement des sommes dues à des tâcherons par des entrepreneurs pour travaux de terrassement sur un chemin de fer. Orléans, 14 mai 1844 (2924). — V. toutefois *ib.*, 156.

48. — Surtout quand à cette entreprise se rattachent des spéculations sur des achats de terrains, la location de wagons et de rails, l'émission d'effets de commerce. Bordeaux, 18 janv. 1853 (5358).

49. 5° A l'entreprise de travaux et fournitures pour la construction d'un pont. Rej. 29 juin 1853, D. 54, 288. — Ou d'une maison, lorsque l'entrepreneur s'est chargé de fournir les matériaux et que, pour accomplir cette obligation, il a dû les acheter. Poitiers, 23 mars 1841, D. 41, 151.

50. 6° Aux entreprises de drainage à forfait et en fournissant les matériaux. Caen, 2 fév. 1858 (6685).

51. Mais l'engagement pris par un propriétaire (ou fermier) de fournir à un boulanger, pendant un temps déterminé, le blé nécessaire au service de sa boulangerie, n'est pas commercial lorsqu'il n'est pas établi que le propriétaire fût dans l'impuissance de fournir la quantité de blé promise de ses propres récoltes. Poitiers, 7 janv. 1856, D. 56, 556. — V. *ib.* 43.

52. *Opérations de change, banque,* etc. — V. *Acte de commerce*, 189 à 214.

53. Le trib. de commerce connaît des difficultés relatives au payement des lettres de change ou aux remises d'argent faites de place en place entre toutes personnes. C. com. 632.— V. *Effet de commerce.*

54. Pour attribuer compétence au trib. consulaire, il faut mais il suffit, — ou que la forme de la lettre de change ait été employée (V. toutefois *inf.*, n° 61); — ou que l'opération renferme remise de place en place. Caen, 25 juin 1847 (3869).

Ainsi, d'une part, peu importe que les lettres de change constatant les remises de place en place manquent d'une des conditions essentielles à leur existence comme lettres de change, que les parties n'aient pas consenti cette remise de place en place en vue d'une opération commerciale, et que les lettres ne portent aucune signature de commerçants. — V. *Acte de commerce*, 198.

55. D'autre part, peu importe qu'une lettre de change n'ait pas eu pour véritable cause une opération de change, lorsqu'elle présente tous les caractères de la lettre de change. Rouen, 11 fév. 1808; Paris, 22 août 1810; Colmar, 22 nov. 1815; Pau, 11 nov. 1834, D. 35, 56; Bordeaux, 13 déc. 1842, Dev. 43, 153.

56. La lettre conserve son caractère, alors même que les causes ne s'en trouvent justifiées que jusqu'à concurrence d'une partie de la somme qui y est énoncée. Rej. 8 mars 1853.

57. Jugé cependant que les trib. civils ont seuls qualité pour statuer sur les contestations auxquelles donne lieu une lettre de change souscrite pour prix du remplacement au service militaire : la création de cette lettre n'est qu'un moyen indirect d'arriver à la contrainte par corps dans une obligation purement civile. Aix, 5 nov. 1830.—Sur la demande en payement de traites souscrites pour l'acquittement d'un prêt précédemment contracté et reconnu par acte notarié. Peu importe dans ce cas que les traites présentent tous les signes apparents d'une lettre de change. Rouen, 15 nov. 1825. — Dans l'espèce, il y avait aveu de la part du créancier, que la cause des lettres de change était la même que celle énoncée dans l'acte de prêt. — Analogue. Cass. 8 mai 1850, D. 50, 158.

58. Mais l'endosseur d'une lettre de change ne peut être affranchi de la contrainte par corps, sous prétexte qu'il n'a prêté que par obligeance sa signature au tireur, et que militaire, il n'a jamais entendu faire un acte de commerce. Cass. 8 juillet 1850, D. 50, 226.

59. L'acceptation d'une lettre de change, même par un non négociant, soumet l'accepteur à la contrainte par corps. Bordeaux, 25 nov. 1856.

60. L'endossement d'une lettre de change est entièrement assimilé à sa souscription ou à son acceptation. — V. *Acte de commerce*, 197.

61. Quand les lettres de change ne sont réputées que simples promesses, aux termes de l'art. 112 C. com. (— V. *ib.*, 195), le trib. de commerce est tenu de renvoyer la cause au trib. civil, s'il en est requis par le défendeur. C. com. 636.

62. Mais les juges consulaires prononcent sur la contestation : — 1° Si le défendeur ne demande pas le renvoi : l'incompétence dans ce cas est seulement personnelle. Paris, 16 août 1811. — Elle doit être proposée avant toutes exceptions ou défenses. Toulouse, 21 mars 1854, D. 54, 219.

63. 2° Lorsque l'allégation de supposition de lieu, ou de faux endossement n'est reconnue par le trib. de commerce, ni véritable. Cass. 28 avr. 1819; 21 oct. 1825 ; — ni même sérieuse. Cass. 2 fév. 1836.

64. Le trib. de commerce est encore compétent lorsque : — 1° La reconnaissance contenue dans la prétendue lettre de change se réfère à un acte commercial, soit à raison de la matière. Toulouse, 21 mars 1854, D. 54, 219; — soit à raison de la qualité des parties. Orillard, n° 409.

65. 2° Lorsqu'il s'agit de la demande en payement d'une lettre de change souscrite par un prétendu mandataire : l'exception tirée de ce que la traite ne serait point obligatoire pour le défendeur qui nie le mandat, ne portant que sur *l'effet* de la lettre de change, reste étrangère à la compétence. Bordeaux, 13 déc. 1831, D. 32, 62. — Mais, dans l'espèce, le défendeur était commerçant. S'il eût été un simple particulier, le tribunal civil de son domicile aurait dû d'abord connaître, suivant Orillard, n° 380, de la question d'existence du mandat; sauf à retourner après l'apurement de cette question devant le trib. de com. — V. *inf.*, 394.

66. Lorsqu'une fois le trib. a constaté la simulation, il doit se déclarer incompétent (même d'office. Toulouse, 20 juin 1835, D. 36, 11) pour statuer sur la lettre de change, réduite aux termes d'une simple promesse. Bruxelles, 28 juin 1810.

67. Néanmoins, lorsque les lettres de change réputées simples promesses portent en même temps des signatures d'individus négociants et d'individus non négociants, le trib. de com. doit en connaître; mais il ne peut prononcer la contrainte par corps contre les individus non négociants, à moins qu'ils ne soient engagés à l'occasion d'opérations de commerce, trafic, change, banque ou courtage. C. com. 637.

68. Cette règle a été appliquée même au cas où l'on attaquait la lettre de change comme engagement ordinaire, et où on lui refusait même la qualité de simple promesse pour défaut de bon ou approuvé. Cass. 28 avr. 1819.

69. Mais il faut nécessairement que l'engagement du négociant signataire de la lettre de change soit valable. Bastia, 4 janv. 1832, D. 33, 115. — Dans l'espèce, on attaquait comme irrégulier et n'énonçant pas la valeur fournie l'endossement par un négociant d'une traite souscrite par un non commerçant. — V. *inf.*, 90.

70. Le non commerçant souscripteur d'une lettre de change réputée simple promesse, ou d'un billet à ordre pour une cause non commerciale, et condamné par défaut, peut, sur l'opposition, requérir son renvoi devant les trib. ordinaires. Vainement dirait-on que le déclinatoire est tardivement opposé, parce que *défaut emporte contestation*. Cette ancienne règle doit être entendue en ce sens, que le défaut ne dispense pas le demandeur de justifier de sa demande, mais non dans le sens que le défendeur a répondu à l'assignation. Carré, n° 526.

71. On a même accueilli la demande en renvoi proposée pour la première fois en appel (mais avant toute défense au fond). Angers, 11 juin 1824. Arg. Caen, 17 août 1825; 31 août 1826. — *Contrà*, Aix, 15 janv. 1825. — Dans l'espèce de ce dernier arrêt, sur deux défendeurs, l'un acceptait la compétence et le défaillant était reconnu commerçant.

72. Lorsque la lettre de change a été souscrite par une femme non commerçante, la compétence peut-elle être déclinée?

Pour l'affirmative, on dit : — Dans ce cas, la lettre de change est assimilée à une simple promesse (C. com. 113); or, aux termes de l'art. 112, la lettre de change contenant supposition de lieu, etc., est aussi une simple promesse, et par suite de cette assimilation, le renvoi accordé pour l'une, par l'art. 636, se trouve implicitement accordé pour l'autre. Pardessus, n° 1349; Nouguier, *Des tribunaux de commerce*, 2, 176, n° 3 ; Orillard, n° 386.

Mais on répond, pour la négative : — L'art. 636 ne parle que des lettres de change réputées simples promesses aux termes de l'art. 112, et non de celles indiquées dans l'art. 113. Il y a, en effet, entre ces deux espèces de lettres cette différence, que les premières n'ont pas la forme intrinsèque et substantielle des véritables lettres de change, tandis qu'il en est autrement des secondes. On conçoit dès lors que la loi ait laissé aux trib. de com. la connaissance de ces dernières, véritables obligations commerciales de leur nature, tout en affranchissant de la contrainte par corps les femmes non commerçantes qui les ont souscrites. Carré 2, 592; Merlin, *R.*, v° *Lettre de change*, § 3, n° 5.

Ainsi, il a été jugé que la femme non marchande, signataire d'une lettre de change (ne portant aucune signature de commerçant), ne peut décliner la juridiction commerciale; que seulement elle n'est pas contraignable par corps. Limoges, 19 mai 1813; Aix, 22 févr. 1822; Montpellier, 20 janv. 1835, Dev. 35, 336; Cass. 26 juin 1839, P. 1839, 2, 12; —6 nov. 1843, Dev. 44, 37; 30 janv. 1849 (4312); Montpellier, 28 août 1852, D. 53, 40. — *Contrà*, Paris, 16 août 1811; Bordeaux, 11 août 1826; Limoges, 16 févr. 1833, D. 33, 209; Riom, 8 avr. 1840, D. 40, 204, — V. *ib.* 196.

Alors même qu'elle critique la lettre de change, comme n'étant revêtue, de sa part, que d'une acceptation irrégulière. Cass. 28 avr. 1819. — Dans l'espèce la femme attaquait la validité de la lettre de change pour défaut de *bon* ou d'*approuvé*, mais lors du protêt elle avait reconnu la dette; — ou qu'elle allègue qu'étant mariée sous le régime dotal, elle a été incapable de s'obliger, même avec l'autorisation de son mari. Nîmes, 25 nov. 1828, — *Contrà*, Nîmes, 12 mars 1828.

73. Mais lorsqu'il s'agit d'une lettre de change nulle comme souscrite par un mineur non négociant, le trib. de commerce doit se déclarer incompétent encore que l'effet porte la signature d'autres personnes soumises à la juridiction commerciale. Toulouse, 24 août 1825. — Le mineur non autorisé ne peut être déclaré en faillite. Amiens, 7 janv. 1853, D. 54, 9; — ni coupable de banqueroute. Cass. 17 mars 1853, D. 53, 114.

74. L'action des tiers en remboursement de ce qu'ils ont payé et de ce qui a tourné au profit du mineur (C..N. 1312; C. com. 114) est de la compétence exclusive du trib. civil : il s'agit de l'exécution d'une obligation naturelle qui n'a rien de commercial. — Il en est de même dans le cas où ce remboursement est réclamé par voie d'exception. Orillard, n° 389.

75. Les *billets à ordre*, lorsqu'ils contiennent remise de place en place, sont entièrement assimilés à la lettre de change pour tout ce qui est relatif à la compétence, et les règles précédentes leur sont applicables. — V. *Acte de commerce*, 200. — Il en est encore de même toutes les fois que ces billets ont pour cause une opération de commerce. C. com. 636. — Par exemple, lorsqu'un billet a été donné en garantie à un non commerçant par un banquier pour le recouvrement d'une lettre de change. Cass. 21 juin 1827.

76. Mais si les billets sont souscrits par des personnes non marchandes et pour cause purement civile, ils ne constituent qu'une obligation ordinaire de la compétence du trib. de 1re inst. Lyon, 21 juin 1826; Riom, 4 août 1838, D. 39, 30.

77. Néanmoins, le trib. de com. n'est tenu de se dessaisir de la cause que dans le cas où il en est requis par le défendeur. C. com. 636.

78. L'incompétence n'est pas proposable pour la première fois en appel. Paris, 16 août 1811; Paris, 1er déc. 1831, D. 33, 54; Aix, 15 janv. 1825. — *Contrà*, Angers, 11 juin 1824; — ni après l'exécution donnée par le défendeur au jugement qui aurait rejeté le déclinatoire présenté par lui. Metz, 12 avr. 1820. — En effet, cette incompétence est purement personnelle, elle doit être proposée *in limine litis*. Caen, 27 janv. 1841, D. 41, 115, et ne peut être suppléée d'office. Carré, 2, 634. — *Contrà*, Bruxelles, 28 juin 1810.

79. Les mots *valeur en marchandises* sur un billet à ordre souscrit au profit d'un commerçant par un non commerçant, ne s'opposent pas à ce que ce dernier obtienne son renvoi devant la juridiction civile; — l'achat de marchandises par un simple particulier ne constitue pas un acte de commerce, si cet achat n'a pas été fait dans l'intention de revendre. Paris, 10 déc. 1829.

80. Il en est de même dans le cas où le billet à ordre signé par un individu non commerçant est causé valeur en numéraire, *pour employer à une opération de commerce*, du moins la cause du billet n'est pas elle-même une opération de commerce, et il ne suffirait pas que la valeur du billet fût destinée à faire plus tard une opération commerciale, le débiteur ne pouvant se soumettre à la contrainte par corps au moyen d'une simple déclaration de vouloir employer cette somme au commerce. Bastia, 29 janv. 1833, D. 33, 57.

81. Même décision pour les mots : *valeur en espèces, valeur reçue comptant;* ils ne désignent qu'une seule chose, c'est que le souscripteur a reçu une somme d'argent du bénéficiaire ; or, le prêt n'étant pas par lui-même un acte commercial, le billet du simple particulier qui en constate l'existence conserve le caractère d'une obligation civile.

82. Le trib. de com. est également incompétent pour statuer : 1° Sur l'action en payement d'un billet causé *valeur entendue entre nous*, lorsque ce billet a été passé entre non commerçants, s'il n'est pas justifié qu'il renferme une opération de commerce. Un billet ainsi causé ne peut constituer qu'une obligation purement civile comme ne contenant pas l'énonciation de la valeur fournie, ainsi que l'exige l'art. 188 C. com. Metz, 18 janv. 1833, D. 34, 157.

83. 2° Sur les contestations que fait naître un billet à ordre causé pour prix de remplacement militaire, surtout lorsque la juridiction civile a déjà été saisie. Paris, 1er avr. 1830.

84. Mais si des billets sont signés à la fois par des commerçants et des non commerçants, la connaissance en appartient aux trib. de com. (C. com. 637); encore que les souscripteurs non commerçants ne se soient pas engagés pour opérations de commerce. Paris, 26 avr. 1843; D. 43, 593; Dalloz, 3, 325; Locré, t. 8, p. 508; Vincens, t. 1, p. 139; Delv. t. 2, 491; Carré, n° 528. — Cette règle était déjà suivie sous l'ordonn. de 1673. Paris, 9 frim. an 13. — V. *sup.*, 67.

85. Le simple endossement d'un billet à ordre par un négociant au profit duquel il a été fait, suffit pour soumettre le non commerçant qui l'a souscrit à la juridiction commerciale; il n'est pas nécessaire qu'il ait signé le billet conjointement avec un négociant. Paris, 15 fév. 1810; Bruxelles, 30 avr. 1812; Montpellier, 25 fév. 1831; Amiens, 7 mars 1837, D. 37, 156; Bordeaux, 6 janv. 1840, D. 40, 123; Lyon, 3 janv. 1848, D. 49, 209. — *Contrà*, Aix, 2 août 1808; Bruxelles, 16 oct. 1822.

86. Peu importe que la cause de ce billet soit commerciale ou non à l'égard de ce souscripteur non négociant. Cass. 20 déc. 1847, D. 48, 25.

87. Lorsque le souscripteur d'un billet à ordre causé pour remplacement militaire, a stipulé que, jusqu'au remplacement, l'effet resterait à titre de dépôt entre les mains de l'agent de la compagnie, auquel celui-ci l'a endossé, l'action en restitution de cet effet, à défaut de réalisation du remplacement, constitue *une action* en restitution de dépôt, de la compétence civile, encore que, par suite de l'endossement de la compagnie, le titre portât la signature d'un négociant. Paris, 7 nov. 1845, D. 46, 4, 82.

88. Suffit-il, pour que le trib. de com. soit compétemment saisi, que le billet à ordre soit revêtu d'une ou de plusieurs signatures de négociants, lors même que ces commerçants ne seraient pas mis en cause, et qu'il n'y aurait que les signataires non négociants traduits devant le trib. de commerce?

Pour la négative, on prétend que si l'on a soumis les débiteurs non négociants à la juridiction commerciale, c'est uniquement parce que le principe de la solidarité ne permettait pas de diviser l'action, et que l'on ne pouvait forcer le porteur du billet à traduire les signataires commerçants devant les trib. civils; que cela résulte de la défense faite aux trib. de comm. de prononcer dans ce cas la contrainte par corps contre les non commerçants. C. com. 636. — Or, si les poursuites ne sont dirigées que contre ces derniers, il n'existe plus aucune raison pour saisir le trib. de com., et l'on doit n'attribuer juridiction qu'aux trib. civils. Colmar, 23 mars 1814; Paris, 23 août 1828, 19 mars 1831, Dev. 31, 306; 17 fév. 1844; *le Droit* du 23;

Nancy, 5 avr. 1845 (3121); 4 juill. 1846, D. 46, 236. — V. d'ailleurs l'exposé des motifs.

Mais l'opinion contraire, fondée sur ce que l'art. 637 ne fait aucune distinction, et qu'un billet à ordre, une fois revêtu de la signature d'un commerçant, acquiert un caractère commercial indélébile, paraît prévaloir dans la jurisprudence. Bruxelles, 29 nov. 1814; Caen, 10 août 1815; Paris, 22 juill. 1825; Bourges, 6 août 1825; Grenoble, 7 févr. 1832, S. 32, 402; Paris, 25 nov. 1834, Dev. 35, 106; Amiens, 7 mars 1837, Dev. 37, 399; Rennes, 7 avr. 1838, D. 39, 25; Paris, 24 nov. 1842; Rouen, 5 nov. 1842 (2416); Cass. 26 juin 1839, 5 nov. 1842 (2416); Nouguier, *Des tribunaux de commerce*, 2, 200, n° 3.

89. Peu importerait même que le porteur ne fût plus recevable à diriger son action que contre les non négociants. Paris, 22 juill. 1825; Bourges, 6 août 1825; Bordeaux, 17 janv. 1832, S. 32, 276; Montpellier, 25 fév. 1831, S. 31, 213; Rennes, 7 avr. 1838, D. 39, 25; Bordeaux, 6 janv. 1840, 26 mai 1843, D. 43, 162. — *Contrà*, Limoges, 30 déc. 1825; Paris, 17 sept. 1828; Douai, 8 mai 1839 (1682); Horson, 2, n° 112.

90. Dans tous les cas, pour que la signature d'un commerçant ait l'effet d'attribuer juridiction au trib. de com., même à l'égard d'un non commerçant, il faut que le commerçant soit réellement obligé; il ne suffirait pas qu'il eût revêtu l'effet d'un simple endossement en blanc qui n'en aurait pas transmis la propriété. Bordeaux, 19 nov. 1827; Orléans, 11 déc. 1837, D. 38, 23. — *Contrà*, Devilleneuve, 1840, 2, 489.

91. La loi considère comme *obligés* non-seulement les auteurs des billets, mais aussi les accepteurs, endosseurs et donneurs d'aval. — V. *Effet de commerce*.

92. Le souscripteur d'un billet à ordre, pour établir l'incompétence du trib. de com. devant lequel il est assigné, est recevable à prouver que les signataires du billet sont tous non commerçants. Cass. 22 avr. 1828.

93. Si le billet à ordre ne contient pas toutes les énonciations exigées pour sa validité; par exemple, s'il n'indique pas la nature des valeurs reçues, il ne constitue plus qu'une simple obligation civile, et n'est pas attributif de la juridiction commerciale, encore bien qu'il ait été endossé par des négociants. Cass. 6 août 1811; Riom, 6 mai 1817; Rouen, 20 juin 1822; Bourges, 12 fév. 1825; Toulouse, 17 nov. 1828; Cass. 26 mai 1836; Merlin, *Rép.*, v° *Billet à ordre*, n° 6; Pardessus, 2, n° 510; Vincens, 2, 371. — *Contrà*, Liége, 1er déc. 1814. — Dans l'espèce, le billet à ordre vicié par l'omission de formalités substantielles avait été créé par un négociant et endossé par des non négociants.

M. Orillard, nos 425, 428, distingue suivant que le souscripteur ou l'endosseur est ou n'est pas négociant, et il se prononce dans le premier cas pour la compétence du trib. de com., parce qu'il considère le billet à ordre, dont le souscripteur ou l'endosseur commerçant n'a pas indiqué la valeur fournie, comme un billet à ordre régulier.

94. Jugé que l'action en restitution d'un billet à ordre payé par erreur, est de nature commerciale et dès lors du ressort du trib. de com., lorsque d'ailleurs le défendeur est commerçant. Bordeaux, 20 mai 1829.

95. Les billets de change ayant pour but de constater des remises d'argent d'un lieu sur un autre, participent de la nature du contrat de change et doivent être déclarés *actes de commerce* entre toutes personnes. Orillard, n° 444. — On le décidait ainsi sous l'ordonnance de 1673.

96. Les billets à domicile sont, sous le rapport de la compétence, soumis aux mêmes règles que les billets à ordre. Locré, *Espr. C. com.*, 2, 325 (1580). — V. *Effets de commerce*.
A moins qu'ils ne renferment une remise d'argent de place en place, car alors ils doivent être assimilés, quant à la compétence, au contrat de change. Caen, 19 janv. 1840, Dev. 40, 200 ; Bordeaux, 8 juin 1842, Dev. 42, 519 ; Cass. 4 janv. 1843, Dev. 43, 1, 234 ; Rouen, 11 mai 1843 (2955). — *Contrà*, Besançon, 18 janv. 1842, Dev. 43, 2, 90. — V. *Contrainte par corps*.

97. Au surplus, un billet qualifié de billet à domicile, — mais qui ne contient pas, de fait, remise de place en place, n'est pas un acte de commerce. Nancy, 30 déc. 1848, D. 50, 90.

98. Les billets au porteur et les simples billets ou reconnaissances ne sont de la compétence des trib. de com. que lorsqu'ils ont été faits par des commerçants, ou pour des opérations commerciales. Cass. 20 janv. 1836, D. 36, 127 ; Locré, *ib.*

99. Les mandats ou rescriptions payables dans un lieu qui n'est pas celui de leur création, ressemblent, quant à la forme, aux lettres de change ; mais ils en diffèrent par le but que se proposent les parties ; par suite les effets en sont très-différents, en ce qui concerne la compétence : c'est ainsi que l'on décide que les mandats ou rescriptions ne peuvent être considérés comme des actes de commerce entre toutes personnes, et qu'ils n'ont ce caractère qu'à raison de la qualité des contractants.

100. Les *lettres de crédit* forment une espèce de rescription ; elles ne sont point par elles-mêmes des actes de commerce, elles ne pourraient avoir ce caractère qu'eu égard à leur cause ou à la qualité des personnes entre lesquelles elles ont lieu. Orillard, n° 456.

101. Les banques qui émettent des effets sous la garantie d'une rente à réméré ou d'une constitution hypothécaire, sont des établissements commerciaux. La nature de la garantie ne peut changer la nature de l'opération. Cass. 21 mars 1818; Orillard, n° 368. — V. *Acte de commerce*, 241.

102. Le fait de prendre la qualité de commerçant dans un billet à ordre, donne-t-il à ce billet un caractère commercial? Oui. Rej. 12 janv. 1843, D. 43, 128. — V. toutefois, *ib.* 242.

103. *Actes relatifs au commerce maritime.* — L'ordonn. de la marine de 1681, confirmative des anciens droits des trib. de l'amirauté, leur accordait une juridiction beaucoup plus étendue : ils connaissaient de tous les faits de mer, ils étaient chargés de la répression des crimes et délits commis en mer, dans les forts ou arsenaux, enfin, ils joignaient à ces fonctions judiciaires des fonctions administratives.—Aujourd'hui, le comité du contentieux du conseil d'Etat juge les affaires de prises. — V. *Compétence administrative*.

104. Les trib. de commerce sont restés en possession de celles qui concernent le contentieux de la navigation. C. com. 633. — V. *Acte de commerce*, 215 à 225.

105. Ainsi ils connaissent : — 1° des entreprises de construction, des achats, ventes et reventes de bâtiments pour la navigation intérieure ou extérieure. — Il ne s'agit ici que de *constructions navales* et nullement de celles de bâtiments incorporés au sol, pas même des constructions à faire aux canaux d'un port. Douai, 10 juill. 1839; Nancy, 15 mars 1842, 6 avr. 1843, Dev. 42, 480; 43, 491. — *Contrà*, Cass. 29 nov. 1842, Dev. 43, 85.

106. Le sous-entrepreneur doit être assimilé à l'entrepreneur lui-même : la loi ne distingue pas entre la construction totale ou partielle d'un bâtiment de mer.

107. Les ventes dont il s'agit, *sup.*, n° 105, sont volontaires : les trib. de comm. ne connaissent pas de la vente des navires saisis, ni de la distribution du prix à en provenir. Avis du conseil d'Etat du 17 mai 1809. Boulay, p. 188; Carré, n° 518.

108. 2° Des expéditions maritimes, qu'elles aient pour objet le transport des personnes ou des choses, la pêche, l'armement en course, etc. — V. *ib.* 218 et 219.

109. 3° Des achats et ventes d'agrès, apparaux et avitaillements.

110. 4° Des affrétements et nolissements ; des emprunts à la grosse, des assurances et autres contrats concernant le commerce de mer. — V. le second livre du C. de com.

111. 5° Des accords et conventions pour les salaires et loyers d'équipages. .

112. 6° Des engagements des gens de mer pour le service des bâtiments de commerce. — Mais le service sur un bâtiment de l'Etat ne rentre pas dans les attributions de la juridiction consulaire. Orillard, n° 468.

113. 7° Des contestations résultant des bris, naufrages, échouements, jet, contributions, avaries ; le législateur en plaçant dans le Code de commerce les règles qui régissent ces matières, n'a laissé aucun doute sur son intention de les attribuer aux trib. de comm. V. toutefois *ib*. 225.

114. L'acquisition en commun, d'un navire et son expédition, constituent un acte de commerce. Rouen, 24 nov. 1849, D. 50, 5, 9. — Mais la qualité de propriétaire d'un navire faisant des expéditions maritimes n'emporte pas celle de commerçant, et par suite les engagements commerciaux souscrits par le capitaine d'un navire n'obligent commercialement les femmes et les filles copropriétaires de ce navire, qu'autant qu'elles sont marchandes publiques ou légalement réputées telles. Cass. 24 janv. 1842, D. 42, 97.

115. Mais la juridiction civile connaît : — 1° De ce qui est relatif à l'*inventaire* et à la *délivrance des effets*, *délaissés dans les vaisseaux, de ceux qui meurent en mer*. Ce ne sont pas là *des faits de la mer ;* ils ne sont pas compris, par conséquent, même implicitement, dans les cas énumérés dans l'art. 633. Carré, 2, 602 ; Orillard, n° 463.

116. 2° De la demande du maître de navire, formée contre le passager. — V. *ib.*, 222. ·

Ce dernier, au contraire, peut, s'il est demandeur, *actionner* le premier devant le trib. de comm. Arg. C. com. 632 ; Carré, n° 519 ; Orillard, n° 464. — *Contrà*, Locré, sur l'art. 633. — Cet auteur décide, en invoquant un passage des observations présentées par la C. de Paris sur le projet de Code de comm., que les passagers sont tenus consulairement et par corps du prix de la traversée.

117. Le trib. de comm. ne connaît pas, même entre commerçants, du fait d'abordage *fluvial*. Lyon, 2 août 1855 (6004). — *Ib.* 225.

ART. 2. — *Actes réputés commerciaux entre négociants.*

118. Tout commerçant est en général justiciable des tribunaux de commerce à raison des contestations relatives aux engagements et transactions intervenus entre lui et un autre négociant, marchand ou banquier. C. com. 631. — Les engagements entre commerçants sont réputés commerciaux jusqu'à preuve du contraire, dans quelque forme qu'ils aient été contractés. — V. *Acte de commerce*, 226.

119. Peu importe que ces engagements résultent de comptes courants, d'arrêtés de comptes, de factures acceptées, d'un billet ou reconnaissance, même d'un prêt verbal. Déclaration du 4 oct. 1611.

120. Il a été jugé que le tribunal de comm. était compétent, — 1° pour décider entre négociants à quelle époque doit commencer un compte. Rennes, 7 mai 1816, — V. *Acte de commerce*, 249.

121. 2° Pour prononcer sur une négociation intervenue entre un négociant et un receveur général des contributions. Besançon, 27 mars 1811. — Toutefois il est à remarquer qu'un receveur général n'est pas commerçant.

122. 3° Pour statuer sur l'action en dommages-intérêts intentée par le voiturier contre son expéditeur négociant, à raison du préjudice que lui a causé la saisie d'objets de contrebande mêlés aux marchandises dont le transport lui avait été confié. Montpellier, 12 juill. 1828.

123. 4° Sur l'action formée par un négociant contre un entrepreneur de transports en payement de la valeur d'objets qui lui ont été expédiés par l'intermédiaire de celui-ci et qu'il se plaint de n'avoir pas reçus. Paris, 21 août 1855, D. 55, 305.

124. 5° Pour connaître de la vente faite entre commerçants, d'un permis d'exportation de grains. Trèves, 10 août 1806; — Toutefois cette décision doit être restreinte au cas où les parties font leur profession d'acheter et de revendre de semblables permis, et au cas où, sans faire ce genre de commerce, un commerçant a acheté d'un autre commerçant un permis d'exportation pour le revendre. — Mais suivant Carré, n° 485, si la vente a été faite à un commerçant qui n'avait d'autre but en achetant que d'user pour son propre compte du permis, les tribunaux de commerce sont alors incompétents. L'engagement n'a pas eu pour objet une opération commerciale, mais bien un simple moyen de faciliter une opération de cette nature; savoir, la vente et l'exportation de grains. Le permis n'a pas été acheté pour être vendu, mais pour servir à l'usage du commerce du marchand de grains.

125. 6° Pour statuer sur une action en payement du montant d'une lettre de voiture pour transport de marchandises adressées à une personne non encore commerçante, mais qui a fait commerce de ces marchandises immédiatement après, et qui les avait achetées à cet effet, les obligations résultant de la lettre de voiture n'étant que l'accessoire de l'acquisition de marchandises faite dans un but commercial. Bruxelles, 22 déc. 1821.

126. 7° Pour prononcer sur l'engagement pris, relativement à leur commerce, par les divers membres d'un corps de commerçants de se soumettre à certaines règles sous peine de dommages-intérêts. — V. *Acte de commerce*, 255.

127. 8° Pour connaître de la cession d'une créance commerciale constatée par billets à ordre faits par un commerçant à un autre commerçant dans une forme même non commerciale. Poitiers, 5 janv. 1841.

128. 9° De l'action du cessionnaire d'un caissier contre le négociant qui l'emploie, en restitution d'une somme versée à titre de cautionnement. Bourges, 30 déc. 1843 (2825).

129. 10° De l'action civile en contrefaçon de marques de fabrique, formée par un commerçant ; l'art. 631 C. comm. s'applique aussi bien aux engagements nés sans convention qu'à ceux qui dérivent d'une convention. Aix, 5 avril 1842, Dev. 43, 138. — V. *ib.*, 269.

130. 11° Du compte des différences de marchés à termes non sérieux. Aix, 26 janv. 1841, Dev. 42, 7. — V. *ib.*, 26.

131. 12° De l'action formée par un négociant contre un autre négociant à raison du préjudice que ce dernier lui a causé en recevant un ouvrier dont le demandeur avait retenu le livret. Arg. L. 22 germ. an 11. Rouen, 13 déc. 1837, D. 39, 207.

132. 13° Des fournitures faites à un négociant pour la consommation de sa maison de commerce : peu importe que ces fournitures fassent l'objet de son état ou servent seulement l'exercice de sa profession : s'il cessait son négoce, il cesserait d'en avoir besoin. Toutes les obligations contractées entre négociants pour l'utilité ou les besoins du négoce sont commerciales. Pardessus, 2, n° 17 ; Dalloz, 3, 328. — *Contrà*, Locré, 8, 275 ; Carré, 2, n° 547 ; Arg. Cass. 21 niv. an 5, P. 1, 140. — V. *ib.*, 67.

133. Conséquemment le distillateur qui achète des vases, du bois ou du charbon pour l'usage de sa distillerie ; le confiseur, l'épicier ou tout autre marchand en détail qui achètent du papier pour envelopper les marchandises qu'ils livrent au commerce, font acte de commerce. — V. ce mot, 76 à 83.

134. Il en de même : 1° des achats d'instruments ou mécaniques par un manufacturier. Limoges, 9 fév. 1839, P. 1839, 1, 581.

135. 2° De l'achat ou de la location d'un cheval par un

commerçant pour effectuer des courses dans l'intérêt de sa maison. — V. *inf.*, 171.

126. Toutefois on a jugé, à tort selon nous, que le trib. de commerce n'était pas compétent pour connaître de la demande formée contre : — 1° un maître d'hôtel pour blanchissage de linge. Rouen, 5 avril 1838, D. 39, 204.

127. 2° Contre un meunier qui avait acheté une meule pour l'usage de son moulin. Amiens, 17 mars 1823. — Cette dernière solution ne serait inattaquable qu'à l'égard d'un meunier non négociant. Orillard, n° 260. — V. *Acte de commerce*, 83

128. S'il y a preuve que l'engagement soit purement civil, la cause doit être renvoyée devant la juridiction ordinaire. Vincens. 1, 115.

Ainsi, par exemple, une action dirigée contre un commerçant à raison de fournitures à lui faites pour son usage personnel n'est pas de la compétence des trib. de comm. Lyon, 16 janvier 1838 (1323). — V. *ib.*, 230 et 238.

129. De même, si un individu qui a acheté une coupe de bois n'a pris dans l'acte de vente que la qualité de marchand de vins, sans que rien, dans cet acte, indique qu'il ait acquis la coupe pour la revendre, il n'est pas recevable à se plaindre d'avoir été assigné en payement devant le trib. civil, encore qu'il prétende être marchand de bois. Poitiers, 18 mai 1832, D. 33, 157.

140. L'action en répétition de l'indu, même entre commerçants, est le plus souvent de la juridiction civile. Bordeaux, 14 mai 1834, P. 27, 671. — V. *inf.*, n° 245.

141. Toutefois les trib. de commerce, à l'occasion d'actes ou de contrats de leur compétence, peuvent :

1° S'ils reconnaissent l'erreur d'un compte courant entre commerçants, ordonner qu'elle soit réparée, et prononcer la restitution de la somme indûment allouée. Bordeaux, 20 mai 1829. Orillard, n° 198.

142. 2° Si des présomptions graves, précises et concordantes établissent que des lettres de change, quoique régulièrement endossées au profit du porteur, ne lui ont été remises qu'à titre de gage ou conditionnellement, les faire restituer. Cass. 10 et 11 juin 1834, P. 27, 289, 294.

143. 3° Statuer sur une contestation entre commerçants, relative à un contrat commercial, tel qu'une expédition de marchandises non parvenues en totalité au destinataire, quand même l'action du demandeur prendrait sa base dans un délit ou quasi-délit, tel qu'une violation de dépôt imputée au défendeur. Paris, 21 août 1855, Dev. 56, 715.

144. Jugé que les trib. de comm. ne peuvent connaître : —

1° d'une demande en indemnité pour dommage causé par la vente illégale aux criées et aux enchères publiques de marchandises neuves de même nature que celles dont le réclamant fait le commerce. Lyon, 11 déc. 1840, D. 41, 108. — V. toutefois. *Vente de marchandises neuves*, 71.

145. 2° D'une action en reddition de compte intentée contre un créancier négociant par ses cocréanciers qui lui ont donné mandat d'administrer et de vendre les biens de leur débiteur commun. Limoges, 8 déc. 1836, D. 37, 75.

146. 3° De la récompense que réclame contre un commerçant un agent d'affaires pour soins donnés à la vente d'un fonds de commerce. Paris, 30 janvier 1839, D. 39, 144. — V. *Acte de commerce*, 36 et suiv. ; — ou à la recherche d'un associé apportant une mise de fonds. Paris, 22 juin 1855, D. 55, 5, 6.

147. Du reste, ne serait point un obstacle au renvoi devant les trib. civ. la qualité de commerçant prise, soit par le défendeur dans l'acte dont l'exécution est réclamée contre lui. Turin, 20 mai 1807 ; Besançon, 19 août 1808 ; Riom, 17 mars 1809 ; Liège, 28 août 1811 ; Orléans, 16 mars 1839, D. 39, 259. — *Contrà*, Paris, 28 juin 1813 ; Vincens, *ib.* ; — soit par le demandeur dans l'acte introductif d'instance. Rouen, 22 mai 1829, D. 30, 290. — *Contrà*, Paris 11 germ. an 11, S. 3, 2, 380 ; Vincens, *ib.* ; — s'il prouve qu'il n'était pas réellement commerçant : autrement la règle qui ne permet pas aux parties non justiciables des trib. de comm. de se soumettre à leur juridiction, serait violée.—V. *C. N.* 2063.—*Commerçant*, 20 à 27.

148. Le caractère de commerçant ne résulte pas de l'habitude de recevoir cette qualification, mais de l'habitude de faire des actes de commerce. — Si rien ne prouve que les opérations aient été réellement commerciales, il ne suffit pas que la partie condamnée ait été qualifiée de commerçant (même par 38 jugements). Cass. 15 mai 1815.—*Contrà*, Cass. 7 août 1827, Grenoble, 31 août 1831 ; Bourges, 23 déc. 1831, P. 24, 1454, D. 32, 180.

149. Au reste, un arrêt, pour attribuer à un individu la qualité de commerçant et décider que, par suite, il a pu être déclaré en faillite, peut se référer à un arrêt antérieur qui lui a reconnu cette même qualité, si d'ailleurs il se livre lui-même à une appréciation nouvelle des faits constitutifs de la qualité de commerçant. Rej. 19 fév. 1850, Dev. 50, 187.

150. A l'inverse, celui qui en traitant avec un agent d'affaires lui a donné par erreur dans un acte public la qualité de propriétaire, peut néanmoins l'actionner pour l'exécution de cet acte devant la juridiction consulaire. Montpellier, 27 janv. 1832, D. 32, 181.

151. Tout billet souscrit par un négociant est présumé fait pour le commerce. C. comm. 638. — V. *Acte de commerce*, 253 et s. — Et le trib. de comm. est compétent alors même qu'il s'agit de billets non négociables et qui ne mentionnent aucune cause commerciale. Paris, 23 juin 1807, 6 déc. 1814.

152. Toutefois on a été admis à combattre cette présomption par des présomptions contraires. Paris, 3 juill. 1844. *Le Droit* du 5. — V. D'ailleurs *ib.*, 257 à 259.

153. Celui qui a été commerçant reste soumis à la juridiction commerciale pour la suite de tous les actes qu'il a faits pendant son commerce. Vincens, 1, 116.

154. Pour que le souscripteur d'un billet à ordre soit considéré comme commerçant, il faut qu'il soit établi qu'il se livrait habituellement à des actes de commerce à l'époque de la souscription du billet; il ne suffit pas d'établir qu'il faisait le commerce antérieurement et même qu'il est encore porté aux rôles de patentes, s'il justifie qu'il a réclamé contre cette inscription. — Bordeaux, 4 déc. 1846. Dev. 47, 266.

155. L'état de faillite ne fait point perdre au négociant sa qualité; il reste soumis à la juridiction consulaire pour les actes ou billets qu'il a faits en cet état. Liége, 14 avril 1813.

156. Les veuves et héritiers des justiciables du trib. de com. doivent assigner (Ordonn. 1673; Poitiers, 7 therm. an 12), ou être assignés devant ce même trib., en reprise d'instance ou par action nouvelle, sauf, si les qualités sont contestées, à les renvoyer aux trib. ordinaires pour y être réglés et ensuite être jugés sur le fond par le trib. de comm. C. pr. 426. — V. *inf.*, n° 160.

157. Les mots *action nouvelle* signifient action principale, et sont relatifs au cas où l'action n'était pas encore introduite contre le défunt. Paris, 16 mars 1812; Locré, 8, 199; Vincens, 1, 117.

158. Les héritiers d'un négociant décédé avant la fin d'une instance pendante devant un trib. de comm. doivent reprendre cette instance devant ce même trib., encore que leur auteur fût demandeur, et que l'action existât contre des personnes cohéritières; il en était de même sous l'ordonn. de 1673. Poitiers, 7 therm. 12.

159. Le trib. de comm. devant lequel la veuve ou l'héritier doivent être cités est le tribunal du domicile du défunt et non celui de la veuve ou de l'héritier. Liége, 11 avril 1821.

160. Jugé que si le légataire universel d'un commerçant poursuit le recouvrement d'une créance commerciale léguée, et que le débiteur dénie l'écriture et la signature du testament, il

n'y a pas lieu par le trib. à surseoir à la demande jusqu'à la vérification du testament; que l'art. 426 C. pr. n'est applicable
que dans le cas où l'instance est poursuivie contre l'héritier
d'un justiciable du trib. de commerce. Toulouse, 2 juill. 1839,
D. 39, 263.

161. Le trib. compétent pour condamner les héritiers d'un
commerçant n'a pas mission pour ordonner contre eux l'exécution des jugements rendus contre leur auteur ; ce serait connaître de l'exécution de ses jugements. Cass. 25 prair. an 11,
3 brum. an 12, 1ᵉʳ sept. 1806.

162. Les veuves et héritiers, obligés de procéder devant la
juridiction consulaire ne peuvent être condamnés par corps à
l'accomplissement des obligations contractées par leur auteur.

ART. 3. — *Obligations contractées par des commerçants envers des
non commerçants.*

163. Si les obligations contractées par des commerçants
envers des non-commerçants l'ont été par billets; elles sont en
général de la compétence du trib. de com. Arg. C. com. 638.
— V. *sup.*, n° 151.

164. Ainsi jugé à l'égard des billets souscrits : — 1° Par un
marchand *valeur reçue comptant.* Paris, 1ᵉʳ oct. 1806.

165. 2° Par un capitaine de navire pour *valeur* en compte,
bien que dans la réalité ce billet n'eût rien de commercial.
Bordeaux, 1ᵉʳ août 1831, D. 1833, 3. — V. *sup.*, 103.

166. 3° Par un non-commerçant, mais endossé par un commerçant.

167. Toutefois on a déclaré le trib. de comm. incompétent
pour connaître : — 1° D'un billet souscrit par un commerçant
au profit d'un non-commerçant et causé *pour prêt* sans qu'il
fût énoncé si l'emprunt avait été fait ou non pour le commerce
de l'emprunteur. Rennes, 13 déc. 1825. — M. Carré, 2, 641,
objecte avec raison que le prêt n'est pas l'énonciation d'une
cause dans le sens de l'art. 638, et qu'il reste encore à rechercher si ce prêt est ou non commercial.

168. Le prêt fait par un non-commerçant à un commerçant est purement civil. Rej. 23 nov. 1846, D. 47, 4, 100.
Il en est de même des billets souscrits par un ancien commerçant après cessation de commerce, en payement du solde
d'une dette antérieure et causée valeur en espèces. Lyon, 4 juil.
1846, D. 47, 57.

169. 2° D'un billet souscrit par des commerçants et négocié
à la douane pour droits de douane. Celui qui les a négociés ou
les agents de sa faillite ne peuvent sur l'action de la douane ou

---

d'un tiers qui a payé par intervention après s'être fait subroger aux droits et priviléges de la régie, décliner la compétence du trib. civil. Rouen, 16 juin 1827.

170. *Quid*, si l'engagement simplement verbal ou renfermé dans un acte authentique ne rentre dans aucun des cas des art. 632 et 633? — Pour repousser la juridiction consulaire on dit : — Cette juridiction est exceptionnelle; en dehors des actes de commerce réputés tels entre toutes personnes, la loi n'attribue ce caractère qu'aux engagements entre commerçants ; or, il s'agit ici d'un engagement dans lequel il n'y a de commerçant que d'un seul côté ; on se trouverait donc hors des limites de la compétence commerciale. — L'art. 638 C. com. contient, il est vrai, une dérogation pour les obligations renfermées dans des billets, mais ce n'est là qu'une exception, motivée sur des raisons spéciales, qui ne peuvent modifier le principe. Bourges, 5 déc. 1810; Poitiers, 22 mai 1829; Carré, 2, 531. — Toutefois le système qui tend à interpréter l'article 638 C. com. d'une manière générale a prévalu en jurisprudence. Douai, 11 juill. 1821, 7 fév. 1825; Bourges, 29 mai 1824; Paris, 6 août 1829, 18 fév. 1830 ; Cass. 6 juill. 1836, P. 27, 1486.

171. Ainsi l'action intentée par un non-commerçant contre un brasseur pour achat d'un cheval destiné non pas à être revendu, mais à conduire la bière, a été attribuée au trib. de comm., par le motif que ce cheval devait être réputé, acheté non pas pour l'usage particulier du brasseur, mais pour son commerce. Metz, 21 juin 1811.

172. Lorsque des individus non-commerçants se trouvent engagés solidairement avec des commerçants, — le créancier, s'il veut agir séparément contre chacun d'eux, doit les poursuivre devant leur tribunal respectif, le commerçant devant le trib. de comm., et le non-commerçant devant le trib. civil.

173. Le créancier peut les appeler collectivement devant la juridiction civile, sans que les débiteurs commerçants puissent en être renvoyés sous prétexte d'incompétence. Les trib. civils ont la plénitude de la juridiction.

174. Mais le créancier peut-il citer collectivement ses débiteurs solidaires commerçants et non-commerçants devant la juridiction consulaire? — Les non-commerçants, on le suppose, ne sont obligés que civilement pour ce qui les concerne : 1° Il s'agit, par exemple, d'un prêt constaté dans un acte sous seing privé.

Pour l'affirmative on dit : — Les art. 635 et 637 C. com. contiennent un principe général fondé sur l'inconvénient qu'il y aurait à diviser les actions. Dès que parmi les coobligés solidaires se trouve un commerçant, le trib. de comm. est compétent à l'égard des uns et des autres, sauf à ne pouvoir imposer aux obligés civilement que les moyens de contrainte dont disposent les trib. civils. Les veuves et héritiers de ceux qui sont justiciables du trib. de comm. peuvent y être poursuivis et même assignés en première instance, à plus forte raison la femme d'un marchand qui a souscrit avec lui une obligation solidaire peut-elle être poursuivie conjointement avec son mari. Carré, 2, 611; Pardessus, 6, n° 1349. Arg. Cass. 19 frim. an 13.

On répond avec raison pour la négative : — La nature exceptionnelle des trib. de comm. ne permet pas d'étendre leur juridiction hors des cas dont la loi ne leur a pas spécialement accordé la connaissance; la règle que le compétent attire l'incompétent ne peut leur être appliquée; elle ne doit l'être qu'aux trib. civils. Poitiers, 27 janv. 1830. — Autrement, la disposition expresse de l'art. 637 serait inutile. La loi se serait expliquée précisément sur le cas le moins douteux; en effet, les lettres de change réputées simples promesses et les billets à ordre qui ne sont pas actes de commerce ont l'apparence d'engagements commerciaux, les règles qui les régissent sont dans le Code de commerce et plus particulièrement connues des magistrats consulaires ; mais cette exception ne peut être convertie en un principe général applicable à d'autres matières sur lesquelles on ne peut pas même raisonner par analogie. — Si la veuve et les héritiers d'un justiciable du trib. de com. peuvent y être assignés, c'est par application du principe qu'ils continuent et qu'ils représentent la personne du défunt; mais dans l'espèce, c'est eu égard à la personne même du coobligé solidaire non-commerçant qu'il faut apprécier la nature de l'obligation qu'il a contractée; cette obligation est civile; donc elle doit être de la compétence des trib. civils. Orillard, 227.

175. Le cautionnement intervenu entre commerçants constitue en général un *acte de commerce* de la compétence du trib. consulaire. Toulouse, 16 avr. 1836, P. 1837, 1, 350. — V. ce mot, 237.

176. Mais le non-négociant qui a cautionné une dette commerciale est-il justiciable du trib. de commerce?

L'affirmative a été jugée. Paris, 31 mai 1845 (3442); Lyon, 10 juill. 1851 ; Dijon, 18 août 1853, D. 55, 5, 95. — Spécialement lorsque l'action est intentée simultanément contre lui et contre le débiteur négociant. Paris, 6 juin 1831, 12 avr. 1834, 20 juin 1840 ; Caen, 23 avr. 1845 ; Lyon, 10 juill. 1851 ; Bordeaux, 17 juin 1852. — Encore bien que le non-négociant dénie le cautionnement. Bordeaux, 25 mai 1841 ; Bourges, 15

fév. 1842; Limoges, 27 janv. 1848 (3984). — La preuve testimoniale serait recevable même au delà de 150 fr. Rej. 26 mai
1829, Limoges, 8 mai 1835, Dev. 35, 163.

Mais on répond, avec raison, pour la compétence civile : Le
cautionnement d'une obligation *commerciale* ne prend pas la nature de l'obligation cautionnée, soit qu'il ait été consenti par un
non commerçant. Bourges, 18 janv. 1840 (2093); Douai, 26 avr.
1847 (3739); Cass. 21 juill. 1824, 26 janv. 1852; D. 52, 55.
— Soit qu'il ait été donné par un commerçant. Angers, 8 fév.
1830; Orléans, 6 mars 1850 (4626); — pourvu que le cautionnement n'ait pas été donné dans une forme commerciale ni
dans un but de spéculation. Cass., 21 nov. 1855 (6812); Caen,
28 janv. 1857; Ponsot, n° 78.

Le trib. civil est compétent, soit que la caution ait été assignée seule. Cass., 21 nov. 1855; — soit qu'elle l'ait été conjointement avec le débiteur principal. Caen, 28 janv. 1857. —
La compétence commerciale étant rejetée, la preuve testimoniale d'un cautionnement d'une valeur excédant 150 fr. n'est
pas admissible. Caen, 28 janv. 1857. — Cette preuve doit être
rejetée avec d'autant plus de raison qu'elle peut entraîner
contre la prétendue caution, la contrainte par corps (Rej. 29
juin 1853, D. 54, 288), à laquelle nul n'est présumé avoir
voulu se soumettre. — V. *Compétence civile,* 27.

177. L'interprétation d'une obligation purement civile, dans
une instance engagée entre le débiteur et le cessionnaire du
créancier, n'est pas de la compétence du trib. de com., par cela
seul que le créancier appelé en cause, et son cessionnaire, seraient tous deux commerçants; il y a incompétence matérielle.
Cass. 27 juin 1831, D. 31, 233.

ART. **4.** — *Actes de commerce à l'égard d'une seule partie.*

178. Lorsque l'acte n'est réputé commercial qu'à l'égard de
l'une des parties (— V. *Acte de commerce,* 3, 15 et suiv.), l'autre
partie ne peut être traduite que devant le trib. civil. Cass. 12
déc. 1836, D. 37, 194; Colmar, 28 nov. 1849, D. 52, 201.

179. Mais la partie à l'égard de laquelle l'acte est civil, peut-
elle, à son gré, saisir le trib. civil de préférence au trib. de
commerce ? — V. Rejet, req. 22 févr. 1859 (7585).

Pour la négative on dit : Le C. de com. en ne reproduisant
pas la disposition de l'ordonn. de 1673, a voulu l'abroger; le
principe qui oblige le demandeur à plaider devant les juges du
défendeur commandait cette abrogation. Le demandeur en
traitant avec un commerçant a dû savoir à quoi il s'exposait.
Le trib. de com. lui offre toutes les garanties désirables; ce

tribunal n'a qu'à apprécier l'obligation du défendeur, qui est
un acte commercial. — Les termes de l'art. 631 C. com. sont
impératifs : « Les tribunaux de commerce connaîtront *entre
toutes personnes* des contestations relatives aux actes de commerce; » celui qui a fait un acte de commerce a droit aux avantages attachés à la juridiction commerciale, puisqu'il en subit
les rigueurs. Dire que jamais on ne peut se plaindre d'avoir été
distrait d'un trib. d'exception pour être traduit devant le trib.
ordinaire, c'est rendre illusoire la juridiction exceptionnelle,
que les parties en faveur desquelles elle est établie doivent
pouvoir revendiquer, comme elles ont la faculté d'y renoncer,
en ne demandant pas leur renvoi *in limine litis*. Le trib. civil
n'est pas obligé, il est vrai, de se déclarer d'office incompétent,
parce qu'il a en lui le germe de la compétence générale (— V.
Compétence des trib. civils); mais si le commerçant réclame son
renvoi devant ses juges naturels, il doit l'obtenir. Il ne saurait
dépendre du demandeur de forcer son adversaire à plaider, soit
devant le trib. civil, soit devant le trib. de commerce. Toulouse, 24 déc. 1824; Caen, 25 fév. 1825; Bastia, 10 août 1831,
D. 32, 198; Aix, 28 avr. 1837, P. 37, 2, 144; Orléans, 5 mars
1842; Bruxelles, 23 avr. 1853, D. 53, 138; Locré, 8, 200;
Orillard, n° 235. — Ainsi, on a déclaré le trib. de com. compétent pour connaître des actions en responsabilité formées par
les voyageurs contre les voituriers, hôteliers ou aubergistes.
Bourges, 23 nov. 1835, P. 27, 720; Paris, 26 déc. 1838 (1356);
Caen, 27 fév. 1847, S. 48, 102.

En faveur de la juridiction civile on répond : Les termes de
l'art. 10 du titre 12 de l'ordon. de 1673 sont formels, le défendeur qui fait un acte de commerce n'a pas dû penser que le co-
contractant entendait se rendre justiciable du trib. de commerce
par un engagement qui, de sa part, n'était pas commercial. Il
n'y a donc pas d'injustice à le traduire devant le trib. civil.
Pour que la juridiction consulaire soit forcée, il faut ou que le
demandeur et le défendeur soient l'un et l'autre commerçants,
ou que la contestation soit relative à un acte de commerce réputé tel à l'égard de l'une ou de l'autre des parties. Or, celle
des parties qui n'a pas la qualité de commerçant et à l'égard de
laquelle l'engagement ou le fait litigieux n'a pas le caractère
d'un acte de commerce, n'est pas tenue d'appeler le défendeur
devant le trib. de commerce sous le prétexte que la qualité du
défendeur ou le caractère de l'engagement, ou du fait litigieux
par rapport à celui-ci, le soumettrait à cette juridiction, pas
plus qu'elle ne serait tenue d'accepter cette juridiction si elle
y était elle-même appelée. Cass. 22 fév. 1859 (7531); Metz, 19
avr. 1832; Bourges, 31 mars 1841; Aix, 24 juill. 1859 (7531).
Pardessus, n° 1347. — V. *Acte de commerce*, 113. — Ainsi, le

trib. civil peut être saisi, — par un voyageur d'une demande en indemnité pour perte d'un sac de nuit par une messagerie. Cass. 20 mars 1811; — par un propriétaire qui vend ses foins à un maître de poste, d'une demande en payement du prix de la vente. Bourges, 8 fév. 1847, D. 47, 150.

180. Si les contestations entre les hôteliers, aubergistes ou logeurs et les voyageurs ou locataires en garni pour dépenses d'hôtelleries et perte ou avarie d'effets déposés dans l'auberge, et celles entre voyageurs et voituriers ou bateliers pour retard, frais de route, et perte ou avarie d'effets accompagnant les voyageurs, ont un intérêt qui n'excède pas 1,500 fr.; elles sont de la *compétence du juge de paix*. — V. ce mot.

La compétence de ce magistrat est-elle exclusive de la compétence du tribunal consulaire? — V. *ib.*

§ 2. — *Action relative aux commis des marchands.*

181. Le trib. de commerce connaît des actions dirigées contre les facteurs, commis des marchands ou leurs serviteurs, mais *pour le fait seulement du trafic du marchand auquel ils sont attachés.* C. com. 634.

182. Doit-on induire de ces derniers mots que l'art. 634 C. com. n'a entendu soumettre au trib. de commerce que les actions appartenant *aux tiers* contre les *commis*, etc.? — Ou bien les mots *seulement*, etc., signifient-ils que l'action doit se rapporter à la qualité de *commis?* — En d'autres termes, les patrons peuvent-ils actionner les commis devant le trib. de commerce pour les actions concernant leurs rapports de commis et de patrons? — La question a soulevé une vive controverse. — V. *infrà*, 183 à 194 et 358.

Pour la négative on dit : Le commis n'est pas un commerçant; sa gestion n'a pas un caractère commercial; il ne se livre à aucun commerce avec son patron ; — le contrat de louage de service est un contrat purement civil, aucune loi ne le place sous la juridiction des trib. de comm., lorsque les services sont loués à un commerçant. Amiens, 21 déc. 1824; Cass. 20 nov. 1833, D. 34, 18; Nîmes, 16 août 1839, P. 40, 2, 125 ; Carré, 2, 612.

Toutefois, la compétence commerciale semble prévaloir en doctrine et en jurisprudence. Lyon, 17 janv. 1821; Bourges, 10 janv. 1823; Paris, 12 déc. 1829, 11 juill. 1844 (2937); 3 juill. 1851, D. 53, 48.

Les uns considèrent la gestion du commis comme un acte commercial. Cass. 3 janv. 1828, 20 nov. 1834, D. 35, 40, Toulouse, 2 juill. 1842 (2394); Lyon, 7 déc. 1854, D. 55, 5, 96. — V. *sup.*, 46.

Si la dette du commis est commerciale, il peut être condamné par corps. Rej. 3 janv. 1828; 23 août 1853, D. 54, 364; Coin-Delisle, art. 1, n° 18; Dalloz, v° *Contrainte par corps,* n° 418.

D'autres enseignent que les commis sont soumis à la juridiction commerciale, non comme commerçants, mais à cause de leur position dans la maison du patron : l'intérêt du commerce exige qu'il soit fait vite et à peu de frais raison d'erreurs ou d'infidélités préjudiciables. Nouguier, *Tribunaux de commerce,* 2, 78.

Ces derniers, tout en reconnaissant la compétence du trib. de commerce, décident que le fait du commis n'est pas commercial et ne peut entraîner la contrainte par corps. Toulouse, 24 janv. 1824; Montpellier, 24 janv. 1851, D. 52, 267; Paris, 21 janv. 1854, D. 55, 38; Nouguier, *ib.* 75. — Ainsi jugé à l'égard de la somme perçue en trop par le commis à titre d'appointements. Douai, 23 mars 1848 (4044).—*Contrà,* Florence, 20 sept. 1809, 28 mai 1828; Nancy, 9 juin 1826; Bordeaux, 2 fév. 1826; Aix, 23 janv. 1830; Poitiers, 27 janv. 1830; Montpellier, 10 juill. 1830; Nîmes, 28 juin 1839.

Jugé que le trib. de commerce ne connaît pas de l'abandon qu'un commis aurait fait de son salaire en compensation de ce que son père devait à son patron. Rouen, 5 déc. 1846 (3663).

183. — A l'inverse, le commis peut-il assigner le patron devant la juridiction consulaire?

Pour l'affirmative on dit : L'art. 634 C. comm. se borne à attribuer aux trib. consulaires la connaissance des actions dirigées contre les facteurs et commis pour le trafic de leur patron. — Mais si la réciprocité en faveur des commis contre les marchands pour le payement de leur salaire n'est pas établie en termes formels par la loi, elle dérive nécessairement de son esprit, car il ne saurait y avoir de juridiction plus appropriée aux contestations de ce genre que la juridiction commerciale, tant par la célérité des formes et l'économie des frais que par la connaissance des usages du commerce. Cette interprétation est du reste conforme à l'ordonn. de 1673 et à la disposition générale de l'art. 631, n° 2 C. com. qui déclare le trib. de com. compétent pour connaître de toute contestation relative à un acte de commerce. Le commerçant qui loue les services d'un commis pour l'aider dans son négoce fait en effet, sans aucun doute, un *acte de commerce* (— V. ce mot). Lyon, 17 janv. 1821; Paris, 29 nov. 1825, 24 août 1829, 11 mars 1834; Cass. 15 déc. 1835; Limoges, 30 juill. 1836 (523); Bordeaux, 4 août 1840, 10 janv. 1843 (1880, 2937); — Pardessus, n°s 38 et 1348; Nouguier, 2, 81. — Les orateurs qui ont pris part à la discussion de la loi sur les justices de paix ont paru considérer cette opinion comme constante.

184. Spécialement le trib. de commerce connaît des actions: — 1° en payement d'appointements. Orléans, 27 nov. 1844; Grenoble, 22 janv. 1858 (3091, 6659). — Surtout lors qu'une partie du salaire consiste en un dividende même d'une compagnie de chemin de fer. Poitiers, 12 juill. 1854, D. 54, 93; — ou de remises réclamées par un commis voyageur contre un libraire. Metz, trib. 27 mars 1844 (2791).

185. A plus forte raison en serait-il ainsi dans le cas où la demande d'appointements, formée par un commis, se trouverait jointe à une autre demande de la compétence commerciale, telle qu'une demande tendant à être déchargé de la garde des livres et registres d'une société. Metz, 21 avr. 1818; Nancy, 14 mars 1839, D. 39, 167. — *Contrà*, Poitiers, 27 janv. 1830. D. 30, 261; Carré, 2, 613.

186. 2° En réglement de compte provenant d'opérations relatives au commerce du patron, et dont le salaire du commis en serait l'un des éléments. Rouen, 13 mars 1847. D. 48, 167.

187. 3° En remboursement du cautionnement par lui fourni. Bordeaux, 17 juill. 1846 (3558).

188. 4° En indemnité pour rupture d'engagement par le fait du patron, ou renvoi subit et imprévu, — ou en payement du dédit convenu. Rouen, 12 janv. 1853, D. 53, 48.

189. Toutefois l'incompétence du trib. de commerce a été déclarée à l'égard de l'action du commis en remboursement des denrées achetées pour le compte du patron. Rouen, 19 janv. 1813; Metz, 13 juill. 1818.

190. — A l'égard de l'action intentée pour payement de salaires: — par des contre-maîtres et par des ouvriers de divers états contre le commerçant qui les emploie. Caen, 8 mars 1825; Bordeaux, 21 fév. 1826; Nancy, 9 juin 1826, 12 mars 1834, D. 34, 344. — *Contrà*, Paris, 24 août 1829, 11 mars 1834.

191. — Par les serviteurs à gages contre leurs maîtres commerçants. Montpellier, 10 juill. 1830.

192. — Par des ouvriers à la journée contre leurs maîtres marchands. Aix, 23 janv. 1830.

193. — Par un ouvrier bijoutier loué à l'année comme homme de peine et de travail: il doit porter sa demande devant le juge de paix. Toulouse, 6 mars 1838, D. 38, 89.

194. — Par un commis voyageur qui réclame un droit de commission sur les ventes réalisées. Rouen, 6 nov. 1845. — V. d'ailleurs *sup.*, 184.

195. A plus forte raison, l'ouvrier qui travaille à son compte dans son propre domicile peut-il traduire devant la juridiction civile le commerçant qui lui donne du travail. — V. *sup.* 43.

196. Les sous-entrepreneurs ne peuvent être assimilés, pour la compétence des trib. des comm., à des commis ou facteurs, Bruxelles, 5 nov. 1818.

§ 3. — *Billets des comptables des deniers publics.*

197. Le trib. de commerce connaît des demandes en payement de billets faits par les receveurs, payeurs, percepteurs et autres comptables des deniers publics. C. comm. 634. — V. *Acte de commerce*, 261.

198. Peu importe que ces billets ne soient pas négociables par endossement. Rouen, 29 nov. 1814; Aix, 30 mai 1829; Poitiers, 24 janv. 1832 D. 32, 134; — ou qu'ils aient été souscrits originairement par des tiers non commerçants : du moment qu'ils ont été passés à l'ordre des receveurs et transmis par ceux-ci à des tiers, ils doivent être considérés comme souscrits par des commerçants. Vincens, 1, 138. — *Contrà*, Colmar, 23 août 1814; Carré, 2, 616.

199. Ainsi est justiciable du trib. de commerce : — 1° Le garde-magasin qui a négocié des billets à ordre, créés par l'entrepreneur des vivres de la place, pour l'effet de ses endossements. Bruxelles, 31 mai 1809.

200. 2° Le fermier d'un octroi municipal pour les billets relatifs à cette administration. Cass. 12 mai 1814.

201. Il en est autrement : — 1° Du comptable qui ne s'est engagé que verbalement. Pardessus, n° 54; Dalloz, 2, 712; Despréaux, n° 561. — *Contrà*, Orillard, n. 484.

202. 2° De celui qui n'était plus percepteur à l'époque où il a souscrit un billet à ordre, et qui faisait alors seulement quelques recouvrements arriérés. Aix, 2 août 1808.

§ 4. — *Des matières dont le tribunal de commerce ne peut connaître.*

203. La juridiction du trib. de commerce est exceptionnelle. — V. *Compétence*, 39. — De là plusieurs conséquences.

204. Il ne peut juger que les affaires qui lui sont expressément attribuées par la loi.

Son incompétence à l'égard des contestations de toute autre nature est absolue, elle n'est pas couverte par le consentement réciproque des parties. — V. *Prorogation de juridiction.*

Toutes les fois qu'il y a doute sur cette juridiction et que la loi ne s'est pas prononcée formellement, il faut déclarer l'incompétence du trib. de comm. : on ne doit pas raisonner par anologie pour étendre les limites de ses attributions. Carré, 2, 515.

205. *Premièrement.* Il ne peut, sous aucun prétexte, connaître des affaires civiles :

Spécialement de l'état des personnes, par exemple, de la question de savoir :—1° Si le débiteur était ou non en état d'interdiction. Toulouse, 3 janv. 1820; — ou de minorité, au moment de l'engagement. Trèves, 10 juill. 1807. — Il s'agissait de savoir si la majorité du défendeur devait être réglée ou d'après la loi française ou d'après la loi du pays dans lequel il était né.

Toutefois il ne suffit pas à un majeur de se dire mineur pour rendre le trib. de commerce incompétent. Il doit prouver son exception, et produire son acte de naissance. Mais s'il n'a pas existé de registres de l'état civil, ou s'ils sont perdus, le trib. de commerce ne peut ordonner une preuve quelconque, et doit renvoyer les parties devant le trib. civil. Carré, n° 539.

206. 2° Si une femme est ou non en puissance de mari, si elle a pu d'après les clauses de son contrat de mariage endosser une lettre de change. Nîmes, 12 mars 1828.—*Nec obstat* Nîmes, 25 nov. 1828,—dans l'espèce, la lettre contenait avec la signature de la femme qui se prétendait non négociante des signatures d'individus négociants.—V. *inf.* 214.—Si elle doit avoir la qualité de commune en biens avec son défunt mari, lorsque cette qualité est contestée. Cass. 6 messidor an 13; 13 juin 1808.

207. — S'il s'agit d'un recours formé par une femme contre son mari, à l'occasion d'une dette commerciale réclamée solidairement contre eux, lorsque l'examen de ce recours exige celui du contrat de mariage et la liquidation des reprises, Caen, 20 avr. 1846 (3401).

208. 3° Si tel individu est Français ou étranger.

209. Il est encore interdit au trib. de commerce de connaître des qualités qui, sans dériver de l'état des personnes, dérivent cependant du droit civil, par exemple, de la qualité d'héritier d'une partie. Nîmes, 9 mai 1809; Locré. *Esp. C. comm.*, liv. 4, titre 2. — De la question de savoir si une personne assignée comme veuve ou héritière d'un négociant a réellement cette qualité. C. pr. 426. On le décidait de même aux termes de l'art. 16, tit. 12, ord. 1673; Cass. 23 mess. an 9, P. 2, 251; si tel ou tel acte est un acte d'héritier. — Les trib. de commerce ne peuvent même incidemment juger des questions de cette nature. Toulouse, 3 janv. 1820; Pardessus, n° 1348.

210. Mais le trib. de comm. est compétent pour statuer sur la qualité des parties lorsqu'il s'agit uniquement de savoir si elles sont commerçantes, faillies, associées ; ce sont là en effet des questions purement commerciales, étrangères à l'état civil des personnes. Pardessus, n° 1348.

211. Il peut en outre :—1° Condamner un fils comme héritier pur et simple de son père, lorsqu'assigné consulairement comme héritier, il oppose qu'il ne l'est point, sans justifier toutefois de sa renonciation. Cass. 1er juill. 1829; — ou de son acceptation sous bénéfice d'inventaire. En effet, sa qualité forme contre lui une présomption légale qu'il doit détruire en rapportant un acte régulier. — Pardessus, n° 1349 : Arg. Riom, 27 déc. 1830.

212. 2° Refuser de renvoyer devant le tribunal civil pour régler leurs qualités, les héritiers d'un associé lors même qu'ils ne se seraient portés que comme héritiers bénéficiaires, car rien n'empêche qu'en cette qualité ils ne puissent liquider les comptes de la société. Turin, 1er août 1811.

213. 3° Autoriser la femme défenderesse à ester en justice dans le but d'accélérer la procédure. Cass. 17 août 1813. — Lorsque la femme est demanderesse, le tribunal du domicile du mari est seul compétent pour l'autoriser. — V. *Femme mariée.*

214. 4° Décider si la femme qui oppose la nullité de son engagement à raison du défaut d'autorisation maritale, est réellement obligée. Riom, 27 déc. 1830.

215. 5° Lorsque le défendeur se borne à demander que le demandeur justifie sa qualité d'héritier sans élever une question d'état, prononcer sur cette question d'après les actes produits. Cass. 1er juin 1842, Dev. 42, 707.

216. Rentre encore dans la juridiction consulaire la question de validité,— du protêt ; elle se rattache à celle de la validité du recours du porteur contre les endosseurs; il s'agit d'un acte de la procédure : d'ailleurs, la forme et les effets du protêt sont réglés par le droit commercial. Cass. 20 juill. 1815; 2 janv. et 15 mai 1816; 2 juin 1817; 2 août 1827; Carré, art. 336.

217. Il a été jugé que, sous l'ordonn. de 1673, le trib. de commerce connaissait entre commerçants des actions en restitution d'objets confiés en gage de l'acquit de lettres de change. Cass. 4 prair. an 11. M. Dalloz pense qu'on jugerait de même aujourd'hui : l'art. 631 C. comm., dit-il, s'exprime d'une manière aussi générale que l'ordonn. de 1673; — les contestations nées à l'occasion d'un nantissement pour acquit de lettres de change sont relatives à un engagement commercial, puisque le nantissement fait partie, dans ce cas, de l'opération de commerce à laquelle il sert de condition;—quand même le fait du nantissement serait contesté; attendu qu'on ne peut prétendre, par exemple, que par cela seul que l'existence d'une vente de marchandises entre marchands sera contestée, les trib. de comm. deviendront incompétents pour en connaître.—*Contrà*, Carré. 2, 527.—V. *Acte de commerce*, 243.

218. Mais le trib. de comm. ne connaît pas : — 1° des questions de propriété d'immeubles destinés à des établissements de commerce. Douai, 3 juin 1812.—V. *Acte de commerce*, 29 à 36, —ou de meubles. Cass. 13 août 1806, S. 9, 121.—Vainement prétendrait-on, dit Merlin (*Rép.*, v° *Consuls des marchands*. § 2, n° 3), que par l'enlèvement de marchandises on contrevient à un engagement de commerce, et qu'ordonner la restitution des marchandises enlevées, c'est ordonner l'exécution du marché en vertu duquel elles doivent se trouver entre les mains de l'acheteur : l'opération commerciale était consommée entre les parties, et c'est sur un fait d'une autre nature que leur contestation s'est engagée. Carré, *Comp.*, art. 384, n° 486. — *Contrà*, Nîmes, 24 mars 1809. — Dans l'espèce, un négociant revendiquait contre d'autres négociants des marchandises remises à ceux-ci par un ouvrier qui travaillait pour les différentes parties.

219. 2° Des demandes en déclaration, affirmative, en validité et en mainlevée de *saisie-arrêt*.—V. ce mot.

220. 3° De l'exception par laquelle un mandant assigné en payement d'un billet à ordre souscrit par son mandataire soutient n'avoir donné pouvoir que de souscrire des billets simples. Poitiers, 26 août 1828. — La procuration, dont il faut alors examiner l'étendue, est un contrat purement civil.

221. 4° Des contestations relatives à la forme des actes notariés, lors même qu'ils contiendraient des obligations commerciales ; — par exemple, de la demande en nullité d'un acte pour incompétence du notaire qui l'a reçu ou d'un des témoins qui l'ont assisté. Trèves, 27 juill. 1810. — *Contrà*, Orillard, n° 96. Toutefois le trib. de commerce a été admis à prononcer sur la question de savoir si un acte notarié ne cachait pas un simple acte de garantie hypothécaire. Cass. 23 mars 1824.

222. 5° Des demandes à fin de destruction de marchandises contrefaites et des instruments ayant servi à la contrefaçon ; il s'agit ici de l'application d'une peine (C. pén., 11), de la compétence des trib. correctionnels. Colmar, 30 juin 1828, P. 21, 1612; Paris, 19 fév. 1835, P. 26, 1414.

223. 6° De celles formées par un *agréé* en payement de ses avances, même dans des causes commerciales. — V. *Compétence du trib. civil*, 103 ; — mais il semble qu'un agent d'affaires, étant commerçant, pourrait traduire son client commerçant devant le trib. de commerce.—*Contrà*, Limoges, 30 juill. 1839, D. 39, 144.

224. Est civile la réclamation formée par un huissier contre un agent d'affaires pour le remboursement du coût d'exploits signifiés à la requête des clients de ce dernier ; l'agent ne peut être condamné par corps au payement de ces frais. Paris, 16 déc. 1854 (6090).

225. 7° Des actions fondées sur une transaction sur procès, dont l'objet n'était pas commercial, lors même que le déclinatoire n'aurait pas été proposé. Cass. 12 juill. 1809.

226. 8° D'une demande en apposition ou en mainlevée de scellés sur les papiers et marchandises d'une société commerciale. Bruxelles, 21 juill. 1812. — Dans l'espèce, les scellés avaient été apposés par le juge de paix sur la réquisition de deux associés au domicile du troisième associé décédé.

227. 9° De la demande d'un commissionnaire qui veut faire vendre les marchandises déposées dans ses magasins, pour se payer par privilége de ses avances sur le prix à en provenir. Paris, 25 janv. 1820. — Dans l'espèce, l'héritier bénéficiaire de l'entrepositeur se prévalait d'une ordonnance de référé qui l'autorisait à procéder à cette vente, et les créanciers du défunt intervenaient.

228. 10° De l'obligation purement civile d'un fermier, telle que celle de payer en marchandises provenues du sol une certaine partie de ses fermages ; si elle devient ultérieurement l'objet d'une négociation ou d'un transport commercial de la part du propriétaire du fonds, elle ne change pas pour cela de nature relativement au fermier. Cass. 27 juin 1831, Dev. 31, 302.

229. *Secondement.* Le trib. de commerce ne connaît pas de certaines affaires commerciales dont la connaissance a été attribuée par la loi à des tribunaux spéciaux.

Telles sont : 1° Celles entre fabricants, chefs d'ateliers, contre-maîtres, ouvriers, compagnons ou apprentis, relatives à l'industrie qu'ils exercent ; — à moins qu'il n'existe pas de conseils de *prud'hommes* (— V. ce mot) dans les lieux. — 2° Les plaintes en contrefaçon d'un procédé pour lequel il a été pris un brevet d'*invention*. — V. ce mot.

— V. d'ailleurs *Arbitrage*.

230. *Troisièmement.* Le trib. de commerce ne peut, en général, connaître des questions incidentes qui s'élèvent devant lui qu'autant qu'elles sont de la même nature que l'affaire principale dont il est saisi. Cass. 26 mai 1830. — *Contrà*, Rodière, 1, 146. — Mais lorsqu'une question civile est soulevée, même incidemment à une contestation commerciale, il est obligé de la renvoyer devant les trib. civils, sauf à surseoir au jugement de la contestation principale. Cass. 13 juin 1808. — Dans l'espèce, l'incident soulevé était relatif à l'état et à la qualité des personnes, mais la proposition doit être prise dans un sens général et étendue à toutes les questions civiles.

231. Peu importe que cet incident constitue le moyen de défense à l'action principale. Cass. 28 mai 1811; — ou qu'il soit l'objet d'une demande reconventionnelle. Bruxelles, 21 avr. 1818; Bourges, 23 déc. 1831, D. 32, 180. — Ainsi, lorsque la caution excipe de la nullité ou même de l'absence du cautionnement, le trib. de com. doit se déclarer incompétent. Carré, 2, 610 ; Cass. 10 juill. 1837 ; Bourges, 18 janv. 1840, D. 41, 118. — *Contrà*, Bordeaux, 25 mai 1841; Bourges, 15 fév. 1842, Dev. 41, 456 ; 43, 21. — V. *inf.* 394.

Il a cependant été décidé que le juge de l'action est le juge de l'exception, en ce sens qu'un trib. de com. saisi de la connaissance d'une contestation commerciale, est compétent pour statuer sur le mérite d'une exception tirée d'un contrat purement civil, et reconventionnellement opposée par quelques-uns des défendeurs. Cass. 22 août 1833, D. 34, 20. — Spécialement qu'un trib. de com. compétent pour statuer sur une demande en payement d'une créance commerciale, l'était aussi pour statuer sur l'exception de nullité d'un nantissement dont cette créance a été l'objet. Toulouse, 8 mai 1835, D. 35, 131. — Qu'il peut connaître de plusieurs chefs, en dehors de sa juridiction, s'ils sont étroitement liés à d'autres chefs qui rentrent dans sa compétence. Paris, 18 mars 1836, D. 36, 54.

232. Le juge de l'action principale n'est pas juge de l'action en garantie, dans le cas où, à raison de ses attributions purement exceptionnelles, il est incompétent *ratione materiæ* pour connaître de cette action. Cass. Belg., 14 nov. 1844, D. 46, 4.

233. Le trib. de comm. saisi d'une demande en payement d'une lettre de change, connaît des exceptions opposées à cette demande, et notamment de celle tirée de ce que la traite a pour cause un supplément de prix stipulé en dehors d'un traité de cession d'office, et le trib. a dû rester saisi, quoique la question de validité de la contre-lettre ait été portée devant un trib. civ., si le trib. de comm. a été le premier saisi. Rej. 30 juill. 1855, D. 55, 422.

Même solution, lorsque le débiteur oppose qu'il s'est libéré au moyen d'une cession de créance. Le trib. de commerce connaît de la validité de cette cession lorsqu'elle est contestée par le créancier en ce que, par exemple, le débiteur était insolvable à l'époque où elle a eu lieu. Bordeaux, 8 mars 1844. D. 45, 5, 100.

234. Mais le trib. de comm. saisi, par exploit introductif d'instance, d'une demande hors de ses attributions, et qui se déclare incompétent pour y statuer, ne peut retenir la connaissance d'une demande accessoire formée par des conclusions inciden- tes, quand même cette dernière demande serait de sa compé- tence. Douai, 14 fév. 1843, Dev. 43, 189.

235. Il ne peut pas non plus statuer : 1° sur les demandes en inscription de *faux* ou en *vérification d'écritures* (V. ces mots) formées dans le cours d'une instance pendante devant lui. C. pr. 427. — Mais il a le droit, après avoir ordonné la comparu- tion de la partie qui dénie sa signature, de tenir l'écrit pour reconnu, si cette partie ne comparaît pas. Paris, 12 juill. 1837 (901).

236. 2° Sur une action en garantie formée par le défendeur, si la garantie ne dérive pas d'un fait commercial par rapport au garant (à moins que la loi ne lui ait expressément attribué cette connaissance, comme elle l'a fait pour les lettres de change et les billets à ordre signés à la fois par des commerçants et des non commerçants); ici ne s'applique pas le 8e alinéa de l'art. 59 C. pr., attendu l'incompétence *matérielle* du trib., par rapport à la demande en garantie. Carré, art. 336.

Ainsi, le marchand qui a vendu un cheval à un particulier et qui a été assigné en nullité de la vente devant le trib. de comm., ne peut appeler en garantie, devant le même trib., le proprié- taire duquel il avait lui-même précédemment acheté le cheval. Paris, 14 juill. 1825; 7 mars et 5 mai 1837; Poitiers, 9 fév. 1838; Rouen, 23 janv. 1840 (710, 758, 1699, 2312); Orléans, 27 juin 1840; D. 41, 28. — *Contrà*, Paris, 1er, 20 août 1842 (2312).

— L'art. 181 C. pr. n'est applicable qu'au cas où la demande en garantie est de même nature que l'action principale, et lors- que le tribunal est compétent à raison de la matière. — V. *Ga- rantie.*

Il en est de même de l'action en garantie du porteur d'un effet de commerce contre l'officier ministériel par la faute duquel le protêt a été déclaré nul. Cass. 30 nov. 1813, 19 juill. 1814, 20 juill. 1815, 2 janv. 1816, 15 mai 1816, 2 juin 1817. — Cette question n'a aucun rapport avec les négociations commerciales.

237. L'acheteur qui refuse des marchandises pour cause de retard dans la livraison, ne peut être actionné en payement en même temps que le commissionnaire négligent devant le trib. de ce dernier. Lyon, 7 déc. 1858 (6971).

L'hôtelier qui a accepté le dépôt de marchandises à la dis- position du destinataire, ne peut être actionné en garantie pour la perte de ces marchandises devant le trib. de comm. du domi- cile de l'expéditeur; il n'a fait qu'un simple acte d'obligeance et non un acte de commerce. Nancy, 18 fév. 1848 (4013).

238. Le voiturier actionné comme responsable de la perte des marchandises qu'il était chargé de transporter, peut assigner en garantie devant le trib. de comm. en raison de l'action exercée contre lui, l'aubergiste chez lequel a eu lieu cette perte, s'il est établi, d'ailleurs, que son action en garantie est sérieuse, et n'a pas été imaginée pour distraire le défendeur de ses juges naturels; on objecterait vainement qu'il n'existe entre les deux demandes aucun lien de connexité. Rej. 27 fév. 1854, D. 54, 98.

Mais il ne peut appeler en garantie devant le trib. de comm. l'entrepreneur des routes à qui il impute l'accident. Amiens, 7 avr. 1840, D. 42, 194. — V. *Compétence administrative*, 34.

239. *Quatrièmement.* — Le trib. de comm. ne peut dans aucun cas connaître de l'exécution de ses jugements. C. pr. civ. 442 ; — ou des actes notariés exécutoires, lors même que ces actes constateraient des opérations de commerce. Cass. 17 fév. 1844 (2817). — V. *sup.* 221.

240. Ainsi, il est sans qualité pour statuer : — 1° Sur le mérite des offres réelles ou des consignations. Paris, 21 août 1810.

241. 2° Sur la régularité du commandement précédant la contrainte par corps. Lyon, 22 août 1826.

242. 3° Sur l'opposition formée à un commandement tendant à saisie immobilière signifié en vertu d'un jugement commercial. Rej. civ. 17 fév. 1844 (2817).

243. 4° Sur la validité d'une saisie-gagerie pratiquée sur les effets mobiliers d'une société en vertu d'une ordonnance rendue par le président du trib. de comm.; et sur l'existence d'un privilége en faveur du saisissant. — Riom, 4 août 1855 (6093).

244. 5° Sur la *saisie-arrêt.* — (V. ce mot) ou la vente des biens du débiteur. Cass. 24 nov. 1825, — quand même ces divers actes ou procédures auraient lieu en vertu de jugements du trib. de comm.

245. 6° Sur l'action en répétition d'une somme qu'un débiteur prétend avoir payée au delà de celle à laquelle il avait été condamné par le trib. de comm. Toulouse, 15 avr. 1828. — V. *sup.*, n° 140.

246. 7° Sur la demande en péremption formée pour inexécution dans les six mois contre un jugement par défaut rendu par lui. Dijon, 6 avr. 1819; Aix, 12 mars 1825. — *Contrà.* Rouen, 26 août 1836, D. 41, 1, 105. Cass. 2 fév. 1841; Bastia, 30 juill. 1841 (2979).

247. 8° Sur une mainlevée de scellés. — V. *sup.* 226.

248. 9° Il ne peut déclarer exécutoire contre les héritiers d'un négociant, un jugement rendu contre le négociant lui-même. Cass. 3 brum. an 12.

249. Le trib. d'exécution d'un jugement du trib. de comm. est le trib. civ. de 1re inst. du lieu où l'exécution est poursuivie. C. pr. 553. — V. *Contrainte par corps.*

Lors même que le jugement a été rendu par un trib. civ. jugeant commercialement, — l'art. 553 n'en est pas moins applicable, il ne distingue pas; et il est tout à fait dans l'esprit de la loi de faire juger les difficultés d'exécution par le trib. du lieu de l'exécution; les affaires commerciales étant toujours urgentes et sommaires.

250. Ainsi, le trib. civ. connaît : — 1° Des suites d'un jugement du trib. de comm. qui a annulé une prise maritime. Cass. 22 niv. an 10. — V. d'ailleurs *sup.* 103.

251. 2° De l'action en restitution formée par celui qui, condamné par un jugement du trib. de comm. à acquitter le montant d'une lettre de change, prétend avoir payé depuis ce jugement au delà de ce qu'il devait. Toulouse, 15 av. 1828 ; Cass. 17 juill. 1833, Dev. 33, 561.

252. 3° De l'assignation en restitution de plusieurs lettres de change et à fin de règlement de compte entre les parties. Toulouse, 6 juill. 1841 (2069.

253. Toutefois le trib. de comm. connaît de l'exécution des jugements qui déclarent l'ouverture d'une *faillite.* — V. ce mot.

254. Il est également compétent : — 1° Pour interpréter ses *jugements.* — V. ce mot ; — à moins que la contestation élevée sur l'exécution du jugement dérive, non de l'obscurité des termes dans lesquels ce jugement est conçu, mais de l'appréciation du fait par lequel on prétend l'avoir exécuté ; cas auquel c'est au trib. civ. qu'il appartient d'en connaître. Florence, 28 janv. 1811.

255. 2° Pour apprécier le mérite des actes d'administration faits par les syndics d'une faillite. Florence, 3 mars 1811.

256. 3° Pour juger les difficultés relatives à la réception d'une *caution* qu'il a ordonnée ; il s'agit moins dans ce cas de l'exécution que de la continuation de son jugement. Bordeaux, 20 janv. 1837 (870, 3877); Orillard, n° 103.

257. 4° Pour prononcer sur une demande en *péremption d'instance.* Aix, 27 fév. 1843, D. 3, 92. — V. ce mot.

258. 5° Pour juger les difficultés qui s'élèvent sur la quotité des indemnités dues par une partie condamnée par un jugement commercial à payer des dommages-intérêts à fournir par état ; ce n'est pas là connaître de l'exécution d'un jugement, mais statuer définitivement sur un point qui avait été laissé en litige. Douai, 20 août 1827. — De même lorsque, sur la demande en résiliation d'un marché pour défaut de livraison de marchandises, il a été rendu par le trib. de comm. un jugement qui condamne le demandeur à prendre livraison, sans s'expliquer autrement sur la résiliation, s'il arrive que cette livraison ne soit point effectuée par le défendeur, le demandeur peut s'adresser au même trib. pour faire statuer sur son action en résiliation, et ce trib. ne peut se déclarer incompétent, sous le prétexte que ce serait là connaître de l'exécution de son jugement. Bordeaux, 27 mai 1830 ; Arg. Cass. 14 nov. 1838, D. 38, 403.

259. Connaît-il de l'exécution de ses jugements préparatoires ? — Pour la négative, on invoque les termes généraux de l'art. 442 C. pr. — Toutefois, l'affirmative résulte de l'esprit de la loi : le jugement préparatoire n'est pour les juges qu'un moyen d'éclairer leur religion : c'est donc à eux seuls de juger du mérite de l'exécution d'un pareil acte. Autrement, les effets de ce jugement n'atteindraient pas le but que les juges s'en étaient promis. D'ailleurs, en introduisant au milieu du cours de la procédure la décision d'un trib. civil, ce serait, outre les inconvénients des frais et des retards, influencer plus ou moins la décision définitive, pour laquelle il importe de laisser aux juges consulaires toute leur liberté d'opinion. Paris, 18 déc. 1812.

260. Il a le droit : 1° De prononcer sur la régularité de tous les actes d'instruction qui se font devant lui.

261. 2° D'apprécier la recevabilité des oppositions aux jugements par défaut qu'il a rendus.

262. Peut-il taxer les experts ou arbitres qu'il a commis dans le cours d'une instance ? — V. *Compétence des trib. civils*, 90.

263. 3° De maintenir la police de l'*audience*. — V. ce mot, 4.

Mais peut-il prononcer une peine de discipline contre un avocat ou un officier ministériel pour un fait passé hors de l'audience ? Spécialement à l'occasion d'un écrit injurieux pour le trib. et produit devant la Cour sur l'appel d'un jugement rendu par ce tribunal ? — V. *Discipline*.

Sect. II. — *Compétence territoriale.*

264. La compétence territoriale des trib. de comm. est réglée tout à la fois par les principes généraux relatifs à la compétence des trib. de 1re instance en matière personnelle. — V. *inf.*, § 1er ; — et par des principes spéciaux à ces tribunaux. V. *inf.*, § 2.

§ 1. — *Règles communes à la juridiction commerciale et à la juridiction civile.*

265. Les règles relatives à la compétence territoriale des trib. civils en matière personnelle sont en général applicables aux trib. de comm. — V. toutefois *inf.*, § 2.

266. Ainsi le défendeur doit être assigné devant le trib. de son domicile, et s'il n'a pas de domicile, devant le trib. de sa résidence. C. pr. 59. — V. *Compétence des trib. civils*, et toutefois *inf.*, 295.

267. Ainsi le trib. de comm. du domicile de l'acheteur connaît des contestations relatives au payement entre lui et son commissionnaire. Rouen, 5 juill. 1844 (3039).

268. L'action du commis contre le patron est portée devant le trib. du domicile du défendeur ; peu importe que des à-compte aient été payés au lieu où le commis exerçait ses fonctions. Bordeaux, 17 juill. 1846 (3558).

269. Le domicile du marin pour tout ce qui concerne l'expédition, est à bord de son navire ; il doit être assigné devant le trib. établi dans le port où le navire est amarré. Bruxelles, 16 mai 1815 ; Metz, 15 août 1819 ; Caen, 22 janv. 1827 ; Orillard, n° 600.

270. La demande en validité d'offres faites au *pilote* pour salaires doit être portée devant le trib. du port où le pilote se trouve immatriculé, à l'exclusion de celui du port dans les eaux duquel le pilotage a été prolongé. Le système contraire exposerait tous les pilotes à aller plaider au loin ; leurs fonctions n'étant que de peu de durée, il importe que ces hommes utiles ne puissent être enlevés à leur domicile et que le réglement de leurs droits soit promptement obtenu. Poitiers, 3 mai 1843, Dev. 44, 70.

271. Lorsqu'il y a *plusieurs défendeurs*, le demandeur peut assigner, à son choix, toutes les parties devant le tribunal du domicile de l'une d'elles. — V. *Compétence civile.*

272. Conséquemment, l'accepteur d'une lettre de change peut être assigné en payement devant le trib. du domicile de l'endosseur. Paris, 14 sept. 1808, 11 janv. 1825.

273. Le souscripteur d'un billet protesté peut être assigné avec un des endosseurs de qui on réclame le payement, devant le trib. du domicile de ce dernier. Paris, 20 mai 1811.

274. Peu importe qu'une ou plusieurs des parties ne soient ni solidaires avec les autres, ni leurs garants ; il suffit qu'elles soient nécessaires dans l'affaire et qu'il y ait connexité entre les demandes. Cass. 29 août 1821.

275. Jugé que le liquidateur d'une société commerciale est valablement assigné pour rendre son compte de liquidation, devant le trib. du domicile de l'un des associés assignés en même temps pour recevoir le même compte, bien que ce tribunal ne soit pas celui de son domicile et qu'il ne soit pas lui-même un des associés. Paris, 22 fév. 1836.

276. En matière de *société*, tant qu'elle existe, la demande doit être portée devant le trib. du siége de la société.—V. *Compétence des trib. civils.*

277. Une contestation entre associés, relative à une société *dissoute*, mais non liquidée, doit être jugée, non par le trib. du domicile des associés, mais par celui du lieu où la société était établie. Cette société est censée toujours exister entre les associés et leurs représentants, tant que la liquidation n'est pas terminée. Rouen, 25 janv. 1844 (2787).—Mais lorsque c'est un tiers qui plaide contre ceux qui étaient auparavant en société, il ne peut poursuivre les associés que devant le trib. de leur domicile; la société a cessé à son égard, quoiquenon encore liquidée. Carré, n° 551.—V. *Compte.*

278. En matière de *faillite*, toute action dirigée contre les syndics doit être intentée devant le trib. du lieu de la faillite. —V. ce mot et *Compétence des trib. civils.*

279. En matière de *garantie*, l'assignation doit être donnée devant le trib. où la demande originaire est pendante.

280. A moins qu'il ne paraisse par écrit ou par l'évidence du fait que la demande originaire n'a été formée que pour traduire le garant hors de son trib.; auquel cas il peut demander son renvoi. C. pr. 59, 181.—V. *Garantie.*

281. Ainsi, le tiré qui a accepté une lettre de change, non sur le titre même, mais seulement par une lettre missive, ne peut, en cas de protêt, être cité par le porteur que devant le tribunal de son propre domicile : cette lettre de change ne doit pas être considérée comme régulièrement acceptée. Paris, 22 mars 1836, D. 36, 83.

282. Si l'endosseur libéré par suite de déchéance encourue à défaut de protêt garde le silence sur l'action intentée contre lui, le tireur traduit devant le trib. du domicile de cet endosseur peut demander son renvoi devant ses juges naturels. Besançon, 31 mai 1838, D. 39, 17.

283. Dans tous les cas, il faut que l'appelé en garantie soit obligé, en vertu de la loi ou d'une convention formelle, à répondre des faits du garanti; ainsi, le tiers qui n'a ni accepté ni endossé une lettre de change, ne peut être assigné en payement de cette lettre de change devant d'autres juges que ceux de son

domicile, sous prétexte qu'il en devait le montant au tireur.
Angers, 3 janv. 1810. — Alors même qu'il serait prouvé qu'il
est son débiteur. Bourges, 7 mars 1840, D. 41, 79.—Ou que des
marchandises lui ont été expédiées pour le montant desquelles
la lettre de change a été tirée. Cass, 5 avr. 1837, D. 37, 281,
— Ou enfin qu'il est son mandataire ou son commissionnaire.
Limoges, 12 juin 1837, D. 38, 47.

284. A plus forte raison est-il indispensable que le fait sur
lequel repose la demande en garantie rentre dans les attributions du trib. de comm.; autrement, ce trib. serait incompétent
à raison de la matière.—V. *Garantie, Rédhibitoire*, et *sup.* 236.

285. En cas d'élection de domicile pour l'exécution d'un acte, toute contestation relative à cette exécution est de la compétence du trib. du domicile élu. — V. *Compétence des trib.
civils.*

286. Suffit-il qu'un domicile, autre que celui du souscripteur, soit indiqué dans un billet à ordre, pour le payement,
pour que, non-seulement le protêt, mais encore les poursuites
soient régulièrement faites à ce domicile ?—V. *inf.* 291.

287. De même, l'individu, sur qui on a tiré une lettre de
change pour dette commerciale, ne peut décliner la compétence
du trib. du lieu où cette dette est payable, par le motif qu'en
faisant traite sur lui pour l'acquittement de cette dette, le
créancier doit être censé avoir renoncé au bénéfice d'élection
de domicile, quand d'ailleurs cette dette n'a pas été acquittée
par le débiteur. Cass. 11 fév. 1829.

288. Mais le demandeur reste toujours le maître d'assigner
le défendeur devant le trib. de son domicile réel, s'il le préfère.
— V. *Compétence des trib. civils.*

289. Les demandes *reconventionnelles*, lorsqu'elles ont pour
objet des prétentions sur lesquelles les trib. do comm. peuvent
statuer, doivent, ainsi que toutes les autres demandes incidentes, être portées devant les juges saisis de la demande principale. Riom, 26 fév. 1849, D. 50, 180.—Ainsi le trib. de comm.,
saisi d'une action en payement de la valeur d'ustensiles destinés à l'exploitation d'une entreprise commerciale, connaît de la
demande reconventionnelle en restitution d'autres ustensiles qui
auraient été remis pour modèle au demandeur principal. Orléans, 31 août 1852, D. 55, 317.—V. toutefois *sup.* 211.

290. Mais, comme on l'a déjà dit, — V. *sup.* n° 284, le trib.
de comm. doit s'abstenir de connaître de toute demande reconventionnelle qui ne serait pas commerciale de sa nature.—Ainsi
le trib. de comm. saisi d'une demande en payement d'une créance commerciale, ne connaît pas d'une demande en compensa-

tion ayant pour objet des frais de nourriture. Paris, 2 mars 1850, D. 52, 62.

291. Si deux demandes connexes sont portées devant deux trib. de comm. différents, il y a lieu, comme en matière civile, de faire prononcer le renvoi de la seconde cause devant le trib. saisi de la première. — V. *Exception*.

Mais, si l'une des deux demandes est de la compétence du trib. civil, l'exception ne peut plus être proposée. — V. *ib*.

§ 2. — *Règles spéciales à la juridiction commerciale*.

292. On a vu, sous le paragraphe précédent, que les règles de compétence qui régissent les trib. de 1re inst. sont en général applicables aux trib. de commerce. — Néanmoins, plusieurs exceptions importantes ont été introduites dans l'intérêt des négociants, et pour faciliter la conclusion de toutes les transactions commerciales.

293. Ainsi, l'étranger qui a établi sa résidence et le siège de son commerce en France est justiciable des trib. français pour tous les actes qui concernent son négoce, même lorsqu'il a contracté avec un *étranger*. — V. ce mot.

294. L'héritier ou la veuve d'un commerçant sont valablement assignés devant le trib. du défunt, même après le partage, pour une action qui aurait pu être formée contre ce dernier avant sa mort. Liége, 11 avr. 1821.

295. Enfin, dans tous les cas, le demandeur, au lieu de porter son action devant le trib. du domicile du défendeur, a le droit de l'intenter à son choix devant le trib. dans l'arrondissement duquel la promesse a été faite et la marchandise livrée, ou devant celui dans l'arrondissement duquel le payement devait être effectué. C. pr. 420.

296. Cette disposition, reproduite presque littéralement de l'art. 17, tit. 12 de l'ordonn. de 1673, est générale. — Par conséquent, l'option accordée au demandeur a lieu dans tous les cas, même en matière de faillite. Paris, 4 mars 1825; Toulouse, 15 janv. 1828.

297. Mais une fois que le demandeur a fait son option, il ne peut plus dessaisir le trib. auquel il a déféré sa contestation pour la reporter devant un autre. Cass. 19 mars 1812.

Art. 1. — *Du tribunal dans l'arrondissement duquel la promesse a été faite et la marchandise livrée.*

298 Le concours de ces deux circonstances est indispensable pour attribuer juridiction à un trib. autre que celui du domicile du défendeur. Si la livraison n'a pas été faite dans le même lieu que la promesse, l'art. 420 cesse d'être applicable. Jousse, Ord. art. 17, tit. 12; Cass. 17 juill. 1810, 13 nov. 1811, 4 déc. 1811, 16 déc. 1812, 20 janv. 1818, 8 juin 1826; Lyon, 31 août 1831; D. 32, 182; Bordeaux, 15 déc. 1835, D. 36, 111; Nancy, 21 nov. 1842 (2456); Cass. 1er mars 1847; Bastia, 15 janv. 1855, D. 55, 37; Vincens, 1, 162; Pardessus, n° 1354; Favard, *hoc verbo*.

299. Cette règle s'applique au négociant qui se rend caution d'une opération commerciale, aussi bien qu'au débiteur principal. Toulouse, 16 avr. 1836, D. 36, 165.

300. Le trib. de comm. du lieu d'une usine connaît de la demande en payement des appointements d'un commis, bien que la société exploitant cette usine ait son siége social dans un autre ressort. Grenoble, 22 janv. 1858 (6659).

301. L'attribution de juridiction au tribunal du lieu de la promesse et de la livraison suppose que la convention alléguée n'est pas sérieusement contestée. Cass. 17 avril 1860 (7246). — Lorsque ce fait de la promesse est dénié par le défendeur, ce dernier ne peut être actionné que devant le trib. de son domicile. Caen, 12 août 1846, 18 nov. 1859 (3575, 7361).

302. *Lieu où la promesse a été faite.* Quand un marché a été conclu par les parties contractantes en présence *l'une de l'autre*, le lieu de la promesse est celui où la convention a été arrêtée. Carré, 2, 664; Angers, 17 déc. 1847 (3978).

303. Doit être considéré comme tel : — 1° Si la négociation s'est effectuée par correspondance, le lieu du domicile de la personne qui a accepté les propositions de son correspondant. Cass. 17 juill. 1810, 4 déc. 1811, 24 août 1830; Limoges, 19 janv. 1828; Bordeaux, 15 déc. 1835, D. 36, 111; Ord. 1673; Pardessus, n° 1334; Vincens, 1, 163; Jousse, art. 17. tit. 12.

304. Jugé cependant qu'une commande adressée, par correspondance d'une ville à une autre ville où l'expéditeur a son domicile, ne saurait faire considérer ce domicile comme le lieu où *la promesse a été faite;* que la promesse doit être réputée faite au domicile de l'acheteur. Lyon, 31 août 1831, D. 32, 182.

305. L'acceptation résulte : — de la possession de la lettre, contenant la déclaration du vendeur qu'il consent à faire l'envoi aux conditions offertes, entre les mains de l'acheteur. Caen, 7 août 1820, — ou de l'envoi des marchandises demandées. Bourges, 10 janv. 1823; Douai, 24 mai 1835, D. 36, 90. — Arg. Cass. 24 août 1830.

306. 2° Lorsqu'un commerçant a acheté d'un commis voyageur de smarchandises qui lui sont ensuite expédiées par la maison à laquelle ce voyageur est attaché, le lieu où le traité est intervenu avec le commis voyageur. Cass. 13 nov. 1811, 16 déc. 1812, 14 nov. 1821; Poitiers, 25 fév. 1823; Toulouse, 12 avr. 1824; Bordeaux, 22 av. 1828; Limoges, 23 févr. et 14 mars 1828. 24 avr. 1830; Rouen, 7 janv. 1845, D. 45, 4, 90, 12 mars 1847, D. 49, 36; Limoges, 22 janv. 1848, D. 49, 37.

307. Toutefois, si le commis voyageur n'était qu'un simple agent porteur de proposition, mais n'ayant aucun mandat pour conclure un marché, le lieu de la promesse serait celui où les arrangements préparés par son entremise seraient acceptés. Lyon, 28 mars 1827; Montpellier, 21 déc. 1826; Bordeaux, 16 nov. 1830; Rouen, 7 juin 1839, D. 40, 76. — Alors que c'est aussi au domicile du mandant que la marchandise a été livrée. Bordeaux, 8 avr. 1845, D. 49, 36; Montpellier, 21 mai 1847. D. 47, 128; — *Contrà*, Orillard, n° 609. — Suivant cet auteur la promesse sera toujours censée faite au lieu de la convention passée avec le commis voyageur, parce que la ratification équivaut au mandat, d'où il conclut qu'elle doit faire produire aux engagements pris par le commis sans pouvoirs suffisants pour obliger définitivement sa maison, les effets que produisent ceux contractés par le commis revêtu de tels pouvoirs; mais de ce que la ratification équivaut au mandat, il n'en résulte nullement que la convention doive être réputée conclue dans le lieu où le commis voyageur a porté ses propositions: c'est la ratification qui, en définitive, produit le lien, c'est elle qui parfait l'obligation, c'est donc le lieu où elle est donnée qui doit être considéré comme le lieu où la promesse a été faite.

308. Lorsqu'un négociant au nom duquel une vente a été opérée par un commis voyageur, se refuse à exécuter cette vente, par le motif que le commis a excédé son mandat, la demande en dommages-intérêts formée contre lui, par l'acheteur à raison de ce défaut d'exécution, doit être portée devant le trib. du domicile du défendeur. Poitiers, 8 juin 1854, D. 55, 97.

309. D'ailleurs, dans le doute sur la qualité en laquelle a agi le voyageur, on doit décider qu'il n'était que simple solliciteur de commission. Montpellier, 21 déc. 1826. — V. néanmoins Poitiers, 25 fév. 1823.

310. Les trib. ont du reste un pouvoir souverain pour décider, d'après les circonstances de la cause, qu'elle était l'étendue des pouvoirs conférés au commis.

311. *La marchandise livrée.* Le mot marchandise est pris dans un sens général : il doit s'entendre de tout ce qui est l'objet d'un trafic, d'un négoce, de tout ce qui tient à la spécula-

tion. Vincens, 1, 162; Pardessus, n° 1355; Orillard, n° 612 —
Contrà, A. Dalloz, *hoc* v° *Suppl*, n° 363 — (Suivant cet auteur, il
faut le restreindre aux objets qui se nombrent, se pèsent et se
mesurent entre le vendeur et l'acheteur. — V. d'ailleurs *inf.*, 323.)

312. Par exemple, 1° d'une entreprise de transport. Cass.
8 mars 1827, P. 21, 229; 26 févr. 1839 (1372). — *Contrà*, Montpellier, 22 janvier 1811; Bordeaux, 22 mars 1836, P. 1837,
1, 88; Arg. Toulouse, 6 juin 1826.

Doit être considéré comme lieu de la promesse et de la livraison, le trib. de la station du chemin de fer avec les préposés de
laquelle il a été traité pour un transport de marchandises sur la
ligne de fer, et où ont été remis les objets à expédier; par suite,
le trib. est compétent pour connaître de l'exécution du traité
vis-à-vis de la compagnie exploitante, bien que celle-ci ait son
siége principal dans un autre ressort. Bourges, 26 avril 1854,
D. 55, 75.

313. Ainsi l'action formée contre une compagnie de chemin de fer en restitution de sommes perçues en trop sur le prix
d'un transport peut être portée devant le trib. du lieu où les
marchandises à transporter ont été remises à la compagnie. Req.
29 avr. 1856. Dev. 56, 579.

314. 2° Des opérations d'un commissionnaire; Cass. 19 juill.
1819; Lyon, 28 mars 1827; Douai, 11 mars 1848; Orléans,
31 mai 1848 (4043, 4087). — *Contrà*, Arg. Colmar, 30 août
1831, P. 24, 211; Cass. 22 janv. 1848.

315. 3° De la location de métiers. Douai, 8 nov. 1844
(3023).

316. 4° De la vente d'un procédé industriel. Bourges, 5 fév.
1855, D. 55, 286; — le trib. du lieu où l'achat a été fait et la
remise des instructions nécessaires à l'exploitation du procédé,
connaît de la vente.

317. 5° D'avances d'argent: par suite lorsqu'un commerçant
a été invité par lettre à faire des avances dans le ressort de son
domicile, dans l'intérêt du mandant domicilié dans un autre
ressort, c'est au domicile du mandataire que la convention et
la livraison doivent être réputées avoir eu lieu, et par suite le
commettant peut être assigné en payement dans ce lieu. Cass.
12 juill. 1814; Lyon, 17 fév. 1833. P. 25, 184.

318. 6° De la souscription d'une police d'assurance. —
Caen, 6 août 1845, D. 45, D. 4, 97. — Le trib. du lieu où elle a
été souscrite connaît de l'action en nullité de cette police.

319. Enfin celui qui a souscrit des obligations au profit d'une
maison de banque peut en demander la nullité devant le trib.
de comm. du lieu où elle a un comptoir, où les obligations ont
été souscrites, et où les valeurs devaient être reçues et rem-

boursées, encore bien que le domicile réel de cette maison soit ailleurs. Cass. 11 févr. 1834, D 34, 216.

320. Le trib. de comm. du lieu où des travaux destinés à une usine ont été promis, livrés et devaient être payés, connaît de la demande en payement, bien que le siège de la société soit dans un autre ressort. Grenoble, 15 février 1858 (6658).

321. La demande en payement de ses gages par un capitaine de navire doit être portée devant le trib. de comm. du port de ce navire. Le Havre, 19 mars 1861 (7519).

322. Le trib. dans l'arrondissement duquel la promesse a été faite et la marchandise livrée est-il compétent, lorsqu'il s'agit, non plus du payement du prix même de la marchandise, mais de l'acquittement des règlements faits par l'acheteur pour le payement de ce prix? Oui. Bordeaux, 19 août 1847 (3859).

323. Toutefois la deuxième disposition de l'art. 420 ne s'applique pas à la convention de lithographier des dessins pour l'ornement d'une publication littéraire. Il s'agit d'une obligation de faire régie quant à la compétence par l'art. 1247 C. N. Colmar, 17 fév. 1840, D. 41, 3.

324. On a jugé qu'elle ne s'appliquait pas non plus au cas de souscription ou négociation d'une lettre de change, l'expression *marchandise* n'embrassant pas la *monnaie* ou *numéraire* métallique.

325. Dans ce système : — 1° Ce n'est pas devant le trib. de comm. du lieu où une lettre de change a été souscrite, mais devant celui du domicile du tireur ou de l'endosseur, que l'on doit assigner. Toulouse, 12 janvier 1833 ; 9 fév. 1838, D. 38, 118. — *Contrà*, Cass. 11 fév. 1834. D. 34, 216.

Même solution au cas de billet à ordre. Poitiers, 24 janvier 1856, D. 56, 90.

L'art. 420 n'a eu en vue que les contestations relatives aux obligations qui sont une suite directe de la livraison des marchandises. Liége, 11 juin 1812. On ajoute que l'art. 632 C. comm. distingue l'achat des denrées et marchandises, des remises d'argent faites de place en place. — *Contrà*, Orillard, 612.

326. 2° Lorsqu'un individu, au profit duquel une lettre de change est endossée, charge un tiers, domicilié dans une autre ville, de la négocier, et que, par suite de la négociation, ce tiers est forcé de payer une certaine somme au porteur, il ne peut demander le remboursement contre son mandant devant le trib. du lieu où la lettre de change a été négociée. Cass. 4 oct. 1808.

327. Toutefois la faculté d'assigner devant le trib. du lieu où le marché a été conclu et la marchandise livrée, peut être exercée par celui à qui le vendeur a négocié la traite par lui tirée pour se couvrir de ce qui lui était dû. Bordeaux, 7 juill. 1857 (6567).

328. *Quid*, en matière de compte courant? — Un commerçant peut-il assigner devant son propre trib. un autre négociant avec lequel il serait en compte courant, sous prétexte que c'est là qu'il a fourni les valeurs qui l'établissent créancier?

Pour la négative, on dit: — A moins de conventions particulières, le payement du solde doit être fait, comme celui de toute autre espèce de créance, au domicile du débiteur. Pardessus, n° 1356; Orillard, n° 613; Carré, 2, 70; Thomine, art. 420; Toulouse, 30 juin 1832, D. 34, 111; Bordeaux, 18 avril 1832, P. 24, 980. Dans le compte courant, lors de ce dernier arrêt, il se trouvait des articles régis par les deux derniers paragraphes de l'art. 420 C. pr. et d'autres qui ne l'étaient pas.

Pour l'affirmative on répond: La circonstance que des opérations commerciales, telles que ventes, livraisons, consignations, etc., entre deux négociants, *ont été portées dans un compte courant*, ne change pas le domicile devant lequel le payement doit en être demandé. Celui qui est resté débiteur peut indifféremment être assigné devant le trib. du lieu où les opérations ont été faites, comme devant celui de son propre domicile. Le compte-courant n'est en effet que l'image des opérations, et ce mode de les retracer, n'en étant que le tableau, ne peut en détruire la nature, et encore moins en atténuer les effets. Lyon, 2 déc. 1829; Bordeaux, 16 mars 1831.

Mais cette opinion méconnaît le principe d'après lequel les opérations d'un compte courant sont réputées changer de nature pour donner lieu à une balance qui, pour être commerciale, n'en doit pas moins être payée au domicile du débiteur comme toute autre dette. — Vainement M. A. Dalloz, n° 367-369, invoque les arrêts de Bordeaux des 9 janv. 1838 et 25 janv. 1839, D. 38, 59; 39, 137: il ne paraît pas que les sommes dont les commissionnaires ou consignataires demandaient le remboursement dans les espèces qu'ils ont décidées, aient été portées dans les comptes courants.

329. La livraison est indispensable.

Il ne suffit pas que la marchandise soit *livrable* dans le lieu où la promesse a été faite, pour attribuer la compétence exceptionnelle de l'art. 420, § 2 C. pr. Dalloz, n° 396; Orillard, n° 611; Pardessus, n° 1354.

330. En matière de vente, pour déterminer le lieu où la marchandise est réputée avoir été livrée, il faut distinguer: — 1° s'il s'agit d'un corps certain, le lieu de la livraison est, sauf convention contraire, celui où ce corps était au moment

Je la conclusion du marché ; s'il s'agit de choses indéterminées, c'est le lieu du domicile du vendeur : c'est là que les marchandises sont sorties de ses magasins pour voyager aux risques de l'acheteur ; — à moins qu'il ne résulte de la convention que la livraison devait être faite par le vendeur au domicile de l'acheteur ou dans tout autre lieu par lui indiqué. Pardessus, n° 1354, Orillard, 610 ; Dalloz, 3, 379.

331. La marchandise est livrée, dans le sens de l'art. 420 C. pr. civ., dès que la translation de propriété a été opérée ; il n'est pas nécessaire qu'il y ait eu cette tradition matérielle à laquelle les art. 1138 et 1583 C. N. font allusion.

332. Il a été décidé, conformément à cette opinion, que le lieu de la livraison était celui d'où les marchandises avaient été expédiées, art. 100 C. comm. Bourges, 10 janv. 1823 ; Montpellier, 21 déc. 1826 ; Bordeaux, 16 nov. 1830 ; Lyon, 31 août 1831, P. 24, 223. Merlin, *Rép. hoc verbo;* Vincens, 1, 163 ; Pardessus, n° 1356.

333. Spécialement lorsque l'expédition a eu lieu par la voie indiquée par l'acheteur. Bordeaux, 19 mars 1857 (6437); et à ses frais. Angers, 17 déc. 1847 (3978).

334. Surtout si c'est aussi dans ce lieu que le marché a reçu son exécution par le payement. Rouen, 21 juin 1855, D. 55, 336.

335. On ne doit pas même distinguer entre les marchandises de nature à être pesées et vérifiées à leur réception et toutes autres. Vainement, on objecte que la vente n'était point parfaite avant que les marchandises eussent été pesées et vérifiées, et que, ces opérations n'ayant eu lieu qu'après leur arrivée au domicile de l'acheteur, c'est à ce domicile que doivent être réputées avoir été faites la promesse et la livraison. La vente est parfaite, d'après l'art. 1583 C. N., dès qu'on est convenu de la chose et du prix, et l'art. 1585 ne déroge à cette règle qu'en ce sens, que la chose vendue est encore aux risques du vendeur jusqu'à ce qu'elle soit pesée, comptée ou mesurée ; mais la vente n'en est pas moins parfaite, puisque l'acheteur peut demander la délivrance de la chose ou des dommages-intérêts. Limoges, 19 janv. 1828, D. 29, 121 ; Caen, 3 av. 1843, D. 44, 31. — *Contrà*, Arg. Cass. 24 août 1830, P. 23, 776.

336. Jugé cependant que l'art. 1587 C. Nap. portant qu'il n'y a pas de vente des choses que l'on est dans l'usage de goûter avant d'en faire l'achat, tant que l'acheteur ne les a pas goûtées et agréées, est applicable en matière de ventes commerciales. Limoges, 23 fév. 14 mars 1828, et 15 mars 1837. Dev. 38, 474; Angers, 21 janv. 1835, Dev. 35, 2, 228 ; Cass. 29 mars 1836, Dev. 36, 1, 566 ; Pothier, *Vente,* n° 311. — *Contrà*, Duranton,

16, n° 93 ; Duvergier, 1. p. 317; Troplong, 1, n° 99 et 100 ;
Zachariæ, p. 435.

337. En matière de transport, trois cas principaux peuvent
donner lieu à des contestations : — 1° le refus de l'entrepreneur de se charger des marchandises qu'il a promis de transporter ; — 2° la perte ou avarie des marchandises en route ; —
3° le paiement du prix de transport.

338. *Refus de transport.* L'action ne peut être portée que
devant le tribunal du voiturier qu'on prétend être engagé. —
V. *inf.*, 394.

339. *Refus de paiement.* Le voiturier peut assigner devant
le tribunal du lieu où il a livré. Arg. C. pr. 420, § 3. Pardessus,
n° 1355.

340. *Perte ou avarie.* — Ceux qui pensent qu'en matière
de transport il peut y avoir *livraison de marchandise* dans le
sens de l'art. 420, décident que le lieu de la livraison est celui
où les objets transportés ont dû être remis ou l'ont été. Cass.
8 mars 1827, 26 févr. 1839, P. 1839, 1, 341. — V. *sup.*, 317.
Au contraire, ceux qui entendent le mot *marchandise* dans un
sens restreint, ne voyant dans l'action intentée contre le voiturier que l'application des règles du mandat, veulent que le
tribunal compétent soit exclusivement celui de son domicile.
Cass. 22 janv. 1818.

341. S'il s'agit d'un contrat de commission, la marchandise
est réputée livrée au lieu où se fait l'expédition, dans l'opinion
de ceux qui font rentrer les commissionnaires sous l'application de l'art. 420, § 2. Cass. 19 juillet 1819.
En fait, il arrivera que la promesse et l'expédition ayant
presque toujours lieu au domicile du commissionnaire, ce
sera devant le trib. de ce domicile qu'il devra être cité, comme
l'enseignent ceux qui ne veulent déterminer la compétence en
cette matière que par l'application des principes de compétence en matière de mandat. Colmar, 30 août 1831, P. 24, 211.

342. En matière d'avances d'argent, c'est au domicile de
celui qui a fait les avances que la livraison doit être réputée
avoir eu lieu. Cass. 12 juill. 1814. — V. *sup.*, 317.

343. Jugé que celui qui a souscrit des obligations au profit
d'une maison de banque, peut en demander la nullité devant le
trib. du lieu où elle a un comptoir, où les obligations ont été
souscrites, et où les valeurs devaient être reçues ou remboursées, encore bien que le domicile réel de cette maison soit ailleurs. Cass. 11 fév. 1834, P. 26, 148.

344. Le lieu de la livraison des marchandises, lorsqu'il n'y
a pas de stipulation entre les parties, est-il celui auquel la

marchandise a été remise entre les mains du destinataire, ou bien celui d'où elle a été expédiée ?

Dans le premier système on dit : Vainement on oppose que la marchandise sortie du magasin du vendeur voyage aux risques de l'acheteur ; s'il en est ainsi, c'est uniquement parce que la transmission de propriété s'opère par le seul consentement, *encore bien* que l'objet vendu *n'ait pas été livré* ou remis aux mains de l'acquéreur (C. Nap. 1138, 1583) ; on ne saurait donc en conclure que la *livraison* ait eu lieu : au contraire, il est évident qu'elle n'est faite qu'au moment où la marchandise arrive au domicile de l'acheteur, puisque jusque-là il est libre de la refuser, si elle n'est pas de la qualité convenue. C. comm. 105; Toulouse, 11 juill. 1809. Cass. 14 nov. 1821; Horson. n° 199.

Mais le deuxième système, qui prend en considération le lieu d'où la marchandise a été expédiée, nous paraît préférable par les motifs que nous avons déduits *sup*. 335.

345. Quand il est constant et avoué que le marché et la livraison ont été faits dans un lieu, et que l'acheteur assigne devant le trib. de ce lieu le vendeur et d'autres individus qu'il prétend être ses associés, ces derniers peuvent-ils décliner la compétence du trib. saisi en alléguant qu'ils ne sont pas associés du vendeur ? — V. *Compétence des trib. civ. et inf.*, 394.

ART. 2. — *Du tribunal dans l'arrondissement duquel le payement doit être effectué.*

346. Le demandeur peut assigner le défendeur devant le trib. dans l'arrondissement duquel le payement devait être effectué, encore bien qu'il ne soit pas celui de son domicile. C. pr. 420.

347. Le mot *payement* doit être pris dans un sens général : il ne s'applique pas seulement à la numération du prix de marchandises livrées et non payées, mais encore à la livraison de corps certains, — et même à une obligation de faire. Paris, 23 avr. 1825. — *Contrà*, Bordeaux, 22 mars 1836, P. 1837, 1, 88; et *sup.*, 323.

348. La disposition de l'art. 420 C. pr. s'applique : 1° à l'action du vendeur ou de tout autre créancier réclamant le payement d'un prix de vente ou d'une autre dette commerciale. Douai, 18 juill. 1853 (5546).

349. 2° A l'action de l'acheteur réclamant l'exécution ou la résolution de la vente. *Même arrêt ;* — ou des dommages-intérêts. Nancy, 10 juill. 1855 (6012); — ou une réduction de prix pour avaries survenues pendant le transport, par la faute de ce

dernier, à raison du mauvais état de l'emballage de ces marchandises. Rej. 20 juin 1854 (5767).

350. 3° A l'action du commissionnaire qui assigne son commettant pour des avances faites sur les marchandises à lui expédiées. Lyon, 25 juin 1848, D. 49, 53.

351. Ainsi, — 1° Le commerçant domicilié à Troyes, qui
reçoit, d'un commerçant domicilié à Paris, des toiles pour les
faire blanchir, peut être assigné par le commerçant de Paris, en
cas de retard dans la restitution, devant le trib. de Paris où il
devait faire la restitution. Paris, 23 avr. 1825.

352. 2° Les contestations relatives au règlement de compte
entre un entrepreneur général de service de transport et un individu qu'il a préposé à une partie de ce service, sont de la compétence du trib. du lieu du domicile de l'entrepreneur, si c'est
dans ce lieu que les propositions faites à l'entrepreneur par le
préposé ont été acceptées, et que ce soit là aussi qu'il ait été
convenu que les payements des avances déboursées par le préposé seraient faits. Cass. 14 mars 1826.

353. 3° Le voiturier qui s'est engagé à transporter des marchandises dans un lieu déterminé où le prix du transport lui
serait payé, est valablement assigné devant le trib. de ce lieu
en condamnation à des dommages-intérêts pour défaut de remise à l'époque fixée des objets qui lui avaient été confiés. Cass.
8 juill. 1814, 26 fév. 1839 (1372); — Arg. Toulouse, 11 juill.
1809; Rouen, 22 mai 1829; Bordeaux, 4 mai 1848, D. 48, 166;
Paris, 31 juill. 1850, D. 51, 111. — *Contrà*, Montpellier, 22
janv. 1811; Cass. 22 janv. 1818; Toulouse, 6 juin 1826; Colmar, 30 août 1831, Dev. 32, 8; Bordeaux, 22 mars 1836, Dev.
37, 138.

354. Spécialement le trib. du lieu d'arrivée d'un voyageur
dont les bagages ont été perdus, connaît de la demande en
dommages-intérêts formée par ce voyageur contre la compagnie qui s'était chargée du transport. Angers, 29 juill. 1853,
D. 54, 198; 3 mai 1855 (5914); Poitiers, 12 fév. 1861 (7491).

355. 4° Il en est de même à l'égard du commissionnaire.
Cass. 8 mars 1827, Dev. 28, 543.

356. Le commissionnaire peut citer l'expéditeur, en règlement de compte, devant le trib. du lieu où les parties étaient
dans l'usage de régler leurs comptes. Aix, 7 fév. 1832, D. 32,
204.

357. S'il s'agit d'un compte réclamé par un mandant à son
mandataire. — V. *Compte*, 40.

358. La disposition de l'art. 420 s'applique-t-elle à une demande fondée sur les rapports existant entre une société et ses

préposés? — La négative a été jugée. Règlement de juges, 22 mai 1854, D. 54, 262; Bastia, 25 janv. 1855, D. 55, 37. — Toutefois l'affirmative paraît prévaloir. — V. *sup.*, 182.

Ainsi, un directeur de société commerciale peut être assigné par un employé, en payement de ses appointements, devant le trib. du lieu où il exerce ses fonctions, si ces appointements sont payables en ce lieu. Besançon, 3 août 1844; Poitiers, 12 juill. 1854, D. 55, 93; — où il a pris et exécuté l'engagement. Rouen, 12 janv. 1853, D. 53, 47. — V. d'ailleurs *sup.*, 183 et 300.

A l'inverse, une demande en règlement de compte, formée par un patron contre son commis voyageur, est de la compétence du trib. du lieu où ce compte doit être présenté et soldé. Rouen, 13 mars 1847, D. 48, 167.

L'agent d'une société d'assurances, dans un lieu qui est celui de son domicile, n'en est pas moins régulièrement assigné par elle devant le trib. du lieu où se trouve le siége de la société, pour toutes les contestations relatives à son agence, si c'est dans ce dernier endroit qu'il a pris l'engagement de rendre ses comptes. Paris, 3 juill. 1851, D. 53, 48. Req. 18 juin 1861.

359. Lorsque le lieu du payement n'a pas été déterminé à l'avance, il s'induit de la nature de l'acte. Pardessus, n° 1354.

Ainsi, doit être considéré comme le lieu du payement : — en matière de contrat à la grosse, celui où le risque finit; — en cas d'action en contribution pour avaries, celui où le règlement des avaries doit être dressé; — pour la demande en réparation du dommage causé par l'abordage de deux navires, le port où arrive le bâtiment cause du dommage. Pardessus, *ib.*; — à l'égard du voiturier, celui où il doit déposer la marchandise. Cass. 26 fév. 1839, P. 1839, 1, 341. — *Contrà*, Bordeaux, 22 mars 1836, P. 1837, 1, 88; Vincens, 1, 165.

360. Cependant, si des marchandises qu'un voiturier a remises par erreur au destinataire, ont depuis été réexpédiées en un autre lieu par ce dernier, et qu'elles y soient revendiquées par le voiturier, le destinataire ne peut être assigné, par argument de l'art. 106 C. com., devant le trib. du lieu où se trouve la marchandise; il doit l'être devant celui de son domicile où la marchandise devait être et lui a été livrée, et où la convention avait été passée. Caen, 28 janv. 1829.

361. Si, par force majeure, le voiturier est obligé de décharger les marchandises à lui confiées dans un lieu autre que celui pour lequel elles étaient destinées, et où il devait être payé du prix de transport, il peut assigner le propriétaire, en payement de ce qui lui est dû, devant le trib. du lieu où il a été obligé de décharger, surtout si ce propriétaire a disposé dans ce lieu de tout ou partie des marchandises. Trèves, 26 janv. 1810.

362. Lorsque, sur le refus des marchandises achetées par un commissionnaire agissant pour le compte d'autrui, comme non conformes à l'échantillon, ce commissionnaire a assigné le vendeur au lieu de leur domicile commun où il a appelé son commettant, celui-ci ne peut décliner la compétence de ce tribunal, sous le prétexte qu'à son égard il n'y aurait eu ni livraison effectuée, ni obligation de payement dans le ressort du tribunal saisi. Rennes, 8 juill. 1839, D. 40, 66.

363. Quoique des marchandises qui se trouvent saisies-arrêtées dans les magasins du commissionnaire qui les a reçues non pour l'acheteur, mais pour un tiers par lequel des avances ont été faites, aient été stipulées payables au domicile du vendeur ou expéditeur où l'achat en a d'ailleurs été fait, cependant le trib. du domicile du commissionnaire est compétent pour connaître, même à l'encontre du vendeur revendiquant, de la demande en privilège formée par le tiers bailleur de fonds, tant contre ce commissionnaire que contre l'acheteur, Cass. 1er déc. 1840, D. 41, 50.

364. A l'égard du consignataire qui a fait des avances sur les marchandises déposées entre ses mains, on considère comme lieu du payement celui de son domicile : il doit être payé sur le prix de ces marchandises; peu importe, du reste, que leur valeur soit insuffisante pour le désintéresser, et que par suite il se trouve forcé d'intenter une action contre le déposant tombé en faillite. Cass. 19 janv., 8 juill. 1814; Paris, 8 mai 1811; Vincens, *ib.*; Horson, n° 202.

365. Au cas d'offres faites par un correspondant à un négociant, et acceptées par ce négociant, c'est le lieu de l'acceptation, et non celui des offres qui doit être réputé le lieu de la convention et celui du payement : c'est donc devant le trib. de ce lieu que doivent être portées les contestations qui surviennent entre les parties, si aucun autre n'a été désigné pour le payement. Colmar, 17 fév. 1840, Dev. 40, 385.

366. Lorsque le lieu du payement ne peut s'induire de la convention, il faut distinguer si l'action a pour objet d'obtenir du vendeur la livraison de la marchandise, ou de l'acheteur le payement du prix.

367. C'est au lieu où la marchandise devait être livrée, que l'action de l'acheteur doit être intentée; ce lieu, si c'est un corps certain et déterminé, est celui où se trouvait ce corps certain au moment de la vente; s'il s'agit d'une chose indéterminée quant à son espèce, ce lieu est celui du domicile même du vendeur. C. N. 1247, 1609; Pardessus, n° 1354.

La compétence serait la même dans l'hypothèse inverse, c'est-à-dire lorsque le vendeur veut forcer l'acheteur à prendre la livraison.

C'est encore devant le trib. du lieu de la délivrance que l'acheteur doit traduire le vendeur pour le faire condamner à reprendre les marchandises laissées pour son compte et à rembourser les frais indûment payés.

368. Lorsqu'il s'agit du payement du prix, il faut encore distinguer si le débiteur a ou non obtenu un terme.

369. *Vente au comptant.* Le lieu du payement est celui de la délivrance faite ou à faire. C. N. 1651 :—c'est-à-dire, s'il s'agit d'un corps certain, celui où était cet objet au moment de la vente. C. N. 1247; 1650, 1651;—et s'il s'agit d'une chose indéterminée, celui du domicile du vendeur : c'est en effet à ce domicile que la chose est présumée se trouver.

370. *Quand la vente a été faite avec terme*, le payement doit s'effectuer au domicile du débiteur. C. N. 1247; Cass. 13 nov. 1811, 16 déc. 1812, 14 juin 1813, 12 nov. 1821, 5 mai 1824; Limoges, 10 fév. 1821; Toulouse, 11 juill. 1809; Cass. 14 nov. 1821; Toulouse, 12 avr. 1824; Cass, 5 mai 1824; Merlin, *Rép.* hoc verbo, § 6; Pardessus, *ib.*; Vincens, 1, 164;—dans l'usage, le vendeur expédie ses marchandises à l'acheteur sur la foi de celui-ci, qui ne les paye qu'après réception : c'est presque un terme de droit. Dans ce cas, la vente est à crédit, et par suite, le seul trib. compétent est celui du domicile du défendeur. Dalloz, 3, 391.

371. Ainsi jugé au cas de vente faite par l'intermédiaire d'un commis voyageur. Paris, 20 janv. 1846; Rej. 4 janv. 1847. D. 46, 17, 47, 79.

372. L'acheteur peut assigner le vendeur devant le trib. de commerce de son propre domicile à fin d'exécution du marché. Orléans, 7 juin 1853, D. 54, 5, 165, n° 21.

373. L'énonciation dans une facture accompagnant des marchandises vendues, que le prix en sera payé *au domicile du vendeur*, est-elle attributive de juridiction au trib. de ce domicile ? —Il faut distinguer :

Cette énonciation fait la loi des parties, lorsque la facture est acceptée par l'acheteur sans réclamation. Arg. C. com. 189; —et que, loin de déroger à la convention primitive, elle sert à la compléter. Cass. 6 mars 1833, Dev. 33, 438; Paris, 2 mai 1838. D. 38, 123; Bordeaux, 31 juill. 1839, D. 40, 53; Lyon, 24 déc. 1844, D. 45, 4, 102; Metz, 31 juill. 1845 (3202); Caen, 17 mai 1847, D. 49, 5, 55.

374. Mais l'énonciation de la facture ne paraît pas devoir lier l'acheteur:

1° Lorsqu'une convention antérieure reconnue ou constante entre les parties déterminait un autre lieu pour le payement : la facture est le fait personnel de l'expéditeur : elle ne peut (surtout. lorsqu'elle est lithographiée) modifier un contrat précédent obligatoire pour tous. Nul n'est censé facilement renoncer à son droit; les dérogations ne se présument pas. La facture est destinée à constater la nature, la qualité et le prix des marchandises expédiées; tout ce qui est en dehors de ces indications est sans importance. ou subreptice et ne peut avoir pour résultat de constituer un droit aussi important que l'est celui d'une dérogation aux règles ordinaires de la compétence. — L'art. 109 C. comm, ne dit pas que la.facture fera preuve des autres conditions. Pour qu'elle prouve la vente, il faut : — 1° Qu'elle soit acceptée; — 2° que la vente ne soit pas constatée d'une autre manière. Toulouse, 24 mai 1839, art. 2916; 30 déc. 1842 (2739).

Dans la 1re espèce, le vendeur avait joint à l'envoi de la facture une lettre rappelant les diverses conditions de la vente, et invitant l'acheteur à le créditer de son prix. — Dans la 2e espèce, la facture était en opposition, quant au terme du payement, avec le contrat, mais le vendeur avait réclamé le payement à l'époque primitivement fixée.

375. Toutefois, la C. sup. de Bruxelles a jugé, le 13 avr: 1822, que, lorsqu'une vente de marchandises a été faite au domicile de l'acheteur et la délivrance au domicile du vendeur, si la facture porte que la vente a été faite à crédit, mais que le payement aura lieu au domicile du vendeur, l'acheteur ne peut scinder cette énonciation pour soutenir que la vente a été faite à crédit, et que conséquemment le payement doit être effectué à son domicile. — Le seul fait de la délivrance sans payement immédiat suffit pour caractériser la vente à crédit, sans que l'acheteur soit obligé d'avoir recours aux énonciations de la facture. — Mais, d'un autre côté, la réception de la facture établit de sa part un consentement à en opérer le payement au domicile du vendeur.

376. L'acheteur ne peut être distrait de ses juges naturels par cela seul qu'il a reçu, sans protestation, la facture imprimée des marchandises vendues indiquant que le prix en serait payé au domicile du vendeur. Si l'acceptation de la facture peut être tacite, il faut qu'elle ne laisse aucun doute sur l'intention de l'acheteur de renoncer au double bénéfice résultant pour lui des art. 1247 C. N. et 59 C. pr. Orléans, 3 fév. 1846 (3488).

377. 2° Lorsque l'acheteur réclame contre l'énonciation de la facture relative au lieu du payement. Besançon, 25 avr. 1845; Lyon, 26 fév. 1846. D. 46, 4, 86. 87; trib. Lyon, 18 mars 1847 (3691); — lorsqu'il refuse livraison et déclare n'avoir pas pour le moment à s'expliquer sur le lieu indiqué dans la facture. Trib. Metz, 4 déc. 1844 (3013); — lorsqu'il nie l'existence de la vente. Rouen, 12 déc. 1844 (3043).

378. Lorsque, postérieurement, et vu la qualité des marchandises, une diminution de prix a été consentie, le vendeur peut appeler l'acheteur en garantie devant le trib. où il est lui-même assigné en payement des traites par lui tirées sur l'acheteur et non acceptées par ce dernier. Caen, 22 janv. 1855 (5889).

379. La simple réception d'une facture sans protestation n'entraîne pas acceptation de la condition relative au lieu du payement, lorsque l'expéditeur donne avis qu'il va tirer sur une autre ville que celle indiquée par la facture pour le payement. Lyon, 1er déc. 1859 (7166, 7384); Metz, 5 déc. 1860.

380. Mais on a considéré comme non avenu, et comme n'empêchant pas l'acheteur d'être justiciable du trib. du domicile du vendeur, la réclamation restreinte : — à l'époque de payement. Lyon, 11 déc. 1841. P. 1842, 2, 245; — au prix. Arg. Nancy, 5 juill. 1837, D. 38, 74; — relative au retard dans la livraison des marchandises et suivie d'un refus.—*Contrà*, Lyon, 5 fév. 1821; Bastia, 17 déc. 1839, D. 40, 67 ; — au défaut de conformité entre les marchandises et la facture. Limoges, 22 avr. 1841 (2916), ou l'échantillon. Douai, 13 déc. 1837; Limoges, 4 avr. 1838, Dev. 38, 468; Aix, 24 juin 1842; Rouen, 8 juin 1838; 19 janv. 1839; 11 fév. 1843, Dev. 39, 287; 43, 166. — *Contrà*, Rouen, 6 janv. 1824; Poitiers, 30 mars 1830; Cass, 3 mars 1835 (33).

381. Au reste, les juges du fond peuvent déclarer souverainement, d'après les circonstances, que le payement ne doit être exigé qu'au domicile du débiteur, encore bien que la facture porte qu'il aura lieu au domicile du vendeur. Cass. 21 avr. 1830, 3 mars 1835 (33); Arg. Lyon, 12 déc. 1832, D. 33, 194.

382. Dans tous les cas, quand une vente de marchandises a été faite sans convention expresse sur le lieu et l'époque de la livraison, cette vente peut être réputée au comptant, tant que la marchandise n'a pas été délivrée : c'est le lieu où la délivrance se fera qui déterminera celui du payement. En conséquence, le trib. du lieu où se trouve la marchandise est compétent pour connaître de l'action dirigée contre l'acheteur pour l'obliger à prendre livraison. Paris, 2 mai 1816.

383. La facture exprimant que le prix en sera payé en valeurs sur Paris ou sur Rouen, laisse au débiteur le choix de celui des deux tribunaux devant lequel il pourra être actionné. Rouen, 2 janv. 1838, D. 40, 14.

384. Lorsqu'en payement de marchandises par lui achetées, un négociant a remis au vendeur des lettres de change qu'il a tirées, acceptées ou endossées, le lieu du payement est-il celui de la remise de ces effets ou celui dans lequel les lettres de change sont payables ?

En faveur de la 1re opinion on dit que la remise des lettres de change constitue une véritable novation qui substitue une dette à une autre, et fournit même de nouveaux débiteurs, tels que l'accepteur, le tireur et les endosseurs, si la lettre n'a pas été tirée par l'acheteur. Trèves, 14 mars 1810, S. 12, 377; Liége, 30 janv. 1812; Lyon, 12 fév. 1824; Arg. Toulouse, 17 fév. 1825, P. 19, 1052; Rennes, 3 fév. 1834, P, 26, 127; Vincens, 1, 164.

Mais on répond : La remise des traites n'est qu'une garantie donnée au vendeur; il est si vrai qu'elle n'opère pas novation, que dans le cas de non-payement le prix originaire n'est pas censé payé; c'est donc le lieu où ces traites doivent être acquittées qui peut seul être réputé celui du payement du prix de la vente. Cass. 29 janv. 1811, 25 mai 1815; Angers, 30 août 1822 ; Caen, 24 déc. 1845; Metz, 27 août 1852 ; Rej. 16 juin 1856, Dev. 56, 597. Pardessus, 4, 35.

En doctrine pure, la seconde opinion nous paraît préférable ; mais dans la pratique, l'appréciation des faits pourra amener souvent une solution contraire; en effet, s'il résulte des circonstances de la cause que les lettres de change ont été données et acceptées en payement des marchandises vendues, il faudra bien décider, conformément à la 1re opinion. Cette distinction permettrait sans doute de concilier plusieurs des arrêts précités, si les faits en étaient mieux exposés. Orillard, 620.

385. Par suite, la demande en remboursement des traites acquittées par l'accepteur peut être portée devant le trib. de comm. du lieu où ces traites étaient payables. Paris, 23 mars 1811.

386. L'accepteur d'une lettre de change est valablement assigné au domicile qu'il a indiqué pour le payement. Cass. 4 fév. 1808. Paris, 26 nov. 1808.

387. On a décidé qu'alors même qu'il n'y aurait pas d'indication de domicile pour le payement, l'accepteur ne pourrait pas être cité devant le trib. du lieu dans lequel la lettre de change était payable, mais devant celui de son propre domicile. Liége, 7 juin 1813. — Cette décision est justement critiquée par Arm. Dalloz, vo *Compétence comm.*, no 437 ; et par Orillard, no 621. L'accepteur, en donnant une acceptation pure et simple, adhère à toutes les conditions que lui impose cette lettre de change, et par conséquent à celle de la payer au domicile indiqué.

388. Lorsque l'un des deux négociants domiciliés dans des lieux fférents a acquitté des traites tirées sur lui par l'autre ou pour son compte, sur la foi de la promesse que celui-ci lui a faite de le couvrir par des remises, il peut l'assigner en remboursement devant le trib. de comm. du lieu où a été fait le payement. Cass. 17 mars 1812.

389. Celui qui a accepté et payé des lettres de change, dont la provision consistait en marchandises qui ont péri avant l'échéance, peut en demander le remboursement devant le juge du lieu où les marchandises étaient déposées, car c'est là que le payement devait en être effectué. Cass. 19 janv. 1814.

390. Jugé que le tiré qui prétend ne devoir qu'une partie de la lettre de change, et refuse de l'acquitter, et fait des offres réelles au tireur, peut assigner en validité devant le trib. du lieu où la lettre est payable. Cass. 12 fév. 1811; Pardessus, n° 1353; Carré, 2, 246. Toutefois la lettre de change n'est qu'un mode de payement proposé par le tireur au tiré ; et ce mode n'étant pas accepté, les choses doivent rester dans l'état où elles étaient auparavant. Dalloz, 3, 399; Orillard, n° 621.

391. Lorsque dans un billet à ordre, ayant pour cause un fait de commerce, le souscripteur a indiqué pour le payement un domicile autre que son domicile réel, cette indication a l'effet d'une élection de domicile, dans le sens de l'art. 111, C. N. Non-seulement elle est attributive de juridiction, mais encore elle autorise l'assignation du souscripteur du billet au domicile indiqué, de préférence à son domicile réel. Cass. 13 janv. 1829. V. *Compétence civile.* — Il en est autrement si le billet a pour cause une obligation civile : l'art. 420 n'est applicable qu'aux matières commerciales. — V. *ib.* 238

392. Mais le négociant vendeur qui, sans autorisation de l'acheteur, tire sur celui-ci une lettre de change pour le prix de la vente ne peut, au cas de non-payement, et sur la demande dirigée contre lui devant le trib. de son domicile par le porteur de la traite, appeler l'acheteur en garantie devant le même trib. : l'acheteur n'est justiciable que du trib. de son propre domicile, à moins que la promesse de vente et la livraison n'aient été faites, ou que le payement n'ait été indiqué devoir être effectué dans un autre lieu. Bordeaux, 22 av. 1828. — V. *sup.*, 283.

393. Le débiteur appelé en garantie par son créancier devant un trib. autre que celui de son domicile, en payement d'une traite tirée par celui-ci sans le consentement du premier, peut demander son renvoi devant ses juges naturels, s'il résulte des faits que le créancier a eu pour but de le distraire de ses juges naturels. Nancy, 13 nov. 1846 (3554).

394. Lorsque le défendeur méconnaît l'existence même du contrat dont on réclame l'exécution contre lui ; par exemple, s'il prétend n'avoir pas donné mandat de conclure un marché

qui a été fait en son nom par un tiers, le trib. du lieu où le contrat a été passé entre le demandeur et le soi-disant mandataire
du défendeur et où le payement devrait être fait, est-il compétent pour décider si le défendeur est lié par ce contrat, ou doit-
il renvoyer les parties devant le trib. du domicile de ce dernier?
— Cette question est très-délicate.

D'un côté, l'on invoque le principe d'après lequel tout trib.
doit être le premier juge de sa compétence : admettre que le
trib. du lieu du payement devient incompétent du moment que
le défendeur méconnaît l'existence de la convention, c'est
rendre inutile, dérisoire, et même nuisible, la disposition de
l'art. 420 C. pr. — *Inutile ;* l'attribution de juridiction qu'elle
consacre n'aura aucun résultat ; la dénégation du défendeur
suffira pour l'anéantir. — *Dérisoire ;* il faudra l'accord des
deux parties pour la conserver, et cet accord suffirait pour la
créer indépendamment de toute disposition de la loi. — *Nuisible* enfin et contraire au but que la loi s'est proposé, puisque
l'on forcerait les parties à faire juger d'abord l'existence de la
convention devant le juge du domicile du défendeur pour faire
appliquer ensuite cette convention par le juge du lieu où le
payement devrait être effectué; on obligerait les parties à
se présenter successivement devant deux trib. différents, à subir
deux procès au lieu d'un, à supporter des frais et des lenteurs considérables, à finir peut-être par arriver à une contrariété de jugements. — Le trib. du lieu où le payement doit être effectué est
compétent pour juger toutes les difficultés relatives à la convention ; si le défendeur décline la compétence sous prétexte que le
contrat n'a jamais existé, c'est au trib. à voir si cette exception
est ou n'est pas fondée, et pour cela à examiner si la convention
existe réellement. — On oppose que dans ce cas le jugement du
déclinatoire préjugera le fond : mais cet inconvénient se présente fréquemment. Le trib. saisi est en effet, dans la plupart
des cas, obligé de statuer sur la qualité des défendeurs, et cette
qualité est tout à la fois le fait attributif de juridiction et le fait
sur lequel la demande repose. L'influence du premier jugement
sur le second est plus ou moins grande, le préjugé est plus ou
moins direct, mais il existe presque toujours. Cependant on ne
conteste pas en général au trib. saisi d'une action le droit de
juger sa compétence. C'est ainsi que pour prononcer sur une
action possessoire, le juge de paix peut s'appuyer sur des actes
de propriété et les apprécier comme moyen de décider la question de possession, sans cumuler pour cela le possessoire et le
pétitoire; c'est ainsi que les trib. de comm. retiennent des affaires portées devant eux, en jugeant d'abord que le défendeur
est commerçant, quoiqu'ils préjugent ainsi la contrainte par
corps. — Si l'on renvoie les parties devant le trib. du domicile

du défendeur, il faudra bien que ce trib. décide si la convention existe ou n'existe pas, et dans le premier cas qu'il renvoie la cause devant le trib. du lieu où le payement devait être fait ; or, ce dernier trib. se trouvera nécessairement placé sous l'influence du préjugé qu'on voulait éviter. Ne vaut-il pas mieux que la question du fond, si elle doit être préjugée par la question de compétence, soit décidée par le même trib. que par un trib. différent? Ne vaut-il pas mieux qu'il y ait préjugé que contradiction? Paris, 26 nov. 1839; Arg. Cass. 10 déc. 1806, 14 mars 1810, 9 mai 1826 ; dissertation de M. Thureau (1108).

Dans l'opinion opposée on a répondu : — Le trib. du lieu où doit être effectué le payement, étant étranger au défendeur, ne peut devenir compétent qu'autant que la convention dont argue le demandeur sera prouvée ; or ce fait incertain, simplement allégué par une des parties et dénié par l'autre, ne saurait être le fondement d'une attribution de compétence, — La maxime que le juge de l'action est le juge de l'exception, en admettant qu'on puisse l'appliquer à un juge qui n'est lui-même qu'exceptionnel, suppose qu'il existe entre l'action et l'exception de telles différences, que le jugement de l'une sera distinct et indépendant du jugement de l'autre; que l'exception qui tend à dessaisir le trib. devant lequel l'action est portée, étant vidée dans un sens, soit affirmatif, soit négatif, il restera encore quelque chose à juger; mais on ne saurait, sous peine de porter une perturbation complète dans l'ordre des juridictions, appliquer cette maxime au cas où le jugement de l'exception doit nécessairement, par la nature de la demande, être le jugement de l'action elle-même. Or, dans l'hypothèse, il en serait inévitablement ainsi, puisque le trib. ne pourrait pas retenir la cause sans juger que la convention niée par le défendeur a une existence légale. L'art. 59 C. pr., §1, trace une règle fondamentale puisée dans le principe de toutes les législations, que le défendeur doit être assigné devant le trib. de son domicile. Si l'art. 420 du même Code autorise, en matière commerciale, le demandeur à porter son action devant le trib. du lieu où le payement devait être effectué, c'est là une disposition exceptionnelle applicable dans le cas spécial pour lequel elle a été créée, qui, d'après sa nature, doit être plutôt restreinte qu'étendue, et qui, dans le doute, ne doit pas l'emporter sur la règle générale. Le domicile du défendeur est constant, l'existence de la convention alléguée est problématique et ne cessera de l'être que par le jugement de l'action elle-même. Dans un pareil conflit, on ne peut enlever le défendeur aux juges de son domicile, qui sont ses juges naturels et dont la compétence est, dans tous les cas, incontestable. Arg. Cass. 10 juill. 1837. Rouen, 12 décembre 1844 (950, 3043); Nancy, 8 avr. 1839, D. 39, 168; Poitiers,

24 juin 1857 ; Cass. 14 déc. 1857 (6669); Orillard, n₀ 617 ; Arg. Pardessus, n° 1354. — V. d'aill eurs *sup.*, 231.

395. L'art. 420, qui attribue compétence au tribunal du lieu où le payement doit être effectué, ne s'applique qu'au cas où ce lieu est indiqué dans un acte écrit, non au cas où il est contesté et où l'on demande à prouver la convention par témoins. Nancy, 9 août 1852. D., 52, 261 *;*—V. *sup.*, 176.

Section III. *Compétence du premier ou du dernier ressort.*

396. Les trib. de com. jugent *en premier ressort* toutes les demandes dont le principal excède la valeur de 1,500 fr., art. 1, L. 3 mars 1840 (1623, 1624), — ou n'est pas régulièrement déterminée. — V. *Appel.*

397. *En dernier ressort*, les appels des sentences rendues par les conseils de *prud'hommes.* — V. ce mot.

398. *En premier et dernier ressort* : 1° toutes les demandes dont le principal n'excède pas la valeur de 1,500 fr.

399. Peu importe que la valeur de l'objet ne dépasse pas 200 f. : le doute naît de ce que la loi du 25 mai 1838 attribue aux juges de paix la connaissance de toutes les causes purement personnelles et mobilières jusqu'à concurrence de cette somme ; mais cette juridiction n'est qu'un démembrement de celle des tribunaux civils, et ne peut comprendre les matières commerciales. Arg. Merlin, *Rép., hoc verbo*, n° 4. — V. toutefois *sup.* 180.

400. Toutes celles où les parties justiciables de ces trib. et maîtresses de leurs droits ont déclaré vouloir être jugées définitivement et sans appel. — V. *Prorogation.*

401. *Justiciables* : En effet, leur juridiction ne saurait être prorogée à des matières qui ne leur sont pas attribuées par la loi.

402. *Sans appel* : Cette faculté n'entraîne pas celle de conférer au tribunal le droit de juger comme amiable compositeur. S'il l'avait fait, sa décision serait susceptible d'appel, malgré la renonciation formelle des parties. — V. *Arbitrage*, 214.

Section IV. — *Compétence extrajudiciaire.*

403. La compétence extrajudiciaire des trib. de commerce s'exerce, soit par le tribunal lui-même, soit par le président, soit par un juge commissaire.

404. *Attributions du tribunal.* — Il connaît de la procédure des *faillites.* — V. ce mot.

405. Il autorise la *vente de marchandises neuves*, dans certains cas, — celle des marchandises en gros de toute espèce et de toute provenance, après décès ou cessation de commerce et dans tous les autres cas de nécessité dont l'appréciation leur est soumise. L. 9 juill. 1861, art. 1 (7600). — V. *Vente.*

406. Il reçoit à son greffe le dépôt des extraits des contrats de mariage des *commerçants.* — V. ce mot, 58.

407. Il doit entendre la lecture des jugements qui prononcent la *séparation de biens.* — V. ce mot, 44.

On insère au tableau placé dans l'auditoire un extrait de la demande et du jugement. — V. *ib.,* 24 et 45.

408. Il donne son avis sur l'aptitude et la réputation de probité des candidats aux fonctions d'*agent de change.*—V. ce mot, 10 et de *courtier.* — V. ce mot. — V. d'ailleurs *Agréé.*

409. Il concourt avec l'administration de la marine à la rédaction du tarif des droits de pilotage. Décr. 12 déc. 1806, art. 41.

410. Il autorise le capitaine d'un navire à emprunter sur le corps d'un bâtiment, à mettre en gage ou vendre des marchandises jusqu'à concurrence de la somme nécessaire, lorsque, durant le voyage, il y a lieu de radouber le navire ou d'acheter des victuailles. C. com. 234. — Il règle l'augmentation de la prime d'assurance, due en cas de survenance de guerre, quand les parties sont convenues de cette augmentation sans en fixer la quotité. C. com. 343. — En cas de jet et contribution, il nomme les experts pour fixer l'état des pertes et dommages, et rend exécutoire la répartition qu'ils en font. C. com. 414, 416.

411. En matière de prise maritime il connaît des liquidations générales et particulières qui sont la suite de la vente. Arrêté 2 prair. an 11, art. 88 et suiv.

412. *Attributions du président.* Il commet des experts pour constater l'état des objets transportés par un voiturier en cas de refus ou de contestation sur leur réception. C. com. 106. — V. *Expertise.*

413. Il autorise : 1° la *saisie conservatoire* des effets mobiliers du débiteur d'une lettre de change ou d'un billet protesté. C. com. 172. — V. ce mot.

Peut-il autoriser une *saisie-arrêt* pour sûreté d'une créance commerciale? Oui. Paris, 26 janv. 1861 (7429).

414. 2° Le payement d'une lettre de change perdue, à la charge de donner caution, — et de représenter une seconde, troisième ou quatrième. C. com. 151 ; — ou de justifier de sa propriété par ses livres. C. com. 152. — V. *Effet de commerce.*

415. 3° L'emprunt à la grosse pour les frais d'expédition d'un bâtiment frété du consentement des propriétaires, dont quelques-uns refusent de payer leur quote part. C. com. 233.

416. Il donne des renseignements sur les demandes en réhabilitation. C. com. 606, 607, 609. — V. *Faillite*.

417. Il reçoit au greffe le rapport du capitaine sur les détails de son voyage. C. com. 242, 243 ; — et sa déclaration sur les causes de sa relâche, s'il aborde dans un port français. C. com. 245.

418. Il arrête l'état des dettes d'un navire. C. com. 192 3°.

419. *Attributions du juge-commissaire.* — Elles sont trèsvariées en matière de faillite. — V. C. com. 451, 458, 461, 464, 466, 469, 470, 471 à 477, 486, 496, 501, 503, 515 à 519, 527 à 530, 551, et d'ailleurs *Faillite, Commissaire-priseur*, nos 37 et suiv. *Courtier, Vente de marchandises neuves*, 31.

420. Les *livres de commerce* (— V. ce mot) sont cotés, paraphés et visés par un des juges du trib. de commerce. C. com. 11. — V. d'ailleurs *Greffe*.

V. *Acte de commerce, Agent de change, Agréé, Appel, Arbitrage, Commerçant, Commissaire-priseur, Douane, Contrainte par corps, Courtier, Effet de commerce, Faillite, Livres de commerce, Ministère public, Prorogation de juridiction, Prud'homme, Tribunal de commerce, Vente de marchandises neuves.*

COMPÉTENCE des tribunaux de Paix.

Table sommaire.

1. La loi a donné aux *juges de paix* de nombreuses attributions en matière judiciaire et extrajudiciaire. V. ce mot. — Nous traiterons exclusivement ici des attributions *judiciaires* que les juges de paix ont en matière civile, comme présidents des *tribunaux de paix*.

2. La compétence judiciaire des juges de paix se divise *en* compétence *d'attribution* et compétence *territoriale*. — La compétence d'attribution est celle en vertu de laquelle les juges de paix, en général, sont appelés à connaître de telle ou telle nature d'affaires. — La compétence territoriale est celle dévolue à chaque juge de paix en particulier, à raison de la situation de l'objet litigieux ou du domicile des parties.

3. La compétence d'attribution est *absolue ;* — la compétence territoriale est *relative*. — V. *Exception,* 31 et *inf.* 34.

DIVISION.

SECT. I. — *Compétence d'attribution.*

4. La violation des règles de la compétence peut aboutir soit à une *incompétence* pure et simple, soit à un *excès de pouvoir.* — Il y a *incompétence* lorsque le juge retient mal à propos la connaissance d'un différend dont il ne peut connaître. — Il y a *excès de pouvoir* lorsque par des dispositions impératives, prohibitives ou règlementaires, le juge fût-il d'ailleurs compétent, dépasse les limites de son mandat. Cette distinction est importante. Le recours en cassation est ouvert contre les jugements des juges de paix dans le second cas, il est refusé dans le premier. — V. *Cassation.*

5. La compétence des juges de paix est tantôt de premier ressort seulement, et tantôt de premier et dernier ressort tout à la fois. — V. *inf.* 35, 88, 373.

6. La juridiction des juges de paix est extraordinaire et d'exception. — De là plusieurs conséquences :

7. 1° Ils ne sont compétents que pour juger les affaires qui leur sont spécialement attribuées, et dans les limites que la loi a déterminées.

8. 2° Les parties ne peuvent, même d'un consentement réciproque, étendre leur juridiction, que dans le cas où il s'agit d'une espèce d'affaires pour laquelle ils sont compétents jusqu'à une certaine somme, et jamais lorsque la contestation est étrangère à leurs attributions. Il n'y a lieu à prorogation de juridiction d'un juge d'exception, qu'autant qu'il y a en lui principe de juridiction; — V. *Prorogation,* 9 et suiv.

9. 3° L'action dérivant d'un même titre qui comprend tout à la fois des chefs de la compétence du juge de paix et des chefs réservés aux trib. ordinaires doit être portée devant ces trib. qui ne peuvent scinder la demande et doivent prononcer sur tous les chefs. Paris, 8 août 1807. — On oppose qu'il s'agit ici d'une incompétence *ratione materiæ,* et qu'aucune considération particulière ne peut excuser la violation des principes constitutifs de la hiérarchie des trib., et l'excès de pouvoir dont un juge se rend coupable en s'attribuant une juridiction qui ne lui appartient pas. — Mais la prompte expédition des affaires demande qu'il en soit ainsi; c'est un principe consacré par l'art. 637. C. comm., qui autorise les trib. de comm. à connaître à l'égard des individus non négociants de la demande formée devant eux en payement d'effets de commerce signés par des négociants et des non-négociants.

10. Au reste, la compétence des trib. ordinaires dans ce cas est subordonnée à cette condition que les deux demandes dérivent d'un même titre, ou soient tellement connexes qu'on ne puisse les disjoindre.

11. 4° Ils ne peuvent connaître de l'exécution de leurs jugements. — Dans l'opinion contraire on dit : — La proposition du tribunal qui exprimait cette interdiction a été rejetée; on n'a pas reproduit pour les juges de paix la disposition de l'art. 422. C. pr. relative aux trib. de commerce. Locré, *Espr. C. pr.*, 1, 78. — Mais l'art. du projet a été rejeté comme consacrant un principe incontestable (tribun Favard) Henrion, *Compétence des juges de paix*, ch. 5; Dalloz, n° 335. — V. *Exécution*, 169.

12. Toutefois ils *connaissent* de ce qui n'est que le *complément* de leurs jugements; — spécialement de la fixation du chiffre des dommages-intérêts, des restitutions de fruits, de la réception d'une *caution*. Dalloz, n° 336.

13. Le juge de paix *du lieu* peut-il statuer *provisoirement* sur les difficultés élevées à l'occasion des jugements et des actes qui requièrent célérité, lorsque l'urgence est telle qu'il y aurait eu péril à recourir au trib. civil à cause de l'éloignement? — Pour l'affirmative on dit: L'art. 554 C. pr. attribue compétence au juge *du lieu* sans distinction. Carré et Chauveau, n° 1915. Arg. Thomine, 2, 54. — Pour la négative on répond: ce serait faire du juge de paix un juge de référé. Favard, 2, 481; Boitard, 3, 327. — Le soin que la loi a eu de conférer au juge de paix par des dispositions spéciales et formelles le droit de connaître des questions d'exécution dans certains cas déterminés (— V. C. pr. 571, 587, 594, 781, 907, 956, 1,035). conduit à penser qu'en thèse générale ce droit ne lui appartient pas. L'art. 554 C. pr. que l'on invoque dans le système contraire vient immédiatement après l'art. 553 qui réserve aux trib. civils la connaissance de l'exécution des jugements, à l'exclusion des trib. d'exception.

14. En général, le juge de paix ne peut statuer sur une demande en validité d'offres réelles, quelles que soient la quotité et la nature de la créance: les offres de payement et la consignation sont rangées dans le Code au nombre des procédures diverses spécialement attribuées aux trib. civ. de 1re instance. Carou, n° 75. — *Contrà*, Augier, v° *Offres*, n° 2. — Ce magistrat ne connaît pas de la validité des offres réalisées en exécution de ses jugements. — Ainsi jugé à l'égard d'un trib. de comm. Paris, 21 août 1810. — V. d'ailleurs *sup.*, n° 11. — Toutefois, si les offres sont faites dans le cours d'un procès soumis à un juge de paix, ce magistrat peut en connaître : ces offres tendent à repousser ou à soutenir la demande principale; le juge de l'action est aussi le juge de l'exception. Seine, 26 déc. 1846 (3550). Rodière, 3, 57.

15. Au surplus, le juge de paix ne connaît pas d'une demande en validité d'offres même inférieure à 200 fr. avec la mention, sauf à parfaire en cas d'insuffisance, lorsque l'adversaire n'a pas lui-même précisé le chiffre de ses prétentions. Bordeaux, 19 juin 1852 (5186).

16. Lorsqu'une partie déclare vouloir s'inscrire en faux, dénie l'écriture ou déclare ne pas la reconnaître, le juge de paix doit renvoyer devant les trib. C. pr. 14.—V. *Faux, Vérification d'écriture.*

17. Mais dans les affaires de sa compétence, peut-il connaître d'une demande en reconnaissance d'écriture formée par action séparée, avant l'échéance de l'obligation ? — La négative résulte de la discussion de la loi de 1838. Si les parties sont d'accord, elles n'ont qu'à se présenter devant un notaire ; si le défendeur est absent ou refuse de reconnaître, il est dangereux d'autoriser le juge de paix à rendre une sentence qui suppléerait à ce silence. M. Amilhau, *Moniteur* 15 avril 1837. — Plusieurs auteurs critiquent cette solution. Curasson, 1, 94 ; Carré et Chauveau, n° 56-4° — V. d'ailleurs Troplong, *Hypothèques*, 2, n° 446. *Conciliation.*

18. En cas de contestation par le défendeur de la qualité d'héritier (ou de veuve) en laquelle il est assigné devant le juge de paix, ce magistrat doit-il renvoyer devant le trib. civil pour le règlement de la qualité contestée ? — Pour la négative on dit : En l'absence d'un texte qui reproduise pour les justices de paix la disposition établie par l'art. 426, C. pr., pour les trib. de comm., il y a lieu d'appliquer la règle que le juge de l'action est le juge de l'exception. Rodière, t. 1, p. 147. — Mais cette solution est repoussée surtout par ceux qui admettent que l'héritier contre lequel il intervient une condamnation en qualité d'héritier pur et simple est réputé tel à l'égard de tous. — V. Douai, 29 juill. 1816. Il n'a pu entrer dans l'esprit du législateur de confier à une juridiction exceptionnelle une décision qui aurait une si grave importance. — V. d'ailleurs L. 15 mars 1849, art. 10 : *Élections.*

19. Au reste, le juge de paix ne doit renvoyer devant le trib. civil, pour la solution de la question préjudicielle, que tout autant que l'exception soulevée lui paraît sérieuse — (V. *Bornage*) ; dans le cas contraire, il peut statuer sur le fond.

20. Le juge de paix peut prononcer une peine disciplinaire contre un avocat, qui, dans sa plaidoirie, lui manque de respect. Cass. 23 av. 1850 (4787).

21. Cette faculté doit être exercée séance tenante. Toutefois, lorsque la faute résulte des conclusions écrites, lues et déposées à l'audience, le magistrat peut la réprimer à une audience postérieure. *Même arrêt.*

22. Les juges de paix n'ont aucun pouvoir disciplinaire sur les huissiers de leurs cantons, si ce n'est dans le cas de l'art. 19 de la loi du 25 mai 1838. — V. *Avertissement, Huissier.* — Le tribunal civil peut seul prononcer une amende contre un huissier pour faits relatifs à ses fonctions. Décr. 14 juin 1813, art. 73. Cass. 16 janv. 1844 (2732).

23. Mais le juge de paix a le droit de réprimander ou d'avertir le greffier. Arg. L. 20 avr. 1810, art. 62 ; — à l'exclusion du trib. de 1re instance, spécialement lorsque le greffier est inculpé d'avoir forcé les produits de son greffe et d'avoir manqué de respect à son juge de paix. Cass. 4 nov. 1823.

24. Un juge de paix compétent *ratione materiæ* peut-il, sans déni de justice, refuser de juger des parties qui ne sont pas ses justiciables, lorsqu'elles sont d'accord pour lui soumettre leur différend ? — Pour la négative, on soutient que les termes de l'art. 7 C. pr., *auquel cas il jugera leur différend* sont impératifs. Carré, art. 7; Boncenne, 3, 254; Carou, n° 48. — Mais peut-on permettre d'imposer au juge, malgré lui, un surcroît d'occupations qui pourrait lui devenir extrêmement pénible, et nuire à ses véritables justiciables ? — Au reste, le juge de paix s'empressera d'accepter cette mission de confiance toutes les fois que ses travaux ordinaires n'en souffriront point.

25. La compétence des juges de paix, réglée d'abord par la loi des 16-24 août 1790 (tit. 3, art. 9 et 10), a été fort étendue par la loi du 25 mai 1838.

26. Cette loi a donné lieu à de nombreux travaux préparatoires : — un premier projet, présenté le 23 janv. 1835 à la chambre des députés, par M. Persil, retiré le 9 mars 1836, présenté de nouveau à la chambre des députés par M. Persil, le 6 janv. 1837, fut l'objet d'un rapport de M. Renouard, le 29 mars suivant, et d'un autre rapport de M. Gasparin, le 19 juin, à la chambre des pairs. — Une nouvelle présentation, faite à la chambre des pairs le 15 janv. 1838, fut suivie d'un second rapport de M. Gasparin, le 31 janv., et d'une discussion le 5 fév. — Discuté à la chambre des députés, sur le rapport de M. Amilhau (du 6 av.), les 23, 24 et 25, et adopté à la majorité de 199 voix contre 35, le projet fut adopté sans discussion à la chambre des pairs, à la majorité de 100 voix contre 3, sur un dernier rapport de M. Gasparin (du 10 mai).

27. Les juges de paix connaissent aujourd'hui, dans certaines limites, des actions purement personnelles ou mobilières ; — des contestations entre les hôteliers, aubergistes ou logeurs et les voyageurs ou locataires en garni, pour dépenses d'hôtellerie et perte ou avarie d'effets déposés dans l'auberge ou dans l'hôtel ; entre les voyageurs et voituriers ou bateliers, pour retards, frais de route et perte ou avarie d'effets accompagnant les voyageurs ; entre les voyageurs et les carrossiers ou autres ouvriers, pour fournitures, salaires et réparations faites aux voitures de voyage ; des actions en payement de loyers ou fermages, en congés, en résiliation de baux, en expulsion de lieux, en validité de saisie-gagerie ; — des demandes en indemnités réclamées par le locataire ou fermier pour non-jouissance, dégradations et pertes, dans les cas prévus par les art. 1732 et 1735 C. N.; des réclamations pour dommages faits aux champs, fruits et récoltes, soit par l'homme soit par les animaux ; — de celles relatives à l'élagage des arbres ; au curage soit des fossés, soit des canaux servant à l'irrigation des propriétés ou au mouvement des usines et aux réparations locatives ; — des contestations entre les maîtres et domestiques pour gages et salaires ; — des contestations entre les maîtres et leurs ouvriers ou apprentis ; — de celles relatives au payement des nourrices; — des actions pour diffamation verbale et injures publiques ou non publiques ; — des actions possessoires, — en bornage, et de celles relatives à la distance prescrite pour les plantations, — et en pension alimentaire ; — des actions pour constructions et travaux nuisibles à la propriété d'autrui.

Chacune de ces attributions fera l'objet d'un article séparé.

28. Plusieurs autres points sont réglés par la loi de 1838. — Elle détermine les cas dans lesquels le juge de paix peut ordonner l'exécution provisoire de ses jugements (art. 11 et 12) ; — elle abrége la durée du délai d'appel (art. 13 et 14) ; elle ne reconnaît d'autre ouverture à cassation en matière civile que l'excès de pouvoir (art. 15); — elle trace quelques règles touchant les droits et les devoirs des huissiers (art. 16 à 19) ; — elle enlève aux juges de paix la connaissance des actions en contrefaçon en matière de brevet d'invention (art. 20), que les décrets des 7 janv. et 25 mai 1791 leur avaient attribuée. — V. d'ailleurs, *Appel, Brevet d'invention, Cassation, Huissier.*

29. Les dispositions des lois antérieures contraires à la loi de 1838 ont été abrogées (art. 21). — Elle n'est point applicable aux demandes introduites avant sa promulgation (art. 21).

30. Les limites de la compétence du juge de paix ont été successivement étendues, notamment par les lois des 20 mai 1854, 2 mai 1855 (5898).

31. Le juge de paix statue sur les demandes à fin d'exécution ou de résolution des contrats d'*apprentissage*. L. 4 mars 1851, art. 18 (4847).

32. Il fixe l'indemnité en matière de *drainage*, L. 15 juin

1854, art. 5 (6230); — de *télégraphie*. L. 27 déc. 1851, art. 9.

33. Le juge de paix connaît d'une contestation relative à la perception d'un droit de place ; il n'est pas lié par l'interprétation du tarif donnée dans un acte administratif, Rej. 1er déc. 1847 (3936).

34. L'incompétence du trib. de 1re instance pour connaître des contestations spécialement attribuées au juge de paix peut-elle être couverte par le consentement des parties ? — V. *Compétence du trib. civil*, 20 à 29.

§ 1. — *Actions dont le juge de paix connait en dernier ressort jusqu'à 100 fr., et à charge d'appel jusqu'à 200 fr.*

35. Le juge de paix connaît de *toutes actions purement personnelles ou mobilières*, en dernier ressort, jusqu'à la valeur de 100 fr. (*inclusivement*); et à charge d'appel, jusqu'à la valeur de 200 fr. (*inclusivement*). L. 25 mai 1838, art. 1er. — Cette loi a reproduit la disposition de l'art. 9, tit. 3, L. 16-24 août 1790, en portant seulement au double le chiffre du premier et du dernier ressort.

36. *Toutes actions.* Il faut excepter cependant les demandes formées pour frais par les officiers ministériels (en cette qualité). C. pr. 60. — Ces demandes, lors même qu'elles n'excèdent pas 100 fr., sont de la compétence du trib. civil où les frais ont été faits. — V. *Compétence des trib. civils*, 72 et 97.

37. Malgré les termes généraux de l'art. 1er de la loi de 1838, le juge de paix ne connaît pas des demandes en payement des droits que la régie de l'enregistrement est chargée de percevoir (L. 22 frim. an 7, art. 64); — ni des affaires réservées à l'administration. — Mais l'action du percepteur en payement d'avances pour des tiers est de la compétence du juge de paix. Arr. cons. d'Et. 16 fév. 1826. Carou, n° 292.

38. *Purement personnelles.* Pour que le juge de paix connaisse d'une action personnelle, il faut qu'elle soit mobilière, mais il connaît de toute action mobilière n'excédant pas 200 fr., qu'elle soit ou non personnelle. L'art 1er dit *personnelle ou mobilière*, et non pas personnelle *et* mobilière, à la différence de l'art. 1er de la loi de 1790. Dalloz, nos 16 et 17.

39. *Mobilières.* Le juge de paix connaît d'une action réelle ou mixte, pourvu qu'elle soit mobilière et qu'elle n'excède pas 200 fr. Duvergier, *Lois*, 1838, p. 345.

40. Il ne peut connaître des actions réelles immobilières. — (V. toutefois *Action possessoire, Bornage*, et *inf.*, n° 374); — des actions en revendication d'immeubles, quel que soit leur peu d'importance. Cass. 22 janv. 1840 (1652). — Spécialement d'une demande en payement d'arrérages d'une rente formée contre le tiers détenteur des biens hypothéqués à la garantie du principal et des arrérages. *Même arrêt*. — D'une demande en déguerpissement d'un immeuble vendu. Cass. 4 mai 1808. — D'un droit de servitude contesté. Cass. 25 avr. 1806.

41. Si, à une action de sa compétence, on oppose une exception de propriété ou de servitude, il doit renvoyer les parties devant le trib. de 1re instance, et surseoir jusqu'au jugement de cette question préjudicielle pour prononcer sur l'action principale. Cass. 22 juin 1842; Dalloz, n° 31. — V. d'ailleurs *inf.*, 139, 285.

42. Le rejet par le juge de paix d'une exception de prescription à l'aide de l'appréciation du fond du procès, peut bien être un mal jugé, mais ne constitue pas un excès de pouvoir donnant ouverture à cassation. Cass. 18 juin 1848, D. 48, 219.

43. Le juge de paix a pu statuer sur l'action en dommages-intérêts intentée par les habitants d'une commune pour exercice illégal du droit de vaine pâture ; cette demande a été considérée comme purement mobilière. Cass. 8 mai 1838.

44. Peut-il connaître d'une action personnelle et mobilière n'excédant pas 200 fr., lorsque le défendeur oppose une exception dont l'appréciation est subordonnée à l'interprétation d'un contrat de vente d'immeubles ? — Il faut distinguer : s'il ne s'agit de décider la question incidente que relativement à la demande, sans qu'il en puisse sortir d'autre conséquence ou résultat, il est compétent. Cass. 11 avr. 1836, 9 févr. 1847 (3613). — Mais il en est autrement si la question incidente devient la principale question du procès, et si, du jugement à intervenir, doit résulter l'exception de chose jugée relativement à d'autres demandes qui pourraient être formées dans la suite entre les mêmes parties. Curasson, 1, 228.

45. Le juge de paix connaît de toutes les actions personnelles et mobilières n'excédant pas 200 fr., encore bien qu'elles se rapportent *indirectement* à des immeubles : — telles que, 1° la demande en payement des travaux faits à un immeuble.

46. 2° La demande en payement d'arrérages de rentes foncières non contestées, si le montant de la demande n'excède pas sa compétence. Arg. Cass. 13 oct. 1813. — Si la dette de la rente elle-même était contestée, il s'agirait alors du capital, et le juge de paix ne serait compétent qu'autant que ce capital n'excéderait pas 200 fr.

47. Mais il ne connaît, — ni d'une action dirigée contre un héritier assigné en cette qualité et comme détenteur de biens hypothéqués à la créance du demandeur : cette action est mixte et immobilière. Cass. 24 août 1826, 29 nov. 1846, D. 48, 5, 63 ; — peu importe que le défendeur se prétende créancier des sommes qu'il aurait indûment payées à valoir sur ce compte lorsqu'il n'a pas formé de demande reconventionnelle à son égard. Cass 23 août 1858 (6807).

48. — Ni d'une demande en dommages-intérêts résultant de l'inexécution d'une promesse de vente d'immeubles, lorsque cette promesse est contestée. Cass. 3 juill. 1850 (4793).

49. Jugé que le trib. de paix, saisi d'une demande personnelle mobilière de 100 fr., n'excède pas ses pouvoirs en appréciant la clause d'un cahier des charges invoquée par le défendeur pour repousser l'action intentée contre lui, encore bien que ce cahier des charges concerne une vente dont le prix dépasse 100 fr. Cass. 11 avr. 1836 (566).

50. En matière personnelle, la simple contestation du titre ne fait pas perdre à l'action son caractère mobilier; pour l'apprécier, il faut bien juger de la validité du titre. Favard, *Rép.*, v° *Justice de paix*, § 2; Dalloz, n° 18.

51. La compétence se détermine d'après le taux de la demande, non d'après le montant de la condamnation. Cass. 7 therm. an 11. — En conséquence, si la demande a pour objet une somme indéterminée ou excédant 100 fr., le jugement n'est pas en dernier ressort, par cela seul que la condamnation est inférieure à cette dernière somme. Arg. Bruxelles, 12 déc. 1807.

52. Le demandeur est-il tellement maître de l'estimation, qu'il puisse, en la réduisant, soustraire l'affaire à l'appel? — Suivant Carré, *Compét.*, art. 316, le défendeur peut contester la réduction faite par le demandeur. — Mais cette opinion, équitable sous certains rapports, a l'inconvénient d'obliger les parties à plaider sur la valeur de l'objet mobilier litigieux, d'enter ainsi un procès sur un procès, et d'établir une exception arbitraire à la règle, que le dernier ressort se détermine par les conclusions. Les frais de l'expertise seraient souvent aussi considérables que ceux auxquels l'appel peut donner lieu. — Si la chose réclamée a été évaluée par le demandeur à une somme inférieure à 200 fr., le choix étant donné au défendeur de payer cette somme ou de donner la chose, — le défendeur n'est pas recevable à prouver que la valeur de la chose excède 200 fr. — Il est difficile, en effet, de considérer comme excédant la valeur de 200 fr., une demande dont on peut se libérer en payant cette somme ou une moindre. Henrion, ch. 16; Curasson, 1, 212; Rodière, 1, 173; Dalloz, n° 45.

53. Mais lorsque l'obligation, au lieu d'être *alternative*, est une obligation principale avec clause pénale, le juge de paix est incompétent lors même que le montant de la clause pénale ne dépasse pas le taux de la compétence du juge de paix. Chauny, 8 juin 1855 (5951).

54. Jugé que la demande formée contre un conservateur des hypothèques à fin de remise d'un certificat d'inscription, à peine de dommages-intérêts, excède la compétence du juge de paix, alors même que l'indemnité réclamée n'excède pas cette compétence ; que cette action présentant à juger la question de savoir quelle est l'étendue des devoirs imposés à un fonctionnaire public est de sa nature indéterminée. Cass. 3 juill. 1850 (5078)

55. L'objet de la demande doit être précisé dans la citation ; c'est donc, en général, à cet acte qu'il faut se reporter pour savoir si la contestation est susceptible ou non de deux degrés de juridiction. — Néanmoins, si le demandeur a usé de la faculté qui lui est accordée de réduire ou d'augmenter, pendant le cours de l'instance, ses conclusions originaires, ce sont ces nouvelles conclusions qui déterminent la compétence de premier ou de dernier ressort.

56. La demande primitive peut être réduite par des conclusions ultérieures jusqu'au jugement définitif. Cass. 4 sept. 1811. —Pourvu que ce soit en présence du défendeur.

57. La réduction de la demande primitive faite à l'audience en l'absence du défendeur ne change pas la compétence. Metz, 4 déc. 1844; Bordeaux, 29 fév. 1844; Curasson, 1, 233. — Ainsi le trib. civil saisi d'une demande supérieure au taux de la compétence du juge de paix demeure compétent, lorsque la réduction à ce taux par suite d'à-compte n'a été reconnue par le demandeur qu'en l'absence du défendeur, et le trib. doit statuer sur l'opposition au jugement par défaut qui a condamné le défendeur à payer la somme ainsi réduite, sans renvoi devant le juge de paix. Cass. 9 juill. 1850 (4748). — V. *Appel*, 139.

58. Lorsque deux demandes de la compétence du trib. civil ont été formées devant ce trib., et que durant l'instance l'une d'elles a été réduite dans les limites de la compétence en dernier ressort du trib. de paix, le défendeur à ces deux demandes qui n'en a pas demandé la séparation, qui a même conclu au fond sur le tout, ne peut ultérieurement décliner la compétence du trib. civil. Paris, 17 janv. 1857 (6496).

59. Si le défendeur acquiesce à une partie de la demande formée contre lui, cette adhésion équivaut à une réduction des conclusions du demandeur : l'objet du litige se trouve restreint à la portion des conclusions contestées, et cette seule partie doit être prise en considération pour déterminer la compétence.

60. Le taux du ressort doit être réglé par la différence existante entre la somme réclamée par le demandeur et celle que le défendeur reconnaît devoir. Boncenne, 1, 339; Carou, 1, 129. —V. *Appel*, 141.

61. Si, par suite de nouvelles conclusions, la demande, qui était originairement inférieure à 100 fr., se trouve dépasser cette somme, le jugement rendu est susceptible d'appel.

62. Lorsqu'une demande contient des conclusions principales et des conclusions subsidiaires, si la demande principale est admise, c'est le montant de cette demande qui sert à fixer le ressort.—Les conclusions subsidiaires dont la décision ne s'occupe pas ne doivent pas être prises en considération. Arg. Bordeaux, 23 janv. 1840 (1621).

63. Dans aucun cas, l'erreur commise dans l'addition des créances réclamées ne peut être prise en considération pour fixer la compétence; autrement on pourrait mettre sciemment un total inexact dans l'exploit pour se réserver la voie de l'appel.

64. Les accessoires doivent, en général, suivre le sort des demandes principales auxquelles elles se rattachent, et ne sont d'aucune importance pour la fixation du ressort. — V, *Appel*, 80 et suiv.

65. La demande reconventionnelle en dommages-intérêts doit-elle être prise en considération pour déterminer la compétence des premiers juges?—V. *inf.* 426.

66. La demande d'une somme de 200 fr. excède-t-elle la compétence du juge de paix lorsqu'elle est le reliquat d'une somme supérieure?—Oui, si l'existence de la convention est contestée.—Non, si la convention est reconnue. Rej. 28 nov. 1859 (7455);—ou si la conséquence de l'interprétation du titre contesté doit être limitée à la somme demandée. Rej. 4 nov. 1857 (6553).—V. *sup.* 44.

67. Le juge de paix peut statuer sur une demande de plus de 200 fr., lorsque le défendeur reconnaît devoir une partie de cette somme, de manière que la contestation ne porte plus que sur une somme inférieure à 200 fr.— V. *sup.* 59.

68. Peut-il connaître de la demande en payement d'une somme de 200 fr. formant la portion actuellement exigible d'une somme plus forte? — Pour l'affirmative on dit : Il faut s'attacher uniquement au chiffre de la demande. Carré, 2, 281.—Pour la négative on répond : Cette demande a pour résultat de faire prononcer la validité d'un titre de créance excédant la compétence du juge de paix; cette validité une fois déclarée ne peut plus être débattue entre les parties. Carou, 1, 131.

Il faut distinguer : lorsque l'existence du titre est reconnue entre les parties, le litige ne portant plus que sur la somme prétendue exigible, réclamée par le créancier, le juge de paix est compétent; mais s'il y a contestation sur le titre, ou si le défendeur fait défaut, le juge de paix est incompétent. Ainsi jugé à l'égard d'une demande de moins de 100 fr. pour le terme échu d'un abonnement dont le titre, excédant 200 fr., était contesté par le défendeur, attendu que ce n'était pas là former une demande reconventionnelle, mais bien soulever une exception dont l'effet nécessaire était de subordonner le jugement des demandes à celui des conventions d'où elles dérivaient. Cass. 16 août 1843, Dalloz, n° 39.

69. *Quid* lorsqu'une demande de plus de 200 fr. est dirigée contre une succession ? — V. *inf.* 425.

70. *Quid* lorsque plusieurs demandes ont été réunies dans la même instance ? — V. *inf.* 58 et 412.

71. Les demandes *indéterminées*, quelque modique qu'en soit la valeur, doivent être portées devant les trib. ordinaires. Cass. 22 juin 1808. — Si la somme ou la valeur de l'objet mobilier réclamé n'est pas déterminée, il est difficile de savoir si elle n'excède pas la compétence; le juge ne peut arbitrer lui-même la valeur de l'objet litigieux : il ne peut nommer des experts pour le faire, ce serait occasionner des frais souvent considérables, uniquement pour savoir si on plaidera devant lui; d'ailleurs, la loi n'autorise pas cette procédure : dans le doute, il est donc naturel de s'adresser à la juridiction ordinaire.

72. Ainsi, le juge de paix ne connaît pas d'une demande en réparation de mur, lorsque la valeur des dégradations et réparations n'est pas déterminée. Cass. 3 pluv. an 12.

73. Quand la citation ne détermine pas la valeur de la demande, il est facile d'en faire convenir le demandeur à l'audience, et il n'y a plus incompétence, dès l'instant qu'il réduit ses prétentions au taux de la juridiction du juge de paix. Curasson, 1, 262.

74. Dans le cas d'une demande dont la valeur, bien qu'indéterminée, est moralement au-dessous de 200 fr., la sentence du juge de paix, intervenue sans que le déclinatoire ait été proposé, doit être considérée comme compétemment rendue : une prorogation explicite n'était pas nécessaire. Cass. 12 mars 1829. Curasson, 1, 214; Gilbert, sur l'art. 1, n° 39.

75. La demande est considérée comme déterminée, si elle peut être appréciée à une valeur de 200 fr. ou au-dessous, d'après les mercuriales. Arg. L. 1838, art. 3; Delzers, 1, 79; Carou, n° 109, — ou lorsqu'elle a pour objet des choses dont la valeur a été fixée légalement, en vertu de mesures administratives ou de police. — Henrion, p, 124; Dalloz, n° 42.

76. Les mercuriales n'ont même pas besoin d'être produites par les parties : il suffit que le juge de paix les ait expressément prises pour base de sa décision; elles ne sont pas des titres privés qui doivent être ignorés du juge tant qu'ils ne sont pas produits par les parties. Rennes, 18 mai 1810; Dalloz, n° 43.

77. N'est pas indéterminée, la demande d'une somme en monnaie étrangère non réduite en monnaie française; des cours arrêtés par les officiers publics déterminant les rapports de cette monnaie avec la nôtre.

78. Lorsqu'il s'agit d'une obligation consentie en argent des colonies, on n'a égard qu'à la valeur intrinsèque de la somme, *argent de France*, et non à sa valeur *argent des colonies*. Bordeaux, 12 août 1831, D. 31, 256. — Il en est de même quand la réclamation porte sur des valeurs étrangères. Carou, n° 110.

79. Les affaires commerciales, quelle qu'en soit la valeur, sont soumises à la juridiction commerciale. C'est ce qui résulte de la discussion de la loi de 1838 (*Moniteur* des 25 févr., 18 et 24 avr. 1838).— *Contrà,* Melun, 1er mai 1850 (4644). Les justices de paix ne sont qu'un démembrement de la juridiction civile.—V. toutefois *inf.*, n° 111. Le système contraire eût rendu les trib. de commerce juges de second degré, contrairement au but de leur institution. Gilbert, sur l'art. n° 37.

80. Le commerçant qui a fait acte de commerce ne peut être actionné, même par voie de garantie, devant le juge de paix, pour un litige commercial quel qu'en soit le taux. Cass. 20 avril 1859 (6672, 6992).

81. Jugé que le trib. de comm. connaît à l'exclusion du juge de paix, — de la demande formée par un aubergiste contre un marchand de bois en payement des dépenses d'auberge faites. par le domestique de celui-ci, conduisant ses chevaux et sa voiture employés au transport des bois. Caen, 25 mars 1846 ; 2 fév. 1858 (3384, 6685).

82. L'incompétence du juge de paix pour connaître des affaires commerciales est absolue.

83. Le juge de paix ne peut même connaître des contestations qui s'élèvent à l'occasion de billets appelés petits bons de commerce. Foucher, n° 35.

84 Peut-il connaître de la demande en payement d'un billet à ordre qui ne porte que des signatures d'individus non négociants, et qui n'a pas pour objet une opération commerciale? — Ce billet peut donner lieu à des protêts. L'art. 636 C. comm. semble attribuer compétence au *tribunal civil*, quelle que soit l'importance de la somme. — Mais la forme du billet suffit-elle pour exclure la compétence du juge de paix ? — Le juge de paix peut connaître, dans les limites de sa compétence, d'une lettre de change renfermant supposition, soit de nom, soit de qualité, soit de domicile, soit de lieux où est elle tirée et dans lesquels elle est payable : cette lettre est réputée simple promesse (C. comm. 112). Il peut même apprécier la supposition. Curasson, 1, 243.

85. Peut-il connaître d'une demande en payement de billets de plus de 200 fr., causés pour salaires, réparations locatives, etc. ? Pour la négative on dit : L'obligation existe, il s'agit seulement d'en obtenir l'exécution. Pour l'affirmative on répond : Peu importe la preuve de l'obligation et sa fixation antérieure ; par cela seul que le débiteur refuse payement et que la nature de l'objet rentre dans les attributions du juge de paix, ce magistrat est compétent. Encyclopédie, vᵒ *Billet*, nᵒ 1 ; Curasson, 438 ; Carou, nᵒ 300.

86. Une demande reste soumise à la règle du dernier ressort, bien qu'une question intéressant des tiers et portant sur une valeur excédant le taux du dernier ressort ait été soulevée pendant l'instance, si ces tiers ne sont pas mis en cause. Cass. 15 juin 1842. (2350).

87. Le jugement, rendu sur une question d'exécution d'une sentence du juge de paix, par le trib. civil qui avait confirmé cette sentence sur appel, est en dernier ressort. Poitiers, 18 nov. 1856 (6537).

§ 2. — *Actions dont le juge de paix connaît en dernier ressort jusqu'à 100 fr., et à charge d'appel, jusqu'à 1,500 fr.*

ART. 1. — *Contestations entre les voyageurs et les hôteliers, voituriers, carrossiers.*

88. Le juge de paix prononce sans appel jusqu'à la valeur de 100 f. ; et à charge d'appel jusqu'à 1,500 fr., sur les contestations entre les hôteliers, aubergistes ou logeurs et voyageurs ou locataires en garni, pour dépenses d'hôtellerie et pertes ou avaries d'*effets* déposés dans l'auberge ou l'hôtel ; entre les voyageurs et les voituriers ou bateliers pour retards, frais de route et perte ou avarie d'effets accompagnant les voyageurs et les carrossiers ou autres ouvriers, pour fournitures, salaires et réparations faites aux voitures de voyage. L. 1838, art. 2, § 1ᵉʳ. — Le besoin d'une justice prompte et locale a motivé cette nouvelle attribution donnée au juge de paix. Garde des sceaux, séance 23 av. 1838, *Monit.* du 24, 2ᵉ supplém.

89. L'action dirigée contre l'hôtelier ou l'aubergiste, les voituriers, bateliers, entrepreneurs de transports était auparavant de la compétence des trib. de commerce. — V. d'ailleurs *inf.* 111.

90. *Hôtelier.* Même décision pour celui qui a loué en garni un logement sans en faire habituellement profession. Carou, n° 150, Dalloz, n° 206. — *Contrà*, Foucher, 73. — Suivant cet auteur, il faut seulement considérer si la location a été faite à un voyageur.

91. Le juge de paix ne connaît d'une action contre un cafetier, restaurateur ou baigneur public, à raison de la perte des effets transportés dans son établissement, que tout autant que la demande ne dépasse pas 200 fr. Dalloz, n° 209 ; Curasson, 1, 275.

92. *Voyageur.* On considère ici comme tel tout individu non résidant dans la commune où il contracte les dépenses d'auberge ; Dalloz, n° 207. — Par exemple, un officier en garnison.

93. L'art. 2 ne parle que des contestations entre aubergistes et voyageurs. — Il ne s'applique pas à l'action dirigée contre un aubergiste, en restitution d'effets qu'une personne de la localité ou autre, qui n'est pas logée chez lui, a remis entre ses mains à l'effet de les faire transporter dans un autre lieu. Curasson, 1, 238 ; Dalloz, n° 210.

94. *Dépenses d'hôtellerie.* Il en est de même des frais d'éclairage, de nourriture de chevaux, entretien de voitures, location de chevaux ou voitures. Foucher, p. 80.

95. Lorsque la dépense a été faite par le consommateur pour son commerce, le trib. de commerce est-il compétent, à l'exclusion du juge de paix ? — Pour l'affirmative on dit : La juridiction consulaire connaît de toutes les affaires commerciales. L'art. 2 de la loi de 1838 ne contient pas une exception à cette règle ; il ne dit pas que le juge de paix soit compétent pour le cas où les contestations entre aubergistes et voyageurs sont commerciales. — On pensait si bien qu'il était incompétent en matière commerciale, que lors de la discussion de la loi, on avait proposé de lui soumettre les affaires de cette nature, dans les limites de sa compétence, et que l'amendement rédigé en ce sens fut écarté. Caen, 25 mars 1846 ; trib. Melun, 1er mai 1850 (3384, 4644). En faveur de la compétence du juge de paix on répond : L'art. 2 de la loi de 1838 ne fait aucune distinction ; peu importe que ces contestations concernent ou non des personnes commerçantes, ou qui font des actes de commerce. Cette disposition est générale et absolue ; elle est applicable à toutes personnes, quelles que soient les qualités. Elle déroge, par sa généralité, à la règle que le juge de paix est incompétent en matière commerciale, en lui soumettant les contestations entre les aubergistes, ou les voituriers et les voyageurs pour pertes et avaries d'effets ; car si la convention formée entre un aubergiste ou un voiturier et un voyageur est le plus souvent civile à l'égard de ce dernier, elle a, au contraire, à l'égard de l'aubergiste ou du voiturier, le caractère d'un acte de commerce. Le motif de la loi de 1838 est le besoin d'une justice prompte et locale ; or, ce motif s'applique également, soit qu'il y ait ou non acte de commerce entre les parties. L'art. 2 ne distingue pas et ne devait pas distinguer. Dalloz, n° 201. Arg. Riom, 3 janv. 1846 (3395).

96. Le mot *effets* comprend, non-seulement les linges et hardes, mais encore l'argent et les valeurs apportés dans l'hôtel par le voyageur. On le décidait ainsi sous l'empire de l'art. 1952 C. N. (Toullier, 11, n° 252 ; Paris, 7 mai 1838, P. 1, 1838, 639), dont la loi de 1838 a reproduit les termes.

97. Quant à l'étendue de la responsabilité des aubergistes et des hôteliers, — V. C. Nap. 1953 et 1954.

98. La responsabilité des aubergistes commence au moment de l'arrivée des voyageurs ou voituriers dans l'hôtel et ne cesse qu'après leur sortie de la cour de l'auberge. Carou, n° 153.

99. L'hôtelier répond-il des effets transportés par son domestique de la voiture à l'hôtel, ou de l'hôtel à la voiture ? — Ce transport paraît être un fait accessoire au contrat passager qui se forme entre le voyageur et l'hôtelier. Dalloz, n° 208. — *Contrà*, Carou, 1, 230. — Cet auteur enseigne que le dépôt commence seulement à l'entrée des effets dans l'hôtel, et qu'il cesse à leur sortie.

100. Si les voyageurs sont accompagnés d'une voiture, l'aubergiste est responsable de ce qu'elle contient en argent, effets et marchandises. Rouen, 13 germ. an x.

101. Le juge de paix ne connaît pas d'une action en dommages-intérêts excédant le taux de sa compétence ordinaire, dirigée contre un maître d'hôtel, à raison d'objets volés dans une voiture de messager, remisée gratuitement dans la cour de son hôtel. Calais, 2 janv. 1857 (6408).

102. L'aubergiste est responsable de l'accident arrivé à un cheval confié à ses soins, à moins qu'il ne prouve avoir pris toutes les précautions nécessaires. Lyon, 26 janv. 1825.

103. Il est responsable comme dépositaire, quant aux effets que les voyageurs apportent avec eux, du vol ou du dommage causé par les domestiques, préposés ou même par les étrangers allant et venant dans l'hôtellerie. Arg. C. N. 1952 et 1953 ; Carou, n° 152.

104. Cette responsabilité est encourue relativement aux objets qui composent ordinairement le bagage des voyageurs, sans que ceux-ci aient besoin de faire aucune déclaration à cet égard. Paris, 21 nov. 1836, Dev. 37, 78.

105. Mais le voyageur doit-il faire connaître à l'aubergiste l'importance des valeurs en argent ou en bijoux qu'il a déposées, afin que ce dernier exerce une surveillance plus active? — L'affirmative a été jugée. *Même arrêt.* Toullier, 11, n° 225; Carou, n° 153. — Toutefois cette déclaration n'est pas nécessaire lorsque les sommes non déclarées sont en rapport avec la position du voyageur. Paris, 26 déc. 1838 (1356).

106. Le maître d'un hôtel garni n'est pas responsable du vol commis, dans son hôtel, au préjudice de l'un de ses domestiques (6351).

107. Le dépôt dont il s'agit est considéré comme *nécessaire*. C. N. 1952. — Lors même que la valeur des objets déposés dépasse 150 fr., la preuve testimoniale est admissible; — et le juge peut se déterminer par des présomptions précises et concordantes. C. N. 1348 et 1353.

108. Le juge de paix est incompétent si la valeur de la demande est *indéterminée*, comme dans le cas d'une action formée contre un hôtelier en représentation d'effets volés sans fixation de leur valeur. Curasson, 1, p. 223; Dalloz, n° 202.

109. Un voyageur qui ne s'est aperçu de la perte ou de la soustraction de ses effets qu'après avoir quitté l'hôtel et qui ne l'a signalée à l'hôtelier que plusieurs jours après, ne peut invoquer les art. 1348 et 1952. Seine, 18 janv. 1856 (6350).

110. Le juge de paix prononce, sans appel, jusqu'à la valeur de 100 fr., et, à charge d'appel, jusqu'à 1,500 fr., sur les contestations entre les voyageurs et voituriers ou bateliers, pour retards, frais de route et perte ou avarie d'effets accompagnant les voyageurs. L. 1838, art. 2, § 2. — V. C. N. 1782 à 1786.

111. Le juge de paix est-il seul compétent à l'exclusion du trib. de commerce? — Ou bien le voyageur a-t-il l'*option* entre les deux juridictions? — La responsabilité des messageries est établie non-seulement par la loi civile. C. N. 1782; — mais encore et parallèlement par la loi commerciale. C. com. 103. — Elle peut être invoquée facultativement devant les trib. civils ou de commerce. La loi de 1838 n'a point dérogé à ces principes, elle a voulu assurer aux parties une justice prompte et économique; elle l'a atteinte en obligeant le voiturier demandeur à plaider devant le juge de paix, plutôt que devant le trib. civil du domicile du voyageur; mais le résultat eût été tout autre à l'égard du voyageur obligé de plaider devant le juge de paix du domicile du voiturier. La suppression de la juridiction commerciale priverait celui-ci de la garantie de la contrainte par corps et lui ferait subir des retards et des dépenses considérables hors de toute proportion avec l'intérêt le plus souvent minime qu'il s'agirait de sa part de sauvegarder. Arg. Angers,

3 mai 1855 (5914). — Ainsi un voyageur a la faculté d'actionner la compagnie de chemin de fer devant le trib. de commerce du lieu de sa destination. Poitiers, 12 fév. 1861 (7491).

112. Les voituriers, entrepreneurs de messageries et bateliers sont responsables des effets des voyageurs, alors même que ceux-ci n'ont pas déclaré et fait inscrire ces effets. Paris, 15 juill. 1834, Dev. 34, 482. — *Contrà*, Merlin, *R.*, v° *Messageries*, § 2, n° 1 ; Troplong, *Louage*, n° 947. — Surtout, s'il s'agit d'un sac de nuit. Cass. 19 frim. an VII. — L'arrêt de Cass. du 9 nov. 1829 n'est pas contraire.

113. Les messageries et chemins de fer sont responsables de la perte des bagages, des bijoux et objets précieux, de l'argent nécessaire aux frais du voyage qu'ils renfermaient. Angers, 20 janv. 1858 (6941).

114. Mais, à défaut de déclaration spéciale, la responsabilité ne s'étend ni aux autres sommes monnayées. Bordeaux, 24 mai 1858 ; Seine, 20 août 1858 ; rej. 16 mars 1859 ; Seine, 23 nov. 1860 (7398). — Ni aux billets de Banque. Seine, 17 nov. 1858 (6941).

115. Une messagerie a été déclarée responsable du vol commis dans une malle confiée à ses soins et placée dans ses magasins, bien que les clefs fussent restées appendues à la malle. Paris, 9 août 1853 (5486).

116. Les voituriers et bateliers sont, non-seulement les personnes qui conduisent les voitures et les bateaux, mais les entrepreneurs mêmes. Foucher, 76, n° 77.

117. L'entrepreneur de voitures de place est responsable de la perte des bagages placés par son cocher sur l'impériale, faute par lui d'établir qu'il y a eu cas fortuit ou force majeure. Rouen, 27 fév. 1856 (6200).

118. L'art. 2, L. 25 mai 1838 dispose formellement que le juge de paix connaît des contestations relatives « à la perte ou avarie d'effets *accompagnant les voyageurs ;* » — d'où il résulte que, dans tous les cas où les voyageurs n'auront pas été accompagnés de leurs effets, le juge de paix est incompétent pour statuer sur leurs réclamations. — Cependant, si les effets étaient destinés à accompagner les voyageurs, et que, par suite d'un oubli de la part de l'administration ou du retard du voyageur, ces effets n'aient été expédiés que le lendemain, le juge de paix serait compétent pour connaître de la contestation. Benech, 70 ; Foucher, n° 78. — *Contrà*, Carou, n° 160.

119. Même décision pour le cas où les effets, sans accompagner précisément le voyageur, sont confiés à la même entreprise qui le transporte. Curasson, 1, p. 295.

Jugé que le voyageur qui paye sa place après le voyage terminé a une action devant le juge de paix pour cause de la perte ultérieure de ses bagages qu'il laisse au bureau de l'entreprise, Brest, 19 mars 1851.

120. *Effets accompagnant les voyageurs* comprennent les marchandises qu'ils transportent avec eux, ainsi que leurs voitures, chevaux ou autres moyens de transport. Foucher, p. 76; — Troplong, *Hypoth.*, 1, n° 301. Jugé que le mot *effets* comprend l'argent comptant ou les valeurs transportées par le voyageur. Paris, 7 mai 1838.

121. Le juge de paix ne connaît pas de l'action du voyageur pour accidents arrivés à sa personne, à moins que cette demande n'excède pas 200 fr. (—V. *sup.*, 35); Curasson, 1, 240; Benech, p. 71. — *Contrà*, Carou, 1, n° 159.

122. Le juge de paix prononce sans appel jusqu'à la valeur de 100 fr.; et, à charge d'appel, jusqu'au taux de la compétence en dernier ressort des trib. de 1re instance, sur les contestations entre les voyageurs et les carrossiers ou autres ouvriers, pour fournitures, salaires et réparations faites aux voitures de voyage. L. 1838, art. 2, § 3.

123. Par les expressions *voyageurs*, il faut entendre même *les voituriers*. Pour les ouvriers qui font des fournitures ou travaillent afin de remettre leurs voitures en état de continuer leur route, ils sont des voyageurs : ils sont dans une position identique, et il y a même raison de décider. Dalloz, n° 216.

ART. 2. — *Indemnités réclamées par le locataire pour non-jouissance, actions du bailleur pour dégradations et pertes.*

124. Le juge de paix connaît sans appel jusqu'à la valeur de 100 fr., et, à charge d'appel, jusqu'au taux de la compétence en dernier ressort des trib. de 1re inst. (1,500 fr.), des indemnités réclamées par le locataire ou fermier pour non-jouissance *provenant du fait du propriétaire, lorsque le droit à une indemnité n'est pas contesté.* L. 1838, art. 4, § 1.

125. *Indemnité.* Le juge de paix ne peut statuer sur la réclamation d'indemnité, lorsque le preneur demande en même temps la résiliation du bail : les deux questions sont liées ensemble; s'il est incompétent sur l'une, il doit renvoyer pour le tout devant le trib. de 1re inst. Bordeaux, trib. 2 janv. 1854 (5620). Dalloz, n° 224. — V. *inf.*, n° 289.

126. *Par le locataire.* Le juge de paix connaît : — 1° de l'action formée par un *sous-fermier* contre un fermier principal; le fermier principal est, à l'égard du sous-fermier, substitué au propriétaire. Carré, 2, 443.

127. 2° De l'action en garantie du fermier principal assigné en vertu du sous-bail, contre son bailleur : il s'agit de la demande en indemnité formée par un fermier contre son propriétaire : l'art. 4 ne distingue pas entre l'action *principale* ou *récursoire*. Dalloz, n° 233.

128. Mais il ne connaît pas : — 1° de la demande formée par un *usufruitier* ; l'article ne parle que des indemnités réclamées par le locataire ou le fermier. Dalloz, n° 232.

129. 2° De l'action en recours du propriétaire *contre un tiers* qui a troublé la jouissance du fermier. Curasson, 1, 346.

130. De l'action d'un bailleur contre son fermier sortant, à l'effet de l'obliger à laisser au nouveau fermier les pailles provenant de la dernière récolte, alors même qu'elle serait formée par voie de garantie sur l'instance introduite contre le bailleur par le nouveau fermier, à l'effet d'obtenir l'exécution de la clause de son bail qui lui assure la remise des pailles de la dernière récolte. Arg. Cass., 30 nov. 1825.

131. Il en est autrement, dans ces divers cas, lorsque la demande rentre dans les termes de l'art. 1er ou de l'art. 3. — V. *sup.*, n° 35 et *inf.*, 151, 256.

132. *Non-jouissance.* Le juge de paix connaît : — 1° de la demande en dommages-intérêts résultant, soit du retard ou du défaut de délivrance de la chose louée (C. N. 1719), soit du défaut des réparations que le bailleur doit faire aux termes de l'art. 1720 C. N., soit des pertes provenant des vices ou des défauts de la chose louée (C. N. 1721), soit de la contravention à la défense faite au bailleur de changer la forme de cette chose (C. N. 1723), soit enfin de tout fait quelconque du bailleur qui entrave ou diminue la jouissance du preneur. Dalloz, n° 220.

133. 2° De la demande en diminution de prix pour défaut de contenance exprimée dans le bail : vainement on oppose qu'il s'agit de modifier le contrat. C'est une véritable demande d'indemnité ; la non jouissance provient du fait du bailleur ; il s'agit de l'appréciation d'un simple fait. Dalloz, n° 223. — *Contrà*, Curasson, 1, 418.

134. *Provenant du fait du propriétaire.* La compétence du juge de paix, dans ce cas, est soumise à une double condition : il faut que la non-jouissance provienne *du fait du propriétaire, et que le droit à l'indemnité ne soit pas contesté.* c'est-à-dire qu'il n'y ait de difficulté que sur la quotité de cette indemnité ; autrement les tribunaux ordinaires sont seuls compétents. Cass. 21 juin 1837 (910). — L'indemnité réclamée pour non-jouissance provenant d'un fait de force majeure n'est de la compétence du juge de paix qu'aux termes du droit commun. Delzers, 1, 84.

135. Il n'est pas nécessaire toutefois que la non-jouissance provienne du fait personnel du propriétaire ; il suffit que la cause de l'obstacle puisse remonter jusqu'à lui, ce qui arrivera lorsque le locataire aura été troublé dans sa jouissance par des tiers qui exercent des actions qu'ils tiennent du chef du propriétaire. Benech, 85.

136. Ne provient pas *du fait du propriétaire* la non-jouissance causée par des réparations urgentes prolongées pendant plus de quarante jours lorsqu'elles sont nécessitées par quelque accident. Curasson, 1, 336.

137. En statuant sur l'indemnité réclamée pour non-jouissance, peut-il faire cesser les obstacles qui s'opposent à cette jouissance et ordonner les réparations nécessaires? Nous le croyons. Curasson, 1, 419. — Au reste, pour lever tous les doutes, on peut conclure à une somme suffisante pour indemniser du dommage passé et du dommage à venir, faute par le preneur de faire dans un délai les réparations nécessaires. Dalloz, n° 226.

138. *Du propriétaire*. Le juge de paix connaît également de la demande formée par le locataire contre un usufruitier qui a donné à bail ou qui jouit en vertu du bail consenti par son auteur : à l'égard du locataire, l'usufruitier est considéré comme propriétaire. Curasson, 1, 425 ; Dalloz, n° 232.

139. *Lorsque le droit à une indemnité n'est pas contesté*. Il ne suffit pas que le propriétaire demande son renvoi, en se bornant à soutenir qu'il conteste le fond du droit sans alléguer de motif ; il faut que la prétention du propriétaire constitue une fin de non-recevoir contre la demande du fermier : par exemple, qu'il argumente de la nature des engagements contractés avec le fermier et des clauses du bail, pour soutenir que, quand même il aurait éprouvé quelques troubles dans sa jouissance, il n'aurait droit à aucun dédommagement : dans ce cas, le procès présente à juger une question d'interprétation d'actes dont la solution exige l'examen du bail et l'application des lois sur l'interprétation des conventions ; ce qui est en dehors des attributions du juge de paix, qui a seulement caractère pour apprécier si le motif tiré du fond est sérieux ou non, sauf à voir son jugement réformé, si le trib. en décide autrement. Henrion, 299 ; Carré, 2, n° 381 ; Favard, *Rép.*, v° *Justice de Paix* § 7 ; Benech, 85. — *Contrà*, Delzers, 1, 85. — V. *infr.*, n° 147.

140. Le juge de paix est compétent lorsque le débat porte uniquement sur la preuve du préjudice causé. — Rej. 11 avril 1860 (7260).

141. Le juge de paix est incompétent : — si le propriétaire soutient qu'il n'a consenti aucun bail ; — que le demandeur n'est

pas son fermier. Cass. 10 mars 1829 ; — que le bail est nul ou
ne comprend pas les objets que le locataire ou le fermier prétend en faire partie. Curasson, 1, 421, — ou lorsque le droit
est subordonné à la question litigieuse de savoir s'il y a ou non
tacite reconduction. Cass. 16 août 1854 (5754).

142. L'incompétence du juge de paix a été déclarée à
l'égard d'une demande formée par un fermier pour non-jouissance d'une pièce de terre comprise dans son bail et dont quelque temps avant l'expiration de ce bail un nouveau propriétaire
avait pris possession, lorsque le propriétaire soutenait que cette
prise de possession anticipée était conforme à l'usage des lieux
et qu'en conséquence l'indemnité n'était pas due. Cass. 21 juin
1837. (910).

143. Même lorsque le fait seul sur lequel est fondée la demande en indemnité est contesté ; le bailleur qui prétend avoir
rempli toutes ses obligations, qui soutient que le preneur se
plaint d'un fait qui ne lui a causé nul préjudice, conteste réellement son droit à l'indemnité. Curasson, 1, 342 ; Dalloz, n° 229.

144. Mais il est compétent, quoique le propriétaire allègue
qu'il n'y a pas eu privation de jouissance ou que le préjudice a
été nul, ou qu'il l'a réparé, ou enfin que la réclamation est exagérée. Curasson, 1, 423.

145. Même décision lorsque l'indemnité repose sur un fait
incontestable et qui n'a pas besoin d'être vérifié juridiquement,
comme sur ce que les réparations ont duré plus de quarante
jours, Dalloz, n° 229.

146. Le juge de paix est compétent, en vertu de l'art. 1ᵉʳ,
malgré la contestation *du droit*, fondée sur le bail, si la demande en indemnité ne s'élève pas à 200 fr., et si la décision
ne doit pas établir chose jugée pour d'autres affaires ; si, en un
mot, l'exception se borne au litige. Curasson. 1, 423.

147. L'incompétence du juge de paix, à raison de la contestation du droit à l'indemnité pour non-jouissance, est-elle
relative ? Peut-elle être couverte par la plaidoirie du défendeur sur la quotité de l'indemnité ? — Pour l'affirmative, on
dit : Il s'agit d'une simple exception établie en faveur du propriétaire. Le juge de paix peut incontestablement statuer lorsqu'elle n'est pas proposée, il a nécessairement le même droit
lorsqu'elle n'est pas invoquée dans le temps et dans la forme
déterminés par la loi. Ainsi, après ce qu'on appelle la contestation en cause, inutilement le propriétaire demanderait-il le
renvoi de l'affaire sur le motif qu'il entend contester le fond du
droit ; le juge de paix ne serait pas tenu de déférer à ce déclinatoire tardif. Cass. 17 mai 1820. Merlin, *R.*, v° *juge de paix*,
n° 2 ; Benech, 89. — En faveur de l'incompétence absolue, on

répond : Le propriétaire, il est vrai, peut ne pas contester le droit à l'indemnité, et alors le juge de paix doit statuer ; mais il ne s'ensuit pas que la contestation du fond du droit ne constitue qu'une exception relative. La compétence du juge de paix cesse dès que le fond du droit est contesté ; il s'agit alors d'interpréter des actes, des conventions, de rapprocher les différentes clauses du bail, et c'est ce que la loi n'a pas voulu soumettre à la décision du juge de paix. En vain les parties consentiraient alors que le juge de paix décidât de leur contestation : dès que la loi ne lui attribue pas la connaissance de cette affaire, il est incompétent *ratione materiæ*. Sa juridiction est improrogeable à cet égard. Cass. 21 juin 1837 (910 J. Pr.) Favard, vº *Justice de paix*, § 7 ; Carou, nº 250; Delzers, 1,85. — D'ailleurs les parties paraissent devant le juge de paix, sans l'assistance de conseil ; elles ignorent le plus souvent quelle importance il y a à présenter leurs moyens dans tel ou tel ordre.

148. Il y a plus, le trib. civil, statuant comme juge d'appel, doit se dessaisir, lorsque la contestation a été élevée pour la première fois devant lui. Cass. 12 août 1851 (4961).

149. *Dégradations et pertes.* Le juge de paix connaît, sans appel, jusqu'à la valeur de 100 fr., et, à charge d'appel, jusqu'au taux de la compétence en dernier ressort des trib. de 1re inst. (1,500 fr.) des actions intentées par le propriétaire contre son locataire pour *dégradations et pertes* dans les cas prévus par les art. 1732 et 1735 du Code Nap. L. 1838, art. 4 §,2. — Ces articles sont ainsi conçus : — il (le preneur) répond des dégradations ou des pertes qui arrivent pendant sa jouissance, à moins qu'il ne prouve qu'elles ont eu lieu sans sa faute. — Le preneur est tenu des dégradations et des pertes qui arrivent par le fait des personnes de sa maison et de ses sous-locataires.

150. *Quid* si le droit à l'indemnité est contesté ? La disposition restrictive du paragraphe relatif à l'indemnité pour non-jouissance n'a pas été reproduite dans le paragraphe concernant les dégradations et pertes. — MM. Curasson. 1, 426 et Dalloz, nº 234, concluent de ce silence en faveur de la compétence du juge de paix ; le juge de l'action étant celui de l'exception, à moins de dispositions contraires dans la loi. Arg. Cass. 1er vent. an VI. — Pour l'incompétence, on répond : — Si le locataire, sans nier les faits de dégradation, soutient qu'ils ont eu lieu en vertu d'une clause du bail, il s'agit alors de l'interprétation d'un contrat. Dans cette hypothèse, d'ailleurs, il n'y a pas de dégradations réelles, car celles-ci supposent non l'exercice, mais l'abus d'un droit, ou bien un délit ou quasi-délit. Ce cas n'a pas été prévu ; il n'y a pas de différence à faire entre ce cas et celui où il s'agit d'indemnité réclamée par le fermier pour non jouissance. Carou, n° 269 ; Augier, v° *Bail*, § 2, n° 7.

151. Le juge de paix connaît : — 1° de l'action du proprié-taire, ayant pour but le rétablissement dans la ferme des pailles, foins et engrais qu'il dit avoir été enlevés par le fermier, et une indemnité pour le non-fumage des terres. Cass. 29 mars 1820, sauf le cas où les foins et pailles ne devraient pas servir à l'exploitation. Carou, n° 257 ; Dalloz, n° 239.

152. 2° De la demande en indemnité pour dégâts commis par le fermier dans les bois taillis, soit par la coupe d'un plus grand nombre de baliveaux que celui déterminé par le bail, soit par l'étançonnage de plusieurs arbres. Trib. Poitiers, 25 mars 1817 ; Cass. 21 juill. 1830.

153. Il y a dégradation lorsque le locataire change la desti-nation des lieux , ne taille pas les espaliers, change un pré ou une vigne en une terre labourable, lorsqu'il épuise le sol par des cultures nuisibles. Curasson, 1, 45, n° 17.

154. La compétence du juge de paix a été admise à l'égard de l'action du vendeur des herbes d'un pré contre l'acheteur, en réparation du dommage causé au pré par les bestiaux de celui-ci. La vente de ces herbes a été assimilée à une location. Cass. 21 pluv. an x. — *Contra*, Carou, n° 241. Dalloz, 258 ; — ces auteurs critiquent cette assimilation.

155. Le juge de paix connaît-il des dégradations et pertes d'objets mobiliers *loués*?—Pour la négative on dit : Les art. 1732 et 1735 se trouvent dans une section du titre de louage qui, d'après sa rubrique, ne contient que les règles applicables aux baux des maisons et des biens ruraux. Cette observation n'a pas échappé au législateur de 1838, et lorsqu'il a établi une compétence particulière pour l'application des art. 1732 et 1735, il n'a eu en vue que le cas de location d'immeubles. Peu importe que, malgré la rubrique trop limitée de la section 1re du chap. 2 , plusieurs articles de cette section, notamment les art. 1719, 1728, 1741, soient applicables au louage des objets mobiliers aussi bien qu'à celui des immeubles , ces articles ne consacrent que des principes généraux déjà écrits au titre des contrats et obligations. — Quant aux art. 1732 et 1735, leurs termes ne conviennent qu'aux locations immobilières. Les ex-pressions *jouissance, personnes de sa maison, sous-locataires,* ne sont point appropriées au louage des meubles. Le § 4 de l'art. 10 du titre 3 de la loi du 16 août 1790, qui correspond au n° 2 de l'art. 4 de la loi de 1838, porte que le juge de paix *con-naît , à quelque somme que la demande puisse monter , des in-demnités prétendues par le fermier ou locataire pour non-jouis-sance, lorsque le droit à l'indemnité ne sera pas contesté, et des* *dégradations alléguées par le propriétaire.* — Le législateur de 1838 a renvoyé aux art. 1732 et 1735 C. N.; mais rien dans les termes dont il s'est servi, ni dans la discussion de la loi, n'indique qu'il ait voulu faire un changement important à l'ancienne règle de compétence. — On conçoit que le législateur ait confié au juge de paix l'appréciation des dégradations des immeubles, parce que cette appréciation doit se faire au moyen d'un transport sur les lieux, et que le juge de paix en est très-rapproché. Mais quand il s'agit de dégradations d'objets mobiliers, le même motif n'existe plus : la citation est donnée devant le juge du domicile et non devant celui de la situation de l'objet, qui peut se trouver très-éloignée du juge de paix. Dalloz, n° 251.

Toutefois, l'affirmative a été jugée par les motifs suivants : — Les art. 1719, 1728 et 1741 C. N. s'appliquent au louage des choses mobilières, malgré la place qu'ils occupent. Le titre qui peut souvent être invoqué avec fondement pour expliquer le sens des lois perd ici son autorité; on remarque, dans les procès-verbaux préparatoires du Code que la division et la rubrique du contrat de louage n'ont pas le caractère d'un travail d'ensemble, et qu'elles ont été confondues à la suite de discussions et d'amendements contradictoires; on ne saurait donc argumenter des expressions limitatives du titre de la section pour enlever à l'art. 1732 le caractère général qui résulte de ses termes, et qui fait de la disposition une règle commune au louage des meubles et au louage des immeubles. Limoges, 19 juill. 1842 (2438). Troplong, *Louage*, n° 247.

156. La responsabilité du locataire cesse s'il prouve que les dégradations ou pertes n'ont pas eu lieu par sa faute. C. N. 1732.

157. Le juge de paix devient incompétent : — 1° si la qualité de fermier ou de locataire est contestée. Cass. 10 mars 1829; — 2° si l'action est intentée par le propriétaire contre l'usufruitier : les réparations d'entretien imposées à l'usufruitier sont plus étendues que les réparations locatives. Cass. 10 janv. 1810. Henrion, p. 300; Carré, 2, 384; Carou, n° 330; 3° si les dégradations motivent une demande en résiliation de bail. Dalloz, n° 237. — V. *sup.*, n° 125.

158. Le juge de paix connaît de la réclamation d'un fermier ou locataire principal contre un sous-locataire ou un sous-fermier; le fermier ou locataire principal n'est pas obligé d'attendre, pour agir, qu'il soit attaqué par le propriétaire; il n'agit pas en son nom personnel, mais en celui du propriétaire, qui, par cela seul qu'il lui a cédé la jouissance de la chose pendant un certain temps, l'a subrogé dans toutes ses actions, quant à cette jouissance et aux droits qui s'y rattachent. Le locataire principal a, d'ailleurs, un grand intérêt à faire statuer en temps utile sur ces réparations; car s'il ne le fait qu'après que le sous-locataire est sorti des lieux, son recours peut devenir illusoire. Il y a, en outre, identité de motifs. Arg. C. N. 2102; C. pr.; 819; Curasson, 1, 435; Foucher, n° 165; Carou, n° 267; Rodière, 1, 53. — *Contrà*, Carré, 2, 382. La même solution s'applique au cas où le sous-fermier ou le sous-locataire réclame du fermier ou du locataire principal une indemnité pour non-jouissance.

Mais si le locataire objectait qu'il est exposé à payer deux fois, on peut ordonner la consignation des fonds.

159. En cas de sous-location, le propriétaire peut agir contre le fermier principal, lors même qu'il a consenti au remplacement de celui-ci; ce consentement n'emporte pas novation. Cass. 28 août 1833, P. 25, 858.

160. Le juge de paix ne connaît de l'action récursoire dirigée par le locataire *contre un tiers* que si elle n'excède pas 200 fr., à moins qu'il ne s'agisse de dommages aux champs, fruits et récoltes (Art. 5). Curasson, 1, 436; Carou, 1, 261 et suiv.

161. *Pendant la jouissance.* Le juge de paix est-il compétent si les dégradations ont eu lieu après l'expiration du bail et pendant le temps que le preneur a joui illégalement des lieux? — Pour la négative on dit : La loi de 1790 n'attribuait juridiction au juge de paix que pour dégradations alléguées par le propriétaire contre le locataire fermier; et l'expiration du bail détruisant ces qualités respectives, l'attribution exceptionnelle doit cesser de produire ses effets. Cass. 15 juin 1849. — Mais on répond avec raison : Les qualités de propriétaire ou de locataire ne sont pas détruites par l'expiration du bail, lorsque le preneur détient les lieux après cette époque. C'est toujours comme locataire qu'il est actionné pour les faits tant antérieurs que postérieurs au bail; autrement, le propriétaire ne serait plus qu'un créancier ordinaire qui n'aurait aucun privilége pour les loyers échus depuis la détention illégale des lieux, mais il ne peut être loisible au locataire de dépouiller le propriétaire d'un droit que la loi lui garantit. — D'ailleurs, la loi exige seulement, pour attribuer au juge de paix la connaissance des dégradations, que ces dégradations aient lieu *pendant la jouissance* du locataire. La loi n'a pas distingué entre la jouissance légale et illégale; elle exige seulement un fait, à savoir que les dégradations aient eu lieu pendant la jouissance : or, ce fait existe, lorsque le locataire qui s'est maintenu illégitimement dans les lieux a commis des dégâts dans les lieux pendant son indue possession. Curasson, 1, 439; Rodière, 1, 55; Carou, n° 261; Duvergier, *Louage*, 1, n° 452; Dalloz, n° 244; Gilbert, n° 97. — *Contrà*, Benech, p. 99.

162. Le juge de paix est incompétent si les dégradations ont été commises par le propriétaire : la loi ne parle que de celles commises par le locataire. Arg. Bourges, 5 fruct. an XII. —V. toutefois *sup.*, n° 124.

163. Le locataire est tenu des dégradations et des pertes qui arrivent par le fait *des personnes de sa maison*, ou de ses sous-locataires. L. 1838, art. 4, § 2; C. civ. 1735.

164. Par *personnes de sa maison*, il faut entendre, non-seulement la femme, les enfants, les domestiques ou commensaux du locataire, mais encore les ouvriers qu'il emploie, ses hôtes et tous ceux qu'il admet dans sa maison. Benech, p. 98.

165. Dans ces cas, et aussi dans celui où, sans être responsable des dégradations commises par un tiers, le locataire a intérêt à faire juger contradictoirement avec lui qu'il en est l'auteur, le juge de paix n'est compétent sur son action directe et récursoire contre le tiers qu'autant qu'elle n'excède pas 200 fr. Curasson, 1, 354.

166. Le juge de paix ne connaît des pertes causées par incendie ou inondation que dans les limites de l'art. 1er L. 1838, c'est-à-dire en dernier ressort jusqu'à 100 fr., et en premier ressort jusqu'à 200 fr. *Même loi*, art. 4.

167. Mais si l'inondation provient de la faute du fermier, l'action en réparation du préjudice souffert est une action pour dommages faits aux champs : le juge de paix doit en connaître à quelque somme qu'elle s'élève, en premier ressort. Dalloz, n° 248.

168. Le juge de paix, compétent pour connaître des dégradations, l'est par là même pour ordonner les réparations nécessaires : autrement sa compétence serait illusoire. Dalloz, n° 242; Curasson, 1, 419. — V. *sup.*, 137.

§ 3. — *Actions dont le juge de paix connaît en dernier ressort jusqu'à 100 fr., et, à charge d'appel, à quelque somme que s'élève la demande.*

ART. 1. — *Payement de loyers, congés, résiliation de baux, expulsion de lieux, validité de saisie-gagerie.*

169. Le juge de paix connaît, sans appel, jusqu'à la valeur de 100 fr.; à charge d'appel, à quelque valeur que la demande puisse monter, des actions en payement de loyers ou fermages, des congés, des demandes en résiliation de baux, fondées sur le seul défaut de payement des loyers ou fermages; des expulsions de lieux et des demandes en validité de saisie-gagerie ; le tout, lorsque les locations verbales ou par écrit n'excédent pas annuellement 400 fr. L. 2 mai 1855, art. 1er — La distinction établie en 1838, entre Paris et les départements quant au taux de la location se trouve effacée par cette loi.

170. La connaissance des demandes en payement de loyers, fermages, etc., a été attribuée au juge de paix dans le but de diminuer les difficultés qu'éprouvent les propriétaires à faire payer les petites locations et à se débarrasser des mauvais locataires.

171. Le juge de paix ne statue pas sur toutes les actions relatives aux baux, mais seulement sur les demandes en payement de loyers et fermages, les congés, les demandes en résiliation de baux, fondées sur le seul défaut de payement des loyers ou fermages, les expulsions de lieux et les demandes en validité de saisie-gagerie.

172. *Payement des loyers.* Il résulte de l'ensemble des termes de cet art. 3 qu'il ne s'applique pas au louage de travail ou de service.

173. Ainsi le juge de paix ne connaît pas des contestations relatives : — 1° au marché pour remplacement militaire, à moins qu'il ne s'agisse d'un restant de prix n'excédant pas 200 fr., auquel cas il statuerait en vertu de l'art. 1er. Curasson, 1, 355 ; Dalloz, n° 54.

174. 2° Au bail à prix de nourriture, c'est-à-dire à la convention de nourrir et de soigner une personne moyennant une redevance annuelle. Duvergier, *Louage*, n° 218.

175. 3° Aux *devis, marchés,* ou *prix faits.* Curasson, *ib.*

176. 4° Au payement d'un compte d'avances faites par le propriétaire à un colon partiaire soit en argent, soit en denrées. Peu importe que dans ce compte soit comprise l'avance de l'impôt mis par le bail à la charge du colon, si le déclinatoire est opposé sur le tout. Bordeaux, 21 fév. 1860 (7226).

177. L'art. 3 ne régit que le louage des immeubles. Foucher, p. 121 ; Carou, 1, 267 ; Dalloz, n° 56. — *Contrà*, Curasson, 1, 335. — Le juge de paix ne connaît pas des contestations relatives aux baux à loyer d'objets mobiliers. — V. toutefois *sup.*, n° 155.

178. Mais il connaît d'une contestation relative à la perception d'un droit de location *de place* pour la vente d'objets saisis, Cass. 1er déc. 1847, D. 48, 53. — Ou concernant un bail de pêche ou de chasse.

179. Peu importe qu'il s'agisse de baux des biens des communes, des établissements publics, des corporations, des biens

nationaux : ces baux ne sont soumis à des règlements particuliers qu'en ce qui concerne les formalités suivant lesquelles ils
doivent être faits, et non en ce qui touche leur exécution. Dalloz, n° 84.

180. Que les baux soient *ordinaires* ou à *longues années*, et
même à vie ; à moins que l'acte qualifié bail à vie ne renferme
des clauses appartenant plutôt à la constitution d'usufruit qu'à
une simple location. Dalloz, n° 82.

181. Peu importe qu'ils soient transmissibles aux héritiers
du preneur comme en Alsace : ces baux n'attribuent au preneur que les droits d'un simple fermier. Dalloz, n° 83.

182. Mais le juge de paix ne connaît pas : — 1° des baux à
convenant ou à domaine *congéable* (maintenus et régis par la loi
du 6 août 1791); un amendement dans ce sens fut rejeté
comme inutile. Ces contrats participent de la vente, ils aliènent
une partie de la propriété, et ne sont pas des baux proprement
dits. Discussion à la ch. des députés. Dalloz, n° 86.

183. 2° Du *bail emphytéotique* : il donne sur l'immeuble
loué des droits immobiliers, même celui de l'hypothèque. Carou, p. 329 ; Foucher, p. 119.

Doivent être considérés comme simples baux, les concessions
faites pour 9 ou 18 ans, et comme emphytéoses, celles faites
pour 99 ans au moins. — Quant à celles d'une durée entre 18
et 99 ans, c'est au juge à déterminer leur caractère d'après
l'intention des parties. Dalloz, n° 87.

184. 3° Des *baux à cheptel*. Leurs conditions sont trop va-
riables, et l'introduction des races d'un grand prix peut donner
lieu à de sérieuses difficultés, soit pour la valeur, soit pour l'interprétation des conventions ; — toutefois, si l'objet contesté
n'excède pas 200 fr., on rentre dans l'application de l'art. 1er.
M. Amilhau, séance du 6 avril 1838 ; Dalloz, n° 85.

185. 4° Des baux à *locatairie* ou à *culture perpétuelle* : ils
ont aujourd'hui le caractère de ventes. La redevance qui y est
stipulée est le prix d'une aliénation et non un fermage. Dalloz,
n° 88.

186. Le juge de paix connaît ou non de l'action en payement
des prestations stipulées dans *une concession d'un droit de
jouissance ou d'usage*, — selon que la concession est *temporaire*
ou *perpétuelle*. Dalloz, n° 88.

187. L'action en payement de loyers ou fermages est non recevable, si le demandeur a déjà un titre exécutoire. — Mais un
jugement peut être utile, lorsque le titre est *sous seings privés*,
quoique, d'ailleurs, reconnu entre les parties.

188. Le juge de paix ne connaît pas des contestations rélatives au prix du loyer, s'il n'existe ni bail *écrit* ni *quittance*, de sorte qu'il faut recourir, pour fixer ce prix, aux moyens indiqués par l'art. 1716 C. N. ; la demande est alors *indéterminée*. Dalloz, n° 58.

189. La compétence du juge de paix cesse lorsque l'existence du bail est contestée : les questions de résiliation ne sont que des questions de fait lorsqu'on les fonde seulement sur le défaut de payement des loyers ; mais elles deviennent des questions de droit, souvent difficiles, lorsqu'il s'agit de prononcer sur l'interprétation ou la validité des conventions. Une solution imprudente peut compromettre la position d'un commerce ou le sort d'une industrie.

190. Même incompétence lorsque la contestation porte sur le point de savoir, s'il y a bail au mois ou à l'année, et si, dans ce dernier cas, le loyer n'est payable qu'au terme de l'année seulement. Cass., 26 août 1857 (6539).

191. *Congé.* Le juge de paix connaît d'une demande en validité ou en nullité de congé, que l'on conteste la forme ou le délai dans lequel il a été donné, ou le fond même du droit : la loi ne distingue pas. Carou, n° 188 ; Dalloz, n° 59.

192. La compétence s'étend aux sous-locataires ; ils représentent le locataire. Carou, n° 221.

193. *Résiliation de baux.* La compétence du juge de paix est restreinte au cas unique où la résiliation est provoquée pour défaut de payement de loyer. Dès qu'il s'agit d'interpréter le contrat et d'apprécier les conditions du louage, il y a nécessité de recourir aux trib. ordinaires, quelque modique que soit le prix de la location. *Rapport de M. Gasparin à la ch. des pairs.*

194. Il ne peut prononcer la résiliation du bail pour défaut de mobilier suffisant dans les lieux loués.

195. Toutefois, s'il est constaté par la vente du mobilier, en suite de saisie ou par un procès-verbal de carence, que l'immeuble est entièrement dégarni, le bail doit être considéré comme résolu de plein droit, et le juge de paix peut ordonner l'expulsion du locataire ou fermier, et même l'exécution provisoire de sa sentence sur la minute. Curasson, 1, 304 ; Dalloz, n° 65.

196. Il connaît de la demande en dommages-intérêts par suite de résiliation pour non-payement : elle est un accessoire de la demande principale. Dalloz, n° 62.

197. Si le défendeur invoque une exception qui nécessite l'interprétation du titre, le juge de paix peut l'apprécier ; sa compétence n'est pas restreinte à de simples questions de fait :

le juge de l'action est aussi le juge de l'exception. Il peut appliquer à un fait tous les principes du droit qui s'y rapportent, comme il peut se livrer à l'interprétation des titres en tant qu'elle se réfère à ce fait. Carou, 1, n° 194 ; Dalloz, n° 61. — V. toutefois *sup.*, 193.

198. *Expulsion de lieux.* Les demandes en expulsion de lieux doivent être soumises au juge de paix, quels que soien les motifs et encore bien qu'il faille apprécier les actes intervenus entre les parties.

199. Le juge de paix ne peut se refuser à ordonner l'expulsion du locataire en retard de payer son terme arriéré ; — à moins que ce dernier n'ait, d'après le droit commun, un motif légitime de refus. Rapport de M. Amilhau. Dalloz, n° 63. — Au reste, il peut, suivant les circonstances, accorder des délais pour le payement.

200. Un à-compte payé depuis la demande en résiliation n'empêche pas le juge de prononcer la résiliation. Poitiers, 31 juill. 1806.

201. Le juge de paix ne peut assister à l'opération par lui ordonnée : ce serait connaître de l'exécution de ses jugements.

202. *Validité de saisie-gagerie.* Le juge de paix en connaît, quelle que soit la valeur du mobilier saisi : la compétence est réglée d'après d'autres bases. Dalloz, n° 68.

203. En cas de saisie-gagerie par le propriétaire sur les meubles du sous-fermier, la compétence est déterminée par le prix du sous-bail : c'est de l'exécution du sous-bail qu'il s'agit. Curasson, 1, 285 ; Dalloz, n° 79

204. Dans le cas où la saisie ne peut avoir lieu qu'en vertu de permission du juge, cette permission est accordée par le juge de paix du lieu où la saisie doit être faite, toutes les fois que les causes rentrent dans sa compétence.

205. S'il y a opposition de la part des tiers pour des causes et pour des sommes qui, réunies, excéderaient cette compétence, le jugement en est déféré aux trib. de 1re inst. L. 1838, art. 10.

206. La loi a entendu parler *d'opposition sur le prix de la vente ;* il ne pourrait y avoir opposition à la vente que de la part de tiers qui revendiqueraient tout ou partie des objets saisis ; mais, dans ce cas, la valeur des objets revendiqués serait presque toujours indéterminée, et, par suite, le juge de paix presque toujours incompétent. Carou, n° 249 ; Dalloz, n° 76.

207. Le juge de paix examine si la quotité des sommes réclamées par les tiers opposants excède le taux de la compétence ; il ne doit retenir la connaissance des affaires qu'autant que cette quotité est inférieure à 200 fr. : il ne s'agit plus alors de difficulté relative au bail intervenu entre le saisissant et le saisi, mais d'une question de propriété et de privilége ; la compétence doit être déterminée par l'art. 1er. Foucher, p. 391 ; Carou, n° 219 ; Dalloz, n° 77. — *Contrà*, Benech, p. 142.

208. Dans ce cas, le juge de paix doit se borner à constater le droit de chaque réclamant, — sans jamais établir entre eux aucune distribution de deniers ; ce serait là, en effet, connaître de l'exécution de son jugement. — V. *sup.*, 11.

209. Mais si l'opposition vient du débiteur saisi, qui prétend avoir payé ses loyers, c'est au juge de paix à en connaître : c'est une conséquence du droit qu'a ce magistrat compétent de prononcer sur la validité de la saisie, et même de l'autoriser.— D'ailleurs, l'art. 10 L. 25 mai 1838 ne renvoie devant les trib. de 1re inst., en matière de saisie-gagerie, que pour les cas où la compétence du juge de paix est dépassée ; c'est donc à lui qu'on doit s'adresser lorsqu'on est placé dans les limites de cette compétence. Duvergier, *Lois*, p. 351.

210. Le juge de paix peut-il connaître de la demande en mainlevée de saisie-gagerie ? — Pour la négative on dit : Le seul but de la loi est de fournir au propriétaire les moyens de se faire payer. Une fois la saisie faite, les droits de propriétaire sont garantis : le but de la loi est atteint. — Dans l'opinion contraire, on répond : La demande en mainlevée doit être formée devant le tribunal devant lequel la demande en validité de saisie aura été formée (Arg. C. pr. 567). Ce sont les mêmes éléments qui eussent pu, comme exception, faire rejeter la demande en validité. Carou, n° 218.

211. Si la saisie a été formée, non par un bailleur, mais par un créancier ordinaire, sur les meubles de son débiteur forain, en vertu d'une permission du juge de paix, celui-ci sera-t-il compétent pour apprécier les réclamations du créancier ? — Non ; car aucune loi n'attribue, dans ce cas, juridiction au juge de paix (1166). Carou, n° 223. — *Contrà*, Curasson, 2, 547.

212. Pour éviter les frais d'une action devant le tribunal civil, le créancier, après la saisie foraine, peut obtenir du juge de paix un jugement de condamnation, et, en vertu de ce jugement, pratiquer une saisie-exécution. — Rodière, 3, 318.

213. Le juge de paix ne peut connaître d'une saisie-revendication : on a écarté tout ce qui pouvait compliquer la saisie-gagerie en éloignant la demande en revendication et les oppositions qui seraient formées par des tiers. Rapport de M. Amilhau.

214. Mais la revendication exercée *par le bailleur*, lorsque les meubles ont été déplacés, ne rentre-t-elle pas dans les attributions du juge de paix? ne se confond-elle pas avec la demande en validité de saisie-gagerie? Carou, n° 210; Dalloz, n° 71.

215. Le juge de paix ne connaît pas de la demande en validité d'une saisie-arrêt formée par le propriétaire entre les mains de tiers. La saisie-arrêt met toujours en cause une troisième partie; la suite de cette procédure nécessite une distribution judiciaire, lorsqu'il y a des oppositions, et fait naître des questions souvent difficiles à résoudre. *Exposé des motifs.*

216. Il ne connaît pas de la demande en validité d'une saisie-brandon, à moins que la saisie n'ait été pratiquée par un propriétaire pour avoir payement de ses fermages. Arg. L. 1838, art. 3, § 2. Carou, n° 205; Dalloz, n° 70. — Dans ce dernier cas, elle a le même objet, se fait en vertu du même titre, et à peu près suivant les mêmes formes que la saisie-gagerie.

217. Le juge de paix ne statue en dernier ressort que lorsque la demande a pour objet le payement de loyers ou fermages n'excédant pas 100 fr. — Mais s'il s'agit de congé, résiliation de baux, d'expulsion de lieux, la demande étant alors indéterminée, il ne peut prononcer qu'en premier ressort. Dalloz, n° 89.

218. La compétence du juge de paix *en premier ressort* est ici réglée, non par le montant de la somme demandée, mais par le prix annuel de la location. — Ainsi, lorsque le prix n'excède pas 400 fr., le juge de paix est compétent, bien que le montant des loyers réclamés excède le taux de la compétence en dernier ressort du tribunal civil; — et, d'un autre côté, la compétence du juge de paix cesse dès que la contestation a pour objet une location dont le prix annuel dépasse 400 fr. quand même la demande n'aurait pour objet que le payement de loyers échus et ne s'élevant pas au-dessus de 200 fr., taux ordinaire de la compétence en matière personnelle et mobilière. Bordeaux, 18 fév. 1842. Carou, 1, 268; Dalloz, n° 90. — Autrement, il connaîtrait virtuellement de la validité du titre sur lequel est fondée la demande, et dont l'appréciation est hors de sa juridiction. Ainsi, le juge de paix ne statue pas sur les contestations relatives à des baux d'une valeur supérieure à 400 fr.

219. Mais lorsque la location est d'une valeur inférieure, le juge de paix a une compétence illimitée en premier ressort, encore bien que, par suite d'une accumulation de loyers arriérés, les sommes réclamées s'élevassent au delà de 400 fr. Ainsi, un juge de paix incompétent pour statuer sur une demande en payement d'une somme de 500 fr., prix d'une année de loyer, pourrait connaître d'une demande en payement de 2,000 fr. pour cinq années de loyers.

220. Lorsque, la location étant de 500 fr. par an, le propriétaire réclame seulement un terme au locataire, c'est-à-dire une somme de 125 fr., le juge de paix peut en connaître, non pas en vertu de l'art. 3. Bordeaux, 12 déc. 1851 (5022); — mais bien en vertu de l'art. 1er L. 25 mai 1838, qui attribue juridiction d'une manière générale au juge de paix pour toutes les causes personnelles ou mobilières d'une valeur n'excédant pas 200 fr. — Mais alors le juge de paix se trouve apte à prononcer les condamnations sans pouvoir valider la saisie-gagerie, ni connaître de la demande en expulsion. — Il ne serait donc pas de l'intérêt du propriétaire de porter la cause devant lui.

221. Connaît-il de la demande en payement d'une somme excédant 200 fr., due pour loyers, formée contre le preneur par un tiers qui en a obtenu la cession?

Pour l'affirmative on dit : La compétence en matière de loyers a été étendue à raison de la nature de la créance, et non à raison des personnes ; peu importe que la demande soit formée directement par le bailleur contre le preneur ou par le principal locataire contre le sous-locataire. Arg. C. pr. 819 et 820. La créance de loyers conserve sa nature malgré la cession qui en est faite ; les accessoires de la créance, tels que caution, privilége, suivent le sort du principal, et sont transmis au cessionnaire (C. N. 1692). Il en est de même du privilége de juridiction (— V. *Compétence civile*, 92.)

Pour la négative on répond : Cette compétence exceptionnelle a été établie dans le but de diminuer les difficultés qu'éprouvent les propriétaires à faire payer les petites locations et à se débarrasser des mauvais locataires ; ce dernier motif n'existe plus à l'égard du cessionnaire pur et simple d'une créance de loyers. Il ne faut pas confondre cette cession avec celle du droit de bail consentie par le bailleur au locataire principal. Dans le 1er cas, la cession emporte une espèce de novation. Aussi le cessionnaire d'une créance pour loyers n'aurait pas le droit de pratiquer une saisie-gagerie. La régularité de la cession soulèverait souvent des difficultés. Arg., art. 10, L. 1838 (7299).

222. Il ne connaît ni d'une demande en résiliation de bail fondée sur le droit qu'aurait un acquéreur comme subrogé au vendeur de venir habiter lui-même les lieux loués, ni d'une demande en dommages-intérêts fondée sur des dégradations ou changements que le preneur prétend avoir eu le droit de faire d'après son bail (7232).

223. Le juge de paix ne cesse pas d'être compétent par cela seul que le locataire invoque une saisie-arrêt pratiquée entre ses mains contre le propriétaire. Ce magistrat peut condamner le locataire à payer, si mieux il n'aime consigner en temps utile. Amiens, Paix, 8 nov. 1860 (7375).

224. La compétence est déterminée ici par le *prix principal*. — Ni le sol pour livre (Carou, n° 168; Foucher, n° 136; Rodière, 1, 76), — ni le denier à Dieu, — ni l'éclairage. Seine, 26 déc. 1846, 3 janv. 1854 (3550, 5558), ne font partie du principal.

225. On doit aussi en exclure les faisances de peu d'importance. Carou, n° 171. — *Contrà*, Foucher, n° 136.

226. Mais il faut ajouter au prix fixé en argent ce qui est payé en sus et peut être regardé comme en faisant réellement partie. — Par exemple, si les fermages consistent annuellement en une somme de 190 fr. et en la prestation d'un hectolitre de blé, on doit estimer l'hectolitre pour fixer la compétence : il ne saurait être considéré comme un simple accessoire du prix du bail. Dalloz, n° 92. — *Contrà*, Curasson, 1, 263.

227. Si le prix du bail est payable *autrement que par année*, on divise le prix total du bail par le nombre d'années qu'il doit durer pour avoir le prix proportionnel dû par chaque année.

228. Si le bail est fait pour *moins d'un an*, la compétence s'établit par le prix entier stipulé, mais sans y ajouter la somme proportionnelle qui serait due en supposant que le bail dût durer une année, Carou, 1, p. 262; Benech, p. 153.

229. Dans le cas où le propriétaire réclame directement à un sous-locataire le montant de son loyer, la compétence est déterminée par le prix du bail principal, et non par celui de la sous-location. Le propriétaire n'actionne le sous-locataire que pour avoir payement des loyers qui lui sont dus en vertu du bail principal.

230. Si le prix principal du bail consiste en denrées ou prestations en nature appréciables d'après les mercuriales, l'évaluation est faite sur celles du jour de l'échéance (ou du jour le plus rapproché), lorsqu'il s'agit du payement des fermages; dans tous les autres cas, elle a lieu suivant les mercuriales du mois qui a précédé la demande. *Ib*.

231. *Mercuriales*. Le demandeur n'est pas tenu de donner copie des mercuriales avec la citation. En cas de contestation sur le chiffre, il suffit d'en produire un extrait devant le juge. Carou, n° 169.

232. S'il n'existe pas de mercuriales dans la commune où doit se faire la livraison, on a recours à celles du marché le plus voisin. Dalloz, n° 95.

233. Si l'on n'y trouve pas les renseignements nécessaires, à cause des lacunes qu'elles présentent, la demande est indéterminée : le juge ne peut ordonner une expertise : ce serait occasionner des frais souvent considérables et supérieurs à la valeur du procès, uniquement pour savoir si l'on plaidera devant lui; la loi n'autorise pas cette procédure : le juge de paix doit donc s'abstenir. Cass. 22 juin 1808; Carou, 1, 264; Dalloz, n° 97. — V. *sup.*, n° 71.

234. Si le prix du bail est portable et non quérable, on consulte les mercuriales du marché le plus voisin. Carou, 1, 174.

235. Quand il y a lieu de recourir aux mercuriales du mois qui a précédé la demande, on prend la moyenne du mois rée d'après le calendrier, et non celle du mois de trente jours. Carou, 1, 174.

236. Si le prix principal du bail consiste en prestations non appréciables d'après les mercuriales, ou s'il s'agit de baux à colons partiaires, le juge de paix détermine sa compétence en prenant pour base du revenu de la propriété le principal de la contribution foncière de l'année courante multiplié par cinq. *Ib.*

237. Si l'immeuble est indivis et ne doit qu'une part indéterminée de la contribution établie pour le tout, la demande est *indéterminée*. Le juge ne peut ordonner aucune opération pour apprécier la compétence, laquelle doit être fixée *à priori* au jour où la cause lui est soumise. Carou, 1, 265; Dalloz, n° 100.

238. Il doit être justifié du montant de la contribution par un bordereau des contributions ou par un certificat du percepteur. Dalloz, n° 100.

239. Si le demandeur ne produit pas les mercuriales ou le bordereau des contributions, il doit être déclaré simplement non recevable *en l'état.* — Autrement il dépendrait de lui, quoique le prix du bail fût inférieur à 200 fr., de porter son action devant le juge de paix ou devant le trib. de 1re inst. Dalloz, n°s 96 et 100.

ART. 2. — *Réparations locatives.*

240. Le juge de paix connaît sans appel jusqu'à la valeur de 100 fr.; et, à charge d'appel, à quelque valeur que la demande puisse s'élever, des réparations locatives de *maisons ou fermes*, mises par la loi à la charge du locataire. L. 1838, art. 5, § 2.

241. Peu importe que l'action soit intentée par le propriétaire contre le fermier ou qu'elle le soit par un locataire principal contre un sous-locataire; le locataire principal est à l'égard du sous-locataire substitué au propriétaire. Dalloz, n° 142.

242. *Locatives.* Le juge de paix ne connaît pas des réparations d'*entretien* imposées aux usufruitiers : elles sont plus étendues que les locatives. — Toutefois, si ces réparations n'excèdent pas 200 fr., le juge de paix peut en connaître en vertu de l'art. 1er. Carou, n° 330.

243. Les réparations locatives sont énumérées dans l'article 1754 C. N., — et mises à la charge des locataires ou fermiers, à moins qu'ils ne prouvent qu'elles proviennent de vétusté ou de force majeure. *Ib.* 1730.

244. *Maisons et fermes.* Ce qui comprend les réparations locatives : — 1° des usines, telles que moulins, verreries, etc. Vaudoré, 2, 246; Curasson, 1, 511; Carou, 1, n° 307.

245. 2° Celles des presbytères, dont sont tenus les curés et d'après l'art. 21. Décr. 6 nov. 1813.

246. 3° Celles à faire aux champs et vergers, dont se compose la ferme, par suite de l'obligation du fermier d'entretenir les terres en bon état de culture, les arbres biens abrités, et les fossés soigneusement curés; et de tenir les haies en bon état de clôture. Vaudoré, *ib.*, 1, 17; Rodière, 1, 68; Carou, n° 327.

247. *Mises par la loi à la charge du locataire.* Le juge de paix ne connaît pas des contestations entre un propriétaire et son locataire, à l'occasion de réparations qui, de leur nature, ne sont pas à la charge de ce dernier, mais auxquelles il s'est obligé par son bail.

248. Toutefois, s'il ne s'agit que de simples réparations locatives, bien qu'elles soient demandées en vertu du bail, le propriétaire ayant, par excès de précaution, stipulé que ces réparations seraient à la charge du locataire, la convention n'étant pas déniée, le juge de paix est compétent.

Mais il est incompétent lorsque les parties ne sont pas d'accord sur l'interprétation de la convention : il s'agit de l'appréciation d'un titre. Curasson, 1, 510; Carou, 1, n° 324. — Spécialement si le preneur se prétend dispensé en vertu d'une clause du bail. — Carou, n° 326. — *Contrà,* Dalloz, n° 145.

249. Le juge de paix connaît, non-seulement des réparations locatives que le locataire doit faire à la sortie des lieux, — mais encore de celles qu'il doit faire durant le bail : la loi ne distingue pas. La question de savoir si ces réparations peuvent ou non être exigées de suite, ne constitue qu'une exception ordinaire sur laquelle le juge de l'action est naturellement appelé à statuer. Dalloz, n° 144. — *Contrà,* Carou, n° 333.

250. Il statue : — 1° sur les difficultés qui peuvent naître à l'occasion des états de lieux dressés ou à dresser. — *Contrà,* Caen, trib. 20 nov. 1855 (6131). Duvergier, *Louage,* 1, n° 453. Il constate ces états par jugements, lorsque les parties ne sont pas d'accord, soit sur les choses qui doivent être décrites, soit sur la manière d'opérer : par exemple, si le propriétaire se refuse à faire un état de lieux, le preneur en fait dresser un, et assigne le bailleur devant le juge de paix, pour l'accepter ou le contester, et réciproquement. Vaudoré, n° 552; Carré, 2, 377. — Caen, 6 fév. 1854; Carou, 1, n° 329; Dalloz, n° 141. — La réclamation d'un état de lieux de la part du locataire fait supposer une difficulté entre lui et le propriétaire, touchant les réparations locatives qui doivent ou devront être faites. La demande d'un état de lieux est donc une question préjudicielle, une action préliminaire qui se confond avec la demande à fin de réparations locatives; la première est une exception, une défense à la seconde.

251. 2° Sur la question de savoir si les choses sont, à la sortie, dans le même état qu'elles étaient à l'entrée; si, au contraire, elles n'ont pas été dégradées. Curasson, 1, p. 349.

252. Il peut déterminer ce que le fermier doit pour réparations locatives et ce qui lui est dû pour impenses et améliorations aux instruments servant à l'exploitation d'une usine : ces deux opérations sont liées ensemble; les moyens d'appréciation sont les mêmes. Carou, n° 327; Curasson, 1, 432; Dalloz, n° 138.

253. Il connaît de la demande à fin de réparations locatives occasionnées par l'inexécution des réparations auxquelles le locataire a été condamné par un précédent jugement; peu importe que cette nouvelle demande soit formée pendant le bail ou depuis l'expiration du bail; les secondes réparations ne sont que la conséquence des premières. La cause du mal remonte à une époque où le bail existait encore. Le germe de l'action existait avant que le preneur fût dépouillé de sa qualité de locataire. Le jugement ne fait que déclarer un droit antérieur qu'il ne crée pas. En résumé, la seconde demande a pour objet des dégradations dont l'origine est contemporaine du bail, et que le défendeur a causées en manquant aux obligations qui dérivaient de la qualité de preneur. Duvergier, n° 452.—Contrà, Cass. 15 juin 1819. — V. Sup. 161.

254. Le juge de paix ne connaît pas de la demande en résiliation pour défaut de réparations locatives. Carou, n° 333.

255. Si l'action comprend en même temps des réparations locatives et d'autres qui n'ont pas ce caractère, elle doit être portée devant le trib. civil : — ainsi, le juge de paix ne peut statuer sur une demande tendante à des réparations d'entretien à faire à des bâtiments, et en même temps à certaines prestations de pailles et engrais que le fermier s'est obligé de laisser à sa sortie des lieux. Cass. 13 juill. 1807; Vaudoré, 2, 247;

Henrion, 296. — Il ne peut retenir le chef des réparations locatives, autrement il multiplierait les frais. Carou, 306; Curasson, 1, 510. — V. *sup.*, 9.

ART. 3. — *Dommages aux champs, fruits et récoltes.*

256. Le juge de paix connaît sans appel jusqu'à la valeur de 100 fr., et à charge d'appel, à quelque valeur que la demande puisse s'élever, des actions pour dommages faits aux champs, fruits et récoltes, soit *par l'homme*, soit *par les animaux*, lorsque les droits de propriété ou de servitude ne sont pas contestés. L. 1838, art. 5, § 1.

257. *Dommages.* Ce mot ne s'entend pas ici d'un simple préjudice éprouvé par le propriétaire, mais d'un dommage fait à la chose, d'un dégât et non d'un vol de fruits ou de récoltes. Bordeaux, 11 janv. 1855 (5908); le juge de paix ne connaît de l'action civile résultant d'un tel vol qu'autant qu'elle n'excède pas 200 fr. Dalloz, n° 115.

258. Doit-on considérer comme dommage, l'enlèvement de cendres déposées sur un terrain et destinées à y être répandues pour servir d'engrais? — Pour la négative, on dit : Il n'y a pas eu dommage causé à la chose elle-même, mais plutôt un vol. — Mais on répond pour l'affirmative : Le transport des engrais sur un champ constitue déjà un commencement d'incorporation : il faut protéger d'une manière efficace ce qui est en quelque sorte abandonné à la confiance publique. Une justice prompte est nécessaire; il importe que le juge de paix examine sur-le-champ les lieux pour en constater l'état; qu'il connaisse et puisse apprécier la moralité des témoins; que la condamnation soit immédiatement prononcée et que la réparation ne se fasse pas attendre, en un mot, les motifs qui ont dicté la disposition du § 1er de l'art. 5, loi du 25 mai 1838, s'appliquent parfaitement à l'espèce. Limoges, 10 mars 1841 (2495).

259. Ne constitue pas un *dommage*, le fait d'un propriétaire qui, en cas d'anticipation commise sur son terrain par son voisin, reprend dans l'année le terrain usurpé. Il ne cause aucun dégât à la propriété de l'usurpateur. Curasson, 1, p. 379. — V. *Action possessoire.*

260. *Champs.* Cette expression générique comprend les terres productives de fruits naturels, tels que prés, bois, vignes, etc. Dalloz, n° 106. — Spécialement les taillis, Arg. — Toulouse, 31 juill. 1818.

261. *Récoltes.* Le dommage causé à un tas de blé déjà battu et laissé sur l'aire dans les champs ne peut être considéré comme un dommage fait aux récoltes (6858). — *Contrà.* Poitiers, 8 juill. 1858.

262. Cette compétence ne s'applique pas aux dommages causés à des édifices, même ruraux, par des extractions de matériaux opérées à l'aide d'un puits creusé par l'auteur de cette extraction dans son propre terrain. — Cette incompétence peut être opposée pour la première fois en appel, même par la partie qui a nommé un expert et conclu au fond devant le juge de paix. Cass. 5 janv. 1858 (6596).

263. Ni à des objets mobiliers, animaux ou à des personnes, à moins que la demande n'excède pas 200 fr. Dalloz, n° 106.

264. *Par l'homme.* Les dommages peuvent résulter, soit de *simples contraventions* (C. pén. 471, n°s 13 et 14; 475, n°s 9 et 10), *soit de délits* (444 et suiv.) *ou quasi-délits*, soit *même de crimes* (C. pén. 434; C. for. 148). Dans tous les cas, le juge de paix connaît de l'action civile, quelle que soit la gravité des dégâts. Dalloz, n° 107.

265. Peu importe que le fait de l'homme soit la cause médiate ou immédiate du dommage. — Ainsi, la disposition est applicable au dommage provenant : — 1° de sa négligence, par exemple de l'inondation qu'a produite une pluie par suite de la fermeture d'une écluse. Cass. 18 nov. 1817; — de la rupture accidentelle d'une digue d'étang. Cass. 26 janv. 1847 (3623); — de constructions vicieuses faites par lui. — Il n'est pas nécessaire de faire constater le vice des constructions par l'autorité administrative. Cass. 23 mai 1831, Dev. 31, 295.

266. 2° De la négligence d'un voisin ou d'établissements nuisibles à la végétation. Benech, p. 163; Carou, n° 302.

267. L'autorisation accordée par l'administration à un établissement insalubre ou incommode, ne fait pas obstacle à ce que les voisins puissent réclamer des dommages-intérêts pour le préjudice que leur cause l'exploitation de l'établissement. Arg. C. N. 1382. Cass. 17 juill. 1845; 28 fév. 1848, Dev. 48, 311.

268. Le juge de paix est-il compétent pour prononcer sur les dommages causés aux champs, fruits et récoltes par un établissement insalubre autorisé, et qui s'est conformé aux conditions imposées par l'administration? — Oui, s'il s'agit d'un dommage *actuel* causé à la récolte sur pied. En vain dirait-on que la loi n'a parlé que des dommages faits par l'homme ou par les animaux, le dommage causé par un établissement insalubre provient toujours du fait de l'homme indirectement. Cass. 18 juill. 1826; Arg. Cass. 2 janv. 1833, Dev. 33, 135; Dalloz, n° 111.

269. Mais le tribunal civil paraît être exclusivement compétent, s'il s'agit d'apprécier le dommage *permanent* qui attaque le fond, et la diminution de valeur qui en résulte. Dans l'établissement de ce dommage l'avenir entre autant que le présent et le passé. Cette appréciation soulève des questions de la plus haute importance. Aix, 25 janv. 1827 ; Nancy, 14 janv. 1830. — L'arrêt du 2 janv. 1833 n'est pas contraire : le demandeur ne réclamait qu'une somme de 350 fr. pour le dommage actuel il n'entendait y comprendre ni les dommages futurs, ni les dommages passés, ni l'évaluation de ce dont le fond de ses propriétés pouvait être diminué par le voisinage de la fabrique.

270. Il connaît, à l'exclusion du juge de paix, des actions pour dommages causés aux champs par l'exploitation d'une mine. Douai, 20 mai 1856; (6198), rej. 14 janv. 1857 (6373). — Spécialement en référé. Dijon, 28 janv. 1856. Rej. 14 janv. 1857 (6318, 6319). Arg. L. 8 avr. 1810, art. 15, 45, 87 à 89. — Cette appréciation exige des connaissances étendues, et l'intervention du ministère public est exigée dans une matière qui intéresse à un point si considérable la fortune publique.

271. Le trib. civil connaît de l'action en destruction des digues et autres ouvrages mettant obstacle à l'exercice de la servitude d'écoulement d'eau établie sur les fonds inférieurs par l'art. 640 C. N. et causant un dommage permanent. Rej. 15 mars 1858 (6741).

272. Le juge de paix est incompétent, lorsque le demandeur, outre la réparation du dommage, requiert la destruction de l'établissement insalubre. Carou, n° 303; Dalloz, n° 113.

273. A l'égard des établissements non autorisés, le juge de paix est compétent pour condamner en simple police les délinquants. Cass. 20 fév. 1830.

274. Le règlement de l'indemnité due par un entrepreneur de travaux publics, à raison de dommages qu'il a causés à une propriété privée, lorsque, sans autorisation de l'administration, il y a fait des emprunts de terre, déposé des matériaux et pratiqué un passage pour ses voitures, appartient au juge de paix, à l'exclusion de l'autorité administrative. Cons. d'Etat; 15 mai 1856 (6419).

275. Mais le Conseil de préfecture doit en connaître, lorsque l'entrepreneur justifie d'une autorisation. Cass. 29 Nov. 1852 (5467). — V. *Compétence Administrative*, 23.

276. Si le dommage résulte de délits commis à force ouverte sur le territoire d'une commune par des attroupements, le juge de paix n'est compétent que tout autant que l'action est dirigée directement contre les auteurs de ces délits. — L'action introduite contre la commune comme responsable est de la compétence du trib. d'arrondissement. L. 10 vend. an IV, art. 3 et suivant ; Dalloz, n° 116.

277. *Par les animaux.* Il n'y a pas lieu de distinguer les animaux sauvages des animaux domestiques. Les dégâts provenant des lapins de garenne doivent être réparés par le propriétaire du bois où ces animaux se retirent, si ce propriétaire n'a pris aucune mesure pour les détruire. Cass. 3 janv. 1810 ; — ou s'il n'a pas autorisé les propriétaires voisins à les détruire chez lui. Cass. 14 nov. 1816 ; — ou s'il a favorisé la multiplication de ces animaux. — V. *Dommages-intérêts,* 32.

278. Le juge de paix n'excède pas ses pouvoirs lorsqu'il ordonne l'enlèvement des ruches existant en trop grand nombre et condamne le propriétaire à des dommages-intérêts par chaque jour de retard dans l'exécution du jugement. Romorantin, 8 nov. 1856 (6352).

279. Sont considérés comme dommages aux champs et récoltes : les prises de terres que se permettent les laboureurs. Circ. minist. 1er fruct. an V ; — la destruction de quelque partie de grains par le pied des chevaux ou avec des instruments aratoires ; — les détériorations faites aux arbres ou arbustes par imprudence ou autrement : — les brèches faites à des clôtures ; — les comblements de fossés ; les renversements de clôtures ; — les dégâts causés en montant dans les arbres ; — les dommages causés aux guérets par le passage des voitures, pour exploiter d'autres héritages ou autrement ; la dégradation des digues d'une rivière, causée par des bois ou autres objets déposés dans son lit, de manière à en faire déverser les eaux sur les terres voisines ; — les dégâts occasionnés par un égout ; les inondations occasionnées par l'élévation des déversoirs ou écluses tenus trop haut pendant un orage. Cass. 26 janv. 1810 ; 18 nov. 1817, — les dommages causés à des fonds par les hommes ou les animaux, en y frayant des sentiers ou passages, etc. ; — Les dégâts commis à la chasse ou à la pêche ; — les dégradations faites aux immeubles par les troupeaux et bêtes de somme ; le préjudice causé par suite, soit du pacage exercé au mépris des lois et règlements sur le parcours et la vaine pâture, soit du chômage, grappillage.

280. Il en est de même des dégâts causés au champ par la rupture des digues d'un étang. Rej. 26 janv. 1847 (3623), — ou par le creusement de rigoles fait par le voisin dans son propre fonds et qui déverse les eaux dans le fossé qui le sépare de l'héritage inférieur. Rej. 27 avr. 1853 (5462).

281. Peu importe que le défendeur prétende que le terrain où le dommage a été commis soit une dépendance du domaine public. Rej. 2 août 1859 (7048).

282. La compétence du juge de paix cesse lorsque le droit à l'indemnité est contesté.

283. Spécialement lorsque le défendeur prétend être propriétaire du champ auquel le dommage a été causé. Cass. 22 juin 1842, (2385).

284. Lorsque l'auteur du dommage prétend avoir usé d'un droit, par exemple d'une servitude de passage et que le défendeur articule un abus de jouissance. Cass. 5 mars 1860 (7261).

285. Lorsque le défendeur prétend avoir le droit de donner au canal de son usine telle direction, le juge de paix ne peut ni ordonner la déviation du canal, ni condamner le défendeur à des dommages-intérêts. Bourges, 17 mai 1831, Dev. 32, 30. — V. toutefois *sup.*, n° 137.

286. Mais peu importe que le voisin offre de prouver qu'il est depuis longtemps en possession du droit de dériver les eaux dans le fossé, lorsque le litige porte uniquement sur la question de savoir si les nouveaux travaux ont modifié et aggravé la situation antérieure. Rej. 27 avr. 1853 (5462).

287. Le juge de paix a été déclaré compétent pour statuer sur une demande formée par un fermier à fin de réparation du dommage que cause à ses récoltes le gibier entretenu sur les terres par lui affermées, bien que le bailleur eût contesté le droit à l'indemnité réclamée, en excipant de ce que le bail lui donnait la faculté d'avoir du gibier sur le terrain loué et lui en réservait exclusivement la chasse, par le motif que le fermier agissait, non pas pour non-jouissance, mais pour dégât causé à une récolte dont il était propriétaire. Rej. 5 avr. 1858 (6810).

288. Au surplus, la prétention du défendeur doit être formulée d'une manière nette et précise. — On a déclaré insuffisante une vague allégation de propriété par le défendeur qui ne proposait pas d'une manière précise l'exception d'incompétence. Cass. 26 mai 1840 (2384).

289. Lorsque le défendeur oppose une exception de propriété ou de servitude, le juge de paix doit-il se borner à prononcer un sursis jusqu'à ce que la question préjudicielle ait été vidée par les tribunaux? — Pour l'affirmative on dit : la question de propriété et celle des dommages-intérêts sont indépendantes l'une de l'autre, et peuvent être jugées isolément. Il faut éviter que la compétence du trib. de paix ne soit éludée au moyen d'une exception souvent dénuée de fondement. Le juge de paix indiquera un délai dans lequel le défendeur devra saisir le trib. Arg. C. for. 182. Motifs Cass. 22 juin 1842 (2385); Carou, n° 317. — Pour la négative on répond : le juge de paix doit se dessaisir complètement, en disant qu'il connaît des actions pour dommages faits aux champs, etc... *lorsque les droits de propriété ou de servitude ne sont pas contestés*, la loi décide virtuellement qu'il n'en peut connaître s'il y a contestation. Pourquoi le trib. saisi de la question préjudicielle ne statuerait-il pas sur les dommages-intérêts qui en sont la conséquence? Pourquoi ce circuit d'action? Le juge de paix doit réserver les dépens pour y être statué par le trib. auquel il renvoie. Curasson. Dalloz, n° 126.—V. *inf.*, 379, 390.

290. Si l'action en indemnité se rattache à une autre demande principale de la compétence du tribunal d'arrondissement, ce tribunal, saisi de l'une et de l'autre demande, a juridiction pour statuer sur les deux. Arg. Cass. 29 juin 1820. — V. *sup.*, n° 9.

291. Si le défendeur invoque une exception de possession, le juge de paix qui serait compétemment saisi de l'action possessoire préjudicielle introduite séparément, peut-il statuer sur cette exception sans formalités, et comme sur un incident ordinaire? — Cette marche est la plus rapide et la plus simple, et ne cause aucun préjudice aux parties. Carou, n° 319; Curasson, 1, 372; Dalloz, n° 127.

292. Le défendeur peut-il présenter l'exception de propriété ou de servitude en tout état de cause, après avoir plaidé sur la quotité des dommages et même sur l'appel. — V. *sup.*, n° 49.

293. L'action pour dommages aux champs, fruits et récoltes, à la différence de l'*action possessoire* (— V. ce mot), n'a pas besoin d'être introduite dans l'année. Cass. 29 déc. 1830.

294. Elle peut être intentée par le fermier ou sous-fermier, aussi bien que par le propriétaire lui-même (aux droits duquel il est subrogé en ce qui concerne la jouissance), lorsque les dommages commis lui causent un préjudice personnel. Dalloz, n° 117.

295. Le juge de paix, compétent pour statuer sur les dommages actuels, ne l'est pas pour ordonner des mesures propres à prévenir des dommages éventuels. Arg. Cass. 16 frim. an xiv; 3 fév. 1806; Dalloz, n° 118. — Ce droit est généralement réservé à l'autorité administrative; dans certains cas, il est exercé par les trib. ordinaires. Le trib. saisi d'une contestation concernant des intérêts privés peut, lorsque l'administration n'a pris aucune mesure à cet égard, ordonner les travaux nécessaires pour prévenir les débordements d'un cours d'eau. Décret 20 mai 1810. — V. d'ailleurs *sup.*, 272.

ART. 4. — *Élagage des arbres et curage des fossés.*

296. Le juge de paix connaît sans appel jusqu'à la valeur de 100 fr., et, à charge d'appel, à quelque valeur que la demande puisse s'élever, des actions relatives à l'élagage des arbres ou haies, et au curage, soit des fossés, soit des canaux servant à l'irrigation des propriétés ou au mouvement des usines, lorsque les droits de propriété ou de servitude ne sont pas contestés. L. 1838, art. 5, § 1. — Ces contestations sont mieux appréciées par le juge de la localité, qui peut se transporter sur les lieux, et y puiser tous les renseignements nécessaires. — Il était regrettable de voir pour de telles causes introduire devant les trib. d'arrondissement des procès soulevés par l'amour-propre plutôt que par un véritable intérêt, et qui, plus tard, n'entretenaient la mésintelligence entre des voisins qu'à raison des frais que chaque plaideur s'efforçait de rejeter sur son adversaire. Garde des sceaux, séance du 15 fév. 1838.

297. Le juge de paix est incompétent : — 1° s'il s'agit de l'élagage des arbres d'une forêt, et si l'on invoque la prescription trentenaire. Curasson, 1, 487.

298. 2° Lorsqu'il y a contestation sur la question de mitoyenneté du fossé dont le curage est demandé.

299. 3° Lorsque les fossés n'appartiennent pas à des particuliers et font partie de la propriété des routes impériales ou départementales, ou de ceux que les préfets peuvent faire établir le long des chemins vicinaux, et à la charge de l'administration. LL. 12 mai 1825, art. 2; 21 mai 1836, art. 21.

300. Mais il connaît de l'action en curage : 1° d'un fossé délimitatif d'une forêt, que les propriétaires voisins sont convenus d'entretenir en commun, alors même que, s'agissant d'une forêt domaniale ou communale, l'action est intentée pour ou contre le préfet ou le maire; — 2° des fossés qui, d'après l'art. 71, C. for., doivent être pratiqués à *frais communs* entre les usagers et l'administration, pour empêcher les bestiaux de s'introduire dans les coupes non défensables. Dalloz, n° 122.

301. Il ne connaît pas du curage des *rivières navigables et flottables*, de celui des *petites rivières* (loi 14 flor. an XI), même de celui des *ruisseaux*, lorsqu'il est prescrit dans un intérêt général (L. 16-20 août 1790). Les contestations, en ce cas, sont portées devant le conseil de préfecture. Dalloz, n° 124.

Art. 5. — *Engagements respectifs des maîtres et des gens de travail, domestiques, ouvriers, apprentis.*

302. Le juge de paix connaît, sans appel, jusqu'à la valeur de 100 fr., et, à charge d'appel, à quelque valeur que la demande puisse monter, des contestations relatives aux engagements respectifs des gens de travail au jour, au mois et à l'année, et de ceux qui les emploient; des maîtres et des domestiques, ou gens de service à gages; des maîtres et de leur ouvriers ou apprentis. L. 1838, art. 5, § 3.

303. *Engagements.* Peu importe qu'ils aient été contractés verbalement ou par écrit, — ou même sous la forme de billets, pourvu qu'il ait été fait mention de la cause de l'obligation. Dalloz, n° 149. — V. d'ailleurs *sup.*, n° 85.

304. Peu importe que ceux qui emploient les journaliers soient commerçants; la loi ne distingue pas. Besançon, 5 déc. 1843; — Riom, 3 janv. 1846 (3395).

305. *Gens de travail.* Tels sont en général tous les journaliers, c'est-à-dire ceux dont l'engagement peut commencer et finir dans la même journée : par exemple, ceux qui travaillent chez autrui à la terre, ou se livrent à d'autres services, comme les artisans travaillant à la journée en la maison de ceux qui les emploient. Henrion, 311; — un batteur en grange; un terrassier.

306. Peu importe que les gens de travail aient été autorisés à faire à moitié fruits quelques menues semences dans le jardin du propriétaire. Bordeaux, 17 janv. 1853 (5645).

307. Il en est de même d'un piqueur ou conducteur d'ouvrages, chargé de surveiller les autres ouvriers, s'il est payé à tant par jour, tant par mois ou par année. Curasson, 1, 537 et suiv.; — d'un ouvrier briquetier, gagé à l'année chez un maître briquetier. Arg. Toulouse, 6 mars 1838.

308. Mais il en est autrement : 1° des entrepreneurs et des ouvriers qui exécutent des travaux par devis ou marchés à prix fait. Arg. Cass. 28 nov. 1821; 24 nov. 1829. — Spécialement du voiturier employé par un maître de forges à l'exploitation des mines : il est moins serviteur que collaborateur du maître, et il est soumis à la même juridiction. Bourges, 5 therm. an XII.

309. Du mécanicien qui a dirigé la confection d'un appareil important, recommandé à ses soins comme de nature à le faire connaître et à devenir pour lui une source d'autres bénéfices, et sous les ordres duquel se trouvaient placés des ouvriers : il a fait un louage d'industrie plutôt qu'un louage de service : la loi de 1838 ne lui est pas applicable. Douai, 3 avril 1841 (2128).

310. D'un ouvrier souffleur rétribué à tant pour cent des objets par lui fabriqués. Bordeaux, 19 août 1853 (5545).

311. D'un facteur chargé des fonctions de receveur par une compagnie de chemin de fer. Bordeaux, 24 août 1859 (7100).

312. 2° Des fermiers et colons partiaires (*Palais*, n° 449), travaillant ou faisant travailler pour leur propriétaire. — Spécialement d'un fermier effectuant des transports de matériaux

et autres ouvrages dans l'intérêt du propriétaire. Bourges,
4 avr. 1823. — *Contrà*, Dalloz, n° 153.

313. Le juge de paix ne connaît pas des contestations relatives aux engagements des gens de travail, — pour travaux déterminés et d'une durée illimitée, et que l'ouvrier ne peut interrompre qu'après leur achèvement, bien que le prix en soit
réglé d'après le nombre de journées d'hommes, de chevaux et
de voitures employés. Orléans, 14 mai 1844 (2924).

314. *Domestiques ou gens de service.* Dans cette catégorie
sont compris les valets de pied, valets de chambre, laquais, por-
tiers, cochers, cuisiniers, garçons d'écurie, etc. Henrion, *ib.* ;
Carré, 2, 388 ; — les hommes de peine chargés de porter les
marchandises ou de balayer les magasins d'un négociant. Carou, n° 344.

315. MM. les juges de paix de Paris avaient demandé que
l'on comprît nommément dans cet article les secrétaires, bibliothécaires, intendants, précepteurs, clercs, et autres personnes
salariées d'une condition supérieure à celle des domestiques
proprement dits. Cette prétention a été combattue lors du 1er
projet par MM. Gasparin (7 juin 1837), et Amilhau. Le silence
de la loi de 1838 laisse la question entière.

Si le mot *domestique* désignait anciennement, suivant son
étymologie, les habitants de la maison, cette expression a pris,
dans l'usage actuel, une signification plus restreinte ; elle ne
s'applique qu'aux serviteurs à gages. C'est dans ce sens usuel
du mot qu'il a dû être pris dans la loi qui s'adresse aux juges
de paix, simples citoyens, souvent étrangers aux connaissances
du droit. On n'a voulu soumettre aux juges de paix que des
questions simples de peu d'importance. Or, la réunion des salaires des gens de travail et des gages des domestiques dans le
même numéro de la loi, fixe le sens qu'elle attachait à cette
dernière expression, et ne permettait pas de l'étendre à des au-
môniers, à des bibliothécaires, à des secrétaires, et à des précepteurs qui reçoivent des honoraires, des traitements et non
des gages, qui rendent à celui qui les emploie des services, et
ne sont pas à son service. Bourges, 30 mai 1829 ; Benech, 194 ;
Foucher, n° 218 ; Rolland, v° *Clerc*, n° 28 ; Dalloz, n° 157. —
Contrà, Henrion, ch. 30 ; Carré, *Compétence*, n° 445 ; Coin-
Delisle, Encyclopédie, v° *Domestique*, n° 4 ; Carou, n° 340. —
Arg. Paris, 12 mai 1739, qui a décidé qu'un ecclésiastique bi-
bliothécaire du sieur Baudot, devait participer au legs fait par
celui-ci à *ses domestiques* en général. — V. d'ailleurs *Enquête*,
Exploit.

316. Les contestations qui s'élèvent entre un propriétaire
et son régisseur qui est en même temps garde de ses propriétés,

relativement à leurs engagements réciproques, sont soumises au trib. civil, à l'exclusion du juge de paix. Bourges, 29 juill. 1853 (5541). — Contrà, St-Peray, 8 mai 1853 (5429).

317. Jugé que le directeur d'un établissement pour compte d'autrui est compris dans la catégorie des domestiques ou hommes de services à gages, quant aux difficultés relatives à ses appointements ou salaires ; que, dès lors, le maître doit en être cru sur son affirmation, touchant la nature et les conditions de ses appointements ou salaires. Rouen, 10 juill. 1843. Dev. 44, 30. — La solution dépendra de l'importance de l'établissement. — V. *Sup.* 311.

318. Ce que l'on décidera à l'égard des secrétaires devra être décidé à l'égard des dames de compagnie.

319. Ne peuvent être considérés comme domestiques les élèves et pensionnaires ; ils ne sont nullement, à raison de services, sous la dépendance de la personne dont ils sont les commensaux moyennant payement. Carré, 2, 392.

320. Le juge de paix n'est compétent dans le cas du numéro précédent, que si la demande n'excède pas 200 fr. Dalloz, n° 158.

321. La loi ne s'est pas servie de l'expression gages, mais *engagements*, qui est plus générale et comprend tous les arrangements qui peuvent intervenir entre un maître et ses domestiques en cette qualité respective. — Lorsque l'action, quel qu'en soit l'objet, prend sa source dans l'engagement même qui s'est formé entre le maître et le domestique, lorsque cette action n'existe et ne peut exister que parce que cet engagement a eu lieu, et que, d'autre part, elle ne s'explique et ne peut se justifier que par les rapports mêmes qui auraient existé entre eux, on doit la considérer comme un accessoire de cet engagement même. La loi a voulu que toutes contestations nées des rapports mêmes du maître et du domestique, et prenant leur source dans l'engagement formé entre eux fussent soumises au juge de paix. Spécialement, lorsqu'un maître charge sa cuisinière d'avancer l'argent nécessaire à l'achat des subsistances destinées à la maison, à la condition de les lui rembourser à la fin de la semaine, du mois, ou même de l'année, toutes les contestations ou répétitions relatives à cette sorte d'engagements sont de la compétence du juge de paix. Seine, 5e ch. 8 janv. 1847 (3549).

322. Mais le juge de paix ne connaît des contestations entre maîtres et domestiques qu'autant qu'elles sont relatives à des engagements survenus à l'occasion du service. — Conséquemment, il ne peut statuer : — 1° sur une demande formée par un domestique contre son maître, tendante à la restitution de meubles servant à son usage personnel, et des titres qui lui appartiennent. Cass. 22 frim. an ix; Merlin, *Quest. Dr.*, v° *Justice de paix*, § 1; Benech, 201; Foucher, n° 219. — *Contrà*, Carou, n° 350. Duranton, 17, n° 239.

323. Sur une demande en restitution d'un billet prétendu souscrit par le maître défunt et mis sous les scellés. Le décret du 6 pluv. an ii, relatif au recouvrement d'objets mis sous les scellés, n'est pas applicable dans cette circonstance. *Même arrêt;* Merlin, *ib*.

324. Suivant Carré, 2, 392, si, par la demande, on réclame en même temps le payement de salaires et de fournitures, le juge de paix doit retenir la demande en payement de salaires, et renvoyer celle en payement de fournitures devant le trib. de 1re inst., si le montant des fournitures excède sa compétence. — V. toutefois *sup.*, n° 9.

325. L'incompétence du juge de paix, quant aux contestations qui sont étrangères aux engagements entre maître et ouvrier pour raison du service est absolue, il doit la suppléer d'office, lorsqu'elle n'a pas été opposée par les parties. On est recevable à l'invoquer pour la première fois en appel. Cass. 22 frim. an ix et 28 nov. 1821; Carou, n° 348. — Encore bien que celui qui l'oppose n'ait pas interjeté appel du chef qui la rejetait. Riom, 3 janv. 1846 (3395).

326. L'incompétence du trib. civil sur une demande en payement de gages de domestiques ne peut être opposée que par le maître et non par un tiers assigné conjointement avec lui. Douai. 5 juin 1835; Dalloz, n° 164. Notes.

327. *Ouvriers et apprentis.* Les ouvriers sont ceux qui travaillent habituellement pour le compte d'un maître, à raison d'un prix fixé par mois, ou par pièce d'ouvrage confectionnée. — Les apprentis sont ceux qui sont placés chez un maître pour y apprendre une industrie. — V. *Prud'homme*.

328. Un chef d'atelier ou un contre-maître est considéré comme un ouvrier. Douai, 14 fév. 1843.

329. Ne doivent pas être réputés simples ouvriers, l'ouvrier tâcheron, l'ouvrier hallier, qui s'engage dans un atelier pour toute la durée d'une campagne de fabrication, et dont le salaire est proportionnel à la quantité de marchandises qu'il fabrique lui-même ou fait fabriquer par d'autres ouvriers à sa solde; — le trib. de commerce est seul compétent sur les contestations entre lui et le maître de l'atelier. Paris, 6 mars 1843, D. 43, 5, 91.

330. On a refusé aux juges de paix la connaissance des contestations entre les commerçants et leurs commis: elles ont un caractère commercial, et se compliquent, d'ailleurs, le plus souvent de redditions de compte, de demandes en partage de bénéfices et autres questions qui rentrent dans le domaine des trib. de com. et de 1re inst. (1166). Bordeaux, 26 avril 1854 (5699). — *Contrà*, Rennes, 7 fév. 1839 (1494).

331. Même décision à l'égard du mécanicien conducteur d'une locomotive. Req. 13 mai 1857 (6412). — *Contrà*, Paris, 6 janv. 1841 (1920).

332. Le juge de paix connaît : — 1° de la demande formée par un ouvrier contre l'industriel qui l'emploie dans une papeterie. Limoges, 26 juill. 1841 (2397), Carou, n° 359 ; — 2° d'une réclamation formée par un forgeron contre un maître de forges. Bourges, 5 janv. 1842 (2500), — et en général par tout *ouvrier* non sous-traitant. Lyon, 7 juill. 1847 (3990).

333. Le juge de paix est alors compétent à l'exclusion : — 1er des trib. civils. Paris, 16 août 1833, D. 34, 1030. Bordeaux, 13 juin 1833, D. 33, 254. — V. *Compétence des trib. civils*, 20.

334. 2° Des tribunaux de commerce. Limoges, 26 juill. 1841 ; 8 juill. 1842 ; Bourges, 5 janv. 1842 ; Lyon, 7 juill. 1847 (2500, 3990). — Spécialement s'il s'agit d'une demande en payement du prix de journées formée contre une société de commerce. Dijon, 20 juin 1859 (7093).

335. *Sans néanmoins qu'il soit dérogé aux lois et réglements relatifs à la juridiction des prud'hommes*. D'où il résulte que le juge de paix n'est compétent, sous ce rapport, que dans les lieux où il n'existe pas de prud'hommes. *Mêmes arrêts*. — V. *Prud'homme*.

336. Mais dans les lieux où il existe des prud'hommes, leur juridiction ne limite celle des juges de paix qu'en ce qui concerne les engagements entre les maîtres et les ouvriers travaillant aux manufactures du genre de celles nommément indiquées dans l'ordonnance d'établissement de ces conseils. Décret 20 fév. 1810, art. 11. Dalloz, n° 169.

337. Le juge de paix ne connaît des contestations entre *maîtres* et *ouvriers* qu'autant qu'elles résultent des engagements qu'ils ont respectivement pris, les uns comme maîtres, les autres comme ouvriers ; il ne peut donc statuer sur une demande en dommages-intérêts formée par un ouvrier contre son maître, à raison d'un fait à lui préjudiciable (tel que la suppression d'une lettre qui lui était adressée, et la fausse inscription sur son livret d'un renouvellement d'engagement). Douai, 15 oct. 1843 ; Dalloz, n° 172. — Ni sur les contestations élevées par suite de l'engagement pris par un marchand vis-à-vis d'un ouvrier de lui faire faire une certaine espèce de travaux nécessaires aux besoins de son commerce (des garnitures de sabots), et de prendre sans limite tout ce qu'il ferait en plus : il s'agit d'un engagement entre *commerçants*. Orléans, 25 fév. 1845, D. 45, 4, 95.

338. Le juge de paix n'est compétent qu'autant que l'action des ouvriers en payement de leurs salaires est dirigée contre l'individu auquel ils ont loué leurs travaux, avec qui ils se sont engagés, qui les avait employés. Il ne connaît pas de la demande formée contre une tierce personne qui a profité de ces travaux, par exemple, contre la femme de celui qui avait commandé les travaux ou sur la propriété duquel ils ont été faits : on rentre dans le droit commun. Cass. 7 juin 1848 (4032).

339. Le juge de paix ne connaît pas des contestations relatives aux congés dus aux ouvriers, ou mal à propos exigés d'eux : elles sont de la compétence de la police administrative. L. 22 germ. an XI, art. 19; arrêté du 9 frim. an XII, art. 6.

340. Quant au *livret*, — V. ce mot.

341. Le juge de paix ne connaît que des engagements passés avec des apprentis ouvriers; — et non de ceux concernant l'apprentissage d'un commerce, d'un art ou autre profession libérale. Nancy, 13 mai 1841 ; — V. d'ailleurs *Prud'homme.*

342. Si le contrat d'apprentissage a été passé entre le maître et le *père* de l'apprenti mineur, le juge de paix n'est compétent que jusqu'à la somme de 200 fr., d'après le droit commun. Cass. 11 mai 1841 ; Dalloz, n° 176.

ART. 6. — *Payement des nourrices.*

343. Le juge de paix connaît, sans appel, jusqu'à la valeur de 100 fr., et, à charge d'appel, à quelque valeur que la demande puisse s'élever, des contestations relatives au payement des nourrices, sauf ce qui est prescrit par les lois et règlements d'administration publique à l'égard des bureaux de nourrices de la ville de Paris et de toutes les autres villes. L. 1838, art. 5, § 4. — V. L. 25 mars 1806 ; Régl. 30 juin 1806.

344. *Des nourrices* même sur lieux : il est plus convenable de leur appliquer cette disposition que de les assimiler à une domestique ordinaire. Carou, n° 365.

345. *Payement.* Ce qui s'entend non-seulement du salaire convenu pour les mois de nourrice, mais du prix des fournitures de linge, médicaments, etc. Carou, n° 364.

346. Si, dans les villes où il existerait des bureaux de nourrices les règlements ne déterminaient point le mode de recouvrement des mois de nourrice, les bureaux pourraient, comme subrogés aux droits des nourrices, porter leur action contre les parents des enfants devant le juge de paix, à quelque somme que pût s'élever leur demande. Carou, n° 368.

347. L'action de la nourrice contre l'administration de qui elle tient le nourrisson est de la compétence du juge de paix.

348. Mais le juge de paix ne connaît que jusqu'à concurrence de 200 fr. de la demande en dommages-intérêts pour défaut de soins ou pour cessation de l'allaitement sans motif légitime ou sans avertissement préalable, ou pour infraction à l'ordonnance de police du 17 déc. 1762, qui défend à toutes femmes de prendre un nourrisson, lorsque leur dernier enfant est âgé de sept mois et n'est pas sevré; lorsqu'elles sont accouchées depuis plus de deux ans ; aux déclarations des 29 janv. 1713 et 1er mars 1727, qui font la même défense aux nourrices enceintes et à celles qui ont déjà un nourrisson.

ART. 7. — *Actions pour diffamation verbale, injures et voies de fait.*

349. Le juge de paix connaît, sans appel, jusqu'à la valeur de 100 fr., et, à charge d'appel, à quelque valeur que la demande puisse s'élever, — des actions civiles pour diffamation verbale et pour injures publiques ou non publiques, verbales ou par écrit, autrement que par la voie de la presse; — des mêmes actions pour rixes ou voies de fait : le tout lorsque les parties ne se sont pas pourvues par la voie criminelle. L. 1838, art. 5, § 5.

350. La loi de 1838 a ajouté aux attributions conférées aux juges de paix par l'art. 10, L. de 1790, la *diffamation verbale* et l'*injure par écrit autrement que par la voie de la presse.* Cette dernière restriction était nécessitée par la gravité qui s'attache nécessairement à une diffamation résultant d'une publication de la presse (1166, p. 298).

351. *Diffamation verbale.* — Dans le cas de diffamation *non verbale*, par exemple d'imputation par lettre d'un fait déshonorant, le juge de paix n'est compétent qu'en vertu de l'art. 1er. Rej. 14 janv. 1861. — V. Rouen, 10 août 1854 (6073).

352. Dès qu'on impute à une personne un fait précis et déshonorant, il y a diffamation dans le sens de la loi de 1838 ; — la circonstance de la publicité nécessaire pour que le diffamateur soit légalement passible de peines correctionnelles, n'est pas indispensable ici. Curasson, 1, p. 596; Dalloz, n° 189. — *Contrà,* Carou, n° 386.

353. L'injure diffère de la diffamation en ce qu'elle consiste dans l'imputation, non d'un fait déshonorant, mais d'un certain *vice,* ou même seulement dans de vagues expressions de mépris. — Lorsqu'il est question d'un écrit, le point de savoir s'il est diffamatoire ou simplement injurieux est important pour la fixation de la compétence.

354. Le juge de paix connaît d'une demande en dommages-intérêts de 1,000 fr. pour propos diffamatoires reconnus non délictueux à raison de l'absence d'intention méchante de leur auteur. Joigny, 4 mars 1858 (6694).

355. La compétence, en premier ressort, du juge de paix est illimitée en ce qui concerne les injures ; qu'elles soient publiques ou non, verbales ou par écrit, ce magistrat doit en connaître dans tous les cas. — V. toutefois *inf.*, 362.

356. Lorsqu'une action civile pour injures est portée par un fonctionnaire public devant le juge de paix, ce magistrat doit examiner si l'écrit renferme l'imputation d'un fait précis, et, en cas d'affirmative, renvoyer devant le trib. d'arrondissement; dans le cas contraire, il n'y a qu'une injure dont il peut connaître, quelque grave qu'elle puisse être et quels que soient le caractère et les fonctions de la personne offensée, sauf à accorder des dommages plus ou moins élevés, suivant les circonstances. Curasson, 1, p. 612; Dalloz, n° 192.

357. Le juge de paix est compétent, bien que l'injure provienne d'un fonctionnaire public qui s'en est rendu coupable dans l'exercice de ses fonctions. Dalloz, n° 192.

358. L'injure, aux yeux de la loi, ne peut résulter que d'expressions proférées, et *non d'un simple geste*, comme de la menace d'un soufflet; ce fait peut seulement, s'il est de nature à porter préjudice, donner lieu à une action en dommages-intérêts (1383, C. N.), dont le juge de paix peut connaître en vertu de l'art. 1er, c'est-à-dire, jusqu'à 200 fr. Carou, n° 387; Dalloz, n° 194.

359. Lorsque, dans un procès porté devant le juge de paix, le fait d'injures ou de diffamation a eu lieu de la part de l'une des parties envers l'autre, — ce magistrat doit, si les propos injurieux sortent des limites de la défense, condamner la partie qui les a tenus à des dommages-intérêts. — S'il s'agit d'allégations diffamatoires articulées *par écrit*, il doit, en déclarant, s'il en est requis, ces allégations étrangères à la cause, se borner à renvoyer le requérant devant qui de droit. Arg. L. 17 mai 1817, art. 23.

360. Est-ce, au contraire, dans une instance portée devant un autre tribunal, qu'a eu lieu le fait d'injures ou de diffamation verbale, le juge de paix n'en connaît qu'autant que l'action civile a été réservée par le trib. à la partie prétendue offensée.

361. Lorsque l'injure ou la diffamation a été dirigée par l'un des plaideurs contre un tiers ne figurant pas au procès, le juge de paix connaît, dans tous les cas, de son action, bien qu'aucune réserve à cet égard n'ait été prononcée par le trib. devant lequel l'offense a été proférée.

362. *Par la voie de la presse.* — Le juge de paix ne connaît pas des actions civiles pour injures insérées dans les journaux, livres ou pamphlets, ou commises au moyen de gravures, caricatures ; — à moins qu'elles ne se résolvent en une demande en dommages-intérêts n'excédant pas 200 fr. Dalloz, n° 196. — Mais il connaît des injures commises dans un manuscrit ou au moyen d'une peinture. Dalloz, n° 195.

363. Le juge de paix ne peut condamner l'auteur d'une injure à déclarer qu'il tient l'offensé pour un homme d'honneur et de probité, et que les propos qu'il a tenus contre lui sont calomnieux : cette espèce d'amende honorable serait une peine qui ne doit pas être appliquée au cas d'injures, puisqu'elle n'est pas établie par la loi. Henrion, 159 ; Carré, 2, 397 ; — il ne peut, en prononçant une condamnation pour réparation d'injure, interdire au condamné d'approcher du domicile de la personne injuriée. Cass. 19 fév. 1807.

364. Toutefois, il a le droit d'ordonner l'impression et l'affiche de son jugement : l'impression et l'affiche ne peuvent être considérées, ni comme peine, ni comme aggravation de peine, mais comme simples dommages-intérêts accordés à la partie lésée. Arg. Cass. 25 mars 1813 ; Henrion, 160 ; Carnot, 2, 507.

365. *Rixes et voies de fait.* — La loi de 1838 (sauf le chiffre du dernier ressort) ne fait que reproduire la loi du 24 août 1790. — Le juge de paix ne connaît au civil que des voies de fait qu'il pourrait réprimer comme juge de police, c'est-à-dire, des actions en réparation civile pour rixes et voies de fait simples, et non lorsque le fait allégué est de sa nature de la compétence des trib. correctionnels. Nancy, 6 août 1842, 15 déc. 1845 ; Limoges, 20 août 1845 (2391, 3297, 3361) ; Bordeaux, 6 juin 1856 (6274) ; Henrion, ch. 19 ; Curasson, 1, 636. — *Contrà*, Carré, 2, art. 317, § 6 ; Foucher, n° 236 ; Carou, n° 696. — Ainsi le trib. civil doit connaître en premier ressort d'une demande en indemnité de 2,000 fr. formée par celui qui se plaint d'avoir été violemment frappé. Nancy, 13 juin 1846 (3473).

366. Mais si la demande en dommages-intérêts n'excède pas le taux de la compétence ordinaire, elle peut être portée devant le juge de paix en vertu de l'art. 1er de la loi de 1838, auquel l'art. 5 de cette même loi ne déroge pas (6510).

367. Par voies de fait ou violences légères on entend tout acte exercé sur la personne, et qui tend à gêner sa liberté, à contraindre sa volonté, en l'obligeant à faire ou à souffrir ce qui ne lui convient pas, quoi qu'il n'y ait ni coups, ni blessures. Curasson, 1, p. 641. — C. pén. 475, n° 8.

368. Il suffit pour que les dommages-intérêts soient accordés, que le fait dont se plaint le demandeur lui ait causé un préjudice, bien qu'il ne réunisse pas les caractères exigés par la loi pour constituer une contravention. Cass. 13 therm. an XIII, 6 déc. 1808; 12 déc. 1809, 21 déc. 1813, Benech, 224.

369. Bien que le juge de paix soit en même temps juge de simple police, il ne peut, s'il est saisi comme trib. civil, prononcer une peine contre le défendeur. Cass. 1er avril 1813. — V. toutefois *Audience.*

370. *Lorsque les parties ne se sont pas pourvues par la voie criminelle,* c'est une application de la maxime : *electâ unâ viâ, non datur recursus ad alteram.* — V. *Action.* — Toutefois, la défense d'agir au civil après s'être pourvu au criminel ne s'applique pas au cas où la partie lésée, avant qu'il ait été statué sur sa plainte, a renoncé à la voie criminelle pour prendre la voie civile. Dalloz, n° 187.

371. Si malgré cette renonciation, la juridiction criminelle est restée saisie de l'action publique, il n'en résulte pas une incompétence absolue de la justice civile : le juge de paix doit surseoir jusqu'à ce qu'il ait été statué au criminel. Arg. Cass. 21 nov. 1825 ; Dalloz, n° 186.

372. Nonobstant la déclaration d'incompétence du juge de paix comme juge de police, la partie lésée peut se pourvoir ultérieurement au civil, à raison du même fait, devant le même magistrat statuant comme juge civil. *Même arrêt.*

§ 4. — *Actions dont le juge de paix ne connaît qu'en premier ressort.*

Art. 1. — *Des actions possessoires.*

373. Le juge de paix connaît, à charge d'appel, des entreprises commises dans l'année, sur les cours d'eau servant à l'irrigation des propriétés et au mouvement des usines et moulins, sans préjudice des attributions de l'autorité administrative dans les cas déterminés par les lois et par les règlements; des dénonciations de nouvel œuvre, complaintes, actions en réintégrande et autres actions possessoires fondées sur des faits également commis dans l'année. — V. *Action possessoire.*

ART. 2. — *Bornage et actions relatives à la distance voulue pour les plantations.*

374. Le juge de paix connaît, à charge d'appel, des actions en bornage et de celles relatives à la distance prescrite par la loi, les règlements particuliers et usages des lieux, pour les plantations d'arbres ou de haies, — *lorsque la propriété ou les titres qui l'établissent ne sont pas contestés.* L. 1838, art. 6 § 3.

375. Il cesse d'être compétent, lorsqu'il survient une action en revendication formée par un tiers. Cass. 27 nov. 1860 (7395).

376. Lorsque le défendeur soutient que le titre ne doit pas être accepté quant à la contenance qui y est énoncée et qu'il y a lieu de prendre pour base un titre antérieur dont l'application à la propriété en litige est contestée. Charleville, 2 mai 1861. (7502).

377. Mais le dissentiment des parties sur le rapport des anciennes et nouvelles mesures énoncées dans les titres ne constitue pas un litige sur les titres et la propriété dont le juge de paix ne peut connaître. Rej. 11 juin 1861 (7559).

378. Lorsque la *prescription* est invoquée ce magistrat est-il incompétent ? — Oui, si elle constitue une *demande* en revendication directe ou indirecte. Cass. 18 mai 1859 ; Besançon, 14 déc. 1859 (7022, 7193) ; Demolombe, *servitude*, 1, n° 252 ; — non, si la prescription n'est qu'un simple *moyen* à l'appui de la demande ou de la défense sur l'action en bornage. Cass. 27 fév. 1860 ; Rej. 16 mai 1860 (7230, 7284).

379. En cas de contestation sur la propriété ou sur les titres, le juge de paix ne peut surseoir sur la question de propriété ; il doit se déclarer incompétent sur le tout. Cass. 27 nov. 1860. — V. d'ailleurs *Bornage.*

380. *Distance prescrite pour les plantations.* Le juge de paix est compétent : — 1° lorsque le défendeur, sans contester la propriété du fonds possédé par le demandeur (les parties étant d'accord sur les limites), soutient que la limite du lieu s'étend au delà de la distance exigée pour les plantations, qu'ainsi son arbre n'a été planté qu'à cette distance. Cass. 21 août 1844. — La contestation peut être terminée par un arpentage.

381. 2° Lorsqu'il ne s'élève aucune contestation sur la propriété, et que le défendeur soutient que l'arbre a été planté depuis plus de trente ans, qu'ainsi la prescription s'oppose à ce qu'il soit arraché, ou que l'existence d'anciens arbres qui viennent d'être abattus lui a fait acquérir le droit d'en replanter d'autres. Trib. Saint-Yriex, 1er fév. 1848; Cass. 13 mars 1850 (3909, 4717 et 7022). Curasson, 2, 365.

382. Peu importe que les *plantations* aient été faites par la main de l'homme ou qu'elles aient été produites naturellement par le sol : la loi ne distingue pas. Cass. 13 mars 1850. — Trib Bordeaux, 29 nov. 1852 (4717, 5325).

383. Les arbres qui sont, par leur nature, arbres de haute tige, ne peuvent être considérés comme de basse tige, par cela seul qu'ils sont coupés périodiquement et tenus à la hauteur d'une haie. Cass., 12 fév. 1861 (7457). On ne peut, à cet égard, suivre les usages locaux. Rej. 9 mars 1853 (5487).

384. La distance à observer pour la plantation d'arbres près de la limite d'une propriété voisine n'est pas applicable aux simples semis ou plantations dans une pépinière de jeunes arbres de haute tige. Colmar, trib. 6 août 1856 (6529).

385. Peu importe que la demande ne soit pas intentée dans l'année où les plantations auraient été faites; car il ne s'agit pas ici d'une action possessoire (1166).

386. Mais le juge de paix est incompétent : — 1° lorsqu'une partie soutient que le bornage doit avoir lieu dans les limites de sa possession actuelle, possession conforme à ses titres; il y a contestation sur la propriété. Douai, 19 janv. 1848.

387. 2° Lorsque le défendeur prétend qu'une convention particulière l'a autorisé à planter à une distance plus rapprochée que la distance légale. Cass. 20 juillet 1847 (3725). — *Contrà,* Arg. Cass. 9 fév. 1847. (3613).

388. 3° Lorsqu'il s'agit de régler la distance à laquelle les propriétaires riverains des chemins publics peuvent planter sur le bord de ces chemins, soit des arbres, soit des haies vives; l'autorité administrative est seule compétente dans ce cas. Dalloz, n° 275.

389. Dans quelques localités, l'usage veut qu'un propriétaire ne puisse établir de fossés sur son fonds qu'à une certaine distance du fonds voisin. — En admettant avec la C. de Dijon (22 juill. 1836), que cet usage doive être respecté, le juge de paix est incompétent sur les contestations relatives à la distance des fossés; aucune loi ne lui en a conféré l'attribution. Benech, p. 283; Dalloz, n° 277.

390. Le juge de paix doit d'office se déclarer incompétent, à quelque phase de la procédure que les titres de propriété aient été contestés. Il n'est pas nécessaire que l'exception d'incompétence ait été proposée *in limine litis.* Cass. 12 avril 1843, 13 mars 1850. (2603, 4717.) — V. *sup.,* 379.

ART. 3. — *Travaux énoncés dans l'art.* 674 *du Code.*

391. Le juge de paix connaît, à charge d'appel, des contestations relatives à l'établissement des puits ou fosses d'aisances

près des murs mitoyens ou non; à la construction des chemi-
nées, âtres, forges, fours ou fourneaux, étables et magasins de
sel ou amas de matières corrosives près de ces murs; à l'obligation de laisser la distance prescrite par les règlements et usages
particuliers sur ces objets, ou de faire les ouvrages prescrits par
les mêmes règlements et usages, pour éviter de nuire au voisin
lorsque la propriété ou la mitoyenneté ne sont pas contestées.
C. N. 674; L. 1838, art. 6, § 3.

392. Spécialement de la reconstruction d'une citerne de
fosse d'aisance dont le mauvais état donne lieu à des infiltrations
de matières ayant infecté le mur mitoyen; l'établissement d'un
contre-mur pour isoler la citerne; des dommages-intérêts pour
défaut de jouissance. Douai, 25 avr. 1855 (6044).

393. Cette compétence cesse lorsque celui qui veut faire les
travaux se prétend seul et unique propriétaire du mur, et que
cette prétention est contestée. Carou, n° 523.

394. Celui qui fait les constructions est obligé de laisser la
distance prescrite par les règlements et usages particuliers sur
ces objets, ou à faire les ouvrages prescrits par ces mêmes règlements et usages pour ne pas nuire au voisin. C. N. 674.

395. A défaut de règlements et d'usages à cet égard, le juge
doit fixer lui-même la distance des constructions, en prenant
en considération la nature des établissements et constructions
à faire, des matières qui doivent être déposées, et en ordonnant
les mesures propres à concilier tous les droits et tous les intérêts. Benech, 285.

396. Le juge ne connaît-il que des actions tendantes à faire
appliquer aux constructions et travaux mentionnés dans l'article 674 C. N. les prescriptions des usages et règlements? —
Ou bien sa compétence comprend-elle toutes les actions relatives à ces travaux et constructions, notamment les demandes
en indemnité du préjudice qui peut en résulter, alors même que
l'on a pris dans leur exécution les mesures prescrites. — Dans le
premier sens on dit : l'action en indemnité n'a plus pour base
l'art. 674 C. N., mais l'art. 1382. Le juge de paix n'est compétent que dans les limites de l'art. 1er, c'est-à-dire lorsque la
demande n'excède pas 200 fr. Foucher, n° 309. — Toutefois,
dans l'opinion contraire, on répond que l'art. 6 défère au juge
de paix toutes les contestations relatives aux travaux énoncés
dans l'art. 674 C. N. sans distinction. Masson, n° 260; Carou,
n° 529; Dalloz, n° 279.

397. Le juge de paix ne connaît pas des contestations concernant des travaux *autres* que ceux mentionnés dans l'art. 674,
quoique ces travaux exigent également des mesures de précaution. Dalloz, n° 280. — Spécialement de la demande en sup-

pression d'une cheminée que l'un des copropriétaires d'un mur mitoyen y fait pratiquer sans le consentement de l'autre. — Il s'agit dans ce cas de régler l'exercice du droit de mitoyenneté: c'est une question de propriété. Bastia, 8 fév. 1840.

388. Est-il compétent dans le cas où, sans contester le droit de propriété ou de mitoyenneté, celui qui a fait effectuer les constructions prévues par l'art. 674, prétend avoir acquis par titre ou par prescription le droit de se dispenser des travaux de précaution auxquels veut l'obliger le demandeur ? — Pour l'affirmative on dit : les droits de propriété ou de mitoyenneté ne sont pas contestés; la contestation est relative à des travaux de la nature de ceux énoncés dans l'art. 674; les deux seules conditions exigées par la loi sont remplies : le juge de l'action est le juge de l'exception. Dalloz, n° 283. — Pour la négative on répond : il ne s'agit plus alors seulement de l'application de l'art. 674, mais bien de prononcer sur l'existence ou la non-existence d'une servitude. Carou, n° 625. — Ainsi l'action en démolition de travaux opérés dans un mur où se trouvent des latrines est de la compétence du trib. civil, lorsque le défendeur conclut reconventionnellement à la démolition des latrines, et que le demandeur prétend les avoir établies sur un terrain lui appartenant en vertu de la prescription. Rej. 13 nov. 1860 (7548).

Art. 4. — *Pensions alimentaires.*

399. Le juge de paix connaît, à charge d'appel, des demandes en pension alimentaire n'excédant pas 150 fr. par an, et seulement lorsqu'elles sont formées en vertu des art. 205, 206 et 207 C. N. L., 1838, art. 6, § 4. — La pension alimentaire devant être acquittée pendant un temps indéterminé, les demandes de cette nature étaient de la compétence des trib. de 1re instance. Il arrivait que l'extrême misère d'un père l'empêchait de porter à la ville sa réclamation. Le juge de paix qui est le juge du lieu, qui connaît la situation des familles, fera, dans cette occasion, entendre des paroles salutaires. Gardé des sceaux, *Moniteur* du 25 juin 1837. — V. *Aliments.*

400. La compétence du juge de paix est expressément limitée aux cas prévus par les art. 205, 206 et 207 C. N.

401. Elle ne comprend pas la demande formée : — 1° par ou contre un enfant adoptif : cette demande a pour fondement non l'art. 205, mais l'art. 349 C. N.; Foucher, n° 319; Curasson, 2, p. 514; Gilbert, n° 206. — *Contrà,* Dalloz, n° 287; Carou, n° 238.

402. 2° Par ou contre un enfant naturel ou adultérin : cette demande est formée non en vertu de l'art. 205 placé au titre *des* *obligations qui naissent du mariage;* elle a pour fondement les art. 763 et 764 C. N. Leur application soulève des questions de succession et de reconnaissance dont l'examen est interdit au juge de paix. Foucher et Curasson, Gilbert, *ib.* — *Contrà,* Masson, p. 220 ; Dalloz, n° 288. — Même solution pour le cas où la qualité de l'enfant serait reconnue par un jugement. — *Contrà,* Dalloz, n° 288.

463. Le juge de paix ne connaît pas de la demande formée contre le père d'un enfant naturel par le descendant légitime de cet enfant naturel (5301).

464. 3° Par un époux contre son conjoint, en vertu de l'art. 212 C. N.

465. 4° Par le donateur contre le donataire, en vertu de l'art. 955 C. N.

466. En ce qui concerne les alliés, le juge de paix n'est compétent que pour les demandes formées par les *beaux-pères* et *belles-mères* contre leurs gendres ou belles-filles, et réciproquement.

467. Le juge de paix n'est plus compétent lorsque la demande a lieu en vertu d'une convention ou d'un titre, quelle que soit la somme réclamée.

468. Peut-il ordonner qu'un fils recevra son père dans sa demeure, le nourrira et l'entretiendra ? — Pour l'affirmative on dit : c'est spécialement dans ce cas que l'intervention paternelle du juge de paix est efficace auprès des familles peu fortunées qui ne pourraient payer la pension alimentaire. Foucher, n° 327 ; Carou, n° 240. — Pour la négative on oppose qu'il s'agit ici d'une demande indéterminée. Curasson, 2, p. 518. — Mais, si le demandeur a conclu alternativement à être entretenu par son fils, ou au payement de 150 fr., le juge de paix est compétent. Dalloz, n° 291. — V. *sup.*, 53.

469. Le juge de paix connaît : 1° de l'action récursoire en répartition de la pension entre les divers enfants du même père. — Peu importe que cette action ait été formée incidemment à la demande du père ; — ou par *action principale,* depuis le jugement qui a condamné l'un des fils à payer des aliments au père. Carou, n° 242 ; Dalloz, n° 293.

410. 2° De la demande en modification ou en cessation de la pension alimentaire accordée en vertu des art. 205 à 207 C. N., il y a même motif : la nécessité d'économiser les frais. Dalloz, n° 292. — Le juge de paix peut connaître d'une demande en augmentation de pension jusqu'à concurrence de 150 fr. par an, quand même la pension aurait déjà atteint ce taux. — Mais la demande en réduction d'une pension excédant ce taux, doit être portée devant le trib. civil. Gilbert, n° 111.

§ 5. — *Prorogation de la compétence du juge de paix.*

411. La compétence du juge de paix est prorogée dans certains cas, — soit en vertu de la loi, — soit en vertu du consentement des parties.

ART. 1. — *Prorogation légale. — Demandes réunies dans la même instance. — Demandes reconventionnelles.*

412. *Demandes réunies.* Lorsque plusieurs demandes formées *par la même partie* sont réunies *dans une même instance*, le juge de paix ne prononce qu'en premier ressort, si leur valeur totale s'élève au-dessus de cent francs, lors même que quelqu'une de ces demandes est inférieure à cette somme. Il est incompétent *sur le tout*, si ces demandes excèdent par leur réunion, les *limites de sa juridiction*. L. 1838, art. 9.

Cet article, d'après le sens grammatical, de chacun de ses termes et l'ensemble de ses dispositions, se réfère implicitement à l'art. 1er. — Si la disposition finale : *limites de sa juridiction* prête à l'interprétation, s'il y a doute entre la juridiction ordinaire telle quelle est déterminée par l'art. 1er et la juridiction exceptionnelle établie par les art. 2 à 6, ce doute doit être résolu d'après les observations de M. Renouard (Art. 6318, p. 74) dans un sens restrictif. Il faut prendre pour le 2e cas prévu par l'art. 9, la même base que celle prise par la loi pour le premier, c'est-à-dire le principe général qui limite la compétence du juge de paix à 200 fr. — Si ce magistrat a une compétence plus étendue dans les cas prévus par les art. 2 à 6, c'est par *exception* et seulement lorsqu'il s'agit d'une demande unique. S'agit-il de plusieurs demandes réunies, l'art. 9 prévoit ce cas et le soumet à l'empire du droit commun, c'est-à-dire à l'art. 1er. — Dès que le demandeur, dont la prétention détermine la compétence, réunit plusieurs demandes, il est réputé avoir voulu les confondre en une seule. Le système contraire aurait eu pour effet de soumettre au juge de paix des questions souvent difficiles sur la divisibilité des demandes, et de faire naître des procès préjudiciels sur la question de savoir si ces demandes proviennent ou non de causes différentes.

Ainsi le juge de paix ne connaît pas de plusieurs demandes formées pour loyers, lorsque réunies dans la même instance elles excèdent les limites de sa juridiction d'après l'art. 1e de la loi de 1838. Bordeaux, 8 juin 1860 (7295).

Le trib. civil connaît, à l'exclusion du juge de paix d'une demande en payement d'une somme excédant la compétence de ce magistrat, composée en partie d'une dette de loyers, en partie d'un prêt. Chartres, 11 janv. 1853 (5322, 5334). —Peu importe que l'un des chefs rentre par sa nature dans la compétence illimitée et que le total des autres soit inférieur à 200. Orgères, 7 mars 1853 (5430). — *Contrà,* Bécherel (6318).

Spécialement les demandes en payement formées contre le même locataire en vertu de plusieurs baux distincts sont de la compétence du tribunal civil, bien que chacune d'elles prise isolément rentre dans la compétence du juge de Paix. Parthenay, 27 fév. 1855 (5865). *Contrà,* Curasson, 2, n° 821. Suivant cet auteur, lorsque chacune des demandes réunies rentre dans l'une des diverses attributions conférées au juges de paix, c'est à l'attribution la plus considérable qu'il faut s'attacher pour savoir si ce magistrat doit retenir la connaissance de l'affaire.

413. Pour que la disposition de l'art. 9 soit applicable, il n'est pas nécessaire que les divers chefs de demande soient de même nature. Foucher, p. 378, n° 5.

Jugé que lorsqu'une demande en payement de 1,000 fr. de dommages-intérêts pour dégradation aux lieux loués est portée devant le trib. civil, conjointement avec une autre demande en payement de loyers, le trib. doit renvoyer le jugement de la 1re devant le juge de paix. Bastia, 28 janv. 1856 (6333).

414. Le juge de paix ne peut connaître d'une demande ayant pour objet : 1° le remboursement de 60 fr. pour argent prêté ; 2° le payement de 100 fr, pour le prix de la vente d'un cheval ; 3° le payement de 120 fr. pour le prix d'une pièce de vin, bien que chacun de ces chefs de demande pris isolément rentre dans sa compétence. Si la demande ne comprend que les deux premiers chefs, il peut en connaître, mais en premier ressort seulement.

415. Toutes les demandes réunies, de la même partie, concourent pour déterminer la compétence, qu'elles aient été ou non introduites par le même exploit. Dalloz, n° 306.

416. Deux demandes inférieures chacune à 200 fr., supérieures à cette somme par leur réunion, peuvent être successivement soumises au juge de paix ; — mais ce magistrat doit prononcer le rejet de la seconde, lorsque les deux demandes n'étant ni l'une ni l'autre justifiées par écrit excèdent, jointes ensemble, la somme de 150 fr. Arg. C. N. 1346. Dalloz, n° 307.

417. *Quid* lorsqu'une action embrasse tout à la fois des chefs de la compétence du juge de paix et des chef réservés aux tribunaux civils ? — Il faut distinguer : si les divers chefs présentent des demandes connexes, les tribunaux civils doivent prononcer sur le tout. — S'il n'y a pas connexité, si les demandes n'ont point une origine commune, et si l'une d'elles appartient, non-seulement par sa valeur, mais par sa nature, au juge de paix, ce magistrat peut ordonner la disjonction et statuer sur tous les chefs qui rentrent dans ses attributions. V. *sup.* 9 et 10.

418. L'art. 9 n'est applicable qu'au cas où les différentes demandes sont formées *par la même partie*, et non à celui où, par le même exploit, des parties ayant des intérêts distincts ont formulé différents chefs de demande contre le même défendeur. Henrion, ch. 14; Dalloz, n° 309. — Il existe autant de procès particuliers qu'il y a de demandeurs formant contre le défendeur une demande distincte. Il ne peut dépendre de la volonté de ceux-ci de changer, en réunissant leurs actions, la juridiction à laquelle chacune d'elles est séparément soumise. Arg. Cass. 17 nov. 1813.

419. Qui connaîtra de la demande formée, en vertu d'une cause unique, pour une somme supérieure à 200 fr., contre plusieurs cohéritiers, pour leur part virile inférieure à ce taux? — En faveur de la compétence du tribunal civil on dit : il s'agit d'une demande unique, d'un titre unique; peu importe que les défendeurs soient différents. L'art. 9 de la loi de 1838 est applicable. Déjà l'art. 59 C. pr. attribuait compétence à un même tribunal. — En faveur de la compétence du juge de paix on répond : — Si l'art. 59 C. pr. permet, lorsqu'il y a plusieurs défendeurs, de les assigner tous devant le trib. du domicile de l'un d'eux au choix du demandeur, il est sans influence sur la compétence envisagée sous le rapport de la nature et de l'objet de la demande; cette compétence se détermine eu égard à ce qui est réclamé de chacun des défendeurs, et non pas eu égard au titre qui sert de fondement à la demande ; au cas d'obligation divisible contractée par plusieurs personnes conjointement, mais sans solidarité, il y a autant de dettes que d'obligés, bien qu'il n'y ait qu'un seul titre; le juge qui eût été compétent pour connaître des actions, si elles avaient été divisées, ne cesse pas de l'être parce qu'elles ont été réunies. L'article 9 que l'on invoque dans le système contraire suppose e cas où les demandes réunies dans une même instance sont formées contre une même personne et non pas le cas où elles sont formées conjointement contre plusieurs codébiteurs non solidaires. Nancy, 17 mars 1846 ; Douai, 3 mai 1847 (3379, 3702). Benech, 311. — *Contrà*, Arg. Paris, 6 fév. 1846 (3316); C - rasson, 1, 199. Dalloz, n° 311. Arg. Pau, 17 juin 1828. — V. *inf.* 422.

420. Est en dernier ressort le jugement qui prononce sur une demande formée contre plusieurs acquéreurs non solidaires en payement de leur part dans le prix d'une vente mobilière dont le montant s'élèverait à plus de 100 fr., si la part isolée de chaque défendeur était inférieure à 100 fr. Arg. Cass. 6 mars 1838 (1261).

421. Mais l'instance introduite par le cessionnaire de tous les héritiers est de la compétence du tribunal civil.

422. *Quid* si plusieurs demandeurs agissent en vertu d'un titre commun, par exemple trois héritiers réclamant par le même exploit le payement d'une somme de 500 fr. due par le défendeur à la succession de leur auteur? — Ces réclamations dérivant d'un même titre, doivent-elles, à cause de leur réunion, être considérées sous le rapport de la compétence comme ne formant qu'une seule demande? — Pour l'affirmative on dit : Dans le système contraire, si un individu venait à mourir, après avoir formé une demande de 200 fr., laissant deux héritiers, le juge qui ne pouvait statuer qu'en premier ressort dans l'origine, acquerrait par le décès une compétence de dernier ressort. — C'est cependant la demande qui détermine le degré de juridiction. — Mais pour la négative, on répond : La compétence et le degré de juridiction se déterminent d'après le dernier état des conclusions; or, au moment du jugement, les demandes, quoique reposant sur le même titre, ne sont pas moins distinctes les unes des autres; elles ont pu être intentées séparément, et l'une d'elles peut être repoussée par des exceptions non opposables aux autres, par exemple l'exception de prescription. Arg. ch. réunies, 25 janv. 1860 (7210). — *Contra*, Curasson, 1, 199; Carou, 1, 192; Dalloz, n° 310. — V. *sup.* 55.

423. Au reste, toutes les demandes doivent s'additionner pour déterminer la compétence et le ressort : — 1° lorsque l'obligation dont on réclame l'exécution est solidaire. — C'est la demande tout entière et non pas l'intérêt particulier de chacun des demandeurs ou défendeurs qui doit être considérée pour régler la compétence. — La condamnation à intervenir ne peut en effet être prononcée au profit de l'un des créanciers solidaires ou contre l'un des débiteurs solidaires, sans l'être en même temps au profit de tous ou contre tous. Carou, 1, 196.

424. 2° Lorsque l'obligation est *indivisible*, quel que soit le nombre des demandeurs ou défendeurs, et sans qu'il y ait à distinguer si l'action est intentée par le créancier ou par ses héritiers contre le débiteur ou contre ses héritiers. Dalloz, n° 316.

425. La demande en payement d'une somme de 300 fr., dirigée avant le partage contre une succession bénéficiaire, doit être portée devant le trib. civil. Si la somme n'eût pas excédé 200 fr. le juge de paix du lieu de l'ouverture de la succession eût été compétent. Castelnaudary, 15 déc. 1847 (4042).

426. *Demandes reconventionnelles.* Le juge de paix connaît de toutes les demandes reconventionnelles ou en compensation qui, par *leur nature ou leur valeur*, sont dans les limites de sa compétence ; alors même que, dans les cas prévus par l'art. 1er, ces demandes réunies à la demande principale s'élèveraient au-dessus de 200 fr. L. 1838, art. 7.

427. On entend par demandes reconventionnelles toutes celles formées par le défendeur incidemment à la demande principale, et qui sont de nature à exercer quelque influence sur celle-ci.

428. L'attribution de compétence résulte de l'appréciation distincte de chacune des demandes principale et reconventionnelle. Si Pierre demande à Paul 200 fr. et Paul 200 fr. à Pierre, le juge de paix jugera : ce sont deux procès, sur chacun desquels il est compétent. — Il jugera par un *seul jugement* et à *la suite d'une même instance ;* deux procédures multiplieraient sans nécessité les frais ; et du conflit des prétentions opposées, naît la nécessité de régler entre les parties un compte dont la discussion et l'apurement s'opéreront plus convenablement par un juge unique. Rapport de M. Renouard.

429. Le juge de paix saisi d'une demande en payement de cotisation contre un assuré, connaît de la demande reconventionnelle formée par l'assuré contre la Cie en restitution de frais d'administration et de primes payées depuis la résiliation, lorsque la somme réclamée ne dépasse pas le taux de sa compétence. Rej. 27 juin 1860 (7499).

430. Mais le juge de paix est incompétent lorsqu'une personne, poursuivie par une compagnie de chemin de fer en payement des frais de transport, demande reconventionnellement une somme supérieure à 200 fr., à titre de dommages-intérêts, pour préjudice à elle causé par le retard dans le transport de ses colis. Rouen, trib., 3 mai 1854 (5934).

431. Peu importe que la demande reconventionnelle soit d'une autre nature que la demande principale, pourvu qu'elle soit également de la juridiction du juge de paix.

432. La demande reconventionnelle peut être formée tant que les débats judiciaires ne sont pas clos et que les parties peuvent prendre des conclusions nouvelles, à moins cependant, quand elle est intentée vers la fin du débat, qu'elle ne soit de nature à retarder le jugement de la demande principale, auquel cas le juge peut statuer sur celle-ci et renvoyer le défendeur à se pourvoir par action principale pour sa demande. Foucher, n° 349.

433. Lorsque chacune des demandes principales, reconventionnelles ou en compensation, est dans les limites de la compétence du juge de paix en dernier ressort, il prononce sans qu'il y ait lieu à appel. L. 1838, art. 8.

434. Si la demande reconventionnelle ou en compensation, excède les limites de sa compétence, il peut, soit retenir le jugement de la demande principale, soit renvoyer sur le tout les parties à se pourvoir devant le trib. de 1re inst., sans préliminaire de conciliation. L. 1838, art. 8. — La dispense de préliminaire spécialement autorisée dans ce cas, ne peut être étendue aux autres cas dans lesquels le juge de paix doit se dessaisir, suivant Foucher, no 368. — V. toutefois *Conciliation.*

435. Ce magistrat ne peut connaître des *demandes reconventionnelles* ou en compensation, que lorsque ces demandes sont, par *leur nature ou leur valeur,* dans les limites de sa compétence ; mais peu importe que par leur réunion à la demande principale elles excèdent le taux du premier ressort : elles doivent être considérées isolément et comme si elles avaient été formées seules ; de sorte que si la demande principale est inférieure à 100 fr., ainsi que la demande reconventionnelle ou en compensation, le juge statue sur le tout en dernier ressort. *Ib.*

436. Si, au contraire, l'une d'elles seulement est de nature à être jugée en dernier ressort, il prononce en premier ressort sur le tout. Le juge du second degré étant appelé à connaître d'une des demandes reconventionnelles, doit pouvoir statuer également sur l'autre. *Ib.*

437. Enfin, si l'action reconventionnelle dépasse, même en premier ressort, les limites de la compétence du juge de paix, celui-ci peut, selon les circonstances, se dessaisir de cette action et retenir la demande principale, ou bien renvoyer le tout au trib. de 1re inst. *Ib.* — La loi ne pouvait, sur ce point, que s'en rapporter à l'appréciation du magistrat ; s'il reconnaît que l'action reconventionnelle est formée sérieusement, qu'elle a une telle relation avec l'action principale qu'il ne soit possible de les bien juger qu'ensemble, il se dessaisit entièrement ; dans le cas contraire, il faut bien qu'en retenant la cause principale seule, le juge puisse déjouer le calcul par lequel, pour échapper à sa décision et lasser le bon droit par la crainte des longueurs et des frais, la seconde demande serait formée sans conscience, exagérée avec intention, ou n'aurait pas de rapport avec le premier objet du litige. La connexité, dans ces circonstances, ou n'existe pas ou n'est qu'apparente ; la disposition est alors favorable à la justice et sans inconvénients. — — Garde des sceaux (1166, p. 301).

438. Le législateur a créé une exception au principe d'après lequel le juge de paix ne peut connaître de la demande reconventionnelle lorsque cette demande excède les limites de sa juridiction, pour le cas où la demande reconventionnelle a pour but l'obtention des dommages-intérêts fondés exclusivement sur la demande principale elle-même. — Dans cette circonstance, le juge de paix connaît des demandes de cette nature, à quelques sommes qu'elles puissent monter. L. 1838, art. 7. — Cette demande ne constitue pas un procès nouveau annexé au premier procès : elle n'est autre chose que la dérivation et la conséquence de la première demande. Elle est accessoire à la demande principale, elle doit en suivre le sort. Décider autrement, ce serait mettre l'ordre et le choix des juridictions à la merci du défendeur qui serait toujours le maître de se soustraire à la compétence du juge de paix, en demandant, à titre de dommages-intérêts une somme supérieure à cette compétence. *Rapport* de M. Renouard.

439. Ces demandes doivent-elles être jugées en dernier ressort, quelle que soit leur quotité, toutes les fois que la demande principale est inférieure à 100 fr.?—L'affirmative, déjà résolue sous le Code (Cass. 19 avr. 1830; Toulouse, 18 mars 1833); semble résulter de la discussion lors de la loi de 1838 : tous les orateurs ont déclaré que les demandes de cette nature ne devaient être considérées que comme des accessoires des demandes principales, et suivre *le sort de celles-ci.* Rapport de M. Amilhau, 2 avr. 1835; M. Renouard, 29 mars 1837; Gasparin, 19 juin 1837; Benech, 1, 337; Rodière, 1, 190; Carou, n° 253. — Toutefois la négative a été jugée par les motifs suivants : pour que le jugement de la demande reconventionnelle ne soit pas susceptible d'appel, il faut, d'après l'art. 8, que cette demande, comme la demande principale, soit dans les limites de la compétence en dernier ressort. La disposition de l'art. 2 de la loi du 11 avril 1838, qui attribue aux trib. civils le pouvoir de statuer en dernier ressort sur les demandes en dommages-intérêts, lorsqu'elles sont exclusivement fondées sur la demande principale, est particulière à ces tribunaux et ne peut être étendue aux justices de paix, dont la compétence est réglée par une loi spéciale. Laval, 18 janv. 1847. Casse, 16 juin 1847, 27 juill. 1858 (3582, 6798).

ART. 2. — *Prorogation volontaire.*

440. Les parties peuvent se présenter devant un juge de paix quelconque et lui soumettre leur différent, même en dernier ressort, encore qu'il ne soit leur juge naturel, ni à raison du domicile du défendeur, ni à raison de la situation de l'objet litigieux. C. pr. 7. — V. *Prorogation de juridiction.*

La prorogation ne résulte que d'un consentement *écrit* : la citation et les conclusions des parties ne suppléent pas à ce consentement. Cass. 9 mars 1857 (6405).

441. L'acte qui proroge la juridiction du juge de paix ne tombe pas en péremption. (7111).

Sect. II. — *Compétence territoriale.*

442. Dans les causes purement mobilières, la citation doit, en général, être donnée devant le juge du domicile du défendeur; s'il n'a pas de domicile, devant le juge de sa résidence. C. pr. 2. — V. toutefois *inf.* 460.

443. Lorsque la citation est donnée devant le juge de la résidence, le défendeur peut demander son renvoi devant celui de son domicile; — mais, dans ce cas, la citation n'est pas annulée, si d'ailleurs le demandeur ignorait l'existence de ce domicile. Carré, art. 2. — Cette citation a pour effet d'interrompre la prescription; les frais de cette citation ainsi que ceux du déclinatoire sont à la charge du défendeur. Carré, *ib.*

444. L'officier dont on ne connaît pas le domicile d'origine peut être actionné devant le juge de sa garnison en réparation civile des voies de fait auxquelles il se serait livré. Tours, 9 février 1853 (5364).

445. S'il y a eu élection spéciale de domicile, le juge de paix compétent est celui du domicile élu. Arg. C. N. 111; C. pr. 59; Carré, *ib.*

446. On avait proposé à la Ch. des députés d'attribuer juridiction au juge de paix du domicile de l'aubergiste ou du carrossier, et pour la perte ou l'avarie d'effets confiés à une voiture publique, au juge de paix du lieu où la perte ou l'avarie serait découverte et constatée : c'était afin de procurer aux parties une prompte justice. — Mais cette proposition a été écartée par le motif que la loi nouvelle ne devait déterminer la compétence des justices de paix qu'à raison de la matière, et non créer de nouveaux règlements de juridiction. — Le juge de paix compétent est celui du domicile du défendeur : on n'a pas cru devoir déroger au droit commun; il y aurait eu inconvénient à forcer un voyageur à paraître en justice là où il ne devait se trouver qu'un instant ; de l'y retenir ou de l'y ramener d'une longue distance, par la nécessité de s'y défendre; tout au moins de le forcer à laisser un mandat là où il n'aurait aucune relation, là où pourraient ne pas exister des officiers ministériels que leur caractère recommanderait à sa confiance. Loin qu'il y ait des motifs pour faire exception au principe ordinaire de la compétence à raison de la personne, un examen attentif n'a pu que déterminer à le maintenir. Discours de M. le garde des sceaux. *Moniteur* du 24 avril 1838; Carou, n° 160.

447. Toutefois les hôteliers, logeurs, aubergistes, carros-

siers, en retenant les effets ou voitures du voyageur ou locataire jusqu'au payement de la dépense, peuvent contraindre
celui-ci à plaider devant le juge de leur domicile.

448. La réclamation du voyageur pour ce qui concerne les
effets perdus ou volés dans une auberge doit être portée devant
le juge du domicile de l'aubergiste. Dalloz, n° 204.

449. Si la réclamation est dirigée contre un entrepreneur de
voitures publiques, faut-il s'adresser au juge du lieu où l'entrepreneur a son principal établissement? — Peut-on s'adresser
au juge du lieu où est établi le bureau dépendant de l'entreprise
le plus voisin de l'endroit où la perte des effets a été découverte et
constatée? — Dans ce dernier sens on dit : Si la commission de
la Ch. des députés a refusé compétence au juge de paix du lieu
de la dépense, c'est dans l'intérêt du voyageur. Or, cet intérêt
sera froissé, si le voyageur qui découvre à Bordeaux la perte
de ses effets est tenu de recourir à Paris pour obtenir les dommages-intérêts auxquels il a droit. Curasson, 1, 225; Carou,
2, 346, note 2. — Quelque puissante que soit cette considération, on doit s'en tenir au droit commun que la loi de 1838 n'a
point modifié et n'a point voulu modifier sous ce rapport. Dalloz, n° 204. — Ainsi une Compagnie de chemin de fer doit être
assignée devant le trib. du domicile social. Cass. 4 mars 1845,
Dev. 45, 273. — V. 111 et d'ailleurs *Compétence commerciale.*

450. La demande en payement de loyers ou fermages doit-
elle être soumise au juge de paix du domicile du défendeur —
ou bien à celui de la situation de l'immeuble loué? — Dans ce
dernier sens on invoque les paroles de M. Amilhau : — « Il est
à remarquer que les contestations relatives aux loyers appar-
tiendront principalement aux juges de paix des villes qui connaissent les usages et les règles de cette matière; et les questions sur les fermages, plus souvent de fait que de droit, seront
dévolues aux juges de paix des cantons ruraux *qui sont sur le
lieu du litige,* et ont sur ces matières des lumières pratiques
dont beaucoup de personnes éclairées, dans les villes, se trouvent dépourvues. » — On ajoute que cette exception au droit
commun se justifie par des motifs d'urgence et d'économie de
frais. Foucher, p. 139. Carou, n° 224; Augier, suppl., v° *Bail.*
— Mais en faveur de la compétence du juge du défendeur, on
répond : cette règle a toujours été suivie pour les affaires de la
compétence du trib. d'arrondissement. La loi de 1838 n'a pas
eu pour but de changer la compétence territoriale. Son silence
d'ailleurs autorise l'application du droit commun : l'action en
payement de loyers et fermages est une demande personnelle.
Il faut suivre l'art. 2 C. pr. — Enfin, le domicile du défendeur
sera presque toujours le lieu même par lui loué. Curasson,
1, 330; Dalloz, n° 101; Gilbert, n° 79.

451. Au reste, la demande en validité ou en main-levée de la saisie-gagerie est de la compétence du juge de la saisie : il s'agit d'une question d'exécution. Arg. C. pr. 3, 608, 825. Curasson, 1, 333; Gilbert, n° 80.— Il en est de même en cas de *saisie foraine* — V. ce mot.

452. Toutefois, le juge compétent est celui du domicile du débiteur saisi, lorsque la saisie-gagerie est pratiquée aux mains d'un tiers. Arg. C. pr. 831.

453. Le juge de paix du domicile du défendeur est encore compétent pour connaître : — 1° de la demande en validité de congé. — V. *sup.*, 450.

454. La demande en payement des gages formée contre le maître par les domestiques ou gens de travail, doit-elle être soumise au juge du domicile du défendeur, ou bien au juge du domicile du domestique ou du journalier. Dans ce dernier sens, on dit : il n'est ni raisonnable ni juste d'obliger les journaliers à recourir à un autre juge pour réclamer leurs salaires; ce serait souvent les contraindre à y renoncer, dans la crainte de trop grandes dépenses. Le juge étranger au canton serait lui-même obligé à renvoyer devant le juge du lieu, soit pour entendre les témoins, soit pour visiter et estimer l'ouvrage; ce qui occasionnerait un circuit d'actions. Telle ne peut avoir été l'intention du législateur qui a donné au juge de paix la connaissance des demandes en payement de salaires, à quelque somme qu'ils pussent monter, afin que les ouvriers obtinssent prompte justice et à peu de frais ; l'art. 2, en parlant des matières *purement personnelles*, a employé ces expressions par opposition, non-seulement aux actions réelles ou mixtes, mais encore, et plus spécialement, par opposition aux actions qui ne dérivent point uniquement des obligations contractées avec la personne, et qui, quoique la plupart personnelles, ne sont pas *purement personnelles*, en ce qu'elles tiennent aux choses et se rattachent à des objets qui exigent presque toujours la visite du magistrat du lieu ; la désignation de ces actions, faites par l'art. 3, n'est pas limitative. Pourquoi soumettre au magistrat du lieu une action en dommages aux champs, et ne pas lui soumettre une action pour le travail fait aux champs, fruits et récoltes ? Dans l'un et l'autre cas, c'est le champ qui est l'objet du litige, soit qu'il ait été détérioré ou amélioré. Si le Code n'a pas désigné, dans l'art. 3, les salaires des gens de travail et gages des domestiques c'est qu'on ne pouvait faire une disposition générale à cet égard, parce que, tantôt il en résulte une action purement personnelle à diriger devant le juge du domicile du défendeur, comme l'action du domestique attaché à la personne, et qui doit suivre son maître, et tantôt une action locale, qui doit être jugée par le magistrat du lieu, comme l'action des moissonneurs, des ouvriers attachés à la ferme. — En faveur de la compétence du juge de paix du domicile du défendeur, on répond : l'action en payement de gages et salaires est personnelle ; elle n'a pas été énumérée dans l'art. 3 C. pr. Elle reste soumise à la règle générale posée par l'art. 2. Carré, 1, 2 ; Commaille, 24 ; Paillet, art. 2 ; Dalloz, n° 165 ; Gilbert, n° 165. — *Contrà*, Lepage, 64, Thomine, 1, n° 24. — V. d'ailleurs *sup.*, 450.

455. Même compétence pour la demande du salaire des ouvriers : on oppose l'art. 21. L. 22 germ. an XI, qui attribue juridiction au lieu de la situation des manufactures ou ateliers. — Mais cette exception au principe général n'a été déclarée applicable qu'aux affaires de police et aux délits. Cass. 22 déc. 1835 (272). — *Contrà*, Carou, n° 361 ; Gilbert, n° 166.

456. Quel est le juge de paix compétent pour connaître de l'exécution d'un acte d'apprentissage ? — Suivant Carou, n° 361, c'est le juge du lieu où l'apprenti est employé. Arg. L. 22 germ. an 11, art. 21. — Ce contrat, spécial par sa nature et sans égard aux personnes qui y ont concouru, emporterait attribution de juridiction au juge du lieu dans lequel l'apprenti est employé. — M. Curasson, 1, 474, adopte la même solution pour le cas où le père ou le tuteur ne s'est pas engagé personnellement. — Toute demande à fin d'exécution ou de résolution de contrat d'apprentissage, à défaut de conseil de prud'hommes, est de la compétence du juge de paix du domicile du patron. Art. 18, L. 22 fév. 1851 (4847).

457. Le juge de paix du domicile du défendeur connaît : — 1° de la demande de pension alimentaire. Dalloz, n° 294.

458. 2° De la demande en payement des nourrices.

459. 3° De la demande en indemnité pour diffamation verbale, et pour injures, rixes ou voies de fait. — Mais la demande en indemnité pour injures verbales, rixes ou voies de fait, doit être portée devant le juge de police du lieu où le délit a été commis. C. inst. cr. 139, 140, 166 ; Carré, 2, 395. — Toutefois, l'incompétence d'un trib. de simple police, tirée de ce qu'il n'est pas celui dans le ressort duquel la contravention a eu lieu, n'est pas absolue et peut être couverte par le consentement des parties. Arg. C. inst. cr. 139 ; Cass. 3 mai 1841.

460. Le juge de la situation de l'objet litigieux est compétent, lorsqu'il s'agit : — 1° des actions pour dommages aux champs, fruits et récoltes ; — 2° des déplacements de bornes, des usurpations de terre, arbres, haies, fossés et autres clôtures, commises dans l'année, des entreprises sur les cours d'eau commises pareillement dans l'année, et de toutes autres actions possessoires.— V. *Action possessoire* ; — 3° des réparations locatives ; — 4° des indemnités prétendues par le fermier ou locaire pour non-jouissance, et des dégradations alléguées par le propriétaire. C. pr. 3; — 5° des actions en bornage et de celles relatives à la distance prescrite par la loi, les règlements particuliers et l'usage des lieux pour les plantations d'arbres ou de haies. Dalloz, n° 276; — 6° des actions relatives aux constructions et travaux énoncés dans l'art. 674, C. N. Le magistrat du lieu, dans ces divers cas, est plus à portée de juger en connaissance de cause.

461. Si le domaine loué se compose de biens situés dans des cantons différents, le juge compétent pour connaître de l'indemnité réclamée par le fermier pour non-jouissance, — ou par le propriétaire pour défaut de réparations locatives,— est celui du canton où se trouve la maison d'habitation de la ferme, ou à défaut de maison, le juge du lieu où la partie des biens affermés est la plus importante. Arg. C. N. 2210. Dalloz, n° 253.

462. Si le fonds qui a causé le dommage et celui qui l'a éprouvé sont situés dans deux cantons différents, le juge compétent est-il celui de la situation du fonds endommagé? Rej. 26 janv. 1847 (3623). — Ou bien celui de la situation du fonds où les travaux dommageables ont été exécutés? Cass. 25 juin 1844 (3624). — Selon nous, le fait est complexe et le demandeur peut à son gré saisir l'un des deux tribunaux.

En effet, le litige porte tout à la fois et sur l'immeuble cause du dommage et sur l'immeuble objet du dommage. — Le dommage allégué a-t-il été réellement causé? — Est-ce bien l'immeuble en suspicion qui l a causé? — Voilà un double fait à examiner pour le juge ; or, de même que dans une affaire personnelle concernant plusieurs défendeurs le demandeur peut à son choix saisir le juge du domicile de l'un d'eux, de même dans une affaire où le même litige porte sur deux immeubles situés dans des cantons différents, le demandeur peut à son gré saisir l'un des deux tribunaux.

463. Un procès-verbal de bornage dressé par un juge de paix hors de son territoire n'a aucune valeur comme acte authentique ; — il ne vaut pas même comme commencement de preuve par écrit, s'il n'est signé de celui à qui on l'oppose. Toulouse, 13 mai 1843.

— V. *Compétence des trib. civils, Juge de paix. Prud'homme.*

COMPLAINTE. — V. *Action possessoire.*

COMPLANT. — V. *Action possessoire*, n°ˢ 117 et 219.

COMPLÉMENTAIRES (Jours). — V. *Calendrier*, n° 1.

COMPROMIS. — V. *Arbitrage*.

COMPTABLE.

1. Plusieurs comptables de deniers publics sont tenus de fournir un cautionnement.

2. Les comptables publics ne sont point admis au bénéfice de cession. C. pr. 905. — V. *Cession de biens.*

3. Ils sont justiciables des trib. de commerce pour leurs billets. — V. *Acte de commerce*, n°ˢ 261 et suiv.

4. Sont-ils contraignables par corps à raison des billets qu'ils peuvent faire en faveur des particuliers? — V. *Acte de commerce*, 261.

— V. *Compte, Conservateur, Hypothèque.*

COMPTANT. — V. *Deniers comptant.*

COMPTE. État détaillé des recettes et des dépenses faites par un administrateur. — La *reddition de compte* se dit de la présentation de cet état par le comptable (ou *rendant*) à celui auquel le compte est dû (*l'oyant*) qui l'accepte ou le conteste, s'il y a lieu. — On nomme *reliquat*, l'excédant de la recette sur la dépense, il appartient à l'oyant ; et *avance*, l'excédant de la dépense sur la recette; le comptable doit être remboursé par l'oyant. — La *reddition de compte* exprime aussi l'apurement du compte.

Table sommaire.

DIVISION.

§ 1. — *Par qui le compte doit être rendu.*

§ 2. — *Qui a le droit de le demander et dans quelle forme.*

§ 3. — *Du compte ordinaire rendu en justice.*

ART. 1. — *Tribunal compétent.*

ART. 2. — *Demande et instruction.*

ART. 3. — *Jugement qui ordonne la reddition du compte.*

ART. 4. — *Intervention des créanciers.*

ART. 5. — *Rédaction du compte; sa forme.*

ART. 6. — *Présentation du compte, signification, communication de pièces.*

ART. 7. — *Débat du compte.*

ART. 8. — *Renvoi à l'audience; jugement définitif; ses effets.*

§ 4. — *De l'action en redressement de compte.*

§ 5. — *Timbre et Enregistrement.*

§ 6. — *Formules.*

§ 1. — *Par qui le compte doit être rendu.*

1. Tout administrateur doit rendre compte de son administration. C. civ. 125, 389, 469, 497, 549, 803, 813, 828, 1031, 1372, 1442, 1872, 1937, 1956, 1962, 1993, 2060-2°, 2079, 2081, 2085, 2174; C. pr. 126, 526;—fût-il copropriétaire du bien administré. L. 1, C. de ratiocin.

2. On distingue plusieurs espèces de comptables, savoir : — 1° Ceux commis par justice ; — 2° les tuteurs ; — 3° les comptables par suite d'une convention ou d'un quasi-contrat, tels que le mandataire, le *negotiorum gestor*, etc. ; — 4° enfin, les comptables des deniers publics dont les obligations sont réglées par des lois spéciales. L. 16 sept. 1807.

Cette division est importante sous le rapport de la compétence. — V. *inf.*, n° 35 et suiv.

3. Les comptables qui n'ont pas rendu ou apuré leurs comptes ne peuvent être ni réhabilités après *faillite* (— V. ce mot), ni admis à la *cession de biens*. — V. ce mot.

4. Toutefois ne sont pas tenus de rendre compte : — 1° La femme à laquelle son mari a donné procuration pour administrer les biens de la communauté. — *Contra*, A. Dalloz, *hoc verbo*, n° 5. — Il en est autrement si elle est *non commune* ou *séparée de biens*; mais la femme qui, en cas d'absence de son mari, exerce les droits subordonnés à son décès, ou qui opte pour la continuation de la communauté, doit compte au mari : on ne saurait lui imputer la confiance qu'il a eue dans sa femme, puisque ce n'est pas lui qui lui a conféré les pouvoirs. A. Dalloz, *ib.*, n° 6.

5. 2° Le fils qui a géré d'après mandat verbal la fortune d'un père, dont tous les enfants vivaient en commun dans la maison paternelle. — Il ne doit au plus qu'un compte par bref état, sauf à faire toutes observations lors du partage, ou de la liquidation des biens du père commun. Paris, 17 fév. 1821, P. 16, 384.

6. Si un comptable est présumé absent, le trib. nomme un notaire pour le représenter ; après la déclaration d'absence, c'est contre les envoyés en possession et administrateurs légaux que l'action doit être poursuivie. C. civ. 113, 134. A. Dalloz, *hoc verbo*, n° 8.

§ 2. — *Qui a le droit de demander un compte, et dans quelle forme.*

7. La demande en reddition de compte peut être formée tant par celui à qui le compte est dû que par le comptable qui veut se libérer.

8. Cette demande est mobilière de sa nature.

Conséquemment elle peut être formée : — 1° Par le tuteur sans autorisation du conseil de famille. C. civ. 457 ;

9. 2° Par le mineur émancipé avec l'assistance de son curatiur. *Ib.*, 480.

10. 3° Par celui qui a reçu un conseil judiciaire, sans l'assistance de ce conseil. Rolland, *hoc verbo*, n° 5.

11. 4° Par le mari, à quelque régime que soient soumis les beaux (*Ib.*, 1428, 1531, 1549), à moins que la femme ne soit séparée de biens, ou que le compte ne fasse partie de ses **biens** paraphernaux, auxquels cas elle est habile à le demander **avec** l'assistance de son mari. *Ib.*, 1576, 215; Pigeau, 2, 421.

12. 5° Par le légataire à titre universel avant le partage, **pour** les biens qui ne lui ont pas été légués. Rolland, *Ibid.*, n° 8.

13. 6° Par les créanciers de l'oyant compte, comme exerçant les droits de leur débiteur. —V. *inf.*, n° 85.

14. Un négociant qui dit avoir confié des fonds à un autre négociant pour des opérations de banque, n'est pas recevable à demander immédiatement une reddition de compte : il doit au préalable produire lui-même le compte des sommes qu'il prétend lui être dues. Bruxelles, 31 mai 1808, Dev. 2, 396.

15. *Forme.* —Les parties, lorsqu'elles sont toutes majeures et maîtresses de leurs droits, sont libres d'adopter, pour la reddition du compte, la forme authentique ou sous seing privé; — et de procéder devant des *arbitres* de leur choix. —M. Pigeau, 2, 421, le décide ainsi, même dans le cas où le comptable a été commis par justice. —V. ce mot, n°ˢ 403 et suiv.

16. Les parties renvoyées par la Cour à compter devant un notaire peuvent, d'un commun accord, tenter un compte amiable, et, en cas de contestations, revenues devant la Cour, se prévaloir des bases qu'elles ont arrêtées et les proposer comme éléments de l'arrêt à intervenir. Rouen, 2 juin 1840, D. 40, 234.

17. Lorsque le compte a lieu à l'amiable, par acte sous seing-privé, on est dans l'usage d'en faire deux doubles, l'un pour l'oyant, l'autre pour le rendant; l'arrêté mis au bas du compte est aussi fait double, et contient décharge des pièces à l'appui du compte, et des titres dont le mandataire a pu être chargé.

18. Toutefois, cette forme n'est pas indispensable : il suffit pour le comptable d'obtenir un arrêté de compte, contenant décharge du reliquat et des pièces : alors on ne dresse point de *double.* Aix, 12 juill. 1813, S. 14, 234. —Surtout s'il a été payé comptant. Arg. C. civ. 1325; Orléans, 21 août 1840 (Art. 1854 J. Pr.); il n'est même pas indispensable d'énoncer que l'oyant a reçu les pièces. Orléans, 2 déc. 1853 (5583).

19. L'approbation en toutes lettres du montant du reliquat du compte n'est pas nécessaire. Angers, 9 août 1820; Grenoble, 26 janv. 1826, P. 16, 107; 20, 106; Orléans, 21 août 1840.— *Contrà*, Duranton, 13, n° 172; — à moins que l'arrêté ne forme un acte distinct et séparé du compte. Toullier, 8, n° 306; Rolland, v° *Approbation d'écriture*, n° 17.

20. Si le compte est rendu devant notaire, il peut être débattu, fait et clos sans l'assistance d'avoués : leur ministère n'est nécessaire que pour l'homologation. Riom, 14 janv. 1842 (Art. 2219 J. Pr.)—V. *Partage.*

21. Les parties capables peuvent en général transiger **sur le**

compte. Arg. C. civ. 2045.—V. toutefois *Compte de communauté*, n° 9. *Compte de tutelle*, n° 66.

22. En cas de désaccord entre les parties, ou lorsqu'il se trouve parmi elles des incapables, elles doivent observer les règles tracées par le tit. 4, liv. 5, C. pr.—V. *inf.*, § 3.—V. d'ailleurs *Compte de tutelle*.

23. Les juges eux-mêmes ne peuvent s'en écarter, à peine de nullité.—Mais le trib. peut statuer immédiatement sur les débats lorsque les parties capables ont, dans les conclusions, accepté la discussion à l'audience. Rej. 19 déc. 1853, D. 54, 25.

24. Les dispositions du C. pr., sur les redditions de comptes, quoique placées dans le livre qui traite *de l'exécution des jugements*, n'en sont pas moins applicables aux redditions de comptes poursuivies par *action principale*, qu'à celles ordonnées par jugement, incidemment à une autre instance. Carré, art. 527.

25. Toutefois, ces règles ne s'appliquent pas :—1° Aux comptables de deniers publics (L. 16 sept. 1807).

26. 2° Aux matières commerciales :
Ainsi le délai fixé pour rendre le compte peut courir du jour de la prononciation du jugement, —et non du jour de la signification, le ministère des avoués n'étant point imposé devant les trib. de commerce. Rennes, 9 mars 1810, P. 8, 181 ; Favard, v° *Compte*, § 1, note. La forme prescrite en matière civile (Art. 527 et suiv. C. pr.) n'est point exigée. Rennes, 23 août 1817, P. 14, 445.

27. Jugé que c'est devant un juge-commissaire, et non devant des arbitres, qu'il doit être procédé au compte des opérations d'une société de commerce qui a été annulée comme n'ayant point été créée suivant les formes prescrites par l'art. 42 C. comm. Metz, 24 nov. 1819, P. 15, 574.—V. *Société*, n° 23.

28. En matière commerciale, à défaut de reddition de compte dans le délai fixé par le jugement, le juge n'est pas tenu d'arbitrer une somme jusqu'à concurrence de laquelle auront lieu la saisie et contrainte contre le comptable. Cass. 6 déc. 1832, D. 33, 65.— *Contrà*, Dalloz, *ib.*—V. *inf.*, n° 67.

29. 3° Aux transactions qui peuvent intervenir sur les difficultés d'un compte judiciaire ;

30. 4° Au cas où il s'agit de fixer la quotité d'une réclamation composée de plusieurs chefs, mais qui ne se rattache pas à une administration antérieure : le compte se fait alors à l'audience ;

31. 5° Au cas où le trib. renvoie les parties devant l'avoué le plus ancien, pour vérifier si les offres faites par l'une d'elles à l'autre sont ou ne sont pas suffisantes, les parties ne sont pas astreintes à suivre les formes d'un compte judiciaire.—Ainsi jugé relativement à la vérification ordonnée de la suffisance des offres faites par un adjudicataire poursuivi par voie de folle **enchère**. Cass. 19 mai 1830, D. 31 , 116.

32. 6° Au compte qu'un trib. ordonne à un avoué de rendre à ses confrères des sommes qu'il a reçues en qualité de secrétaire de leur chambre. Cass. 11 nov. 1828 ; S. 30 , 80 ;

33. 7° Aux comptes que des copartageants peuvent se devoir. C. civ. 828, 1872 ; C. pr. 976. — V. *Partage.*

34. 8° Enfin aux comptes entre les bureaux de bienfaisance et leurs receveurs. L. 7 frim. an 5, art. 5 et 9. Ordon. 31 oct. 1821, art. 28 et suiv. — Mais elles s'appliquent au compte à rendre à un bureau par un exécuteur testamentaire chargé de la perception des revenus des biens légués jusqu'à la création d'un établissement de charité. Cass. 7 juin 1832, P. 24 , 1145 ; Souquet, tabl. 582, 1re col. , n° 22-8°.

§ 3. — *Du compte ordinaire rendu en justice.*

ART. 1. — *Tribunal compétent.*

35. La compétence varie suivant la qualité du comptable.

36. Doivent être assignés : — 1° Le comptable commis par justice, devant les juges qui l'ont commis (C. pr. 527) , — fussent-ils juges d'appel , et nonobstant la règle des deux degrés de juridiction. Thomine , 2 , 16. — *Contrà* , Chauveau sur Carré , n° 1846.

37. 2° Le tuteur , devant le trib. du lieu où la tutelle a été déférée (C. pr., *ib.*) , c'est-à-dire où s'est tenu le conseil de famille qui l'a nommé, en cas de tutelle dative ; s'il s'agit de tutelle légitime , au lieu où demeurait le mineur le jour où le tuteur a été investi de la tutelle ; et enfin , s'il s'agit de tutelle testamentaire, au lieu où demeurait, à l'époque de son décès, le dernier des père et mère, quand même l'acte eût été fait dans le ressort d'un autre trib. Pigeau , 2 , 422. — Jugé que, si une mère, après avoir cessé d'être tutrice légale de ses enfants par suite de son convol, a plus tard été appelée de nouveau à la tutelle par le conseil de famille , c'est devant le trib. où la tutelle légale s'est ouverte qu'elle doit rendre compte de sa gestion. Bordeaux , 3 août 1827, S., 27 , 197.

En cas de tutelle officieuse, c'est au domicile de l'enfant au moment où la tutelle a été déférée : le juge de paix de ce domicile a dressé acte des demande et consentement. Pigeau , 2 , 126 ; Chauveau sur Carré , n° 1847 *bis* ; Souquet , tabl. 583 , 1re col. , n° 33.

38. Cette compétence particulière a été établie pour empêcher que le tuteur ne rende, par son éloignement, l'apurement du compte difficile et douteux. — V. d'ailleurs *Compte de tutelle.*

Elle subsiste malgré la mort du tuteur : l'intérêt du mineur le veut ainsi.

39. Si le pupille reçoit successivement plusieurs tuteurs, ses comptes sont rendus chacun devant le tribunal où la tutelle qui le concerne a été déférée.

40. 3° Les autres comptables, devant les juges de leur domicile. C. pr. 527.—En conséquence, la demande en reddition de compte, formée contre le mandataire gérant d'un établissement de commerce, doit être portée devant le trib. de son domicile, et non devant celui du siége de l'établissement : l'art. 420 C. pr., § 3, est inapplicable. Agen, 6 mai 1824, S. 24, 383.

41. Toutefois, l'héritier bénéficiaire peut être poursuivi par les créanciers devant le trib. de l'ouverture de la succession *jusqu'au partage*. Arg. C. pr. 59 ; C. civ. 793. Carré, n° 995 ; Thomine, n° 576.

42. *Quid*, en matière de société?

La demande en reddition de compte doit être portée devant le juge du lieu où elle a été établie *tant qu'elle existe*. Arg. C. pr. 59.

Si, au contraire, le gérant est mort, le compte doit être poursuivi devant le trib. de l'ouverture de la succession.

Mais si la société se trouve dissoute par la mort d'un associé, le gérant peut-il néanmoins être assigné devant le trib. du lieu où elle avait été établie?—Pour l'affirmative, on argumente des art. 822, 828, 1872 C. civ., et de l'art. 59 C. pr. combinés; la société dit-on, continue d'exister entre les associés ou leurs héritiers, tant qu'elle n'est pas partagée. —V. toutefois *sup.*, n° 40.

43. Jugé que toutes discussions sur règlement de comptes, entre l'entrepreneur et ses préposés (n'étant ni sous-entrepreneurs, ni commissionnaires), doivent être portées devant le trib. du lieu où l'engagement s'est opéré et où il a été convenu d'effectuer les payements. Cass. 14 mars 1826, P. 20, 276.

44. Les règles de compétence indiquées ci-dessus, n°⁵ 36 à 40, sont si rigoureuses, que le comptable commis par justice, ou le tuteur, assignés à un autre trib. que celui indiqué par l'art. 527 C. pr., fût-il celui de leur domicile, seraient fondés à opposer le déclinatoire; l'art. 527 C. pr. ne disant pas, comme l'ordonn. de 1667 (tit. 29, art. 2), qu'ils *pourront être poursuivis*, mais bien qu'ils *seront* poursuivis, l'un devant les juges qui l'ont commis, l'autre devant les juges du lieu où la tutelle a été déférée. Favard, v° *Compte*, § 1, n° 1 ; Carré, n° 1845 ; Thomine, art. 527 ; Pigeau, 2, 737.—*Contrà*, Delaporte, 2, 408.

ART. 2. — *Demande et instruction.*

45. La demande est soumise au préliminaire de conciliation. Pigeau, 2, 422; Carré, n° 1848; Demiau, 365; Souquet, v° tabl. 580. On oppose les art. 472 C. N., 47 C. pr.

46. Elle s'introduit par ajournement en la manière ordinaire

(— **V**. ce mot), qu'elle soit formée par l'oyant ou par le rendant; à moins qu'elle ne soit intentée incidemment. — **V**. *Incident*.

47. Le demandeur n'est jamais tenu de signifier préalablement une mise en demeure. Amiens, 14 mai 1823, P. 17, 1109. — Jugé toutefois que le mineur devenu majeur qui n'a pas préalablement constitué son père en demeure de rendre son compte, ne peut saisir-arrêter les sommes qui lui sont dues. Rennes, 2 août 1820, P. 16, 86.

48. Une demande en compte de tutelle peut être formée incidemment à une action en partage intentée contre le tuteur, et de nature à préjudicier aux droits du pupille devenu majeur. Amiens, 16 déc. 1825, P. 19, 1048.

49. Une demande en reddition de compte ne peut être repoussée, par le motif qu'un autre compte a déjà été rendu en justice, si celui-ci n'a pas été apuré. Bordeaux, 25 janv. 1834, P. 26, 91.

50. Quand c'est le comptable qui poursuit, il assigne pour *voir ordonner qu'il sera reçu à la reddition de son compte, et qu'il sera procédé à l'apurement d'icelui*.

Le plus souvent, l'oyant est demandeur; il conclut à ce que le comptable soit condamné *à rendre ses comptes suivant la loi, et à payer le reliquat avec les intérêts du jour de la clôture*, si le comptable est un tuteur, séquestre, ou autre administrateur nommé par justice. C. pr. 126.

51. *Instruction*. — Les oyants qui ont le même intérêt, c'est-à-dire pour lesquels la recette et la dépense sont les mêmes (Pigeau, 2, 423; Carré, n° 1852), ou ne diffèrent que sur des articles peu importants (Favard, v° *Compte*, § 1, n° 2), doivent nommer un seul avoué; ou, s'ils en ont constitué plusieurs, convenir de celui qui devra occuper pour tous pendant les opérations du compte, et auquel seul les significations devront être faites. Faute de s'accorder sur le choix, le plus ancien occupe; les frais occasionnés par les constitutions particulières, et faits tant *activement* que *passivement*, sont supportés par chaque oyant. C. pr. 529.

L'art. 529 C. pr. s'applique au cas où la demande en reddition de compte est formée soit par le rendant contre les oyants, soit par ces derniers contre le rendant. Demiau, 366.

52. *Quid*, si la demande en reddition de compte est formée par plusieurs parties ayant des intérêts opposés, la préférence pour la poursuite sera-t-elle déterminée, — d'après la priorité du visa de l'original de la demande comme en matière de partage. Arg. C. pr. 967, Pigeau, 2, 423; Favard, 1, 615; Chauveau sur Carré, n° 1850? — Ou bien d'après le rang d'ancienneté des avoués des divers demandeurs? — Cette dernière circonstance nous paraît avoir prévalu ici dans l'intention du législateur. Arg. C. pr. 529. — V. d'ailleurs C. pr. 653, 661, 667, et *Ancienneté*.

53. La procédure est ordinaire ou sommaire, suivant les circonstances et d'après les distinctions établies sous le mot *Matière sommaire*.

ART. 3. — *Jugement qui ordonne la reddition du compte.*

54. Si le trib. ne trouve pas la demande bien fondée, il en déboute purement et simplement le demandeur.

55. Si, au contraire, il la juge admissible et juste, il ordonne que le compte sera rendu en la forme prescrite par la loi.

56. Dans ce cas, le jugement doit fixer le délai dans lequel ce compte sera rendu, et commettre un juge. C. pr. 530. —Néanmoins, l'omission de ces formalités n'entraîne pas la nullité du jugement, et peut être réparée par un jugement postérieur Rennes, 20 janv. 1813, P. 11, 86 ; Cass. 11 nov. 1828, S. 30, 80; 25 mars 1835 (Art. 359 J. Pr.); Carré, n° 2852 *bis;* Souquet, tabl. 580, 4ᵉ col., n° 6. —V. d'ailleurs *Enquête* et *Jugement*.

57. L'omission, dans l'arrêt infirmatif d'un jugement qui rejette une demande en reddition de compte, du renvoi devant un tribunal, n'entraîne pas la nullité de l'arrêt ; et peut être réparée par un arrêt postérieur. Cass. 23 janv. 1837, Dev. 37, 393.

58. Mais la Cour qui renvoie devant un trib. pour reddition de compte excède ses pouvoirs, en nommant un juge commissaire et fixant le délai dans lequel le compte sera rendu. *Même arrêt.*

59. Le trib., après avoir ordonné la reddition d'un compte, ne peut ultérieurement, sans violer l'autorité de la chose jugée, dire qu'il n'y a lieu à reddition de compte parce qu'il existe un règlement antérieur qui en pouvait tenir lieu. Cass. 26 avr. 1837 (Art. 957 J. Pr.).

60. Au reste, si le comptable consent à rendre son compte avant toute demande judiciaire, il assigne l'oyant pour voir fixer un délai et nommer un juge-commissaire. On procède, au surplus, de la même manière que lorsque le compte est contesté. Carré, n° 1854.

61. *Délai.* —Il est réglé d'après les circonstances; il peut être prorogé, s'il y a lieu, mais seulement pour des causes graves, telles que la maladie ou l'absence forcée du rendant pour cause de service public. Besançon, 30 nov. 1822, P. 17, 694; Favard, 1, 518; Demiau, 370 ; Carré, n° 1866; Delaporte, 2, 119.

62. L'époque à compter de laquelle court le délai fixé par le trib. varie d'après les distinctions suivantes :

Jugement par défaut. —Le délai court à dater seulement de sa signification. Arg. C. pr. 123.

Jugement contradictoire. —Suivant MM. Thomine, n° 579, Favard, *hoc verbo*, § 1, n° 4, le délai court de la date du jugement, si l'on a offert et consenti de rendre compte; — et, en cas de refus de la part de celui auquel le compte est demandé du jour de la signification.

Suivant Chauveau sur Carré, n° 1853, et Souquet, tabl. 581, 5ᵉ col., n° 9, le délai court, dans tous les cas, du jour de la signification du jugement. L'art. 123 C. pr., spécial pour les délais de grâce que les juges sont *autorisés* à accorder au débiteur *avant* l'exécution de leurs jugements, serait étranger aux délais *dans* lesquels l'exécution même doit avoir lieu, et que le juge ne peut pas se dispenser de fixer, comme dans l'espèce de l'art. 530 C. pr.

La première opinion nous paraît préférable. — Mais pour prévenir toutes difficultés, il est bon (et tel est l'usage) d'indiquer dans le jugement le point de départ du délai accordé, soit à compter de la date du jugement, soit de la signification.

63. *Juge-commissaire.* — Si l'oyant n'a pas conclu dans son assignation à la nomination du juge-commissaire, il peut le demander par des conclusions ultérieures. Carré, n° 1855.

64. Ce magistrat peut être choisi même parmi les juges, autres que ceux qui ont participé au jugement. Metz, 24 nov. 1819, P. 15, 574. — Mais on ne doit jamais, en matière civile, commettre un simple particulier : la nomination d'un juge est rigoureusement prescrite (C. pr. 529), qu'il s'agisse ou non d'un comptable commis par justice.

Il a même été jugé : — Que le trib. ne pouvait renvoyer les parties devant un expert en comptabilité, pour les entendre et faire son rapport, après qu'un premier jugement avait nommé un juge-commissaire, lequel avait fait son rapport à l'audience. Cass. 6 juin 1820, P. 15, 1027. — *Contrà*, Rennes, 25 fév. 1817, P. 14, 96. — Et qu'un tel jugement serait susceptible d'appel, avant même le jugement définitif. Cass. 6 juin 1820 ; Chauveau, n° 1858 *bis* ; Favard, 1, 616.

65. Toutefois, il a été décidé : — 1° Que les parties peuvent être renvoyées devant un notaire, — pour le redressement ou l'éclaircissement d'un compte. Colmar, 18 mai 1816 ; P. 13, 442 ; — ou pour le règlement d'un compte entre le vendeur et l'acquéreur. Orléans, 30 mai 1822, P. 17, 391. — V. d'ailleurs *sup.*, n° 16.

66. Au cas d'absence de l'un des intéressés à critiquer le compte rendu, le trib. peut, sur la demande qui lui en est faite, commettre, indépendamment du juge, un notaire pour représenter les absents ou non présents. Arg. C. civ. 113, 131.

67. Une provision peut-elle être accordée à l'oyant ?

Les uns refusent la provision lorsque le comptable n'est point en retard de présenter son compte, ou prétend ne rien devoir. Thomine, n° 585. —

D'autres pensent qu'on peut prononcer la provision à l'avance et pour le cas où le comptable ne rendra pas son compte dans le délai fixé. Arg. C. pr. 534. — On épargne ainsi les frais d'un se-

cond jugement; Poitiers, 2 mars 1832, P. 24, 817; Chauveau
sur Carré, n° 1870; Berriat, 499, note 4; Pigeau, 2, 369, 373;
Thomine, n°583. — On cite encore un arrêt de Bruxelles, 24 juin
1812, P. 10, 506, qui se borne à *déclarer que cette condamnation éventuelle tombera d'elle-même*, si le rendant présente son
compte dans le délai prescrit.

Selon nous, d'après les termes de l'art. 534 C. pr., il ne peut,
en général, être accordé une provision à l'oyant qu'après l'expiration du délai fixé par le trib. pour rendre le compte, et sur une
demande nouvelle formée par l'oyant. Demiau, 369; Hautefeuille
309. — V. rej. 17 août 1853, D. 54, 382.

68. Toutefois, nous accorderions une provision : — 1° En faveur d'un pupille qui serait dans l'impossibilité de faire l'avance
des frais de procédure; — 2° dans le cas où il est évident que le
comptable a diminué les recettes, ou exagéré la dépense du
compte qu'il a offert. Thomine, n° 585.

Jugé que les arbitres forcés peuvent, à défaut par l'une des parties de présenter le compte qui fait l'objet de la contestation, ordonner la reddition de ce compte dans un délai déterminé, sous
peine de payer une somme arbitrée provisoirement. Cass. 21 janv.
1840, D. 40, 108.

69. En tout cas, la condamnation éventuelle tombe d'elle-
même dès que le compte est signifié. Rennes, 20 janv. 1813,
P. 11, 56; Paris, 30 avril 1828, P. 21, 1422; Carré, n° 1868;
Delaporte, 2, 119; Souquet, tabl. 584, 3e col., n° 9.

70. Mais elle n'est pas simplement comminatoire, et les poursuites commencées ne sont pas arrêtées par l'offre de rendre
compte. Colmar, 20 fév. 1824, P. 18, 477; Chauveau sur Carré,
n° 1868 bis.

Il en est autrement, si le comptable s'étant reconnu débiteur
avant d'avoir rendu compte, le jugement qui ordonne la reddition
de compte le condamne en même temps à payer. Bastia, 31 août
1826, P. 20, 859.

71. *Dépens.* — Le jugement qui ordonne le compte, fait ordinairement réserve des dépens jusqu'au jugement définitif. Amiens,
14 mai 1823, D. 3, 671.

72. Il serait injuste de condamner aux dépens celui auquel est
demandé le compte avant de savoir s'il est ou non débiteur, surtout lorsqu'il résulte des aveux des parties que le rendant a offert
et présenté son compte duquel résulte un reliquat *négatif* en faveur de l'oyant, et le constituant au contraire débiteur du rendant.

73. Si le compte a été demandé par l'oyant, les frais du jugement restent en tout cas à la charge du rendant : il doit s'imputer
d'avoir donné lieu à une assignation. L'art. 532 C. pr. ne comprend pas ces frais dans les dépenses communes. — Il en est au
trement si le comptable a lui-même demandé l'autorisation de

rendre compte. Carré et Chauveau, 1860 ; Favard , 1, 617; Thomine, 2, 21. — V. cass. 7 fév. 1847 (Art. 3751 J. Pr.)

74. Lorsqu'un préposé à une opération commerciale, assigné
en reddition de compte, prétend qu'il n'a aucun compte à rendre
d'une partie des opérations, parce qu'il soutient qu'elles ont été
faites par le commettant, la production du livre-journal de ce dernier peut être demandée ; — sur le refus du commettant, dans
l'espèce, le compte du préposé a été alloué tel qu'il était présenté,
pour lui tenir lieu de dommages et intérêts. Paris, 29 janv. 1818,
P. 14, 607.

75. Au reste, un négociant n'est recevable à demander compte
à un courtier qu'autant qu'il précise les pièces desquelles il fait
résulter l'obligation du compte, ainsi que les diverses opérations
qui en sont la suite, pour mettre le défendeur en état de faire valoir ses moyens. Bruxelles, 31 mai 1808, P. 6, 723.

76. Le jugement qui ordonne une reddition de compte, pro-
duit-il hypothèque judiciaire?

Pour l'affirmative, on dit : — Ce jugement présuppose le ren
dant débiteur d'une somme quelconque, quoique incertaine, et
contient virtuellement condamnation du reliquat; il peut dès lors
être pris inscription, en vertu de ce jugement, de même que pour
toute créance indéterminée. Grenier, 1, 425 ; Persil, 1, 180.;
Dalloz, *Hypothèque*, 171, n° 2; Thomine, n° 579. Arg. Paris, 16
mars 1822, Dev. 7, 42; Colmar, 26 juin 1832, P. 24, 1205;
Cass. 16 fév. 1842, P. 42, 1, 359; Favard, 1, 616; Chauvea
sur Carré, n° 1844 *sexties.*

Ainsi jugé : — 1° A l'égard du liquidateur d'une société. Lyon,
11 août 1809, S. 12, 400 ; — 2° à l'égard d'un régisseur, constitué mandataire par un acte authentique. Cass. Rejet, 21 août
1810, P. 8, 545 (concl. contr., M. Giraud, avoc. gén.); — 3° à
l'égard d'une inscription (prise contre un notaire séquestre d'une
faillite) dont la nullité fut demandée pour défaut d'évaluation. Cass.
4 août 1825, D. 25, 388.

Dans l'opinion contraire, on répond : — Le débiteur d'un compte
n'est point débiteur de sommes; il peut souvent résulter du
compte qu'il soit créancier au lieu d'être débiteur. Le jugement
de reddition de compte est fondé sur un doute ; il fait espérer, mais
il ne prononce pas, dès à présent, la condamnation du reliquat,
s'il y en a un, en faveur de l'oyant. D'ailleurs, la condamnation
de ce reliquat ne saurait être toujours prononcée, s'il y a prescription, compensation, etc. Le jugement qui fixe ce reliquat produit
seul hypothèque, parce qu'alors commence l'obligation judiciaire
de payer. Pigeau, 2, 431 ; Troplong, *Hypothèque*, 2, n° 439.

Ainsi jugé à l'égard d'un jugement ordonnant le redressement
d'un compte. Bourges, 31 mars 1830, D. 30, 163.

77. *Appel.* — Le jugement rendu sur la demande à fin de compte est susceptible d'appel toutes les fois que cette demande est indéterminée dans sa valeur, ou que, dans l'exploit, le demandeur a évalué le reliquat à une somme supérieure au taux du dernier ressort. Carré, *Compétence*, 2, 95, *Quest.*, 331. — V. *Appel.*

78. Mais on ne peut appeler d'un jugement qui ordonne un compte par le motif qu'il n'a pas décidé aux frais de qui il serait rendu. Amiens, 14 mai 1823, P. 17, 1109.

79. *Délai de l'appel.* — Il varie d'après les distinctions suivantes :

Le *jugement définitif*, qui admet ou rejette la demande à fin de reddition de compte, doit être attaqué dans les trois mois de sa signification. Arg. C. pr. 443; Cass. 21 juill. 1817, P. 14, 370.

Le *jugement interlocutoire*, qui ordonne seulement la production d'un compte, accessoirement à une autre instance, sans qu'il y ait une demande en reddition de compte formulée, peut être attaqué par *appel*, soit avant, soit après le jugement définitif, et conjointement avec l'appel de ce jugement. Arg. C. pr. 450. — V. *Appel*, nos 373 et suiv.

Enfin, le *jugement préparatoire* ne peut être attaqué par appel que conjointement avec le jugement définitif. Colmar, 18 mars 1816, P. 13, 442. — V. *sup.*, n° 65.

80. Celui qui, poursuivi en vertu d'un titre de rente viagère, a introduit une instance afin d'obtenir la réduction du capital comme n'ayant pas été fourni en totalité, peut, en appel, demander pour la première fois la nullité de ce titre ; — en matière de compte, les parties doivent être considérées réciproquement comme demanderesse et défenderesse l'une à l'égard de l'autre, et la demande en nullité n'est, dans l'espèce, qu'une défense (C. pr. 464) aux poursuites dirigées en vertu du titre. Cass. 31 déc. 1833, D. 34, 140.

81. *Suites de l'appel.* — Au cas d'arrêt *confirmatif du jugement qui a ordonné la reddition de compte*, la Cour renvoie au trib. qui a rendu le jugement attaqué. Arg. C. pr. 528.

Au cas d'infirmation, le procès est terminé.

Au cas d'arrêt *confirmatif du jugement qui a rejeté la demande à fin de reddition de compte*, l'instance est également terminée.

Au cas d'arrêt infirmatif, la C. doit renvoyer à son choix, soit au trib. déjà saisi de l'affaire, soit au trib. qu'il lui plaît d'indiquer. C. pr. 528; Pigeau, 2, 424.

82. *Évocation.* — La Cour ne peut user du droit d'évocation ; il ne lui est pas permis, lorsqu'elle ordonne de rendre compte, contrairement à la sentence des premiers juges, de le faire rendre devant elle, de statuer de suite sur les débats; ce serait violer le principe des deux degrés de juridiction. — D'ailleurs l'affaire n'est point en état. Pigeau, 2, 436; Thomine, n° 577; Carré, art. 528,

Si le droit d'évocation a été maintenu, en matière de compte par la 2ᵉ disposition de l'art. 528 C. pr. relativement au cas d'appel du jugement définitif qui a statué sur le compte (V. inf., nº 187), il n'en est point de même relativement à l'appel du jugement qui statue d'abord sur la demande à fin de reddition de compte. La 1ʳᵉ partie de l'art. 528, qui fixe des règles pour l'appel de ce premier jugement, ne permet pas d'étendre à ce cas l'évocation autorisée dans la 2ᵉ hypothèse. Thomine, ib.

ART. 4. — Intervention des créanciers.

83. Peuvent intervenir : — 1º *Les créanciers*, soit de l'oyant, soit du rendant : ils ont intérêt à assister aux opérations du compte, pour être à portée de défendre leurs droits. Arg. C. pr 536. — V. inf., nº 90.

84. Le trib. peut admettre ou repousser l'intervention des créanciers d'après les circonstances.

Le rejet de la demande d'intervention n'empêche point les créanciers du rendant d'attaquer le compte, de critiquer le reliquat dont celui-ci s'est reconnu débiteur, en cas de concert frauduleux. Arg. C. civ. 1167.

De même les créanciers de l'oyant qui ont négligé d'intervenir, ou dont l'intervention a été rejetée, peuvent attaquer un compte frauduleux ; ou s'ils l'approuvent, former saisie-arrêt sur le reliquat.

85. D'ailleurs, les créanciers de l'oyant, comme exerçant ses droits, ont qualité pour poursuivre eux-mêmes la reddition du compte. Arg. C. civ. 1166. A. Dalloz, *hoc verbo*, nº 17.

86. 2º Le vendeur d'une créance, consistant dans le montant du reliquat d'un compte à rendre : il a intérêt à cause de la garantie par lui promise à prendre le fait et cause de son cessionnaire et à contredire le compte sur lequel il y a instance avec ce dernier. Rennes, 27 avril 1848, P. 14, 776 ; Hautefeuille, p. 309 ; Berriat, 2, 582.

87. L'intervention du cessionnaire dans un procès pendant entre le cédant et le débiteur doit être admise même en appel. Bordeaux, 21 mai 1831, P. 23, 1640 ; Cass. 16 juill. 1834, P 26, 765. — *Contrà*, Poitiers, 5 juill. 1826, P. 20, 655. — V. *Intervention*.

88. Mais l'oyant n'est pas recevable à mettre en cause des tiers qui ont accepté du rendant des payements qu'il prétend illégitimes, lors même que ces payements ont été faits à compte de sommes plus fortes dont le rendant, en sa qualité, s'est reconnu leur débiteur ; ces engagements particuliers entre le rendant et les tiers, ne peuvent obliger l'oyant qu'autant que le jugement intervenu sur le compte alloue les sommes versées comme article de dépenses. Merlin, *Rép.*, vº *Compte*, § 2.

89. L'intervention de ces différentes personnes a lieu dans la forme ordinaire. — V. *Intervention.*

90. Quand des créanciers de l'oyant et du rendant se présentent à la fois, ils forment alors deux masses ayant des intérêts contradictoires; — mais cette opposition d'intérêts n'empêche pas que les membres de chacune d'elles n'aient tous un intérêt commun; les créanciers, soit de l'oyant, soit du rendant, doivent donc constituer un seul avoué. Arg. C. pr. 536; Pigeau, 2, 423. — Au reste, cet avoué n'est pas nécessairement celui qui occupe déjà pour l'oyant ou pour le rendant : les créanciers peuvent avoir des intérêts opposés à ceux de leur débiteur; et ils agissent ici non pas seulement comme exerçant ses droits, en vertu de l'art. 1166 C. civ., mais bien aussi en vertu de l'art. 1167, s'il y a eu des actes faits en fraude de leurs droits. Pigeau, *ib.*

91. S'ils ne s'accordent pas sur le choix d'un avoué, le plus ancien occupe. — S'ils en constituent plusieurs, les frais restent à leur charge. Pigeau, 2, 423.

ART. 5. — *Rédaction du compte; sa forme.*

92. Après la signification du jugement, ou de l'arrêt s'il y a eu appel, le rendant dresse compte.

93. Le compte doit se composer : 1° d'un préambule;

2° De l'énumération des recettes et dépenses effectives, suivie de la récapitulation et de la balance de ces recettes et dépenses.

3° Enfin d'un chapitre particulier pour les recouvrements s'il en a été fait. C. pr. 531, 533.

94. Au reste, le rendant est seul arbitre du plan et de la rédaction qu'il convient d'adopter, de telle sorte que l'oyant ne saurait se refuser à discuter le compte dans la forme où il lui est présenté, ni en produire un autre pour servir à ces débats. Rennes., 7 avr. 1835 (Art. 255 J. Pr.); Carré, n° 1863; Thomine, 2, 22.

95. Toutefois le compte doit être rédigé clairement; s'il y règne un tel désordre qu'il soit impossible de le débattre, le trib. peut le rejeter et en ordonner un nouveau. Chauveau, *ibid.*

96. Lorsque le comptable est débiteur d'intérêts, il est fait un chapitre particulier pour le compte de ces intérêts dont le montant se réunit à celui du chapitre des recettes lors de la balance. Rolland, *hoc verbo*, n° 33.

97. Il convient (bien que cela ne soit pas exigé) de faire suivre le compte d'un inventaire des pièces produites à l'appui pour faciliter la rédaction du compte et la communication qui peut être demandée par l'adversaire. Carré, n° 1862.

98. Le compte doit être rédigé en forme de grosse; mais il n'en doit être dressé qu'un seul. Tarif, 75, § 34.

99. *Préambule.* C'est l'exposé des motifs et des faits qui donnent lieu à la reddition du compte. On y comprend aussi la *mention* (et non pas l'*extrait* comme autrefois. Ord. 1667, tit. 29, art. 6), du jugement qui a ordonné le compte, et celle de l'acte ou du jugement qui a commis le rendant.

100. Le préambule ne doit pas excéder six rôles, à peine de rejet de la taxe pour l'excédant. C. pr. 531 ; tar. 75.

Dans ces six rôles ne sont pas comprises les qualités des parties. Chauveau, *Tarif*, 2, 43, n° 6.

101. Le nombre de rôles que doit contenir l'original du compte n'a pas été fixé. Ce point est laissé à la sagesse du juge. Chauveau, *Tarif*, 2, 44 ; Rivoire, p. 74 ; Victor Fons, *Tarifs annotés*, p. 161.

102. *Recettes effectives.* On énonce les causes et le montant des sommes reçues. — On indique, *par observation*, les sommes dont le recouvrement a été impossible, ou l'on fait un chapitre particulier avec les mêmes observations pour les sommes restant à recouvrer. C. pr. 533.

Suivant M. Thomine, n° 582, on entend par *recettes effectives* tout ce que le rendant a pu ou dû recevoir, encore qu'il n'ait pas tout reçu ; il est comptable non-seulement de ce qu'il a reçu, mais encore de ce qu'il a dû recevoir, sauf à faire après la récapitulation et la balance un chapitre particulier des recouvrements dont on peut lui allouer les articles en diminution du reliquat ou par augmentation de sa créance, s'il justifie qu'il n'y a pas de négligence de sa part, soit qu'il ait fait les diligences nécessaires pour obtenir payement, soit qu'à raison d'insolvabilités ou empêchements, il n'ait pu faire payer.

Cette opinion nous paraît inadmissible : aucun mandataire légal ou volontaire ne consentirait à se charger d'un mandat, s'il devait compte en espèces de toutes les sommes qu'il a été chargé de recevoir. — Sans doute, il faut qu'il représente les titres des créances à lui confiés ou des espèces ; mais il n'est pas, en général, responsable de l'insolvabilité des débiteurs : le mandataire doit compte seulement de toutes les sommes qu'il a *reçues*, dues ou non dues. C. civ. 1993.

La question de *responsabilité* de la perte d'une créance, par suite de faute ou de négligence, dépend de la qualité du mandataire, ou des circonstances laissées à l'arbitrage du juge. — V. *Responsabilité.*

103. Les recettes sont classées dans un ou plusieurs chapitres, suivant leur importance ; — il en est de même pour les dépenses.

104. *Dépenses.* On doit allouer au comptable toutes celles qu'il a dû raisonnablement faire dans l'intérêt du mandant, lors même que par l'événement elles ont été inutiles, si l'on n'a à lui imputer, ni faute lourde, ni imprudence ; ainsi l'héritier bénéficiaire porte à son crédit ses frais de procès aussi bien que ceux des scellés et d'inventaire (C. civ. 810) ; à moins qu'il n'ait plaidé inconsidérément. C. pr. 132. — L'exécuteur testamentaire répète, avec les frais d'apposition de scellés, d'inventaire et de compte (C. civ. 1034), ceux qu'il a faits pour intervenir dans un procès et défendre l'exécution contestée du testament. *Ib.*, 1031. — V. *Dépens.*

105. *Dépenses communes.* Le législateur les désigne ainsi : — Le rendant n'emploiera pour *dépenses communes* que les frais de voyage s'il y a lieu, les vacations de l'avoué qui aura mis en ordre les pièces du compte, les grosses et copies, les frais de présentation et affirmation. C. pr. 532.

Ces expressions *dépenses communes* sont assez obscures. — Suivant les uns ce sont les dépenses nécessitées *communément* ou *ordinairement* pour parvenir à rendre le compte en justice. Thomine, n° 581. — Suivant d'autres, ces dépenses sont appelées *communes*, parce qu'elles sont faites par les deux parties pour arriver à l'apurement du compte. Rodier, art. 28, tit. 29, ord. 1667 ; Carré, art. 532 ; Pigeau, 2, 425.

Au reste cela ne veut pas dire qu'elles sont supportées en commun. Elles restent à la charge de celui à qui le compte est dû, lors même qu'il a été nécessité par le rendant. Cass. 1er août 1832, Dev. 1832, 797.

106. De ce que le Code a spécifié la nature de ces dépenses, il suit que tous les frais du procès ne doivent pas être mis à la charge de l'oyant et être déduits du reliquat ; ainsi les frais de la procédure ou des sentences ou arrêts, ne doivent pas communément être supportés par l'oyant. — Le plus souvent c'est parce que le rendant a négligé ou refusé de rendre ses comptes qu'on a été obligé de le faire condamner. — Aussi l'ordonn. de 1667, tit. 29, art. 18, distinguait-elle : si le rendant avait offert de rendre compte, les frais de procédure ou jugements n'étaient point à sa charge ; dans le cas contraire, il était condamné à les acquitter.

107. La même règle devrait être appliquée aujourd'hui.

108. Les frais peuvent être mis à la charge de l'oyant, lorsque le rendant a offert de rendre son compte. Thomine, 581. — Surtout lorsqu'il a introduit lui-même la demande.

109. Mais ils sont à la charge du comptable qui s'est immiscé lui-même et sans droit dans les affaires d'autrui. Thomine, 2, 19 ; Souquet, tabl. 581, 5e col., n° 14.

110. Les dépenses qu'occasionne le rendant par des procédures frustratoires, sont à sa charge. Arg. Orléans, 15 mai 1822, P. 17, 351 ; Chauveau sur Carré, n° 1858 ; Thomine, 2, 19.

111. Suivant Pigeau, 2, 427, peuvent être comprises dans les dépenses communes, les vacations de l'avoué du rendant, soit au greffe pour l'affirmation des frais de voyage, soit à l'audition et au jugement du compte, pourvu que le rendant ne succombe pas dans les contestations qu'il a élevées sur le compte.

112. Au reste, les frais (ou dépenses) désignés par l'art. 532 sont toujours à la charge de l'oyant. — Il peut en être ainsi même dans le cas où le compte a été nécessité par le fait de l'autre partie : par exemple, parce qu'elle a demandé à tort la nullité d'un testament et que, pendant l'instance, elle a touché les revenus qu'elle doit restituer aux légataires. Cass. 1er août 1832, Dev. 32, 797 ; Rouen, 2 avr. 1838 (Art. 1828 J. Pr.).

113. A l'égard des frais de rédaction du compte, quelques C. roy. demandaient, dans leurs observations sur le projet du Code conforme à l'art. 532 C. pr., que la *façon* du compte fût employée en dépenses communes, attendu que beaucoup de personnes peuvent fournir les éléments d'un compte, et être forcées d'employer un tiers pour la rédaction. Mais aucun changement n'ayant été fait à l'art. proposé, on ne saurait réclamer une autre droit que celui fixé par le tarif pour la grosse. Carré, n° 1859 ; *Prat. fr.*, 4, 39. — *Contrà*, Berriat, 500, note 8.

114. Par *frais de voyage* il faut entendre seulement ceux du voyage fait pour venir rendre le compte, et non ceux des voyages faits par le comptable dans le cours et pour le besoin de sa gestion, comme le prétend M. Favard (v° *Compte*, § 2, n° 2). Ces derniers, et les indemnités qui à ce sujet peuvent être dues au comptable, rentrent naturellement dans les dépenses d'administration, dont la *quotité* est arbitrée par le tribunal, eu égard à la fortune de l'oyant, et aux nécessités de la gestion, tandis qu'il s'agit ici d'un droit fixé par le tarif, et qui n'est susceptible ni d'augmentation ni de diminution. Demiau, 368.

115. Ce droit n'est alloué au comptable que sur l'affirmation faite par lui au greffe, en présence de son avoué, que le voyage a eu pour objet unique la reddition du compte (Tar. 146). Cette affirmation est indépendante de celle prescrite par l'art. 534 C. pr. pour le compte lui-même. — V. *inf.*, n° 118 ; *Voyage*, n° 9.

ART. 6. — *Présentation du compte, signification, communication de pièces.*

116. Quand le rendant a dressé son compte, il présente requête au juge-commissaire pour faire fixer le jour de sa présentation.

117. Cette requête, qui ne doit pas être grossoyée (Tar. 76), et l'ordonnance mise au bas par le juge, sont signifiées aux oyants, par acte d'avoué à avoué, s'ils en ont constitué ; sinon, à personne ou domicile, avec sommation de se trouver aux jour et heure indiqués.

118. A ce jour, et dans le délai fixé par le jugement, le rendant présente et affirme son compte en personne ou par procureur spécial, les oyants présents ou appelés, comme il vient d'être dit, C. pr. 534. — Le juge en dresse procès-verbal.

119. Si le juge-commissaire indique, sur la requête présentée en temps utile, un jour en dehors du délai fixé par le jugement, le rendant n'encourt aucune déchéance pour s'être conformé à cette ordonnance. Bruxelles, 14 mars 1827, P. 21, 255.

120. L'affirmation du compte doit-elle être faite sous serment? — Non : la loi n'exige qu'une simple *affirmation;* d'ailleurs, le serment doit être prêté par la partie en personne et à l'audience (C. pr. 121); tandis que l'affirmation du compte peut émaner d'un mandataire. et est nécessairement faite devant le juge-commissaire. Carré, n° 1867; Thomine, art. 534. — Toutefois, la fausseté de l'affirmation autorise le trib. à être plus sévère contre le rendant, et à lui appliquer plus facilement la contrainte par corps pour le payement du reliquat, conformément à l'art. 126 C. pr. Thomine, *Ib.*

121. *Expiration des délais, Condamnation provisoire.* — Il y a controverse sur le point de savoir si le rendant peut à l'avance être condamné éventuellement et provisoirement au payement d'une somme arbitrée par le trib., pour le cas où il ne rendrait pas son compte dans le délai fixé (— V. *sup.*, n° 67). — Lorsque le délai fixé est expiré, la question est tranchée par l'art. 534 en ces termes : « Faute de rendre le compte dans le délai fixé, le rendant peut y être contraint par saisie et vente de ses biens, jusqu'à concurrence d'une somme que le trib. arbitre, *et même par corps,* si les juges l'estiment convenable. »

Le payement de cette somme, qui n'est qu'une provision imputable sur le reliquat (Carré, n° 1868) ne libère pas le comptable de l'obligation de rendre son compte; comme aussi, après cette condamnation, qui est seulement conditionnelle, le rendant est encore recevable à fournir son compte. — V. *sup.*, n° 69.

122. Un comptable a même été admis à présenter son compte après la vente judiciaire de ses meubles et le payement du reliquat provisoire fixé par le trib., attendu que cette exécution ne pouvait être considérée comme un acquiescement tacite à ce jugement. Toulouse, 2 juill. 1838 (Art. 1239 J. Pr.).

123. Au reste, il faut, mais il suffit, que l'on donne avenir à l'audience pour faire prononcer la contrainte autorisée par l'art. 534 C. pr.; il n'est pas nécessaire que l'oyant présente lui-même une requête au juge-commissaire pour fixer le jour et constater le défaut; le retard est suffisamment constaté par l'expiration du délai prescrit par le jugement. Pothier, *Procédure,* 2e part., ch. 2, § 1; Thomine, n° 583. — *Contrà,* Carré, n° 1865; Demiau, p. 369; Souquet, tabl. 582, 5e col., n° 22. — V. d'ailleurs *sup.* n° 67.

124. Comment faut-il interpréter ces mots (C. pr. 534) que le rendant sera contraint *même par corps*, *si le trib. l'estime con-venable?*

Suivant les uns , il faut que le rendant soit susceptible de contrainte par corps. Arg. C. pr. 126; Demiau, 369; Hautefeuille, 311. — Peu importe qu'un témoin ou un dépositaire soit tenu par corps d'obéir à la justice dans l'intérêt d'un tiers, ou dans l'intérêt public : tout se borne, en matière de compte, à l'intérêt pécuniaire des oyants. Thomine, 584.

Suivant d'autres, cette voie de contrainte est abandonnée sans distinction à l'arbitrage du juge. — L'ordonn. de 1667, art. 8, portait que, le délai passé, le rendant serait contraint, même par emprisonnement, *si la matière y était disposée.* A ces derniers mots on a substitué ceux-ci, *si le juge l'estime convenable.* — D'où il résulte que ce moyen de rigueur est aujourd'hui autorisé contre tous comptables pour les forcer à rendre compte. Arg. C. pr. 534; Carré, n° 1869. — Quand le jugement définitif a été rendu, l'oyant ayant entre les mains un titre exécutoire pour l'intégralité de sa créance, choisit les moyens qui lui paraissent les plus convenables pour se faire payer, par la saisie des biens du débiteur, etc.; mais des poursuites ordinaires seraient souvent insuffisantes pour le contraindre à rendre compte : c'est par ce motif que l'emprisonnement est autorisé. Coin-Delisle, art. 2060, 26, n° 49.

La première opinion nous paraît préférable.

Au reste, le trib. ne doit accorder cette voie rigoureuse que pour des causes graves : si, par exemple, le retard du rendant peut devenir très-préjudiciable à l'oyant, si sa désobéissance et sa mauvaise volonté sont manifestes, ou enfin s'il y a lieu de craindre que le rendant ne prenne la fuite. Favard, v° *Compte*, § 2, n° 3.

Le trib. peut aussi fixer un sursis à l'exécution de son jugement, et condamner *si le compte n'est pas remis dans tel délai,* — et même proroger le délai sur la demande du comptable.

125. *Exécution pour reliquat reconnu.* — Le compte présenté et affirmé, si la recette excède la dépense, l'oyant peut requérir du juge-commissaire exécutoire de cet excédant, sans approbation du compte. C. pr. 535; — soit lors des présentation et affirmation, soit même après. Tar. 92; Besançon, 2 mai 1811, P. 9, 299; Pigeau, 2, 430; Carré, n° 1871.

Le juge constate sur son procès-verbal la demande et la délivrance de l'exécutoire.

126. Cet exécutoire est valablement requis en matière de compte de communauté : l'art. 535 est général. Mais l'oyant n'est fondé à le demander que pour sa part, si le rendant a droit à l'autre moitié. Chauveau sur Carré, 1874 *bis*; Souquet, tabl. 582, 3° col., n° 24. — *Contrà*, Pigeau, 2, 710.

127. Cet exécutoire ne confère pas hypothèque à l'oyant,

Si le juge-commissaire représente sous certains rapports le trib. son ordonnance n'est point un véritable jugement. Or, l'art. 2123 C. civ., qui traite plus spécialement de l'hypothèque judiciaire se sert partout du mot *jugement*. Il exige une condamnation. Par les mots *actes judiciaires*, l'art. 2117 n'a voulu faire allusion qu'aux reconnaissances ou ordonnances judiciaires d'exécution des sentences arbitrales qui emportent elles-mêmes hypothèque judiciaire. Troplong, *Hyp.*, n° 438. — *Contrà*, Pigeau, 2, 431; Carré, n° 1872; Favard, *hoc v°*, § 2, n° 4; A. Dalloz, *hoc v°*, n° 106; Souquet, tabl. 582, 3ᵉ col., n° 19.

Ainsi ne confère pas hypothèque : — 1° *l'exécutoire délivré par les juges de paix* (— V. ce mot) aux notaires, ou autres officiers publics; Dissertation, S. 24, 2, 88.

2° L'*exécutoire des dépens.* — V. ce mot.

3° Un bordereau de collocation. Grenoble, 28 mai 1831, D. 32, 63; Troplong, *ib.*, n° 442. — V. *Ordre.*

128. L'exécutoire, s'il a été rendu par défaut, ce qui a lieu le plus souvent, est susceptible d'opposition, dans les cas rares où il y a erreur de calcul, de la part soit du juge, soit du comptable, ou bien des compensations à opposer et des délais à obtenir. Thomine, n° 585.

129. Il n'y a pas lieu à opposition si l'exécutoire n'a fait que constater le contrat judiciaire par lequel le comptable s'est reconnu débiteur. Chauveau, *ibid.*; Souquet, tabl. 582, 3ᵉ col., n° 20.

130. Le trib. peut être saisi par une requête, énonçant les causes d'opposition. Thomine, *ib.* — Il maintient la décision du juge-commissaire, condamne à titre de provision au payement du reliquat, s'il lui est démontré que le rendant n'a aucun moyen raisonnable pour se refuser à s'acquitter de sa dette. — Il réforme la décision, s'il y a lieu, lorsqu'une compensation alléguée lui paraît susceptible d'admission. — Ce jugement ne préjuge point le fond, si la cause n'est pas en état.

131. L'appel est-il recevable si l'ordonnance du juge, portant *exécutoire* a été rendue *contradictoirement*, malgré la prétention du réclamant de retenir le reliquat du compte par voie de compensation ou pour autre cause? — Cette ordonnance a été déclarée exécutoire nonobstant appel. Turin, 1ᵉʳ juin 1812, P. 50, 436, par le motif qu'aucune disposition légale n'autorise ce recours dans ce cas. Toutefois il est difficile, en l'absence d'un texte formel, d'attribuer au juge-commissaire le droit de prononcer définitivement lorsqu'un débat s'élève devant lui. Il se trouve dans l'obligation, comme dans toute autre circonstance, de renvoyer les parties à l'audience, pour être statué ce qu'il appartiendra. — Il ne faut pas étendre au delà de ses limites le pouvoir extraordinaire accordé au juge-commissaire par l'art. 535 C. pr. Cet article présuppose que le reliquat du compte *étant avoué*, on ne nie pas l'obligation de le solder. Dès lors le rendant n'éprouve aucun préjudice de l'or-

donnance qui autorise à le contraindre de suite au payement de
ce reliquat, sans nuire au droit de l'oyant, qui peut prétendre et
obtenir postérieurement que le chiffre de ce reliquat soit augmenté,
et qu'une condamnation plus forte soit prononcée, en déduction
de laquelle vient le payement de la somme fixée par l'exécutoire.
Arg. Besançon, 2 mai 1811, P. 9, 299 ; Carré, n° 1874, Souquet, n° 23.

Suivant M. de Villeneuve, 4, 2, 125, note, le trib. saisi de la
demande en reddition de compte peut réformer cette ordonnance.

132. Jugé qu'en matière commerciale, il n'y a pas lieu d'accorder exécutoire à une partie, pour la somme dont elle est créancière à l'égard de l'autre, par suite du règlement d'un compte
ouvert entre elles ; l'art. 535 C. pr. n'étant applicable qu'aux
comptes de gestion et non à une comptabilité respective à liquider à raison d'opérations qui ont eu lieu entre deux ou plusieurs
personnes. Bruxelles, 21 fév. 1810, P. 8, 129.

133. *Signification du compte.* Après la présentation et l'affirmation, le compte doit être signifié à l'avoué de l'oyant (C. pr.
536), et s'il n'a pas d'avoué, à l'oyant lui-même à personne ou
domicile. Arg. C. pr. 534 ; Carré, n° 1875, Favard, v° *Compte,*
§ 2, n° 5.

134. Les pièces justificatives sont mises en ordre, cotées et
paraphées par l'avoué du rendant (C. pr. 532, 536 ; Tar. 92),
et communiquées, soit sur récépissé à l'avoué de l'oyant, soit au
greffe et *sans déplacement*, ou bien à l'oyant lui-même, s'il n'a
pas d'avoué.

Quand les pièces justificatives sont déposées au greffe, on doit,
en signant le compte, dénoncer l'acte de dépôt, avec sommation
d'en prendre communication dans le délai de la loi. Demiau, 371.

135. L'oyant est tenu de remettre au rendant les titres et
papiers dont celui-ci demande communication pour y puiser les
éléments de son compte. — Cependant, le refus de communication ne serait pas pour le comptable une excuse suffisante de retard. Chauveau sur Carré, n° 1862 *bis.*

136. Si les oyants ont constitué plusieurs avoués, les copies
et communication ci-dessus sont données à l'avoué plus ancien
seulement, s'ils ont le même intérêt, et à chaque avoué, s'ils ont
des intérêts différents. C. pr. 536.

Les créanciers intervenants ayant toujours un intérêt commun,
n'ont tous ensemble qu'une seule communication tant du compte
que des pièces justificatives, par les mains du plus ancien des
avoués qu'ils ont constitués (*ib.*), sauf à chacun de ceux-ci à demander séparément une copie du compte, en s'obligeant à faire
supporter à sa partie l'augmentation des frais qui devra en résulter ; la même faculté appartient aux avoués des oyants, quand il
ne leur a été fait qu'une seule signification. Carré, n° 1876; Tho-

mine, art. 536 ; Demiau , 371 ; Favard, *ib.*, § 2, r᾽ ᾽. — v.
sup., n° 90.

137. La loi ne prescrit à l'égard des créanciers intervenants
qu'une simple *communication* du compte ; elle semble ainsi limiter aux oyants la nécessité de la *signification*. — Chauveau sur
Carré , n° 1876 *bis ;* Souquet, tabl. 582, col. 5, n° 28. M. Pigeau,
2, 432, veut néanmoins qu'on le *signifie* aux uns et aux autres.

138. Les pièces justificatives, communiquées sur récépissé,
doivent être rétablies dans le délai fixé par le juge-commissaire,
sous les peines portées par l'art. 107 C. pr., *ib.* ; 536.

Toutefois, ce n'est pas à ce magistrat, mais au trib. seul qu'il
appartient de les appliquer (Pigeau, 432 ; Carré, n° 1877) ; à cet
effet, le rendant poursuit l'audience, soit en se conformant aux
dispositions de l'art. 107 précité (Carré , *ib.*), soit en requérant
l'application de ces peines sur le procès-verbal du juge commissaire, pour être statué à l'audience sur son rapport, au jour qu'il
aura indiqué, les parties étant tenues de s'y trouver sans sommation. Pigeau, *ib.*

139. La réquisition des peines sur le procès-verbal du juge-
commissaire, oblige ce magistrat à faire son rapport sur ce point
comme sur toutes les difficultés, pour mettre le trib. à même de
statuer. Chauveau sur Carré, n° 1877.

140. On produit comme pièces justificatives toutes pièces tendant à prouver des dépenses faites dans l'intérêt de l'oyant, et
dans les limites de l'administration du comptable, telles que quittances de fournisseurs , ouvriers, maîtres de pension, etc.

Ordinairement on tient compte des faux frais à ceux qui les ont
faits sur leur simple affirmation, sans qu'il soit besoin d'une
preuve écrite.

Art. 7. — *Débats du compte.*

141. Le compte, une fois signifié, doit être discuté devant
le juge-commissaire.

142. A cet effet, aux jour et heure par lui indiqués pour cette
discussion, soit lors de l'affirmation, soit par une ordonnance
rendue sur requête et signifiée par le poursuivant à l'autre partie
(Pigeau, 2, 430, note 3), les parties sont tenues de se présenter
devant lui pour fournir débats, soutenements et réponses sur son
procès-verbal.

143. Si l'une et l'autre, ou seulement l'une d'elles fait défaut,
c'est-à-dire ne se présente ni en personne, ni par son avoué
(Carré. n° 1880), l'affaire est portée à l'audience sur un simple
acte (C. pr. 538). sans que le juge-commissaire soit obligé de
consigner dans son procès-verbal les dires de celle qui se présente,
fût-ce même l'oyant (Carré *ib.*; Lepage *Qu.*, p. 367).

Le tribunal adjuge au poursuivant ses conclusions, si elles sont justes, après les avoir vérifiées.

144. Après l'affirmation du compte, les parties sont pour la procédure valablement représentées par leurs avoués, sans pouvoir spécial : les acquiescements ou concessions faits par eux engagent les parties jusqu'à désaveu. Cass. 24 juill. 1840 (Art. 1855, J. Pr.) ; Carré sur Chauveau, n° 1880 ; Favard, 1, 618.

145. Si les parties se présentent, l'oyant fournit *débats* sur le compte ; le rendant présente ses *soutenements* s'il n'adhère pas aux débats ; enfin l'oyant donne ses *réponses*, auxquelles le rendant n'a pas le droit de répliquer. Tar. 92 ; Carré, n° 1883.

146. Si le rendant fait des répliques, il n'y a pas nullité du procès-verbal qui les a insérées ; mais les frais en sont frustratoires. Chauveau sur Carré, n° 1883 ; Souquet, tabl. 582, 5ᵉ col., n° 34.

147. Le juge-commissaire dresse lui-même procès-verbal. — Il doit éviter d'y insérer les dires écrits qui lui sont remis par les avoués des parties (— *Contrà*, Demiau, 370), surtout si par la longueur de leur rédaction ils augmentent les frais, sans utilité pour l'éclaircissement du compte. Carré, n° 1881.

148. Au reste le juge-commissaire peut se faire remettre à l'avance les contredits afin de n'insérer que la substance des diverses prétentions de chacune des parties. Thomine, n° 591. — Ce mode tend à prévaloir dans la pratique. Mais il oblige le juge-commissaire à faire un travail long et minutieux, ou à s'en rapporter à la rédaction des parties.

149. Les parties peuvent-elles signifier leurs contredits ? — La loi s'y oppose en exprimant par l'art. 539 C. pr. que si les parties ne s'accordent pas, le juge-commissaire les renverra à l'audience, en indiquant le jour de son rapport, et qu'elles doivent s'y trouver, *sans aucune sommation*.

Conséquemment aucune écriture ne passe en taxe.

Mais les parties restent libres de signifier *à leurs frais*, leurs divers contredits, si elles le jugent nécessaire.

M. Thomine, n° 593, alloue même les émoluments d'une requête vraiment utile, et qui aurait pour but d'éviter des droits de greffe et vacations.

150. Si les parties s'accordent, le procès-verbal constate le u. transaction et le chiffre auquel le reliquat a été fixé entre elles mais le juge-commissaire ne peut délivrer exécutoire pour ce reliquat, comme il peut le faire après la présentation du compte, pour l'excédant de la recette sur la dépense (— V. *sup.*, n° 125 ; Pigeau, 2, 434 ; Carré, n° 1884) ; les parties doivent donc prendre à l'audience un jugement d'expédient, ou d'homologation, si elles veulent donner à leur convention la force d'un titre paré et lui faire produire une hypothèque. Carré, *ib.*, Demiau, 372 ; Favard, v° *Compte*, § 3, n° 1.

. **151.** S'il y a reconnaissance de certains articles portés dans un compte, et réclamation de certains autres omis au préjudice du déclarant, l'aveu doit être pris dans son entier. Bourges, 27 janv. 1831, P. 23, 1162. — V. *Aveu*.

152. Si les parties ne s'accordent pas, il faut distinguer : — ou la difficulté s'élève sur les bases mêmes de la comptabilité, et alors c'est une question préjudicielle que le juge-commissaire doit faire juger par le trib. avant de passer outre aux opérations du compte ; — ou elle ne touche pas au principal ; et dans ce cas le juge-commissaire statue provisoirement, ou bien joint l'incident au fond pour être ultérieurement statué sur le tout, sans qu'il puisse en résulter aucune entrave dans la suite de l'opération qui lui est confiée ; — ou enfin la contestation porte sur le compte lui-même, et quand après la discussion, l'impossibilité d'un accord entre les parties est démontrée au juge-commissaire, il les renvoie à l'audience pour être statué sur son rapport au jour par lui indiqué. C. pr. 539.

153. Lorsque divers articles sont contestés, des tiers peuvent être appelés pour donner des explications relatives à ces articles, si le juge-commissaire et les parties le jugent utile : leur audition ne constitue pas une enquête qui doive être faite dans les formes tracées par le Code de procédure. Cass. 18 janv. 1831, P. 23, 1125.— V. d'ailleurs *Comparution des parties*, n° 5.

ART. 8. — *Renvoi à l'audience ; jugement définitif ; ses effets ;*

154. Au jour indiqué par le commissaire, les parties sont tenues de se trouver à l'audience sans sommation préalable. C. pr. 539.

En conséquence, le poursuivant ne doit pas signifier le procès-verbal à l'autre partie, eût-elle même fait défaut. Carré, n° 1885 ; Favard, v° *Compte*, § 3, n° 1 ; Delaporte, 2, 125.

155. Il ne doit pas non plus, en général, en être levé expédition, à moins que l'une des parties ne veuille le faire à ses frais ou qu'il soit nécessaire de le produire en appel : rien ne s'oppose à ce que la minute soit remise sous les yeux du trib., comme celle l'un procès-verbal d'ordre. Si la loi défend le déplacement des minutes du greffe, cela doit s'entendre, en ce sens, qu'elles ne peuvent être colportées par le greffier, ou confiées aux avocats ou aux plaideurs ; mais la remise de cette minute au juge-commissaire pour faire son rapport, ou pour la délibération, en chambre du conseil, ne peut être refusée par le greffier. Thomine, n° 592. —*Contrà*, Carré, n° 1885.

156. Le commissaire fait son rapport au jour indiqué, les parties présentes ou non.

Si l'oyant est défaillant, les articles du compte sont alloués sans discussion, pourvu qu'ils soient justifiés. C. pr. 542, 150; — s'il se présente, la discussion peut s'établir, soit sur ces mêmes articles, soit sur le rapport, et les parties sont recevables à produire tous titres de libération et autres, même ceux dont elles auraient négligé de se prévaloir devant le juge-commissaire Paris, 20 juil. 1810, P. 8, 474.

157. Les parties ont le droit de plaider après le rapport du juge-commissaire. Cass. 21 avr. 1830, S. 30, 171; Thomine, n° 539; — à moins qu'une instruction par écrit n'ait été formellement ordonnée. C. pr. 111.

158. *Jugement.* Si le trib. n'est pas assez éclairé, il peut remettre à statuer jusqu'à ce qu'il ait obtenu de plus amples renseignements, même ordonner un nouveau compte, si celui présenté est irrégulier; mais le jugement qui renverrait les parties devant un expert, et non devant un des juges du trib., pour être statué sur son rapport (— V. *sup.*, n° 64), serait susceptible d'appel avant le jugement définitif sur l'apurement du compte.

159. Le jugement qui intervient sur le compte contient le calcul de la recette et des dépenses, et fixe le reliquat précis, s'il y a aucun (C. pr. 540); ainsi le trib. ne peut, en aucun cas, déterminer ce reliquat par une évaluation arbitraire.—V. *Compte de fruits*, n° 56.

A moins que pour le cas de refus de rendre le compte, on ait conclu au payement d'une somme déterminée pour tenir lieu de reliquat. Arg. Thomine, n° 584.

160. Mais l'art. 540 n'est pas applicable, lorsqu'au lieu de statuer sur l'apurement d'un compte, la cour jugeant que celui qui a été fourni sans débats ni soutenements, n'est pas tel qu'il avait été prescrit, rejette le compte présenté et décide par d'autres raisons, que le rendant doit être tenu du payement Cass. 17 avril 1839, D. 39, 176.

161. M. Carré, n° 1886, pense que le jugement doit être envisagé comme ne faisant qu'un seul acte avec le procès-verbal de débat, et il cite un arrêt de la C. de Rennes du 27 déc. 1809, qui a jugé que, si l'on trouvait dans le procès-verbal les qualités et conclusions des parties, les points de fait et de droit sur lesquels le trib. avait déclaré statuer, le vœu de la loi serait exactement rempli. — Nous ne comprenons guère cette solution.

D'une part le procès-verbal et le jugement ne peuvent être rédigés *dans un seul et même contexte;* d'autre part, lorsqu'il y a deux actes distincts, chacun doit remplir séparément les conditions de son existence, de telle sorte que le procès-verbal ne puisse suppléer les vices ou omissions que le jugement présenterait dans sa rédaction; il est d'autant plus nécessaire que ce jugement se suffise à lui-même, qu'il doit être signifié, tandis que le procès-verbal ne doit pas l'être. Dalloz, 3, 670; Chauveau sur Carré, n° 1886; Souquet, tabl. 582, 5e col., n° 38.

162. En général, si le jugement contient une omission, on peut la faire rectifier par un second jugement : et, dans ce cas, les mêmes avoués qui ont occupé dans la première instance occupent sur la seconde, si elle est commencée dans l'année ; la partie se pourvoit alors par un simple acte. Arg. Rennes, 26 juill. 1816, P. 13, 562.

Cette procédure accessoire, conséquence de l'instance du compte, n'est pas celle de l'action en redressement dont nous parlerons inf., § 4, qui constitue une action principale ordinaire : on ne doit pas confondre ces deux modes de recours.

Mais on ne peut demander à un trib. qu'il ajoute ou retranche des articles d'un compte sur lequel il a statué, sous prétexte qu'on a découvert des pièces nouvelles, et que l'art. 541 C. pr. permet de rectifier les erreurs qui peuvent avoir été commises. Bourges, 10 août 1831, P. 24, 122.

163. *Effets du jugement définitif.* Ils sont relatifs : — 1° Au payement des frais ; — 2° au payement du reliquat ; — 3° au mode d'exécution.

164. *Frais et dépens.* Ils sont à la charge de celui qui succombe. C. pr. 130. — V. *Dépens.* — Suivant Pigeau, 2, 425, les dépens sont à la charge de l'oyant, lequel profite de la gestion, et le rendant supporte seulement ceux des contestations sur lesquelles il a succombé, ou des procédures faites par lui seul mal à propos.

165. Il faut appliquer aux redditions de compte la prohibition de condamner les divers demandeurs ou défendeurs, solidairement aux *dépens.* (— V. ce mot. Rennes, 20 janv. 1813, P. 11, 56; Cass. 15 mai 1811, Dev. 3, 348. — *Contrà,* Cass. 6 juin 1811, Dev. 3, 358.

Ainsi un rendant compte doit personnellement les frais des procédures qu'il a faites mal à propos, et ses consorts doivent contribuer pour leur quote part aux dépens des procédures communes et régulières, lorsqu'ils sont tous débiteurs du reliquat.

166. *Reliquat.* S'il est en faveur du comptable, ses avances produisent intérêts à son profit du jour qu'elles sont constatées, s'il s'agit d'un mandat volontaire (C. civ. 2001); et si le comptable est un tuteur ou autre administrateur judiciaire, du jour de la sommation qui a suivi la clôture du compte. *Ib.* 474.

167. Dans le cas, au contraire, où le reliquat est en faveur de l'oyant, on distingue encore : si l'oyant est un pupille, ce reliquat porte intérêts, sans demande, du jour de la clôture du compte (*Ib.*); à moins que l'oyant n'ait fait défaut à l'audience indiquée pour le rapport du juge-commissaire, auquel cas le rendant, constitué reliquataire, garde les fonds sans intérêts (C. pr.

542), même lorsqu'il s'agit d'un compte de tutelle. Delvincourt, 1, 309, note 6 ; Favard, v° *Compte*, § 3, n° 3 ; Thomine, art. 542 ; Chauveau sur Carré, n° 1888 ; Souquet, Tabl. 583 5ᵉ col., n° 46. —*Contrà*, Pigeau, 2, 435 ; Merlin, *Rép.*, 2,687.— Si l'oyant est un mandant ordinaire, l'intérêt court à son prof. seulement du jour de la mise en demeure. C. civ. 1996.

168. Au reste, le rendant doit l'intérêt de toutes sommes qu'il a employées à son usage, à dater de cet emploi. *Ib.*

169. Lorsque l'oyant n'a pas constitué avoué, ou qu'il fait défaut par son avoué, le rendant est condamné au payement du reliquat dont il s'est reconnu débiteur, mais sans intérêts jusqu'au payement, à la charge de donner caution ; s'il n'aime mieux consigner. C. pr. 542. — Cette dernière précaution n'est point exigée du tuteur comptable, parce que la loi suppose que le reliquat est garanti le plus souvent par une hypothèque légale. — Elle serait en défaut cependant pour le cas où le tuteur (ce qui arrive assez fréquemment) ne posséderait aucuns biens.

Le défaut de cautionnement ou de consignation ferait courir les intérêts sans demande au profit de l'oyant. Thomine, art. 542.

170. *Exécution.* Elle est soumise aux règles ordinaires.

Toutefois, l'exécution provisoire peut être ordonnée avec ou sans caution. C. pr. 135, n° 6.

171. La contrainte par corps peut-elle être prononcée ? — Oui, lorsqu'il s'agit de comptes de tutelle, curatelle, d'administration de corps et communauté, établissements publics ou de toute autre administration confiée par justice, et de restitutions à faire par suite de ces comptes. C. pr. 126.

Le trib. peut, par le jugement qui statue sur la contestation et en énonçant les motifs du délai, ordonner un sursis à l'exécution de la contrainte par corps pendant un certain temps qu'il détermine, après lequel elle est exercée sans nouveau jugement. *Ib.*, 127.

172. Mais la contrainte par corps ne peut être prononcée, — même contre un comptable d'une administration de corps et communauté pour le payement d'un reliquat au-dessous de 300 fr. Bastia, 13 juin 1827, D. 28, 8. — Thomine, 1, 249 ; Boncenne, 2, 533. — Ni contre une fille pour dommages-intérêts. Cass. 26 déc. 1827, D. 28, 73 ; 17 janv. 1832, Dev. 32, 687. Paris, 26 fév. 1829, S. 29, 136. Chauveau sur Carré, n° 531 ; Thomine, 1, n° 114 ; Coin-Delisle, art. 2066, n° 12.

L'art. 126 C. pr. n'a point dérogé aux art. 2063 et 2065. — V. *Contrainte par corps.*

173. S'il s'agit d'un comptable ordinaire, quand bien même le reliquat dépasserait 300 fr., la *contrainte par corps* ne pourrait être prononcée en vertu de la première partie de l'art. 126 C. pr. Coin-Delisle, art. 2060, p, 26, n° 46. — V. ce mot.

174. L'héritier bénéficiaire n'étant pas nommé par justice, n'est point, par cela même, contraignable par corps pour le payement de son reliquat (Pigeau, 1, p. 608 ; Coin-Delisle, art. 2060, p. 26, n° 46); mais il peut être contraint sur ses biens personnels jusqu'à concurrence des sommes dont il est reliquataire. C. civ. 803.

175. Les héritiers présomptifs d'un absent envoyés en possession ne sont pas non plus contraignables par corps : la justice intervient plutôt pour déclarer leur droit à l'administration des biens de l'absent que pour la leur déférer. Coin-Delisle, *ibid.*

176. Le jugement contradictoirement rendu sur l'instance du compte est susceptible d'appel.

177. L'appel, quant à la forme et au délai dans lequel il peut être interjeté, est soumis aux règles ordinaires. — V. *Appel.*

178. Mais le jugement est-il réputé contradictoire lorsqu'il a été rendu en l'absence de l'avoué de l'une des parties, si toutes deux se sont présentées devant le juge-commissaire, et ont fourni leurs moyens ? — Le doute vient de ce qu'il ne s'agit pas d'une instruction par écrit, de ce que les parties ont toujours le droit de plaider après le juge-commissaire ; celui qui comparaît par son avoué peut prendre défaut contre l'avoué du défaillant, mais ne saurait obtenir jugement contradictoire s'il n'a pas été posé de conclusions au fond à l'audience. — Mais on répond pour l'affirmative : Il y a toujours des conclusions posées par les dires, les débats sont consignés sur le procès-verbal du juge-commissaire.

Ainsi l'arrêt rendu après renvoi à l'audience par le juge commissaire est contradictoire encore bien que l'une des parties ne s'y présente pas. Montpellier, 24 mai 1821 ; Orléans, 20 juin 1821, Dev. 6, 417, 435. Analogue, Paris, 25 juin 1838 (Art. 1362, J. Pr.)

179. L'appelant peut-il faire valoir comme griefs les erreurs, les omissions, faux ou doubles emplois qui se seraient glissés dans le compte?

Pour la négative on dit, c'est aux premiers juges qu'il faut s'adresser pour la réformation de ces erreurs. Rennes, 29 mars 1817, P. 14, 162.

Toutefois on répond : L'emploi d'une voie ordinaire de réformation, telle que l'appel, remet en question toute la chose jugée. Ce ne sont pas seulement les erreurs *de droit* qui donnent lieu à la réformation des jugements, mais ce sont encore, et le plus souvent, les erreurs *de fait;* or, les erreurs de calcul, omissions faux ou doubles emplois, ne sont pas autre chose. — Peu importe que la partie lésée ait une action en redressement; ce n'est pas le seul exemple dans le droit de deux ou plusieurs actions laissées au choix d'une partie. Déjà, sous la loi romaine et l'ordonn. de 1667, il n'était pas nécessaire d'appeler de la sentence qui contenait une erreur de calcul (L. 1 § 1, ff. *Quæ sent. sine appell. rescind.*), parce que, comme aujourd'hui, le juge pouvait redresser le compte qu'il avait lui-même arrêté; cependant l'appel était permis aux parties. Ordonn. 1667, tit. 29, art. 21.

180. Ainsi jugé que l'on ne peut considérer comme demande nouvelle, — 1° celle qui a pour but de faire rectifier des erreurs dans un compte débattu devant des arbitres. Rennes, 29 août 1810, P. 8, 577;

2° Celle en redressement d'erreurs ou omissions existant dans un précompte renvoyé devant notaire par une C. royale : cette circonstance de renvoi n'a pas dessaisi la C. de la connaissance du compte et des difficultés y relatives, lesquelles constituent une partie intégrante de l'ensemble de la comptabilité dont elle est saisie. Rennes, 25 fév. 1817, P. 14, 96; Carré, *Compétence*, 2, 352, note 7.

181. Mais l'appel a été rejeté, comme étant sans griefs en cas d'erreurs légères, parce qu'elles pouvaient être réparées par les premiers juges, et en cas d'omission relativement à l'allocation de certaines sommes non réclamées en première instance. Rennes, 29 mars 1817, P. 14, 162.

182. Suivant M. Thomine, art. 541, on peut, *incidemment* à l'appel en réformation de quelques articles mal à propos alloués ou rejetés dans le jugement du compte, demander la correction de quelque erreur ou omission; ce qui donnerait à penser qu'on n'en peut faire un grief d'appel *principal*. — Cet auteur laisse à la C. la faculté de statuer elle-même, ou de renvoyer cette contestation incidente au trib. de 1re instance.

183. La présentation d'un compte qui n'a pas été fourni en 1re inst. n'est pas recevable pour la première fois sur l'appel. Rennes, 27 av. 1818, P. 14, 776.

184. Toutefois, une C. roy. peut, après avoir renvoyé les parties devant un notaire, comme moyen d'instruction pour s'éclairer, et statuer sur un appel dont elle est saisie, ordonner par un second arrêt que le compte sera rendu devant elle; si, par exemple, le notaire commis pour le recevoir, déclare ne pouvoir parvenir aux apurements ordonnés. Rennes, 26 juill. 1820, P. 16, 66. — Analogue, Cass. 6 juin 1820, P. 15, 1027; — Carré, 2, 335.

185. L'instruction sur l'appel étant terminée, arrêt intervient qui confirme ou infirme le jugement de 1re instance.

186. L'art. 528 C. pr. ne s'étant point occupé du cas de confirmation, il faut appliquer les principes généraux.

187. Au cas d'infirmation après que le compte a été rendu et jugé en 1re inst., l'exécution appartient à la Cour qui l'a rendu, ou à un autre trib. qu'elle indique par le même arrêt. C. pr. 528, — mais V. rej. 2 juin 1858, 27 juin 1860 (7499).

188. Le législateur a posé des règles spéciales pour le cas d'*évocation*

Nous avons vu *sup.* n° 82, que la Cour n'a pas le droit d'*évoquer* lorsqu'il s'agit du jugement qui a refusé d'ordonner la reddition du compte.

Mais s'il s'agit du jugement définitif, l'évocation est autorisée, le premier juge ayant épuisé sa juridiction, rien ne s'oppose à ce que la Cour, en cas d'infirmation, puisse ordonner un nouveau compte, même sur d'autres bases, et par suite elle a droit de conserver l'exécution de son arrêt; en conséquence, elle peut nommer un commissaire pris dans son sein, etc.

Elle a droit également, si elle le préfère, de renvoyer devant un autre trib. de son choix.

L'art. 528 contient deux dispositions distinctes, chacune ayant des règles différentes, les unes s'appliquant au jugement rendu sur la demande à fin de reddition de compte, les autres à celui rendu sur le compte présenté et débattu. Thomine, n° 577; Pigeau, 2, 436; Carré, art. 528. — *Contrà*, Delaporte, 2, 109.

Si la Cour renvoie devant un autre tribunal pour rendre le compte annulé, il n'est pas appelé à statuer sur le droit, mais seulement à procéder à la reddition du compte. Chauveau sur Carré, n° 1851. — C'est ce trib. qui nomme le juge commissaire et fixe le délai dans lequel le compte doit être rendu. En un mot il procède seul à l'exécution. Cass. 23 janvier 1837, Dev. 37, 393; Chauveau, *ibid.* — *Contrà*, Pau, 31 août 1833, P. 1837, 1, 104.

§ 4. — *De l'action en redressement de compte.*

189. Il ne faut pas confondre l'action en révision et celle en redressement.

190. Les demandes *en révision « plus inextricables souvent que les comptes mêmes »* (Favard, *Exposé des motifs*), sont interdites. C. pr. 541.

191. Cette règle est applicable aux comptes judiciaires ou extrajudiciaires. Angers, 10 janv. 1838, D. 39, 46. — Pourvu qu'ils soient définitifs. Pau, 9 mai 1831, Dev. 31, 218; Cass. 6 déc. 1832, P. 24, 1623.

192. Ainsi décidé à l'égard, — 1° d'un compte rendu devant des arbitres. Cass. 17 avr. 1810, P. 8, 259; — 2° d'un compte extrajudiciaire, sous seing privé, approuvé par l'oyant. Cass. 10 sept. 1812, P. 10, 719; Rennes, 14 avr. 1813, 19 mai 1815, P. 11, 293; 12, 739; Thomine, 2, 353; Chauveau, n° 1886 *bis.* — 3° d'un compte rendu entre deux commerçants. Nancy, 2 mai 1826, Dev. 8, 238; 28 août 1826, S. 26, 246; — 4° de celui rendu au failli par les syndics. Cass. 15 mars 1826, D. 26, 208.

193. La demande en révision est inadmissible, même alors que toutes les parties reconnaissent des erreurs dans le compte, et consentent à cette opération ; la prohibition de la loi est d'ordre public. Il ne saurait dépendre de la volonté des parties de substituer à une procédure en vigueur (l'action en redressement) une procédure abolie par une disposition formelle. Le juge peut d'office suppléer les moyens d'incompétence matérielle. Chauveau sur Carré, 1886 *ter*. Arg. Cass. 30 avr. 1817, P. 14, 205.— *Contrà*, Colmar, 18 mai 1816, P. 13, 442 ; Souquet, tab. 583, 5e col., no 40. — Orléans, 2 déc. 1853 (5583).

194. Les juges ne doivent pas, sous prétexte de rectifier une erreur de calcul, changer par un nouveau jugement le taux de l'intérêt qu'ils ont précédemment fixé pour une liquidation ; il y aurait violation de la chose jugée donnant ouverture à cassation. Cass. 8 juin 1814, Dev. 4, 579 ; Analogue, Cass. 18 déc. 1815, Dev. 5, 126.

195. Toutefois, en cas d'usure, par exemple, lorsqu'un banquier prend plusieurs fois son droit de commission, il y a lieu non pas à une simple modification, mais bien à réviser les bases mêmes du compte. Orléans, 21 août 1840 (Art. 1854 J. Pr.).

196. Mais, ce cas excepté, la partie lésée n'a qu'une action *en redressement* des erreurs, omissions, faux ou doubles emplois qui ont pu se glisser dans le compte, et qui n'ont pas été relevés alors, ou sur lesquels il n'a pas été déjà statué par le jugement sur le compte. Autrement il y aurait chose jugée (Pigeau, 2, 436) ; Favard, vo *Compte*, § 3, no 5 ; Carré, art. 541, no 1887.

197. Cette action a lieu pour les différentes causes énoncées ci-dessus, *sup.*, no 196, encore bien que l'arrêt intervenu sur le compte n'ait réservé expressément que la rectification des erreurs de calcul. Cass. 23 nov. 1824, S. 25, 170.

198. Mais la demande n'est pas recevable si elle porte sur un *mauvais* emploi et non sur un *faux* emploi. Cass. 2 mars 1831 ; P. 23, 1272 ; Souquet, tabl. 583, 3e col., no 27. — *Contrà*, Chauveau, 1886 *quater*.

199. Les *erreurs* énoncées dans l'art. 541 C. pr. sont seules admissibles. Toute autre erreur, même celle de droit, serait insuffisante. Merlin, *Quest.* vo *Compte*, § 1 ; — en effet, à l'aide de ce moyen, un plaideur pourrait, par une simple demande en redressement, reproduire des articles de recettes et de dépenses qui auraient été rejetés après discussion spéciale.

200. Du reste, il n'est pas nécessaire que l'erreur soit littéralement exprimée dans le jugement ou l'arrêté de compte, si elle existe dans les actes auxquels se réfère l'un ou l'autre, par exemple dans le chapitre des recettes ou des dépenses ; peu importe aussi qu'elle provienne du fait des parties, ou du fait du juge, le Code (art. 541) ne fait aucune distinction Merlin, *ibid.*

201. L'erreur est proposable lors même que la partie qui s'en plaint, et dont elle est le fait, a, depuis le jugement, demandé un délai pour satisfaire aux condamnations prononcées contre elle en dernier ressort. Metz, 26 août 1819. P. 15, 519.

202. *L'omission* n'est, à proprement parler, qu'une erreur de calcul ; il y a omission, quand il manque quelques articles dans le chapitre de la recette ou de la dépense, ou dans le relevé général de l'arrêté de compte. — Le fait par le trib. d'avoir négligé de statuer sur une demande qui ne rentrait ni dans la recette ni dans la dépense, ne constitue pour la partie qui l'avait formée, qu'une ouverture de requête civile. Merlin, *Quest.* v° *Compte*, § 1.

203. Il n'y a pas omission dans le sens de l'art. 541, lorsque la somme prétendue omise résulte d'une créance qui n'était pas reconnue à l'époque où le compte a été arrêté. Cass., 12 mai 1835. — V. d'ailleurs Cass. 31 janv. 1861 (7515).

204. Il y a *faux emploi*, lorsqu'on a employé comme vraie une pièce de comptabilité fausse, ou qui, bien que vraie en elle-même, était étrangère au compte. Merlin, *ib.*

205. Il y a *double emploi*, si par exemple, le comptable après avoir porté en recette des arrérages de rente sous la déduction des contributions, porte cependant ces contributions dans la dépense.

206. L'action dure 30 ans comme toutes les actions ordinaires, Arg. C. civ. 2262, et non pas seulement 10 ans. L'art. 1304 C. civ. est spécial au cas où une convention a été formée par erreur ; or, ici il s'agit du règlement d'une obligation précédente. Peu importe que l'action en reddition de compte, par exemple au cas de tutelle, ait été limitée à 10 ans. L'arrêté de compte soumet l'action à la règle générale de la prescription. Arg. C. civ. 2274 ; Metz, 10 juill. 1821, Dev. 6, 446. ; Besançon 5 juill. 1823, P. 18, 15 ; Bordeaux, 10 juin 1828, Dev. 9, 93 ; Merlin, *Q.* v° *Compte*, § 1 ; Pigeau, 2, 135 ; Duranton, 3, n° 643 ; Chauveau sur Carré, n° 1886, *quinquies ;* Souquet, v° *Compte*, Table 62, Col. 1, 2, 4. — *Contrà*, Vazeille, *Prescription*, n° 535 ; Rolland, v° *Compte*, n° 54 ; Dalloz, *ibid.*, n° 153. — V. d'ailleurs *Compte de tutelle*, n°ˢ 39 et 45.

Toutefois il a été jugé qu'un trib. peut, d'après les circonstances, déclarer non recevable une demande en redressement de compte entre associés, spécialement lorsqu'il s'est écoulé un long espace de temps depuis la reddition de ce compte et depuis la remise des pièces justificatives. Cass. 3 janv. 1828, Dev. 9, 6. — Mais la déchéance dans l'espèce paraît avoir été déterminée par l'impossibilité de retrouver les éléments du compte.

207. L'action en redressement peut s'exercer sans qu'au préalable le demandeur ait dû attaquer le jugement qui lui fait grief, par opposition, appel ou requête civile, et lors même qu'il aurait été précédemment débouté d'une demande en **révis.on**. Cass. 12 janv. 1818, P. 14, 568.

208. S'il s'agit d'un compte judiciaire la rectification est demandée non par voie d'appel. Bordeaux, 30 mai 1840, Dev. 40, 367. — Mais directement devant les mêmes juges qui ont reçu le compte primitif. C. pr. 541. — Il s'agit moins d'une action *principale et introductive d'instance, que d'une suite de l'instance de compte elle-même. Observ. du tribunat.* Pigeau, 2, 436.

209. Il en est autrement lorsque les erreurs ou omissions ayant été relevées lors du compte, le trib. a statué à leur égard. Il y a alors lieu à appel. Carré, n° 1887, Pigeau, 2, 384; Merlin, *Rép.*, v° *Jugement*, § 3.

210. Un intimé a été admis à demander en appel et contre toutes les parties la rectification d'un compte. Rennes, 12 juin 1835, P. 27, 305; Thomine, 2, 36. — *Contrà*, Arg., Rennes, 28 nov. 1820, P. 16, 207, Chauveau sur Carré, n° 1886, *quinquies.*

211. Lorsqu'en 1re instance on a demandé un nouveau compte en se fondant sur ce que celui déjà existant n'était que provisoire, on ne peut se restreindre à demander devant la Cour la rectification d'erreurs : ce serait une demande nouvelle. — V. *Appel*, n° 536.

212. *Devant les mêmes juges* (C. pr. 541), c'est-à-dire devant le même trib., il n'est pas nécessaire que la demande soit jugée par les mêmes magistrats qui ont procédé à l'apurement du compte. Cass. 23 nov. 1824; S. 25, 170, — ce qui serait souvent impossible.

Si le compte a été apuré par une C. roy., c'est devant elle que l'action est régulièrement portée, sans avoir besoin d'avoir recours à la voie de la requête civile. Rennes, 8 déc. 1817, P. 14, 125. Rej. 12 août 1852, D. 52, 5, 134.

213. Lorsqu'il a été statué par des arbitres, comme amiables compositeurs, sur un compte entre associés, l'action doit être portée devant les arbitres eux-mêmes, et non devant le trib. de commerce qui les a nommés. — V. *Arbitrage*, n° 733.

Cependant si la mission des arbitres est terminée, l'action en redressement doit être portée devant le trib. civil. Cass. 21 août 1832, P. 24, 1418; Chauveau sur Carré, 1887 *bis*; Souquet, tabl. 583, 4° col., n° 32.

214. Une Cour ne peut, sans juger *ultrà petita*, sur une demande en redressement de compte, ordonner qu'il sera rendu un nouveau compte. Cass. 26 avr. 1831, P. 23, 1506.

215. Jugé qu'il n'y a pas révision, mais simple rectification, lorsque, sur une demande en rectification d'erreurs et omissions existant dans un compte général composé de divers comptes particuliers, le trib. renvoie les parties devant un juge-commissaire pour redresser ces erreurs dans chaque compte particulier. Cass. 19 fév. 1834, P. 26, 180.

216. Quand le compte a été rendu à l'amiable, l'action est intentée devant le trib. qui aurait connu du compte, s'il avait eu lieu en justice.

217. Est valable la convention des associés, après la dissolution de la société, par laquelle la rectification des erreurs commises dans le compte de liquidation doit avoir lieu à l'amiable et non devant les trib., ni devant les arbitres. Cass. 13 févr. 1838, P. 38, 1, 292.

Toutefois le trib. de commerce saisi d'une action en redressement d'un compte peut, comme en matière ordinaire, renvoyer les parties devant arbitres, pour l'examen des livres et pièces, et la vérification des articles de redressement. C. pr. 429.

218. La rectification doit être demandée dans les formes ordinaires, c'est-à-dire, par assignation au domicile du comptable. L'ancien avoué de celui-ci n'est pas constitué de plein droit. Chauveau, n° 1887 *ter*; Dalloz, v° *Compte*, n° 151.

Il s'agit d'une demande nouvelle et principale. Elle a pour objet des prétentions qui n'ont encore été ni discutées ni jugées. Besançon, 5 juill. 1823, P. 18, 15; Locré, 22, 180; Merlin, *Qu.* v° *Compte*, 1; Favard, 1, 625; Chauveau sur Carré, n° 1886, *quinquies*.

219. Le demandeur doit indiquer les erreurs, omissions, faux ou doubles emplois dont il sollicite le redressement : la contestation roulera exclusivement sur les articles proposés (Demiau, 373); — tout ce qui n'est pas erreur, omission, faux ou double emploi dans le sens de la loi ne peut donner lieu qu'à l'appel, mais non à une demande en redressement. Rennes, 8 juin 1811, P. 9, 381.

Si par un arrêté de compte qui ne contient aucuns détails sur lesquels on puisse asseoir la discussion, le rendant se reconnaît purement et simplement débiteur sans autre explication, il n'y a pas moyen pour lui de faire réformer le compte pour cause d'erreur. Besançon, 18 juill. 1816, P. 13, 551; Bordeaux, 10 juin 1828, Dev. 9, 93.

220. Les parties peuvent faire valoir toutes les pièces et moyens propres à manifester les erreurs, même ceux produits lors du premier jugement. Rennes, 19 janv. 1816, P. 13, 235.

221. Les frais de l'instance en redressement doivent être compensés entre les parties qui ont à se reprocher l'une et l'autre de n'avoir pas apporté tout le soin convenable à la rédaction et à l'examen du compte. Loret, C. pr. expliq., art. 541,

§ 5. — *Timbre et enregistrement.*

222. *Timbre.* Tous les comptes, soit volontaires, soit judiciaires, sont assujettis au timbre. L. 13 brum. an 7, art. 1, 12. — V. *inf.*, n° 235; — à l'exception des doubles (autres que celui du comptable) des comptes des gestions particulières. *Ib.*, art. 12.

223. Le droit est dû et l'amende exigible, encore bien que l'on n'ait pas fait usage du compte en justice. Cass. 16 mai 1815, P. 12, 729.

224. Ainsi jugé pour un compte trouvé dans les papiers d'un failli, ou dont la régie a eu connaissance par quelque autre moyen, si les agents n'ont employé pour cette découverte aucun moyen insidieux ou désavoué par la loi. *Même arrêt.*

225. Toutefois, les quittances de reliquat de compte et l'acte de dépôt de ces quittances, quand il y a lieu à dépôt, peuvent être transcrits à la suite du compte, nonobstant la prohibition des lois sur le timbre, de faire ni expédier deux actes à la suite l'un de l'autre. Arg. art. 23, L. 13 brum. an 7; Déc. min. fin. 28 juin 1825; Boixo, 6, 136.

226. Lorsque les dépenses d'un compte sont énoncées d'après les pièces, mémoires et notes, le notaire peut ne produire que des notes informes, sans aucune signature et non susceptibles des droits de timbre : c'est à la régie à prouver qu'il existe des quittances ou autres actes revêtus de la signature des parties. Solut. 21 déc. 1832; Rolland, v° *Compte*, n° 59.

227. *Enregistrement.* Le compte qui n'a encore été ni débattu ni arrêté, ou projet de compte, est soumis au droit fixe de 1 fr., sauf à percevoir le droit de quittance ou d'obligation dû sur le reliquat lors de l'enregistrement de l'acte. — V. *inf.*, n° 229.

228. Les actes de procédure faits et les jugements rendus en matière de compte sont soumis aux mêmes droits que ceux analogues intervenus dans les matières ordinaires. — V. *Ajournement, Jugement, Signification*, etc.

229. Les arrêtés de compte qui contiennent obligation de sommes déterminées sont passibles du droit de 1 p. 100. L. 22 frim. an 7, art. 69, § 3, — Que le comptable se trouve débiteur ou créancier. *Ib.*

230. Mais si le rendant balance la recette par des actes en forme authentique, par des quittances sous seing privé, enregistrées ou non susceptibles de l'être (— V. *inf.*, n° 235), et qui lui ont été délivrées par ceux auxquels il a fait des payements au nom du mineur ou autres personnes à qui le compte est rendu, il n'est dû que le droit fixe d'enregistrement de 2 fr., comme décharge pure et simple. Circ. 11 niv. an 9 ; Solut. 29 sept. 1808. Cass. 1er mars 1836, P. 27, 1123.

231. Il en est de même dans le cas où le mandataire remet au mandant la somme qu'il a reçue pour lui ; — au contraire, le droit proportionnel doit être perçu s'il a gardé entre ses mains, à intérêts, les sommes touchées pour le compte de son mandant. Sol. rég. 18 nov. 1818 ; Déc. min. fin. 10 déc. 1827.

232. On ne peut considérer le compte que dans ses résultats ; le reliquat dû au comptable ou par lui, est donc seul soumis au droit proportionnel. Championnière, nos 1028 et 1623.

233. Lorsque l'arrêté de compte présente le comptable en avance, et que le remboursement de cette avance résulte de l'acte même, il est dû 50. c. par 100 fr. pour quittance ; — si l'avance du comptable ne lui est pas remboursée en même temps que le compte arrêté, il en résulte une obligation sujette au droit de 1 p. 100. — V. *sup.*, n° 231.

Si le rendant est créancier personnel de l'oyant, et emploie sa créance en dépense dans son compte, il y a lieu de percevoir le droit de 50 c. p. 100 fr. pour libération.

234. Les articles du compte qui énoncent les recettes ne donnent lieu à aucun droit particulier ; — il en est de même des dépenses ou payements portés dans le compte sans l'énonciation d'aucune quittance. Cass. 8 mai 1826, D. 26, 276.

Pour exiger le droit des actes sous seing privé, il ne suffit pas qu'il soit évident qu'ils ont été produits à l'appui du compte, il faut que le jugement d'arrêté de compte en fasse mention. *Ib.*

235. En général, on ne peut énoncer des quittances sous signature privée ou autres dans un compte sans les faire enregistrer préalablement.

Néanmoins il en est autrement des actes énoncés au chapitre des dépenses : — 1° Lorsque ces actes sont des quittances de fournisseurs, ouvriers, maîtres de pension, et autres de même nature, telles que celles de frais funéraires (Dict. enreg., *hoc verbo*, n°50), elles sont dispensées de cette formalité. C. pr. 537 ; — même quand elles sont produites dans un compte rendu devant notaire ou à l'amiable. Inst. de la Rég. 4 oct. 1807 ; Déc. min. just. et fin. 22 sept. 1807, S. 7, 2, 295 ; — mais elles ne sont pas dispensées du timbre. Carré, art. 537 ; Favard, v° *Compte*, § 3, n° 6 ; Delaporte, 2, 123. — *Contrà*, Thomine, art. 537 ;

2° Quand l'acte énoncé fait partie de l'actif que le rendant remet à l'oyant : ce n'est pas faire usage d'un acte que de le mentionner dans un but autre que celui auquel il est destiné. — Arg. Cass. 24 août 1818, P. 14, 1006. — Championnière, t. 4, n° 3925.

§ 6. — *Formules.*

Assignation en reddition de compte.

(C. pr. 527. — Tarif, 29 par anal. — Coût, 2 fr. orig.; 50 c. copie.)

L'an   , le   , à la requête du sieur   , etc. (— V. *Ajournement.*)
J'ai   , donné assignation à   , etc.
A comparaître   , etc.

Pour, attendu que, par délibération du conseil de famille, reçue par
M. le juge de paix de...assisté de...le...   , dûment enregistrée, la tutelle
du requérant a été conférée au sieur   , et acceptée par lui, ainsi
qu'il résulte de la même délibération; attendu qu'en sa qualité de tuteur du
requérant, ledit sieur   a géré et administré ses biens depuis   ans;
attendu que le requérant est émancipé *ou* majeur, ainsi qu'il résulte
de son acte de naissance en date du   ; attendu que tout tuteur doit
compte de la tutelle qu'il a acceptée et gérée;

Voir dire et ordonner que par-devant celui de MM.   qu'il plaira
au tribunal commettre à cet effet, ledit sieur   sera tenu de présenter
et de rendre, dans la huitaine de la signification du jugement à intervenir,
audit requérant, le compte détaillé en bonne forme de la tutelle du requérant que ledit sieur   a eue depuis le   jusqu'au   , lequel
compte contenant la recette et la dépense effectives faites d'après nécessité
pour le requérant, et la récapitulation de la balance desdits recette et dépense, sera, par ledit sieur   affirmé sincère et véritable par-devant
le juge-commis par le jugement à intervenir; et dans le cas où ledit sieur
ne rendrait pas ledit compte dans le délai fixé, se voir, par le même jugement à intervenir et sans qu'il en soit besoin d'autre, condamner par toutes
les voies de droit, même par corps, et jusqu'à concurrence de la somme
de   , à rendre ledit compte; et pour, en outre, répondre et procéder comme de raison, à fin de dépens; et j'ai, etc.

(*Signature de l'huissier.*)

Assignation à l'effet de recevoir un compte.

(C. pr. 527. — Tarif, 29 par anal. — Coût, 2 fr. orig; 50 c. copie.

L'an   , le   , etc. (— V. *Formule précédente.*)

Pour, attendu que le pouvoir passé devant M°   et son collègue,
notaires à   , le   , et donné par le sieur   au requérant, à
l'effet de gérer et administrer en son absence ses biens situés à   , est
expiré depuis plus de   ; attendu que depuis cette époque ledit sieur
a toujours refusé de recevoir le compte de l'administration desdits biens,
dont le sieur   s'était chargé gratuitement; voir donner audit sieur
acte de ce qu'il entend rendre compte au sieur   de la gestion des biens
qu'il a eue pour lui depuis le   , date de son mandat jusqu'au   , date
de l'expiration d'icelui.

Ce faisant, autoriser ledit sieur   à rendre son compte, et à l'affirmer
sincère et véritable par-devant celui de MM. les juges qu'il plaira au tribunal
commettre, à l'effet de recevoir ledit compte, et se voir, ledit sieur
condamner par le jugement à intervenir, et sans qu'il en soit besoin d'autre,
à payer au sieur   , les sommes dont, par l'événement dudit compte,
il sera en avance envers ledit sieur   , avec les intérêts desdites sommes,
tels que de droit, et pour, en outre répondre et procéder, comme de raison,
à fin de dépens; à ce qu'il n'en ignore, et j'ai   , etc.

FORMULE III.

Requête pour faire commettre un juge à l'effet d'entendre un compte ordonné par un arrêt infirmatif.

(C. pr. 528, 530. — Tarif, 76. — Coût, 2 fr.)

A MM. les président et juges du tribunal de

Le sieur , demeurant à , ayant pour avoué M^e

A l'honneur de vous exposer que, par arrêt de la Cour royale de en date du , rendu contradictoirement entre le sieur et l'exposant, infirmatif d'un jugement du tribunal de , le compte demandé par l'exposant a été ordonné : à l'effet de quoi la reddition et le jugement dudit compte ont été renvoyés à votre tribunal.

Pourquoi il vous plaira de commettre l'un de MM. les juges de votre tribunal, devant lequel la reddition du compte dont il s'agit sera poursuivie conformément à l'arrêt susdaté, et aux dispositions du C. pr. civ., et vous ferez justice. (*Signature de l'avoué.*)

Nota. *Quand c'est devant un autre trib. que celui qui a rendu le jugement infirmé, que la reddition de compte est renvoyée*, on saisit ce trib. par une assignation donnée dans la forme ordinaire.

FORMULE IV.

Compte.

(C. pr. 531, 533. — Tarif, 75. — Coût, 2 fr. par rôle; 50 c. copie; il ne peut y en avoir plus de six dans le préambule.)

Compte que rend, par-devant M. , juge de la chambre du tribunal de première instance de , commissaire en cette partie, le sieur , demeurant à , ayant pour avoué M^e

Au sieur , demeurant à , ayant pour avoué M^e

Des gestion et administration que le sieur a eues des biens du sieur depuis le , jour où il a été nommé son tuteur, par délibération du conseil de famille, reçue par M. le juge de paix de , jusqu'au jour de la majorité dudit sieur

En conséquence d'un jugement rendu en la chambre du tribunal de première instance de ; le , dûment enregistré, le dispositif duquel est ainsi conçu : (*on copie ici le dispositif.*)

Pour l'intelligence du compte, on fera les observations suivantes : (*le énoncer.*)

RECETTE.

CHAPITRE I.

Montant de l'inventaire fait après les décès des sieur et dame
1° ; 2° ; 3°

CHAPITRE II.

Intérêts des loyers de la maison sise , etc.

Et il est observé que le sieur , l'un des locataires de ladit sise à , n'a pas soldé l'année de loyer par lui due et échue le malgré les poursuites faites contre lui.

DÉPENSE

CHAPITRE I.

Impositions.

CHAPITRE II

Entretien et éducation du sieur

CHAPITRE III.

Réparations de la maison sise à

CHAPITRE IV.

Frais du présent compte à la charge de l'oyant.
Ils se composent, 1º des frais de la grosse dudit compte, vacations au classement des pièces, d'après la taxe qui en sera faite, ci. . . . . . *Mémoire*

RÉCAPITULATION ET BALANCE.

La recette est de
La dépense est de

Partant la recette excède la dépense, et le reliquat est de

Sauf à comprendre et à ajouter les articles tirés pour mémoire dans le cours du présent compte.

RÉSUMÉ DES OBJETS À RECOUVRER.

CHAPITRE UNIQUE.

1º La somme de   , etc., etc.
2º Celle de   , etc., etc.
Fait à   , le   (*Signature de l'avoué et des parties.*)
Enregistré à   , le

FORMULE V.

Requête au juge-commissaire à l'effet d'obtenir son ordonnance indicative des jour, lieu et heure auxquels l'oyant peut être assigné pour assister à la présentation du compte

(C. pr. 534. — Tarif, 76. — Coût, 2 fr.)

A M.   , juge en la   chambre du tribunal de   , commis à effet de recevoir le compte de tutelle, dont sera ci-après parlé.
Le sieur   , demeurant à
Expose qu'en exécution du jugement rendu en la   chambre du tribunal de première instance de   , à lui signifié par exploit de   , en date du   , il a fait et dressé le compte détaillé et en bonne forme des gestion et administration qu'il a eues du sieur   , comme étant son tuteur, jusqu'à l'époque de sa majorité, et qu'il s'agit aujourd'hui de présenter et d'affirmer ce compte par devant vous.
Pourquoi il vous plaira, monsieur, indiquer à l'exposant les jour, lieu et heure auxquels il pourra faire sommer de comparaître par-devant vous ledit sieur   , à l'effet d'être présent, si bon lui semble, à la présentation dudit compte, et à l'affirmation d'icelui, qu'entend faire l'exposant; et vous ferez justice.   (*Signature de l'avoué.*)

Ordonnance.

Vu la requête ci-dessus, autorisons l'exposant à faire citer le sieur
à comparaître en la chambre du conseil du tribunal le   (*jour, quantième*),
heure de   , pour être présent, si bon lui semble, aux présentation et affirmation qu'entend faire ledit sieur   du compte de tutelle par lui dû
audit sieur   ) *Signature du juge.*

FORMULE VI.

Sommation par exploit, à l'effet d'être présent à la présentation et à l'affirmation du compte.

(C. pr. 534. — Tarif, 29. — Coût, 2 fr. orig.; 50 c. copie.)

L'an   , le   , à la requête du sieur   , demeurant a   , pour
lequel domicile est élu en la demeure de Mᵉ   , avoué près le tribunal

de , sise rue , lequel continuera d'occuper, j'ai (immatriculé de l'huissier.) soussigné, signifié, et avec celle des présentes donné copie au sieur , demeurant à , en son domicile, en parlant à
- D'une ordonnance de M. , juge-commis à l'effet de recevoir un compte, dont sera ci-après parlé, en date du , dûment enregistrée, étant au bas de la requête à lui présentée le même jour, et dont il est aussi avec celle des présentes, donné copie, à ce qu'il n'en ignore, et à pareilles requête, demeure et élection de domicile que ci-dessus, j'ai, huissier susdit et soussigné, fait sommation audit sieur , en parlant comme dit est, de comparaître le , heure , en la chambre du conseil de la chambre du tribunal de , par-devant M. , juge audit tribunal, commissaire en cette partie, pour être présent, si bon lui semble, à la présentation et à l'affirmation du compte des gestion et administration qu'a eues le requérant des biens du sieur jusqu'à sa majorité, et qu'il rend en exécution du jugement du tribunal, en date du ; enregistré et signifié, déclarant au sus-nommé qu'il sera procédé, tant en absence qu'en présence, auxdites présentation et affirmation, et je lui ai, domicile et parlant comme ci-dessus, laissé copie certifiée sincère et véritable, et signée de Me , desdites requête et ordonnance, et du présent exploit, dont le coût est de

FORMULE VII.

Sommation par acte d'avoué à avoué, à l'effet d'assister à la présentation et affirmation d'un compte.

(C. pr. 534. — Tarif, 70. — Coût, 1 fr. orig.; 25 c. copie.)

A la requête du sieur , ayant Me pour avoué;
Soit signifié, et avec celle des présentes donné copie à Me , avoué du sieur , de l'ordonnance, etc. (V. *Formule précédente.*) A ce que du contenu auxdites requête et ordonnance ledit Me n'ignore, et soit sommé de faire comparaître sa partie le

FORMULE VIII.

Signification du compte.

Cette signification a lieu dans la forme ordinaire. — V. Signification et sup. nº 133.

FORMULE IX.

Procès-verbal de compte.

Présentation. — L'an , le , par devant nous, juge au tribunal de première instance de ; commis pour recevoir le compte dont va être parlé ci-après, en la chambre du conseil de la chambre dudit tribunal séant au Palais de Justice à heures du matin, assisté du greffier soussigné;
Est comparu le sieur , lequel, assisté de Me , avoué, nous a dit qu'un jugement rendu en ladite chambre du tribunal le , contradictoirement entre le sieur , d'une part, et le sieur , d'autre part, avait ordonné que le sieur rendrait devant nous le compte de l'administration qu'il a eue des affaires du sieur
Que le sieur a dressé ledit compte à la date du , enregistré, qu'il en résulte que M est en avance envers le sieur de la somme de
Que suivant une ordonnance par nous rendue le , ensuite de la requête à nous présentée par le sieur , enregistrée, nous avons indiqué ces jour, lieu et heure pour la présentation et l'affirmation du compte ci-dessus;
Que par acte de , sommation a été faite à Me , avoué du sieur de comparaître par-devant nous, à ces jour, lieu et heure, à l'effet d'assister à la présentation et à l'affirmation du compte dont il s'agit.

En conséquence, ledit sieur   nous a représenté la grosse dudit compte rédigé par ledit avoué, et signé tant de ce dernier que dudit sieur, enregistrée, déclarant être prêt à affirmer ledit compte sincère et véritable sous toutes réserves, néanmoins, en cas d'erreurs, d'omissions ou doubles emplois, offrant d'en signifier copie et de communiquer les pièces justificatives, le tout dans les formes et délais prescrits par la loi; requérant défaut contre Me   en cas de non comparution, et a signé avec ledit Me   *(Signatures.)*

Et à l'instant est comparu Me   , avoué de   , lequel nous a dit qu'il comparaissait au désir de la sommation du   présent mois, et qu'il ne s'opposait pas à la présentation et à l'affirmation du compte dont il s'agit; requérant que ledit compte lui soit signifié, que les pièces justificatives lui soient communiquées, et qu'il soit accordé délai suffisant pour les examiner et préparer les débats sous toutes réserves, et a signé.   *(Signatures.)*

Sur quoi nous, juge-commissaire susdit et soussigné, avons donné acte audit sieur   , et à Me   de leurs comparutions et réquisitions; et après que ledit sieur   a eu affirmé la sincérité dudit compte par lui présenté, nous avons pareillement donné acte desdites présentation et affirmation, faisant droit à la réquisition de Me   , disons que dans la huitaine le compte lui sera signifié par acte d'avoué, et que les pièces justificatives lui seront communiquées sur récépissé, à la charge par lui de les rétablir aux mains de Me   dans le mois, à compter du jour de la communication, sous les peines portées par la loi.

Disons également que les parties ou leurs avoués comparaîtront devant nous en la chambre du conseil, à l'effet de fournir, savoir : le sieur   , tous les débats, et le sieur   , tous soutenements et réponses; et de tout ce que dessus nous avons dressé le présent procès-verbal, et avons signé avec le greffier, les jour, mois et an indiqués ci-dessus.

(Signatures du juge et du greffier.)

DÉBATS.

Et ledit jour sont comparus, etc., ledit sieur   , assisté de Me, son avoué, lequel a dit, qu'en vertu de notre ordonnance du   , et par acte d'avoué à avoué du   , sommation a été faite à Me   , avoué du sieur   , de comparaître et se trouver lesdits jour, lieu et heure par devant nous à l'effet de fournir ses débats au compte dont il s'agit, requérant ledit Me   défaut contre M.   en cas de non comparution, et dans le cas contraire se réservant de fournir leurs soutenements audit compte, et ont signé sous toutes réserves.   *(Signatures.)*

Et à l'instant est comparu M.   avoué de   , lequel a dit qu'il comparaît au désir de la sommation à lui faite le

Lequel a dit *(énoncer les débats).*

Et à signé.   *(Signature.)*

Sur quoi, nous juge-commissaire   après avoir cherché inutilement à rapprocher les parties, n'ayant pu y parvenir, chacune d'elles n'ayant pas voulu se départir de ses prétentions, renvoyons les parties à l'audience de la   chambre dudit tribunal et le jour auquel nous ferons notre rapport sur le compte dont il s'agit.

Et avons signé avec le greffier du tribunal.

(Signatures du juge et du greffier.)

FORMULE X.

Acte de sommation de se trouver à l'audience pour être présent au rapport contenant les conclusions. — V. Toutefois sup., n° 138.

(C. pr. 538. — Tarif, 71 par anal. — Coût, 5 fr. orig.; le quart pour chaque copie. *Tarif des avoués de la Seine*, n° 334. — *Contrà*, Chauveau, *Tarif*, 2, 52; n. 48—V. *Tarif*, 92.)

A la requête du sieur   , ayant Me   pour avoué.

Soit sommé M⁰ , avoué du sieur
De comparaître, etc.
Pour, attendu que le compte dudit sieur a été présenté et affirmé devant M. , juge-commissaire, le
Voir dire et ordonner que la recette du compte dont il s'agit sera fixée à la somme de , la dépense à celle de , et enfin l'excédant de la dépense sur la recette, à la somme de ; en conséquence, que ledit sieur sera condamné à payer au sieur ladite somme de , avec les intérêts tels que de droit, et qu'il sera en outre condamné aux dépens.

Dans le cas où le rendant est reliquataire, on conclut ainsi :

En conséquence, donner acte audit sieur de ce qu'il se reconnaît débiteur envers le sieur de ladite somme de , formant le reliquat du compte, et de ce qu'il offre de payer ladite somme au sieur, , à la charge par lui d'en donner bonne et valable quittance et décharge, et se voir, ledit sieur condamner aux dépens qui seront employés en frais de compte, et que le sieur sera autorisé à retenir par ses mains sur les deniers dont il est reliquataire; à ce que du tout ledit M. n'ignore, dont acte. — *(Signature de l'avoué.)*

COMPTE de Bénéfice d'inventaire.

Table sommaire.

Compétence, 5.	Héritier pur et simple, 6.
Compte amiable, 1.	Intérêts, 7.
Conciliation, 4.	Partie intéressée, 2.
Créancier, 3.	Reliquat, 8.
Curateur, 3, 4.	Retard, 6.
Enregistrement, 1, 8.	Succession vacante, 4.
État de situation, 2.	Vente, 9.

1. Ce compte peut être rendu à l'amiable devant notaire ou par acte sous seing privé, si toutes les parties sont capables et y consentent. Mais les comptes sous signatures privées ne sont opposables aux tiers, qu'à dater du jour de l'enregistrement.

2. L'héritier doit présenter le compte, ou tout au moins un état de situation toutes les fois qu'il en est requis. —Toullier, 4, n° 387.

3. Le compte peut être demandé par les parties intéressées, par exemple les héritiers, les donataires, les créanciers, — ou par un *curateur.* C. pr. 996. — V. ce mot.

4. La demande n'est pas soumise au préliminaire de conciliation. — L'héritier bénéficiaire est assimilé au curateur à une succession vacante. C. civ. 814; C. pr. 49., combinés. —Pigeau, 1, 80.

5. Quel est le tribunal compétent? — V. *Bénéfice d'inventaire,* n° 87.

6. Un héritier bénéficiaire a été condamné comme héritier pur et simple, parce qu'il avait négligé pendant plusieurs années de rendre un compte régulier de sa gestion.—Cass. 8 frim. an. 11. Dev. 1, 724.

7. Il ne fait compte que des intérêts perçus et non de ceux des sommes restées dans ses mains sans emploi. Rolland, v° *Compte de bénéfice d'inventaire*, n° 16. — V. *Bénéfice d'inventaire*, n°s 88 et suiv.

8. L'héritier bénéficiaire ne doit aucun droit d'enregistrement à raison du reliquat qui lui reste entre les mains, soit qu'il lui appartienne en sa qualité d'héritier, soit qu'il appartienne aux créanciers. Rolland, *ib.*, n° 33.

9. Mais si l'héritier donne en payement des meubles ou des immeubles, le droit de vente est dû selon la nature des biens. Circ. 11 niv. an 9.

V. *Bénéfice d'inventaire*.

COMPTE *de communauté entre époux.*

Table sommaire.

Avoué, 6.	Juge-commissaire, 4.
Communication, 5.	Liquidation, 1.
Compétence, 2.	Notaire, 3.
Compte, 8.	Partage, 1.
Conciliation, 2.	Tutelle, 7.
Expédition, 5.	Vacations, 6.
Frais, 6.	

1. La demande à fin de reddition de compte de communauté est ordinairement comprise et formée en même temps que la demande à fin de liquidation, *partage* ou *licitation*. — V. ces mots.

2. *Pour la compétence* soit du juge de paix devant lequel on doit citer en conciliation, soit du trib. devant lequel on doit former la demande en compte et *partage*.—V. ce mot.

3. Le compte est dressé, non devant un membre du trib., mais devant un notaire convenu entre les parties, si elles sont majeures et d'accord sur le choix, ou nommé d'office par le trib. C. pr. 976.—Ce notaire est ordinairement commis par le premier jugement qui statue sur la demande en liquidation, compte et *partage*.—V. ce mot.

4. Un juge-commissaire est aussi désigné par le même jugement; en cas de contestation, il lui en est référé, et il en est fait rapport au tribunal.

5. On ne lève pas l'expédition du compte; il ne doit pas être signifié, mais seulement communiqué aux parties avec les pièces justificatives.—V. *Partage*.

6. Les frais du compte, comme ceux du partage, sont prélevés sur la masse à partager.—A l'exception de ceux occasionnés par de mauvaises contestations qui doivent rester à la charge de celui qui a succombé.

—V. *Compte de tutelle*, n° 14.

Toutefois, les vacations des avoués aux opérations du partage comme à celles du compte, n'entrent point en taxe dans les frais du partage, mais elles restent à la charge de la partie qui a requis l'assistance de son avoué.—Tarif, 92, *in fine*.

7. Quand il y a tout à la fois compte de communauté et compte de tutelle à rendre, l'un et l'autre peuvent être demandés en même temps ; mais le compte de communauté doit toujours être rendu le premier : le reliquat est en effet porté, soit en recette, soit en dépense, dans le compte de tutelle, suivant qu'il est en faveur du mineur ou du comptable. Pigeau, 2, 437.—V. *inf.*, *Compte de tutelle*, n° 15.

8. Au reste, en ce qui concerne soit le chapitre des recettes et dépenses, soit le reliquat, on applique les règles des *Redditions de compte.*—V. *Compte.*

COMPTE *courant.*—V. *Acquiescement*, n° 83 ; *Acte de commerce*, n° 249 ; *Compétence des tribunaux de commerce*, n° 78, 97, 252 ; *Hypothèque* ; *Intérêts.*

COMPTE *de fruits* (1).

(1) Cet article, lors des deux premières éditions, a été confié à M. Cauchois, avocat à la Cour royale de Paris

1. Les fruits sont *naturels*, *industriels* ou *civils*. C. civ. 582, 583, 584.

2. Ils sont meubles de leur nature.

3. Toutefois les récoltes pendantes par les racines et les fruits des arbres non encore recueillis, sont immeubles. C. civ. 520.— V. d'ailleurs *Saisie immobilière*, n° 304 et suiv.

Pour la saisie et la vente des fruits pendants par branches et par racines.—V. *Saisie-brandon*.

4. Le possesseur de bonne foi fait les fruits siens tant qu'il ignore les vices de sa possession ; mais il devient débiteur des fruits du moment où ces vices lui sont connus. C. civ. 549, 550.— Les fruits perçus de bonne foi, quoique non encore consommés au moment de la constitution en mauvaise foi, ne sont pas restituables. La distinction de la loi romaine à cet égard (L. 22 Cod. *de rei vind.*) n'a été admise ni par l'ancienne jurisprudence française ni par le Code civil. Lacombe, v° *Fruits*, sect. 1re, n° 1 ; Duranton, 4, n° 361 ; Toullier, 3, n° 110.—V. d'ailleurs C. civ. 127, 138.

5. Le possesseur est de bonne foi quand il possède comme propriétaire, en vertu d'un acte translatif de propriété dont il ignore les vices.— Il est de mauvaise foi dès que ces vices lui sont connus. C. civ. 550.

Ainsi celui qui possède en vertu d'un acte déclaré nul par la loi et dans lequel il a été partie personnellement, n'est pas de bonne foi. Bourges, 28 août 1832, Dev. 34, 38.

6. La question de savoir si le possesseur est de bonne ou mauvaise foi est une question de fait abandonnée à l'appréciation des tribunaux, qui ne peut donner ouverture à cassation. Cass. 13 déc. 1830.— rej. 4 août 1851, D. 54, 335. — Mais V. (359)

Une demande n'est pas toujours nécessaire pour constituer le possesseur en mauvaise foi. Duranton, 4, n° 362.

7. L'héritier apparent fait les fruits siens jusqu'au jour de la demande, lorsqu'il les a perçus de bonne foi. Peu importe d'ailleurs qu'il ait eu connaissance de l'existence de son co-héritier. Cass.

6 déc. 1826, Dev. 8, 482 ; 18 août 1830, S. 30, 312 ; Paris, 5 juill. 1834, Dev. 34, 416.— *Contrà*, Bordeaux, 20 mars 1834, Dev. 34, 375.

8. L'héritier irrégulier est possesseur de bonne foi, lorsqu'il a rempli les formalités prescrites pour obtenir l'envoi en possession. C. civ. 769 à 773.— Et conséquemment, il ne doit compte des fruits que du jour de la demande. Peu importe qu'elle soit formée dans les trois premières années de l'envoi en possession, la caution donnée pendant cet intervalle ayant pour but d'assurer la restitution du mobilier et non pas celle des fruits. C. civ. 774.

9. En cas d'annulation d'un contrat de rente viagère, pour omission d'une formalité intrinsèque, provenant du fait du notaire, le donataire de la rente n'est pas tenu à la restitution des arrérages perçus de bonne foi. Douai, 7 mai 1819, S. 20, 127.

10. Lorsqu'une donation est révoquée par survenance ou légitimation d'un enfant du donateur, le donataire ne doit les fruits que du jour de la notification qui lui en est faite. Arg. C. civ. 962.—Et si elle est révoquée pour cause d'ingratitude, du jour de la demande en justice. C. civ. 958.

11. En cas d'inexécution ou d'inaccomplissement des conditions, il faut distinguer : — s'il s'agit de conditions casuelles, le donataire de bonne foi jusqu'à l'événement ne doit restituer les fruits qu'à partir de la mise en demeure. — s'il s'agit de conditions potestatives, l'inexécution rend le donataire indigne de la libéralité, et d'après les circonstances, il peut être tenu de rendre les fruits, même ceux perçus entre la donation et la résolution. Rolland, v° *Révocation de donation*, n°ˢ 37, 38.— *Contrà*, Coin-Delisle, art. 953, n° 22.

12. Lorsque la donation est réductible, les fruits de la portion à réduire sont dus à partir du décès du donateur si la demande est formée dans l'année, sinon du jour de la demande. C. civ. 928.

13. L'effet de l'interposition de personnes est de rendre de mauvaise foi le possesseur de la chose donnée. Coin-Delisle, art. 911, n° 23. — Rej. 30 nov. 1853, D. 54, 402.

La même décision s'applique aux donations déguisées sous la forme d'un contrat onéreux. Coin-Delisle, n° 24.—Et aux donations indirectes prohibées entre époux. Arg. C. civ. 1099.

14. Le mari contre lequel la séparation de corps a été prononcée est tenu de restituer les fruits, non à compter du jour du jugement de séparation, mais de celui de la demande. Arg. C. civ. 1445; Bruxelles, 28 mars 1810, P. 8, 215.

Mais lorsque la femme séparée de biens a laissé la jouissance de ses biens à son mari, celui-ci est dispensé de rendre compte des fruits et intérêts. Arg. C. civ. 1539; Bordeaux, 26 janv. 1831, P. 23, 1153.

15. La restitution des fruits par un acquéreur de mauvaise foi, peut être reportée à une époque antérieure à l'acte de vente, si des faits et circonstances de la cause, il résulte que l'acquéreur s'était mis en possession avant la passation de l'acte. Cass 12 juil. 1837, P. 37, 2, 452.

16. Le possesseur de mauvaise foi doit être condamné à restituer, non-seulement les fruits par lui perçus depuis l'indue possession, mais encore ceux que le véritable propriétaire aurait pu percevoir depuis la même époque. L. 22, C. de rei vind. L. 1 eod. L. 3, C. de condict. ex leg.

17. Il en est de même du possesseur qui, d'abord de bonne foi, a connu depuis les vices de son titre : à dater de cette époque, il est soumis aux mêmes restitutions que celui qui a toujours été de mauvaise foi. Delvincourt, 2, p. 11, note ; Pothier, n° 336 ; Toullier, 3, n° 110 ; Duranton, 4, n° 360.

18. L'héritier qui a joui de sa part des fruits de la succession, dans l'ignorance d'un testament qui l'institue légataire, ne fait pas les fruits siens, malgré sa bonne foi, si plus tard il renonce à la qualité d'héritier pour s'en tenir à celle de légataire, et qu'il se trouve en concours avec des héritiers à réserve ; il doit restituer à la masse de la succession les fruits qu'il a perçus jusqu'au jour de la demande en délivrance de son legs. Cass. 9 nov. 1831. Dev. 32, 5.

19. Le possesseur de mauvaise foi doit non-seulement les fruits échus depuis la demande, mais ceux qui, quoique échus antérieurement à cette époque, n'ont pas été perçus. Cass. 30 juin 1840, D. 40, 261.

20. En cas de révocation de donation, les tiers détenteurs sont réputés de bonne foi, jusqu'au jour de la demande en revendication formée contre eux. Duranton, 8, n° 543. — Sauf le recours contre le donataire pour les fruits perçus entre les deux demandes.

21. L'héritier du possesseur de mauvaise foi peut invoquer sa bonne foi personnelle pour se soustraire à la restitution des fruits. — Douai, 1er juil. 1840, Dev. 40, 488 ; Duranton, 4, n° 357 ; Cass. 24 mai 1848 ; Orléans, 11 janvier 1849, D. 49, 172.

22. En cas de révocation d'une donation faite avec stipulation du droit de retour, l'héritier du donataire n'est pas tenu de la restitution des fruits. — Duranton, 8, n° 492 et 11, n° 94. — Contrà, Coin-Delisle, art. 952, n° 2.

23. C'est au réclamant à établir que le possesseur a eu connaissance des vices de sa possession ; à défaut de cette preuve, les fruits ne sont dus qu'à compter du jour de la mise en demeure ou de la citation en conciliation, ou de la demande en justice. C. civ. 1116, 1139 et 2244 ; C. pr. 57.

24. La constatation de la mauvaise foi du possesseur et de l'époque à laquelle cette mauvaise foi a commencé doit être faite par le jugement qui condamne à la restitution des fruits.

Dire qu'il y a eu indue possession, ce n'est pas dire nécessairement que le possesseur était de mauvaise foi, puisqu'il pouvait ignorer que sa possession fût vicieuse; et le jugement qui, dans cet état, condamne le possesseur à restituer les fruits, non-seulement du jour de la demande, mais à compter de son indue détention, doit être reformé. Cass. 24 fév. 1834; 25 mars 1835, D. 34, 107; 35, 151.

Le cohéritier, possesseur en vertu d'un partage rescindé pour cause de lésion, ne peut être non plus condamné à restituer les fruits du jour du partage, si le jugement ne constate point qu'il les a perçus de mauvaise foi. Cass. 8 fév. 1830, D. 30, 162.—24 juill. 1839, Dev. 39, 653, — 12 mai 1840, P. 40, 2, 153.

25. Mais l'arrêt qui déclare que c'est par abus, sans droit, ni qualité qu'une partie s'est emparée d'une propriété, constate suffisamment sa mauvaise foi. — Cass. 20 janv. 1835, D. 35, 49.

26. Les arbres à haute futaie, qui ne sont pas mis en coupes réglées ne peuvent être considérés comme fruits. C. civ. 521. — En conséquence le possesseur, même de bonne foi, peut, en cas de revendication, être condamné envers le propriétaire à la restitution de la valeur des arbres qu'il a enlevés pendant sa possession. — Cass. 8 déc. 1836 (Art. 650 J. Pr.).

27. Le possesseur de bonne foi est tenu de restituer au propriétaire le produit des mines, carrières et tourbières qui n'étaient pas en exploitation lorsque sa possession a commencé.

Le trésor n'étant pas un fruit, le possesseur est tenu de restituer la moitié qui lui est attribuée comme propriétaire. — Duranton, 4, n° 350.

28. Les intérêts des fruits à restituer ne commencent à courir que du jour de la demande en justice. C. civ. 1153, —quelle que soit la date de la mauvaise foi.—V. *Ajournement*, n°^{os} 110 et 111.

29. Ainsi jugé à l'égard d'un acquéreur tenu de restituer les fruits, par suite d'annulation de la vente. —Cass. 24 déc. 1838 (Art. 1829 J. Pr.).

30. Les intérêts des jouissances de fruits ne courent pas non plus de plein droit à dater de chaque perception, mais seulement à compter de la demande en capitalisation, qui en est faite en justice. C. civ. 1155; Cass. 15 janvier 1839 (Art. 1490 J. Pr.). — *Contrà*, Pau, 10 mai 1839, D. 40, 64.

L'ordonnance de 1667, art. 2, accordait un délai d'un mois au possesseur condamné à une restitution de fruits, pour le payement du reliquat de son compte.

31. Les droits d'usage ne s'arréragent pas, même dans le cas où la non perception de l'usager provient du fait du propriétaire, si l'usager n'est pas dans l'impossibilité d'agir; — Spécialement, l'usager qui, voyant ses droits déniés par le propriétaire, a négligé d'introduire immédiatement son action, ne peut, même alors que l'opposition du propriétaire est déclarée illégitime, obtenir contre lui la restitution des fruits dont il a été privé jusqu'à la demande. Cass. 29 avr. 1839; D. 39, 216.

32. Le compte est rendu aux frais de l'oyant, à moins que le possesseur ne soit de mauvaise foi.

33. La demande en restitution de fruits doit être portée, savoir : lorsqu'elle est principale, devant le trib. du domicile ou de la résidence du défendeur. C. pr. 59 ; — et lorsqu'elle fait suite à une action en délaissement d'immeuble, devant le trib. de la situation de cet immeuble. — V. *Action*, n° 31.

34. Les restitutions de fruits comptent-elles pour déterminer si la demande excède ou non le taux du dernier ressort.—V. *Appel*, n°s 81 et suiv.

35. Les fruits échus depuis le jugement de première instance peuvent être, pour la première fois, réclamés en *appel*. — V. ce mot, n° 559.

36. La Cour qui condamne à la restitution des fruits doit-elle les liquider elle-même, ou bien renvoyer à cet effet devant les premiers juges ?

Décidé dans ce dernier sens. Cass. 16 fév. 1838, Dev. 38, 533. —*Contra*, Arg., Cass. 14 niv. an 9, S. 1, 2, 286. — V. d'ailleurs *Appel*, n° 670; *Compte*, n° 82.

Toutefois il a été jugé que la C. royale qui, après avoir rétracté sur requête civile un précédent arrêt, ordonne la restitution des fruits perçus en conséquence de cet arrêt, peut retenir elle-même la connaissance de ce compte au lieu de le renvoyer devant le trib. civil. Cass. 5 juin 1839, Dev. 39, 477.

37. La disposition de l'art. 126 C. pr., qui autorise le juge à prononcer la *contrainte par corps* pour dommages-intérêts en matière civile au-dessus de la somme de 300 fr., ne s'applique pas en général à la restitution des fruits. Boitard, 1, 505. — V. toutefois ce mot, n°s 66 et 70.

38. La restitution des fruits comporte, en général, trois opérations distinctes.

Il faut établir : — 1° la nature et la quotité des fruits.

Lorsque les parties ne sont pas d'accord sur ce point, on a recours à un compte dressé en justice sur des titres, ou d'après une enquête ou une expertise. — Le trib. ordonnera plutôt l'expertise que l'enquête. Thomine, art. 526.

39. 2° La valeur de ces fruits. — V. *inf.*, n° 41.

40. 3° La déduction des impenses. Cette dernière opération se confond avec la première. — V. *inf.*, n° 59.

41. La restitution des fruits a lieu d'après les distinctions suivantes : (— V. toutefois, rej. 16 avr. 1855, D. 55, 203).

Fruits perçus avant l'année qui a précédé la demande. Ils sont restitués non pas au plus haut prix, mais au prix moyen de chaque année. C. pr. 129. — Il est à présumer que le possesseur les a consommés ou vendus.

42. *Fruits perçus pendant la dernière année,* c'est-à-dire l'année qui a précédé la demande. Ils sont restitués en nature, — ou, si cela n'est pas possible, suivant les mercuriales du marché le plus voisin, eu égard aux saisons et aux prix communs de l'année; — ou, à défaut de mercuriales, d'après une estimation par experts. C. pr. 129. — V. d'ailleurs *inf.*, n° 54.

Le possesseur n'était pas obligé de garder les fruits; il ne doit pas le plus haut prix, mais seulement le prix moyen.

43. *Fruits perçus depuis la demande.* Ils doivent être restitués en nature. Arg. C. pr. 129; Demiau, 415; Boitard, 1, 518; — ou, si cela n'est pas possible, en argent, non pas au prix moyen, mais au plus haut prix auquel on a pu les vendre durant le cours de l'année: le défendeur, à dater de cette demande, a dû les conserver ou ne les vendre, s'ils périclitaient, qu'avec l'autorisation de justice. Boitard, *ib.* — Il en était ainsi sous l'ordonn. de 1667.

44. La restitution en nature a lieu de deux manières: soit identiquement, en rendant les fruits mêmes qui ont été perçus, soit par représentation, en rendant des fruits en pareille quantité, nature et bonté que ceux perçus.

45. Si le débiteur ne possède pas de fruits, mais qu'il lui soit possible de s'en procurer, même à des prix plus élevés que le prix commun au moment de la demande, il doit être forcé à la restitution en nature: l'impossibilité de payer en nature doit être réelle et absolue, elle ne peut être un prétexte pour enrichir un débiteur de mauvaise foi, au préjudice de son créancier. Toullier, 7 n° 63.

46. Les dispositions sur la restitution des fruits en nature pour la dernière année et pour les années précédentes, s'appliquent aux années arréragées de redevances ou rentes en grains et autres denrées. Toullier, 7, n° 65.

47. La restitution, d'après les mercuriales, n'a lieu qu'à l'égard de certains fruits naturels ou industriels qui se portent dans les marchés publics après avoir été cueillis à l'époque de leur maturité, et dont le prix commun est constaté par cette voie. — V. *infra*, n° 56.

48. Les mercuriales sont des registres sur lesquels les maires ou les commissaires de police, et à Paris le préfet de police, constatent le prix auquel ont été vendus à chaque marché les différents fruits qui y ont été apportés, tels que grains, foins, et autres denrées.

La rédaction des mercuriales se fait d'après les déclarations des marchands ou de leurs facteurs. Favard, v° *Mercuriales*.

49. Pour la rédaction des mercuriales, on réunit les prix différents d'une même denrée, et on divise la somme totale par le nombre représentant les différentes ventes : on obtient ainsi le prix commun d'une même denrée pour chaque marché. — Les extraits des registres sont délivrés aux parties qui les requièrent, et c'est sur ces extraits que l'on procède à l'appréciation. Ordonn. de 1667, tit. 30, art. 7; C. pr. 129.

50. Pour obtenir le prix commun de l'année, eu égard aux quatre saisons, on réunit les prix communs (déterminés d'après le mode précédemment indiqué) des premiers marchés, qui ont eu lieu au commencement des mois de janvier, avril, juillet et octobre, et l'on prend le quart de la somme totale. Thomine, 1, 252.

Par exemple, soit à restituer le prix de 300 hectolitres de blé pour chaque année de perception : on prend le prix d'un hectolitre de blé constaté par les mercuriales du marché le plus voisin; on forme l'addition des quatre prix suivant qu'ils ont varié, eu égard à chaque saison. Si cette addition donne une somme de 44 fr. pour prix de quatre hectolitres, dont un aura été acheté dans chaque saison, la division par 4 donnera le prix moyen; c'est-à-dire 11, qui, multiplié par 300, formera 3,300 fr., restitution à opérer pour chaque année.

51. Lorsqu'il s'agit du payement de fermage en denrées stipulées livrables à une certaine époque de l'année, la valeur ne doit pas être estimée conformément à l'art. 129 C. pr., suivant les mercuriales, eu égard aux saisons et aux prix communs de l'année, mais d'après les mercuriales de l'époque fixée pour la livraison.

52. *Quid*, s'il s'agit de fruits perçus avant leur maturité? — Carré, n° 546, pense qu'au lieu des mercuriales, il faut suivre l'usage local, et il invoque l'art. 252 de la coutume de Bretagne. Mais le C. pr. a eu pour but de faire cesser la diversité des coutumes; et l'art. 129 C. pr. établit en règle générale l'estimation par mercuriales toutes les fois qu'elle est possible. Vainement dirait-on que les fruits à restituer ayant été cueillis avant la maturité, ne peuvent être estimés d'après les mercuriales, qui ne constatent que le prix des fruits en maturité; car il s'agit, pour le demandeur en restitution, d'être indemnisé, non pas seulement de la valeur qu'avaient les fruits au moment où ils ont été détachés du sol, mais bien de la valeur qu'auraient eue pour lui les fruits s'ils n'eussent pas été indûment perçus avant leur maturité.

53. Il est certains fruits naturels ou industriels qui ne se portent pas dans les marchés publics, tels que les laines, le lin, le chanvre, le vin, et dont le prix commun peut être établi par les registres d'agents de change et courtiers qui sont concurremment chargés d'en constater le cours. C. comm. 73 et 78. Demiau, 116.

54. La valeur des fruits peut aussi être fixée d'après une expertise consentie par les parties, abstraction faite des mercuriales. Cass. 10 janv. 1828, D. 28, 87 ; 15 janv. 1839 (Art. 1490 J. Pr.).

Ou même d'après la simple déclaration du défendeur : ainsi condamné sur son propre aveu, il n'est pas recevable à se plaindre de ce que l'évaluation n'a point été faite suivant les mercuriales ou par une expertise. Cass. 30 mars 1831, Dev. 31, 273 ; 18 avr. 1832, D. 32, 245. — Dans cette dernière espèce, la C. roy. avait pris pour bases, entre autres documents : — la matrice des rôles de contributions ; le prix du loyer ; le projet de compte présenté par l'une des parties, et diverses circonstances.

La partie qui, devant la C. roy., au lieu de conclure à l'application des mercuriales, demande aux juges une évaluation fixe, n'est plus recevable à se faire un moyen de cassation de ce qu'on a procédé selon ce mode d'évaluation. Cass. 15 janv. 1839.

55. Suivant M. Thomine, art. 129, s'il n'y a pas une différence notable entre les estimations présentées par les parties ; et surtout s'il s'agit d'objets de peu de valeur, le trib. peut prendre un terme moyen entre ces estimations, ou réduire celle qui lui paraît exagérée, sans recourir à des experts. Thomine, art. 129.

56. Mais les trib. ont-ils le droit de faire, d'*office*, une fixation en bloc, sans un compte préalable ?

La négative a été jugée. Cass. 25 juin 1832, Dev. 32, 606. — Spécialement dans une espèce où le montant de la restitution des fruits avait été déterminé cumulativement avec d'autres condamnations d'intérêts et de dommages-intérêts prononcées contre un tuteur. Cass. 20 déc. 1819, S. 20, 187.

Décision analogue dans le cas d'une antichrèse. Cass. 6 août 1822, S. 23, 182.

Au contraire, il a été décidé que les premiers juges avaient pu faire la liquidation en bloc et prononcer la compensation des fruits réclamés avec les indemnités qui étaient dues. Cass. 1er juin 1826, D. 26, 293. — Mais, dans l'espèce, les parties s'étaient bornées à demander, l'une la restitution des fruits, l'autre des indemnités, sans conclure précisément à une liquidation.

57. Lorsque le jugement qui ordonne une restitution de fruits n'indique pas le mode suivant lequel cette restitution devra être faite, on suit celui tracé par l'art. 129 C. pr. En tout cas, une pareille omission ne pourrait donner ouverture qu'à requête civile, et non à cassation. Cass. 5 fév. 1828, S. 28, 232.

58 La partie condamnée à la restitution doit en rendre compte dans la forme des comptes rendus en justice. C. pr. 526. — V. *Compte et sup.*, nos 38 et 40.

59. S'il s'agit de fruits à restituer en nature, on déduit les frais de labours, travaux et semences. C. civ. 548.

60. S'il s'agit, non plus de la restitution des fruits eux-mêmes, mais de leur valeur, on doit déduire non-seulement les frais de labours, travaux et semences, mais encore les frais de toute nature qui ont pu précéder la vente faite au possesseur condamné à restituer, et notamment les frais de transport et d'octroi. Cass. 15 janv. 1839 (Art. 1490 J. Pr.).

61. On déduit encore les dépenses nécessaires et utiles qui ont été faites par le possesseur pour la conservation de la chose. C. civ. 1381.

62. L'héritier donataire, qui retient la possession de l'immeuble par lui rapporté, a droit de percevoir les fruits en compensation de l'intérêt des sommes qui lui sont dues. — Chabot, art. 867, n° 2 — Il doit imputer ces fruits d'abord sur les intérêts et ensuite sur le capital de sa créance. Toullier, 8, n° 130.

63. Le possesseur de bonne foi ne doit plus les impôts à dater du jour de son éviction; mais le possesseur de mauvaise foi n'a droit à aucune remise fondée sur les impôts qu'il a payés durant toute son indue jouissance. — Proudhon, nos 553, 554.

64. Un arrêt peut régulièrement condamner celui auquel une chose est restituée à tenir compte, au possesseur qui la rend, des *améliorations* que ce dernier y a faites; le mot améliorations indiquant par lui-même l'utilité des dépenses que la conservation de cette chose a nécessitées. Cass. 15 janvier 1839.

65. Les réparations d'entretien restent à la charge du possesseur. — Pour les réparations négligées au détriment du fonds, il n'y a recours en dommages-intérêts qu'autant que le possesseur est de mauvaise foi. Proudhon, n° 552.

66. Quant à la restitution des fruits civils, il faut distinguer: s'il y a un bail non contesté dont le prix soit en argent, le montant des loyers de chaque année est dû. Arg. C. civ. 584.

S'il n'y a pas de bail, pour les maisons on ordonne une expertise ou une enquête. — Pour les biens ruraux, même lorsqu'ils sont loués, si le fermage est payable en nature, on suit les règles tracées *sup.*, nos 41 et suiv.

— V. *Compte, Dommages-intérêts.*

67. La restitution des fruits peut être demandée pendant trente ans. — La prescription de cinq ans, établie par l'art. 2277 C. civ., pour tout ce qui est payable par année ou à des termes périodiques plus courts, ne s'applique pas aux fruits: il n'y a plus les mêmes motifs. Cass. 13 déc. 1830, P. 23, 943; Duranton, 4, n° 363.

COMPTE de retour. — V. Agent de change, n° 19 ; Effet de commerce.

COMPTE de succession.

Table sommaire.

Compétence, 4.	Faute, 11.
Compte amiable, 3. — judiciaire, 4 et s.	Intérêts, 10.
	Mise en cause, 9.
Dépens, 9.	Notaire, 4, 5.
Dépense, 8.	Partage, 1.
Dommages, 11	Recettes, 7.

1. Il ne faut pas confondre le partage avec le compte de gestion, abstraction faite des droits des parties , et sans attribution à chacune d'elles de la portion qui peut lui revenir. C'est ordinairement un acte préliminaire au partage. —

2. Le compte est rendu à l'amiable ou en justice.

3. A l'amiable, si toutes les parties sont d'accord et maîtresses de leurs droits.

4. Le compte judiciaire a lieu devant un notaire commis par le tribunal. C. pr. 976 ; — du lieu de l'ouverture de la succession. — V. *Compétence*, n°s 94 et suiv., *Partage*.

5. Si le notaire commis par le tribunal est chargé par les héritiers de gérer la succession, il ne peut établir, *dans l'acte même de liquidation*, le compte de gestion, en fixer le reliquat, le remettre aux héritiers, et en recevoir d'eux quittance et décharge. Rolland, v° *Compte de succession*, n° 32. — V. *Notaire*.

6. Le compte a ordinairement trois objets principaux : — 1° Ce qui a été reçu pour la succession ; — 2° Ce qui a été dépensé pour elle ; — 3° Les dommages causés aux biens.

7. *Recettes.* — Chaque cohéritier doit tenir compte des sommes et effets qu'il a reçus de tous débiteurs de la succession, ainsi que de la jouissance qu'il peut avoir eue lui-même des biens. Duranton, 7, n° 158.

8. *Dépenses.* — Il lui est fait raison des dettes qu'il a payées, ainsi que des avances pour réparation, frais de procès et des dépenses nécessaires, utiles et même voluptuaires, pourvu que, dans ce dernier cas, elles aient procuré à la chose une plus grande valeur. Rolland, *ibid.*, n°s 17 et suiv.

9. Jugé que tous les cohéritiers sont tenus de contribuer pour leur quote-part dans les frais d'un procès, entrepris par l'un d'eux dans l'intérêt commun, bien qu'ils n'aient pas été mis en cause. Liége, 10 déc. 1810, Dev. 3, 368.

10. L'héritier a droit aux intérêts des sommes avancées, s'ils n'ont pas été compensés par la jouissance des biens de la succession. Rolland, *ibid.*, n° 28.

11. *Dommages causés aux biens.* — Les obligations de l'héfilier-administrateur sont celles d'un bon père de famille, **et il** n'est pas tenu des fautes légères.

COMPTE *de tutelle.*

1. Tout tuteur est comptable de sa gestion lorsqu'elle finit. C. civ. 389, 469, 509.

2. Le tuteur, autre que le père et la mère, peut être forcé à fournir chaque année des états de situation avant la fin de la tutelle. C. civ. 470.

3. Les juges n'ont pas le droit de dispenser un tuteur de rendre compte à une certaine époque, sous prétexte que les registres de cette époque sont perdus. Cass. 14 janv. 1835, P. 26, 1257.

4. Le compte est rendu : — 1° au pupille seul ou assisté d'un curateur, suivant que la tutelle a fini par sa majorité ou son émancipation. C. civ. 480, 488, — 2° à ses héritiers ou représentants, si la tutelle a fini par sa mort naturelle ou civile.

S'il y a plusieurs pupilles soumis à la même tutelle, chacun peut exiger un compte particulier lors de sa majorité ou de son émancipation.

5. Il est rendu soit à l'*amiable*, soit *en justice*.

6. Lorsque le mineur est devenu majeur, il peut être rendu à l'amiable dans la forme qu'il plaît aux parties de choisir, soit par acte sous seing privé, soit devant notaire. Toullier, 2, n° 1248.

7. *A l'amiable*, le tuteur en avance les frais pour le mineur. C. civ. 471.

8. *Judiciaire.* — Spécialement en cas de destitution du tuteur ou de toute cause qui fait cesser la tutelle avant la majorité : autrement le dernier tuteur serait responsable, ou comptable de la précédente gestion. Bordeaux, 1er fév. 1828, S. 28, 128. — Il devrait rendre un compte général de la tutelle des divers tuteurs. Bourges, 15 mars 1826 ; Cass. 25 juin 1839, Dev. 39, 688 ; Magnin, des *Minorités*, 1, n° 711.

Le compte est rendu au nouveau tuteur. Bourges, 15 mars 1826, D. 26, 219 ; — en présence du subrogé tuteur. Toullier, 2, n° 1246.

9. Au cas d'émancipation, le compte doit-il être rendu en justice ? — Pour l'affirmative, on dit : En général, la reddition du compte à l'amiable n'est autorisée qu'à l'égard du majeur. Arg. C. civ. 472. Toute transaction est interdite au mineur ou à son tuteur, sans l'accomplissement des formalités prescrites. C. civ. 467. Agen, 19 fév. 1824, S. 25, 93.

Ainsi on a critiqué, pour cause de lésion, le compte qui n'avait pas été rendu en justice au mineur émancipé. Limoges, 3 avr. 1838 (Art. 1235 J. Pr.); Toullier, n° 1250.

Mais l'usage contraire est fondé sur ce que, 1° aucune disposition légale n'impose l'obligation de rendre le compte judiciairement ;—2° l'assistance du curateur suffit pour recevoir le compte, de même que pour le payement d'un capital. Arg. C. civ. 482. Rennes, 24 août 1819, P. 15, 518 ; Cass. 23 août 1837. Rouen, 28 août 1844 (Art. 1276, 2950 J. Pr.); Merlin, Rép., v° *Compte*; Delvincourt, 1, 465 ; Proudhon, 2, 241 ; Duranton, 3, n° 610; — Magnin, 1, n° 758. Championnière, n° 1050; Souquet, tabl. 583, 4e col. n° 29.

10. La demande est soumise au préliminaire de conciliation. Arg. Agen, 19 fév. 1824, Dev. 7, 322 ; Duranton 3, n° 619 ; Rolland, *hoc verbo*, n° 32.—*Contrà* Bastia 19 nov. 1840 (Art. 2099, J. Pr.) Chauveau sur Carré, n° 1848—V. *Conciliation*, n° 58.

11. L'action est soumise au trib. du lieu où la tutelle a été déférée.

12. Elle ne peut être portée même reconventionnellement et

---

comme défense à une autre action, devant un autre tribunal : la juridiction à cet égard est absolue. Bourges, 10 déc. 1830, P. 23, 938; Thomine, n° 576; Favard, v° *Compte*, § 1.

13. Les trib. sont seuls compétents pour juger les contestations qui s'élèvent entre le tuteur et le subrogé tuteur, relativement aux comptes de tutelle; une délibération du conseil de famille qui statue sur ce point est nulle et ne peut être homologuée. Turin, 5 mai 1810, S. 11, 37; Magnin, n° 317.

14. Les frais du compte sont avancés par le tuteur. C. civ. 471. — Ils restent définitivement à sa charge, s'il succombe dans les contestations qu'il a occasionnées. Bourges, 28 avr. 1838, 1619). — V. Cass. 11 mars 1857 (6501); — ou si la tutelle a fini par un fait provenant de son dol ou de sa faute. Delvincourt, 1, 308. — Au contraire, si la tutelle cesse par la mort, la majorité ou l'émancipation du pupille, ils sont supportés par celui-ci ou par sa succession. C. civ. 471, 724.

15. Si le compte est dû par le survivant des père et mère, sans qu'il y ait eu partage de la communauté, ce partage forme la base du compte tutélaire, et peut être fait à l'amiable si l'oyant est majeur. — V. *Partage.*

16. Le chapitre des recettes comprend l'actif porté en l'inventaire (C. civ. 452, 453), les capitaux remboursés, les fruits et revenus des biens, les intérêts des sommes placées, et ceux qui ont dû courir contre le tuteur à défaut d'emploi ou de poursuite, et les intérêts de ces intérêts. Arg. C. civ. 456. Lyon, 16 fév. 1835, D. 35; 140. — Les bénéfices résultant de l'industrie du mineur, à moins que le tuteur ne soit usufruitier légal. Proudhon, *Usufruit*, n° 203. — Enfin les dommages-intérêts, s'il en est dû par le tuteur pour dégradation des immeubles ou autre faute dans son administration. Toullier, 2, n° 1264; Rolland, n° 50.

17. Le tuteur ne peut se dispenser de rendre compte des choses reçues en sa qualité, en alléguant et même en prouvant qu'elles n'étaient pas dues au pupille. Cass. 8 mars 1843, P. 1843, 1, 661.

18. Le chapitre des dépenses comprend, indépendamment des frais du compte (C. civ. 471), celles pour réparations, impôts, conservation, intérêts des capitaux, arrérages, remboursement, éducation du mineur, les dépenses imprévues, telles que celles résultant de délits ou quasi-délits, celles qui étaient *utiles;* ce qui s'apprécie au moment de la dépense et non d'après l'événement. Toullier, 2, n° 1265; Duranton, 3, n° 628.

19. Il comprend encore les honoraires accordés à des gérants salariés, même au tuteur, si le conseil a cru devoir en fixer à cause de l'importance de la tutelle, pour l'indemniser des frais de voyage, déplacement et autres. Dalloz, 12; 732.

20. Mais ne sauraient être alloués — les dépenses d'amélioration des immeubles, non autorisées par le conseil de famille; —

ni les intérêts des sommes avancées volontairement au mineur, Lyon, 16 fév. 1835, D. 35, 1, 10; — ni les charges usufructuaires, ni celles pour éducation, intérêts des capitaux, frais funéraires, lorsque le père ou la mère survivant ont l'usufruit légal. C. civ., 385; — quand bien même ces charges dépasseraient les revenus du mineur.

21. Le compte de tutelle ne remonte qu'à l'époque où les enfants ont leur 18e année accomplie. C. civ. 384.

22. Ne peuvent être alloués : — les intérêts des créances que le tuteur peut avoir contre le pupille, à moins qu'ils n'aient été réglés par le conseil de famille. Duranton, 3, n° 566.

23. Mais on lui remboursera les frais d'inscription prise par lui-même sur ses propres biens : si la tutelle ne doit pas être pour le tuteur une occasion de bénéfice, il doit être indemne. — L'article 2155, n° 4, qui met à la charge du débiteur les frais d'inscription, ne nous paraît point applicable ici. Persil, art. 2155, n° 4. — *Contrà*, Troplong, 730 *bis*. — V. toutefois *sup.*, n° 14.

24. A l'égard des tuteurs (n'ayant pas l'usufruit légal), le mineur ne peut jamais être quitte vis-à-vis d'eux en leur faisant abandon des revenus qu'ils ont touchés, si les dépenses utiles faites pour le mineur ont excédé ces revenus. — Elles doivent être allouées en entier au tuteur. Paris, 19 avr. 1823, P. 17, 1044; — contrairement à l'ancien droit coutumier.

25. Les juges ont un pouvoir discrétionnaire pour l'appréciation de l'utilité des dépenses. Arg. C. civ. 471; Toullier, 2, n° 1215; Arg. Cass. 8 avril 1834, D. 34, 235.

26. Si le tuteur, créancier de son pupille des frais de nourriture ou d'éducation, ne les a pas portés dans son compte, et veut ensuite les réclamer, le juge doit examiner si l'intention du tuteur n'a pas été de faire une libéralité au pupille : cette présomption a une certaine force lorsque la créance est réclamée par la succession du tuteur après la mort de celui-ci. Toullier, 4, n° 479; Vazeille, Succ. art. 852, n° 2; Rolland, *ibid.*, n° 72.

27. Certaines dépenses peuvent être allouées sans être appuyées de pièces justificatives, sur l'assertion du comptable; c'est dans ce but qu'est prescrite l'affirmation exigée par l'article 535 C. pr., *Nouveau Denisart*, *hoc verbo*; Toullier, 2, n° 1260; Magnin, n° 727. — V. *Compte*, n° 140.

28. Il suffit aux juges de dire que les dépenses sont suffisamment justifiées sans énoncer par quel moyen. Toutefois, lorsqu'un article est contesté, le jugement doit être spécialement motivé à cet égard.

29. Pour les intérêts dus à partir de la clôture du compte. — V. *Compte*.

30 L'art. 456 C. civ. qui rend le tuteur passible des intérêts de toute somme reçue pour le mineur et qu'il n'a pas employée dans le délai de six mois, n'est pas applicable au cas où le tuteur a fait à son pupille des avances qui ont procuré à celui-ci un avantage pécuniaire au moins égal à l'intérêt qu'il aurait pu retirer des sommes reçues par le tuteur. Bordeaux, 24 janv. 1835, P. 26, 1308.

31. Lorsqu'il est reconnu que par la faute du tuteur, certaines rentrées n'ont pas été effectuées au profit du mineur, le tuteur est responsable non-seulement du principal, mais encore des intérêts des sommes non perçues. Cass. 28 nov. 1842, P. 43, 1, 454.

32. Jugé que, lorsqu'il y a demande judiciaire à l'effet de faire courir les intérêts du reliquat du compte de tutelle, les intérêts courent du jour de la demande et non pas seulement du jour de la clôture du compte. Pau, 3 mars 1818, P. 14, 680.

33. Il en est de même s'il s'agit d'une demande en rectification du compte de tutelle, si le tuteur est de bonne foi. Douai, 19 juin 1835, P. 27, 350.

34. Les intérêts dûs par le tuteur depuis la majorité du pupille jusqu'à la reddition du compte ne se prescrivent que par 30 ans : le pupille ne peut encore savoir ce qui lui est dû. Nancy, 19 mars 1830, P. 23, 286; Troplong, *Prescription*, n° 1027.

Mais la prescription de 5 ans est applicable aux intérêts du reliquat de compte. Troplong, *ibid.*

35. Si le tuteur n'a pas tenu un compte régulier, on peut lui déférer le serment, ou prouver par témoins que les perceptions de fruits ont été plus considérables que celles portées dans le compte. Duranton, *Obligations*, n° 1415.

36. Jugé que lorsque l'avoir du pupille se borne à une somme d'argent déterminée d'après un compte que le tuteur a fourni à des tiers, par suite d'un jugement obtenu contre le pupille, le tuteur peut, à la cessation de la tutelle, se borner à faire raison au pupille du capital et des intérêts de la somme composant son avoir, sans qu'il doive présenter un compte détaillé des recettes et dépenses. Cass. 23 août 1837, D. 40, 348.

37. Le tuteur ne peut, avant d'avoir rendu compte, répéter les sommes par lui payées à la décharge des biens dont l'administration lui a été confiée. — Mais cette règle ne s'applique pas aux sommes qui lui sont dues par les mineurs pour des causes étrangères à l'administration de la tutelle. Grenoble, 9 août 1823, D. 12, 752.

38. La preuve testimoniale est inadmissible pour établir la reddition d'un compte de tutelle et la remise des pièces à l'appui, alors surtout qu'il n'existe aucun commencement de preuve par écrit. Toulouse, 6 fév. 1835, P. 26, 1361.

39. L'action en reddition de compte, ou celle en nullité d'un traité ou d'un compte irrégulier, est-elle prescrite dix ans après la majorité ?

L'affirmative est généralement adoptée quant à l'action en reddition de compte. Arg. C. civ. 475 ; Cass. 26 juill. 1819, P. 15, 432; 14 nov. 1820, P. 16, 187; Malléville, art. 475; Merlin, v° *Tutelle*, sect. 5, § 2, n° 3; Marchand, *Minorité*, 364, Toullier, 2, 1275.—L'ancienne jurisprudence et le droit romain accordaient 30 ans. Ferrière, *Traité des tutelles.*—Toutefois, jugé que le délai était tellement incertain, avant le Code civil, que la décision qui admettait 10 ou 30 ans échappait à la cassation. Cass. 16 avr. 1822, P. 17, 262.

Quant au *compte irrégulier*, la question présente des difficultés plus sérieuses.

Pour repousser l'action en nullité, dix ans après la majorité, on dit : Si, aux termes de l'art. 472. « tout traité intervenu entre le tuteur et le mineur devenu majeur est *nul*, lorsqu'il n'a pas été précédé de la reddition d'un compte détaillé et de la remise des pièces justificatives, le tout constaté par un récépissé de l'oyant compte, dix jours au moins avant le traité, » il faut raisonner, en cas de nullité du traité ou du compte irrégulier, comme s'il n'y avait point de compte, et puisqu'on admet que l'action en reddition de compte est prescrite par dix ans, il doit en être ainsi d'une action qui a pour but de demander un nouveau compte, sans avoir égard au premier, et par suite le délai doit courir à partir de la majorité et non de la date du compte irrégulier. Cass. 26 juill. 1819, P. 15, 432; 14 nov. 1820; 10 janvier 1821, P. 16, 187; 299; Arg. Cass. 30 mars 1830, D. 30, 122; Malleville, art. 475.

Peu importe que le pupille fût émancipé ou déjà majeur à l'époque du compte. *Mêmes arrêts.*—Dans cette opinion, on excepte toutefois le cas de dol ; — Alors les dix ans ne sauraient courir que de l'époque de la découverte du dol. Arg. *Mêmes arrêts*, et Montpellier, 23 juin 1819, P. 15, 353.

Dans l'opinion contraire, on répond : Ce n'est point l'art. 475, mais l'art. 1304 qui doit être appliqué; dès lors, le délai doit courir non du jour de la majorité, mais du jour du compte ou traité irrégulier. La demande en nullité d'un pareil traité n'est point une action relative aux faits de la tutelle, mais à un fait postérieur. Il serait absurde de faire courir un délai de dix ans pour attaquer un pareil traité, avant l'existence de ce traité. Dans certains cas, aucun délai ne serait accordé, ou il pourrait être réduit à un seul jour, si le traité était passé dix ans après la majorité. Limoges, 21 mai 1840, Dev. 40, 483; Delaporte, art. 475; Magnin, 1, 737; Toullier, 2, n° 1278; Vazeille, n°s 538, 539.

40. Au reste, le délai pour attaquer le compte irrégulier ne peut être réduit à un temps moindre que dix ans. Rennes, 24 août 1819, P. 15, 518.

41. Si le pupille est décédé, les héritiers ont dix ans depuis son décès pour réclamer le compte. Bourges, 1ᵉʳ fév. 1827, D. 27, 162.

42. Ce délai court du jour du décès du mineur. *Même arrêt.* Duranton, 3, n° 644; Magnin, *Minorité*, 1, n° 735.

43. Lorsque le reliquat a été fixé par un jugement, on peut sans aucun doute en réclamer et poursuivre le payement pendant 30 ans. Toullier, 2, n° 1276; Magnin, n° 736; Vazeille, n° 534.

44. L'arrêté de compte de tutelle n'opère pas novation. En conséquence, l'hypothèque légale du pupille subsiste pour le reliquat. Magnin, n° 731; Rolland, *ibid.*, n°ˢ 87 et 88.

45. L'action en redressement du compte pupillaire dure 30 ans, à dater de la clôture du compte; elle ne prend pas sa source, comme la première, dans l'administration du tuteur, mais bien dans les vices du compte qui est postérieur à cette administration. Metz, 10 juill. 1821, P. 16, 743; Besançon, 5 juill. 1823, P. 18, 15; Toullier, 2, n° 1277; Magnin, 1, 584; Duranton, 3, n° 642. Douai, 24 août 1839 (Art. 1612, J. Pr.); Souquet, tabl. 583; 1ᵉʳ col. n° 39; Chabot, *Qui trans. hoc v°*, n° 94. — *Contrà*, Vazeille, n° 535. — V. *sup.*, n° 39, et *Compte*, n° 206.

46. Si les erreurs du compte proviennent de dol ou de fraude de la part du tuteur, la prescription ne court que du jour où la fraude a été découverte. Arg. Cass. 10 fév. et 30 mars 1830, P. 23, 151, 326.

47. Jugé qu'un trib. de 1ʳᵉ inst. ne peut condamner un mineur devenu majeur, à établir, dans le mois de la notification du jugement, les exceptions ou *recharges* qu'il se propose de former contre le compte de tutelle, qui n'a pas été légalement arrêté. Rennes, 24 août 1819, D. 12, 750.

48. Si les recharges d'un compte de tutelle n'ont été ni examinées ni débattues devant le trib. de 1ʳᵉ instance ou devant la cour, il y a lieu de renvoyer les parties devant les premiers juges pour y procéder. *Même arrêt*, Dev. 6, 185.

49. *Timbre.* Un notaire ne peut rédiger à la suite l'un de l'autre l'acte de récépissé ou de présentation du compte de tutelle, et l'arrêté ou règlement de ce compte. — V. *Timbre.*

50. Mais il peut rédiger à la suite d'un projet de compte de tutelle, l'arrêté définitif de ce compte, qui ne forme réellement qu'un acte de complément. L. 13 brum. an 7, art. 23; Solut. 12 et 20 fév. 1830; Rolland, *ibid.*, n° 128.

51. *Enregistrement.* Si l'acte de présentation a lieu sous seing privé, il doit être enregistré dix jours avant l'arrêté de compte pour avoir date certaine. Arg. C. civ. 1322. — Cette formalité n'est point exigée si l'acte est notarié.

52. Le projet d'un compte de tutelle n'est sujet qu'à un droit fixe de 1 fr., quel qu'en soit le résultat. Décis. min. fin., 18 déc. 1827.

53. Si le projet de compte établi par acte notarié, constate en même temps la remise des pièces justificatives à l'oyant qui en donne récépissé, l'acte ne renferme pas deux dispositions distinctes. Le récépissé donné par l'oyant est seul passible du droit fixe de 2 fr. L. 28 avr. 1816, art. 43, n° 8 ; Instr. génér. 24 déc. 1836.

54. L'arrêté définitif d'un compte de tutelle est soumis au droit d'obligation, s'il présente un reliquat qui ne soit pas immédiatement soldé. —V. d'ailleurs *Compte*, n° 230.

—V. *Compte* aux formules.

COMPULSOIRE. Voie que l'on prend, dans le cours d'une instance, pour se faire délivrer, par un notaire ou autre dépositaire public, expédition ou copie d'un acte dans lequel on n'a pas été partie, mais qui peut conduire à la décision de l'instance engagée. — Se dit aussi du procès-verbal qu'un officier public rédige dans cette circonstance.

Table sommaire.

DIVISION.

§ 1. — *Cas dans lesquels il y a lieu à compulsoire.*
§ 2. — *Procédure.*
§ 3. — *Enregistrement.*
§ 4. — *Formules.*

§ 1. — *Cas dans lesquels il y a lieu à compulsoire.*

1. Celui qui veut se faire délivrer expédition ou extrait d'un acte dans lequel il n'a pas été partie, est tenu de demander un compulsoire. C. pr. 846.

Il est défendu : — 1° Aux notaires de délivrer expédition, et même de donner connaissance des actes qu'ils reçoivent, à d'autres qu'aux parties intéressées en nom direct, ou à leurs héritiers ou ayants cause, à peine de dommages-intérêts, d'une amende de 100 fr., et, en cas de récidive, de suspension de leurs fonctions pendant trois mois. L. 25 vent. an 2, art. 23.

2° Aux receveurs de l'enregistrement de délivrer des extraits des registres, bien que ces registres ne contiennent qu'une mention sommaire des actes, à d'autres qu'aux parties contractantes ou leurs ayants cause, à moins d'une ordonnance du juge de paix L. 22 frim. an 7, art. 8.

2. Celui qui n'a pas accepté régulièrement une indication de payement faite par un acte de vente ne peut se faire délivrer une expédition de cet acte de vente : il n'est pas censé partie dans l'acte. Toulouse, 12 mars 1838 (Art. 1162 J. Pr.).

3. Au reste, peu importe que celui qui réclame un compulsoire soit demandeur ou défendeur dans l'instance principale suffit qu'il justifie de son intérêt.

4. Le compulsoire ne peut être demandé dans le but d'établir une déchéance du bénéfice d'inventaire que l'on n'est pas d'ailleurs recevable à opposer. Cass. 11 juin 1844 (Art. 2935 J. Pr.).

5. Le compulsoire est inutile, 1° à l'égard des actes de l'état civil, des registres des conservateurs des hypothèques, des jugements ou autres actes judiciaires : les dépositaires sont tenus d'en délivrer expédition, copie ou extrait à tout requérant, à la charge de leurs droits, à peine de tous dommages-intérêts. C. pr. 853; C. civ. 2196.

6. 2° Lorsqu'un acte est produit au procès par la partie adverse : il suffit d'en demander la communication. — V. d'ailleurs *inf.*, *Copie*, et *Exception*.

7. Le compulsoire ayant pour effet de porter à la connaissance des tiers des secrets de famille, est une mesure exorbitante du droit commun.

8. Cette voie ne peut être employée qu'à l'égard des actes existant entre les mains de dépositaires publics.

Spécialement à l'égard d'un acte sous seing privé, déposé chez un notaire.

Mais il faut attendre l'événement de la condition sous laquelle le dépôt a eu lieu, lorsque les parties sont convenues de n'en demander l'ouverture qu'en justifiant qu'elle s'est réalisée. Cass. 2 mai 1838, D. 38, 188.

9. Le compulsoire doit être refusé : (—V. art. 3850 J. Pr.)

1° A l'égard des actes sous seing privé appartenant à des particuliers. Rennes, 21 juin 1811; P. 9, 409; Rouen, 13 juin 1827, D. 27, 164; Carré, art. 846.

— Surtout s'ils sont étrangers à la partie contre laquelle il est demandé. Bourges, 24 mars 1841, P. 32, 2, 641. — Ou confiés à des tiers à titre de dépôt. Rolland, *hoc v°*, n° 3.

10. 2° A l'égard des actes notariés passés en brevet et en la possession d'un simple particulier. Si le dépositaire se refusait au compulsoire, il faudrait procéder contre lui par voie de contrainte personnelle et de perquisitions domiciliaires, moyens odieux qui ne peuvent être employés qu'en vertu d'une loi formelle.

11. Peut-on ordonner le compulsoire de l'inventaire fait après le décès d'un prétendu débiteur, pour trouver la preuve que la créance résulte d'un acte privé énoncé en cet inventaire?

Pour l'affirmative, on dit : — Il s'agit ici d'un acte notarié; on ne cherche pas à pénétrer dans le secret des familles, par des investigations domiciliaires; on demande à vérifier des constatations, des déclarations faites dans un acte public, consignées dans un dépôt public. Rolland, *ib.*, n° 6.

La négative a été jugée dans une espèce où l'on recherchait l'énonciation d'une quittance de payement d'une rente que le débiteur soutenait prescrite, par le motif que cette constatation n'aurait pas pu servir de titre. Trib. Seine, **31 janv. 1838** (Art. 1100 J. Pr.).

12. Il faut que le titre dont on demande la communication ai un rapport direct à l'objet du litige, et qu'il soit de nature à exercer de l'influence sur la décision du procès. Rennes, 27 juill. 1809, P. 7, 718 ; Carré, art. 846.

13. C'est au demandeur à établir le mérite et la nécessité du compulsoire, par de fortes présomptions. Arg. Cass. 10 juin 1833, D. 33, 254.

14. Il doit aussi indiquer avec précision les actes à compulser. Cass. 28 janv. 1835, P. 26, 1323.

15. Toutefois, il a été jugé qu'il n'est pas indispensable de spécifier précisément le jour où l'acte a été passé et l'officier public qui l'a reçu. Paris, 1er mars 1809, P. 7, 418.

16. Les tribunaux ont un pouvoir discrétionnaire pour apprécier les faits. — V. inf., n° 30.

17. On ne peut assimiler à un compulsoire, dans le sens du C. pr., la vérification des livres et papiers d'un négociant, ordonnée par le trib. de commerce et faite par un juge-commis. Paris, 28 août 1813, Dev. 4, 357 ; Amiens, 9 mai 1821, P. 16, 595.

Conséquemment cette vérification n'est pas soumise aux mêmes formalités. *Mêmes arrêts.* — V. *Livres de commerce.*

§ 2. — *Procédure.*

18. Le compulsoire doit être demandé au tribunal. — Le président n'a pas le droit d'autoriser la délivrance d'une expédition de l'acte demandé. — V. inf., n° 28.

19. Le compulsoire peut-il être demandé, comme autrefois, par action principale ? — Non. Cette demande doit être formée dans le cours d'une instance ; l'art. 846 C. pr. introduit un droit nouveau : le titre où il se trouve placé renfermant un système complet sur les compulsoires, a remplacé toutes les dispositions antérieures sur la matière. Paris, 4 juill. 1809, et 8 fév. 1810, P. 7, 659 ; 8, 90 ; Pigeau, 2, 361 ; Carré, art. 846 ; Thomine, n° 997. — *Contrà*, Rouen, 13 mars 1826, P. 20, 274 ; Chauveau, n° 2876 ; Berriat, 660, n° 16. — V. inf., n° 24.

20. Le compulsoire est demandé par requête. C. pr. 847 ; — présentée au tribunal. Colmar, 28 mai 1808, P. 6, 718. — *Contrà*, Pigeau, 2, 541.

21. Cette requête peut être grossoyée ; mais elle ne doit pas excéder six rôles. Tar. 75.

22. Elle est signifiée par acte d'avoué à avoué. C. pr. 847.

23. L'avoué de la partie adverse peut signifier en réponse une requête de la même étendue. Tar. 73.

24. L'affaire est portée à l'audience sur un simple acte, et jugée sommairement sans aucune procédure et sans préliminaire de conciliation. C. pr. 847.

25. La demande en compulsoire ne doit point, en général, retarder le jugement du procès : la partie doit s'imputer de l'avoir sollicité trop tard.

Mais si le compulsoire a été ordonné par un jugement contradictoire comme une mesure d'instruction préalable, il suspend nécessairement le jugement. Ordonn. 1535, art. 2, ch. 15 ; Berriat, 661, note 20 ; Carré, art. 847.

26. Le compulsoire peut être ordonné en tout état de cause : la loi n'a point assigné de terme fatal. Rennes, 6 janv. 1814, P. 12, 12.

27. Il a même été décidé que le compulsoire pouvait être demandé pour la première fois sur l'appel, attendu que les juges d'appel ont la faculté de prescrire toutes les mesures interlocutoires qu'ils croient utiles pour découvrir la vérité des faits, et éclairer leur religion. Cass. 10 août 1840 (Art. 1879 J. Pr.). — Néanmoins, dans l'espèce, la partie avait consenti devant le trib. à être jugée sur l'expédition produite par son adversaire.

28. Le compulsoire est ordonné par le tribunal, — et non par le président : c'est à tort que l'on tire un argument *à contrario* de l'art. 23, L. 25 vent. an 11, portant que les notaires ne pourront délivrer, *sans l'ordonnance du président*, expédition des actes à d'autres qu'aux parties intéressées. Thomine, n° 997 ; Chauveau sur Carré, n° 2876. — *Contrà*, Rouen, 13 mars 1826, P. 20, 274 ; Arg. L. 25 vent. an 11, art. 23.

29. Toutefois, si le président a ordonné la délivrance d'une expédition *à un tiers intéressé*, le notaire ne peut pas refuser d'y obtempérer. Il n'a pas qualité pour discuter le mérite de l'ordonnance, qui lui offre d'ailleurs une garantie suffisante. Rouen, 13 mars 1826, P. 20, 274.

30. Les tribunaux ont toujours la faculté d'accueillir ou de rejeter, suivant les circonstances, une demande à fin de compulsoire. Cass. 2 mai 1838, Dev. 38, 451 ; Chauveau sur Carré, n° 2879.

31. Le jugement qui ordonne le compulsoire doit être signifié, non-seulement à la partie adverse et à son avoué, mais encore au dépositaire de l'acte. Carré, n° 2883.

32. Il doit l'être, en outre, suivant MM. Pigeau, 2, 394 et Carré, n° 2883, à toutes les personnes intéressées dans l'acte, encore qu'elles ne soient pas en cause ; elles ont le même intérêt à conserver leurs affaires secrètes. — Mais on répond avec raison : la loi n'a point exigé cette signification ; elle n'est prescrite qu'à l'égard des parties en cause, et contre lesquelles on veut exécuter le jugement. Dalloz, v° *Compulsoire*, 701, note 3. D'ailleurs la partie qui est en cause pourrait donner connaissance de l'acte sans le consentement des autres parties intéressées. Le compulsoire peut donc être ordonné contre cette partie, en l'absence des autres.

33. Nous refusons même aux autres parties le droit d'intervenir pour contester la convenance et l'utilité du compulsoire, Dalloz, *ibid.*—*Contrà*, Carré, n° 2887; Debelleyme, 1, 438, Note 4.

34. Le jugement est exécutoire par provision, nonobstant opposition ou appel. C. pr. 848.

35. Toutefois, le dépositaire peut toujours se refuser à délivrer l'expédition, s'il n'a pas été payé des frais et déboursés de la minute de l'acte, outre ceux d'expédition. C. pr. 851.

36. S'il refuse pour un autre motif, on peut l'assigner à bref délai en vertu de l'art. 839 C. pr. Rolland, *ib.*, n° 33.—V. *Copie.*

37. Le procès-verbal de compulsoire est dressé, et l'expédition, la copie ou l'extrait est délivré par le notaire ou autre dépositaire de l'acte (— V. *Commissaire-priseur*, n°s 42 et 49), à moins que le tribunal, par crainte de refus ou d'inexactitude de ce dépositaire, ne juge convenable de commettre à cet effet un de ses membres, ou tout autre juge du trib. de 1re inst., ou un autre notaire. C. pr. 849; L. 25 vent. an 11, art. 24.

38. Si le compulsoire est fait par un juge, — on ne peut le provoquer qu'en vertu de son ordonnance, rendue sur requête à lui présentée, et indicative des jour et heure de la comparution; à moins que ce jugement ne donne ces indications.

39. Cette requête et cette ordonnance sont signifiées par la partie poursuivante aux parties intéressées, avec sommation de se trouver aux jour et heure indiqués par l'ordonnance dans le cabinet du juge; pour y être présentes à la rédaction du procès-verbal, auquel elles ont droit d'assister. La bienséance exige que le juge ne soit pas obligé de se transporter dans l'étude du notaire. Arg. C. pr. 1040; Favard, v° *Expédition*, n° 5; Carré, n° 2885.

40. Devant le juge, la présence de l'avoué est indispensable; seul il a le droit de représenter les parties en justice. Tarif, 92.

41. C'est devant le juge commis que se terminent en référé toutes les difficultés qui naissent du compulsoire. Debelleyme, p. 438, note 4.

42. Si c'est un notaire qui doit procéder au compulsoire, on lui fait sommation, ainsi qu'aux parties qui doivent comparaître, de se trouver en l'étude aux jour et heure indiqués par le poursuivant.

43. Il n'est pas nécessaire de signifier le jugement qui a autorisé le compulsoire au notaire commis; il suffit de lui en donner connaissance.

44. Si le défendeur ne comparaît pas aux jour et heure indiqués pour le compulsoire , il est procédé en son absence dans les formes ordinaires. Mais dans l'usage on surseoit pendant une heure au moins après l'échéance de l'heure fixée pour la comparution ; il en est fait mention dans le procès-verbal. Ordonn. 1667, art 2, tit. 12; Carré, art. 858.

45. Devant le notaire la présence des avoués est facultative. Thomine, 2, 453; Chauveau sur Carré, n° 2888.

46. Le notaire qui procède au compulsoire se fait assister d'un collègue ou de témoins pour la rédaction du procès-verbal. Rolland, *hoc verbo*, n° 24.

47. Le notaire dépositaire de la minute prépare une expédition de la pièce compulsée. Il représente la minute ou l'original au notaire commis. Celui-ci collationne l'expédition et en fait mention , tant au pied de la minute qu'à la suite de l'expédition. Rolland, *ibid.*, n° 42.

48. Le procès-verbal contient la description exacte des minutes, grosses , annexes et actes quelconques compulsés , ainsi que des registres. Il constate le nombre de renvois , paraphes, blancs, ou lacunes et signatures ; le défaut de paraphe ou d'approbation de ce qui en aurait été susceptible , tout ce qui paraît défectueux , surchargé , interligné , gratté ou altéré, enfin la couverture, le nombre de feuillets , l'état et le résultat des registres, et le manque ou le nombre de signatures à la fin. Rolland *ibid.*, 38.

49. On mentionne la collation et la date de la délivrance sur les expéditions , les actes ou autres pièces, avec déclaration que la collation a eu lieu sur la minute ou l'original , en vertu de la commission ou du jugement de compulsoire. Rolland, *ibid.*, n° 40.

On constate également que les frais et droits ont été acquittés.

50. Les parties peuvent faire insérer au procès-verbal tels dires qu'elles jugent convenables.

51. Le procès-verbal de compulsoire , dressé par le notaire dépositaire, se fait soit en brevet, et alors on y insère l'expédition ou l'extrait de la pièce compulsée ; — soit en minute , et , dans ce cas , le notaire délivre expédition ou extrait tant de ce procès-verbal que de la pièce compulsée. Rolland, *ib.*, n° 39.

52. Après la délivrance de l'expédition , les parties ont le droit de faire la collation de cette expédition avec la minute. La lecture de la minute est faite par le dépositaire. C. pr. 852.

53. Les parties suivent la lecture sur l'expédition. *Ib.*

Lorsqu'elles prétendent que le dépositaire n'a pas fait une lecture exacte de la minute ou que la copie n'est pas conforme, elles introduisent un référé.

54. Le président ordonne que la minute et l'expédition lui seront remises. C. pr. 852.

55. A cet effet le dépositaire est tenu d'apporter la minute. C. pr. 852.

56. Le président fait lui-même la collation.

57. Le procès-verbal de collation en référé doit être dressé par le juge assisté de son greffier; — et non par le dépositaire de la minute, parce qu'étant accusé de ne pas avoir délivré une expédition ou copie conforme à la minute, il n'est pas présumé avoir l'impartialité nécessaire pour la rédaction de cet acte. Carré, n° 2890.

58. Les frais du procès-verbal, ainsi que ceux du transport du dépositaire de la minute devant le juge en référé, doivent être avancés par le requérant. C. pr. 852.

59. Les honoraires des notaires se règlent par vacations. — V. *Tarif*, 168.

§ 3. — *Timbre et enregistrement.*

60. *Timbre.* Le procès-verbal du compulsoire, fait en brevet, doit être sur papier à expédition.

S'il est fait en minute, il peut être sur tout papier de dimension.

61. *Enregistrement.* Le procès-verbal de compulsoire est passible du droit fixe de 2 fr. L. 28 avr. 1816, art. 43, n° 16.

62. L'expédition ou l'extrait tiré sur la minute, par le juge commis, est une copie collationnée soumise au droit fixe de 1 fr. L. 22 frim. an 7, art. 68, § 1er, n° 18; Rolland, *ib.*, n° 47.

63. Lorsque la collation a lieu par le président, il n'est dû aucun droit particulier d'enregistrement, si la collation est constatée par le procès-verbal du dépositaire. Mais s'il est rédigé une ordonnance de collation, elle est passible du droit fixe de 3 fr. L. 22 fr. an 7, tit. 7, art. 68, § 2, n°s 6 et 7; L. 28 avr. 1816, art. 44, n° 10.

§ 4. — *Formules.*

FORMULE I.

Requête à fin de compulsoire.

(C. pr. 846, 847. — Tarif, 95. — Coût, 2 fr. par rôle.)

A MM. les président et juges du tribunal de

Le sieur C......................., demeurant à ...., défendeur au principal, demandeur aux fins des présentes, ayant Me................ pour avoué;

Contre le sieur P..................., demeurant à ...., demandeur au principal, défendeur aux fins des présentes, ayant Me................ pour avoué;

A l'honneur de vous exposer (*rapporter les faits et les moyens.*)

Par tous ces motifs et autres, à suppléer de droit et d'équité, plaise au tribunal recevoir l'exposant incidemment demandeur aux fins de la présente requête, et statuant sur icelle, ayant faire droit à la demande principale,

l'autoriser à faire compulser par-devant tel de MM. .... qu'il plaira au tribunal commettre à cet effet, ou par-devant M^e............, notaire à ...., l'acte de vente fait entre les sieurs ....
le ...., et reçu par M^e ...., notaire à ....
qui en a la minute : en conséquence, ordonner que ledit M^e ....,
notaire, sera tenu d'en délivrer une expédition en bonne forme au requérant, aux offres par lui faites de payer audit notaire tous frais et honoraires
qui lui seraient légitimement dus; et vous ferez justice.

(Signature de l'avoué.)

FORMULE II,
Procès-verbal de compulsoire.

(C. pr. 849. — Tarif. 168. — Coût par vacation de trois heures, 9 fr.)

L'an ...., le .... heures du matin,
en l'étude de M^e ...., notaire à .... et devant son
collègue et lui,

Est comparu M... ...., assisté de M^e ...., son
avoué;

Lequel a dit que, par jugement du tribunal de ...., rendu
contradictoirement entre lui et M... ...., enregistré et signifié,
il a été autorisé à se faire délivrer par compulsoire, extrait d'un contrat passé
devant M^e ...., l'un des notaires soussignés, qui en a minute, et son collègue, le ...., portant vente par M... ....
à M... ...., d'une maison sise à ...., à la
charge notamment de servir au comparant une rente ....

Qu'en conséquence de ce jugement, il a fait sommation par exploit de
..............., huissier à ...., en date du
..............., au sieur ...., de se trouver en
l'étude, à ces jour et heure, pour être présent à la délivrance qui lui serait
faite de l'extrait dont il s'agit;

Qu'il représente la grosse du jugement et l'original de l'exploit de sommation, pour demeurer annexés au présent procès-verbal; et qu'il requiert
que, dans le cas où le sieur .... ne comparaîtrait pas, ni personne pour lui, il soit donné défaut, et passé aussitôt à la délivrance du contrat sus-énoncé.

Et le comparant a signé, après lecture faite, avec M^e ...., son
avoué.

Est à l'instant comparu M... ...., ci-devant prénommé, qualifié
et domicilié;

Lequel a dit qu'il comparaît pour satisfaire à la sommation qui lui a été
donnée, comme il est dit ci-dessus, et assister à la délivrance demandée; se
réservant de faire tels dires et réquisitions qu'il avisera; et il a signé, après
lecture faite.

(Signature.)

Sur quoi les notaires soussignés ont donné acte aux sieurs ....
de leurs comparution et dires; il a été annexé au présent procès-verbal la
grosse du jugement et l'original de l'exploit sus-énoncé, après que dessus
mention de leur annexe a été faite par les notaires soussignés.

M^e ...., l'un des notaires soussignés, a immédiatement
produit la minute du contrat du ...., ci-dessus relaté, et fait
sur cette minute, l'extrait littéral de la stipulation par laquelle M... ....
a été chargé du service d'une rente de ...., due
à M... ....

Après quoi il a été collationné par les parties et les notaires et ledit extrait
remis au sieur ...., qui l'a reconnu (1).

_____

(1) Ou ...., A cet instant M... .... a dit qu'il protestait du défaut de
conformité entre l'extrait et la minute, attendu que le mot *francs*, placé dans l'extrait à la suite
des mots trois cents, ne se trouve pas en entier dans la minute, qu'après le mot trois on voit seulement les lettres *frans*, ou à peu près, et s'opposait à la délivrance de l'extrait avec ce mot; et a
signé, lecture faite. .... (<i>Signature.</i>)
Par M. .... , a été dit qu'il reconnaît l'exactitude de l'extrait; le mot *francs*

De tout ce que dessus, les notaires soussignés ont dressé le présent procès-verbal, auquel il a été vaqué depuis l'heure de   , jusqu'à celle de   par vacation; et les comparants et leurs avoués ont signé après lecture faite.

Cas où la partie sommée ne comparaît pas.

Et, après avoir attendu jusqu'à   , sans que le sieur   soit comparu, ni personne pour lui, les notaires soussignés ont donné défaut contre lui; et, obtempérant à la réquisition du sieur   , ils ont, en vertu du jugement précité, fait et collationné sur la minute du contrat du   , ci-dessus relaté, l'extrait littéral de la stipulation par laquelle le sieur   a été chargé du service d'une rente de   , envers le sieur   , et de suite délivré cet extrait, après l'avoir certifié conforme, au sieur   , qui l'a reconnu.

De tout ce que dessus, les notaires ont dressé le présent procès-verbal, auquel il a été vaqué, etc., et le sieur   , et son avoué, ont signé avec les notaires, après lecture faite.

                              (Signatures.)

CONCERT. — V. *Acte de commerce*, n° 181.

CONCIERGE. — V. *Exploit.*

CONCILIATION (*préliminaire de*). Obligation pour les parties, avant de commencer un procès, de comparaître devant un juge de paix, qui a mission de les concilier.

Table sommaire.

DIVISION.

§ 1. — Caractères du préliminaire de conciliation.

1. Le préliminaire de conciliation, créé par la loi des 16 et 24 août 1790, tit. 10, a été successivement maintenu avec quelques modifications. L. 11 sept. 1790, art. 3; 6, 27 mars 1791, art. 16 et suiv.; 3, 14 sept. 1791, tit. 3, ch. 5, art. 6; Constit., 5 fruct. an 3, art. 215; L. 26 vent. an 4, 22 frim. an 8, art. 60; L. 25 mai 1838, art. 16.

2. L'utilité de ce préliminaire a été contestée. — V. Discussion au conseil d'État, séance du 5 flor. an 12, Locré, 1, 247.

Mais s'il est vrai que, dans les grandes villes, la conciliation soit rare, il est certain qu'elle est fréquente dans les villes peu importantes, et surtout dans les campagnes, où le juge de paix, par ses relations de chaque jour avec ses justiciables, a sur eux une grande influence. Aussi, d'après la statistique de 1834, les affaires conciliées sont-elles avec les affaires non conciliées dans la proportion de 65 sur 100. — V. notre Journal, tome 3, p. 18 à 20. — « Le nombre des conciliations, disait le Garde des sceaux, pourrait devenir plus considérable si tous les juges de paix étaient également pénétrés de l'importance de leur mandat *principal*, de celui auquel ils doivent leur heureuse dénomination. L'essai de la conciliation n'est pas une vaine formalité de procédure; il faut que le magistrat le tente sérieusement, patiemment, qu'il l'encourage, qu'il le facilite, qu'il le protége de toute son influence. Il convient encore que, sous prétexte d'urgence et de célérité, on ne cherche pas à augmenter le nombre *déjà trop considérable*, peut-être, des causes que la loi dispense du préliminaire de la conciliation. »

Le code de Genève déclare ce préliminaire facultatif excepté dans les demandes entre époux, entre ascendants et descendants; il l'admet pendant tout le cours du procès, même devant la cour d'appel, et confie le ministère de conciliateur à l'un des juges faisant partie du trib. ou de la Cour. Boncenne, 1, 300.

Mais nos bureaux de paix occupés par des magistrats étrangers au jugement, paraissent laisser plus de liberté aux parties, et plus d'espoir d'impartialité dans les juges. Boncenne, 2, 38.

3. Toute demande qui n'en est pas dispensée par la loi doit, à peine de nullité (= V. *inf.*, nº 4), subir le préliminaire de conciliation.

4. Cette nullité peut-elle être proposée d'office par le juge en tout état de cause et pour la première fois même devant la C. de cassation?

Pour la négative, on dit : — Le préliminaire de conciliation n'a été établi que dans l'intérêt privé des parties et pour les détourner d'une contestation nuisible. Elles sont libres, dès lors, de renoncer à cette formalité. Si les magistrats se croyaient dans la nécessité de prononcer, soit en appel, soit en cassation, la nullité de toute une procédure qui n'aurait pas été précédée de la tentative de conciliation, contrairement à l'intention du législateur, ils éterniseraient les procès. Cass. 26 mess. an 13, P. 4, 660.

Jugé, en conséquence, que le défaut de conciliation est couvert : — 1º Par une demande en communication de pièces. Rennes, 28 août 1813, P. 14, 679; Arg. Cass. 30 janv. 1810, Dev. 3, 146; Rennes, 23 sept. 1815; Besançon, 1er déc. 1818, Dev. 5, 62 et 429. — V. Bordeaux, 3 juill. 1845 (Art. 8236 J. Pr.)

2º Et à plus forte raison par des défenses au fond. Nîmes, 28 août 1821, P. 16, 886; Limoges, 25 mars 1841 (Art. 2395 J. Pr.).

Qu'on ne peut l'opposer pour la première fois en appel. Cass. 22 therm. an 11 et 11 fruct. an 11, P. 3, 406 et 435; Orléans, 8 prair. an 12, P. 4, 15; Nîmes, 26 flor. an 13, P. 4, 546; Rennes, 9 janv. 1812, P. 10, 21, Bruxelles, 3 juill. 1812, P. 10, 539; Rennes, 11 déc. 1815, P. 13, 168; Bourges, 1er juill. 1816, P. 13, 521; Orléans, 27 nov. 1816, P. 13, 697; Pau, 23 août 1823; Agen, 19 fév. 1824, D. 25, 28; Cass. 19 janv. 1825, D. 25, 58; 16 fév. 1826, D. 26, 174; Orléans, 19 juin 1829, D. 32, 195; Grenoble, 4 déc. 1830, D. 31, 171; Colmar, 20 janv. 1831, D. 31, 110; Bourges 21 déc. 1831, D. 32, 102; Cass. 22 juin 1833 (Art. 2041 J. Pr.); Bordeaux, 5 juill. 1839, P. 39, 2, 609; Colmar, 30 nov. 1839; Cass. 6 fév. 1840, P. 40, 1, 326, 641; Cass. 15 fév. 1842, P. 42, 2, 133;

Merlin, *Quest. ar.*, v° *Bureau de paix*, § 1; Thomme, 1, 129; Souquet, v° *Préliminaire de conciliation*, Tab. 518, 5° col., n° 4; Favard, 1, 628, n° 5; Berriat, 1, 191; A. Dalloz, *hoc verbo*, supplém., n° 4.

Que la nullité pour défaut de conciliation n'est pas opposable pour la première fois en cassation. Cass. 29 janv. 1838 (Art. 1178 J. Pr.).

Que la nullité ne peut être invoquée par une partie autre que celle envers laquelle la formalité a été omise, quand bien même les parties actionnées seraient deux cohéritiers, et qu'il s'agirait d'une demande en partage. Cass. 22 juin 1835.

Que néanmoins elle peut être opposée, non-seulement par le défendeur principal, mais encore par l'appelé en garantie, avant toute défense au fond. Douai, 2 juill. 1840 (Art. 1853 J. P.).

Pour l'affirmative, on répond : — Le préliminaire de conciliation n'est pas un droit que la loi accorde aux parties, mais un devoir qu'elle leur impose, et dont elles ne sauraient se faire remise. C'est une mesure d'intérêt général : il importe à tous que le nombre des procès diminue, que les haines soient calmées, que la concorde soit rétablie entre les hommes; tel est le but et tels sont les effets du préliminaire de conciliation. Cass. 27 vent. an 8, P. 1, 613; 13 therm. an 8, P. 1, 696; Grenoble, 8 janv. 1818, P. 14, 566; Toulouse, 8 juill. 1820, P. 16, 24; Bourges, 9 juill. 1821, P. 16, 737; Bruxelles, 4 janv. 1825; Pigeau, 1, 77, note 1; Boncenne, 2, 53; Boitard, 1, 170; Chauveau sur Carré, n° 243. — Ainsi la nullité n'est pas couverte par la signification de conclusions au fond. Nîmes, 10 fév. 1841 (Art. 1918 J. Pr.); — elle peut être prononcée d'office par le juge. Cass. 30 mai 1842, P. 1842, 2, 619. — La solution contraire, qui a prévalu dans le dernier état de la jurisprudence, ne tient-elle pas à ce préjugé (démenti par la statistique), et trop généralement répandu, que le préliminaire de conciliation amène peu ou point de résultats? Montpellier, 22 fév. 1854 (6148).

Un système mixte a été proposé : On insiste sur ces mots de l'art. 48 C. pr., *aucune demande* NE SERA REÇUE.... *dans les tribunaux...*, et l'on y voit le droit et le devoir pour le juge de repousser d'*office* une demande non dispensée du préliminaire de conciliation, qui ne l'aurait pas subi, parce qu'il importe à l'intérêt général que le nombre des procès diminue. Mais si, malgré cet empêchement prohibitif, la demande a été *reçue* par les tribunaux sans réclamation d'aucune des parties, comme en définitive l'intérêt public n'est pas tellement compromis que l'intérêt privé ne puisse prévaloir ici sans de notables inconvénients, la nullité sera couverte. Arg. Cass. 30 mai 1842.

Cette dernière opinion paraît conforme au texte de la loi et conduit à des conséquences moins rigoureuses; mais la difficulté consistera à déterminer à quelle époque précise la demande sera considérée *comme reçue*. Sera-ce lorsque les parties auront pris des conclusions au fond?—Nous ne le pensons pas.

5. Lorsque les parties se présentent en conciliation sur citation devant le juge de paix, celui-ci ne peut d'office se déclarer incompétent par le motif que la cause serait dispensée du préliminaire de conciliation. Chauveau sur Carré, n° 218 *quater*.—Peut-être il y a-t-il lieu seulement à laisser les frais de citation à la charge du demandeur, comme frustratoires. Chauveau, *Tarif*, 1, 41, n° 4. — V. d'ailleurs *inf.*, n° 156.

6. Lorsqu'une affaire a subi le préliminaire de la conciliation dont elle était dispensée, il n'y a pas nullité : la loi, dans ce cas, prononce des *dispenses*, mais non des prohibitions. Montpellier, 5 août 1807, P. 6, 242; Carré, 92; Boncenne, 2, 23; Berriat, p. 172, n° 13.

7. L'épreuve de la conciliation est un acte qui précède la contestation; elle n'est même pas une mesure préparatoire de l'instance, puisqu'elle a pour but de prévenir le procès, de l'empêcher de s'engager; elle ne forme point un degré de juridiction. L'instance n'est réellement entamée que par l'ajournement. Berriat, 186, n° 3; Boncenne, 2, 36; Boitard, 1, 80.

8. Conséquemment:—1° Le juge de paix conciliateur ne peut, sans excès de pouvoirs, rendre un jugement sur l'objet du litige. Cass. 21 mess. an 5, P. 1, 160; 20 mai 1806.

9. 2° La citation en conciliation ne rend pas litigieux le droit ou la créance qu'elle a eu pour objet. Metz, 6 mai 1817, P. 14, 212; Paris, 26 nov. 1835, P. 27, 730; Souquet, tabl. 518, 3e col., n° 4; Duranton, 16, n° 534; Troplong, *Vente*, n° 990; Duvergier, *Vente*, 2, n° 361. — *Contrà*, Turin, 9 mars 1811, Dev. 3, 431.—Dans l'espèce, il y avait eu procès-verbal de non-conciliation. Mais cette considération ne doit pas modifier notre solution.—V. *Compétence des trib. civils*, n° 40.

10. 3° Les art. 1, 2 et 12 L. 11 avr. 1838, qui prorogent la compétence des trib. civils, sont applicables aux instances dans lesquelles la citation est antérieure à la loi, lorsque l'assignation est postérieure à sa promulgation. Limoges, 18 avr. 1839; Bordeaux, 13 mars 1849, 3 fév. 1857 (6383).

11. Le préliminaire de conciliation ne tombe pas en péremption. Agen, 7 mars 1808, P. 6, 549; Grenoble, 6 mars 1823; Boitard, 1, 168; Pigeau, 1, 92; Carré, n° 250; Thomine, 1, 144; Demiau, p. 53; Souquet, v° *Conciliation*, tabl. 63, 5e col. —*Contrà*, Favard, *hoc verbo*, p. 632, n° 3; Dalloz, 3, 709, n° 24; Lepage, *Qu.*, p. 99; Boncenne, 2, 63 (cet auteur invoque la discussion au Conseil d'État, séance du 5 flor. an 13, Esprit du C pr. par Locré, 2, p. 136 et 137); — lors même que l'instance qui a suivi le préliminaire de conciliation tombe en péremption,

le procès-verbal ne peut être anéanti que par la prescription trentenaire.

12. Toutefois, si le défendeur décède, le préliminaire de conciliation subi, les héritiers ne peuvent être assignés sans être appelés de nouveau en conciliation. —V. rej. 11 nov. 1851 (5025).

§ 2. — *Affaires soumises au préliminaire de conciliation.*

13. La loi soumet à ce préliminaire toutes les demandes qui
sont à la fois :

1° Principales et introductives d'instance ;

2° Entre parties capables de transiger ;

3° Formées contre une ou deux personnes seulement ;

4° De nature à être l'objet d'une transaction ;

5° De la compétence du trib. de 1re instance ;

6° Enfin ne requérant pas célérité. C. pr. 48 et 49.

L'absence de l'une de ces conditions suffit pour dispenser de la
tentative de conciliation.

14. En cas de doute sur l'interprétation de la loi, on doit recourir au préliminaire de conciliation : les dispenses n'ont été
créées que comme exception à la règle. —*Contrà*, Thomine, 1,
130. —V. d'ailleurs *sup.*, n° 6.

15. *Principale et introductive d'instance.* —Ces deux expressions n'ont pas la même signification : une demande peut être principale sans être introductive d'instance.

16. La demande en garantie formée pendant le cours d'un
procès est principale relativement au garant, puisque c'est le premier acte de l'action formée contre lui ; mais elle n'est pas
introductive d'instance, puisqu'il est appelé dans une instance
déjà existante. — V. Cass. 2 mars 1858 (6847).

17. Il en est de même dans le cas d'intervention. C. pr. 49,
n° 3. — Ou de la mise en cause d'un tiers. Cass. 20 fruct. an 11,
Dev. 1, 862 ; 17 pluv. an 13, Dev. 2, 70 ; Chauveau sur Carré,
n° 209 *quinquies.*

18. Si l'action en garantie a été formée après le jugement rendu
contre le demandeur, cette action distincte et isolée de la première est alors non-seulement principale à l'égard du garant,
mais aussi introductive d'instance, et doit à ce titre subir la tentative de conciliation. Bourges, 5 therm. an 8, P. 1, 687 ; Carré,
art. 48 ; Favard, 1, 624 ; A. Dalloz, *hoc verbo*, n° 37 ; Boncenne,
2, 9. — *Contrà*, Chauveau sur Carré, n° 509 *quinquies* ; Pigeau,
Com., 1, 145.

19. Sont également soumises au préliminaire de conciliation :

1° La demande formée à l'occasion de difficultés qui s'élèvent
sur l'exécution d'une transaction qui a mis fin à un procès anté-

rieur. Rennes, 2 août 1819, P. 15, 455; Poitiers, 12 nov. 1840, Dev. 40, 482.

20. 2° Celle qui n'est soumise au trib. qu'après avoir été portée devant des arbitres, dont l'un d'eux s'est déporté. *Même arrêt.*

21. 3° La demande en nullité d'une obligation formée par l'héritier après la notification à lui faite d'un titre exécutoire contre le défunt (C. civ. 877). Cette notification n'est ni une poursuite, ni un commencement de poursuite. Bourges, 9 mai 1821, P. 16, 596; Chabot, art. 877, n° 2; Chauveau sur Carré, n° 206.

22. 4° Les demandes nouvelles qui emportent abandon de la demande originaire, parce qu'elles sont incompatibles avec elle, ou qu'elles la rendent inutile. Arg. Cass. 11 pluv. an 4, Dev. 1, 48; Aix, 27 mai 1808, Dev. 2, 393; Cass., 22 fév. 1809, Dev. 3, 25; Bordeaux, 3 mars 1827, P. 21, 217; Chauveau sur Carré, n° 206; Boncenne, 2, 4; Boitard, 1, 105. —*Contrà*, Bruxelles, 10 mars 1830, P. 23, 249.

23. 5° La demande en exécution de testament, bien qu'elle se trouve être la conséquence d'une demande en déclaration d'absence; elle est formée par l'envoyé en possession, ou par le curateur à la succession; elle ne touche en rien les intérêts de l'absent, puisqu'il ne s'agit que de faire exécuter ses volontés. Elle ne peut d'ailleurs être formée qu'après que l'instance en déclaration d'absence est terminée. Orléans, 21 mars 1822, P. 17, 217; Pigeau, *Com.*, 1, 141, note 2; Chauveau sur Carré, 206.

24. 6° La demande en indemnité formée contre une autre partie par des individus assignés en payement d'une pension alimentaire. Besançon, 8 janv. 1818, P. 14, 567; Souquet, tabl. 518, 5e col., n° 12; Chauveau sur Carré, n° 206.

25. Mais il y a dispense : —1° Pour la demande préjudicielle formée dans le cours d'une instance qui doit être jugée avant l'instance principale; elle est incidente et requiert célérité. Carou, n° 751.—Rej. 22 août 1860; Douai, 19 mars 1861 (7378, 7527).

26. 2° Pour la demande en nomination d'arbitres qui doivent statuer entre associés, portée devant le trib. de 1re inst., en vertu des statuts sociaux; ce n'est point une demande principale, puisque le fond, le véritable objet de l'instance, doit être porté devant une autre juridiction. Douai, 14 nov. 1840, Dev. 40, 513.

27. 3° pour les demandes en règlement de juges et en renvoi; elles sont incidentes à une contestation déjà existante. C. pr. 49, n° 7; — elles sont d'ailleurs urgentes. — V. *inf.*, n° 63.

28. *Quid* pour la *requête civile* et la *tierce opposition*. — V. ces mots.

29. *Entre parties capables de transiger.* —Pour transiger, il faut avoir la capacité de disposer des objets compris dans la transaction. C. civ. 2045, C. pr. 1003.

Les incapables peuvent, il est vrai, transiger par l'intermédiaire de leurs administrateurs, mais avec des formalités si longues et s dispendieuses, que le Code ne prescrit le préliminaire qu'aux personnes capables de transiger.

30. Peu importe que l'incapacité de transiger vienne du demandeur ou du défendeur : la dispense est la même dans les deux cas. Carou, n° 762.

31. La loi dispense du préliminaire de conciliation les demandes qui intéressent :

1° L'État et le domaine, les communes, les établissements publics, les curateurs aux successions vacantes. C. pr. 49, n° 1.

32. 2° Le mineur non émancipé, *ib.*

L'action formée à la requête d'un mineur et d'un majeur n'est pas dispensée de la tentative de conciliation relativement à celui-ci, si ses intérêts sont distincts de ceux du mineur. Cass. 30 mai 1814, P. 12, 223; Pigeau, 1, 78, note; Boncenne, 2, 16, note 2. — Il en serait autrement si leurs intérêts étaient indivisibles. Bordeaux, 20 août 1833, P. 25, 827; Boncenne, *ib.*

Il n'y a pas lieu à dispense dans le cas où le majeur et le mineur ayant des intérêts distincts ou divisibles sont défendeurs à l'action formée contre eux. — *Contrà*, Thomine, 1, 134; Carou, n° 764.

Ces principes ont été appliqués dans une espèce où l'un des deux défendeurs était héritier pur et simple et l'autre bénéficiaire. Cass. 12 déc. 1835 (Art. 491 J. Pr.). — V. *inf.*, n° 23.

33. L'action en reddition de compte formée par le tuteur contre celui à qui il a donné pouvoir de toucher une somme appartenant au mineur n'est pas dispensée du préliminaire de conciliation. — Le doute vient de ce que le mineur est intéressé à la demande : — mais l'action est personnelle au tuteur; c'est de sa propre affaire qu'il s'agit bien plutôt que de la somme due au mineur. Sa responsabilité était engagée; d'ailleurs le mandataire n'a pas à s'inquiéter si la somme qu'il a mandat de toucher appartient ou non au mineur. Il n'a de compte à rendre qu'au tuteur son mandant. Poitiers, 13 mai 1829, Dev. 9, 263; Souquet, tabl. 518, 1re col., § 1, n° 5; Dalloz, *hoc v°*, n° 79.—*Contrà*, Chauveau sur Carré, n° 207 *septies*.

34. 3° Le mineur émancipé, pourvu que la contestation ait pour objet des droits dont il ne puisse pas disposer personnellement. Delvincourt, 1, 500; Pigeau, 1, 35.—*Contrà*, Thomine, 1, 131; Boitard, 1, 90; Chauveau sur Carré, 217. — Ces auteurs repoussent cette distinction et admettent la dispense dans tous les cas pour le mineur émancipé. Arg. C. pr. 83.

35. 4° L'interdit. C. pr. 49, n° 1.

36. 5° L'individu pourvu d'un conseil judiciaire. Arg. C.

civ., 513; Boitard, 1, 89; Thomine, 1, 131. — V. *sup.*, n° 29.

37. 6° La femme mariée, autorisée à ester en jugement. Arg. C. civ. 1124; Favard, Boncenne, 2, 17. — *Contrà*, Carré, n° 207; Dalloz, *hoc v°*, 3, 719. — V. *inf.*, n° 48.

Toutefois l'usage est de citer en conciliation la femme défenderesse conjointement avec le mari, pour que celui-ci l'autorise à faire les arrangements opportuns. — Mais cette marche n'est pas obligatoire.

38. On a admis la dispense pour une demande formée par une femme séparée de biens, afin d'être payée des arrérages d'une rente convenancière à elle appartenant et vendue par son mari, et aussi afin d'être reconnue propriétaire par suite de la nullité de cette vente. Rennes, 20 juin 1812, P. 10, 493; Carré, 215; Souquet, tableau 519, 3° col., n° 23.

39. Mais le préliminaire devient indispensable si la contestation est relative à la fortune mobilière d'une femme séparée de biens : elle peut aliéner sans le concours et sans l'autorisation du mari (Arg. C. civ. 1449); Pigeau, *Comm.* 1, 139; Boitard, 1, 88.

40. 7° Les envoyés en possession provisoire des biens d'un absent. Boncenne, 2, 15. — Ou le curateur comptable nommé par eux à un absent. Rennes, 28 août 1813, P. 11, 679; Chauveau sur Carré, 207 *ter*.

41. 8° Les syndics d'une faillite. Paris, 10 juin 1836. (Art. 559 J. Pr.).—V. art. 3381 J. Pr.

42. 9° L'héritier bénéficiaire. Il pourrait, il est vrai, disposer des objets héréditaires; mais alors il deviendrait héritier pur et simple; il faut apprécier sa capacité dans la situation particulière où il s'est placé, et ne pas l'obliger à en sortir malgré sa volonté. Grenoble, 16 mars 1823, D. 11, 204, n° 7; Pigeau, 1, 80.; Boncenne, 2, 15; Boitard, 1, 90.

Le moyen le plus efficace d'obtenir une conciliation, c'est d'amener les parties elles-mêmes en présence d'un magistrat dont la mission consiste à entendre leurs observations, à calmer leur irritation, et à déterminer par de sages conseils un accord entre elles. Il faut qu'elles puissent se présenter avec la certitude que leur inexpérience des affaires ou leur inhabileté ne compromettra aucun de leurs droits : or, un héritier bénéficiaire, appelé devant le juge de paix, pourrait ignorer les conséquences d'une concession faite à un créancier de la succession et changer à son insu sa position en celle d'héritier pur et simple.

43. La même dispense s'applique au légataire universel qui a accepté sous bénéfice d'inventaire. Orléans, 6 août 1812, P. 10, 631.

44. Mais la dispense ne s'étend pas au cohéritier qui a accepté la succession purement et simplement si l'action est divisible. Tou-

louse, 12 déc. 1835, Dev. 36, 399; Souquet, tabl. 518, 5° vol
n° 8; Dalloz, *suppl.*, *hoc v°*, n° 49.

45. *Formées contre une ou deux personnes seulement.* Lorsque plus de deux personnes doivent être assignées, la conciliation est peu probable; il est inutile de la tenter.

46. Il suffit, pour que la dispense existe, qu'il y ait plus de deux défendeurs; peu importe qu'ils aient le même intérêt. Thomine, 1, 133; — qu'ils soient actionnés en qualité d'héritiers ou de débiteurs solidaires. Boitard, 1, 92 et 93; Thomine, 1, 133; Pigeau, 1, 80; Carré, 213; Boncenne, 2, 12; Dalloz, *hoc v°*, n° 60. —*Contrà*, Dalloz, 3, 707, n° 15; Delaporte, 1, 48.

47. La dispense s'applique au cas où les défendeurs doivent figurer dans le même procès, et non à celui où plusieurs contestations de nature différentes et pour des causes étrangères les unes des autres, ont été cependant comprises dans un seul exploit. Besançon, 22 mai 1827, S. 27, 240; Bourges, 21 juill. 1838 (Art. 1244 J. Pr.); Caen, 13 nov. 1839, Dev. 40, 25; Nîmes, 10 fév. 1841, (Art. 1918 J. Pr.); Boncenne, 2, 14.

Ainsi la demande intentée contre plusieurs acquéreurs en résolution de leurs contrats d'acquisition n'est pas dispensée du préliminaire de conciliation, lorsque chacun d'eux a un intérêt et un contrat particuliers et distincts. Riom, 27 mars 1817, P. 14, 160.

Le contraire a été jugé dans une espèce où la demande en délaissement pour usurpation formée contre tous les défendeurs dérivait du même titre. Montpellier, 7 fév. 1839, D. 39, 94.

48. *Quid* s'il s'agit d'une action à diriger contre plusieurs maris et leurs femmes obligés pour la même dette? (6148, 6364).

M. Boncenne, 2, 10, distingue: — en cas de séparation contractuelle ou judiciaire, il compte chacun des époux pour un défendeur; attendu que chacun d'eux a une existence propre, des intérêts distincts, une administration à part, et que la division des droits et des obligations se fait entre eux comme entre des étrangers qui ont contracté conjointement, —En cas de communauté, il ne voit qu'un seul être moral ayant une existence légale et pour lequel les époux sont censés stipuler et promettre.

Cette doctrine ne peut se concilier avec l'opinion du même auteur, qui déclare d'une manière absolue dispensées du préliminaire de conciliation, les causes concernant les femmes mariées même autorisées —V. *sup.*, n° 37. Lyon, 21 juill. 1847, art. 3843.

Jugé que les maris ne doivent pas être considérés comme des défendeurs, s'ils n'ont été mis en cause que pour autoriser leurs femmes à ester en justice, Bourges, 9 juill. 1821, P., 16, 737.

49. *Quid* lorsque l'action est dirigée contre plus de deux personnes, mais à raison d'une dette sociale?—La question ne peut s'élever qu'à l'égard des sociétés civiles.—V. *inf.*, n° 62.

Pour le préliminaire on dit: l'action est formée contre les défendeurs, non pas en leur nom personnel, mais comme représentant l'être moral appelé *société*. — V. d'ailleurs *Exploit*.

Mais on répond avec raison : Si la société commerciale a une personnalité spéciale et particulière, il n'en est pas ainsi de la société civile; dans ce cas, en effet, les associés ne sont pas tenus solidairement des dettes sociales, chacun n'est obligé d'exécuter que sa promesse personnelle et individuelle (C. civ. 1862); de sorte qu'on ne saurait trouver en dehors des associés un être moral ayant une existence, des droits et des obligations qui lui soient propres. Il n'y aura donc pas lieu au préliminaire de conciliation lorsque l'action sera dirigée contre plus de deux associés. Boitard, 1, 94 ; Thomine, 1, 133; Pigeau, 1, 80, note 2; Carré, art. 49; Boncenne, 2, 11. — V. d'ailleurs *sup.*, n° 48.

50. La demande formée par les syndics définitifs, est dispensée du préliminaire de conciliation, alors même que le contrat d'union leur confère le pouvoir de transiger. Paris, 10 juin 1836, P., 27, 1421. — V. *inf.*, n° 62.

51. La dispense n'existe qu'autant qu'il doit y avoir plus de deux défendeurs, et ne saurait s'étendre aux demandeurs quel que soit leur nombre. Besançon, 24 janv. 1809 ; Chauveau sur Carré, n° 212 *bis*; Thomine, 1, 133.

52. Lorsque de plusieurs demandeurs ayant le même intérêt, un seul a tenté la conciliation, la nullité tirée du défaut de ce préliminaire est opposable aux autres demandeurs, surtout si la matière est divisible. Arg. Cass. 30 mai 1814, P., 12, 225; Chauveau sur Carré, 207, *sexties*. — *Contrà*, Paris, 2 mars 1814; P. 12, 129.

53. Le trib. peut-il déclarer la demande non recevable, s'il lui apparaît qu'un troisième défendeur a été assigné sans aucune espèce de droit et uniquement pour échapper à la tentative de conciliation ? — Non : il y aurait danger pour le juge de se livrer à une pareille appréciation, et la loi ne l'y autorise pas. La fraude d'ailleurs ne se présume pas. Cass. 20 fév. 1810, P. 8, 120; Besançon, 15 déc. 1815, P. 13, 180 ; Bordeaux, 19 août 1829; S. 30, 6; Boncenne, 2, 7; Pigeau, 1, 80, note 2; Souquet, tabl. 518, 5ᵉ col., n° 9; Favard, 1, 624; Berriat, 1, 188; Carré, 212; Thomine, 1, 133. — *Contrà*, Chauveau, 8, 250.

54. *De nature à être l'objet d'une transaction.* Il est certaines demandes qui, indépendamment des intérêts privés qui s'y rattachent, ne sont pas étrangères aux bonnes mœurs, à l'ordre public, et à l'intérêt général. Les parties ne peuvent transiger sur ces sortes de demandes; on a dû dès lors les dispenser du préliminaire de conciliation.

55. Telles sont : — 1° celles en *désaveu*. — V. ce mot.

56. 2° Celles en *séparation de biens.* C. pr. 49, § 7. — V. ce mot, n°ˢ 19 et 83.

57. 3° Celles relatives aux tutelles et curatelles, *ib.*

58. Mais l'épreuve de conciliation semble devoir précéder la demande afin de reddition de compte formée par le mineur après sa majorité : la dispense de l'art. 49 n'a trait qu'aux actions introduites pendant la tutelle ou la minorité. Les parties peuvent être amenées par les avis du juge de paix à présenter un compte à l'amiable avec les pièces justificatives, sauf à ne recevoir la transaction que plus tard et après l'intervalle voulu par la loi. (C. civ. 472). — V. *Compte de tutelle*, n° 10. — Et l'action en rejet ou rectification d'un compte rendu au mineur pendant sa minorité, formée par le mineur depuis sa majorité : La dispense accordée par l'art. 49, n° 7, n'a trait qu'aux contestations sur la nomination ou les excuses du tuteur. Carré, 216; Favard, 1, 624. — *Contrà*, Rennes, 22 mai 1809.

59. 4° Celles en *prise à partie*. — V. Ce mot.

60. Le § 7 de l'art. 49 C. pr., après avoir indiqué ces quatre sortes de demandes dans une même énumération qui aurait pu être plus méthodique, termine en disposant qu'il y aura dispense dans toutes les causes exceptées par les lois.

Ainsi, cette dispense aura lieu, en outre, dans le cas de contestation : — 1° Sur la validité du mariage, — ou en main levée d'opposition au *mariage*. — V. ce mot; — 2° sur la naissance, la légitimité, et sur toutes les questions d'état en général; — 3° dans le cas de *séparation de corps* : les fonctions de conciliateur sont, dans cette circonstance, remplies par le président du tribunal de 1re instance. — V. ce mot, n° 33.

— V. d'ailleurs *Vérification d'écriture*, n° 11.

61. Peu importe dans les cas indiqués *sup.*, n°s 54 à 60, que la demande soit incidente ou principale et introductive d'instance, puisque sa nature même la dispense du préliminaire.

— V. toutefois *inf.*, n° 71.

62. *De la compétence des tribunaux de 1re instance.*

Sont en conséquence dispensées du préliminaire les demandes de la compétence des juges de paix, des conseils de prud'hommes, des juges de référés, des trib. de commerce (C. pr. 49, n° 4), ainsi que celles portées directement à la C. royale. — La nécessité d'une prompte justice (ou la gravité des questions) devant ces différentes juridictions, a déterminé l'exception créée en leur faveur.

63. *Et qui ne requièrent pas célérité.* — Il y a célérité dans le cas de demande : — 1° De mise en liberté ou d'emprisonnement. Boncenne, 2, 20.

2° De mainlevée de saisie ou opposition;

3° De payement de loyers, fermages ou arrérages de rentes ou pensions;

4° De payement de frais dus aux *avoués*. — C. pr. 49, n° 5. — V. ce mot, n° 276.

5° De *vérification d'écriture*. C. pr. 49, n° 7. — V. ce mot.

6° De *règlement de juges*. C. pr. 49, n° 7. — V. ce mot.

7° De *renvoi*. *Ib.* — V. ce mot.

Dans ces deux derniers cas la demande est dispensée du préliminaire à un double titre, comme urgente et comme incidente.

8° Contre un tiers saisi, et., en général, sur les saisies; la demande en validité de saisie est dispensée du préliminaire, bien qu'elle comprenne à la fois la demande en reconnaissance du titre et la condamnation en payement de la somme qui s'y trouve énoncée. Cass., 17 juill. 1834, D. 34, 392. — V. *Saisie-arrêt*.

9° Sur les offres réelles;

10° Sur la remise des titres et sur leur communication. C. pr 49, n° 7.

La demande en remise de l'expédition d'un acte de vente formée par l'acquéreur, contre les vendeurs, est dispensée du préliminaire. La dispense dans le cas de remise du titre est générale, et ne s'applique pas seulement au cas où les pièces sont réclamées à un mandataire, à un dépositaire, ou à un officier ministériel. Bourges, 11 juill. 1828, D. 30, 284.

64. L'énumération des affaires dispensées du préliminaire comme urgentes, est incomplète, les derniers mots de l'art. 49 l'indiquent. Cependant, il ne faut pas oublier que la dispense est une exception à la règle, et que cette exception ne saurait être étendue sans de graves inconvénients à des cas où l'urgence n'est pas certaine. — V. *sup.*, n° 14.

65. Toutefois il y a lieu de dispenser de la tentative de conciliation pour cause d'urgence : — 1° la demande en résiliation de bail faute de payement des fermages. Rennes, 10 mars 1818, P. 14, 703 ; Carré, art. 49 ;

2° Celle de la femme séparée de biens contre le détenteur d'un immeuble indûment vendu par le mari seul, afin d'être payée des revenus. Rennes, 20 juin 1812, P. 10, 493 ; Carré, art. 49.

3° Celle intentée pour obtenir l'exécution des conventions intervenues au bureau de paix; d'ailleurs il y a déjà eu une tentative de conciliation ;

4° Celle en payement d'un billet à ordre dirigée contre un débiteur non commerçant ; la forme et les poursuites auxquelles ces effets peuvent donner lieu sont réglées par le C. de comm., qui ne parle pas du préliminaire de conciliation ; et d'ailleurs les actions qui les concernent doivent être considérées comme requérant célérité. Carré, art. 49. — Toutefois l'usage est contraire ;

5° Celle en payement de frais formée par un officier ministériel quelconque Décr. 16 fév. 1807. art. 9. — Jugé que cette **dispense** peut s'étendre à la demande en payement d'honoraires dus à un avocat. Bruxelles, 12 juill. 1828, P. 22, 65 ; — V. toutefois *Compétence des trib. civils*, n° 46.

6° La demande tendant à rentrer dans les lieux d'où l'on a été expulsé arbitrairement. Bruxelles, 18 avril 1831, P. 23, 1467.

66. Jugé que la demande en dommages-intérêts formée devant le trib. civil par un accusé absous contre son dénonciateur, peut être dispensée du préliminaire de conciliation. Nîmes, 19 juin 1819, P. 15, 341 ; Paris, 30 janv. 1817, P. 14, 51 ; Souquet, tabl. 518, 1re col. § 2, n° 7. — *Contrà*, Pigeau, 1, 139 ; Chauveau sur Carré, n° 206.

67. On a déclaré dispensée du préliminaire une demande en rescision de vente pour cause de lésion par le motif que le délai était sur le point d'expirer. Riom, 10 juin 1842 (Art. 2437 J. Pr.). — Mais l'art. 57 C. Pr. donne à la citation en conciliation l'effet d'interrompre la prescription, si elle est suivie dans le mois de la demande au principal ; et le motif de l'arrêt tombe.

68. Jugé qu'il n'y avait pas lieu de dispenser du préliminaire pour cause d'urgence :

1° La demande dirigée contre un étranger : la loi ne fait aucune distinction. Cass. 22 avr. 1818, Dev, 6, 32 ; Souquet, tabl. 518, 5e col., n° 11 ; Chauveau sur Carré, n° 207 *quater*. Favard, v° *Conciliation*, § 9 (Art. 2801, J. Pr.). — *Contrà*, Metz, 26 fév. 1819, P. 15, 121.

2° Celle en nullité d'un commandement tendant à ce qu'un tiers soit contraint à payer une créance hypothéquée sur l'immeuble qu'il a acquis. Orléans, 18 nov. 1836 (Art. 802 J. Pr.). — Dans l'espèce la C. a décidé que l'action ayant été intentée immédiatement après le commandement, ne pouvait pas être considérée comme une contestation à l'occasion d'une saisie. — V. d'ailleurs *Compétence des trib. civils*, n° 69.

3° La demande en mainlevée d'inscription hypothécaire. Montpellier, 3 fév. 1816, P. 15, 260 ; Arg. Paris, 25 mai 1817, Caen, 13 nov. 1839, D. 44, 33. — *Contrà*, Limoges, 11 mars 1845 (3290) ; Grenier, 1, p. 194 ; Troplong, *Hyp.* 3, n° 744 *bis*.

La décision portant que telle demande ne requiert pas célérité échappe à la censure de la C. de cassation. Rej. 7 nov. 1853 (6144).

69. Il n'est pas nécessaire de faire préalablement déclarer l'urgence ou d'obtenir permission du président ; c'est au défendeur à contester ultérieurement l'urgence. Bruxelles, 18 avr. 1831, P. 23, 1467 ; Chauveau sur Carré, 209 *quater*.

70. L'autorisation d'assigner à bref délai ne dispense pas implicitement du préliminaire de conciliation. — V. *Ajournement*, n° 67, et toutefois rej. 8 août 1854 (6233) ; Paris (6655).

71. *Quid*, si d deux contestations qui s'élèvent entre les mêmes parties, l'une seulement est dispensée par la loi du préliminaire de conciliation? — Y aura-il lieu, dans ce cas, au préliminaire pour le tout, — ou dispense pour le tout; — ou tentative de conciliation relativement à la contestation qui y est soumise par la loi?

M. Thomine, 1, 133, pense qu'il y a dispense pour le tout, — Spécialement cet auteur enseigne, t. 1, n° 230, que le débiteur, actionné en reconnaissance d'écriture à raison d'un titre sous seing privé dont le terme est échu, peut être assigné à trois jours en vérification, et à huitaine en condamnation, le tout sans préliminaire de conciliation. Evreux, 29 déc. 1857 (6617).

Mais cette opinion ne repose sur aucune disposition légale. — Et d'ailleurs l'existence de deux procès entre les mêmes parties n'est point un obstacle positif à un accord sur l'un d'eux.

Le troisième système nous paraît donc préférable. Arg. Paris, 8 janv. 1825; Aix, 8 janv. 1825, P. 19, 25, 28. Chauveau sur Carré, n° 207, quinquies. — V. Saisie-arrêt, n° 117.

72. Peu importe qu'une première demande ait subi ce préliminaire, et que l'on présente comme *incidente* à celle-ci une autre demande; si cette dernière est réellement principale et indépendante de la première, elle est également soumise à la tentative de conciliation. Grenoble, 8 frim. an 11; Besançon, 8 janv. 1818, P. 14, 565; Berriat, 186, note 9; Merlin, *Qu. dr.*, v° *Bureau de paix*, § 4; Pigeau, 1, 77, note 1; Boncenne, 2, 4.

73. Jugé en conséquence qu'il y a lieu au préliminaire de conciliation, lorsque l'on substitue ou ajoute, — 1° à une demande en payement du prix, une action en résolution de vente. Riom, 27 mars 1817, P. 14, 160; Boncenne, 2, 4; Pigeau, 1, 77. Merlin, *Qu. dr.*, v° *Bureau de paix*, 84; Berriat, p. 187; — La C. a décidé que peu importait que la demande primitive eût été formulée dans la seconde par des conclusions accessoires.

74. 2° A une demande en rescision pour cause de lésion, celle à fin d'abandonnement de biens fondée sur ce que le titre en vertu duquel on possède est pignoratif. Cass. 22 févr. 1809, P. 7, 396.

75. 3° A une demande en payement, des conclusions en déclaration d'hypothèque. Aix, 27 mai 1808, P. 6, 713.

76. 4° A une demande en payement pour arrérages d'un prix de ferme et vente de bois, une action pour reliquat du compte de l'administration du même bois. Grenoble, 8 frim. an 11, P. 3, 66.

77. 5° A une demande en payement des fermages, celle en résolution de bail. Cass. 11 pluv. an 4, P. 1, 100; Carré, 1, 97; Berriat, 1, 187; Merlin, *ib.* § 4; Lepage, 95; Favard, *Rép.* v° *Conciliation*, § 5; Pigeau, 1, 34.

78. 6° A une demande en payement d'arrérages d'une rente, celle en remboursement de ce capital. Paris, 8 janv. 1825, D. 26, 9.

79. 7° A une demande en partage d'une communauté d'acquêts, une demande en partage de communauté légale. Bordeaux, 3 mars 1827, P. 21, 217.

80. 8° A une demande au possessoire, celle au pétitoire devant les juges ordinaires. Dijon, 2 déc. 1826, S. 27, 70; Bruxelles, 27 flor. an 9, Dev. 1, 26; Grenoble, 23 mars 1820, Dev. 6. 236; Chauveau sur Carré, n° 206; Pigeau, 1, 140; — *Contra*. Thomine, 1, 134.

81. 9° Après renvoi prononcé par le trib. de simple police saisi de la connaissance d'une contravention, une demande au civil sur la question de propriété. Cass., 23 mars 1820, S. 15, 879.

82. Mais le préliminaire n'est pas nécessaire, dans le cas : — 1° De poursuites pour arriver à la liquidation ordonnée par un jugement. Cass. 14 août 1811, P. 9, 207; — 2° De demande en continuation d'une jouissance qui avait fait l'objet d'une action précédemment introduite. Bourges, 16 prair. an 9, P. 2, 207; — 3° De celle en nullité d'un rapport d'expert, alors que ce rapport se rattache à une instance déjà pendante. Florence, 23 juin 1810, P. 8, 404; — 4° De renvoi après cassation. Cass. 26 pluv. an 11, P. 3, 150; Berriat, p. 188; Merlin; *ibid.* — 5° De demande en supplément de légitime, alors qu'en conciliation l'héritier avait réclamé ses droits légitimaires, cette dernière demande comprenant implicitement la première. Grenoble, 28 août 1810, P. 8, 575; — 6° De celle en fixation d'une indemnité, alors qu'une sentence arbitrale a décidé que l'indemnité était due, mais sans la déterminer. Cass. 3 mars 1830, D. 30, 153; — 7° De celle en péremption. Poitiers, 14 août 1806, P. 5, 460; — 8° D'une demande relative à l'interprétation d'un contrat dont l'exécution a été ordonnée par un jugement. Limoges, 2 juin 1841 (Art. 2153 J. Pr.); — 9° D'une demande en rescision de partage provisionnel pour cause de lésion formée subsidiairement à une demande en partage, si cette demande a été elle-même précédée de la tentative de conciliation. Besançon, 13 fév. 1817, P. 14, 77. — 10° D'une demande en matière d'expropriation forcée. Arg. Agen, 17 août 1807, P. 6, 263; Souquet, tabl. 519, 3e col, n° 25. — V. *Saisie immobilière*, n°s 583, 764 et toutefois n° 552.

83. Il en est de même lorsque la demande primitive a été restreinte. Merlin, *ib.*, § 4, Pigeau, 1, 77. — V. *Appel*.

Est en conséquence dispensée du préliminaire celle par laquelle le demandeur, après avoir demandé 1° le quart d'une succession, restreint sa demande au cinquième. Cass. 8 mess. an 11; Dev. 1, 822; Arg. Cass. 4 nov. 1807, P. 6, 336; Merlin, *Qu. dr.*, v° *Bureau de paix*, § 4; Carré, n° 210; Lepage, p. 95; Berriat,

1, 187. — 2° La copropriété, se borne à demander un droit d'u
sage sur l'immeuble litigieux. Cass., 16 nov. 1829, D. 29, 408

84. La demande reconventionnelle n'est dispensée du préliminaire de conciliation qu'autant qu'elle est corrélative à la demande principale, ou qu'elle constitue une exception ou une
défense à cette demande. Boncenne, 2, 5; Orléans, 29 déc. 1819;
Dev. 6, 172.; Agen, 31 mars 1824; Dev. 7, 340; Orléans,
21 août 1840 (Art. 1854 J. Pr.); Boitard, 1, 107; Souquet
tabl. 518, 1re col., § 2, n° 8; Chauveau sur Carré, n° 206. —
Spécialement est dispensée du préliminaire : 1° Une action en
dommages-intérêts reconventionnellement formée par suite d'une
demande en nullité de mariage. Cass. 17 août 1814, P. 12,
367; — 2° Une demande tendant à une compensation; — 3° La
demande d'un locataire, assigné pour garnir de meubles l'appartement loué, qui réclame la confection des réparations nécessaires
pour le rendre habitable. Boncenne, 2, 5.

85. Lorsque sur une citation en conciliation les parties sont
convenues devant le juge de paix de nommer des arbitres pour
terminer leurs différents, si ces arbitres ne rendent pas de décision, le demandeur peut assigner directement en jugement sans
renouveler le préliminaire. Grenoble, 22 juill. 1818, P. 14, 938.

§ 3. — Juge de paix compétent.

86. Il faut distinguer entre la comparution volontaire et la
comparution forcée.

87. *Comparution volontaire.* Les parties peuvent se présenter devant le juge de paix qu'elles préfèrent, encore bien qu'il
ne soit pas leur juge naturel. Les règles de compétence fixées par
l'art. 50 C. pr. pour le cas où le *défendeur est cité*, ne sont point
obligatoires, lorsque les parties comparaissent volontairement.
Ce choix rentre parfaitement dans l'esprit de la loi; c'est un pré-
sage de conciliation. Arg. C. pr. 7, 48; Boitard, 1, 121.

88. *Comparution forcée.* Le défendeur doit être cité devant
le juge de paix de son domicile. C. pr. 50.

Même en matière réelle. Sous ce rapport, l'art. 50 déroge à la
règle fixée par l'art. 59. — Le juge de paix, qui a uniquement
pour mission de concilier les parties, ne peut faire aucun acte
d'instruction; il n'a point à visiter les lieux contentieux; et d'ailleurs il est probable que les parties auront plus de confiance dans
le magistrat de leur domicile que dans tout autre qui peut leur
être inconnu.

Le juge du domicile élu pour l'exécution d'un acte est compétent. Cass. 9 déc. 1851 (4988).—*Contrà*, Alger, 3 janv. 1849

S'il y a deux défendeurs, le demandeur peut citer à son choix
devant le juge de paix du domicile de l'un d'eux. *Ib.*

89. Toutefois, en matière de société (autre que celle de commerce. — V. *sup.*, n° 49), tant qu'elle existe, le juge compétent est celui du lieu où elle est établie (C. pr. 50-2°) : ce juge se trouve plus à portée de connaître le véritable état des choses, et d'avoir les documents qui peuvent servir de base à un arrangement.

La loi ne parle que des sociétés civiles ; à l'égard des sociétés de commerce, il n'y a pas lieu au préliminaire de conciliation. — V. *sup.*, n°s 49 et 62.

Une fois la société dissoute, la règle générale devient applicable. — V. toutefois *Partage.*

Si les objets compris dans la société n'ont pas de siège principal, les mots *où elle est établie*, s'entendent du lieu où elle a été contractée. Carré, art. 50. — *Contrà* Carou, n° 792.

90. En cas de succession, le juge de paix du lieu de l'ouverture est compétent pour :

1° Les demandes entre héritiers jusqu'au partage inclusivement.

Il en est de même des demandes entre héritiers, en rescision de partage ou garantie de lots. Arg. 822, C. civ. Le partage n'est pas rigoureusement définitif, puisque son existence est remise en question. Chauveau sur Carré, 219 *ter* ; Boncenne, 2, 27 ; A. Dalloz 86. — *Contrà*, Boitard, 1, 129 ; Carou, n° 794.

91. 2° Les demandes intentées par les créanciers du défunt avant le partage ;

92. 3° Les demandes relatives à l'exécution des dispositions à cause de mort, *jusqu'au jugement définitif.* C. pr. 50-3°.

On entend ici par *créanciers*, non-seulement ceux auxquels il serait dû une somme d'argent, mais encore tous ceux qui auraient à réclamer quoi que ce soit contre la succession. Carré, art. 50.

Jusqu'au jugement définitif, ou mieux jusqu'au partage définitif. On a employé le mot jugement dans l'article, parce que le partage doit se faire en justice, du moins dans le plus grand nombre de cas. — V. d'ailleurs *Partage.*

93. S'il n'y a qu'un héritier, la citation aux créanciers devra être donnée devant le juge de paix du domicile de cet héritier. Il n'y a plus aucun motif pour sortir de la règle générale. Carou, n° 796 ; Boncenne, 2, 27.

94. La loi ne parle point ici des faillites : elles sont de la compétence commerciale, et par conséquent dispensées du préliminaire de conciliation.

95. L'incompétence du juge de paix est couverte, si la partie citée a comparu, et n'a fait aucune réclamation. Arg. C. pr. 7 et 48, Rennes, 9 fév. 1813, P. 11, 113 ; Pau, 6 juill. 1837, D 38, 88 ; Carré, n° 234 ; Pigeau, 1, 146 ; Boitard, 1, 145.

96. Mais la renonciation du défendeur à se prévaloir de l'incompétence, ne peut influer sur la compétence du trib. qui doit juger la contestation au fond. Carou., n° 798.

Ainsi le négociant assigné devant un trib. civil pour l'exécution d'un acte de commerce fait avec un individu non négociant, a le droit de demander son renvoi devant la juridiction commerciale, alors même que cité préalablement en conciliation, il a comparu au bureau de paix sans se prévaloir de cette incompétence. Orléans, 5 mai 1842, P. 42, 1, 452.

97. Si l'incompétence a été opposée, MM. Boitard, 1, 145; Chauveau sur Carré, n° 219 quater, pensent que le juge de paix n'exerçant aucune fonction judiciaire, ne peut apprécier l'exception qui est proposée; qu'il doit se borner, si le défendeur persiste dans cette exception, à dresser un procès-verbal de non-conciliation, sauf au trib. civil à décider si la citation en conciliation a été valable ou non, et en cas de non-validité, à annuler la procédure. — Ces auteurs nous paraissent confondre la contestation qui donne lieu au préliminaire, les moyens qui s'y rattachent, et la procédure de conciliation. Il est constant que le juge de paix n'est investi d'aucune juridiction relativement à la demande, aux moyens et exceptions qui s'y rattachent; mais il n'en est pas de même de la procédure de conciliation. Quel est le juge des difficultés de procédure qui sont soulevées? Évidemment celui devant lequel cette procédure est faite, et dans l'espèce le juge de paix. — La doctrine contraire aurait le grave inconvénient de contraindre ce magistrat à constater un fait inexact. Le défendeur qui oppose l'incompétence du juge de paix, demande son renvoi devant un autre juge de paix, mais il ne s'explique pas sur le point de savoir s'il veut ou non se concilier; cependant le juge de paix devrait, dans ce cas, et alors que l'exception d'incompétence a été seule proposée, énoncer dans son procès-verbal que les parties n'ont pas voulu se concilier. D'ailleurs, la validité de la citation serait appréciée, pour la première fois, par le trib. de 1re inst., c'est-à-dire à une époque où une procédure, qui peut avoir été longue et dispendieuse, aura été faite. — V. 4818.

§ 4. — Procédure de conciliation.
ART. 1. — Formes de la citation.

98. La comparution volontaire est la plus conforme au vœu de la loi; elle épargne les frais, et laisse plus d'espoir d'arrangement. Mais quand le défendeur refuse de se rendre au bureau de paix, il devient nécessaire d'employer les voies judiciaires.

99. Le juge de paix peut-il interdire aux huissiers de sa résidence de donner aucune citation en conciliation sans qu'au préalable il ait appelé sans frais les parties devant lui?

Pour la négative on dit : L'art. 17 L. 25 mai 1838 ne se rapporte qu'aux affaires dans lesquelles le juge de paix doit statuer *comme juge*, et nullement aux citations relatives à des affaires qui sont de la compétence des trib. de 1re inst. ; la loi nouvelle n'a voulu modifier que la compétence des juges de paix en matière contentieuse : leurs attributions comme magistrats conciliateurs sont restées les mêmes. L'art. 17 se sert du mot *causes;* or, le préliminaire de conciliation n'est point une cause, c'est au contraire un moyen d'empêcher qu'il n'y en ait une. — Toute autre interprétation conduirait à exiger dans la même affaire deux préliminaires de conciliation, l'un sur citation amiable, l'autre sur citation régulière; ce serait obliger le demandeur, qui peut demeurer à une certaine distance du chef-lieu de canton, à venir une première fois solliciter du juge de paix l'autorisation de citer en conciliation, puis, en cas de refus, à comparaître sur citation régulière, c'est-à-dire à trois déplacements avant d'arriver devant le trib. de 1re inst. ; ne serait-ce pas compromettre, en l'exagérant, une mesure bonne en elle-même, et dépasser le but de la loi au lieu de l'atteindre? Curasson, n° 2483.
Foucher, n° 477; Brossard, n° 591; Dalloz, v° *Conciliation*, n° 265; Gilbert, n° 274; Lonchampt, v° *citation*, n° 1. M. Maire (5721).

Cette opinion qui a rencontré d'abord de graves contradictions (observations de la Cour de Metz; Benech. p. 454; circulaire min. just. 6 juin 1838; Art. 1169) est adoptée dans le rapport de M. Busson sur la loi du 2 mai 1855 (5898) et paraît prévaloir. *Palais, supplément,* v° *Justice de paix,* n° 828, § 12.

Ainsi la citation devant le bureau de paix peut être donnée sans avertissement préalable. Nîmes, trib. 16 déc. 1857 (7113). — *Contrà,* Conches-les-Mines, 16 juill. 1859 (7040).

Lorsque les parties ont comparu devant le trib. de paix, le juge qui se déclare incompétent peut dire que l'instance vaut tentative de conciliation (7232). — V. *Avertissement,* 51.

Le juge de paix saisi d'une action en bornage peut constater une transaction intervenue entre les parties. Bordeaux, 6 juill. 1858 (6780).

100. La citation en conciliation est, en général, soumise aux mêmes formalités que les *citations* (— V. ce mot.) en matière de compétence : cela résulte implicitement de l'art. 51 C. pr. qui n'indique aucune forme spéciale pour cette sorte d'acte. — Carré, art. 52; Favard, 1, 626; Boncenne, 2, 28; Boitard, 1, 136.

Ainsi, lorsque l'huissier ne trouve personne au domicile du défendeur, la copie peut être laissée au maire qui vise l'original. Arg. C. Pr. 4. — Il n'est pas nécessaire que l'officier ministériel, avant de s'adresser au maire, cherche si un voisin consentirait à recevoir la copie et à signer l'original de l'exploit. — V. *Citation,* n° 36.

De même l'étendue de la prohibition à raison du degré de parenté existant entre l'huissier instrumentaire et l'une des parties, se détermine, non d'après l'art. 68 C. Pr., mais bien d'après l'art. 4.

101. Toutefois l'énonciation de la demande suffit dans la citation au bureau de paix : l'indication des moyens utiles pour éclairer le défendeur, et le disposer à un arrangement n'est pas indispensable; cette différence vient de ce que dans la citation en conciliation on se borne à faire connaître une demande non encore formée, tandis que dans la citation en justice de paix l'on conclut positivement à une condamnation sur une demande que l'on forme en même temps. — Carré, 221; Boitard, 1, 138; Favard, 1, 627. — *Contrà*, Pigeau, 1, 148; Demiau, p. 50.

102. La citation peut être donnée indistinctement par tous les *huissiers* d'un même canton, depuis l'art. 16 L. 25 mai 1838. —V. ce mot, et d'ailleurs *sup.*, n° 100.

103. Le délai de la citation est de trois jours au moins. C. pr. 51.—Ce délai est plus long que celui de la citation en justice de paix. L'importance des affaires et l'objet de la conciliation exigent plus de réflexion de la part du défendeur.

104. Le délai est franc : on ne doit en conséquence y comprendre ni le jour de la citation, ni celui indiqué pour la comparution. Arg. C. pr. 1033. Boncenne, 2, 30; Pigeau, 1, 86.

105. Si la demeure du défendeur est éloignée de plus de trois myriamètres du lieu de la comparution, le délai est augmenté d'un jour par trois myriamètres. Arg. C. pr. 1033; Carré, art. 51; Pigeau, 1, 47. (Art. 2804, J. Pr.).—V. *Ajournement*, n° 50.

A peine de nullité, alors même que la citation est remise à la personne trouvée hors de son domicile, dans un lieu qui ne comporte pas cette augmentation. Cass. 21 févr. 1837. (Art. 730, J. Pr.).—V. *Ajournement*, n° 51.

106. Si le défendeur est étranger, a-t-il droit aux délais accordés par l'art. 73 C. pr.? — Pour la négative on dit : Cet article est placé au titre spécial des ajournements. Lorsque les rédacteurs du code ont jugé nécessaire d'accorder ces délais, ils l'ont fait par une disposition expresse (—V. C. pr. 445, 486, et 639); enfin, ces délais apporteraient des retards considérables à la demande. — Mais on répond avec raison : Le code veut la comparution devant le juge de paix. On doit donc laisser les délais nécessaires à cet effet. Qui veut la fin veut les moyens. Refuser les délais de l'art. 73, ce serait priver l'étranger du bénéfice de la conciliation que la loi accorde à tout défendeur. D'ailleurs, pourrait-on le condamner à l'amende prononcée par la loi, ou lui refuser audience? Cela est impossible (Art. 2804 J. Pr.). — V. par analogie, *Tribunal de commerce*, n° 47; Pardessus, 6, n° 1367; Cadrès, p. 154.

ART. 2. — *Cas où les parties comparaissent ; procès-verbal de conciliation ou de non-conciliation.*

107 Les parties doivent comparaître en personne, et, en cas
d'empêchement, par un fondé de pouvoir. C. pr. 53.

108. Elles sont seules juges de l'empêchement. La loi ne les
oblige même pas d'alléguer les motifs de cet empêchement. Elle
ne pouvait en effet attribuer à un juge, qui n'a aucune compétence sur le fond de la demande, le droit de contraindre une des
parties à comparaître en personne. Carré, art. 53 ; Boncenne, 2,
40 ; Carou, n° 799.—*Contrà*, Chauveau sur Carré, art. 53 ; Boitard, 1, 142.

109. Une grande latitude était laissée par le C. de pr. aux
parties pour le choix de leur mandataire. Elles pouvaient, contrairement à la loi du 27 mars 1791, le prendre parmi les personnes attachées à quelque titre que ce soit à l'ordre judiciaire.
Berriat, 189.

Il avait été jugé, en conséquence, qu'un greffier de justice de
paix, bien qu'il parût peu convenable qu'il s'abstînt de ses fonctions pour remplir celles de mandataire d'une partie près le trib.
auquel il était attaché, pouvait valablement accomplir ce mandat,
aucune loi n'en prononçant la nullité. Rennes, 16 août 1817, P.
14, 431 ; Carré, art. 53.

110. Mais l'art. 18 L. 25 mai 1838 a interdit aux huissiers
le droit de représenter les parties en qualité de procureur fondé,
ou de les assister comme conseil dans *toutes les causes portées devant la justice de paix.*—V. *Huissier, Juge de paix.*

111. Le juge de paix a droit de refuser d'entendre comme
mandataire.« des hommes qui seraient un fléau pour la société
tout entière. Si la partie se méprend et choisit un procureur indigne de sa confiance, le juge lui doit sa protection, il la doit à
la société. » Rapport à la ch. des députés, L. 25 mai 1838.
Benech, p. 470 ; Victor Foucher, p. 493 ; Chauveau sur Carré,
art. 53.

112. La procuration doit-elle être authentique? La loi ne s'en
explique pas, et dans l'usage, on admet généralement la procuration sous seing privé, pourvu qu'elle soit sur papier timbré et
et enregistrée.—V. toutefois *Tribunal de commerce*, n° 57.

113. Il n'est pas indispensable qu'elle soit spéciale.
Ainsi il a été jugé que le pouvoir de citer devant les trib., de
poursuivre tous les procès qui pourraient exister ou être intentés,
de les traiter par arbitrage ou suivant la rigueur des lois, renfermait celui de paraître en conciliation. Bordeaux, 4 fév. 1835
(Art. 88 J. Pr.).

114. La procuration peut interdire au mandataire le droit de
faire aucune transaction : dans ce cas, son rôle doit se borner à

demander l'exécution ou le rejet de la demande en totalité. — La position du mandataire, dans cette circonstance, paraît contraire au but du préliminaire de conciliation, puisqu'il ne peut faire aucune concession. Cependant les parties appelées devant le juge de paix n'étant pas tenues d'abandonner en rien leurs prétentions, peuvent imposer à leur mandataire l'obligation de les maintenir dans leur intégralité. On conçoit, en effet, que la loi force les parties à comparaître devant le juge de paix, à peine d'une amende; mais lorsqu'elles sont empêchées de se présenter elles-mêmes, comment exiger qu'elles remettent entre les mains d'un tiers la disposition de leur fortune? Les parties peuvent donner mandat à l'effet de transiger, mais elles n'y sont pas obligées : c'est pour ce motif que l'on n'a pas répété dans l'art. 53 C. pr. la disposition de la loi de 1790 qui prescrivait cette condition. Locré, 1, 128; Thomine, 1, 136; Boncenne, 2, 142; Berriat, 189, note 21, Carré, art. 53.

115. Le mandataire ne peut faire aucune transaction, non-seulement lorsque la procuration lui refuse ce droit, mais encore lorsqu'elle garde le silence à cet égard; — par exemple, lorsque la procuration se borne à énoncer *qu'il a pouvoir de se présenter devant le juge de paix sur la citation en conciliation donnée*, etc.

Le pouvoir de se concilier est insuffisant pour autoriser la transaction : en effet, la conciliation ne suppose pas nécessairement une transaction; la demande peut être acceptée ou abandonnée dans son intégralité, alors que l'une des parties, mieux éclairée sur ses droits, a cédé à la justice. Dans le doute sur les intentions du mandant, on doit leur donner une interprétation restrictive. — Si cependant les concessions faites par le mandataire étaient d'une minime importance, les trib. pourraient les maintenir comme résultant de pouvoirs suffisants. — *Contrà*, Carou, n° 800; Pigeau, 1, 137.

Jugé toutefois que le pouvoir de se concilier renferme celui de transiger et de reconnaître la dette jusqu'à concurrence de la demande. Douai, 13 mai 1836 (Art. 478 J. Pr.).

116. Le mari peut-il représenter sa femme au bureau de paix sans procuration? — Il faut distinguer.

S'il s'agit d'actions mobilières possessoires, la procuration est superflue (Arg. C. civ. 1428). — S'il s'agit d'actions immobilières, elle est indispensable. Carré, art. 53; Pigeau, 1, 140; Berriat, 189, note 21.

Mais lorsque le mari a comparu devant le juge de paix tant en son nom personnel que comme mandataire de sa femme, encore bien qu'il ne fût pas muni de ses pouvoirs, celle-ci n'est plus recevable ensuite à argumenter du défaut de procuration, si elle a procédé plus tard conjointement avec son mari sans réclamer. Carré, *ib.*

Cet auteur pense que, *dans aucun cas*, l'adversaire de la femme ne peut se prévaloir du défaut de procuration du mari, et que la femme est seule intéressée à s'en plaindre. — Ce système est beaucoup trop absolu. Si l'adversaire de la femme a comparu devant le juge de paix et n'a pas opposé l'absence de pouvoirs du mari, il sera évidemment non recevable à faire valoir ultérieurement une irrégularité qui a été couverte. Cass. 6 prair. an 2, 10 mars 1814, Dev. 4, 545. — Mais, au contraire, s'il oppose devant le juge de paix cette irrégularité, la femme doit être considérée comme n'ayant pas été représentée. Il est en droit d'exiger la comparution de la femme en personne, ou d'un fondé de pouvoir régulier. Il n'est pas tenu de transiger avec le mari, de se lier vis-à-vis de la femme sans obliger cette dernière.

117. Le juge de paix a qualité pour examiner si le mandat est suffisant et régulier, puisque la loi exige une procuration : il peut donc, selon les circonstances, se refuser à entendre le mandataire. — *Contrà*, Thomine, 1, 137.

118. L'essai fait par le cessionnaire en vertu d'un transport irrégulier, dispense d'un nouvel essai, après régularisation. Rej. 11 nov. 1851 (5025).

119. Les frais de procuration et la vacation du mandataire sont à la charge de la partie qu'il représente. Thomine, 1, 136.

120. La publicité de la comparution n'est point une condition nécessaire de la conciliation (— *Contrà*, Chauveau, 7, p. 294) : il ne s'agit point ici d'une *audience* : la présence du public peut gêner les parties dans leurs explications ; il est libre au juge de paix de se déterminer pour la publicité ou le huis-clos, selon qu'il le juge convenable, pour atteindre plus efficacement son but. Arg. Aix, 30 avr. 1845, art. 3449. — Le huis clos est d'usage.

121. Le juge de paix peut provoquer toutes les explications propres à amener la conciliation entre les parties. — C'est à tort que M. Carré, n° 227, semble limiter ce droit. — V. toutefois *inf.*, n° 133.

122. Le demandeur a le droit d'expliquer sa demande, de la restreindre ou de l'*augmenter* (C. pr. 54), c'est-à-dire de réclamer les objets qui tiennent essentiellement à sa demande : par exemple, les intérêts d'un capital. Carré, art. 54.
Mais il ne peut former une demande nouvelle différente de celle qui est l'objet de la citation. C. pr., art. 52 ; Carré, *ib.* — V. *sup.*, n° 72, et toutefois, Bordeaux, 2 août 1855 (6010).

123. Toutefois, lorsque le défendeur consent, malgré le silence de la citation, à essayer la conciliation sur une demande nouvelle formée bureau tenant, cet essai de conciliation est valable, si le juge de paix constate ce consentement et prend la signature des parties. Carré, art. 54, note.

124. Le défendeur a le droit de repousser les prétentions du demandeur, en formant contre lui telle demande *qu'il juge convenable.* C. pr. 54, 464.

Toutefois, celle qui ne sert pas de défense à la demande formée contre lui, ne peut être proposée sans une citation préalable : le défendeur se trouve demandeur à l'égard de cette nouvelle demande. Cass. 17 août 1814, P. 12, 367. —V. *sup.*, n° 7.

125. Le serment est un moyen de soutenir une demande et d'y répondre. Chacune des parties peut le déférer à son adversaire : le juge de paix le reçoit, ou fait mention du refus de le prêter. C. pr. 55.

126. Le mandataire, pour déférer le serment, a besoin d'un mandat spécial. Dalloz, *hoc verbo*, n° 111. —V. *Serment*, n° 27.

127. La partie à qui le serment est déféré peut-elle le référer à l'autre? —Quoique ce droit n'ait pas été mentionné au titre de la conciliation, il n'en existe pas moins : celui qui défère le serment est demandeur en son exception, et il doit, en cette qualité, faire la preuve ; or, lui référer le serment, ce n'est que le mettre en demeure de fournir une preuve qui est à sa charge. Carré, art. 55.

128. Le juge de paix ne peut le déférer d'office : ce serait d'ailleurs prononcer une sorte d'interlocutoire ; et le juge de paix, qui n'est compétent que pour la conciliation, ne peut rien ordonner qui se rattache au fond. —V. *sup.*, n° 7.

129. Si le serment est déféré ou référé à une partie représentée par un fondé de pouvoirs, le juge de paix constate que le mandataire est convenu du renvoi de la comparution à un autre jour pour que le mandant vienne en personne, s'il le juge convenable, prêter le serment déféré. Carré, n° 238; Boncenne, 2, 43; Favard, 1, 631, n° 12. —*Contrà*, Lepage, *Questions*, p. 98.

130. Si le serment a été prêté, il produit tous les effets du *serment* décisoire. C. civ. 1358. Pigeau, 1, 44; art. 55. Carré, n° 239; Carou, n° 811.—V. ce mot.

Les effets en seront appliqués par le tribunal. Le juge de paix ne peut ordonner aucune exécution.

131. Mais le refus de prêter le serment ne doit être considéré que comme un refus de conciliation et ne saurait produire d'autres résultats. On ne peut, en effet, appliquer aux parties qui comparaissent devant un juge de paix pour se concilier, les art. 1361 et 1357 qui n'ont disposé que pour les cas où les plaideurs se trouvent devant le juge qui doit connaître de leur différend, et alors qu'ils sont assistés de conseils qui les éclairent sur les conséquences d'un serment prêté ou refusé. Le juge de paix ne remplit aucune fonction judiciaire comme magistrat conciliateur ; sa mission unique consiste à rapprocher les parties et à constater, soit la conciliation, soit la non-conciliation. Douai, 5 janv. 1854.

Conséquemment le refus de serment laisse entiers les droits des parties; celle qui l'a déféré peut ne plus le demander devant le trib., de même qu'il ne peut être élevé aucune *fin de non-recevoir* contre la partie qui a refusé de le prêter. Cass. 17 juill. 1810, P. 8, 465; Carré, art. 55; Toullier, 10, n° 370; Merlin, *R.*, v° *Bureau de conciliation*, 98; Pigeau, 1, 90, note 1; Berriat, 190, note 24, n° 3; Boncenne, 2, 43; Carou, n° 810.—*Contrà*, Duranton, 13, n° 569.—V. Poitiers, 3 fév. 1841.

132. La conciliation ou la non-conciliation des parties est constatée par un procès-verbal.

S'il y a conciliation, ce procès-verbal doit contenir *toutes les conditions* de l'arrangement; dans le cas contraire, il suffit d'indiquer *sommairement* que les parties n'ont pu s'accorder. C. pr. 54.

133. *Sommairement*, énoncera-t-on les dires, aveux et dénégations des parties, ou seulement qu'elles se sont ou non conciliées? — L'art. 3, tit. 10, L. 16 août 1790, portait : « Dans le cas où les deux parties comparaîtront devant le bureau de paix, il dressera un procès-verbal sommaire de leurs dires, aveux ou dénégations sur les points de faits. » — L'art. 54 C. pr. substitue à cette disposition celle-ci : « Il sera fait *sommairement* mention que les parties n'ont pu se concilier. » — De cette différence de rédaction, on doit conclure que le C. de pr. a interdit au juge de paix d'insérer dans son procès-verbal des dires, aveux et dénégations. Le désir de modifier l'ancien état de choses, résulte évidemment de la discussion à laquelle l'art. 54 a donné lieu et du rejet de la portion de cet article qui complétait la disposition de la loi de 1790, en ces termes : « Le juge d'office, ou sur la demande de l'une des parties, fera à l'autre des interpellations; pourront même les parties s'en faire respectivement, et *du tout sera fait mention, ainsi que des dires, aveux et dénégations des parties.* —Le vœu de la loi a été que les parties, en paraissant devant le magistrat conciliateur, aient la certitude que leur inexpérience ou leur ignorance des affaires ne pourra, dans aucun cas, préjudicier à leurs intérêts : cette sécurité n'existerait pas si elles savaient que leurs déclarations dussent être enregistrées, et qu'elles pourront leur être opposées ultérieurement. D'ailleurs un adversaire habile parviendrait, par des questions captieuses et détournées, à embarrasser l'autre partie, et amènerait ainsi des réponses et des déclarations compromettantes pour les intérêts de celle-ci. Arg. Tar., 60; Orléans, 7 avr. 1838, P. 38, 1, 601; Carou, n° 812;—Boncenne, 2, 40; Boitard, 1, 148; Carré, art. 54; Victor Augier, 2, 150; Pigeau, 1, 90, note 2; Thomine, 1, 138. — *Contrà*, Bordeaux, 4 juill. 1850 (4714) — 7379.

Toutefois les parties peuvent d'un commun accord charger le juge de paix de mentionner dans son procès-verbal leurs dires respectifs.

134. Le procès-verbal doit être signé par les parties ou par leurs mandataires.

135. La cause qui empêche une partie de signer est valablement constatée par le juge de paix, et suppléé à la signature. Levasseur, n° 217 ; Carré, *ibid.*

Ainsi on a validé un compromis contenu dans un procès-verbal de conciliation dressé par le juge de paix, — soit comme juge. Bordeaux, 5 fév. 1830, P. 23, 134 ; — soit comme conciliateur. Cass. 11 fév. 1824, — Avec déclaration que des parties n'avaient pas pu signer. — *Contrà*, Chauveau sur Carré, n° 229. — V. d'ailleurs *Arbitrage*, n° 128.

136. Si l'une des parties refuse de signer un arrangement consenti, c'est qu'elle y renonce ; dès lors il n'y a pas conciliation : le juge de paix doit se borner à constater le défaut de conciliation. Rennes, 13 mars 1837, D. 40, 22 ; Carou, n° 816. — *Contrà*, Favard, 1, 631.

137. La minute du procès-verbal est rédigée par le greffier et reste au greffe. — Il n'y a pas lieu à autant d'originaux qu'il y a de parties intéressées dans l'arrangement. Carré, *ibid.*

138. Quel est le caractère des procès-verbaux de conciliation, et quels en sont les effets ?

Le juge de paix étant un officier public, les conventions insérées dans ses procès-verbaux auraient dû avoir force d'actes authentiques (C. civ. 1317) ; mais l'art. 54 C. pr., dans la crainte que les parties, sous prétexte de se concilier, ne se présentassent devant le juge de paix pour obtenir, sans le ministère des notaires, un acte authentique (Treilhard, p. 25), ce qui eût fait manquer aux justices de paix le but de leur institution, n'accorde à ces conventions que *la force d'obligations privées.*

Ainsi la convention n'est pas exécutoire comme les actes notariés ; elle n'emporte pas hypothèque, etc. ; mais l'acte n'en est pas moins authentique, en ce sens qu'il est reçu par un officier public, et qu'il doit faire foi jusqu'à inscription de faux. C. civ. 1319; Bordeaux, 11 janv. 1837 (Art. 783 J. Pr.); Carré, art. 54 ; Berriat, 190, note 25 ; Pigeau, 1, 89. — V. *Vérification d'écritures*, n° 98.

139. L'aveu fait au bureau de conciliation est un aveu judiciaire (— V. ce mot, n°s 9 et suiv.). Turin, 6 déc. 1808, P. 7, 239 ; Cass. 29 juin 1829, D. 29, 282 ; Duranton, 13, n° 561; Toullier, t. 10, n° 271 ; Troplong, *Prescription*, n° 616 ; Dalloz, v° *Aveu*, n°s 9 et 10. — *Contrà*, Thomine, 1, n° 74; Carré, n° 229 ; Bonnier, *des Preuves*, n° 251.

140. Mais les conventions intervenues entre les parties ne sont valablement constatées par le juge de paix, que tout autant qu'elles ont eu pour résultat de faire cesser ou de prévenir un véritable litige entre les parties. Circul. min. just., 29 brum. an 5; Carou, n° 817. — V. *Juge de paix.*

Art. 3. — *Cas où les parties font défaut.*

141. En cas de non-comparution de l'une des parties, il en est fait mention sur le registre du greffe de la justice de paix, et sur l'original ou la copie de la citation, sans qu'il soit besoin de dresser procès-verbal. C. pr. 58.

142. Celle des parties (soit le demandeur, soit le défendeur, Boncenne 2, 46) — qui ne comparait pas, est condamnée à une amende de 10 fr., et toute audience lui est refusée jusqu'à ce qu'elle ait justifié de la quittance. C. pr. 56.

Le préposé de l'enregistrement peut recevoir la consignation du défaillant, même avant toute condamnation, et sur le vu de la mention de non-comparution faite sur l'original de la copie de la citation : cette consignation volontaire épargne aux parties les frais et les lenteurs qu'entraînerait une condamnation. Carré, 241 *ter.*

143. Au moyen du payement de cette amende, le demandeur qui, sur sa propre citation, n'a pas comparu au bureau de paix, peut assigner le défendeur devant le trib. de 1re inst. Carré, n° 242.

144. Si le défendeur ne paye point l'amende, le demandeur peut néanmoins suivre l'audience; — et jusqu'à la présentation de la quittance, le défendeur est considéré comme défaillant. Locré, 21, 399; Carré, n° 240; Dalloz, *h. verbo,* n° 130.

— Le jugement rendu contre lui est par défaut, alors même qu'il a constitué avoué; il a le droit d'y former opposition; mais cette opposition n'est elle-même reçue qu'en justifiant du payement de l'amende; jusque-là toute audience lui est refusée. Paris, 10 août 1809, P. 7,760; Chauveau sur Carré, n° 241 *bis.*

145. C'est au trib., et non au juge de paix, qu'il appartient de prononcer les amendes encourues pour défaut de comparution. Décis. du grand juge, 31 juill. 1808. — Conséquemment, si le demandeur abandonne la demande, dont la citation en concilia-tion annonçait le projet, l'amende n'est pas perçue, aucun trib. ne peut la prononcer. *Même décision;* Cass. 8 août 1832, Dev. 32, 787. — V. rejet. 25 mai 1852 (5275).

146. Le ministère public a qualité pour requérir malgré le si-lence des parties, le refus d'audience contre celui qui n'a pas payé l'amende. Cass. 25 nov. 1828, P. 22, 384.

147. Si aucune tentative de conciliation n'a eu lieu, le trib. ne peut d'office prononcer l'amende : pour punir le défaut de com-parution, il faut nécessairement qu'il y ait eu citation. Carré n° 244.

148. Si la citation a été donnée dans une affaire dispensée du préliminaire de conciliation, y a-t-il lieu à prononcer l'a-mende contre le défaillant? — L'affirmative a été décidée. Trib.

Seine, 28 fév. 1841. Limoges, 14 août 1860. L'amende n'est prononcée que pour faute ou négligence. Il n'y a aucune faute de la part du défaillant, puisque la loi le dispensait de cette comparution au bureau de paix. Si l'amende avait été prononcée avant l'incompétence, le défaillant devrait en être relevé. Carré, art. 56 (Art. 1913 J. Pr.).

149. La partie qui n'a pas comparu peut obtenir la remise de l'amende, en justifiant d'une maladie ou d'un événement de force majeure, qui l'a mise dans l'impossibilité d'obéir à la citation. Décis. du ministre de la justice. 15 nov. 1808 ; Carré, art. 56.

150. Seraient insuffisants pour produire cet effet, 1° un certificat d'indigence. Locré, 1, 235.

2° L'irrégularité de la citation ; le défendeur doit comparaître pour opposer les vices de la citation et demander son annulation Carré, 56. — *Contrà*, Chauveau, *ib.*, n° 247.

151. La partie qui obtient la remise de l'amende peut immédiatement suivre l'audience

152. L'amende ne se prescrit que par trente ans; la prescription de deux ans établie par l'art. 61, L. 22 frim. an 7, n'est pas applicable. Cass. 11 nov. 1806, P. 5, 537 ; Favard, v° *Prescription*, sect. 3, § 1, n° 6. — V. Bastia, 18 fév. 1856 (6221).

§ 5. — *Effets du préliminaire de conciliation.*

153 Ce préliminaire de conciliation a trois principaux effets :

1° Il autorise à poursuivre l'action : on est obligé, à peine de nullité, de produire avec l'ajournement le certificat de non-conciliation ou de non-comparution. C. pr. 48, n° 6. — V. d'ailleurs *Ajournement*, n°ˢ 95 à 98.

Mais il n'équivaut pas à une demande; ce n'est ni une action, ni même un commencement d'action, ni le premier acte de l'instance. — V. *Appel*, 54 ; *Exception*, 132.

154. 2° Il interrompt la prescription du jour de la citation si la demande a été *formée* dans le mois, à partir du jour de la comparution ou de la non-conciliation. C. pr. 57.

155. *Interrompt.* La citation en conciliation ne peut donner à l'action une plus longue durée que celle qui lui appartient par sa nature et qui est déterminée par la loi. — Spécialement, le délai de l'action en rescision limitée à dix ans par l'art. 1304 C. civ. n'est pas prolongé à trente ans. Arg. Cass. 22 mess. an 11, P. 3, 359.

156. La prescription est-elle interrompue dans le cas même où l'action à intenter ne serait pas sujette au préliminaire ?

L'affirmative est enseignée sans distinction par MM. Favard, v° *Prescription;* Vazeille, *ib.*, n° 191; Carou, 2, n° 823. — Duranton, 21, n° 265; Montpellier, 9 mai 1838; Dev. 38, 492; Arg. C. civ. 2246.

M. Delvincourt, 2, 640, notes, n° 9, restreint avec raison cette solution au cas où l'affaire, quoique dispensée du préliminaire de conciliation, est néanmoins susceptible de se terminer par une transaction. Ainsi jugé à l'égard d'une action en désaveu de paternité intentée par des héritiers dans un intérêt pécuniaire. Cass. 9 nov. 1809, P. 7, 867; Troplong, *Prescription,* 2, n° 592.

Mais la citation ne doit pas avoir de force interruptive de prescription dans les affaires non susceptibles de transaction : c'est alors un acte frustratoire. Rouen, 13 déc. 1842 (Art. 2664 J. Pr.); Delvincourt, Troplong, *ib.* — Chauveau sur Carré n° 248 *bis.*

157. *Citation.* La comparution *volontaire* des parties au bureau de paix, interrompt-elle la prescription? — L'art. 57 C. pr. ne parle que de la citation; cependant on n'en doit pas conclure que la comparution volontaire devant le juge ne puisse produire le même effet : lors de cette comparution, le demandeur interpelle son adversaire, et réclame l'exécution de son droit. Au jour de cette comparution, la volonté d'agir est donc clairement manifestée et le défendeur suffisamment averti, et plus complétement même qu'il ne le serait par une citation. D'ailleurs le système contraire tendrait à empêcher la comparution volontaire, que la loi a voulu favoriser. Boncenne 2, 60; Victor Augier, 2, 159; Troplong, *Prescription,* 2, n° 590; Chauveau sur Carré n° 249. — *Contrà,* Colmar, 5 juill. 1809, P. 7, 663.

158. La citation en conciliation devant un juge de paix *incompétent* suffit pour interrompre la prescription : la citation en justice même devant un tribunal incompétent interrompt la prescription (C. civ. 2246). Pourquoi en serait-il autrement dans le cas de conciliation? La citation bien qu'irrégulière témoigne suffisamment de l'intention du demandeur. Pigeau, 1, 46; Chauveau, n° 248 *bis;* Delvincourt, 2, 640; Carou, n° 822.

159. *Demande.* Le vœu de la loi est rempli : 1° par une demande additionnelle ou reconventionnelle formée au bureau de paix. Cass. 30 frim. an 11; Dev. 1, 732; Chauveau sur Carré, 248 *ter;* Troplong, *Prescription,* n° 595.

2° Un compromis portant nomination d'arbitres, bien qu'il n'ait pas été statué sur le compromis. Paris, 9 juin 1826, D. 31, 10. — Mais la citation cesse d'être interruptive de prescription si le compromis tombe en péremption. Limoges, 29 avril 1836, P. 1837, 2, 480; Vazeille, 1, n° 191; Troplong, 2, n° 594.

160. *Formée.* Au reste, si la demande est formée par un ajournement, il faut que cet exploit soit régulier; — spécialement qu'il contienne copie du procès-verbal de non-conciliation ou de la mention de non-comparution. Cass. 16 janv. 1843 (Art. 2427 J. Pr.). — V. *Ajournement*, n° 95.

Un ajournement donné à plusieurs parties est nul par cela seul qu'en tête de cet ajournement au lieu de donner copie du procès-verbal de non-conciliation concernant la partie assignée, on a donné copie du procès-verbal concernant son consort. Cass. 16 janv. 1843 (Art. 2427 J. Pr.). — V. *Ajournement*, n° 95 et suiv.

161. *Dans le mois.* Il suffit que la demande ait été formée dans le mois. Il n'est pas nécessaire qu'elle ait été suivie de jugement. Cass. 17 nov. 1807, P. 6, 345 ; Colmar, 26 août 1829, tome 25, p. 214. Carré, art. 57.

162. Le délai d'un mois, n'est point susceptible de l'augmentation d'un jour par trois myriamètres de distance ; cette augmentation n'est établie, en général, qu'en faveur du défendeur. Paris, 4 juill. 1809, P. 7, 660 ; Carré, art. 57 ; Favard, R., 1, 632.

163. 3° La citation en conciliation fait courir les intérêts, pourvu qu'elle soit suivie d'une assignation régulière dans le mois de la non-conciliation. C. pr. 57.

Néanmoins, ces intérêts ne courent pas de plein droit ; il faut qu'ils soient *expressément* demandés. Carré, art. 57. — V. *Ajournement*, n° 111.

— V. d'ailleurs *Acquiescement*, n° 68.

§ 6. — *Timbre et enregistrement.*

164. *Timbre.* — Ne sont pas sujets au timbre les avertissements dont il est parlé *sup.*, n° 65. Décis. min. fin. 16 oct. 1827 (Instr. 1236, § 9). — V. d'ailleurs *Greffe.*

165. Les cédules y sont soumises. — V. *Timbre.*

166. Les procès-verbaux des bureaux de paix peuvent être rédigés sur un registre en papier timbré.

167. *Enregistrement.* — La cédule délivrée par le juge de paix pour citer devant le bureau de conciliation, est exempte de la formalité de l'enregistrement, sauf le droit sur la *signification* de la cédule (— V. ce mot). L. 18 therm. an 7 ; Circ. 1640.

168. La mention de non-comparution de l'une des parties sur le registre du greffe et sur l'original ou la copie de la citation, est dispensée de l'enregistrement. Déc. min. fin. 7 juin 1808.

169. Le procès-verbal de non-conciliation est assujetti à l'enregistrement sur minute, et passible du droit fixe de 1 fr. L. 22 frim. an 7, art. 68, § 1, n° 47 ; Déc. min. fin. 10 sept. 1823.

170. Le procès-verbal de conciliation est passible des droits auxquels auraient donné lieu les conventions qu'il renferme, si elles avaient été passées par-devant notaire, ou par acte sous seing privé. — Spécialement du droit proportionnel, s'il mentionne que le défendeur a fait offre d'une somme dont il s'est reconnu débiteur ; l'aveu prouve la dette ; le demandeur peut s'en prévaloir.

Peu importe qu'il n'ait pas accepté cette offre. Délib. 23 juin 1829, Trouillet, v° *Bureaux de paix* , n° 4.

S'il ne contient aucune convention donnant ouverture au droit proportionnel , ou dont le droit proportionnel ne s'élèverait pas à 1 fr., il est assujetti au droit fixe de 1 fr. *Même article.*—Spécialement s'il porte nomination d'experts ou d'arbitre, ou compromis. Trouillet, *ib.*, n° 3.

171. Les droits sont les mêmes dans le cas de comparution volontaire que dans le cas de comparution sur citation. Délib. 12 juill. 1817.

§ 7. — *Formules.*

FORMULE I.

Citation en conciliation.

(C. pr. 52. — Tar. 21. — Coût, 1 fr. 5o c. Orig. copie le quart.)

L'an   , etc. à la requête de   , etc.
J'ai   , etc.
Soussigné, cité le sieur
A comparaître le   , heure de   , par-devant M. le juge de paix de   , tenant bureau de paix et de conciliation, au lieu ordinaire de ses séances, sis à   , rue
Pour se concilier , si faire se peut, sur la demande que le requérant est dans l'intention de former contre lui, pour, attendu que ledit sieur est débiteur dudit requérant d'une somme de mille fr , ainsi que cela résulte d'un billet par lui souscrit le   , enregistré, s'entendre condamner à payer au requérant ladite somme de 1000 fr.
Se voir également condamner aux intérêts de ladite somme suivant la loi, et en outre aux dépens ;
Lui déclarant que faute par lui de comparaître, il sera condamné à l'amende de dix fr., prononcée par la loi, et pour qu'il n'en ignore, etc.

(*Signature de l'huissier.*)

FORMULE II.

Pouvoir pour comparaître en conciliation.

(Arg. C. pr. 53. — Coût, — il n'est rien alloué.)

Je soussigné   , etc.
Donne pouvoir à   , de pour moi et en mon nom, se présenter au bureau de paix et de conciliation tenu par M. le juge de paix de
Sur la demande que j'ai formée (*ou contre moi formée*) par exploit de   , etc.
Se concilier , si faire se peut, sur ladite demande , et généralement faire tout ce qu'il croira convenable à mes intérêts, promettant l'approuver.
Fait à   , le   . — Bon pour pouvoir   (*Signature.*)

FORMULE III

Mention de défaut.

Le sieur   n'est point comparu sur la citation a lui donnée par l'exploit ci-contre.

Paris le   1850.   (*Signature du greffier*

FORMULE IV.

Procès-verbal de non-conciliation.

L'an   , devant nous (*noms , qualités et demeure au juge ae paix*) s'est présenté le sieur (*noms, demeure et profession*), lequel nous a dit que par exploit du ministère de   , en date du   , enregistré, il a fait citer à comparaître cejourd'hui, par-devant nous, le sieur (*noms, demeure et qualités*), pour se concilier, si faire se peut, sur la demande qu'il est dans l'intention de former contre lui pour (*rappeler les conclusions de la citation*); et a signé.   (*Signature de la partie.*)

Est aussi comparu le sieur (*noms , demeure et profession*)

Lequel nous a dit qu'il ne pouvait se concilier sur la demande dont il s'agit, et a signé (*Signature de la partie*). Pourquoi, après avoir entendu les parties, et tenté inutilement de les concilier , nous les avons renvoyées à se pourvoir , et avons signé avec notre greffier.

(*Signatures du juge et du greffier.*)

FORMULE V.

Procès-verbal de conciliation.

L'an, etc. (*comme à la formule précédente*)

Est aussi comparu le sieur   , etc.

Et après que les parties se sont expliquées, elles sont convenues de ce qui suit : (*conventions des parties*).

Et ont les parties signé avec nous et notre greffier;

(*Signatures du juge, du greffier et des parties.*)

CONCLUSIONS. Exposé sommaire des prétentions des parties.

Table sommaire.

1. Les conclusions forment la partie la plus importante de la procédure. On ne saurait apporter trop de soins à la rédaction des actes dans lesquels elles sont consignées, on doit y trouver en résumé l'objet de la demande et de la défense.

2. Les conclusions sont ou principales ou subsidiaires.

Principales, elles contiennent dans toute leur latitude les prétentions des parties, quant au fond des droits contestés.

Subsidiaires, elles indiquent, soit les prétentions auxquelles on se réduit pour le cas où le juge ne voudrait pas adjuger les conclusions principales, soit des preuves que l'on demande à faire à l'appui des conclusions principales qui ne sont pas suffisamment justifiées. Ainsi un créancier conclut *principalement* au payement d'une obligation, et *subsidiairement* à être admis à la preuve de cette obligation.

3. Les conclusions se divisent encore en conclusions *exceptionnelles* et conclusions *au fond.* Les premières, sans s'occuper du fond des affaires, tendent à obtenir une mesure préjudicielle : Par exemple un renvoi devant un autre trib., une communication de pièces, la mise en cause d'un garant, etc. (— V. *Exception*). Les dernières, au contraire, sont relatives à la demande en elle-même, et tendent, soit à la faire admettre, soit à la faire déclarer mal fondée.

A Paris, la cause n'est mise au *rôle particulier* de la chambre à laquelle l'affaire est distribuée, que lorsque les parties ont posé respectivement des conclusions au fond. — V. *Audience*, § 2.

4. Enfin on distingue les conclusions *écrites* et les conclusions *verbales.* Les premières sont prises dans les exploits d'assignation et les actes signifiés d'avoué à avoué ; les secondes le sont à l'audience.

5. En matière criminelle des conclusions verbales sont suffisantes. — V. *Avoué*, n° 106.

Il en est autrement en matière civile, les avoués doivent déposer des conclusions, signées par eux, sur le bureau.

6. On appelle *conclusions motivées* celles que les avoués se signifient pendant le cours d'une instance et auxquelles on joint des moyens sommaires. C. pr. 406, 465, 972.

La loi les prescrit, au lieu de *requête* (— V. ce mot) dans certaines affaires dont l'instruction demande peu de développement ; — elles sont grossoyées.

Il y a encore d'autres conclusions qu'on appelle *actes de simples conclusions.*

Elles sont prescrites pour les demandes incidentes. C. pr. 337 : tar. 72. — En matière de reproches de témoins, *ib.* 289 ; — de récusation d'expert, *ib.*, 309. — Ces conclusions ne peuvent être grossoyées.

On signifie quelquefois de simples conclusions, en matières sommaires, mais elles peuvent être rejetées de la taxe.

7. Les avoués seuls ont le droit de conclure pour les parties qu'ils représentent (— V. *Avoué*, n° 64). L'avocat ne peut changer ou modifier les conclusions déjà prises qu'autant qu'il est assisté de l'avoué à l'audience.

8. Rigoureusement, un avoué ne peut prendre de conclusions qu'après avoir signifié sa constitution par acte d'avoué à avoué. Orléans, 2 déc. 1813, P. 11, 808. — Quand il ne s'agit point d'une demande à bref délai, il ne peut se borner à demander à l'audience l'acte de sa constitution à la charge de la réitérer. *Même arrêt.* — De telle sorte que si l'avoué adverse ne consentait pas à accepter la constitution de son confrère, le tribunal ne pourrait se refuser à prononcer le défaut. Demiau, 73 ; Carré, n° 389. — Mais cette difficulté n'est pas soulevée dans la pratique (5359).

9. Les conclusions définitives des parties doivent être signifiées trois jours au moins avant l'audience où l'on doit se présenter pour plaider, ou même pour poser les qualités, c'est-à-dire prendre verbalement les conclusions. Décr. 30 mars 1808, art. 70.

La Cour de Nancy (19 janv. 1844, Art. 2751 J. Pr.) a même condamné personnellement aux dépens un avoué qui avait signifié des conclusions moins de trois jours avant l'audience fixée pour les plaidoiries.

A Paris, ce délai est peu observé ; dans l'usage, on signifie souvent des conclusions avant l'audience.

10. Si ces conclusions n'ont pas dû ou pu être signifiées plus tôt, les conclusions sont valablement prises à la barre, sauf régularisation. Ainsi une offre de preuve ne peut être repoussée comme tardive par cela seul qu'il n'y a pas eu de signification avant l'audience. Cass. 21 juin 1837, 20 juill. 1858, 22 nov. 1859 (7357).

11. L'adversaire peut s'opposer à ce qu'il soit statué sur des conclusions nouvelles signifiées et déposées tardivement à l'audience, — ou du moins solliciter une remise. *Même arrêt.*

Le procureur du roi a le même droit : peu importe que les parties consentent à l'inobservation du délai prescrit. Cass. 30 août 1836 (Art. 1207 J. Pr.).

12. Au jour de l'audience, il faut, avant de réitérer de vive voix les conclusions, les remettre signées au greffier. — Ces formalités sont exigées pour déterminer l'état du différend.

Les parties sont réputées s'en tenir aux conclusions prises dans cette forme et renoncer aux précédentes. Décr. 30 mars 1808, art. 68, 73 ; Berriat, n° 240.

13. Il n'y a de conclusions qui puissent être analysées dans les qualités d'un jugement, que celles qui ont été signifiées, ou celles prises sur la barre par l'avocat ou la partie assistée de l'avoué et dont il a été demandé et donné acte. Paris, 12 avril 1813, P. 11, 291.

14. On peut considérer les conclusions par rapport au demandeur, et par rapport au défendeur.

15. *Demandeur.* Il doit prendre littéralement des conclusions dans l'exploit introductif d'instance : ce sont en effet les conclusions qui précisent le point en litige. —V. *Ajournement*, *Assignation*, *Citation*, *Conciliation*.

16. Toutefois, le demandeur peut expliquer et modifier par la suite les conclusions contenues dans l'exploit introductif d'instance ; mais il faut que celles qu'il prend se trouvent implicitement contenues dans les conclusions primitives, ou qu'elles en soient l'accessoire. Sont considérées comme telles celles tendantes à être admis à une preuve.

Toute demande nouvelle lui est interdite. —V. *Appel*, n°ˢ 513 et suiv. ; *Demande nouvelle*.

Il a été jugé que les intérêts du prix d'une vente ne peuvent être réclamés incidemment à une demande en rescision. Cass. 14 avril 1836 (Art. 797 J. Pr.) ; — que le demandeur renonce valablement par de simples conclusions à un des chefs de la demande, sans avoir besoin de signifier un acte de désistement. Poitiers, 5 avril 1837 (Art. 877 J. Pr.).

17. Les conclusions peuvent être modifiées, en tout état de cause, même après les plaidoiries. En effet, l'art. 72 décr. 30 mars 1808, autorise à les prendre à la barre, sauf à les signer et à les remettre au greffier. —V. Cass. 23 août 1848, Art. 4092.

18. Mais il en est autrement lorsque le ministère public a été entendu. Décr. 30 mars 1808, art. 87 ; Toulouse, 31 déc. 1819, Dev. 6, 176 ; Poitiers, 9 janv. 1823 ; Paris, 25 juin 1825 ; P. 17, 801 ; 19, 635 ; — ou lorsque le trib. a clos les débats. Grenoble, 3 juin, 1815 ; P. 19, 547 ; Rennes, 3 août 1825, Dev. 8, 124, — spécialement, s'il est retiré en la chambre du conseil. —On a seulement la faculté de remettre sur-le-champ de simples notes. C. pr. 111. —V. Cass. 30 janv. 1849, 29 mai 1850 (4845).

19. Peut-on signifier de nouvelles conclusions entre le jugement qui ordonne un délibéré et celui qui le vide ?—V. *Délibéré*.

20. *Défendeur.* Il n'était pas autrefois tenu de prendre des conclusions expresses, il lui suffisait de présenter ses moyens de défense pour faire déclarer le demandeur non recevable. Ordonn. 1667, tit. 2, art. 2 ; Cass. 8 niv. an 11 ; 3 pluv. an 12, Dev. 1, 734, 922 ; Berriat, 240.

Aujourd'hui, il doit, comme le demandeur, prendre des conclusions avant et pendant l'audience. Décr. 30 déc. 1808, art. 68, 73.

Les règles précédentes lui sont applicables.—Seulement il n'est pas indispensable qu'il déduise les motifs et moyens de défense ; il lui suffit de conclure à ce que le demandeur soit déclaré non recevable en tout ou en partie.

21. La rédaction du jugement doit contenir les conclusions des parties. —V. *Jugement*, *Qualités*.

22. Les conclusions produisent trois effets principaux :

1° Elles servent à déterminer la compétence du tribunal. — V. *Appel.*

2° Lorsqu'elles ont été prises respectivement à l'audience, la cause est réputée *en état,* et le jugement *contradictoire.* — V. *Jugement, Reprise d'instance.* — Cet effet ne s'applique pas aux conclusions sur exception. Le défaut contre avoué peut être prononcé si le défendeur ne pose pas des conclusions au fond, lorsque le demandeur a satisfait aux *exceptions.* — V. ce mot et *Audience,* n° 21.

3° Le juge doit statuer sur tous les points de la contestation et ne peut statuer sur d'autres; autrement, il y aurait ouverture à *requête civile* (— V. ce mot.). — On conçoit dès lors combien il importe de ne rien omettre dans les conclusions. Toutefois le juge a le droit de prononcer sur les réclamations qui se trouvent implicitement dans les conclusions. Berriat, 241.

23. Pour l'effet de la déclaration des parties de s'en rapporter à justice. — V. *Prorogation de juridiction.*

24. Une partie peut-elle se pourvoir en appel ou en cassation contre un jugement ou arrêt qui lui a adjugé ses conclusions subsidiaires? — V. *Acquiescement,* n° 53.

25. *Timbre.* Toutes les conclusions signifiées doivent être écrites sur papier timbré. — V. d'ailleurs *Avocat,* n° 294.

Celles déposées sur le bureau pour être jointes au placet sont seules dispensées de cette formalité.

26. *Enregistrement.* L'acte de signification des conclusions est soumis au même droit d'enregistrement que tous les autres actes d'avoué à avoué, c'est-à-dire au droit fixe de 50 cent. devant les trib. de 1re inst. et de 1 fr. devant les C. roy. L. 28 avr. 1816, art. 41, 42.

Formules.

FORMULE I.

Conclusions à joindre au placet.

(Décr. 30 mars 1808, art. 69, 71. — Coût d'après l'usage 3 fr. en matière ordinaire, 2 fr. en matière sommaire.)

Conclusions.

2e ch.   Pour le sieur D...   défendeur.   *Nom de l'avoué.*
N° du rôle.   Contre le sieur L...   demandeur.   id.

Plaise au tribunal,
Attendu (*énoncer succinctement les moyens*)
Déclarer le sieur L... purement et simplement non recevable en sa demande, ou tout au moins mal fondé en icelle et l'en débouter, et le condamner en outre aux dépens, dont distraction à Me avoué, qui la requiert, aux offres de droit, comme les ayant avancés de ses deniers sous toutes réserves; et vous ferez justice.

(*Signature de l'avoué.*)

NOTA. *Si les conclusions tendent seulement à communication de pièces,* on met :

Attendu que tout demandeur est tenu de justifier sa demande, ordonne avant de faire droit, que le sieur   sera tenu de communiquer à l'amiable et sur récépissé d'avoué à avoué, ou par la voie du greffe, tous les titres et pièces à l'appui de ses prétentions et notamment et que jusqu'à ladite communication toute audience lui sera refusée, dépens réservés.

Quelquefois l'on ajoute : Et très-subsidiairement pour le cas où, par impossible, le tribunal ordonnerait qu'il serait passé outre,

Attendu que ledit sieur   ne justifie d'aucunes pièces à l'appui de ses prétentions.

(*Ou encore*) Attendu que ladite demande du sieur   n'est point justifiée.

Le déclarer purement et simplement non-recevable, etc.

FORMULE II.

Conclusions motivées.

(C. pr. 77, anal. — Tarif, 72. — Coût, 2 fr. par rôle orig., 5o c. copie.)

A Messieurs les président et juges composant la   chambre du trib. de 1re instance de

Conclusions motivées.

Pour M...   propriétaire, demeurant à
Défendeur aux fins de l'assignation à lui donnée par exploit du ministère de   , huissier à   , en date du
Demandeur aux fins des présentes, ayant Me   , pour avoué.
Contre M...   , employé, demeurant à
Demandeur aux fins de l'assignation susénoncée,
Défendeur aux fins des présentes, ayant Me   , pour avoué.
Elles tendent à ce qu'il plaise au tribunal,
Attendu en fait (*rapporter les faits*)
Attendu en droit (*énoncer les moyens*)
Par tous ces motifs et autres à suppléer de droit et d'équité,
Déclarer, etc. (*comme à la formule précédente*).

(*Signature de l'avoué.*)

— V. d'ailleurs *Ajournement.*

CONCLUSIONS *du ministère public.* — V. ce mot.

CONCLUSIONS *subsidiaires.* — V. *Acquiescement*, n° 53 ; *Conclusions*, nos 2 et 24; *Serment*, n° 75.

CONCORDAT. — V. *Faillite.* Art. 4497 J. Pr. Abandon.

CONCURRENCE. — V. *Ancienneté*, *Diligence*, *Poursuite*, *Saisie immobilière*, 603.

CONCUSSION. Crime que commet un fonctionnaire ou officier public, en exigeant des droits plus forts que ceux que les règlements lui ont attribués.

1. Le fonctionnaire ou officier public concussionnaire est puni de la réclusion, et d'une amende dont le *maximum* est le quart des restitutions et des dommages-intérêts, le *minimum*, le douzième. C. pén. 174.

2. Cette disposition s'applique aux officiers ministériels, en ce qui concerne les commissaires priseurs et les huissiers qui recevraient des acheteurs des sommes plus fortes que le montant de leurs enchères. C. pr, 625 (Art. 443 J. Pr,). — V. d'ailleurs *Agent de change*, n° 62 ; *Caisse*, n° 4 ; *Saisie-exécution*, n° 328.

3. La concussion est une cause de *prise à partie*. C. pr. 505. — V. ce mot.

CONDAMNATION, CONDAMNÉ. Le mot *condamnation* se dit du jugement qui condamne, et de la chose à laquelle on est condamné. Le *condamné* est celui contre lequel il a été prononcé une condamnation en matière civile ou criminelle.

1. Les condamnations sont définitives ou provisoires, contradictoires ou par défaut (—V. *Jugement*), pécuniaires ou par corps. — V. *Contrainte par corps.*

2. On appelle *condamnations civiles* les dommages et intérêts, ou autres réparations, auxquelles' l'accusé est condamné envers la partie plaignante.

3. Les condamnés à une peine afflictive ou infamante ne peuvent ester en jugement que par l'intermédiaire de leurs tuteurs ou curateurs. — V. *Action, Exploit.*

4. Les condamnés à une simple peine correctionnelle pour vol peuvent être reprochés comme témoins (C. pr. 283), et récusés comme experts. *Ib.* 310. — V. *Enquête, Expertise.*

A plus forte raison ne sauraient-ils être choisis pour arbitres. — V. *Arbitrage*, n° 52.

Ils sont incapables d'exercer aucune fonction publique. — V. *Office.*

CONDITION. — V. *Acquiescement*, n°s 75 et 97 ; *Acte conservatoire*, 5, 34 ; *Action possessoire*, n° 225 ; *Aveu*, n° 21 ; *Saisie-arrêt*, n°s 16 et 64 ; *Saisie immobilière*, n°s 324, 568 et 572 ; *Clause.*

CONFÉRENCE. — V. *Arbitrage*, n°s 377 et 385 ; *Avocat*, n° 210.

CONFÉRENCE *entre avoués.* Les avoués à Paris sont dans l'usage de se réunir une fois par mois par groupes ou conférences de quinze ou vingt membres pour traiter des questions qui les intéressent. — Ces réunions ont pour objet l'étude du droit, le maintien des sages doctrines et la conservation de la bonne harmonie entre confrères.

CONFESSOIRE (ACTION). Action par laquelle on veut faire reconnaître un droit réel : par exemple, une servitude, un usufruit, par opposition à l'action *négatoire* que l'on intente pour faire déclarer que son adversaire n'a pas tel ou tel droit réel.

CONFISCATION. — V. *Avoué*, n° 85 ; *Vente de marchandises neuves*, n° 61.

CONFLIT. Espèce de contestation sur la compétence.

1. Le conflit qui s'élève entre deux tribunaux civils s'appelle conflit de *juridiction*; il doit être porté devant le trib. supérieur. — V. *Règlement de juges*.

2. Quand il existe entre un trib. civ. et un trib. administratif, on lui donne le nom de conflit d'*attribution*. — Le trib. des conflits qui réglait le conflit d'attribution. Règl. 26 oct. 1849; L. 4 fév. 1850 (4473, 4565), — a été supprimé.

3. Le conflit est positif ou négatif : — *positif*, lorsque deux trib. veulent retenir la connaissance d'une cause ; — *négatif*, lorsqu'ils refusent de la juger. — Ainsi un jugement passé en force de chose jugée a déclaré l'autorité judiciaire incompétente pour statuer sur une demande de l'Etat, et d'autre part, le conseil d'Etat reconnaît l'incompétence de l'autorité administrative. De cette double déclaration d'incompétence résulte un conflit négatif sur lequel il appartient au conseil d'Etat de statuer d'office. Cons. d'Et. 22 janv 1857, Dev. 57, 713.

4. Le conflit est élevé par le préfet. Arrêté, 13 brum. an 10, art. 3 et 4; ordon. 1er juin 1828, art. 8 et 9, — soit d'office, soit sur l'invitation des ministres, sur l'information des procureurs impér., ou sur la demande des parties. Chauveau, n° 457.

5. Le conflit devant une C. impér. doit être élevé par le préfet du département où l'affaire a été jugée en 1re instance et non par le préfet du département où siége la Cour. Cons. d'Et. 15 mai 1858, Dev. 59, 263. — Mais devant une Cour saisie par suite d'un renvoi après cassation, il peut être élevé par le préfet du départ. dans lequel se trouve le siége de cette Cour. *Ib.*

6. Le conflit ne peut être élevé, — ni devant le juge de paix. Cons. d'Et. 5 sept. 1836 (971); — ni devant le trib. de commerce : il n'existe pas de ministère public devant ces juridictions. Chauveau, n° 446.

7. Le conflit ne peut être élevé que devant les trib. de 1re instance ou devant les Cours impériales.

8. Le déclinatoire peut être proposé et le conflit régulièrement élevé tant que le trib. civ. n'a pas entièrement statué sur le litige et bien qu'il soit intervenu des jugements préparatoires ou interlocutoires. Cons. d'Et. 14 mars 1860, Dev. 60, 218. Autrefois le conflit d'attribution pouvait être élevé par les préfets, même après le jugement définitif rendu par l'autorité judiciaire, mais cet abus a été réformé. Aujourd'hui il ne peut plus être élevé après des jugements en dernier ressort, ou acquiescés, ni après des arrêts définitifs. — Ordon. 1er juin 1828, art. 4. — V. toutefois *inf.*, n° 18.

9. *Procédure devant le trib. à dessaisir.* — Si le préfet estime qu'une question portée devant un trib. (ou une cour. Chauveau, n° 469) est du ressort de l'administration, il peut, lors même que celle-ci ne serait pas en cause, demander le renvoi devant l'autorité compétente ; mais il faut qu'il adresse au procureur imp. un mémoire dans lequel est rapportée la *disposition légis-lative qui attribue à l'administration la connaissance du litige.* Le procureur requiert le renvoi, si la revendication lui paraît fondée. *Ibid.*, art. 6.

10. Les revendications formées et les déclinatoires proposés par les préfets doivent être, tant en première instance qu'en appel, examinés et jugés comme affaires urgentes, et requérant célérité. Circ. min. just., 5 juill. 1828.

11. Néanmoins les délais pour interjeter appel du jugement sur le déclinatoire ou le renvoi requis ou proposé, sont régis par le droit commun.

12. Le trib. qui est saisi d'une affaire dont la connaissance appartient à l'autorité administrative, doit se déclarer d'office incompétent, encore bien que ni les parties ni le préfet ne présentent l'exception ; dans ce cas, son incompétence est absolue, à raison de la matière. — V. *Exception.*

13. Les préfets, lorsqu'ils demandent le renvoi devant l'autorité administrative, ne peuvent être condamnés aux dépens. Cass. 12 août 1835(187). — V. *Compétence administrative.*

14. Lorsque le trib. a statué sur le déclinatoire, le procur. imp. adresse au préfet, dans les cinq jours qui suivent le jugement, copie des conclusions et du jugement rendu sur la compétence. Ordon. 1828, art. 7.

15. Le trib. devant lequel le préfet propose un déclinatoire dans le but d'élever ensuite un conflit, peut, sans excès de pouvoir, statuer sur le fond par le jugement même qui rejette le déclinatoire. Cass. 21 juin 1859, Dev. 59, 744.

16. Lorsque le déclinatoire proposé par le préfet a été accueilli, le conflit devient sans objet.

17. En cas de rejet du déclinatoire, dans la quinzaine de cet envoi, pour tout délai, le préfet peut élever le conflit, s'il estime qu'il y a lieu. Quand le déclinatoire est admis, il est de même autorisé à élever le conflit dans la quinzaine qui suit la signification de l'acte d'appel, si la partie appelle du jugement.

Le conflit peut être élevé dans ce délai, quand bien même le trib. aurait, avant son expiration, passé outre au jugement du fond. *Ibid.*, art. 8.

18. Le conflit peut être proposé en appel même après un jugement sur la compétence ayant acquis l'autorité de la chose jugée. Cons. d'Etat, 20 fév. 1840 (1795).

19. Dans tous les cas, l'arrêté par lequel le préfet élève le conflit et revendique la cause, doit viser le jugement intervenu, et l'acte d'appel, s'il y a lieu ; *la disposition législative qui attribue à l'administration la connaissance du point litigieux doit y être textuellement insérée. Ibid.*, art. 9.

20. Quand le préfet a élevé le conflit, il est tenu, dans le délai de quinzaine, de faire déposer au greffe du trib. son arrêté et les pièces qui y sont visées ; ce délai passé, le conflit ne peut plus être élevé devant les juges saisis de l'affaire. *Ib.*, art. 10, 11.

21. Est nul l'arrêté de conflit qui n'a été déposé au greffe du trib. que le seizième jour après celui de l'envoi du jugement au préfet. Cons. d'Et. 29 mars 1860, Dev. 60, 42.

22. Le conflit élevé contre un arrêt de la Cour impér. doit être déposé au greffe de cette cour, alors même que cette cour, en rejetant le déclinatoire du préfet, n'aurait fait que confirmer le jugement par lequel le tribunal de 1re inst. se serait déclaré compétent. Cons. d'Et. 15 mai 1858, Dev. 59, 265.

23. Lorsque le dépôt de l'arrêté a été fait au greffe en temps utile, le greffier le remet au procureur impér., qui le communique au trib. réuni dans la chambre du conseil, et requiert qu'il soit sursis à toute procédure judiciaire. *Ibid.*, art. 12.

24. L'arrêté du préfet et les pièces sont rétablis au greffe, et y restent déposés pendant quinze jours. Le procureur imp. en prévient de suite les parties ou leurs avoués, lesquels peuvent en prendre communication sans déplacement, et remettre, pendant le même délai de quinzaine, au parquet, leurs observations sur la question de compétence, avec tous les documents à l'appui. *Ibid.*, art. 13.

25. Le procureur imp. informe immédiatement le garde des sceaux de l'accomplissement des formalités précédentes, transmet en même temps la citation (ou exploit introductif d'instance), les conclusions des parties, le mémoire par lequel le préfet propose le déclinatoire, le jugement de compétence, l'arrêté de conflit. *Ib.*, art. 14; ordonn. 12 mars 1831, art. 6.

26. Dans les vingt-quatre heures de la réception, le garde des sceaux — adresse au procureur imp. un récépissé énonciatif des pièces envoyées, lequel est déposé au greffe du trib. — et transmet les pièces au secrétaire général du conseil d'Etat.

27. *Instruction du conflit devant le conseil d'Etat.* — L'instance y est introduite par la transmission du ministre de la justice.

28. Les parties intéressées ont la faculté d'adresser directement leurs mémoires avec les pièces à l'appui au secrétariat du conseil d'Etat.

29. Le ministère des avocats est facultatif. Lorsque la partie signe seule, sa signature doit être légalisée par le maire de son domicile. Ordon. 12 déc. 1821, art. 4 et 5. Chauveau, n° 503.

30. La section du contentieux dirige l'instruction et prépare le rapport des conflits; — les actes sont signés par le président de la section. Décr. 25 janv. 1852, art. 3.

31. Le rapport est fait en séance publique. Les avocats peuvent présenter des observations orales; — le commissaire imp. doit être entendu.

32. La déclaration est prise dans la forme usitée pour les affaires contentieuses ordinaires. *Ib.*, art. 17.

33. Il doit être statué dans les deux mois de la réception des pièces au ministère de la justice. — Si, un mois après l'expiration de ce délai, le trib. n'a pas reçu la notification de la décision rendue sur le conflit, il peut procéder au jugement de l'affaire. Ordon. 1831, art. 7.

34. Le décret approbatif du conflit rendu plus de deux mois après la réception des pièces au ministère de la justice oblige néanmoins les trib. Cass. 31 juill. 1837 (1208). — Le défaut de cette notification dans les délais autorise seulement les trib. à passer outre au jugement. Cass. 30 juin 1835 (152). Mais ils sont tenus de s'y conformer lorsqu'il leur est communiqué avant la prononciation de leur jugement. Chauveau, n° 506.

35. La décision sur le conflit n'est susceptible ni d'opposition, — ni de tierce opposition; — l'instruction est suivie au nom de l'administration; les parties n'y figurent que d'une manière accessoire. Chauveau, n° 508.

36. Si l'arrêté de conflit est annulé, la procédure judiciaire reprend son cours. — Si le conflit est approuvé, l'autorité judiciaire est dessaisie de l'affaire et ne peut plus la retenir sous aucun prétexte. Les jugements et actes de procédure sont annulés.

CONGÉ (*défaut*). — V. *Jugement par défaut*.

CONGÉ *des baux à ferme*.

Table sommaire.

Bail (durée présumée), 3 et s.	Mercuriales, 8.
Bois taillis, 5.	Pré, 3.
Compétence, 7.	Récolte, 3.
Congé (utilité), 1. — forme, 6.	Sole, 3.
Contribution foncière, 8.	Tacite réconduction, 1.
Juge de paix, 8.	Vigne, 3.

1. Le congé est nécessaire pour empêcher la tacite reconduction. C. civ. 1776.

2. Du reste, le congé est inutile, — car le bail cesse de plein droit par l'expiration du délai du bail fixé par les conventions des parties, — ou déterminé par la loi à défaut de convention. C. civ. 1775.

3. Le bail d'un fonds rural, sans détermination de durée, est censé fait pour le temps qui est nécessaire afin que le preneur recueille tous les fruits de l'héritage affermé. C. civ. 1774.

Le bail à ferme d'un pré, d'une vigne et de tout autre fonds dont les fruits se recueillent en entier dans le cours de l'année, est censé fait pour un an. *Ib.*

Le bail des terres labourables, lorsqu'elles se divisent par soles ou saisons, est censé fait pour autant d'années qu'il y a de soles. *Ib.*

— Spécialement la ferme divisée en trois saisons est louée pour trois ans.

4. Si la ferme comprend des terres soumises à l'assolement triennal et des héritages dont tous les fruits se récoltent en une seule année, comme des prés, des vignes, le bail est de trois ans pour le tout. Troplong, *Louage*, n° 765.

5. Le bail des bois taillis est de la durée du bail principal dont il est l'accessoire.

Mais si le bois taillis a été pris à bail comme objet distinct, le fermier doit être présumé avoir entendu profiter de toutes les coupes. Troplong, *ib.*, n° 767.

6. Quant à la forme du congé. — V. *Congé des baux à loyer*, n°ˢ 24 et suiv.

7. Les règles relatives à la compétence du juge de paix posées, *ib.*, sous le n° **37**, sont applicables aux fermages.

8. Si le prix principal du bail consiste en denrées ou prestations en nature, appréciables d'après les mercuriales, l'évaluation en est faite sur celles du jour de l'échéance, lorsqu'il s'agit du payement des fermages; — dans tous les autres cas, elle a lieu suivant les mercuriales du mois qui précède la demande. — Si le prix principal du bail consiste en prestations non appréciables, d'après les mercuriales, ou s'il s'agit de baux à colons partiaires, le juge de paix détermine la compétence en prenant pour base du revenu de la propriété le principal de la contribution foncière de l'année courante multiplié par cinq. Loi de 1838, art. 3.

— V. *Expulsion des lieux*, *Saisie-gagerie*.

CONGÉ *des baux à loyer*. Acte par lequel l'une des parties déclare à l'autre qu'elle entend faire cesser le louage.

Table sommaire.

1. *Obligation de donner congé.* Elle existe lorsqu'il n'y a pas de bail ;

Ou même lorsqu'il y a un bail de trois, six ou neuf années, au choix des parties, et que l'une d'elles ne veut pas attendre l'expiration des neuf années. Duvergier, n° 511; Troplong, 2, 238; Curasson, 1, 286; Pigeau, 2, 412;

Ou lorsque l'acquéreur d'une maison veut user de la faculté à lui réservée d'expulser les locataires (C. civ. 1748). Curasson, 1, 296.

—V. d'ailleurs *Absence*, n° 4.

2. Cette obligation est réciproque. Arg. C. civ. 1736. Bordeaux, 16 juin 1829, P. 22, 1138; Duvergier, 1, n° 495. — Suivant quelques coutumes, le propriétaire y était seul astreint; le locataire pouvait quitter les lieux sans prévenir.

3. Le congé n'est pas indispensable lorsque le bail même verbal est fait avec fixation de durée. Le bail cesse alors de plein droit à l'expiration du temps fixé. Arg. C. civ. 1737; Dalloz, v° *Louage*, n° 582; Troplong, n° 404. — *Contrà*, Carou, 1, 190. — Tel était autrefois l'usage de beaucoup de lieux. L'art. 1737 ne s'oppose pas à son application. Troplong, 2, 227.

Toutefois dans la pratique on signifie un avertissement, pour empêcher la tacite reconduction. Curasson, 1, 296.

4. *Délais du congé.* Ils sont réglés par l'usage des lieux; la loi n'en détermine aucun. C. civ. 1736. — Il n'eût pas été sage de vouloir faire une règle uniforme pour des situations souvent différentes ; il n'était pas sûr d'ailleurs que la puissance de la loi parvînt à détruire des habitudes fort anciennes. Mouricault au Tribunat, Locré, 14, p. 430.

5. La déclaration de l'usage local appartient exclusivement aux trib. du lieu : leur décision est à l'abri de la cassation. Cass. 23 fév. 1814 ; Dev. 4, 539.

6. A Paris, — le délai est de six semaines pour les logements *au-dessous* de 400 fr.

Ce délai a été considéré comme suffisant pour les appartements de 400 fr. par MM. Pigeau, 2, 444 ; Delvincourt, 3, 195 note ; Duvergier, *Louage*, 2, n° 39 ; Dalloz, *Louage*, n° 593. — Et il est suivi dans la pratique.

Toutefois le délai qui était de trois mois pour les appartements de 300 livres d'après l'usage du Chatelet (Denisart, v° *Congé*, n. 6 et 7), a été appliqué aux appartements de 400 fr. dans les motifs d'un arrêt de la C. de cass. du 23 fév. 1814, Dev. 4, 539.

7. Le délai est de trois mois pour les logements *au-dessus* de 400 fr. — à quelque somme que le loyer s'élève. — V. toutefois *inf.*, n° 9.

8. Enfin le délai est de six mois : — 1° pour une maison ou un corps de logis entier. Delvincourt, 3, p. 100, note 3 ; Duvergier, *Louage*, 2, n° 39. — V. 7351. Evreux, 21 déc. 1859 — (7485).

9. On a considéré comme tel un appartement loué 4,000 fr. Paris, 12 oct. 1821, P. 16, 916 ; — mais dans l'espèce, il y avait eu une promesse de bail de la part du propriétaire.

10. Le délai du congé de *plusieurs chambres séparées*, louées dans une même maison est de trois mois et non de six, à quelque somme que monte le loyer. Paris, 20 juill. 1825, P. 19, 716 ; Troplong, 2, 226.

11. 2° Pour une boutique. *Mêmes autorités*. Arg. Paris, 20 juill. 1825, P. 19, 716. — Et pour les chambres ou appartements occupés dans la même maison par le locataire de la boutique et qui en sont un accessoire.

12. 3° Pour un magasin donnant sur une cour ; — ou un chantier, alors même qu'il n'occuperait pas toute la maison.

13. Mais le changement opéré par le locataire dans la distribution du local, ne modifie pas les délais du congé. — Ainsi le locataire d'un appartement même au rez-de-chaussée, ne peut réclamer le délai de six mois pour le congé, sous le prétexte qu'il a établi un magasin dans ce local.

14. 4° Pour un commissaire de police : il est tenu de loger dans un quartier déterminé, il a par conséquent plus de difficulté à trouver un logement. Duvergier, *Ib*.

15. Pigeau, 2, 412, pense que les mêmes motifs s'appliquent aux juges de paix.

16. 5° Pour un instituteur, Duvergier, *Ib.*, — pourvu qu'il ait un diplôme de l'université. Cass. 23 fév. 1814, P. 12, 116.

17. Cette prorogation du délai est réciproque et profite aussi bien au propriétaire qu'au locataire. Duvergier, 2, 40. —*Contrà*, Pigeau, 2, 412.

18. Le congé ne peut être donné que pour un terme d'usage; d'où il suit que le délai ne court que du jour qui précède ce terme de six semaines, de trois mois ou de six mois.

Ainsi, s'agit-il d'un logement de 300 fr., à Paris, les termes d'usage étant dans cette ville les 1er janv., avr., juill. et oct., si le congé n'a été donné que le 1er déc. le délai de six semaines ne courra toujours que du 15 fév., et le bail ne cessera qu'au 1er avr. Arg. Bordeaux, 16 juin 1829, P. 22, 1138; Pigeau, 2, 445; Duvergier, 1, 496; Troplong, 2, n° 419; Curasson, 1, 288.

19. Les délais doivent être francs; ainsi le congé donné à trois mois pour sortir, par exemple, le 1er avril doit être signifié au plus tard le 31 déc. Nancy, 12 juill. 1833, Troplong, n° 419.

20. Le locataire a un délai de huit jours s'il s'agit d'un logement au-dessous de 400 fr., et de quinze jours s'il paye un loyer plus élevé, après l'échéance du terme de sortie, pour rendre les clefs; ce délai de grâce est accordé par l'usage, pour avoir le temps de terminer d'enlever tous les meubles, et de faire faire les réparations locatives. Denisart, v° *Congé*.

Le délai sera de huit jours ou de quinze jours pour les appartements de 400 fr., selon que le délai du congé de ces appartements sera considéré comme étant de six semaines ou de trois mois. —V. *sup.* n° 6 et suiv.

21. Ces délais sont de pure faveur; ils ne peuvent entrer dans le calcul du temps qui doit séparer la signification du congé de la fin du bail. Duvergier, 2, n° 66; Troplong, 2, n° 420. —*Contrà*, Duranton, 17, 169.

Ils ne peuvent non plus augmenter le prix du loyer. Troplong, *ib.*

22. Le congé donné par un des co-propriétaires par indivis est valable, si celui dont il émane est censé agir au nom de tous les autres. Cette appréciation est laissée à la sagesse des tribunaux. Cass. 25 pluv. an 12, P. 3, 616; Douai, 6 fév. 1828, P. 21, 1140; Troplong, 2, n° 427.

23. Si au contraire, il est donné par un des locataires par indivis, il faut distinguer si les preneurs sont ou non solidaires. — Dans le premier cas, le congé n'a pas d'effet vis-à-vis des autres qui restent tenus de la location pour le tout. Cass. 19 avr. 1831, P. 23, 1468. — Dans le second, le congé est valable pour la portion louée par celui qui l'a signifié. Curasson , 1, 290 ; Troplong, 2, 238.

24. *Forme du congé*. Le congé peut être donné verbalement ou par écrit.

25. *Verbalement*. Ce mode est sujet à des inconvénients : l'une des parties pouvant nier le congé, et la preuve testimoniale n'étant pas admissible en cette matière , même lorsque le loyer annuel n'excède pas 150 fr. Arg. C. civ. 1715 ; Cass. 12 mars 1816, D. 16, 176 ; 15 nov. 1826, D. 27, 134 ; Toullier, 9, n° 36 ; Pigeau , 2, 449 ; Troplong, 2, 422 ; Curasson, 1, 289 ; Carou, 1, 190. — A moins qu'il n'existe un commencement de preuve par écrit. Duvergier, n° 491 ; Dalloz, *sup.*, v° *Louage*, n° 607.

26. Celui qui prétend avoir donné un congé verbal, accepté par l'autre partie, peut déférer à celle-ci le serment sur la vérité de son allégation ou la faire interroger sur faits et articles. Duranton, 17, n° 122 ; Duvergier, n° 490 ; A. Dalloz, n° 608.

Mais le juge ne peut déférer ce serment d'office. Curasson, 1, 290.

27. *Par écrit*. Il est valablement donné, soit par acte notarié, ou sous seing privé, soit par exploit d'huissier.

28. Lorsqu'il a lieu par acte sous seing privé, il doit être fait double : il a, en effet, le même caractère que le bail qu'il tend à dissoudre. Il constitue une convention synallagmatique qui ne peut être valable qu'autant qu'il y a un original pour chaque partie ayant un intérêt distinct. C. civ. 1325 ; Pigeau, *ibid.* Duvergier, 1, 492. — *Contrà*, Troplong, 2, 425.

Néanmoins, dans l'usage, l'on se contente le plus souvent de donner le congé sur la quittance du loyer du précédent terme ; mais ce mode présente des dangers pour le propriétaire qui ne se fait pas remettre un double de la quittance ; elle peut en effet être égarée ou supprimée par le locataire.

29. Le congé verbal ou sous seing privé n'a pas besoin d'être accepté. Duvergier, 1, 493 ; Troplong, 2, 423 ; Curasson, 1, 289 ; Caen, 26 janv. 1824, P. 18, 384 ; — *Contrà*, Duranton, 17, 122. — Il est prudent d'exiger cette acceptation, et tel est l'usage à Paris.

30. Quand le congé est donné par huissier, il est soumis aux règles prescrites pour les *exploits* en général. — V. ce mot.

La déclaration écrite de résiliation d'assurance est valablement remplacée par la déclaration insérée dans un exploit émané de l'huissier porteur de la police d'assurance. Rouen, 22 juill. 1843 ; 17 juin 1844 (Art. 2898 J. Pr.).

31. Il doit être signifié, soit au locataire, soit au propriétaire, à personne ou à domicile, lors même que ce domicile n'est pas aux lieux dont on veut faire cesser la location La loi ne contient pour ce cas aucune exception au principe général. Le système contraire entraînerait d'ailleurs des inconvénients, la partie qui ne serait pas à sa résidence pouvant n'avoir pas connaissance de congé; vainement on argumenterait d'une prétendue élection de domicile tacite; la loi ne la reconnaît que lorsqu'elle est expresse, et l'on ne saurait l'induire du seul fait de la location.

32. Le congé signifié, à la requête du propriétaire, au locataire, en parlant au portier est-il valable? — *Quid*, dans le cas inverse? — V. *Exploit*.

33. Si le preneur a cédé son bail, le congé peut être signifié par le bailleur au cessionnaire trouvé en possession des lieux. Nîmes, 26 frim. an 11, P. 3, 83. — Mais ce n'est qu'une faculté laissée au bailleur; le congé signifié au véritable preneur ne serait pas moins valable.

34. Il n'est pas nécessaire que le congé contienne assignation pour en voir prononcer la validité, et ordonner l'expulsion du locataire. Ce n'est que dans le cas où le bailleur prévoit l'opposition de la part de celui-ci à la fin du bail, qu'il devient utile pour lui de former cette demande. Le plus souvent elle a lieu à l'occasion d'une action en payement de loyers.

35. Si le locataire trouve le congé irrégulier ou donné hors du terme, il doit en proposer de suite la nullité. Son silence pourrait être regardé comme une approbation. Rolland, v° *Congé*, n° 34; Pigeau, 2, 414.

36. S'il s'élève entre le propriétaire et le locataire des contestations qui ne soient pas terminées au terme pour lequel le congé est donné, le juge, en les décidant, déclare le congé pour tel terme, bon pour tel autre. Pigeau, 2, 447. — Il peut ainsi proroger le délai fixé par le congé. Cass. 23 fév. 1814; Dev. 4, 539; Duvergier, 1, n° 487; Toullier, 9, 35.

37. Le juge de paix connaît sans appel, jusqu'à la valeur de 100 fr.. — et à la charge d'appel, lorsque les locations verbales ou par écrit n'excèdent pas annuéllement 400 fr. Loi 2 mai 1855 (5898), — des actions en payement de loyers, des congés, des demandes en résiliation de baux, fondées sur le seul défaut de payement des loyers, des expulsions de lieux et des demandes en validité de saisie-gagerie. Art. 3, L. 25 mai 1838 (Art. 1166 J. Pr.).

Ainsi, le juge de paix ne statue pas sur les contestations relatives à des baux d'une valeur supérieure à 400 fr. — V. *Juge de paix*.

38. Mais lorsque la location est d'une valeur inférieure, le juge de paix a une compétence illimitée en premier ressort, encore bien que par suite d'une accumulation de loyers arriérés, les sommes réclamées s'élevassent au delà de 400 fr. — Ainsi, un juge de paix incompétent à Paris pour statuer sur une demande en payement d'une somme de 500 fr. prix d'une année de loyer, pourrait connaître d'une demande en payement de 2,000 fr. pour cinq années de loyers.

39. Lorsque, la location étant de 500 fr. par an, le propriétaire réclame seulement un terme au locataire, c'est-à-dire une somme de 125 fr., le juge de paix peut en connaître, non pas en vertu de l'art. 3, mais bien en vertu de l'art. 1er L. 25 mai 1838, qui attribue juridiction d'une manière générale au juge de paix pour toutes les causes personnelles ou mobilières d'une valeur n'excédant pas 200 fr. — Mais alors le juge de paix se trouve apte à prononcer les condamnations sans pouvoir valider la saisie-gagerie, ni connaître de la demande en expulsion. — Il ne serait donc pas de l'intérêt du propriétaire de porter la cause devant lui.

40. Le droit accordé au juge de paix de prononcer la résiliation du bail (— V. *sup.*, n° 37), est restreint au cas où cette résiliation est provoquée pour défaut de payement de loyers : du moment où il s'agit d'interpréter le contrat et d'apprécier les conditions du louage, il y a nécessité de recourir aux trib. ordinaires, quelque modique que soit le prix de la location. Rapport de M. Gasparin à la chamb. des pairs. — *Contrà*, Colmar (6215).

41. Mais le juge de paix est compétent, s'il ne s'agit que de l'exécution du congé intervenu entre les parties. Carou, 1, 190.

42. Le juge de paix peut, dans les limites de sa juridiction, statuer sur la validité du congé, contesté soit quant à la forme soit quant au fond. Carou, 1, 189.

43. Le juge de paix compétent pour statuer sur la demande en validité de congé est celui du domicile du défendeur.

44. Il n'est pas besoin d'obtenir de jugement quand le congé a été convenu entre les parties, ou accepté par celle à laquelle il a été donné. Pigeau, 2, 249.

45. L'écriteau peut être placé par le propriétaire pendant le délai du congé. — Ou même avant, si le locataire donne plus tôt le congé. Debelleyme, *Ordonnances*, 2e édit. 347, note 2.

46. L'écriteau doit être d'une dimension convenable et placé dans un lieu apparent, mais le moins dommageable au locataire.

47. Le locataire est tenu de laisser voir les lieux dès que l'écriteau est régulièrement apposé.

Dans l'usage, la visite des lieux se fait de dix heures à quatre heures pour la ville. Debelleyme, 348, note 3.

Toutefois le président, en référé, peut fixer certains jours et certaines heures, suivant les circonstances. — Il concilie le droit et l'intérêt du propriétaire avec les convenances du locataire. Paris, 2e, 7 janv. 1824 ; 1re, 14 fév. 1834.

48. Quant au mode d'exécution du congé, il diffère suivant que le congé a été prononcé par jugement, ou convenu entre les parties.

Lorsque le congé a été prononcé par jugement, le jour où *l*e locataire doit quitter les lieux étant arrivé ; s'il s'y refuse, ou s*i* le bailleur l'empêche de sortir, chacune des parties peut faire mettre le jugement à exécution. Denisart, v° *Congé.*

49. Au contraire, quand le congé a été convenu entre *l*es parties, ou accepté par celle à laquelle il a été donné, si, *l*e jour arrivé, l'une d'elles refuse de tenir la promesse, on ne peut l'y contraindre en vertu de cette seule convention ; mais comme c'est un cas qui requiert célérité, l'adversaire a le droit de l'assigner en référé devant le juge de la situation du lieu, qui, sur le vu de l'acte contenant acceptation du congé ordonne par provision qu'il sera exécuté. Denisart, *ib.* ; Pigeau, *ib.* — V. *Référé.*

50. Si toutefois c'est le locataire qui se refuse à sortir des lieux, il est plus régulier de constater le refus par un procès-verbal de tentative d'expulsion avant d'assigner en référé ; par ce moyen la compétence du président des référés est fixée d'une manière plus précise ; il est alors appelé, suivant ses attributions, à statuer sur une contestation relative à l'exécution d'un acte.

Cette voie est plus économique et plus prompte pour le propriétaire que de faire prononcer la validité du congé par le trib. — Ces ordonn. s'exécutent le plus souvent sur la minute. — Telle est la jurisprudence du président du trib. de la Seine, confirmée par arrêts de la C. de Paris, des 4 fév., 26 avril 1820 ; 26 janv. 1821 ; 5 nov. 1822. —V. d'ailleurs *sup.*, n° 37.

51. La demande en expulsion doit être portée devant le juge de paix, s'il est compétent à raison de la valeur du loyer. Carou, 1, 197.

Il peut ordonner dans ce cas l'exécution provisoire. Arg. C. Pr. 135, 3° ; Carou, *ib.*

52. Si le propriétaire refuse d'exécuter le congé, le juge ordonne de laisser sortir le locataire avec tous les meubles garnissant les lieux.

Si c'est le locataire, il ordonne son expulsion, et permet, en cas de refus d'ouverture des portes, de les faire ouvrir par un serrurier, en présence du juge de paix, du commissaire de police ou du maire, en la manière accoutumée.

Lorsque les portes sont ouvertes, l'huissier fait commandement au locataire d'exécuter l'ordonnance, et, en cas de refus, il l'exécute en l'expulsant, et en mettant ses meubles sur le carreau. Pigeau, 2, 445. — V. *Expulsion.*

53. Si le locataire ne paye pas, on fait saisir et séquestrer ses meubles ; s'il paye, et ne fait point faire les réparations locatives, l'huissier dresse un état de ces réparations, et le somme de les faire faire sur-le-champ, ou de laisser somme suffisante à cet effet, et s'il refuse, on l'assigne en référé devant le juge qui l'y condamne par provision et ordonne que faute par lui d'obéir, ses meubles seront séquestrés, comme étant le gage de l'exécution du bail.

Le juge du référé peut refuser l'expulsion, si le locataire prétend qu'il y a bail ou promesse de bail, ou renonciation au congé; il faut que la contestation paraisse fondée. Le fait seul de la contestation ne suffirait pas pour empêcher le juge de statuer, à cause de l'urgence.

54. Jugé que si le locataire, auquel un congé régulier a été signifié, refuse de sortir, le propriétaire peut, sans faire ordonner l'expulsion, enlever les portes et clôtures de l'appartement et le forcer ainsi à vider les lieux. Arg. C. civ. 544 et 1719. Nancy, 7 août 1834; Troplong, n°s 435 et s. Douai, 19 av. 1858 (6742).

55. *Enregistrement.* Le congé est soumis au droit fixe de 1 fr. lorsqu'il est fait par acte notarié ou signature privée. L. 22 frim. an 7, art. 58, n° 51.

Il est passible du droit de 2 fr. quand il a lieu par exploit d'huissier. L. 28 avr. 1816, art. 43.

56. Si le congé, convenu à l'amiable, fait cesser la jouissance avant l'époque fixée par le bail, il produit l'effet d'une rétrocession : le droit proportionnel est dû sur les années restant à courir.

Formules.

FORMULE I.

Congé par acte sous seing privé

Entre les soussignés
M.   (*noms, prénoms, qualité et demeure*),   d'une part,
Et M.   (*id.*),   d'autre part,
A été fait et arrêté ce qui suit.
M.   , donne par ces présentes congé à M.
qui l'accepte pour le terme de   , de l'appartement par lui occupé
dans la maison dudit   , rue   , s'engageant.
M.   , à sortir des lieux loués à l'époque ci-dessus énoncée.
à justifier du payement de ses contributions, à faire les réparations locatives
à sa charge, et à remplir toutes les obligations d'un locataire sortant.
Fait double entre les parties, le

                                   Signatures des parties.

FORMULE II.

Exploit de congé.

(C. civ. 1736. — Tarif, 29. — Coût, 2 fr. orig., 50 c. copie.)

L'an   , j'ai   , signifié et déclaré à
—V. *Exploit.*)
Que le requérant donne congé audit sieur   , des
lieux qu'il occupe en ladite maison, sise à   , pour le
terme du
A ce qu'il n'en ignore, et ait en conséquence à vider les lieux à lui
loués pour ladite époque, faire place nette, les réparations locatives, jus

tiher du payement de ses impositions , payer les loyers par lui dus , remettre les clés , et.satisfaire généralement à toutes les obligations d'un locataire sortant : je lui ai, en son domicile susdit, en parlant comme dit est, laissé , sous toutes réserves , copie du présent, dont le coût est de

(*Signature de l'huissier.*)

—V. d'ailleurs *Expulsion des lieux* , *Saisie-gagerie.*

CONNAISSEMENT. Reconnaissance écrite que doit faire le capitaine d'un navire des marchandises qu'il se charge de transporter.

1. Le connaissement doit être fait en quatre originaux. C. Com. 226 et 282.

2. Si lors de la vérification, des difficultés s'élèvent sur l'état des marchandises, cet état peut être constaté par des experts nommés par le président du tribunal du commerce, ou à son défaut par le juge de paix et par ordonnance au pied d'une requête. C. Com. 106. — V. *Expertise.*

3. *Timbre.* Les connaissements doivent être sur papier timbré. — On peut employer pour cet usage des timbres de toute dimension. Déc. 3 janv. 1809 ; Instr. gén., 6 mars suivant.

4. *Enregistrement.* Les connaissements sont soumis lors de leur enregistrement à un droit fixe de 3 fr. par individu à qui les marchandises chargées sont adressées. L. 28 avril 1816, art. 44, n° 6. — Ils ne sont en aucun cas soumis au droit proportionnel ; lors même qu'ils auraient pour objet des sommes d'argent, ils ne peuvent être assimilés à des obligations de sommes. Délibér. 10 nov. 1824.

5. L'endossement d'un connaissement n'est soumis à aucun droit. L. 22 frim. an 7, art. 70, § 3, n° 13.

6. Les porteurs et souscripteurs des connaissements non timbrés et non enregistrés sont solidaires pour le payement des amendes ou doubles droits auxquels la contravention peut donner lieu. L. 28 avril 1816, art. 75.

CONNEXITÉ. État de deux affaires qui , par leurs rapports, nécessitent un jugement commun. — V. *Action*, n° 79 ; *Exception.*

CONSCRIPTION. — V. *Avoué*, n° 17.

CONSEIL *de discipline.* — V. *Discipline.*

CONSEIL *d'état.* Réunion de magistrats élus par l'Assemblée nationale pour donner leur avis sur tout ce qui intéresse l'administration de l'état et particulièrement sur les affaires contentieuses dont la connaissance est attribuée à l'autorité administrative. — V. *Compétence administrative.*

CONSEIL *de famille* (1). Assemblée de parents ou d'amis réu-

(1) Cet article lors des deux premières éditions a été confié à M. Martin Saint-Ange, vice président au tribunal civil de Melun.

nis sous la présidence du juge de paix, pour délibérer sur ce qui intéresse la personne ou les biens d'un mineur, d'un interdit ou d'un absent. On appelle *avis de parents* la délibération du conseil de famille.

Table sommaire.

Pouvoir discrétionnaire, 28.
Président, 36.
Prise à partie, 66.
Procès, 14.
Procès-verbal, 62, 86.
Protestation, 62.
Publicité, 47.
Recours, 56 et s.
Règlement de juges, 32.
Renonciation, 16, 48.
Résidence, 8.
Responsabilité, 55, 66.
Retard, 80.
Séparation de corps, 43.
Serment, 87.
Sexe, 11.

Sœur, 3, 25.
Sommairement, 69.
Subrogé-tuteur, 19, 29, 59, 65, 79,
Succession, 48,—bénéficiaire, 73.
Timbre, 86.
Transaction, 48, 72, 84. —juris-
consulte.
Tribunal, 51 et s, 58. — correc-
tionnel, 15.
Tutelle légale; 16, 30 et s. — offi-
cieuse, 48.
Tuteur, 32, 59, —honoraire, 88.
Unanimité, 56, 60.
Vente immobilière, 88.
Veuve, 3, 22.
Voix prépondérante, 36.

DIVISION.

§ 1. — *Composition, convocation et délibération.*
§ 2. — *Attributions du conseil de famille.*
§ 3. — *Mode de se pourvoir contre les délibérations.*
§ 4. — *Homologation des délibérations.*
§ 5. — *Timbre et Enregistrement.*
§ 6. — *Formules.*

§ 1. — *Composition, convocation et délibération.*

1. *Composition.* Le conseil de famille se compose du juge de paix et de six personnes prises, moitié parmi les parens ou alliés du côté paternel, moitié parmi les parents ou alliés du côté maternel, en suivant l'ordre de proximité, pour empêcher l'influence d'une ligne sur l'autre, C. civ. 407.

2. Le nombre des membres du conseil ne peut excéder celui de six, sans compter le juge de paix. C. civ. 407.

3. Sont seuls exceptés de cette limitation les frères germains du mineur ou de l'interdit, et les maris des sœurs germaines. C. civ. 408. — (Il en est autrement des descendants des frères germains. — Colmar, 14 juill. 1836, P. 28, 434. — *Contrà*, Arg. Cass. 16 juill 1810, Dev. 3, 214. — S'ils sont six ou au delà, ils sont tous membres du conseil de famille, qu'ils composent seuls avec les ascendantes veuves et les ascendants valablement excusés, s'il y en a. C. civ. 408.

4. Les parents doivent être pris tant dans la commune où la tutelle est ouverte, que dans la distance de deux myriamètres, afin que les intérêts du pupille ne souffrent pas du retard qu'occasionnerait l'éloignement des autres parents. C. civ. 407.

5. Lorsqu'il ne se trouve pas sur les lieux, ou dans la distance de deux myriamètres, un nombre suffisant de parents ou alliés de l'une des deux lignes, le juge de paix appelle, soit des parents ou alliés domiciliés à de plus grandes distances, soit dans la com-

mune même, des citoyens connus pour avoir eu des relations habituelles d'amitié avec le père ou la mère du mineur. C. civ.
409. — V. 5677, 5903, 6071, 6323, 6698.

6. Le droit d'appeler des amis n'appartient qu'au juge de
paix ; — et non pas à la personne qui a requis la convocation du
conseil de famille. — Paris, 7 flor. an 13 ; — Besançon, 9 avr.
1808. — Dev. 2, 43, 376.

7. Toutefois il suffit que le juge de paix ait agréé les amis qui
lui sont présentés. Colmar, 14 juill. 1836, P. 28, 434.

8. Les amis qui ne résident pas dans la commune où s'assemble
le conseil, peuvent se faire excuser.

9. Le juge de paix a le droit, lors même qu'il y a sur les lieux
un nombre suffisant de parents ou alliés, de permettre de citer, à
quelque distance qu'ils soient domiciliés, des parents ou alliés plus
proches en degrés, ou de même degré que les parents ou alliés présents ; de manière toutefois que cela s'opère en-retranchant quelques-uns de ces derniers, et sans excéder le nombre de six. C. civ.
410.

10. Les parents plus proches, domiciliés hors du rayon de deux
myriamètres, ne peuvent le forcer à les admettre au conseil.
Rouen, 29 nov. 1816, S. 17, 76. — *Contrà*, Besançon, 26 août
1808, S. 7, 865.

11. Les membres du conseil, autres que la mère et les ascendantes, doivent être mâles et majeurs. C. civ. 442.

12. Ils comparaissent en personne ou par un mandataire spécial, qui ne peut représenter plus d'une personne (412), afin
qu'il y ait toujours six votants. — V. toutefois *Colonies*, n° 75.

Le pouvoir avec mandat impératif est nul. Rouen trib., 26
janv. 1860 (7225). — V. Bordeaux (5075).

13. Un membre du conseil ne peut assister à la fois, comme
membre et comme représentant d'un autre membre. Turin, 20
févr. 1807, S. 7, 652.

14. Tout individu qui a été exclu ou destitué d'une tutelle ne
peut être nommé membre d'un conseil de famille (C. civ. 445)
dans cette tutelle : mais il peut l'être en certains cas dans une autre :
par exemple, s'il n'a été exclu qu'à l'occasion d'un procès avec le
mineur. — L'art. 445 C. civ. est limitatif et non démonstratif.
Besançon, 26 août 1808, S. 7, 865 ; Toullier, 2, n°s 1169, 1171 ;
— Mais V. Cass. 21 nov. 1848 (Art. 4221 J. Pr.)

15. La condamnation à une peine afflictive ou infamante emporte de plein droit l'exclusion ou la destitution de membre du
conseil de famille. C. civ. 443.

Le tribunal correctionnel peut aussi, dans certains cas, interdire
l'exercice du droit de vote et de suffrage dans les délibérations du
conseil de famille. C. pén. 42 et 43.

16. La renonciation à une tutelle légale, ou l'inconduite, ne sont pas toujours des motifs d'exclusion. Besançon, 26 août 1808, — V. *étranger* ; Paris, 21 mars 1861 (7461).

17. Peuvent être appelés à composer le conseil :

1° L'époux remarié qui a des enfants de sa première femme. Cass. 16 juill. 1810, P. 8, 462. — Peu importe qu'il n'existe pas d'enfant issu du premier mariage. Cass. 24 fév. 1825; Dev. 8, 58 ; Chauveau sur Carré, n° 341. — *Contrà*, Arg. Cass. 16 juil. 1810 , P. 8, 463 ; — Duranton, 3, 458; Arg.C. civ. 206; C. pr. 378. — V. *Alliance*, n° 4.

18. 2° Ceux qui ont donné précédemment leur avis sur l'objet de la délibération. Paris, 27 janv. 1820, S. 20, 293.

19. 3° Le subrogé-tuteur, lorsque les intérêts du pupille ne sont pas en opposition avec ceux du tuteur. Cass. 3 sept. 1806; — V. 5479, 5482; Lyon, 10 nov. 1860 (7417).

20. 4° Le parent qui provoque la destitution du tuteur. Cass. 12 mai 1830, S. 30, 326.

21. Le juge de paix et les membres qui ont pris part aux délibérations d'un premier conseil, dont les opérations ont été annulées, ne sont point exclus du conseil convoqué pour réparer ces irrégularités. Cass. 13 oct. 1807, P. 6, 315; Paris, 7 flor. an 13, Dev. 2, 30; 27 janv. 1820, S. 20, 293; Toullier , n° 1169.

22. Jugé que la veuve peut être comptée au nombre des six parents dont la convocation est nécessaire pour former le conseil de famille qui doit décider si la tutelle lui sera conservée en cas de convol. Bordeaux, 17 août 1825, P. 19, 811. — Et qu'elle n'est pas exclue du conseil de famille, par cela seul qu'elle est destituée de la tutelle pour ce motif. Bruxelles, 30 mai 1810, D. 3, 283.

23. Il est peu convenable qu'un fils soit appelé à décider si son père doit être exclu , pour cause d'incapacité , de la tutelle de ses enfants mineurs ; mais ce n'est pas là une cause de nullité de la délibération. Cass. 16 déc. 1829, S. 30, 156.

24. Le conseil de famille appelé à délibérer sur les intérêts d'un enfant naturel est composé d'amis ; les parents du père ou de la mère ne le sont point de l'enfant. Cass. 3 sept. 1806. S. 6, 474 ; 7 juin 1820, S. 20, 366 ; Toullier, t. 2, p. 326.

25. L'enfant naturel reconnu est considéré par la loi comme étant uni par un lien civil , non-seulement avec le père et la mère, qui l'ont reconnu, mais encore avec ses frères (et sœurs) naturels et ses frères (et sœurs) légitimes, en sorte qu'à son égard on n'appellera les amis qu'à défaut de son père ou de sa mère et de ses frères naturels et légitimes. Arg. C. civ. 766.

26. Les enfants admis dans les hospices, à quelque titre et sous quelque dénomination que ce soit, sont sous la tutelle des commissions administratives de ces maisons, lesquelles désignent un de leurs membres pour exercer, le cas advenant, les fonctions de tuteur ; les autres membres forment le conseil de tutelle. L. 15 pluv. an 13, art. 1 ; décr. 19 janv. 1811, art. 15.

27. Si l'enfant abandonné est confié à une personne qui s'engage formellement à se charger de lui et qui en fait la déclaration devant la municipalité du lieu où l'enfant a été trouvé (C. pén. 347-2°), cette personne exerce une sorte de tutelle officieuse.

28. La loi ne prononce pas expressément de nullité pour les contraventions aux règles sur la composition ou la convocation des conseils de famille ; elle laisse en général aux trib. la faculté de décider si les circonstances impriment à ces contraventions un caractère de gravité suffisant pour entraîner la nullité des actes où elles ont été commises. Agen, 10 déc. 1806, P. 5, 582 ; Riom, 25 nov. 1828, S. 29, 118 ; Cass. 30 avr. 1834 ; Rennes, 2 fév. 1834, Rej. 1er avril 1856, 19 juill. 1858 (6254, 6920),

Ainsi la délibération d'un conseil de famille, dans la composition duquel le parent n'a pas été préféré à l'allié du même degré, peut n'être pas annulée. Cass. 22 juill. 1807 ; P. 6, 220.

Toutefois, la nullité a été prononcée dans plusieurs cas. Turin, 10 avr. 1811, S. 12, 281 ; Lyon, 15 fév. 1812, S. 13, 289 ; Colmar, 27 avr. 1813, S. 14, 48 ; Angers, 29 mars 1821, S. 21, 260 ; Rouen, 7 avril 1827, S. 27, 196 ; Toulouse, 5 juin 1829, pour inobservation des distances. Caen, 30 août 1847, art. 4132.

Mais il n'y a évidemment pas nullité si le parent le plus proche, non convoqué, était inconnu lors de la convocation du conseil. Bruxelles, 15 mars 1806, S. 7, 866.

29. *Mode de convocation.* Le conseil de famille est convoqué, soit sur la réquisition et à la diligence des parents du mineur, de ses créanciers ou autres intéressés, soit même d'office, et à la poursuite du juge de paix compétent (— V. *inf.*, n° 30). Toute personne peut dénoncer au juge de paix le fait qui donne lieu à la nomination du tuteur. C. civ. 406.

Le ministère public n'a pas le droit de requérir d'office la convocation du conseil de famille, ni de provoquer la nullité de la délibération. Cass. 27 frim. an 13, P. 4, 202 ; 11 août 1818 ; Orléans, 23 fév. 1837 (Art. 944 J. Pr.).

Mais il peut prévenir le juge de paix des faits qui sont à sa connaissance, et l'engager à convoquer le conseil de famille.

S'il s'agit de destituer le tuteur, le conseil de famille est convoqué par le subrogé tuteur ou par le juge de paix. C. civ. 446.

30. Le domicile du mineur, au moment de l'ouverture de la première tutelle, détermine la compétence du juge de paix pendant la tutelle, pour le remplacement du premier tuteur décédé, ou pour toute autre cause : l'art. 406 C. civ. expliqué par l'art. 407 en ordonnant la convocation du conseil de famille à la diligence du juge de paix du domicile du mineur, dans le lieu où la tutelle s'est ouverte déroge pour les cas où il y a lieu à la nomination d'un tuteur à l'art. 108 même Code, d'après lequel le mineur a son domicile chez son tuteur. Cass. 29 nov. 1809, P. 7, 889 ; 23 mars 1819, S. 19, 325 ; Rennes, 3 août 1818, P. 14, 1023 ; Toullier, 2, n° 1114 ; Duranton, 3, n° 453 ; Berriat, 678, note ; Delvincourt, 1, 431 ; Magnin, *des Minorités*, n° 78 ; — peu importe le changement de domicile du tuteur.

Il en est ainsi lors même qu'il s'agit d'une tutelle légale, et qu'après une première convocation au lieu de l'ouverture de la tutelle pour la nomination d'un subrogé tuteur, il est nécessaire de procéder au remplacement de ce subrogé tuteur ; si la composition du conseil de famille devait varier suivant les divers domiciles que pourraient prendre successivement les tuteurs, il s'en suivrait l'inconvénient grave de soustraire les tuteurs à la surveillance naturelle du véritable conseil de famille, et de livrer le mineur à l'arbitraire de conseils étrangers à sa personne et indifférents à ses intérêts. Vainement on objecte que l'amour des parents est une garantie contre les inconvénients que l'on pourrait craindre d'un changement de domicile. Puisque la loi même, dans le cas de tutelle légale, exige l'intervention du conseil de famille, il faut que la composition en soit sérieuse. Cass. 11 mai 1842, Dev. 42, 661. — *Contrà*, Cass. 10 août 1825, S. 26, 139 ; Bordeaux, 16 fév. 1841 (Art. 1947 Pr.) ; Toullier, *ib.* ; Duranton, 3, n° 453. — Suivant ce dernier auteur, les art. 406 et 407 ne sont applicables, même au cas de tutelle dative, qu'à la première nomination. — Celles qui peuvent devenir nécessaires par la suite, doivent être faites au domicile du tuteur qu'il s'agit de remplacer. Art. 3497.

31. Jugé que s'il s'agit de donner au tuteur (légal) une autorisation qui lui est nécessaire, on rentre sous l'empire de l'art. 108 C. civ, et que le conseil de famille doit être convoqué au domicile du tuteur. Cass. 4 janv. 1842, Dev. 42, 245. — *Contrà*, trib. Seine, 26 juill. 1839 ; Paris, 2ᵉ ch., 14 août 1839. Arg. motifs Cass. 11 mai 1842.

32. Si deux tuteurs ont été nommés à un même mineur par deux juges de paix différents, — l'action de l'un des tuteurs contre l'autre pour le faire renoncer à la tutelle est valablement portée devant le trib. d'où ressortit le juge de paix qui a présidé à la nomination de ce dernier. Cass. 18 juill. 1826, P. 20, 699 ; Carré, n° 1320 *bis*. — Mais il n'y a pas lieu de se pourvoir en règlement de juges : cette voie n'est ouverte qu'en matière contentieuse. *Même arrêt.*

Décidé que lorsqu'un jugement, commettant un juge de paix étranger au domicile du mineur pour présider le conseil de famille, a été exécuté sans contestation, on ne peut plus demander l'annulation de la délibération de ce conseil, sur le motif qu'il

aurait dû être présidé par le juge de paix du domicile du mineur.
Metz, 20 avr. 1820, S. 21, 339.

33. C'est chez le juge de paix, ou dans le lieu et à l'heure par
lui indiqués, que le conseil de famille doit s'assembler.

34. Si les parents ne sont pas sur les lieux, ou ne veulent pas
comparaître volontairement, ils sont assignés de manière qu'il y
ait toujours, entre la citation notifiée et le jour indiqué pour la
réunion du conseil, un délai de trois jours au moins, quand toutes
les parties résident dans la commune, ou dans la distance de trois
myriamètres. Lorsque, parmi les parents cités, il s'en trouve de
domiciliés au delà de cette distance, le délai doit être augmenté
d'un jour par trois myriamètres. C. civ. 411.

35. Tout parent, allié ou ami, convoqué en conseil de famille,
et qui, sans excuse légitime, ne comparaît point, encourt une
amende qui ne peut excéder 50 fr., et qui est prononcée, sans appel, par le juge de paix.

En cas d'excuse suffisante, s'il convient d'attendre ou de remplacer le membre absent, le juge de paix peut ajourner l'assemblée
ou la proroger. C. civ. 413, 414.

36. *Délibération.* Le conseil de famille est présidé par le juge
de paix, qui a voix délibérative et prépondérante en cas de partage. C. civ. 416.

37. La présence des trois quarts au moins des membres convoqués est nécessaire pour la délibération. C. civ. 415.

Toutefois, il n'est pas nécessaire que les trois quarts des membres délibèrent. Il suffit qu'ils soient présents. Bruxelles, 15 mars
1806, P. 5, 228.

38. Le vœu de la loi est rempli lorsqu'il a été convoqué trois
parents de chaque ligne devant le juge de paix, quoique l'un des
parents réunis n'ait pu prendre part à la délibération. Rouen, 17
nov. 1810, P. 8, 648.

Mais il en est autrement, si l'un des membres convoqués a été
dispensé à l'avance. Agen, 26 mars 1810, P. 8, 207; Duranton,
3, 457, note.

39. La majorité absolue des suffrages est indispensable pour
former la délibération. Bruxelles, 15 mars 1806; Metz, 16 fév.
1812, S. 12, 389; Delvincourt, 1, 435, note 1; Duranton, 3,
n° 466. — *Contrà*, Toullier, 2, n° 1121. — A peine de nullité.
Aix, 10 mars 1840 (Art. 1820 J. Pr.).

40. La délibération est nulle, si le juge de paix n'y a pas concouru. Bordeaux, 21 juill. 1808, P. 7, 36; Aix, 10 mars 1840,
D. 40, 239; Pigeau, 2, 403, note.

41. Toutefois si le conseil de famille est consulté pour qu'il
donne son avis sur l'état de la personne dont on demande l'interdiction ou pour laquelle on sollicite un conseil judiciaire, le juge

de paix est admis à ne pas donner son avis, lorsqu'il ne connaît pas le défendeur. Caen, 20 juill. 1842 (Art. 2938 J. Pr.).

42. L'amende que l'art. 413 C. civ. autorise le juge de paix à prononcer contre le parent, allié ou ami, qui, convoqué à un conseil de famille, ne comparaît point, ne peut être appliquée au parent, allié ou ami, qui a comparu, mais qui a refusé de délibérer, sous prétexte de l'irrégularité de la composition du conseil de famille. Cass. 10 déc. 1828, S. 29, 320.

43. Toutes les fois que les délibérations ne sont pas unanimes, l'avis de chacun des membres doit être mentionné dans le procès-verbal (C. pr. 883). — Rej. 25 nov. 1847 (6799).

Même lorsque la délibération n'est pas sujette à homologation : En effet, toute délibération peut être attaquée devant les trib., et il importe qu'ils soient à même de connaître l'avis le plus utile au mineur. Angers, 6 août 1819, Dev. 6, 124. — *Contrà*, Metz, 16 fév. 1812, S. 12, 389; Paris, 6 oct. 1814, S. 15, 215.

Mais il n'est pas, en général, nécessaire d'exprimer au procès-verbal les motifs des différents avis émis par les membres du conseil. — Lors même qu'il s'agit d'enlever la tutelle à la mère qui se remarie. Cass. 17 nov. 1813, S. 14, 74; — ou de confier à la mère la garde des enfants, par suite de séparation de corps. Paris, 11 déc. 1821, P. 16, 1007.

Il n'y a d'exception à cette règle que dans le cas où la délibétion a pour objet la destitution du tuteur. C. civ. 447.

44. La nomination d'un tuteur, faite en son absence, lui est notifiée, à la diligence du membre de l'assemblée désigné par elle, dans les trois jours de la délibération, outre un jour par trois myriamètres de distance entre le lieu où s'est tenue l'assemblée et le domicile du tuteur. C. pr. 882.

Cette notification fait courir les délais dans lesquels le tuteur peut proposer ses excuses. C. civ. 439.

Elle est nécessaire lors même que le tuteur a été représenté par un mandataire au conseil de famille qui l'a nommé, si le mandat ne contient pas pouvoir de proposer ses excuses dans le cas où il serait nommé tuteur. Carré, art. 882; Locré, C. civ. 1, 200. — *Contrà*, Demiau, art. 882.

45. Le membre du conseil qui néglige de faire la notification dont il a été chargé, peut être condamné à des dommages-intérêts, s'il en résulte un préjudice pour le mineur. Carré, *ib.*

46. Toute partie intéressée peut, à défaut de celui qui a été désigné par le conseil, faire faire cette notification. Arg. C. civ. 406; Carré, *ib.*

47. Les minutes des actes émanés des conseils de famille n'appartiennent pas à la publicité : — Les greffiers de justice de paix ne doivent pas en délivrer expédition à ceux qui n'y ont pas été parties. Cass. 30 déc. 1840 (Art. 1858 J. Pr.).

§ 2. — *Attributions du conseil de famille.*

48. Le conseil de famille a de nombreuses attributions, savoir :

La nomination des tuteurs, subrogés tuteurs, cotuteurs et curateurs (C. civ. 395, 405, 480);

Leur destitution ou leur exclusion (*id.* 446);

Le consentement à donner pour la tutelle officieuse (*id.* 361);

La confirmation du tuteur élu par la mère remariée qui a été maintenue dans la tutelle (*id.* 400);

La fixation des dépenses du mineur et les frais d'administration (*id.* 454);

La fixation de la somme à laquelle commence pour le tuteur l'obligation d'employer l'excédant des revenus (*id.* 455);

L'autorisation à donner au tuteur pour prendre à terme ou acheter les biens du mineur (*id.* 450); — aliéner ou hypothéquer les mêmes biens (*id.* 467); — accepter ou répudier les successions ou donations (*id.* 461, 463); — introduire une action relative aux droits immobiliers du mineur, ou y acquiescer (*id.* 464); — provoquer un partage *id.* 465, 817); — transiger (*id.* 467); — faire détenir le mineur par voie de correction (*id.* 468);

L'émancipation, dans certains cas (*id.* 478);

La révocation de l'émancipation (*id.* 485);

La réduction de l'hypothèque légale du mineur (*id.* 2141, 2143);

Les consentement, avis ou autorisation pour les mariages des mineurs (*id.* 160); — l'opposition à y former (*id.* 175); — l'interdiction (*id.* 494); — la nomination d'un conseil judiciaire (*id.* 514); — celle d'un administrateur provisoire aux biens de l'*aliéné*. L. 30 juin 1838, art. 32. — V. ce mot, n° 12; — pour la sortie d'une personne mise dans un établissement d'aliénés. (*ib.* art. 14); — sur le règlement des conventions matrimoniales des enfants d'un interdit (*id.* 511);

Enfin il délibère sur tous les actes qui ne sont pas d'une administration ordinaire. — V. *Absence*, *Mineur*, *Interdiction*, *Licitation*, *Partage*, *Vente*. — 5703, 5751, 7067.

49. Mais il commet un excès de pouvoir, lorsqu'il statue sur les contestations élevées entre le tuteur et le subrogé tuteur, relativement aux comptes de tutelle. Arg. C. civ. 473; Turin, 5 mai 1810, P. 8, 289.

50. Le conseil de famille ne peut nommer un tuteur à temps ou sous condition. Toullier, n° 1105.

51. Le trib. qui, après avoir destitué un tuteur, en désignerait un autre, sortirait de la limite de ses pouvoirs. Montpellier, 9 prair. an 13, P. 4, 571.

52. Le tuteur règle le mode d'éducation du pupille.

Toutefois le trib. peut, sur la demande des parents représentés par le subrogé tuteur, et lorsqu'il y a opposition entre les intérêts du tuteur et ceux du mineur, déterminer lui-même l'éducation qu'il convient de donner au mineur. Turin, 9 déc. 1808 (6575).

53. Les parents sont quelquefois appelés à donner leur avis, sans être constitués en conseil de famille.

Ainsi la mère survivante et non remariée ne peut faire détenir son enfant que sur l'avis des deux plus proches parents paternels. C. civ. 381.

L'hypothèque générale de la femme sur les immeubles de son mari ne peut être réduite qu'après avoir pris l'avis de ses quatre plus proches parents. C. civ. 2144.

54. Les tribunaux ont le droit d'ordonner des assemblées de famille, pour délibérer sur les affaires qui leur sont soumises. Cass. 10 mars 1813, Dev. 4, 295.

55. *Responsabilité.*—Dans l'ancienne jurisprudence les parents étaient considérés comme les cautions du mineur. L. 4, § ult. D. *de fidejuss. tut.* — et répondaient de sa solvabilité.

Aujourd'hui les membres du conseil de famille ne sont plus responsables de la gestion du tuteur qu'ils ont nommé de bonne foi. Leroy, *Rapport au tribunat*; Toullier, t. 2, n° 1119. — à moins que leur faute ne puisse être assimilée au dol, par exemple s'ils ont choisi un individu notoirement insolvable, un homme de mauvaise conduite ou en état de faillite. Arg. C. civ. 1382 et 1383. Duranton, 3, n° 473.

§ 3.—*Mode de se pourvoir contre les délibérations.*

56. Si la délibération n'a pas été unanime, elle peut être attaquée devant les tribunaux. C. pr. 883.

57. Peu importe que la délibération soit ou non sujette à homologation. Paris, 24 avr. 1837; Agen, 24 déc. 1860 (7438). -

Ainsi jugé à l'égard d'une délibération relative au règlement des conventions civiles du mariage d'un mineur. *Même arrêt.*

58. Les délibérations du conseil de famille peuvent être réformées ou modifiées par le trib. de 1re inst. Angers, 6 août 1819. P. 15, 472.

Elles ne sont pas susceptibles d'être attaquées *de plano*, par la voie de l'appel. Le juge de paix qui préside le conseil de famille, ne fait pas un acte de juridiction, et ce conseil ne saurait être considéré comme un tribunal. Cass. 15 vent. an 13; Rennes, 31 août 1818 ; Cass. 18 juill. 1826, P. 14, 1023 ; 20,699. Carré, art. 883.

59. Le droit de se pourvoir appartient : 1° aux tuteur, subrogé tuteur ou curateur, même aux membres de l'assemblée. C. pr. 883.

60. 2° Aux personnes qui n'ont point été appelées à la délibération, mais qui auraient dû l'être; quand même l'avis aurait été unanime. Paris, 24 avr. 1837 (Art. 824 J. Pr.); Carré art. 883.

61. 3° A toute personne intéressée : l'art. 883, C. pr., n'est point limitatif.

Tel serait, par exemple, le défendeur à une action immobilière, intentée par un tuteur avec l'autorisation du conseil de famille. Bruxelles, 26 juill. 1831, P. 24, 77 ; Carré, n° 2995.

62. L'annulation de la délibération, motivée sur la composition irrégulière du conseil, est valablement demandée par un des membres de l'assemblée qui n'aurait pas fait rédiger séparément son avis, ni insérer au procès-verbal aucune protestation. Liége, 4 janv. 1811, S. 11, 333; Lyon, 15 fév. 1812, Colmar, 27 avr. 1813, Dev. 4, 37 et 297. — V. *Acquiescement*, n° 22.

63. Jugé que si le tuteur, qui doit toujours être appelé à la délibération ayant pour objet de prononcer sur son exclusion ou sa destitution (C. civ. 447), adhère à la délibération, il en est fait mention, et le nouveau tuteur entre de suite en fonctions. C. civ. 448. Son silence est considéré comme une adhésion, et le rend non recevable à se pourvoir contre la délibération. Bruxelles, 18 juill. 1810, P. 8, 471; Lyon. 30 nov. 1837, P. 1838, 1,215.

64. La demande est intentée contre les membres qui ont été de l'avis de la majorité. C. pr. 883.

65. Le tuteur exclu ou destitué doit former sa demande contre le subrogé tuteur, et non contre les membres du conseil qui ont été d'avis de lui enlever la tutelle (— V. *inf.*, n° 83.) — L'art. 883 C. pr. ne statue que pour les cas ordinaires, et ne déroge pas à l'art. 448 C. civ. Ceux qui ont requis la convocation du conseil de famille, ont seulement le droit d'intervenir dans l'instance. C. civ. 449; Carré, art. 883; Berriat, p. 679, note 3 ; Demiau, art. 883 ; Arg. Paris, 6 oct. 1814, S. 15, 215.—*Contrà*, Toullier, 2, 419.

M. Proudhon approuve l'une et l'autre marche.

66. La demande ne peut être dirigée contre le juge de paix: il n'agit qu'à raison de ses fonctions, et la loi ne rend le juge responsable que lorsqu'il est coupable de fraude ou de dol. Cass. 29 juillet 1812, P. 10, 603. — V. *Prise à partie.*

67. Le trib. civ. compétent est celui dans l'arrondissement duquel l'assemblée a eu lieu : il ne s'agit que de l'exécution du procès-verbal émané du juge de paix qui l'a présidée.

68. Il n'y a pas lieu au préliminaire de conciliation. C. pr. 883.

69. L'ajournement est donné en la forme ordinaire, avec copie de la délibération attaquée. — V. *Ajournement.*

La cause est jugée sommairement. C. pr. 884.

70. Si le demandeur succombe, le trib. *peut* le condamner personnellement aux dépens, — ou les compenser. Rennes, 31 août 1818, P. 14, 1023 ; — ou ordonner que les frais seront employés en dépenses d'administration. Carré, *ib.* ; Toullier, 2, 419 ; Locré, C. pr., t. 2, p. 207 ; Thomine, 2,497.—*Contrà*, Sudraud-Desisles, p. 226, n° 728.

71. La condamnation aux dommages-intérêts est personnelle ; elle reste à la charge de ceux qui les ont encourus.

§ 4. — *Homologation des délibérations du conseil de famille.*

72. L'homologation du trib. est indispensable : — 1° lorsqu'il s'agit d'aliéner et d'hypothéquer les immeubles d'un incapable, ou d'emprunter pour lui. C. civ. 448, 457, 458, 467, 509.

2° Quand le tuteur n'adhère pas à la délibération qui le destitue : C. civ. 448.

3° Pour valider la transaction faite par le tuteur au nom du mineur. C. civ. 467.

4° Pour la constitution de la dot de l'enfant d'un interdit. C. civ. 511. — V. Angers, 19 juin 1851 (4979, 5680).

73. Les délibérations d'un intérêt moins grave, par exemple, celles contenant nomination de tuteur, subrogé tuteur ou curateur, ou autorisation d'accepter une succession sous bénéfice d'inventaire, sont dispensées de cette formalité. Metz, 24 brum. an 12 ; Paris, 6 oct. 1814 ; Toulouse 11 juin 1829, S. 30, 15.

Mais l'homologation est nécessaire, même pour les délibérations de cette nature, toutes les fois qu'un membre du conseil y forme opposition. C. civ. 448 ; Angers, 6 août 1819, Dev. 6, 124.

74. Le trib. est saisi, par assignation, de la demande en homologation. Lorsqu'il s'agit de destitution du tuteur qui proteste, on fait homologuer la délibération contradictoirement avec lui.

Toutefois, si la déclaration a été notifiée au tuteur avec sommation d'acquiescer ou de s'opposer à son homologation, et si, en réponse à cette notification, il a constitué avoué, en déclarant refuser d'acquiescer à cette délibération, on peut obtenir jugement contre lui ; la signification qu'il a faite peut être considérée comme une intervention, et il ne peut opposer, en appel, que le jugement a été rendu sans qu'il ait été régulièrement assigné. Rennes, 4 juin 1835 (Art. 279 J. Pr.).

75. Quand il y a lieu à homologation, l'expédition de la délibération est présentée au président, qui met au bas une ordonnance de soit communiqué au ministère public, et commet un juge pour en faire le rapport au jour indiqué. C. pr. 885.

76. Le procureur du roi donne ses conclusions au bas de l'ordonnance ; la minute du jugement d'homologation est mise à la suite des conclusions sur le même cahier. C. pr. 886.

77. En cas de contestation, soit entre les différents membres du conseil, soit entre les membres et le tuteur, le jugement doit être rendu à l'audience. Thomine, 2, 500 ; Carré, sur l'art. 886.

78. S'il s'agit seulement d'homologuer une délibération relative à un emprunt ou bien à une aliénation, et contre laquelle il n'existe aucune opposition, le trib. statue en la chambre du conseil : la publicité est inutile dans une affaire qui n'entraîne pas de discussion entre les parties. C. civ. 458 ; Carré, art. 886 ; Demiau, p. 589. — *Contrà*, Pigeau, 2, 406.

79. Si le tuteur ou un autre chargé de poursuivre l'homologation ne le fait pas dans le délai fixé par la délibération, ou, à défaut de fixation, dans le délai de quinzaine, l'un des membres du conseil de famille peut poursuivre l'homologation contre lui et à ses frais sans répétition. C. pr. 887.

Ce délai de quinzaine n'est pas sujet à une augmentation, en raison de la distance du domicile de la personne chargée de poursuivre l'homologation au lieu où siége le trib. ; il ne rentre pas dans les cas prévus par l'art. 1033 C. pr., et le délai de quinzaine suffit d'ailleurs pour présenter la délibération du conseil à la sanction du trib. Carré, art. 887.

L'homologation d'une délibération qui destitue un tuteur, ne peut être poursuivie que par le subrogé tuteur, ou à son défaut par les membres du conseil de famille, et non par le nouveau tuteur. Bruxelles, 12 nov. 1830, P. 23, 832.

80. Le membre en retard d'agir dans le cas de l'art. 887 C. pr. doit être assigné sur cette poursuite : il peut avoir des excuses.

La cause, étant de nature à faire naître une discussion, est portée en audience publique. Carré, art. 887 ; Thomine, 2, 501. — *Contrà*, Demiau, art. 887.

81. Les membres du conseil de famille qui croient devoir s'opposer à l'homologation, le déclarent par acte extra-judiciaire à celui qui est chargé de la poursuite ; s'ils n'ont pas été appelés, ils peuvent former opposition au jugement. C. pr. 888.

82. Cette opposition est recevable, tant que la délibération n'a pas été exécutée, la loi ne détermine aucun délai. Carré, art. 889 ; Delvincourt, 1, 437.

83. Les jugements rendus sur délibération du conseil de famille sont sujets à l'appel (C. pr. 889 ; C. civ. 445, 446, 448). Peu importe que l'objet de la délibération soit d'une valeur inférieure à 1,500 fr. ; la loi ne distingue pas. Carré, art. 889.

Cette voie ne peut pas être refusée aux membres d'un conseil de famille qui n'ont point formé opposition au jugement d'homologation, ou qui n'ont point comparu sur l'assignation à eux donnée par suite de leur opposition : les termes généraux de la loi ne permettent pas de distinction. Colmar, 27 avr. 1813, P. 11, 323. — *Contrà*, Carré, art. 889.

84. Toutefois, l'appel n'est recevable qu'autant que, par suite de réclamations de la part des intéressés, l'homologation est devenue contentieuse ; autrement elle constitue un acte de juridiction volontaire que les tiers peuvent et doivent attaquer devant les premiers juges. Rennes , 31 août 1818; Aix, 3 fév. 1832, P. 14, 1023; 24, 658. Cass. 18 juill. 1826 ; Dev. 8 , 395; Turin, 29 juill. 1809, S. 10, 227 ; Carré, art. 889. — Dans l'espèce, il s'agissait d'une délibération relative à une transaction qui n'avait pas été précédée d'avis de trois jurisconsultes.

85. Le ministère public ne peut appeler du jugement qui a homologué : il n'a pas la voie d'action. Turin, 26 août 1807, P. 6, 281 ; Carré, art. 889.

§ 5. — Timbre et enregistrement.

86. *Timbre.* Le procès-verbal de la nomination d'un tuteur doit être écrit sur papier timbré. — V. *Timbre.*

87. *Enregistrement.* Les avis des parents sont soumis au droit fixe de quatre francs. Loi 19 juill. 1845, art. 5 (Art. 3178 J. Pr.)

Il n'est dû qu'un seul droit, encore bien que l'avis soit relatif à plusieurs objets, mais il en est autrement s'il constate l'accomplissement d'une opération pour laquelle il est dû un droit distinct, par exemple, la prestation de serment d'un expert nommé par le conseil de famille. Inst. gén., 29 juin 1825, n° 1166, § 4.

88. Il n'est dû aucun droit proportionnel : — 1° pour la fixation des honoraires du tuteur (Cass. 3 janv. 1827, P. 21, 6. Instr. gén., 30 juin 1827, n° 1210, § 3). — 2° Pour l'autorisation de vendre des immeubles, afin de payer les dettes portées dans l'inventaire (Délib. Rég., 20 mars 1820, 21 avr. 1821). — Peu importe que l'on ait énoncé les noms des créanciers et les sommes dues à chacun d'eux. Cass. 16 mars 1825, 7 nov. 1826, 26 avr. 1827.

89. Mais il en est autrement : — 1° dans le cas où le tuteur est autorisé à garder une certaine somme appartenant au mineur, à la charge d'en servir les intérêts (Instr. gén., 31 août 1809, n° 449) ; — 2° dans celui où le tuteur, qui conserve le reliquat de son compte entre ses mains, affecte spécialement des immeubles à la garantie de ce reliquat. Cass. 13 nov. 1820, P. 16, 186.

§ 6. — Formules.

FORMULE I.

Citation aux membres qui doivent composer un conseil de famille.

(C. civ. 406 et 411. — Tarif, 21. — Coût, 1 fr. 50 c. orig.; le quart pour chaque copie.)

— V. *Cédule, Citation.*

FORMULE II.

Avis du Conseil de famille.

(C. civ. 406. — Le juge de paix n'a plus de vacations. Loi du 21 juin 1845.)

L'an   , le   , en l'hôtel de la justice de paix, sis à   et par-devant nous   juge de paix du   , assisté de M⁰   , greffier,

Est comparue madame   , veuve de   décédé à   au nom et comme tutrice légale du sieur Paul, son fils mineur;

Laquelle comparante a dit qu'en conséquence de notre indication verbale à ces jour, lieu et heure, elle a convoqué par-devant nous les parents et amis du mineur à l'effet de se réunir en conseil de famille avec nous et sous notre présidence, et donner leur avis sur la nomination d'un subrogé tuteur;

Et attendu la présence de toutes les personnes appelées à concourir à la formation dudit conseil de famille, ladite comparante nous a requis de le constituer et a signé après lecture faite.

(Signature.)

Desquels comparution, dire, réquisition, nous juge de paix, avons donné acte à madame veuve   , qui s'est à l'instant retirée.

Sont aussi comparus, savoir :

Du côté paternel — 1°   2°   3°
Du côté maternel — 1°   2°   3°

Lesquels parents et amis réunis en conseil de famille avec nous, sous notre présidence, après avoir délibéré avec nous sur l'objet de la convocation,

Considérant que dans toute tutelle il doit y avoir un subrogé tuteur nommé par le conseil de famille aux termes de l'article 480 du Code civil; que ce subrogé tuteur doit être pris, hors le cas de frère germain, dans celle des deux lignes à laquelle le tuteur n'appartient point;

Le conseil a été unanimement d'avis de nommer, comme de fait il nomme par ces présentes, M.   , subrogé tuteur, dudit mineur, à l'effet d'agir et de le représenter dans tous les cas où il se trouverait en opposition d'intérêts avec ceux de la dame   , sa tutrice, comme aussi pour faire tous les actes conservatoires et de procédure prescrits par la loi;

Et ledit sieur   , a déclaré accepter ladite qualité de subrogé tuteur dudit mineur, que vient de lui déférer le conseil de famille, et a signé après lecture faite.

(Signature.)

Dont acte, et de tout ce que dessus, nous avons fait et rédigé le présent procès-verbal, que les membres du conseil de famille et madame veuve ont signé avec nous et le greffier, après lecture faite.

(Signatures.)

FORMULE III.

Notification de l'avis du conseil de famille au tuteur nommé, qui n'était pas présent à la délibération.

(C. pr. 882.—Tarif, 21.—Coût, 1 fr. 50 c. orig.; le quart pour la copie.)

L'an   , le   , à la requête du sieur   désigné par la délibération du conseil de famille ci-après énoncée, pour faire la présente notification, et pour lequel domicile est élu en sa demeure, j'ai *(immatricule de l'huissier du canton de la justice de paix)*, soussigné, notifié et, avec celle des présentes, donne copie au sieur

D'une délibération du conseil de famille du mineur   , reçue

par M. le juge de paix de   , le   , dûment
enregistrée, par laquelle ledit sieur   est nommé tuteur dudit
mineur. A ce que du contenu en ladite délibération le susnommé n'ignore
et ait en conséquence à entrer en exercice de la tutelle à lui déférée; je
lui ai, etc.   (*Signature de l'huissier.*)   —

FORMULE IV.

*Assignation pour faire réformer une délibération du conseil de famille qui n'a
pas été unanime.*

(C. pr. 888.— Tarif, 29.— Coût, 2 fr. orig.; le quart pour la copie.)

L'an   , le   , à la requête du sieur
frère-germain de   , fils mineur de   , et
de   , tous deux décédés, demeurant ledit sieur
à   et   (—V. *Ajournement*, *formule*), j'ai
soussigné, donné assignation : 1° au sieur   , au nom et comme
tuteur dudit mineur   , demeurant à
2° Au sieur   , beau-frère dudit mineur, etc.
3° Et au sieur   , appelé à défaut de parents, et connu
pour avoir eu des relations habituelles d'amitié avec le père et la mère dudit
mineur,
A comparaître, etc.   (—V. *Ib.*),
Pour, attendu que les susnommés qui ont fait partie du conseil de famille, convoqué à la requête du tuteur, sous la présidence de M. le juge de
paix de   le   , à l'effet de vendre une maison appartenant
audit mineur   , sise à   , rue
pour payer avec les deniers provenant de ladite vente les créanciers de la
succession du sieur   père dudit mineur, ont été d'avis de la
vente de ladite maison, tandis que le requérant et son frère ont été d'un
avis contraire, mentionné dans ladite délibération :
Attendu, au fond, qu'il est de l'intérêt du mineur   de
conserver l'immeuble dont il s'agit, et que les dettes de la succession de
son père, ne s'élevant qu'à une somme de   , il sera plus avan-
tageux pour lui de faire l'emprunt de cette somme, avec hypothèque sur
la maison, que de la vendre;
Attendu aussi qu'il est constaté par le compte sommaire présenté par le
tuteur du mineur   à l'assemblée de famille que ledit mineur n'a
aucune somme disponible, et que ses revenus sont insuffisants pour le payement des dettes de la succession de son père;
Voir dire et ordonner que la délibération du conseil de famille dudit mineur   , reçue par M. le juge de paix de
le   enregistrée, sera rejetée purement et simplement, et que
le tuteur du mineur sera autorisé, par le jugement à intervenir, et sans
qu'il en soit besoin d'autre, à emprunter à un intérêt qui ne pourra excéder
cinq pour cent par an, et pour le terme de quatre ans, la somme de
            pour son mineur, et à affecter et hypothéquer, à la garantie et
au payement de la somme empruntée, ladite maison sise à   :
rue   , appartenant audit mineur; pour, avec les deniers ainsi
empruntés, payer les créanciers sérieux et légitimes de la succession dudit
sieur   , chacun suivant ses droits;
Et pour, en outre, répondre et procéder comme de raison, à fin de dépens;
et j'ai, aux susnommés, en leurs domiciles, et parlant comme dessus, laissé
à chacun séparément copie du présent; dont le coût est de
                          (*Signature de l'huissier.*)

FORMULE V.

Requête à fin d'homologation d'une délibération.

(C. pr. 885. — Tarif, 78. — Coût, 7 fr 50 c.)

A MM. les président et juges du tribunal de
Le sieur   demeurant à   , au nom et

comme tuteur de   , fils mineur de   et de
                    , son épouse, tous deux décédés, ayant M⁰.
pour avoué;

Requiert qu'il vous plaise

Attendu que la délibération du conseil de famille dudit mineur sous la présidence de M. le juge de paix de   en date du   enregistrée   est régulière en la forme et juste au fond;

Vu les art. 458 C. civ. 954 C. pr.;

Homologuer pour être exécutée, suivant sa forme et teneur, ladite délibération des parents et amis dudit mineur, reçue par M. le juge de paix de   le   dûment enregistrée; et vous ferez justice.   (*Signature de l'avoué.*)

FORMULE VI.

Demande en homologation d'une délibération du conseil de famille, contre le tuteur.

(C. pr. 887. — Tarif, 29. — Coût, 2 fr. orig.; le quart pour la copie.)

L'an   , le   à la requête de   demeurant à   , ayant fait partie du conseil de famille du mineur ci-après nommé, etc.   j'ai, etc.

— V. *Ajournement*, formule.

Pour, attendu que, par délibération des parents et amis dudit mineur reçue par M. le juge de paix de   le   dûment enregistrée, laquelle autorise à provoquer la licitation d'une maison dont le mineur est propriétaire pour moitié; il a été dit que le sieur   en sa qualité de tuteur dudit mineur, poursuivrait l'homologation de cette délibération dans la huitaine :

Attendu que plus de quinze jours se sont écoulés, et que le sieur ne se met pas en devoir de faire prononcer cette homologation,

Voir dire et ordonner que la délibération susénoncée sera homologuée, pour être exécutée selon sa forme et teneur; et pour, en outre, répondre et procéder comme de raison, à fin de dépens, auxquels ledit sieur sera personnellement condamné, et que sous aucun prétexte il ne pourra employer en compte de tutelle; et je lui ai, en son domicile et parlant comme dessus, laissé copie du présent exploit dont le coût est de   (*Signature de l'huissier.*)

FORMULE VII.

Opposition à l'homologation d'une délibération du conseil de famille.

(C. pr. 888. — Tarif, 29. — Coût, 2 fr. orig.; le quart pour la copie.)

L'an   le   à la requête du sieur ayant fait partie du conseil de famille dont sera ci-après parlé; demeurant à   j'ai, etc.   , soussigné, signifié et déclaré au sieur   , au nom et comme tuteur du sieur   en cette qualité, désigné par la délibération du conseil de famille, ci-après énoncée, pour en poursuivre l'homologation; ledit sieur demeurant à   , en son domicile; parlant à

Que le requérant entend contester la délibération du conseil de famille dudit mineur   reçue par M. le juge de paix de le   , par laquelle le sieur   , en sa qualité, a été autorisé à provoquer la vente par licitation, d'une maison appartenant pour moitié audit mineur,   , et en conséquence qu'il est opposant, comme par ces présentes il s'oppose, à ce qu'autrement qu'en sa présence, ou lui dûment appelé, le sieur   en poursuive l'homologation; déclarant au susnommé que ledit requérant proteste de nullité de tout ce qui serait fait au préjudice de ladite opposition; et je lui ai, etc.

                                (*Signature de l'huissier.*)

CONSEIL *judiciaire.* Conseil que la justice nomme à une personne dont la faiblesse d'esprit ou la prodigalité inspire des craintes pour sa fortune, et sans l'assistance duquel elle ne peut plaider ni aliéner ses biens.

Table sommaire.

1. *Nomination du conseil judiciaire.* Elle peut être provoquée :

1° Pour faiblesse d'esprit ;

2° Pour prodigalité. C. civ. 499, 513.

2. Un mineur peut-il être pourvu d'un conseil judiciaire ? — Le doute vient de ce que l'incapacité du mineur, même émancipé, est tout au moins aussi étendue que celle d'un individu pourvu d'un conseil judiciaire. — Mais, à une époque voisine de la majorité, il est prudent de provoquer la nomination d'un conseil judiciaire, dans la crainte que le prodigue ne ratifie les actes passés pendant sa minorité. Carou, n° 949. — Arg. Nîmes, 22 avril 1839 (Art. 1552 J. Pr.). — V. inf., n° 10.

3. L'admissibilité des faits de prodigalité est abandonnée à l'appréciation des tribunaux. — V. *Cassation*, n° 163.

4. Par qui la nomination d'un conseil judiciaire peut-elle être

provoquée ? — Par ceux qui ont droit de demander *l'interdiction.*
C. civ. 514.—V. ce mot. Rej. 8 juin 1847 (3911).

Excepté par le ministère public, qui se trouve sans intérêt pour
agir. Besançon, 25 août 1810, P. 8, 563; Merlin, *R.*, v° *Interdiction ;* Toullier, 2, n° 1572; Duranton, 2, n° 803.

5. Le prodigue ou l'infirme peut demander lui-même qu'il lu
soit donné un conseil. — Ainsi jugé à l'égard d'un sourd-muet.
—Lyon, 14 janv. 1812; Dev., 4, 13. — V. *Interdiction.*

6. *Forme de la demande.* — La nomination d'un conseil peut-
être demandée, soit par action principale. Agen, 4 mai 1836
(Art. 659 J. Pr.); Valette sur Proudhon, 2, p. 567.—Soit, subsidiairement, pour le cas où une demande en interdiction ne
serait pas considérée comme suffisamment justifiée. — V. *inf.*
n°s 7 et 8. et trib. Seine, 12 sept. 1845 (Art. 3176 J. Pr.)

7. Dans ce dernier cas, la nomination d'un conseil judiciaire
peut être faite d'office par le juge. C. civ. 499.

8. La demande subsidiaire d'un conseil pour la personne dont
on poursuit l'interdiction, est valablement faite pour la première
fois en *appel.* — V. ce mot, n° 556.

Mais il a été jugé qu'on ne pourrait par des conclusions nouvelles, substituer dans le cours de l'instance, à une action en interdiction *pour cause de démence*, une demande en dation de conseil judiciaire *pour cause de prodigalité*, attendu que ce serait
changer la nature de l'action primitivement intentée. Orléans,
19 déc. 1806; Dev. 2, 183; Chauveau sur Carré, n° 3028.

9. La demande est instruite et jugée de la même manière que
celle en interdiction. C. pr. 514. — V. ce mot et l'art. 3977.

10. Un mineur n'est pas suffisamment représenté par son subrogé tuteur dans l'instance en nomination d'un conseil judiciaire : il doit y figurer personnellement, ou tout au moins y être
appelé pour subir l'interrogatoire prescrit par l'art. 496 C. civil.
Nîmes, 22 avril 1839 (Art. 1552 J. Pr.).—Mais V. art. 3775.

11. Le conseil judiciaire est choisi par le tribunal (C. civ. 513);
le plus souvent d'après l'indication de la famille.

12. On nomme ordinairement des magistrats, des avocats, des
notaires ou des avoués. —V. 7432. *Femme.*

13. Peut-on nommer plusieurs conseils à la même personne ?
Ce serait compliquer outre mesure sa position ; cependant M. Toullier, 2, n° 1377, adopte l'affirmative.

14. L'opposition est recevable contre un jugement par défaut
qui nomme un conseil judiciaire. —V. *Interdiction.*

15. L'appel interjeté par le provoquant ou par un des membres de l'assemblée, est dirigé contre celui à qui l'on veut faire
nommer un conseil. *Ib.* — V. d'ailleurs *Appel*, n° 366.

16. L'appel du jugement qui nomme d'office un conseil judiciaire (—V. *sup.*, n° 7), doit être dirigé contre celui qui a provoqué l'interdiction. C. pr. 894.

17. L'appel doit être jugé en audience solennelle : la dation d'un conseil judiciaire modifie l'état civil d'une manière considérable. Cass. 14 mars et 29 août 1836, 11 juin 1839 (Art. 374 504, 1503 J. Pr.). — V. *Audience solennelle*, 1.

18. L'*acquiescement* donné par un prodigue au jugement qui lui a nommé un conseil a été considéré comme obligatoire. — V. ce mot, n°ˢ 16 et 20.

19. Le jugement qui nomme un conseil est soumis à la même publicité que le jugement d'*interdiction*. — V. ce mot.

20. Les fonctions de conseil judiciaire sont obligatoires : elles sont d'ordre public et ne peuvent être refusées sans motifs légitimes, pas plus que celles de tuteur et de curateur avec lesquelles elles ont une grande analogie. Rennes, 14 août 1823, Dev. 7, 260.

L'appréciation des motifs d'excuse appartient aux tribunaux. *Même arrêt.*

21. Ces fonctions ne sont pas toujours gratuites.

22. *Effets de la nomination d'un conseil judiciaire.* Elle n'opère pas un changement d'état aussi complet que l'interdiction.

Seulement, l'individu qui a reçu un conseil, ne peut, sans l'assistance de ce conseil, plaider, transiger, emprunter, recevoir un capital mobilier, en donner décharge, aliéner, grever ses biens d'hypothèque. C. civ. 499, 513. —V. art. 4210 J. Pr.

23. *Plaider.* Ainsi il ne peut, ni interjeter appel, ni se pourvoir en cassation, sans l'assistance du conseil. Cass. 13 fév. 1844 (Art. 2818 J. Pr.). — Ni se désister seul d'une instance qu'il a régulièrement intentée. Bruxelles, 27 nov. 1823. —V. art. 4011.

24. *Aliéner.* Le bail consenti à des conditions inusitées par une personne pourvue d'un conseil judiciaire peut être maintenu si la fraude n'est pas démontrée. — Cette appréciation appartient aux tribunaux et échappe à la censure de la C. de cassation. Cass. 5 août 1840 (Art. 1794 J. Pr.).

25. Le conseil doit être présent à l'acte et le signer; il peut l'autoriser par un avis écrit qui y est annexé; pourvu que cet avis ait précédé l'acte.

26. Le prodigue doit attendre pour faire valablement ces actes la nomination d'un nouveau conseil, si le premier vient à cesser ses fonctions. Parlem. Paris, 7 juin 1760; 29 juill. 1762.

27. Si le conseil abuse de son pouvoir en refusant son assistance, — Le prodigue ou l'infirme peut — ou demander l'autorisation de justice. Bruxelles, 27 nov. 1823; — ou provoquer la révocation de son conseil. Arg. Cass. 13 fév. 1844.—V. art.3815.

28. Si le prodigue a une action à intenter contre son conseil, il se fait nommer un conseil *ad hoc* par le tribunal et non par le conseil de famille. Turin, 12 avril 1808. Rej. 13 juin 1860.

29. En général, les actions du prodigue doivent être intentées par lui directement; le conseil ne fait que l'assister. Bruxelles, 13 avril 1808, P. 6, 629 ; Cass. 20 mars 1816 ; Toullier, 2, n° 1382.

30. Toutefois le conseil judiciaire peut demander *seul* la nullité des engagements contractés par le prodigue.—Paris, 26 juin 1838 (Art. 1405 J. Pr.); — pourvu qu'il le mette en cause. Paris, 13 fév. 1841 (Art. 1895 J. Pr.). — V. art. 4414, 6472.

31. Le prodigue doit être assigné conjointement avec son conseil par des copies distinctes. — V. *Exploit*, 311.

32. Du reste, il conserve toute sa liberté d'action quant aux actes pour lesquels l'assistance du conseil n'est pas expressément requise.

Il peut faire des actes conservatoires; — et notamment former opposition à un commandement, sauf l'assistance postérieure du conseil pour y donner suite. Montpellier, 1er juill. 1840.—V. d'ailleurs *Bénéfice d'inventaire*, n° 10.

33. Peut-il donner à sa femme une autorisation valable? — Pour l'affirmative, on dit : L'art. 222 C. civ. ne prescrit l'autorisation de justice que dans le cas d'interdiction du mari. Duranton, 2, n° 506. — Pour la négative on répond : Le mari incapable d'ester en justice, sans l'assistance de son conseil, ne peut conférer seul le même droit à sa femme. Cass. 11 août 1840 (Art. 1752 J. Pr.).—V. Riom, 27 avr. 1847 (Art. 3819 J. Pr.)

Au moins, faudrait-il qu'il fût assisté de son conseil pour conférer cette autorisation. Paris, 27 août 1833, Dev. 34, 556.

34. Il ne doit pas être nommé tuteur : l'art. 444 C. civ., n° 2, exclut de la tutelle ceux dont la gestion atteste l'incapacité.

35. Les actes faits par le prodigue, avant la dation d'un conseil judiciaire, sont valables. Proudhon, 2, p. 569 ;—ils ne *peuvent* être attaqués comme dans le cas de *l'interdiction.* — V. ce mot.

36. La contrainte par corps peut être prononcée contre un prodigue pourvu de conseil pour des effets souscrits avant la dation du conseil. Bruxelles, 13 av. 1808, P. 6, 629.

37. Le billet souscrit par le prodigue pendant l'instance à fin de nomination de conseil, n'est pas nul comme entaché de dol, par cela seul que celui au profit duquel il a été fait avait connaissance de ces poursuites. Orléans, 25 août 1837 (Art. 932. J. Pr.).

38. L'antidate d'un billet à ordre ne se présume pas. C'est au prodigue et à son conseil à la prouver. Bourges, 4 janv. Paris, 20 avr. Lyon, 2 nov. 1831; P. 23, 1072, 1481; 24, 285.; Orléans, 3 juill. 1835, P. 27, 423 ; Cass. 8 mars 1836, P. 27, 1142;

Orléans, 26 août 1837 (Art. 382 et 932 J. Pr.); 21 mars 1838, P. 1839, 1, 146. — *Contrà*, Cass. 4 fév. 1835, Dev. 35, 83.

39. Quand le jugement portant nomination du conseil a été rendu public, conformément à l'art. 501 C. civ., l'interdiction est légalement notoire; elle opère nullité de tout engagement postérieur, en quelque lieu qu'il soit passé. Cass. 29 juin 1819, S. 20, 8. Cass. 1er août 1860, Dev. 60, 929.

40. Mais, si le jugement n'a pas été rendu public, les actes sont valables. — Turin, 20 janv. 1810; Cass. 16 juill. 1810, Dev. 3, 190, 213; Carré, n° 3041. — *Contrà*, Duranton, 3, n° 771. — V. toutefois *Interdiction*.

41. L'action en nullité d'un acte, consenti après la nomination d'un conseil judiciaire sans son assistance, dure dix ans à dater du jour où l'incapacité a cessé. Arg. C. civ. 1304.

42. On suit pour la révocation du jugement qui nomme un conseil judiciaire les formalités prescrites pour la mainlevée de l'*interdiction*. — V. ce mot.

43. Toutefois les fonctions du conseil judiciaire donné à une fille cessent de plein droit du jour de son mariage : le mari devient administrateur des biens de la femme. Nancy, 3 déc. 1838, D. 39, 22.

CONSEIL DE PRÉFECTURE. — V. *Action possessoire*, n° 343; *Compétence administrative*.

CONSEIL DE PRUD'HOMMES. — V. *Prud'homme*.

CONSEILLER. — V. *Cassation, Cour royale, Juge*.

CONSEILLER DE PRÉFECTURE. — V. *Avocat*, n° 163; *Avoué*, n° 218; — *Compétence administrative*.

CONSENTEMENT. — V. *Acquiescement, Acte respectueux; Adoption*, 2 et suiv.

CONSERVATEUR DES HYPOTHEQUES, préposé de l'administration de l'enregistrement et des domaines, chargé de l'accomplissement des formalités hypothécaires. — V. *Inscription hypothécaire, exécution, transcription*.

CONSERVATOIRE (ACTE). — V. *Acte conservatoire*.

CONSERVATOIRE (ACTION). Action tendant à la conservation d'une chose ou d'un droit. — V. *ib*.

CONSIGNATION. — Dépôt entre les mains des préposés de la caisse des dépôts et consignations, ou des personnes indiquées par le juge. Elle suppose en général une difficulté née ou à naître au sujet de l'objet consigné.

648   CONSIGNATION.

Table sommaire.

DIVISION.

§ 1. — *Des différentes espèces de consignations.*

1. La consignation est *volontaire*, ou *forcée*.

2. *Volontaire*, toutes les fois qu'elle n'est ni ordonnée par la justice, ni prescrite par la loi. Tout débiteur a le droit de se libérer par la consignation. C. civ. 1257. — Quelquefois aussi cette faculté est accordée par une convention.

3. *Forcée*, quand elle est ordonnée par la justice ou prescrite par la loi.

4. La consignation forcée doit être effectuée dans le délai fixé par la loi ou par le jugement qui l'a prescrite.

Toutefois, ce délai n'est pas de rigueur; la consignation, bien que tardive, a toujours pour effet de mettre les fonds en sûreté.

Ainsi, la consignation que l'adjudicataire fait de son prix après l'expiration du délai fixé par le jugement d'adjudication n'est point nulle, elle ne doit pas même être considérée comme consignation volontaire, et à ce titre assujettie à la formalité préalable d'offres réelles et de sommation. Toulouse, 22 nov. 1820, Dev. 6, 325; Chauveau sur Carré, n° 2398 *bis*.

5. Il ne faut pas confondre avec la consignation volontaire une espèce de prêt, connu sous le nom de dépôt volontaire.

6. Les *dépôts volontaires* faits par les particuliers et que la caisse des consignations est autorisée à recevoir (2ᵉ ordonnance 3 juill. 1816) ne peuvent avoir lieu qu'en monnaie ayant cours, d'après les lois et ordonnances, ou en billets de la Banque de France. *Ib.*, art. 2.

Et seulement à Paris. *Même article;* — ce privilége établi en faveur des habitants de la capitale a été critiqué. Dumesnil, *Traité de la consignation*, n° 78.

7. Au reste ceux qui administrent les biens des départements, communes ou établissements publics, sont autorisés à déposer à la caisse ou à ses préposés dans les villes autres que Paris, les fonds provenant soit d'impositions extraordinaires, soit de leurs revenus ordinaires ou extraordinaires, ou excédant de recette sur les dépenses. 2e ord. 3 juillet 1816, art. 8. — V. *Caisse des dépôts.*

8. Les dépôts volontaires portent intérêts à raison de trois pour cent. Art. 1er, ordonn. 19 janv. 1835 (Art. 44 J. Pr.). — V. d'ailleurs *inf.*, nos 15 et suiv., et l'arrêté du 26 mai 1849.

9. Le remboursement n'est exigible que 45 jours après la demande qui en est formée par les ayants-droit, la caisse conserve la faculté d'anticiper ce terme selon ses convenances. Ordonn. 19 janv. 1835, art. 3.

10. La consignation peut avoir pour objet des sommes d'argent (— *inf.*, § 2); — ou des corps certains. —

11. Le débiteur d'un corps certain ou d'une quotité de choses fongibles, qui veut se libérer, doit faire sommation au créancier de les enlever, par acte notifié à sa personne ou à son domicile, ou au domicile élu pour l'exécution de la convention. C. civ. 1264.

12. Si la chose est livrable au domicile du créancier, le débiteur doit s'y transporter avec cette chose, et faire dresser procès-verbal en cas de refus du créancier de l'accepter. *Ib.* 1247.

13. Si le créancier n'enlève pas la chose ou refuse de la recevoir, le débiteur peut obtenir de la justice l'autorisation de la déposer dans un lieu qu'elle détermine. C. civ. 1264.

On fait alors notifier le jugement au créancier, en lui indiquant le jour et l'heure où on le fera exécuter, et s'il persiste à ne pas recevoir ou à ne pas enlever la chose, elle est transportée dans le lieu désigné, où elle demeure à ses risques et périls.

14. Du moment que le débiteur a fait au créancier sommation d'enlever ou de recevoir la chose, il est déchargé de la responsabilité des cas fortuits, s'il les avait pris à sa charge; s'il était en demeure, la demeure est purgée.

S'il a continué à garder la chose chez lui, il ne peut, dans aucun cas, être tenu que de sa faute grave. Duranton, 12, n° 220; Toullier, 7, n° 212.

ART. 1. — *Cas où il y a lieu à consignation volontaire.*

15. Tout débiteur ou détenteur de deniers qui veut se délibérer, ou se décharger de la responsabilité d'une somme d'argent, peut la consigner, à moins que cette faculté ne lui ait été interdite. L'interdiction résulte ou d'une défense expresse, ou de la clause, insérée dans un acte de prêt ou de vente, qui empêche le remboursement ou le payement du prix avant telle époque.

16. Tout débiteur de billet à ordre, lettre de change, billet au porteur ou autre effet négociable, dont le porteur ne s'est pas présenté dans les trois jours de l'échéance, est autorisé à consigner la somme portée au billet. L. 6 therm. an 3. — L'abrogation des anciennes lois touchant les matières commerciales régies par le C. de comm., prononcée par le décr. du 15 sept. 1807, a fait douter de la validité de cette consignation ; mais le Code ne s'est nullement occupé du cas prévu par la loi du 6 therm. an 3, et l'ordonn. du 3 juill. 1816, art. 2-1°, suppose la loi dont il s'agit en vigueur.

17. Cette disposition s'applique à tous les particuliers même non négociants signataires de billets à ordre. Cass. 12 messid. an 9, P. 2, 232.

18. Peu importe : — 1° Que le débiteur ait su en quelles mains l'effet se trouvait lors de son échéance. Toullier, 7, n° 208 ;

2° Que le porteur soit un étranger. Cass. 5 oct. 1814, Dev. 4, 613 ;

3° Que l'effet soit ou non négocié. *Même arrêt.*

19. Ce dépôt est valablement fait par un tiers au nom du débiteur, encore que ce tiers ne fût pas son fondé de pouvoir. Cass. 12 fév. 1806, Dev. 2, 215.

20. Il n'est pas nécessaire que le débiteur de plusieurs effets fasse autant d'actes de dépôts séparés qu'il y a de billets différents. Cass. 12 fév. 1806, Dev. 2, 215.

21. L'acte de dépôt doit contenir la date du billet, celle de l'échéance, et le nom du propriétaire originaire, L. 6 therm. an 3, art. 2.

Le dépôt consommé, le débiteur n'est tenu qu'à remettre l'acte de dépôt en échange du billet. *Ibid.*

Le débiteur ne peut valablement consigner que trois jours après l'échéance ; mais il n'est pas astreint à consigner immédiatement après ces trois jours. Cass. 3 brum. an 8, Dev. 1, 263.

22. Toute personne obligée par la loi ou par jugement à fournir caution, a la faculté de donner en place un nantissement en argent : elle consigne alors à la caisse somme suffisante. C. civ. 2041 ; C. pr. 167 ; C. inst. crim. 117. — Cette option appartient au rendant compte (autre que le tuteur) qui se reconnaît reliquataire. C. pr. 542.

23. L'acquéreur des immeubles saisis postérieurement à la dénonciation de la saisie, a pu consigner, avant l'adjudication, somme suffisante pour acquitter, en principal, intérêts et frais, les créances inscrites, à la charge de signifier le procès-verbal de consignation aux créanciers inscrits. — V. *Saisie immobilière.*

ART. 2. — *Cas où il y a lieu à consignation forcée.*

24. La consignation est prescrite aux officiers publics, détenteurs de deniers, dans plusieurs cas ; — aux gardes de commerce, huissiers, geôliers, en matière de *contrainte par corps,* Ordonn. 3 juill. 1816, art. 2, n° 3 et 4. — V. ce mot ; — aux huissiers, en matière d'*offres réelles*. C. pr. 814 ; — et de *saisie-exécution*. C. pr. 590 ; même ordonn. art. 2, n° 7 ; — V. ces mots ; — aux commissaires-priseurs, greffiers, huissiers, notaires, en matière de *vente mobilière*. C. pr. 657, 660 ; *même ordonn.* art. 8. — V. ce mot et *Distribution.*—Art. 3438 et 4265 J. Pr.

25. Lorsque, à une apposition de scellés, ou à un inventaire, il se trouve des deniers comptants, le président, sur le référé provoqué par le juge de paix, ordonne la consignation des deniers. Ordonn. 3 juill. 1816, art. 2., n° 7. — V. *Inventaire, Scellés.*

Le juge de paix doit suivre cette marche, en cas de difficultés au sujet de deniers comptants (C. pr. 921), ou lorsque les circonstances l'exigent.

Le récépissé délivré par la caisse est alors inventorié avec les autres titres de la succession ou de la faillite.

26. Quand des sommes existent ou ont été recouvrées dans une succession bénéficiaire, le trib., sur la demande des créanciers ou de l'un d'eux, en ordonne la consignation. Ordonn., art. 2, n° 12. — A moins que l'héritier bénéficiaire ne donne caution. L'ordonn. du 3 juill. 1816, n'a point dérogé à cette faculté que lui accorde le C. civil. Aix, 28 nov. 1831, S. 32, 131. — V. d'ailleurs *Curateur.*

27. Les deniers trouvés dans une succession vacante ou provenant de la vente de biens lui appartenant, doivent être consignés. C. civil, 813. Avis cons. d'État, 13 oct. 1809. Ord. du 3 juill. 1816, art. 2, n° 13. — Alors même qu'il n'existe pas d'oppositions.

A défaut de consignation, l'officier ministériel qui a procédé à la vente, peut être condamné au payement des intérêts, qui auraient été produits par la consignation, sans mise en demeure préalable. Cass. 21 juin 1825, Dev. 8, 140 ; Dumesnil, n° 273.

28. Les deniers provenant des ventes et des recouvrements des faillis, sous la déduction des sommes arbitrées par le juge commissaire, pour le montant des dépenses et frais, *doivent* être immédiatement consignés. L. 16 avr. 1838, art. 489 (Art. 1160 J. Pr.). — Cette consignation n'est plus facultative.

29. Souvent l'adjudicataire est tenu de consigner par le cahier des charges ; — toutefois, dans ce cas, il peut en être dispensé si tous les créanciers y consentent ; ils conservent leurs hypothèques sur le bien vendu ; et d'un autre côté, la caisse, d'après l'art. 7, L. 28 niv. an 13, n'a aucune action pour l'exécution des jugements qui ordonnent des consignations. Merlin, *Rép., hoc verbo*, n° 10. — V. toutefois *inf.*, n° 39. C. pr. 777.

30. La consignation peut être ordonnée : 1° Lorsque l'adjudicataire des biens immeubles vendus sur saisie immobilière ou

autrement n'est pas autorisé par le cahier des charges à conserver le prix entre ses mains, et ce, sur la demande d'un ou
de plusieurs créanciers. Ordonn. 3 juill. 1816, art. 2, n° 10.

2° Sur la demande de l'adjudicataire lui-même, ou de tout
autre acquéreur ou débiteur qui ne peut se libérer immédiatement que par cette voie, et qui craint qu'une consignation
volontaire ne soit contestée.

31. Quand un tiers-saisi est frappé de plusieurs oppositions,
et que les opposants ne peuvent pas s'entendre dans le délai d'un
mois, il consigne dans la huitaine suivante les sommes dont il
s'est reconnu débiteur. Ordonn. 3 juill. 1816, art. 2, n° 8,
C. pr. 657.—V. art. 2698 J. Pr.

Ce délai d'un mois court du jour de la signification qui lui
est faite du jugement qui fixe ce qu'il doit rapporter. *Même
ordonn.* art. 8.

Toutefois, il n'est tenu de consigner qu'autant que le jugement l'a expressément ordonné : l'art. 657 C. pr. n'impose cette
obligation qu'à l'officier ministériel détenteur de deniers provenant d'une vente. Tel est le sens de l'ordonn. du 3 juill. 1816,
qui a placé cette consignation au nombre des consignations
judiciaires, c'est-à-dire qui doivent être ordonnées par jugement. Arg. Bordeaux, 4 mai 1832, Dev. 32, 426.

32. Le jugement qui fixerait ce que le tiers saisi doit rapporter, sans en ordonner la consignation, ne suffirait pas pour
que l'on pût le contraindre à consigner. La consignation n'est
forcée que lorsqu'elle est expressément ordonnée.

33. Toutefois, il suffirait que l'un des créanciers fît au tiers
saisi sommation de consigner, pour faire courir les intérêts,
dans le cas où ils ne courraient pas déjà. Le tiers saisi serait dès
lors assimilé au débiteur en retard de remplir son obligation,
et les art. 1146 et 1153 lui seraient applicables. Peu importe que
les ayants droit ne soient pas en mesure de recevoir, puisque la
consignation est un payement fictif, et qu'on l'a mis en demeure
de se libérer par cette voie.

34. L'ordonn. du 3 juill. 1816, art. 2, n° 9, prescrit la consignation des fruits produits par l'immeuble saisi depuis la transcription de la saisie au débiteur, et qui, aux termes de
l'art. 685 C. pr., doivent être immobilisés. — V. *Saisie immobilière*, n° 304.

35. Lorsque l'adjudicataire d'un navire ne paye pas aux
ayants-droit, dans les 24 heures, le prix de son adjudication,
ce prix doit être consigné sans frais, à peine de contrainte par
corps. C. comm. 209; ordonn. 3 juill. 1816, art. 2, n° 4.

36. Les sommes allouées comme indemnité d'expropriation
pour cause d'utilité publique, doivent être aussi consignées, si
les ayants-droit ne peuvent ou ne veulent pas les recevoir, lors-

que l'administration prend possession des immeubles expropriés. L. 7 juill. 1833, art. 53. Dumesnil, n° 277. — V. *Expropriation.*

37. *Voies ouvertes contre ceux qui sont en retard de consigner.*

Toute personne tenue d'effectuer une consignation forcée peut y être contrainte, à la requête des parties intéressées, par toutes voies d'exécution et même par corps, dans certains cas déterminés. — V. *Contrainte par corps.*

Mais ces voies d'exécution ne peuvent être exercées qu'en vertu du jugement qui a ordonné la consignation, et s'il s'agit d'un prix d'adjudication, en vertu d'une clause formelle du cahier des charges, rendue exécutoire par le jugement d'adjudication. — V. *Exécution.* Bordeaux, 26 juin 1847, art. 3761.

38. Tout officier ministériel, notaire, courtier, commissaire-priseur, huissier ou geôlier, qui, ayant reçu des sommes dont il doit faire le versement à la caisse des consignations, est en retard d'effectuer ce versement, peut être révoqué : il encourt de plus les peines prononcées par les lois contre les retentionnaires de deniers publics. Ordonn. 3 juill. 1816, art. 6 et 10.

39. Le directeur général de la caisse des consignations a le droit de décerner, ou, si c'est dans les départements, de faire décerner par les préposés de la caisse, des contraintes contre les officiers publics, pour les obliger à effectuer les consignations dont ils sont tenus. Il est procédé, pour l'exécution de ces contraintes, comme pour celles qui sont décernées en matière d'enregistrement, et la procédure est communiquée au ministère public. Ordonn. 3 juill. 1816, art. 9.

40. Dans tous les autres cas, le directeur de la caisse des consignations et ses préposés ne peuvent exercer aucune action pour l'exécution des jugements ou décisions qui ont ordonné des consignations. L. 28 niv. an 13, art. 6.

§ 2. — *Conditions requises pour la validité de la consignation.*

41. Pour être valable, la consignation doit réunir plusieurs conditions ; il faut : — 1° qu'il y ait dessaisissement réel des deniers. C. civ. 1259, 2°.

42. 2° Que la somme déposée soit exigible au moment de la consignation. — Ainsi, la consignation faite pour raison d'un *rapport* d'héritier avant partage des droits successifs, est nulle : l'obligation de rapporter et la fixation des rapports ne dérivent que de la liquidation des droits de chacun des héritiers. Cass. 18 prair. an 7 ; Dev. 1, 209 ; Pothier, *Obligations*, n° 546.

43. 3° Que la consignation soit de la totalité de la somme exigible en principal, intérêts et frais. Des payements à compte ne libéreraient pas le débiteur. C. civ. 1258-3°.

Jugé que dans les consignations forcées l'omission des intérêts n'entraîne pas la nullité de la consignation du capital. Toulouse, 22 nov. 1820, Dev. 6, 325.

Au reste, lorsque la somme consignée surpasse la *totalité de la dette*, la consignation est valable et libératoire. Toullier, 7, n° 193. — V. *Offres réelles*.

44. 4° Que les intérêts consignés comprennent la totalité de ceux courus jusqu'au jour du dépôt (C. civ. 1259-2°), ou de la réalisation. C. pr. 816.

45. Doit-on entendre par ce mot *réalisation*, la réalisation du dépôt ou seulement des *offres réelles*? — V. ce mot, n° 176.

46. La mention de la nature des espèces consignées n'est pas nécessaire; aucun texte ne l'exige. D'ailleurs, la caisse devient propriétaire des objets consignés; elle n'est pas tenue de remettre les *mêmes espèces*, mais seulement la même valeur. Il en était ainsi dans l'ancien droit. Cass. 15 vent. an 12, S. 4, 288.

47. Une consignation insuffisante ne libère pas le consignataire vis-à-vis du propriétaire de la créance. — Mais elle peut être valable vis-à-vis des créanciers de ce dernier, si elle couvre le montant de leur créance, en capital, intérêts et frais. — En cas d'insuffisance, ils ne pourraient exiger que le supplément nécessaire. Cass. 17 niv. an 7, S. 1, 192.

48. L'exhibition des espèces n'équivaut pas à une consignation réelle. Ainsi la réitération des offres à l'audience ne suffirait pas pour arrêter les intérêts. Rolland, v° *Consignation*, n° 9. — V. *Offres réelles*.

49. La consignation doit être précédée d'*offres réelles*, dans certains cas (— V. ce mot); des formalités spéciales sont alors prescrites. — V. *inf.*, n°s 50 et suiv.

50. Ainsi, 1° sur le refus du créancier d'accepter les offres à lui faites, le débiteur doit lui faire signifier une sommation contenant l'indication du jour, de l'heure et du lieu où la chose offerte sera consignée. C. civ. 1259.

Il n'est pas nécessaire que cette sommation soit faite par un nouvel acte séparé. Pigeau, 2, 529.

51. Cette sommation est valablement signifiée au domicile élu par le vendeur pour l'exécution du contrat. C. civ. 111, 1259. Bordeaux, 28 mars 1833; Caen, 6 mars 1848, art. 4138.

52. La consignation est nulle par cela seul que le créancier n'y a pas été appelé. Colmar, 9 mai 1807, Dev. 2, 241.

53. La caisse où la somme offerte doit être consignée, est celle désignée pour le payement, c'est-à-dire celle du domicile du créancier, s'il n'en a été autrement convenu. C. civ. 1247. Caen, 6 fév. 1826, S. 27, 222.

54. Toutefois le prix d'acquisition d'un immeuble hypothéqué doit être consigné, non dans la caisse du receveur du domicile du vendeur, mais bien dans celle du receveur de l'arrondissement où est situé l'immeuble. C'est là que les inscriptions avaient été prises et que l'ordre doit s'ouvrir pour la collocation des créanciers. Bordeaux, 28 mars 1833, P. 25, 319. — V. *Ordre*.

55. La consignation peut aussi être faite à la caisse du domicile élu pour l'exécution de la convention. Paris, 15 mai 1816, Dev. 5, 142.

56. 2° Un officier ministériel dresse procès-verbal de la consignation, et mentionne le refus du créancier de recevoir, ou sa non-comparution, ou le dépôt (C. civ. 1259).

Il faut deux copies, dont une pour le créancier, s'il est présent, et l'autre pour la caisse. Tarif, 60.

57. Le procès-verbal fait par le receveur des consignations, dans le cas où la loi prescrit l'intervention d'un officier ministériel, est nul; il emporte la nullité de la consignation. Nîmes, 22 août 1809, P. 7, 792; Delvincourt, 2, 45, note 3.

58. Quel est l'officier ministériel compétent pour dresser ce procès-verbal. —V. *Offres réelles*, 114.

59. La consignation qui suit les offres réelles, doit-elle être faite dans un délai déterminé? — La négative résulte de ce que la loi n'en a fixé aucun; il s'agit d'une consignation volontaire, que le débiteur est libre d'effectuer ou de ne pas effectuer : c'est dans son intérêt qu'elle est autorisée; c'est donc à lui à profiter, quand bon lui semble, du moyen qui lui est offert de se libérer de sa dette, et d'arrêter le cours des intérêts.

60. Toutefois, le débiteur ne peut retarder impunément la consignation et gagner ainsi les intérêts. Les trib. apprécieront si le temps qui a séparé les offres de la consignation ne doit pas faire laisser les intérêts intermédiaires à la charge du débiteur. Toullier, 7, n° 233; Dalloz, 10, 583, Rolland, v° *Consignation*, n° 8.

61. 3° Enfin, en cas de non-comparution du créancier lors de la consignation, le procès-verbal qui en est dressé, doit lui être signifié, avec sommation de retirer la chose déposée. C. civ. 1259.

62. Cette dernière condition n'est pas indispensable pour la validité de la consignation. La loi n'a pas même déterminé le délai dans lequel cet acte devait être fait.—On oppose que la consignation n'est parfaite à l'égard du créancier, et qu'elle ne doit avoir d'effet contre lui, que du jour où il en a eu connaissance; mais n'a-t-il pas déjà été mis en demeure par les offres réelles et la sommation d'être présent au dépôt? Après cette sommation, il n'a pu ignorer la consignation; il a donc dépendu de lui d'en éviter les conséquences, en acceptant la somme offerte.

Conséquemment, si la consignation est déclarée valable, les intérêts ont définitivement cessé de courir le jour du dépôt, on ne pourrait les exiger pour l'intervalle écoulé entre le jour du dépôt et le jour de la notification au créancier non comparant. L'art. 1259 est formel et ne permet pas le doute. Pigeau, 2, 530; — *Contrà*, Delvincourt, 2, 45, note 4.

Il suffit cependant que la question soit controversée, pour que la prudence prescrive de faire immédiatement la notification.

63. La consignation, ainsi que les actes qui l'ont précédée, peut, si elle n'a pas été acceptée, être contestée tant en la forme qu'au fond.

Il est donc nécessaire, pour la rendre complétement libératoire, qu'il soit statué par un jugement sur sa validité. Dans ce cas, ou c'est le créancier qui en demande la nullité, ou c'est le débiteur qui appelle le créancier devant le trib. pour voir prononcer la validité de la consignation.

64. La demande, soit en validité, soit en nullité, est principale ou incidente.

Incidente, elle se forme par requête d'avoué (C. pr. 815), qui peut être grossoyée (*Tarif*, 75).

Principale, elle est introduite comme toutes les demandes de cette nature; c'est-à-dire par exploit. C. pr. 815. — V. *Offres réelles*.

65. Le créancier peut demander la nullité de la consignation par action principale, sans être obligé d'attendre que celui qui a fait des offres agisse. Cass. 18 août 1813, Dev. 4, 424.

66. La demande est réputée incidente toutes les fois que les offres ont été faites pour arrêter l'effet d'une demande en validité d'une saisie-exécution. Paris, 9 flor. an 11, Dev. 1,134; Cass. 10 déc. 1807, Dev. 2, 458; Nîmes, 9 mars 1830; Chauveau sur Carré, n° 2788.

67. Devant quel tribunal la demande principale doit-elle être portée? — V. *Offres réelles*.

68. Le débiteur n'est point obligé de faire statuer, dans un délai déterminé, sur la validité de sa consignation; mais il est de son intérêt de provoquer ce jugement. Duranton, 12, n° 227.

69. Il n'y a pas besoin de jugement de validité lorsqu'il s'agit de consignation forcée. Dumesnil, n°s 321 et suiv.

70. Bien que la consignation libère le débiteur du jour de sa date, cependant cet effet libératoire n'est réellement définitif, que lorsqu'elle a été validée, ou par l'acceptation du créancier, ou par un jugement passé en force de chose jugée. Jusque-là le dessaisissement des deniers n'est que conditionnel, ils appartiennent encore au débiteur.

Le créancier auquel ces deniers avaient été offerts n'y peut prétendre exclusivement à tous les autres, que lorsqu'il a notifié son acceptation, ou qu'un jugement passé en force de chose jugée les lui a adjugés.

71. La mort du débiteur qui a consigné n'empêche pas l'acceptation du créancier. Il en est de même au cas de mort civile ou d'interdiction du déposant, si la consignation a été faite par le débiteur alors qu'il jouissait encore de tous ses droits civils. Dumesnil, n° 368.

72. Les héritiers du créancier ont le droit d'accepter la consignation sur laquelle leur auteur ne s'était pas encore expliqué. Mais l'acceptation par un seul héritier n'a effet que jusqu'à concurrence de sa part dans la succession. Dumesnil, n° 370.

73. Les créanciers peuvent même, au nom de leur propre débiteur, accepter et retirer de la caisse les sommes à lui offertes. Arg. C. civ. 1166 ; Duranton, n° 237. — V. *Offres réelles.*

74. Si le déposant tombe en faillite avant l'acceptation du créancier, celui-ci n'a plus le droit de réclamer la chose déposée: Cette somme pouvant encore être retirée par le déposant, fera partie de la masse de la faillite. Arg. 443, 446 C. com. Duranton, 12, n° 240. Rolland, *hoc v°*, n° 48 ; Dumesnil, n° 367.

75. L'acceptation du créancier peut même être contestée ; s'il est prouvé qu'il a eu, avant cette acceptation, connaissance de la cessation des payements du débiteur. Arg. art. 447, L. 16 av. 1838 (Art. 1160 J. Pr.). — V. *Faillite.*

76. Le retrait ne peut plus avoir lieu, dès que la somme consignée est frappée d'opposition de la part des créanciers du créancier : cette opposition vaut acceptation. — V. *sup.*, n° 73.

77. Si un tiers saisi a consigné à la charge des oppositions préexistantes et qu'il survienne depuis cette consignation des oppositions de la part des créanciers du déposant, la somme déposée est-elle le gage des créanciers premiers saisissants, ou doit-elle être distribuée entre les créanciers du déposant au marc le franc?

En faveur des premiers, on dit : Le tiers saisi est libéré par la consignation de la somme saisie. Si l'opposition des créanciers eût été postérieure à la consignation, elle eût emporté acceptation explicite de leur part au nom de leur débiteur. Le dépôt a eu lieu à la charge des oppositions, par conséquent avec réserve du droit du tiers.

Mais on répond avec raison en faveur des créanciers du tiers saisi : Le déposant reste propriétaire de la somme consignée. Il pouvait la retirer. Les oppositions antérieures ne peuvent équivaloir à une acceptation du créancier, qui aurait pour effet de faire regarder le dépôt comme valable, et les sommes offertes comme suffisantes. La consignation à la charge des oppositions ne crée pas un droit nouveau pour les créanciers. Seulement la caisse ne pourra payer sans avoir mainlevée de ces oppositions. Mais cette déclaration ne peut priver le déposant du droit de retrait; or, les oppositions des créanciers personnels du tiers saisi équivalent à une demande en retrait formée au nom de leur débiteur. Les créanciers premiers saisissants ne viendront à la contribution qu'au nom de leur propre débiteur créancier du tiers saisi. (Art. 2698, J. Pr.); Duranton, 12, n° 237; Rolland, v° *Consignation*, n° 44.

78. La consignation du prix d'un immeuble, pour être libératoire, doit-elle être précédée ou suivie de certaines formalités? — V. *Purge*, n° 158.

§ 3. — *Lieu où doit être faite la consignation.*

79. La consignation d'un corps certain ou d'une quotité de choses fongibles doit être faite dans le lieu que la justice détermine. — V. *sup.*, n°s 11 et suiv.

Celle des sommes d'argent se fait à la *caisse des dépôts et consignations.* — V. ce mot.

§ 4. — *Effets de la consignation.*

80. La consignation volontaire ou forcée, faite régulièrement, libère du montant des sommes consignées celui qui en était débiteur, dépositaire ou responsable. C. civ. 1257.

Cependant le créancier poursuivant peut, nonobstant la consignation, continuer les poursuites à ses risques et périls, s'il croit les offres insuffisantes. Cass. 4 juill. 1838, D. 38. 305.

81. Les espèces consignées cessent d'être aux risques de celui qui a consigné, et les ayants-droit deviennent alors créanciers directs de la caisse des consignations. — V. toutefois *sup.*, n° 17.

Mais si la perte provient de l'insolvabilité du caissier et que le consignant ait négligé l'enregistrement dans les cinq jours du récépissé constatant la consignation, il est responsable par application des principes généraux. — V. *Caisse*, n° 34.

82. Les intérêts des sommes déposées appartiennent aux créanciers. Cass. 6 janv. 1840, P. 40, 1, 153.

83. Si la consignation, lorsqu'elle est valable, libère définitivement le consignateur envers son créancier, il n'est pas également vrai qu'elle libère celui-ci envers ses propres créanciers saisissants ou opposants, jusqu'à concurrence de la somme consignée; en conséquence, la perte ou la diminution de cette somme ne doit pas retomber sur ces créanciers : en effet, ils n'en sont pas devenus propriétaires; ils y ont seulement droit, chacun en déduction ou jusqu'à concurrence de sa créance. Cass. 17 niv. an 7, S. 1, 192; Rouen, 18 germ. an 13, S. 5, 2, 138; Cass. 16 juin 1813; S. 15, 300; Toullier, 7, 187. — *Contrà*, Merlin, *Rép.*, v° *Consignation*, n° 4.

84. En conséquence, si la somme consignée vient à périr elle périt pour le saisi seul. Le tiers saisi est libéré vis-à-vis de lui, et les créanciers opposants conservent leurs droits. Roger, *Saisie-arrêt*, n° 630.

85. Les frais de la consignation, par suite d'offres réelles, sont, ainsi que les frais desd. offres, à la charge du créancier

(C. civ. 1260, C. pr. 815), lors même qu'il a déclaré accepter la somme consignée : il dépendait de lui d'éviter ces frais, en acceptant avant la consignation.

Quant aux frais de quittance, ils sont à la charge de la caisse. — V. *inf.*, n° 122.

§ 5. — *Oppositions sur les sommes consignées.*

86. Toute consignation, soit volontaire, soit ordonnée, est toujours à la charge des oppositions, s'il en existe.

Celui qui consigne est, en conséquence, tenu de dénoncer au créancier ou à l'ayant-droit sur les fonds consignés celles qui ont été formées entre ses mains. C. pr. 817.

87. Mais dans quel délai doit-il faire cette dénonciation? La loi, n'en ayant fixé aucun, lui laisse à cet égard toute latitude. Celui qui a consigné n'est pas responsable de la perte d'intérêts résultant de ce retard. Carré, n° 2793; Berriat, p. 646, n° 9, Dumesnil, n° 325; Favard, 4, 35. — *Contrà*, Praticien, 5, 68; Thomine, 2, 409.

88. Les sommes déposées ou consignées ne peuvent être saisies-arrêtées que dans les cas, dans les formes et sous les conditions prévus par les art. 557 et suiv. C. pr. — Le décr. du 18 août 1807 assujettit de plus à quelques formalités spéciales les saisies-arrêts ou oppositions entre les mains des receveurs ou administrateurs de caisses ou deniers publics. — V. L. 9 juill. 1836; 14 juill. 1837; ordonn. 19 et 21 sept. 1837 (Art. 527, 904, 921 J. Pr.) — V. *Saisie-arrêt.*

89. Sont dispensées des formes légales, les oppositions faites : — 1° Par le déposant qui déclare avoir perdu son récépissé ;

2° Par les syndics d'un failli, comme il est dit dans l'art. 149 C. comm. 2e ordonn. 3 juill. 1816, art. 7. — V. *Caisse des dépôts.*

90. Hors de ces deux cas, lorsqu'il est formé des oppositions sur les sommes consignées, la caisse ne peut rembourser que sur l'apport des mains levées prononcées par la justice ou consenties par acte notarié (Av. Cons. d'État, 16 mai 1810).

Toutefois il est des cas où ces oppositions sont tardives et ne peuvent pas arrêter le remboursement. — V. *Saisie-arrêt.*

§ 6. — *Remise des sommes consignées.*

91. *Remise à celui qui a consigné.* — L'effet libératoire de toute consignation volontaire étant contestable, et le dessaisissement de la somme, conditionnel jusqu'à l'acceptation du créancier ou du jugement qui en tient lieu (— V. *sup.*, n° 70), tant qu'il n'y a ni acceptation, ni jugement, le débiteur peut retirer le montant de sa consignation (C. civ. 1261 et 1262), alors même que la chose consignée aurait augmenté de valeur. Dalloz, v° *Obligations*, chap. 5, section 1re, art. 5, § 1, n° 17, Duranton, 12, n° 231.—*Contrà*, Pothier, *Obligations*, n° 545.

92. Le créancier, s'il veut empêcher la remise au déposant, doit faire notifier à la caisse son acceptation. Dumesnil, n° 365.

93. Si la consignation est déclarée, par jugement, nulle ou insuffisante, le débiteur n'est pas libéré, et les intérêts n'ont pas cessé de courir en faveur du créancier.

Le débiteur peut alors retirer la somme consignée, à moins que le créancier n'ait fait ordonner par le jugement que ladite somme serait versée entre ses mains en déduction de sa créance.

94. Les codébiteurs ou cautions ne pourraient, en cette seule qualité, s'opposer à ce que le débiteur retirât sa consignation ; cette consignation ne les libère qu'autant qu'elle libère le débiteur lui-même. Tant que la libération n'est pas acquise, la chose consignée appartient au débiteur ; or, une caution, encore moins un codébiteur, ne peut, de sa propre autorité, employer telle ou telle chose du débiteur pour payer la dette. —D'ailleurs on ne peut former opposition que lorsqu'on est créancier ; et la caution n'est pas créancière tant qu'elle n'a pas payé. Il en est de même du codébiteur. Duranton, 12, n° 2.—*Contrà*, Pigeau, 2, 531.

95. Le jugement qui doit valider la consignation ne libère définitivement le débiteur, et n'équivaut à l'acceptation du créancier, qu'autant qu'il a acquis l'autorité de la chose jugée (C. civ. 1262), et que ce jugement a été notifié à la caisse.

La caisse rembourse valablement au débiteur le montant de sa consignation, tant qu'elle n'a pas reçu notification légale de ce jugement ou de cette acceptation. Il importe donc aux codébiteurs et cautions de faire des diligences pour que cette notification ait lieu sans retard.

96. Par le jugement de validité, la consignation acquiert la force d'un payement. En conséquence, les oppositions postérieures sont non avenues. Rolland, n° 54.

97. Mais les oppositions faites jusqu'au jugement produisent leur effet. La rétroactivité accordée au jugement, de manière à ce que le débiteur soit libéré dès le jour du dépôt, n'est que dans l'intérêt de ce débiteur. Rolland, n° 55.

98. Après cette notification, le débiteur peut encore retirer la somme par lui consignée, en produisant un consentement en forme du créancier. Mais ce consentement n'aurait pas pour effet de faire revivre la dette primitive ; s'il y avait des codébiteurs et cautions, ils sont irrévocablement libérés, et si le débiteur continue à être obligé, ce ne peut être qu'en vertu d'un nouveau contrat qui intervient entre lui et son créancier. C. civ. 1262, 1263.

— En conséquence, celui-ci ne peut plus exercer les priviléges et hypothèques qui étaient attachés à sa créance.

Il n'a d'hypothèque qu'autant qu'il en est créé.par la nouvelle convention , en remplissant les formalités ordinaires. C. civ. 1263.

Quant au privilége, s'il en existait, il n'est pas au pouvoir des parties contractantes de le faire revivre ; le privilége ne dépend point, comme l'hypothèque, de la convention ; il tient à la nature de la créance ; il est donc irrévocablement éteint par la novation.

99. Dans les cas ci-dessus déterminés, comme dans tous ceux où la consignation volontaire n'est arrêtée par aucune opposition, celui qui a consigné peut, sur une simple réquisition verbale obtenir la remise de la consignation ; et le préposé de la caisse ne peut exiger autre chose que son propre récépissé revêtu de la décharge de celui qui a consigné. Av. Cons. d'Ét. 16 mai 1810 ; 2ᵉ ordonn. 3 juill. 1816, art. 6.

En cas de perte de ce récépissé , il peut toucher, en remplissant les formalités ci-dessus prescrites, c'est-à-dire un mois après l'insertion de son opposition dans le journal officiel.—V. sup., nᵒ 90.

100. Le retrait de la somme déposée peut avoir lieu sur la demande du débiteur et du consentement du créancier , alors même que la consignation en a été ordonnée par jugement , sans porter atteinte à l'autorité de la chose jugée ; le dépôt n'est qu'une mesure provisoire. Cass. 21 août 1840 (Art. 1796 J. Pr.).

101. Lorsque le consignateur qui réclame la remise a transporté valablement à un tiers une portion de la somme consignée , il peut également retirer le surplus sans autres formalités que celles qui viennent d'être indiquées ; et le cessionnaire touche alors directement, et sur sa simple quittance, la somme qui lui a été transportée.

102. L'usage de la caisse est de ne rembourser au cessionnaire que quand le transport a été fait par acte authentique ; si ce transport est sous seing privé, quoique enregistré , il ne vaut, aux yeux de la caisse , que comme opposition. Cette doctrine est susceptible d'une critique sérieuse. L'acte sous seing privé, qui a acquis une date certaine , a contre les tiers la même valeur que l'acte authentique (C. civ. 1328). Le transport peut, comme la vente, être fait sous seing privé, et il suffit de sa signification au débiteur, pour que le cessionnaire soit saisi même à l'égard des tiers (C. civ. 1690). — Vainement on objecte que la caisse ne peut payer que sur la représentation d'un jugement ou d'un acte authentique. —V. inf., nᵒ 103.

103. Ce jugement ou cet acte authentique portant mainlevée, consentement ou désistement, et autorisation de toucher, est exigé : —1ᵒ Lorsqu'il s'agit de consignation forcée. L. 28 niv. an 13 , art. 4.

2ᵒ En cas de consignation même volontaire, s'il y a eu opposition ou acceptation de créancier valablement notifiée. Av. Cons. d'État, approuvé le 16 mai 1810.

104. Dans l'un et l'autre cas, si c'est en vertu d'un jugement que la remise de la consignation est requise, ce jugement doit être passé en force de chose jugée; il faut en conséquence qu'il soit appuyé d'une pièce constatant sa signification au domicile de la partie condamnée, et d'un certificat du greffier, attestant qu'il n'a été formé dans les délais ni opposition ni appel. C. pr. 548.

105. Ce jugement n'est obligatoire pour la caisse, qu'autant qu'il a été rendu avec toutes les parties intéressées; de simples jugements rendus sur requête ne remplissent pas le vœu de la loi, et l'administration n'est pas tenue de les exécuter. Circ. grand-juge, 1ᵉʳ sept. 1812, S. 14, 2, 111.

106. Le directeur ou préposé de la caisse ne doit pas nécessairement être appelé au jugement. Si son refus de l'exécuter donne lieu à une instance dans laquelle il succombe, il doit être condamné aux dépens. Bordeaux, 6 sept. 1831, Dev. 32, 597.

107. Si la remise est requise en vertu d'un acte, ce ne peut être qu'un acte authentique : l'art. 4, L. 28 niv. an 13, ne s'en explique pas; mais l'avis du Conseil d'État du 16 mai 1810 dit positivement que, pour pouvoir retirer une consignation volontaire après opposition ou acceptation, il faut y être autorisé par *acte authentique*, portant consentement des tiers acceptants ou opposants; il y a même raison de décider à l'égard de la consignation forcée.

108. Lorsque le montant des oppositions qui font obstacle à la remise est inférieur à celui de la consignation, le consignateur ou déposant peut obtenir un jugement qui, sans rien préjuger sur le mérite des oppositions, ordonne qu'en en laissant le montant provisoirement déposé à la caisse, plus une somme suffisante pour subvenir aux frais imprévus auxquels des discussions sur la validité desdites oppositions pourraient donner lieu, il retirera immédiatement le surplus de sa consignation, en attendant un règlement sur le reste à l'amiable ou en justice.

Cette autorisation peut être accordée par une ordonnance de référé : il ne s'agit ici que d'une mesure provisoire et de justice, d'une levée d'obstacles qui, tout en profitant au consignateur, conserve aux créanciers la plénitude de leurs droits. C'est ainsi que l'on procède dans l'intérêt des colons de Saint-Domingue, lorsqu'il existe des oppositions au payement de leur indemnité.

109. Le remboursement des sommes consignées est exigible dans les dix jours de la demande qui en est faite. Ordonn. 3 juill. 1816, art. 15. — V. toutefois *sup.*, n° 9.

110. Lorsqu'il s'élève de la part de la caisse des difficultés pour la remise des sommes consignées, il est nécessaire, soit qu'il s'agisse d'un dépôt ou d'une consignation volontaire, ou autre, de mettre la caisse en demeure, par une sommation. L. 28 niv. an 13, art. 4; ordonn. 3 juill. 1816, art. 15.

111. Cette sommation contient élection de domicile dans le lieu où demeure le préposé de la caisse. Elle est accompagnée de l'offre de remettre les pièces à l'appui de la demande; cette remise est mentionnée dans le visa que doit donner le préposé. *Ib.*

112. Si la caisse ou les préposés refusent d'obtempérer à cette réquisition, ils doivent notifier les motifs de leur refus au domicile élu dans la réquisition.—V. *inf.* n° 114.

Sinon, à l'expiration du délai fixé pour le remboursement, les préposés sont contraignables par corps, et la caisse responsable des sommes par eux reçues, ainsi que des intérêts.

113. Les préposés ne peuvent refuser les remises réclamées que dans les deux cas suivants : — 1° Sur le fondement d'opposition dans leurs mains, soit sur la généralité de la consignation, soit sur la portion réclamée, soit sur la personne requérante; — 2° Sur le défaut de régularité des pièces produites à l'appui de la réquisition.

114. Ils doivent dans ce cas, avant l'expiration du dixième jour, dénoncer ces oppositions ou irrégularités au requérant par signification au domicile élu. Les frais de cette dénonciation sont à la charge des parties réclamantes, à moins qu'elles n'aient fait juger que le refus n'est point fondé. — V. *inf.*, n° 115.

115. Si la partie réclamante fait juger que le refus du préposé était mal fondé, il est condamné aux frais et dépens de la contestation, et il les supporte personnellement, à moins que son refus n'ait été approuvé par le directeur général.

Si, au contraire, il est jugé que le préposé était fondé dans son refus de payer, ou que la partie réclamante en apprécie les causes, c'est elle qui supporte les frais de la dénonciation, et tous autres qui ont pu en être la suite.

Les préposés ont alors pour le remboursement un nouveau délai de dix jours, à partir de la signification qui leur est faite des mainlevées ou du rapport des pièces régularisées. Ordonn. 3 juill. 1816, art. 16.

116. Les caissiers et autres préposés qui, sans motifs fondés, ont refusé de faire un remboursement, sont condamnés personnellement, et par corps, à payer la somme consignée et les intérêts courus jusqu'au jour du remboursement.

Lorsqu'il s'agit d'un dépôt volontaire, les préposés qui ont retardé le remboursement sans motifs, sont condamnés, à titre de dommages-intérêts, à bonifier à la partie prenante les intérêts sur le pied de 5 p. 100. Les mêmes dommages-intérêts sont applicables au cas de la consignation ordonnée : la caisse ou ses préposés ne doivent pas être traités alors plus favorablement qu'un débiteur ordinaire en retard de payer.

117. La caisse peut-elle opposer la prescription pour les sommes dont elle est dépositaire? — La négative résulte de l'art 36 de l'édit de 1689, qui n'a été abrogé par aucune loi postérieure et portant que les sommes consignées peuvent être perpétuellement réclamées. Dumesnil, 479.

118. Il a même été décidé, par suite de ce principe, que les déchéances prononcées par les lois, sur l'arriéré des divers ministères, ne sont point applicables aux dépôts et consignations nécessaires effectués dans les caisses du Trésor postérieurement aux lois des 24 frim. an 6 et 9 frim. an 7. Ordonn. en Cons. d'État, 9 nov. 1832, Dev. 33, 2, 167.

119. La prescription de cinq ans ne nous paraît pas non plus applicable aux intérêts des sommes déposées : aucune loi spéciale ne l'a établie (à la différence de ce qui a lieu pour les rentes sur l'État. L. 24 août 1793, art. 156). Et les motifs qui ont fait admettre l'art. 2277 C. civ., savoir : la présomption de libération, la négligence du créancier et la crainte d'une accumulation ruineuse pour le débiteur, ne sont point applicables. Souvent les sommes déposées restent longtemps sans pouvoir être touchées, par exemple, s'il s'agit d'un ordre ou d'une contribution. Enfin, l'art. 14 de l'ordonn. de 1816, porte que la caisse doit l'intérêt de toutes les sommes consignées depuis le 61e jour du dépôt, jusques et non compris celui du remboursement.

120. *Remise aux tiers.* Les créanciers ou opposants qui prétendent obtenir la remise d'une somme consignée, doivent signifier une réquisition de payement au directeur de la caisse, à Paris, en la personne du chef du bureau du contentieux, et dans les départements, en la personne et au bureau du préposé de la caisse. — V. *sup.*, nos 110 et suiv.

121. S'ils produisent des pièces qui justifient de leurs droits, ils obtiennent la remise des sommes consignées dix jours après la réquisition de payement. — V. *sup.*, nos 112 et suiv.

Le remboursement est effectué dans le même lieu que la consignation.

122. La caisse a longtemps exigé que ce remboursement fût constaté par acte ou quittance authentique, reçu par le notaire de la caisse. Trib. Seine, 5e ch., 11 août 1835 (Art. 186 J. Pr.).

Mais il a été décidé que les créanciers peuvent donner une quittance sous seing privé. — Ainsi jugé à l'égard de créanciers colloqués en vertu d'un règlement définitif. Cass. 14 avr. 1836 (Art. 429 J. Pr.). — Mais V. Vouziers, 29 nov. 1849, Art. 4598.

Cette solution a été approuvée par le ministre des finances.

Toutefois, une circulaire ministérielle exige que la première quittance énonce la somme à distribuer et toutes les collocations, et qu'elle soit rédigée par le notaire de la caisse.

123. Mais lorsque la consignation du prix d'un immeuble n'a point été déclarée valable, les frais de quittances notariées données à la caisse par les créanciers du vendeur, sont à la charge de l'acquéreur, s'il ne s'est point opposé à la passation de ces quittances.—Spécialement, s'il a, dans l'une d'elles, signé décharge des titres de propriété. Arg. C. civ. 1248; Paris, 21 fév. 1837 (Art. 709 J. Pr.). — V. Orléans, 17 janv. 1854 (5597),

124. Les créanciers qui requièrent payement, par suite d'ordre ou de contribution, justifient de leurs droits par la représentation des mandements ou bordereaux de collocation qui leur sont délivrés par le greffier, conformément aux art. 671 et 771 C. pr. — V. *Ordre*.

125. Toutefois, la caisse ne peut être tenue de payer avant la remise d'un extrait du procès-verbal d'ordre ou de contribution, certifié par le greffier et contenant : 1° les noms et prénoms des créanciers colloqués ; — 2° les sommes qui leur sont allouées ; — 3° mention de l'ordonnance du juge qui, à l'égard des ordres, ordonne la radiation des inscriptions, et, à l'égard des contributions, fait mainlevée des oppositions des créanciers forclos ou rejetés.

Cet extrait, dont le coût est compris dans les frais de poursuite, doit être remis, dans les dix jours de la clôture du procès-verbal d'ordre, à la caisse ou à ses préposés par l'avoué poursuivant, à peine de dommages-intérêts envers les créanciers, à qui ce retard serait préjudiciable. Ordonn. 3 juill. 1816, art. 17.

126. Le défaut de cette formalité ne peut cependant pas être opposé par la caisse aux créanciers qui présentent des bordereaux délivrés en vertu de l'art. 758 C. pr. ; Ordonn. 3 juill. 1816, art. 17. — Dans ce cas, le procès-verbal d'ordre n'est pas encore terminé, et ce serait multiplier les frais sans utilité, que d'exiger plusieurs extraits dans la même affaire.

§ 7. — *Timbre et Enregistrement*.

127. Les récépissés de dépôt, délivrés par les préposés de la caisse, doivent être sur papier timbré. — V. *Caisse des dépôts*.

128. Les quittances constatant le remboursement total ou partiel sont enregistrées *gratis*, pourvu qu'elles ne contiennent qu'une décharge vis-à-vis de la caisse. Déc. min. fin. 4 août 1836.

129. Le déposant qui a perdu son récépissé peut former à la caisse une opposition au remboursement, fondée sur cette cause, sans employer les formes prescrites par les art. 557 et suiv. C. Pr. — V. *Caisse des dépôts*.

130. L'opposition fondée sur la perte d'un récépissé doit être insérée par extrait dans le journal officiel, aux frais et diligence du réclamant : un mois après ladite insertion, la caisse est valablement libérée, en lui remboursant le montant du dépôt sur sa quittance motivée. Ordon. 3 juill. 1816, art. 14.

131. Dans quelle forme doit être faite la quittance à fournir par ceux qui retirent des sommes de la caisse des consignations ? Doit-elle être notariée ou suffit-il d'un acte sous seing privé ? — V. *suprà*, n.° 122.

§ 8. — *Formules.*

— V. *Offres réelles.*

CONSIGNATION *d'aliments.* — V. *Contrainte par corps.*

CONSIGNATION D'AMENDES. — V. *Appel*, *Cassation*, *Requête civile.*

CONSIGNATION *des frais.* — V. *Partie civile.*

CONSORTS. Personnes qui ont le même intérêt dans une affaire : tels sont les créanciers et débiteurs solidaires, les copartageants, etc.

1. Les consorts doivent être assignés par copies séparées, et désignés individuellement dans l'assignation et dans les qualités du jugement. — V. *Ajournement*, n° 27 ; — *Cassation*, *Exploit*, *Jugement.*

2. Quel est l'effet de l'appel interjeté et de l'acquiescement donné par l'un des consorts ? — V. *Acquiescement*, n° 142 et suiv. *Appel*, n° 383.

CONSTITUTION DE NOUVEL AVOUÉ. Il y a lieu de constituer un nouvel avoué, soit de la part du demandeur, soit de la part du défendeur, toutes les fois que les pouvoirs de l'avoué qui occupait dans une affaire viennent à cesser avant que cette affaire soit en état. — V. *Avoué* ; — *Reprise d'instance.*

CONSTITUTION D'AVOUÉ. C'est la désignation de l'avoué qui doit occuper pour une partie dans une instance.

Table sommaire.

Acte d'avoué, 2.	Enregistrement, 15.
Acte (donner), 9.	Frais, 8.
Ajournement, 2.	Honoraires, 11.
Appel, 2, 7.	Jugement par défaut, 5, 12.
Avoué, 1.	Mandat, 11, 13. — légal, 3, 12.
Bref délai, 8.	Nullité, 7.
Défendeur, 4.	Opposition, 6.
Délai, 4.	Révocation, 10.
Démission, 7.	Signification, 12.
Désaveu, 14.	

1. Les parties sont en général obligées de se faire représenter par un avoué dans les affaires soumises aux tribunaux civils et aux cours. — Faut-il l'assentiment préalable de l'avoué constitué ? Non. Seine, 13 janv. 1854 (5556).

2. La constitution d'avoué a lieu pour le demandeur par *ajournement* ou l'*acte d'appel.* — V. ces mots.

Pour le défendeur, par un simple acte signifié d'avoué à avoué. C. pr. 75.

3. Quelquefois la loi désigne elle-même l'avoué qui doit occuper. — V. *Avoué*, n° 137.

4. Le défendeur doit constituer avoué dans le délai de l'*ajournement.* — V. ce mot, sect. II, § 2, art. 3.

5. Néanmoins, la constitution est valablement faite après l'expiration des délais, tant que le jugement par défaut n'a pas été obtenu. Carré, art. 75.

6. Mais elle est nulle lorsqu'elle a lieu après qu'un jugement par défaut a statué sur la demande, et avant qu'une opposition y ait été formée. Orléans, 16 mars 1809, P. 7, 448. — L'instance a été terminée par le jugement, elle ne peut revivre que par l'opposition.

7. La constitution d'un avoué démissionnaire est nulle. Metz 9 juill. 1844 (Art. 2876 J. Pr.). — Ainsi jugé à l'égard d'un acte d'*appel.* — V. ce mot, n° 423.

8. Lorsque la demande a été intentée à bref délai, le défendeur peut, au jour de l'échéance, faire présenter à l'audience un avoué auquel il est donné acte de sa constitution.

Dans ce cas, l'avoué est tenu de réitérer sa constitution dans le jour par acte signifié à l'avoué du demandeur. Faute par lui de le faire, le jugement qui lui a donné acte de sa constitution est levé à ses frais. C. pr. 76.

9. Ce mode de constitution n'est pas permis quand l'assignation a été donnée dans le délai ordinaire : il n'est en effet accordé à la partie qu'en raison du peu de temps qu'elle a eu pour se choisir un mandataire. Orléans, 2 déc. 1813, P. 11, 808. — Dans l'usage cependant on ne refuse jamais à un avoué de lui donner acte de sa constitution et de remettre la cause lorsqu'il se présente au moment où l'on veut prendre défaut.

10. Ni le défendeur, ni le demandeur ne peuvent révoquer leur avoué sans en constituer un autre. Les procédures faites et les jugements obtenus contre l'avoué révoqué et non remplacé sont valables. C. pr. 75.

11. Entre l'avoué et son client, la constitution produit en général les effets du mandat. — Toutefois ce mandat n'est pas gratuit. — V. *Avoué*, § 6.

12. A l'égard de la partie adverse, la constitution a pour résultat de la forcer à signifier à l'avoué tous les actes d'instruction. Il est le représentant légal de son client; c'est contre lui que l'on doit procéder. Du moment qu'il y a constitution, aucun jugement par défaut ne peut plus être rendu contre la partie. Il ne **peut**

intervenir qu'un jugement contradictoire, ou par défaut contre l'avoué, s'il n'y a pas de conclusions au fond — V. *Jugement,*

13. L'avoué ne peut occuper pour une personne, que lorsqu'il a reçu pouvoir de conclure en son nom. — V. *Avoué,* § 4.

14. Mais à l'égard de l'adversaire, il est réputé avoir pouvoir de la partie du moment qu'il s'est constitué pour elle. — Cette présomption ne peut être détruite que par un jugement de *Désaveu.* — V. ce mot.

15. *Enregistrement.* L'acte de signification d'une constitution d'avoué est soumis au même droit d'enregistrement que sous les autres actes d'avoué à avoué, c'est-à-dire au droit fixe de 50 c. et d'un fr. devant les C. roy. L. 28 avr. 1816, art. 41, 42.

Formule.

(C. pr. 75. — Tarif, 70. — Coût, 1 fr. orig.; le quart pour chaque copie.)

Mᵉ   , avoué près le trib. de

Déclare à Mᵉ   , avoué près le même trib. et du sieur

Qu'il a charge et pouvoir d'occuper et qu'il occupera pour le sieur

sur l'assignation à lui donnée à la requête du sieur ,

par exploit de   , huissier à   , en

date du

Sans aucune approbation de ladite demande et sous la réserve au contraire de tous moyens de nullité, fins de non recevoir et autres de fait et de droit.

A ce qu'il n'en ignore, dont acte.

(*Signature de l'avoué.*)

— V. *Ajournement, Appel, Avoué, Jugement, Reprise d'instance.*

CONSTRUCTION.

1. Les actions relatives au creusement d'un puits ou d'une fosse d'aisance, à l'adossement d'une cheminée ou forge, d'un âtre ou fourneau, d'une étable, d'un magasin de sel ou amas de matières corrosives, près d'un mur mitoyen ou non, sont de la compétence du juge de paix, lorsque la propriété ou la mitoyenneté du mur ne sont pas contestées. L. 25 mai 1838, art. 6, n° 3.

2. Doit-on réputer *acte de commerce* les entreprises de construction ? — V. ce mot, nᵒˢ 148, 153, 157. — Art. 4249.

CONSUL. — V. *Ministre public; Tribunal de comm.*, n° 2.

CONSULTATION. Avis qu'un avocat, un jurisconsulte, donne dans une affaire sur une question qui lui est soumise. — V. *Avocat; Timbre.*

CONTENANCE. — V. *Saisie-immobilière,* nᵒˢ 189 et 564.

CONTESTATION EN CAUSE. Se dit d'un procès dans lequel les parties ont réciproquement contesté, et qui est en état de recevoir un jugement.

CONTEXTE *unique* — V. *Saisie-exécution,* n° 132.

CONTIGUITÉ. — V. *Bornage.*

CONTINENT. — V. *Appel*, n° 436 ; *Colonies*; *Délai.*

CONTRADICTOIRE. Ce qui se fait en présence des parties intéressées. Le jugement contradictoire est celui qui a été rendu lorsque toutes les parties ont posé des conclusions relatives au fond. — V. *Jugement.*

CONTRAINTE. — V. *Contributions publiques*, *Enregistrement.*

CONTRAINTE PAR CORPS. Voie d'exécution par laquelle un créancier prive son débiteur de sa liberté pour le forcer à remplir ses engagements. — Ce mot désigne encore le droit de faire emprisonner son débiteur.

Il ne faut pas confondre l'exercice de la contrainte par corps avec divers droits plus ou moins analogues : — tels que celui du créancier en Algérie de s'opposer au départ de son débiteur.—V. *Colonie du nord de l'Afrique*, n°s 201 à 220.—Celui du père ou de la mère non remariée, de faire détenir leur enfant par voie de correction ; — ou d'employer la force publique pour le ramener lorsqu'il a fui la maison paternelle.—V. *Puissance paternelle.* — Celui que quelques-uns accordent au mari de contraindre la femme *manu militari* à réintégrer le domicile conjugal. — V. *Femme mariée.*—Seine, 12 juill. 1848 (Art. 4145 J. Pr.)

Table sommaire.

43

DIVISION.

§ 1. — De la contrainte par corps.
§ 2. — Qui peut la prononcer. — Des voies de recours.
§ 3. — Cas dans lesquels la contrainte peut ou doit être ordonnée.
§ 4. — Contre quelles personnes.
§ 5. — Pour quelle somme.
§ 6. —Durée de l'emprisonnement.
§ 7. — De la contrainte par corps contre les étrangers.
ART. 1. — Contrainte par corps définitive.
ART. 2. — Contrainte par corps provisoire.
§ 8. — Exécution de la contrainte par corps.
ART. 1. — Signification et commandement préalables.
ART. 2. — De l'intervalle entre le commandement et l'arrestation.
ART. 3. — Arrestation du débiteur.
ART. 4. —Procès-verbal d'emprisonnement.
ART. 5. — Procès-verbal d'écrou.
ART. 6. — Consignation d'aliments.
ART. 7. — Recommandation.
ART. 8. — Officiers chargés de l'exécution de la contrainte par corps.

Art. 9. — *Demande en nullité de l'emprisonnement.*
Art. 10. — *De l'élargissement du débiteur.*

§ 9. — *Questions transitoires.*
§ 10. — *Enregistrement.*
§ 11. — *Formules.*

§ 1. — *De la contrainte par corps.*

1. La loi des 12 tables permettait aux créanciers, après certains délais, de vendre leur débiteur ou de le mettre à mort. Pouvaient-ils se faire entre eux la répartition de ses membres? — M. Troplong interprète dans ce sens le passage conservé par Aulu-Gelle dans ses nuits attiques (*Noctes atticæ*, lib. 20, c. 1.) : *tertiis nundinis partes secanto.* — La sévérité du droit romain primitif est connue; le père avait droit de vie et de mort sur ses enfants, le mari sur sa femme, le maître sur l'esclave, le vainqueur sur le vaincu. Tout cela se tient, ce sont des faces de la même pensée, et l'on briserait cette terrible harmonie, si l'on réduisait à un simple partage des biens du débiteur, ce droit de puissance sur son corps, sur sa vie. — Cette opinion a été combattue par MM. Giraud, Dupin aîné, Berriat Saint-Prix. — V. *Séances et travaux de l'Académie des sciences morales et politiques*, 1843, 1, 239 et suiv. 1844, 1, p. 163 à 174.

Quoi qu'il en soit, bientôt l'emprisonnement pur et simple du débiteur et le partage de ses biens entre ses créanciers furent seuls admis. Tite-Live, VIII, 28. — Plus tard, on lui accorda même le bénéfice de la cession de biens. L. *4, C. qui bon. ced. pos.*

2. En France, la contrainte par corps, exercée d'abord pour toute espèce de dette, — restreinte par Philippe-le-Bel à ceux qui s'y seraient expressément soumis (Ordonn. 1304), — fut étendue de nouveau à tous les cas par l'Ordonn. de Moulins, 1566. Chancelier L'Hospital.

Louis XIV distingua les dettes civiles et les dettes commerciales. L'ordonn. de 1667 détermine les cas où la contrainte par corps peut avoir lieu, et la prohibe dans tous les autres; elle règle les formes et le mode d'exécution. L'ordonn. de 1673 indique les actes commerciaux qui doivent nécessairement entraîner cette contrainte.

3. La Convention, le 9 mars 1793, prohiba la contrainte par corps, qu'elle rétablit contre les comptables de deniers publics, 21 jours après. — Son rétablissement pur et simple fut ordonné par la loi du 24 vent. an 5, et réglé par la loi du 15 germ. an 6.

Cette dernière loi était divisée en trois titres : — le 1er était relatif aux matières civiles, — le 2e s'occupait des matières commerciales; — le 3e réglait le mode d'exécution des jugements et comprenait quelques dispositions qui se rattachent au fond du droit.

La promulgation du titre XVI, livre 3 du code civil, eut pour effet d'abroger tacitement les dispositions du titre 1er de la loi du 15 germ. an. 6. Le C. de pr. liv. 5, titre 15, 1re partie, a remplacé le titre 3 de la même loi, au moins en ce qui concerne le mode d'exécution. Mais le titre 2 de la loi du 15 germ. an 6, et celles des dispositions du titre 3 qui tenaient plus au fond du droit qu'à la forme de procéder, restèrent en vigueur, en matière commerciale, même après la promulgation du C. de comm. qui ne s'occupe de la contrainte que dans les art. 209, 231, 625 et 637. Deux autres lois, l'une du 4 flor. an 6, l'autre du 10 sept. 1807, assujettirent à la contrainte par corps les étrangers non domiciliés en France, et débiteurs de Français, quelles que fussent la nature et l'origine de la dette.

4. La loi du 17 avr. 1832 a fait cesser de graves controverses, rempli de nombreuses lacunes, supprimé plusieurs dispositions d'une rigueur inutile, adouci le sort des détenus, elle en a diminué le nombre : par son art. 46 elle a abrogé les lois des 15 germ. et 4 flor. an 6, et du 10 sept. 1807.

L'exercice de la contrainte par corps, pendant quelques mois, suspendu en matière civile et commerciale (Décrets 9 et 12 mars, 19 mai 1848. — Trib. Seine, 14 mai 1848, Art. 3916, 3917 et 3969 J. Pr.), a été rétabli par la loi du 13 déc. 1848 (Art. 4206 J. Pr.), mais avec des adoucissements. — V. Art. 2, 4 à 11.

Le tarif des frais a été modifié par l'arrêté du 24 mars 1849 (Art. 4374 J. Pr.). — V. *Garde du Commerce.* Hip. Durand, et *Commentaire.*

5. La loi préfère la liberté d'un citoyen à l'avantage individuel d'un autre ; mais lorsque l'intérêt public se lie à l'intérêt du créancier, ou lorsque la conduite du débiteur a le caractère d'une faute grave, elle autorise tout ce qui tend à assurer l'exécution des engagements. Gary, Rapport au Tribunat.

Elle se réserve de fixer les cas où la contrainte par corps peut ou doit avoir lieu, et d'en régler l'exécution.

6. La contrainte par corps n'est point une peine proprement dite ; elle est établie dans l'intérêt unique du créancier ; il peut en faire remise, et elle cesse de plein droit aussitôt qu'il est satisfait.

Elle participe de la nature des peines, en ce qu'elle est la plus rigoureuse des voies d'exécution.

Elle ne peut être prononcée hors des cas formellement prévus par la loi ; en cette matière, on ne peut raisonner par analogie d'un cas à un autre. — V. Seine, 12 juill. 1848 (4145).

Elle est purement personnelle à l'égard du débiteur.

7. En matière civile et de commerce, elle ne peut être prononcée d'office, il faut qu'elle soit requise par le créancier.

8. Les juges n'ont à examiner ni les ressources du débiteur,

ni la moralité du fait, à moins que la loi n'exige que le fait soit accompagné de mauvaise foi. — V. toutefois *inf.*, n° 78.

9. La liberté est de droit naturel; tout ce qui favorise le retour à ce droit naturel doit incontinent recevoir son application.

10. Ainsi la contrainte par corps ayant été abolie en 1793, les prisons furent immédiatement ouvertes aux détenus pour dettes et nulle condamnation ne fut prononcée en vertu des titres antérieurs. — V. d'ailleurs Décret 12 mars 1848 (Art. 3917 J. Pr.)

11. De même, le créancier serait mal fondé à prétendre que la loi nouvelle, qui lui interdit d'exercer la contrainte par corps contre les septuagénaires, a un effet rétroactif.

12. L'art. 2063 C. civ., défend à tous juges de prononcer la contrainte par corps, hors des cas déterminés par la loi; à tous notaires et greffiers de recevoir des actes dans lesquels elle serai⁺ stipulée, et à tous Français de consentir de pareils actes, encore qu'ils soient passés en pays étrangers, le tout à peine de nullité, dépens, dommages et intérêts.

§ 2. — *Qui peut prononcer la contrainte par corps. — Voies de recours.*

13. La contrainte par corps, dans le cas même où elle est autorisée, ne doit aujourd'hui être exécutée qu'en vertu d'un jugement. C. civ. 2067. — La loi offre ainsi à ceux mêmes qu'elle assujettit à la contrainte par corps une garantie que les créanciers ne pourront en abuser et en même temps un délai pour satisfaire à leur dette (Bigot-Préameneu, *Exposés des motifs*).

En matière commerciale, lorsque les conclusions tendent à la condamnation par toutes les voies de droit, le tribunal peut prononcer la contrainte. Paris 1ᵉʳ fév. 1847 (3566). — *Contrà*, Poitiers, 3 fév. 1854 (5942); — mais il est plus prudent d'y conclure formellement — V. *inf.* 23.

14. Il faut que le jugement émane du nombre de juges prescrit par la loi; l'arrestation faite en vertu d'une ordonnance de référé du président du trib. serait nulle. Montpellier, 19 juin 1807, P. 6, 162.

15. Tous les juges ayant droit de prononcer une condamnation principale, ont également le droit de prononcer la contrainte par corps, quand la cause en est susceptible.

Ainsi la contrainte par corps peut être prononcée : — 1° par les tribunaux civils;

2° Par les tribunaux de commerce;

3° Par les juges de paix, notamment en matière de réintégrande. C. civ. 2060, § 2. — V. *Action possessoire*, n° 334, même en cas de prorogation de juridiction (C. pr. 7). Coin-Delisle, 41, n° 6.

4° Par les arbitres forcés en matière de société. Toulouse, 17 mai 1825, S. 25, 420. — V. *Arbitrage*, n° 731.

5° Par les arbitres volontaires, — même quand ils sont amiables compositeurs; mais alors ils sont libres de refuser la contrainte par corps malgré le texte de la loi qui l'établit. Coin-Delisle, 42, n° 7, Souquet, v° *Arbitrage*, 26° table, 5° col. n° 50; Horson, Question 223°. — V. *Arbitrage*, n° 239. — *Contrà*, Pardessus, n° 1404.

16. Toutefois la contrainte par corps peut être exercée sans jugement, contre : — 1° la *caution* judiciaire, en vertu de la soumission qu'elle a faite au greffe. C. pr. 519. — V. ce mot, n° 38.

17. 2° Les débiteurs de deniers et effets mobiliers publics en vertu de contraintes ou décisions administratives. L. 17 avril 1832, art. 46; Fœlix, Comment. sur l'art. 8; Arrêté du gouvernement 13 therm. an 8; Décret 13 janv. 1806.

18. 3° Les étrangers, en vertu d'une simple ordonnance sur requête, rendue par le président du tribunal civil. — V. *inf.*, n° 159.

19. 4° Le témoin qui ne comparaît pas après réassignation, en vertu d'une ordonnance du juge-commissaire, pour le payement de l'amende de 100 fr. C. pr. 264. — Il s'agit moins ici d'une contrainte par corps civile que d'une peine. — V. *Enquête*.

20. *Quid*, lorsque l'avoué n'a pas, dans le délai de 3 jours, ou dans celui fixé par le récépissé, rétabli les pièces qui lui ont été données en communication?

Selon MM. Carré, n° 794; Demiau, p. 154; Delaporte, t. 1er, p. 194; Hautefeuille, p. 128; Favard, v° *Exception*, § 5, n° 3, c'est au président du trib. à prononcer *seul* la contrainte par corps, attendu que l'art. 191 C. pr. porte : « Sur simple requête, et même sur simple mémoire de la partie, il sera rendu *ordonnance* portant que l'avoué sera contraint à ladite remise *incontinent* et par *corps......* » Que nulle part le C. de pr ne confond les mots *ordonnance* et *jugement*, dont le premier signifie la décision prononcée par le président, et le second celle rendue par le trib. — Il existe une différence de rédaction entre l'art. 191 et l'art. 107; ce dernier exige un jugement pour arriver à la condamnation par corps de l'avoué qui n'a pas rétabli les pièces d'une production. Thomine, n°s 120 et 125, même dans le cas de l'art. 107, se contente d'une ordonnance du président.

Mais on répond avec M. Pigeau : — Il faut que le trib. statue : lorsque le C. de pr. veut que la requête soit présentée au président, il s'en explique formellement; ce magistrat ne doit prononcer de condamnation seul que lorsque la loi lui délègue spécialement ce pouvoir. Dans les art. 329, 325, 809 C. pr.; la loi se sert indifféremment des mots *ordonnance* et *jugement*. Boncenne, 3, p. 436. — L'art. 185 du projet (devenu 191) portait : sur simple requête *présentée au président du trib.*; et les mots soulignés ont été supprimés dans la loi. L'art. 185 du projet (devenu 192), disait : « En cas d'opposition, l'incident sera réglé sommairement *à l'audience.* » Et ces mots, à l'audience, ont été supprimés : on n'a pas voulu accorder au président seul le droit de prononcer la contrainte par corps, ni ouvrir la voie de l'opposition devant une autorité autre que celle dont émanait la décision attaquée ; ni appeler le trib. à réformer une décision du président qui, dans le cercle de ses pouvoirs, est indépendant du tribunal. Coin-Delisle, p. 40, n° 3 ; Chauveau sur Carré, n° 794.

21. L'ordonnance du juge-commissaire ne suffit pas non plus : — 1° Dans les cas prévus par l'art. 201 C. pr. (— V. *Vérification d'écriture,* n°s 104 et s.). Cette ordonnance n'est pas rendue contradictoirement avec le dépositaire ; or, ce dernier a pu être empêché par une juste cause de satisfaire à l'ordonnance. Carré, n° 830 ; Dalloz, *Vérification d'écriture,* n° 32 ; Boncenne, 3, 25 —*Contrà,* Delaporte, 17, n° 205 ; Favard, *ib.,* art. 201. — Ces mots, *à peine* d'être.... n'ont d'autre objet que d'établir la contrainte par corps et n'indiquent pas l'autorité chargée de la prononcer. Coin-Delisle, *ib.,* n° 4.

22. 2° Dans le cas de l'art. 221 C. pr. (—V. *Faux*), le C. pr. ne peut être censé déroger au Code civil. Dans le 2e cas prévu par l'art. 221, quand le juge-commissaire ordonne que le dépositaire qui n'est pas fonctionnaire public, sera contraint à l'apport, par voie de saisie, amende et même par corps, s'il y échet, son ordonnance est simplement indicative des peines qui seront prononcées. L'amende n'est pas déterminée, les circonstances du refus pourront en fixer la quotité ; la contrainte par corps n'est pas encore certaine, c'est aussi d'après les circonstances qu'il y aura lieu ou non de la prononcer.—Si les termes sont absolus dans le 1er cas, ce n'est point pour attribuer au juge-commissaire un pouvoir exorbitant, mais pour établir la contrainte par corps impérative contre les fonctionnaires publics, lors du rapport que le juge commis fera à l'audience, sur leur refus d'apporter la minute. Coin-Delisle, p. 41, n° 5. —*Contrà,* Demiau, n° 172.

23. Dans le cas même où la contrainte par corps est ordonnée par la loi, les trib. ne peuvent la prononcer, lorsque le demandeur n'y a pas conclu : autrement, ce serait juger au delà de la demande. Bruxelles, 30 nov. 1818, D. 3, 740 ; Carré, n° 540 ; Thomine, n° 145 ; Locré, *Esprit du C. comm.*, art. 625 ;—le silence du demandeur sur la contrainte par corps est une remise tacite de cette voie d'exécution. Jousse sur l'art. 4, titre 34, note 1re de l'ordonnance de 1667 ; Rodier, sur le même article, question 1re ; Boncenne, t. 2, p. 534 ; Boitard, t. 1er, p. 502 ; Coin-Delisle, p. 42, n° 8 ; Chauveau sur Carré, n° 540.—V. *sup.*, n° 13.

24. Mais le jugement qui l'ordonne ne serait pas nul pour l'avoir motivée sur d'autres dispositions de loi que celles invoquées dans les conclusions des parties. Paris, 6 janv. 1832, D. 32, 120.

25. L'omission de la demande peut être suppléée par des conclusions additionnelles tant que la cause n'est pas jugée.

26. La contrainte par corps n'est pas valablement demandée pour la première fois en appel ; ce serait former une demande nouvelle (C. Pr. 464), et dans tous les cas, la contrainte par corps est un chef susceptible de deux degrés de juridiction. Coin-Delisle, p. 42, n° 8.—*Contrà*, Paris, 1er fév. 1847 (Art. 3566 J. Pr.)

27. La contrainte par corps doit être prononcée par le même jugement qui statue sur la contestation ; si les juges ont omis de statuer à cet égard, on ne peut la requérir par action nouvelle. Paris, 20 germ. an 13 ; Bruxelles, 24 mars 1809, S. 5, 257 ; 9, 398 ; Coin-Delisle, p. 42, n° 9.—*Contrà*, Turin, 22 pluv. an 13, S. 5, 257 ; — mais seulement par appel si la demande en est susceptible au principal. — V. *inf.*, n° 44.

28. Les juges ont la faculté d'accorder des délais pour l'exécution de la contrainte par corps, relativement aux dommages-intérêts prononcés en vertu de l'art. 126 C. pr., et pour les reliquats de compte dont parle le même article. C. pr. 127. Cette disposition n'est pas limitative. (—*Contrà*, Carré, n° 542 ; Boitard, 1, 511); elle s'applique évidemment à tous les cas où la contrainte est facultative ; le juge qui peut la refuser, peut à plus forte raison en suspendre l'exécution. Boncenne, 2, 534 ; Chauveau, n° 542. — Et dans le cas où la contrainte par corps est impérativement prononcée par la loi, si d'ailleurs le juge peut suspendre les autres poursuites, pourquoi refuser le droit d'ordonner le sursis à l'exécution d'un seul genre de poursuites ?—Coin-Delisle, p. 42, n° 10. — *Contrà*, Chauveau sur Carré, et Boitard, 1, 510.

29. En matière commerciale, l'exercice de la contrainte par corps *peut* être suspendu (*d'office*) par le jugement de condamnation. Loi du 13 déc. 1848, art. 5. — Cet article consacre et régularise un usage adopté par plusieurs tribunaux de commerce. Durand, n° 37. — V. d'ailleurs art. 3540 J. Pr.

Ce sursis peut avoir lieu pour toute condamnation *en principal* au-dessous de 500 fr. —même en matière de lettre de change et de billet à ordre. *Même loi*, art. 5.

30. Ce sursis peut avoir lieu pendant trois mois, art. 5.

Les trois mois se comptent à dater de l'échéance de la dette, art. 5. —et non pas du jour du jugement.

Ce sursis à l'exercice de la contrainte n'empêche pas le créancier de poursuivre son débiteur par les autres voies d'exécution. — Il ne doit pas être confondu avec les délais accordés en vertu de l'art. 124 qui arrêtent toutes les voies d'exécution.

31. Si les juges accordent des délais pour l'exécution de la contrainte par corps, ils doivent le faire par le jugement même qui la prononce. C. pr. 122 et 125.

32. L'art. 124, C. pr., qui permet dans certains cas d'agir contre le débiteur, nonobstant la concession d'un délai, ne s'étend qu'à l'exécution sur les biens; cette disposition exceptionnelle est inapplicable à l'exécution sur la personne. Demiau, 114; Carré, n° 544.

33. La contrainte par corps prononcée pour objet susceptible de liquidation, ne peut être exécutée qu'après que la liquidation, a été faite en argent. C. pr. 552. — Il faut qu'à l'instant de l'exécution le débiteur ait la faculté de payer.

34. La contrainte par corps n'empêche ni ne suspend les poursuites et les exécutions sur les biens. C. civ. 2069.

35. Le jugement qui prononce la contrainte par corps, hors des cas déterminés par la loi, est nul au chef de la contrainte; il peut être utile aux parties sous d'autres rapports; par exemple au créancier, pour conférer hypothèque. Fournel, *Contrainte par corps*, p. 75.

36. Les trib. civils, bien qu'ils soient juges des questions d'exécution qui s'élèvent sur les jugements des trib. de commerce, ne peuvent décharger de la contrainte par corps illégalement prononcée par ces jugements. Paris, 3 août 1838 (Art. 1341 J. Pr.); Dissertation (Art. 2406 § 1er); Chauveau sur Carré, n° 2707 *bis*. — *Contrà*, Rouen, 15 nov. 1825; Caen, 15 avril 1826, P. 19, 947; 20, 390.

37. Les juges qui ont illégalement condamné par corps sont passibles de dommages-intérêts. C. civ. 2063.

38. Conséquemment ils peuvent être pris à partie. C. pr. 505, § 3; L. du 15 germ. an 6, art. 6; Carré, n° 1807; — à moins qu'il n'y ait eu simple erreur du juge sans intention malveillante. Coin-Delisle, p. 33, n° 8.

39. Le débiteur contre lequel la contrainte par corps a été prononcée par jugements des tribun. civils ou de commerce, conserve le droit d'interjeter appel du chef de la contrainte, dans les trois jours qui suivent l'emprisonnement ou la recommandation, lors même qu'il a acquiescé au jugement, et que les délais de l'appel sont expirés. Loi du 13 déc. 1848, art. 7. — V. *inf.*, n° 59.

40. Cet appel a lieu en matière de deniers et effets publics, et même pour les dettes des étrangers envers les Français : ces dispositions de l'art. 7 sont générales et favorables. — Il en est autrement pour les jugements rendus en matière correctionnelle ou de police. Durand, n°s 59 et 60.

41. L'appel est recevable contre la disposition relative à la contrainte par corps, quoique la condamnation principale soit en dernier ressort. L. 17 avril 1832, art. 20; — soit que le jugement ait été rendu par des trib. civils ou de commerce. *Ib.* — Par un juge de paix ou par des arbitres; — soit qu'il y ait eu jugement

en dernier ressort à raison du chiffre, ou qu'il y ait eu renonciation à l'appel.

42. La portée de l'innovation de l'art. 20 est loin d'être encore bien déterminée. — Le juge d'appel, saisi seulement du
chef de la contrainte, peut-il, pour décharger de cette contrainte,
nier l'existence de la créance que le débiteur est définitivement
et irrévocablement condamné à payer aux dépens de ses biens ? —
L'appel ne permet-il, au contraire, qu'une vérification, celle du
point de savoir si, en considérant la créance telle que le jugement
en dernier ressort au principal la présente, et avec le caractère
qu'il lui attribue, la contrainte par corps devait ou pouvait être
appliquée, et si dans le cas où cette contrainte était simplement
facultative, il était convenable de l'ordonner ?

La 1re solution a été adoptée par la C. d'Aix (Art. 2389 J. Pr.).

La 2e solution renfermerait dans des limites bien étroites le
pouvoir du second degré de juridiction et restreindrait singuliè-
ment la garantie protectrice que semble offrir l'art. 20. Quand la
créance déclarée par le jugement serait du nombre de celles qui
entraînent forcément la contrainte, le juge d'appel n'aurait qu'une
chose à faire, et son rôle se réduirait à examiner si le condamné ne
se trouverait pas dans un des cas d'exception, soit à raison de son
âge ou de son sexe, soit à raison de sa relation avec le créancier.

Un système intermédiaire a été proposé. — Le juge d'appel ne
pourrait sans doute pour statuer sur la contrainte par corps, vérifier la légitimité de la condamnation qu'il ne saurait rapporter ;
mais il aurait le droit de vérifier la *cause*, la nature de la créance ;
il aurait le pouvoir de substituer au caractère que le premier juge
aurait attribué à cette créance un autre caractère qui n'entraînerait pas les mêmes conséquences. Dissertation de M. Bertauld
(Art. 2389 J. Pr.); Paris, 2 mai 1844 (Art. 2829 J. Pr.).

43. L'art. 20 s'applique non-seulement à la disposition des
jugements qui prononcent la contrainte par corps, mais encore
aux jugements qui statuent sur l'exécution de cette disposition.
Aix, 6 déc. 1834, Dev. 35, 127; Duvergier, *Lois*, 32, p. 158,
note 4; Dissertation de M. Bertauld (Art. 2635 J. Pr.).

44. Le jugement en dernier ressort qui n'a pas accordé la
contrainte par corps demandée n'est pas susceptible d'appel.
L'art. 20, loi du 15 avril 1832, a été introduit dans l'intérêt
exclusif du débiteur. Bourges, 20 juin 1856; Coin-Delisle, p. 104,
nº 2 ; *Supplément*, p. 148 ; Chauveau sur Carré, nº 2675. —
Contrà, Caen, 1er oct. 1834 (Art. 2805 J. Pr.); Paris, 11 août
1841, Dev. 41, 555; Dissertation de M. Bertauld (Art. 2805
J. Pr.); Dijon, 3 juill. 1845; Caen, 26 août 1846, Art. 3571.

45. Lorsqu'un jugement en dernier ressort refuse la contrainte
dans un des cas où la loi l'ordonne, le créancier a le pourvoi en
cassation ; s'il omet d'y statuer, c'est un cas de requête civile.

46. Le créancier auquel la contrainte a été accordée, mais dont la procédure tendant à exercer cette contrainte a été annulée par un jugement rendu en dernier ressort, si l'on ne considère que le montant des causes de l'exécution, a-t-il le droit d'appel ? — M. Coin-Delisle le soutient, non pas en vertu de l'art. 20, dont il écarte comme nous l'application, au profit du créancier, mais par le motif que les jugements rendus sur des incidents d'exécution sont toujours en dernier ressort. *Suppl.*, p. 148. — Cette opinion nous semble inadmissible : la quotité de la créance de celui qui poursuit une exécution détermine le ressort en matière d'incidents sur cette exécution. Cass. 8 déc. 1841, Dev. 42, 137 (Art. 2805 J. Pr.).

47. Quant au délai de l'appel. — V. *sup.*, n° 39.

48. Les moyens de défense contre la contrainte par corps peuvent être proposés pour la première fois en appel. Paris, 20 germ. an 12 ; Bordeaux, 9 mars 1809, S. 7, 893.

Ou devant la cour de cassatiom. Cass. 2 flor. an 11 ; 24 janvier 1842 ; 8 mai 1850, D. 42, 97 ; 50, 158 ; 29 déc. 1851 (5001) ; — Le moyen pris de ce que la contrainte par corps a été prononcée hors des cas déterminés par la loi est d'ordre public et peut être proposé en tout état de cause.

Il n'y a pas à distinguer si l'exception résulte ou non des qualités prises au procès. — *Contrà*, Coin-Delisle, n° 6.

D'après l'art. 20, loi du 17 avril 1832, le chef de la contrainte étant toujours susceptible d'appel, la voie extraordinaire du pourvoi en cassation n'est admissible que contre la décision du second degré de juridiction.

49. Le principe de l'effet suspensif de l'appel admet en matière de contrainte par corps plusieurs exceptions, et d'abord celles communes aux autres matières. Si favorable que soit la liberté, les jugements exécutoires par provision s'exécutent nonobstant l'appel.

50. Toutefois cette exécution provisoire sur la personne ne peut pour dettes civiles être ordonnée qu'à charge de donner caution, tandis que sur les biens elle est de droit, dans certains cas, et peut être, dans certains autres cas, ordonnée sans caution. L'art. 2068 C. civ. est une disposition spéciale à laquelle l'art. 135 C. pr. n'a point dérogé. Pau, 24 juill. 1823 ; Rennes, 6 avr. 1835 (253). — Paris, 27 mai 1854. D. 55, 292. (6511).

Sauf cette condition de la caution, le § 1er de l'art. 135 C. pr. s'applique aussi bien que le § 2 à la contrainte par corps ; M. Coin-Delisle, p. 43, n° 1er ne dit rien de contraire et ne tombe pas dans l'erreur que lui reproche M. Chauveau sur Carré, n° 578 ter.

Dans l'espèce du 6 avril 1835, on ne s'explique pas comment
la contrainte par corps avait pu, pour une dette civile, être prononcée contre une femme étrangère, Coin-Delisle, *supp.* p. 128.
—Mais cette observation n'infirme en rien la valeur doctrinale de
la décision, comme application de l'art. 2068.

51. L'exécution provisoire de la contrainte par corps peut-elle
être ordonnée avec ou sans caution pour dettes commerciales ?
Pour l'affirmative on invoque les art. 439 C. pr., 647 C. comm.,
2070 C. civ. ; Carré, n° 2676 ; Coin-Delisle, p. 43.

Mais de ce que l'art. 2070 déclare qu'il n'est point dérogé aux
lois particulières qui autorisent la contrainte par corps dans les
matières de commerce, doit-on conclure que l'art. 439 C. pr., qui
n'est pas plus spécial à la contrainte que l'art. 135 du même code,
fasse exception à l'art. 2068 ?

52. Quoi qu'il en soit, l'exécution provisoire pour dettes commerciales n'a pas même besoin d'être prononcée ; elle est de droit,
mais sous la condition d'un cautionnement à fournir par le créancier. Nîmes, 31 août 1809, S. 10,234 ; — Rejet, Sect. civ., 2
avril 1817, S. 17, 280 ; Lyon, 27 nov. 1832 ; Dev. 33, 93 ;
Carré, n° 1547 ; Pardessus, t. 5, p. 83 ; Talandier, *Appel*,
n° 300 ; de Vatimesnil, v° *Arbitrage*, n° 271. — *Contrà*, Bruxelles,
9 déc. 1807, S. 14, 154 ; Poncet, *Jugement*, 1, n° 269.

53. L'appel recevable au chef de la contrainte par corps d'un
jugement en dernier ressort au principal, qu'il s'agisse d'une dette
civile ou commerciale, n'est pas suspensif. Loi du 17 avr. 1832,
art. 20. — Le créancier peut poursuivre l'exécution du jugement,
nonobstant l'appel, sans que l'exécution provisoire ait été ordonnée,
et sans qu'il y ait obligation de fournir caution. Paris, 27 août
1836 (Art. 981 J. Pr.). C'est là une exception spéciale, qui est
la condition de la faculté exceptionnelle d'appel consacrée par
l'art. 20. Rouen, 22 janv. 1852, D. 52, 142.

54. En dehors de ces exceptions au principe de l'effet suspensif,
l'appel interjeté dans le délai utile, empêche non-seulement l'exécution de la contrainte par corps, mais même la continuation de
cette exécution, si l'incarcération avait déjà été opérée. — M. Lepage, V. p. 530, a soutenu que dans ce dernier cas l'appel
n'avait aucun résultat, qu'il ne rétroagissait point et laissait les
choses dans l'état où elles étaient au moment où il intervenait,
par la raison que s'il s'agissait d'une saisie de meubles, l'appel qui
viendrait à être porté contre le jugement, en vertu duquel cette
saisie aurait été faite, n'entraînerait pas la mainlevée, mais bien
une simple interruption de poursuites. — Oui, sans doute, mais y
aurait-il interruption, suspension de l'exécution de la contrainte
par corps, si, malgré l'appel, le débiteur restait en prison ? Limoges, 13 oct. 1842 (Art. 2709 J. Pr.). Pigeau, 2, 281 ; Carré,
2706 ; Coin-Delisle, p. 44, n° 4. — Mais V. art. 7, loi 1848.

M. Chauveau sur Carré, n° 2706, professe que dans le cas même de l'art. 20 de la loi du 17 avril 1832, l'appel, au chef de la contrainte par corps, d'un jugement en dernier ressort au principal, donne lieu à l'élargissement provisoire du débiteur. — Cette solution est évidemment erronée ; cet appel ne ferait pas obstacle à l'incarcération, puisqu'il n'est pas suspensif, et par conséquent il ne saurait avoir pour effet d'interrompre un emprisonnement déjà consommé.

55. L'appel par le créancier d'un jugement qui a prononcé la nullité ou la mainlevée d'un emprisonnement est, en principe, suspensif : mais ce principe ne reçoit-il pas des exceptions, en dehors de celles auxquelles pourrait donner lieu l'application de l'art. 135 C. pr. ? — Les trib. ne peuvent-ils pas, en se fondant exclusivement sur l'urgence, ordonner, sinon sans caution, au moins avec caution, l'exécution provisoire des décisions qui annulent un emprisonnement ou prononcent un élargissement ? — M. Thomine le soutient. Nîmes, 3 févr. 1808 ; 1er août 1838 (Art. 1346 J. Pr.). — Mais la doctrine contraire est plus conforme au texte de la loi. Pigeau, *Comment.*, t. 2, 482 ; Carré, 2739 ; Pardessus, n° 1522 ; Coin-Delisle, p. 62, n° 89 ; — Il paraît étrange, cependant, que le président statuant en état de référé, aux termes de l'art. 787 C. pr. ; puisse, par une ordonnance, rendre immédiatement le débiteur à la liberté, et que ce pouvoir soit refusé au tribunal.

56. L'appel du jugement qui annule un emprisonnement ou en fait mainlevée, n'est recevable, d'après le droit commun, qu'autant que le montant des causes de l'exécution est supérieur au chiffre du dernier ressort. Dans le système de ceux qui soutiennent que la disposition exceptionnelle de l'art. 20 de la loi du 17 avril 1832, n'est pas limitée au débiteur, l'appel que cet article autoriserait dans l'intérêt du créancier ne serait pas suspensif.

57. La demande en élargissement fondée sur l'appel du jugement qui prononce la contrainte doit-elle être portée par application de l'art. 459 C. pr., devant la cour saisie du fond ? Carré, n° 2706 ; Coin-Delisle, 44, n° 4, p. 24, 17. — Ou bien le débiteur doit-il s'adresser au trib. du lieu de la détention, en vertu de l'art. 805 C. pr. ? Nancy, 7 juill. 1831, P. 24, 17. — Ou bien est-ce au tribunal qui a rendu le jugement frappé d'appel qu'il appartient de statuer, sauf au trib. du lieu de la détention à statuer à cause de l'urgence par provision, et à ordonner la mise en liberté, en renvoyant pour le fond au juge de l'exécution ? Chauveau sur Carré, n° 2706 *bis*. — Mais qu'y a-t-il autre chose à faire juger que la question de mise en liberté provisoire jusqu'à ce qu'il soit statué sur l'appel ? — M. Chauveau, *ibid.*, admet encore que si le jugement émane d'un trib. de commerce, le trib. du lieu de la détention est seul compétent.

Le système de la C. de Nancy, aurait à nos yeux ce grave inconvénient, qu'en cas d'appel du jugement autorisant ou refusant la mise en liberté provisoire, cet appel pourrait être soumis à une cour royale, autre que celle saisie de l'appel principal. — Ce système et celui de M. Chauveau, qui s'en rapproche beaucoup par ses conséquences pratiques, nous paraissent en désaccord avec le principe que l'appel est dévolutif.—M. Chauveau sur Carré 1655 et 1655 *ter*, n'a-t-il pas reconnu que l'appel saisit le juge auquel il est soumis de tout ce qui se rattache à la contestation, de tous les incidents, et que le premier juge ne peut plus connaître des difficultés de l'exécution, ni ordonner la discontinuation des poursuites?

58. La requête civile et le pourvoi en cassation peuvent-ils autoriser une demande en liberté provisoire?—En ce qui concerne la requête civile, elle n'empêche pas l'exécution du jugement attaqué; nulles défenses ne peuvent être accordées malgré le recours à cette voie. C. pr. 497. — Le pourvoi en cassation n'autorise pas non plus la demande en élargissement, puisqu'il n'est pas suspensif. L. 1er déc. 1790, art. 16. — Mais si le jugement, objet du pourvoi, est cassé, les parties sont remises au même état qu'auparavant et l'élargissement est ordonné par la C. de Cass. Carré, n° 2709. — *Contrà*, Cass. 15 avr. 1829, P. 22, 924.

59. L'acquiescement au jugement qui prononce la contrainte par corps rend inattaquable la condamnation pécuniaire; mais il n'empêche pas, au chef de la contrainte, la recevabilité soit de l'opposition, si le jugement est par défaut, soit de l'appel, si le jugement est contradictoire, ou n'est plus susceptible d'opposition. — Cette solution, d'abord controversée (V. art. 2230 J. Pr.), résulte de l'art. 7 de la loi de 1848.

Le débiteur peut même interjeter appel, depuis l'acquiescement et l'expiration des délais ordinaires : — 1° dans les trois jours qui suivent l'emprisonnement ou la recommandation. *Ib.* art. 7. — auquel cas il reste en état d'arrestation. *Ib.* — il a à se reprocher d'avoir autant tardé à user de son droit; il ne fallait pas obliger le créancier à faire les frais d'une nouvelle arrestation.—Durand, n° 51; 2° même avant l'arrestation, sans que le débiteur soit tenu de se constituer préalablement prisonnier. Riom, 19 juin 1849; Paris, 25 janv. 1849 (4270). — Agen, 7 janv. 1856, Dev. 56, 104.

L'appel sur le chef de la contrainte ne suspend pas l'exécution du jugement. Le débiteur peut être incarcéré, comme il pouvait l'être avant l'appel. Arg. Loi du 17 avr. 1832, art. 20. Il impliquerait contradiction que le débiteur qui aurait appelé, dans les trois mois, d'un jugement en dernier ressort pût être emprisonné, et qu'il ne le pût pas lorsqu'il avait laissé expirer ce délai sans attaquer le jugement. Durand, n° 57. — V. *sup.*, n° 53.

60. Quand l'acquiescement a enlevé la possibilité de faire rapporter la condamnation pécuniaire, l'opposant ou l'appelant conserve-t-il, pour se soustraire à l'exécution par corps, le droit de remettre en question l'existence de la créance définitivement exécutoire sur les biens? — Non ; dès que le juge n'a plus le droit de corriger le mal jugé, il importe qu'il n'ait pas la faculté de proclamer une erreur irréparable. — Mais si l'acquiescement impose la nécessité de respecter l'existence de la créance et sa légalité, il n'empêche pas de vérifier sa nature, son caractère ; il permet de substituer à une qualification erronée une qualification qui n'entraîne plus la contrainte. Bertauld (2406). Le condamné qui se désiste de l'appel d'un jugement peut en appeler ultérieurement au chef de la contrainte. Paris, 12 déc. 1853 (5563).

§ 3. — *Cas dans lesquels la contrainte par corps peut ou doit être ordonnée.*

61. La contrainte par corps, considérée selon les causes dont elle procède, est légale ou impérative, judiciaire ou facultative, et conventionnelle.

Légale. Lorsque la loi ordonne aux juges de la prononcer pour tel cas qu'elle détermine.—V. C. civ. 2059, 2060, 2136 ; C. pr. 191, 201, 221, 603, 604, 688, 690, 712, 714, 839.— Le refus de l'appliquer sur la demande du créancier serait un moyen de cassation.

Judiciaire. Lorsque la loi laisse aux tribunaux la faculté d'accorder ou de refuser la contrainte par corps au créancier qui la requiert. — V. C. civ. 2061, 2062 2° ; C. pr. 107, 201, 213, 221 ; 534 et surtout l'art. 126.

Conventionnelle. Lorsqu'elle a besoin d'être stipulée par le créancier.—V. C. civ. 2060, § 5 ; .... — Il n'est pas au pouvoir du juge de modifier les conventions légalement formées.

62. *Matière civile.* La contrainte par corps légale a lieu : 1° pour le stellionat. C. civ. 2059.

63. 2° pour le dépôt nécessaire (C. civ. 2060-1°) ou pour la représentation des choses déposées aux séquestres, commissaires et autres gardiens. *Ibid.*, n° 4 ; — ou des effets apportés par le voyageur dans une auberge ou hôtellerie (C. civ. 1952). — Ou confiés aux voituriers, par terre ou par eau (C. civ. 1782). Duranton, 18, n° 453.

64. Le mot *commissaires* se confond avec le mot *gardiens*, et ne s'applique pas aux magistrats chargés des pièces pour le rapport d'un procès : civilement responsables de la perte de titres à eux confiés, ils ne sont pas contraignables par corps. Coin-Delisle, art. 2060, n° 12.

Et autres gardiens. Par exemple, les gardiens commis par un huissier lors d'une *saisie-exécution.* C. pr. 596 ; — d'une *saisie-brandon*, 628 ;—d'une *saisie-gagerie*, 821 ;—d'une *saisie foraine*, 823 ;—d'une *saisie-revendication*, 830 ; — d'une *saisie conservatoire* pour sûreté d'une lettre de change protestée. C. comm. 1720.—V. d'ailleurs C. pr. 594, 914-1° ; C. civ. 1264 ; C. comm. 106, 200 ; *Faillite, Inventaire, Invention (brevet d'), Saisie, Scellés.*

65. Le séquestre *conventionnel* n'est pas soumis de plein droit à la contrainte par corps : l'exposé des motifs indique l'intention de s'occuper des dépôts judiciaires. Les mots *séquestres* et *commissaires* ne peuvent pas être pris dans un sens plus étendu que les mots *et autres gardiens* qui les suivent et désignent le genre dont les premiers sont les espèces ; or, le mot *gardiens*, dans le langage légal, est restreint aux séquestres judiciaires. Le séquestre conventionnel n'est qu'un dépositaire volontaire. C. civ. 1956, 1958. L'art. 1963 C. civ. n'indique comme contraignable par corps que le séquestre judiciaire. Coin-Delisle, art. 2060, n° 10.

66. Mais sont contraignables par corps : le saisi laissé en possession de son immeuble, pour le payement des dommages-intérêts résultant des coupes ou dégradations par lui faites sur cet immeuble (C. pr. 683,). Pour la restitution des fruits ; il est en effet, à cet égard, considéré comme séquestre judiciaire. Pigeau, *Comm.*, 2, 303 ; Favard, 5, 53, n° 1 ; Carré, n° 226 ; Berriat, 579 ; Dalloz, 11, 739, n° 3 ; Persil, 120, n° 137.

— Le séquestre n'existe qu'à compter de la transcription au bureau des hypothèques. Paignon, 1, 89 ; Chauveau sur Carré, n° 2269 —V. *Saisie immobilière*, n° 249.—Le mot saisi, dans l'art. 681 substitué par la loi du 2 juin 1841 à l'ancien art. 688 s'applique au tiers détenteur, comme au débiteur originaire. Rejet, 4 oct. 1814, S. 16, 78 ; Coin-Delisle, art. 2060, n° 11.

67. Le saisi qui détruit, détourne ou tente de détourner les objets saisis sur lui et confiés à sa garde est passible des peines portées en l'art. 406 C. pén., pour abus de confiance. C. pén. de 1832, art. 400.

68. Est contraignable par corps le gardien, non-seulement pour la représentation des objets saisis, mais encore pour le payement des dommages-intérêts prononcés contre lui, lorsqu'il s'est servi de ces objets, et qu'il les a loués ou prêtés. C. pr. 603.—Le gardien d'une saisie-gagerie ou d'une saisie-arrêt sur débiteur forain, pour la représentation des effets saisis. C. pr. 824. — La loi dit pour *la représentation*, et non pour la restitution : les parties ont droit, avant la fin de la garde, de s'assurer de la fidélité ou de l'exactitude du dépositaire.

69. 3° Pour répétition de deniers consignés entre les mains de personnes publiques établies à cet effet. C. civ. 2060-3°.— Spécialement du caissier et des préposés de la caisse des dépôts et consignations. — V. ce mot. — Des huissiers, pour les sommes à eux remises par leurs clients pour les offrir réellement ou pour les consigner. C. civ. 1258-7°, 1259-3° ; —pour les deniers comptants trouvés chez le débiteur, lors d'une saisie. C. pr. 590. — Des geôliers pour la consignation des aliments ou le versement des sommes dues. — V. *inf.*, nᵒˢ 353 et 406.

70. 4° En cas de réintégrande, pour le délaissement ordonné par justice d'un fonds dont le propriétaire a été dépouillé par voie de fait, pour la restitution des fruits qui en ont été perçus pendant l'indue possession, et pour le payement des dommages-intérêts adjugés au propriétaire. C. civ. 2060-2°.

Dans ce cas, c'est au juge de paix qu'il appartient de prononcer la contrainte, sauf l'appel au trib. civil. A la différence du cas prévu par l'art. 2061, cette contrainte doit être demandée par les conclusions qui ont pour objet de faire statuer sur la réintégrande. Duranton, 18, n° 455.

L'art. 712 C. pr. applique le même principe au saisi qui refuse de délaisser l'immeuble après la signification du jugement d'adjudication. —V. *Saisie-immobilière*, nᵒˢ 524 et suiv.

Celui qui, par un jugement rendu au pétitoire, et passé en force de chose jugée, a été condamné à désemparer un fonds, et qui refuse d'obéir, peut également, par un second jugement, être contraint par corps, quinzaine après la signification du jugement à personne ou à domicile. Si le fonds ou l'héritage est éloigné de plus de cinq myriamètres du domicile de la partie condamnée, il doit être ajouté au délai de quinzaine un jour par cinq myriamètres. C. civ. 2061.

71. 5° Contre tous officiers publics pour la représentation de leurs minutes, quand elle est ordonnée (C. civ. 2060-6°) soit par la justice, soit par la loi.—V. C. pr. 839, *Copie* ; C. pr. 201, 221, *Faux*.

Les mots *tous officiers publics* comprennent toutes les personnes préposées par la loi à la garde d'actes publics, civils ou administratifs : notaires, greffiers, archivistes, conservateurs des hypothèques.

Les *minutes* (V. ce mot), s'entendent aussi des actes dressés sur des registres, tels que les acceptations et renonciations des successions. et les actes de l'état civil.

72. 6° Contre les notaires, les avoués et les huissiers, pour la restitution des titres à eux confiés, et des deniers par eux reçus pour leurs clients, par suite de leurs fonctions. C. civ. 2060-7°.

Il en est de même des greffiers, commissaires-priseurs, gardes du commerce. Loi 1848, art. 3. — Des agents de change et des courtiers : ils sont commerçants. Durand, n°⁵ 14 à 17.

73. Les mots *titres à eux confiés* s'entendent de ceux qui leur sont confiés par leurs clients et de *ceux que la nature de leurs fonctions oblige d'autres personnes à leur communiquer.* C. pr. 107 et 191.

Mais le dépôt d'un testament olographe entre les mains d'un avoué ne donnerait pas lieu à la contrainte par corps envers cet avoué. Dalloz, t. 3, p. 725, n° 8.

L'avoué qui a traité pour son client, mais en qualité de simple mandataire *ad negotia*, n'est pas contraignable par corps pour les condamnations en remise de pièces par lui encourues en cette qualité. — V. *inf.*, n° 75. Cass. 1er fév. 1820, P. 15, 745; Coin-Delisle, p. 20, n° 24.

— V. d'ailleurs *Saisie immobilière*, n° 639.

74. *Des deniers reçus pour leurs clients.* — En est-il de même dans le cas où l'officier public a reçu les deniers des clients mêmes? — Oui, selon MM. Bigot-Préameneu, *Exposé des motifs;* Dalloz, *hoc verbo*, par identité de motifs. — Mais l'analogie ne suffit pas en cette matière : et la contrainte par corps ne peut être appliquée que dans les cas où elle est prononcée par une disposition particulière, par exemple, contre l'huissier qui a reçu des deniers pour faire des offres, ce qui le constitue consignataire momentané. — V. *sup.*, n° 69. — Au contraire, la contrainte doit être refusée dans les autres cas : par exemple, contre l'avoué, le notaire, l'huissier qui ont reçu du client des fonds pour se couvrir d'avances à faire, lorsque le procès n'a pas de suite ou que l'acte projeté n'est pas dressé. Delvincourt, 3, note 10 sur la page 189; Coin-Delisle, p. 20, n° 25. — V. *inf.*, n° 76.

75. *Par suite de leurs fonctions.* — Il faut que la rétention des deniers constitue un véritable fait de charge. L'avoué chargé d'opérer une transaction sur un compte est un simple mandataire *ad negotia;* il ne peut être condamné par corps à la remise des titres et papiers qui lui ont été confiés pour l'affaire qu'il a gérée. Cass. 1er fév. 1820, S. 20, 346. — V. d'ailleurs art. 4500 J. Pr.

76. Un notaire qui détourne des sommes qu'un client lui a confiées pour en opérer le placement est-il contraignable par corps?

1er *système.* — C'est par suite de sa qualité de notaire, de la confiance qu'elle doit naturellement inspirer, que les fonds lui sont abandonnés. On a, dans l'art. 2060, substitué ces mots *pour leurs clients* à ceux *de leurs clients*, que contenait le projet; et M. Bigot-Préameneu a émis l'opinion que la contrainte par corps devait être prononcée dans les deux cas. Lyon, 3 fév. 1830, D. 30, 95; Paris, 29 janv. 1835; 31 juill. 1835 (Art. 175 J. Pr.); 18

janv. 1836 (Art. 345 J. Pr.). Bourges, 11 déc. 1839, Dev. 40, 266. Angers, 25 août 1847 ; rej. 6 mars 1855, D. 55, 107.

2e *système*. — L'art. 2060 C. civ. est inapplicable. Paris 6 janv. 1830 ; 22 mai 1832 (Art. 175 J. Pr.). — Mais la réparation civile, en cas de délit, peut être poursuivie devant les trib. civils ou devant les trib. criminels : or ces derniers ont évidemment le droit de prononcer la contrainte par corps en vertu de l'art. 52 C. pén. Pourquoi en serait-il autrement quand le trib. civil est saisi, c'est la même action ; elle a le même objet, le même but, la même nature ? Orléans, 22 juill. 1843, Dev. 43, 520. — V. toutefois *inf.*, n° 86.

3e *système*. — Le dépositaire doit rendre identiquement la chose déposée (C. civ. 1982) ; le mandataire est tenu d'accomplir le mandat, tant qu'il en demeure chargé, et répond des dommages et intérêts qui pourraient résulter de son inexécution. Or, que l'on considère le notaire, soit comme dépositaire, soit comme mandataire, il y a eu, de sa part, inexécution du mandat, violation de dépôt, inaccomplissement d'une obligation de faire, il y a donc lieu aux dommages et intérêts en vertu de l'art. 1142, et à la contrainte par corps, en vertu de l'art. 126 C. pr. Arg. Colmar, 7 juin 1821 ; Thomine, n° 143 ; Coin-Delisle, art. 2060, art. 34.

La diversité des motifs invoqués montre assez que le droit des magistrats n'est rien moins qu'évident. — Aucun de ces trois systèmes n'est à l'abri d'une critique sérieuse : — En effet, d'une part, le § 7 de l'art. 2060 s'applique exclusivement aux faits de charge, et le dépôt de sommes confiées à un notaire pour en effectuer le placement ne saurait constituer un acte de cette nature. — Arg. Rouen, 15 fév. 1838 (Art. 1340 J. Pr.). — D'un autre côté, on tenterait vainement de se prévaloir des dispositions de l'art. 52 C. pén. Un trib. excède les limites de sa compétence en transformant sa juridiction en juridiction correctionnelle de civile qu'elle était, et en voyant un délit dans des faits purement civils, soumis à son appréciation. Cass. 18 nov. 1834 (Art. 175 J. Pr.). — Enfin le dernier système qui tend à autoriser la contrainte par corps, en vertu des art. 126 C. pr. et 1142 C. civ. combinés, nous paraît également sujet à controverse. — V. *inf.*, n° 82.

77. 7° Contre le fol enchérisseur d'un immeuble pour la différence existant entre son prix et celui de la revente sur folle enchère. C. pr. 710 et 740.

78. Quelquefois la contrainte par corps est seulement facultative.

Ainsi il est laissé à la prudence des juges de la prononcer, pour dommages-intérêts en matière civile au-dessus de la somme de 300 fr. C. pr. 126.

Jugé que la contrainte par corps ne devait pas être prononcée dans le cas où cette voie d'exécution était subordonnée au pouvoir facultatif des juges (par exemple en matière des dommages-intérêts) contre un débiteur dont le défaut absolu de ressources rendrait inefficace l'emploi d'un moyen coercitif aussi rigoureux. Angers, 1er avr. 1843 (Art. 2954 J. Pr.).

Dans l'espèce, le jugement confirmé par la Cour avait réservé au créancier le droit de réclamer ultérieurement, s'il y avait lieu, l'exercice de la contrainte pour la condamnation qui lui était accordée. — Il est évident que la contrainte n'est pas ordonnée contre le débiteur, comme un moyen de vengeance, et sous ce rapport, la décision en tant qu'appréciation de faits, échappe à toute critique; mais la réserve de statuer ultérieurement pour le cas où le condamné reviendrait à meilleure fortune n'autorise pas à ressaisir le juge, dont le pouvoir était épuisé par le jugement de condamnation définitive; on ne peut par action nouvelle requérir la contrainte par corps. Paris, 20 germ. an 13; S. 13, 284; Bruxelles, 24 mars 1809; S. 9, 398; Coin-Delisle, p. 42, n° 9.

79. En matière de dommages-intérêts, la contrainte par corps n'est pas toujours simplement facultative; elle est dans certains cas, *impérative*.

Ainsi, ne peuvent être dispensés de la contrainte par corps pour dommages-intérêts, ni l'usurpateur pour voies de fait, en cas de réintégrande (C. civ. 2060, § 2), — ni le gardien judiciaire qui se serait servi des choses saisies ou qui les aurait louées ou prêtées (C. pr. 603), ni le saisi qui, depuis la dénonciation, aurait fait des coupes de bois ou commis des dégradations (C. pr. 683).

80. Lorsque le trib. condamne aux dommages-intérêts sans les liquider, il peut condamner par corps, pour le cas où ces dommages-intérêts excéderaient 300 fr. Carré, n° 1843; — ou, s'il ne l'a pas fait, la condamnation par corps peut être prononcée par le jugement de liquidation (— *Contrà*, Carré, *ib.*); qui fixe en même temps la durée de l'emprisonnement: le trib., par le premier jugement, n'a pas, sous ce rapport, épuisé sa juridiction.

81. Est-il facultatif au trib. de commerce d'attacher la contrainte par corps aux condamnations en dommages-intérêts? — Les mots : *en matière civile*, de l'art. 126, C. pr., excluent-ils, non-seulement les matières criminelles, mais encore les matières commerciales?

Selon M. Coin-Delisle, p. 826, n° 22, pour dommages-intérêts ou pour reliquat de compte d'administration confiée par justice, par exemple, du compte d'un syndic de faillite, le trib. de commerce n'est pas obligé de prononcer la contrainte par corps, il a seulement la faculté de le faire, pourvu que la condamnation dépasse le chiffre de 300 fr. « Les dommages-intérêts ne sont pas à proprement parler, dit cet auteur, une dette commerciale. Quoique due à l'occasion d'une affaire de commerce ; et si les trib. de commerce, en connaissent ce n'est pas *principalement*, mais accessoirement à une affaire de leur compétence, comme ils connaissent de la prononciation des dépens. — La dette pour reliquat de compte des agents et syndics, n'est pas non plus une dette commerciale, les syndics n'ont pas fait un acte de commerce, et peuvent même n'être pas commerçants. » Rejet, 12 août 1807, S. 1807, 433 ; Colmar, 17 mars 1810, S. 10, 202; Cass. 30 déc. 1828, S. 29, 156. — *Contrà*, Boitard, 1, 505 *in fine*; Carré, n° 534, etc. ; Chauveau, *ibid.* — Sans doute, il peut paraître étrange que le législateur, qui, en matière civile ordinaire, ne permet pas la contrainte par corps, pour le principal, mais seulement pour les dommages-intérêts, laisse au juge la faculté de refuser cette contrainte pour ces mêmes dommages-intérêts, dans une matière où cette voie d'exécution est de droit attachée au capital.

La condamnation à des dommages-intérêts est une condamnation accessoire; ce n'est pas la condamnation principale, dont parle l'art. 1er de la loi du 17 avril 1832, et cet article, par sa nature, ne comporte pas une interprétation extensive.

82. Que doit-on entendre par dommages-intérêts dans l'article 126 C. pr. ?

Ce mot doit-il être restreint ici à l'indemnité accordée pour privation d'un gain ou pour dommage causé par les retards ou la mauvaise foi d'un débiteur?

Doit-il s'appliquer encore à l'indemnité allouée comme équivalent de la valeur directe et absolue de la chose ou du fait, objet de l'obligation principale?

En faveur de ce dernier système on dit : — L'art. 126 C. pr. se sert du mot *dommages-intérêts*, sans distinction ; toutes les fois que le juge peut les accorder, il peut aussi prononcer la contrainte par corps, pourvu que le chiffre de la condamnation dépasse 300 fr. — Et, d'ailleurs, quel serait le motif de distinguer? pourquoi donner plus d'importance à l'accessoire qu'au principal? Motifs d'un arrêt de Colmar, 7 avr. 1821, S. 21, 239.

Faisant application de cette doctrine au dépôt volontaire d'un corps certain, M. Coin-Delisle, p. 23, n° 36, dit : « Si le déposant conclut simplement à la restitution de la chose, pas de contrainte par corps. Mais, s'il conclut principalement à ce que le dépôt lui soit rendu dans un délai fixé, sinon à une somme déterminée à titre de dommages-intérêts pour défaut de restitution, il pourra requérir et obtenir la contrainte par corps pour ce chef secondaire... » — Arg. Caen, 2 juin 1823, *Jurisprudence*, t. 5, p. 256. — Dans l'espèce, on a condamné un fermier qui avait enlevé le nantissement de sa ferme, par corps, à titre de dommages-intérêts, à représenter les objets enlevés dont la valeur excédait 300 fr.

Mais on répond, ce nous semble, avec raison : — La contrainte par corps est une voie exceptionnelle, applicable dans les seuls cas spécialement déterminés par la loi. Ce principe posé par l'art. 2063 C. civ. est reproduit dans l'art. 126 C. pr. — Par ce dernier article, le législateur a voulu seulement établir quelques nouveaux cas de contrainte par corps ; mais son intention n'a pas été de détruire toute l'économie des dispositions restrictives du Code civil. Tel serait cependant le résultat du système contraire ; puisque, d'après la manière dont on prendrait les conclusions, on parviendrait à ramener toutes les obligations à des obligations de faire pouvant donner lieu, en cas d'inexécution, à des dommages et intérêts, et par suite à la contrainte par corps. — On conçoit, au contraire, que la loi, tout en refusant la contrainte par corps, et précisément parce qu'elle la refuse, relativement à l'obligation principale, accorde un moyen plus efficace, et en dehors des voies ordinaires d'exécution, pour les dommages et intérêts accessoires de l'obligation principale.

Ainsi, l'arrêt qui condamne une partie : — 1° A la restitution de certaine somme, — 2° à des dommages-intérêts, ne peut prononcer la contrainte par corps, que pour ce dernier chef, bien qu'il constate le dol du défendeur. Cass. 7 déc. 1842, ch. civ. (Art. 2408 J. Pr.).

83. Les dépens n'entraînent plus aujourd'hui la contrainte par corps, soit en matière civile, soit en matière commerciale. — *Contrà*, Ordonn. 1667, tit. 34, art. 2. On a craint que la contrainte par corps ne passât en usage sur ce point, d'après les fréquentes demandes qui en seraient faites (M. Faure, *Rapport* du 14 avr. 1806). Cass. 14 nov. 1809, P. 7, 875 ; 14 avr. 1817, S. 17, 225 ; 4 janv. 1825, S. 25, 206 ; 17 janv. 1832, 30 juill. 1833, Dev. 32, 687 ; 33, 861 ; Merlin, R., *hoc verbo*, n° 3 ; Bordeaux, 28 avr. 1837 (Art. 1035 J. Pr.) ; Carré, n° 539 ; Thomine, 1, 248 ; Boncenne, 2, 534 ; Boitard, 1, 505 ; Coin-Delisle, p. 87, n° 25 ; Duranton, t. 18, n° 479. — Mais V. art. 3446.

MM. Aubry et Rau sur Zachariæ, t. 4, p. 142, n° 52, soutiennent que la contrainte par corps peut être prononcée pour les dépens, et que ces dépens doivent entrer en ligne de compte pour fixer le montant de la dette ; ils se fondent sur l'art. 800, § 2, d'après lequel le débiteur incarcéré qui veut obtenir son élargissement, en satisfaisant aux condamnations prononcées contre lui, est tenu de payer entre autres les *frais liquidés*, frais qui ont été spécifiés par l'art. 23, loi 17 avr. 1832. — Cette objection repose sur une confusion ; sans doute le créancier ne saurait être forcé de recevoir le capital de sa créance, séparément des accessoires, notamment des dépens (1244 C. civ.), et sous ce rapport, il est vrai de dire qu'il a un moyen indirect de prolonger la détention du débiteur, même pour ces dépens. Mais s'il avait reçu le prin-

cipal, s'il n'avait pas invoqué l'art. 1244 C. civ., sa créance de
dépens constituerait une créance distincte, indépendante, qui ne
saurait légitimer la contrainte. C'est ce que démontre très-bien
M. Coin-Delisle, *Suppl.* p. 149, en critiquant un arrêt de Paris
du 17 déc. 1839, qui décide qu'un débiteur peut encore être
incarcéré après qu'il a acquitté le montant des condamnations
principales. Cet arrêt, auquel M. Devilleneuve (40, 2, 13) donne
son approbation, nous semble avoir fait une application erronée
de l'art. 800, C. pr. et de l'art. 23 de la loi du 17 avr. 1832.

84. Les dépens ne doivent pas être prononcés par corps,
même quand un trib. de commerce a déclaré qu'il y avait soustraction frauduleuse du titre. Cass. 30 déc. 1828, S. 29, 156 ;
— ni lorsqu'un tribunal a adjugé les dépens à titre de dommages-intérêts ; les frais exposés pour recouvrer une créance ne
peuvent être confondus avec les pertes directes causées par le
fait du débiteur. Toulouse, 20 fév. 1832, Dev. 32, 389. — Toutefois, ce dernier point offre un doute sérieux ; suivant M. Pigeau,
t. 1er p. 325 *les dépens* prononcés pour tenir lieu de dommages-
intérêts, étant de véritables dommages-intérêts, le juge peut y
condamner par corps quand ils excèdent 300 fr., ce qu'il ne
peut faire quand les dépens ne sont accordés que comme dépens.
Chauveau sur Carré, n° 539.

85. La contrainte par corps ne peut pas non plus être prononcée : — 1° pour le cas de clause pénale (C. civ. 1229) ; Coin-Delisle, p. 22, n° 32 ;

2° Pour les restitutions que le contrat ou quasi-contrat obligent directement le débiteur à faire à son créancier, spécialement
pour la restitution de la partie de la succession dont s'est em-
paré un héritier présomptif, et dont il est évincé par un autre
héritier, qui vient en concours avec lui. Caen, 23 fév. 1825,
S. 26, 285 ;

3° Pour la restitution du payement du *non dû* (C. civ. 1378).
Caen, 12 mai 1820, *Jurisprudence des Cours de Rouen et de
Caen*, t. 5, p. 253 ; Nancy, 18 mai 1827, S. 27, 229 ;

4° Pour la restitution du prix dû par le vendeur en cas d'éviction ou de vice rédhibitoire. *Même arrêt.* — L'arrêt de Colmar
(cité *sup.*, n° 82) peut se justifier par cette circonstance que le
vendeur avait contracté l'obligation de faire emploi du prix à l'extinction des créances grevant l'immeuble vendu ; pour avoir laissé
sans exécution une obligation de faire, il pouvait être condamné
par corps, à titre de dommages-intérêts, à une somme égale à
telle que le défaut d'emploi faisait perdre à l'acquéreur évincé.
Coin-Delisle, p. 22, n° 34.

86. Les dommages intérêts réclamés devant les trib. civils, à
raison de faits dont le caractère de crime ou de délit n'a pas été

préalablement reconnu par la juridiction criminelle compétente, ne peuvent donner lieu qu'à la contrainte par corps facultative. Bordeaux, 16 fév. 1829, S. 29, 300; Cass. 30 déc. 1828, S. 29, 156; 18 nov. 1834 (Art. 175 J. Pr.); Thomine, n° 143; Boitard, 1, 505.

87. Mais si une condamnation pour délit avait été prononcée par un tribunal de justice répressive, et que la personne, victime de ce délit, ne se fût pas portée partie civile, les dommages-intérêts demandés ultérieurement, et au civil, comme réparation du préjudice causé, entraîneraient-ils la contrainte par corps, par application de l'art. 52 C. pén.?

Pour l'affirmative, on invoque un arrêt de la chambre des requêtes du 6 juill. 1817, S. 19, 15, et les conclusions de M. l'avocat général Pascalis, devant la même chambre. Dev. 40, 1, 147. « La contrainte par corps, a dit ce magistrat, s'attache à certaines matières, nullement à certaines juridictions; » seulement les caractères d'un crime ou d'un délit ne peuvent être appréciés et définis que par la juridiction instituée *ad hoc*. La juridiction civile ne peut ni déclarer ni même supposer la criminalité d'un acte; mais si cette criminalité a été déjà compétemment reconnue, elle peut en tirer les conséquences en ce qui concerne notamment les voies d'exécution à attacher aux dommages-intérêts. Carré, 533.

Nous ne saurions admettre cette opinion : le jugement rendu au criminel ne doit avoir aucune influence sur la question civile; le demandeur a séparé son action de l'action criminelle; il s'est adressé à un juge qui ne peut sous aucun rapport connaître du fait de crime ou de délit; il a renoncé aux avantages des lois pénales pour ne pas courir les chances auxquelles ces lois l'exposaient; il n'a voulu faire qu'un procès civil qui doit être exclusivement régi par la loi civile. Chauveau sur Carré, n° 533. — Irait-on dans ce système jusqu'à dire que la condamnation aux dépens par les trib. civils emporterait contrainte par corps, aux termes des art. 52 et 469 C. pénal?

Les juridictions criminelles ne peuvent elles-mêmes prononcer la contrainte par corps pour dommages-intérêts, ne dépassant pas 300 fr., en cas d'acquittement des accusés ou prévenus; c'est que dans ce cas, en effet, les dommages-intérêts n'étant pas la conséquence d'une condamnation pénale, ils ont un caractère purement civil, et sont régis par l'art. 126, C. pr. Ch. crimin., 14 déc. 1839, 2 avr. 1842; Dev. 40, 147., 42, 735.

88. La contrainte par corps facultative a encore lieu : — 1° Pour reliquats de comptes de tutelle, curatelle, ou de toute administration confiée par justice, et pour toutes restitutions à faire par suite desdits comptes. C. pr. 126. — V. *Comptes*.

Nous avons vu que les art. 8 et 9 de la loi du 17 avr. 1832, ont, dans un des cas prévus par l'art. 126 C. pr., converti la contrainte facultative en contrainte impérative. Boitard, 1er, 508; Chauveau sur Carré, n° 542.

89. 2° Contre les fermiers et colons partiaires, faute par eux de représenter, à la fin du bail, le cheptel de bétail, les semences et les instruments aratoires qui leur ont été confiés, à moins qu'ils ne justifient que le déficit de ces objets ne procède point de leur fait. C. civ. 2062; L. 17 avr. 1832, art. 7.

Lors de la discussion au conseil d'État, la proposition de comprendre les engrais dans la même catégorie, paraît avoir été adoptée; cependant cet amendement ne se trouve pas dans l'article actuel, où l'on ne saurait le suppléer. Malleville, 4, 148; A. Dalloz, *hoc verbo*, n° 78.

90. La contrainte par corps *conventionnelle* ne peut être prononcée qu'en vertu d'une stipulation expresse des parties et dans la circonstance où elle est autorisée par la loi.

91. Elle a lieu : — Contre les cautions des contraignables par corps. C. civ. 2060-5°. — V *Caution*.

92. L'art. 2062 C. civ. qui permettait de stipuler la contrainte par corps dans l'acte de bail pour le payement des fermages des biens ruraux, — a été aboli par l'art. 2. Loi 1848.

93. Les anciens baux dans lesquels la contrainte a été stipulée recevront-ils leur exécution depuis la nouvelle loi ? — L'art. 2 semble n'interdire la stipulation que pour l'avenir. Mais la loi a voulu et a pu retirer immédiatement au créancier ce moyen d'exécution. Durand, n° 11.

94. Le bailleur ainsi privé de la garantie qu'il avait stipulée, ne peut demander la résolution du bail : les sûretés données n'ont pas été diminuées par le fait du preneur. Durand, n° 12. — Cette circonstance porterait le juge à refuser tout délai au preneur en retard de payer ses fermages.

95. La nullité de la convention relative à la contrainte par corps n'entraîne pas la nullité de l'acte entier, à moins que le débiteur n'ait abusé de la simplicité ou de l'ignorance du prêteur par la fausse croyance de la validité de la clause.

Les dépens et dommages-intérêts peuvent être prononcés contre les officiers publics (si l'acte est authentique) et contre les parties.

96. *Matière commerciale.* — La contrainte par corps doit être prononcée contre toute personne condamnée pour dette commerciale au payement d'une somme principale de 200 fr. et au-dessus. L. 17 avr. 1832, art. 1er. — V. Cass. 16 juin 1851 (5014).

Cette disposition a introduit deux innovations importantes : — 1° Elle détruit la distinction qui existait autrefois entre diverses natures de dettes commerciales; — 2° Elle exige que le montant de la condamnation s'élève à 200 fr. au moins de principal.

97. Il y a *dette commerciale* toutes les fois que le trib. de comm. a compétence exclusive pour statuer sur l'obligation contractée à cause de sa nature, ou à cause de la qualité commerciale des parties. — V. *Acte de commerce*, *Commerçant*, *Compétence des tribunaux de commerce*.

98. Puisque la condamnation doit être au payement d'une *somme principale* de 200 fr., ou d'une somme principale supérieure, on ne doit pas comprendre, pour former cette somme, les frais faits par le demandeur, même ceux de protêt, les intérêts échus, soit avant la demande, soit depuis, le coût du rechange; ce sont des accessoires de la dette principale, et non une portion intégrante de cette même dette. Duranton 18, n° 488; Duvergier, Angers, 24 avr. 1850; Nancy, 23 mars 1855 (5911).

Un arrêt du 5 nov. 1835 (Art. 393 J. Pr.) rejette le pourvoi contre un jugement du 2 mars 1830, qui décide que les intérêts et frais de retour ne sont pas des dépens; mais il ne juge pas que ces frais et intérêts pourraient faire partie de la condamnation principale, dans le sens de l'art. 1er de la loi du 17 avr. 1832.

Un arrêt de Paris, du 4 janv. 1838 a décidé qu'en cas de retraite, la contrainte par corps pouvait être prononcée, si le compte de retour ajouté à l'effet protesté, atteignait le chiffre de 200 fr.; nous ne croyons pas que cette solution doive être suivie.

99. Toutefois les intérêts devraient être pris en considération pour déterminer le chiffre du principal, s'ils étaient entrés dans un compte courant et avaient été capitalisés aux époques expressément ou tacitement convenues; cette capitalisation aurait été en effet prévue dès le principe, dès l'origine de la créance, et les intérêts, par une volonté contractuelle, se seraient incorporés au principal. Coin-Delisle, *ibid*.

100. Si la demande comprend deux dettes distinctes, que chacune d'elles soit inférieure en principal à 200 fr., mais que les deux dettes réunies s'élèvent à cette somme ou la dépassent, la contrainte par corps doit-elle être prononcée? La Cour d'Amiens a jugé l'affirmative d'une manière absolue le 16 déc. 1835 (Art. 2821 J. Pr.). Les C. de Bordeaux (3 août 1836) et Grenoble (26 juill. 1838) ont adopté la même solution, mais dans des espèces où il s'agissait de deux dettes souscrites le même jour, au profit du même créancier. — La C. de Bordeaux juge *en fait* que les deux billets objet du procès ne constituent qu'une seule et même dette, et sous ce rapport sa décision ne jette aucun jour sur le point de droit. — La C. de Grenoble constate aussi avec le plus grand soin, que les billets ont la même date, et qu'ils ont été créés par le même individu, au profit du même créancier, mais elle juge en même temps, en principe, que du moment où les diverses dettes excèdent, dans leur ensemble, en principal, le minimum de 200 fr., il y a lieu à l'application de la contrainte. Bourges, 5 juillet 1848 (4126). — On a refusé de prononcer la contrainte, dans une espèce où les deux dettes comprises dans la même demande avaient été primitivement contractées envers deux créanciers différents, à différentes époques, et étaient devenues la propriété d'un seul par voie de transport (Art. 2281 J. Pr.). Duranton, 18, n° 488.

La question est subordonnée au point de savoir si la loi du 17 avr. 1832, dans son art. 1ᵉʳ, s'est attachée au montant de la condamnation en principal, ou à l'origine des titres de créance. Les mots : *somme principale*, paraissent, dans la pensée de M. Duranton, avoir eu uniquement pour but d'établir que le débiteur ne serait contraignable par corps qu'autant qu'il s'obligerait *dès le principe* pour une somme de 200 fr. et au-dessus ; cette interprétation est conforme à l'esprit qui a dicté la disposition en vertu de laquelle les intérêts ne peuvent, en matière commerciale, à la différence de ce qui est admis en matière civile, être réunis à la somme originairement due pour soumettre le débiteur à la contrainte. — Mais V. Paris, 31 janv. 1848; Bourges, 5 juin 1848, Art. 4126.

Mais, ne peut-on pas répondre que, si la loi n'a pas voulu qu'un débiteur pût être incarcéré pour une dette minime, elle n'a pas non plus entendu permettre qu'il abusât de son crédit en l'éparpillant.

La contrainte a été refusée pour plusieurs termes cumulés. Grenoble, 13 fév. 1852, D. 54, 5, 186.

M. Coin-Delisle, sur l'art. 2065, n° 8, traite une question qui a beaucoup d'analogie avec celle que nous venons d'examiner, et il la résout dans le sens de l'arrêt de Caen, et de l'avis de M. Duranton ; s'il y a doute, il convient de se prononcer en faveur de la liberté. — V. *Dissertation* de M. Bertauld (Art. 2895 J. Pr.).

101. Quoi qu'il en soit, M. Duranton apporte lui-même à sa solution plusieurs restrictions.

Si c'est envers la même personne, et même par compte courant, ou pour fournitures faites successivement, que le débiteur s'est obligé en plusieurs fois ; on ne doit voir là qu'une même dette, composée de plusieurs articles dont la réunion s'élevant à 200 fr. ou au-dessus, entraîne la contrainte par corps. S'il en en était autrement, les marchands en gros refuseraient de faire aux marchands en détail des fournitures moindres de 200 fr., ce qui serait une source d'embarras bien graves pour le petit commerce.

§ 4. — *Contre quelles personnes la contrainte par corps n'a pas lieu.*

102. Certaines personnes sont, à raison de leur âge ou de leur sexe, exemptes de la contrainte par corps.

103. Ainsi, elle ne peut être prononcée : — 1° contre les mineurs. C. civ. 2064. — V. *inf.* n° 142.

104. L'acquiescement donné par un individu devenu majeur à une condamnation avec contrainte par corps, prononcée contre lui en minorité, est radicalement nulle quant à la contrainte par corps. Rouen, 15 nov. 1825, D. 26, 73.

105. Mais la contrainte par corps peut être prononcée contre les mineurs commerçants ou ceux qui sont réputés majeurs pour faits de leur commerce. L. 17 avr. 1832, art. 2; — et contre les mineurs étrangers, lorsque leur engagement est valable. Bordeaux, 23 déc. 1828, D. 30, 198; Paris, 19 mai 1830 (Art. 316 J. Pr.); Coin-Delisle, p. 103, n° 2; Soloman, p. 90.

— V. d'ailleurs *Interdiction*.

106. 2° Contre les septuagénaires. C. civ. 2066 : — en matière civile (*ib.*), — ou commerciale (L. 17 avr. 1832, art. 4); — Le contraire, dans ce second cas, avait été jugé avant cette loi. Cass. 13 juin 1813.—Mais, V. Paris, 23 déc. 1847, art. 3910 J. Pr.

107. Peu importe que le débiteur soit Français ou étranger. L. 17 avr. 1832, art. 18.

108. Il suffit que la soixante-dixième année soit commencée, pour jouir de la faveur accordée au septuagénaire. C. civ. 2066; L. 17 avr. 1832, art. 4.

109. Toutefois, en matière civile, le septuagénaire est contraignable par corps dans les cas de stellionat. C. civ. 2066; L. 17 avr. 1832, art. 18.

110. 3° Contre les femmes et les filles.

En matière civile, excepté dans le cas de stellionat C. civ. 2066. — V. Cass. 25 avr. 1855 (6421).

En matière de commerce, à moins qu'elles ne soient réputées marchandes publiques. L. 17 avr. 1832, art. 2.

111. Ces dispositions s'appliquent aux étrangères : en matière civile. (L. 17 avr. 1832, art. 18); — et même en matière commerciale; — jugé que l'étrangère qui a accepté une lettre de change n'est pas contraignable par corps, à moins qu'elle ne soit commerçante, et que l'opération ne soit commerciale. Arg. C. comm. 113; Paris, 12 juill. 1837 (Art. 894 J. Pr.). — *Contrà*, trib. comm. Boulogne (Art. 969 J. Pr.).

112. Jugé que la contrainte par corps ne peut être prononcée contre une femme pour défaut de représentation des objets saisis sur son mari et confiés à sa garde. Paris, 14 août 1829, D. 29, 283.—Pour le payement de la différence du prix d'adjudication, et de celui de la revente sur folle-enchère. Lyon, 20 juin 1822, P. 17, 434.—Ni pour dommages et intérêts; l'art. 126 C. pr. ne faisant pas exception à l'art. 2066 C. civ. Cass. 6 oct. 1813; 7 avr. 1821; 26 fév. 1829; 17 janv. 1832, D. 29, 134; 32, 79. — Ni en matière de réintégrande. Cass. 20 mai 1818, D. 3, 733; —Ni pour reliquat de compte de tutelle. Bastia, 31 août 1826, D. 27, 179. —Bien qu'il s'agisse d'une femme ayant convolé en secondes noces. *Même arrêt.*

113. La contrainte par corps pour cause de stellionat pendant le mariage n'a lieu contre les femmes que lorsqu'elles sont séparées de biens, ou lorsqu'elles ont des biens dont elles se sont réservé la libre administration, et à raison des engagements qui concernent ces biens. C. civ. 2066.

114. 4° Contre les veuves et héritiers des justiciables du trib. de comm. assignés devant ce trib. en reprise d'instance, ou par action nouvelle en raison de leur qualité. L. 17 avr. 1832, art. 2.

115. Les condamnations prononcées par le trib. de comm. contre les individus non négociants, pour signatures apposées soit à des lettres de change réputées simples promesses, aux termes de l'art. 112 C. comm., soit à des billets à ordre, n'emportent point contrainte par corps, à moins que ces engagements n'aient eu pour cause des opérations de commerce, trafic, change, banque ou courtage. L. 17 avr. 1832, art. 3. — V. d'ailleurs *Acte de commerce; Compétence du tribunal de commerce.*

116. La contrainte par corps n'est jamais prononcée contre le débiteur au profit; — 1° de son mari ni de sa femme, — 2° de ses ascendants, descendants, frères ou sœurs et alliés au même degré. L. 17 avr. 1832, art. 19. — V. 5405, 5438, 5544, 5673.

117. Cette disposition doit être appliquée non-seulement aux ascendants et aux descendants légitimes, mais encore aux ascendants et descendants naturels, ainsi qu'à l'adoptant et à l'adopté. Aubry et Rau sur Zachariæ, t. 4, p. 141, note 46. Conclusions de M. le procureur général Hébert; Devilleneuve, 44, 2, 52. — Les mots frères et sœurs comprennent les frères et sœurs naturels, mais non les frères et sœurs adoptifs. Aubry et Rau, *ibidem*, note 47.

118. La contrainte ne peut être prononcée ni exécutée au profit de l'oncle ou de la tante, du grand-oncle ou de la grande-tante, du neveu ou de la nièce, du petit neveu ou de la petite-nièce, ni des alliés au même degré. Art. 10.

119. Du reste, peu importe que le débiteur soit Français ou étranger. L. 1832, art. 19.

120. *Quid*, si la créance passe à un tiers? — S'il s'agit d'un titre négociable, la relation entre le souscripteur et le bénéficiaire primitif n'est pas opposable au tiers porteur. Bourges, 8 mai 1837, Paris, 1er avr. 1840, 3 mars 1842 (Art. 2249 J. Pr.). — Mais si le titre n'est pas négociable, que la propriété en ait été transportée par un acte de cession le cessionnaire n'a pas plus de droit que son cédant, il a connu ou dû connaître la position de celui-ci, et il est passible de toutes les exceptions préexistantes à son acquisition. Limoges, 16 juin 1854, D. 55, 254.

121. Mais la contrainte par corps peut être prononcée contre un associé au profit de son coassocié. Cass. 22 mars 1813, S. 13, 386; Paris, 8 août 1825, S. 26 23; Lyon, 28 déc. 1826, S. 28, 128; Cass. 28 juin 1834, D. 34, 104; Coin-Delisle. p. 86, n° 20; Delangle, *Société*, n° 189. Il en était autrement en droit romain et dans l'ancienne jurisprudence. Arg. L. 63 D. *pro socio.*

122. Lorsqu'une dette est de nature à emporter la contrainte par corps à la fois contre le mari et contre la femme, le juge ne peut se dispenser de la prononcer contre l'un et contre l'autre. Coin-Delisle, 104, art. 21. — V. *Femme mariée.*

Mais, dans aucun cas, la contrainte par corps ne peut être *exécutée* contre le mari et contre la femme simultanément même pour dettes différentes. L. 1848, art. 11. — Le choix appartient au créancier.

Mais de ce que l'un des deux époux a été emprisonné pour dettes, il ne s'ensuit pas que la contrainte ne pourra pas être exercée contre l'autre, lorsqu'il s'agira d'accomplir un fait dont l'exécution dépend de la seule volonté du contraignable. — Spécialement en cas de réintégrande (C. civ, 2060, 2061). Durand, n° 89.

123. Les tribunaux *peuvent*, dans l'intérêt des enfants mineurs du débiteur, surseoir à l'exécution de la contrainte. L. 1848, art. 11. — Ils ne peuvent user de ce droit que par le jugement de condamnation. *Ib.*

Le sursis ne peut excéder une année. *Ib.* — L'année court du jour de la prononciation du jugement. Durand, n° 96.

Il ne suspend pas les poursuites sur les biens. — V. *inf.* n° 145.

§ 5. — *Pour quelle somme la contrainte par corps peut être ordonnée.*

124. *Matière civile.* La contrainte par corps ne peut être prononcée pour une somme moindre de 300 fr. C. civ. 2065.

Ainsi une condamnation dont le montant s'élève précisément à 300 fr. peut entraîner la contrainte par corps. — Toutefois il n'est permis de la prononcer pour des dommages-intérêts, qu'autant qu'ils *excèdent* la somme de 300 fr. (C. pr. 126). — 6421.

125. En matière civile, la contrainte a lieu pour des intérêts échus, comme pour un capital; peu importe même que le capital ait été remboursé. — M. Duranton, t. 18 n° 479, dit: Le débiteur détenu n'obtient son élargissement qu'en payant les sommes dues et les intérêts échus, donc il peut être incarcéré pour les seuls intérêts, puisqu'ils suffisent pour le faire retenir en prison; cet argument a conduit MM. Aubry et Rau (— V. *sup.*, n° 98) à soutenir que les dépens sont eux-mêmes exécutoires par corps, quand la créance principale comporte cette voie d'exécution. Cependant M. Duranton refuse, ainsi que nous, la contrainte pour les frais. — Le véritable motif pour lequel les intérêts peuvent être calculés en matière civile pour former le chiffre de la dette, c'est que l'art. 2065 C. civ., à la différence des art. 1er et 14 de la loi du 17 avr. 1832, n'exige pas que la condamnation soit de 300 fr. *en principal.*

126. Lorsque plusieurs personnes sont condamnées conjointement au payement d'une somme déterminée, on n'a égard qu'à la part et portion pour laquelle chaque débiteur doit contribuer, et non à l'intégralité de la condamnation, à moins qu'il n'y ait solidarité. Cass. 3 déc. 1827, S. 28, 161 ; 3 fév. 1843 ; 3 juin 1843, Dev. 43, 645, 937. Aubry et Rau sur Zachariæ, t. 4, p. 142, note 53.

127. *Matière commerciale.* La contrainte par corps doit être prononcée contre toute personne condamnée pour dette commerciale au payement d'une somme principale de 200 fr. et au-dessus. L. 17 avr. 1832, art. 1. — V. *sup.*, n° 100.

128. *Contrainte par corps contre les étrangers.* — V. *inf.*, n° 143.

§ 6. — *Durée de l'emprisonnement.*

129. *Matière civile.* Dans tous les cas où la contrainte par corps a lieu, la durée de l'emprisonnement. (Arg. L. 17 avr. 1832, art. 5 et 27) doit être fixée par le jugement de condamnation. *Ib.* art. 7. Loi du 13 déc. 1848, art. 12.

130. *Quid*, si le jugement n'a pas déterminé la durée de la contrainte par corps ?

Cette omission entraîne-t-elle la nullité de la disposition relative à la contrainte par corps ? Cass. ch. civ., 24 fév. 1835 ; 12 nov. 1838 ; 28 avr. 1852 ; 25 avr. 1855 (5248, 6421) — *Contrà*, Paris, 11 janv. 1859 (6932).

Ou bien, la contrainte par corps aura-t-elle lieu, dans ce cas, pour le minimum fixé par la loi ? Nîmes, 1er août 1838 (Art. 1346 J. Pr.) — Ainsi jugé pour les dommages-intérêts alloués par un trib. correct. à la partie civile. Paris, 9 juin 1836 (Art. 563 J. Pr.) ; Rejet, 14 mars 1836, Dev. 36, 784 ; Coin-Delisle, 94, n° 4

Ou bien les juges peuvent-ils réparer leur omission en fixant par un jugement ultérieur la durée de cette contrainte au delà du minimum ? Aix, 30 mars 1838 ; Amiens, 6 nov. 1839, Dev. 38, 418 ; 40, 2,512. — L'arrêt d'Aix va même jusqu'à décider qu'avant qu'il soit statué sur la fixation omise, la contrainte n'en est pas moins exécutoire, jusqu'à concurrence du minimum, puisqu'il est certain que l'emprisonnement ne pourra avoir une durée moindre. — Rouen, 11 août 1856 (6604).

Ce dernier système est incompatible avec le principe que toute décision définitive dessaisit la juridiction qui l'a rendue. L'omis-

sion dont il s'agit, constitue une contravention à la loi qu
doit sur l'appel du créancier, ou sur le pourvoi en cassation, entraîner la réformation de la décision ou son annulation ; la voie
de l'appel devrait toujours être adoptée, que le jugement soit en
dernier ou en premier ressort au principal, si l'art. 20, loi du
17 av. 1832 était introduit aussi bien dans l'intérêt du créancier
que dans l'intérêt du débiteur ; — mais si l'art. 20 ne profite pas
au créancier, la voie du pourvoi en cassation doit être prise, quand
la condamnation est au principal en dernier ressort. — Lorsque
la décision entachée de cette omission n'est pas susceptible d'attaque, le débiteur peut demander et doit obtenir son élargissement lorsqu'il a subi le minimum de la contrainte ; ainsi le silence
gardé relativement à la durée de l'emprisonnement, ne peut faire
grief qu'au créancier. Aubry et Rau sur Zachariæ, p. 143, n° 55.

131. Mais comment sera fixée la durée de l'emprisonnement
à l'égard de la caution judiciaire, qui est contraignable en vertu
de l'acte de soumission ? — Cette durée sera fixée par le jugement
même qui ordonne de fournir caution ; — ou par jugement obtenu à la diligence, soit du créancier, soit de la caution. Coin-
Delisle, 94, n° 6.

132. La durée de l'emprisonnement est de six mois à cinq ans.
L. 1848, art. 12.

133. Le détenu pour dettes qui, se trouvant en même temps sous
le poids d'une instruction criminelle, est transféré de sa prison à la
maison d'arrêt en vertu du mandat de dépôt décerné contre lui, mais
à la charge des écrous civils, peut, si l'action publique est jugée mal
fondée, imputer sur le temps fixé pour son emprisonnement civil,
celui qu'il a passé dans la maison d'arrêt pendant l'instruction criminelle. Paris, 22 déc. 1829, S. 30, 65. — Attendu que le mandat
de dépôt contre un prisonnier détenu pour dettes n'est qu'une recommandation dans l'intérêt d'une instruction criminelle, et que le
mandat décerné dans l'espèce l'avait été expressément à la charge
des écrous pour dettes civiles.

134. *Matière commerciale.* L'emprisonnement pour dette commerciale cesse de plein droit :
Après trois mois, lorsque le montant de la condamnation en prin-
cipal ne s'élève pas à 500 fr. ;
Après six mois, lorsqu'il ne s'élève pas à 1000 fr.;
Après neuf mois, lorsqu'il ne s'élève pas à 1,500 fr.;
Après un an, lorsqu'il ne s'élève pas à 2,000 fr.
L'augmentation se fait ainsi successivement de trois en trois mois
pour chaque partie de la condamnation principale en sus qui ne dépasse pas 500 fr., sans pouvoir excéder trois années pour les
sommes de 5,500 fr. et au-dessus. Arg. Loi de 1848, art. 4.
On n'a pas voulu laisser au tribunal de commerce le droit de déterminer la durée de l'emprisonnement : en matière commerciale
tout doit être fixé. Le commerçant, quand il signe une lettre de

change doit savoir positivement à quoi il s'engage, et le créancier qui la reçoit doit savoir exactement quelle est la valeur de son titre : *Observations de M. Durand, rapporteur.*

M. Brillier demandait que la contrainte ne pût être prononcée que contre les commerçants condamnés pour dette commerciale ; — M. Bravard a répondu que cet amendement aurait pour résultat d'enlever à la lettre de change son caractère et ses conséquences : exiger la preuve que les signatures sont toutes le résultat d'une opération commerciale, ce serait ouvrir la voie à d'innombrables procès. — V. Toulouse, trib. 25 août 1852 (5243).

135. *Trois mois.* — Chaque période se calcule de quantième à quantième.

Ainsi l'emprisonnement opéré le 15 févr. pour une somme inférieure à 500 fr. cesse de plein droit le 15 mai après 89 jours, tandis que du 15 juin au 15 sept. il aurait duré 92 jours. Durand, no 30.

136. *En principal.* Ce sont les mêmes éléments qui confèrent la contrainte et servent à en déterminer la durée. On ne peut grossir la dette des accessoires, par exemple des intérêts et des frais antérieurs à la demande.

Toutefois M. Durand, no 34, comprend dans le principal les frais de protêt, de rechange, par le motif que les intérêts de ces frais sont dûs à compter du jour de la demande en justice. (C. comm. 185, 187).

137. Le montant de la *condamnation principale* est seul considéré : peu importent les paiements partiels faits depuis la condamnation. Bastia, 19 juin 1833 ; Paris, 11 août 1841 ; Coin-Delisle, p. 91. — On a rejeté une proposition en sens contraire présentée par Me Crémieux (Art. 4206, J. Pr., p. 54, note 2.)

Il y a intérêt pour le débiteur qui a payé des à-compte avant l'obtention du jugement à faire fixer lors du jugement le reliquat de la dette. — V. Toulouse, 26 juillet 1858 (6747).

138. Pour toute condamnation en principal au-dessous de 500 fr., même en matière de lettre de change et de billet à ordre, le jugement pourra suspendre l'exercice de la contrainte par corps pendant trois mois au plus à compter de l'échéance de la dette. Loi de 1848, art. 5. — V. *sup.* nos 29 et suiv.

139. *Matière de deniers et effets mobiliers publics.* La durée de la contrainte est la même qu'en matière civile. Arg. L. 1848, art. 12. Durand, n° 99.

140. *En matière criminelle, correctionnelle et de police.* — Il en est de même qu'en matière civile, lorsque l'amende et les autres condamnations pécuniaires s'élèvent à 300 fr. et ne sont pas prononcées contre un septuagénaire, sans distinguer si le débiteur justifie ou non de sa solvabilité. Durand, *ib.*

Pour les condamnations inférieures à 300 fr. prononçées au profit de la partie civile, la durée de la contrainte par corps ne pourra excéder trois mois ; si le débiteur fait les justifications prescrites par l'art. 93, loi du 17 avr. 1832, la durée de l'emprisonnement sera la même que pour les condamnations prononcées au profit de l'État. L. 1848, art. 8.

Lorsque le débiteur de l'État ou de la partie civile ne fait pas les justifications exigées, la durée de l'emprisonnement est du double. *Ib.* art. 8.

141. Si le débiteur a commencé sa soixante-dixième année avant le jugement, la contrainte par corps est déterminée dans la limite de trois mois à trois ans. *Ib.* art. 9.

S'il a atteint sa soixante-dixième année avant d'être écroué ou pendant son emprisonnement, la durée de la contrainte sera, de plein droit, réduite à la moitié du temps qui restera à courir. *Ib.*

142. La contrainte par corps n'est exercée dans l'intérêt de l'État ou des particuliers, contre des individus âgés de moins de seize ans accomplis à l'époque du fait qui a motivé la poursuite, qu'autant qu'elle a été formellement prononcée par le jugement de condamnation. Loi de 1848, art. 9.

143. *Étrangers.* La durée de la contrainte par corps contre les étrangers doit être maintenant fixée dans les limites de six mois à cinq ans, comme en matière civile. Arg. art. 12. Loi de 1848. Durand, n° 99. Paris, 11 janv. 1859 (6932).

On a fait disparaître à leur égard les différences de la législation précédente. — V. Loi de 1832, art. 17.

L'étranger condamné commercialement restera-t-il incarcéré pendant le temps fixé par l'art. 4 loi du 13 déc. 1848 ; Ou faudra-t-il que le jugement de condamnation détermine la durée de la contrainte dans la limite de six mois à cinq ans, conformément à l'art. 12?

Cette dernière solution est adoptée par M. Durand, n° 100. Elle laisse subsister la distinction que la loi du 17 avr. 1832 (art. 5 et 17) avait établie entre les dettes commerciales d'un Français et celles d'un étranger. Ce dernier doit être traité plus rigoureusement, en raison des difficultés que le créancier rencontrera pour le faire payer.

144. L'art. 12 de la loi du 13 déc. 1848 maintient les lois spéciales qui assignent une durée moindre à la contrainte par corps. Cette loi a voulu adoucir et non aggraver la position du débiteur. Durand, n° 101. — V. art. 213 Code forestier ; 79, Loi sur la pêche fluviale.

Si le débiteur de condamnations prononcées en matière forestière ou en matière de pêche fluviale est septuagénaire, pourra-t-il invoquer les dispositions de l'art. 9 de la loi du 13 décembre?

L'art. 40 de la loi du 17 avril qui prenait aussi en considération la vieillesse pour diminuer la durée de la contrainte par corps restreignait l'effet de ce privilége aux condamnés à des sommes de 300 fr. au moins. Si les débiteurs de sommes inférieures ne pouvaient pas le réclamer dans les cas des art. 35 et 39, à plus forte raison devait-il en être de même des débiteurs de condamnations en matière forestière ou en matière de pêche fluviale; — Mais l'art. 9, loi du 13 déc., n'a pas un sens aussi limité que celui de l'art. 40 de la loi du 17 avril : la suppression même qui a été faite des mots aux *termes du jugement ou de l'article précédent* qui se trouvaient dans le projet, afin de donner un sens plus général à la disposition, permet de l'appliquer à l'espèce proposée. Durand, n° 106.

145. Si, pendant le sursis autorisé *sup*. n° 123, le débiteur est arrêté pour une autre dette et obtient son élargissement après l'expiration des délais fixés par les art. 4 et 12 de la loi du 13 déc., le temps de l'incarcération sera-t-il imputé sur la durée de l'emprisonnement que le débiteur devait subir à la requête du créancier dont le droit a été paralysé ?

L'art. 27 de la loi du 17 avr. 1832 s'applique aux dettes échues au moment de l'élargissement, et par conséquent à la dette pour laquelle le créancier a obtenu un jugement qui a sursis à la contrainte par corps contre le débiteur; le sursis ne touche en rien à l'exigibilité et n'empêche pas la poursuite sur les autres biens. Vainement on objecte que le créancier n'ayant pu agir par la voie de la contrainte, il n'est pas juste de l'en priver. En quoi la suspension de l'exercice de son droit lui a-t-elle nui, s'il ne pouvait retenir le débiteur incarcéré, plus longtemps que le créancier à la requête duquel il était détenu ? Il est vrai que si la créance entraîne un emprisonnement plus long, il sera privé du bénéfice de la recommandation. Mais cette considération ne suffit pas pour faire tourner contre le débiteur l'avantage que le 2e § de l'art. 11 a voulu lui procurer. Durand, n° 97.

C'est seulement dans les cas de contrainte par corps facultative et dans ceux prévus par les art. 5 et 11 de la loi du 13 déc. 1848, que les poursuites contre la personne du débiteur peuvent être suspendues à moins que des délais modérés pour les payements n'aient été accordés aux termes de l'art. 1244, du Code civil. — Durand, n° 98. — V. Toutefois Troplong, sur l'art. 2067, n°s 328 et 329.

146. Les débiteurs qui depuis l'incarcération sont devenus les alliés du créancier peuvent invoquer la prohibition (— V. *sup.* n° 418) pour obtenir leur élargissement. Durand, n° 85; arg. Troplong, n° 541.

La prohibition continue de subsister lors même que l'époux qui produisait l'affinité serait décédé sans enfants et que le survivant aurait convolé à un second mariage : toutes les fois qu'il s'agit de

, bienséance et de bonnes mœurs l'affinité n'est pas effacée par ces événements. Durand, n° 84 ; arg. Troplong, n° 539.

Les jugements qui auraient prononcé la contrainte avant la loi de 1848, en cas de parenté ou alliance, ne pourront être *exécutés* depuis. Art. 10.

— La loi ayant reconnu que la morale publique devait interdire l'exercice de cette voie de rigueur contre ces personnes, ne pouvait sans scandale permettre que les jugements prononcées reçussent leur exécution. Durand, n° 87.

§ 7. — *De la contrainte par corps contre les étrangers.*

147. Par la loi du 4 flor. an 6, l'étranger résidant en France était soumis à la contrainte par corps : — 1° Pour tous engagements par lui contractés en France avec des Français, s'il ne possédait pas en France des propriétés foncières ou un établissement de commerce. Art. 1er. — 2° Pour tous engagements contractés par lui en pays étranger, et dont l'exécution réclamée en France emportait la contrainte par corps dans le lieu où ils avaient été formées. Art. 3. — La loi du 10 sept. 1807 permettait en outre au trib. de 1re inst. dans le ressort duquel se trouvait cet étranger, d'ordonner son arrestation provisoire sur la requête du créancier français.

Ces dispositions ont été modifiées par la loi du 17 avr. 1832.

La contrainte par corps contre les étrangers est, ou définitive ou provisoire.

ART. 1. — *Contrainte par corps définitive.*

148. Tout jugement qui intervient *au profit d'un Français*, contre un étranger *non domicilié* en France, *emporte* la contrainte par corps, si la somme *principale* est de 150 fr. ou au-dessus, *sans distinction entre les dettes* civiles et les dettes commerciales. L. 17 avr. 1832, art. 14.

149. *Au profit d'un Français.* — Ce droit n'appartient ni à l'étranger domicilié en France : la jurisprudence s'était déjà prononcée dans ce sens sous l'empire de la loi de 1807. Douai, 7 mai 1828, S. 29, 79 ;

Ni à l'étranger autorisé à jouir des droits civils : il s'agit ici, non d'un droit civil proprement dit, mais plutôt d'une mesure politique, introduite pour que les citoyens ne soient pas dépouillés par d'aventureux étrangers. Paris, 8 janv. 1831, S. 31, 172 ; Arg. Paris, 21 mars 1842 (Art. 2953 J. Pr.). Coin-Delisle, p. 98, n° 6 ; Soloman, *De la condition juridique des étrangers*, p. 90. — *Contrà*, Pardessus, n° 1528.

150. L'étranger n'obtient la contrainte par corps en France contre un étranger, qu'autant que : — 1° Le débiteur se trouve dans l'un des cas de contrainte prévus par la loi civile ou commerciale ; — 2° la créance s'élève au minimum fixé par l'art. 2065 C. civ. ou par l'art. 1er L. 1832. — La durée de l'emprisonnement à son profit est celle fixée selon la matière par l'art. 5 ou par l'art. 7, § 1 et 2, et non par l'art. 14 ou par l'art. 17.

Mais l'étranger peut obtenir la contrainte par corps contre son débiteur français, lorsque, soit par la nature de l'obligation, soit par suite de la convention des parties, cette contrainte doit être prononcée d'après la loi française quoique l'obligation ait été contractée en pays étranger. Besançon, 9 nov. 1808, P. 7, 194.

151. *Contre un étranger non domicilié*, c'est-à-dire contre tout étranger qui n'a point obtenu du roi l'autorisation d'établir son domicile en France et n'y réside pas en effet. C. civ. 13. Il s'agit du domicile de droit. Pardessus, n° 1524. — *Contrà*, Rapetti, 2e *Dissertation*. — Cet auteur est réfuté par M. Soloman, p. 69. — Un arrêt de rejet, du 6 fév. 1826 (S. 26, 341), n'est pas contraire : les premiers juges avaient déclaré en fait que l'étranger était établi et domicilié en France. Coin-Delisle, p. 98, n° 3.

152. Peu importe : — 1° Qu'il possède ou non, soit des propriétés foncières, soit un établissement de commerce sur le sol français ; — cette distinction n'existe que pour l'arrestation *provisoire* dont traite l'art. 15. *Rapport de M. Parant.*

2° Qu'il ait résidé longtemps en France et qu'il y soit marié. Paris, 25 août 1842 ; 5 déc. 1844 (Art. 3009 J. Pr.)

153 Il n'y a pas d'exceptions pour cause de minorité, si l'engagement est valable. Paris, 19 oct. 1854 (5775).

154. Les consuls étrangers ne jouissent pas en France des prérogatives et immunités attachées à la qualité d'agents diplomatiques ; ils ne sont point affranchis de la contrainte par corps. Aix, 14 août 1829, S. 30, 190 ; Paris, 28 avr. 1841 ; 25 août 1842, Art. 2358 J. Pr.). — Il en est surtout ainsi, lorsqu'ils n'ont pas obtenu l'exequatur du gouvernement français. Paris, 25 août 1842. — *Contrà*, trib. Seine, 1er déc. 1840, Dev. 41, 2, 148, — il s'agissait d'un consul non accrédité près du gouvernement français et traversant la France pour se rendre dans le pays pour lequel il était accrédité. Pardessus, n° 1448 ; Devilleneuve, *Dictionnaire du contentieux*, v° *Consul*, n° 5.

155. L'étranger condamné par corps, à raison de sa seule qualité d'étranger, doit être déchargé de cette contrainte si, depuis le jugement, il a obtenu du roi une ordonnance qui l'autorise à établir son domicile en France. Paris, 25 avril 1834, Dev. 34, 494. Duvergier, *Lois*, 32, 157, note 8.

156. *Emporte.* La contrainte par corps résulte de plein droit du jugement ; il n'est pas nécessaire qu'elle soit requise ni prononcée. C'est une exception à l'art. 2067 C. civ. Duvergier, 32,

p. 157, à la note; Soloman, *ibid.*, p. 92; Arg. Bordeaux, 16 fév. 1830, S. 30, 212. — Il y a toutefois nécessité de la prononcer pour fixer la durée de la détention.

157. *Somme principale.* — La contrainte ne peut être prononcée pour simples dépens : l'art. 14 est rédigé dans le sens de l'art 5. Soloman, p. 92, *in fine.* — *Contrà*, Duvergier, *ib.* Arg. Metz, 11 fév. 1820, S. 21, 18 ; — Arrêt rendu sous la loi du 4 flor. an 6.

158. *Sans distinction entre les dettes civiles et commerciales.* Peu importe que la dette procède d'un contrat, d'un quasi-contrat, ou d'un quasi-délit, qu'elle ait été contractée en France ou à l'étranger. Rejet, 12 juin 1817, S. 18, 318.

ART. 2. — *Contrainte par corps provisoire.*

159. Avant le jugement de condamnation, mais après l'échéance ou l'exigibilité de la dette, le président du trib. de 1er inst., dans l'arrondissement duquel se trouve l'étranger non domicilié, peut, s'il y a de suffisants motifs, ordonner son arrestation provisoire sur la requête du créancier français. L. 17 avr. 1832, art. 15. — Cette mesure provisoire est accordée contre l'étranger qui, d'un moment à l'autre, pourrait disparaître sans laisser après lui aucune trace de son passage. — *Sic* avant la levée de la grosse. Paris, 3 juill. 1854 (5695).

160. Le Président du tribunal du lieu où est effectuée l'arrestation, est compétent, bien que l'étranger n'y ait pas sa résidence. Cass. 27 nov. 1839 (Art. 1597 J. Pr.).

161. Il n'est pas nécessaire que la créance soit liquide, mais elle doit être exigible. *Même arrêt.*

162. *Après l'échéance ou l'exigibilité.* L'arrestation provisoire ne pourrait être ordonnée, si le créancier avait accordé des délais qui ne seraient pas expirés ; — à moins qu'il n'y eût une cause de déchéance du terme.

163. *De la dette* Peu importe sa nature, l'arrestation a lieu, même pour restitution d'un dépôt. Coin-Delisle, p. 100, n° 6. — Le contraire a été jugé (Rejet 22 avr. 1816, S. 19, 194), mais dans une espèce où l'acte de dépôt n'était point reconnu.

164. Toutefois, une créance incontestable n'est pas nécessaire, des titres apparents suffiraient (Rejet 25 sept. 1829, S. 30, 151 · Paris, 29 nov. 1831, Dev, 32, 54), — et même pour le maître d'hôtel garni, pour les fournisseurs, la bonne tenue de leurs écritures, leur réputation connue, ou quelques adminicules : ces fournitures, dans l'usage, se font sans titres réguliers. — La loi du 10 sept. 1807 a été promulguée quelque temps après que des marchands de Paris avaient été dupes d'un grand seigneur russe qui avait disparu sans payer des marchandises livrées à crédit. Merlin, *Qu. dr.*, v° *Étranger*, § 4, n° 11.

165. L'arrestation provisoire peut être réclamée après l'opposition formée par l'étranger ou l'appel dirigé contre le jugement de sa damnation : l'exécution étant suspendue, il y a même motif qu'avant l'opposition pour autoriser l'arrestation. Afin d'éviter toute difficulté, il est prudent de demander par l'exploit introductif d'instance l'exécution, nonobstant l'opposition (C. pr. 155), et l'exécution provisoire en cas d'appel, du moins quant au chef de la contrainte par corps, même hors les cas prévus par l'art. 135 C. pr. Si le président a le droit d'ordonner seul l'arrestation provisoire, le trib. entier peut faire de cette provision un chef joint au fond du procès. Coin-Delisle, *ib*.

166. L'arrestation provisoire de l'étranger peut-être ordonnée, lors même que le titre de créance est attaqué par la voie de l'inscription de faux principal, et qu'il a été sursis par ce motif à faire droit sur la demande en condamnation. Cass. 28 oct 1809, S. 9, 462.

167. L'assignation en condamnation n'est point une renonciation au droit de provoquer l'arrestation provisoire : l'urgence de l'arrestation peut devenir plus grande pendant l'instruction du procès, qu'elle ne l'était auparavant. Coin-Delisle, p. 100, n° 4.

168. *S'il y a des motifs suffisants*. Le soin de les apprécier est une question de fait abandonnée à l'appréciation du président et de la Cour, sur l'appel, hors de l'examen de la C. de cassation. Rejet, 25 sept. 1829, S. 30, 151.

169. L'arrestation provisoire ne peut avoir lieu pour une somme inférieure à 150 fr. M. Parant, *Rapport.* — V. *sup*, n° 148.

170. L'ordonnance du président, en vertu de laquelle a lieu l'arrestation, ne peut pas être attaquée par action principale devant le tribunal. Paris, 27 mai 1830, Dev. 31, 54.

— On ne peut rendre le trib. juge des ordonn. rendues par son président dans le cercle de ses fonctions spéciales. Bordeaux, 6 déc. 1833 ; Metz, 12 nov. 1850 ; Seine 18 fév. 1859 (6936).

171. Cette ordonnance ne peut être attaquée ni par la voie de l'appel devant la cour, ni par la voie d'action en élargissement devant le tribunal civil ; l'étranger ne peut que soumettre sa réclamation au trib. devant lequel le créancier doit, dans la huitaine, former lui-même sa demande à fin de condamnation. Paris, 8 nov. 1854 ; 18 juill. 1855. Dev. 1856, 113.

172. La caution *judicatum solvi* ne peut être exigée dans ce cas de l'étranger : son recours n'est en réalité qu'une défense à la poursuite dont il est l'objet. Caen, 30 mars 1832, Deguernon, *Dictionnaire de la jurisp. de la cour de Caen.* v° *Contrainte par corps*.

173. *Sur la requête*. L'arrestation est autorisée sans instruction, il n'y a pas lieu d'assigner le défendeur. Le ministère public **ne** doit être ni entendu ni même consulté; un instant perdu ou le moindre éveil donné au débiteur détruirait tout l'effet de la mesure. Treilhard, *ib.*

174. Il n'est pas non plus nécessaire que le président soit assisté du greffier, ni que celui-ci signe l'ordonnance. Pau, 27 mai 1830, Dev. 31, 54.

175. *Du créancier français.* L'arrestation provisoire ne peut être requise par un étranger. Paris, 25 déc. 1835 (Art. 239 J. Pr). — V. *sup.*, n° 149.

176. *Quid*, si le titre originairement souscrit par un étranger au profit d'un étranger est devenu la propriété d'un Français?

La contrainte par corps est accordée par M. Fœlix, sur l'art. 15, n° 9, et refusée par M. Dalloz, v° *Droits civils*, p. 476.

Nous distinguons : Si le Français est devenu créancier par voie de transport, la cession n'a pu lui conférer des droits ni plus étendus ni plus rigoureux que ceux de son cédant. — Si, au contraire, il s'agit d'un titre négociable, tel qu'une lettre de change, il y a lieu à arrestation provisoire. Douai, 7 mai 1828, Rejet, 25 sept. 1829; Paris, 29 nov. 1831, S 29, 79; 30, 151, 32, 54, Paris, 6 déc. 1836 (Art. 818 J. Pr.); Caen, 12 janv. 1832, Merlin, *Qu.,* v° *Étranger,* § 4, n° 3 et 4. Coin-Delisle, p. 100, n° 7; Soloman, p. 98 *in fine.* — Boulogne-sur-Mer, 14 août 1855; Rej. 18 août 1856 (7359).

177. Le créancier est tenu de se pourvoir en condamnation dans la huitaine de l'arrestation du débiteur, autrement, celui-ci a le droit de demander son élargissement (*Ib.*). — Le créancier qui a fait emprisonner provisoirement son débiteur ne peut plus, comme autrefois, prolonger indéfiniment sa détention, en ne formant pas sa demande en condamnation.

La mise en liberté du débiteur est prononcée par ordonnance de référé, sur une assignation donnée au créancier par l'huissier que le président a commis dans l'ordonnance même qui autorisait l'arrestation, et, à défaut de cet huissier, par tel autre qui est commis spécialement. *Ib.*

Le créancier n'empêcherait pas cette mise en liberté par une demande tardive en condamnation; autrement, le délai fixé par la loi serait illusoire. Il doit subir la peine de sa négligence.

178. La huitaine accordée au créancier pour assigner le débiteur en condamnation, n'est pas franche. La loi exige que l'assignation soit donnée *dans la huitaine.*

Mais le jour de l'arrestation ne doit pas compter dans la huitaine; ainsi, le débiteur incarcéré le 17 est valablement assigné en condamnation le 25 du même mois : vainement on prétendrait que l'emprisonnement provisoire est une mesure exorbitante du droit commun, et que le créancier doit être en mesure de justifier immédiatement de sa créance; toutes les fois que la loi ordonne de faire un acte dans un délai quelconque, le jour *à quo* ne compte pas dans ce délai. — V. *Délai*. Paris, 2 mars 1850, D. 52, 176.

179. Il importe à l'étranger détenu que l'affaire soit promptement jugée et préférablement à toutes autres, sans tour de rôle. Arg. C. pr. 800. — V. *inf.*, n° 454.

180. Si la demande principale du créancier, introduite postérieurement à l'échéance de la huitaine, était cependant antérieure à l'assignation du débiteur au créancier, la demande de mise en liberté serait non recevable. Coin-Delisle, p. 101, n° 10.

181. La loi de 1807 se taisait absolument sur les formes à suivre vis-à-vis de l'étranger.—Ce silence donnait lieu à de nombreuses difficultés.

L'arrestation provisoire était considérée comme une mesure de police. — Ainsi 1° un commandement préalable n'était point exigé. — Bordeaux, 23 déc. 1828, D. 29, 170;

2° Elle pouvait avoir lieu sans l'assistance du juge de paix et sans que le procès-verbal fût daté. Metz, 17 mai 1816, D. 6, 481;

3° Elle pouvait être faite par un huissier non commis, escorté d'un gendarme au lieu d'un recors. Metz, 12 fév. 1820, D. 6, 480;

4° Il n'y avait pas nécessité de conduire l'étranger en référé devant le président. Douai, 12 janv. 1832, D. 32, 55;

5° L'huissier n'avait pas besoin d'un pouvoir spécial. Cass. 20 fév. 1827, D. 27, 44. — *Contrà*, Rouen, 10 août 1822, D. 6, 481. — Mais l'arrestation ne pouvait se faire avant l'heure fixée pour les exploits. Metz, 12 fév. 1820, D. 6, 480.

Suivant M. Dalloz, les art. 15 et 32 de la loi nouvelle, semblent avoir proscrit les décisions de l'ancienne jurisprudence, en ce qu'elles paraissaient considérer l'arrestation d'un étranger comme une mesure de police. — Il était contraire au droit des gens de traiter un étranger, à raison d'une dette civile, comme un malfaiteur; par exemple, en le faisant arrêter par des gendarmes, au lieu d'huissiers.

182. Il faut observer pour l'arrestation provisoire toutes les formalités prescrites par le C. de pr., sauf la signification préalable d'un commandement. Arg. L. 17 avr. 1832, art. 32, dernier paragraphe. — Le droit du créancier français eût été illusoire, s'il avait fallu prévenir vingt-quatre heures d'avance l'étranger, qu'il serait pris contre lui des mesures de précaution.

183. Au reste, cette arrestation est soumise aux formalités générales sur l'exécution des actes.

Conséquemment elle est nulle, si elle est pratiquée à une heure à laquelle il est défendu aux officiers ministériels d'instrumenter. Arg. Metz, 11 fév. 1820, S. 21, 187.

184. L'arrestation provisoire n'a pas lieu, ou cesse, si l'étranger justifie qu'il possède sur le territoire français un établissement de commerce ou des immeubles d'une valeur suffisante pour assurer le payement de la dette; ou s'il fournit pour caution une personne domiciliée en France et reconnue solvable. L. 17 avr. 1832, art. 16. — V. Paris, 7 avr. 1857 (6398).

185. La caution doit être acceptée ou constituée dans les délais fixés pour les cautions judiciaires en général.

L'art. 16 de la loi du 17 avr. 1832, diffère de l'art. 16 C. civ. qui astreint l'étranger demandeur à fournir caution *judicatum solvi*, en toutes matières *autres que celles de commerce*. Il ne suffit pas ici qu'il s'agisse de matières commerciales, ni que l'étranger soit commerçant; il faut encore que son établissement de commerce soit d'une valeur suffisante pour garantir la dette. Soloman, p. 91.—V. Toutefois *inf.*, n° 187.

186. Pour apprécier si les immeubles de l'étranger sont d'une valeur suffisante, on fait déduction des charges hypothécaires; il est inutile d'appeler des experts : on peut se contenter des documents sur les revenus. Pardessus, n° 1526.

187. Il n'est pas nécessaire d'affecter l'établissement de commerce ou les immeubles que peut posséder l'étranger au payement de la dette. L'étranger propriétaire d'immeubles ou d'un établissement industriel, est considéré comme présentant autant de solvabilité qu'un Français.

188. Il suffit que la caution soit domiciliée et solvable quoi-qu'elle soit elle-même étrangère. Pardessus, n° 1527.

189. Si c'est au moment de l'arrestation provisoire que l'étranger fait cette offre ou ces justifications, le président du trib. en connaît; — si c'est en prison et pour faire cesser l'arrestation, le trib. est seul compétent. Coin-Delisle, p. 102, n° 2. — M. Pardessus, n° 1527, ne distingue pas et suppose que la justification se fera devant le président.

190. L'étranger peut être recommandé en vertu d'une ordonnance du président : la loi met toujours sur la même ligne l'incarcération et la recommandation. Il y a d'ailleurs même raison de décider dans les deux cas; en effet, l'étranger, s'il obtenait son élargissement, pourrait disparaître dans l'intervalle des nouvelles poursuites. Nancy, 22 juin 1813, P. 11, 486. A. Dalloz, n° 374.

§ 8. — *Exécution de la contrainte par corps.*

Art. 1. —*Formalités préalables à l'arrestation*

191. Aucune contrainte par corps ne peut être mise à exécution qu'après la signification, avec commandement, du jugement, qui l'a prononcée. C. pr. 780.

192. Le commandement et la signification du jugement prononçant la contrainte doivent avoir lieu par le même acte. Avant de procéder à la voie d'exécution la plus rigoureuse, il faut nécessairement mettre le débiteur à portée de prendre une connaissance certaine du jugement qui le condamne, sans l'obliger de recourir à une signification antérieure qui, ne contenant pas de commandement, et ne lui faisant pas voir l'imminence de l'emprisonnement, a pu être négligée et égarée par lui : tel est le but de l'art. 780 C. pr. ; l'art. 51 du tarif ne taxe qu'un exploit. Caen, 14 déc. 1824 ; Bourges, 23 avr. 1825, P. 18, 1228 ; 19, 428 ; Pigeau, 2, 312 ; Chauveau sur Carré, n° 2629 ; 33, 302 ; Coin-Delisle, art. 2069, n° 8. —V. d'ailleurs *Saisie-immobilière*, 102.

La signification par actes séparés, serait nulle. *Mêmes autorités.* Lepage, p. 527. — *Contrà*, Toulouse, 11 fév. 1808, P. 6, 504 ; Rennes, 18 août 1810 ; P. 8, 541 ; Limoges, 18 janv. 1811 ; S. 15, 191 ; Favard, 1, 684 ; Thomine, 2, 345 ; Souquet, v° *Emprisonnement*, 139° tabl. col. 5°, n° 4.

193. Dans l'usage, ce commandement porte que, faute de payer, le débiteur sera contraint par l'emprisonnement de sa personne, mais la loi n'exige pas cette énonciation.

194. Cette signification du jugement qui accompagne le commandement, doit-elle être elle-même précédée d'une signification pure et simple du jugement?

Plusieurs auteurs distinguent entre les jugements contradictoires et les jugements par défaut ; dans ce dernier cas, ils exigent une double signification, attendu que l'huissier commis pour la signification du jugement n'a pas le droit de signifier le commandement. Coffinière, Carré, n° 2630 ; Coin-Delisle, 48, n° 11. Arg. Nancy, 23 juill. 1813, P. 11, 576.

Mais on répond avec raison : En commettant un huissier pour la signification du jugement par défaut, le trib. peut donner à ce même huissier, commission de signifier le commandement préalable à la contrainte ; exiger une double délégation, ce serait occasionner des frais inutiles. Arg. Boulogne, 28 juill. 1824, P. 18, 923. — V. *inf.*, n°s 216 et 217. Chauveau, n° 2630. — Dira-t-on par argument de l'art. 147 C. pr., qu'aucun jugement définitif ne peut être mis à exécution *avant* d'avoir été signifié à partie, et que le commandement est un acte d'exécution qui doit être précédé d'une signification du jugement, faite par acte séparé? — Mais l'art. 583 C. pr. au titre de la *saisie-exécution* suppose que le jugement, en vertu duquel on poursuit, peut être signifié pour la première fois par le même acte que le commandement préalable à cette saisie.

— V. Au surplus *inf.*, n° 226.

195. Le jugement doit être signifié en entier, et non pas seulement par extrait.

Ainsi la signification est viciée par l'omission d'une partie importante de ce jugement, notamment de la disposition qui n'ordonne l'exécution provisoire qu'à la charge de donner caution. Nîmes, 22 mars 1813, P. 11, 227 ; — ou par le défaut de sommation au débiteur de prendre communication des titres de la caution. Paris, 20 oct. 1813, P. 11, 728.—Mais on a validé un commandement dans lequel se trouvaient omis ou surchargés les mots, de *par le roi la loi et justice* ; — il suffit que le jugement dont il est donné copie contienne la formule exécutoire. Bordeaux, 24 nov. 1829, D. 31, 174.

196. S'il y a eu plusieurs décisions judiciaires dont les unes complètent les autres, elles doivent, à peine de nullité, être signifiées simultanément (en tête du commandement). Coin-Delisle, 47 n° 9.

297. Ainsi il faut signifier non-seulement le jugement par défaut, mais encore et simultanément le jugement de débouté d'opposition : un jugement par défaut, frappé d'opposition, n'a d'effet que par le jugement qui statue sur l'opposition et qui ne forme avec lui qu'un seul tout indivisible. Limoges, 26 mai 1823, S. 23, 272 ; Caen, 14 déc. 1824, P. 18, 1222.

Peu importe que le jugement par défaut ait été signifié avec commandement *avant l'opposition* du débiteur. *Mêmes arrêts.* — *Contrà*, Rouen, 9 janv. 1826, S. 27, 30 ; Coin-Delisle, p. 47, n° 9.

198. Il faut signifier non-seulement la sentence des premiers juges, — mais encore et simultanément l'arrêt confirmatif, lorsqu'il a été rendu : un nouveau commandement est nécessaire, lors même que le jugement a été signifié avec commandement avant l'appel. Bruxelles, 21 août 1824, *Journal*, 1824, 2, 216.

Peu importe que l'appel ait été plus tard déclaré non recevable : l'appel, quelque irrégulier qu'il soit, paralyse l'effet du jugement, il faut donc signifier l'acte qui lui rend force et vertu. — *Contrà*, Bruxelles, 22 juill. 1819, P. 15, 429 ; Arg. Rouen, 9 janv. 1826, P. 20, 27. — A moins qu'il ne s'agisse d'un jugement exécutoire nonobstant appel.

199. Il faut signifier avec le commandement, non-seulement la sentence arbitrale, mais encore, à peine de nullité, l'ordonnance d'*exequatur*, et le jugement qui statue sur l'opposition à cette ordonnance : — Vainement on oppose que tout n'est pas remis en question devant le trib. saisi de l'opposition, qu'il n'a pas à confirmer ou à réformer la sentence, qu'il statue seulement sur un incident relatif à sa validité ou à son exécution, qu'il ne juge pas le fond du procès ; qu'en un mot il ne prononce pas la contrainte par corps. — On répond : L'existence de la sentence arbitrale ; sa force exécutoire dépendent de l'ordonnance d'*exequatur* et du jugement qui a statué sur l'opposition ; sous ce double rapport l'ordonnance et le jugement font partie du titre. Paris, 3ᵉ ch., 30 nov. 1836 (Art. 611 J. Pr.).

200. La signification de la dernière décision ne suffirait pas lors même qu'elle relaterait la substance des précédentes.

201. De ce que la copie du jugement doit être entière, il ne faut pas induire la nécessité de signifier des pièces qui ne sont pas indispensables pour donner connaissance au débiteur de toutes les obligations qu'il est tenu de remplir.

Ainsi a été déclarée inutile la copie de l'acquiescement du débiteur à un jugement par défaut. Paris, 17 sept. 1829, S. 30, 41.

2° La copie du certificat de non-opposition au jugement de contrainte au gardien qui n'a pas reproduit les effets saisis. Besançon, 22 mars 1809, P. 7, 458; Coin-Delisle, p. 47; Chauveau, n° 2629 *bis*.

202. Lorsque le créancier originaire a déjà signifié le commandement, le créancier subrogé doit-il, avant d'exécuter la contrainte, renouveler le commandement? — Oui. Paris, 30 janv. 1833. — Non. Paris, 20 juill. 1861 (7603); Chauveau, n° 2625 *bis*; Dalloz, n° 749. — Le nom du subrogé, codébiteur solidaire, figurait dans le jugement de condamnation.

203. Le commandement est valablement signifié au dernier domicile connu du débiteur, encore bien qu'il en ait acquis un nouveau depuis plusieurs années. Paris, 25 janv. 1808, P. 6, 460; Carré, art. 780. — Autrement il dépendrait de la mauvaise foi du débiteur de rendre impossible l'accomplissement des formalités exigées par l'art. 780, et par conséquent son arrestation.

204. Peu importe qu'il ait déclaré changer de domicile, s'il n'a pas indiqué le lieu de son nouvel établissement. Bruxelles, 20 janv. 1808, S. 9, 153.

Toutefois on a annulé avec raison la notification faite à un domicile que le débiteur avait quitté depuis près de 30 ans. Paris, 28 fév. 1807, P. 5, 711.

205. Une seconde signification, faite au dernier domicile du débiteur, ne prouve pas toujours que le créancier avait connaissance de l'insuffisance de la première. Paris, 25 janv. 1808, P. 6, 460; Carré, art. 780. — Dans l'espèce, la seconde signification avait été annulée; il eût été injuste de voir dans la nullité de cette seconde signification la preuve de la nullité de la première. Chauveau, n° 2627 *bis*.

206. Quand le débiteur n'a pas de domicile connu, le commandement peut également lui être signifié au parquet du procureur du roi: cette circonstance ne saurait en effet priver le créancier de l'exercice de ses droits. Arg. C. pr. 69; Metz, 30 déc. 1817, P. 14, 552.

207. L'art. 69 s'applique, non-seulement aux individus qui n'ont pas de domicile connu en France, mais encore aux personnes collectives. — Ainsi le commandement à fin de contrainte contre un associé peut être signifié au domicile de la société. Paris, 19 mars 1828.

208. N'est pas valable le commandement signifié 1° au débiteur, et remis à sa femme, dans un hôtel garni où il ne réside que passagèrement. Bruxelles, 24 oct. 1808, S. 10, 550 ; Carré, 3, 249 ; Pardessus, 5, 273 ; Pigeau, 2, 284. — 2° Au domicile élu où le débiteur ne réside pas. Coin-Delisle, p. 48, n° 13.

209. Mais il n'y a pas nullité si le jugement portant contrainte obtenu contre une veuve qui s'est ensuite remariée n'a pas été signifié avec commandement à la personne de son nouveau mari. Paris, 25 fév. 1808, P. 6, 531.

210. La signification du jugement doit être faite par un huissier commis par le jugement ; — ou par le président du trib. de première instance du lieu où se trouve le débiteur. C. pr. 780.

211. *Commis.* L'huissier doit être commis lors même que la contrainte par corps est exercée par une partie civile pour le recouvrement des dommages et intérêts et restitutions prononcées à son profit contre le prévenu par un trib. correctionnel. Aix, 25 fév. 1828, D. 29, 108. — V. Metz, 12 nov. 1850 (4781).

212. Par ces mots : du lieu *où se trouve* le débiteur, il faut entendre soit le domicile du débiteur, soit le lieu où il est momentanément. Pigeau, *ib.* ; Coin-Delisle, 48, n° 13. — S'il fallait que le débiteur fût présent dans le lieu où la requête est présentée, les exécutions deviendraient impossibles : l'objet de cette disposition est d'empêcher le créancier de faire par fraude le commandement à un domicile qu'il saurait avoir été transféré dans un autre lieu. Le débiteur ne peut donc arguer de nullité la commission d'huissier, délivrée par le président de son domicile, sous prétexte qu'il se trouvait dans un autre lieu à l'époque de la requête. Toulouse, 11 août 1828, P. 22, 193. — Ou qu'il n'habitait plus l'ancien domicile, à moins qu'il ne prouve la translation. *Même arrêt.*

Le commandement signifié par un huissier commis par le président du trib. du lieu de l'ancien domicile du débiteur, lorsque ce débiteur avait une demeure habituelle depuis deux ans et facile à découvrir, est-il nul ? Oui. Bordeaux, 30 sept. 1856 (6308).

213. Si le créancier se trouve dans l'impossibilité de connaître le lieu où se trouve le débiteur, il faut par analogie appliquer les règles auxquelles on a recours dans le cas où l'on ignore son domicile actuel. — V. *sup.*, n°s 206 et suiv.

214. L'ordonnance qui commet un huissier peut être rendue par le juge sans l'assistance du greffier : il y a urgence. Arg. C. pr. 1040 ; Aix, 15 nov. 1824 ; Pau, 27 mai 1830, P. 23,

514; Riom, 3 août 1837 (Art. 1055 J. Pr.); — *Contrà*, Toulouse, 17 juin 1822; 13 janv. 1823, 1er déc. 1824; Souquet, v° *Emprisonnement*, n° 17.

215. Il n'est pas nécessaire qu'elle contienne la formule exécutoire. Montpellier, 22 août 1827, D. 28, 71.

216. L'huissier peut être commis par jugement du juge de paix ou du trib. de commerce : cette commission n'est que la conséquence forcée du jugement de condamnation. Rouen, 20 juill. 1814, S. 15, 14; Toulouse, 28 juill. 1824, S. 26, 210; Aix, 23 août 1826, S. 27, 78; Lyon, 23 mai 1827, 27, 168; Douai, 23 nov. 1839; Nancy, 23 mars 1843 (Art. 1584 et 2492 J. Pr.); Carré, n° 2631; Thomine, n° 901, Coin-Delisle, 47, n° 10. — On objecte que les trib. d'exception ne peuvent pas connaître de l'exécution de leurs jugements, et que l'art. 435 C. pr. ne donne aux trib. de comm. que le droit de commettre un huissier pour la signification des jugements par défaut (Orléans, 26 déc. 1810, P. 8, 727; Toulouse, 21 mai 1824, S. 26, 211; Lyon, 22 août 1826, S. 27, 23; Carré, n° 2631). — Mais on répond avec raison : L'art. 435 C. pr. détermine seulement le point de départ pour l'opposition et le pouvoir qu'il donne n'emporte nullement exclusion pour un autre cas. — Enfin, les trib. de comm. ne sont incompétents que pour connaître des contestations qui peuvent s'élever sur l'exécution de leurs jugements. Rej. 30 sept. 1853.

217. Le trib. peut commettre un huissier hors de son territoire. Douai, 19 fév. 1828, S. 28, 105.

218. L'huissier commis pour la simple signification d'un jugement par défaut a-t-il le droit de faire la signification avec commandement préalable à l'arrestation?

Pour la négative on dit : Bien que dans l'un et l'autre cas, les commissions d'huissiers aient pour objet d'éviter que la copie ne soit soustraite, néanmoins les cas des art. 156 et 435 sont moins importants que celui de l'art. 780 C. pr. Les commissions sont, de leur nature, spéciales, et l'huissier commis simplement pour faire une signification, ne paraît pas avoir reçu mission de faire un commandement. Carré, n° 2630; Coin-Delisle, p. 48, n° 1.

Quant à nous, nous concevons que l'huissier commis seulement pour la signification du jugement, ne soit pas par cela seul autorisé à signifier le commandement. — Mais nous reconnaissons au tribunal le droit de commettre ce même huissier tout à la fois et par une seule délégation pour la signification du jugement et du commandement. — V. *sup.*, n° 194.

Le trib. de comm. de Paris charge formellement l'huissier qu'il désigne de faire les significations prescrites par les art. 435 et 780 C. pr.

219. Si, avant l'exécution de la commission, le débiteur a formé opposition au jugement par défaut ou en a interjeté appel, et que le jugement qui déboute de l'opposition ou l'arrêt confirmatif ne contienne pas de commission d'huissier, c'est à l'huissier commis, à cet effet, par le jugement qui prononce la contrainte par corps à faire la signification avec commandement. Son mandat subsiste. Paris, 16 avr. 1858 (6796).

Si, au contraire, le second jugement ou l'arrêt porte commission d'un autre huissier, celui-ci a seul le droit de signifier le tout. La nomination d'un nouveau mandataire emporte révocation du premier (C. civ. 2006). Coin-Delisle, *ib.*

220. La commission donnée à l'huissier n'est pas limitée à une seule signification, il peut faire toutes celles nécessaires, soit par suite de nullité de la première (Cass. 26 nov. 1810 , S. 12,83); — ou de toute autre cause, pourvu que ce soit dans l'année du premier commandement. Arg. C. pr. 784. *Même arrêt*, Berriat, 784.

221. La signification doit contenir élection de domicile dans la commune où siége le trib. qui a rendu le jugement, si le créancier n'y demeure pas. C. pr. 780.

222. Cette élection faite par le créancier ne peut profiter qu'au débiteur. Cass. 17 juill. 1810; Favard, *R.* 1, 686; Thomine, 2, 360.—*Contrà*, Chauveau, n° 2634.—V. d'ailleurs *Saisie-exécution*, nos 71 et suiv.

223. Si le jugement a été rendu par un trib. de comm., placé dans une autre ville que le trib. de 1re inst., est-ce dans la ville où siége le trib. civil que doit être faite l'élection de domicile? — L'affirmative est enseignée par tous les auteurs (Delvincourt, *Instit. dr. comm.* 2, 497; Pigeau, *ib.* n° 2 ; Carré, n° 2633 ; Favard, v° *Contrainte*, § 4, n° 3; Dalloz, *ib.* 3, 792); — Attendu que les trib. de comm. ne sont pas juges de l'exécution, et que cette élection de domicile paraît exigée pour les difficultés du fond.

Toutefois, M. Coin-Delisle, 49, n° 16, conseille, comme marche plus sûre, de suivre le texte de la loi, c'est-à-dire de faire élection de domicile dans le lieu où siége le trib. de commerce, s'il a rendu le jugement.

Décidé que lorsque le jugement a été rendu dans un autre lieu que celui du trib. d'exécution, le débiteur ne peut demander la nullité du commandement, faute d'élection de domicile dans la ville où siége ce dernier trib., attendu qu'on ne peut ajouter à la loi une disposition qu'elle n'a point émise, et encore moins annuler un acte pour l'omission d'une formalité purement arbitraire. Nîmes, 4 mai 1824, D. 3, 791; Montpellier, 22 août 1827, S. 28, 40; Thomine, 2, 350; Coin-Delisle, p. 49.

224. Le commandement, précédé d'une signification contenant l'élection de domicile est nul, faute de renouveler cette élection. Chauveau sur Carré, n° 2632.—*Contrà*, Toulouse, 11 fév. 1808, S. 15, 191 ; Rennes, 18 août 1810, P. 8, 541.—V. d'ailleurs *sup.*, n° 195.

ART. 2. — *De l'intervalle entre le commandement et l'arrestation.*

225. Aucune contrainte ne peut être mise à exécution qu'un jour après le commandement. C. pr. 780.

Le mot *jour* doit s'entendre d'un jour franc, et non pas seulement de vingt-quatre heures (Thomine, n° 903 ; Demiau, 394 ; Bourges, 2 juill. 1825, S. 26, 157 ; — *Contrà*, Rouen, 27 juill. 1813, P. 11, 582), à compter du moment où le commandement est signifié : toutes les fois que la loi ne fixe pas un délai par heure, ce délai ne commence qu'à l'instant où finit le jour qui sert de point de départ. Arg. C. civ. 2262.—La date de l'heure n'est donc pas nécessaire. Rouen, 17 juin 1818, S. 19, 136 ; Carré, art. 780 ; Berriat, 630. — *Contrà*, Rouen, 27 juill. 1813 ; Paris, 17 déc. 1817, S. 18, 22 ; Coffinière, 10, 617.

Ainsi la contrainte peut être exécutée le 3 mars au plus tôt si le commandement a été fait le 1er du même mois. — V. *Saisie-brandon*, n° 23 : *Saisie-exécution*, n° 97 ; *Saisie des rentes*, n° 15.

226. La loi suppose que le jugement est susceptible d'exécution.

Ce délai est insuffisant à l'égard d'un jugement contradictoire susceptible d'appel ; il faut attendre l'expiration de la huitaine, à dater du jour de la prononciation du jugement. C. pr. 449, 450. Pour un jugement par défaut rendu par le trib. civil, il faut un délai de huitaine, à dater de la signification à avoué ou à domicile, s'il n'y a pas d'avoué. C. pr. 155.—A moins que l'exécution provisoire n'ait été ordonnée. C. pr. 155, 450.—A l'égard des jugements par défaut rendus par le trib. de commerce, le délai de 24 heures suffit. C. pr. 435.

227. S'il y a eu opposition ou appel, la contrainte par corps ne peut avoir lieu qu'un jour franc après le nouveau commandement contenant signification du jugement ou de l'arrêt qui déboute soit de l'opposition, soit de l'appel. Berriat, 630 ; Thomine, 462, Coin-Delisle, 48.—Arg. Colmar, 20 août 1808, P. 7, 104.—Dans l'espèce, l'appel était suspensif, car si le jugement de 1re inst. eût été exécutoire par provision, on n'eût pas été forcé d'attendre la signification de l'arrêt plus que sa prononciation. — V. d'ailleurs *sup.*, n° 196 et s.

228. S'il s'est écoulé une année entière depuis le commandement, il ne peut être procédé à l'arrestation du débiteur qu'en vertu d'un nouveau commandement fait par un huissier commis à cet effet. C. pr. 784. Poitiers, 9 janv. 1845 (Art. 3053 J. Pr.)

229. L'huissier qui a signifié un premier commandement qui a plus d'un an de date, n'est pas compétent pour en faire un second sans une nouvelle désignation du président du tribunal.

L'art. 784 exige qu'il soit *commis à cet effet*. C'est une garantie de plus offerte au débiteur qui a bien eu connaissance du jugement, mais qui peut penser, en voyant l'inaction de son créancier pendant une année, qu'il a renoncé à exercer la contrainte par corps contre lui. Rennes, 28 déc. 1814, P. 12, 508; Carré, art. 784; Pigeau, 2, 313; Thomine, 2, 361; Coin-Delisle, p. 48.

230. Ce second commandement doit, à peine de nullité, être précédé de la signification du jugement, quand le premier commandement se trouve périmé. Limoges, 23 avr. 1825, P. 19, 428; Pigeau, 2. — *Contra*, Rennes, 18 août 1810; Toulouse, 11 fév. 1808; Chauveau sur Carré, nᵒ 2668; Thomine, 2, 361.

231. Le débiteur peut, lors du commandement, assigner en référé en vertu de l'art. 806 C. pr. — Bruxelles, 20 déc. 1810, P. 8, 720. — Dans l'espèce, un sursis fut accordé en exécution d'un acte authentique par lequel le créancier avait précédemment accordé des délais au débiteur.

On a même admis un référé sur l'opposition à un commandement tendant à saisie immobilière. Turin, 30 juill. 1810, S. 15, 297; Debelleyme, p. 12, formule 5.

Le juge des référés, incompétent pour connaître de la validité du titre à l'exécution duquel s'opposait le débiteur, a pu renvoyer les parties à l'audience, toutes choses demeurant en état. Bordeaux, 25 nov. 1836, P. 27, 1665.

ART. 3. — *Arrestation du débiteur.*

232. Aucun huissier ne peut procéder à l'arrestation d'un débiteur, s'il n'est muni d'un pouvoir spécial. La simple remise du jugement est insuffisante pour lui donner ce droit. C. pr. 556. — Cette prescription est faite dans l'intérêt de l'huissier, pour prévenir un désaveu, et surtout dans l'intérêt de celui qui est poursuivi. Cass. 6 janv. 1812, S. 12, 54.

233. Le garde du commerce a-t-il également besoin d'un pouvoir spécial?

Pour la négative on dit : L'art. 556 est spécial aux huissiers. Aucune disposition analogue n'est reproduite dans le décret du 14 mars 1808 relatif aux gardes du commerce. — D'ailleurs il n'y a pas analogie dans les deux cas : en effet, les art. 9, 10, 11, 12 et 13 du décret de 1808, créent au profit des débiteurs une foule de garanties qu'on ne rencontre pas quand l'arrestation est faite par un huissier. — Il est possible que le créancier remette ses titres à un huissier dans un autre but que celui de faire incarcérer le débiteur, mais il ne peut les confier au garde du commerce que dans cette intention.

D'ailleurs au-dessus des gardes du commerce est placé un vérificateur, et avant de procéder à la contrainte par corps, les titres **et pièces** sont remis à ce vérificateur qui en donne récépissé (art. 9). A quoi bon après cela un mandat spécial? Pigeau, **2**, part. 5, titr. 3, 10ᵉ règle; Dalloz, 3, p. 822.

Toutefois l'opinion contraire est enseignée par MM. Carré. nº 1920; Coin-Delisle, p. 49, nº 19. — Et dans tous les cas, il est plus prudent de s'y conformer.

234. Il n'est pas nécessaire que le pouvoir spécial, — soit signifié, — ni qu'il soit authentique. — On n'exige même pas qu'il soit enregistré avant l'emprisonnement. — V. d'ailleurs les solutions données à l'égard du pouvoir spécial exigé par le même art. 556 pour la *saisie immobilière*, nᵒˢ 163 à 169.

235. L'emprisonnement commencé sans mandat spécial, ne peut être validé par un mandat postérieur que donne le créancier. Coin-Delisle, 49, nº 17. Arg. Cass. 6 janv. 1812, P. 10, 10. — *Contrà*, Poncet, dès *Jugements*, 2, nᵒ 372; Pigeau, 2, 41.

236. L'huissier ne doit pas procéder à la requête d'un prête-nom. Paris, 12 mai 1839 (Art. 1340 J. Pr.). — Il résultait des faits de la cause, qu'à l'époque de l'arrestation, la créance avait cessé d'appartenir au requérant.—V. d'ailleurs 3690 et 6885.

237. Le débiteur ne peut être arrêté : — 1º avant le lever ni après le coucher du soleil. C. pr. 781, § 1;

Même quand ce serait à une heure légale pour les autres exécutions.—Ces mots, *lever* et *coucher* du soleil, doivent être pris dans le sens astronomique. Vainement on oppose que l'art. 1037 a expliqué l'art. 781; que les dispositions générales du Code ont pour objet de fixer le véritable sens des articles susceptibles d'interprétations diverses.—On répond avec raison : L'art. 1037, fait pour les cas ordinaires, n'a pu abroger implicitement la disposition formelle de l'art. 781 pour le cas particulier de la contrainte par corps. On conçoit qu'il suffise que les autres exécutions aient lieu durant le jour ; mais celle de la contrainte doit être faite pendant que le soleil est sur l'horizon. Telle a été évidemment l'intention du législateur, car l'art. 794 du projet, correspondant à l'art. 781 du Code, avait déterminé, comme l'art. 1037, les heures avant et après lesquelles la contrainte ne pourrait être mise à exécution, et l'on a substitué à cette fixation d'heures la disposition relative au lever et au coucher du soleil, sur les observations du Tribunat et des Cours d'Agen, Bourges et Toulouse, qui firent remarquer que, dans un grand nombre de départements, l'arrestation pourrait s'effectuer avant le commencement et après la fin du jour pendant une partie de l'hiver, ce qui ne devait pas avoir lieu. Delaporte, 2, 358; Thomine, 286; Pigeau, 2, 271; Pardessus, 5, 273; Carré, nº 2635; Colmar, 16 therm. an 12, S. 5, 42; 31 août 1810, S. 11, 78; Bruxelles, 1ᵉʳ mars 1813, S. 14, 183. —L'arrestation a été annulée, comme tardive d'une minute dans la première espèce, et comme prématurée de quatre minutes seulement dans la seconde, suivant les tables astronomiques.

Dans l'opinion *contraire* on invoque deux passages les discours du conseiller d'État Galli et du tribun Mallarmé. Berriat, 628 note 5, Lepage, *Saisies*, 2, 327; Demiau, 477; Ginouvier, 131.

238. Peut-on procéder à une arrestation, si le temps des autres exécutions n'est pas encore arrivé, ou est déjà passé, par exemple, lorsque le soleil est sur l'horizon, le 22 juin, avant quatre heures du matin, ou le 31 mars après six heures du soir —Pour la négative on dit : si la défense spéciale de l'art. 781 déroge, en faveur de la liberté, à la règle du temps fixé pour les exécutions par l'art. 1037, cet article n'en limite pas moins l'art. 781, quand le lever ou le coucher du soleil précède ou suit l'heure à laquelle *aucune* exécution *ne peut* être faite. L'art. 781 n'accorde pas un droit; il exprime une défense. Il faut la concilier avec la défense générale de l'art. 1037. Arg. Décr. 4 août 1806, qui limite, par l'art. 1037 C. pr., le temps de nuit pendant lequel la gendarmerie peut entrer dans la maison des citoyens. Pigeau, 2, 314; Berriat, 628; Coin-Delisle, 52, n° 35.—Sans doute il est plus prudent de satisfaire tout à la fois aux dispositions de l'art. 1037. — Mais il nous semble que l'art. 781 a eu pour but de décider d'une manière complète la question de temps, et que, spécial sur la matière, il doit seul être observé à peine de nullité. Bruxelles, 1er mars 1813, S. 11, 177. Delaporte, 2, 358; Carré, n° 2635; Pardessus, n° 1514; Pigeau, 2, 464; Favard, 1, 686; Thomine, 2, 351; Souquet, v° *Emprisonnement*, tabl. 140, col. 5, n° 14.

239. L'emprisonnement est valablement effectué après le coucher du soleil, si l'arrestation a été faite auparavant. Grenoble, 9 nov. 1825, P. 1826, 3, 97.—V. d'ailleurs *inf.*, n° 310.

L'huissier qui a commencé l'arrestation en temps utile, doit continuer l'opération, et ne peut, à raison de l'heure avancée, la remettre au lendemain, ne fût-ce même que pour délivrer au débiteur copie des procès-verbaux d'emprisonnement et d'écrou : l'opération ne peut être scindée ; le débiteur doit être mis en état de pouvoir, sans délai, réclamer son élargissement, s'il y est fondé. Bastia, 26 août 1826, S. 27, 201.

240. Pour savoir si l'arrestation a été faite en temps utile, il faut s'en rapporter au fait réel plutôt qu'à une erreur d'expressions qui se rencontrerait dans le procès-verbal. Chauveau sur Carré, n° 2637.

Ainsi la C. de Riom (14 oct. 1808, S. 12, 193) a déclaré valable un emprisonnement que le procès-verbal de l'huissier annonçait avoir été fait à 11 heures de relevée, attendu qu'il était prouvé par l'écrou et par un acte postérieur que l'arrestation avait eu lieu à 11 heures du matin.

241. 2° Les jours de *fête légale*. C. pr. 781, § 2.—V. ce mot.

Le juge peut-il autoriser une arrestation un jour de fête légale ? — Pour l'affirmative on invoque l'art. 1037 et ce qui avait .eu dans l'ancien droit. **Paris, 17 septembre 1862 (7900).** 3erriat, 144, note 3, Chauveau, *hoc verbo*, 213. — Mais pour la négative on répond : Cette permission s'accordait rarement. (— V. Jousse, Rodier, Pothier) ; d'ailleurs la procédure pour pénétrer dans le domicile pendant les jours non fériés n'était pas aussi simple ; en Bretagne, il n'était permis d'arrêter ces jours-là que pour les affaires du roi, pour crime et fait de police. Duparc-Poulain, 10, 567 ; — enfin, dans le système contraire, le § 2 de l'art. 781 serait inutile, et l'art. 1037 aurait suffi. Demiau, 477 ; **Paris, 8 mai 1856 (6153).**

242. 3° Dans les édifices consacrés au culte, pendant les exercices religieux seulement. C. pr. 781. — Il est assez difficile de justifier cette limitation. Demiau, p. 478 ; Thomine, n° 907.

243. Ces mots *exercices religieux* ne doivent pas être restreints à ceux qui se font publiquement et au milieu d'un concours de fidèles : il suffit qu'un exercice religieux quelconque ait lieu dans l'intérieur de l'église pour empêcher l'arrestation du débiteur. — V. d'ailleurs *inf.*, n°s 253 et suiv.

La confession constitue un exercice religieux. Carré, n° 2648 ; A. Dalloz, *hoc verbo*, n° 523.

Ainsi l'individu qui interrompt ou trouble un prêtre confessant un fidèle dans l'église se rend coupable du délit prévu par l'art. 26 C. pén. Cass. 9 oct. 1824, P. 18, 1059 ; Théorie du Code pénal, 4, 517 ; de Grattier, 2, 40.

244. Un débiteur peut-il être arrêté au milieu d'une cérémonie *extérieure* du culte ? — Spécialement, lorsqu'il est en dehors de l'église au rang des fidèles appelés à assister à un enterrement ? — Non, dit M. Thomine, n° 911, ce serait causer un trouble à l'exercice religieux.

245. 4° Dans le lieu et pendant la tenue des séances des autorités constituées. C. pr. 781.

246. Ces mots *lieu des séances* ont été substitués au mot *enceinte* de l'art. 4, tit. 3, L. 15 germ. an 6. On a voulu exclure de :a prohibition toute la partie de l'enceinte qui n'est pas lieu des séances (Pigeau, 2, 314). — Ainsi, l'arrestation serait valablement effectuée dans les cours et les lieux environnants : le seul but de la loi est d'empêcher qu'on ne trouble les autorités dans leurs fonctions. Carré, art. 781 ; Chauveau, n° 2643 ; Pardessus, 5, n° 1514. — Ou même dans les bureaux. Pardessus, Carré, Coin-Delisle, *ib.* — Ou dans le lieu des séances avant et après leur tenue ; le C. de pr. a supprimé les mots *en aucun temps*. *Mêmes auteurs.* — V. **Toulouse, 29 juin 1854 (5804).**

247. Par *autorité constituée* il faut entendre toutes les autorités légalement établies, quoique leur pouvoir découle médiatement de la constitution.

Ainsi serait nulle — l'arrestation faite dans le lieu et pendant la séance d'un conseil de guerre. Carré, n° 2645 ; — ou dans le lieu et pendant l'audience d'un conseil de prud'hommes, quoique ni les conseils de guerre, ni les conseils de prud'hommes ne soient institués par la constitution. Coin-Delisle, p. 50, n° 23. — Pendant la durée des séances des colléges et assemblées électorales de toute nature instituées par les lois. Carré, n° 2645 ; Coin-Delisle, ib. n° 24. — L'arrestation d'un professeur dans sa chaire. Thomine, n° 911. — Cet auteur ne dit pas si la même immunité s'applique aux auditeurs.

248. Le ministre du culte ne peut être arrêté pendant l'exercice du saint ministère. — V. d'ailleurs *sup.*, n° 243, et *inf.*, n° 289.

249. Autrefois on ne pouvait arrêter un négociant dans le lieu et pendant les heures de la bourse ; mais la disposition analogue qui se trouvait dans le projet du Code a été rejetée lors de la discussion. — Il en est autrement aujourd'hui. Carré, art. 781.

250. 5° Dans une maison quelconque, même dans son domicile, à moins qu'il n'ait été ainsi ordonné par le juge de paix du lieu qui se transporte avec l'officier ministériel ou délègue un commissaire de police. C. pr. 781 (5928).

251. Le mot *maison* comprend non-seulement le corps de logis, mais encore les cours, basses-cours, jardins. Arg. Cass. 18 juin 1812 ; 16 avr. 1813, S. 13, 51 ; 20, 512. — Les édifices ayant leur clôture particulière dans la clôture ou enceinte générale. C. pén. 390 ; — la cour intérieure de la maison. Lyon, 10 juin 1824, S. 25, 54. — La cour d'une maison tierce, même quand le débiteur ne s'y est réfugié qu'après avoir été saisi au corps. Limoges, 27 mars 1828, S. 28, 153.

252. L'inviolabilité attachée par la loi au domicile des citoyens ne s'applique pas à une prison où le débiteur se serait rendu momentanément. Grenoble, 30 août 1839, D. 40, 215.

253. Les édifices consacrés au culte ou aux séances des autorités publiques sont également assimilés aux maisons, en ce sens que l'on ne peut y exécuter d'arrestation, même après les exercices religieux ou la tenue des séances, qu'avec l'assistance du juge de paix. Carré, n° 2648 ; Pigeau, 2, 314 ; Berriat, 630, note 9.

254. Il en est de même du lieu où quelqu'un exerce une fonction publique, comme les salles des cours des facultés. Coin-Delisle, p. 51, n° 28. — V. d'ailleurs *sup.*, n° 247.

255. Dans les maisons royales et dans leurs dépendances, l'obligation de se présenter au gouverneur, ou à celui auquel, en son absence, appartient la surveillance (Ordonn. 20 août 1817), est une mesure d'ordre et de police intérieure qui ne remplace pas la présence d'un magistrat. Coin-Delisle, p. 51, n° 28.

256. Mais l'arrestation du débiteur est valablement effectuée, sans l'intervention du juge de paix, sur un navire entré dans le port. Bastia, 26 août 1826, D. 27, 79.

257. D'après un règlement de police, les bouchers de Paris ne peuvent être arrêtés dans le marché, par un garde du commerce, qu'autant qu'il est accompagné de l'inspecteur du marché. Carré, *ib.* — Mais l'inobservation de ce règlement de police n'entraîne pas la nullité de l'arrestation. Coin-Delisle, 51.

258. L'officier ministériel ne peut, sans l'assistance du juge de paix, ni cerner un débiteur dans l'intérieur d'une maison pour l'empêcher de fuir jusqu'à l'arrivée du magistrat. Limoges, 7 mars 1828. — Ou du commissaire délégué ;

Ni procéder à l'arrestation, bien qu'il attende l'arrivée du juge de paix pour enlever le débiteur. Paris, 22 juin 1809, P. 7, 642 ;

Ni s'introduire dans une maison où s'est réfugié le débiteur qui s'est échappé de ses mains, et procéder à une nouvelle capture. Riom, 22 juin 1837 (Art. 1034 J. Pr.).

Mais il aurait le droit de laisser ses témoins à la porte jusqu'à l'arrivée du magistrat : la crainte seule d'être suivi pourrait empêcher le débiteur de s'évader. Toulouse, 20 août 1827, S. 29, 351 ; Coin-Delisle, p. 51, n° 31.

Il pourrait même, sans l'assistance du juge de paix, entrer dans la maison d'un tiers pour y faire la perquisition du débiteur s'il manifeste l'intention de ne l'arrêter qu'après avoir requis la présence du magistrat (— *Contrà*, Coin-Delisle, *ib.*), et s'il ne met aucun obstacle à sa sortie.

Ainsi jugé dans une espèce où l'huissier avait procédé d'abord à une saisie-exécution, puis à la perquisition du débiteur. Rennes, 27 janv. 1808, P. 6, 465.

259. Dans le département de la Seine, il ne peut être procédé à l'arrestation du débiteur, dans une maison quelconque, qu'en vertu d'une ordonnance du président du tribunal civil qui *désigne un* commissaire de police chargé de se transporter dans la maison avec le garde du commerce. L. 4 avril 1855 (5928),

260. Est-il nécessaire de désigner *nominativement* le commissaire de police délégué?

Pour repousser la nécessité d'une désignation nominale, on dit que l'arrestation deviendrait fort difficile et souvent même impossible si l'officier ministériel ne pouvait requérir qu'un commissaire de police spécialement désigné, soit parce qu'il ne le trouverait pas, soit parce que ce commissaire se trouverait empêché au moment où son assistance pourrait être efficace. — Ainsi jugé Paris, 31 mai 1856, D. 57, 5.

Mais cette objection avait été déjà faite au législateur qui ne s'y est point arrêté en ce qui concerne la *désignation* d'un commissaire de police. Dalloz, *ib.* note 1.

D'ailleurs le magistrat peut désigner plusieurs commissaires. — *V. inf.* n° 263.

261. La délégation doit être constatée par écrit en forme d'ordonnance ;

Il ne peut être suppléé à cette ordonnance par les énonciations du procès-verbal de l'huissier. — Bordeaux, 21 août 1856 (6262). — *Contrà*, arg. Lyon, 7 mai 1825.

262. L'ordonnance qui autorise l'arrestation suppose un examen préalable et constitue un acte de juridiction qui doit, comme tout acte de cette nature, être constaté par le juge dont il émane. Le procès-verbal de l'huissier (ou du garde de commerce) fait foi de la réquisition qu'il adresse au juge de paix ou au président, afin d'obtenir l'ordre d'arrestation, parce que cette réquisition est un acte du ministère de l'officier ministériel ; mais il ne peut régulièrement constater l'ordonnance, parce qu'elle est l'acte du magistrat et non l'œuvre de l'officier ministériel ; il doit être justifié incontinent de cette délégation au débiteur qui a le droit de vérifier s'il est arrêté selon les formes de la loi et en présence du magistrat compétent. Bordeaux, 21 août 1856 (6262).

263. Lorsque le juge de paix (ou le président) délègue, le commissaire central ou à son défaut un commissaire de police, l'arrestation à domicile, avec l'assistance de ce dernier est valable, bien que l'huissier n'ait pas mentionné l'empêchement du premier. Douai, 22 mai 1860 (7396) ; — il ne s'agit que d'une question d'ordre et de régularité de service entre les divers agents délégués ; le concours de l'un offre au débiteur les mêmes conditions de sécurité et d'égards que le concours de l'autre.

264. Le juge a un certain droit d'appréciation ; il peut rendre une ordonnance négative, par ex. s'il ne trouve pas la procédure régulière. Pothier, *Procédure*, 5e partie, ch. 1, § 5, Thomine, 354 (5387) — *V. sup.*, n° 262.

265. Cette ordonnance n'est pas susceptible d'appel. Le rôle du juge ici est analogue à celui qu'il remplit lors d'une apposition ou d'une levée de scellés ; il concourt à une mesure d'ordre, il ne statue pas sur une question litigieuse (5387) — *V. sup.*, n° 171.

Le droit de délégation avait été d'abord contesté. Paris, 4

mai, 20 août, 14 déc. 1853 (5500, 5577); cette contestation a
rendu nécessaire la loi de 1855.

266. En cas d'absence ou d'empêchement, le juge de paix
est remplacé par le suppléant. Colmar, 12 mars 1828. — Le
fait d'absence ou d'empêchement du juge titulaire est implicitement constaté par l'ordonnance du suppléant. Coin-Delisle,
p. 51, n° 33.

267. L'absence ou l'empêchement du juge de paix est suffisamment constaté par l'ordonnance du suppléant, sa signature,
et son transport en la demeure du débiteur. Colmar, 12 mars
1828, S. 29, 334.

268. 6° Lorsque, appelé comme témoin devant un juge d'instruction, ou devant un trib. de 1re inst., ou une C. roy. ou
d'assises, il est porteur d'un *sauf-conduit.* C. pr. 782; Inst. crim.
55 et suiv.—V. ce mot.

269. Il peut être accordé, soit par le juge d'instruction, soit
par le président du trib. ou de la Cour où les témoins doivent être
entendus. Les conclusions du ministère public sont nécessaires.
C. pr. 782.

270. Les juges de paix et les trib. de commerce peuvent-ils
accorder un sauf-conduit aux témoins cités devant eux. Pour la
négative on invoque un avis du Conseil d'État du 30 avril 1807
approuvé le 30 mai suivant, et une circulaire du ministre de la
justice du 8 sept. 1807, S. 8, 30; Favard, 1, 686; Pigeau, 2,
46; Pardessus, n° 1515; Dalloz, t. 3, p. 797; Chauveau, n° 2653.
— Mais les trib. de commerce ont le droit d'accorder un sauf-
conduit au failli. C. com. 472, 473.—V. *faillite.*

271. Le sauf-conduit doit régler la durée de son effet à peine
de nullité. C. pr. 782.

L'emprisonnement fait nonobstant un sauf-conduit, qui n'exprime pas sa durée, est valable; déclarer nul l'emprisonnement,
ce serait reconnaître la validité du sauf-conduit. Le débiteur qui
aurait été trompé pourrait seulement exercer une action contre
l'huissier ou même contre le juge, s'il y avait dol ou connivence
de leur part. Cass. 17 fév. 1807, S. 7, 168; Pardessus, n° 5, 1515;
Merlin, *R.* v° *Sauf-conduit*, n° 4; Berriat, 629; Thomine, 2,
356; Coin-Delisle. p. 54; — *Contrà*, Carré, art. 781.—Le sauf-
conduit n'est pas un acte de procédure, mais un acte émané du
juge dont le pouvoir est limité à cet égard, et qui ne vaut, comme
exception au droit commun, qu'autant qu'il réunit toutes les
conditions sous lesquelles a été délégué le pouvoir de l'accorder.
Avec la doctrine de Carré, on retomberait dans tous les abus que
le C. de pr. a voulu proscrire.

272. Le juge excède son pouvoir en accordant au débiteur cité en justice comme témoin un sauf-conduit qui s'applique, non-seulement à tel jour ou à telle audience déterminée, mais encore à tout le temps que doit durer l'instruction et le jugement de l'affaire, en y comprenant l'intervalle des renvois et des remises d'une huitaine à une autre huitaine. Cass. 5 vend. an 11, P. 3, 1.

273. Il résulte des termes restrictifs de l'art. 782, que le débiteur ne peut obtenir de sauf-conduit pour toute autre cause qu'une citation en témoignage, par exemple, pour assister à l'instruction de sa propre cause. Si sa présence est nécessaire, elle a lieu dans l'état même d'arrestation. Carré, n° 2058 ; Merlin, *Rép.*, v° *Sauf-conduit*, n° 3 ; Berriat, 629, note 6 ; Pigeau 2, 308 ; Favard, *hoc v°*, § 4 ; Cass. 17 févr. 1807 ; 5 vend. an 11 ; Lett. min. just., 15 mess. an 8, S. 1, 255.

274. En vertu du sauf-conduit, le débiteur ne peut être arrêté ni le jour fixé pour sa comparution, ni pendant le temps nécessaire pour aller et revenir. C. pr. 782.

275. Le trib. de police correctionnelle, qui annule un emprisonnement exécuté au mépris d'un sauf-conduit accordé par son président, entreprend sur la juridiction des trib. civils. Cass. 5 vend. an 8, S. 3, 26.

276. La circonstance où le débiteur se trouve porteur d'un sauf-conduit légalement accordé, est-elle la seule pour laquelle l'incarcération doive être différée ?

Suivant M. Thomine, l'intérêt du saisi, celui de tierces personnes, ou l'intérêt public, toujours préférable à celui des particuliers, peuvent y mettre momentanément obstacle. — V. *inf.*, n°s 284 et suiv.

277. 7° Pendant le sursis, s'il en a été accordé par le tribunal. — V. *Cession de biens*, n° 33.

278. 8° A la requête d'un créancier isolément, si le débiteur est en état de *faillite*. — V. ce mot.

279. 9° Depuis l'*interdiction*.—V. ce mot.

Mais la dation d'un conseil judiciaire au prodigue n'empêche pas l'exécution de la contrainte par corps qui aurait été antérieurement prononcée contre lui. Bruxelles, 13 avr. 1808, P. 6, 629. — Dans l'espèce, il s'agissait d'un billet à ordre souscrit par un commerçant.

280. 10° Autrefois, s'il était pair de France, — à moins que le créancier n'eût obtenu l'autorisation de la Chambre. Charte de 1830, art. 29, — dans les formes déterminées par la résolution du 29 janvier 1831.

281. 11° Autrefois, s'il était membre de la Chambre des députés, pendant la session, et durant les six semaines qui la précédaient ou la suivaient. Charte de 1830, art. 43.

282. Cette disposition, en ce qui concerne les députés, a été remise en vigueur par l'art. 10 du décret du 2 fév. 1852.

La loi du 24 janv. 1851 (4805) disposait qu'aucune contrainte par corps ne pourrait être mise à exécution contre un représentant du peuple sans l'autorisation préalable de l'assemblée nationale.

Les membres du Sénat sont-ils contraignables par corps ?

Pour l'affirmative, M. Troplong écrivait, en 1847 : — S'il fallait abolir la contrainte par corps par mesure générale, je voudrais qu'elle fût maintenue comme exception pénale contre les Pairs infidèles à leur engagement. Plus est élevée la position qu'un homme occupe dans son pays, plus sont étroits les devoirs que l'honneur exige de lui. » — *Contrainte par corps*, n° 380.

Pour la négative on répond avec raison : Il y a lieu d'appliquer par analogie les dispositions édictées à l'égard des députés et de décider qu'aucun membre du Sénat ne peut être poursuivi par voie de contrainte personnelle sans l'autorisation du corps auquel il appartient. Foucart, 4ᵉ édition, 1, n° 72 ; *Palais, supplément, hoc verbo*, n° 92, § 4.

283. Dans les colonies, depuis l'abrogation du décret du 9 mars 1848, on exécute la contrainte par corps, avec les dispositions de la loi du 17 avril 1832, sans les modifications de la loi du 13 déc. 1848. — V. toutefois Durand, n° 123.

D'après cet auteur on aurait dû considérer le décret du 9 mars comme étant en vigueur dans les colonies, tant qu'une disposition spéciale n'y aurait pas été rendue.

284. 12° A l'instant où il exerce une fonction publique extérieure : ce serait troubler un service d'intérêt public pour un intérêt privé.

Par exemple, un officier commandant un poste ou peloton. Pardessus, n° 1514 ; Carré, n° 2647.

Un soldat en faction. Coin-Delisle, p. 53, n° 37.

285. Un garde national en faction. Thomine, n° 911. — Cet auteur admet même l'exception pour tout le jour du service.

286. Un militaire n'est pas affranchi de la contrainte par corps pour dettes par cela seul qu'il est en activité de service : les textes qui s'occupent des militaires et de la contrainte par corps supposent qu'elle existe contre eux. Les officiers sont réputés démissionnaires, s'ils n'ont pas satisfait, dans deux mois, à la condamnation définitive prononçant la contrainte par corps. L. 8-10 juill. 1791, tit. 3, art. 63

L'arrêté du 7 therm. an 8, qui déclare la loi du 15 germ. ar. 8 applicable aux conscrits, s'entend des conscrits appelés sous les drapeaux comme de ceux restés dans leurs foyers. Si le législateur n'a point introduit d'exception en faveur de l'activité de service, ce n'est pas par oubli, mais à dessein. Il n'a pas voulu que le drapeau de la France pût servir de refuge à la mauvaise foi. L'embarras qu'éprouverait l'État par l'exercice de quelques contraintes par corps contre des militaires en activité de service n'est point à redouter. Trib. Seine, 30 avr. 1833, Dev. 33, 2, 651 ; Trib. supérieur d'Alger, août 1836 (Art. 625 J. Pr.); Chauveau, n° 3 ; Coin-Delisle, p. 53, n° 41. — *Contrà*, Jousse, art. 9, tit. 34

La contrainte peut être exercée contre des militaires en disponibilité. Paris, 17 janv. 1851 (4880).

En admettant que les magistrats eussent le pouvoir de suspendre l'exercice de la contrainte par corps contre les militaires, ils ne devraient user de cette faculté qu'avec une extrême circonspection, et n'en faire l'application qu'à ceux dont les services seraient tellement nécessaires et urgents qu'il serait, pour ainsi dire, impossible de procéder à leur remplacement immédiat. Trib. sup. d'Alger, août 1836.

287. Toutefois, on ne peut arrêter les capitaines de navire et les gens de l'équipage qui sont à bord, ou qui, sur les chaloupes, se rendent à bord pour faire voile, excepté pour dettes contractées par eux pour le voyage ; et même dans ce cas, ils ne peuvent être arrêtés s'ils donnent caution. C. comm. 231.

288. L'avocat ou le magistrat arrêté lorsqu'il se rend à l'audience peut, selon M. Thomine, n° 911, obtenir sa relaxation du président, en référé, si l'intérêt public était compromis par son arrestation ; par exemple, s'il ne pouvait être facilement remplacé, l'un pour la défense d'un accusé, l'autre pour l'expédition des affaires.

289. M. Thomine, en désignant un huissier pour faire un commandement à un curé condamné par corps au payement d'une lettre de change que cet ecclésiastique avait souscrite, afin de racheter son neveu du service militaire, avertit l'officier ministériel de ne pas procéder à l'arrestation la veille de la Pentecôte, avant que l'évêque eût désigné un prêtre qui le remplaçât. — V. *sup.*, n° 243.

290. Peut-on arrêter un berger, un cocher dans l'exercice de leurs fonctions ? — Non, suivant M. Pigeau.

Mais il n'y a pas de prohibition dans la loi.

L'huissier doit seulement pourvoir à la sûreté des bestiaux, des chevaux et des voitures ; autrement, il serait passible de dommages-intérêts. Thomine, n° 911. — Une précaution analogue doit être prise dans le cas où l'on arrête un débiteur voyageant à cheval.

291. 13° En cas de parenté ou d'alliance avec le créancier, aux degrés indiqués *sup.*, sous le n° 116.—V. d'ailleurs *sup.*, n° 122.

292. 14° Enfin, le débiteur ne peut être arrêté pour la même dette, si ce n'est un jour au moins après l'élargissement, lors même que l'emprisonnement a été déclaré nul. C. pr. 797.— V. d'ailleurs *sup.*, n°ˢ 225, 228 et *inf.*, n°ˢ 402 et suiv.

293. Dans le cas où le débiteur est incarcéré hors du lieu de son domicile, il faut ajouter au délai fixé par le Code celui d'un jour par trois myriamètres entre le lieu de la détention et celui du domicile. Autrement, le délai qui lui est accordé lui deviendrait inutile, et il se trouverait traité plus rigoureusement que le débiteur emprisonné dans le lieu de son domicile. Cette interprétation se fonde, en outre, par analogie, sur l'art. 782 C. pr., qui accorde au détenu porteur d'un sauf-conduit le temps nécessaire pour retourner à son domicile. Pigeau, Carré, art. 797.

294. En cas de rébellion, l'huissier peut établir garnison aux portes pour empêcher l'évasion, et requérir la force armée. C. pr. 785.

La garnison laissée aux portes, et partout où le débiteur pourrait trouver facilité de s'évader, n'a pas le droit d'arrêter le débiteur en l'absence de l'huissier, mais elle a celui de s'opposer à sa sortie. — Cette mesure diffère de la surveillance intérieure dont il a été parlé *sup.*, n° 258.

295. La rébellion donne lieu à des poursuites plus ou moins graves, suivant les circonstances. C. pr. 785 ; C. inst. crim. 554; C. pén. 209.

Il y a rébellion lorsqu'on résiste avec violence à l'exécution d'un jugement, encore que l'arrestation soit illégale et nulle pour défaut d'assistance du juge de paix. La violation des formes prescrites pour l'emprisonnement, donne seulement au débiteur le droit d'en faire prononcer la nullité ; mais il ne peut provisoirement se constituer juge de ces formes. Cass. 27 vend. an 14, P. 5, 16 ; 14 avr. 1820, S. 21, 167 ; 5 janv. 1821, P. 16, 285 ; *Théorie du Code pénal*, 4, 310.

296. Le simple refus d'obéir, sans voies de fait, ne saurait constituer une rébellion : dans ce cas, un huissier peut facilement, avec l'aide de ses recors, s'emparer de la personne du débiteur. Carré, art. 785 ; Édit. de juillet 1778, art. 8 ; Pigeau, 2, 273 ; Favard, 1, 687 ; Thomine, 2, 361 ; *Théorie du Code pénal*, 4, 305.

297. Quand le débiteur allègue avoir déposé, ou fait signifier au bureau des gardes du commerce, des pièces suffisantes pour suspendre l'arrestation, il doit être passé outre, s'il ne justifie du récépissé du vérificateur ou de l'original des significations visé par le vérificateur ; à moins que le débiteur ne requière qu'il en soit référé. Décr. 14 mars 1808, art. 17.

298. Dans ce dernier cas, le débiteur doit être conduit sur-le-champ devant le président du trib. de 1re inst. du lieu où l'arrestation a été faite, lequel statue en état de référé. Si l'arrestation a été faite hors des heures de l'audience, le débiteur doit être conduit chez le président. C. pr. 786.

299. Tout huissier, garde du commerce ou exécuteur des mandements de justice, qui refuse d'obtempérer à cette réquisition, est condamné à 1,000 fr. d'amende, sans préjudice des dommages-intérêts. L. 17 avr. 1832, art. 22. — L'emprisonnement doit, en outre, être déclaré nul. Toulouse, 30 avr. 1825, — V. Paris, 27 mai 1854, D. 55, 292.

300. Le refus peut être prouvé par témoins. Demiau, p. 482; Garré, n° 2694; Thomine, 2, 362; Coin-Delisle, 56; Fœlix, 54; Delaporte, 2, 360; Duvergier, 32, 158, note 5.

301 Le débiteur peut se pourvoir en référé, même lorsqu'il est déjà entre deux guichets : ce droit ne lui est enlevé que lorsque le procès-verbal d'écrou est terminé. *Même arrêt.*

302. Le juge des référés connaît de toutes les difficultés d'exécution, par exemple, de la non-identité entre la personne arrêtée et le débiteur. Pardessus, n° 1518; — de l'omission ou de l'irrégularité des procédures préalables à l'emprisonnement, spécialement de la nullité de la copie du commandement. Paris, 17 déc. 1817, S. 18, 227. — Il vérifie la forme, l'heure, le lieu de l'arrestation, la validité du pouvoir de l'huissier.

Mais il ne peut examiner le mérite de la condamnation. Ainsi, la contrainte par corps prononcée indûment par jugement passé en force de chose jugée, doit recevoir son exécution. Pardessus, *ib.*

Il en est de même des exceptions par lesquelles le débiteur attaque ou conteste au fond le titre du créancier. Carré, n° 2678; — si elles sont nées *avant* le jugement.

Il en est autrement des exceptions nées *postérieurement* ; — ainsi, le juge du référé peut statuer par provision sur la prétention du débiteur d'avoir payé le montant des condamnations, sur l'imputation des divers payements qu'il justifie authentiquement avoir faits, sur la compensation qui s'est opérée depuis la condamnation (— *Contra*, Pardessus, *ib.*) : en effet, il s'agit de savoir si le jugement est encore susceptible d'exécution : et les difficultés d'exécution sont des questions de référé (C. pr. 806). Coin-Delisle, 56, n° 53.

Le juge des référés a accordé un sursis dans une espèce où le débiteur s'appuyait d'une convention par acte notarié, qui prolongeait le délai accordé par le jugement. Bruxelles, 20 déc. 1810, D. 3, 801.

Le président accorde la mise en liberté *provisoire*, avec ou sans caution ou la refuse.

Au reste, il doit user de son pouvoir avec une extrême prudence : souvent la mise en liberté provisoire du débiteur enlève au créancier sa dernière garantie.

Pour obtenir une décision définitive il faut s'adresser au trib. — V. *inf.*, nᵒˢ 384 et suiv.

303. Le débiteur comparaît en référé sans ministère d'avoué : le créancier est représenté par l'huissier. Carré, art. 787. Delvincourt, *Institutes dr. commercial*, 2, 516.

Il en est autrement si le débiteur incarcéré attaque par la voie du référé la recommandation pratiquée contre lui. Chauveau, nᵒ 2674. — V. *inf.*, nᵒ 376.

304. L'ordonnance sur référé est consignée sur le procès-verbal de l'huissier. Elle doit être exécutée sur-le-champ. C. pr. 787. — Lors même que le débiteur éleverait une nouvelle réclamation. Coin-Delisle, p. 57, nᵒ 54.

Jugé que cette transcription de l'ordonnance sur le procès-verbal est suppléée par la mention que le président a ordonné qu'il serait passé outre. Nancy, 6 mai 1828, P. 21, 1436. — *Contrà*, Thomine, 2, p. 364.

305. Si le débiteur ne requiert pas qu'il en soit référé, ou si, en cas de référé, le président ordonne qu'il soit passé outre, le débiteur est conduit dans la prison du lieu, et s'il n'y en a pas, dans celle du lieu le plus voisin. C. pr. 788.

Toutefois, 1ᵒ si le débiteur est conduit dans une maison d'arrêt autre que la plus voisine, l'emprisonnement n'en est pas moins valable, la loi ne prononçant pas la nullité. Mais l'huissier est passible de dommages-intérêts. Toulouse, 9 janv. 1809, S. 9, 239 ; Carré, art. 788.

2ᵒ Le débiteur arrêté à l'extrémité d'un arrondissement, ne doit pas être conduit dans la prison d'une ville de l'arrondissement voisin, sous prétexte qu'elle est plus proche du lieu de la capture qu'aucune prison de l'arrondissement dans lequel cette capture a été opérée. — Les huissiers n'ont le droit d'exercer leur ministère que dans l'étendue du ressort du trib. civ. d'arrondissement de leur résidence (Décr. 14 juin 1813, art. 2).

306. L'huissier et tous autres qui conduisent, reçoivent ou retiennent le débiteur dans un lieu de détention non légalement désigné comme tel, doivent être poursuivis comme coupables du crime de détention arbitraire. C. pr. 788 ; C. pén. 122.

307. Lorsqu'il n'y a pas de prison prochaine, l'huissier ne peut pas, de sa propre autorité, séquestrer le débiteur dans une maison particulière. Il doit se retirer devant l'autorité locale pour se faire désigner le lieu où sera déposé momentanément et gardé à *vue* le débiteur ; le tout à peine de nullité. Toulouse, 1ᵉʳ sept. 1824, D. 25, 133 ; Pardessus, 5, nᵒ 1517. — La conduite *de nuit* que conseille M. Carré, n° 2682, exposerait à de graves inconvénients.

308. Jugé que le débiteur qui a été détenu en charte privée dans un lieu non légalement désigné comme lieu de détention, peut faire annuler son emprisonnement, encore qu'il ait consenti à être détenu dans ce lieu. Bordeaux, 17 juill. 1811, S. 11, 482; Carré, art. 788, n°* 2682 et 2685; Berriat, 633, note 23; Pardessus, 5, n° 1517. — Mais ce sont plutôt là des arrêts d'espèce que des arrêts de principe. Comment admettre qu'il y ait détention arbitraire, quand sur la nécessité du moment, souvent pour des motifs de convenance, le débiteur a demandé à rester dans un lieu qui n'est pas désigné par la loi pour servir de maison d'arrêt?

309. Ainsi l'huissier ne se rend pas coupable de détention arbitraire, lorsqu'il fait stationner momentanément le débiteur dans une auberge, pour faire reposer le cheval qui conduit la voiture. Colmar, 10 déc. 1819, S. 21, 22; Pardessus, *ib.*; Carré, art. 788.

M. Coin-Delisle, p. 58, n° 58, décide, à tort, selon nous, que, dans ce cas, par cela seul que le débiteur se trouve dans une maison particulière, il devient libre *ipso facto*; qu'il lui est loisible de refuser de suivre l'huissier, et, en cas de refus, d'obtenir du juge de paix sa mise en liberté. — V. toutefois *sup.*, n° 307.

310. De même, l'huissier ne se rend pas coupable de détention arbitraire, lorsque, sur la demande du débiteur, il consent, avant de le mener en prison, à le conduire dans une maison particulière, pour y proposer un arrangement à ses créanciers. Grenoble, 9 nov. 1825, P. 1826, 3, 97.

A Paris, le débiteur est souvent conduit au bureau des gardes du commerce pendant quelques heures, dans l'intervalle, vont s'entendre avec lui les personnes qui peuvent négocier un arrangement. — il est vrai que ce bureau est un lieu public.

En province, s'il y a des tentatives d'arrangement, le président du trib. peut différer de statuer pendant quelques heures en laissant le débiteur dans son cabinet *portes ouvertes.*

Art. 4. — *Procès-verbal d'emprisonnement.*

311. Le procès-verbal d'emprisonnement doit contenir, outre les formalités ordinaires des *exploits* (—V. ce mot):

1° Itératif commandement; — V. Seine, 18 oct. 1850 (4825).

2° Élection de domicile dans la commune où le débiteur est détenu, si le créancier n'y demeure pas. C. pr. 783.

Le procès-verbal fait encore mention des deux recors dont l'huissier doit être assisté. *Ib.*

Il contient en outre le récit fidèle de ce qui s'est passé, les réquisitions du débiteur, ses réponses, sa rébellion, le payement qu'il effectuerait, etc., etc. — V. aux formules.

312. *Itératif commandement.*—L'huissier doit énoncer exactement le montant de la créance, à fin d'instruire le débiteur des sommes qu'il est obligé de consigner pour empêcher son emprisonnement. Arg. C. pr. 798; Carré, art. 783. — V. *inf.*, n° 406.

Il ne suffit pas de se référer aux causes du commandement précédent. — *Contrà*, Nanci, 21 août 1838 (Art. 1249 J. Pr.). Le débiteur peut avoir perdu le premier commandement ou avoir oublié ce qu'il contenait. La consignation pour obtenir l'élargissement doit être conforme à la demande contenue dans le procès-verbal d'emprisonnement, et le geôlier ne peut recevoir cette consignation qu'autant qu'elle est égale aux causes de l'arrestation.

313. Jugé qu'il suffit d'indiquer la somme principale, le jour où les intérêts ont commencé à courir, et le taux de ces intérêts : il n'est pas nécessaire d'exprimer littéralement le montant des intérêts. Aix, 15 nov. 1824, P. 18, 1100.

314. L'itératif commandement doit-il être en tout conforme au premier?—Oui, en ce qui concerne les formes intrinsèques du commandement et les énonciations qu'il doit contenir.

Mais il n'est pas nécessaire de signifier une seconde fois le jugement de condamnation, ni d'exhiber les titres sur lesquels la contrainte par corps est fondée. Paris, 29 août 1829, *Courrier des tribunaux* du 2 sept. 1829; Rennes, 1er juin 1818, P. 14, 837.

315. L'huissier a pouvoir pour recevoir le payement des sommes dues par le débiteur et en donner quittance.

316. Il doit remettre, dans les vingt-quatre heures, la somme par lui reçue, au créancier qui l'a chargé de l'arrestation ; et, faute par ce dernier de l'accepter par quelque motif que ce soit, il doit la déposer à la caisse des *consignations*. Ordonn. 3 juill. 1816, art. 2; Carré, art. 783. — V. ce mot.

317. Le même pouvoir et la même obligation existent pour les gardes du commerce. Décr. 14 mars 1808, art. 4.

318. Le créancier n'est pas obligé d'attendre un jour franc (—V. *sup.*, n° 292) après l'itératif commandement pour faire procéder à l'arrestation du débiteur, si déjà ce délai s'est écoulé depuis le premier commandement fait avec la signification du jugement : dans ce cas, en effet, la prescription de l'art. 780 est suffisamment remplie. Bruxelles, 29 juin 1808, S. 9, 153; Pigeau, 2, 468; Berriat, 631, note 15.

319. *Élection de domicile.*—Elle ne peut être suppléée par une constitution d'avoué indiquée dans le procès-verbal. Le doute vient de ce que la constitution d'avoué, dans un exploit, emporte de plein droit élection de domicile dans son étude (C. pr. 61). Rennes, 12 juill. 1809, P. 7, 682; Lyon, 9 mai 1828, S. 28, 260.

320. Au reste, la mention de la demeure du poursuivant, s'il réside au lieu de l'incarcération, équivaut à celle de son domicile. Pau, 27 mai 1830, P. 23, 514.

321. Mais, lorsque la commune où le débiteur est détenu est la même que celle où siége le tribunal qui a rendu le jugement portant la condamnation par corps, le premier commandement contenant déjà une élection de domicile dans cette commune, on peut, à la rigueur, se dispenser de la réitérer dans le procès-verbal d'emprisonnement.—Cependant il est plus prudent de la renouveler. Carré, art. 873; Pigeau, 2, 316.—V. *inf.*, n° 340.

322. Dans les autres cas, la nouvelle élection de domicile contenue dans le procès-verbal d'emprisonnement fait-elle cesser celle indiquée dans le commandement?—Pigeau soutient la négative, attendu qu'il peut être utile au débiteur de faire des notifications à l'un et à l'autre des domiciles. — Mais il n'y a aucune raison de forcer le créancier d'avoir deux domiciles d'élection pour l'exécution du même acte; et ce qui prouve que telle n'a pas été l'intention du législateur, c'est que l'art. 795 C. pr. exige que la demande en nullité de l'emprisonnement soit formée au domicile élu par l'écrou, et qui est le même que celui indiqué dans le procès-verbal d'emprisonnement. Delvincourt, *Inst. comm.*, 2, 515; Carré, n° 2663; Pardessus; n° 1516.—D'ailleurs, l'élection de domicile dans un acte de procédure est spéciale à l'effet de cet acte; or, l'effet du commandement est consommé par l'emprisonnement. Prolonger les effets de l'élection de domicile après une autre élection pour le même objet, paraîtrait contraire à l'art. 2006 C. civ. Coin-Delisle, 56, n° 48.—*Contrà*, Grenoble, 2 mars 1812, P. 10, 170; Nîmes, 15 nov. 1824, P. 18, 1101.

323. L'élection de domicile ne profite qu'au débiteur incarcéré : nul autre que lui ne peut assigner le créancier au domicile élu. Cass. 3 juin 1812, S. 12, 362; Paris, 26 juin 1811, S. 15, 14. —V. *sup.*, n° 221.

324. Outre l'élection spéciale dont on vient de parler, le procès-verbal d'emprisonnement doit contenir, à peine de nullité, l'indication du domicile *réel* du créancier; cette formalité est prescrite pour la validité de tous les exploits en général. Arg. C. pr. 783; Aix, 23 août 1826, S. 27, 78.—V. *Exploit.*
Néanmoins, la mention que le créancier habite à tel endroit remplace suffisamment celle de son domicile. Pau, 27 mai 1830, Dev. 31, 54.

325. *Recors.* —Ils doivent être Français, majeurs, non parents ni alliés des parties ou de l'huissier jusqu'au degré de cousin issu de germain, ni ses domestiques. Ar. C. pr. 585; Delvincourt, 2, 515; Pardessus, 5, n° 1516; Carré, art. 783.—Coin-Delisle, p. 56, n° 49, pense que la parenté, s'il n'y a pas de fraude alléguée, ne suffit pas pour annuler le procès-verbal.

326. Des gendarmes peuvent être employés comme recors pour l'exécution des emprisonnements en matière civile. Nîmes, 12 juill. 1826, P. 1827, 2, 271.

327. Le procès-verbal d'arrestation d'un débiteur, dans lequel figure comme témoin un étranger non naturalisé, n'est point nul, lorsque l'huissier a pu croire que cet étranger, depuis longtemps domicilié et marié en France, et y exerçant les fonctions de garde-champêtre, était Français. Grenoble, 9 nov. 1825, P. 19, 933.

328. Les recors doivent nécessairement signer l'original et la copie du procès-verbal d'emprisonnement. Riom, 6 mai 1819, S. 20, 36; Thomine, 2, 359; Favard, 1, 687; Carré, Pardessus, Delvincourt, *ib.*; Dalloz, 3, 799, note 2. — *Contrà*, Nanci, 21 août 1838, Dev. 38, 381; Coin-Delisle, p. 56.

329. L'huissier n'a pas droit de se faire accompagner de plus de deux recors : la loi n'autorise à requérir la force armée que dans le cas de rébellion. — Cependant, si, d'après la réputation du débiteur, on est fondé à craindre des excès de sa part, l'huissier peut se faire autoriser à l'avance, par le président, à requérir la force armée; et le juge de paix peut lui-même accorder cette permission, s'il s'agit d'opérer l'arrestation dans une maison. Carré et Demiau, art. 783.

330. Si l'huissier a requis la force armée avant toute résistance du débiteur, l'arrestation n'est pas nulle; seulement l'officier ministériel est passible de peines disciplinaires, et les frais occasionnés par la présence des gendarmes retombent à la charge du créancier. Metz, 20 juill. 1827, P. 21, 641.

331. Il n'est pas nécessaire que l'huissier soit revêtu de son costume : L'art. 8, L. 2 niv. an 11, assigne bien un costume aux huissiers; mais aucune loi n'exige qu'ils en soient revêtus, à peine de nullité; et, dans l'usage, ils ne le portent jamais qu'aux audiences. Carré, art. 783. — Ils ont soin de représenter leur médaille, où leur immatricule se trouve gravée, et d'énoncer dans leurs procès-verbaux qu'ils en étaient décorés.

332. Les gardes du commerce doivent avoir une marque distinctive en forme de baguette, qu'ils sont tenus d'exhiber lors de l'exécution de la contrainte. Décr. 14 mars 1808, art. 8.

333. Le procès-verbal d'emprisonnement peut ne pas contenir l'heure de l'arrestation; aucune loi n'exige cette formalité. Il suffit que l'arrestation ait eu lieu à une heure légale : c'est au débiteur à prouver le contraire. Carré, art. 781. — V. *sup.*, n° 225.

334. Il doit, à peine de nullité, être dressé et notifié le jour même de l'arrestation. Bastia, 26 août 1826, S. 27, 201.

335. Dans le cas où l'arrestation ne peut être effectuée, doit-on dresser un procès-verbal de perquisition?

Le garde du commerce a droit à une somme de 20 fr. pour cet acte. Décr. 14 mars 1808, art. 20.

Cette allocation est, au contraire, refusée à l'huissier, par

l'art. 53 du tarif, portant : il ne pourra être passé aucun procès-
verbal de perquisition, pour lequel l'huissier n'aura pas de recours, même contre sa partie; la somme accordée pour le coût du
procès-verbal étant allouée en considération de toutes les démarches qui peuvent être faites. Chauveau, Tarif, art. 53, t. 2,
p. 271. — *Contrà*, Berriat, p. 632; note 19.

Toutefois, MM. Chauveau, *ib.*, p. 272, Rivoire, p. 104, al-
louent une indemnité à l'huissier, pour le cas où le débiteur s'est
échappé après l'arrestation.—V. *Garde du commerce*.

Les frais de voyage sont généralement alloués à l'huissier.
Chauveau, *ib.*; Sudraud-Desisles, n° 314; Vervoort, 565, note 6.

ART. 5. — *Procès-verbal d'écrou.*

336. *Écrouer*. C'est l'action du geôlier de faire passer le prisonnier entre les deux guichets dans l'intérieur de la prison.
— L'*écrou* est l'acte qui constate que le geôlier a écroué le débiteur.

337. L'écrou doit énoncer : 1° le jugement qui prononce la
contrainte par corps.

Faute par l'huissier de représenter le jugement, le geôlier doit
refuser de recevoir le débiteur et de l'écrouer. C. pr. 790.

338. Le geôlier transcrit le jugement sur son registre. *Id.* —
Ou du moins les parties constitutives du *jugement* (— V. ce mot):
le but de la loi est d'en faire connaître le contenu à la partie et
au geôlier, afin que l'un puisse payer, et l'autre recevoir le montant des condamnations, conformément à l'art. 788 C. pr., ce but
se trouve par-là suffisamment rempli. Toulouse. 11 août 1828,
— V. 4665. Paris, 22 mai 1852, D. 52, 5, 185.

La transcription est valablement faite par un commis. La signature du geôlier en garantit suffisamment l'exactitude. Caen, 19 fév.
1823, D. 23, p. 806. — Cette signature n'est même pas indispensable. Coin-Delisle, p. 58, n° 60.

339. 2° Les noms et domicile du créancier. C. pr. 789.

340. 3° L'élection de domicile, s'il ne demeure pas dans la
commune. C. pr. 789.

341. Cette élection ne peut être suppléée par une simple constitution d'avoué. Lyon, 9 mars 1828, D. 28, 133.

Ni par l'élection précédemment faite dans le commandement,
encore bien que le domicile élu se trouve dans la commune où
le débiteur est détenu. Ce dernier peut, en effet, demander à
tout instant la nullité de l'emprisonnement, et par conséquent
avoir besoin de recourir à l'élection de domicile, qu'il est certain de trouver sur l'écrou, tandis qu'il peut avoir égaré la copie
du commandement. Il n'y a donc pas lieu d'appliquer à l'élection de domicile exigée dans l'écrou la solution adoptée pour
celle prescrite dans le procès-verbal d'emprisonnement. Aix,

23 août 1826, D. 27, 145; Nîmes, 15 juin 1829, D. 29, 290.
— V. *sup.*, n° 321.

342. 4° Les noms, demeure et profession du débiteur. C. pr.
789. — V. Paris, 12 fév. 1857 (6361).

343. *Noms.* C'est-à-dire son nom de famille et ses prénoms.
L'omission des prénoms peut, dans certains cas, entraîner la nullité de l'emprisonnement : par exemple, lorsque, de deux frères,
tenus solidairement de la même dette, l'un seulement est emprisonné, et qu'il n'est désigné que par ces mots : *l'un des deux*
frères. Bordeaux, 20 mars 1829, S. 30, 41.

344. Les quatre premières formalités de l'écrou sont communes
au procès-verbal d'emprisonnement.

345. 5° La consignation d'avance et de trente jours au moins
d'aliments. C. pr. 789, L. 17 avr. 1832, art. 28. — V. *inf.*,
n°ˢ 353 et suiv.

346. 6° Mention de la copie qui doit être laissée au débiteur,
parlant à sa personne, tant du procès-verbal d'emprisonnement,
que de l'écrou. C. pr. 789. — V. Lyon, 9 fév. 1853 (5352).

Il n'est pas nécessaire que l'écrou contienne la mention du
parlant à : la loi ne l'exige pas; et d'ailleurs, l'indication que la
copie a été remise au débiteur, la remplace suffisamment. Riom,
14 oct. 1808. P. 7, 173; Carré, art. 789.

347. Si la copie de l'écrou laissée au débiteur constate une
omission qui ne se trouve pas dans l'acte d'écrou, l'emprisonnement est-il nul? — L'affirmative a été jugée avec raison, dans
une espèce où la copie de l'écrou énonçait qu'il avait été donné
copie d'un jugement autre que celui en vertu duquel le créancier
exerçait les poursuites, attendu que la copie tient lieu d'original.
Poitiers, 8 janv. 1845, D. 45, 14. *Contrà*, Carré, n° 2692. —
Cet auteur soutient que ce principe n'est applicable qu'aux ajournements et aux autres exploits, qui imposent à la partie l'obligation de faire quelque chose, que s'il s'agit d'une copie insérée sur
un registre qui puisse être vérifié sans déplacement par celui qui
a intérêt à le faire, il doit en être différemment; qu'il faut appliquer la règle relative aux actes dont il reste minute; la minute
sert à vérifier la copie. — V. d'ailleurs *inf.*, n° 399.

348. Il en serait de même si le chiffre de la créance était
moindre dans la copie de l'acte d'écrou que dans l'original.

349. 7° Il doit être signé par l'huissier. C. pr. 789.

Il est convenable qu'il soit également signé par le geôlier; mais
la loi ne prescrivant pas cette formalité d'une manière expresse,
l'inobservation n'entraînerait pas la nullité de l'emprisonnement.
Riom, 14 oct. 1808, S. 15, 191; Carré, art. 789.

A plus forte raison, n'est-il pas nécessaire que le procès-verbal
d'écrou fasse mention de la signature du geôlier. Toulouse, 11 fév.
1808, S. 15, 191.

La signature des recors est tout à fait inutile. Carré, *ib.*

350. L'acte d'écrou est rédigé et transcrit sur les registres par l'huissier : l'intention des commissaires, dit Pigeau, 2, 321, a été que l'écrou fût fait par l'officier qui emprisonne. L'art. 53, tarif alloue un droit d'écrou. Tel est l'usage à Paris. Paris, 14 déc. 1807, 27 janv. 1808, P. 6, 386, 459; Carré, n° 2686; Merlin, *Rép.* v° *Écrou;* Berriat, p. 634, note 29; Chauveau; n° 52; Coin-Delisle, p. 58, n° 61.— V. Art. 3002. J. Pr.

Il peut aussi être rédigé par le geôlier ; il suffit qu'il soit signé par l'huissier. Arg. C. pr. 789 et 790 ; Toulouse, 1er sept. 1824, S. 25, 158; Coin-Delisle. *Ib.* — *Contrà,* Bruxelles, 6 mai 1813, P. 11, 351; Besançon, 23 juill. 1812 ; 5 juill. 1814, P. 10; 594; 12, 295 (— Attendu que l'huissier est responsable des nullités qui pourraient se trouver dans l'acte d'écrou, que c'est à lui par conséquent à le rédiger en son nom).

351. L'usage à Paris est de relater à la suite du procès-verbal d'arrestation, *et par un seul et même acte*, la remise de la personne du débiteur au greffier de la prison, sa déclaration qu'il s'en charge comme gardien, et la consignation des aliments; — Et le procès-verbal entier est transcrit sur le registre où il est fait mention, ainsi que sur l'original du procès-verbal d'emprisonnement, et sur l'unique copie donnée au débiteur, que le garde du commerce a laissé à ce dernier copie du procès-verbal d'emprisonnement et d'écrou.

La loi ne défend pas ce mode de procéder. Paris, 23 janv. 1808, P. 6, 459; Riom, 25 nov. 1830; Paris, 30 janv. 1833, Dev. 33, 480 ; 34, 22 ; Nanci, 21 août 1838 ; Rouen 1er mars 1843 (Art. 1249 et 2288 J. Pr.). — *Contrà*, Paris, 13 janv. 1842 (Art. 2269 J. Pr.). — Elle se borne à prescrire les énonciations que l'écrou doit contenir, sans en indiquer la forme.

En réunissant ainsi en un seul acte le commencement et la fin d'une seule et même opération, il est moins à craindre de commettre des erreurs. Coin-Delisle, p. 59, n° 63.

352. Si on fait deux actes séparés, la validité du procès-verbal d'emprisonnement n'empêche pas de prononcer la nullité de l'emprisonnement, pour irrégularités commises dans l'acte d'écrou

Ainsi jugé pour omission : — 1° D'une élection de domicile dans l'écrou, quoiqu'elle eût été faite dans le procès-verbal d'emprisonnement. Aix, 23 août 1826, P. 27, 78.

2° De la mention de la remise de la copie du procès-verbal d'emprisonnement au débiteur, dans l'écrou, bien que cette mention eût été faite dans le procès-verbal d'emprisonnement. Nîmes, 29 juill. 1829. — *Contrà*, Agen, 11 juin 1852, D. 54, 5, 187.

3° De la remise de la copie de l'écrou dans le procès-verbal d'écrou. Riom, 28 avril 1808, P. 6, 656.

ART. 6. — *Consignation d'aliments.*

353. Le créancier doit consigner des aliments d'avance et pour trente jours au moins. L. 17 avr. 1832, art. 28.

354. Comment doit-on calculer les trente jours?

La période trigésimale s'entend-elle de trente fois vingt-quatre heures, et se calcule-t-elle par heures de telle sorte que si l'arrestation a eu lieu le 30 août à six heures, la consignation puisse être renouvelée à temps utile, le 29 sept. à la même heure?—Paris, 8 oct. 1834 (Art. 19, J. Pr.). Chauveau sur Carré, n° 2695 *bis.*

La période se compte-t-elle, au contraire, par jours, en sorte que la consignation doive à peine de nullité être renouvelée le trentième jour, quelle qu'ait été l'heure de la confection de l'écrou? Caen, 1er mars 1830 ; Journal des arrêts de Rouen et de Caen, 13, 367 ; Trib. Seine, 1re ch. 7 janv. 1835 ; Paris, 6 déc. 1836 (Art. 818, J. Pr.). Toulouse, 14 nov. 1838, Dev. 40, 775. — *Contrà,* Chauveau, n° 2695 *bis.* (Seine, 5 nov. 1858, 6818).

Nous adoptons ce dernier système : le jour de l'arrivée du débiteur dans la prison doit entrer tout entier dans la supputation de la période pour laquelle il est ordonné au créancier de consigner des aliments.

Jugé à tort, selon nous, que la consignation doit à peine de nullité comprendre les jours écoulés depuis l'arrestation du débiteur jusqu'à la rédaction de l'écrou. Bourges, 26 août 1823, P. 18, 146. — Il est bien entendu que le créancier doit nourrir le débiteur depuis le moment de l'arrestation jusqu'à l'incarcération. — Mais l'obligation de fournir une période d'aliments de trente jours, ne peut commencer qu'à partir de l'incarcération ; — il est vrai que nous autorisons le geôlier pour le premier jour de l'arrestation, à retenir le prix d'une journée de nourriture et de geôlage, quelle que soit l'heure à laquelle le débiteur ait été mis à sa charge ; — mais cette solution est conforme à l'esprit général de la législation ; elle prévient les difficultés d'une fixation exacte des heures.

Jugé, sous la loi du 15 germ. an 6, que la consignation pouvait être utilement renouvelée le trente et unième jour. Rouen, 10 vend. an 14, S. 7, 869. — Mais l'arrêt n'indique pas si la demande en élargissement avait été formée au moment de la consignation.

355. Les consignations pour plus de trente jours ne valent qu'autant qu'elles sont d'une seconde ou de plusieurs périodes de trente jours. L. 17 av. 1832, art. 28.—Mais V. Durand, n° 31.

356. La somme destinée aux aliments est de 45 fr. à Paris ; 40 fr. dans les villes de 100,000 âmes et au-dessus ; 35 fr. dans les autres v. pour chaque période de 30 j. L. 4 mai 1861 (7485 7547).

357. Lorsque le clerc de l'huissier qui a recommandé un débiteur emprisonné, prévient le créancier qu'il devra consigner les aliments dus au débiteur, le 20 ou 22 de chaque mois, l'officier ministériel est-il responsable de l'erreur commise par son clerc, si la consignation devait être faite le 15, et si le défaut de consignation a permis au débiteur d'obtenir sa liberté? — L'affirmative a été jugée à tort selon nous, par la C. de Paris, le 5 avr. 1841 (Art. 1915, J. Pr.). — 17 mars 1854, D. 55, 245.

L'huissier qui a fait une incarcération ou une recommandation, doit-il donc, sous sa responsabilité, prévenir son client, non-seulement de l'acte qu'il vient d'effectuer, mais du jour où il sera nécessaire de renouveler la consignation des aliments? est-ce là une des suites de l'accomplissement du mandat? Comment rendre responsable un huissier de ce que son clerc aurait transmis d'une manière inexacte, mais sans fraude, un renseignement qu'il n'aurait pas été tenu de donner?—V. art. 4464 J. Pr.

358. Le créancier est-il tenu des frais de maladie de son débiteur incarcéré?—Pour l'affirmative on dit : Le créancier incarcérateur doit pourvoir à ce qui est indispensablement nécessaire à l'existence de son débiteur; or, les bouillons et les médicaments sont aussi nécessaires au malade que le pain en état de santé. — Pour la négative on répond : L'obligation imposée au créancier est restreinte par la loi à une somme déterminée sans distinction entre l'état de santé et l'état de maladie. Cass. 17 juill. 1810, S. 10. 370 ; Merlin, *Rép.*, v° *Aliments*, n° 4 ; Berriat, 633, notes 5 et 6, n° 2 ; Pigeau, 2, 476 ; Souquet, tabl. 141, col. 5e, n° 57 ; Coin-Delisle, 59, n° 68. —V. *Indigent*.

359. L'état, et les administrations telles que celles des contributions indirectes, de l'enregistrement et des domaines, des forêts, etc., qui exercent la contrainte par corps contre les comptables et fournisseurs, sont dispensés de la consignation des aliments; les détenus sont alors nourris sur les fonds généraux des prisons, de la même manière que les prisonniers arrêtés à la requête du ministère public. Décr. 4 mars 1808 ; Cass. 12 mai 1835, Dev. 35, 386 ; Duvergier, Lois, 32, 159, note 3.—*Contrà*, Fœlix sur l'art. 28, loi du 17 avr. 1832.

Il n'en est pas de même pour les communes et établissements publics. Coin-Delisle, p. 109, n° 3.

360. Lorsque le trib. ordonne le dépôt du failli dans la maison d'arrêt pour dettes, conformément à l'art. 455 L. 28 mai 1838 (Art. 1160 J. Pr.), celui-ci ne peut demander son élargissement, faute par les syndics de la faillite de consigner des aliments : l'arrestation du failli est ordonnée bien moins dans l'intérêt privé des créanciers, qu'à raison des soupçons de banqueroute simple ou frauduleuse élevés contre le failli. Aussi cette arrestation est décrétée d'office par le trib., et n'a pas lieu, s'il ne croit pas devoir recourir à cette mesure rigoureuse.—V. art. 351.5 J. Pr.

361. La consignation profite aux créanciers recommandants. C. pr. 793.—V. *inf.*, n°s 364 et 368.

362. Mais le créancier incarcérateur peut se pourvoir contre les recommandants devant le trib. du lieu où le débiteur est détenu, à l'effet de les faire contribuer au payement des aliments.

L'assignation peut être donnée, — à bref délai, en vertu d'une ordonnance du président : le cas requiert célérité. Carré, n° 2703; — et au domicile élu dans le procès-verbal de recommandation *Ib.*, n° 2705.

363. La contribution se fait entre les créanciers par portions égales et non au marc le franc des créances. C. pr. 793.

364. Les aliments consignés ne peuvent être retirés, lorsqu'il y a recommandation, que du consentement des recommandants. C. pr. 791.

Lorsqu'un détenu pour dettes s'est évadé par l'effet de circonstances extraordinaires, et qu'ensuite il est arrêté de nouveau à la requête d'autres créanciers, ceux-ci ne peuvent pas être considérés comme des recommandants. Par suite, leur consentement n'est pas nécessaire pour que les premiers incarcérateurs ou recommandants puissent retirer les aliments qu'ils avaient originairement déposés. Paris, 9 janv. 1832, P. 24, 550.'

365. Si le créancier qui a fait incarcérer son débiteur, consent à son élargissement, il peut obtenir du recommandant le remboursement des aliments qu'il a consignés pour le temps qui suit son consentement : dans ce cas, en effet, les frais d'aliments doivent rester uniquement à la charge de ceux qui retiennent le débiteur en prison. Carré, n° 2704.

366. Les aliments consignés par le recommandant peuvent-ils être retirés à l'insu ou sans le consentement du créancier qui a fait procéder à l'emprisonnement? — L'affirmative a été jugée, attendu que les obligations de l'incarcérateur et du recommandant ne sont pas réciproques. Colmar, 27 mars 1817, S. 18, 106; Paris, 2ᵉ ch., 7 janv. 1836 (Art. 305 J. Pr.). — Et, par suite, on a décidé que la consignation d'aliments par le créancier recommandant, dont la recommandation est déclarée nulle, ne profite pas au créancier incarcérateur. Paris, 3ᵉ ch., 24 août 1836 (Art. 505 J. Pr.).

MM. Favard, *hoc v°*, § 4, n° 3; Chauveau, *hoc v°*, n° 164; Coin-Delisle, p. 61, n° 82, adoptent la négative, seulement pour le cas où les aliments ont été consignés par le recommandant contradictoirement avec le créancier incarcérateur.

Mais la consignation volontaire du recommandant équivaut à celle qu'il aurait été contraint de faire en vertu d'un jugement (—V. *sup.*, n° 362), et du moment où les aliments se trouvent simultanément consignés, les consignations contribuent à l'alimentation du débiteur incarcéré. Paris, 2ᵉ ch., 27 févr. 1837 (Art. 715 J. Pr.):

Ainsi, le recommandant qui, désintéressé par le débiteur, veut retirer sa consignation, doit subir la réduction de la part pour laquelle il a dû contribuer aux aliments. *Même arrêt.*

De même les consignations faites en même temps par plusieurs créanciers recommandants, s'appliquent par égale portion aux aliments du débiteur, nonobstant l'imputation que fait le greffier des aliments de telle ou telle période. Cass. 18 août 1836, 19 nov. 1838 (Art. 547 et 1348 J. Pr.).

367. La nullité de l'emprisonnement entraîne la nullité de la consignation faite par l'incarcérateur, et cependant cette consignation profite aux créanciers recommandants, comme l'établissent les art. 791 et 796 C. pr. combinés. Pourquoi donc la nullité de la consignation, quand elle n'est qu'une conséquence de la nullité de la recommandation, pourrait-elle nuire à l'incarcérateur? Les créanciers ne sont obligés qu'à vérifier le fait de la consignation et non le droit de celui qui a consigné. — *Contrà*, Rouen, 30 août 1843 (Art. 2691 J. Pr.).

Art. 7. — *Recommandation.*

368. La recommandation est une opposition mise à la sortie du débiteur incarcéré.

Le débiteur incarcéré peut être recommandé par ceux qui auraient le droit d'exercer contre lui la contrainte par corps. Celui qui est arrêté comme prévenu d'un délit peut aussi être recommandé : il est retenu par l'effet de la recommandation, encore qu'il ait été acquitté du délit, et que son élargissement ait été prononcé. C. pr. 792. — V. toutefois art. 538 et 539, L. 28 mai 1838 (Art. 1160 J. Pr.). Paris, 3 avr. 1845, art. 3100.

369. Le créancier qui a dénoncé son débiteur comme auteur d'un crime ou d'un délit, peut le recommander après qu'il a été arrêté à la requête du ministère public. Toulouse, 16 avr. 1825, D. 26, 8. — A moins que la dénonciation n'ait été faite de mauvaise foi. Cass. 15 juin 1815, S. 20, 123.

370. Les créanciers qui ont recommandé leur débiteur, prévenu d'un délit, ne sont pas forcés de consentir à une mise en liberté provisoire, autorisée, sous caution, par ordonnance de la chambre du conseil. Paris, 1er juin 1810, S. 15, 195; Carré, art. 789; Pigeau, *Comment.*, 2, 477.

371. La recommandation est valablement faite, même après l'obtention, par le débiteur d'un jugement qui ordonne son élargissement, tant qu'il n'a pas mis le geôlier en demeure de lui ouvrir les portes. Caen, 16 juill. 1827, D. 31, 4.

372. On doit observer, pour les recommandations, les mêmes formalités que pour l'emprisonnement. C. pr. 793. — V. toutefois inf., n° 376.

373. Ainsi, il faut : — 1° la signification du jugement qui

prononce la contrainte par corps, avec commandement, par huis
sier commis, porteur d'un pouvoir spécial du créancier (Lyon,
4 sept. 1810, S. 11, 229; Pigeau, 2, 478; Coin-Delisle, p. 59)
—V. *sup.*, n° 210. — Et élection de domicile dans le lieu où siége
le trib. qui a rendu le jugement, si le créancier n'y demeure pas.
C. pr. 780, 793. — V. *sup.*, n° 221.

374. 2° Un jour d'intervalle entre le commandement et la
recommandation : afin de laisser au débiteur le temps de se procurer les moyens d'acquitter la dette pour laquelle on veut prolonger sa captivité. C. pr. 780, 793; Carré, art. 793; Demiau, 482;
Chauveau, n° 20; Coin-Delisle, p. 60, n° 71. — *Contrà*, Cass.
8 pluv. an 13, P. 4, 361.—V d'ailleurs *sup.*, n° 225.

375. 3° Il y a lieu à référé, si le débiteur le requiert, pour
faire valoir les moyens d'opposition contre la recommandation :
il a intérêt à faire cette opposition, afin que rien ne l'empêche de
jouir à l'instant de la liberté, quand viendra le moment de
l'obtenir.

376. Il existe toutefois certaines différences entre la recommandation et l'emprisonnement :

Ainsi, 1° l'huissier n'est point assisté de recors. C. pr. 793.

2° Le recommandant est dispensé de consigner à l'instant des
aliments, s'ils ont été déjà consignés. — V. *sup.*, n°s 361 et suiv.

3° Si le débiteur requiert un référé, il ne peut se faire conduire,
sur sa simple réquisition, devant le président du trib. (— *Contrà*,
Paris, 17 sept. 1829, D. 30, 42.) — Il est alors représenté par un
avoué. Pigeau, 2, 280; Carré, n° 2700; — Ou il déduit ses motifs sur le procès-verbal même : un débiteur emprisonné ne peut
sortir, même sous la garde d'un huissier, sans ordonnance de
justice. Coin-Delisle, p. 60, n° 75.

Jugé néanmoins que le débiteur doit être conduit en personne
devant le président. Paris, 19 sept. 1829, P. 22, 1453.

377. *Quid*, si le débiteur refuse de venir pour recevoir copie
du procès-verbal de recommandation et de l'écrou?—Carré,
n° 2701, pense que, dans ce cas, on peut employer la force armée, de même que s'il y avait résistance lors de l'arrestation. —
Suivant M. Coin-Delisle, p. 60, n° 76, il suffit de constater le
refus du débiteur et de remettre la copie au geôlier. Cette dernière
opinion nous paraît préférable, surtout en cas de maladie du débiteur.

—V. d'ailleurs *inf.*, n°s 458 et suiv.

Il y a beaucoup d'huissiers, dit M. Demiau, p. 482, qui font ces
significations en parlant à la personne du concierge, et se contentent de mentionner que le débiteur appelé n'a pas voulu venir.
Ce mode de procéder paraît à cet auteur entaché d'une nullité
absolue.

ART. 8. — *Officiers chargés de l'exécution de la contrainte par corps.*

378. L'exécution de la contrainte par corps en matière civile et de commerce, est confiée aux huissiers dans les départements, et aux gardes du commerce exclusivement, dans le département de la Seine. Décr. 14 mars 1808, art. 1er. — V. *Garde du commerce* et toutefois Cass. 5 août 1846, art. 3491.

379. L'exécution de la contrainte par corps comprend les recommandations comme les emprisonnements. Arg. C. pr. 159.

Conséquemment les recommandations doivent être faites à Paris, à peine de nullité, par les gardes du commerce, à l'exclusion des huissiers. Coin-Delisle, p. 46, n° 5. — *Contrà*, Pigeau, 2, 280; Merlin, *R.*, v° *Recommandation*, n° 5; Carré, n° 2699. — V. *Huissier.*

ART. 9. — *Demande en nullité de l'emprisonnement.*

380. A défaut d'observation des formalités prescrites pour l'emprisonnement ou pour les recommandations, le débiteur a le droit d'en demander la nullité. C. pr. 794. — Le juge ne peut se dispenser de la prononcer. Lyon, 9 mai 1828, S. 28, 260.

381. Il ne résulte aucune fin de non-recevoir contre cette demande, de l'acquiescement du débiteur. Montpellier, 19 juin 1807, S. 15, 42. — V. *sup.*, n° 59, et *inf.*, n° 428.

Peu importe que le débiteur n'ait fait aucune protestation dans le procès-verbal d'emprisonnement. Rennes, 28 déc. 1814, P. 12, 508; Metz, 30 déc. 1817, P. 14, 552.

382. Aucun délai n'est imparti pour demander la nullité d'un emprisonnement, mais les dommages-intérêts peuvent être modérés, si la demande a été tardivement formée. Bordeaux, 4 août 1840 (Art. 1987 J. Pr.) — Dans l'espèce, il s'était écoulé plus d'un an.

383. Le rejet des moyens du fond n'empêche pas de faire valoir les moyens de forme : l'art. 794 C. pr. accorde, pour ces deux genres de moyens, deux actions distinctes, qui doivent être portées devant des trib. différents (— V. *inf.*, n°s 384 et suiv.); d'où il suit que le jugement rendu sur l'un des deux points n'a aucune influence sur l'autre. Montpellier, 19 juin 1807, P. 6, 161.

384. La demande en nullité de l'emprisonnement, fondée sur des moyens de forme, doit être portée devant le trib. du lieu où le débiteur est détenu. C. pr. 794. — Même lorsque l'emprisonnement est opéré en vertu d'un arrêt infirmatif d'une sentence rendue par ce tribunal. Arg. C. pr. 472; Carré, n° 2708; Coin-Delisle, 62, n° 88. — V. *Appel*, n° 670.

385. Au contraire, si la demande en nullité repose sur des moyens du fond, elle est de la compétence exclusive du juge de l'exécution, c'est-à-dire du trib. ou de la cour qui a rendu la dé-

bision emportant contrainte : la cour ne peut être saisie qu'autant
que la contrainte résulte d'un arrêt infirmatif. Delaporte, 2, 366;
Chauveau sur Carré, n° 2708. — *Contrà*, Carré, *ibid.*

386. Lorsque le jugement est émané d'un trib. de comm., la
demande en nullité doit être portée devant le trib. civil du lieu où
le débiteur est détenu : ce trib. doit être considéré comme celui
de l'exécution. C. pr. 553 et 794 combinés; Carré, n° 2707. —
V. *sup.*, n° 384.

387. La demande en nullité d'un emprisonnement par des
moyens du fond ne doit pas être confondue avec l'exercice des
voies de réformation ou des autres recours contre les décisions qui
ont prononcé la contrainte.

Les principaux moyens du fond sont : — L'extinction de
la créance depuis la condamnation, avant ou après l'incarcération; — la perte du droit de contrainte, soit parce qu'il y a été
renoncé, soit parce que la créance est tombée dans les mains d'un
ascendant ou d'un conjoint, soit enfin parce que le débiteur a atteint sa soixante-dixième année. Pigeau, 2, 283; Carré, n° 2710.

388. Le renvoi pour connexité ne peut être demandé, si ce renvoi doit avoir pour effet de faire juger la validité de l'emprisonnement par un trib. autre que celui du lieu où le débiteur est détenu. Cass. 20 mars 1810, S. 10, 191.

389. Dans tous les cas, la demande *peut* être formée à bref
délai, en vertu de permission du juge, et l'assignation donnée par
huissier commis au domicile élu par l'écrou. C. pr. 795.

390. Toutefois, cette disposition n'est que facultative : le débiteur, s'il le préfère, fait assigner par un huissier de son choix
dans les délais ordinaires. Carré, art. 795; Coin-Delisle, p. 62.

391. Dans le cas où l'assignation est donnée à bref délai, est-
elle valablement remise au domicile élu dans l'écrou sans augmentation, à raison de la distance du domicile réel? — L'affirmative
résulte de la disposition qui exige l'élection de domicile. Elle n'a
d'autre but que de mettre le débiteur à portée de faire statuer
immédiatement sur ses réclamations, et elle deviendrait illusoire
si le débiteur ne pouvait pas citer le créancier à ce même domicile, ou était forcé d'observer d'autres délais que ceux qu'il comporte. Cass. 20 mars 1810, S. 10, 191; Bordeaux, 1er déc. 1831,
Dev. 32, 350; Favard, 1, 690; Chauveau sur Carré, n° 2715;
Pardessus, n° 1522; Coin-Delisle, 62.

392. Peu importe que la demande repose sur des moyens de
forme ou sur des moyens du fond. *Mêmes autorités.*

393. Mais si le débiteur préfère assigner son créancier à son
domicile réel et aux délais ordinaires, il faut alors augmenter les
délais en raison de la distance du domicile au tribunal compétent.
Carré, *ib.*

394. La demande en nullité d'emprisonnement ne peut être

portée en référé devant le président : l'art. 794 C. pr. attribue
compétence au trib. civil. Le président n'est juge, en matière de
référé, que des difficultés qui s'élèvent au moment de l'emprisonnement. Bruxelles, 27 juin 1807, P. 6, 177; Carré, n° 2712.

395. Mais on peut obtenir l'élargissement provisoire du tribunal du lieu de la détention, en attendant le jugement définitif que
le tribunal du lieu de l'exécution doit rendre sur le fond : cela résulte des termes généraux de l'art. 554 C. pr., portant que, si les
difficultés élevées sur l'exécution du jugement requièrent célérité, le tribunal du lieu y statue provisoirement, et renvoie la
connaissance du fond au tribunal de l'exécution. L'emprisonnement est, en effet, un des modes d'exécution du jugement. Pigeau, 2, 328; Carré, n° 2711.

396. La cause doit être jugée sommairement. C. pr. 795; —
sur les conclusions du ministère public. *Ib.*

Le défaut de conclusions du ministère public donne ouverture
à requête civile contre le jugement, qu'il s'agisse d'un Français
ou d'un étranger. Cass. 22 mars 1809, S. 9, 202, Carré, art. 795.

397. En déclarant nul l'emprisonnement d'un individu pour
violation des termes prescrits par la loi, le trib. ne peut subordonner l'exécution de sa décision à la condition que le débiteur
fournira caution. Rennes, 3 fév. 1818, P. 14, 621. — Mais l'appel interjeté par le créancier est suspensif. — Jugé que cette
décision n'est pas susceptible d'exécution provisoire. Toulouse,
5 déc. 1849, D. 51, 212. — V. *sup.* 50.

398. Si l'emprisonnement est déclaré nul, le créancier *peut*
être condamné en des dommages-intérêts envers le débiteur. C.
pr. 799; — même à l'impression et à l'affiche du jugement,
suivant les circonstances. C. pr. 1036; Carré, n° 2725; Dalloz,
P. 712 à la note; Coin-Delisle, P. 63, n° 91.

La disposition de l'art. 799 est facultative : elle abroge l'art. 6,
tit. 3. L. 15 germ. an 6, qui prescrivait des dommages-intérêts
dans tous les cas.

399. La condamnation aux dommages-intérêts peut être prononcée, lors même que la nullité de l'emprisonnement ne tient
qu'à la forme. Carré, Dalloz, *ib.* — *Contrà*, Pardessus, n° 1522.
— Selon le caractère plus ou moins répréhensible de la violation
des formes et la faveur ou la défaveur attachée au débiteur.

Ainsi, on a condamné en 25 fr. de dommages-intérêts un créancier qui avait suppléé au jugement qu'il n'avait pas par une
ordonnance sur requête. Montpellier, 19 juin 1807, S. 15, 42;
— à 100 fr. pour omission dans la copie du jugement de la partie
qui obligeait le créancier à fournir caution. Nîmes, 22 mars
1813, P. 41, 227; — à 300 fr. de dommages-intérêts un créancier qui n'avait pas observé le délai de 24 heures entre la signification d'un arrêt confirmatif et l'emprisonnement. Colmar, 8 août

1808; — Un créancier à la requête duquel le débiteur avait été arrêté avant le lever du soleil, au lieu d'acquiescer au jugement, il avait, par son appel, prolongé, pendant huit mois, la détention illégale. Colmar et non Bruxelles, 31 août 1810, P. 8, 585.

Dans tous ces cas, le vice de forme avait été de nature à induire en erreur le débiteur et à l'empêcher de se mettre sur ses gardes.—V. Lyon, 15 mars 1847 (Art. 3690 J. Pr.)

400. Les dommages-intérêts ont été refusés, — 1° en cas de simple irrégularité, au débiteur qui ne contestait pas la légitimité de la créance, attendu qu'il ne souffrait aucun préjudice, puisque le créancier avait des titres suffisants pour obtenir une arrestation régulière. Florence, 12 août 1809, P. 7, 769.

2° Dans une espèce où le commandement avait été réitéré par un huissier dont la commission était surannée. Rennes, 28 déc. 1814, P. 12, 508. — V. sup., n° 228.

3° Dans une espèce où ni le procès-verbal d'emprisonnement ni l'écrou n'énonçait le domicile du créancier. C. sup. Bruxelles, 25 mai 1822, P. 17, 384. — Les premiers juges avaient annulé l'écrou et prononcé des dommages-intérêts ; le créancier acquiesçait au jugement au chef de la nullité ; mais, en interjetait appel au chef des dommages-intérêts, et le débiteur élargi, au lieu de chercher à s'acquitter, s'était, depuis l'élargissement, soustrait aux recherches du créancier.

4° Dans le cas d'une signification vicieuse, faite à un débiteur qui avait bien connaissance de la procédure, et déclarait qu'il ne payerait pas et ne pourrait jamais payer. Nanci, 23 juill. 1813, P. 11, 576.

5° Dans une espèce où l'individu emprisonné avait négligé de requérir un référé, lors de l'arrestation, pour faire constater qu'il n'était pas le débiteur, et où l'erreur de l'huissier pouvait être justifiée par les circonstances. Paris, 19 janv. 1808, S. 8, 55 ; Berriat, 784, note 52.

401. La nullité de l'emprisonnement, pour quelque cause qu'elle soit prononcée (excepté pour défaut d'aliments, — V. inf., n° 432), n'entraîne point la nullité des recommandations, C. pr. 796, — faites par d'autres créanciers, — même depuis la demande en nullité. Caen, 16 juill. 1827, P. 21, 623 ; Pigeau, 2, 330 ; Carré, n° 2718.

Mais les recommandations faites par le même créancier, avant le jugement sur la demande en nullité, sont nulles, il ne peut invoquer l'art. 796 C. pr.; le but de cet article a été uniquement d'empêcher le recommandant d'être victime de la nullité d'un emprisonnement qui n'était pas son ouvrage ; or, ce motif n'existe plus lorsque l'emprisonnement et la recommandation ont été faits à la requête du même individu. Il impliquerait, dans ce cas, contradiction que les recommandations ne suivissent pas le sort de l'emprisonnement. Ce serait permettre à un créancier de faire arrêter illégalement un débiteur, sauf à le faire recommander ensuite d'une manière régulière. Colmar, 31 août 1810, P. 8, 585 ; Limoges, 26 mai 1823, S. 23, 272 ; Carré, n° 2717 ; Coin-Delisle, P. 61, n° 79. — *Contrà*, Berriat, 785, note.

La recommandation avait été faite en vertu de la même créance dans la première espèce, et en vertu d'un autre titre dans la seconde. — V. toutefois *inf.*, n° 403.

402. Le débiteur dont l'emprisonnement est déclaré nul, ne peut être *arrêté* pour la même dette qu'un jour au moins après sa sortie. C. pr. 797. — V. *sup.*, n° 292 et suiv.

403. Les expressions de cet article semblent ne s'appliquer qu'au détenu qui obtient sa *sortie ;* le mot *arrêté* suppose que le débiteur n'est plus en prison. — D'où l'on a conclu que, s'il existe des recommandations au moment où le jugement de mainlevée va recevoir son exécution, le créancier incarcérateur peut, *pour la même créance*, réparer l'irrégularité de cet emprisonnement par une *recommandation* immédiate, et sans observer l'intervalle d'un jour. Carré, n° 2719 ; Dalloz, *hoc verbo*, p. 810, note 2. — V. d'ailleurs motifs du trib. de Riom, 27 juill. 1837 (Art. 1055 J. Pr.). — V. Paris, 8 mai 1856 (6153).

Au contraire, suivant M. Coin-Delisle, P. 64, n° 95. le créancier est privé du droit de faire une recommandation pour la même créance, tant que les recommandations subsistent ; il faut qu'un jour se soit écoulé depuis la sortie du débiteur : D'après l'art. 792, le débiteur ne peut être recommandé que par ceux qui ont contre lui le droit d'exercer la contrainte : or, l'art. 797 refuse au créancier, dont l'écrou a été annulé, le droit d'arrêter le débiteur, si ce n'est après un jour d'intervalle : donc, refuser le droit d'arrestation, c'est refuser l'exercice de la contrainte par corps, et par conséquent le droit de recommandation.

Quant à nous, nous pensons, avec M. Thomine, n° 929, que la recommandation immédiate, pour la même créance, doit être refusée. — Mais il nous semble, et telle paraît être l'opinion de M. Thomine, qu'il suffit d'empêcher le créancier de faire aucune recommandation pour la même créance, pendant un jour franc après celui où le débiteur pourrait, à son égard, être libre de sortir de prison, s'il n'était retenu pour d'autres causes : En effet, si le créancier incarcérant eût été seul, un jour après la sortie du débiteur, il aurait pu exercer de nouveau, pour la même dette, la contrainte par corps. Or, il n'est pas juste que l'existence des recommandations faites par d'autres créanciers rende sa condition pire et paralyse son droit indéfiniment.

L'art. 797 C. pr. ne s'oppose pas à ce que le créancier exerce immédiatement la contrainte par corps pour une autre cause, —

soit par voie d'arrestation ; — soit par voie de recommandation. Toulouse, 12 janv. 1825, S. 25, 413 ; Caen, 16 juill. 1827, P. 21, 623.

Les motifs qui dans l'application de l'art. 796 nous font déclarer nulle la recommandation faite, pour une autre créance, par le créancier incarcérateur, avant le jugement qui annule l'incarcération ne se reproduisent pas pour l'art. 797.

404. Le délai de l'art. 797 est d'un jour franc.

Doit-il être augmenté à raison de la distance de la prison au domicile du débiteur, afin qu'il ait le temps de chercher les moyens de payer et de prévenir un nouvel emprisonnement ? — Oui, suivant Pigeau, 2, 284, Carré, n° 2720. — Nous croyons, au contraire, que la loi a fait assez en accordant au débiteur le même temps qu'entre le commandement et l'arrestation. Dalloz, p. 815, à la note ; Coin-Delisle, p. 64, n° 93.

405. La signification de l'appel interjeté par le débiteur du jugement qui l'a débouté de sa demande en nullité de l'emprisonnement, est, comme l'assignation devant le trib. de 1re inst., valablement faite au domicile élu par le créancier dans la commune où le débiteur est détenu. Il y a même raison de décider. Bordeaux, 1er déc. 1831, Bourges, 22 juill. 1856, Dev. 56, 631.

Art. 10. — *De l'élargissement du débiteur.*

406. Le débiteur peut obtenir son élargissement provisoire au moment où il forme sa demande en nullité de l'emprisonnement, et durant l'intervalle qui s'écoule jusqu'au jugement, en consignant entre les mains du geôlier de la prison les causes de son emprisonnement et les frais de capture. C. pr. 798.

407. Les causes de l'emprisonnement et frais de capture comprennent le principal de la créance, les intérêts échus, les frais de l'instance, ceux de l'expédition et de la signification du jugement et des arrêts, s'il y a lieu, enfin ceux de l'exécution relative à la contrainte par corps seulement. Arg. C. civ. 800 ; L. 17 avr. 1832, art. 23. — Le créancier, en accordant des tempéraments au débiteur, peut exiger l'imputation des premiers payements sur les frais. La commission a rejeté une proposition contraire de M. Jacquinot Pampelune.

408. Cette consignation n'est indispensable que pour obtenir l'élargissement avant qu'il ait été statué sur la demande en nullité. Si la nullité est prononcée, le débiteur doit être mis en liberté, quoiqu'il n'ait fait aucune consignation. — Dans l'opinion contraire, on argumente de la place qu'occupe l'art. 798 ; — mais ce serait autoriser le débiteur à former une demande dont il ne tirerait aucun avantage, puisqu'en consignant le montant de la dette et des frais il obtiendrait sa liberté : d'ailleurs, l'art. 797 décide que le débiteur dont l'incarcération a été annulée, ne peut être arrêté de nouveau qu'un jour après sa sortie. Berriat, 635 note 33, Pigeau, 2, 331 ; Carré, art. 798.

409. Si l'emprisonnement est annulé, la consignation doit-elle être restituée au débiteur?

Pour la négative on dit : L'art. 812 du projet contenant une disposition dans ce sens, fut supprimé lors de la discussion, et remplacé par l'art. 799, sur les observations des Cours de Dijon et d'Agen, conformes à la doctrine de Faber, qu'il serait trop dur de forcer un créancier à rendre une somme à laquelle il a un droit légitime, et qu'il valait mieux réserver au débiteur des dommages-intérêts à raison de la nullité de l'exécution. Le débiteur ne serait admis à retirer sa consignation qu'autant que la nullité de l'emprisonnement aurait été prononcée pour extinction de la créance. Berriat, *ib.* ; Carré et Chauveau, n° 2722 ; Ginouvier, p. 148.

Mais on répond : La consignation, dans le cas de l'art. 798, n'a pour objet, ni de reconnaître la dette, ni de l'acquitter, mais bien de garantir que le débiteur se représentera, si la nullité n'est pas prononcée. Le geôlier ne reçoit pas la somme consignée comme mandataire du créancier, et ne peut se permettre de la lui verser sans le consentement du détenu, ou sans un jugement qui l'ordonne. Pardessus, n° 1522 ; Thomine, n° 931 ; Coin-Delisle, n°s 62, 90. — V. toutefois *inf.*, n° 420.

Si l'emprisonnement est maintenu, le débiteur peut encore obtenir la restitution de la somme consignée en se représentant. — Mais lorsqu'il ne se représente pas, le créancier a droit de se faire adjuger cette somme.

410. Le tribunal, en statuant sur la demande en nullité, ordonne que la somme soit remise à qui de droit. — V. *sup.* n° 409.

411. Le tribunal a-t-il le droit — d'accorder au débiteur qui demande la nullité de son emprisonnement, l'autorisation de prendre au greffe communication des pièces et d'assister à l'audience, sous la garde d'un huissier? — V. *inf.*, n°s 460 et 461.

412. Le débiteur incarcéré a-t-il le droit, en interjetant appel du jugement qui a prononcé la contrainte par corps, d'obtenir son élargissement jusqu'à ce qu'il ait été statué par la Cour? — V. *sup.*, n°s 49 et suiv.

413. Lors même que la contrainte a été prononcée pour dette commerciale, le débiteur obtient son élargissement provisoire, en payant ou consignant le tiers du principal de la dette et de ses accessoires, et en donnant pour le surplus une caution acceptée par le créancier, ou reçue par le trib. civ. dans le ressort duquel le débiteur est détenu. L. 17 avril 1832, art. 24. — V. d'ailleurs *ib.*, art. 34 et 39. — Loi de 1848, art. 6.

414. Les à-comptes donnés par le débiteur, depuis le jugement de condamnation, ne sont pas imputés sur le tiers libératoire

(— *Contrà*, Fournel, note 8), mais ils réduisent d'autant le capital de la dette et il suffit de payer ou de consigner le tiers de la dette ainsi réduite. Coin-Delisle, P. 106, n° 3. Troplong, 565.

415. Par *accessoires* on ne doit pas entendre les frais relatifs à des exécutions autres que la contrainte par corps. Coin-Delisle, P. 106, n° 4. — Mais bien les frais des procès que le débiteur a suscités par des demandes mal fondées, relativement à la créance pour raison de laquelle a eu lieu l'emprisonnement.

416. La caution est tenue de s'obliger solidairement avec le débiteur à payer, dans un délai qui ne peut excéder une année, les deux tiers qui restent dus. *Ib.*, art. 25. Loi 1848, art. 6.

417. A l'expiration de ce délai, le créancier, s'il n'est pas intégralement payé, exerce de nouveau la contrainte par corps contre le débiteur principal, sans préjudice de ses droits contre la caution. *Ib.*, art. 26. Loi de 1848, art. 6 ; Durand, n° 49.

418. Le débiteur légalement incarcéré obtient son élargissement, 1° par le consentement du créancier qui l'a fait incarcérer, et des recommandants, s'il y en a. C. pr. 800.

419. Ce consentement peut être donné, soit devant notaire, soit sur le registre d'écrou. C. p. 801 ; — Soit devant le juge, soit au trib. de paix. Carré, n° 2740 ; — Soit à la suite d'une sommation faite aux créanciers par un huissier. Carré, *ib.*

Si le consentement a été donné par acte sous seing privé, ou par lettre missive, le geôlier n'est pas tenu de relaxer immédiatement le débiteur. Ce dernier doit se pourvoir devant les tribunaux compétents pour faire ordonner son élargissement, contradictoirement avec le créancier ; — à moins que le directeur de la prison, connaissant l'écriture et la signature du créancier, ne consente à opérer l'élargissement. De Belleyme, formules 1, p. 539.

Le consentement peut être donné par un mandataire muni d'une procuration spéciale et authentique. Le geôlier a le droit d'exiger qu'elle soit annexée à son registre, comme il le peut pour le consentement donné directement par acte authentique. Carré, *ib.*

420. 2° Par le payement ou la consignation des sommes dues tant au créancier qui a fait emprisonner, qu'au recommandant, des intérêts échus, des frais liquidés, de ceux d'emprisonnement et des aliments consignés. C. pr. 800. — V. *sup.*, n°s 406 et 413.

421. La consignation faite par le débiteur, au cas de refus de la part du créancier, doit être intégrale, pure, simple, et sans condition. Cass. 27 fév. 1807. — Elle a lieu entre les mains du geôlier. Seine, 23 juill. 1853, D. 54, 3, 7.

Le geôlier ne peut être juge que de la conformité de la somme déposée avec son registre d'écrou : toute différence nécessiterait une instance.

422. Le débiteur n'est pas tenu d'offrir une somme quelconque pour les frais non liquidés. Carré, n° 2730 ; — Ni même parmi les frais liquidés pour ceux relatifs à d'autres exécutions que la contrainte par corps. L. 17 avr. 1832, art. 23.

423. La consignation a lieu entre les mains du geôlier, sans qu'il soit besoin de la faire ordonner. C. pr. 802 ; — Ni de faire préalablement des offres réelles : autrement l'élargissement serait retardé contre le vœu de la loi. Carré, n° 2741. Coin-Delisle, 103, n° 100.

424. Si le geôlier refuse, il est assigné à bref délai devant le trib. du lieu de la détention, en vertu de permission. C. pr. 802.

L'assignation est donnée par huissier commis. *Ib.*

425. La loi n'impose pas au débiteur l'obligation d'appeler son créancier sur cette assignation ; mais comme le geôlier ne peut avoir d'autre motif de refuser la consignation que la crainte de s'exposer à une action de la part du créancier, au cas où la consignation ne serait pas suffisante, il est plus prudent de le mettre en cause. Carré, n° 2742 ; Berriat, 640, note.

426. Si le créancier est mis en cause, il ne peut demander son renvoi devant le tribunal de l'exécution, sous le prétexte que la question de validité des offres est une question du fond à laquelle s'applique l'art. 794. Ce dernier art. ne statue qu'en matière de nullité d'emprisonnement, et il s'agit ici d'élargissement ; l'art. 802 attribue compétence au trib. du lieu de la détention. Pigeau, 2, 488 ; Chauveau sur Carré, n° 2742.

427. Si le geôlier ne conteste pas la consignation, il peut élargir de suite le débiteur, sans attendre le consentement du créancier. Thomine, 298 ; Demiau, Carré, art. 800.

428. La somme consignée est remise au créancier, s'il l'accepte. — *Contrà*, Carré, n° 2743 et 2744 ; — Ou bien elle est déposée par le geôlier à la caisse des consignations, si l'acceptation du créancier n'a pas eu lieu dans les 24 heures. Arg. Ordonn. 3 juill. 1816, art. 2, n° 4.

Toutefois, lorsque le débiteur a été incarcéré en vertu d'un jugement de 1re inst., exécutoire par provision, la consignation qu'il fait comme contraint et forcé, pour obtenir sa liberté et sous la réserve de ses droits, n'emporte pas de sa part reconnaissance de la dette. Cass. 4 mai 1818, S. 18, 288.

429. Le débiteur, mis en liberté du consentement du créancier, ne peut être réincarcéré pour la même dette, à moins qu'il ne soit intervenu à ce sujet une convention expresse ; il ne suffit pas que le créancier s'en soit réservé la faculté dans la mainlevée de l'écrou, si rien ne prouve que le débiteur ait connu cette réserve et l'ait acceptée. Paris, 30 janv. 1854, D. 55, 179.

430. 3° En matière civile, par le bénéfice de la *cession de biens*. C. pr. 800. — V. ce mot.

Il ne suffit pas que le débiteur ait offert la cession, il faut qu'elle ait été admise par le trib. Cass. 23 fév. 1807, P. 5, 691 ; Tho mine, 2, 382. — Il faut en outre que le débiteur ait réitéré sa cession. D. 10, 597 ; Berriat, p. 638, note 42 ; Carré, art. 800, n° 2733 ; Pigeau, 2, 362. — Sauf le droit des trib. d'ordonner un sursis. Arg. C. pr. 900. Grenoble, 22 mai 1834, D. 34, 208. — V. *Ib*., n°⁸ 33 et 50.

Le débiteur étranger n'est pas admis à la cession de biens ; on ne pourrait contrôler la fidélité de son abandon. C. pr. 905. Ordonnance de 1673, tit. 10, art. 2. — Cette disposition, sous l'ancien droit était réciproque, et le Français ne pouvait jouir contre l'étranger du bénéfice de cession. Arrêts des 18 avr. 1516, 3 déc. 1592, et 17 août 1598.

431. 4° En cas de *faillite*, s'il est déclaré excusable, à moins qu'il ne se trouve dans un cas d'exception prévu par les lois spéciales. L. 28 mai 1838, art. 539 (Art. 1160 J. Pr.). — V. ce mot.

Cet affranchissement n'existe qu'à l'égard des créanciers de la faillite : les dettes nouvelles que le failli aurait contractées demeurent sous l'empire du droit commun. — V. C. pr. 905 ; C. com. 540 ; Renouard, *Faillite*, sur l'art. 539. — 5266.

432. 5° A défaut par les créanciers d'avoir consigné d'avance les aliments. C. pr. 800. — V. *sup.*, n° 353.

Le détenu dont la consignation mensuelle d'aliments a été opérée d'après la quotité fixée par la loi du 15 germ. an 6, et dans le mois de la promulgation de la loi du 17 avr. 1832, a du être élargi pour cause d'insuffisance d'aliments, si cette consignation n'a point été complétée à l'expiration de ce mois d'après le taux fixé par les art. 28 et 29 de cette même loi. Paris, 13 sept. 1832, P. 1832, 3, 217.

433. Le créancier incarcérateur qui transporte sa créance, a, jusqu'à la signification du transport au débiteur emprisonné, qualité pour faire en son nom la consignation des aliments. Paris, 15 oct. 1829, P. 1829, 3, 459.

Mais, en cas de décès d'un créancier qui a fait emprisonner son débiteur, l'huissier qui a procédé à l'emprisonnement est sans qualité pour faire, en son nom personnel, la consignation des aliments du détenu : — En conséquence, est nulle la consignation faite par cet huissier en son nom, et dans son intérêt personnel, encore bien que pour ses frais et avances il soit créancier de la succession, si d'ailleurs il n'a pas même déclaré qu'il agissait comme créancier de la succession. Paris, 17 mars 1826, D. 26, 239.

434. Au reste, la consignation d'aliments est valablement faite par un tiers sans pouvoir spécial du créancier ; il suffit qu'elle ait lieu au nom du créancier et avec son assentiment : elle n'est qu'une condition imposée au créancier qui veut retenir son débiteur en prison, elle ne doit pas être assimilée à l'emprisonnement, pour lequel un huissier a besoin d'un pouvoir spécial. Bruxelles, 6 juin 1821; P. 16, 656; Limoges, 3 sept. 1835 Art. 453 J. Pr.); Chauveau sur Carré, n° 2695 *ter*.

435. L'élargissement faute de consignation d'aliments est ordonné sur le certificat de non-consignation délivré par le geôlier, et annexé à la requête présentée au président du trib. (Civil. Paris, 26 avr. 1853, 5509); — sans sommat. préal. C. pr. 803.

436. Il peut être prononcé sur-le-champ par le président, sur le vu du certificat du geôlier, et hors la présence des créanciers. La dispense d'assigner les créanciers résulte de ce que l'ordonnance du président est rendue sur requête. Carré, n° 2745; Pigeau, 2, 333; Berriat, 2, 640; Thomine, art. 803.—*Contrà*, Demiau, 485.

437. Il suffit que la requête soit signée par le débiteur détenu et par le gardien de la maison d'arrêt pour dettes, ou même certifiée véritable par le gardien, si le détenu ne sait pas signer, L. 17 avr. 1832, art. 30.

Elle doit être présentée en duplicata : l'ordonnance du président, aussi rendue en duplicata, est exécutée sur l'une des minutes qui reste entre les mains du gardien; l'autre minute est déposée au greffe du trib. et enregistrée gratis. *Ib.*

438. Cet article dispense le détenu du ministère d'un avoué: mais, du reste, il ne déroge pas à l'art. 803 du C. pr., qui prescrit la production d'un certificat de non-consignation. *Rapport de M. Portalis à la ch. des pairs*, séance du 22 déc. 1831.

439. La communication au ministère public, prescrite pour les demandes en élargissement (C. pr. 805) portées devant le trib., paraît ici superflue; elle est d'usage à Paris. Coin-Delisle, p. 110, n° 1.

440. Cependant, si le créancier en retard de consigner les aliments, fait la consignation avant que le débiteur ait formé sa demande en élargissement, cette demande n'est plus recevable (C. pr. 803), quand même il aurait requis et obtenu le certificat du geôlier constatant le défaut de consignation. Arg. Cass. 28 août 1821, S. 22, 133; Carré, art. 803; Berriat, 640, note 53. Coin-Delisle, p. 110, n° 2.—V. art. 3054 et 3571 J. Pr.

Le créancier se hâtera d'assigner en référé devant le président, afin que le débiteur ne fasse pas usage du certificat.

441. Mais, dès que la requête a été présentée au président, le droit d'être élargi est acquis au détenu, et le créancier ne peut y mettre obstacle en consignant des aliments avant la délivrance de l'ordonnance du président. Peu importe que cette requête ne lui ait pas été notifiée. Douai, 1er sept. 1824, S. 25, 177; Rouen,

7 avr. 1827; Nanci, 18 mai 1829, S. 29, 212; Paris, 18 juin 1836; Rej. 15 janv. 1845 (446, 3054).

442. Si la requête et la consignation sont du même jour, c'est au créancier à prouver l'antériorité de la consignation. Toulouse, 15 mars 1828, S. 28, 209; Thomine, 2, 387; Chauveau, nᵗ 2746.— *Contrà*, Carré, *ib.* — V. *Date*, n° 22.

443. L'ordonnance de mise en liberté pour défaut de consignation d'aliments, rendue par le président, doit être attaquée par voie d'appel et non par voie d'opposition devant le trib. de 1ʳᵉ inst. Toulouse, 30 nov. 1836 (Art. 794 J. Pr.).

L'incompétence du trib. peut être proposée pour la première fois en appel. *Même arrêt.*

444. Le débiteur élargi faute de consignation d'aliments ne peut plus être *incarcéré* (ni recommandé. Montpellier, 17 août 1827, S. 28, 15) pour la même dette. L. 17 avr. 1832, art. 31 — Cet article déroge à l'art. 804 C. pr., qui autorisait, dans ce cas, le créancier à faire emprisonner son débiteur, en lui remboursant les frais par lui faits pour obtenir son élargissement, ou en les consignant, à son refus, entre les mains du greffier, et en consignant aussi d'avance six mois d'aliments, sans être tenu de recommencer les formalités préalables à l'emprisonnement, s'il avait lieu dans l'année du commandement.— V. art. 3274.

445. La consignation, ou du moins le soin d'y veiller, est une obligation commune au créancier incarcérateur et aux recommandants. Coin-Delisle, 110, n° 3. — *Contrà*, Fœlix, sur l'art. 31.

Les créanciers recommandants n'ont aucune action en dommages-intérêts contre le créancier incarcérateur qui a laissé prononcer l'élargissement du débiteur, faute d'avoir consigné des aliments suffisants. Aucune loi, en effet, n'oblige ce créancier à faire l'incarcération dans tout autre intérêt que le sien propre, et, s'il peut renoncer à l'emprisonnement par un acte exprès, il peut également le faire tacitement, en cessant de consigner. Carré, Demiau, art. 804.

Toutefois, si le créancier incarcérateur a obtenu de faire contribuer le recommandant au payement des aliments (— V. *sup.*, n° 362), il ne saurait cesser de consigner sa part sans en prévenir le recommandant.

446. 6° Si le débiteur a commencé sa 70ᵉ année, et si, dans ce dernier cas, il n'est pas stellionataire. C. pr. 800.

Cette faveur accordée à la vieillesse s'applique aux étrangers comme aux Français, en matière civile ou commerciale. L. 17 avr. 1832, art. 6, 12, 18.

447. Le septuagénaire doit faire signifier son acte de naissance ou autre preuve de son âge aux créanciers, et, si ceux-ci refusent l'élargissement, les assigner. — V. d'ailleurs *Référé*.

448. Le geôlier n'est pas juge de la validité de l'acte qui lui est présenté par le débiteur : il ne peut l'élargir qu'en vertu d'un jugement ou du consentement de ses créanciers. Carré, n° 2736.

449. 7° Si, depuis l'emprisonnement, le créancier est devenu l'allié du débiteur au degré prévu par l'art. 19 L. 17 avr. 1832. — V. d'ailleurs *sup.*, n°⁵ 116 et 122.

450. 8° Par l'expiration du temps fixé par le jugement pour la durée de l'emprisonnement. — V. *sup.*, n°ˢ 450 et 470.

451. Cet élargissement a lieu de plein droit ; le gardien doit relaxer le débiteur sur le vu du dispositif du jugement transcrit sur son registre.

452. Le débiteur ne peut plus être arrêté ni détenu pour dettes contractées antérieurement à son arrestation, et échues au moment de son élargissement, à moins que ces dettes n'entraînent, par leur nature et leur quotité, une contrainte plus longue que celle qu'il a subie, et qui, dans ce dernier cas, lui est toujours comptée pour la durée de la nouvelle incarcération. L. 17 avr. 1832, art. 27. — V. Durand, n° 124 et toutefois art. 3408.

453. La demande en élargissement est portée au tribunal dans le ressort duquel le débiteur est détenu. — V. toutefois *sup.*, n°ˢ 385 et 435.

454. Elle est formée à bref délai, au domicile élu par l'écrou, en vertu de la permission du juge, sur requête présentée à cet effet, communiquée au ministère public, et jugée, sans instruction, à la première audience, préférablement à toutes autres causes, sans remise ni tour de rôle. C. pr. 805.

455. Elle doit être communiquée, non-seulement au créancier qui a fait exécuter la contrainte, mais encore à ceux qui ont fait des recommandations : en effet, l'art. 793 assujettit les recommandations, comme les emprisonnements, à l'élection de domicile dans l'écrou. (— V. *sup.*, n° 372) ; Carré, art. 805 ; Berriat, 639, note 47.

456. Le juge n'est pas tenu de commettre un huissier pour l'assignation à fin d'élargissement : cependant il est plus convenable qu'il prenne cette précaution, pour éviter toute surprise. Carré, *ib.* — Tel est, d'ailleurs, l'usage pour les assignations données en vertu d'ordonnance sur requête.

Lorsque l'ajournement sur l'appel d'un jugement qui maintient l'emprisonnement d'un débiteur, a été donné *à bref délai*, en vertu de la permission du juge, il n'y a pas lieu d'ajouter un jour par trois myriamètres de distance entre le domicile élu et le domicile réel du créancier : ici ne s'applique pas l'art. 1033 C. pr., autrement, le but que la loi s'est proposé en exigeant une élection de domicile dans ce cas serait manqué. Paris, 28 fév. 1807, Bordeaux, 1ᵉʳ déc. 1831 ; D. 32, 54.

457. Les formalités prescrites par l'art. 805 s'appliquent à tous les cas où il se présente quelque obstacle à la mise en liberté du débiteur. Elles constituent la procédure ordinaire en cette matière, et l'on ne peut s'en écarter qu'autant que la loi a fait une exception spéciale pour un cas déterminé. Carré, art. 805; Berriat 639, note 50.

458. La question de savoir s'il doit être permis au débiteur de sortir momentanément de la prison avec telle ou telle précaution, a été résolue diversement par les cours royales.

459. Ainsi, l'élargissement provisoire sous caution, relativement aux créanciers recommandants, a été refusée à des débiteurs arrêtés sous la prévention d'un délit, malgré l'ordonnance du directeur du jury qui avait accordé à l'un d'eux sa liberté provisoire pendant deux mois avec caution. — Attendu que les créanciers ne sont obligés, dans aucun cas, à consentir l'élargissement de leur débiteur sous caution. Paris, 1er juin 1810, P. 8, 348; — Et quoique l'autre eût été reconnu innocent, et demandât la liberté provisoire afin de poursuivre une liquidation considérable. Paris, 26 fév. 1819, S. 19, 196.

460. On a refusé l'extraction provisoire sous la garde d'un huissier à un prisonnier pour dettes qui voulait lui-même plaider sa cause; dans l'espèce le débiteur avait un grand nombre d'affaires. Paris, 24 mai 1813, P. 11, 405.

461. Mais on a permis à un débiteur incarcéré de prendre personnellement, au greffe du tribunal, communication de pièces qui y étaient déposées, et de venir expliquer lui-même à l'audience les faits de sa demande en nullité d'emprisonnement, sous la garde d'huissiers qui devaient le réintégrer dans sa prison et à la charge de donner caution. Bruxelles, 25 août 1807, P. 6, 281; Paris, 1838, aff. Marsilly; Pigeau, 2, 304; Carré, art. 798; Berriat, 785. — Dans ce cas, l'extraction du débiteur est constatée par un procès-verbal, ainsi que son séjour hors de la prison et sa réintégration.

462. Cette décision ne doit pas être étendue à tous les cas où le débiteur, ayant un procès, voudrait user de la faculté que la loi donne à chacun de plaider sa cause soi-même : ce serait exagérer la liberté de la défense. Coin-Delisle, 67, n° 109. — *Contrà*, Carré, n° 2723, Dalloz, 815, note 4. — V. *sup.*, n° 460.

463. L'élargissement provisoire ne peut, en général, être permis que dans les cas où il est nécessaire. — Par exemple, lorsque le débiteur est appelé comme témoin; — lorsqu'il veut se marier; — lorsqu'il s'agit de faire une reconnaissance ou une vérification (à des scellés, à des inventaires, etc.) qu'il ne peut pas faire faire par un tiers. Coin-Delisle, 67, n° 109. — V. d'ailleurs *inf.*, n° 466.

464. Lorsqu'un débiteur demande sa translation d'une maison d'arrêt dans une autre, le trib. peut-il l'ordonner malgré l'opposition des créanciers ? Tours, 12 juin 1856 (6360).

Il paraît juste d'autoriser cette translation, par exemple, en cas d'épidémie. Trib. Seine, 6 avr. 1832; — Ou quand les relations de famille et d'affaires du débiteur, dans le lieu qu'il indique, lui procureront plus de ressources pour désintéresser ses créanciers; — On ne saurait opposer 1° que la détention du débiteur dans une prison éloignée de son domicile, étrangère à son arrondissement, étant plus pénible, il sera disposé à plus d'efforts pour se libérer; — 2° Ni invoquer le danger de l'évasion, si le débiteur offre de se livrer à tous les moyens propres à donner sur ce point toute sécurité aux créanciers.—Agen, 4 déc. 1830, Dev. 32, 43; 16 nov. 1836 (Art. 691 J. Pr.); Chauveau sur Carré, n° 2683 bis. — Peu importe, enfin, que le débiteur ait ou non son domicile dans la commune où il demande à être transféré.

Toutefois, cette autorisation a été refusée au général Brossard qui demandait à être conduit de la prison de Perpignan dans celle de Sainte-Pélagie à Paris, bien qu'il n'eût pas son domicile dans l'arrondissement de la Seine. Montpellier, 31 juill. 1839 (Art. 1493 J. Pr.); le débiteur offrait de supporter les frais de sa translation, et de faire le voyage en poste, accompagné d'un officier de gendarmerie.

Ce refus a été motivé : 1° Sur ce que le débiteur pouvait surveiller ses affaires quoiqu'à une distance fort éloignée; — 2° Sur ce que la surveillance par un officier de gendarmerie serait insuffisante, parce que ce dernier ne serait pas responsable, comme un officier ministériel, de l'évasion du débiteur.

465. Les créanciers, qui restent étrangers à la translation, ne sont pas tenus de faire une nouvelle élection de domicile sur le second écrou; et le débiteur n'est pas fondé à demander pour ce motif son élargissement. Agen, 22 fév. 1837 (Art. 1350 J. Pr.).

466. Le débiteur, s'il est atteint d'une maladie qui met sa vie en danger, peut, en donnant caution, obtenir sa translation dans une maison de santé : c'est même l'intérêt bien entendu du créancier, puisque l'espoir d'un remboursement dépend de l'existence du débiteur. Paris, 4 mai 1812, P. 10, 366; 7 janv. 1814, S. 14, 303.

La translation est autorisée par le trib. contradictoirement avec les créanciers, et non par le juge des référés, à moins d'extrême urgence. Telle était l'ancienne jurisprudence. Pigeau, 2, p. 335; de Belleyme, p. 541.

Les créanciers peuvent, dans ce cas, préposer à la garde du débiteur, mais à leurs frais, telle personne qu'ils avisent. Paris, 4 mai 1812; — et, lorsqu'ils le jugent nécessaire, faire procé-

der à la visite du débiteur pour constater l'état d'une amélioration de sa santé. *Même arrêt.*

Quelquefois on accorde la translation dans une maison de santé
sans caution. Coin-Delisle, n° 109.

467. Le débiteur peut-il être autorisé à se faire soigner dans
sa propre maison, s'il offre caution de se représenter ? — Pour
l'affirmative on invoque un arrêt du Parlement de Paris, du 12
juin 1762, qui l'a ainsi décidé. M. l'avocat-général Séguier ob-
serva que l'élargissement provisoire eût dû avoir lieu même sans
l'offre de donner caution, parce que la conservation d'un citoyen
est au-dessus de l'intérêt privé d'un créancier. — M. Carré,
n° 2723, exige une caution ; — M. Pigeau se contente de la simple
caution juratoire du débiteur, lorsque ce dernier n'est pas en état
de se faire soigner dans une maison de santé. — Mais la translation
du débiteur dans son propre domicile a été refusée avec raison par
la C. de Paris, le 7 janv. 1814 ; S. 14, 303 : l'arrêt de 1762 a
été rendu sous une jurisprudence où la contrainte par corps était
perpétuelle. Coin-Delisle, 67, n° 109.

§ 9. — *Questions transitoires.*

468. Les débiteurs mis en liberté par suite du décret du 9 mars
1848, et à l'égard desquels la contrainte par corps a été maintenue
ont pu être réincarcérés. Loi 1848, art. 13.

Mais les débiteurs contre lesquels la contrainte n'a pas été maintenue ont été définitivement libres. — Ainsi le fermier qui s'était
soumis à la contrainte pour le paiement de ses fermages et qui a été
relaxé en exécution du décret, n'a pas pu être réintégré : ce cas de
contrainte est maintenant aboli. — V. *sup,* n° 92.

469. La nouvelle incarcération doit être précédée d'une mise en
demeure, à la requête du créancier. *Ib.* art. 13.

Une simple sommation annonçant l'intention du créancier d'user
du bénéfice de l'art. 13 suffit. — Un commandement n'est pas nécessaire. La loi n'exige pas que l'huissier instrumentaire soit commis.
On a voulu économiser les frais. Durand, n° 114.

470. Un intervalle de huit jours doit avoir lieu entre la mise en
demeure et l'incarcération. Art. 13. — Ces huit jours sont francs.
Durand, *ib.*

471. L'arrestation doit être constatée par un nouveau procès-
verbal d'emprisonnement ; et l'incarcération par un nouvel acte
d'écrou. Arg. art. 13. Durand, n° 114.

472. Lorsque le débiteur n'a pas encore été incarcéré, peut-on,
en continuant les poursuites antérieures au décret du 9 mars 1848,
l'appréhender au corps, sans la mise en demeure prescrite par
l'art. 13 ? — L'affirmative a été jugée, avec raison, Paris, 20 janvier

1849 (art. 4269 J. Pr.). — Nul n'étant censé ignorer la loi, le rapport du décret eut suffi pour que le débiteur relaxé fût réincarcéré;
— Mais s'il eut été rigoureux d'opérer ainsi sans avertissement
préalable, il n'était pas juste d'exiger du créancier un nouveau
commandement. C'est pour prévenir toute difficulté que l'art. 13 a
prescrit une simple sommation : — or, les mêmes raisons n'existent
plus à l'égard du débiteur qui n'a pas encore été incarcéré.
Durand, n° 115.

Mais le commandement tendant à contrainte par corps fait sous
le décret du 9 mars 1848 ne peut servir à l'emprisonnement du
débiteur. Un nouveau commandement est nécessaire. Trib. Toulouse,
30 juill. 1849 (Art. 4491 J. Pr.).

473. Au reste les débiteurs profitent des dispositions de la loi
nouvelle. Art. 13.

Les dettes qui continuent à entraîner la contrainte n'y astreignent
l'obligé qu'autant qu'il n'aurait pas subi avant son élargissement la
durée de la détention fixée par la nouvelle loi ; le temps passé antérieurement sous les verroux lui compte pour déterminer l'époque
de sa sortie. Durand, n° 108.

474. Si la durée de la contrainte contre le septuagénaire a été
fixée à moins de trois ans, il doit compléter ce qui reste à courir.
— Si elle a été fixée à plus de trois ans, elle se trouve réduite à ce
terme. Durand, n° 110.

475. Le débiteur qui a atteint sa soixante-dixième année après
le jugement et avant d'avoir été écroué, ne peut, en comptant le
temps passé sous les verroux antérieurement au décret du 9 mars,
être détenu plus de la moitié du temps fixé par ce jugement, si la
condamnation excède 300 fr., sans que la durée de la contrainte
puisse dépasser en tout trois ans. Durand, n° 111. Arg. art. 9.

476. Si la condamnation est inférieure à 300 fr., la durée de la
contrainte sera de la moitié de celle qui est fixée par l'art. 8, lorsque
le septuagénaire justifiera de son insolvabilité. — Dans le cas contraire, la durée sera la même que pour un débiteur moins âgé, qui
ferait cette justification. Durand, n° 112.

477. Le débiteur qui a atteint sa soixante-dixième année pendant son emprisonnement ou depuis son élargissement restera incarcéré la moitié du temps qui lui restait à courir, d'après la loi du
13 décembre, le jour où il est parvenu à cet âge, et de manière que
cette deuxième période n'excède pas trois années. Durand, n° 113.

478. Le débiteur qui n'a pas encore été incarcéré, condamné
avant la loi de 1848 à six ans de contrainte ou plus, qui aura atteint
depuis sa soixante-dixième année, ne pourra être détenu que trois
ans.

Si la condamnation a été prononcée pour cinq ans, la durée sera réduite à deux ans et demi, et ainsi de suite. Arg. art. 9. Durand, n° 77.

Le débiteur condamné pour une somme de 200 fr. à cinq ans de contrainte, et qui atteindra sa soixante-dixième année, pourra demander une double réduction, l'une en vertu de l'art. 8, l'autre en vertu de l'art. 9. Durand, n° 78.

479. Les débiteurs autres que les septuagénaires condamnés sous l'empire de la loi du 17 avril 1832, et qui, soit d'après cette loi, soit aux termes du jugement, devaient rester incarcérés moins de cinq ans, ne profitent pas des réductions de la loi du 13 décembre : en effet, les jugements antérieurs à cette loi qui prononcent ou emportent la contrainte par corps peuvent recevoir leur exécution si elle a été maintenue. Or, le débiteur, une fois régulièrement incarcéré, ne pourra obtenir sa liberté, en se fondant sur l'expiration de la durée de la contrainte, que lorsqu'il rapportera la preuve où que le jugement de condamnation ou que la loi n'a pas permis de le retenir plus longtemps sous les verrous. Le juge ne pourrait déterminer sans arbitraire la durée de la contrainte, puisqu'elle ne doit être fixée que par le jugement de condamnation. Durand, n°s 119 et 120.

Au reste le bénéfice de l'art. 6 (— V. *sup.* n° 413) s'applique aux créances et aux condamnations prononcées avant la loi nouvelle en matière commerciale. Durand, n° 48.

480. Dans l'intervalle du 9 mars 1848 à la loi du 13 décembre, la contrainte par corps n'a pas été abolie, mais l'exercice de cette voie rigoureuse avait été seulement suspendu.

Aussi la plupart des tribunaux ont-ils continué à prononcer la contrainte par corps, en exprimant dans leur jugement que ce moyen d'exécution resterait suspendu jusqu'à ce que l'Assemblée nationale eût statué définitivement à cet égard. Trib. Seine, 4e ch., 14 mars 1848 (Art. 3916 J. Pr.)

Toutefois quelques jugements rendus dans l'intervalle du 9 mars à la loi du 13 déc. n'ont pas prononcé la contrainte dans les cas où elle était autorisée. — Le comité de législation avait proposé une disposition qui aurait autorisé les trib. à revenir sur ce chef et à réparer les erreurs de droit sur ce point. Mais la rigueur des principes ne permettait pas cette dérogation à l'autorité de la chose jugée. Durand, n° 116.

La durée de la contrainte pour la condamnation prononcée dans cet intervalle est réglée conformément à l'art. 4 en matière de commerce et à l'art. 8 en matière criminelle, correctionnelle et de police, si la dette est inférieure à 300 fr. Durand, 117.

— V. d'ailleurs pour les questions transitoires élevées lors de la promulgation de la loi de 1832 les art. 2045, 2615, 2635 du *Journal de Procédure.*

§ 10. — *Enregistrement.*

481. Les procès-verbaux d'emprisonnement et recommandation sont soumis, comme tous les exploits ordinaires d'huissier, au droit fixe de 2 fr. L. 28 avr. 1816, art. 43.

482. Il en est de même : — 1° des assignations, soit en nullité d'emprisonnement, soit en contribution aux aliments du débiteur incarcéré. *Ib.*

2° Du commandement tendant à contrainte par corps. *Ib.*

483. Toutes les ordonnances du président du trib. de 1°° inst., rendues sur requête, sont passibles du droit fixe de 3 fr. *Ib.*, art. 44.

484. Le pouvoir donné par le créancier à l'huissier, ou au garde du commerce, est sujet au droit fixe de 2 fr. *Ib.*, art 41.

§ 11. — *Formules.*

FORMULE I.

Signification d'un jugement qui prononce la contrainte par corps, avec commandement.

(C. p. 780 — Tarif, 1849 coût 2 fr. copie le quart.)

L'an   , le   , à la requête du sieur
pour lequel domicile est élu (*dans la commune où siège le tribunal qui a rendu le jugement. — V. sup.*, n° 191.) je soussigné, commis par le jugement ci-après énoncé (*ou par ordonnance de M. le président en date du*   , enregistré), ai signifié et donné copie au sieur   , demeurant à
en son domicile et parlant à   de la grosse en forme exécutoire.
D'un jugement contradictoirement rendu entre les parties par le trib. de
              le   , dûment signé, scellé, collationné et enregistré, portant condamnation par corps contre ledit sieur
              , de la somme de   au sujet du requérant, et à mêmes requête, demeure et élection de domicile que ci-dessus, j'ai, huissier susdit et soussigné, en vertu de la grosse dûment en forme exécutoire dudit jugement, fait commandement de par le roi, la loi et justice, audit sieur
              , en son domicile et parlant comme dit est, de, dans vingt-quatre heures pour tout délai, payer au requérant, ou présentement à moi huissier, pour lui porteur des pièces, la somme de
montant des condamnations prononcées par le jugement ci-dessus énoncé, et pour les causes y portées, sans préjudice de tous autres droits;
Lui déclarant que, faute par lui de ce faire dans ledit délai, et icelui passé, il y sera contraint par toutes voies de droit, et notamment par corps, en exécution du jugement ci-dessus énoncé; et je lui ai, en son domicile, et parlant comme dit est, laissé copie tant dudit jugement que du présent exploit, dont le coût est de

(Signature de l'huissier.)

FORMULE II.

Requête pour faire commettre un huissier à l'effet de signifier le jugement qui prononce la contrainte par corps.

(C. pr. 780 — Tarif, 76. — Coût, 2 fr.)

A M. le président du tribunal de

Le sieur, etc. — A l'honneur de vous exposer que, par jugement du tribunal de   , en date du   , le sieur

demeurant à , a été condamné par corps à lui payer s
somme de , pour les causes exprimées audit jugement.,
et qu'aux termes de l'art. 780 C. pr., ledit jugement ne peut être signifié que
par un huissier commis par vous.

C'est pour quoi il vous plaira, M. le président, commettre tel huissier
que vous jugerez convenable, pour faire audit sieur la signification, avec commandement, du jugement dont il s'agit; et vous ferez
justice.

(Signature de l'avoué.)

NOTA. Pour la formule de l'*ordonnance.* — V. ce mot.

FORMULE III.

Requête pour obtenir la permission d'arrêter un étranger

(L. 17 avr. 1832, art. 15. — Tarif, 76. — Coût, 2 fr.)

A M. le président du tribunal de première instance de

Le sieur... A l'honneur de vous exposer qu'il est créancier du sieur
Américain, sans domicile en France, logé à , rue de
, hôtel de , d'une somme de
, montant d'un prêt qu'il lui a fait le
et exigible le , ainsi que le constate une reconnaissance
timbrée et enregistrée, en date du

C'est pourquoi il vous plaira, M. le président, conformément à la loi
du 17 avr. 1832, vu 1° ladite reconnaissance de la somme de
que ledit sieur a refusé de payer à son échéance; 2° le
certificat du commissaire de police du quartier, en date du
constatant que ledit sieur est logé en garni dans l'hôtel de
, ordonner l'arrestation provisoire dudit sieur
à la requête de l'exposant, faute de payement de la créance dont il s'agit;
et vous ferez justice.

(Signature de l'avoué.)

Ordonnance du président.

Nous président du trib. — Vu la requête ci-dessus, le certificat du commissaire de police du quartier de constatant que le sieur est
logé en garni chez.... dûment enregistré, et la reconnaissance susénoncée
dûment enregistrée; — En vertu des pouvoirs qui nous sont conférés par
l'art. 15 de la loi du 17 avr. 1832; — Ordonnons l'arrestation provisoire du
sieur en la maison d'arrêt sise à...., faute de payement de la somme de ;
— Ordonnons que la dite arrestation provisoire n'aura pas lieu (*ou* cessera)
si le sieur fait les justifications prescrites par l'art. 16 de la
dite loi. — Ordonnons que, faute par le requérant de se pourvoir en condamnation dans la huitaine de l'arrestation, la mise en liberté du débiteur
sera prononcée en référé, sur assignation donnée par tous huissiers audienciers requis;—Disons qu'en tout cas, il nous en sera référé avant l'écrou (1).

Fait à

(Signature du président).

FORMULE IV.

Requête du débiteur appelé comme témoin pour réclamer un sauf-conduit.

(C. pr. 782. — Tarif, 77. — Coût, 3 fr.)

A M. le président du tribunal de première instance de

Le sieur.... A l'honneur de vous exposer que, par exploit en date du
dont copie est ci-jointe, il est sommé de comparaître le , heure
de , devant M juge-commissaire en
votre tribunal, pour déposer dans une enquête que poursuit le sieur.

---

(1) Tel est l'usage à Paris.—Le président désire recevoir les explications du débiteur avant l'écrou ;
ce dernier peut ignorer le droit qu'il a d'en référer, et de faire les justifications légales.

mais qu'étant sous le coup d'un jugement qui prononce contre lui la contrainte par corps, et dont il joint ici la copie à lui signifiée, il ne saurait obéir à ladite sommation qu'autant qu'il serait muni d'un sauf-conduit;

C'est pourquoi il vous plaira, M. le président, accorder à l'exposant un sauf-conduit pour le jour ci-dessus indiqué, pendant lequel temps aucune contrainte par corps prononcée contre lui ne pourra être mise à exécution; et vous ferez justice.

(*Signature de l'avoué.*)

Ordonnance. — Nous Président, etc. vu la requête, les pièces jointes et notamment la copie de l'assignation donnée au requérant par exploit de huissier, en date du   à la requête de   , à comparaître devant M. juge commissaire, pour déposer, comme témoin, dans l'enquête qui sera faite par ce magistrat.

Attendu que des condamnations ont été prononcées par contrainte par corps contre le requérant, et qu'ainsi il a besoin d'un sauf-conduit pour satisfaire à la dite assignation.

Faisons défenses à tous huissiers et officiers de justice d'exécuter contre le sieur   , demeurant à   , aucune contrainte par corps pour dette, depuis et compris le   jusques et y compris le
Fait à

(*Signature du Président.*

FORMULE V.

Pouvoir donné à l'huissier pour faire l'emprisonnement.

(C. pr. 556 émolument, 1 fr.)

Je soussigné (*nom, prénoms, profession et demeure*), donne pouvoir à   , huissier à   , de, pour moi et en mon nom, mettre à exécution la contrainte par corps prononcée à mon profit contre le sieur   par jugement du tribunal de   , en date du   , enregistré et signifié le

Faire à cet effet tous commandements et perquisitions légales, introduire tout référé; à l'effet de quoi j'ai remis audit sieur   la grosse du jugement susénoncé.

Fait à   le

(*Signature de la partie.*)

Ce pouvoir doit être enregistré avant l'emprisonnement.

FORMULE VI.

Procès-verbal d'emprisonnement et d'écrou (1).

(C. pr. 781, 783, 786, 789. — Tarif, 1849. — Coût, 40 fr.)

L'an   , le   , heure du matin, en vertu de la grosse en forme exécutoire d'un jugement du tribunal de en date du   , dûment enregistré, collationné, scellé et signifié avec commandement au sieur   , ci-après qualifié, par exploit du ministère de   , huissier commis à cet effet par ledit jugement (*ou ordonnance de M. le président*), en date du   enregistré; et à la requête du sieur   , demeurant à pour lequel domicile est élu en la demeure de M* *dans la commune où le débiteur doit être détenu*), je   huissier (*ou garde du commerce*) (*immatricule*) assisté des sieurs Henri C. demeurant à   , et Jacques F.   , demeurant à   , tous deux Français et majeurs, témoins avec moi amenés:

Ai fait itératif commandement, de par le roi, la loi et justice, au sieur négociant, demeurant à   , trouvé hors de son domicile, sur

---

(1) *On a réuni en un seul acte, conformément à l'usage de Paris, le procès-verbal d'emprisonnement et celui d'écrou.* — V. sup., n° 351.

la place de   , en parlant à sa personne, ainsi qu'il me l'a déclaré, et après lui avoir exhibé mes insignes (1);

De payer présentement au requérant ou à moi, pour lui porteur de pièces, la somme de   , montant des condamnations prononcées par corps au profit du requérant, par le jugement ci-dessus énoncé, et pour les causes y portées, sans préjudice de tous autres droits;

Et ledit sieur   ayant refusé de payer, je lui ai déclaré, de par le roi, la loi et justice, que je l'arrêtais, et qu'il était mon prisonnier, et le sommai de me suivre à l'instant à la maison d'arrêt de   , sise à   , destinée à recevoir les prisonniers pour dettes (2), où étant arrivés à   heures, je lui ai réitéré le commandement de payer auquel il a refusé de satisfaire,

C'est pourquoi je lui ai déclaré que j'allais à l'instant l'écrouer sur les registres de ladite maison d'arrêt (3), et en vertu du jugement ci-dessus et à mêmes requête, demeure et élection de domicile que ci-dessus, j'ai huissier susdit et soussigné, écroué ledit sieur   , toujours parlant à sa personne, sur le registre   folio   , et l'ai laissé à la garde du sieur   , concierge de ladite maison d'arrêt; lequel, en parlant à sa personne, ainsi qu'il l'a déclaré, a promis sur l'exhibition que je lui ai faite de la grosse du jugement sus énoncé, de se charger dudit sieur   et de le représenter quand il en sera légalement requis; et j'ai consigné entre les mains du sieur   la somme de 45 francs (4) pour trente jours d'aliments à fournir au sieur   , la somme de   pour droits de greffe, papier, quittance, transcription sur ledit registre du jugement ci-dessus énoncé; et j'ai audit sieur   , parlant à sa personne entre les deux guichets, comme lieu de liberté, laissé copie du

(1) *Si le débiteur est enfermé dans une maison, le procès-verbal est ainsi conçu:*
Je me suis transporté chez M.   , juge de paix du canton de   en sa demeure, sise à   , où étant arrivé, j'ai exhibé et présenté à mondit sieur juge de paix la grosse du jugement sus-énoncé, portant condamnation par corps contre le sieur   , et après lui avoir exposé que ledit sieur   se tient renfermé dans une maison sise à   , ce qui empêche d'exercer contre lui la contrainte par corps, je l'ai requis de se transporter avec nous en ladite maison, pour que nous puissions mettre à exécution ladite contrainte par corps; sur quoi M. le juge de paix a rendu l'ordonnance suivante;
Nous   ; attendu que   , huissier, nous a présenté la grosse en forme exécutoire d'un jugement emportant contrainte par corps, rendu au profit de   contre
Attendu que la signification dudit jugement avec commandement a été faite par   huissier. commis conformément à la loi, le
Attendu que rien n'empêche l'exécution de ladite contrainte par corps, disons que nous allons nous transporter avec ledit   , huissier et ses recors, en la maison susénoncée;
et avons signé   (*Signature du juge de paix*).
Et de suite, accompagné de M. le juge de paix et de mes recors, je me suis transporté en ladite maison, où, étant et parlant audit sieur   ainsi déclaré, je lui ai fait itératif commandement, etc.
(2) *Si le débiteur requiert qu'il en soit référé, on ajoute:*
Sur quoi ledit sieur   a requis qu'il en fût référé devant M. le président du tribunal de première instance, devant lequel il se réservait d'expliquer les motifs de son refus; et a signé   (*Signature du débiteur.*)
Sur quoi (*M. le juge de paix s'étant retiré*) nous nous sommes transportés avec ledit sieur   sis à en l'hôtel de M. le président du tribunal de première instance de   , où étant arrivés à   heures, nous lui avons expliqué le sujet de notre transport; et après avoir entendu ledit sieur   , il a rendu l'ordonnance suivante:
Nous, président du tribunal de   au principal, renvoyons les parties à se pourvoir; et cependant dès à présent et par provision. attendu que la signification du jugement dont s'agit a été faite régulièrement. disons qu'il sera passé outre à l'emprisonnement du sieur   ; ce qui sera exécuté nonobstant appel et sans y préjudicier; et attendu l'urgence, disons que la présente ordonnance sera exécutée avant son enregistrement, à la charge néanmoins que cette formalité sera remplie dans les vingt-quatre heures; et avons signé.
                (*Signature du président.*)
En conséquence de l'ordonnance ci-dessus, j'ai, toujours assisté de mes recors susdits et soussignés, conduit ledit sieur   en la maison d'arrêt, etc.
(3) *Si l'on fait un acte séparé pour l'écrou, on met*
A ce qu'il n'en ignore je lui ai, parlant à sa personne, laissé copie du présent procès-verbal dont le coût est de
Puis on commence l'acte d'écrou de la manière ordinaire: …   etc.
L'an   en vertu d'un jugement du
Il n'est pas nécessaire que ce procès-verbal soit signé par les recors, ni même par le geôlier —
V. *sup*, n° 349. — Il est transcrit sur les registres du geôlier, ainsi que le jugement. — C. pr. 790. —
V. *sup*., n° 338.
(4) Pour les départements. — V. Loi du 4 juin 1861, *Sup.* n° 356.

présent procès-verbal, contenant arrestation, emprisonnement et écrou de
sa personne. Le coût du présent est de

(Signatures de l'huissier ou du garde de commerce et des recors.)

FORMULE VII.

Procès-verbal de recommandation.

(C. pr. 792. — Tarif, 1849. Coût, 3 fr. ; le quart pour chaque copie.)

L'an　　　　　　le　　　　　　　　　　　　　en vertu de la grosse
*(comme au procès-verbal d'emprisonnement, si ce n'est qu'on ne fait pas mention
des deux recors)* soussigné, ai fait itératif commandement, de par le roi, la
loi et justice, au sieur　　　　　　　　　 ; demeurant à
et actuellement détenu pour dettes en la maison d'arrêt de
sise à　　　　　　　　, où je me suis transporté, en parlant audit
sieur　　　　　　amené à cet effet entre les deux guichets, comme
lieu de liberté ;

De payer présentement au requérant　　　　　　　　　ou à moi,
pour lui, porteur de pièces, la somme de　　　　　　　　montant
des condamnations contre lui prononcées par corps par le jugement ci-dessus
énoncé, et pour les causes y portées, sans préjudice de tous autres droits.

Et le sieur　　　　　　　　ayant refusé de payer, je lui ai déclaré
qu'en vertu dudit jugement, j'allais l'écrouer et le recommander sur le registre de ladite maison d'arrêt ;

Et m'étant en effet présenté au sieur　　　　　　　, greffier,
concierge de ladite maison d'arrêt, trouvé en son greffe et parlant à sa personne, j'ai écroué et recommandé ledit sieur　　　　　　sur le
　　　　　　　registre, folio　　　　　　et l'ai laissé à la
garde du sieur　　　　　　, lequel, sur l'exhibition que je lui ai
faite de la grosse du jugement ci-dessus énoncé, a promis de se charger dudit sieur　　　　　et de le représenter quand il en sera léga-
lement requis ; des aliments ayant été consignés pour trente jours, je n'en ai
point consigné ; mais j'ai payé audit sieur　　　　　la somme de
　　　　　, pour droit de transcription sur le registre du jugement susdaté, compris le papier timbré ; et j'ai audit sieur
parlant à sa personne entre les deux guichets, comme lieu de liberté, et j'ai
audit sieur　　　　　geôlier　　　　　, parlant à lui-
même (1), laissé à chacun séparément copie du présent procès-verbal, contenant recommandation et écrou de la personne dedit sieur

Le coût du procès-verbal est de

(Signature de l'huissier.)

FORMULE VIII.

Certificat de consignation, dressé par le geôlier.

Je soussigné　　　　　　　, geôlier de la prison de
Certifie que le sieur　　　　　　　, débiteur incarcéré, à la requête
du sieur　　　　　　, par procès-verbal d'écrou, en date du
ledit écrou constaté sur le registre, n°　　　　　　folio
Dans le but d'obtenir son *élargissement provisoire*, en vertu de l'art. 798
C. pr. (2), avant qu'il ait été statué sur la demande en nullité de son emprisonnement, formée par exploit de　　　　　　dont il m'a représenté l'original dûment en forme :

A consigné entre mes mains la somme de　　　　　, composée
savoir :

1° De celle de　　　　　　, pour capital des condamnations, etc,
2° Celle de　　　　　, pour intérêts, etc.
3° Celle de　　　　　, pour frais de capture ;

---

(1) *A la différence du procès-verbal d'emprisonnement, l'huissier doit, aux termes de l'art.*
67 *du tarif, donner copie du procès-verbal de recommandation au greffier de la maison
d'arrêt.*

(2) *Dans le cas des art.* 800 *et* 802 *on met :* — Dans le but d'obtenir de suite *sa mise en liberté*
en se libérant des causes de son arrestation, conformément aux art. 800 et 802 C. pr.

Pour ladite somme (1) être par moi déposée dans la caisse des dépôts et consignations, conformément à l'art. 2 de l'ordonn. du 3 juill. 1816, et être remise ultérieurement à qui par justice sera ordonné,

En foi de quoi, j'ai fait et délivré le présent certificat.

A   le   (*Signature du geôlier.*)

FORMULE IX.

Assignation à bref délai au geôlier pour le contraindre à recevoir la consignation du débiteur (2).

(C. pr. art. 802.)

L'an   , le   , à la requête du sieur   , etc.
— V. *Ajournement*

J'ai   soussigné commis par l'ordonnance ci-dessus datée, donné assignation au sieur   , geôlier de la maison de détention de   , étant au greffe de ladite maison de détention, et parlant à
A comparaître le   , à l'audience et par-devant MM. les présidents et juges du tribunal   , heure de

Pour attendu que ledit sieur   , s'est refusé à tort et sans motifs à recevoir le montant de la consignation à lui offerte en vertu de (*énoncer l'art.* 798 *ou* 800 C. pr.), ainsi qu'il résulte de la sommation à lui faite par exploit de

Se voir mondit geôlier condamner à recevoir ladite consignation, en vertu du jugement à intervenir ; et à défaut par lui de s'y conformer, voir autoriser le demandeur par ledit jugement et sans qu'il en soit besoin d'autre, à déposer et consigner ladite somme, à la caisse des dépôts et consignations.

Et attendu le préjudice causé au requérant par le retard apporté injustement à sa mise en liberté, se voir condamner le susnommé, en 200 fr. de dommages et intérêts ;

Et, en outre, aux dépens, et j'ai, etc

(*Signature de l'huissier.*)

FORMULE X.

CERTIFICAT *du geôlier*, REQUÊTE *et ordonnance pour l'élargissement du débiteur, faute de consignation d'aliments* (3).

(C. pr. art. 803 ; L. 17 avr. 1832, art. 80.)

Certificat.

Le directeur ou geôlier de la prison de   certifie qu'il appert du registre du greffe   folio
que le sieur   y a été écroué le
et que jusqu'aujourd'hui   date de la délivrance du présent certificat, à la requête du sieur   , il n'a été consigné pour ce débiteur que le nombre de   périodes chacune de 45 francs, et pour trente jours.
A   le   (*Signature du directeur.*)

Requête.

A M. le président, etc.
Le sieur   (*nom, prénoms, etc.*), écroué à la prison pour dettes de   ; pour la somme de
Requiert qu'il vous plaise, M. le président : — Vu le certificat (ci-dessus

(1) *Dans le cas des art.* 800 *et* 802 *on met* : — Pour ladite somme être remise audit sieur créancier dudit sieur   , ou, être par moi, déposée, etc.
(2) La consignation n'a pas besoin d'être précédée d'offres réelles : l'art. 802 C. pr. décide qu'elle n'a pas besoin d'être ordonnée.
(3) A Paris, la requête est mise à la suite du certificat du geôlier, ainsi que l'ordonnance ; le tout est présenté en double minute, dont l'une reste déposée au greffe. — Ce mode a l'avantage de réunir toutes les pièces justificatives de la régularité de l'élargissement
Le ministère d'un avoué n'est pas nécessaire

ci-annexé) délivré par M. le directeur ou geôlier de ladite prison, constatant que la   période des aliments dudit sieur   n'a pas été consignée, ordonner qu'il sera mis sur-le-champ en liberté, faute d'aliments, conformément aux art. 8o3 C. pr., et 3o L. 17 avr. 1832.

Certifié véritable par le directeur ou geôlier de la prison.

Paris, ce

(Signature du débiteur.) (Signature du geôlier.)

Ordonnance. — Nous président du tribunal, vu la requête et le certificat ci-dessus. — Attendu qu'il résulte du certificat du directeur de la prison de   que le requérant est maintenant sans aliments.

Ordonnons que le sieur   sera mis sur-le-champ en liberté s'il n'est retenu pour autre cause, et si la demande a été formée avant toute nouvelle consignation, à quoi faire le directeur ou geôlier sera tenu, et disons que l'une des minutes de notre ordonnance lui restera pour décharge, et sera par lui immédiatement annexée à l'acte d'écrou, et que la seconde minute sera déposée au greffe du tribunal.

Fait, en notre hôtel, à   le   , heure du   (1).

(Signature du président.)

FORMULE XI.

Requête pour obtenir la permission d'assigner, à bref délai, à fin de nullité de l'emprisonnement.

(C. pr. 795, — Tarif, 77. — Coût, 3 fr.)

A M. le président du tribunal de

Le sieur   , demeurant à   , actuellement détenu pour dettes en la maison d'arrêt de   , ayant Me

A l'honneur de vous exposer que le procès-verbal de son arrestation dressé à la requête du sieur   , par le ministère de   garde du commerce, en date du   . n'indique pas le domicile dudit sieur   , son créancier, ainsi que le prescrit l'art. 783 C. pr.,

Qu'il a le plus grand intérêt à faire prononcer la nullité de son emprisonnement dans le plus court délai possible.

Pourquoi il vous plaira, M. le président,

Vu l'art. 795 du Code de procédure,

Lui permettre de faire assigner ledit sieur   à comparaître à *bref délai*, en ce tribunal, pour voir déclarer nul le procès-verbal d'emprisonnement susénoncé et ce sera justice

(Signature de l'avoué.)

Ordonnance. — Nous, président du tribunal :

Vu la présente requête, ensemble les dispositions de l'art. 795 C. pr.;

Autorisons l'exposant à faire assigner le sieur   à comparaître en ce tribunal aux fins de ladite requête à l'audience du *(Il suffit d'un jour d'intervalle)* ; — Et sera l'assignation donnée par huissier audiencier que nous commettons à cet effet.

Fait en notre cabinet, à   , le

(Signature du président.)

FORMULE XII.

Demande en nullité d'emprisonnement, en vertu de permission du juge.

(C. pr. 794, 795. — Tarif, 29 ; orig., 2 fr., le quart pour la copie.)

L'an   le   , en vertu de l'ordonnance de M. le président du tribunal de première instance de   , en date du   dûment enregistrée, étant au bas de la requête à lui présentée le même jour:

Et à la requête de   pour lequel domicile est élu en l'étude de Me   , avoué, lequel occupera pour le requérant, j'ai

_____

(1) L'indication de l'heure, dans l'ordonnance, sert à fixer le moment où la demande a été présentée, dans le cas d'   consignation avant la   du débiteur.

soussigné commis par l'ordonnance susdatée, donné assignation au-sieur demeurant à   , *au domicile par lui élu*, par le procès-verbal d'emprisonnement fait à sa requête, en la demeure du sieur   , où étant et parlant à   , à comparaître le   (*il suffit d'un jour d'intervalle*) à l'audience du tribunal de première instance de heure du matin.

Pour procéder sur et aux fins de la dite requête.

En conséquence voir déclarer nul et de nul effet le procès-verbal d'emprisonnement (*l'énoncer*);

En conséquence dire et ordonner que le requérant sera mis à l'instant même en liberté, en vertu du jugement à intervenir, qui sera, à cet égard, exécutoire sur la minute, par provision à la charge de donner caution si elle est requise.

Et attendu le préjudice causé au requérant par la dite arrestation,

Condamner le susnommé en.   de dommages et intérêts, et aux dépens;

Et j'ai, etc.   (*Signature de l'huissier.*)

Nota. Si on n'a pas obtenu permission d'assigner à bref délai, l'exploit d'ajournement est rédigé dans la forme ordinaire; du reste les conclusions sont les mêmes que celle ci-dessus.

FORMULE XIII.

Procès-verbal d'extraction du débiteur pour la réitération de la cession de biens.

(C. pr. 901. — Tarif, 85. — Coût, 6 fr.)

L'an   , heure   , à la requête du sieur   (*profession*) demeurant à   et actuellement détenu pour dettes et non pour autre cause en la maison d'arrêt de   , sise à lequel sieur   fait élection de domicile.

Je, etc., soussigné, commis à cet effet par le jugement ci-après énoncé, me suis transporté au greffe de la maison d'arrêt de   , où étant et parlant au sieur   , concierge de ladite maison, je lui ai signifié et remis copie d'un jugement du tribunal de   en date du   , rendu entre le sieur   et ses créanciers, par lequel il a été admis au bénéfice de cession, et ordonné qu'il serait mis en liberté, à la charge de satisfaire aux formalités en tels cas requises; ledit jugement dûment enregistré, signifié aux créanciers, avec sommation de comparaître aujourd'hui, heure de   , à l'audience du tribunal de commerce de   pour être présents, si bon leur semble, à la réitération de ladite cession qu'entend faire le sieur   aux termes du jugement susdaté. A ce que du tout ledit sieur n'ignore, et en vertu dudit jugement, j'ai, huissier susdit et soussigné, sommé le dit sieur   de laisser présentement sortir de ladite maison d'arrêt le requérant, et en décharger lesdits registres, après qu'il aura satisfait aux dites formalités; à quoi ledit sieur   obtempérant, a présentement remis sous ma garde la personne dudit sieur (*nom et prénoms*), après que je m'en suis chargé sur les registres par une mention mise en marge de l'écrou du détenu.

Ce fait, j'ai conduit le dit sieur.   sous bonne et sûre garde, au tribunal de commerce de   séant à   , où étant à l'audience publique dudit tribunal, heure de   , il a été procédé à la réitération de la cession dudit sieur   dans les formes voulues par la loi, ainsi que le constate le certificat délivré à l'instant par le greffier du tribunal de commerce; et aussitôt j'ai, huissier susdit et soussigné, conduit et ramené ledit sieur   au greffe de la maison d'arrêt de   , où étant j'ai remis audit sieur   , concierge de ladite maison, le certificat ci-dessus énoncé du greffier du tribunal de commerce, constatant que ledit sieur   a satisfait aux formalités du jugement qui l'admet au bénéfice de cession, et je lui ai déclaré qu'en conséquence j'étais prêt et offrais de le décharger définitivement de la personne dudit sieur   ; pour quoi je l'ai sommé de me représenter les

registres de la maison d'arrêt : ce qu'il a fait ; et en marge de l'écrou du sieur
                    , j'ai fait une mention de ce que dessus, et déchargé le sieur
                    , concierge, de la personne du susnommé, lequel j'ai, en
vertu du jugement susénoncé, remis en pleine et entière liberté.
      Et j'ai vaqué à tout ce que dessus, depuis ladite heure de
jusqu'à celle de   , où je me suis retiré. Le coût du présent
est de

                                        (*Signature de l'huissier.*)

CONTRARIÉTÉ *de jugements.* Se dit de l'opposition qui se
trouve entre deux arrêts ou jugements rendus en dernier ressort
dans deux trib. différents, ou dans deux chambres du même tribunal, et entre les mêmes parties, relativement au même objet et
sur les mêmes moyens. C. pr. 480 et 504. — V. *Cassation,
Requête civile.*

CONTRAT *judiciaire.* Accord de deux parties devant le juge.
1. Le contrat judiciaire est exprès ou tacite.

Exprès, il résulte d'actes positifs ; — *tacite*, il résulte de la
manière d'agir des parties. — V. *Acquiescement*, n° 127.

2. Les contrats judiciaires exprès comprennent les conventions
faites en présence du juge, ou au greffe, telles que les adjudications, et les cautionnements présentés et acceptés pour l'exécution d'un jugement. — V. *Adoption*, n° 13 ; *Expédient, Jugement.*

3. Tant que le juge n'a pas donné acte aux parties de leurs
déclarations, l'une d'elles peut-elle se rétracter ? La négative résulte de ce que le juge ne fait que constater la convention ; il
n'ajoute rien au lien du contrat qui est formé par leur consentement respectif : il ne fait que le rendre exécutoire. — V. *Aveu*,
n° 8. — Caen, 7 nov. 1853 (5608).

4. Lorsqu'un trib. déclare dans les motifs d'un jugement,
qu'un fait a été reconnu par l'une des parties en cause, cette
énonciation ne fait pas foi de l'existence du fait, s'il n'a pas été
donné acte de l'aveu dans le dispositif du jugement.

5. Les transactions passées au bureau de paix ne sont pas des
contrats judiciaires. — V. *Conciliation.*

CONTRAT *de mariage.* — V. Loi 10 juill. 1850 (4686,
4795). *Commerçant.*

CONTRAT *d'union.* — V. *Faillite.*

CONTRAVENTION. Infraction à une loi, à une ordonnance,
à un règlement en matière fiscale ou de police.—V. *Actes de l'état
civil*, n°s 3, 41 ; *Action possessoire*, n° 26 ; *Affiche*, n°s 9, 16
et 22 ; *Amende*, n° 10 ; *Discipline, Enregistrement, Timbre.*

CONTREDIT. Ce mot désigne les écritures que fournit une des
parties contre la production de l'autre, dans les affaires qui s'in-
struisent par écrit. — V. *Délibéré, Instruction par écrit, Ordre.*

CONTRE-ENQUÊTE. Enquête faite par opposition à une autre qu'elle a pour objet de contredire. — V. *Enquête.*

CONTREFAÇON. — V. *Dessin de fabrique, Invention (Brevet d') ; Propriété littéraire,* et la loi du 5 juill. 1844.

CONTRE-LETTRE. — V. *Office, Saisie-arrêt,* n° 62.

CONTRIBUABLE. — V. *Action possessoire,* n° 234 ; *Commune,* n° 27.

CONTRIBUTION de deniers. — V. *Distribution par contribution.*

CONTRIBUTIONS *publiques.* — V. art. 3953 et 4122 J. Pr.

Table sommaire.

Arrestation, 18.	Nullité, 18.
Autorisation, 14.	Opposition, 5.
Bac, 21.	Payement, 6.
Commandement, 13.	Percepteur, 2.
Conseil d'État, 7.	Pétition, 7, 24.
— de préfecture, 7, 17.	Plaidoirie, 21.
Contrainte, 2, 8.	Porteur, 8.
Contributions directes, 1, 2, 6.	Prescription, 19.
— indirectes, 1, 2, 20 et s.	Privilége, 16.
Délai, 14.	Receveur d'hospice, 3
Douane, 20.	Réclamation, 7, 24.
Enregistrement, 20, 25.	Ressort, 22.
Exécution, 8.	Revendication, 18.
Feu, 12.	Saisie, 4, 14.
Frais, 9.	Sommation, 9.
Garnisaire, 10.	Sous-préfet, 7, 8.
Huissier, 8.	Timbre, 23.
Logement, 12.	Tribunaux civils, 18, 22
Mémoire, 21.	Vente, 4.
Mois, 6.	Visa, 2, 8.
Nourriture, 12.	

1. Les contributions sont *directes* ou *indirectes.*

Directes, elles sont *foncières* ou *personnelles,* c'est-à-dire assises directement sur les fonds de terre; ou sur les personnes, comme la taxe des portes et fenêtres, les patentes.

Indirectes. Elles sont assises principalement sur les choses mobilières; elles s'appliquent à la fabrication, à la vente, au transport et à l'introduction de plusieurs objets de commerce et de consommation; elles comprennent les *douanes, l'enregistrement* et droits accessoires. — V. ces mots.

2. *Règles communes aux contributions directes ou indirectes.* Le recouvrement de toutes les contributions se poursuit par une contrainte. — La contrainte est l'acte par lequel le percepteur fait commandement au débiteur de l'impôt de le payer. — Cet acte doit porter le visa du fonctionnaire public qui est chargé de la perception.

3. La voie de la contrainte appartient uniquement aux percepteurs des contributions; elle ne pourrait être employée par le receveur d'un hospice. Bruxelles, 26 mai 1810, P. 8, 335.

4. Si le contribuable ne paye pas dans un bref délai, il y est contraint par différentes voies, notamment par la saisie et la vente de ses biens.

5. Sur l'opposition que l'on peut former à la contrainte, l'action s'engage devant les tribunaux. Ord. 11 juin 1817.

6. *Règles particulières aux contributions directes.* Le contribuable doit payer ses contributions directes de mois en mois et par douzièmes. L. 3 frim. an 7, art. 146.

7. Celui qui se croit trop imposé peut réclamer dans les trois mois de la publication du rôle; il doit joindre à sa pétition l'avertissement et la quittance des douzièmes échus à la date de sa réclamation. *Ib.*

La pétition est adressée au sous-préfet, qui ordonne l'instruction : le conseil de préfecture statue, sauf recours au conseil d'État. LL. 28 pluv. et 24 flor. an 8.

8. Les contraintes à fin de payement de ces contributions sont décernées contre les particuliers taxés dans des rôles rendus exécutoires par le préfet, et en retard de se libérer.

Elles sont visées par les sous-préfets, et transmises par des porteurs nommés par eux, et qui remplissent seuls les fonctions d'huissier en cette matière.

9. Si l'avertissement est resté sans effet, le percepteur doit délivrer une sommation gratuite. Lorsque le redevable n'obéit pas à la première sommation, on lui en fait une seconde avec frais. L. 23 mars 1817, art. 72; règl. 26 août 1824.

10. Si les contraintes, avertissements et sommations restent sans effet, le percepteur a le droit d'établir des garnisaires à la charge de ceux qui se refusent au payement de leurs contributions. Règl. 26 août 1824.

11. L'emploi des garnisaires n'a pas lieu si la contribution ne dépasse pas 40 fr. Arr. 16 therm. an 8, art. 44.

12. Il peut y avoir autant de garnisaires que de redevables ou un seul pour plusieurs.

Dans le premier cas, le garnisaire a droit au logement, à la nourriture et à une place au feu (*Ib.*). Il ne doit pas se loger à l'auberge, lors même que le contribuable y consentirait. *Ibid.*

Si le garnisaire est pour plusieurs, il n'a droit ni au logement, ni à la nourriture chez aucun; mais les frais qu'il occasionne sont payés contributoirement par ceux à l'occasion desquels il a été établi. Règl. 26 août 1824.

Dans tous les cas, le garnisaire ne peut être établi pour plus de deux jours chez le redevable, et pour plus de dix jours dans la même commune. Arr. 16 therm. an 8, art. 51.

13. Le percepteur ne doit faire commandement de payer qu'après avoir fait donner une seconde contrainte, soumise aux mêmes formalités que la première. Règl. 26 août 1824.

14. Trois jours après le commandement, il peut être procédé, avec l'autorisation de l'administration, à la saisie des meubles et fruits de toute espèce, appartenant au redevable, si ce n'est de ceux déclarés insaisissables par la loi, et ultérieurement à la vente. *Ib.* — V. *Saisie.*

15. Ces saisies et ventes sont faites selon les formes, et par les fonctionnaires ordinaires. L. 2 oct. 1791, art. 12.

16. Le trésor a un privilége sur le prix de ces ventes, et même sur les sommes dues au contribuable par des tiers. L. 12 nov. 1808, art. 2.

17. Le contentieux des contributions directes, et l'exécution, sont de la compétence des conseils de préfecture. Arr. 12 brum. an 11 ; Merlin, *Rép.*, v° *Contrainte.*

18. Cependant sont portées devant les tribunaux ordinaires · 1° La revendication, faite par un tiers, des meubles saisis. L. 12 nov. 1808, art. 4 ;— 2° Les contestations relatives aux expropriations forcées. Merlin, *id.*; — 3° Les demandes en nullité de l'arrestation faite à la suite de contrainte. Décr. 31 mars 1807.

19. Le contribuable peut opposer la prescription au percepteur qui a laissé écouler trois années, à compter du jour où le rôle lui a été remis, sans faire aucune poursuite. L. 3 frim. an 7, art. 149; Cass. 11 juin 1829, S. 29, 359.

Mais il ne peut opposer cette prescription aux tiers qui ont payé les contributions en son lieu et place. Cass. 27 janv. 1828, S. 29, 35 ; Nancy, 21 août 1826, S. 29, 127.

20. *Règles particulières aux contributions indirectes.* La procédure est à peu près la même que celle indiquée ci-dessus. — V. *Douanes, Enregistrement.* — *Ajournement*, n° 24 ; *Audience*, n° 10 ; *Avoué*, n°s 91 et 269.

21. Les procès doivent être instruits par simples mémoires sans plaidoiries.

Spécialement en ce qui concerne le fond des droits établis ou maintenus par la loi du 5 vent. an 12.

Mais il n'en est pas de même des difficultés élevées entre l'administration des contributions indirectes et le fermier des rues appartenant à l'État, au sujet de l'interprétation d'un bail administratif. Limoges, 8 juin 1842 (Art. 2383 J. Pr.).

22. Les jugements rendus par le trib. de prem. instance, sur le fond du droit, sont en dernier ressort. Cass. 24 nov. 1835 (Art. 315 J. Pr.).

23. *Timbre.* Les rôles et les extraits qui en sont délivrés sont exempts du timbre. L. 13 brum. an 7, art. 16.

Il en est de même des quittances et des ordonnances de décharge, remise, ou modération. *Ibid.*

24. L'administration exige que les réclamations ou pétitions des redevables soient faites sur papier timbré. Cet usage, conforme à la loi du 13 brum. an 7, semble contraire à celle du 26 mars 1831, qui, bien que placée sous le titre de la *Contribution mobilière*, paraît générale, et ne devrait pas être restreinte aux pétitions faites à l'occasion de cette espèce de contribution.

Pour les réclamations relatives à une cote moindre de 30 fr., il y a une dispense. L. 21 avr. 1832, art. 28.

25. *Enregistrement.* Les actes de poursuites sont exempts du droit d'enregistrement, s'ils ont pour objet des cotes au-dessous de 100 fr. L. 16 juin 1824, art. 6. — Peu importe la valeur des objets saisis. Délib. rég. 2 avr. 1825. — Si la cote excède 100 fr., le droit est de 1 fr. pour chaque acte. — *Même loi.*

CONTROLE *des actes.* Formalité qui consistait dans l'*enregistrement* par extrait des actes et contrats. — V. ce mot.

CONTUMACE. État de celui qui, ayant été mis en accusation, ne se présente pas dans le délai fixé, ou qui, ayant été saisi, s'évade avant le jugement. — On appelle *contumax* celui qui se trouve dans cet état.

Table sommaire.

Action, 3.	Fruits, 8.
Autorisation de justice, 4.	Mise en demeure, 11
Communauté, 4.	Mort civile, 7 et s.
Compétence, 9.	Nullité, 6.
Compte, 8.	Prescription, 12.
Curateur, 3, 10.	Preuve, 5.
Délai, 1.	Représentation, 7.
Domaine, 3, 8, 10.	Séquestre, 2.
Droits, 5; — civils, 1. 6.	Succession, 7.
Envoi en possession, 2.	Tiers, 4.
Femme, 4.	

1. Le condamné par contumace est, pendant les cinq ans accordés pour purger la contumace, privé de l'exercice des droits civils. C. civ. 28. — V. Loi 2 janv. 1850 (Art. 4501 J. Pr.)

2. Le séquestre est apposé sur ses biens (C. crim. 465) et subsiste pendant le même délai.

En conséquence, les héritiers ou le conjoint du condamné ne peuvent, dans cet intervalle, obtenir l'envoi en possession. Paris, 27 déc. 1834, P. 26, 1193 ; Duranton, 1, n° 229.

3. Les biens du contumax sont administrés par le domaine qui a *seul* qualité pour le représenter en justice dans l'exercice actif ou passif de ses actions, sans qu'il soit nécessaire de lui nommer un curateur. Montpellier, 19 mars 1836 ; P. 27, 1189. — V. toutefois *inf.*, n° 10

Spécialement, c'est au domaine, comme détenteur de ses biens, que doit être faite la sommation de purger ou de délaisser, quoique le condamné soit encore dans le délai pour purger sa contumace. Bordeaux, 3 fév. 1835, P. 26, 1350.

4. Ce séquestre ne peut avoir lieu au préjudice des droits des tiers. — V. Toulouse, 14 déc. 1857. Dev. 58, 405.

. Ainsi, le mari n'est pas dessaisi de l'administration des biens personnels de la femme contumace, dont les revenus doivent tomber dans la communauté. Lyon, 20 avr. 1831, P. 23, 1485; Angers, 28 mars 1833 ; Paris, 15 fév. 1833, P. 25, 173, 318.

A l'inverse, la femme dont le mari est contumax peut se faire autoriser par justice à administrer ses propres biens. Arg. C. civ. 221.

5. Les droits ouverts en faveur du contumax pendant le délai de grâce, peuvent être exercés de son chef, mais en rapportant la preuve de son existence. Cass. 23 mars 1841 ; Paris, 16 fév. 1842, P. 32, 1, 548 ; 33, 1, 418.

6. Les actes faits par le contumax dans l'intervalle des cinq années sont nuls. Duranton, 1, n° 230. — *Contrà*, Valette sur Proudhon, p. 148; Toullier, 1, n° 278.

7. Si le contumax est saisi ou se présente dans le délai de cinq ans, et s'il est condamné de nouveau à une peine emportant mort civile, c'est au profit de ses héritiers successibles à l'époque de la dernière condamnation que s'ouvre sa succession. Duranton, 1, n° 234.

8. Le domaine doit leur rendre compte de son administration. — Il fait raison des fruits. Valette sur Proudhon, p. 146 ; Coin-Delisle, sur l'art. 28. — V. *Curateur*.

9. Les contestations qui s'élèvent à l'occasion du compte sont portées devant les tribunaux ordinaires. Ordonn. en cons. 27 août 1839 ; Dev. 40, 2, 182.

10. Les actions de l'administration des domaines contre le contumax sont intentées contre un curateur *ad hoc* nommé par le tribunal. Cass. 6 déc. 1836, P. 28, 166. — V. d'ailleurs *Vente judiciaire*, n° 3.

11. La nomination de ce curateur et les poursuites ne doivent pas être précédées d'une mise en demeure du condamné contumax à personne ou domicile. *Même arrêt.*

12. La prescription ne réintègre pas le condamné dans ses droits civils pour l'avenir. C. civ. 32.

Il ne peut réclamer les droits successifs qui se seraient ouverts en sa faveur pendant la contumace. Agen, 22 janv. 1824, P. 18, 373.

CONVENTION. — V. *Arbitrage*, n°ˢ 412 et suiv., 636; *Aveu* n° 16; *Contrat judiciaire*, n° 4; *Office*.

CONVERSION. La demande en conversion par le saisi em porte *Acquiescement*. — V. ce mot, n° 111.

— V. d'ailleurs *Avoué*, n°s 123, 223; *Saisie des rentes*, n° 65, et surtout *Saisie immobilière*, n°s 768 à 811.

COPIE. C'est, en général, la transcription d'un écrit faite d'après un autre, que l'on nomme original ou minute.

Table sommaire.

DIVISION.

§ 1. — *Des différentes espèces de copies.*
§ 2. — *Moyens d'obtenir copie d'un acte dans lequel on a été partie.*
Art. 1. — *Cas où le dépositaire de la minute en refuse expédition.*
Art. 2. — *Cas où l'acte est non enregistré ou resté imparfait.*
Art. 3. — *Cas où l'on veut avoir une seconde grosse.*
§ 3. — *Timbre et Enregistrement.*
§ 4. — *Formules.*

§ 1. — *Des différentes espèces de copies.*

1. On distingue six sortes de copies des actes notariés :
1° Les premières *grosses* en forme exécutoire ;
2° Les premières expéditions, non revêtues de la formule exécutoire ;
3° Les copies qui sont tirées sur la minute par l'autorité du magistrat et du consentement des parties ;
4° Les copies ou expéditions ordinaires tirées sur la minute, sans l'autorité du magistrat, ou sans le consentement des parties, depuis la délivrance des premières expéditions, par le notaire qui a reçu l'acte, par son successeur ou autre dépositaire de la minute ;
5° Les copies tirées sur la minute de l'acte, par un notaire qui n'en est pas le dépositaire ;
6° Enfin, les copies de copies, c'est-à-dire celles faites par un notaire, non sur la minute, mais sur d'autres copies de la minute. C. civ. 1335.

2. On appelle aussi *grosses*, en matière judiciaire : — 1° Les premières expéditions d'un jugement ; — 2° L'original d'une requête grossoyée, celui d'un cahier de charges. — V. *Grosse*, *Jugement*, *Saisie*, *Vente judiciaire*.

Ces expressions sont improprement appliquées aux actes d'avoués : il n'y a pas minute de ces actes, mais seulement un original et une copie pour les requêtes, ou conclusions, pour les cahiers d'enchère ; ils deviennent des minutes par leur dépôt au greffe ou en l'étude d'un notaire.

3. Toute personne a le droit de réclamer communication et copie des actes de l'état civil, des inscriptions hypothécaires, des matrices des rôles, des jugements et autres actes judiciaires, dont les greffiers sont dépositaires. C. pr. 853 ; C. civ. 2196.

4. Les greffiers se refusent quelquefois à donner communication des minutes des jugements et autres actes judiciaires, dont l'expédition n'a pas encore été délivrée. Ils s'opposent surtout à en laisser prendre copie. — Ce refus est-il fondé ? — V. *Greffier*.

5. Le refus des dépositaires ne peut être qualifié d'acte administratif.

Conséquemment, le dommage qu'ils occasionnent est valablement apprécié par le trib. civil sans autorisation préalable. Carré, nᵒ 2289. — V. *Action*, nᵒ 97.

6. Au reste, l'obligation de donner expédition ou même communication n'existe pas : — 1ᵒ Pour le greffier du juge de paix à l'égard des délibérations d'un *conseil de famille* vis-à-vis de ceux qui n'y ont pas été parties. — V. ce mot, nᵒ 47.

7. 2ᵒ Pour le greffier d'un trib. ou d'une cour lorsqu'il s'agit d'actes de pure discipline, et inscrits sur le registre destiné exclusivement aux délibérations d'une Cour. Aix, 11 janv. 1825, P. 19, -37. — Spécialement d'un arrêt qui suspend un avoué ou censure un magistrat.—Mais V. ordon. 4 janv. 1843, art. 3.

8. Jugé toutefois que le candidat au titre de notaire qui croit avoir été calomnié par la délibération de la chambre des notaires, peut demander communication de cet acte, et, en cas de refus, la réclamer du tribunal. Cass. 31 août 1831, P. 24, 217.

9. Les actes notariés sont la propriété exclusive des parties qui y figurent, de leurs héritiers et ayants cause.

Le notaire dépositaire de la minute ne peut en donner communication à un tiers que du consentement des parties intéressées, ou en vertu d'une décision judiciaire. — V. *Compulsoire*.

Il en est de même des receveurs des droits d'enregistrement. — V. *ib.*

10. Le droit de délivrer des grosses et expéditions n'appartient qu'au notaire, possesseur de la minute. L. 25 vent. an 11, art. 21

11. La collation de pièces peut être demandée, non-seulement par les tiers, mais encore par les parties elles-mêmes, afin qu'elles vérifient si l'expédition qui leur a été délivrée est conforme à la minute ; aussi le titre 12 de l'ordonn. de 1667 était-il intitulé : *Compulsoire et collation de pièces*. Thomine, 2, nᵒ 999. — V. *Compulsoire.*

12. Lorsque, pendant le cours d'une instance, une expédition que l'on a lieu de croire inexacte est produite, on peut, au lieu de suivre la voie rigoureuse de l'inscription de faux, demander au trib. d'ordonner l'apport de la minute.

Ainsi, la représentation de la minute d'un jugement peut toujours être demandée : la grosse délivrée par le greffier n'est considérée que comme une copie. C. civ. 1334 ; Bordeaux, 20 juin 1840 (Art. 1788 J. Pr.).

13. Les copies des exploits en remplacent l'original ou la minute. — V. *Appel*, nᵒ 402 ; *Exploit.*

Elles doivent, en conséquence, être exactes, lisibles et complètes. Décr. 14 juin 1813, art. 42. — Sous peine d'être rejetées de la taxe. *Ibid.*, art. 43.

L'*huissier* qui a signifié une copie irrégulière est passible d'une amende. — V. ce mot.

14. Lorsqu'on donne une copie par extrait, elle doit contenir les parties générales de l'acte qui sont nécessaires pour le faire connaître tout entier, et constater sa régularité. Berriat, 233. — V. *Ajournement*, n° 89.

15. Si les pièces sont en langue étrangère, on n'est pas tenu de donner copie du texte original, sauf à l'adversaire à en demander communication. — V. *ibid.*, n° 93.

16. Pour les personnes auxquelles les huissiers doivent remettre copie des actes qu'ils signifient, et la manière dont ils sont tenus d'indiquer ces personnes. — V. *Exploit*.

17. Peut-on faire la signification d'un jugement sur une copie d'expédition? — V. *Appel*, n° 346.

§ 2. — *Moyens d'obtenir copie d'un acte dans lequel on a été partie.*

ART. 1. — *Cas où le dépositaire de la minute en refuse expédition.*

18. Le notaire ou autre dépositaire public d'un acte est tenu d'en délivrer expédition ou copie, ou même une grosse, si l'acte est de nature à être exécuté sans jugement, aux parties intéressées en nom direct, à leurs héritiers ou ayants droit. C. pr. 839. — Sans qu'il soit nécessaire d'appeler les autres parties.

19. Toutefois, cette obligation ne s'applique qu'aux actes passés en minute, et non à ceux reçus en brevet, à moins que les parties, où l'une d'elles, ne rapportent l'original, en requérant le notaire d'en recevoir le dépôt et de le mettre au rang de ses minutes; il peut alors en être délivré expédition.

20. On entend par intéressés en nom direct ceux qui ont contracté pour leur propre compte. Ceux qui ont contracté pour autrui, ou dont il a été question dans l'acte, ne sont pas réputés tels, même lorsque l'acte contient reconnaissance ou obligation en leur faveur; conséquemment, ils ne peuvent en obtenir copie ou expédition qu'avec l'autorisation de justice. — V. *Compulsoire*.

21. Cependant un mandataire a droit de lever des expéditions des actes faits en conséquence de ses pouvoirs, s'il n'y a pas eu révocation : il ne peut souvent accomplir sa mission qu'en étant porteur des expéditions des actes passés en vertu du mandat. Paris, 2 mai 1808, P. 6, 662.

Il convient d'indiquer dans la procuration le pouvoir de lever toutes expéditions d'actes ou jugements, les signifier, en poursuivre l'exécution. — Les expéditions sont souvent nécessaires au mandataire pour la reddition de son compte.

22. Toute partie contractante étant censée avoir stipulé, non-seulement pour elle, mais encore pour ses héritiers ou ayants cause, à moins que le contraire ne soit exprimé ou ne résulte de la convention (C. civ. 1122), les héritiers, et même les successeur universels ou à titre universel ont droit, comme la partie signa taire, d'obtenir grosse ou expédition de l'acte. Pigeau, *ibid.* — Le notaire a droit d'exiger qu'on lui justifie de la qualité d'hé ritier, si elle ne lui est pas connue.

Il en est de même des légataires ou donataires à titre particulier, et des acquéreurs à l'égard des actes relatifs aux objets qui leur sont dévolus. Pigeau, *ib.*

23. Les syndics d'une faillite, représentant le débiteur failli, peuvent demander expédition des actes qui le concernent. Arg. Paris, 23 oct. 1834, P. 26, 972.

24. Ces différentes personnes peuvent, en outre, forcer le notaire à représenter la minute dont il est dépositaire et à en laisser prendre lecture. Paris, 22 juill. 1809, P. 7, 705.

Mais, dans ce cas, le notaire a le droit d'exiger toutes précautions propres à la conservation de l'acte, par exemple, la présence du président du trib. L. 25 vent. an 11, art. 22 et 23; Pau, 12 fév. 1833, Dev. 33, 347, — et en outre des honoraires et des vacations pour son déplacement. *Même arrêt.*

25. Si un légataire présumé prétend qu'il existe un testament en sa faveur à une date qu'il ne précise pas positivement il peut faire sommation au notaire pour qu'il ait à déclarer si l'acte supposé n'existe pas. — Puis si la réponse n'est pas satisfaisante, introduire un référé, pour faire ordonner les mesures convenables, par exemple l'examen du répertoire; — ou bien il demande un *compulsoire.* — V. ce mot.

26. On peut prouver par témoins que le notaire a réellement passé l'acte ou produire contre lui une lettre dans laquelle il a reconnu l'existence de cet acte, encore bien que l'obligation qui en résulte dépasse 150 fr. Agen, 16 fév. 1813, S. 14, 109.

27. Le dépositaire d'un acte qui refuse d'en délivrer aux ayants droit copie, expédition ou une première grosse, peut être assigné à bref délai, en vertu de la permission donnée par le président du tribunal de première instance. C. pr. 59, 839.

28. L'autorisation d'assigner à bref délai s'obtient, comme dans les cas ordinaires, sur une requête présentée au président. C. pr. 72.

29. Il n'est pas nécessaire d'adresser au dépositaire une sommation préalable; mais cette mesure est prudente et convenable. Carré, art. 840. — *Contrà*, Demiau, art. 840. — V. d'ailleurs *sup.*, n° 25.

30. La cause est dispensée du préliminaire de conciliation. C. pr. 839.

31. L'original de l'assignation peut être visé par le notaire ou le dépositaire public auquel elle est signifiée, ou, à son refus, par le procureur du roi. Arg. C. pr. 1039.—V. *Visa*.

Au reste, cette formalité n'est pas indispensable. Rolland, v° *Grosse*, n° 100.

32. La demande est portée devant le trib. du lieu où réside le notaire ou autre dépositaire : c'est, en effet, une action personnelle. Carré. *ib.* — V. *Compétence du tribunal de première instance.*

33. Si les frais et déboursés de la minute de l'acte sont dus au dépositaire, il peut refuser expédition tant qu'il n'est pas payé de ces frais, outre ceux d'expédition. C. pr. 851.

Lors même que ces frais sont à la charge de la partie contre qui on veut user de la grosse ou expédition : chaque partie est responsable des frais à l'égard du dépositaire. C. pr. 839, 851.

Mais la partie qui demande l'expédition d'un acte peut se borner à en offrir le coût, sans acquitter les frais d'autres actes plus anciens dont elle est encore débitrice. Arg. C. civ. 1253.

Toutefois, le tribunal de la Seine a décidé, le 9 janvier 1823, que la partie débitrice d'un acte de vente et de la quittance devait, pour obtenir expédition de la quittance, ne pas se contenter d'offrir le coût de cette quittance, mais encore le coût de l'acte de vente. En effet, la quittance du prix de la vente fait preuve de cette vente, et il ne peut pas dépendre de la partie de se borner à demander l'expédition de la quittance pour éluder le payement du coût de l'acte de vente.

34. L'expédition délivrée fait présumer le payement des frais de la minute. Cass. 18 nov. 1813; 13 avr. 1826, S. 14, 232, 26, 385.

35. Les premières expéditions des décisions des autorités administratives de préfectures, sous-préfectures et des municipalités, doivent être délivrées gratuitement; mais les secondes ou ultérieures expéditions de ces décisions et celles des titres, pièces ou renseignements, déposés aux archives, doivent être payées au taux fixé par la loi du 7 mess. an 2, art. 37. Avis du cons. d'État, 18 août 1807, Dev. 10, 755.

36. Si le dépositaire de l'acte n'a aucun motif valable de se refuser à la délivrance de la copie, expédition ou grosse demandée, il doit être condamné par corps. C. pr. 839.

37. Il peut, suivant les circonstances, être condamné à des dommages-intérêts envers la partie. Demiau, art. 840.

38. Le notaire est, en outre, passible d'une amende de 20 fr. L. 25 vent. an. 11, art. 23 et 16 juin 1824, art. 10.

Il peut être suspendu pendant trois mois, en cas de récidive. Même art. 23.

39. L'affaire est jugée sommairement, et le jugement exécuté nonobstant opposition ou appel. C. pr. 840.

40. L'appel est toujours recevable : il s'agit d'une matière d'une valeur indéterminée. Carré, n° 2866 *bis*

ART. 2. — *Cas où l'acte est non enregistré ou resté imparfait.*

41. Les notaires ou dépositaires publics ne doivent pas délivrer même de simples copies d'un acte non enregistré. L. 22 frim. an 7, art. 41, 16 juin 1824, art. 10.

42. Cependant il peut arriver qu'une partie ait intérêt à obtenir et droit de demander la copie d'un acte semblable.

Par exemple, le créancier au profit duquel le débiteur a souscrit une obligation qui n'a pas été enregistrée, soit parce que le notaire a négligé de remplir cette formalité, soit parce que le débiteur, qui devait avancer au notaire le montant des droits à acquitter, ne l'a pas fait, ne doit pas être privé par cette négligence du droit de s'en faire délivrer une simple copie.

43. Il est également défendu aux notaires et dépositaires publics de délivrer copie d'un acte resté imparfait.

44. Un acte peut être imparfait : — 1° Lorsqu'il n'est pas signé de toutes les parties qui y ont figuré;

2° Lorsqu'il n'est pas revêtu de la signature de l'officier qui l'a reçu ou des témoins instrumentaires;

3° Enfin, lorsqu'étant revêtu des signatures des parties, de l'officier et des témoins, il n'est pas authentique par l'incompétence ou l'incapacité de l'officier, ou par un défaut de forme.

45. Une partie peut néanmoins, dans ces diverses circonstances, avoir intérêt à se faire délivrer une copie, ou même une expédition de l'acte imparfait. Ainsi, dans le premier cas, l'acte imparfait à l'égard de quelques parties, comme n'étant pas revêtu de leur signature, peut être parfait, et former lien de droit entre celles qui ont signé. Dans le second et le troisième cas, l'acte nul comme acte authentique peut valoir comme acte sous signature privée. L'acte, tout imparfait qu'il soit, peut encore être invoqué comme commencement de preuve par écrit. Alors la loi permet au juge d'ordonner la délivrance d'une copie ou expédition de cet acte. C. pr. 844.

46. Dans tous ces cas, pour obtenir la copie réclamée, on soumet une requête au président du trib. de 1re instance. C. pr. 843 ; — du lieu où réside le notaire ou autre dépositaire.

47. Cette requête est présentée par un avoué.

48. Le juge y répond, s'il y a lieu, par une ordonnance au bas de la requête, portant autorisation de se faire délivrer copie de l'acte. C. pr. 842.

49. Le notaire dresse procès-verbal de la remise de la copie. Il y annexe la requête présentée, ainsi que l'ordonnance du juge, dont il fait mention au bas de la copie. C. pr. 842.

Quelques notaires se contentent, à tort selon nous, de faire mention de l'ordonnance sur la copie délivrée, et d'annexer cette ordonnance à l'acte imparfait.

50. Il n'est pas nécessaire d'appeler l'autre partie à la délivrance de la copie. En effet, cette pièce ne constitue qu'un simple renseignement, qui ne peut entraîner contre elle aucune exécution. Pigeau, 385.

51. La délivrance a lieu sans préjudice de l'exécution des lois et règlements de l'enregistrement à l'égard de la minute de l'acte ou des grosses et expéditions qui peuvent en être tirées. C. pr. 841.

52. Si le notaire consent à délivrer l'acte, on doit lui laisser l'ordonnance rendue par le président du tribunal. En effet, il est tenu de faire mention de cette ordonnance sur la copie, d'où il résulte qu'il doit la conserver pour en justifier dans le cas où cela deviendrait nécessaire. Carré, art. 842.

53. Lorsque le notaire ou autre dépositaire refuse de délivrer la copie à l'amiable, on le somme d'en faire la délivrance, et, faute par lui d'obtempérer à la réquisition, il est statué en référé sur la contestation. C. pr. 843; Pigeau, *ibid.*

54. Dans ce cas, c'est la partie qui réclame la copie qui doit introduire le référé. Jusqu'à preuve contraire, le refus du notaire est réputé légitime. Carré, art. 843.

55. Si le refus est déclaré mal fondé, le notaire peut être condamné à des dommages-intérêts. Carré, n° 2868.

56. Mais ils ne peuvent être prononcés par corps en référé. Arg. C. civ. 2067.

ART. 3. — *Cas où l'on veut avoir une seconde grosse.*

57. Le créancier peut avoir besoin d'une seconde grosse, soit parce que la première a été adirée, soit parce que la créance, qui appartenait d'abord à une seule personne, se trouve dévolue à plusieurs par un partage fait entre les héritiers des créanciers primitifs, ou par une transmission de la créance à plusieurs cessionnaires. Pigeau, 2, 381. — Soit enfin parce que la dette, qui n'obligeait d'abord qu'un seul débiteur, se trouve divisée entre ses héritiers. Toullier, 8, 452; Rolland, v° *Ampliation*, n° 1-2°.

58. Cette seconde grosse est délivrée sur la minute de l'acte ou par forme d'ampliation sur la première grosse déposée entre les mains de l'officier public, ce qui a surtout lieu lorsque d'un seul créancier la créance est dévolue à plusieurs, et que celui d'entre eux resté détenteur du titre consent à en faire le dépôt. C. pr. 844, 854; Pigeau, *ib.*

59. Dans l'usage, le notaire ne se fait assister ni d'un collègue ni de deux témoins. Duranton, 13, n° 63 : Rolland, v° *Grosse*, n° 117.

60. La délivrance de la seconde grosse ne peut être faite que du consentement du débiteur ou lui dûment appelé. La première grosse, en effet, a pu lui être remise par suite de sa libération, et la délivrance d'une seconde grosse l'exposerait à des poursuites qu'il doit être à même de prévenir. Pigeau, *ibid.*

61. Ne doit pas être considérée comme seconde grosse, celle délivrée depuis que la première a été annulée pour vice de forme par un jugement passé en forme de chose jugée. —V. *inf.*, n° 88.

62. Lorsque les parties intéressées consentent à la délivrance, elle a lieu sans difficulté. — Et sans ordonnance du juge.

63. Le consentement doit être en forme authentique. Toullier, 8, n°s 453, 454 ; Duranton, 13, n° 62.

64. Le notaire ou le greffier doit dresser un procès-verbal qui constate la demande d'une seconde grosse et la délivrance qui en est faite en vertu du consentement, lequel est annexé au procès-verbal s'il a été donné par acte séparé. Rolland, v° *Grosse*, n° 90.

65. Au cas de refus du débiteur, le créancier présente (par le ministère d'un avoué) requête au président du trib de 1re inst., à l'effet d'obtenir l'autorisation de se faire délivrer une seconde grosse. C. pr. 844.—V. *Grosse (seconde.)*

66. Le juge compétent est celui du trib. du domicile du défendeur et non celui de la résidence du notaire ; les règles générales sur la compétence doivent être suivies à moins d'une dérogation expresse de la loi. Pau, 31 août 1837, Dev. 39, 468. — *Contrà*, Toullier, 8, n° 455, Rolland, v° *Grosse*, n° 94.

67. Le juge, s'il y a lieu d'autoriser la délivrance de la seconde grosse, rend une ordonnance conforme à la requête. C. pr. 844.

On n'exige pas que les autres parties soient présentes ou appelées à la délivrance de l'ordonnance. Rennes, 8 déc. 1824, Dev. 7, 457 ; Chauveau sur Carré, n° 2871 *bis*.

68. En vertu de cette ordonnance, la partie poursuivante fait sommation au notaire dépositaire de la minute, s'il s'agit d'un acte authentique ; au greffier, s'il s'agit d'un jugement, de faire la délivrance à jour et heure indiqués; et aux parties intéressées d'y être présentes. C. pr. 844, 854.

69. A Paris, la sommation est faite par un huissier, commis par le président, ou par l'huissier de la justice de paix du domicile, pour les parties non domiciliées à Paris. De Belleyme, 1, 35.

70. L'original de la sommation donnée au notaire est visé par lui. Carré, n° 2871. — V. toutefois *sup.*, n° 31.

71. On ne peut jamais se dispenser d'appeler les parties intéressées (*le débiteur*, notamment lorsqu'il s'agit d'un jugement de condamnation). Arg. C. pr 844, 854.— Une ordonn. du président qui autoriserait purement et simplement cette délivrance serait irrégulière. Paris, 17 therm. an 13, S. 5, 171.

72. La sommation doit laisser au dépositaire de la minute un temps moral suffisant pour satisfaire à ce qu'on lui demande, et aux parties un délai suffisant pour se rendre chez le notaire. Les auteurs pensent généralement que ce délai ne peut être moindre d'un jour, augmenté d'un jour par trois myriamètres, conformément à l'art. 1033. Carré, art. 845.

73. L'ordonn. de 1667, sur la procédure, accordait aux parties une heure de surséance pour comparaître ; quoique le C. de pr. n'ait pas renouvelé cette disposition, il est encore d'usage de l'observer aujourd'hui. Demiau, art. 850. — M. Rolland, v° *Grosse*, n° 102, accorde même trois heures.

74. En cas de contestation, le dépositaire, en dresse procès-verbal et déclare qu'il délaisse les parties à se pourvoir. Carré, n° 2873.

75. Le notaire ne peut en référer lui-même au juge, ni consigner sur son procès-verbal l'ordonn. rendue. C'est à la partie la plus diligente à assigner son adversaire en référé, en suivant les formes ordinaires de cette procédure. Pigeau, *ib.*; Carré, art. 843.

76. Le président peut statuer en référé, lors même qu'une question de libération ou de prescription est soulevée par le débiteur. Paris, 31 août 1837, Dev. 39, 468.

77. Mais il a la faculté de renvoyer à l'audience s'il le juge convenable. *Même arrêt*. Carré, art. 845 ; Demiau, *ib.*; Hautefeuille, p. 473. — *Contrà*, Delaporte, t. 2, p. 396 ; Prat., t. 5, p. 105.

78. S'il y a renvoi à l'audience, l'affaire est jugée sommairement. Carré, *ib.* — *Contrà*, Demiau, *ib.*

79. La demande en délivrance d'une seconde grosse, faite dans l'intérêt de l'État, par les préposés de la régie, doit être poursuivie par simple mémoire, sans ministère d'avoué. Rolland, *ib.* 124.

80. La demande ne peut être rejetée par des présomptions de payement non établies par la loi. Cass. 20 mars 1826, P. 20, 312.

81. Si la délivrance de la seconde grosse est ordonnée, le poursuivant doit faire signifier copie de l'ordonnance ou du jugement au dépositaire, avec certificat qu'il n'est survenu ni opposition, ni appel. Arg., C. pr. 548. — Et sommation de faire cette délivrance. Rolland, v° *Grosse*, n° 113.

82. La demande en délivrance d'une seconde grosse est soumise aux deux degrés de juridiction, alors même que le montant de l'obligation n'excéderait pas 1500 fr. — Arg. Bordeaux, 20 janv. 1831, P. 23, 1135. — V. *sup.*, n° 40.

83. Le notaire peut refuser de délivrer une seconde grosse, tant que les frais de la minute ou ceux de la première grosse lui sont dus. Paris, 27 nov. 1834. P. 26, 1069. — V. sup., n° 33.

Le greffier n'est tenu de délivrer une seconde expédition exécutoire qu'à la condition qu'il sera payé sur-le-champ des honoraires qui lui sont dus. Carré, n° 2891.

84. Toutes les fois qu'une seconde grosse est délivrée, il doit, en outre, être fait mention par une *apostille* au bas de celle-ci de l'ordonn. du juge, portant autorisation d'en faire la délivrance. C. pr. 844.

Toutefois l'art. 26, loi 25 vent. an 11, semble décider qu'il suffit d'annexer à la minute de l'acte, dont il est demandé une seconde grosse, le jugement qui en autorise la délivrance, ainsi que les exploits de signification et de sommation faits au notaire de faire mention sur la minute de ses différents actes en même temps que de la délivrance de la seconde grosse. Rolland, *ib.*, n° 115. — Suivant MM. Toullier, 8, n° 458 ; Rolland, *ib.* n° 119, Le notaire doit expédier en outre, soit le procès-verbal même, soit une expédition du procès-verbal.

85. Lorsque la créance est éteinte en partie ou n'appartient que pour portion à celui qui réclame une seconde grosse, le débiteur ne peut pas s'opposer, par ce motif, à la délivrance. Il a seulement le droit d'exiger qu'il soit fait mention, par une *apostille* au bas de la seconde grosse, de la somme qui reste due, et jusqu'à concurrence de laquelle on pourra exécuter. C. pr. 844, Pigeau, *ib.*

Et le dépositaire doit interpeller les parties à cet égard. Rolland, *ib.*, n° 121.

86. Les procès-verbaux dressés par les notaires dans le cours de la procédure doivent être revêtus de toutes les formalités prescrites pour l'authenticité des actes notariés. Toullier, 8, n° 458 ; Rolland, v° *Grosse*, n° 147.

87. Les mêmes formalités doivent être observées à l'égard d'une troisième grosse et autres subséquentes.

88. Les actes d'exécution, exercés en vertu d'une seconde grosse, sans que les formalités prescrites par l'art. 844 C. pr. aient été observées, sont nuls — argum. Cass. 24 mars 1835 (Art. 24 J. Pr.). Encore bien que la première grosse délivrée n'ait pas été revêtue de la formule exécutoire. Cass. 23 août 1826, P. 20, 835.

§ 3. — *Timbre et enregistrement.*

89. *Timbre* — Toutes les copies d'actes publics doivent être délivrées sur papier timbré.

90. Les copies et grosses délivrées par les notaires et autres officiers publics des actes et pièces dont ils sont dépositaires ne peuvent être écrites sur papier timbré, d'une dimension inférieure à celle du moyen papier, au prix de 1 fr. 25 c. la feuille. L. 13 brum. an 7, art. 12 et 19.

91. Les copies ne peuvent contenir plus de 35 lignes par page de petit papier, 40 lignes par page de moyen papier, et 50 lignes par page de grand papier, à peine de 25 fr. d'amende contre le fonctionnaire qui les a signées. Décr. 29 août 1813.

92. Le procès-verbal de délivrance d'une seconde grosse ne peut être écrit sur la même feuille de papier timbré que l'acte dont on délivre la grosse, à peine de 20 fr. d'amende. L. 13 brum. an 7, art. 23 et 26 et 16 juin 1824, art. 10.

93. *Enregistrement.* — Les copies, grosses ou expéditions délivrées d'après des minutes d'actes enregistrés, et par les officiers qui les ont en dépôt, ne sont pas sujettes à l'enregistrement. L. 22 frim. an 7, art. 8, Dev. 10, 479.

94. Le procès-verbal de délivrance d'une seconde grosse, par ampliation, est assujetti au droit fixe de 2 fr. L. 28 avr. 1816, art. 43, n° 16.

— V. d'ailleurs *sup.*, n° 51.

§ 4. — *Formules.*

FORMULE I.

Requête à fin d'assigner le dépositaire qui refuse copie d'un acte.

(C. pr. 839. — Tarif 78. — Coût, 7 fr. 50 c.)

A M. le président du tribunal de

Le sieur   ; demeurant à   , ayant Me pour avoué ;

A l'honneur de vous exposer que, par acte passé devant Me et son confrère, notaires à   le   , dûment enregistré, il a vendu au sieur   une maison et dépendances sises à   moyennant la somme principale de   , mais qu'encore que cet acte soit parfait, et que tous les droits et honoraires légitimement dus, soient payés audit Me   , notaire, celui-ci refuse d'en délivrer une expédition à l'exposant.

Pourquoi il vous plaira, M. le président, permettre audit exposant de faire assigner ledit Me   à comparaître, à trois jours, à l'audience du tribunal de

Pour, attendu que toute personne a le droit de se faire délivrer une expédition d'un contrat où elle est partie, se voir ledit Me   condamner, même par corps, à délivrer au requérant, dans les trois jours de la signification du jugement à intervenir une expédition dûment en forme, de l'acte dont il s'agit, contenant vente par ledit sieur   au sieur   , d'une maison sise à   ; enregistré, se réservant de réclamer tels dommages-intérêts qu'il appartiendra; et vous ferez justice.

(*Signature de l'avoué.*)

FORMULE II.

Assignation au notaire à l'effet d'obtenir copie de l'acte parfait.

(C. pr. 839. — Tarif, 29. — Coût, 2 fr. orig., 50 c. copie.)

Cette assignation est donnée dans la forme ordinaire des ajournements

à bref délai. Le demandeur conclut à ce qu'on lui adjuge les conclusions par lui prises dans la requête.— V. *Ajournement, formule* II.

FORMULE III.

Requête à fin d'obtenir une seconde grosse.

(C. pr. 844. — Tarif, 78. — Coût, 7 fr. 50 c.)

A M. le président du tribunal de
Le sieur   , demeurant à
A l'honneur de vous exposer que le sieur   , demeurant
à   , est son débiteur d'une somme de   , faisant avec
celle de   déjà payée, la somme totale de   , montant
d'une obligation par lui souscrite, par acte passé devant Me
qui en a la minute, et son collègue, notaire à   le
dûment enregistré, mais que la grosse de cette obligation a été perdue par
l'exposant :
Pourquoi il requiert qu'il vous plaise, M. le président, lui permettre de
se faire délivrer une seconde grosse de l'obligation dont il s'agit, parties
intéressées présentes ou dûment appelées, en faisant mention de votre ordonnance, et que ladite grosse ne sera exécutée que pour
le surplus de l'obligation étant acquitté ; et vous ferez justice.
(*Signature de l'avoué.*)

Ordonnance. — Nous, président du tribunal
Vu la requête ci-dessus et les art. 844 et 854 C. pr. — Permettons à l'exposant de se faire délivrer une seconde grosse de l'acte susénoncé par
Me   , parties présentes ou dûment appelées, par
huissier audiencier (*ou* l'huissier du domicile du débiteur), et en cas de difficultés, il nous en sera référé.
Fait à   (*Signature du président.*)

FORMULE IV.

Sommation au notaire de délivrer une seconde grosse, et aux parties intéressées
d'être présentes à la délivrance.

(C. pr. 844. — Tarif, 29. — Coût, 2 fr. orig., 50 c. copie.)

L'an, etc., en vertu de l'ordonnance rendue par M. le président du tribunal de   , le   , dûment enregistrée, étant au bas
de la requête à lui présentée le même jour, desquelles requête et ordonnance,
il est avec celle des présentes donné copie ; et à la requête du sieur
demeurant à   j'ai, etc., soussigné, fait sommation, 1° à Me
notaire à   y demeurant, en son domicile, en parlant à
2° au sieur   , demeurant à   , etc.,
De, à l'égard de Me   , notaire, se trouver en son étude, mardi
prochain,   heure de   , à l'effet de délivrer au requérant une seconde grosse, dûment en forme, d'un acte passé
devant lui et son collègue, notaires, le   dûment enregistré,
portant obligation, au profit du requérant, par le sieur   de la
somme de   , et de faire mention dans ladite seconde grosse qu'elle
ne sera exécutoire que pour   , le surplus étant acquitté, et qu'elle
a été délivrée en vertu de l'ordonnance susdatée :
Et à l'égard du sieur   , de se trouver ledit jour, mardi prochain,   heure de   , en l'étude dudit Me
sise à   pour, si bon lui semble, être présent à la délivrance
qui sera faite au requérant de la seconde grosse de l'acte susdaté, avec les
mentions susdites,
Déclarant aux susnommés que, faute par ledit Me   , notaire,
de délivrer ladite seconde grosse, il y sera contraint par corps, et à l'égard
du sieur   qu'il sera, tant en son absence qu'en sa présence, procédé
à la délivrance de la grosse dont il s'agit. A ce que du tout chacun des sus

nommés n'ignore, et je leur ai, en leur dit domicile et parlant comme dessus, laissé, à chacun séparément, copie, tant desdites requête et ordonnance sus-énoncées, que du présent, dont le coût est de

(Signature de l'huissier.)

FORMULE V.

Procès-verbal de délivrance de seconde grosse

Arg. C. Pr. 844. — Tarif 168. — Coût par vacation de trois heures, 9 fr.)

L'an   , le   , heure du matin, en l'étude de M^e   no-taire, et devant son collègue et lui, est comparu M.   , assisté de M^e   , son avoué, lequel a dit qu'il est créancier du sieur   , en vertu d'une obligation passée devant ledit notaire, en date du   , sur laquelle il lui reste dû la somme de   , que la grosse de cette obligation ayant été perdue, il a obtenu permission de se faire délivrer une seconde grosse, en vertu d'une ordonnance de M. le président du tribunal   , en date du   , dûment enregistrée, étant au bas de la re-quête à lui présentée le même jour.

Qu'en conséquence de cette ordonnance, il a fait sommation au sieur   par exploit de   , en date du   , de se trouver à ces jour, lieu et heure pour être présent à la délivrance qui lui serait faite de la grosse dont il s'agit, avec mention de la somme à lui restant due.

Et le comparant a signé, après lecture faite, avec M^e   , son avoué.

(Signatures.)

Et à l'instant est comparu le sieur   , lequel a dit qu'il ne s'opposait pas à la délivrance de la seconde grosse de l'acte sus-énoncé.

Sur quoi les notaires soussignés ont donné acte aux comparants de leurs dires et réquisitions : et, attendu que le sieur   ne s'oppose pas à la délivrance de la seconde grosse dont s'agit (1).

Et le notaire soussigné, détenteur de la minute, a délivré à l'instant au sieur   une seconde grosse de l'acte reçu par M^e   , le   , avec mention de l'ordonnance de M. le président susdatée, et que ladite grosse ne sera exécutoire que pour la somme de   , le surplus étant acquitté (2).

De tout ce que dessus les notaires soussignés ont dressé le présent procès-verbal, auquel sont demeurés annexés l'ordonnance et l'exploit de somma-tion susdatés après avoir fait mention de leur annexe.

Et il a été vaqué depuis l'heure de   jusqu'à celle de   , au pré-sent procès-verbal, qui a été signé par les comparants et les notaires sous-signés.

(Signatures.)

NOTA. Les requêtes, sommations et assignations, à l'effet d'avoir copie d'un acte resté imparfait ou non enregistré, sont faites dans la même forme que celles tendantes à la délivrance d'une seconde grosse.

COPIES DE PIÈCES On appelle ainsi les copies signifiées en tête d'un exploit, ou d'un acte d'avoué à avoué, soit dans une instance, soit par acte extrajudiciaire.

Table sommaire.

---

(1) Au cas de défaut, on met. — et après avoir attendu depuis l'heure de   jusqu'à celle de   , sans que le sieur   ait comparu, ni personne pour lui, les notaires soussignés ont donné défaut contre lui, et obtempérant à la réquisition du sieur   etc.

(2) Si le débiteur s'oppose à la délivrance de la seconde grosse, les notaires constatent les moyens d'opposition du débiteur et la réponse du créancier et ils délaissent les parties à se pourvoir comme elles aviseront.

1. Tout demandeur est tenu de donner avec l'exploit introductif d'instance copie des pièces ou de la partie des pièces sur lesquelles la demande est formée. — V. *Ajournement*, nos 87 et suiv.

2. Le défendeur qui a égaré les copies à lui signifiées, peut en réclamer à ses frais. Berriat, 1, 234.

3. Les copies de pièces doivent être correctes et lisibles, à peine de rejet de la taxe. Tarif, art. 28.

Depuis l'art. 20, loi du 2 juillet 1862, sur le timbre (7782), les copies doivent être sans abréviations.

4. L'huissier qui signifie des copies illisibles est passible de l'amende de 25 fr., sauf son recours contre l'avoué qui les a faites. Décr. 29 août 1813, art. 2; Cass. 11 août 1835, 29 fév., 21 avr., 8 nov. 1836 (Art. 199, 402, 562, 676 J. Pr.).

5. Les copies de pièces faites sur petit, moyen et grand papier, ne doivent contenir que le nombre de lignes fixé pour toutes les autres copies d'actes, jugement et pièces faites par les huissiers;

c'est-à-dire, sur le petit papier, pas plus de trente lignes à la page et de trente syllabes à la ligne ; — sur le moyen papier, pas plus de trente-cinq lignes à la page et de trente-cinq syllabes à la ligne. Décret du 30 juil. 1862 (7808). — V. *Timbre*, 18.

6. L'huissier qui contrevient à cette règle est passible d'une amende de vingt-cinq francs. L. 2 juillet 1862, art. 20.

Quid si ces écritures sont signées par un avoué ? — V. *inf.*, n° 9, et *Timbre*, n° 18.

La poursuite pour contravention contre un huissier qui avait mis plus de trente-cinq lignes à la page dans la copie d'un procès-verbal de saisie immobilière laissée au greffe d'une justice de paix (avant la nouvelle loi sur les ventes), a été déclarée non recevable, par le motif qu'il s'était écoulé plus de deux ans depuis le jour où l'original constatant la remise au greffe de la copie irrégulière avait été enregistré. Cass. 7 août 1844 (Art. 2909 J. Pr.).

7. La règle ci-dessus (—V. n° 5) s'applique aux copies d'exploits comme aux copies de pièces. Trib. de la Seine, 8ᵉ ch., 21 déc. 1837 ; 1ᵉʳ fév. 1838 (Art. 1047 J. Pr.). Cass. 10 janv. 1838 (Art. 1107 J. Pr.). — V. art. 3114 J. Pr.

8. Il y a contravention, lors même que l'huissier écrit sur la longueur d'une feuille de timbre, au lieu de le faire dans la largeur, si d'après un calcul de proportion la copie dépasse 35 lignes. Amiens, 13 juill. 1837 (Art. 1147 J. Pr.).

9. Les huissiers n'ont pas le droit de supprimer les copies de pièces qui leur sont remises par les avoués, d'en faire de nouvelles et d'en réclamer l'émolument, sous prétexte que ces copies contiennent plus de 35 lignes à la page ; dans ce cas, les avoués sont responsables de la contravention, si elle existe. Délib. rég. du 9 nov. 1832 ; Cass. 22 mai 1834. trib. Grenoble, 24 juil. 44 (4, 311 5

10. Les copies de pièces sont signées suivant les circonstances, par un avoué ou par un huissier qui répond de leur exactitude. Tarif, 28, 72.

11. Les avoués ont-ils, concurremment avec les huissiers, et sans distinction, le droit de certifier toutes les copies de pièces et d'en percevoir les émoluments ?

En faveur des avoués on invoque les art. 28 et 72 du décret du 16 fév. 1807, portant que le droit de toute copie de pièces ou jugements appartient à l'avoué qui a fait ces copies à la charge de les signer, et de répondre de leur exactitude. — Les lois constitutives de l'institution des avoués et des huissiers, ajoute-t-on, ne contenaient aucune disposition relative aux copies de pièces, mais le tarif a résolu la question par le principe dérivant de la nature même des choses, en accordant le droit de copie de pièces à celui qui en est le dépositaire, par suite de la confiance que la partie peut avoir dans l'officier ministériel qu'elle a choisi. — Souvent le sort d'une contestation et l'exécution d'un jugement dépendent de la régularité des actes et des significations qui on; précédé et suivi l'instance ; aussi la loi reconnaissant l'usage presque général où sont les parties de faire reposer leur confiance exclusive dans leur avoué, lui a accordé un droit de consultation, et lui a imposé l'obligation d'occuper pendant un an après l'instance terminée. L'avoué a donc un caractère légal hors de l'instance, et sans faire d'acte de postulation (Arg. C. pr. 492, 548, 1038.—Enfin, aucun article du tarif n'autorisant l'huissier à certifier les copies de pièces autres que celles qui sont en tête de l'exploit qu'il signifie, l'avoué dépositaire des titres serait souvent obligé de les envoyer dans les divers arrondissements, pour en faire faire les copies, ce qui, indépendamment des inconvénients qui pourraient en résulter, exposerait à des déchéances ; la concurrence accordée aux avoués est donc non-seulement prescrite par la loi, mais est encore justifiée tout à la fois par l'usage et l'intérêt des parties. Consultation de M. de Vatimesnil, D. 32, 1, 228; Paris, 9 fév. 1833, D. 33, 170 ; 5 août 1834 (Art. 4 J. Pr.).

Toutefois, on répond dans l'intérêt des huissiers : La loi exigeant que les copies de pièces soient signées par un officier public qui leur donne l'authenticité, et non par un simple mandataire des parties, il en résulte évidemment qu'elles ne peuvent, en général, être certifiées que par l'huissier qui est seul compétent pour faire l'acte, dont elles sont en quelque sorte le complément.—C'est par exception, et seulement pour les actes signifiés dans le cours d'une instance, que la faculté de s'immiscer dans un acte d'huissier par une copie de pièces à signifier avec cet acte, a été accordée à l'avoué. Entre la profession des huissiers et celle des avoués appelés comme eux à coopérer dans un ordre différent à l'administration de la justice, il existe des points de contact et d'affinité qui peuvent faire admettre dans un seul et même acte le concours de l'huissier et de l'avoué, parce que la signification qui est le droit exclusif de l'un, sera celle d'un acte qui aura dû sa naissance à la postulation, qui est le droit exclusif de l'autre. — Mais en dehors de l'instance dans laquelle il est constitué, l'avoué n'est plus qu'un simple particulier, qui ne peut avoir ni droit ni qualité de s'interposer entre la partie et l'huissier, et de restreindre les droits accordés à ce dernier pour les actes de son ministère. — Vainement on argumente des art. 28 et 72 du tarif; ce décret, uniquement destiné à fixer les émoluments dus aux officiers ministériels, ne saurait en effet déroger aux lois de leur organisation, et modifier les droits qui leur ont été conférés par elles. Motifs cass. 19 janv. 1836 (Art. 304 J. Pr.).

Cette distinction, adoptée par plusieurs Cours royales, a été consacrée par la Cour de cassation, notamment le 5 déc. 1832, D. 33, 100, en ces termes : — « Attendu que les articles invoqués du tarif, exactement analysés, se réduisent à dire que le droit de copie de pièces appartient, soit à l'avoué, soit à l'huissier, selon que cette copie a été faite par l'un ou par l'autre : mais que la question à résoudre, qui est celle de savoir dans quel cas l'avoué a, privativement à l'huissier, qualité pour faire cette copie de pièces, n'est pas décidée par ces articles, et doit être résolue par les principes résultant de la nature même des choses, et celle des actes dont la copie de pièces est le complément ; — Attendu qu'un principe fondé sur la nature même des choses est que l'accessoire suive la nature du principal, et par conséquent que l'officier ministériel à qui la loi confère le droit exclusif de faire un acte, ait exclusivement aussi le droit de faire la copie de pièces que la loi déclare partie intégrante, et qu'on doit considérer comme complément de ce même acte. Rejette. » Metz, 23 nov. 1830, D. 31, 150 ; Rouen, 20 janv. 1830, D. 30, 92 ; Cass., Req., 24 août 1831, D. 31, 278 ; 22 mai 1832, et 5 déc. 1832, D. 33, 160, D. 32, 228 ; Consultation de M. Montigny, D. 32, 1, 228. Art. 3205.

En résumé, les copies de pièces peuvent être divisées en deux classes : — 1° celles qui appartiennent exclusivement aux huissiers ; ce sont celles qui se rattachent à des actes purement extrajudiciaires ou à des instances devant des juridictions où les avoués ne peuvent postuler ; — 2° celles pour lesquelles il y a concurrence entre les huissiers et les avoués : ce sont les copies qui se rattachent tout à la fois à un acte de postulation et à une signification d'huissier. — V. Rej. 8 juin 1852 (5148).

12. Ainsi, les huissiers ont un *droit exclusif* aux copies de pièces données en tête :

1° D'une citation en conciliation devant le juge de paix. Cet acte est tellement en dehors de l'instance, qu'il a pour but d'empêcher le procès. Cass. 22 mai 1832, P. 24, 1076.

13. 2° D'une citation en justice de paix (ou devant le tribunal de simple police). Le ministère des avoués n'est pas admis devant cette juridiction. Arg. Cass. 22 mai 1838 (Art. 1212 J. Pr.).

Même décision pour un acte d'instruction, — ou pour la signification de jugements émanés de cette juridiction. Arg. *Même arrêt.*

14. 3° De tous exploits relatifs à la juridiction des prud'hommes, y compris la signification du jugement.

15. 4° D'une assignation devant le trib. de commerce. Peu importe qu'il s'agisse d'une demande principale ou en garantie. Arg. Paris, 19 janv. 1837, P. 37, 1, 459 ; Cass. 22 mai 1838 (Art. 1212 J. Pr.). Trib. Grenoble, 24 juill. 1844, art. 3115.

Même décision pour l'assignation à témoins en matière commerciale. Paris, 19 janv. 1837, 29 mai 1837, P. 37, 1, 459. — Et pour la signification du jugement du trib. de commerce. Amiens, 24 nov. 1836 (Art. 654 J. Pr.) ; Paris, 29 mai 1837 ; Cass. 22 mai 1838 (Art. 1212 J. Pr.).

16. 5° D'actes relatifs à un arbitrage ; ce qui comprend la sommation aux arbitres ou experts. Paris, 19 janv., 29 mai 1837, P. 37, 1, 459 ; — et la signification de la sentence arbitrale.

17. 6° Du commandement tendant à toute espèce d'exécution, Ordon. 10 oct. 1841, art. 3, § 3. Rapport (Art. 2031 J. Pr. p. 389.). — Cass. 5 déc. 1832, P. 24, 1619 ; Amiens, 24 nov. 1836 (Art. 654 J. Pr.). — Le commandement est un acte extrajudiciaire, tendant à une exécution qui peut amener une instance ou être la suite du jugement, mais qui ne tient pas à l'instance même. — V. d'ailleurs *Compétence des tribunaux civils*, n° 69.

Ainsi jugé à l'égard d'un commandement tendant à saisie immobilière. Amiens, 24 nov. 1836 ; Cass. 22 mai 1838 (Art. 1212 J. Pr.) ; Arg. Cass. 5 déc. 1832, P. 24, 1619 ; Rouen, 20 janv. 1830, P. 23, 77 ; Cass. 28 nov. 1837, P. 1838, 1, 326. — Et à contrainte par corps. Cass. 22 mai 1838. — V. art. 3 ord. 1841.

18. 7° De l'exploit de saisie-arrêt formée en vertu d'un titre : il n'y a pas encore instance. Trib. Meaux, 28 mars 1832 (Art. 304 J. Pr.). — V. toutefois *inf.*, n° 34.

19. 8° De la dénonciation d'une saisie-exécution : le procès-verbal de saisie ne constitue pas une instance.

20. 9° De la notification de la saisie-brandon. — V. d'ailleurs *Saisie-gagerie*, n° 28.

21. 10° De la signification d'un titre exécutoire contre le défunt à l'héritier (C. civ. 877). Il n'y a là aucune instance et aucun lieu à constitution d'avoué.

22. 11° D'une signification de transport. Cet acte est extrajudiciaire. Cass. 22 mai 1838 (Art. 1212 J. Pr.).

23. 12° De la sommation faite au tiers détenteur de payer ou délaisser. Il n'y a là qu'un acte extrajudiciaire. Il n'existe aucune instance.

24. 13° Des procès-verbaux d'offres réelles. Il n'y a pas encore d'instance. — V. toutefois *inf.*, n° 25.

25. Mais il y a *concurrence* entre les avoués et les huissiers, — pour les copies de pièces relatives :

1° A l'exploit d'ajournement devant le tribunal civil : cet acte fait partie essentielle de l'instance ; il renferme constitution d'avoué. Cass. 22 mai 1834 (Art. 4 J. Pr.).

Spécialement à une demande en partage. Amiens, 24 nov. 1836 (Art. 654 J. Pr.). — Ou en validité d'offres réelles. Arg. Cass. 22 mai 1838 (Art. 1212 J. Pr.). — Ou à une assignation en reprise d'instance. *Même arret.*

26. 2° A la sommation au conjoint, en vertu de l'ordonnance du président, délivrée à l'époux demandeur en séparation de corps : cette ordonnance est obtenue par l'avoué. Il a donc qualité pour en certifier la copie. Cass. 22 mai 1838 (Art. 1212 J. Pr.).

27. 3° Aux actes d'instruction concernant l'instance, tels que sommations d'assister à une expertise ordonnée par le trib. civil, ou de prendre communication d'un rapport déposé au greffe. L'instance est pendante, bien qu'interrompue par les opérations d'expertise. Le tarif, art. 91, alloue même des vacations à l'avoué pour assister à l'expertise.

28. 4° A la signification de mémoires en demande ou réponse en matière d'enregistrement, s'il y a avoué en cause.

Vainement les huissiers, pour exclure les avoués, argumentent d'un arrêt de Cass. du 26 mars 1827, Dev. 8, 556, qui décharge la régie des honoraires de l'avoué constitué par l'adversaire. — Mais, peu importe, ces honoraires seront payés par la partie. — V. *Avoué*, n° 91.

29. 5° A la signification d'un jugement contradictoire ou par défaut rendu par un trib. civil : le jugement est le complément de l'instance ; il n'est censé exister qu'après qu'il a été signifié : la signification fait donc partie essentielle de l'instance. Cass. 22 mai 1838 (1212) — V. 3063 et 4435, 7035.

30. Peu importe que cette signification n'ait lieu qu'une année après la prononciation du jugement. — Vainement les huissiers, pour exclure les avoués, argumentent de l'art. 1038 C. pr., qui ne permet plus, après l'année, d'occuper sur l'exécution d'un jugement sans nouveaux pouvoirs. — La signification est une suite nécessaire plutôt qu'une exécution du jugement, elle est valablement dirigée par l'avoué à quelque époque que ce soit. Arg. Rouen, 20 janv. 1830, P. 23, 77 : Cass. 22 mai 1834 (Art. 4 J. Pr.). Limoges, 9 avr. 1845 (Art. 3205 J. Pr.)

31. 6° A la signification du jugement par défaut, profit joint en tête de la réassignation : il y a ici deux actes qui l'un et l'autre font partie de l'instance.

32. 7° A la signification des ordonnances exécutées sur minute, lorsqu'elles ont été obtenues par l'avoué. — Il a qualité pour en diriger la signification, alors même que son ministère est facultatif. — V. *inf.*, n°s 39 et suiv.

33. 8° Aux notifications pour la purge des hypothèques inscrites : — cette purge (à la différence de la purge légale. — V. *inf.*, n° 45), constitue une véritable procédure judiciaire dont la présentation de la requête est le premier acte, la surenchère un incident, et l'ordonnance de clôture définitive la fin.

Les avoués ont le *droit exclusif* de composer l'original de l'extrait prescrit par l'art. 2183 C. civ. et qui se trouve en tête des notifications. Arg. Tarif 143. Orléans, 21 novembre 1844. (Art. 2968 J. pr.), arrêt infirmatif d'un jugement du trib. de Tours du 4 juill. 1844 (Art. 2847 J. Pr.). — Arg. Nancy, 3 juill. 1834, Cass. 22 mai 1838 ; 20 août 1845, Art. 3152. — *Contrà*, consultation de M. Duvergier (Art. 2968 J. Pr.), Devilleneuve, 1844, 2, 541 note. Arg. Orléans, 14 mars 1844 (Art. 2783 J. Pr.).

—Un huissier qui avait composé et signé l'original de l'extrait dont il s'agit a été condamné pour ce fait à des dommages-intérêts au profit de la compagnie des avoués. Orléans, 21 nov. 1844.

Il a même été jugé que le droit de certifier les copies de cet extrait et de percevoir les émoluments appartenait aux avoués seuls, à l'exclusion des huissiers. Trib. de Versailles, 9 fév. 1844 (Art. 2967 J. Pr.). —V. d'ailleurs Amiens, 24 nov. 1836 (Art. 654 J. Pr. et nos observations sur l'arrêt de Paris, du 5 août 1834 (Art. 2847, p. 328, note 2).

34. 9° A la signification des requête et ordonnance en tête d'un exploit de saisie-arrêt. Amiens, 24 nov. 1836 (Art. 654 J. Pr.).—*Contrà*, trib. de Meaux, 28 mars 1832 (Art. 304 J. Pr.). L'obtention de l'ordonnance portant permis de saisie-arrêt est du ministère de l'avoué. La dénonciation contient demande en validité et constitution d'avoué; ainsi l'instance est engagée.

Même solution pour la dénonciation et la contre-dénonciation de la saisie-arrêt.

La dénonciation contient demande en validité, elle commence l'instance; d'ailleurs, s'il y a titre, la contre-dénonciation contient l'assignation en déclaration affirmative, et constitution d'avoué.—V. Nantes, 27 mai 1846 (Art. 3456 J. Pr.)

35. 10° A la dénonciation d'une saisie-gagerie, — si l'exploit renferme assignation en validité.

36. 11° A la signification des procès-verbaux de saisie immobilière. — Du jugement d'adjudication. — Dès qu'il y a saisie immobilière, il y a avoué constitué et instance. Cass., 22 mai 1838, P. 38, 2, 246.

37. 12° A la signification de l'ordonnance d'ouverture d'un procès-verbal d'ordre, en tête de la sommation de produire ; — et du bordereau de collocation : l'avoué est constitué pour poursuivre l'ordre qui est une espèce d'instance. Cass., 22 mai 1838 — V. toutefois Rej. 8 juin 1852 (5148).•

Même solution pour le cas de distribution par contribution.

38. 13° A la signification de tous actes qui considérés isolément seraient extrajudiciaires, mais qui se rattachent plus ou moins directement à une instance civile. Arg. — V. *Inf.*, n° 44.

39. 14° Enfin à la signification des actes concernant des procédures où l'intermédiaire de l'avoué comme officier ministériel, sans être obligatoire, est facultatif; si le ministère de l'avoué a été employé dans des cas analogues, le tarif, art. 93, lui alloue des émoluments.

40. Ainsi la concurrence existe entre les huissiers et les avoués :

Pour les copies signifiées en tête : 1° d'une assignation en référé, lorsqu'il y a un avoué constitué. Amiens, 24 nov. 1836; Cass. 22 mai 1838 (Art. 654 et 1212 J. Pr.).

41. 2° D'exploits en matière d'expropriation pour cause d'utilité publique, lorsqu'un avoué a été constitué.

42. 3° D'une assignation ou d'un jugement en police correctionnelle, lorsqu'elle renferme constitution d'avoué. Cass., 22 mai 1838, P. 1838, 2, 246. — V. *Avoué*, n° 106.

Vainement les huissiers argumentent contre cette solution des arrêts de cass. des 17 fév. 1826; 26 mars 1827, 7 avril 1837. — Mais ces arrêts reconnaissent seulement que le ministère des avoués est facultatif dans ces matières. — Et une circulaire du min. de la justice, du 10 avril 1813, déclare que s'ils sont employés, la taxe a lieu comme en matière civile. Dev., 8, 231; Legraverend, 2, ch. 4, p. 390.

43. 4° Des actes signifiés à l'occasion d'un procès en cour d'assises, lorsqu'il y a avoué constitué. *Même arrêt.*

44. Même concurrence pour la copie des états d'inscriptions ou des oppositions à remettre à la caisse, lorsqu'un dépôt a été fait à la charge d'en donner mainlevée, — pourvu que ces copies soient fournies pendant une instance en validité d'offres réelles ou dans une procédure d'ordre; dans ces cas, il y a un avoué constitué qui a qualité pour ces copies.

45. *Quid* à l'égard de la copie de l'acte de dépôt donnée avec un exploit de notification relative à la purge légale?

Ici l'avoué n'agit que comme un simple mandataire et non comme un officier ministériel. L'acte est purement extrajudiciaire, il appartient exclusivement à l'huissier. Amiens, 24 nov. 1836; Cass. 22 mai 1838; 31 mars 1840 (Art. 654, 1212 et 1635 J. Pr.). — *Contrà*, Paris, 5 août 1834, P. 26, 845. — Ce dernier arrêt a été cassé (Art. 1212 J. Pr.).

46. Les huissiers qui abandonnent à des avoués tout ou partie des émoluments de copies de pièces rentrant dans leurs attributions exclusives, sont passibles d'une peine disciplinaire plus ou moins grave suivant les circonstances : en effet, les officiers ministériels doivent se renfermer strictement dans les limites de leurs attributions respectives, et ne pas empiéter sur les fonctions les uns des autres; ils ne doivent pas non plus favoriser de semblables empiétements : cet ordre de choses existe indépendamment de toute délibération prise par des corporations d'officiers ministériels. Les chambres de discipline ne peuvent ni le créer, ni le modifier, ni statuer par voie de disposition générale et règlémentaire. — V. *Compétence*, n° 17. — V. art. 2980 et 3919 J. Pr.

47. En cas de collusion entre un avoué et un huissier, un autre huissier pourrait-il former une action en dommages-intérêts contre son confrère pour le préjudice causé à la corporation par cette contravention? — V. *Dommages-intérêts, Intervention.*

48. Il est alloué aux officiers ministériels qui ont signé les copies de pièces, savoir : pour celles qui doivent être données avec l'exploit d'ajournement et autres actes, par rôles contenant vingt lignes à la page, et dix syllabes à la ligne, ou évalué sur ce pied, à Paris, 25 c. Partout ailleurs 20 c. Tarif, art. 28. — V. d'ailleurs pour les ventes, ordon. 10 oct. 1841, art. 3, § 3.

Pour celles données avec les défenses, ou qui peuvent être signifiées dans les causes, par rôle de vingt-cinq lignes à la page, et de douze syllabes à la ligne, ou évalué sur ce pied, à Paris, 30 c.; dans le ressort, 25 c. Tarif, art. 72. — Le droit de copie d'un arrêt est régi par les art. 89 et 147. Cass. 23 avr. 1856 (6194).

CORRESPONDANCE (droit de).

Table sommaire.

Arrondissement, 4.	Inscription de faux, 6.
Client, 4, 9, 14.	Intérêt distinct, 3.
Cour royale, 5.	Jugement, 6, — préparatoire, 8.
Défaut, 7.	Partie, 1, 2.
Désaveu, 6.	Profit joint, 8.
Désistement, 11.	Référé, 10.
Domicile, 2 et s., 15.	Requête, 9. — sommaire, 13.
Forfait, 12 et s.	Tierce opposition, 6.
Honoraire, 12.	Transaction, 11.
Incident, 6.	Voyage, 3.

1. Lorsque les parties sont domiciliées hors de l'arrondissement du tribunal, il est passé à leurs avoués pour frais de port de pièces et de correspondance par chaque jugement définitif, — à Paris, 10 fr., — dans le ressort, 7 fr. 50 c., — et par chaque interlocutoire à Paris, 5 fr., — dans le ressort, 3 fr. 75 c. Tarif, 145.

2. *Les parties.* Lorsqu'un avoué occupe pour plusieurs parties et qu'une seule a son domicile hors de l'arrondissement, le droit est dû : il y a lieu de correspondre avec cette partie. Rivoire, p. 118; Victor Fons, p. 262, n° 11.

3. Il est dû autant de droits qu'il y a de parties, si elles ont un intérêt distinct, quoique non opposé, — ou bien si le domicile de chacune d'elles est dans un arrondissement différent et autre que celui du tribunal. — C'est ainsi que plusieurs parties agissant conjointement peuvent réclamer chacune les frais de son voyage, s'il y a entre elles division d'intérêts. Rivoire, p. 562; Victor Fons, p. 265, n° 8.

Mais lorsque les parties ont un intérêt identique et un même domicile, il n'est dû qu'un seul droit de correspondance.

4. *Hors de l'arrondissement.* Dans le cas où les parties sont domiciliées dans l'arrondissement du tribunal, la partie qui succombe ne supporte aucune partie des frais de correspondance et de port de pièces. Grenoble, 30 août 1838 (Art. 1408 J. Pr.). —

Mais l'avoué peut s'en faire rembourser par son client. *Même arrêt.*

5. *Du tribunal.* S'il s'agit d'une action devant la Cour royale, le droit est dû, bien que la partie ne demeure pas hors du ressort de la Cour, si elle a son domicile hors de l'arrondissement où siége cette Cour. Rivoire, p. 118; Cabissol, p. 235; Victor Fons, p. 262, n° 12.

6. *Par chaque jugement.* Il peut y avoir plusieurs jugements définitifs dans la même cause. —Ainsi, on s'est inscrit en faux, on a formé une tierce-opposition, un désaveu. Il a été statué sur chacune de ces contestations quoique incidentes à l'instance principale, il est dû autant de droits. Rivoire, p. 118; Victor Fons, p. 261, n° 6. — *Contrà*, Bourges, 4 janv. 1840, P. 1841, 1, 355.

7. Lorsqu'il a été rendu un jugement par défaut, suivi d'un jugement de débouté d'opposition, il n'est dû qu'un seul droit de correspondance. Victor Fons, p. 260, n° 4. — *Contrà*, Rivoire, 118.

8. Le droit n'est pas dû : — 1° Pour les jugements préparatoires. Pr. Carré, p. 72; Sudraud-Desisles, 111, n° 350. — Spécialement pour le jugement de défaut profit joint. Poitiers, 27 juill. 1842 (Art. 2337 J. Pr.).

9. 2° Pour un jugement sur requête. Pr. Carré, p. 329; Sudraud-Desisles, n° 350.— Sauf à l'avoué à réclamer une indemnité de son client.

10. 3° Pour une ordonnance de *référé.* Sudraud-Desisles, p. 259, n° 843. — V. ce mot.

11. *Jugement.* Si l'instance est terminée par un désistement, ou une transaction, le droit est dû. Rivoire, 118.

12. Le droit de port de pièces et correspondance est considéré non comme un honoraire mais comme un remboursement à forfait des déboursés. — V. *Avoué,* n° 240.

On n'a pas voulu que l'avoué, pour justifier sa réclamation, fût dans la nécessité de représenter des lettres toutes confidentielles de son client et destinées à rester secrètes.

13. Est-il dû en *matière sommaire?* — V. ce mot, n° 53.

14. Ce droit n'est que l'indication de la somme qui peut être mise à la charge de l'adversaire qui succombe. — Mais le client n'en doit pas moins à son avoué le remboursement de ce qui excède le tarif. Carré, p. 72, Vervoort; p. 183, note *a;* Victor Fons, p. 262, note *a.*

15. A l'inverse, le droit est dû par cela seul que la partie est domiciliée hors de l'arrondissement, quand même la correspondance n'aurait rien coûté. Vervoort, 183, note *a;* Victor Fons, p. 260, n° 1. — V. *sup.,* n° 12.

— V. *Sac de Procédure, Voyage.*

COSTUME. —*Avoué*, n° 187; *Contrainte par corps*, n° 331; *Greffier, Huissier, Juge, Juge de paix*, etc.

COSTUMES. — V. *Actes de commerce*, n°s 181 et 182

COTE *d'inventaire.* Chiffre qui se met sur chaque pièce inventoriée avec le paraphe du notaire. — V. *Inventaire.*

COTE *et paraphe des registres et répertoire.* — V. *Actes d l'état civil*, 1, *Avoué*, n° 192; *Livres de commerce*, *Registre, Répertoire.*

COUCHER. — V. *Saisie-exécution*, n° 20.

COULEUR. — V. *Affiche*, n° 16.

COUR. Synonyme de tribunal souverain.

COUR de *Cassation.* — V. *Cassation.*

COUR ROYALE. Juridiction instituée pour connaître en appel des jugements rendus par les trib. inférieurs. — V. *Organisation judiciaire.*

Table sommaire.

Acte de l'état civil, 23.	Huissier, 10.
Ancienneté, 7.	Instruction, 25.
Appel, 11, 25.	Ministère public. 10, 24.
Arbitre, 12.	Ordonnance, 2, 6.
Arrêt, 4.	Partage de voix, 7.
Avocat, 10.	Préfet, 15.
Avoué, 10.	Président, 5.—premier, 23.
Bref délai. 23.	Prise à partie, 19.
Cause, distribution, connexité, litispendance, 23.	Procureur général, 10, 24.
Chambre, 4.—temporaire,6.—des vacations, 9.	Recours, 27.
Colonies, 1.	Référé. 13.
Compétence, 11 et s.	Règlement de juge, 21.
Conseiller, 2.—auditeur, 3.	Réhabilitation, 18.
Consul, 14.	Remplacement, 7.
Défaut, 26.	Requête, 23.
Détention, 23.	Résidence, 1.
Discipline, 20.	Ressort, 1, 22.
Election, 15.	Roulement, 8.
Exécution, 17.	Sommaire, 25.
Faillite, 18.	Surveillance, 23.
Greffier, 10.	Trib. civils et de commerce, 11.
	Université, 16.
	Vacations, 9.

1. *Organisation.* Il existe 27 Cours royales. Leur ressort et le lieu de leur résidence sont fixés par l'art. 21, L. 27 vent. an 8. —V. d'ailleurs *Colonies.* Décret 12 déc. 1860.

2. Le nombre des membres de chaque cour varie d'après la population du ressort. Décr. 6 juill. 1810, art. 1; Ordonn. 1er août 1821.

Il est en général de 24 conseillers au moins, y compris un

premier président et autant de présidents que de chambres. *Ib.* et Décr. 30 mars 1808, art. 1, 2, 3.

Toutefois, la C. de Bastia n'est composée que de 20 conseillers; — celle de Paris en a 56. *Même décret.*

Ce nombre peut être augmenté par le roi, pourvu qu'il n'excède pas à Paris 66 (Loi du 27 juin 1843, Art. 2623 J. Pr.), et dans les autres villes 40. L. 20 avr. 1810, art. 4, 5.

Mais il ne saurait être diminué par ordonnance : le principe de l'inamovibilité s'y oppose pendant la vie des magistrats nommés; et après leur mort il doit être pourvu à leur remplacement, puisque le nombre des conseillers est fixé par une loi, et qu'une ordonnance ne saurait déroger à une disposition législative.

3. Les conseillers des C. roy. n'ont pas de suppléants comme les juges de 1re inst. — Autrefois ils étaient aidés dans leurs travaux par des conseillers-auditeurs; mais la loi du 10 déc. 1830 décidé qu'il n'en serait plus nommé à l'avenir; — seulement, ceux attachés aux différentes cours, lors de la promulgation de cette loi, ont conservé leurs fonctions. *Ib.* art. 2; Loi du 27 juin 1843, art. 2.

4. Les C. roy. sont divisées en chambres ou sections : celles de 24 membres forment trois chambres, dont une connaît des affaires civiles, une des mises en accusation, et une des appels de police correctionnelle. — Il y a deux chambres civiles dans les cours composées de 20 conseillers, et trois dans celles qui ont 40 conseillers ou plus. Décr. 6 juill. 1810, art. 2, 5.

Les arrêts des C. roy., en matière civile, ne peuvent être rendus par moins de sept conseillers. Ordon. 24 sept. 1828. — V. *Appel*, n° 617.

5. La première chambre civile est habituellement présidée par le premier président; les autres sections le sont par des présidents.

6. Si le besoin du service l'exige, une chambre temporaire peut être formée des conseillers désignés par le roi. Décr. 6 juill. 1810, art. 10.

7. Des conseillers d'une chambre ne peuvent être admis à juger dans une autre, si ce n'est en cas de nécessité. *Ib.*, art. 9.

Toutefois, il n'est pas nécessaire que l'arrêt énonce la cause d'empêchement des juges non présents, ni qu'il constate que l'on a suivi l'ordre d'ancienneté. Cass. 2 niv. an 14; 9 mai 1842 (Art. 2372 J. Pr.).

La loi ne se montre sévère sur ce point que lorsqu'il s'agit d'appeler des juges pour vider un partage. C. pr. 468.—V. *Appel.*

8. Les conseillers doivent faire alternativement le service dans toutes les chambres. A cet effet, il s'opère tous les ans un roulement, par suite duquel une partie d'une chambre passe dans une autre.—V. *Roulement.*

9. Le service de la chambre des vacations se fait par le président et les conseillers composant la chambre des appels de police correctionnelle, et, en cas d'absence ou d'empêchement, par les moins anciens conseillers de la chambre des mises en accusation, d'après l'ordre du tableau. Ordonn. 11 oct. 1820, art. 5.

10. Les fonctions du ministère public sont exercées auprès de chaque C. roy. par un procureur général, qui peut se faire suppléer par des avocats-généraux et des substituts placés sous ses ordres.—V. *Ministère public.*

Il y a également auprès de chaque Cour un greffier en chef et des commis *greffiers.*—V. ce mot.

Ainsi qu'un ordre des *avocats*, une compagnie d'*avoués* et une d'*huissiers.*—V. ces mots.

11. *Compétence.* Les C. roy. statuent sur les appels, 1° des jugements des trib. civils et de commerce. L. 27 vent. an 8, art. 27; C. comm. 644.

12. 2° Des sentences rendues par des arbitres forcés ou ordinaires.

13. 3° Des ordonnances de *référé.*—V. ce mot.

14. 4° Des jugements des consuls les plus voisins de leur ressort. Ordonn. 1631, liv. 1, tit. 9, art. 18.

15. 5° Des décisions rendues par les préfets en conseil de préfecture, en matière électorale. L. 2 juill. 1828, art. 18.

16. 6° Des difficultés relatives au payement des droits universitaires. Décr. 16 nov. 1811, art. 123.

17. Elles connaissent encore : 1° de l'exécution des jugements, soit en premier, soit en dernier ressort, dans certaines circonstances.—V. *Appel*, sect. XI.

18. 2° De la réhabilitation des faillis.—V. *Faillite.*

19. 3° Des *prises à partie.*—V. ce mot.

20. 4° Des fautes de *discipline.*—V. ce mot.

21. 5° Des *règlements de juges*, dans certains cas.—V. ce mot.

22. La cour royale compétente est celle dans le ressort de laquelle se trouve placé le tribunal dont la décision est attaquée.

23 Le premier président de chaque cour royale a quelques attributions particulières.

Ainsi, il statue 1° sur les requêtes en abréviation de délai présentées avant la distribution des causes (Décr. 30 mars 1808, art. 18); — 2° sur les difficultés qui s'élèvent soit sur la distribution, soit sur la litispendance ou la connexité des causes (*même décret*, art. 25); — 3° sur les réclamations faites par un enfant à fin de révocation ou de modification des ordres de détention donnés par les présidents des trib. civils (C. civ. 382); — 4° sur la demande en indication du jour où il sera prononcé sur un jugement de rectification d'actes de l'État civil, quand il n'y a pas d'autres parties en cause que le demandeur en rectification (C. pr. 858).

Il est, en outre, chargé de la surveillance et de la direction du service intérieur de la cour. Décr. 30 mars 1808 ; art. 19, 23 juill. 1810, art. 61, 65.

24. Le procureur-général a également une compétence spéciale en certaines matières. — V. *Discipline*, *Ministère public*.

25. *Instruction.* Les demandes portées devant les cours royales s'introduisent suivant les circonstances, par ajournement ou par requête.—V. *Appel.*

Les moyens d'instruction varient selon que l'affaire est ordinaire ou *sommaire*, en première instance ou en *appel*, simple ou compliquée d'*incidents*. —V. ces mots.

26. L'arrêt est rendu soit par défaut soit contradictoirement. —V. *Appel*, *Jugement*, *Jugement par défaut.*

27. *Voies de recours.* Les voies par lesquelles les arrêts peuvent être attaqués, sont, suivant les différents cas l'*opposition*, la *cassation*, la *requête civile*, la *tierce-opposition.*—V. ces mots, et d'ailleurs *Jugement par défaut*, *Prise à partie.*

COURS. Prix des effets publics et de commerce, d'après les négociations et transactions qui s'opèrent à la Bourse. —V. *Agent de change*, 17 ; *Courtier.*

COURS D'EAU. — V. *Action possessoire*, n°s 8, 44, 85, 136, 171, 356.

COURTIER *de commerce.* Officier public préposé par la loi pour s'interposer entre les négociants, et faciliter leurs opérations

Table sommaire.

<table>
<tr><td>Achat et vente , 34.</td><td>Discipline , 26.</td></tr>
<tr><td>Action civile, 6.</td><td>Dommages-intérêts , 20.</td></tr>
<tr><td>Affiche , 35.</td><td>Douane , 28 ,</td></tr>
<tr><td>Agent de change , 4 et s., 9.</td><td>Droit de commission , 36 et s., 41.</td></tr>
<tr><td>Amende, 20.</td><td>Eau-de-vie , 34.</td></tr>
<tr><td>Assurance, 31 , 38, 45.</td><td>Enregistrement , 43 et s.</td></tr>
<tr><td>Attributions, 9.</td><td>Évaluation , 15.</td></tr>
<tr><td>Avarie , 21.</td><td>Faillite, 16 et s.</td></tr>
<tr><td>Bourse, 13 , 17, 35 , 44.</td><td>Garantie, 6.</td></tr>
<tr><td>Catalogue, 18.</td><td>Gourmet piqueur de vin, 34, 40.</td></tr>
<tr><td>Chambre syndicale , 11.</td><td>Greffier, 19.</td></tr>
<tr><td>Commerçant, 3.</td><td>Huissier, 19.</td></tr>
<tr><td>Commissaire priseur, 12, 16 , 19.</td><td>Interprète , 24.</td></tr>
<tr><td>Commissionnaire , 6.</td><td>Lots , 14.</td></tr>
<tr><td>Compétence, 37.</td><td>Marchandises , 11 et s. 44.</td></tr>
<tr><td>Confiscation, 20.</td><td>Matières métalliques , 11.</td></tr>
<tr><td>Consignation, 22.</td><td>Mauvaise foi, 6.</td></tr>
<tr><td>Contributions indirectes, 29.</td><td>Ministres , finances , intérieur, 35.</td></tr>
<tr><td>Cours , 11.</td><td>Mobilier, 19.</td></tr>
<tr><td>Cumul, 9, 10.</td><td>Nomination , 2.</td></tr>
<tr><td>Dépôt, 22.</td><td>Notaire , 19, 31.</td></tr>
</table>

1. Il doit y avoir des courtiers dans toutes les villes de commerce. C. comm., 75. — Cette disposition n'a pas encore reçu partout son exécution.—V. Cass. 31 juill. 1847, art. 3803.

2. Ils sont nommés par le roi, et ont le droit de présenter un successeur à son agrément. *Ib.* — V. *Discipline, Office.*

3. Le courtier de commerce est-il commerçant? — V. *Agent de change*, n° 5.

4. Les obligations et les prohibitions sont les mêmes pour le courtier que pour l'*agent de change.* — V. ce mot, n°s 32 à 55.

Quant au *cautionnement*, à la *patente* et au *répertoire.* — V ces mots. — Alger, 28 juill. 1860 (7382).

5. Toutefois les courtiers diffèrent des agents de change sous plusieurs rapports :

Ainsi, — 1° ils ne sont pas tenus de garder le secret sur les négociations dont ils sont chargés.

6. 2° Ils n'agissent point en leur nom, ils ne font jamais l'office du commissionnaire.

Conséquemment leur responsabilité est moins étendue; ce ne sont que des mandataires ordinaires.

Ils ne sont pas garants de l'exécution du marché dans lequel ils s'entremettent, à moins de mauvaise foi. Arg. C. civ. 1991 et 1997.

Ils ne peuvent intenter en leur propre nom les demandes résultant des opérations dans lesquelles ils se sont entremis. Pardessus, n° 130.

7. 3° Ils opèrent au comptant ou à terme; — et cette faculté n'est pas soumise aux restrictions qui concernent les agents de change. Rolland, *hoc v°*, n° 49.

8. Les courtiers de commerce sont divisés en cinq classes : —1° *courtiers de marchandises;*—2° *courtiers interprètes et conducteurs de navires;*—3° *courtiers d'assurances;* — 4° *courtiers de transport;*—5° *les gourmets piqueurs de vins.*

9. Les courtiers doivent se borner au genre de commerce qui leur est attribué, à moins que l'ordonnance de leur institution ne les autorise à cumuler les fonctions d'agent de change et de courtier. C. comm. 81. —Mais V. cass. 15 déc. 1845 art. 3266.

Cette autorisation n'est pas nécessaire pour les lieux où il n'y ni agents de change ni courtiers commissionnés par le gouvernement. Av. Cons. d'Ét., 2 prair. an 10; Pardessus, n° 122.

10. Le gouvernement peut permettre de cumuler les trois premières fonctions. C. comm. 81. — V. sup., n° 8: Mais la quatrième et la cinquième doivent être exercées exclusivement.

11. 1° *Courtiers de marchandises.* Ils ont seuls le droit de faire le courtage des marchandises et d'en constater le cours : ils font aussi le courtage des matières métalliques, concurremment avec les agents de change, sans avoir le droit d'en constater le cours. C. comm. 76 et 78.

Le cours est constaté par la chambre syndicale. — V. *Discipline.*

12. Ils font les ventes de marchandises en gros de toute espèce et de toute provenance autorisées ou ordonnées par la justice consulaire. L. 9 juill. 1861 (7600). — Néanmoins le trib. ou le juge qui autorise ou ordonne la vente peut désigner pour y procéder une autre classe d'officiers publics; dans ce cas, l'officier public quel qu'il soit est soumis aux dispositions qui régissent les courtiers relativement aux formes, aux tarifs et à la responsabilité. *Ib.*

13. Cette vente a lieu à la Bourse. Décr. 17 avr. 1812, art. 1. Toutefois le trib. de comm. peut autoriser à y procéder dans un autre local. Ordonn., 9 avr. 1819, art. 1 et 2. — V. d'ailleurs, *inf.*, n° 17.

14. En général, les marchandises ainsi vendues ne doivent pas être divisées en lots inférieurs à 500 fr. — V. *Vente de marchandises neuves,* 50.

Toutefois les marchandises avariées peuvent être vendues par lots d'une valeur inférieure à 500 fr., avec autorisation de justice. — V. *Ib.*

15. Est susceptible d'appel le jugement du trib. de commerce qui refuse à un négociant de faire procéder à la vente par un commissaire priseur. Metz, 12 mars 1863 (8112).

Cette demande doit être accueillie, si les marchandises dont la vente est projetée constituent un fonds de magasin improductif susceptible d'être écoulé seulement par le moyen d'une vente aux enchères. *Même arrêt.*

16. A l'égard des ventes publiques des marchandises d'un failli, ils n'ont que la concurrence avec les autres officiers préposés à cet effet. C. comm. 486; art 4, L. 25 juin 1841. — V. d'ailleurs *Commissaire-priseur,* n°s 37 et 38.

17. Des termes de l'art. 4, L. 25 juin 1841, il résulte que les courtiers ont les mêmes droits que les autres officiers ministériels chargés de procéder aux ventes après faillite, sans être soumis à des conditions particulières. En conséquence, ils peuvent vendre en détail et hors du local de la Bourse. Ce droit résulte de la suppression dans l'art. 486 C. comm. du mot *à la Bourse*, qui se trouvait dans l'ancien art. 492. D'un autre côté, les décrets qui obligent les courtiers d'obtenir l'autorisation du trib. pour vendre hors de la Bourse, et par lots inférieurs à 2,000 fr. ne statuent pas sur les ventes après faillite. Mollot, *Bourse de commerce*, n° 540; G. de Villepin, n° 38. — *Contrà*, mais avant la loi de 1838, sur les faillites. Paris, 16 mars 1829, —V. Bourges, 10 juin 1844 (Art. 3334 J. Pr.)

18. Ils peuvent encore vendre toutes espèces de marchandises, même celles qui ne sont pas comprises aux tableaux dressés en exécution du décret du 17 avril 1812, et de l'ordonn. du 1er juill. 1818, qui ne s'occupent pas du cas de faillite. Mollot, *Bourse de commerce*, n° 539; G. de Villepin, n° 39.

19. La vente du mobilier du failli est réservée aux *commissaires-priseurs*, notaires, greffiers ou huissiers, à l'exclusion des courtiers. Loi du 25 juin 1841, art. 4. — V. ce mot, n° 37.

Cette distinction est conforme à la nature essentiellement commerciale des attributions des courtiers; mais faire procéder à deux ventes publiques et par deux officiers ministériels différents, lorsque les meubles meublant et les marchandises peuvent se vendre ensemble, c'est augmenter inutilement les frais; d'ailleurs les droits d'enregistrement pour la vente par les courtiers étaient moindres. G. de Villepin, n° 37 — V. *Inf.*, n° 44.

20. Toute contravention aux dispositions ci-dessus est punie de la confiscation des marchandises mises en vente, et, en outre, d'une amende de 50 à 3,000 fr. prononcée, solidairement, par le trib. de police correctionnel, tant contre le vendeur que contre l'officier public qui l'a assisté, sans préjudice des dommages-intérêts, s'il y a lieu. L. 25 juin 1841, art. 7.

21. Les courtiers ont aussi le droit de faire la vente des marchandises avariées par suite d'événements de mer; ici l'attribution n'est pas exclusive. L. 21 avril 1818, art. 52 et suivants.

22. Dans le cas d'opposition prévu par les art. 656 et 657 C. pr., ils doivent déposer à la caisse des consignations les sommes perçues pour ventes de meubles, forcée ou volontaire. Rolland, *hoc v°*, n° 54.

23. Ils ne peuvent libérer ceux à qui ils ont vendu sans un pouvoir spécial. Cass. 9 janv. 1823, P. 17, 799; Pardessus, n° 135;—ni se faire représenter par d'autres courtiers. *Même arrêt*.

24. 2° *Courtiers interprètes et conducteurs de navires*. Ils font le courtage des affrètements, c'est-à-dire du louage des navires.

25. Les attributions que le Code confère aux courtiers interprètes et conducteurs de navires comprennent toutes les opérations, démarches et soins qui en sont l'accessoire.

26. Mais ils ne peuvent pas aller au devant des navires pour s'attirer les capitaines et se procurer des opérations de courtage au préjudice des autres courtiers. Ordonn. de 1681, livr. 1er tit. 7, art. 11, C. pén. 484 ; Rouen, 18 mai 1819, P. 15, 279 ; 8 juin 1821, Dev. 6, 429.

27. Ils ont le droit exclusif de traduire, en cas de contestation judiciaire, tous les actes de commerce rédigés en langue étrangère, de constater le cours du fret ou du nolis. — Toutefois cette traduction n'est pas authentique. Rolland, *ib.*, n° 37.

28. Dans les affaires contentieuses de commerce, et pour le service des douanes, ils servent *seuls* de truchement à tous étrangers, maîtres de navires, marchands, équipages de vaisseau et autres personnes de mer. C. comm. 80.

29. Ils ont également un droit *exclusif* près de toutes autres administrations où leur ministère peut être nécessaire, et notamment auprès de celle des contributions indirectes et de l'octroi, nonobstant tous usages contraires. Cass. 19 févr. 1831, P. 23, 1224. — V. ordonn. 1681, tit. 17 ; lettres-patentes de 16 juil. 1776 ; Décr. du 11 août 1791.

30. Les devoirs et la responsabilité des courtiers maritimes, à l'égard des chargeurs, cessent dès l'instant où le navire a levé l'ancre. Bordeaux, 2 juin 1829, S. 29, 267.

31. *Courtiers d'assurances.* Ils négocient les contrats d'assurances, et les rédigent concurremment avec les notaires. Ils en attestent la vérité par leur signature.

Ils certifient le taux des primes pour tous les voyages de mer et de rivière. C. comm. 79.

32. Ce dernier droit leur appartient à l'exclusion des notaires : la concurrence établie par la première disposition de l'art. 79 n'a pas été reproduite dans la deuxième disposition relative à la constatation du taux des primes. Pardessus, 1, n° 132 ; Mollot, n° 553 ; Devilleneuve, v° *Contrat d'assurance*, n° 4—*Contrà*, Décis. de la chambre de comm. de Marseille du 18 vent. an 12 ; Arg. Motifs Cass. 7 févr. 1833, P. 25, 139 ; Rolland, v° *Assurance*, n° 85.

33. 4° *Courtiers de transport.* Ils négocient, à l'exclusion de tous autres, les contrats de transport *par terre et par eau.* C. comm. 82, — c'est-à-dire sur les rivières et les canaux, les transports sur mer rentrant dans les attributions des courtiers interprètes et conducteurs de navires. Rolland, *ib*, n° 39.—V. *sup.*, 24.

34. *Gourmets et piqueurs de vins.* Ils existent à Paris seulement.

Ils servent, à l'exception de tous autres ; — 1° d'intermédiaires dans les ventes de vins en entrepôt, s'ils en sont requis ; — 2° d'experts, en cas de contestation, sur la qualité des vins, soit vendus, soit apportés par les voituriers. Décr. 15 déc. 1813.

Mais leur droit exclusif ne s'étend, ni aux eaux-de-vie et autres liqueurs qui sont dans l'entrepôt ; ni aux vins et autres boissons hors de l'entrepôt, dont l'achat et la vente sont attribués aux courtiers de commerce. *Même décret*, art. 25.

Ces courtiers ne peuvent faire aucun achat ou vente pour leur compte, ni par commission. — Sous peine de destitution. *Même décret*, art. 1er.

35. *Tarif.* En attendant un règlement général des droits des courtiers, un tarif provisoire est dressé par chaque tribunal de commerce, et soumis à l'approbation des ministres de l'intérieur et des finances, et affiché au trib. de commerce et à la Bourse. Arrêtés: 29 germ. art. 13; 12 prair. art. 5, et 3 mess. an 9, art. 3; Pardessus, n° 127.

36. A Paris, pour les ventes de gré à gré, le droit est de un pour cent du montant de la vente, dont moitié à la charge du vendeur, et moitié à celle de l'acquéreur. Délib. du trib. de comm. 26 mess. an 10.

37. Quant aux ventes publiques des marchandises désignées au tableau, et de celles faites après faillite, le droit ne peut jamais excéder celui établi dans la vente de gré à gré pour les mêmes sortes de marchandises. Décr. du 7 avr. 1812, art. 11.

Toute contestation à cet égard est soumise au trib. de comm. qui prononce, sauf l'appel, s'il y a lieu. *Ib.*, art. 12.

38. A Paris, le droit pour les courtiers d'assurances maritimes est d'un huitième pour cent sur la somme assurée, payable par l'assuré. Ordonn. roy., 18 déc. 1816.

Dans l'usage, c'est l'assureur qui paye le droit fixé à sept et demi pour cent sur le montant de la prime. Mollot, n° 602.

39. Ailleurs, les courtiers sont restés soumis aux mêmes usages ou aux règlements locaux. Rolland, *ib.*, n° 74.

40. Pour les courtiers gourmets piqueurs de vins de Paris, la commission d'achat ou de dégustation est de 75 cent. par pièce de deux hectolitres cinquante litres, payables moitié par le vendeur, moitié par l'acheteur. Décr. 5 déc.

41. Il est interdit aux courtiers d'exiger ou de recevoir aucune somme au delà des droits accordés par le tarif. Arrêté, 27 prair. an 10, art. 20 ; Décr. 15 déc. 1813, art. 20.

Alors même que l'usage ou le consentement des parties serait contraire. — Ainsi jugé à l'égard des gourmets piqueurs de vins. Cass. 31 janv. 1826, S. 26, 415.

42. Les droits des courtiers sont soumis à la prescription de trente ans. Mollot, n° 608.

43. *Enregistrement.* Les polices d'assurance, faites par les courtiers, doivent être enregistrées dans les dix jours de leur date.

44. Le droit est de 50 cent. par 100 fr. pour les ventes de marchandises faites à la Bourse par les courtiers.

V. d'ailleurs *Vente de meubles*. n°s 62 et suiv.

COÛT. Se dit des frais qu'occasionne un acte. — V. *Tarif* — *Ajournement*, n° 5, *Déboursés*, *Honoraires*.

COUVERTURE. Garantie fournie pour assurer un payement. — V. *Agent de change*, 44; *Bourse*, *Effet de commerce*.

COUVRIR. On couvre une enchère dans une *vente*, une *péremption*, une *exception*, une *nullité*. — V. ces mots.

CRAYON.

1. Un exploit dont le *parlant à* est rempli au crayon est-il valable?—Non : l'écriture au crayon n'a point l'indélébilité de celle faite à la plume; elle peut être effacée de manière à ce qu'il n'en reste aucun vestige. La raison et la loi se réunissent pour exiger que l'écriture ait un caractère de fixité. Colmar, 25 avr. 1807 ; Grenoble, 17 août 1822; Bourges, 24 avril 1847, Art. 3645.

2. Mais un acte sous-seing privé pourrait être validé, bien que fait au crayon, si d'ailleurs cet acte paraissait sérieux et n'avait pas les caractères d'une simple note, d'un simple projet. Rolland, v° *Écriture*, n° 9.

3. Ainsi décidé à l'égard d'un testament olographe. Coin-Delisle, *Donations et Testaments*, p. 341, n° 23.

— V. d'ailleurs *Agent de change*, n° 33.

CRÉANCE *liquide.* — V. *Saisie-exécution*, n° 2, 68.

CRÉANCIER. C'est celui envers lequel on est tenu par une obligation quelconque. Ce mot est corrélatif de débiteur.

L'*ayant-cause* est celui à qui les droits d'une personne ont été transmis par legs, donation, vente, échange, les créanciers sont les ayants-cause de leur débiteur, en ce sens qu'ils exercent ses droits de son chef. — V. *inf.*, n° 4.

1. Le créancier, suivant la nature de son titre, a différents moyens pour contraindre son débiteur ou ses héritiers à l'acquittement de l'obligation :

1° S'il a un titre exécutoire, il peut saisir les meubles ou immeubles de son débiteur (V. — *Saisies*), et quelquefois même le faire emprisonner. — V. *Contrainte par corps*.

2° Si son titre n'est pas exécutoire, il doit assigner son débiteur devant le tribunal compétent.

L'obligation de faire ou de ne pas faire autorise seulement le créancier à se pourvoir en justice pour faire condamner le débiteur à des *dommages-intérêts*. — V. ce mot.

2. Indépendamment des voies d'exécution, le créancier peut faire des *actes conservatoires*. — V. ce mot, *Faillite*, *Inventaire*, *Scellés*.

3. Les biens du débiteur sont le gage commun de ses créanciers, et le prix doit en être distribué entre eux, proportionnellement au montant de leurs créances, à moins qu'il n'existe en faveur de quelques-uns des causes de préférence consacrées par la loi. C. civ. 2093. — V. *Distribution par contribution*, *Ordre*.

4. Les créanciers peuvent exercer tous les droits et actions de leur débiteur, à l'exception de ceux qui sont exclusivement attachés à sa personne. C. civ. 1166. — V. *Droits personnels*.

Dans quelle forme. — V. *Subrogation*.

— V. d'ailleurs *Absence*, *Acte conservatoire*, *Appel*, *Bénéfice d'inventaire*, *Cassation*, *Intervention*, *Requête civile*.

5. Ils peuvent aussi en leur nom personnel attaquer les actes faits par leur débiteur en fraude de leurs droits. C. civ. 1167. — V. *Révocatoire* (*Action*), *Séparation des patrimoines*, *Tierce-opposition*. Cass. 12 fév. 1849 (Art. 4443 J. Pr.)

CRÉATION *d'étude*. — V. *Office*.

CRÉDIT. Délai accordé pour payer une chose. — Se dit aussi de la réputation d'être solvable et de bien payer. — V. *Délai*.

CRÉDIT foncier. Société ayant pour objet principal de fournir aux propriétaires d'immeubles qui veulent emprunter sur hypothèque la possibilité de se délibérer au moyen d'annuités à long terme.

1. Cette société est régie par les décrets des 28 fév., 28 mars 1852 (5044); 21 déc. 1853 (5576); 6 juillet 1854; 14 sept. 1859; les lois des 10 juin 1853 (5434); 19 juin 1857; 6 juillet 1860. -

2. Plusieurs priviléges lui ont été accordés, notamment : — 1° La faculté de purger les hypothèques légales des femmes et des mineurs. — V. *inf.*, 10 et suiv.

3. 2° Le droit de se mettre en possession des immeubles hypothéqués, d'en percevoir les revenus et de les appliquer par privilége à l'acquittement des annuités et des frais, — en vertu d'une ordonnance rendue sur requête par le président du trib. civil et quinze jours après une mise en demeure. D. 1852, art. 29 et 30. — En cas de contestation sur le compte du séquestre, il est statué par le trib. comme en matière sommaire. Art. 31.

4. 3° Le droit de faire vendre les immeubles de l'emprunteur par une procédure plus simple et plus rapide que la saisie immobilière. — V. *inf.*, 22 et suiv.

5. 4° La dispense du renouvellement décennal de l'inscription hypothécaire. D. 1852, art. 47.

6. 5° L'insaisissabilité des lettres de gage ou obligations émises par la compagnie. Art. 18.

7. 6° Le privilége attaché à ces lettres de gage, de pouvoir servir d'emploi aux fonds des incapables et des établissements publics. Art. 46. — V. d'ailleurs loi 6 juillet 1860.

8. 7° L'affranchissement des formalités prescrites par les art. 2074 et suiv. C. N. pour les avances faites sur dépôt d'obligations foncières. L. 19 juin 1857.

Table sommaire.

9. La société ne peut prêter que sur première hypothèque. D. 1852, art. 6. — V. toutefois, L. 10 juin 1833, art. 3.

10. *Purge des hypothèques légales connues.* On signifie un extrait de l'acte conditionnel de prêt aux personnes ayant droit à l'hypothèque ou à leurs représentants. D. du 10 juin 1853, art. 19.

11. Cet extrait contient, sous peine de nullité, la date du contrat, les nom, prénoms, profession et domicile de l'emprunteur, la désignation, la situation de l'immeuble, et la mention du montant du prêt; l'avertissement que pour conserver rang vis-à-vis de la Société, il est nécessaire de prendre incription dans les 15 jours. *Ib.*, art. 20. — Le délai est augmenté d'un jour par 3 myriamètres de distance entre le lieu où la signification est faite et celui où l'inscription doit être prise. Arg. C. pr. 1033. Josseau, p. 145.

12. La signification est faite à la femme et au mari par deux copies séparées. — La copie doit être remise à la personne même de la femme, si l'emprunteur est son mari. — Si la femme est décédée, la signification est faite à ses héritiers.

13. Si la femme n'a pas été présente au contrat, ou n'a pas reçu l'avertissement du notaire *et* si la signification n'a été faite qu'à domicile, il faut observer les formalités indiquées. *Inf.*, nos 16 et suiv. Loi, art. 22.

14. Lorsque le mineur est sous la tutelle d'un autre que l'emprunteur, la signification de l'extrait de l'acte de prêt est faite au tuteur et au subrogé tuteur ; si la tutelle a cessé par l'émancipation, au mineur et à son curateur ; si elle a cessé par la majorité, au mineur devenu majeur ; si elle a cessé par son décès, à ses héritiers.

15. Si le mineur est sous la tutelle de l'emprunteur, la signification est faite au subrogé tuteur et au juge de paix du lieu dans lequel la tutelle s'est ouverte. Le conseil de famille, convoqué dans la quinzaine, délibère sur la question de savoir si l'inscription doit être prise dans la quinzaine. *Ib.*, art. 23.

16. *Purge des hypothèques légales inconnues.* L'extrait de l'acte constitutif d'hypothèque doit être notifié au procureur impérial près le tribunal de l'arrondissement du domicile de l'emprunteur et au procureur impérial près le tribunal de l'arrondissement dans lequel l'immeuble est situé. Art. 24.

17. Cet extrait doit être inséré, avec la mention des significations faites, dans l'un des journaux désignés pour la publication des annonces judiciaires de l'arrondissement dans lequel l'immeuble est situé. — L'inscription doit être prise dans les quarante jours de cette insertion. *Ib.*

18. Ce délai est-il augmenté à raison des distances ? — Nous ne le pensons pas. — *Contrà*, Seine, *Gazette*, 20 juin 1854 ; Josseau, p. 160.

19. La purge est opérée par le défaut d'inscription dans les délais fixés. Art. 25. — Quand bien même l'inscription tardive serait notifiée à la société avant la réalisation : les délais sont de rigueur. Josseau, p. 162. — Toutefois la société fera bien de retarder la réalisation du prêt jusqu'à ce que la mainlevée de l'inscription soit donnée ou prononcée.

20. La purge confère à la société de crédit foncier la priorité sur les hypothèques légales. — Cette purge ne profite pas aux tiers. Art. 25.

21. Les art. 8 et 9, L. 23 mars 1855, rendront souvent les formalités de la purge plus simples ou même inutiles. — V. *Transcription*.

22. *Expropriation*. Le crédit foncier a le droit de poursuivre la vente de l'immeuble en cas de non-payement d'une annuité *et* toutes les fois que, par suite de la détérioration de l'immeuble ou pour toute autre cause indiquée dans les statuts, le capital intégral est devenu exigible. D. 1852, art. 32.

23. Ce mode d'expropriation est régi par une loi spéciale complète par elle-même, et n'est soumis aux règles prescrites en matière de saisie-immobilière qu'autant que le Décret s'y réfère spécialement. Palais, *supplément*, V° *Crédit foncier*, n° 178. — De là plusieurs conséquences. — V. *Inf.*, 25 et s. 53.

24. La société fait signifier au débiteur un commandement dans la forme prescrite par l'art. 673 C. pr. D., art. 33, — et contenant la constitution d'un avoué; — l'indication des biens.

25. L'huissier n'a pas besoin d'un pouvoir spécial : la dépossession du débiteur est opérée par la transcription; or, cette transcription se fait sans le ministère de l'huissier. *Palais, ib.*, n° 177. — *Contrà*, Josseau, n° 231.

26. Le commandement ne se périme pas. — *Contrà*, Josseau, *ib.*

27. Le commandement est transcrit au bureau des hypothèques de la situation des biens. D., art. 33.

28. La transcription peut avoir lieu immédiatement, il n'est pas nécessaire d'attendre le délai de quinzaine. *Palais, ib.*, n° 179. — *Contrà*, Duvergier, sur l'art. 33.

29. A compter du jour de la transcription le débiteur ne peut aliéner, *au préjudice de la société* les immeubles hypothéqués, ni les grever d'aucun droit réel. D., art. 34. — Il suffit au débiteur de désintéresser la société pour valider l'aliénation. *Palais, ib.*, n° 181. — *Contrà*, Duvergier.

30. A défaut de payement *dans la quinzaine*, la société fait annoncer la vente par des affiches et des insertions aux journaux; elle dépose au greffe un cahier des charges. D., art. 33.

31. Les insertions et appositions d'affiches doivent être faites dans les six semaines à dater de la transcription du commandement. *Ib.*

32. Le trib., sur requête présentée par la société avant toute insertion peut renvoyer la vente devant un autre tribunal, ou devant un notaire. Ce jugement n'est pas susceptible d'appel, il ne peut y être formé d'opposition que dans les trois jours de la signification qui doit en être faite au débiteur en y ajoutant les délais de distance. D. art. 33.

33. Le simple renvoi devant notaire ne fait pas perdre à la poursuite son caractère de vente forcée; elle n'est point assimilée à une vente sur conversion. Josseau, n° 259.

34. Lorsque la transcription du commandement a été requise par la société avant le dépôt du cahier des charges d'une autre saisie, elle peut, après un simple acte signifié au poursuivant, faire procéder à la vente d'après le mode spécial déterminé par le décret. — Si le cahier des charges de l'autre saisie était déjà déposé avant la réquisition de transcription, la société a seulement le droit de demander la subrogation en cas de négligence du 1er saisissant. Art. 37. — Elle suit alors les formalités ordinaires de la saisie.

35. Il y a *trois* insertions, à dix jours au moins d'intervalle l'une de l'autre. L. 10 juin 1853, art. 6.

36. Les appositions d'affiches ont lieu en deux fois, à quinze jours d'intervalle. D. art. 33.

37. Ces affiches sont placées : — 1° dans l'auditoire du trib. du lieu où la vente doit être effectuée; — 2° à la porte de la mairie du lieu où les biens sont situés; — 3° sur la propriété, lorsqu'il s'agit d'un immeuble bâti. *Ib.*

38. On y énonce : — 1° la date du commandement et de la transcription; — 2° les noms, profession et domicile de la société et de son avoué; — 3° la désignation des immeubles insérée dans le commandement; — 4° la mise à prix; — 5° l'indication du trib. où la vente se poursuit et des jour, lieu et heure de l'adjudication. — Il n'est pas nécessaire de faire fixer ce jour par le tribunal. *Palais*, n° 192. — *Contrà*, Josseau.

39. La 1re apposition est dénoncée dans la huitaine au débiteur et aux créanciers inscrits aux domiciles par eux élus dans les inscriptions, avec sommation de prendre communication du cahier des charges. D. art. 33.

40. Il n'est pas nécessaire de faire mention de cette sommation en marge de la transcription du commandement.

41. Les dires doivent être consignés sur le cahier des charges huit jours au moins avant celui de la vente; ils contiennent constitution d'un avoué chez le quel domicile est élu de droit, le tout à peine de nullité. D., art. 36.

42. Le trib. est saisi par acte d'avoué à avoué. Il statue sommairement et en dernier ressort, sans retard de l'adjudication. Art. 36.

43. Toutefois l'appel est recevable contre le jugement qui statue sur une demande en distraction ou en revendication formée par un tiers. *Palais*, n° 198. — Il a même été admis contre le jugement statuant sur une demande en nullité de l'hypothèque consentie au profit du crédit foncier. Paris, 3 fév. 1855 (5870).

44. Quinze jours après les insertions et affiches, on procède à la vente aux enchères en présence du débiteur, ou lui dûment appelé, devant le tribunal de la situation des biens ou de la plus grande partie des biens. Art. 33.

45. Il n'est accordé aucune remise de l'adjudication lorsque la société s'y oppose. Art. 37.

46. Le commandement, les journaux, les procès-verbaux d'apposition, la sommation de prendre communication du cahier des charges, sont annexés au procès-verbal d'adjudication. D., art. 35.

47. L'adjudicataire est tenu d'acquitter, dans la huitaine, à titre de provision, le montant des annuités dues à la société et de verser le surplus du prix, après les délais de surenchère, dans la caisse de la société, jusqu'à concurrence de ce qui lui est dû nonobstant toutes oppositions, contestations et inscriptions des créanciers de l'emprunteur, sauf néanmoins leur action en répétition si la société avait été indûment payée à leur préjudice. Art. 38.

48. Si la vente s'opère par lots ou qu'il y ait plusieurs acquéreurs *non cointéressés*, chacun d'eux n'est tenu même hypothécairement, vis-à-vis de la société que jusqu'à concurrence de son prix. Art. 39.

49. En cas de vente devant notaire, la surenchère a lieu au greffe du trib. dans l'arrondissement duquel l'adjudication a été prononcée. Art. 40.

50. Si l'adjudicataire n'exécute pas les conditions de l'adjudication, l'immeuble est revendu à sa folle enchère. Cette revente a lieu suivant le mode indiqué par les art. 33 à 37. Art. 41. — Du moins en ce qui concerne les appositions d'affiches, les insertions et le jugement des contestations. *Palais*, n° 212.

51. La société ayant le droit de se faire payer, sans attendre l'ordre, les annuités échues, etc. (V. *sup.*, 47), est dans la position d'un créancier porteur d'un bordereau de collocation qui n'a point à requérir le certificat du greffier et peut poursuivre la folle enchère sur un simple commandement à l'adjudicataire: *Palais*, n° 213. — *Contrà*, Josseau, n° 271.

52. L'expropriation poursuivie par la société a pour effet de purger les priviléges et hypothèques soumis à la formalité de l'inscription.

53. Mais pour les hypothèques légales, dispensées d'inscription, il faut recourir à la *purge légale*. *Palais, ib.*, n° 188. — Lors même que la société remplit les formalités prescrites par le § 2 du nouvel art. 692, C. pr. : on ne peut appliquer ici par analogie les effets attribués par la loi à une autre procédure. Tel est l'usage.

CRI PUBLIC. — V. *Vente de marchandises neuves*, n° 7.

CRIEUR. — V. *Saisie-exécution*, n° 314; *Vente de meubles*.

1. L'officier public doit, s'il a besoin d'un crieur, faire choix d'une personne étrangère aux parties, et ne doit pas permettre au propriétaire des objets de se charger lui-même de cette commission. Décision du garde des sceaux, 29 juin 1829.

2. Toutefois la violation de cette décision n'entraînerait pas nullité de la vente. Rolland, v° *Crieur*, n° 5

CROIX. — V. *Signature*, n° 3.

CRUE. Supplément de prix dû autrefois, outre le montant de la prisée des meubles, par ceux qui étaient tenus d'en rendre la valeur. — La crue a été abolie par le code de procédure. Art. 943, 1041. — V. *Expertise*.

CULTE. — V. *Contrainte par corps*.

CULTURE. — V. *Action possessoire*, n° 110

CUMUL. — V. *Action*, *Action possessoire*; *Audience*, n° 28, *Poursuite*.

CURAGE. — V. *Action possessoire*, n° 168.

CURATELLE. Charge conférée, soit par un conseil de famille, soit par la justice, à l'effet de veiller aux intérêts d'autrui. On nomme *curateur* celui à qui cette charge est confiée.

Table sommaire.

1. Le curateur, à la différence du tuteur, est donné plutôt aux biens qu'à la personne.

2. La curatelle est, comme une tutelle, une charge publique. Personne ne peut se soustraire à ses fonctions, à moins d'excuses légitimes.

3. Les causes et modes de nomination, de destitution et d'incapacité sont les mêmes pour les tuteurs et curateurs.

4. On distingue plusieurs espèces de curateurs.

5. 1° *Le curateur au mineur émancipé*. Ce curateur est nommé par le conseil de famille. C. civ. 480.

6. Toutefois, le père, la mère et les ascendants sont curateurs de droit. Delvincourt, 1, 314. — *Contrà*, Duranton, 3, n° 678; Favard, v° *Émancipation*, § 2, n° 3; Rolland, *ib.*, n° 24.

Mais ils ne peuvent donner un curateur à leur fils émancipé, sans l'assistance du conseil de famille.

Le mari est de droit le curateur de sa femme mineure. Merlin, *Rép.*, v° *Curateur*, § 1.—Si le mari est mineur, la femme ne peut ester en jugement sans l'autorisation du juge.—V. *Femme mariée*.

7. Le curateur ne fait qu'assister le mineur émancipé, qui figure toujours, soit en demandant, soit en défendant, comme partie principale. C. civ. 480, 482.—V. *Mineur*.

8. Le mineur et le curateur sont assignés par des copies distinctes.—V. *Exploit*.

9. Le mineur a besoin de l'assistance du curateur pour interjeter appel.

10. Les condamnations judiciaires prononcées contre le mineur émancipé, non assisté de son curateur, sont nulles.

11. Toutefois, en matières commerciales ou criminelles, le mineur procède valablement sans l'assistance de son curateur.

12. Celui qui a procédé avec le mineur, non assisté de son curateur, lorsque cette assistance était nécessaire, peut demander la mise en cause du curateur, mais non la nullité de la procédure faite par le *mineur*.—V. ce mot.

13. 2° *Curateur au sourd et muet.* Si la donation est faite à un sourd-muet, qui ne sache pas écrire, il ne peut l'accepter qu'avec l'assistance d'un curateur, nommé à cet effet par le conseil de famille. C. civ. 936.

14. 3° *Le curateur au ventre.* Il est nommé par le conseil de famille, lorsqu'un individu est décédé laissant sa veuve enceinte. C. civ. 393.

S'il y a d'autres enfants, et qu'une seule tutelle suffise pour tous, le même tuteur remplit les fonctions de curateur à l'égard de l'enfant à naître.

15. Le curateur au ventre est chargé d'empêcher la supposition de part.—Il doit se borner aux actes d'administration indispensables.

16. Les fonctions du curateur cessent à l'accouchement de la veuve. Il devient de plein droit subrogé-tuteur. C. civ. 393.—Il rend son compte à la mère devenue tutrice par la naissance de son enfant; et si l'enfant ne naît pas viable, il le rend aux héritiers. *Ib.*

17. 4° *Le curateur à une succession vacante et aux biens vacants.* Il est nommé par le tribunal dans l'arrondissement duquel la succession est ouverte, sur la demande des personnes intéressées, ou sur la réquisition du procureur du roi. C. civ. 812; C. pr. 998.

18. Si les héritiers les plus proches renoncent, les parties intéressées peuvent demander la nomination d'un curateur, sans qu'il soit besoin de sommer les héritiers du degré subséquent d'accepter ou de répudier la succession. Aix, 17 déc. 1806; S. 7, 667.—Il n'est pas même besoin de les mettre en cause. Paris, 31 août 1822, S. 23, 100.

19. La demande est formée par requête qui ne peut être grossoyée. Tarif, 77. — S'il y a plusieurs requêtes présentées, et plusieurs curateurs nommés par le même trib., le premier nommé est préféré, sans qu'il soit besoin de jugement. C. pr. 999.

20. Dans tous les cas, la nomination faite par le trib. du lieu de l'ouverture de la succession, doit prévaloir sur celles émanées d'autres trib., quand même celles-ci seraient antérieures. Carré, art. 999; Toullier, 2, 726; Berriat, 621, note 4.

21. Le jugement qui nomme le curateur est interlocutoire, et susceptible d'appel avant le jugement définitif. Cass. 7 fév. 1809, S. 9, 141; Turin, 13 avr. 1807, P. 6, 22; Carré, *ib.*

22. Si la cour réforme le jugement qui a nommé le curateur, elle peut en nommer un autre. Cass. 7 fév. 1809, S. 9, 141.

23. Celui qui soutient personnellement la validité de sa nomination de curateur, peut être condamné aux dépens. Cass. 7 fév. 1809, P. 7, 237.

24. Aucun texte n'oblige le curateur de faire au greffe déclaration de son acceptation de ses fonctions; Carré, n° 3246; — ni de prêter serment. Bordeaux, 4 avr. 1809, P. 7, 473; Carré, n° 3245; Delvincourt, 2, 35; Berriat, 723; — ni de donner caution, *Exposé des motifs*; Carré, art. 1002; Thomine, n° 1119.

Toutefois M. Pigeau, 2, 795, sous l'influence des anciens usages du Châtelet, exige l'acceptation du curateur. —Ordinairement elle a lieu au greffe. — Chauveau sur Carré, n° 3246.

25. L'acceptation résulte de l'accomplissement de l'obligation imposée au curateur, de faire constater l'état de la succession par un inventaire, et de faire vendre les meubles par un officier public. C. pr. 1000. —V. *Vente*.

26. Si la régie se présente pour recueillir une succession vacante, le curateur doit lui en remettre l'administration provisoire sans attendre le jugement d'envoi en possession. Paris, 26 mars 1835, Dev. 35, 282.

Par conséquent, il n'y a pas lieu à nommer un curateur lorsque la succession est réclamée par l'État. Cass. 17 août 1840 (Art. 1799 J. Pr.).

27. Les immeubles et rentes sont vendus suivant les formes prescrites au titre du bénéfice d'inventaire. C. pr. 1001.—V. *ib*.

28. Le curateur a capacité pour répondre aux actions dirigées contre la succession, et pour intenter toutes celles qui la concernent (C. civ. 813; C. pr. 999); notamment pour contraindre les débiteurs de la succession à payer à la caisse des consignations. Cass. 6 juin 1809, P. 7, 601.

Ce droit résulte de l'obligation où il est lui-même de déposer à cette caisse les deniers appartenant à la succession dont l'administration lui a été confiée. Av. Cons. d'Ét. 13 oct. 1809 (S. 11, 2, 3); Carré, *ib*.

Il peut y être contraint par le receveur de l'enregistrement. Nanci, 29 avr. 1843 (Art. 2524 J. Pr.).

29. S'il paye de ses deniers les dettes de cette succession, il y a subrogation légale à son profit. Toullier, 7, n° 155; Championnière et Rigaud, t. 2, n° 1272. — *Contrà*, Zachariæ, t. 2, § 321, note 37.

30. Le curateur administre et rend son compte suivant les formes prescrites à l'héritier bénéficiaire. C. pr. 1002. —V. *Compte*, *Bénéfice d'inventaire*, n° 87.

31. Cette action est portée devant le trib. du lieu de l'ouverture de la succession. Rennes, 30 nov. 1812, P. 10, 847; Chauveau sur Carré, n° 3250 *bis*.

—V. d'ailleurs *Colonie du nord de l'Afrique*.

32. 5° *Le curateur en cas de délaissement.* — Sur la demande du plus diligent des intéressés, le tribunal de la situation d'un immeuble délaissé nomme à cet immeuble un curateur sur lequel la vente est poursuivie dans les formes prescrites pour les expropriations forcées. C. civ. 2174. — V. *Saisie immobilière.*

33. 6° *Le curateur au bénéfice d'inventaire.* — Il peut être nommé — 1° Dans le cas prévu par l'art. 996, lorsque l'héritier bénéficiaire veut intenter une action contre la succession.

2° Quand l'héritier bénéficiaire abandonne les biens de la succession aux créanciers; — Arg. C. civ. 802; C. pr. 996.

34. Il est nommé en la même forme que le curateur à une succession vacante. C. pr. 996.

35. Quelquefois aussi on nomme, pour gérer provisoirement la succession, un administrateur qui ne prend pas le nom de curateur.

36. Cette nomination est un acte purement conservatoire. Elle peut dès lors être demandée par celui qui n'a pas encore fait acte d'héritier, et qui est seulement habile à succéder. C. civ. 779; Cass. 27 avr. 1825, S. 26, 422; — et être accordée pendant les délais pour faire inventaire et délibérer. C. civ. 795. *Même arrêt.*

37. L'héritier bénéficiaire n'a pas le droit de se substituer un curateur aux biens de la succession qu'il a délaissée. — S'il en fait nommer un, ce ne sera qu'un administrateur agissant au nom de l'héritier contre lequel les créanciers devront intenter leurs actions. Paris, 25 juin 1838, P. 29, 2, 19; 10 août 1809, P. 7, 757; Cass. 1er fév. 1830, P. 23, 108. — *Contrà*, Cass. 6 juin 1815, P. 12, 754.

38. C'est contre le curateur, nommé en vertu de l'art. 996, que sont dirigées les actions de l'héritier bénéficiaire, s'il n'y a pas d'autre héritier, ou si tous les héritiers intentent la même action. *Ib.*, Carré, art. 996.

39. Si, au contraire, quelques-uns des héritiers ont accepté purement et simplement la succession, ils peuvent être poursuivis par l'héritier bénéficiaire sans qu'il soit besoin de faire nommer un curateur.

40. En cas de faillite, il n'y a pas lieu à faire nommer un curateur au bénéfice d'inventaire. L'héritier dirige ses actions contre les syndics. Amiens, 14 mars 1820, S. 23, 299.

41. Le curateur représente la succession, il en défend les droits ainsi que ceux des créanciers de cette succession.

Les créanciers peuvent-ils néanmoins former *tierce-opposition* aux jugements rendus avec le curateur? — V. ce mot, n° 41.

42. La mort civile est abolie. L. 31 mai 1854 (5808). Le condamné à une peine perpétuelle est dans un état d'interdiction légale. *Même loi.* art. 2. On lui nomme un tuteur. — V. *inf.* 44.

43. Il a besoin d'une autorisation du conseil de famille pour introduire en justice une action immobilière. Bourges, 25 janv. 1832, P. 24, 623.

44. Le condamné à la peine des travaux forcés à temps, à la détention ou à la réclusion, reçoit un tuteur et un subrogé-tuteur. C. pén. 1er mai 1832, art. 29.

45. Quant aux condamnés par *contumace*. — V. ce mot, n₀ 10, et d'ailleurs *Séquestre*, n° 3.

46. S'il y a lieu de reviser une condamnation, et que cette condamnation ait été portée contre un individu mort depuis, la C. de cassation crée un curateur à sa mémoire, avec lequel se fait l'instruction, et qui exerce tous les droits du condamné. C. Inst. crim. 447.

47. 8° *Le curateur aux biens du présumé absent.* — La nomination en appartient au tribunal. — V. *Absence*, n°s 22 et 24. — C'est alors plutôt un administrateur, un mandataire, qu'un véritable curateur. *Ib.*

48. Quant aux militaires absents. — V. *Absence*, n₀ 92.

49. Toutes les causes où l'une des parties est représentée, ou assistée par un curateur doivent être communiquées au ministère public. C. pr. 83-6°.

Elles sont dispensées du préliminaire de *conciliation*. — V. ce mot.

50. Les fonctions de curateur ne passent point à l'héritier, mais ce dernier peut être mis en cause, comme tenu des obligations de son auteur. Bordeaux, 26 mars 1841, P. 32, 2, 668.

51 Les biens des curateurs ne sont pas soumis à l'hypothèque légale.

52. Les curateurs nommés par justice sont de véritables mandataires salariés, et comme tels, contraignables par corps. Chauveau sur Carré, n° 3249. — V. *Contrainte par corps.*

53. *Enregistrement.* — Si, dans un même arrondissement de tribunal, plusieurs successions sont déclarées vacantes, les curateurs ne peuvent pas réunir les poursuites pour arriver à la vente des biens dépendant de chaque succession. Décis. min. fin., 20 oct. 1827, Chauveau sur Carré, n° 3248 *bis*. — V. d'ailleurs *Succession*, n° 8.

— V. *Compte*, n°s 9, 171; *Compte de tutelle*, n°s 4 et 9; *Contumace, Mineur.*

CURE. V. — *Action possessoire, Fabrique; Scellés;* (6465).

CURIOSITÉ. — *Commerce*, n° 54.

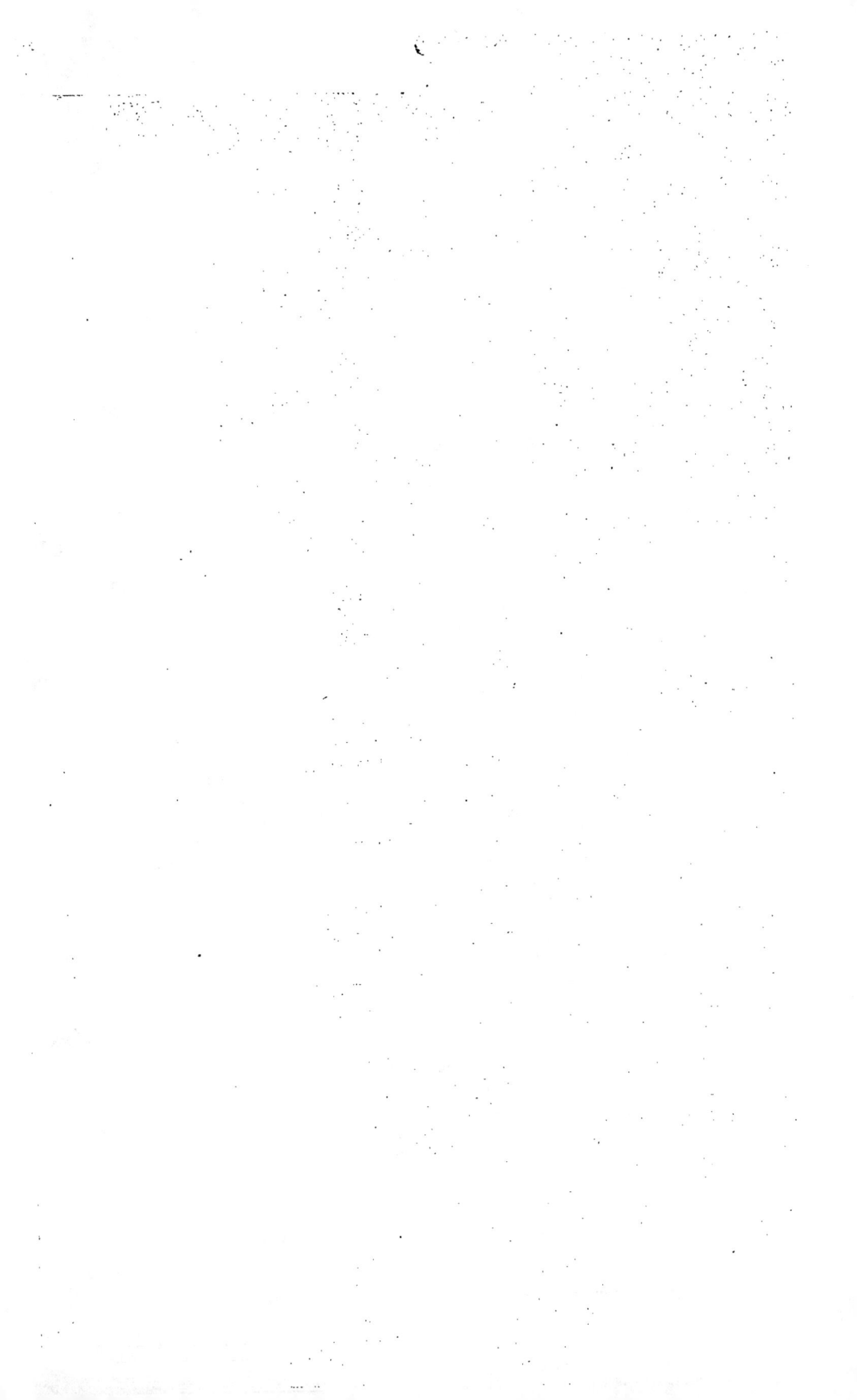

ADMINISTRATION DU JOURNAL DES NOTAIRES ET DES AVOCATS,

RUE DES SAINTS-PÈRES, 52, A PARIS.

Formulaire Pocket (nouvelle édition 1866). — Des actes des notaires avec annotations, précédé de la Constitution, des sénatus-consultes et des décrets qui organisent le gouvernement impérial suivi des textes des Code Napoléon, — Code de procédure civile — Code de commerce, avec conférence des articles entre eux, et d'un supplément contenant la loi du 25 ventôse an 11, l'ordonnance du 4 janvier 1843, et divers décrets, lois et instruction d'un intérêt spécial pour le notariat, promulgués jusqu'au 1er septembre 1866. Par les notaires et jurisconsultes, rédacteurs du *Journal des notaires et des avocats*, dixième tirage. 1 vol. in-18, très portatif, de 1,400 pages. Prix : 10 fr. broché; — 12 fr. relié, en échange d'un mandat postal, adressé, par lettre affranchie, au directeur du *Journal des notaires*.

Des donations entre-vifs et des testaments, commentaire du titre 2 du livre III du Code Napoléon, par M. Troplong, président du Sénat, premier président de la Cour de cassation. 2e édit. (1863) mise au courant de la jurisprudence et en concordance avec le *Dictionnaire du notariat*. 4 vol. in-8, sur beau papier collé et satiné. Prix : 36 fr., franc de port jusqu'au chef-lieu d'arrondissement. Les personnes qui enverront, avec leur souscription, un mandat de poste de 32 fr. recevront l'ouvrage *franco* à domicile.

Traité pratique et formulaire général du notariat, divisé en quatre parties, contenant : 1º la législation spéciale au notariat; 2º le droit civil expliqué selon l'ordre du Code Napoléon; 3º le droit fiscal (enregistrement et hypothèques); 4º et un traité sur la responsabilité des notaires, par MM. Defrénois, principal clerc de notaire à Paris, et Vavasseur, avocat à la Cour impériale de Paris, ancien principal clerc de notaire à Paris. 4 vol. gr. in-8. Prix : 32 fr.

Le troisième volume contient les matières du droit les plus importantes :

Le contrat de mariage. — Les liquidations et partages de communauté. — La vente. — L'échange. — Le contrat de louage. — Le contrat de société. — Avec 170 formules d'actes et des notes qui mettent l'ouvrage en corrélation avec les ouvrages des principaux jurisconsultes, le *Dictionnaire du notariat*, 4e édition, et la collection du *Journal des notaires* (1808 à 1866).

Le quatrième contient le traité d'*enregistrement* et celui de la *responsabilité des notaires*, plus des *tables générales*.

NOTA. — Les personnes qui enverront avec leur souscription un mandat postal de 32 fr. au directeur du *Journal des notaires*, recevront *franco* à domicile, de suite, les quatre volumes.

Des liquidations judiciaires, spécialement de celles qui intéressent les mineurs et autres incapables en matière de succession et de communauté de biens entre époux, par M. Mollot, conseiller à la Cour impériale de Paris. 2e édition, 1 vol. 4 fr., *franco*, contre un mandat de poste.

Paris. — Imprimerie de E. DONNAUD, rue Cassette, 9.

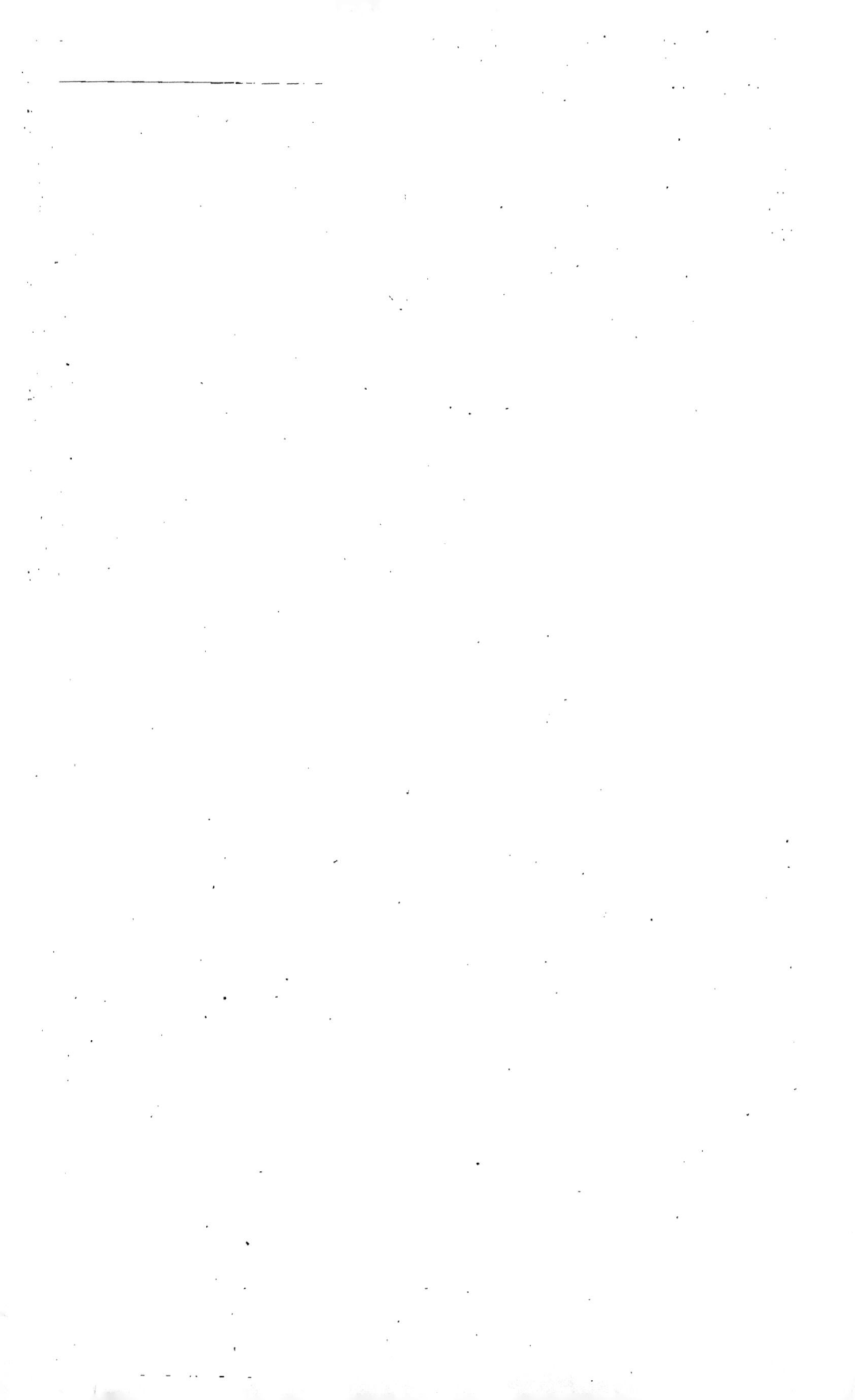